Georg Christoph Lichtenberg
1742-1799
Wagnis der Aufklärung

Georg Christoph Lichtenberg
1742-1799
Wagnis der Aufklärung

Ausstellung

Mathildenhöhe Darmstadt
28. Juni bis 30. August 1992

Niedersächsische Staats- und
Universitätsbibliothek Göttingen
18. Oktober bis 18. Dezember 1992

Carl Hanser Verlag

Umschlaggestaltung:
Claus Seitz (München),
Foto: A. Anders (Berlin)

ISBN 3-446-17040-5

Printed in Germany

Katalog
Konzeption: Ulrich Joost, Stephan Oettermann, Sibylle Spiegel
Recherche: Ulrich Joost, Anke Leonhardt, Stephan Oettermann, Sibylle Spiegel, Maike Steckmeister, Sabine Welsch
Lektorat und Redaktion: Sibylle Spiegel
Korrekturen: Karen Lauer (München), Gaby Voigt
Exponattexte: Autorenkürzel im Anhang.
Besonderer Dank gilt Wolfgang Promies und Sabine Welsch
Transkriptionen: Ulrich Joost
Register: Ulrich Joost, Anke Leonhardt, Stephan Oettermann, Maike Steckmeister, Sabine Welsch

Katalogherstellung
Herstellung: Claus Seitz (München)
Gestaltung: Sibylle Spiegel
Umbruch: Billie Dietzel (München)
Lithos: Brend'amour (München)
Satz, Druck und Bindung: Passavia (Passau)

Photographie
Gustav Beuermann (Göttingen), Ursula Edelmann (Frankfurt), Horst Gravenkamp (Cuxhaven), Harry Hase (Göttingen), Andreas Kahnert (Darmstadt), Ralf Klausmann (Darmstadt), R. Spindler (Göttingen), Elke Walford (Hamburg), Achim Weisbrod (Marburg)
Dunkelkammer (Darmstadt), Foto Grimm (Darmstadt), Kreisbildstelle Göttingen, Rheinländisches Bildarchiv (Köln)
Photographen der Leihgeber

Ausstellung
Konzeption: Stephan Oettermann, Sibylle Spiegel
Gestaltung: Udo Cox (Gerolzhofen), Stephan Oettermann, Sibylle Spiegel
Konservatorische Betreuung: Udo Cox
Panorama-Installation: Gerd Friedrich (Lonsheim)
Bühnenbild: Udo Cox, Gerd Friedrich, Manfred Schwarzer (Darmstadt)
Technische Beratung: Udo Cox, Gerd Friedrich
Technische Ausführung: Institut Mathildenhöhe, Bauhof der Stadt Darmstadt
Geschäftsführung: Kriemhild Kern unter Mitarbeit von Nicole Allmann
Ausstellungszeitung: Stephan Oettermann, Sibylle Spiegel

Der Lichtenberg-Gesellschaft Darmstadt,
der Lichtenberg-Forschungsstelle der Technischen Hochschule Darmstadt,
der Handschriftenabteilung der Niedersächsischen Staats- und Universitätsbibliothek Göttingen und
der Arbeitsstelle »Lichtenberg-Briefwechseledition« der Akademie der Wissenschaften zu Göttingen
ist besonders zu danken für geleistete Vorarbeiten.

Veranstalter und Herausgeber
Land Hessen, Ministerium für Wissenschaft und Kunst,
Hessische Kulturstiftung,
Stadt Darmstadt und
Lichtenberg-Gesellschaft e.V., Ober-Ramstadt

Wissenschaftlicher Beirat
Unter dem Vorsitz von Prof. Dr. Wolfgang Promies (Technische Hochschule Darmstadt): Prof. Dr. Karl Arndt (Universität Göttingen), Prof. Dr. Helmut Böhme (Präsident der Technischen Hochschule Darmstadt), Prof. Dr. Peter Brix (Heidelberg), Prof. Dr. Dr. hc. mult. Helmut Coing (Frankfurt), Dr. Fritz Ebner (Goethe-Gesellschaft Darmstadt), Prof. Dr. Eckhart G. Franz (Hessisches Staatsarchiv Darmstadt), Dr. Yorck Haase (Hessische Landes- und Hochschulbibliothek Darmstadt), Prof. Dr. Norbert Kamp (Präsident der Universität Göttingen), Prof. Dr. Gunter v. Minnigerode (Präsident der Akademie der Wissenschaften der Universität Göttingen), Prof. Dr. Elmar Mittler (Niedersächsische Staats- und Universitätsbibliothek Göttingen), Prof. Dr. Christoph Perels (Freies Deutsches Hochstift Frankfurt), Prof. Dr. Albrecht Schöne (Universität Göttingen), Dr. Jürgen Teichmann (Deutsches Museum München), Dr. Manfred Urban (Völkerkundliche Sammlung der Universität Göttingen), Ing. Otto Weber (Ober-Ramstadt) und Dr. Klaus Wolbert (Institut Mathildenhöhe Darmstadt).

Inhalt

Wolfgang Promies

»Indessen wenn die Sonne nur aufgeht, so schaden Nebel nicht«

Georg Christoph Lichtenberg – Wagnis der Aufklärung

Von allen Epochen der neueren deutschen Geistesgeschichte ist es zweifellos die Aufklärung, die das Stigma trägt, zwischen Verstand und Gefühl Feindschaft gestiftet zu haben. Georg Christoph Lichtenberg wurde mitten ins 18. Jahrhundert, in die Zeit der Aufklärung hinein geboren. Seit 1770 ist er an der Universität Göttingen, die kaum älter ist als er, Professor. Er geht in die Wissenschaftsgeschichte als der Gelehrte ein, der in Deutschland als erster Naturwissenschaft *experimentell* betrieb. Nur für seine Vorlesungen notierte Lichtenberg ein paar Prolegomena, gab er Einleitung und Begriff der Physik, warf er die Frage auf: »Was ist denn nun aber Experimentalphysik?«, und er antwortet: »Diejenige Physik, die bloß von Beobachtungen und Versuchen ausgeht, nichts annimmt, was nicht entweder durch diese unmittelbar bestätigt ist oder nach der Vorschrift einer gesunden Logik und Geometrie daraus geschlossen worden ist [...] In diesem Sinne ist alle Physik schlechterdings Experimental. Denn mein Gott! was können wir von der Welt wissen ohne Erfahrung und Versuche. Alles was sich nicht darauf stützt, sind Träume und keine Naturlehre – auch hat man erst seit der Zeit an sehr beträchtliche Fortschritte gemacht, seitdem man in Vorschriften des großen Baco von Verulam hierin gefolgt ist«.[1] Mit dem Namen Baco (1561-1626) assoziiert Lichtenberg einen jener Initiatoren der neueren Naturwissenschaft, die den Bruch mit dem Mittelalter vollzogen. Von nun an definiert sich *Mensch* als der »Ursachensucher«! (SB 2, J 1551) Andernorts vermehrt er Bacos Namen um den des Nikolaus Kopernikus (1473-1543) und den Isaac Newtons (1643-1727), den Lichtenberg den »Physikalischen Erlöser« nannte, weil er an Weihnachten geboren wurde. Seit jenen Männern datiert das Zeitalter des Rationalismus, der sich rühmte, die Philosophie vom Himmel geholt und an die Stelle der Spekulation den gesunden Menschenverstand gesetzt zu haben. Philosoph in diesem Sinne war Lichtenberg als Experimentalphysiker, der für sein Fach formuliert: »Diese ganze Betrachtung ist überhaupt ganz metaphysisch und geht uns eigentlich nichts an.«[2] Von Berufs wegen, läßt sich denken, hatten nicht nur die Metaphysik, sondern auch Gefühle bei dem Versuch, die Gesetze der Natur beobachtend genauer zu erkennen, nichts verloren. Dennoch wird man Lichtenberg nicht gerecht, wenn man ihn auf diese Position des Wissenschaftlers festlegen wollte. Man denke an die Fülle seiner in die Sudelbücher eingetragenen Bemerkungen, die häufig das Gegenteil von dem belegen, was man eben noch für typisch Lichtenberg, heißt Aufklärung halten mochte. Wollte man Aufklärung in ein gehöriges Bild bringen, so bieten sich dafür zwei Vorlagen an.

Die eine stammt von Francisco Goya. Da sieht man einen Mann, der den Kopf auf eine Art Tisch gelegt hat, die Hände vor den Kopf geschlagen. Hinter ihm erhebt sich wie ein wildes Heer eine Wolke von Fledermäusen und anderem flügelschlagenden Nachtgelichter. Man sieht auch ein Katzentier, das nicht eben domestiziert ausschaut.

Das Ganze trägt den Titel: *El sueño de la razón produce monstruos* – Der Schlaf der Vernunft gebiert Ungeheuer. Neuere Übersetzungen wollen aus dem »Schlaf« den »Traum« der Vernunft machen, was das spanische Wort »sueño« wohl nahelegt, vor allem aber die neuere Aversion gegenüber der Herrschaft des Verstandes signalisiert. Für das 18. Jahrhundert und das wirkliche Verständnis jener Zeit ist festzuhalten: Nur das Bewußtsein definierte den Menschen, der fassungslos beobachtete, was aus ihm herausbrach, wenn er das Bewußtsein verlor und unter die willkürliche Herrschaft der Einbildungskraft geriet. Die Einbildungskraft stand danach für viele irrationale Erscheinungen: war die – niedriger eingestufte – Fähigkeit zu dichten, aber auch die, Hirngespinsten Raum zu geben bis hin zur Raserei; war Kennzeichen des Kindes, der Frau, Merkmal dessen, der nicht gelernt hatte, seinen Verstand zu gebrauchen, des gemeinen Mannes also; stand für Aberglauben, Sinnlichkeit – Gefühl. Immer wieder liest man in der Literatur jener Zeit diesen leidigen Widerstreit beschworen, den Menschen verstanden als ein janusköpfiges Geschöpf, das immer in Gefahr stand, der Sinnlichkeit anheimzufallen. Lichtenberg war die Zerreißprobe zwischen dem Verstandeswesen und dem Gefühlsmenschen am eigenen Leibe nur zu vertraut.

Im November 1769 vermerkt er in seinem Sudelbuch diese Beobachtung: »Mein Verstand folgte heute den Gedanken des großen Newton durch das Weltgebäude nach, nicht ohne den Kützel eines gewissen Stolzes, also bin ich doch auch von dem nämlichen Stoff, wie jener große Mann, weil mir seine Gedanken nicht unbegreiflich sind, und mein Gehirn Fibern hat die jenen Gedanken korrespondieren, und was Gott durch diesen Mann der Nachwelt zurufen ließ wird von mir gehört, da es über die Ohren von Millionen unvernommen hinschlüpft. An diesem Ende folge ich der ehrwürdigen Philosophie, während als am andern Ende zwo Aufwärterinnen [...] eben diesen Verstand, der sich so über die Erde zu schwingen glaubt, in einem Winkel nicht einmal für wichtig genug halten, allen ihren Witz gegen ihn zu gebrauchen, sondern, ohne ihn erst unter den focum desselben zu bringen, schon mit seinem gemeinen Licht schmelzen. Die Einbildungskraft, mit welcher ich der subtilsten Wendung einer Wielandischen Beschreibung folge, mir selbst meine eigene Welt schaffe durch die ich, wie ein Zauberer, wandele, und die Körner eines kleinen Leichtsinns in ganze Gefilde geistiger Lust aufblühen sehe, diese Einbildungskraft wird oft von einer fein gebogenen Nase, von einem aufgestreiften gesunden Arm in ihrem schnellsten Schwung so heftig angezogen, daß von der vorigen Bewegung nicht ein flüchtiges Zittern übrig bleibt. So hänge ich in der Welt zwischen Philosophie und Aufwärterinnen-List, zwischen den geistigsten Aussichten und den sinnlichsten Empfindungen in der Mitte.« (SB 1, B 263) Lichtenberg hat den Widerspruch in seiner privaten Person bis ans Lebensende nicht aufzulösen vermocht. Er hat aber mit ihm zu leben gelernt, indem er ihn beobachtete, notierte, auch genoß. Mehr noch, er hat die Sinnlichkeit in seine Art, die Natur zu erforschen und zu erkennen, aufgenommen und auf dem Papier, vor dem Leser, für uns demonstriert, was klarer Verstand und Sinnenlust zuwege bringen.

»Es zeigten sich bisweilen unzählige kleine Sterne, ganze Milchstraßen, und größere Sonnen; die Bogen waren von der hohlen Seite matt, von der erhabenen aber mit Strahlen geziert; ferner sehr niedliche kleine Ästchen, denen nicht unähnlich, welche die Kälte an den Fensterscheiben erzeugt; kleine Wolken von mannigfaltiger Gestalt und Schattierung: endlich noch mancherlei Figuren von besonderer Gestalt«.[3]

Fröhliche Wissenschaft kann man noch mit Fug und Recht derartige Forschungsergebnisse nennen. Sie beschreiben den überraschend entdeckten Gegenstand wie etwas Wunderbares staunend und entzückt. Und diese gute Laune war sogar in der Lage, wissenschaftliche Erkenntnis auch einmal völlig zu versinnlichen. So bemerkt er in einer Vorlesung, wo er von den gleichnamigen Polen des Magneten redet, »daß dies Naturgesetz gemeiner sei, als man glaube, denn Personen, die vorhero als ungleichnamig sich sehr stark einander angezogen hätten, stießen einander heftig ab, sobald sie gleichnamig geworden wären«.[4] Wo er Freunden die Wirkung der Gewitterelektrizität mitteilen möchte, entblößt er leichthin die knistrige Affinität von Weibern und Wettern, indem er verrät: »In Weende wurde eine sehr schöne Frau vom Blitz umgeworfen, und daher wolten einige schließen, der Blitz habe Absichten gehabt, und sey deswegen von unten gekommen, weil die Weiber nur allein von unten einnähmen, Orakel-Sprüche wie die Delphische Pythia, oder – wie die Gött––– und die Osnabrückischen Mädchen, ich läugnete aber dem, der das sagte, majorem schlecht weg, und sagte, was die Mädchen von unten einnähmen, sey *in dubio* allemal sehr positiv, und so war die Sache so ungewiß als vorher«. (Bw 2, Nr. 857, S. 257)[5]

Aber zurück zu dem der Aufklärung, dem Aufklärer Lichtenberg innewohnenden Widerstreit zwischen Gefühl und Verstand. Zurück zu den zwei Bildern, die zur Definition jener Epoche dienen können.

Es gibt von Daniel Chodowiecki einen Kupferstich, der im *Göttinger Taschen Calender* für 1792 veröffentlicht wurde. Auf dem Kupfer sieht man im Vordergrund an der rechten Bildseite zwei bis zum oberen Bildrand ragende Laubbäume. Sie stehen am Rand einer schattenlosen Landstraße, die sich in einer Krümmung vom linken unteren Bildrand in die Mitte des Bildhintergrundes verzieht. Auf ihr bewegt sich ein vierrädriger gedeckter Kutschwagen, womöglich eine Postkutsche, von zwei Pferden gezogen, denen ein Reiter vorausreitet – in Richtung auf zwei hinter Baumbestand bis zu den Dächern und Dachreitern verdeckten Gebäuden, die eher Kirchen ähneln als Bürgerhäusern. Der Weg verläuft aber nicht eigentlich auf die Häuser, sondern auf den Himmelskörper zu, der mit seinen Strahlen die halbe linke Bildfläche nach oben hin füllt: Die Sonne, die hinter dem Bergrücken aufgeht. Zu diesem Bild, das wie eine Reise-Idylle in die mittäglichen Provinzen des bürgerlichen Gemüts ausschaut, schrieb Lichtenberg indes: »Die Aufklärung. Dieses höchste Werk der Vernunft, dessen Name sogar uns neuerlich einige seichte aber eben deswegen beliebte Phraseskünstler haben lächerlich machen wollen, die zu eingeschränkt waren bei ihren Frömmeleien, zu bedenken, zu was für Mißbrauchen nicht selbst Religion und Liebe, diese Grundfesten der moralischen und physischen Welt, geführt haben, hat bis jetzt noch kein allgemeiner verständliches allegorisches Zeichen (vielleicht weil die Sache selbst noch neu ist) als die aufgehende Sonne. Es wird wohl auch lange das schicklichste bleiben, wegen der Nebel, die immer aus Sümpfen, Rauchfässern, und von Brandopfern auf Götzenaltären aufsteigen werden, die sie so leicht verdecken können. Indessen wenn die Sonne nur aufgeht, so schaden Nebel nicht. –«

Natürlich stehen diese Sätze in Zusammenhang mit der Französischen Revolution, genauer gesagt, in Zusammenhang mit jenen staatlichen, weltanschaulichen, publizistischen Unternehmungen der Gegenrevolution, die es zuwege gebracht haben, »daß man jede vernünftige und von Gott und Rechts wegen zu verlangende Forderung als einen Keim von Empörung« ansieht. Aber Lichtenbergs Grundsätze, seine aufgeklärten Positionen haben sich zeit seines Lebens nicht geändert, höchstens radikalisiert. Abermals begegnet uns, diesmal im Bilde der Sonne, des lichten Tags und der dumpfen Nebel das Gegensatzpaar: Bewußtsein und ja, was eigentlich? Dafür muß man die Geschichte jener Zeit zu Rate ziehen. Sie erweist rasch, daß die Epoche der sogenannten Aufklärung tatsächlich eine Zeit vielfältiger Irrationalismen auf allen Gebieten gewesen ist. Man beobachtet Sektenbildungen der »Stillen im Lande«, Aktivitäten von geheimen Freimaurerzirkeln, Geheimbünde wie den der Rosenkreuzer. Selbsternannte Propheten ziehen durchs Land, Geisterseher, Wunderheiler erregen Aufsehen. Die von Johann Kaspar Lavater entwickelte Physiognomik wird in den siebziger Jahren zu einer Modeerscheinung wie in den achtzigern der Mesmerismus. Goldmacher versuchen ihr Glück – wie in der Blütezeit der Alchimie. Zauberkünstler, Beutelschneider, Cagliostros legen leichtgläubige Menschen herein, indem sie ihren eigenen Verstand gebrauchen, um andere in ihren Gefühlen, ihrer Einbildungskraft zu narren: auch eine Anwendung von Aufklärung. Alchimistische Bücher, endzeitliche Weissagungen, mystische Kosmogonien finden offenbar ein gefühlvolles Publikum, das den Vorzug hat, nicht seinem Verstande zu vertrauen. Vor allem aber scheint der Aberglaube zu regieren, als wäre nicht vom aufgeklärten Zeitalter die Rede, sondern von einem Rückfall in das sogenannte finstere Mittelalter. Jede ungewöhnliche Himmelserscheinung wird zum Zeichen bevorstehenden Unheils. Das Gefühl, man begehe eine Lästerung, wenn man Himmelszeichen schadlos zu machen sucht, die verbreitete Überzeugung endlich, der Einschlag eines Blitzes sei ein Fingerzeig Gottes auf einen Sünder, begleiten – ein törichter, aber beschwerlicher Chor – die Aufklärung gerade auf diesem Gebiet. Stand nicht Lichtenberg selbst in dem zweifelhaften Geruch von »Hexenmeisterei«? In seinen Kindheitstagen hatte ein Aufsatz in einer der namhaftesten Zeitschriften der Epoche die frühzeitige Erlernung der Naturkunde wider den Aberglauben gefordert. Die Forderung bestand noch 1780 zu Recht. Wo Lichtenberg kann, prangert er, wie er es nennt, die »mystische Physik« öffentlich an; um Mitmenschen vor Schaden zu bewahren; versucht er Naturerscheinungen so zu erklären, daß ihre verheerende Deutung jeden Schrecken verliert. Er tut es aber nicht aus gelehrter Besserwisserei, sondern weil ihm die Ängste der anderen vertraut sind. Weil *er* Angst hat, errichtet er auf seinem Gartenhaus den ersten Blitzableiter in Göttingen, und er nennt ihn selbst ironisch lieber »Furchtableiter« – er kennt sich gut. Und er teilt den Aberglauben vieler seiner Zeitgenossen. Für ihn steht fest: »Jeder Mensch hat seinen individuellen Aberglauben, der ihn bald im Scherz, bald im Ernst leitet. Ich bin auf eine lächerliche Weise öfters sein Spiel, oder vielmehr ich spiele mit ihm. [...] Die Menschen haben alle etwas davon, wenn sie nicht deutlich denken«. (SB 2, H 42)

Man versteht nun besser, daß Lichtenbergs Kampf nicht dem Aberglauben des einzelnen gilt, den er ja privat durchaus teilt, sondern den pfiffigen Cagliostros, die aus dem Fortschritt der technischen Wissenschaften in einem längst nicht aufgeklärten und desto wundergläubigeren Jahrhundert hübsch Kapital zu schlagen wußten. Die Titel von Lichtenbergs aufklärenden Veröffentlichungen sprechen schon für sich: *Über einige kräftige Mittel, die Vernunft zu betäuben* etwa oder *Proben seltsamen Aberglaubens*, und immer wieder Darlegung, Darstellung »einiger gemeiner Irrtümer« oder diese vielsagende Überschrift eines Aufsatzes, den er 1778 bezeichnenderweise in den *Göttingischen Anzeigen von gemeinnützigen Sachen* veröffentlichte: *Etwas von dem fürchterlichen Kometen, welcher, einem allgemeinen Gerücht zufolge, um die Zeit des 1. Aprils unsere Erde abholen wird.* Zum Glück für die Aufklärer erschienen Kometen nicht so häufig in jenem Jahrhundert. Aber häufig genug erschienen Weissagungen, die eine Mischung aus der Apokalypse des Johannes und einer pseudowissenschaftlichen Interpretation natürlicher Vorgänge darstellten. Lichtenberg nahm derartige Erzeugnisse absolut ernst, da sie aufgrund ihrer Machart imstande waren, die Zeitgenossen in Angst und Schrecken zu versetzen. Nach der Zahl seiner Veröffentlichungen hat ihn *eine* Weissagung am tiefsten betroffen gemacht, weil sie aus der Feder eines protestantischen Seelsorgers stammte und mit dem Anschein wissenschaftlicher Argumente hantierte. Die Rede ist von dem Superintendenten Konrad Ziehen, der nachzuweisen versuchte, daß die

Erde, oder vielmehr Europa, in Kürze nach Süden zu abbrechen und ins Wasser fallen würde. Lichtenberg bekämpfte den von vielen geglaubten Irrwitz anfangs der achtziger Jahre seines Jahrhunderts gleich dreimal und an verschiedenen Orten.[6] Und diesmal wird er grundsätzlich, zieht er eine Verbindung zwischen den gläubigen Zeitgenossen und der abermals in Blüte stehenden Literatur, die dem gesunden Menschenverstand Hohn spricht und statt seiner auf ein Erkenntnisvermögen pocht, das über die Alchimie, die Mystik bis zu einer legendären Urzeit reicht, die so auch nur in den Gemütern existiert, aber offensichtlich unausrottbar ist.

»Daß unser Wissen nichts ist, haben einige in dem geschäftigen Dienst der Wahrheit grau gewordene Männer erkannt, aber gewiß nicht mit dem Geist ausgesprochen, mit dem es ihnen jetzt skeptische Indolenz hier und da nachspricht. Die Zahl derer, die sich, anstatt den Weg der Beobachtung und der Mathematik einzuschlagen, lieber durch irgendein spagyrisches [d. h. alchimistisches] oder theosophisches Schlupfloch in das Heiligthum der Natur einzuschleichen suchen, nimmt daher täglich zu. Vielleicht wissen es die wenigsten unserer Leser, daß es in Deutschland und in Frankreich, und warum nicht auch in andern Ländern, eine unglaubliche Menge von Menschen giebt, und darunter auch Gelehrte, ja so gar Naturforscher, die in den Stunden, die sie von ihrem Dienst abmüssigen können, und zuweilen auch mit unter in denen worinn sie etwas bessers thun sollten, das Bächlein von Erkenntniß suchen, welches ehmals als ein unerschöpflicher Rio de la Plata im Paradies, voll und gemeinschaftlich ströhmte. Sie glauben nemlich, Adam habe beym Sündenfall nicht alle physikalischen und metaphysischen Kenntnisse eingebüset, sondern noch einige zerstreute Sätze daraus auf seine Kinder gebracht, diese hätten sie wiederum den ihrigen mitgetheilt; und so erstrecke sich nun, den Lehren des Euclids und Aristoteles parallel, aber unendlich erhabner und feiner, eine Kette von Kenntnissen über den Köpfen von tausenden weg, von denen [...] aber doch die Spuren in den göttlichen Werken weniger Auserwählten [...] anzutreffen seien.«[7]

Lichtenberg nennt Namen, Büchertitel dieser eigentümlichen Tradition, die wesentlich älter als die Aufklärung ist und merkwürdigerweise mit anderen Namen, anderen Büchertiteln heutzutage abermals beweisen möchte, daß die wahre Wissenschaft vom Menschen und seiner Natur nicht über die Gehirnströme, sondern nur Energien des Gefühls erfahren werden kann. Lichtenbergs Skizze jener spezifischen Traditionsgeschichte klingt ziemlich aktuell; auch heute beschwört man eine Art von Schamanismus angesichts einer von der Ratio diktierten Zivilisation, gegen die man immer noch so argumentiert, als sei das Problem des Abendlandes die Auseinandersetzung zwischen Irrationalismus und Rationalismus, Verstand und Gefühl geblieben und Heilung, nach typisch deutscher Art, nur in der Überwindung der Ratio durch die Energien des Gefühls läge.

Hätten wir von Lichtenberg nur Äußerungen dieser Art, so erschiene er uns als ein Beispiel mehr für jenen erfreulichen Typus von aufgeklärtem Gelehrten aus der zweiten Hälfte des 18. Jahrhunderts, der seine Studierstube verläßt, um seine wissenschaftlichen Erkenntnisse in Worten und mit Taten gemeinnützig zu machen. Aber Lichtenberg bliebe auf diese Weise das probate Abziehbild des Rationalisten, der nur demonstriert, wie weit man kommt, wenn man endlich angefangen hat, Immanuel Kants Appell für sich und andere zu verwirklichen: »Habe Mut, dich deines eigenen Verstandes zu bedienen!« Nach Kant *der* Wahlspruch der Aufklärung. Tatsächlich geht Lichtenberg einen Schritt weiter, und dieser ist es eigentlich, der uns den Menschen, den Schriftsteller und Wissenschaftler zusammen, so bedeutend macht. Lichtenberg ist nämlich gar nicht überzeugt, daß der Verstand allein fähig sei, eine hinreichende

Erkenntnis aller Phänomene zu liefern. Er wird daher den Verdacht nicht los, daß die edle Einfalt in den Werken der Natur gar zu oft ihren Grund nur in der »edeln Kurzsichtigkeit dessen, der sie beobachtet«, hat. (SB 2, H 5) Die stupende Ordnung des Weltsystems ist ihm womöglich nur das Produkt unseres ordnungsliebenden und darum ordnungssuchenden Geistes, der sich selbst überall wiederfindet, nichts sonst. Schon in den achtziger Jahren, zu der Zeit also, wo er gegen die »mystische Physik« etwa eines Konrad Ziehen anschreibt, mokiert er sich über »physikalische Schöngeisterei«, das heißt voreilige Systembildungen, wenig fundierte Hypothesen. An ihre Stelle setzt er – Instinkt und Traum, kurzum den Helfershelfer Phantasie. Einige Beispiele: »In allen Dingen in der Welt gibt es ein Coup d'Oeil, das heißt, jeder vernünftige Mensch, der etwas hört oder sieht, urteilt instinktmäßig darüber. Er schließt z. B. aus dem Titel des Buchs und dessen Dicke auf den innern Wert. Wohlverstanden, ich sage nicht, daß diese Dinge sein eigentliches Urteil lenken, sondern nur, daß er mit dem ersten Anblicke einer Sache auch ein, dieser geringen Information proportioniertes, Urteil von ihr verbindet, oft ohne daß er sich dessen deutlich bewußt wird.« (SB 2, G 39) Oder auch diese beiden Bemerkungen, entnommen dem Sudelbuch H, das Lichtenberg zwischen 1784 und 1789 geführt hat: »Es ist mir keine Betrachtung angenehmer, als die, in den poliertesten Zeiten Spuren von Gebräuchen der rohesten Völker aufzusuchen, freilich ebenfalls verfeinert. (Es ist unmöglich, daß ein Volk lange in einer Gattung seiner Kenntnisse zunehmen soll, ohne in den andern auch mit zuzunehmen, wenigstens nicht ohne Scheiterhaufen.)« (SB 2, H 13) Diesen Gedanken spinnt Lichtenberg weiter: »Ich glaube, der sicherste Weg, den Menschen weiter zu bringen, wäre, durch die polierte Vernunft des verfeinerten Menschen die blinden Naturgriffe des Barbaren (der zwischen dem Wilden und Feinen in der Mitte steht) mit Philosophie zu verfeinern. Wenn es einmal in der Welt keine Wilden und keine Barbaren mehr gibt, so ist es um uns geschehen.« (SB 2, H 16) Das sind aufregende Überlegungen und Mutmaßungen. Mit ihnen übertritt Lichtenberg ganz gewiß Grundgesetze des strikten Rationalismus. Und ganz bewußt bezieht er in wissenschaftliche Überlegungen auch den Traum als Mittel schöpferischer Erkenntnis ein, in Augenblicken, wo die gesicherten Ergebnisse noch nicht ausreichen und vielleicht nie ganz ausreichen werden. Diese Gedankenexperimente nannte Lichtenberg Traum, gerade deshalb, weil dieses Wort im 18. Jahrhundert einen verächtlichen Beigeschmack hatte, im Sinn von: Hirngespinsten, die wachend unverzeihlich wären. Aber er wertet den Begriff gleichzeitig auf, indem er ihn gebraucht, wie er die Beschäftigung mit den realen Träumen ernstlich ans Herz legte, Traumerfahrungen notierte, über Wachen und Schlaf nachdachte – mehrere Generationen vor Sigmund Freud. Wieviel Lichtenberg von derartigen Träumen, verstanden als wohlkalkulierte wissenschaftliche Phantasien über noch unzulänglich erforschte Phänomene, gehalten hat, geht etwa aus diesen Sätzen hervor, die er einem Artikel über Kometen voranstellt: »Ich hole zu dem Ende etwas weit aus; verliere ich mich in Träume, so sollen sie wenigstens nicht unangenehm sein und sich nur da einstellen, wo es der Vernunft unmöglich ist zu entscheiden. In dem Fall sind Träume gewiß verzeihlich, zumal wenn man sie aufrichtig für das ausgibt, was sie sind. Es ist der Hauptvorzug unseres Geistes, und nichts zeigt so sehr seine Verwandtschaft mit dem Urheber der Welt als dieses, daß wir nicht bloß dem gegenwärtigen Augenblick leben, nicht bloß empfinden, sondern uns des Gegenwärtigen bedienen, sowohl im Vergangenen als im Künftigen zu leben, zu erklären und zu weissagen, und eine Kraft üben, deren höchste Stufe, das Überschauen von Welt, Zeit und Ewigkeit im Allmächtigen ist.«[8]

Ich glaube schließlich, daß Lichtenberg dadurch, daß er von seinem Verstand mehr als nur richtigen Gebrauch machte, indem er dem barbarischen Gefühl, der Phantasie gleiches Recht einräumte, imstande war, noch ehe das Jahrhundert der Aufklärung zu Ende ging, einen Traum zu imaginieren, der die Grenzen einer unbeschränkten, phantasielosen Erkenntnistätigkeit visionär beschrieb: »Mir war als schwebte ich, weit über der Erde, einem verklärten Alten gegenüber, dessen Ansehen mich mit etwas viel Höherem als bloßem Respekt erfüllte. So oft ich meine Augen gegen ihn aufschlug, durchdrang mich ein unwiderstehliches Gefühl von Andacht und Vertrauen, und ich war eben im Begriff mich vor ihm nieder zu werfen, als er mich mit einer Stimme von unbeschreiblicher Sanftheit anredete. Du liebst die Untersuchung der Natur, sagte er, hier sollst du etwas sehen, das dir nützlich sein kann. Indem er dieses sagte, überreichte er mir eine bläulich grüne und hier und da ins Graue spielende Kugel, die er zwischen dem Zeigefinger und Daumen hielt. Sie schien mir etwa einen Zoll im Durchmesser zu haben. Nimm dieses Mineral, fuhr er fort, prüfe es, und sage mir, was du gefunden hast. [...] Indes schritt ich doch nun zu der chemischen Prüfung, und bestimmte die Bestandteile in Hundertteilen des Ganzen. Auch hier ergab sich nichts Sonderliches. [...] Soeben hatte ich den letzten Strich in meiner Rechnung gemacht, als der Alte vor mich hintrat. Er nahm das Papier und las es mit einem sanften Lächeln, das kaum zu bemerken war; hierauf wandte er sich mit einem Blick voll himmlischer Güte mit Ernst gemischt gegen mich, und fragte, *weißt du wohl, Sterblicher, was das war, was du da geprüft hast?* Der ganze Ton und Anstand, womit er dieses sprach, verkündigte nunmehr deutlich den Überirdischen. *Nein! Unsterblicher*, rief ich, indem ich mich vor ihm niederwarf, *ich weiß es nicht.* Denn auf mein Zettelchen wollte ich mich nun nicht mehr berufen.

Der Geist. So wisse, es war, nach einem verjüngten Maßstabe, nichts Geringeres als – *die ganze Erde.*

Ich. Die Erde? – Ewiger, großer Gott! und das Weltmeer mit allen seinen Bewohnern, wo sind denn die?

Er. Dort hängen sie in deiner Serviette, die hast du weggewischt.

Ich. Ach! und das Luftmeer und alle die Herrlichkeit des festen Landes!

Er. Das Luftmeer? Das wird dort in der Tasse mit destilliertem Wasser sitzen geblieben sein, und mit deiner Herrlichkeit des festen Landes? Wie kannst du so fragen? Das ist unfühlbarer Staub; da an deinem Rockärmel hängt welcher.

Ich. Aber ich fand ja nicht eine Spur von dem Silber und Gold, das den Erdkreis lenkt!

Er. Schlimm genug. Ich sehe ich muß dir helfen. Wisse: mit deinem Feuerstahl hast du die ganze Schweiz und Savoyen, und den schönsten Teil von Sizilien herunter gehauen, und von Afrika einen ganzen Strich von mehr als 1000 Quadratmeilen vom Mittelländischen Meer bis an den Tafelberg völlig ruiniert und umgewendet. Und dort auf jener Glasscheibe – o! soeben sind sie herunter geflogen – lagen die Kordilleren, und was dir vorhin beim Glasschneiden ins Auge sprang, war der Chimborasso.

Ich verstund und schwieg. [...] Aber eine neue Bitte dachte ich, vergibt dir wohl dieses verklärte *Vater-Gesicht*: O! rief ich aus, großes, unsterbliches Wesen, was du auch bist, ich weiß du kannst es, vergrößere mir ein Senfkorn bis zur Dicke der ganzen Erde, und erlaube mir die Berge und Flöze darauf zu untersuchen bis zur Entwickelung des Keims, bloß der Revolutionen wegen. Was würde dir das helfen? war die Antwort. [...] Hier nimm diesen Beutel, prüfe was darin ist, und sage mir was du gefunden hast. [...] Als ich den Beutel aufzog, fand ich ganz wider meine Erwartung, ein Buch in einem nicht glänzenden einfachen Bande. Die Sprache und Schrift desselben waren keine der bekannten, und obgleich die Züge mancher Zeilen flüchtig angesehen, ziemlich so ließen, so waren sie es, näher betrachtet, doch ebensowenig als die verwikkeltsten. Alles was ich lesen konnte, waren die Worte auf dem Titelblatt: *Dieses prüfe mein Sohn, aber chemisch, und sage mir was du gefunden hast.* Ich kann nicht leugnen, ich fand mich etwas betroffen, in meinem weitläuftigen Laboratorio. Wie? sprach ich zu mir selbst, ich soll den Inhalt eines Buchs *chemisch* untersuchen? Der Inhalt eines Buchs ist ja sein Sinn, und chemische Analyse wäre hier Analyse von Lumpen und Druckerschwärze. Als ich einen Augenblick nachdachte, wurde es auf einmal helle in meinem Kopf, und mit dem Licht stieg unüberwindlich Schamröte auf. O! rief ich lauter und lauter, ich verstehe, Ich verstehe! Unsterbliches Wesen, O vergib, vergib mir; ich fasse deinen gütigen Verweis! Dank dem Ewigen daß ich ihn fassen kann! – Ich war unbeschreiblich bewegt, und darüber erwachte ich.«[9]

Lichtenbergs Gleichnis aus dem Traum ist unschwer gedeutet. Wenn die Erde ein Buch ist, dessen Schriftzüge zwar sichtbar, aber für uns nicht zu entziffern sind, so wäre chemische Analyse genau *die* Methode, die den Sinn des Buches namens Erde nicht erschließen hilft, sondern geradewegs zerstört, bloß um nachzuweisen, daß es aus der und der Materie besteht. Die Warnung, die Lichtenberg mit seinem 1793 im *Göttinger Taschen Calender* veröffentlichten Traum an seine gelehrten Mitbürger richtet, ist phänomenal. Innerhalb nur einer Generation hat sich der Traum von den »Freuden der Erkenntnis« in den Alp-Traum von den Risiken der Erkenntnis verkehrt, in einen Warn-Traum vor den Grenzen der Erkenntnis zurückverwandelt, von denen Frühaufklärer überzeugt waren. Wie man den *Traum* auch immer verstehen will: Er ist ein bewegendes Dokument, mit dem das 18. Jahrhundert Abschied nimmt, ein Jahrhundert, das, gottgläubig oder nicht, noch den Respekt des Naturwissenschaftlers vor der Schöpfung kannte, die Selbstreflexion des Wissenschaftlers, der sich der Verantwortung seines Tuns bewußt war. Auf Lichtenberg gewendet: die Vision eines Wissenschaftlers, der bei aller Kritik an der rationalistischen Erweiterung der Wissenschaft das »Ich denke, also bin ich« niemals verteufelte, andererseits jedoch in den nötigen Gedankengang den *Eigensinn* des Gefühls, des Traums, die findigen Sprünge der Phantasie mit aufnahm. Das war nicht Vorwegnahme romantischer Naturphilosophie. Es war einmal wenigstens die Überwindung des verheerenden Denkschemas, an dem wir heute noch kranken.

1 Georg Christoph Lichtenberg: *Excerpta physica et mathematica.* Ungedrucktes Manuskript, Staats- und Universitätsbibliothek Göttingen, Ms. Licht VI, 55.

2 Lichtenberg (wie Anm. 1).

3 Georg Christoph Lichtenberg: *Von einer neuen Art die Natur und Bewegung der elektrischen Materie zu erforschen. Erste Abhandlung.* In: *Vermischte Schriften.* Hrsg. von Ludwig Christian Lichtenberg und Friedrich Kries. 9 Bde. Göttingen 1800-1806, Bd. 9, S. 49-80. Hier zit. nach SB 3, S. 27.

4 Johann Bernhard Hermann an Jean Paul im März 1789; s. Eduard Berend: *Eine Charakteristik Lichtenbergs.* In: Zeitschrift für Bücherfreunde. NF V (1914), S. 392.

5 Brief an Georg Heinrich Hollenberg von [Ende September 1781].

6 Georg Christoph Lichtenberg: *Über die Weissagungen des verstorbnen Hrn. Superintendenten Ziehen zu Zellerfeld.* In: GGA 1780, St. 40 vom 30. September, S. 165-168, und in: Hannoverisches Magazin 1780, St. 85 vom 23. Oktober, Sp. 1345-1354. – Ders.: *Noch ein Wort über Herrn Ziehens Weissagungen.* In: GMWL 2 (1781), S. 309-311.

7 Lichtenberg: *Noch ein Wort [. . .]* (wie Anm. 6), S. 311 f.

8 Georg Christoph Lichtenberg: *Fortsetzung der Betrachtungen über das Weltgebäude. Von Cometen.* In: GTC für 1787, S. 81.

9 Georg Christoph Lichtenberg: *Einige Betrachtungen über vorstehenden Aufsatz, nebst einem Traum.* In: GTC für 1794, S. 134-145. Hier zit. nach SB 3, S. 108 ff.

Ulrich Joost

»Schmierbuchmethode bestens zu empfehlen«

Sudelbücher?

Wenn heute der Name Georg Christoph Lichtenbergs außerhalb der Fachwelt genannt wird, kommt unweigerlich die Antwort: »ach ja, die Aphorismen«. Lichtenberg teilt nämlich das Schicksal einiger Schriftstellerkollegen, die ohne ihr Wissen oder Zutun unter ein Etikett gerieten, für das sie nichts konnten noch wollten. Möglich wurde das in seinem Fall, weil er zu dem seltsamen (und seltenen!) Typus von Schriftsteller gehört, der als Autor von der Nachwelt wegen anderer Texte geschätzt wird als von seinen Zeitgenossen. Geheimgehaltene Texte sind das bei Lichtenberg, von denen bis zu seinem Tod keiner eine Ahnung hatte, während die zu Lebzeiten bekannten kaum dauerhafte Wirkung zeitigten und alsbald in die Literaturgeschichte eingesargt wurden. Neben Lichtenbergs ausgebreiteter Korrespondenz sind heute eben diese Aufzeichnungen, die ›Sudelbücher‹, als einziger Bestandteil seines Werks noch allgemein bekannt.

»Ich habe schon lange an einer Geschichte meines Geistes so wohl als elenden Körpers geschrieben, und das mit einer Aufrichtigkeit die vielleicht manchem eine Art von Mitscham erwecken [wird], sie soll mit größerer Aufrichtigkeit erzählt [werden] als vielleicht irgend einer meiner Leser glauben wird. Es ist dieses ein noch ziemlich unbetrettner Weg zur Unsterblichkeit [...]. Nach meinem Tod wird es der bösen Welt wegen erst heraus kommen.« (SB 1, F 811)

Nicht alles an dieser Notiz Lichtenbergs stimmt ganz, und doch trifft alles in einem höheren Sinne wahrheitsgemäß zu. Zwar war zu dem Zeitpunkt, als die Notiz entstand, ihr Verfasser schon 35 Jahre alt, und es lagen Notizen aus einem Jahrzehnt vor. Eine landläufige Lebensbeschreibung, die man zu seiner Zeit so betitelt hätte, war das aber nicht, was er da konzipierte, und die Welt, die es dann nachher zu lesen bekam, zeigte sich alles andere als böse, jedenfalls nicht über diese Texte, sondern nahm Lichtenbergs Eröffnungen mit ungeteilter Aufmerksamkeit, Sympathie oder doch zumindest widerwilliger Bewunderung auf.

Als die Nachlaßverwalter Lichtenbergs, erst sein Freund und Verleger Johann Christian Dieterich, dann sein Bruder Ludwig Christian und sein Schüler Friedrich Kries, jene Aufzeichnungen aus dem Dunkel der privaten Sphäre hoben, da fand sich so etwas wie eine fortlaufende intellektuelle Autobiographie: ein permanenter Einblick in den geistigen Haushalt Lichtenbergs, leicht durchsetzt mit Ausgriffen ins Körperliche, weniger noch ins Faktische der aktuellen historischen Außenwelt.

Drei Jahrzehnte hindurch hatte sich Lichtenberg regelmäßig in Merkbüchern jene Gelegenheitsnotizen aufgezeichnet, unbezweifelbar auch mit der erklärten Absicht, die eigene geistige Entwicklung möglichst genau abzubilden: »Es ist sehr gut alles was man denkt, rechnet und dergleichen in besondere Bücher zu schreiben, de[re]n Wachstum anzusehen unterhält den Fleiß, und gibt einen Neben-Bewegungsgrund ab aufmerksam zu sein.« (SB 1, D 366) Ja, er wünschte sich das von allen großen Menschen – »Wenn man jetzt Newtons Schreibbücher hätte« (SB 1, J 26) – und wollte es zum Erziehungsgrundsatz erheben, daß alle Kinder ihre Aufzeichnungen aufzuheben hätten. Sich selbst und seinen eigenen Aufzeichnungen gegenüber ist er dabei auch schon einmal ganz historisch geworden – was Wunder über einen solchen Zeitraum: »Wenn ich«, schreibt er vermutlich um 1795, »zuweilen in einem meiner alten Gedankenbücher einen guten Gedanken von mir lese, so wundere ich mich, wie er mir und meinem System so fremd hat werden können, und freue mich nun so darüber, wie über einen Gedanken eines meiner *Vorfahren.*« (SB 2, K 44)

Man hat wiederholt versucht, seine Aufzeichnungsbücher und die in ihnen demonstrierte Denk- und Darstellungsmethode in Verbindung zu bringen mit dem autopsychographischen Bekenntnisbuch seines pietistisch-erweckten Großvaters[1] oder mit den Redner-Florilegien und ihrer humanistisch-rhetorischen Schultradition;[2] dazu ließe sich noch das Beobachtungsbuch des Astronomen und das Laborbuch des Physikers stellen. All das ist gewiß nicht oder höchstens falsch, insofern die jeweilige Antwort als die ausschließlich gültige angenommen würde. Jede einzelne würde nämlich nur einen Teil der komplizierten Gesamtfrage lösen. In diesen fast einzigartigen Aufzeichnungen haben wir alles vereinigt: mnemotechnische Übung des studierenden und zugleich denkenden Lesers, geistige Ökonomie des produzierenden Schriftstellers, psychologisches Bekenntnis unter einem nachgerade zwanghaften Schreibbedürfnis des säkularisierten ›Beobachters seiner selbst‹, innovative Leistung, die sich selbst heuristische Methode ist, des modernen Physiker-Philosophen – und dies in allen Lebenslagen und für alle Lebensfragen.

*

Lichtenberg hat einen permanenten, sich im Laufe seines Lebens sogar allmählich steigernden Trieb zur schriftlichen Äußerung gehabt, der auch keineswegs durch Vorlesungs- und Publikationstätigkeit oder Korrespondenz je zu befriedigen war. Nie hat er offenbar ihn zu mindern, wohl aber sukzessive diese Aufzeichnungen zu ordnen sich bemüht, indem er unterschiedliche Hefte und Bücher und innerhalb von diesen unterschiedliche Rubriken anlegte.

Er benutzte vom Buchbinder angefertigte Halblederbände in Handschriftenfolio oder -quartformat, die er auf dem Deckel oder der ersten Seite fortlaufend mit einem Großbuchstaben markierte. Diesen Buchstaben zitierte er bei Querverweisen – und diese Benennung haben die Lichtenberg-Forscher und -Liebhaber sich heute zu eigen gemacht.

Überliefert ist die Folge ab C, bei seinem Tode war Lichtenberg sinnigerweise bei L angelangt. Damals existierten ›A‹ und ›B‹ vielleicht schon nicht mehr. Was heute diesen Namen führt, sind chronologisch ungefähr passende Notizhefte – ob Lichtenberg sie verloren oder selbst beseitigt hat und, wenn letzteres zuträfe, aus welchem Grunde, darüber läßt sich nur spekulieren. G, H und der größte Teil von K (nur die Deckel mit je ein paar Blatt sind von diesem Buch erhalten) wurden irgendwann zwischen 1844 und 1896 von der Hauptmasse des Nachlasses abgetrennt und sind seither bis heute verschollen. Von ihnen kennen wir also nur die von Lichtenbergs Bruder publizierte Auswahl, die die Söhne dann erweiterten. Die Verluste der Originale haben zu mannigfacher Legendenbildung geführt: In die Zeit von G und H fallen zwei Liebesaffären Lichtenbergs, woraus man folgern zu müssen glaubte, daß die Familie wegen irgendwelcher Intimitäten, die in den verlorenen Büchern zu suchen seien, sie vernichtet habe. Das ist natürlich nicht völlig ausgeschlossen, redet doch der Enkel schon von den »libri prohibiti«, den ›verbotenen Büchern‹. Aber irgendeine Wahrscheinlichkeit hat es angesichts der besonderen geistigen Struktur der erhaltenen

Sudelbücher, von denen man auf die verlorenen schließen möchte, auf keinen Fall. Aus den Deckeln, die als einziges von K mit ein paar daran hängenden Blättern überliefert sind, wurde sogar eine sonst nicht gut zu begründende gewaltsame Aktion geschlossen – als die typische Bruchstelle beim Franzband ist gerade diese Überlieferung ein buchanatomisch völlig normaler Fall.

Die Anordnung der Notizen, die man in ihrer ganzen Unordnung der *chronologischen* Folge fortlaufend lesen muß, demonstriert aufs genaueste Lichtenbergs Universalität und sein Bemühen, das Wissen und Denken einer sich bereits trennenden Geisteswelt zusammenzuhalten, zugleich aber auch dessen Scheitern: Zunächst standen die eher literarischen und schönwissenschaftlichen Bemerkungen in stetem Wechsel mit den physikalischen und naturwissenschaftlich-philosophischen Aufzeichnungen. Allmählich perfektionierte Lichtenberg sein differenziertes Verfahren. Zuletzt füllte er die Bücher von vorn beginnend und arabisch paginiert mit den schöngeistigen und allgemeinen Notizen, denen er von hinten gleichzeitig, die Seiten jetzt römisch gezählt, die naturwissenschaftlichen Eintragungen entgegenlaufen ließ – ungefähr in der Mitte dann trafen sich die beiden Abteilungen.

Mit einer Auswahl der Eintragungen in diesen Merkbüchern eröffnete der ältere Bruder Ludwig Christian Lichtenberg 1800 die neunbändige postume Edition der *Vermischten Schriften*; Georg Christophs Söhne erweiterten in ihrer Ausgabe 1844 den Bestand noch ein wenig. In einer wissenschaftlichen Edition wurden sie jedoch erst 1902-1908 durch den Germanisten Albert Leitzmann publiziert – nicht nur in diesem Sinne bekam Helmut Heißenbüttel dann recht, daß er Lichtenberg zum »ersten Autor des 20. Jahrhunderts« ernennen wollte, die Sudelbücher, fortlaufend gelesen, zum ersten modernen Roman.[3] Heute kennen wir anderthalb Tausend Druckseiten im Oktavformat mit rund 8000 Notizen.

Lichtenbergs Nachlaß, den Albert Leitzmann 1896 bei Lichtenbergs Nachfahren aufstöberte, wurde 1908 von der Familie auf Leitzmanns Anraten hin der Göttinger Universitätsbibliothek übergeben. Die hat bald den bedeutenden Wert erkannt und sich seither bemüht, ihn durch die Erwerbung von Briefen und einzelnen abgesprengten Stücken zu vervollständigen – so daß mit Ausnahme des Notizheftes ›Noctes‹ in Familienbesitz und einiger abgesprengter Blätter in Privathand alle derzeit bekannten und noch erhaltenen Tage-, Notiz- und Sudelbücher sich dort befinden. Und vieles mehr: rund 350 Briefe von Lichtenberg, 600 an ihn, viele Tausende Handschriftenseiten und Notizzettel aus den Vorlesungen, Fragmente und Vorstudien.

Aber zurück zu den Sudelbüchern. Sie auch nur annähernd nach ihren Gegenständen zu beschreiben, müßte im Ansatz scheitern; zu vielfältig sind die Themen, die Lichtenberg behandelt. Mit den ›Pfennigs Wahrheiten‹, wie Lichtenberg seine Eintragungen einmal nannte (SB 1, F 1219), dieser Melange aus bloßen Lesefrüchten und Exzerpten, fremden und (zumeist) eigenen witzigen und paradoxen Formulierungen, Metaphern, Wortspielen, nachdenklichen Einfällen und selbstanweisenden Betrachtungen aus allen Bereichen des Lebens und Geistes, insbesondere mit seinen naturwissenschaftlich-philosophischen Fragen und Reflexionen, zeigt er sich als einer der genauesten Beobachter und originellsten Köpfe seiner Zeit. Auch als Philosoph, nicht zuletzt, weil er auch hier die eigene ›antisystematische‹[4] Art zu denken demonstriert, überhaupt zeigte, wie man denken solle,[5] und vor allem lehrte, ›Wahrheit zu finden‹ (Bw 3, Nr. 1747).[6] Die enorme Dichte und Gerafftheit des Ausdrucks, die Präzision der Darstellung erreicht ihre Ideale, den Stil Gotthold Ephraim Lessings, die Nüchternheit Plutarchs, die Eleganz und den Witz François Marie Arouet de Voltaires und die Sinnlichkeit Laurence Sternes. So erscheint Lichtenberg mit seinen Aufzeichnungen zugleich auch als Meister der Sprache und Begründer des modernen deutschen Aphorismus, als den man ihn gern bezeichnet hat. Zu Recht, weil viele dieser Notizen sich auch einem strengen und allgemein gefaßten Aphorismusbegriff subsumieren lassen und diese dann tatsächlich zu den Meisterstücken der deutschen Kunstprosa zählen; zu Unrecht, denn mit den späteren Fragmenten der Romantiker, mit Goethes *Maximen und Reflexionen*, Karl Gustav Jochmanns *Erfahrungsfrüchten* oder Johann Gottfried Seumes *Apokryphen* und *Obolen* haben die Lichtenbergischen Aufzeichnungen wenig oder nichts zu tun; zu Unrecht aber auch, insofern er selbst wie auch seine Zeitgenossen einen ganz anderen, traditionellen Begriff von der Subgattung ›Aphorismus‹ hatten. Soweit ich sehe, hat erstmals Heinrich Laube 1839 vom ›Aphoristischen‹ dieser Aufzeichnungen gesprochen, dann haben kurz nacheinander Johann August Becker[7] und Friedrich Hebbel[8] 1849 sie direkt als Aphorismen bezeichnet.

Für Lichtenberg selbst war der Aphorismus wie seit der Antike gebräuchlich ein kurzer, zumeist naturwissenschaftlicher oder medizinischer Lehrsatz; auch hat er einmal eine fragmentarisch-stichworthafte Bemerkung mit diesem Ausdruck umschrieben. »Aphorismus« begegnet viermal bei ihm, weitere dreimal als bloße Titelangabe beim Exzerpieren, nirgendwo aber auf jene Texte angewandt, die man dann nachher so genannt hat – seine eigenen Aufzeichnungen nämlich.[9] Und am Ende steht er keineswegs in der Tradition der französischen Moralistik, der Luc des Clapiers Vauvenarge, François la Rochefoucauld oder Sébastien-Roch Nicolas Chamfort, des ›berühmten witzigen Kopfs‹ (SB 2, K 130), oder Michel Eyquem Montaignes, den er gelesen und sehr geschätzt hatte, jedoch nicht seiner Form zuliebe. Jenen fehlt das für Lichtenbergs Texte konstitutive Element des Möglichkeitssinns, als dessen grammatische Signatur Albrecht Schöne über weite Strecken den Konjunktiv nachgewiesen hat. Gewiß lassen sich ›Blüten deutscher Aphoristik‹ aus seinen Sudelbüchern ohne große Mühe isolieren, und dieses Schicksal hat ja denn auch sein Werk, begünstigt durch seine Meisterschaft in der kleinen Form, erfahren – indem es überwiegend in handlichen Anthologien aus seinen Sudelbüchern verbreitet ist, die das Ganze kaum zu ahnen erlauben – Selbstbedienungsladen für Politikerreden und Kalenderrückseiten (und Ausstellungsmacher).

Gattungsgeschichtlich stellen die ›Sudel‹bücher damit den Literaturwissenschaftlern einige Probleme: Ist es der einzelne Text oder die Gesamtheit des Buchs oder gar aller Bücher, die das ›Werk‹ ausmachen? Dürfen die Texte nach Sachgruppen sortiert werden oder nur in ihrer chronologischen Folge? Dürfen oder müssen sie kontextfrei gelesen werden?

Die Germanistik requirierte sie für sich durch das Etikett ›Aphorismen‹ (Leitzmann als Titel seiner Edition). Die nach Wolfgang Promies' Vorschlag heute gern gewählte Bezeichnung ›Sudelbücher‹, wie Lichtenberg selber sie einige Male (aber zutiefst selbstironisch) nannte,[10] führt freilich ein wenig in die Irre: Die Eintragungen sind nichts weniger als ›gesudelt‹, sondern vielmehr sauber geschrieben; selbst die Streichungen, fast ausschließlich Sofortkorrekturen, sind nicht geklittert und zahlenmäßig nicht umfangreicher als etwa in seinen Briefen. Die auf den Faksimiles hier und da sichtbaren Randauszeichnungen (mit Bleistift und Rötel) stammen von früheren Herausgebern: Lichtenbergs Bruder, vielleicht Friedrich Kries, dem Sohn Christian Wilhelm, der für die Redaktion der Ausgabe 1844 zuständig war, ja selbst Leitzmanns Hand habe ich ein paarmal entdeckt.

Auch die von Lichtenberg noch verwendeten Ausdrücke, wie ›Klitterbuch‹ (SB 1, E 46), ›Hausbuch‹,[11] ›Exzerpten-Buch Sparbüchse‹ (SB 1, J 471) und ›Schmierbuch‹ (SB 1, F 1219), sind größtenteils ironisch zu verstehen, als Untertreibung, womit er lediglich die konstruktive Unordnung, das künstliche Nebeneinander des organisch wachsenden und gewachsenen Erfahrungsschatzes charakterisieren wollte. Man hat daher seinen eigenen Ausdruck ›Gedankenbuch‹ (SB 2, K 44) empfohlen[12] oder den Ausdruck ›Merkbuch‹ als eben nicht von Lichtenberg benutzt vorgeschlagen.[13] Beides erscheint als literaturhistorisches Schlagwort so wenig plakativ, trifft auch das Charakteristische und das Einmalige dieser Texte so wenig, daß es wohl weiterhin bei ›Aphorismen‹ und ›Sudelbüchern‹ bleiben wird – und mag, solange die jeweils andere Bezeichnung immer mitgedacht wird.

1 Paul Requadt: *Lichtenberg.* 2., erw. Aufl. Stuttgart 1964. (= Sprache und Literatur 13; 1. Aufl. Hameln 1948). – Peter Pütz: *Lichtenberg und der Pietismus.* In: Deutsche Beiträge zur geistigen Überlieferung 7, 1972, S. 110-121. Johann Philipp Lichtenbergs Hausbuch selbst ist von Wilhelm Diehl in Auszügen bekannt gemacht: *Hessische Chronik 1*, 1912, S. 21-27, 132-136, 145-148.

2 Requadt (wie Anm. 1). – Heinz Gockel: *Individualisiertes Sprechen. Lichtenbergs Bemerkungen im Zusammenhang von Erkenntnistheorie und Sprachkritik* (= Quellen und Forschungen zur Sprach- und Kulturgeschichte der germanischen Völker NF 52). Berlin, New York 1973 – Manfred Knauff: *Lichtenbergs Sudelbücher. Versuch einer Typologie der Aphorismen.* Dreieich 1977. – Gert Ueding: *Beredsamkeit aus der Erfahrung – Georg Christoph Lichtenbergs Sudelbücher.* In: Photorin 9, 1985, S. 1-18.

3 Helmut Heißenbüttel: *Georg Christoph Lichtenberg – der erste Autor des 20. Jahrhunderts?* In: Aufklärung über Lichtenberg. Hrsg. von Wolfgang Promies. Göttingen 1974, S. 76-92.

4 Günther Patzig: *Über den Philosophen Lichtenberg.* In: Zum 175. Todestag des Göttinger Physikers, Schriftstellers, Philosophen Georg Christoph Lichtenberg. Ausstellung im Städtischen Museum Göttingen [Katalog]. Hrsg. von Waldemar Röhrbein. Göttingen 1974, S. 45-51.

5 Bernhard Seuffert in einer Rezension von Friedrich Lauchert: *G. Chr. Lichtenberg's schriftstellerische Tätigkeit in chronologischer Uebersicht dargestellt.* Göttingen 1893. In: Euphorion 1, 1894, 163.

6 Alexander v. Humboldt an Lichtenberg, 3. Oktober 1790.

7 An Arthur Schopenhauer, 25. August 1849; vgl. Bernd Achenbach in: *Das 2. Lichtenberg-Gespräch in Ober-Ramstadt 1977.* Hrsg. von Otto Weber. Ober-Ramstadt 1982, S. 19ff.

8 In einer Rezension *Literarische Weihnachtsgeschenke* in der »Reichszeitung« vom 23. Dezember 1849.

9 SB 2, H 175: »aphoristische Kürze«; SB 2, J 1647: »Aphorismen über die Physik«. – Entwurf einer Satire »Für das Göttingische Museum« (SB 3, S. 570). – An Christian Heinrich Zimmermann 1797 (Bw 4, Nr. 2809). – Als Bezeichnung der Baconschen Aphorismen noch SB 1, J 1068 und 1074. – Johann Gottfried Immanuel Bergers (philosophisch-theologische) Aphorismen werden SB 1, L 90, S. 864 genannt. – Ernst Platners philosophische Aphorismen besaß Lichtenberg (vgl. *Bibliotheca Lichtenbergiana.* Hrsg. von Hans Ludwig Gumbert. Wiesbaden 1982, Nr. 1378).

10 SB 1, D 668, E 46 und 150; SB 1, E 389: »Hudelbücher«; schließlich noch auf dem Titel von ›Sudelbuch‹F (vgl. Katalog-Nr. **6**).

11 An Gottfried Hieronymus Amelung, 24. März 1786 (Bw 3, Nr. 1426); Tagebuch 17. Dezember 1793 (SB 2, SK 569); ferner Rotes Buch (vgl. Katalog-Nr. **15**), p. 19 (unveröffentlicht).

12 So der Titel einer in mehreren Auflagen verbreiteten Anthologie: *Lichtenberg. Gedankenbücher.* Hrsg. von Franz H. Mautner. Frankfurt a. M. 1963.

13 So Gumbert. In: *Georg Christoph Lichtenbergs Fragmente einer Trink- und Rauschlehre (Pinik und Methyologie).* Hrsg. von Hans Ludwig Gumbert. Privatdruck o. O. 1983, S. 31; verschiedentlich in Anschluß an Otto Deneke: *Lichtenbergs Leben.* München 1944.

1
Georg Christoph Lichtenberg:
Älteste Notizhefte.
[**Sudelbuch ›A‹**].
Mit A bezeichnet die Lichtenbergforschung seit Albert Leitzmanns Edition die fünf ältesten Hefte mit Aufzeichnungen Lichtenbergs – Bücher mit seiner eigenen Buchstabenbezeichnung sind erst ab dem Buch C überliefert, und seine Markierungen bei den Heften 2 und 5 mit griechischen Kleinbuchstaben war entweder nicht konsequent durchgehalten oder läßt auf den Verlust von mindestens zwei weiteren Heften schließen. Alle fünf sind erkennbar nicht vom Buchbinder, sondern (vermutlich von Lichtenberg selbst) aus gefalzten Kanzleibögen (ca. 33 × 21 cm) selbstgefertigt. Leitzmann publizierte 1902 eine Auswahl aus ihnen; Wolfgang Promies wiederholte diese zunächst 1969 (SB 1), ergänzte dann 1971 (SB 2) die ausgelassenen Stücke (so ist SB 1, A 1 in Wahrheit der 2. Eintrag).
A Heft 1, markiert [γ], 28 Seiten, 16,5 × 10,5 cm; beginnt »Wenn 2 Flächen [...]« (SB 2, A 142), schließt mit »Der Tod [...]« (SB 1, A 53).
A Heft 2, 24 Seiten, 16,5 × 10,5 cm, etwas dunkleres Papier, Seiten 5-20 bläuliches Packpapier; beginnt »Den 8ten Mai 1766. HE Untzer beweißt [...]« (SB 1, A 54), schließt mit »Regen, Schnee Winde folgen [...]« (SB 2, A 192).
A Heft 3, 20 Seiten, 17,5 × 10,5 cm; beginnt »Um ein Stückgen Fleisch [...]« (SB 1, A 92), schließt mit »Vielleicht ist ein Gedanke der Grund [...]« (SB 1, A 123). Da dieses Heft keinen Datierungsanhalt bietet, hätte es ebensogut vor Heft 2 angesetzt werden können.
A Heft 4, 16 Seiten, 16,5 × 10,5 cm, Originalfaden, der nur bei diesem Heft schwarz war, zerstört; von Lichtenberg paginiert; beginnt »Den 5. Nov. 1769 Wir werden in den Sonnenstäubgen [...]« (SB 2, A 216), schließt mit »Es giebt gerade das Verliehren [...]« (SB 1, A 131).
A Heft 5, markiert [δ], 20 Seiten, 16,5 × 10,5 cm, von Lichtenberg paginiert, davor 4 unpaginierte leere Seiten; beginnt »Den 25. Febr. 1770. Was ist es, das macht [...]« (SB 1, A 132), schließt mit »Es wäre zu untersuchen [...]« (SB 2, A 262).

Wenn zwey Flächen ad und und ac zusammen
gesezt ~~sind~~ und beyde ZE. Quadrate sind, die Linien
zu finden in denen das Auge liegen muß, wenn sie die beyden
Flächen gleich groß sehen soll, sind die beyden Quadrate
gleich groß, so wird dieses allzeit erfolgen, wenn sich das
Auge in derjenigen Fläche befindet, die den Winckel, den die
beyden mit ein ander machen halbiret. Ist aber das Eine grö-
ser, als das andere, oder das eine ein Recktangulum, so
wird die Linie krumm werden und zwar gar von einer
doppelten Krümmung, dieses Krümmung wird verschiedene
Gestalten bekommen, nachdem sich die Voraussezzung än-
dert zum Ex. die beyden Quadrate immer so zu sehen,
daß sich die Fläche des einen zu der Fläche des andern
verhält wie 2 : 3. u. s. w.
Der grose Kunstgriff kleine Abweichungen ~~für~~ von
der Wahrheit für die Wahrheit selbst zu halten, worauf
die gantze Differential Rechnung gebaut ist, ist auch
zu gleich der Grund unser wizzigen Gedancken, wo offt das
Ganze hinfallen würde, wenn wir die Abweichungen
in einer philosophischen Strenge nehmen würden.
Das ~~Au~~ Wort Auer muß so viel als wild bedeuten
ZE. Auer = Ochs, Auerhahn, villeicht liese sich etwas
auf die Nahmen Auerbach, Auerstett schliessen.
Wenn jemand der den Grund davon nicht anzu[-]
geben wüste auf einmal übersehn könte, wie alle unsere
Kirchen senckrecht auf der Richtung der Magnet = Nadel
stehen, so würde er villeicht auf artige Hypothesen verfallen.
SON (Sonne) ist eine Sonne zwischen einem S (:Süd.)
und einem N (:Nord). MON (:Mond) ist ein Mond
zwischen einem M (:Mittag) und einem N (Norden)

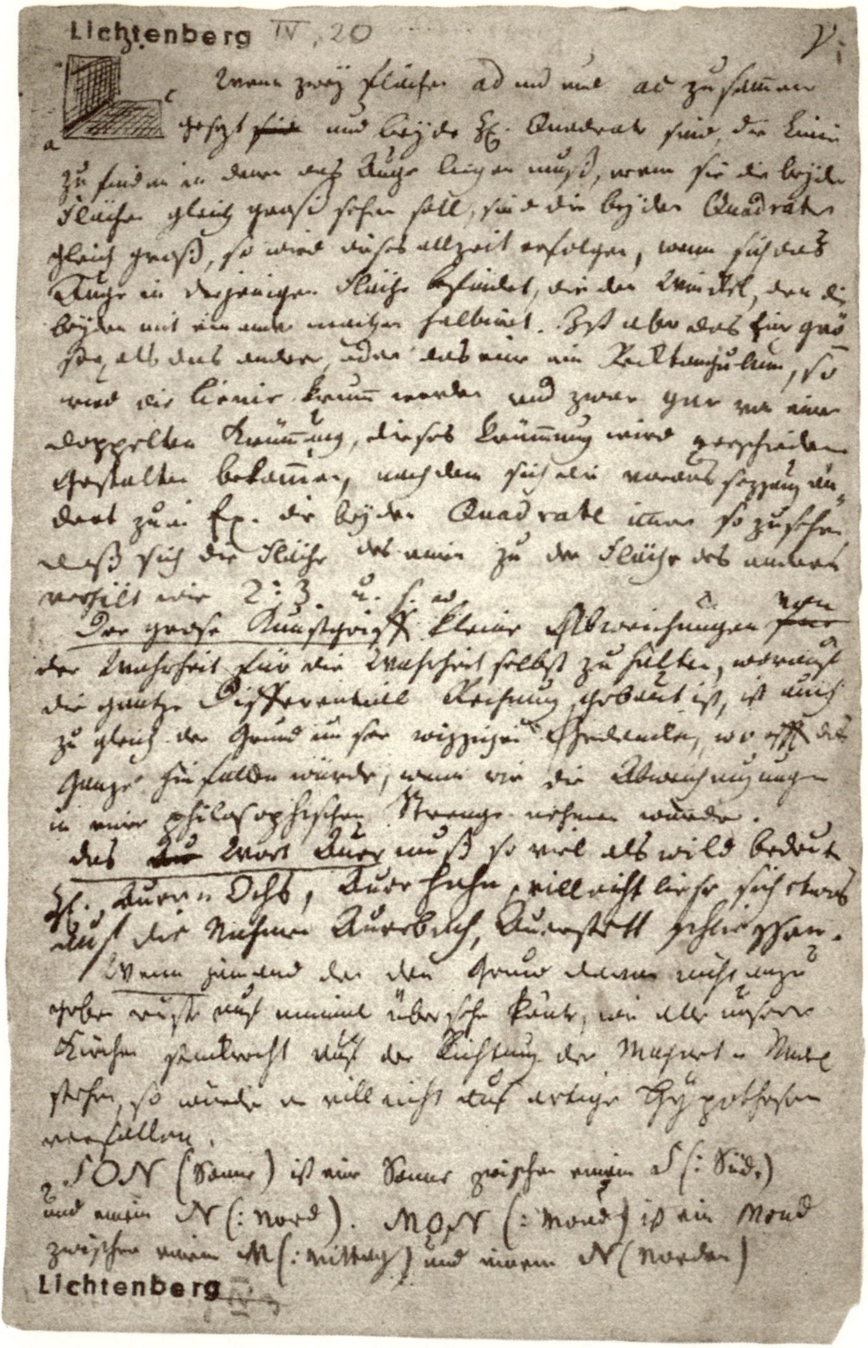

Göttingen, Niedersächsische Staats- und Universitätsbibliothek, Cod. Ms. Licht. IV, 20-24

Spätestens seit dem Winter 1764/65 notierte Lichtenberg seine Gedanken, Zitate und fachwissenschaftlichen Überlegungen in Hefte, später in Schreibbücher. Die ›originalen‹ Sudelbücher A und B sind entweder schon zu Lichtenbergs Lebzeiten verlorengegangen oder haben gar nicht existiert. Lichtenberg hätte dann von Beginn seiner Buchstabenmarkierung (Buch C) die alten Hefte als Ersatz angesehen, sie aber nicht mit Buchstaben bezeichnet; dagegen spricht freilich, daß etwa bei D die Markierung erkennbar nachträglich ist. Die fünf als A bezeichneten Hefte Lichtenbergs enthalten wissenschaftliche Zitate und Exzerpte (zu Mathematik, Physik, Metereologie, Astronomie und anderen Naturwissenschaften) noch mit nichtwissenschaftlichen Einträgen in freier Folge vermengt. [UJ]

Philosophen und lernt erkennen was Wein
ist, Wie sich verhält thierischer Genuß zum
platonischen - - - ~~Genuß~~ Genuß
so der Rausch des Fuhrmanns und des Tam=
bours, zu einer Verfassung hat, die Vor dem
unplatonischen Rausch vorher geht, als die feine
Liebe vor dem noch zweifelhafften Genuß,
und für welche ich nun kein Wort wagen will.
Jeder Mensch hat auch seine moralische
back side, die er nicht ohne Noth zeigt, und
die er, so lange als möglich mit den Hosen
des gutAnstandes zudeckt. [Wilhelm Lichtenberg:] I. 225
In dem Hause, wo ich wohnte hatte ich den Klang
und die Stimmung jeder Stufe einer alten höltzernen
Treppe gelernt, und zu gleich den Tackt, in welchen
sie jeder meiner Freunde, der zu mir wolte, schlug,
und, ich muß gestehen, ich bebte allemal, wenn /sie von/ ein/em/ paar
Füßen ~~sie~~ in einem unbekannten Ton herauf
/ge/spielt~~en~~ wurden. [WL:] I 15
νοῆσαι τε ὀξὺς, καὶ τὸ νοηθὲν ἐπιθελέσαι
ταχὺς, ein großer Charackter, den Herodian dem Kayser
Severus beylegt.
Charackter einer /mir/ bekannten Person
Ihr Körper ist so beschaffen, daß ihn auch ein schlechter
Zeichner im dunckeln besser zeichnen würde, und stünde
es in ihrem Vermögen, ~~so würde~~ ihn zu ändern, so
würde sie manchen Theilen weniger relief geben.

2
Georg Christoph Lichtenberg:
»Jocoseria. 11. Junii 1768«.
[**Sudelbuch ›B‹**].
Umschlag aus stark zerstörtem, bläulich-grauen Packpapier, Markierung »B« auf der Vorderseite nicht von Lichtenberg. Das zweite Umschlagblatt enthält Buchtitel, Exzerpte und einen poetischen Übersetzungsversuch nach Samuel Butlers *Hudibras*. 166 Seiten = 15 Lagen starkes Aktenpapier, von Lichtenberg paginiert (versehentlich Seiten 112-121 doppelt): Seiten 1-153. Format 20,7 × 17 cm, nur die erste Lage ist geheftet, Seiten 67-74 aus feinerem, weniger steifem Papier mit den Maßen 21,2 × 17,2 cm (etwas größer).
Göttingen, Niedersächsische Staats- und Universitätsbibliothek, Cod. Ms. Licht. IV, 26
Das Buch B überschneidet sich chronologisch mit den fünf Notizheften A; die erste Hälfte stammt aus der Zeit vor A Heft 4 (1769) und A Heft 5 (1770) und reicht bis ins Jahr 1771. Wie der lateinische Titel (Scherz – Ernst) besagt, enthält dies Sudelbuch keine fachwissenschaftlichen Einträge; es kündigt sich hier schon an, daß Lichtenberg sie konsequent von den nichtphysikalischen räumlich trennen wollte.
[UJ]

Philosophie und Kunst erkennen, was Genie ist. Wie sich verhält theoretischer Genuß zum platonischen ——— ~~Wunsch~~ Genuß, so der Wunsch des Sachverständigen und des Kenners zu einer Vorstellung hat, die vor dem unplatonischen Wunsch vorher geht, als die seine Liebe vor dem noch zweifelhaften Genuß, und für welche ich nun kein Wort wagen will.

Jeder Mensch hat auch seine moralische backside, die er nicht ohne Noth zeigt, und die er ~~so~~, so lange als möglich mit den Hosen des guten Anstandes zudeckt. I, 226 74

In dem Hause, wo ich wohnte, hatte ich die Klingel und die Stimmen jeder Stufe einer alten hölzernen Treppe gelernt, und zugleich den Takt, in welchem sie jeder meiner Freunde, der zu mir wollte, schlug, und, ich muß gestehen, ich bebte allemal, wenn sie einmal von Füßen ~~sie~~ in einem mir unbekannten Ton gespielt wurde. I 15 21

νωθής τε ὤν, καὶ τὸ νωθρὸν ἐπιτηδεύων, ein großer Charakter, den Herodian dem Kaiser Macrin beylegt.

Charakter einer mir bekannten Person 77

Ihr Körper ist so beschaffen, daß ihn auch ein schlechter Zeichner im Dunkeln besser zeichnen würde, und stünde es in ihrem Vermögen, ~~sie würde~~ ihn zu ändern, so würde sie manchen Theilen einiges relief geben.

3
Georg Christoph Lichtenberg: »The whole man must move together / d. XXVII. Julii 1773 / Stadae«.
Sudelbuch »C«.
88 Seiten in Papierumschlag (zusammen also 92), von Lichtenberg nur bis Seite 87 paginiert (57 doppelt); 19,5 × 16 cm; im Umschlag vorn innen ein eingeklebter Zettel von der Hand Heinrich Christian Boies.
Göttingen, Niedersächsische Staats- und Universitätsbibliothek, Cod. Ms. Licht. IV, 27
Das erste von Lichtenberg selbst mit dem Buchstaben »C« beschriftete Heft, ab diesem und bei allen weiteren die Bezeichnung mit Buchstaben regelmäßig. Es wurde im September 1772 begonnen und reicht bis etwa Oktober 1773. Das Motto, das sich Lichtenberg schon im Buch B notiert hatte, stammt aus dem 6. Stück von Addisons *Spectator*.
[UJ]

Ein Jahr solte Billig dem andern immer in die Hand arbeiten, so aber, arbeiten immer einige zusammen etwas für sich, ohne Beystand der Vorhergehenden, der Ihnen auch unnütz seyn würde.

Neujahrswünsche für HE. D.
1)
Deutsch, unerschöpflich, rein
So wie dein Hertz, sey auch dein Wein;
Ein Mädchen gebe dir die Hand,
Reich, wie dein Witz und schön wie dein Verstand.

2)
Im Jenner müssest du ~~siegen~~ kriegen,
Im Hornung müssest du siegen
Und im December wiegen.

3)
Dir wünsch ich nichts, als ~~in mein~~ /dieses/ Hertz zu ~~sehen~~ kennen,
Was da für Wünsche für dich ~~stehen~~ brennen!

4)
Verlangst du Geld und einen Mann,
Mein schönes Kind, so wende dich
Des einen wegen /~~nur~~/ an ~~die~~ /den/ Himmel,
Des andern wegen nur an mich.

5)
Dir gab der Himmel was er kan
Schönheit und Geist, nur fehlt dir noch der Mann
O wolt er doch dieß jahr, ~~den kleinen~~ auch diesen Umstand heben
Und mir dazu die Vollmacht geben.

8) Ein Jeder sollte billig dem andern eine in der Gelegenheit arbeiten, so aber, arbeiten nur einige zusammen etwas für sich, ohne begehren der Verborgenheit, der ihnen auch nimmer seyn wird.

~~Nachschrift nicht für Sie.~~

Deutsch, unverfälschlich, rein
So wie dein Herz, sey auch dein Wein;
Ein Mädchen gebe dir die Hand,
Reich, wie dein Witz und schön wie dein Verstand.

2)

Im Jänner müssest du ~~steigen~~ beigen
Im Hornung müssest du singen
Und im December weinen.

3)

Dir wünsch ich nichts, als ~~in ein~~ dürstet Herz zu ~~sehn~~ kennen
Weil der für Deutsche für dich ~~sehr~~ brennen!

4)

Verlangst du Gold und einen Mann
Mein schönes Kind, so wende dich
Des einen wegen ~~nur~~ an den ~~[illegible]~~ Himmel
Des andern wegen nur an mich.

5)

Dir gab der Himmel was er kann
Schönheit und Geist, nur fehlt dir noch der Mann
So wollt er doch dir's jetzt, ~~[illegible]~~ auch diesen Umstand heben
Und mir dazu die Vollmacht geben.

4
Georg Christoph Lichtenberg: »Annotationes et Collectanea philosophica et physica«.
Sudelbuch »D«.
Pappband (ursprünglich Lederband) mit Kleisterpapierbezug und Lederrücken, 1990 restauriert, ca. 29,5 × 21 cm, 1 Blatt fliegender Vorsatz, 202 Seiten; 28,6 × 19,6 cm. Göttingen, Niedersächsische Staats- und Universitätsbibliothek, Cod. Ms. Licht. IV, 28
Das Buch war von Lichtenberg bereits 1772 als physikalisch-astronomisches Notizbuch begonnen worden und bis 1777 weitergeführt worden; der Titel, den Lichtenberg sofort in seine jetzige Gestalt brachte, sollte ursprünglich lauten: »Annotationes physicae«. Dieser Teil, den erstmals vollständig Promies in SB 2 mitgeteilt hat, enthält auf 108 Seiten mit großen Lücken (leere Seiten: 30-54, 61-80, 82-107) Notizen zur astronomischen Ortsbestimmung, eine Abschrift des im *Hannoverischen Magazin* gedruckten Polypenaufsatzes, ausführliche Exzerpte bis hin zu tagebuchartigen Aufzeichnungen in England – und vieles andere mehr. Den hinteren Teil, der auf Seite [109] beginnt, schrieb Lichtenberg vom Sommer 1773 bis Juni 1775; er ist das eigentliche Sudelbuch »D«; den Buchstaben selbst setzte Lichtenberg mit Tinte und offensichtlich nachträglich mitten auf die erste Seite [= Seite 109]. Von den 94 Seiten hat Lichtenberg 81 beschrieben und 73 selbst paginiert. Sie enthalten alle möglichen Notizen, die zweite Englandreise betreffend, sowie zahlrei-

Man darf nur bedencken, oder wenn dieses
zu weitläufftig seyn solte, nur als schon
von andern bedacht annehmen, daß pp.
Die 7 Weisen können genüzt werden.
Bilder wie: die Offenhertzigkeit schlägt der Danck=
barkeit ins Gesicht.
Er kan ehe man ein Vaterunser betet 10 Um=
stände aufzählen, seine Gedancken kommen ihm als
wenn sie ihm der Kobolt brächte.
Laß dich nicht anstecken, gib keines /andern/ Meinung
ehe du sie dir anpassend gefunden, für deine aus;
meyne lieber selbst.
Über die Büchertitul.
Man kan sicher bey verschlossenen Augen in
das erste beste Buch ~~eine~~ den Finger auf eine Zeile
legen, und sagen hierüber ließe sich ein Buch
schreiben. ~~An~~ Wenn man die Augen auf=
thut, so wird man sich selten betrogen finden.
Man kan ~~es in dem~~ den Anschein, als
wisse man was, bey etwas Weltkenntniß so
~~sehr~~ fein auskünsteln, daß der pfiffigste
Physiognomische Hexenmeister mit allen seinen
Contrakünsten durchfallen müste. Auch schrifftlich
kan man es, ~~nicht~~ so wohl in Büchern als
in Criticken über Bücher, wo zum Glück ~~der Ort~~ /nicht Platz/
~~nicht~~ /genug/ ist, dasjenige hinzustellen, was öffters
der Recensent /selbst/ noch nicht hat und also nirgends
hinstellen könte. Daher haben wir in Deutschland
~~so viele vortrefflich Criticker und~~ kaum n
gute Schrifftsteller da gewiß
$\frac{1}{n}$ der Nation das Feld der Critick ~~unt[er]~~ bey
Ehre und Brod baut.
So närrisch als es dem Krebse vorkommen muß
wenn er den Menschen vorwärts gehen sieht.
Trostgründe wider eine bittere Recension.

Wieland sagt vom Shakespear (Merkur Tom: III
~~St 1.~~ p. 184): Wer hat in einem so hohen Grade
die Anschauungskrafft, welcher zu eben der Zeit, da
sie den gantzen Kreis der Menschheit umspannt
die feinsten Züge und die leichtesten Schattirungen
der Individual=Formen nicht entwischen? –
Ich kenne die Weisen der Griechen und Römer
und nicht von gestern her; aber ich kenne keinen
der Shakespearn an Kenntniß des Menschen
übertreffe: ich kenne unter allen Dichtern
keine größeren Dichter und unter allen Sitten[-]
lehrern keinen größern Sittenlehrer.
In eben diesem Werck, wiewohl von einem andern
Manne wird gesagt: im Götz von Berlichingen S. 57
die Stelle von der Beschreibung der Adelheid für
ein Muster vom erzählenden Dialog angegeben.
auch die S. 192 wird als ein Muster ange-
prießen ~~E~~wahre Empfindungen nicht durch eine
Fluth von Declamation zu überschwemmen.
Schlötzer hält den Tacitus für den grösten
Geschichtschreiber aller Zeiten.
Die Einwohner von Otaheite essen jeder
allein, und können nicht begreifen ~~warum~~
wie es möglich sey in Gesellschafft zu essen zu
mal mit den Weibern. Bancks wunderte
sich und fragte warum sie ~~nicht~~ allein äßen
sie sagten, sie thäten es weil es recht wäre,
warum es aber recht wäre, wolten und konten
sie nicht sagen.
Eben diese Einwohner schwimmen in den
stärcksten Brandungen, sie wissen unten durch
zu tauchen und kommen hinten wieder hervor
ehe die Welle sie an das Ufer werfen
kan. Der beste Europäische Schwimmer würde
hier unvermeidlich verlohren seyn, sagt
Banks. wie weit es Ubung bey dem Menschen
nicht bringen kan. Bancks ~~sagt~~ nennt
es supernatural. Der Mensch ist mit
Fähigkeit[en] begabt die sich nur bey zufälligen
Gelegenheiten äußern.

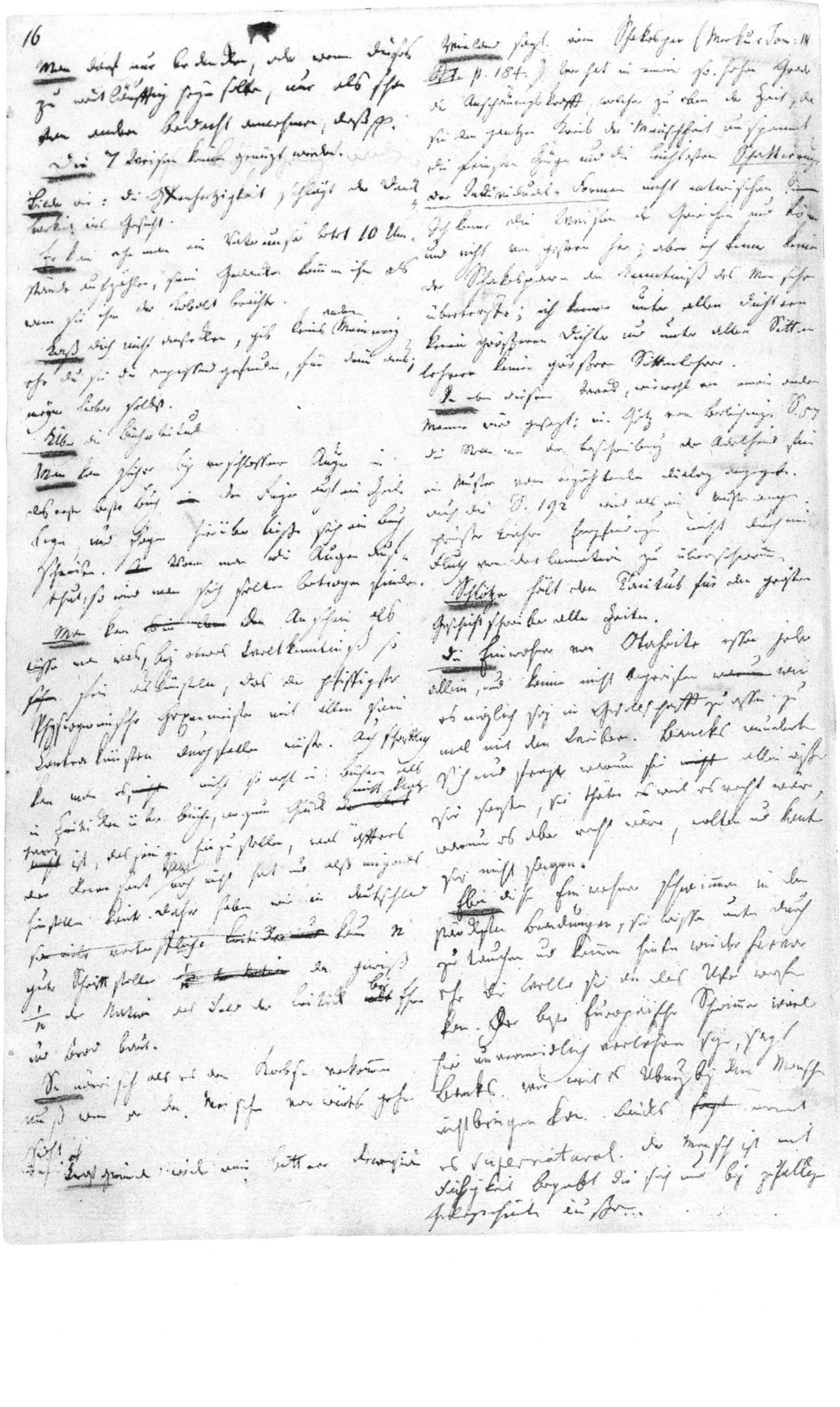

che Bemerkungen aus allen nichtphysikalischen Gebieten; unter den thematisch zusammengehörigen, über diesen Teil des Buchs verteilten Texten stechen die für die Satire *Parakletor* bestimmten hervor. (Der Name ist vom griechisch-lateinischen Paraklet abgeleitet: Helfer, Fürsprecher. Geplant war zunächst, das Rezensentenwesen, dann »die Originalgenies der Sturm- und Drangzeit aufs Korn zu nehmen«. Wie so vieles bei Lichtenberg blieb die Satire aber in diesen Entwürfen, vielen Bemerkungen in »E« und einigen weiteren Fragmenten (vgl. SB 3, S. 522-532) stecken.) Im Unterschied zu allen folgenden Sudelbüchern, deren hinten begonnene Rubriken ungefähr in der Mitte (im günstigsten Fall sogar zeitgleich) mit den vorn begonnenen zusammenstießen und damit auch bei unterschiedlichen Umfängen der Abteilungen den Raum optimal ausnutzten, laufen die wissenschaftlichen Eintragungen von »D« noch von der Mitte des Schreibbuchs nach hinten. [UJ]

5
Georg Christoph Lichtenberg: »Reise = Anmerckungen. v. G. C. L.«
Sudelbuch »E«.
Ganzpergamentband mit grünen Bändern zum Zubinden, 19,8 × 16 cm, von Lichtenberg mit Tinte auf dem Deckel und auch unten auf dem Titelblatt des vorderen Teils mit »E« bezeichnet. 178 Seiten, 1 Blatt mit aufgeklebtem Zettel, 19,5 × 15,8 cm. Zum vorderen Teil (den Reise-Anmerkungen) gehören die arabisch 1-53 paginierten Seiten (Seite 19 zweimal); die 123 Seiten des hinteren Teils (des eigentlichen Sudelbuchs »E«), laufen von hinten nach vorn, so daß die beiden Abteilungen in der Mitte zusammenstoßen. Dieser hintere Teil ist von Lichtenberg römisch I-XLIII, dann versehentlich LIV-CXXXI paginiert; er reicht noch bis auf die schon vorher paginierte Seite 54. Vorher liegen 2 Seiten mit englischen Maßen und Gewichten (beginnt schon auf dem hinteren Innendeckel).
Göttingen, Niedersächsische Staats- und Universitätsbibliothek, Cod. Ms. Licht. IV, 29
Die »Reise = Anmerckungen«, die erstmals Wolfgang Promies (SB 2) vollständig publizierte, beginnen am »15. April 1775 in London« und reichen bis etwa September dieses Jahres. »E« dagegen hat Lichtenberg im Frühsommer vermutlich in Anschluß an »D« begonnen, und bis April 1776 beschrieben; ab März beginnt eine regelmäßige Dateneinzeichnung, die er in »F« bis März 1777 fortsetzen wird und die den Büchern den Charakter eines geistigen Tagebuchs verleihen. Auch in »E« ist der *Parakletor* noch eins der durchlaufenden Themen. [UJ]

salutem plurimam
dixit
[diese lateinische Grußformel nicht von Lichtenbergs, vielleicht von Georg Forsters Hand]

price 1^{S} 8^{d}

Reise = Anmerckungen. v. G. C. L.
angefangen den 15ten April 1775. in London (*)

(*) Die Anmerckungen, die ich vor dieser Zeit gemacht, stehen theils in dem mit ~~Brau[nem]~~ Lösch Papier durchschossenen Buch in länglicht Octav, theils in dem Buch in Folio,worin die Betrachtungen stehen.

Zu lesen

Robinets Schrifften. Feder nennt ihn flüchtig.
Pascals pensées.
Hume's Abriß von dem gegen[-] wärtigen Zustand von GroßBrit.
Instruction detaillée pour porter les lunettes de toutes les differentes espaces au plus haut degre de perfection par Mr Nicolas Fuss. Petersburg 1774. 4to 1 Thaler 6 G[roschen]

~~omiahs~~ /omai/ Letter to the Queen of otaheite 2^{S}
Sterne's Letters.
a letter to Dr Priestley by Mr Seton.

E.

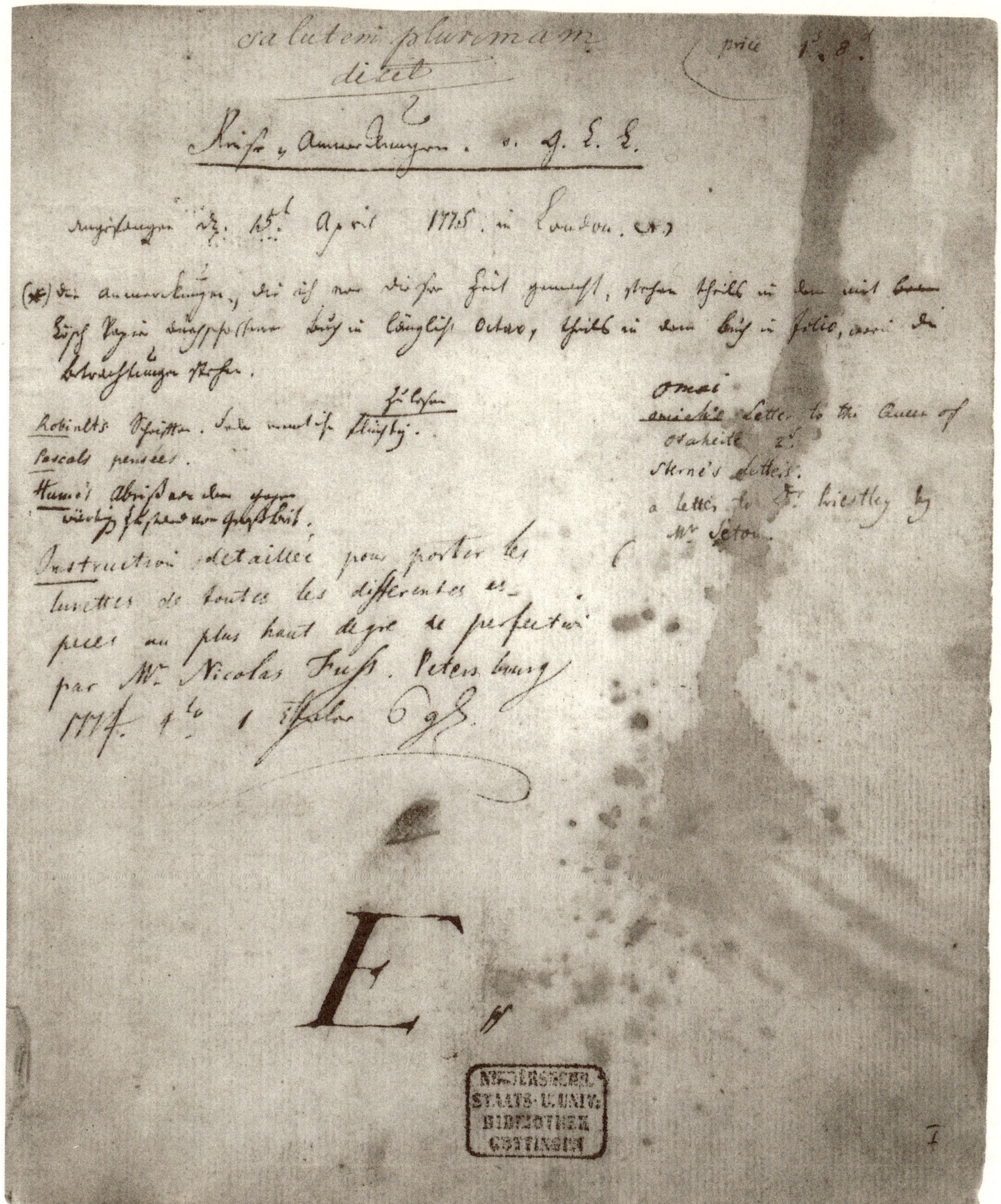
salutem plurimam
dicit
price 1 s. 8 d.
Reise Anmerkungen. v. G. C. L.
angefangen d. 15t. April 1775. in London. (*)
(*) Die Anmerkungen, die ich vor dieser Zeit gemacht, stehen theils in dem mit blau Papier überzogenen Buch in länglich Octav, theils in dem Buch in folio, wie die Überschriften zeigen.
Robinets Schriften. Sehr nützlich zu lesen
Pascals pensees.
Humes Abriß von dem gegenwärtigen Zustand von Großbritannien
Instruction detaillée pour porter les lunettes de toutes les differentes especes au plus haut degré de perfection par Mr. Nicolas Fuss. Petersburg 1774. 4to. 1 thaler 6 gr.
Omai's Letter to the Queen of Otaheite 2 s.
Sterne's letters.
a letter to Dr. Priestley by Mr. Seton.
E
NIEDERSÄCHS. STAATS- U. UNIV. BIBLIOTHEK GÖTTINGEN
1

6
Georg Christoph Lichtenberg:
Sudelbuch »F«.
Pappband mit gesprenkeltem Kleisterpapierbezug und Lederrücken, 25,8 × 20,2 cm, 1 Blatt, 150 Folio-Seiten (von Lichtenberg paginiert 1-69, 69, 70-106, 106, 107-113, 115-148 und 150); auch die Innendeckel sind – zumeist mit Lektürenotizen – beschrieben.
Göttingen, Niedersächsische Staats- und Universitätsbibliothek, Cod. Ms. Licht. IV, 30
Das Sudelbuch »F« beginnt »grünen [Donnerstag] 4. April 1776« und wird »geschlossen den 28. Jenner 1779«; die letzten Einträge (Messungen) stammen vom März 1780. Dies Buch führt als einziges Lichtenbergs Bezeichnung in kalligraphischen Buchstaben auf dem Titel, über den er in E reflektiert hatte: Das ist zutiefst ironisch, denn die meisten Sudeleien stammen gar nicht von ihm selbst, sondern von seinen Herausgebern. Auf den vorderen Innendeckeln oder den Titelblättern finden sich z.B. Arbeitsvermerke des Bruders Ludwig Christian Lichtenberg (»Durchgesehen«) oder des Sohnes Christian Wilhelm, etwa 35 Jahre später: »Erledigt [Datum]«. Auch die Rötelauszeichnung stammt vermutlich von Ludwig Christian: Zumeist nur Unterstreichung des 1. Wortes einer Eintragung, gelegentlich eine Klammer um die ganze an ihrem linken Rand und oft mit einem kleinen Kreis. Sie scheinen als Hinweis für die Abschrift bestimmt, nach deren Vollzug der ganze Eintrag mit Bleistift durchstrichen wurde. Unter diesen übernommenen Texten ist von Christian Wilhelms Hand später die Fundstelle in der ersten Ausgabe der *Vermischten Schriften* vermerkt.
Eins der durchlaufenden Themen der Notizen vor allem im späteren Verlauf von »F« ist die geplante Polemik gegen Johann Kaspar Lavater und seine *Physiognomischen Fragmente* sowie die gegen den königlich großbritannischen Leibarzt und Schriftsteller Johann Georg Zimmermann (1728-1795), die zu einer großen satirischen Kampfschrift vereinigt werden sollten.

[Wilhelm Lichtenberg:] Durchgesehen den 12 Dec. [18]43

~~Quinti~~ Lucii Sectani Satyrae
Der Noch lebende Pater Cordara in Rom
ist der Verfasser. vid Björnståhl T. II.
p. 77.
Fabroni
Tongatabou.

[Wilhelm Lichtenberg:] Hierin viel gegen Lavater.
Erledigt
24/9 [18]42
WL

Sudel = Buch
Göttingen am grünen [Donnerstag] 1776. den $4^{\underline{ten}}$ April.

F.

Höhe des Brockens über dem Horizont von Ilsenburg 2645, 48 Pariser Fuß, oder etwa 2820 Englische. (nach HE. Zimmermann und falsch:)

[**Sudelbuch »G«**] und [**Sudelbuch »H«**].
Die Handschriften der Sudelbücher G und H wurden in der Zeit zwischen 1844 und 1896 vom Gesamtnachlaß abgesprengt und sind seither verschollen. Aus den Querverweisen, die Lichtenberg von anderen Aufzeichnungen her auf die Sudelbücher richtete, läßt sich ablesen, daß spätestens H eine arabische und eine römische Paginierung und damit höchstwahrscheinlich auch eine Gegenstandstrennung hatte, wie Lichtenberg sie von J bis L konsequent einhielt: in allgemeine Aufzeichnungen einerseits und naturwissenschaftlich / philosophische andererseits. Für die Ausgabe der *Schriften und Briefe* hat Wolfgang Promies in Band 2 versucht, sie zu rekonstruieren; er hat dabei G 241 Einträge (von 1779 bis 1783), die sich schwerpunktmäßig auf Sprache, Wortwitz, das Schreiben überhaupt, Literatur, die Bücherwelt und das Rezensentenwesen beziehen, dem Buch H 205 Einträge für die Jahre 1784-1788 (davon circa 30 »Physikalische und philosophische Bemerkungen«) zugeordnet. [UJ]

Durchschossen

S 12 Dec. 43

Lucii ~~Quinti~~ Sectani Satyra.
der vortreffliche Pater Cordara in Rom ist der Verfasser. v. d. Göttingische p. 11.
Fabroni p. 11.

Tongatabou.

Sudel-Buch

Göttingen angefangen d. 4. April 1776.

F.

Höhe des Brockens über den Horizont von Ilsenburg 2645,48 Pariser Fuß, oder etwa 2820 englische. (nach H. Zimmermann und selbst.)

7
Georg Christoph Lichtenberg:
Sudelbuch »J«.
Pappband mit Lederrücken, 26,1 × 18,5 cm, Deckelbeschriftung von Lichtenberg »J«. 1 Blatt, 278 Seiten je in zwei Spalten beschrieben, von Lichtenberg ist der vordere Teil arabisch paginiert 1-143, der hintere Teil römisch I-CXVII. CXVII. CXVIII-CXXXII; auch die Innendeckel sind beschrieben.
Göttingen, Niedersächsische Staats- und Universitätsbibliothek, Cod. Ms. Licht. IV, 31
Das auf dem Deckel J bezeichnete Foliobuch reicht vom 1. Januar 1789 bis zum 26. April 1793: »Lat. Seiten Zahlen geschlossen d. 26. Apr. 1793.«, »Dieses geschloss. eodem die«. Der vordere, arabisch paginierte Teil, Seiten 1-143, trägt innen die Überschrift: »d. 1. Jan. 1789. Vermischte Einfälle, verdaut und unverdaute, Begebenheiten, die mich besonders angehn, auch hier und da Excerpte, und Bemerckungen, die an einem andern Ort genauer eingetragen oder sonst von mir genüzt sind«. Er enthält neben zahlreichen fachwissenschaftlichen Notizen und Alltags-Memoranden auch eine Anzahl tagebuchartiger Eintragungen über den Gesundheitszustand sowie zahlreiche Bemerkungen zu den Hogarth-Erklärungen. Der andere Teil, von hinten nach vorn beschrieben und römisch paginiert, von Dezember 1789 bis Februar 1792, heißt: »Vermischte Anmerckungen (eigentlich blos Fingerzeige) für Physic und Mathematic.« Hier stehen (neben der entsprechenden Sparte des Buches L und wie diese erstmals von Promies in SB 2 vollständig mitgeteilt) die wichtigsten und tiefsten philosophischen und naturwissenschaftlichen Bemerkungen Lichtenbergs. Rund 140 davon hob er durch lateinische Buchstaben von dem sonst durchgängig in deutscher Schrift Festgehaltenem als grundsätzlicher ab. Sie könnten das Kernstück für das immer geplante und wiederum nie vollendete »eigene Kompendium« gewesen sein. [UJ]

Hadleyscher Octant.
Hauptsatz.
Der Winckel M den der Strahl FD vom Gegenstand mit dem vom 2ten Spiegel AC reflectirten GD am Auge D macht, ist noch einmal so groß als der Winckel N, den die beyden Spiegel zusammen machen.
Beweiß
o = n + x, weil er ein äusserer Winckel des [Dreiecks] GEC ist, dessen einan[der] entgegen gesezten x und n sind.
20 + p = 2x + m + p, nemlich beyde zweye Rechte.
folglich 20 = 2x + m und aus der ersten
Gleichung 20 = 2x + 2n, also
m = 2n
Bey der gewöhnlichen Observation von vornen, sind die Spiegel AC und BC einander parallel, wenn die Alidade auf null steht. Für die Beobachtung von Hinten ist noch ein dritter Spiegel an gebracht, der mit /dem/ ersten festen einen rechten Winckel macht, und folglich auch mit dem Alidaden Spiegel, wenn diese auf Null steht. Dieser Spiegel ist in der Mitte getrennt, daß ich zugleich hindurch sehen ~~und~~ kan. Steht also die Alidade auf 0 und ich sehe in diesem dritten Spiegel den Horizont hinter mir abgebildet, so macht dieser reflecktirte Strahl mit dem vom hintren Horizont, wenn er nach meinem Auge ~~ge~~ komt einen Winckel der noch einmal so groß ist, als der Winckel, den die Spiegel machen, da nun dieser Winckel = 90° ist so machen diese Strahlen ein[en] von 180° und ich sehe durch den Spiegel durch vor mir den Horizont. Steht nun die [Sonne] 30° Grade hoch und ich sehe durch den Spiegel durch nach ihr, und drehe die Alidade so lange bis ich den hintren Horizont sehe, so werden die Spiegel einen ~~Wick~~ Winckel von ~~1~~75° Machen, ich werde ~~so~~ also den Alidaden Spiegel um 15° verrückt haben, weil aber diese 15° in 30 Theile getheilt sind, so giebt auch hier der octant die Höhe.
Ueber die Winde wundere ich mich nicht, aber über die Windstillen.
Gleich an die Grentzen der Wissen[-]schaft zu gehen. Es lässt sich bald lernen wo es noch fehlt.
Was den Fortgang der Meteorologie Hauptsächlich hindert, ist, daß die Erscheinungen nur durch ihre Größe bemerck[-]lich werden, und also in unsern Laboratoriis nicht gut nachgemacht werden können, oder uns im kleinen entgehen; Hieraus erhellt die offt gegebne Regel:
Alles zu vergrössern und zu sehen was entstehen könte wenn man Eigenschaften wachsen lässt, und die grösten Dinge abnehmen zulassen in eben der Absicht. Dieses ist eine fruchtbare Mutter neuer Gedancken. Wenigstens gehören die größten Entdeckungen dahin, sie sind aber schwerlich durch dieses Mittel gemacht worden.

Hadleyscher Octant.

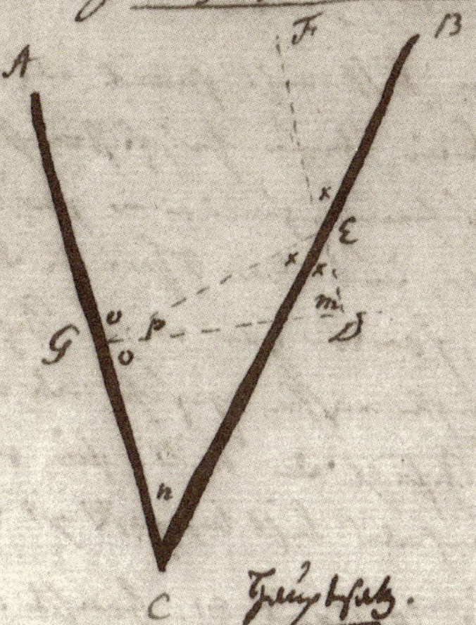

Hauptsatz.

Der Winkel m/, den der Strahl FD vom Gegenstand mit dem vom 2t. Spiegel AC reflectirten GD am Auge D macht, ist noch einmal so groß als der Winkel n, den die beyden Spiegel zusammen machen.

Beweiß.

$o = n + x$, weil o ein äußerer Winkel des Δ GEC ist, dessen innere entgegengesetzte x und n sind.

$2o + p = 2x + m + p$, nemlich beyde zwey Rechte.

folglich $2o = 2x + m$ und eben der erste

gleichfalls $2o = 2x + 2n$, also

$m = 2n$.

Bey der gewöhnlichen Observation werden, sind die Spiegel AC und BC einander parallel, wenn die Alidade auf null steht. Zu der Beobachtung [illegible] Grades ist noch ein dritter Spiegel angebracht, der mit dem großen festen einen rechten Winkel macht, und folglich auch mit dem Alidaden Spiegel, wenn diese auf null steht. Dieser Spiegel ist in der Mitte getrennt, daß ich zugleich hindurch sehen kann. Steht also die Alidade auf 0 und ich sehe in diesem dritten Spiegel den Horizont hinter mir abgebildet, so macht dieser reflectirte Strahl mit dem vom hinteren Horizont, wenn er nach meinem Auge kommt einen Winkel der noch einmal so groß ist, als der Winkel, den die Spiegel machen, da nun dieser Winkel $= 90^{\circ}$ ist so machen diese Strahlen einen von 180° und ich sehe durch den Spiegel durch vor mir den Horizont. Steht nun die ☉ 30° hoch und ich sehe durch den Spiegel durch nach ihr, und drehe die Alidade so lange bis ich den hinteren Horizont sehe, so werden die Spiegel einen ~~[illegible]~~ Winkel von 175° machen, ich werde ~~[illegible]~~ also den Alidaden Spiegel um 15° [illegible] haben, weil aber diese 15° in 30 getheilt sind, so giebt auch hier der Octant die Höhe.

Die Winde wunder ich mich nicht, aber über die Windstillen.

Gleich an die Grentzen der Wissenschaft zu gehen. Es läßt sich bald lernen wo es noch fehlt.

Und der Fortgang der Meteorologie gänzlich hindert, ist, daß die Gegenstände [illegible] durch ihre Größe [illegible] und also in unseren Laboratorien nicht gut nachgemacht werden können, oder nur im kleinen nachgeahmt; hierauf [illegible] die oft gegebene Regel:

Alles zu vergrößern und zu sehen was entstehen könte wenn man Eigenschaften wachsen läßt, und die größten Dinge abnehmen zu lassen in eben der Absicht. Dieses ist eine fruchtbare Mutter neuer Gedancken. Wenigstens gehören die größten Entdeckungen dahin, sie sind aber schwerlich durch dieses Mittel gemacht worden.

8
Georg Christoph Lichtenberg:
Sudelbuch »K«.
Pappband, früher mit Lederrücken, heute mit Kalikogewebe geflickt, 25,8 × 18,7 cm; auf dem Deckel markiert »K«. Nur von der ersten Lage das von Lichtenberg arabisch (7, 8) paginierte Blatt 4 und von der letzten Lage 4 Blatt (eins unbezeichnet, drei römisch paginiert I-VI); der restliche Buchblock ist verloren.
Göttingen, Niedersächsische Staats- und Universitätsbibliothek, Cod. Ms. Licht. IV, 32
Von Sudelbuch K, geführt von Ende April 1793 (der hintere Teil ist eröffnet: »den 27 April 1793.«) bis jedenfalls zum Beginn von L (also etwa bis September 1796), sind nur der Deckel und lose Blätter jeweils der ersten und letzten Lage erhalten. Aus dem wenigen Erhaltenen und den Querverweisen von den anderen Aufzeichnungen her läßt sich aber ablesen, daß dies Sudelbuch etwa ebenso dick war wie J und L und ebenso aufgebaut: zweispaltig beschrieben, mit zwei einander entgegenlaufenden Abteilungen, die sich in der Mitte trafen. Es muß einen Umfang von wenigstens 162 arabisch und wenigstens 80 römisch gezählten Seiten gehabt haben. K gehört mit den ganz verschwundenen G und H zu den »libri prohibiti« (verbotenen Büchern), wie ein Enkel Lichtenbergs die Aufzeichnungen des Großvaters ganz oder teilweise bezeichnete, die zu Spekulationen über den Grund ihres Verschwindens und damit etwa dem präsumptiven Inhalt Anlaß gaben. Daß der Block absichtlich herausgerissen und von den Nach-

In Ainsworth's ~~deu~~ englisch und lat.
Wörterbuch steht Gottingen auf lateinisch
Gottinga, Tuliphurdum, was soll
das Tuliphurdum heißen? Tuli
furtum doch nicht wegen der Silber-
stufe.
Hier müssen Sie nicht an unsere
Hannöverschen Pferde gedencken mit
den Cartoffel = Gesichtern, hier ist
zwar Hals und Rücken in einer Linie
allein die Augen, alles, der Weingeist
selbst (Rennpferde)
Einer bedient sich des Worts: solche,
solches alle Augenblick.
Wenn mich die Herrn Recensenten loben
und mir ihre Porträte einsenden, so will
ich sie alle vor den 5ten Band in
Kupfer stechen lassen.
Er tranck die Cur in Phantasiren
und baute sie sich in Lufftschlössern.
Bey vielen Menschen ist das Verse
machen eine Entwicklungs Kranckheit
des menschlichen Geistes.
Je größer und weitaussehender der
Plan ist in den eine Revolution hinein
gehört desto, desto mehr Leiden verursacht
sie denen die darin begriffen sind, in =
dem es nicht jedermanns Sache ist selbst
wenn er es übersieht, sich durch den Ver-
stand mit Gedult zu stärcken, und die-
ses um so weniger, je ungewisser es
ist,
ist ob er noch die Früchte davon genießen
werde. Aber eben dieselbe Kurtzsichtig-
keit, die den Menschen unfähig macht
die großen Plane der Vorsehung zu
überschauen, verstattet auch den weise-
sten Regierungen nicht auf dem sanfften
Wege, den sie mit Recht einschlagen
große Zwecke zu erreichen, ja da es
natürliche Pflicht ist immer nur das
zu wählen was uns gut dünckt, so
ist es unmöglich zum Vortheil der Welt
Wege einzuschlagen der Millionen
fürs gegenwärtige unglücklich macht.
Der Mensch ist nur da die Oberfläche
der Erde zu bauen, den Bau und die
Reparaturen, der mehr in die Tiefe
geht behält sich die Natur selbst
vor. Dieser Bau ist ihm nicht anver-
traut. Erdbeben die Städte um[-]
kehren kan er nicht machen und wenn
er sie machen könte würde er sie
gewiß am unrechten Ort anbringen.
Ich bin sehr geneigt zu glauben daß
es mit unsern - - archien und Kra-
tien eben so geht. Was der Pfluck
und die Axt thun kan das können
~~wir wenn~~ und müssen ist für uns
aber nicht was den Erdbeben ~~ge~~
den Ueberschwemmungen und den Orkanen
zugehört, und vermuthlich, ja gewiß
eben so nützlich und so nöthig ist. Wenn

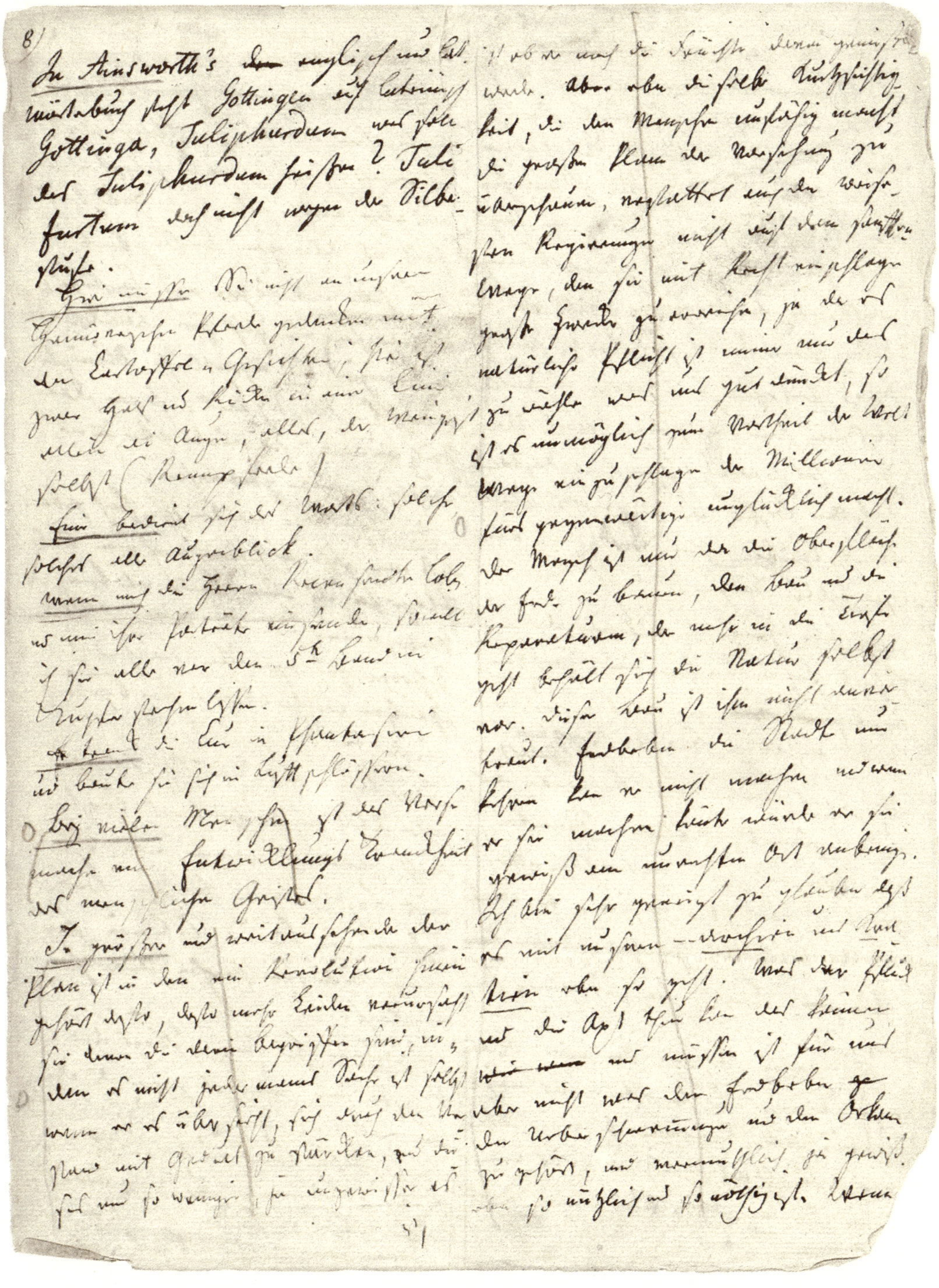

fahren beseitigt, wohl gar vernichtet worden sei, weil K zu viele Einträge über Lichtenbergs ›geheimgehaltene erotische Beziehung‹ zu »Dolly« enthalten haben möchte, entbehrt aller Grundlage: Tatsächlich weiß man über Rang und Charakter des Verhältnisses von Lichtenberg zu dem im Tagebuch so bezeichneten mutmaßlichen Dienstmädchen nichts Konkretes – aber sehr wohl, daß in den Sudelbüchern sonst fast nie Liebesverhältnisse und Gefühlsverstrickungen erwähnt wurden. Bei Überlieferung von Deckeln und spezifischen Blättern haben wir es vielmehr mit dem klassischen buchanatomischen Tatbestand zu tun, daß beim Franzband die maximale Belastung hinter der ersten bzw. vor der letzten Lage (bei Quart hat die Lage 4 Blätter oder 8 Seiten) liegt und der Block sich dort allemal zuerst von den Deckeln trennt.

Wie bei G und H hat Wolfgang Promies in SB 2 versucht, den Inhalt aus den *Vermischten Schriften* zu rekonstruieren (mit den gleichen Unsicherheiten wie dort). Er hat 395 Bemerkungen vermutungsweise zugeordnet, also höchstens ein Fünftel des sicher anzunehmenden ursprünglichen Bestandes. [UJ]

9
Georg Christoph Lichtenberg:
Sudelbuch »L 1796«.
Pappband mit türkisch marmoriertem Papier und Lederrrücken, ca. 26,2 × 18,5 cm, von Lichtenberg auf der Lederkante des Deckels (und innen) beschriftet »L 1796«; erhalten sind 1 Blatt, 252 Seiten, davon 168 je in zwei Spalten beschrieben; Vorsatzpapiere und Schmutztitel; der vordere, von Lichtenberg arabisch 1-95 paginierte Teil (bis Seite 94 beschrieben) ist intakt; aus dem hinteren, von hinten zur Mitte beschriebenen, römisch III-IV, XI-LIV, LXXI-LXXXIII (letzte Seite unbeschrieben) paginierten, sind 24 Seiten ganz herausgerissen (I-II, V-X, LV-LXX), von einem Blatt (mit Seiten III-IV) die untere Hälfte – was eher den Eindruck ungeregelter Kinderhand als gezielter Zensur macht
Göttingen, Niedersächsische Staats- und Universitätsbibliothek, Cod. Ms. Licht. IV, 33
Die Eintragungen vorn reichen von »19 October 1796« bis unmittelbar vor Lichtenbergs Tod am 24. Februar 1799. Die nichtwissenschaftlichen Notizen zum Fortgang der Französischen Revolution und zugleich prinzipiellen politischen Fragen sowie zur Arbeit an den Hogarth-Kommentaren häufen sich in im vorderen Teil von L. Im römisch paginierten Teil setzen sich die philosophischen und physikalischen Einträge auf dem gleichen hohen Niveau von J fort. Auf den Vorsatzpapieren innen vermerkte sich Lichtenberg anzuschaffende Bücher und ob er diese gelesen hatte; ferner Adressen, Federproben, Kritzeleien. [UJ]

Für 1800: Beschäfftigungen der Neu[-]
fränckischen Naturforscher, von D^{r}
Bourquet 1tes Hefft. Berlin 1797.
In der Nacht vom 9ten auf den 10ten
Februar 99. träumte mir, ich speißte
auf einer Reise in einem Wirths[-]
hause, eigentlich auf einer Straße in
einer Bude, worin zugleich gewürfelt
wurde. Gegen mir über saß ein jun[-]
ger gut angekleideter, etwas windig
aussehender Mann, der ohne auf
die umher sitzenden und stehenden zu
achten seine Suppe aß. Aber immer
den 2ten oder dritten Löffel voll
in die Höhe warf, wieder mit dem
Löffel fieng und dann ruhig ver[-]
schluckte. Was mir diesen Traum
besonders merckwürdig macht, ist,
daß ich dabey meine gewöhnliche
Bemerckung machte, daß solche Dinge
nicht könten erfunden werden, man
müsse sie sehen. (Nämlich kein Ro-
manenschreiber würde darauf ver-
fallen) und dennoch hatte ich dieses
doch in dem Augenblick erfunden.
Bey dem Würfel Spiel saß eine
lange, hagere Frau und strickte.
Ich fragte, was man da gewinnen
könte: sie sagte: Nichts, und als ich
fragte, ob man was verliehren
könne, sagte sie: Nein! Dieses
hielt ich für ein wichtiges Spiel. [Wilhelm Lichtenberg:] II. 23

94 Für 1800: Bestättigungen der Neu
fränckischen Naturforscher, von dr
Bourguet 1tes Heft Berlin 1797.
In der Nacht vom 9ten auf den 10ten
Februar 99. träumte mir, ich speiste
auf einer Reise in einem Wirths
hause, eigentlich auf einer Poststube in
einer Stube, wo ein Tisch gedeckt
wurde. Gegen mir über saß ein jun-
ger gut angekleideter, etwas windig
aussehender Mensch, der ohne auf
die umher sitzenden und stehenden zu
achten seine Suppe aß. Aber nur
den 2ten oder dritten Löffel voll
in die Höhe warf, wieder mit dem
Löffel fing und dann ruhig ver-
schluckte. Was mir diesen Traum
besonders merkwürdig macht, ist,
daß ich dabey meine gewöhnliche
Bemerkung machte, daß solche Dinge
nicht leicht erfunden werden, man
müsse sie sehen. (Nämlich kein Ro-
manschreiber würde darauf ver-
fallen) und dennoch hatte ich dieses
doch in dem Augenblick erfunden.
Bey dem Würfel Spiel saß eine
lange, hagere Frau und strickte.
Ich fragte, was man da gewönne
könnte: sie sagte: Nichts, und als ich
fragte, ob man was verlieren
könne, sagte sie: Nein! Dieses
hielt ich denn ein wichtiges Spiel. II. 23

10
Georg Christoph Lichtenberg:
Κέϱας 'Αμαλϑείας, »Kéras 'Amaltheías«.
Notizbuch.
Kein Umschlag, 4 Lagen geheftet, 72 Seiten (die 1. und 3. Lage mit 5, die 2. und 4. Lage mit 4 Doppelblatt; von Lichtenberg paginiert 1-67) und ein ehemals eingeklebter, jetzt lose eingelegtes Blatt; ca. 16,8 × 10 cm.
Göttingen, Niedersächsische Staats- und Universitätsbibliothek, Cod. Ms. Licht. IV, 25
Dieses Heft, geführt in den Jahren 1765-1771, enthält über 300 kurze Auszüge aus Lichtenbergs Lektüre, Zitate und Fingerzeige zur methodischen Behandlung verschiedener Themen, aber nur wenige eigene Gedanken; bemerkenswert aber, wie noch nach Jahrzehnten einzelne Gebiete, die hier angesprochen sind, in Schriften und Briefen wieder hervortreten. Der Titel (»Kéras 'Amaltheías«), den Lichtenberg irrig mit dem für die lateinische statt griechische Betonung gesetzten Akzent schreibt, bezieht sich auf die Sage vom »Horn der [Ziege] Amaltheia«: weil die Ziege ihn genährt hatte, machte Zeus ihr Horn zum unerschöpflichen »Füllhorn«. Das Motto stammt aus Vergils »Aeneis« 11, 362: »Kein Heil ist im Krieg; um Frieden bitten wir *DICH* alle.«
[UJ]

aude quod times
time quod audes

[Federproben:]
S seini
Nulla
salus

Philurea

N
N

Κέϱας 'Αμαλϑείας

Nulla salus bello[,] pacem
TE poscimus omnis
[auf dem Kopf]
Philuris

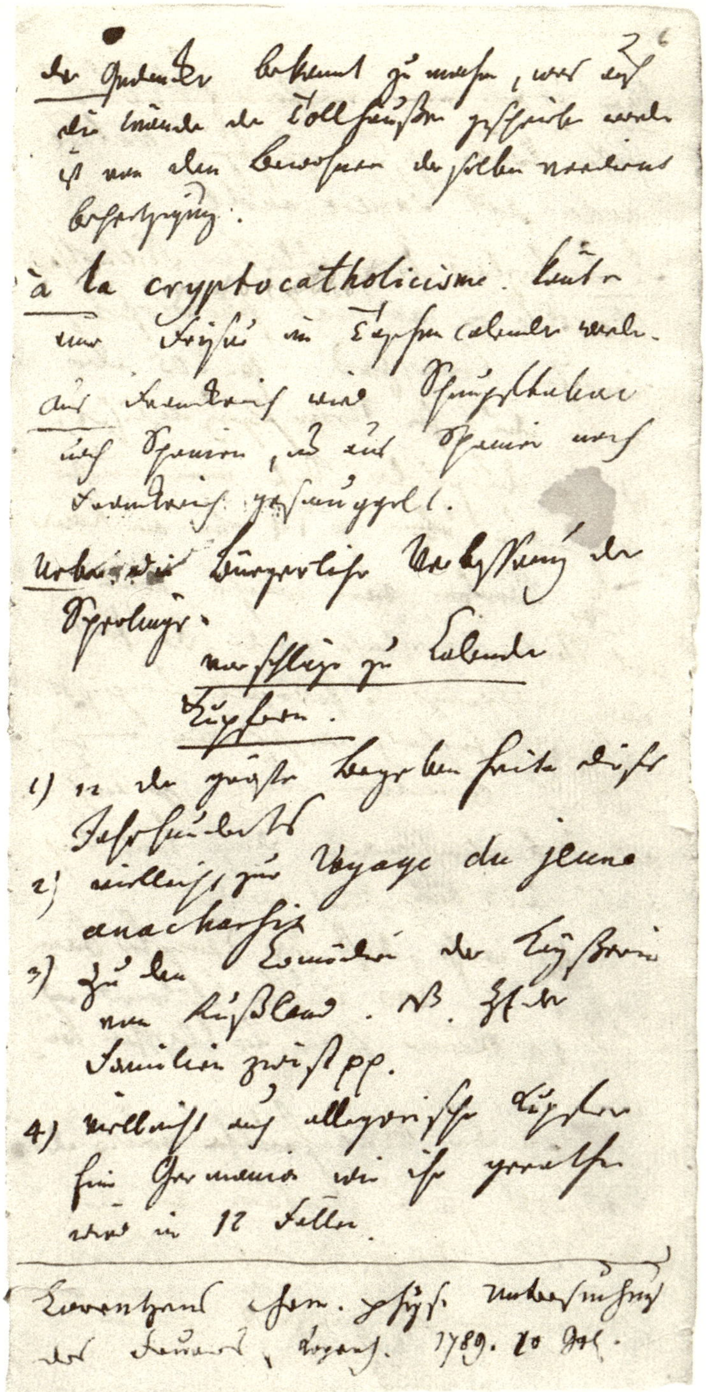

Den Gedancken bekannt zu machen, was auf die Wände der Tollhäußer geschrieben worden ist von den Bewohnern derselben verdient Behertzigung.
à la cryptocatholicisme. könnte eine Frisur im Taschencalender werden.
Aus Franckreich wird Schnupftabac nach Spanien, und aus Spanien nach Franckreich gesmuggelt.
Ueber die Bürgerliche Verbesserung der Sperlinge.

Vorschläge zu Calender
Kupfern.

1) 12 der grösten Begebenheiten dieses Jahrhunderts
2) vielleicht zur Voyage du jeune anacharsis
3) Zu den Comödien der Kayßerin von Rußland. NB. ZE Der Familienzwist pp.
4) Vielleicht auch allegorische Kupfer Eine Germania wie ihr gerathen wird in 12 Fällen.

Lorentzens chem. phys. Untersuchung des Feuers. Kopenh. 1789. 2 10 Gr.[oschen]

11
Georg Christoph Lichtenberg: Das nach seinem Umschlag sogenannte Goldpapierheft.
Eine geheftete Lage mit unpaginierten 12 Blatt (auch die Innenseiten des Goldpapierumschlags sind beschrieben), 18,8 × 9 cm; beigebunden ein zweites Heft (beginnt: »Brief des Mädchens«; gedruckt SB 3, S. 617 f.) aus einer gehefteten Lage mit gleichfalls unpaginierten 14 Blatt (davon nur beschrieben 1r, 2r, 4, 5r und 14r), 19 × 6 cm. Beide heute in modernem Ledereinband mit einer Korrespondenz zwischen dem ersten Herausgebers Erich Ebstein und dem damaligen Besitzer Karl Wolfskehl aus dem Jahr 1911 zusammengefaßt
Göttingen, Niedersächsische Staats- und Universitätsbibliothek, Cod. Ms. Licht. IV, 36
Das nach seinem Umschlag von Wolfgang Promies so genannte »Goldpapierheft« aus dem Winter 1789 wurde von Lichtenberg während seiner »großen Krankheit« als Notizheft benutzt. Es beginnt mit den Tagebucheinträgen vom 25. und 26. November zum Gesundheitszustand, jedenfalls nur, weil Lichtenberg sein Tagebuch (in dem diese Tage fehlen) nicht griffbereit hatte. – Das beigebundene Heft enthält größtenteils frühe Notizen Lichtenbergs (ca. 1776-1779) aus dem *Parakletor*-Umkreis; sie sollten sich gegen die »Empfindsamen«, also unter anderen Goethe, Friedrich Gottlieb Klopstock und den Dichterbund »Göttinger Hain« richten: »Hauptsächlich müssen gekämmt werden die Klopstockianer«. Lediglich die untere Hälfte der ersten Handschriftenseite (SB 3, S. 617, von »Eindeutigkeiten« bis »Fixsterne verschencken«) trägt die charakteristischen Züge der neunziger Jahre. Möglicherweise hat Lichtenberg in dieser Zeit seine alten Entwürfe für einen schon in den späten siebziger Jahren verfolgten komischen Roman hervorgeholt und wollte sie im *Doppelten Prinzen* verarbeiten, einem damaligen Romanplan, der dann nicht verwirklicht wurde. [UJ]

12
Georg Christoph Lichtenberg:
»Boies Briefe«.
[Materialheft I].
Ohne Umschlag. Eine Lage mit 12 Blatt; 1. Blatt ungezeichnet, dann von Lichtenberg paginiert Seiten 1-21. 21 × 8,3 cm.
Göttingen, Niedersächsische Staats- und Universitätsbibliothek, Cod. Ms. Licht. IV, 34
Das sogenannte Materialheft I, angelegt um 1776, enthält Notizen über die Theaterbesuche in England und zu den Essays , die Lichtenberg darüber als »Briefe an Boie« schrieb; es ist erstmals von Promies publiziert (SB 2, S. 567-583). Eingestreut sind Gedanken und Formulierungen für den satirischen *Orbis pictus* [»Gemalte Welt«; meint hier: ABC-Büchlein] *für deutsche dramatische Schriftsteller, Romanen-Dichter und Schauspieler*, den Lichtenberg 1780 und 1785 in seinem *Göttingischen Magazin der Wissenschaften und Litteratur* herausbrachte. [UJ]

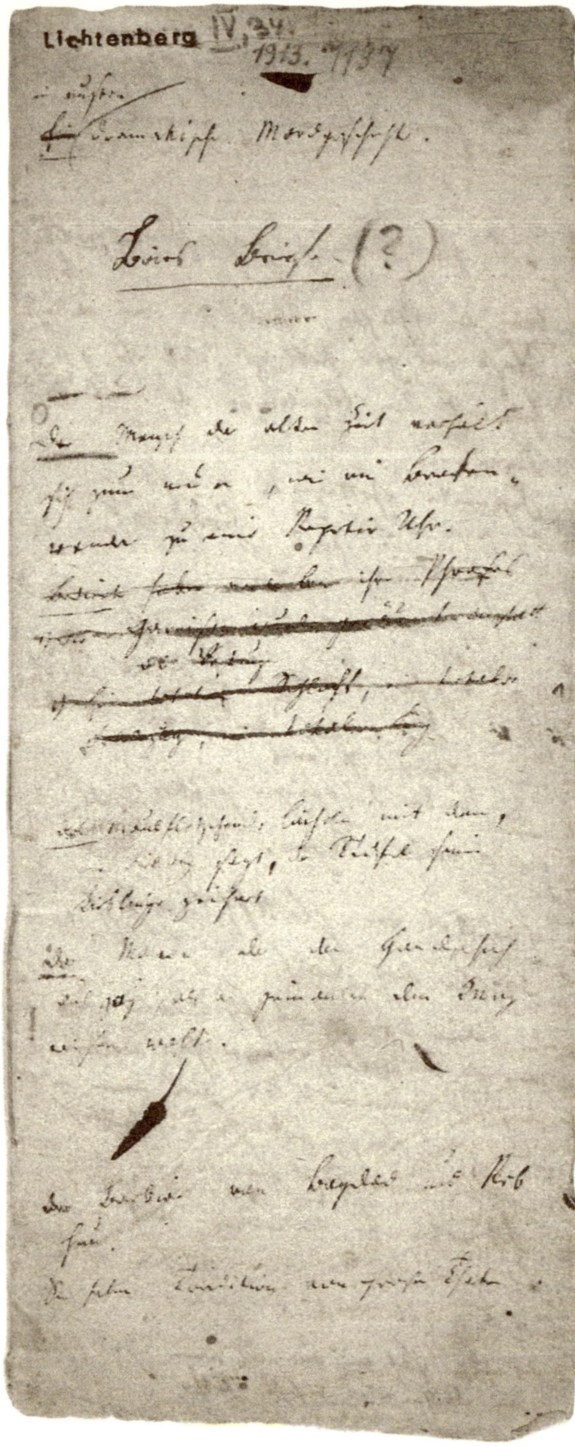

~~Eine~~ /in unsern/ dramatische[n] Mordgeschichte[n].

Boies Briefe

Der Mensch der alten Zeit verhält
sich zum neuen, wie ein Braten=
wender zu einer Repetir Uhr.
~~Bediente haben ‹vor xxxx› ihre Phrases~~
~~1) Die Garnison wurde geräumt anstatt~~
~~die Vestung~~
~~2) Eine totale Schlacht, ein totaler~~
~~Feldzug, ein totaler Krieg~~
Das Maulfletschende Lächeln mit dem,
wie Fielding sagt, der Teufel seine
Lieblinge zeichnet
Der Mann der den Handschuh
auszog, als er jemandem den Weg weisen wolte.

Der Barbier von Bagdad und Reb[-]
hun
Sie haben Tradition von grosen Thaten

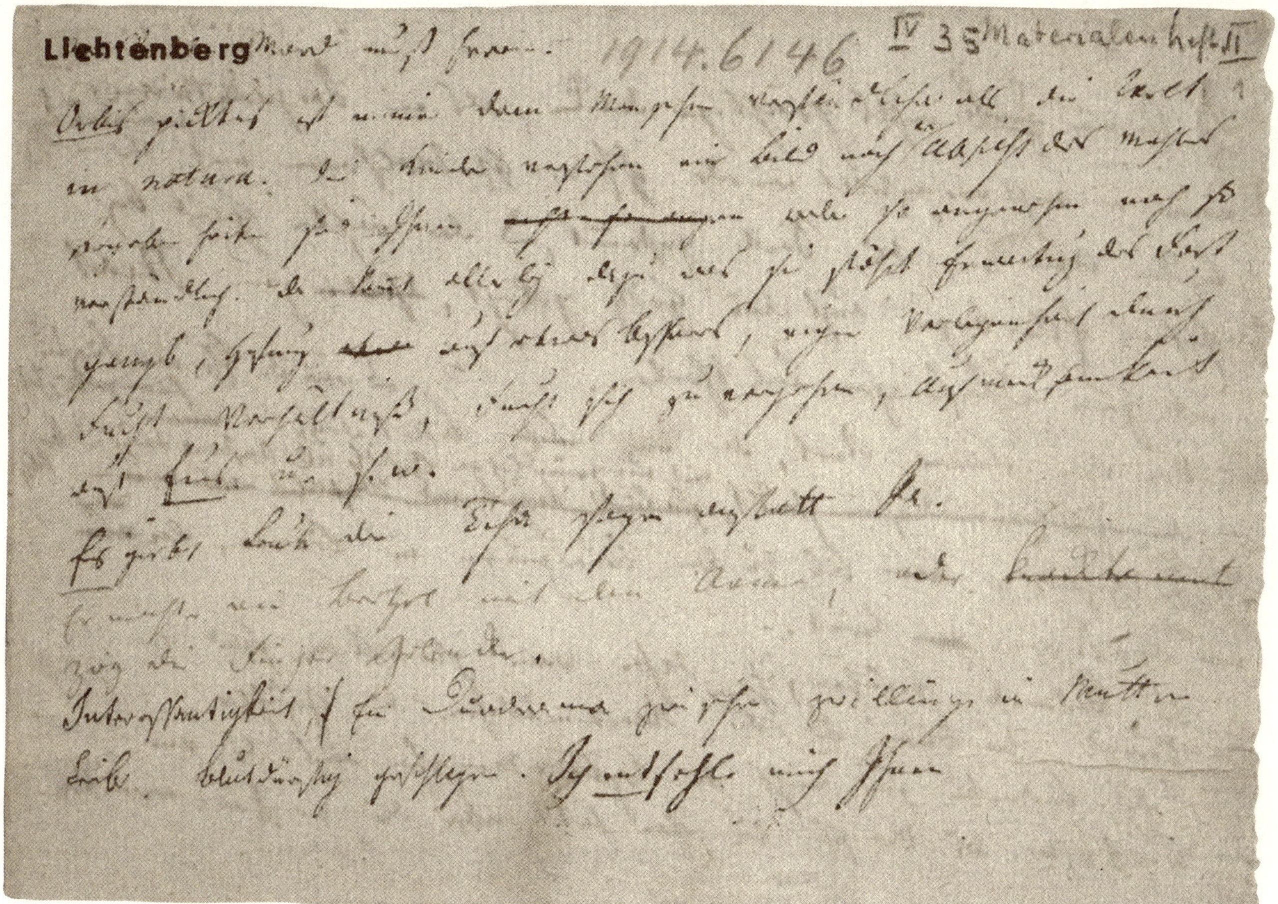

Der Vocalen Mord muß herein.
Orbis picktus ist immer dem Menschen verständlicher als die Welt
in natura. Die Kinder verstehen ein Bild nach der Absicht des Mahlers
Begebenheiten Bege~~benheiten sind Ihnen~~ nicht mehr angen[ehm] weder so angenehm noch so
verständlich. Da kömmt allerley dazu was sie stöhrt Erwartung des Fort[-]
gangs, Hofnung auf etwas besseres, eigene Verlegenheit durch
Furcht Verhältniß, Furcht sich zu vergehen, Aufmercksamkeit
auf Eins u. s. w.
Es giebt Leute die Tcha sagen anstatt Ja.
Er machte ein Bretzel mit den Armen, oder ~~knackte mit~~
zog die Finger Gelencke.
Interessantigkeit (Ein Duodrama zwischen Zwillinge[n] im Mutter
Leibe. Blutdürstig geschlagen. Ich entfehle mich Ihnen

13
Georg Christoph Lichtenberg:
Materialheft II.
Ohne Umschlag. Eine Lage mit 14 nicht von Lichtenberg paginierten Blatt (beschrieben sind von ihm die Seiten 1-17), ca. 13,5 × 9,8 cm
Göttingen, Niedersächsische Staats- und Universitätsbibliothek, Cod. Ms. Licht. IV, 35
Enthält ebenfalls Eintragungen zum *Orbis pictus* (vgl. Materialheft I); erstmals gedruckt SB 2, S. 585-593. [UJ]

14

Georg Christoph Lichtenberg: Tagebuch 1770-1774.

Pappband, heute mit neuem Kaliko-Rücken geflickt, 24 × 20 cm; seltsamerweise auf dem vorderen Deckel mit Bleistift von alter [etwa Lichtenbergs?] Hand »D« bezeichnet: War das etwa ursprünglich als geistiges Hausbuch vorgesehen? Inklusive Vorsatzblätter 178 Seiten, 23,5 × 19,2 cm; beschrieben sind die Seiten 1-108, 149 und 175-178. Göttingen, Niedersächsische Staats- und Universitätsbibliothek, Cod. Ms. Licht. IV, 7

Neben den Sudelbüchern führte Lichtenberg auch Tagebücher: Zum einen das sogenannte Staatskalender-Tagebuch, zum andern die auf bestimmte Anlässe bezogenen Reiseaufzeichnungen.

Das hier gezeigte Tagebuch 1770-1774 ist das erste erhaltene aus dieser Gruppe und beginnt mit der Abreise von Göttingen nach England am 25. März 1770, bricht aber abrupt bei der Ankunft am 10. April ab. Lichtenberg nahm das Buch in Göttingen vom 15. Juni bis 25. August dann wieder zur Hand, um zunächst gelehrte Begegnungen, Bücher, atmosphärische Erscheinungen ziemlich lückenhaft festzuhalten. Nach einer Pause von 10 Monaten beginnen dann im Juni 1771 in englischer Sprache die stürmischen Impressionen seiner Verehrung für ein unbekanntes Mädchen, »Komet« genannt; und nach einer weiteren einjährigen Pause dient das Tagebuch zur Präparation der Vermessungsreise. Er notierte Gerätschaften und ihre Funktionsweise sowie für die Arbeit nötige Buchtitel. Er nahm das Buch auf die Reise mit, trug sehr bemerkenswerte Begegnungen und Beobachtungen vor allem in Hannover, Osnabrück und Bückeburg ein. Auch jetzt aber erreicht er nicht die spätere Konsequenz diaristischer Aufzeichnung, wurde wohl zudem durch die Nachtarbeit der astronomischen Beobachtungen einerseits, durch die Fülle der Eindrücke andererseits vom Schreiben abgehalten. Das Buch, das zu rund der Hälfte noch ungedruckt ist (Publikation in Vorbereitung), verläppert mit ein paar Notizen aus der Zwischenzeit in Göttingen vom 14./17. Februar und 17. bis 19. April 1774. [UJ]

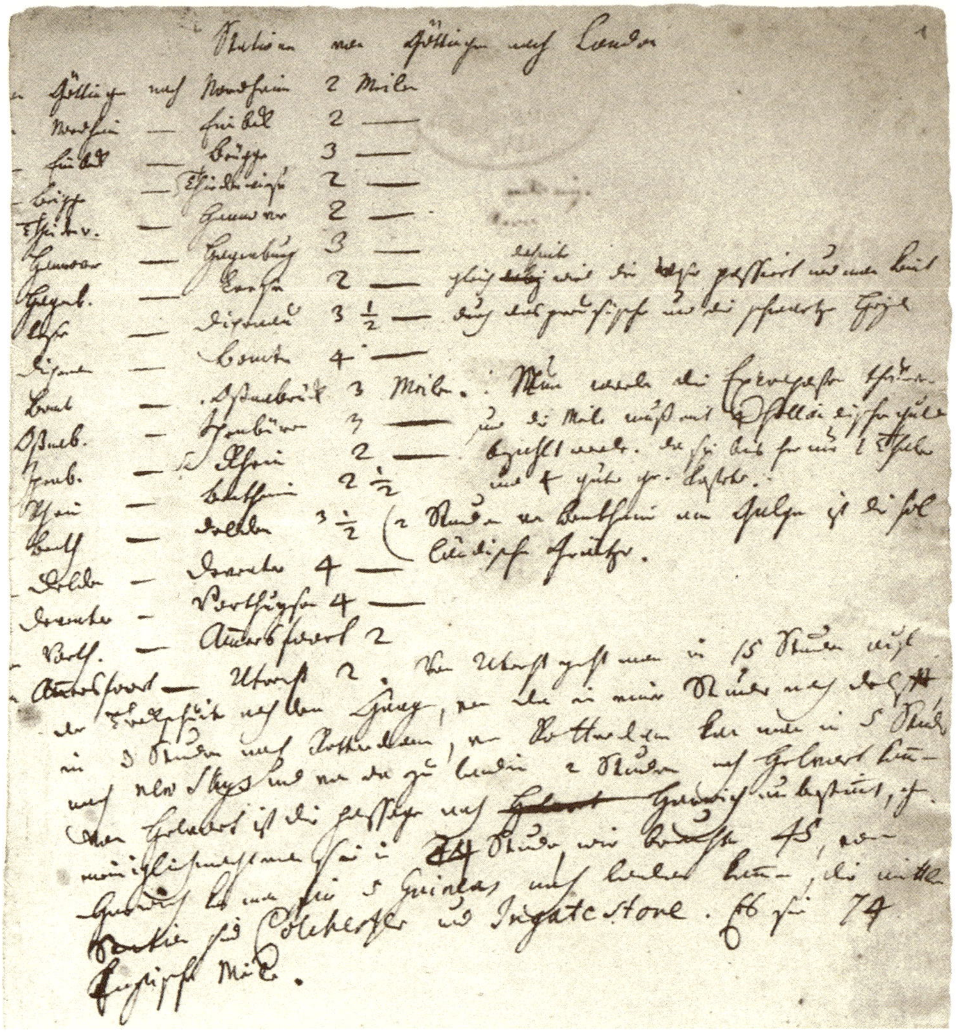

[Am linken Rand ist durch einen Fälzelstreifen jeweils zu Beginn der Zeile das Wort »Von« überklebt]

Stationen von Göttingen nach London

Von Göttingen	nach	Nordheim	2 Meilen	
von Nordheim	——	Einbeck	2 ——	
von Einbeck	——	Brügge[n]	3 ——	
von Brügge	——	Thiedenwiese	2 ——	
von Thiedenw.	——	Hannover	2 ——	
von Hannove	——	Hagenburg	3 ——	
von Hagenb.	——	Leese	2 ——	gleich ~~dabey~~ /dahinter/ wird die Weser passiert und man kommt
von Leese	——	Di[e]penau	3 ½ ——	durch das preusische und die schwartze Heyde
von Dipenau	——	Bemte	4 ——	
von Bemte	——	Oßnabrück	3 Meilen.	Nun werden die Extraposten theuere[r]
von Oßnab.	——	Ipenbüren	3 ——	und die Meile muss mit 4 holländischen gulden
von Ipenb.	——	Rheine	2 ——	bezahlt werden. da sie bis her nur 1 Thaler
von Rheine	——	Bentheim	2 ½ ——	und 4 gute gr. kostete.
von Benth	——	Delden	3 ½	(2 Stunden von Bentheim am Galgen ist die hol[-] ländische Gräntze).
von Delden	——	Deventer	4 ——	
von Deventer	——	Vo[o]rthuysen	4 ——	
von Vorth.	——	Ammersfoort	2 ——	
von Ammersfoort	——	Utrecht	2.	Von Utrecht geht man in 15 Stunden auf

der Trekschuite nach dem Haage, von da in einer Stunde nach Delfft, in 3 Stunden nach Rotterdam, von Rotterdam kan man in 5 Stunden nach New Sluys und von da zu Land in 2 Stunden nach Helvoet kommen von Helvoet ist die passage nach ~~Helvoet~~ Harwich unbestimmt, gemeiniglich macht man sie in 24 Stunden, wir brauchten 45, von Harwich kan man für 5 Guineas nach London kommen, die mittle[ren] Station[en] sind Colchester und Ingatestone. Es sin[d] 74 Englische Meile[n].

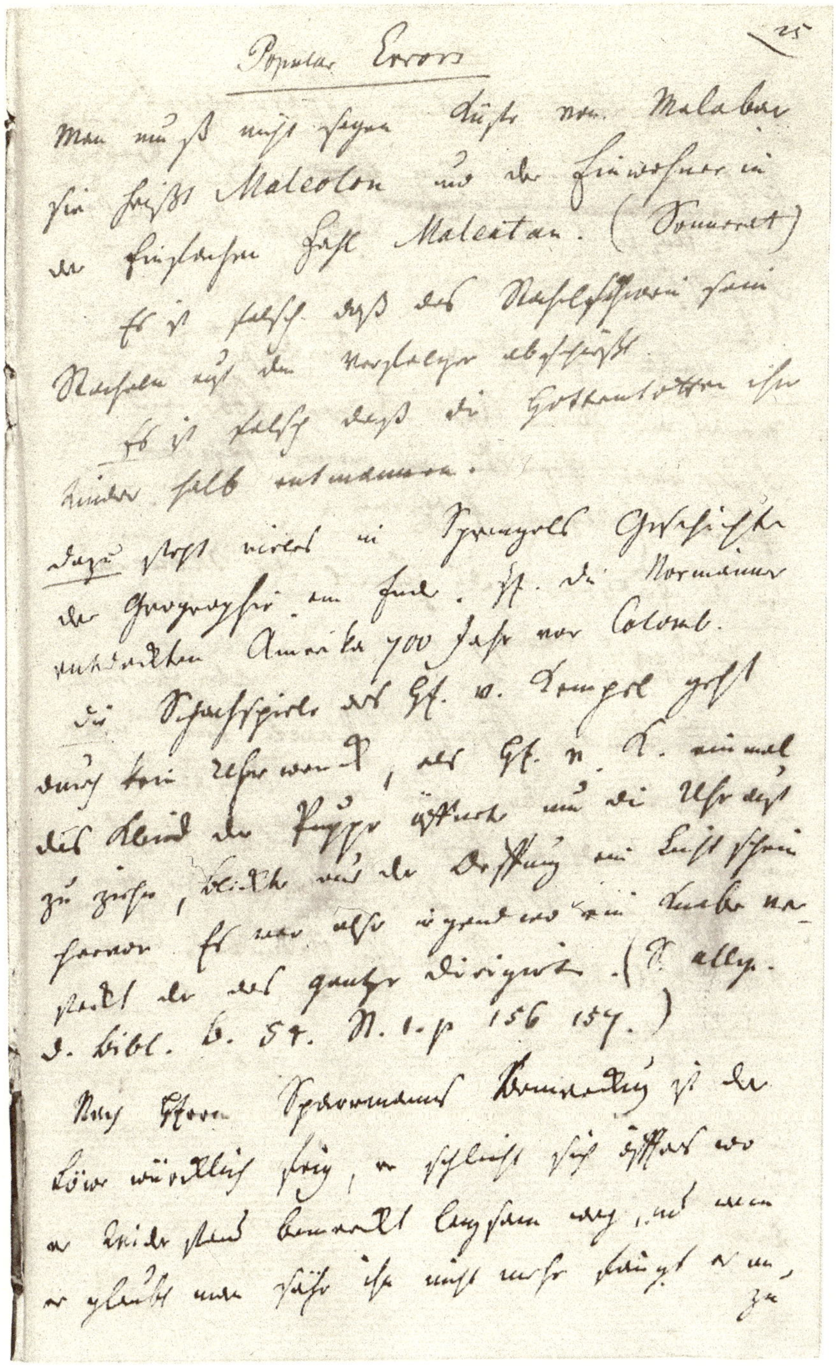

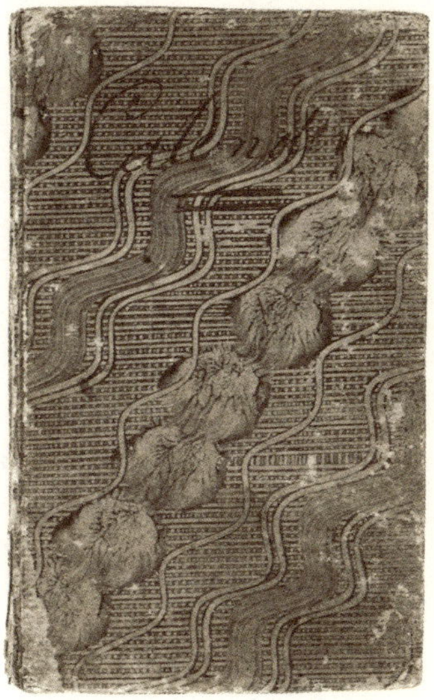

15
Georg Christoph Lichtenberg: »Calender«.
Roter Kleisterpapier-Einband, außen mit Tinte von Lichtenberg beschriftet: »Calender«; 1 Blatt, 134 Seiten (von Lichtenberg paginiert 1-25, 37-47, 85-101; bis auf ca. 20 Seiten sind alle beschrieben: 1-5, 7, 9-11, 13-111, 127, 131-134 und Innendeckel); 19 × 11,5 cm
Göttingen, Niedersächsische Staats- und Universitätsbibliothek, Cod. Ms. Licht. IV, 46
Von Lichtenberg nach seiner Einbandfarbe mehrfach das »Rote Buch« genannt und derzeit unter diesem Titel in der Forschung geführt (es gibt aber anscheinend noch ein anderes Buch, was er in seinen internen Verweisen so nannte). Zwischen 1781 und 1799 machte sich Lichtenberg in dieses Büchlein in unregelmäßiger Folge Auszüge aus unterschiedlichster Literatur, notierte Titel und Themen und manchmal auch schon kurze Ausarbeitungen. Was er für den Druck verarbeitet hatte, markierte er durch einfaches diagonales Ausstreichen als erledigt. Ungedruckt, Publikation in Vorbereitung. [UJ]

Popular Errors
Man muß nicht sagen Küste von Malabar sie heißt Maleolon und der Einwohner in der Einfachen Zahl Maleatan. (Sonnerat)
Es ist falsch, daß das Stachelschwein seine Stacheln auf den Verfolger abschießt.
Es ist falsch daß die Hottentotten ihre Kinder halb entmannen.
Dazu steht vieles in Sprengels Geschichte der Geographie am Ende. ZE. die Normänner entdeckten Amerika 700 Jahre vor Colomb.
Die Schachspiele des HE. v. Kempel[en] geht durch kein Uhrwerck, als HE. v. K. einmal das Kleid der Puppe öffnete um die Uhr auf zu ziehen, Blinkte aus der Oeffnung ein Lichtschein hervor. Es war also irgendwo ein Knabe versteckt der das gantze dirigirte. (S. allg. d. Bibl.[iothek] B. 54. St. 1. p 156 157.)
Nach HErrn Sparrmanns Bemerckung ist der Löwe würcklich feig, er schleicht sich öffters wo er Widerstand bemerckt langsam weg, und wenn er glaubt man sähe ihn nicht mehr fängt er an
zu

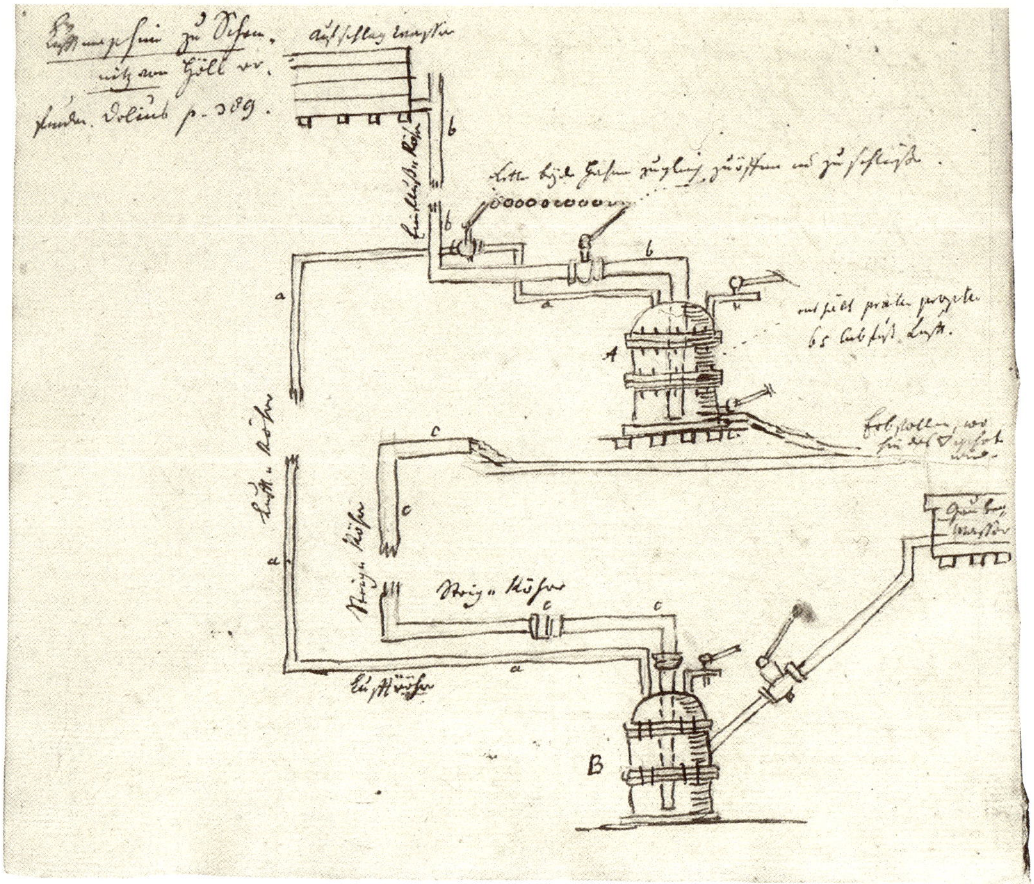

Lufftmaschine zu Schem=
nitz von Höll er=
funden. Delius p. 389.

[Texte in der Skizze:]
Aufschlag Wasser
Einfluß=Röhre
Kette beyde Hahnen zugleich zu öffnen und zu schließen.
enthält praeter propter
65 Cubfuß Lufft.

Lufft=Röhre
Steig=Röhre
Steig=Röhre
Lufftröhre

Erbstollen wo[-]
hin das [Wasser] gehoben
wird

Gruben=
Wasser

16
Georg Christoph Lichtenberg: »Excerpta physica et mathematica«.
Pappband mit Kleisterpapiereinband und Lederrücken, Bezeichnung außen auf dem Deckel von Lichtenbergs Hand. 1 Blatt, 194 Seiten; 28,5 × 19,5 cm
Von Lichtenberg beschrieben und paginiert sind die Seiten 1-18, 139-195; nach 20 leeren (und unpaginierten) Blättern die Seiten 1-78. Überschriften: Blatt 2: »Excerpta mathematica et physica«, Blatt 11 (= Seite 139): »Fortsetzung der Excerpta, die sich in der Mitte dieses Bandes anfangen und bis Seite 138 am Ende fortlaufen.« (Gemeint ist offenbar: Seiten 1-78). Datierungen: Blatt 10: 1793; Blatt 11-38v: 1794-1799; Blatt 60-98: 1783-1790.
Göttingen, Niedersächsische Staats- und Universitätsbibliothek, Cod. Ms. Licht. VI, 55

Im Bemühen, eigene Aufzeichnungen und fremde Meinung voneinander zu trennen, hatte Lichtenberg als sein Zeichen ein griechisches πμ oder lateinisches »pm«: wahrscheinlich für propra meditatio (lat. eigene Überlegung) eingeführt. Indessen reichten die Sudelbücher im engeren Sinn nicht für die Masse fremder Meinung, und so existierten von Anfang an eigene Hefte und Bücher fürs Fremde. »Kéras 'Amaltheías« war das erste, ihm folgten Zettelbündel nach Sachgruppen geordnet, dann mehrere spezifische Aufzeichnungen: das »Rote Buch« (Katalog-Nr. 15) für den *Göttinger Taschen Calender*, zwei Notizbücher für den *Copernicus* (Katalog-Nr. 253). Für das Hauptgeschäft schließlich, die Experimentalphysik, hatte Lichtenberg sich spät erst, 1783, ein dickes Buch angelegt und in der Mitte begonnen: so als sollte der Anfang wie bei den Sudelbüchern für anderes verwendet werden. Nachdem er das Ende erreicht hatte, fuhr er in der ersten Hälfte fort. Wann genau es seinen Titel auf dem Deckel bekam, läßt sich wegen der lateinischen Schreibung nicht sicher bestimmen; der Innentitel auf dem zweiten Blatt mit den vertauschten Gliedern (»mathematica et physica«) dürfte erst nach 1790 von Lichtenberg eingetragen worden sein. [UJ]

Werner Krumme

»Etwas Ähnliches ist wohl darin . . .«

Lichtenbergs äußere Erscheinung

Sein Geist entging dem Zeichenstift:
Entdeck ihn drum in seiner Schrift
(Robert Burton: *Anatomie der Melancholie*)

»Hier schicke ich Ew. Wohlgebohren meine Silhouette, sie ist mit vieler Sorgfalt gemacht. Daß man sie nicht gleich erkennt, rührt daher weil bey meinem Gesicht das Charackteristische nicht im Umriß des Profils liegt.« (Bw 1, Nr. 447)[1] – Nur bei Ihrem, Herr Professor? Profilierungssucht hin, Profilneurose zurück – das Profil mag ein weitgehend unveränderliches äußeres Kennzeichen sein, ein physiognomischer Fingerabdruck sozusagen, und die Polizei nimmt nicht ohne Grund auch eine Profilaufnahme, wenn sie einen Delinquenten erkennungsdienstlich behandelt. Erkennen, wiedererkennen lassen sich Gesichter aber auf Fotografien und anderen Bildern im Vollprofil ganz erheblich, um etwa ein Viertel, weniger leicht als im Halbprofil bzw. in der Darstellung schräg von vorn,[2] wie sie deshalb auch für Paßfotos vorgeschrieben ist. Naturgemäß sinkt die Wiederkennungsrate noch sehr viel weiter ab, wenn man nicht ein Porträt im Profil, sondern eine Silhouette vor sich hat.

Von Lichtenberg kennen wir 13 Schattenrisse, von denen einige untereinander Ähnlichkeit haben – auf den ersten Blick.[3] Auf den zweiten schwindet sie dann schon mehr: Schattenrisse ähneln sich alle etwas – als solche. Betrachtet man Einzelheiten, bleibt fast nichts mehr davon übrig. Die Nase zum Beispiel: Der Nasenrücken meistens mehr oder weniger und in unterschiedlicher Form konkav, mal fast gerade, mal angedeutet konvex; die Nasenspitze mehr oder weniger gerundet, mehr oder weniger aufgeworfen. Gleiches gilt für die anderen der vier Regionen des Gesichts, in die es Leonardo da Vinci aufgeteilt hat mit dem Rat, sie einzeln zu studieren.

Ob sich vielleicht *von dem Nutzen, den die Mathematik einem bel-art bringen kann*, etwas abzweigen ließe? Nehmen wir die Umrißlinien als Kurven und geben sie in den Computer. Naiv und silicongläubig, wie ich bin, erwarte ich von ihm, daß er sie zur gleichen Seite ausrichtet, umlegt, auf einheitlichen Maßstab bringt, die Abweichungen nach den Regeln der mathematischen Statistik definiert und daraus die Resultante bildet – schon wirft der Drucker den mittleren Lichtenberg aus, den gemittelten. Haben wir dann sein authentisches Profil?

Ach nein . . .

*

»Die Silhouetten sind Abstracta« (SB 1, F 172); vielleicht findet sich Konkretes in den Porträts: mit wenigen Ausnahmen im Halbprofil; nicht nur für diese, eben des leichteren Wiedererkennens wegen, die klassische Position, sondern auch durch Jahrhunderte in der Kunst für die Darstellung von Personen bevorzugt, auch wo sie nur Staffage sind, also nicht wiedererkannt werden müssen.

17
Schattenriß der Hand von Georg Christoph Lichtenberg. Umrißzeichnung, mit Tusche ausgemalt, um 1775. Länge der Hand (Wurzel bis Fingerspitze) 19,5 cm
Krakau, Jagiellonische Bibliothek
Der Schattenriß lag einem Brief an die Töchter des Verlegers Johann Christian Dieterich bei, den Lichtenberg Ende Oktober / Anfang November 1775 aus England schrieb: »schicke ich Ihnen den Schattenriß meiner rechten Hand, sie dient zur Versöhnung und zum – – platschen«. (Bw 1, Nr. 223, dort falsch datiert) [UJ]
Abbildung Seite 51

18
Georg Christoph Lichtenberg. Silhouette nach rechts, undatiert [1777]. Reproduktion; 8 × 6,1 cm (Maße der Erstreproduktion)
Das Original ist verschollen, als Frontispiz, abgebildet bei Otto Deneke, *Lichtenbergs Leben 1*. München 1944. Da die meisten Silhouetten nach links gerichtet sind, ist nicht auszuschließen, daß die Reproduktion aus buchästhetischen Gründen gedreht wurde.
Die im »Jenner 1778« verfaßte Einleitung zu *Über Physiognomik* spricht dafür, daß die erste Silhouette 1777 entstanden ist. Möglicherweise ist sie identisch mit denen, die Lichtenberg an Freunde verschickte, z. B. am 15. Februar 1778 an Johann Andreas Schernhagen: »Hier schicke ich Ew. Wohlgeboh[ren] meine Silhouette, sie ist mit vieler Sorgfalt gemacht. Daß man sie nicht gleich erkennt, rührt daher weil bey meinem Gesicht das Charackteristische nicht im Umriß des Profils liegt.« (Bw 1, Nr. 447) [UJ]

19
Georg Christoph Lichtenberg.
Silhouette, um 1780. Tusche, Papier; 8 × 6 cm
Düsseldorf, Goethe Museum
Original im Stammbuch von Thomas v. Wagner aus Leipzig. Der Eintrag zu Lichtenberg ist auf den 30. September 1780 datiert.
Die Silhouette deckt sich in Umriß und Größe mit den Exemplaren aus den Sammlungen Schubert und Merck sowie dem Eutiner Blatt. Alle vier Stücke beruhen offenbar auf derselben Vorlage, möglicherweise aus der Silhouettenfabrik in Hannover.
Carl Schubert aus Ratzeburg, 1778 bis 1781 Student der Rechte in Göttingen, hat Kopien von Original-Silhouetten vermutlich mittels des Storchschnabels gezeichnet und getuscht; die Vorlagen stammen möglicherweise aus Barnsdorffs Silhouettenfabrik in Hannover oder aus Sammlungen von Kommilitonen. Schubert notierte zu Lichtenbergs Silhouette: »Hat sonst nicht gelesen; erhielte aber im Sommer 78 von Hannover Befehl dazu. Ließ im Sommer 78 einen großen Drachen fliegen. Ist sehr witzig. Trägt einen Puckel und soll ein Sohn G.[eorg] II Seyn. Hat die Aufsicht über viele Engländer, und ist beym Koenige sehr gut angeschrieben, der ihn auch persönlich kennt«. [UJ]

20
Georg Christoph Lichtenberg.
Silhouette, um 1785. Tusche auf Papier; 5 × 4 cm
Bern, Burgerbibliothek, Mss. hist. helv. XLV. 95
Original in der Sammlung »Souvenirs de Gottingue« des Abraham Friedrich v. Moutach (1765-1831). [UJ]

21
Georg Christoph Lichtenberg, ein Buch lesend.
Silhouette. Scherenschnitt nach verschollenem Original, Ende 18. Jahrhundert. Aufgeklebt; 8,8 × 8,7 cm
Weimar, Goethe- und Schiller-Archiv (Stiftung Weimarer Klassik), GSA 133/18
Die Kunstform »Silhouette«, die ihren Namen dem französischen Finanzminister Etienne de Silhouette verdankt, gelangte in der zweiten Hälfte des 18. Jahrhunderts von Frankreich nach Deutschland.

Die Plastiken und nichtauthentischen abgerechnet, haben wir ein knappes Dutzend Porträtdarstellungen von, so könnte man ohne viel Übertreibung sagen, ebensovielen Personen. Und keine davon ist Lichtenberg. Die eine mag ihm mehr, die andere weniger ähneln; da sie untereinander kaum ähnlich sind, läßt sich nicht einmal vermuten, was sie mit dem Dargestellten gemein haben. Selbst Nachstiche ähneln ihren Vorlagen kaum. Die Äußerungen derer, die ihm nahestanden und ihn gut kannten, sind, wie seine eigenen, erdrückend: Wo ein Porträt gelobt und seine Ähnlichkeit hervorgehoben wird, geschieht das in der Regel aus Höflichkeit gegenüber dem Künstler; ist er nicht der Adressat, liest man's anders. Besonders erfrischend ist hier die Kritik Dieterichs: Nicht nur war sein Blick durch den hautnahen Umgang mit dem Hausgenossen geschärft (das macht er selbst geltend); er sagte seine Meinung frei heraus: »Bey dieser gutten Gelegenheit schicke ich Ihnen daß geborgte Portrait zurück. Es ist zwar etwaß Ähnliches darin, und wer Ihm gekandt hat, Siht wohl daß Er es seyn soll, aber bey weittem nichts accurater, und siht auß, als wan er weinen wolte, und am Munde, als wen Er eben außSpitzen [= ausspucken] wolte«,[4] so in einem Brief an Lichtenbergs Bruder.

Ein schwacher Trost: Lichtenberg ging es nicht allein so oder uns geht es nicht allein mit ihm so. – »Wenn plötzlich die Tür aufginge und er träte herein – niemand würde sich nach ihm umdrehen – man würde ihn nicht erkennen! Denn wie er wirklich ausgesehen hat, weiß niemand. Das Dutzend überlieferter Bilder widerspricht sich. Nur soviel ist sicher: er war unterdurchschnittlich klein ...« Nein, hier ist nicht Lichtenberg gemeint, sondern Mozart; die Passage stammt aus der Ankündigung eines Fernsehfilms. – Und die beiden Zeitgenossen waren darin sicher keine Ausnahme.

In meinem Zimmer würde ich gern ein Bild von Lichtenberg haben wie Immanuel Kant von Jean Jacques Rousseau oder Arthur Schopenhauer von Matthias Claudius in den ihren; es gibt keins in der langen Reihe der Porträts, das ihn wirklich vor Augen bringen würde, außer einem von der Hand Horst Janssens – oder der *Karikatur*.

*

»Die [...] ›Karikatur‹ Lichtenbergs (wenn es denn eine ist)« – so Gravenkamp.[5] Ist es eine? »[...] formale Spielerei [d. h. die gezielte Verformung der menschlichen Figur] wird [...] erst dort zur Karikatur, wo [...] eine satirische Absicht erkennbar ist. [...] Das Ziel von Porträtkarikaturen ist die durch gezielte Verfremdung erreichte Beleidigung oder die wie auch immer geartete Kritik an der einzelnen Person.«

Selbst aber wenn man der Zeichnung eine Verformung, Verzerrung unterstellt: Ist die Absicht satirisch, kritisierend, beleidigend? Offenbar ist man kaum jemals einem solchen Eindruck erlegen. Oder wären etwa Franz H. Mautner oder Albrecht Schöne damit einverstanden gewesen (wenn sie es nicht sogar selbst initiiert haben), sie auf die Schutzumschläge ihrer Lichtenberg-Monographien zu setzen, die doch so viel Sympathie für ihren Gegenstand zeigen und weiß Gott keine Sottisen sind, wenn sie sie als hämisch oder gar beleidigend empfunden hätten? Das äußerste wäre doch wohl, daß man einen gewissen gutmütigen Spott herausliest, wie man ihn etwa einem Buckligen gegenüber empfinden könnte, der am Casino-Eingang steht und dazu einlädt, gegen ein Trinkgeld auf seinen Höcker zu klopfen, was Glück im Spiel verheißt.

Schlußfolgern wir: Die von der Definition geforderten Voraussetzungen fehlen; die Zeichnung ist, ein für allemal, *keine* Karikatur. Aber vielleicht kann man sich dem Bild auch von einer anderen Seite her annähern, ganz unabhängig von jedweder Rechthaberei in Sachen Definition und Zuordnung: Würde sich jemand unterfangen,

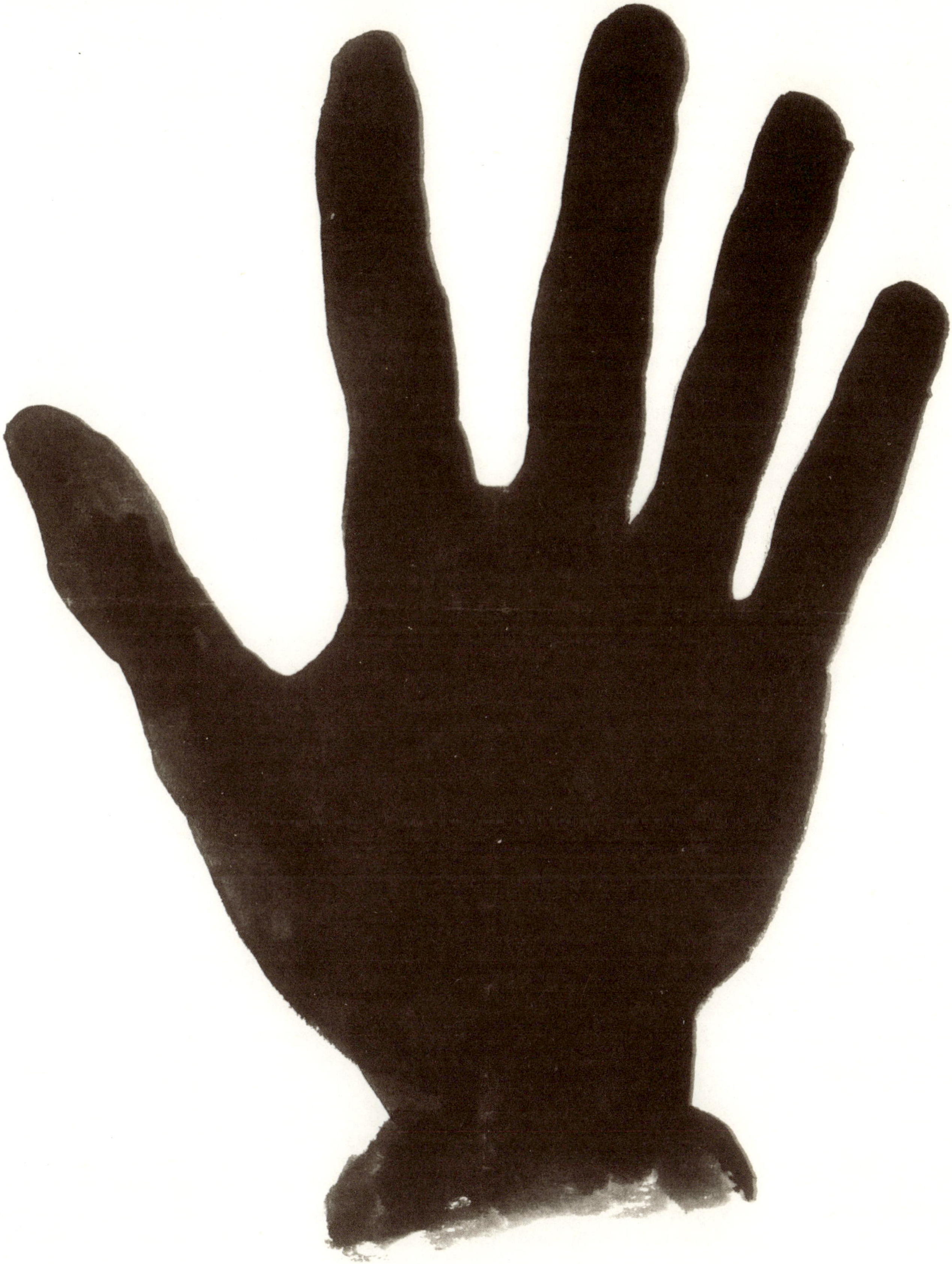

die grotesk überzeichneten Kriegskrüppel von Otto Dix als beleidigende Karikaturen einzustufen? Wer Lichtenberg als Krüppel bezeichnet, hat nicht unrecht, hätte zumindest zu dessen Zeit nicht unrecht gehabt; noch lange danach hatte das Wort nicht den verächtlichen Beigeschmack von heute. – Für mich jedenfalls war die Zeichnung, ob in den »häßlichen Eigenarten«, will sagen den Erkrankungsfolgen, verzerrt, übertrieben oder nicht, nie eine Karikatur, sondern ein *ecce homo*, ein Bild der geschundenen Kreatur, die Lichtenberg hieß.[6]

*

»Der dozierend vorgestreckte Zeigefinger ist nachgerade eine berufstypische Handbewegung.«[7] Genau betrachtet, ist er gar nicht vorgestreckt, sondern gekrümmt wie, weniger, der kleine Finger; vorgestreckt sind Mittel- und Ringfinger: eine ganz unnatürliche Haltung, der ›klassischen‹ gerade entgegengesetzt, wie sie früher auf Gemälden dargestellt und im Schauspielunterricht gelehrt wurde: Zeige- und kleiner Finger aus der zwanglosen Handhaltung heraus leicht gestreckt, Ringfinger etwas stärker gekrümmt, Daumen ungezwungen opponiert. Aber man sollte die Hand so genau auch wieder nicht betrachten, sondern erst einmal die Füße, richtiger: die Schuhe; wenn etwas in der Zeichnung verzerrt, übertrieben, karikiert ist, dann sie. Aber sie sind auch das nicht: sie sind, wie auch die Hand, einfach mißraten. Und nicht nur das: Füße (Schuhe) und Hand fallen aus der Zeichnung heraus, sind Fremdkörper, Stilbrüche. Schon in der Technik: Der Strich ist im allgemeinen dezent, weich, kreidig, stellenweise ist er verwischt; hier ist er hart und aufdringlich. Der Zeichner hat die Figur mit dem Stift abgetastet, sicher im Ansatz und in der Strichführung; die Hand und besonders die Füße sind plump und unbeholfen gezeichnet (gezeichnet?). – Ich vermute, soweit man das ohne Kenntnis des Originals kann, daß es sich bei Hand und Füßen um nachträgliche Verschlimmbesserungen von fremder Hand handelt: Der Zeichner, wer immer es gewesen sein mag, hatte Talent und Routine; das hier war bestimmt nicht sein erstes Blatt; der Ausbesserer (vielleicht hatte die Zeichnung gelitten, die versandenden Umrisse am Ende des rechten Unterschenkels könnten dafür sprechen) hatte es sicher gut gemeint; das ist aber wohl auch schon alles, was man zu seiner Verteidigung vorbringen kann.

*

So ungefähr hatten wir ja immer eine blasse und in ihrer Blässe leicht euphemisierende Vorstellung von der äußeren Erscheinung unseres kleinen buckligen Professors, und daß er keine Schönheit war, haben wir so oft gehört, daß wir es schon nicht mehr gehört haben; es hat uns auch nicht weiter gestört. – Und nun, auf nüchternen Magen, Lichtenbergs verbales Ganzporträt im Spiegel der Fremd- und Selbstzeugnisse: Sehr klein war er, hatte einen gewaltigen Buckel, einen dicken Kopf mit Triefaugen und großen Ohren, die Gliedmaßen waren viel zu lang und die Hände darüber hinaus auch noch mal zu groß.[8] Eine Schönheit war er nicht? Ein Monstrum war er! Wo bleibt da unsere blasse, euphemistische Vorstellung? Es ist zum Davonlaufen!

Also laufen wir erst mal davon, ergreifen die Flucht ins Beispiel: Manche Fettwänste (das Wort steht hier rein deskriptiv) pflegen treuherzig zu argumentieren, sie seien ja eigentlich gar nicht zu dick, sondern nur für ihren Umfang etwas zu kurz geraten. Nun ja, so kann man es auch sehen. Indessen bleibt es falsch, wie auch die Dicken wissen; denn: in dieser Rechnung ist die Körpergröße die Konstante, der Leibesumfang die Variable (wenn sie auch die Tendenz hat, mit der Zeit invariabel zu werden).

Sparsamkeit und Knausrigkeit sollen den Minister bewogen haben, alle Wände seines Schlosses mit selbstgefertigten Schattenrissen zu verzieren. Spöttisch bezeichnete die Pariser Gesellschaft, deren Verschwendungssucht der Minister durch drakonische Sparmaßnahmen ein Ende bereiten wollte, fortan alles, was einfach und billig war, als ›à la silhouette‹.
In keinem Land erfreute sich die leicht zu erlernende Kunst des Silhouettierens jedoch solcher Beliebtheit wie in Deutschland. Während man in der besseren Gesellschaft das Herstellen von Schattenrissen als bloßen Zeitvertreib betrachtete, wurde diese private, intime Kleinkunst in bürgerlichen Kreisen Ausdruck eines neuen Selbstverständnisses: Die Silhouette entsprach dem bürgerlichen Emanzipationsbestreben nach Einfachheit und Natürlichkeit, mit denen man dem gezierten Gehabe der höfischen Welt und ihrer auf Repräsentation angelegten Kunst eine Absage erteilte. Nicht Stand und Status interessierte das nach Selbstfindung strebende Bürgertum, sondern einzig das Individuum, die Persönlichkeit. »Das Schattenbild von einem Menschen, oder einem menschlichen Gesichte, ist das schwächste, das leerste, aber zugleich [...] das wahrste und getreueste Abbild, das man von einem Menschen geben kann; das schwächste, denn es ist nichts Positives, es ist nur was Negatives, – nur die Gränzlinie des halben Gesichts; – das getreuste, weil es ein unmittelbarer Abdruck der Natur ist. [...] In einem Schattenrisse ist nur eine Linie; keine Bewegung, kein Licht, keine Höhe und Tiefe; kein Aug', kein Ohr – kein Nasloch, keine Wange, nur ein sehr kleiner Teil von der Lippe – und dennoch, wie entscheidend, bedeutsam ist ER! [...] Keine Kunst reicht an die Wahrheit eines sehr gut gemachten Schattenrisses«, erklärt der Züricher Prediger Johann Kaspar Lavater, der zur Popularität der Schattenrißkunst in Deutschland viel beigetragen hat. [SW]

22
Georg Christoph Lichtenberg, auf einem Stuhl sitzend. Silhouette. Scherenschnitt nach verschollenem Original, Ende 18. Jahrhundert. Aufgeklebt; 16,8 × 15,4 cm

Katalog-Nr. 40

Weimar, Goethe- und Schiller-Archiv (Stiftung Weimarer Klassik), GSA 133/18
Original unbekannt, Durchzeichnung im Nachlaß Erich Ebstein.
Ganzgestalt- oder Handlungssilhouetten entstammen mit wenigen Ausnahmen der Spätphase des Silhouettierens und haben ihre Blüte erst in der Biedermeierzeit. Das vorliegende Blatt ist daher vielleicht nicht authentisch, sondern eine Typen-Silhouette des frühen 19. Jahrhunderts. [UJ]

Was das mit Lichtenberg zu tun hat? Sehr viel: Die Extremitäten-(Röhrenknochen-)längen sind bei ihm die Konstanten; die Rumpf-(Wirbelsäulen-)länge hätte zwar gleichfalls eine Konstante sein sollen, wurde aber durch seine Erkrankung zur Minus-Variablen: Die Wirbelsäule krümmte sich zusammen, trieb zum Rücken den Höcker heraus, nach vorn die Rippen, zog den Kopf zwischen die Schultern und *verkürzte drastisch den Rumpf*. Nun zu sagen, seine Gliedmaßen seien im Verhältnis zum übrigen Körper zu lang gewesen,[9] ist unter diesen Voraussetzungen wohl nicht ganz richtig; umgekehrt wird ein Schuh daraus.

Wären die Konstanten, die Extremitätenlängen, nach Maß und Zahl bekannt, so wäre es auch ein leichtes, die zugehörige Länge des Rumpfes auszurechnen, die eigentliche, wahre; diejenige, auf die der Rumpf angelegt war, bevor er durch die Erkrankung so brutal zusammengestaucht wurde. Damit hätten wir dann auch die eigentliche, wahre, Körpergröße Lichtenbergs; oder sagen wir korrekter: die virtuelle, und nicht nur die erkrankungsbedingt reelle. Und ist die virtuelle Größe nicht ebenso wichtig, ja wichtiger als die reelle? Hat ein doppelseitig Unterschenkelamputierter nicht Anspruch darauf, daß seine ursprüngliche Körpergröße unverändert im Reisepaß eingetragen bleibt? Muß er sich sagen lassen: Jetzt bis du ja viel kleiner als vorher, also sind jetzt deine Arme viel zu lang?

Wir haben die Konstanten, die Extremitätenlängen, nach Fuß, Zoll oder Zentimeter nicht; es ist auch nicht so wichtig. Wir können, mit gutem Grund, annehmen, daß sie nicht weit vom damaligen Mittel, die Akzeleration also zurückgerechnet, abwichen, daß Lichtenberg virtuell also auch mittelgroß war. – Als einziges Instrument zur Bestimmung seiner virtuellen Körpergröße bleibt uns vorerst nur eine Hilfskonstruktion: Gingen seine Arme tatsächlich bis zu den Knien herab, so könnten wir seiner reellen ruhig 20 bis 25 cm hinzufügen und kämen dann, fußend auf Gravenkamps Berechnungen,[10] auf eine virtuelle von etwa 165 bis 170 cm. – Na bitte.

23
Ernst August Abel (1720 bis gegen 1780) (pinx.) und Johann Ludwig Strecker (1721-1799) (del.):
Georg Christoph Lichtenberg.
Porträt en face nach links. Aquarell in grau und rot nach der Pastellzeichnung von Ernst August Abel, 1780. 25,8 × 21,2 cm
Göttingen, Städtisches Museum, 1925/64
Die Vorlage zu diesem Porträt – das Original von Ernst August Abel – ist nicht erhalten.
Seine Entstehung läßt sich folgendermaßen rekonstruieren: Nach ei-

Für diese Größe waren also Arme und Beine von gehöriger Länge. Aber »besonders die Hände sind sehr groß gewesen«?[11] Heißt das, daß sie den Armen proportional zu groß waren, daß sie in keinen Handschuh paßten? Hier sind wir fein raus, denn wir *haben* ja ihre Größe in Millimetern: von der Handwurzel bis zur Fingerspitze 195 und keiner mehr! Man wird dem Schluß nicht ausweichen können: Lichtenbergs Hand war gerade mittelgroß – wie er selbst (virtuell). Aber der dicke Kopf? die großen Ohren? Es lohnt fast schon nicht mehr, darauf einzugehen: Bei dem stark verkürzten Rumpf und damit der scheinbar kleinen Statur wirkte der Kopf eben, wie die Arme, wie die Hände, überproportioniert, vor allem, da er nach unten zwischen die Schultern gezogen war und optisch der Hals fehlte. Ebenso mußten die fast den Schultern aufsitzenden Ohren scheinen.

*

Wir können also das Monstrum vergessen, uns von dem Schock erholen und getrost (getröstet) zu der jetzt nicht mehr so blassen Vorstellung von der äußeren Erscheinung unseres kleinen buckligen Professors zurückkehren. Ja, klein war er, da beißt keine Maus einen Faden ab und ändert keine Hochrechnung was; nur: er war klein, aber nicht kleinwüchsig; er war kein Zwerg, und schon gar nicht zwergwüchsig; und, darum möchten wir doch sehr gebeten haben: er war bestimmt kein Gnom.[12]

nem Brief Lichtenbergs an Christian Gottlob Heyne vom 14. Mai 1782 ließ sich Lichtenberg (wohl von Ernst August Abel) für den Darmstädter Bruder Christian Friedrich und die sterbende Schwester Clara Sophie (gestorben im November 1780) »wider« seinen »Willen« malen. Möglicherweise sollte Christian Friedrich das Original, die Schwester eine Kopie erhalten. Anhalt zur Datierung gibt der Aufenthalt Abels in Göttingen Anfang September 1780.
Die Kopie nach dem Original sandte Lichtenberg am 18. Februar 1781 an Friedrich Nicolai mit den Worten: »Hier habe ich die Ehre Ihnen mein Porträt zu übersenden, welches sehr viele Personen für ähnlich halten. Es gehört eigentlich meinem Bruder zu Gotha, dem ich es, nach gemachtem Gebrauch zu übersenden bitte. Wenn Sie doch einen guten Kupferstecher dazu erhalten könten. Ich wolte hertzlich gern meinen Antheil mit Recensionen [für die von Nicolai herausgegebene *Allgemeine Deutsche Bibliothek*] daran tragen. Sorgen Sie doch ja«. (Bw 2, Nr. 774) Anscheinend brauchte Nicolai den Namen des Künstlers, um ihn, wie es damals üblich war, dem Stich beizugeben. Lichtenberg antwortete ihm am 16. April 1781: »Das Bild von mir, das ich Ihnen geschickt habe, ist eine Copie, die aber dem Original-Gemählde so ähnlich ist, daß ich und andere über die Gnauigkeit und Treue erstaunt sind. Sie gleichen sich wie zwey Abdrücke von derselben Platte. Nur ist das Original (das von dem bekannten Abel ist) etwas flüchtiger in einer eignen Manier mit Wasser Farben und trockenen verfertigt, und kan ohne Glas und Rahmen nicht gut verschickt werden; hingegen die Copie, die mei-

1 Brief an Johann Andreas Schernhagen vom 15. Februar 1778.

2 Alan Baddeley: *So denkt der Mensch* [Orig.: *Your memory*]. München 1986.

3 Sämtliche bekannten Lichtenberg-Porträts (auch die verlorenen, also nicht bekannten) versammeln: Bernd Achenbach, Ulrich Joost: *Lichtenbergs äußere Erscheinung. Eine kritische Ikonographie* (= Lichtenberg Studien 1). Göttingen 1991.

4 Ulrich Joost (Hrsg.): *Der Briefwechsel zwischen Johann Christian Dieterich und Ludwig Christian Lichtenberg*. Göttingen 1984, Nr. 37, S. 80 (25. November 1799).

5 Horst Gravenkamp in: Photorin 11/12 (1987), S. 53. – U. Joost hat die Bleistiftzeichnung im Katalog einer Karikaturen-Ausstellung ausdrücklich mit dieser Bezeichnung belegt: Gerhard Langemeyer u. a. (Hrsg.): *Mittel und Motive der Karikatur in fünf Jahrhunderten. Bild als Waffe*. München 1985.

6 Alles weitere bei: Horst Gravenkamp: *Geschichte eines elenden Körpers. Lichtenberg als Patient* (= Lichtenberg-Studien). Göttingen 1989.

7 Achenbach, Joost (wie Anm. 3), S. 55, Anm. 26.

8 Kompiliert aus Achenbach, Joost (wie Anm. 3), Vorwort.

9 Ebda., S. 6.

10 Wie Anm. 6.

11 Wie Anm. 3.

12 So behauptet es der Titel des Lichtenberg-Romans von Henning Boëtius: *Der Gnom. Lichtenberg-Roman*. Frankfurt 1989.

nem Bruder in Gotha gehört, unstreitig feiner und zarter mit blosen Wasserfarben von dem Darmstädtischen Hofmahler *Strecker* gemahlt. Das Original kostet 2 und die Copie 1 Louisd'or. Billig müste drunter stehen in doloribus pictus, denn ich hatte damals 2 böse Finger, die mir keine Ruhe liesen, und daher rühren die viel zu viel geschlossenen Augen. Ich sehe den Leuten offner ins Gesicht als auf dem Gemählde«. (Bw 2, Nr. 794)
Es handelt sich bei dem Porträt Lichtenbergs um die späteste bekannte Arbeit Streckers. Die miniaturartig feine Zeichnung wurde zeitweilig Daniel Chodowiecki zugeschrieben. [UJ]

24
Johann Ludwig Strecker (1721-1799) (pinx.) und Johann Conrad Krüger (1733-1791) (sculps.):
»GEORG CRISTOPH [!] LICHTENBERG / PROFESSOR DER PHILOSOPHIE / ZU GOETTINGEN / GEB 1744«.
Porträt en face nach rechts. Kupferstich 1781/82. 15 × 9,5 cm, Durchmesser des Porträtmedaillons: 7 cm
Bez. »Strecker pinx: Darmst. J. C. Krüger sc Berol:«
Ober-Ramstadt, Ulrich Joost
Der Stich war von Friedrich Nicolai für die von ihm herausgegebene *Allgemeine Deutsche Bibliothek* in Auftrag gegeben und wurde 1782 als Frontispiz des 49. Bandes aufgenommen. In Berlin nach der Kopie Streckers gestochen; seitenverkehrt, Medaillon aber in einer der Vorlage ahnlichen Umrahmung.
Das Geburtsdatum ist falsch übernommen, vermutlich nach Lichtenbergs eigener Angabe.
Lichtenberg an Friedrich Nicolai, 18. Februar 1781: »Solte der Stich von meinem Porträt gut werden, so bitte ich mir etwa 6 Exemplare auf gutes Papier aus.« (Bw 2, Nr. 774)
Jahre später urteilte der Freund Dieterich über dieses Porträt: »[...] daß für die Allgemeine Bib[liothek] [gestochene ist] auch häßlich«. (An Ludwig Christian Lichtenberg, 11. September 1799) [UJ]

25
»G. C. Lichtenberg.«
Porträt en face nach links. Kupferstich, 1791. Maximale Größe des Ovals: 6,8 cm × 5,7 cm
Düsseldorf, Privatbesitz
Gedruckt als Frontispiz im *Akademischen Taschenbuch zum Nutzen und Vergnügen für Studirende auf das Jahr 1792*, [Halle 1791].
Wahrscheinlich ein Nachstich nach dem Kupfer von Johann Conrad Krüger. [UJ]

26
»Funken und Feuer
G. Chr. Lichtenberg 1742-1799«.
Streichholzschachtel der Bayer-Philumenisten e.V. Leverkusen.
Papier, Pappe, undatiert
Ober-Ramstadt, Ulrich Joost

27
Friedrich Wilhelm Bollinger (1777-1825) (sculps.):
»G. G.[!] Lichtenberg.«
Porträt en face nach rechts. Kupferstich in Punktierstichmanier, vor 1822. 7,2 × 7,3 cm
Bez. »Strecker p[inxit]. Darmst[adt]. Bollinger sc[ulpsit]. / Zwickau, bei Gebr. Schumann«.
Darmstadt, Lichtenberg-Forschungsstelle
Am achteckigen Bildausschnitt und am Format ist der Stich eindeutig als Stück aus dem Verlag Schumann in Zwickau und Leipzig erkennbar, auch wenn bei diesem Exemplar die betreffende Angabe abgeschnitten ist. Schumann verbreitete in zwei Versionen (Quart: 1820-1822, Oktav: 1818-1832) eine umfangreiche Sammlung von Porträts: *Bildnisse der berühmtesten Menschen aller Völker und Zeiten*.
Die Datierung ergibt sich aus Bollingers Todesdatum (1825), wonach er nur für die erste Serie des Verlags (bis 1822) gearbeitet haben kann. Das Porträt geht zurück auf die Vorlage von Johann Conrad Krüger 1782. [UJ]

28
Johannes Meno Haas (1752-1832) (sculps.):
Georg Christoph Lichtenberg.
Kupferstich. 5 × 5 cm (eingebunden)
Frontispiz zu: G. C. Lichtenberg: Ideen, Gedanken und Einfälle. 60. Lieferung, 1. Bändchen der *Miniatur-Bibliothek der Deutschen Classiker*. Hildburghausen, New York: Bibliographisches Institut 1829
Düsseldorf, Privatbesitz
Geht, wie die meisten Porträtstiche von Lichtenberg im 19. Jahrhundert, auf Johann Conrad Krüger 1782 zurück. [UJ]

29
»LICHTENBERG«.
Porträt en face. Stahlstich, um 1840. Außenmaße 11,6 × 7,7 cm, Bild innen 6,9 × 5,8 cm
Frontispiz zum Zwischentitel für Bd. 11 der *National-Bibliothek der Deutschen Classiker in 100 Bänden*: G. W. Rabener und G. Chr. Lichtenberg. Hildburghausen, New York: Bibliographisches Institut o. J. [um 1840]. Und: Frontispiz zum 39. Bd. von *Meyer's Volksbibliothek für Länder- Völker- und Naturkunde*. Hildburghausen, New York o. J. Und: Frontispiz zum 85. Bd. der *Familienbibliothek der Deutschen Classiker*. Hildburghausen, Amsterdam: Bibliographisches Institut 1844.
Ober-Ramstadt, Ulrich Joost
Alle Versionen dieses letztlich auf Johann Conrad Krüger zurückgehenden Porträts basieren wahrscheinlich auf Meyers *Conversationslexikon* oder wurden von derselben Platte gedruckt (identische Maße); dort steht noch die Signatur (rechts oberhalb des Bildes): »Ms C. L. No 471«. [UJ]

30
Charlotte Berend-Corinth (* 1880) (del.):
»Lichtenberg«.
Porträt en face nach rechts. Lithographie, um 1920. 15,5 × 11 cm (eingebunden)
Aus: Ilse Linden: *Literarische Visionen. Essays* [u. a. über Lichtenberg]. Berlin: Oesterheld 1920.
Düsseldorf, Privatbesitz
Das Porträt geht zurück auf Ernst August Abel und Johann Ludwig Strecker 1780. [UJ]

31
Heinrich Goertz (* 1911):
»GCLichtenberg«.
Öl auf Leinwand, 1976-79.
60 × 50 cm
Düsseldorf, Privatbesitz
Das Porträt geht zurück auf Ernst August Abel (via Johann Heinrich Christian Strecker), Schwenterley und die Bleistiftzeichnung. [UJ]

32
Christfried Präger (* 1943):
Georg Christoph Lichtenberg.
Bronzebüste (in 15 Exemplaren), April 1985. Höhe: ca. 15 cm
Düsseldorf, Privatbesitz
Die Büste ist beeinflußt durch Ernst August Abel und Johann Ludwig Strecker 1780. [UJ]

33
Horst Janssen (* 1929):
Georg Christoph Lichtenberg.
Porträt en face nach links. Federzeichnung und Aquarell auf Kanzleipapier des 18. Jahrhunderts, 1987. 20 × 32,5 cm
Bez. »... Ihr wünscht UNS einen Kopf und *ich* wünsche, daß ihr zwei hättet und säßet in Spiritus bis über die Ohren.«
Göttingen, Arkana Verlag

34
Heinrich Christian Schwenterley (1749-1814) (inv., sc.):
»GEORG CHRISTOPH LICHTENBERG / Königl. Gross-Britannischer Hofrath / und Prof. der Philosophie / geb. 1744.«
Porträt en face nach rechts. Kupferstich, Punktiertechnik, 1790.
19,9 × 14 cm (Plattenrand)
Bez. »gemahlt und gest. von H. Schwenterley Göttingen 1790.« und »Göttingen bei Angelo Botinelly. M d'E.«
Göttingen, Städtisches Museum, 1906/327

35
»Georg Chrisoph [!] Lichtenberg / Königl Gross Britannischer Hofrath / und Prof. der Philosophie geb 1744.«
Porträt nach links. Kupferstich, nach 1790. 20,9 × 17,3 cm (Plattenrand)

Bez. »chez Fietta et Comp«
Göttingen, Städtisches Museum, 1906/326
Die übliche Datierung dieses Porträts auf die Jahre zwischen 1770 und 1777 ist sicher falsch; die fehlerhafte (und demnach wohl sehr eilig hergestellte) Inschrift gibt einen Hinweis auf die Entstehungszeit des Bildes: Lichtenberg wurde erst am 15. September 1788 zum Hofrat ernannt. Es handelt sich wahrscheinlich um einen seitenverkehrten Nachstich des Schwenterley-Porträts von 1790. Dafür sprechen die Übereinstimmungen in Bezeichnung (Bildunterschrift) und vor allem Blick und Gesichtsausdruck des Porträtierten, Rockkragen, Spitzen-Jabot sowie die Knöpfe an Rock und Weste. Möglich ist aber auch, daß Heinrich Christian Schwenterley selbst dieses Porträt gestochen hat. [UJ]

36
»LICHTENBERG / GAU HESSEN-NASSAU«.
Porträt en face (Winterhilfswerk-Abzeichen), 1935. Pappe, farbig bedruckt, erhaben geprägt; Außenmaße 4,7 × 3,8 cm
Bez. »M 1278«
Düsseldorf, Privatbesitz
Als Vorlage für das Abzeichen der national-sozialistischen Spendensammlung dienten wahrscheinlich Ernst August Abel und Johann Ludwig Strecker 1780. [UJ]

37
Heinrich Christian Schwenterley (1749-1814):
»G. Ch. Lichtenberg / Dem Herrn Hofrath Kaestner gewidmet / von / H. Schwenterley«.
Profil nach links. Kupferstich in rötlicher Punktierstich- oder Aquatintamanier, um 1791. 20 × 14,8 cm (Plattenrand); Bild mit Rahmen: 10,9 × 8,7 cm
Bez. »del. & sc. H. Schwenterley Academ. Götting. Sculptor 1791.« und »Zu finden b. J[ohann]. C[aspar]. Ferensemmer Universit. Kunst[- und Landkarten]händ[ler] in Göttingen«
Ober-Ramstadt, Ulrich Joost

38
Frederik Christian Camradt (1762-1844) (pinx.):
»G C L[ichtenberg]« [Monogrammzirkel].
Profil nach links. Porzellanmalerei auf einer Vase der Königlichen Porzellanmanufaktur Kopenhagen, 1792. Gesamthöhe der Vase 31 cm; Maße des Porträts (ohne den Rand) 6,9 × 6 cm
Bad Vilbel, Privatbesitz
Die Vase, deren Form zu den ältesten der Kopenhagener Manufaktur gehört, wurde von Frantz Heinrich Müller, dem Mitbegründer und späteren Administrator der Manufaktur, Lichtenbergs »Freund aus Copenhagen«, in Auftrag gegeben und Anfang September 1792 als Geschenk nach Göttingen gesandt. Die Ornamentik ist in bunten Pastelltönen und Gold gehalten, das Porträt in Hellbraun. Als Vorlage diente offensichtlich der Kupferstich Heinrich Christian Schwenterleys von 1791; verkleinert, aber seitenrichtig übertragen. Dieterich an Ludwig Christian Lichtenberg, 18. März 1799: »Auß Coppenhagen bekahm Er mahl Porcellan zum Praesent woran sein Portrait in einer Silluhette genauer[?] getroffen angebracht, danach will ich Ihm Mahlen, und in Kupfer Stechen laßen«. [UJ]

39
Konrad Jochheim (* 1895):
»G CHR LICHTENBERG«.
Profil nach links. Bildnisrelief, 1942. Photographie; Höhe: ca. 30 cm
Das Relief hing früher über der Hörsaaltür des 1. Physikalischen Instituts der Universität Göttingen, Bunsenstraße und befindet sich jetzt dort innen im Saal. Es wurde vermutlich zum 200. Geburtstag Lichtenbergs im Auftrag der Universität angefertigt. [UJ]

40
Lichtenberg, stehend.
Mit einer Porträtskizze des Historikers August Ludwig Schlözer (1735-1809). Bleistift auf Papier, Beschriftung mit Tusche oder Tinte, 1795. 4,7 × 9,6 cm
Ribbertshof, Dr. Albrecht Bongartz
Zunächst wurde das Blatt Georg Heinrich Wilhelm Blumenbach zugewiesen, vermutlich aufgrund der Überlieferung innerhalb der Blumenbachischen Familie, in deren Besitz es sich bis wenigstens 1940/1953 befand. Die Beschriftung »Lichtenberg« könnte von der Hand Blumenbachs stammen, dem Sohn von Lichtenbergs Kollegen und Freund Johann Friedrich Blumenbach, der 1795 allerdings erst 15 Jahre alt war. Vielleicht infolge einer Verwechselung ist dann der Vater, Johann Friedrich Blumenbach, als Urheber der Zeichnung in Betracht gezogen worden.
Ikonographisch bemerkenswert ist die unmittelbar neben Lichtenberg stehende Zeichnung, die August Ludwig von Schlözer zeigt. Sie ist, verglichen mit Porträtdarstellungen dieses Göttinger Professors, kaum karikaturistisch. Das läßt die Vermutung zu, daß auch Lichtenberg gerade in den wenig schmeichelnden Eigenarten dieses Porträts nicht verzerrt, sondern naturgetreu abgebildet ist. [UJ]
Abbildung Seite 53

41
Horst Janssen (* 1929):
»G Chr. Lichtenberg [...]«.
Profil nach links. Federzeichnung (Radierung?), 1967. 63,4 × 44,4 cm (Blatt); 60,5 × 41,5 cm (Darst.); Höhe des Porträts: 52 cm
Laatzens Bilderbogen, 2. Folge, II. Blatt
Ober-Ramstadt, Ulrich Joost
Bez. »G. Chr. Lichtenberg. Einleitung zur 2. Auflage (Eigene physiognomische Studien) 6 Blätter.
1 Blatt erscheint alle 2 Monate in Auflage 1000. DM 5,–«.
Das Umrißporträt geht zurück auf Schwenterley 1791; es ist ausgefüllt mit Menschenköpfen und erinnert dadurch an Hogarths Zeichnungen (vgl. etwa das Blatt *Characters / Karicaturas*). [UJ]

42
Simon Dittrich (* 1940):
»LICHTENBERG«.
Ganzkörperprofil nach rechts. Radierung (in 100 Exemplaren), 1982. 25,5 × 19 cm
Düsseldorf, Privatbesitz

43
Daniel Hohrath:
Lichtenberg.
Ganzfigur en profil, 1984. Zinnguß; Höhe: 3,2 cm
Ober-Ramstadt, Ulrich Joost

44
Christof Nanko (* 1931):
Georg Christoph Lichtenberg.
Büste. Gebrannter Ton, um 1987.
Hohl aufgebaute Plastik;
Höhe: ca. 69 cm
Braunschweig, Christof Nanko

45
»G. C. Lichtenberg«.
Gips-Medaillon, um 1782.
6,6 × 5,7 cm
Göttingen, Städtisches Museum, 1902/447
Die spiegelverkehrte Umschrift am Rand (»G. C. / Lichtenberg«) weist das Bild als Abguß eines Originals oder als Matrize aus; im letzteren Fall könnte es ein Modell aus der Fürstenberger Manufaktur sein – allerdings für eine Gemme. [UJ]

46
Möller (Müller?):
»G. C. Lichtenberg
Dr. d. Philosophie«.
Porzellan-Kamee en biscuit, moderne Ausformung nach erhalte-

nem Originalmodel von 1782.
8,7 × 7,4 cm, Büste 6,3 × 4,2 cm
Bez. auf der Rückseite »66«
Bad Vilbel, Privatbesitz
Von dem Bildhauer Möller (oder Müller?) aus Hannover für die braunschweigische Porzellanmanufaktur in Fürstenberg (Weser) gefertigt; Originalausformung des Porzellanmedaillons nicht ermittelt.
Lichtenberg an Johann Andreas Schernhagen am 2. September 1782: »Ew. Wohlgeboh[ren] haben mir die Ehre angethan mein Porträt zu kaufen, und mich zu fragen ob ich es nicht für ähnlich hielte, und ich habe dieses für mich so angenehmen Umstandes nicht einmal in meiner nächsten Antwort Erwähnung gethan. [...] Den Abdruck in Porcellan habe ich noch nicht gesehen, der soll wie ich versichert worden bin, nicht sehr gleichen. Hingegen habe ich selbst einen in Wachs der sehr ähnlich ist. Es könte also wohl seyn, daß im brennen etwas verändert wird, oder daß, wovon ich häufig Proben habe, die Leute sehr verschieden über Aehnlichkeit urtheilen«. (Bw 2, Nr. 962) [UJ]

47
Gedenkmünze zum 175. Todestag.
Porträt-Relief nach links. Silberprägung, 1973.
Umschrift »Georg Christoph Lichtenberg 1742-1799«, Revers:
»Ober-Ramstadt – bei Darmstadt.«
und Stadtwappen.
Düsseldorf, Privatbesitz

48
Abraham Abramson (1754-1811):
»LICHTENBERG«.
Porträt en profil nach links. Blei, nach verschollener Eisenmedaille von 1796. Durchmesser: 7,6 cm
Bez. auf der Rückseite: »N: VI. – 166«
Berlin, Staatliche Museen SPK, Münzkabinett, Acc. Nr. 274/1909
Die Datierung ergibt sich aus vier in Lichtenbergs Tagebuch vermerkten Besuchen Abramsons bei ihm zwischen dem 14. und 19. Juni 1796. [UJ]

49
Ernst Christian Specht
(vor 1771 bis um 1806):
Georg Christoph Lichtenberg.
Kopie des verschollenen Pastellgemäldes, vom Künstler selbst gefertigt. Pastell auf Pergament, 1799.
28,8 × 23,6 cm
Bez. auf der Rückseite (möglicherweise von Georg Christoph Lichtenberg jr.): »E. C. Specht pinx[it]: apres la mort 1799 a Gotha.«
Steinau, Margarethe Lichtenberg
Die Vorlage für dieses Porträt, ein Pastell von Ernst Christian Specht aus dem Jahr 1794 ist verschollen.
Am 4. August 1794 schrieb Lichtenberg seinem Bruder Ludwig Christian, der ihm den Gothaischen Hofmaler Specht geschickt hatte: »Ich wünschte, daß dein Freund nicht hier wäre. Ich hasse alle Portraitmaler, qua solche, die mich malen wollen. Für mich ist das *Sich malen lassen* eine Art von chirurgischer Operation, und es muß mir immer ein Analogon von Schlaftrunk beygebracht werden. Indessen meine Gesinnungen gegen den Maler haben keinen Einfluß auf die gegen den Menschen und den Freund meines einzigen Bruders«. (Bw 4, Nr. 2424)
Lichtenberg im Tagebuch am 4. August 1794: »Herr Specht bei mir«. Laut Tagebuch mußte der Maler sein Werk in drei Sitzungen (6. - 8. August) verwirklichen: Tagebucheintrag vom 8. August 1794: »Spechten zum 3ten Mal gesessen und nun nicht mehr«. (SB 2, S. 814)
Über die Qualität dieses Porträts äußerte Lichtenberg später, mit Brief vom 18. April 1795, an den Kupferstecher Johann Friedrich Bause: »Es existiren einige in Kupfer gestochene Porträts von mir, wovon aber keines viel taugt. Am besten hat mich, nicht auf meine, sondern auf HE. v. Zachs zu Gotha Veranlassung, der Gothaische Hofmahler Specht in Pastell für das dortige Observatorium gemahlt. Es ist mir eine Copie davon versprochen worden, die ich aber noch nicht erhalten habe. Solte sie noch kommen, so will ich mir die Freyheit nehmen sie Ew. Wohlgebohren wenigstens einmal vorzulegen«. (Bw 4, Nr. 2510) [UJ]

50
Ernst Ludwig Riepenhausen
(1762-1840):
»Georg Christoph Lichtenberg«.
Porträt en face. Kupferstich, 1800.
9 × 7,3 cm
Göttingen, Niedersächsische Staats- und Universitätsbibliothek, Voitsche Sammlung
Die Idee, Lichtenberg »in effigie vor sein Werck aufhängen [zu] lassen«, begegnet zum ersten Mal im Brief Johann Christian Dieterichs an Lichtenbergs Bruder Ludwig Christian vom 11. September 1799: »Ich wolte sein Portrait jetzo schon für den künfftigen Musen Almanach Stechen laßen, allein die Zeit ist zu Kurtz und niemand soll, und kann Ihm wohl beßer danach treffen, als

ein Rippenhausen, und unter meinen Augen, da auch dieser weiß wie Er außgesehen, und im treffen glücklich ist, allein recht Sauber zumachen, dazu muß Er Zeit haben, und soll ein Lips gewiß, wan Rippenhausen will, daß Portrait nicht beßer machen können dafür bin ich Bürge, so bald Ripp:[enhausen] Zeit hat soll Er eine Probe machen zu dem Format seiner Schrifften. Wollen Sie allenfals eine Idée angeben? einfaßung, und Stellung wie Sie es Wünschen«.
Ein weiterer Brief Dieterichs an Ludwig Christian Lichtenberg vom 25. November 1799: »Kurtz Sie sollen durch mich, ein accurates Portrait bekommen, woran nichts, als das Sprechen Fählt, und Kinder, so Ihm gekandt gleich Ihm nennen. [...] Kurtz ich liefere ein gantz accurates Portrait, woran ein jedem gelegen, und wir alhier doch wohl Wißen müßen, und Kennen wie Er außgesehen«. [UJ]

51
Ernst Ludwig Riepenhausen
(1762-1840) (del.) und Franz Xaver Eissner (sculps.):
Georg Christoph Lichtenberg.
Porträt en face. In: *Vermischte Schriften.* [Nachdruck] Wien 1844, Bd. 1.
Stahlstich, um 1844. 6,6 × 5,2 cm
(innerer Rand)
Bez. »Gestochen von Fr. Xa. Eissner in Wien.«, mit ›Facsimile‹ von Lichtenbergs Unterschrift »GCLichtenberg«
Göttingen, Niedersächsische Staats- und Universitätsbibliothek, 8° Scr. var. arg. VIII, 2202

52
Johann Werner Henschel
(1782-1850):
Georg Christoph Lichtenberg.
Büste, 1815. Entwurf, Rohling oder nachgebesserter Gipsabguß; Höhe: 67 cm
Ober-Ramstadt, Museum, Depositum Familie Lichtenberg
Die Initiative zur Anfertigung der Büste ging wahrscheinlich von der Familie Lichtenbergs aus: Georg Christoph Lichtenberg jr. schrieb am 11. Januar 1815 aus Hannover an den Bildhauer: »Wertester Freund! Schon Ende Oktober v. J. erhielt ich von Hause die Nachricht, daß Sie sich bereit erklärt hätten, die Büste meines verstorbenen Vaters zu verfertigen. Nichts konnte mir angenehmer sein, als durch Ihre Kunst dessen uns allen teure Züge verewigt zu sehen. [...] In Marmor würde freilich die Büste am herrlichsten erscheinen, allein teils die schwierigere Art, dieselbe zu vervielfältigen, teils eine in unserer Zeit ziemlich allgemein wirkende Kraft des Nichtvorhandenseins des lieben edlen Metalls lassen mich davon durchaus absehen. Daher wünschen wir nur die Büste in Gips zu besitzen [...]. Schwieriger ist wohl dann, was Ihre Kunst schaffen soll, Ähnlichkeit mit den Zügen des Verstorbenen zu geben, um so schwieriger, als sein Gesicht, so ausdrucksvoll es dem tieferen, stilleren Beobachter seines Geistes erschienen wäre, eben deshalb nicht zu denen gehört, deren Leben gleich durch einige Striche, um mich so auszudrücken, dem Papier übertragen werden kann. Es

ist mehrere Male abgemalt und abgezeichnet worden, aber nie so getroffen, daß man ihn gleich ohne weiteres erkannt hätte, einzelne Züge mochten immer treu der Natur nachgebildet sein, aber nie das Ganze. [...] – Vielleicht erinnern Sie sich meines Gesichts, es soll mitdem seinigen viel Ähnlichkeit haben, wenigstens haben mich Leute in Darmstadt, seinem Geburtsorte [!], auf mein bloßes Gesicht hin, für seinen Sohn gleich erkannt. Besonders soll ich ihm ähnlich sein, wenn ich lache [...]. Die Anordnung der Büste kann ich allein Ihnen überlassen. Glauben Sie, daß die Art, wie er die Haare trug, sich wohl mit der Anordnung vereinigen ließe, welche Rücksichten der Kunst vielleicht bei der Büste verlangen möchten? Ich fürchte, ändert man darin etwas, so möchte der Eindruck des Ganzen etwas verlieren. [...] Aber verzeihen Sie mir, daß ich Ihnen durch meinen Brief so viel zu lesen gebe. Die Liebe des Sohnes, der Familie zu ihrem so früh durch den Tod entrissenen, unvergeßlichen Vater mag und wird uns allen bei Ihnen die beste Fürsprecherin sein. [...]« Am 11. Dezember 1815 meldet Henschel »An Herrn [Georg Christoph] Lichtenberg [jr.] Mitglied der Königlichen Schuldliquidation in Hannover« die Vollendung der Büste: »Viel Geschätzter! Endlich kann ich Ihnen sagen, daß die Büste Ihres Verstorbenen Herrn Vatters fertig ist, ich habe sie so treu als möglich nach der [verschollenen Toten-]Maske und dem Kupfer von Ripenhausen gemacht [...]: wenn Sie so gefällig sein wollen Ihre Einbildungs-Kraft etwas zu klemmen; solches wird nun überhaupt nöthig sein, da ich nicht so glücklich war einen Freund zu finden, der den Verstorbenen im Leben gesehn und mir über die Ähnlichkeit etwas hätte sagen können.« – Henschels Sorgen sind jedoch unbegründet, wie die Reaktion aus Hannover zeigt. Georg Christoph Lichtenberg jr. dankt Henschel am 27. Dezember 1815 für die Nachricht: »Wenn Sie übrigens in Ihre Arbeit insofern einen Zweifel setzen wollten, ob Sie sich dabei bessere Geschicklichkeit gewünscht hätten, so kann ich darin, verehrter Freund, nur einen neuen Beweis der großen Bescheidenheit sehen, welche zwar um so ehrenwerter ist, als sie bei gleich großen Talenten und Kräften fast nie angetroffen werden möchte, wodurch sie indessen anderen auch oft den Anblick Ihrer Kunstwerke mit Unrecht entzogen haben«. [UJ]

53
Johann Werner Henschel (1782-1850) (sculps.) und Arno Stanke (Foto):
Georg Christoph Lichtenberg. Büste, 1815. Photographie des verschollenen Gipsabgusses
Göttingen, Niedersächsische Staats- und Universitätsbibliothek, Voitsche Sammlung
Der abgebildete Gipsabguß, der bis etwa 1945 im Treppenhaus der Universitätsbibliothek Göttingen aufgestellt war, ist verschollen, vielleicht durch Kriegseinwirkung zerstört. [UJ]

54
Carl Wilhelm Oesterley (pinx.), Heinrich Burkhart (1798-1861) und Loedel (sculps.):
»LICHTENBERG. / Nach Henschels Büste«.
Stahlstich, um 1844. 9 × 8,5 cm (ohne Unterschrift, mit Schraffur)

Frontispiz zu Bd. 1 der 2. Ausgabe der *Vermischten Schriften* Lichtenbergs, hrsg. von seinen Söhnen. Göttingen 1844.
Ober-Ramstadt, Ulrich Joost
Wegen des Aufenthaltsorts des Künstlers wahrscheinlich auf den Gipsabguß der Büste Lichtenbergs von Johann Werner Henschel zurückgehend. [UJ]

55
Mathias Prechtl (* 1926):
»Lichtenberg ohne Perücke«.
Porträt en face. Radierung (in 100 Exemplaren), 1974. 41 × 30 cm (Blatt); Durchmesser der Darstellung: 29,5 cm
Düsseldorf, Privatbesitz

Helmut Böhme

»Die Erhebung in den Bürgerstand« oder eher: »Die Erhebung des Bürgerstands«

Gesellschaftsgeschichte zur Zeit Lichtenbergs

Der Historiker Karl Biedermann verfaßte Mitte des letzten Jahrhunderts eine zweibändige Geschichte Deutschlands im 18. Jahrhundert,[1] in der er sowohl die politischen, materiellen und sozialen als auch die »geistigen, sittlichen und gesellschaftlichen Zustände« Deutschlands beschrieb:

- Das Reich: zerfallen in mehr als 2000 gesonderte Territorien, kraftlos nach außen, morsch im Innern;
- die Fürsten: selbstherrliche und willkürliche Despoten;
- die Kirche: gespalten und servil gegen die Obrigkeit;
- die oberen Stände: selbstsüchtig ihre Privilegien wahrend;
- der Mittelstand: kraftlos und durch Mißbräuche gefesselt;
- der Bauernstand: durch jahrhundertelangen Druck entkräftet, stumpfsinnig und roh.

Dahin die Zeiten einer starken Zentralgewalt, statt dessen Rivalität und Egoismus der Fürsten und Stände; dahin die Autorität der Gesetze und Gerichte, statt dessen Rechtsunsicherheit und offene Gewalt; dahin die stolze Selbstverwaltung der Städte, Korporationen und Landschaften, statt dessen Unterdrückung und Bevormundung. An den Höfen: ein »gänzlicher Mangel an geistiger und sittlicher Bildung«, statt dessen Prunksucht, Verschwendung und Mätressenwirtschaft. Ein Heer von Beamten, korrupt, unterwürfig, durch eine lange Reihe gewissenloser Regierungen verwahrlost und verderbt. Ein Heer von Söldnern, das in keinem Verhältnis zur Finanzkraft der Länder stand, eingesetzt und verschachert an fremde Mächte. Finanzielle Auspressung des Volkes bei gleichzeitiger Steuerfreiheit »ganzer Klassen«, d. h. Adel und Klerus. Biedermann beklagte die Unterdrückung des deutschen Städtewesens mit seinem ehemals kräftigen Bürgertum durch die Landesfürsten. »Wäre das Loos umgekehrt gefallen: so hätten wir jetzt zu Regensburg ein unbedeutendes Oberhaus. Nicht ein Lord Clive, sondern ein Ratsherr von Hamburg würde am Ganges Befehle erteilen.«[2] Er bezeichnet das 18. Jahrhundert nicht als das Zeitalter der Aufklärung, sondern als eines der schärfsten Kontraste. Auf der einen Seite der Bilanz: aufgeklärte humane Grundsätze, kühne schonungslose Kritik an den bestehenden Zuständen, Drang nach politischen, sozialen und materiellen Verbesserungen; auf der anderen: Unfreiheit, Willkür, Gewalt und Bedrückung, sklavische Unterwürfigkeit und wenig selbständige Tatkraft in der Masse der Nation. Eine Nation zudem, die sich nicht als »Nation« fühlt, sondern als Österreicher, Preußen, Sachsen, Hannoveraner etc. »Nur die, welche kein besonderes Vaterland haben, nennen sich ›Deutsche‹«.[3]

Karl Biedermanns Verachtung traf »großstaatliche Selbstüberschätzung« wie »kleinstaatliche Verzagtheit«, »spießbürgerliche Borniertheit« ebenso wie »weltbürgerliche Überschwenglichkeit«, die kaum Interesse an einem kraftvollen Aufschwung der deutschen Nation zeigte. Einen Aufschwung, den das Bürgertum des 19. Jahrhunderts geschafft habe oder noch zu schaffen hoffte.[4]

Als einen der wesentlichen Faktoren zur Überwindung der »katastrophalen« Zustände des 18. Jahrhunderts nannte Biedermann die Presse oder die damalige »Publicität«, die – trotz Zensur und Kontrolle – gerade durch die Rivalität der einzelnen Länder einen enormen Aufschwung erlebte. Obwohl das »Publicum« relativ klein war, waren Wirkung und Einfluß auf die herrschenden Kreise und deren »Angst vor der öffentlichen Meinung« groß und die Verfolgung der Presse entsprechend scharf, wenn auch nicht sehr erfolgreich. Die vielgerühmte »Preßfreiheit« Friedrichs II. für Preußen fiel bereits bei Ausbruch des schlesischen Krieges 1749 einem neuen Zensuredikt zum Opfer, 1750 war das Auslegen von Zeitungen und Zeitschriften in Kaffeehäusern verboten, 1765 erstellte die Zensurbehörde einen »Katalog verbotener Schriften«, der 1777 bereits selbst unter die verbotenen Bücher fiel.[5] Ähnliche Verbote gab es in allen Ländern, ob katholisch oder protestantisch, ob in Österreich, Bayern, Württemberg oder Sachsen. Die bereits aus ähnlichen Gründen von Frankfurt nach Leipzig verlegte Buchmesse erwog ihren erneuten Umzug wegen der dortigen Zensur. Ernst August von Sachsen-Weimar (Goethes »Musenhof«) rechtfertigte die Zensur: »Dieweil wir keine Raisonniers zu Unterthanen haben wollen.«[6]

Wer waren nun diese »Raisonniers«, diese »Unruhestifter«, diese »zügellosen, jetzt sogenannten Aufklärer, die sich über alles wegsetzen«, die die alte überkommene Ordnung mit Hohn und Spott übergießen, Religion und Gottesfurcht in den Schmutz ziehen, Tradition und Ehre verwerfen und sich statt dessen auf Begriffe wie Kritik, Reflexion und Vernunft berufen?

In kurzen Zügen soll hier versucht werden, Antworten auf folgende Fragen zu skizzieren:

- Wer war dieses »neue« Bürgertum, das sich nicht mehr in die alte Ständeordnung integrieren ließ?
- Welche Faktoren lagen diesem Wandlungsprozeß zugrunde?
- Welche neuen Leitbilder legitimierten ihn?
- Welche Formen und Institutionen bestimmten den neuen Integrationsprozeß?
- Welche Auswirkungen hatte dieser Wandel auf die damalige Gesellschaft?

Das »neue« Bürgertum:

»Bürger« und »Bürgertum«, Begriffe, die in der politischen Debatte des 19. und 20. Jahrhunderts verschlissen und entleert worden sind,[7] müssen für das Verständnis des 18. Jahrhunderts genau definiert werden.[8] In der *Encyclopédie* Diderots und d'Alemberts von 1751-1772 wird der Bürger – der »bourgois« oder »citoyen« – einfach als »Bewohner der Stadt« definiert, wobei diese Definition zur Charakterisierung schon damals nicht mehr ausreichte. Aus dem »Bürger« der mittelalterlichen Stadt, dem »freien« Bewohner eines Gemeinwesens mit eigenem, gesetztem Recht, war seit dem Niedergang der Städte im 16. Jahrhundert ein Untertan absolutistischer Staatsfürsten geworden. Die sich allmählich herausbildenden Territorialstaaten hatten nicht nur den »Lebensnerv« der Städte abgeschnitten, sie hatten auch die »Reservatsrechte« des Adels und der Kirche beschnitten und sie weitgehend entpolitisiert. Mit dem Aufstieg des absoluten Fürstenstaats war der Aufstieg des bürgerlichen Elements eng verbunden, legitimiert durch die im 17. Jahrhundert in Staatsrechtslehre und Philosophie entwickelte neue Lehre von Naturrecht und Sozialvertrag (Bodin, Grotius, Hobbes, Locke, Pufendorf, Leibniz etc.), die die gottgewollte Hierarchie der mittelalterlichen Ständegesellschaft grundsätzlich in Frage stellte und die Einrichtung einer souveränen

Macht mit überkonfessioneller Legitimation zur inneren und äußeren Friedenswahrung zum Ziel hatte. Für diese Aufgabe benötigte der souveräne Fürst bürgerliche Hilfe. Er benützte bürgerliche Räte und Hofbeamte für den Machtkampf mit den Landständen, bürgerliche Fachkräfte für den Aufbau einer zentralen Administration, eines Steuer-, Finanz-, Polizei- und Heerwesens. Dieser Bedarf hatte die verstärkte staatliche Förderung von Universitäten und Schulen zur Folge.[9]

Eine zweite neue Gruppe bildeten städtische Kaufleute und Gewerbetreibende, denen das merkantilistische Wirtschaftssystem mit seiner staatlichen Förderung von Handel und Gewerbe Möglichkeiten bot, sich aus den verkrusteten Zunftorganisationen zu lösen. Als Verleger in einer sich zunehmend ausbreitenden Heimindustrie oder als Leiter der vorwiegend für den höfischen Luxus und das Heer produzierenden Manufakturen profitierten auch sie von der Bereicherung der absoluten Fürsten.

Ein drittes nicht mehr integrierbares Element war die neue bürgerlich-literarische Intelligenz, die – mit der Herauslösung aus dem fürstlichen Mäzenatentum – eine neue, die bürgerliche Kultur wesentlich tragende und prägende Schicht bildete.

Diese Gruppen: bürgerliche Gebildete, Beamte, Ärzte, Lehrer, Theologen, Wissenschaftler, Professoren und vor allem die »freien« Schriftsteller, Journalisten, Herausgeber, Kritiker, Literaturwissenschaftler und Dramaturgen sowie nicht mehr zunftgebundene Unternehmer, Kaufleute, Handwerker und Gewerbetreibende hatten keinen Platz mehr in der ständischen Gesellschaft. Sie waren die »Räsonniers«, die »unruhigen« Bürger, die sich zunehmend vom »ruhigen« Bürger altständischer Prägung abgrenzten und das dynamische Element im Sozialgefüge des 18. Jahrhunderts bildeten.[10] Sie sind es, die sich als »neuer Bürgerstand« bezeichneten, als »gesitteter Mittelstand« freier »Privatleute«, der sich von den übrigen Ständen durch eine neue Moral und Kultur abgrenzte.

Faktoren des Wandlungsprozesses:

Wesentliche Triebkräfte dieses Umwandlungsprozesses waren die Herausbildung eines internationalen Weltmarkts seit dem 16. Jahrhundert und der Beginn der industriellen Revolution in England ab Mitte des 18. Jahrhunderts, die den Weg zur kapitalistischen Industriegesellschaft öffneten. Träger dieses Prozesses war in erster Linie das englische Bürgertum: 1754 entstand das erste Eisenwalzwerk von Cort, 1767 die erste Spinnmaschine von Hargreaves, 1769 die Dampfmaschine von Watt; mit Adam Smiths *Wealth of Nations* von 1776 erschien die erste umfassende Analyse dieses neuen bürgerlichen Wirtschafts- und Gesellschaftssystems. Der zentrale Kern dieser Wirtschaft war nicht mehr die mittelalterliche Bedarfsdeckung, die Ökonomie des »ganzen Hauses« (O. Brunner) und die »Idee des ehrenhaften Erwerbs«, sondern Schaffung von Mehrwert, Akkumulation von Kapital, Investition, Konkurrenz und Wettbewerb auf einem freien, internationalen Markt.

Zur Begründung und Legitimation dieser neuen Gesellschaftsordnung fühlte sich eine internationale Elite von Aufklärern berufen: von David Hume, Voltaire, Montesquieu, Diderot, d'Alembert und Rousseau bis Christian Wolff, Gottsched, Wieland, Hamann, Schubart, Lessing und Kant.

Während die relativ schwache Zentralgewalt in Frankreich nicht fähig war, Reformversuche gegenüber den aristokratischen Gewalten durchzusetzen – was später zum Ausbruch der Revolution führte – waren die deutschen Staaten durchaus für Reformideen offen, vor allem Preußen und Österreich. Friedrich II. galt als Prototyp des aufgeklärten Herrschers, seine Reformen galten als vorbildlich für Österreich, Baden, Dessau, Weimar u. a. Die Reformen Josephs II. von 1781 bis 1785 gingen sogar bis zur Aufhebung der Leibeigenschaft, die Staatsreform in Sachsen räumte dem handel- und manufakturtreibenden Bürgertum einen maßgeblichen Einfluß auf die Verwaltung ein und legte so den Grundstein zum wirtschaftlichen Wiederaufstieg des Landes.[11] Hinter diesen – mit unterschiedlichem Eifer und Erfolg – betriebenen Reformen der aufgeklärten Regierungen stand die Vorstellung vom Staat als »vernünftiger« Anstalt zur Sicherung des gemeinen Wohls und der Herrschaft, die alle Bereiche des öffentlichen Lebens nach Nützlichkeit und Staatsraison reglementiert, ohne allerdings die Untertanen nach ihrer Zustimmung und Meinung zu fragen.[12] Die bedeutenden Herrscher dieser Epoche nahmen für ihre Person und ihren Regierungsstil das aufgeklärte Fortschritts- und bürgerliche Leistungsprinzip vorweg,[13] und es war sicherlich für die damalige Zeit etwas absolut Neues, wenn Friedrich II. sich als »erster Diener« des Staates bezeichnete und er mit seinem *Antimacchiavel* als politischer Schriftsteller auftrat. Doch ihre Grenzen lagen im Widerspruch zwischen den neuen Prinzipien und der gleichzeitigen Aufrechterhaltung ständisch-regionaler Sonderinteressen und sozialer Hierarchien.

Leitbild:

Das prägende Leitbild des 18. Jahrhunderts war die Aufklärung als größte geistige Bewegung seit der Reformation. Sie basierte auf den Grundsätzen des Humanismus, der Philosophie und dem naturwissenschaftlichen Weltbild des 17. Jahrhunderts. Ihre Ideen gingen ebenfalls auf das Naturrecht und die dort postulierte Gleichheit der Menschen zurück. Nach ihrem bekanntesten deutschen Vertreter, Immanuel Kant, ist die Aufklärung der »Ausgang des Menschen aus seiner selbstverschuldeten Unmündigkeit« – ihre zentralen Begriffe sind: Vernunft, Mut zur Kritik, geistige Freiheit und religiöse Toleranz. Kant gab damit Antwort auf die Frage eines Zeitgenossen, der zu Beginn der achtziger Jahre immer noch nicht wußte, was Aufklärung sei. Er wollte sie doch beantwortet wissen, »ehe man aufzuklären anfinge«.[14] Die im Diskurs, in der Öffentlichkeit durch »vernünftiges Raisonnement« und Selbstaufklärung gewonnenen Erkenntnisse sollten zur Orientierung vernünftigen Handelns angewandt und sowohl zur »Vervollkommnung« der eigenen Persönlichkeit wie der kollektiven und »gemeinnützigen« Einrichtungen der Gesellschaft dienen. Der höfischen Adelskultur, den höfischen »Ceremonielles«, der Verschwendung, Lasterhaftigkeit und geistigen Ignoranz des Adels wurde eine neue bürgerliche Moral, ein Wertekatalog bürgerlicher Tugenden wie Fleiß, Nützlichkeit, Zweckrationalität, Sparsamkeit und individuelles Glück durch Arbeit entgegengestellt. Gleichzeitig sollte die »Verfeinerung der Sitten«, die Entwicklung individueller Fähigkeiten und Fertigkeiten, die neue bürgerliche Kultur von der traditionellen der Bauern, Zünfte und Handwerker, die noch weitgehend in lebensumfassenden religiösen Bindungen eingeschlossen war, abgrenzen. Unwissenheit und Aberglaube sollten durch die Verbreitung wissenschaftlicher Erkenntnisse zurückgedrängt werden, rationales Denken und Handeln irrationale Schranken überwinden, die Reflexion der Alltagswelt, der Arbeitsbedingungen und Arbeitsmethoden neue innovative Impulse geben und – mit der Nutzbarmachung der Natur – die allgemeine »Verbesserung« der Lebensverhältnisse und den Fortschritt in Richtung zu einer bürgerlichen Gesellschaft bewirken. Eine Schlüsselrolle zur Erreichung dieser Ziele erhielten Erziehung und Bildung:[15] Eine umfassende, allgemeine, an Humanismus und klassischer Antike orientierte und fachlich qualifizierte Bildung für die künftige Elite – Erziehung zu »Industriosität«, Sparsamkeit, Fleiß, Arbeitsamkeit, Frömmigkeit und Gehorsam für die Unterschicht, aus der es durch »sittliche Hebung« und arbeitsames Streben für den einzelnen durchaus Aufstiegschancen geben sollte. Hier wird der Führungsanspruch des Bürgertums sowohl gegenüber dem Adel wie auch gegenüber der breiten Masse des Volkes besonders deutlich.

Formen und Institutionen des bürgerlichen Integrationsprozesses:

Die *integrierende Kraft* des neuen Bürgertums, das nicht mehr durch die festen Klammern der Stände und Zünfte und noch nicht durch die interessenmäßigen Bindungen der Wirtschaftsklassen des 19. Jahrhunderts zusammengehalten wurde,[16] waren Intellekt und Geld, Moral und Kultur. Dieser Kulturanspruch erfaßte zunehmend den gesamten Bereich der Kommunikation und bewirkte einen Bewußtseinswandel, der individuell durch Erfahrung, Reflexion und öffentlichen Diskurs als kulturelles Muster erlernt wurde.[17]

Die Sprache:

Das wesentliche Medium dieses Prozesses war die *Sprache*. Gegen die barocke Schriftsprache, die lateinische Wissenschafts-, die französische Hofsprache und die regionalen Dialekte setzte sich die deutsche Hochsprache als präzises Ausdrucksmittel bürgerlicher Kommunikation durch. Dieser Sprachbildungsprozeß war Anliegen der Früh- und Spätaufklärer, von Leibniz, Thomasius, Wolff, Gottsched, Gellert bis zu Herder, Möser, Nicolai, Hamann und Campe, er war ein Schwerpunkt der »Deutschen Gesellschaften zur Pflege und Vervollkommnung der deutschen Sprache«. Er wurde forciert durch den explosionsartigen Anstieg deutschsprachiger Bücher, Wochenschriften, Almanache, Zeitschriften und Zeitungen nach Beendigung des Siebenjährigen Krieges.

Die schriftliche Kommunikation:

Die enorme Ausweitung der Buchproduktion und des Buchhandels[18] schuf ein überregionales Distributionsnetz und bildete eine wesentliche Grundlage der neuen bürgerlichen Öffentlichkeit.[19] Während sich die deutschsprachige Literatur zu Beginn des Jahrhunderts noch auf wenige vor allem staatsrechtliche Werke (Pufendorf, Thomasius, Conring, Schmauß) beschränkte, begann mit der ab 1724 in Hamburg erscheinenden Wochenschrift *Der Patriot* oder Bodmers in Zürich herausgegebenem *Discourse von den Sitten der Menschheit* eine neue Kategorie von wöchentlich erscheinenden Blättern, die – als Ergebnisse von kleinen Diskussionszirkeln – Themen der Aufklärung aufgriffen und die inhaltliche Reflexion und Auseinandersetzung des bürgerlichen Publikums mit der Alltagskultur, den gesellschaftlichen und ökonomischen Einrichtungen, dem Zusammenleben der Menschen und den »Verbesserungen« initiierten. Programmatisch nannten sich die in Leipzig, Göttingen, Halle, Dresden und Berlin erscheinenden Wochenschriften wie *Der Biedermann*, *Der Redliche*, *Der Bürger oder zufällige Gedanken über allerhand bürgerliche Pflichten und zur Aufnahme des gemeinen Wesens gereichende Anstalten*, *Der Weltbürger*, *Die Vernünftigen Tadlerinnen*.

Ab Mitte des Jahrhunderts erschienen die ersten Übersetzungen der politischen Schriftsteller Englands und Frankreichs. Enorme überregionale Bedeutung gewann in den siebziger Jahren der Typus der politisch-kulturellen Zeitschrift wie Wielands *Teutscher Merkur* von 1773, Schubarts *Deutsche Chronik* seit 1774, die *Berlinische Monatsschrift* von Gedike und Biester seit 1783 und vor allem Schlözers Zeitschriften *Der Briefwechsel meist Statistischen Inhalts* (1774-1775) und seine *Staatsanzeigen* (1782-1795). Bürgerliches Denken und bürgerliche Ideale vermittelten aber in erster Linie die Schriftsteller der »schönen« Literatur, die eine Abkehr von der vorherrschenden religiösen Erbauungs- und höfischen Bestell-Literatur forcierten. So bemühte sich Gottsched bereits 1730 um eine *Kritische Dichtkunst für die Deutschen*, Karoline Neuber um die Reform des Theaters. 1762 startete Hamann seine *Kreuzzüge eines Philologen*, Lessing – seit 1767 Dramaturg am neuen Nationaltheater in Hamburg, dessen *Nathan der Weise* als Höhepunkt aufgeklärten Denkens galt – gab mit Mendelssohn und Nicolai die 24bändigen *Briefe die neueste Literatur betreffend* heraus, Nicolais *Deutsche Bibliothek* war seit 1765 das führende Rezensionsorgan. Wieland begann mit der Übersetzung Shakespeares und schrieb 1766 den ersten bürgerlichen Bildungsroman, Lichtenberg notierte seine »Bemerkungen«. 1774 erschien – auf dem Höhepunkt der »Sturm und Drang«-Bewegung – Goethes *Leiden des jungen Werthers* als tiefster Ausdruck des neuen, individuellen Lebens- und Weltgefühls und 1782 Friedrich Schillers *Räuber*. Dieses Repertoire wurde zum Inbegriff bürgerlichen Bildungsguts.

Als dritte Kategorie entstand eine breite, für den gebildeten Laien verständliche Fachliteratur zur Erweiterung des Wissens auf allen Gebieten: der Erziehung, der Naturwissenschaft, der Landwirtschaft, der Staatswissenschaft, der Geschichte und Ökonomie. Sie spiegelte nicht nur das Bedürfnis nach mehr Wissen und Welterkenntnis wider, sondern auch die Bemühungen, das ständig anwachsende Wissen zu systematisieren und zu beherrschen. So entstanden – ähnlich wie in Frankreich und England – eine Reihe von Enzyklopädien, Realwörterbüchern, Lexika und Handbüchern.[20]

Die Wissenschaft:

Diese exaktere und differenziertere Beschreibung des Wissens brachte in der zweiten Hälfte des 18. Jahrhunderts die *Arbeitsteilung der Wissenschaft* in ihrer modernen Form hervor.[21] Die Zurückdrängung der sakralen Weltinterpretation und orthodox amtskirchlichen Bevormundung – u. a. das Werk aufgeklärter Theologen – schuf die Freiheit zur innovativen Entwicklung des säkularen Wissens. Die Natur wurde ihres mythischen Schleiers entkleidet, ihre Funktions- und Strukturzusammenhänge wurden erschlossen und mittels neuer technologischer Erkenntnisse instrumentalisierbar gemacht. Diese moderne empirische Wissenschaft entwickelte sich nicht mehr in den im Verfall begriffenen alten Universitäten, sondern in gelehrten »Societäten«, physikalisch-ökonomischen Gesellschaften und Akademien, nach dem Vorbild der Royal Society in London oder der Académie Royale des Sciences in Paris, im internationalen wissenschaftlichen Diskurs der Fachleute, die sich im Kantschen Sinn als »Geschäftsleute oder Werkkundige der Gelehrsamkeit«[22] begriffen, und in wissenschaftlichen Magazinen wie z. B. dem *Journal der Erfindungen, Theorie und Widersprüche in der Natur- und Arzneywissenschaft* von 1793. Eine Ausnahme bildeten – neben den berühmten schottischen Universitäten – die beiden im Zeichen der Aufklärung neugegründeten Universitäten Halle (1694) mit ihren berühmten Vertretern Thomasius und Wolff[23] und die Universität Göttingen, die zum Vorbild der deutschen Universitätsreform wurde.[24] Im mit England verbundenen Kurfürstentum Hannover, wo – laut Schlözer – »die Georgs und ihre gleich unsterblichen Staatsbeamten der noch hier und da im Gedränge befindlichen Freiheit und Wahrheit einen Altar errichtet« hatten[25], konnte sich nicht nur die Presse, sondern auch die Wissenschaft relativ frei entfalten. Göttingen wurde wegen seiner Universität zur »wissenschaftlichen Hauptstadt Mitteleuropas«,[26] und es ist deshalb verständlich, daß jemand wie Lichtenberg nur dort einen Lehrstuhl für Experimentalphysik erhalten konnte.

Die Gesellschaften:

Rezipiert, reflektiert und verbreitet wurde dieses neue bürgerliche Wissen, die neue Kunst, Literatur und Kultur zunächst in kleinen aufgeklärten Zirkeln: Die bürgerliche Öffentlichkeit konstituierte sich in den geheimen, subversiven Logen der Freimaurer und Illuminaten-Orden, die von England ausgehend seit 1740 in fast allen größeren Städten Europas gegründet wurden. Ab Mitte des Jahrhunderts traf sich das bürgerliche Publikum in den »Teutschen« und »Patriotischen Gesellschaften«, in den Aufklärungsgesellschaften wie etwa die berühmte Berliner »Mittwochsgesellschaft«, in den bürgerlichen Salons und Kaffeehäusern. Mit zunehmender Differenzierung entstanden eine Reihe von Fachgesellschaften, wie »Physikalische« oder »Ökonomische«, Sammlungs-, Museums-, Kunst- und Musikvereine. Eine zentrale Institution der Kulturvermittlung wurden die Lesegesellschaften als Ausdruck des wachsenden Interesses an Literatur und Wissen. Nicht mehr Standeszugehörigkeit bestimmte diese Zusammenschlüsse, sondern Freiwilligkeit und gemeinsames Interesse. Konstituierendes Element dieser Gesellschaften war die prinzipielle Gleichheit ihrer Mitglieder ob adliger oder bürgerlicher Herkunft. Hier konnte – wie es die Ulmer Lesegesellschaft 1789 formulierte – der »freie und ungezwungene Umgang mehrerer Stände« geübt, Partizipation und Mitentscheidung vorweggenommen werden.[27] Für die Teilhabe gab es allerdings entscheidende Barrieren: die wirtschaftliche Eigenständigkeit, die Frauen, Dienstboten und Arme von vornherein ausschloß, die nötige Finanzkraft für den Mitgliedsbeitrag und die Beschaffung von Literatur, die von kleinen Bürgern und Handwerkern nicht zu leisten war, die Beherrschung der Hochsprache und Lesefähigkeit, die eine entsprechende Sozialisation und Schulbildung voraussetzte. Der Kreis der Mitglieder war also von vornherein auf das wohlhabende Bürgertum und den Adel beschränkt. Noch am Ende des Jahrhunderts konnte die große Mehrheit der Bevölkerung nicht lesen; Nicolai schätzte 1773 die Zahl der Gelehrten und Autoren auf ca. 20 000, ihr Publikum auf 1 % von ca. 24,5 Millionen Deutschen.[28]

Schulbildung und »Leserevolution«:

Das 18. Jahrhundert – in der Literatur auch das »tintenklecksende Saeculum« genannt[29] – ist der Ausgangspunkt für den Aufbau eines allgemeinen Schulsystems und zahlreicher Alphabetisierungsbemühungen. Zwar gab es im 16. und 17. Jahrhundert einzelne Schulordnungen – in Sachsen-Coburg-Gotha durch pietistischen Einfluß ab 1642 bereits eine allgemeine Schulpflicht – doch erst die aufgeklärte Reformpädagogik im letzten Drittel des 18. Jahrhunderts (Basedow, Pestalozzi, Salzmann u. a.) legte den Grundstein für die staatliche Institutionalisierung der allgemeinen Volksbildung. Die im Allgemeinen Landrecht von Preußen 1794 festgelegte Übertragung des Schulsystems aus bisher kirchlicher in staatliche Zuständigkeit brachte den entscheidenden schulpolitischen Wandel, wenn sich der Unterricht zunächst auch nur auf ein Minimum an notwendigem Wissen für die breite Masse beschränkte. Immerhin trugen diese Bemühungen und die Arbeit der »Volksaufklärer«, die von der Elite – u. a. auch von Lichtenberg – als »vulgär« abgetan wurde,[30] dazu bei, daß die Lesefähigkeit rapide anstieg: 1770 konnten ca. 15 % der Bevölkerung lesen, 1800 25 %, 1830 40 %.[31] Es gab zahlreiche Gegner dieser neuen »Lesesucht«, die – wie Johann Rudolph Gottlieb Beyer 1795 – dringend warnten: sie führe zu »Sinnlichkeit und Weichlichkeit«, bringe »falsche oder unausgereifte Ideen in Umlauf« und sei »schließlich politisch gefährlich«.[32] Dabei waren die eigentliche Massenliteratur immer noch die in jedem »Haus« vorhandene Bibel sowie Gebetsbücher und Erbauungsschriften. Das weltliche Buch mit der größten Verbreitung war Rudolf Zacharias Beckers *Noth- und Hilfsbüchlein für Bauersleute*, von dem zwischen 1788 und 1811 eine Million Exemplare verkauft wurden; in der Auflagenhöhe folgte Eberhard Rochows Lesebuch *Der Kinderfreund* von 1776 mit mehr als 100 000 Exemplaren; Friedrich Nicolais Roman *Sebaldus Nothanker*, erschienen zwischen 1773 und 1776, wurde mit 12 000 Exemplaren das erfolgreichste Buch der Aufklärung; Goethes und Schillers *Xenien* galten mit 3000 verkauften Exemplaren bereits als Bestseller.[33]

Folgen und Auswirkungen des Wandlungsprozesses:

Zusammenfassend sollen noch einmal die Folgen und Auswirkungen des hier kurz skizzierten Wandlungsprozesses aufgezeigt werden, die das 18. Jahrhundert zum Ausgangspunkt unserer heutigen »modernen« Welt machten:

- Der mit der kopernikanischen Wende begonnene Konzeptwandel in den Natur- und Geisteswissenschaften bewirkte innerhalb der altständischen Gesellschaft einen Wandel, der unter dem Begriff des »Rationalismus« allmählich alle Ebenen der ökonomischen, politischen und sozialen Entwicklung erfaßte.
- In Philosophie und Staatsrecht verlor das Gottesgnadentum seine Gültigkeit zugunsten von Vertragstheorien und dem »contract social« autonomer Subjekte.
- Das göttlich-gelenkte, außerweltliche Ordnungsprinzip wich der Vorstellung von der »Selbstkonstituierung des Ganzen« durch relativ selbständige Teile.
- Das »mechanistische« Weltbild, auf dem der absolute Fürstenstaat beruhte, wurde von einem »organischen« abgelöst.
- Unter dem Druck neu erfahrener »Geschichtlichkeit« und »Verzeitlichung« entstanden neue Evolutionstheorien, deren Kern das Prinzip »Dynamik« wurde.
- Dieses Prinzip bestimmte die neuen Naturwissenschaften, v.a. Physik und Biologie, das neue Verhältnis zur Natur und eine neue Wahrnehmung von Zeit und Raum.[34]
- Besonders dominant wurde diese Dynamik in der Ökonomie. Die bisher noch weithin gültige Auffassung vom Wirtschafts- und politischen Prinzip des »ganzen Hauses« wurde zugunsten einer Akkumulation von Kapital und steigender Ausweitung der Produktion durchbrochen.
- Das wichtigste Legitimationsprinzip des bürgerlichen Herrschaftsanspruchs wurden Wirtschaftsstärke, Vernunft, Leistung und Moral.
- Diese Prinzipien bestimmten die Aufklärung und die von ihr beschleunigten Prozesse der Säkularisierung, der Individualisierung, der kulturellen Evolution[35] und der Auflösung ständisch geprägter Bewußtseins- und Verhaltensmuster.[36]

Am Ende des 18. Jahrhunderts war die Einheit der mittelalterlichen Welt weitgehend zerbrochen, ihr Weltbild entzaubert. Es begann die Trennung von Staat und Gesellschaft, öffentlichem und privatem Bereich, Arbeit und Leben. Das Bürgertum als Träger dieses Prozesses begann, die Bindungen der jeweiligen sozialen Herkunft, Nachbarschaft und Korporation zu überwinden und sich aus der altständischen Gesellschaft zu lösen.

Im Gegensatz zu England und Frankreich war es dem deutschen Bürgertum nicht gelungen, seinen politischen Führungsanspruch durchzusetzen. Der Zwang zum Kompromiß mit den alten Mächten, die Enttäuschung über den Verlust eigener politischer Handlungsfähigkeit und das unbefriedigte Freiheitsbedürfnis wurden rationalisiert oder verdrängt. Die Aussichtslosigkeit, bürgerliche Werte und Verhaltensformen in die reale Lebenswelt umzusetzen, führte besonders in der jungen Generation des »Sturm und Drang« zu Selbstentfremdung, Verinnerlichung und pessimistischem Unmut.[37] Goethe begründete die Wirkung seines *Werthers* mit jenem »Ekel vor dem Leben [...], der nicht selten in den Selbstmord ausläuft.«[38] Diese »Misere« des deutschen Bürgertums hatte auch eine positive Seite: Sie wurde zu einer wichtigen Quelle des kulturellen Reichtums und die Grundlage der neuen Lesekultur. Sie öffnete den Raum für Empfindungen, Gefühle, seelische Werte, erweckte das Interesse für Frauen und Minderheiten, entdeckte die ästhetische Schönheit des literarischen Werks. Erst in diesem Raum entfalteten sich der bürgerliche Kunstbegriff und die bürgerlich-literarische Gesellschaftskultur, die Literatur wurde zum Bekenntnis.[39] Mittels Ästhetik und Kultur sollten die Spannungen kanalisiert werden, die sich aus der bedrückenden Lage des Bürgertums zwischen nicht mehr ständischer und noch nicht bürgerlicher Vergesellschaftung, aus der Trauer um die verlorengegangene ganzheitliche Lebenswelt – wenn man keine Zukunft hat, schaut man zurück –, aus der Vereinzelung und Selbstentfremdung im Prozeß zunehmender Arbeitsteilung ergaben. Der seit Mitte des Jahrhunderts aufkommende Patriotismus – nach Garve das neue »Surrogat des alten konfessionellen Zusammenhalts der Dinge«[40] – versuchte ebenfalls, die Kluft zwischen Ideal und Wirklichkeit zu überbrücken. Stand das deutsche Bürgertum den Ideen und Anfängen der Französischen Revolution – Verkündung der Menschenrechte, Reklamation aller politischen Rechte für den dritten Stand – noch weitgehend positiv gegenüber, so wandte es sich mit Grauen von ihren Auswüchsen ab. Zum erstenmal wurden die künftigen Klassengegensätze und die tiefe Kluft deutlich, die den dritten Stand spalteten. Vor dem Hintergrund revolutionärer Unruhen in den städtischen Unterschichten und bäuerlicher Erhebungen in den eigenen Ländern akzeptierte die Elite des Bürgertums dankbar die von den Fürsten angebotenen Reformen und setzte weiterhin auf den Weg des Kompromisses. Die Entwicklung der bürgerlichen Gesellschaft ließ sich in Deutschland zwar nicht aufhalten, sie war aber bis weit ins 20. Jahrhundert hinein zutiefst von ständischen Relikten und Rudimenten geprägt, die den Prozeß der »Modernisierung« unter demokratischen Vorzeichen verhinderten und den deutschen »Sonderweg« einer »Kulturnation« in den Ersten und Zweiten Weltkrieg vorzeichneten.

1 Karl Biedermann: *Deutschland im 18. Jahrhundert.* Leipzig 1854, 1880, Neudruck Aalen 1969.

2 Ebda., S. 70.

3 Ebda., S. 60.

4 Das 18. Jahrhundert habe immerhin die Grundlagen gelegt zu »gewaltigen Entwicklungen auf allen Gebieten des nationalen Lebens, dem politischen, dem gewerblichen, dem socialen, welche zu zeitigen unserem Jahrhundert theils schon beschieden war, theils [...] noch beschieden sein wird«. Biedermann (wie Anm. 1), S. 423.

5 Ebda., S. 132 f.

6 Ebda., S. 144.

7 Michael Stolleis: *Untertan – Bürger – Staatsbürger. Bemerkungen zur juristischen Terminologie im späten 18. Jahrhundert.* In: Rudolf Vierhaus (Hrsg.): Bürger und Bürgerlichkeit im Zeitalter der Aufklärung. Heidelberg 1981, S. 66.

8 Manfred Riedel: *Bürger, Staatsbürger, Bürgertum.* In: Otto Brunner, Werner Conze, Reinhard Koselleck (Hrsg.): Geschichtliche Grundbegriffe. Historisches Lexikon zur politisch-sozialen Sprache in Deutschland, Bd. 1. Stuttgart 1972, S. 672 ff.

9 Rudolf Vierhaus: *Deutschland im 18. Jahrhundert: soziales Gefüge, politische Verfassung, geistige Bewegung.* In: Franklin Kopitzsch (Hrsg.): Aufklärung, Absolutismus und Bürgertum in Deutschland. München 1976, S. 180.

10 Vierhaus (wie Anm. 9), S. 180. – Vgl. auch: Peter Michelsen: *Der unruhige Bürger. Der Bürger und die Literatur im 18. Jahrhundert.* In: Vierhaus (wie Anm. 7), S. 101 ff.

11 Eberhard Weis: *Absolute Monarchie und Reform im Deutschland des späten 18. Jahrhundert und des frühen 19. Jahrhundert.* In: Kopitzsch (wie Anm. 9), S. 195.

12 Vierhaus (wie Anm. 9), S. 185. So hieß es z. B. in der badischen Kammerordnung von 1766: »Unsere fürstliche Hofkammer ist die natürliche Vormünderin Unserer Unterthanen. Ihr obliegt es sie von Irrthümern ab auf die rechte Bahn zu führen, sofort auch gegen ihren Willen sie zu belehren, wie sie ihre eigene Haushaltung einrichten, ihren Feldbau vorstehen und durch mehr wirtschaftlich treibende Haushaltung zur Ertragung der schuldigen Landesabgaben die Mittel sich erleichtern möchten.« Karl L. F. Frhr. v. Moser, zit. nach Biedermann (wie Anm. 1), S. 99.

13 Weis (wie Anm. 11), S. 195.

14 Johann Friedrich Zöllner, zit. nach Wolfgang Ruppert: *Bürgerlicher Wandel. Die Geburt der modernen deutschen Gesellschaft im 18. Jahrhundert.* Frankfurt 1984, S. 156.

15 »Für ein Zeitalter«, so Herder 1769, »wo der kriegerische und Religionsgeist aufgehört hat, wo nichts als der Commerz-, Finanzen- und Bildungsgeist herrscht, ist Erziehung sehr nötig und nützlich«. Zit. nach Hans J. Haferkorn: *Zur Entstehung der bürgerlich-literarischen Intelligenz und des Schriftstellers in Deutschland zwischen 1750 und 1800.* In: Literaturwissenschaft und Sozialwissenschaften 3, Deutsches Bürgertum und literarische Intelligenz 1750-1800. Stuttgart 1974, S. 179.

16 Haferkorn (wie Anm. 15), S. 182.

17 Ruppert (wie Anm. 14), S. 45.

18 Zahlen in: Johann Goldfriedrich: *Geschichte des deutschen Buchhandels.* 5 Bde. Leipzig 1908-1923.

19 Jürgen Habermas: *Strukturwandel der Öffentlichkeit. Untersuchungen zu einer Kategorie der bürgerlichen Gesellschaft.* Neuwied, Berlin 1962.

20 So z. B. das von Ludewig in Halle zwischen 1732 und 1750 herausgegebene »allgemeine sowohl historische Realwörterbuch« in 64 Foliobänden (das *Zedlersche Lexikon*), oder die zwischen 1778 und 1807 von Köster, Varrentrapp u. a. in Frankfurt herausgegebenen 23 Bände *Deutsche Enzyklopädie oder allgemeines Realwörterbuch aller Künste und Wissenschaften* (vgl. Ruppert, wie Anm. 14, S. 164 ff.).

21 Ebda., S. 171.

22 Werner Conze, Jürgen Kocka: *Bildungsbürgertum im 19. Jahrhundert Teil I, Bildungssystem und Professionalisierung.* Stuttgart 1985, S. 14.

23 In Halle wurde 1727 auch der erste Lehrstuhl für »Cameralia und Oeconomia« eingerichtet. Vgl. Ruppert (wie Anm 14), S. 172.

24 Die Universität Göttingen lehrte als eine der ersten das neue Fach »Experimentalphysik«. Vgl. auch Georg Iggers: *L'université de Göttingen 1760-1800. La transformation des études historique.* In: Francia 9, 1981, S. 602-621.

25 Biedermann (wie Anm. 1), S. 145.

26 Herbert Schöffler: *Deutscher Geist im 18. Jahrhundert.* Göttingen 1952, S. 202.

27 Ruppert (wie Anm. 14), S. 149.

28 Horst Möller: *Vernunft und Kritik, Deutsche Aufklärung im 17. und 18. Jahrhundert.* Frankfurt 1986, S. 269.

29 Ebda.

30 Schöffler (wie Anm. 26), S. 214. Dort schreibt er: Lichtenberg erkannte die Gefahr der Vulgäraufklärung und benutzte als Symbol das Spiel mit dem Feuer.

31 Möller (wie Anm. 28), S. 269.

32 Ebda., S. 272.

33 Ebda., S. 272-275.

34 Helmut Bott: *Stadt-Raum-Konzepte in der Vorbereitungsphase der Industriellen Revolution.* Masch. Diss. Darmstadt 1989.

35 Vgl. Norbert Elias: *Über den Prozeß der Zivilisation.* 2 Bde. Bern, München 1969.

36 Vgl. August Nitschke (Hrsg.): *Verhaltenswandel in der industriellen Revolution.* Stuttgart, Berlin, Köln, Mainz 1975.

37 Justus Möser: Es gehen »Staat und Gesellschaft unter der Wache stehender Heere maschinenmäßig ihren Gang«. Zit. nach Haferkorn (wie Anm. 15), S. 182.

38 Ebda., S. 181.

39 Ebda.

40 Ebda., S. 183.

Eckhart G. Franz

»Tagtäglich, mein lieber Vetter, bist Du ... der Gegenstand meiner Rede ...«

Die Familie Lichtenberg

»Pfarrers Kinder, Müllers Vieh ... gedeihen selten oder nie!« Oft zitiert und ebenso oft mißverstanden. Gemeint ist eigentlich nicht die doppelte Verneinung, sondern das Nebeneinander der Extreme: entweder »selten« gut oder gar nicht. Die Rolle des evangelischen Pfarrhauses als Brut- und Zuchtstätte von Beamten und Wissenschaftlern, Künstlern und Literaten ist unumstritten.[1] Anzahl und Vielfalt der Pfarrerssöhne unter den »großen Deutschen« sind gleichermaßen eindrucksvoll. Das Zusammenwirken von Erbe und Umwelt, konzentrierte Förderung vorhandener Begabung in der Isolation der Landpfarrei, Leistungsdruck der knappen Geldmittel bei häufig kinderreichen Familien schafften wohl ebenso günstige Voraussetzungen wie der Getreideschrot im Stall des Müllers. Von den Ausbrechern des »Nie« wird in der Literatur seltener gesprochen, noch weniger von der überwiegenden Mehrzahl der Pfarrerskinder, die in braver Bescheidung wieder Pfarrer oder Pfarrfrauen wurden.

Die pfälzisch-hessische Beamten- und Pfarrerfamilie der Lichtenberger ist sicher ein Paradebeispiel berufsständischer Elitebildung. Die Stammtafel verzeichnet in der Generation des Metropolitans Johann Conrad Lichtenberg und seiner Söhne ein gutes Dutzend Pfarrer und Pfarrfrauen, dazu mindestens ebenso viele Juristen und Mediziner. Ein genaueres Hinschauen zeigt freilich Abweichungen vom Schema, eine von Vater und Großvater tradierte Vielseitigkeit von Begabung und Interessen, die auch für das in dieser Hinsicht noch beweglichere 18. Jahrhundert aus dem Rahmen fällt. Man sollte um die Brüder und Vettern wissen, wenn man das Multi-Talent Georg Christoph Lichtenberg zu verstehen sucht.

Stammvater der Sippe Lichtenberger ist der im Dreißigjährigen Krieg, während des großen Pestjahres 1635, im pfälzischen Birkenfeld zu Tode gekommene Amtmann Veit oder Vitus Lichtenberger, Sohn des Kreuznacher Bürgers und von Dienheimschem Amtsverwalters Leonhard Lichtenberger. Der nach Straßburger Quellen vermutete Herkunftsort »Sittborn im Westrich« ist ein schlichter Lesefehler: im Kirchenbuch von St. Thomas steht eindeutig »Settern im Westereich«, d.h. Veits Amtsort Sötern.[2] Die in der Familie tradierte Abstammung von Johann Grümbach-Lichtenberger, dem 1503 verstorbenen Hofastronomen Kaiser Friedrichs III., der katholischer Kleriker war, ist wenig wahrscheinlich.[3] Ob der namengebende Herkunftsort das pfälzische Burglichtenberg im Glantal, nach dem sich der kaiserliche Sterngucker nannte, oder Lichtenberg im Elsaß war, muß offenbleiben. Sicher war es nicht Lichtenberg im Odenwald, der Sitz des hessen-darmstädtischen Oberamts, dessen seelsorgerische Betreuung dem Metropolitan Johann Conrad 1733 anvertraut wurde. Daß die frühen Lichtenberger Lehen in Baumholder besaßen, spräche wohl eher für das nahegelegene Lichtenberg in der Pfalz.

Drei Söhne des Veit Lichtenberger begründeten die drei Hauptstämme der Familie, die sich in der Folge offenbar rasch aus den Augen verloren. Der jüngste »Hauptast«, die elsässische Nachkommenschaft des 1702 als Kaufmann in Straßburg verstorbenen

56
Carl Friedrich Lichtenberg:
»Lichtenbergischer Stam[m]baum ab Anno 1438«.
Tusche, Papier, nach 1710.
Ca. 30 × 452 cm
Bad Vilbel, Privatbesitz

57
Eckhart G. Franz:
Stammbaum der Familie Lichtenberg.
Druck, 1992
(Aus technischen Gründen als lose Beilage)

58
Lichtenbergs Siegel.
Auf einem Brief an Schernhagen, 5. Januar 1778.
Göttingen, Niedersächsische Staats- und Universitätsbibliothek, Cod. Ms. Licht. I: 5.1.1778
Die Familie Lichtenberger (Lichtenberg) bringt ihren Namen mit der Ortschaft Lichtenberg in der Herrschaft Baumholder in Verbindung. An Veit Lichtenbergers Lehnbesitz in der Herrschaft Baumholder soll ein Holderbaum (Holunder) in einem alten Wappen der Familie Lichtenberger erinnern. In einer anderen Fassung ist der Baum gegen einen Berg mit einem Wachslicht ausgetauscht.
Georg Christoph Lichtenbergs Wappen, das er um 1774 als Briefsiegel verwendete, zeigt im Schild einen schmalen Sparren, oben von zwei Sternen, unten von einer gestürzten Pilgermuschel begleitet; auf dem Helm mit Decke ein offner Flug (zwei gegeneinandergestellte Schwungfeder-Flügel). Dieses Petschaft wurde ihm auf der Englandreise gestohlen. Später verwendete Lichtenberg ein Siegel, das eine sitzende Pallas Athene zeigte; zuletzt siegelte er nur noch mit dem hier gezeigten Namenskürzel »GCL«.
[UJ]

59
Christian Friedrich, Ludwig Christian und Georg Christoph Lichtenberg.
Siegel der Brüder Lichtenberg auf der Abtretungsurkunde des väterlichen Erblehens an den Neffen, 2. Februar 1784.
Darmstadt, Hessisches Staatsarchiv, E 14 A Nr. 175/7
Transkription: »Wir Endesunterschriebene bekennen hierdurch, daß wir wegen der von unserm seel:

Philipp Wilhelm Lichtenberger, ist auch dem Bearbeiter der Lichtenberg-Stammtafel im *Deutschen Geschlechterbuch* von 1937 entgangen, so wie man umgekehrt im Elsaß nichts von der Verwandtschaft mit »unserem Lichtenberg« wußte.[4] Unter Philipp Wilhelms Nachkommen finden sich mehrere renommierte Theologen und Juristen, doch ist die vom elsässischen Pfarrerbuch unterstellte Abstammung der »bekannten in Straßburg und nach 1871 in Paris ansässigen Gelehrtenfamilie«, zu der die Sorbonne-Professoren Friedrich August und Charles Ernest, aber auch der jüngere Germanist Henri Lichtenberger zählen, noch unklar.[5] Daß der pfälzische Hauptast des Pfarrers Johann Adam Lichtenberger in Lauterecken mit zwei Söhnen Georg Christoph und Johann Conrad beginnt, könnte auf etwas engere Beziehungen zu den hessischen Vettern hindeuten.

Die »hessische« Geschichte der Lichtenbergs beginnt erst 1689 mit der Verwüstung der Pfalz durch die Truppen des französischen Sonnenkönigs Ludwig XIV., die Johann Philipp Lichtenberg noch in seinem Jahre später verfaßten *Hausbuch* unversöhnlich als »Bluthunde« bezeichnete.[6] Johann Philipp, spätgeborener Nachkömmling des jüngsten Veit-Sohnes Christoph Martin, der 1668 als gräflich Leiningenscher Amtskeller auf der Emichsburg bei Klein-Bockenheim starb, diente zunächst als Page in Frankreich, bewarb sich 1678 vergeblich am Darmstädter Hof, wurde Skribent beim dänischen Residenten in Frankfurt und trat dann 1680 in die Dienste der Reichsstadt Worms, wo er binnen weniger Jahre vom Kanzlisten zum Ratsherrn avancierte. Die 1686 geschlossene Ehe mit der Darmstädter Hofbeamten-Tochter Sophie Eleonore Rittberger, Schwägerin des Wormser Sekretärs-Kollegen Conrad Borngesser, knüpfte die vorher vergeblich gesuchte Verbindung zur Landgrafenresidenz am Woog. Die regierende Landgräfin Elisabeth Dorothea war Patin der 1687 geborenen Tochter des jungen Paares, die später den oberhessischen Theologen Johann Georg Rüdiger heiraten sollte. Daß Johann Philipp das »-er« am Namensende zur Unterscheidung von einem getauften Juden gleichen Namens abgehängt haben will, paßte zur Hakenkreuzgeschmückten Familienhistorie von 1937.

Der erste Sohn Johann Conrad ist Ende 1689 im Flüchtlingsquartier in Darmstadt geboren. Schon im Folgejahr bekam der Vater die erstrebte feste Anstellung als landgräflicher Schultheiß in Rüsselsheim, die bald darauf mit der Zentgrafenstelle in Biebesheim aufgebessert wurde. Eigentliche Heimat der Familie wurde die Jägersburg bei Groß-Rohrheim, Lieblingssitz des jagdfreudigen Landgrafen Ernst Ludwig, wo Johann Philipp 1697 die Verwaltung der Wittumseinkünfte übernahm, die der Landgräfin Dorothea Charlotte zugewiesen waren. Für einige Jahre zur Verwaltung ihrer Meiereigüter nach Darmstadt berufen, kehrte er nach dem frühen Tod der Fürstin erleichtert zur Jägersburg zurück.

Die Landgräfin galt am Darmstädter Hof als enragierte Verfechterin des Pietismus, der auch den Ton im Hause Lichtenberg bestimmte.[7] Johann Philipp hatte sich wohl schon als junger Mann in Frankfurt für die Ideen Philipp Jacob Speners begeistert, an denen er zeitlebens festhielt. Er ließ sich darin auch durch den Gesinnungswandel des regierenden Landgrafen nicht irremachen, der nach dem Tod seiner Frau auf weltlichere Vergnügungen setzte. Spannungen zum trinkfreudigen Jagdgefolge des Fürsten blieben nicht aus, doch in den Führungskreisen der Residenz blieb der Pietismus bestimmend.

Ob die Verbindung zu August Hermann Francke in Halle erst mit dem Studienbesuch des Lichtenberg-Sohnes Johann Conrad im Jahre 1711, das der Vater als »allerglückseligstes« seines Lebens bezeichnete, oder schon vorher durch die auch mit der heimischen Pfalz verbundenen Brüder Juncker geknüpft wurde, bleibt noch zu klären.

Vater Johann Conrad Lichtenberg, gewesener Fürst: Hessen-Darmstättischer Superintendenten, zu Groshausen Fürst: Amts Zwingenberg liegenden Erbleyh-Güter, da wir mehrentheils außer Lande wohnen, uns dahin entschloßen und verglichen, die Beleyhung derselben an unsers als Fürst: Amtmann zu Seeheim verstorbenen älteren Bruders hinterlassenen einzigen Sohne, dem Fürstlichen Archivarius Friedrich August Lichtenberg zu Darmstadt zu übertragen, und gedachten unserm Neffen Vollmacht gegeben haben, die Erbleyhe über diese Güter auf seinen Nahmen allein stellen zu lassen, Wie wir dann solches nochmals wohlbedächtlich und in bester Form hiermit thun und mit eigenhändiger Unterschrifft auch beygedruckten Pettschafften bekräfftigen. Christian Friedrich Lichtenberg / Fürst: Hessendarmstättischer geh: Tribunalrath / Darmstatt den 14. Jenner 1784. / Ludwig Christian Lichtenberg. / Herzog: Sachsen-Gothaischer Legationsrath. / Gotha den 22ten Jenner 1784. / Georg Christoph Lichtenberg / der Philosophie und Mathematick ordentlicher, öffentlicher Lehrer auf der König: GrosBrittanischen Georg-Augustus-Universität zu Göttingen / Göttingen den 2 Februar 1784.«

60
Johannes Lichtenberger (* 1458): DIse Practica und Prenostication Johannis Liechtenbergers Ist gedruckt worde zu Metz im M.CCCCrcij Jar [...]. Metz 1528. 24,7 × 19 cm
Darmstadt, Hessische Landes- und Hochschulbibliothek, 33/8330
Eine tatsächliche Verwandtschaft der Familie Lichtenberg mit Johannes Li[e]chtenberger, Chiromant (Handleser) und Astrologe, läßt sich nicht belegen. [UJ]

Johann Juncker, geboren 1679 als Sohn eines Schneiders im oberhessischen Londorf, von Haus aus Theologe, gehörte als »Informator« zu den Männern der ersten Stunde in den 1700 in Halle etablierten Franckeschen Anstalten. Als Autodidakt zum Mediziner umgeschult, wurde er zum Leiter des für die deutsche Universitätsmedizin vorbildhaften Waisenhaus-Klinikums.[8] Von ihm vermittelt heirateten seine Brüder Johann Kaspar und Johann Eberhard, der eine Pfarrer in der heimischen Pfalz, der andere ebenfalls Arzt in Halle, 1723/24 zwei Töchter des Johann Philipp Lichtenberg. Eine weitere Tochter wurde 1725 Johanns zweite Frau, starb aber bereits im Folgejahr bei der ersten Geburt. Auch die Ehe der jüngsten Lichtenberg-Tochter Maria Margaretha mit Pfarrer Christian Wendt wurde von Halle aus gestiftet.[9] Das Hallenser Haus der Tante Luise Augustina Juncker war später Studienquartier der Lichtenberg-Söhne.

Johann Conrad Lichtenberg hatte in seinem Studium im Sinne des Pietismus geistige und praktische Ausbildung verknüpft, hatte in Gießen bei Johann Georg Liebknecht Mathematik und Architektur, in Franckes Werkstätten in Halle physikalisch-technische Experimente betrieben. Vorrangige Nebenbeschäftigung nach Antritt der ersten Pfarrstelle in Neunkirchen im Odenwald 1716, die er auf allerhöchste Empfehlung bekam, war jedoch die Kirchenmusik, gern geübte Liebhaberei seit den Pädagogjahren in Darmstadt. Durch die 1717 geschlossene Ehe mit der Bischofsheimer Pfarrerstochter Catharina Henriette Eckhard war Lichtenberg sozusagen mit der Musik verheiratet, da die Brautschwester Sophie Charlotte schon seit 1711 Ehefrau des Darmstädter Hofkapellmeisters, Organisten und Operndirektors Christoph Graupner war. Ab 1718/19 hat Johann Conrad Lichtenberg für rund 25 Jahre die Texte zu Graupners Kantatenfolgen für die Darmstädter Schloßkirche geschrieben, mehr als 1500 Texte, die ihn als einen der fähigsten Kirchenpoeten seiner Zeit ausweisen.[10]

Die architektonischen Neigungen Johann Conrads, dem man zugleich »eine ganz ausnehmende Wissenschaft in der Baukunst« bescheinigte, kamen erst später zum Zuge. Seit 1729 war er Pfarrer, dann Metropolitan in Ober-Ramstadt, seit 1745 erster Stadtpfarrer in Darmstadt. In der Geschichte des südhessischen Kirchenbaus steht er mit Planung und Bauleitung bei einem guten Dutzend Pfarrkirchen, mehreren Pfarr- und Schulhäusern, dem Rathaus von Ober-Ramstadt und dem Darmstädter Waisenhaus zu Buche.[11] Die physikalisch-astronomischen Experimente dienten vorab der Schulung der Söhne, fanden allerdings gelegentlich auch Eingang in die Sonntagspredigt. Langweilig war es im Lichtenberg-Pfarrhaus mit Sicherheit nie.

Für Betrieb sorgte nicht zuletzt die Kinderschar. Catharina Henriette Lichtenberg hat ihrem Mann im Laufe eines Vierteljahrhunderts 17 Kinder geboren. Die auf den ersten Blick erschreckende Zahl mindert sich um die 10 Totgeborenen oder in den ersten Lebenstagen Verstorbenen, von denen man bei weniger sorgsamer Dokumentation nichts wüßte. Mit moderner »Familienplanung« wäre der jüngste Sproß Georg Christoph allerdings wohl ebenso chancenlos gewesen wie sein gleichermaßen spätgeborener Großvater Johann Philipp.

Trotz der nicht allzu hohen Pfarrgehälter war die Familie offensichtlich nicht unvermögend. Daß beim Tod des Vaters 1651 nur der älteste der vier überlebenden Söhne fertig ausgebildet war, der zweite gerade eben mit dem Jurastudium begann, war gleichwohl problematisch. Es half, daß Gottlieb Christoph, als studierter Jurist zunächst Kanzleisekretär im pfälzischen Grünstadt, 1752 die verwaiste Amtmannsstelle in Seeheim an der Bergstraße übernehmen konnte. Bald darauf hat er die Witwe des Amtsvorgängers Campen geehelicht, deren Schwiegervater Gehilfe bei den unseligen Goldmacherversuchen Landgraf Ernst Ludwigs war. Gottlieb Christoph wurde 1752 zugleich Mitglied der Göttinger »Teutschen Gesellschaft«. Mit dem zum Jurastudium

61
Johann Philipp Lichtenberg: »Der Lauf des Rheins mit seinen Krümmungen zwischen Lampertheim und Erfelden«.
Plan zur Rheinbegradigung.
Papier, Tusche, 1712. 27 × 40 cm
Darmstadt, Hessisches Staatsarchiv, P 1 Nr. 415

62
Johann Conrad Lichtenberg (9. Dezember 1689 - 18. Juli 1751).
Der Vater.
Öl auf Leinwand, um 1750.
80 × 65 cm
Darmstadt, Schloßkirche Kranichstein, Gr.H.I.Kr. 546
Lichtenberg an Friedrich Wilhelm Strieder, Göttingen den 1. Januar 1787: »Als mein Vater starb, war ich etwa 7 Jahre alt, was ich von meiner Mutter und Geschwistern nachher von ihm gehört habe ist zwar mehr als hinreichend mir diesen rechtschaffenen Vater ewig werth zu machen, aber für ihr Buch uninteressant. So viel ich weiß, daß er für die damalige Zeit für einen Geistlichen sehr gute mathematische und Physikalische Kenntnisse hatte, und eben diese waren es, wodurch er die Aufmercksamkeit des Fürsten auf sich zog. Da er nun gewiß kein schlechtrer Theologe war als irgend einer im Land, so stieg er nach und nach, ohne weitere Connexion, ohne Geld und ohne Bewerbung von einem Dorfprediger in einem abgelegenen, fast ein Viertel des Jahres verschneyten, elenden Nest im Odenwalde zur ersten geistliche Würde im Lande. Er pflegte seine Kinder sehr früh mit der Einrichtung des Weltgebäudes bekannt zu machen und flößte ihnen eine Prädilection für Physic ein, die, ob ich gleich die Einwürckung davon

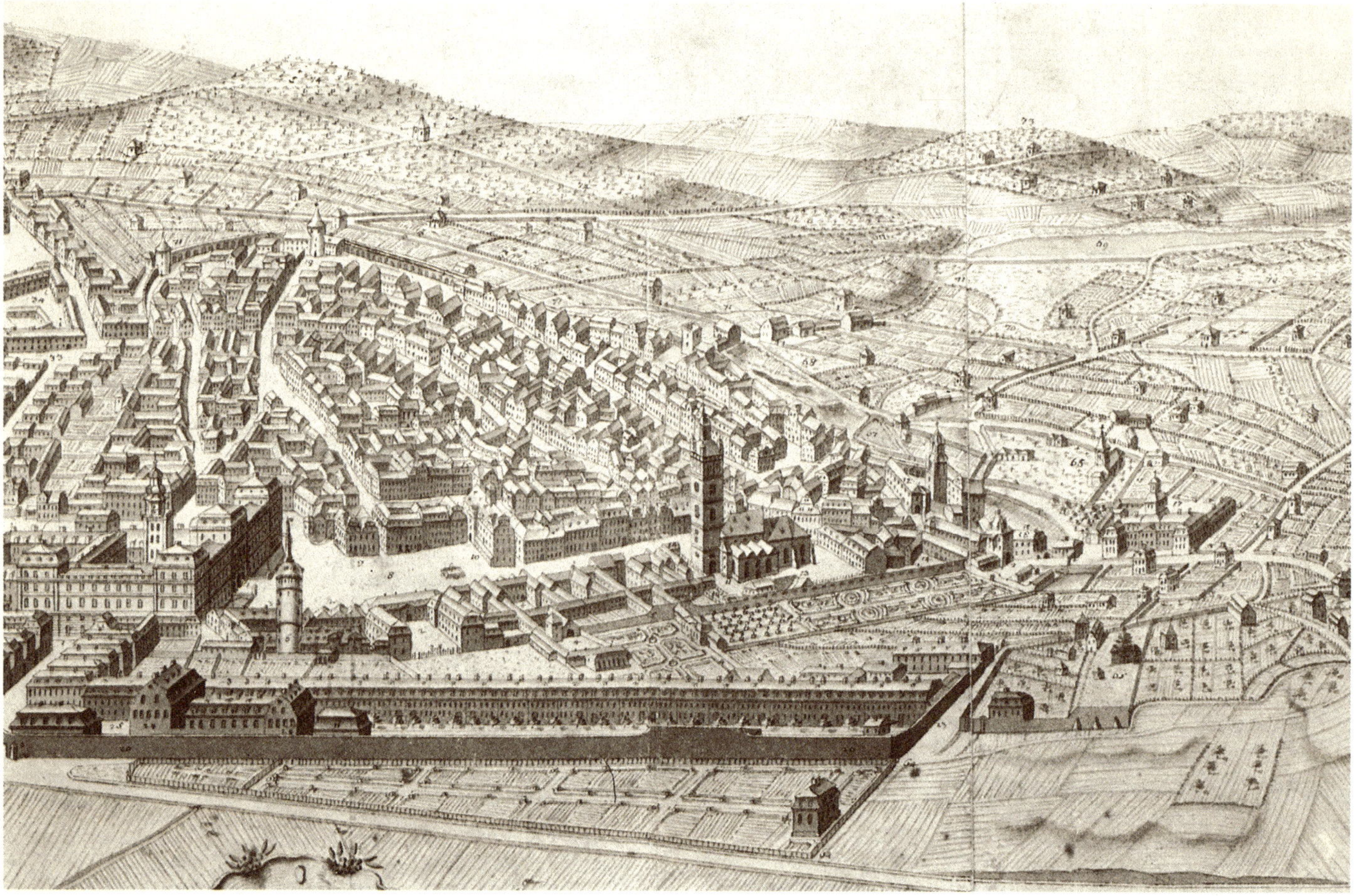

auf mich gröstentheils aus der 2ten Hand verspürte, doch dieses Gute hatte, daß ich als Primaner gewiß mehr von Astronomie wuste, als jezt leider! von vielen von Universitäten zurückgebracht wird. Ich führe dieses an um Ihnen zu zeigen, daß mein Vater Naturlehre mit einer Art von Enthusiasmus liebte. Ja er brachte einmal in einer Wochenpredigt auf dem Dorfe Astronomie auf die Cantzel, so viel seinem Auditorio verständlich war, und er soll gesagt haben, er habe nie eine größere Stille bemerckt, und die Bauern schickten sogar einmal Deputirte ab, ihn zu bitten, er mögte doch bald einmal wieder von den Sternen predigen.« (Bw 3, Nr. 1504)
Seinem Amt als Landessuperintendenten verdanken wir die Kenntnis seines Aussehens: Nicht wegen seiner zahllosen Leistungen als Architekt, Dichter, Prediger oder Seelsorger, sondern als Würdenträger wurde sein Porträt gemalt und in der Schloßkirche zu Kranichstein aufgehängt. [UJ]

63
[Johann Conrad Lichtenberg (1689-1751):]
Hochverdientes Ehren-Denckmahl, Welches dem Weyland Reichs-Frey-Hoch-Wohlgebohrnen Herrn, HERRN Wilhelm Ludwig von Maskowsky, Ihro Röm. Kayserl. Majest. würcklichem Reichs-Hof-Rath [...] Zu Dessen unsterblichen Nachruhm [...] abgelegte solenne Leichen- und Gedächtniß-Predigt [...] o. O. o. J. [1732].
Darmstadt, Hessische Landes- und Hochschulbibliothek, 05418/50
Die Autoren der barocken Kirchenlieder blieben meist anonym; trotzdem ist für 1500 Kantaten, die zwischen 1719 und 1743 entstanden, Johann Conrad Lichtenbergs Urheberschaft verbürgt. Christoph Graupner vertonte die Lieder – für alle Sonn- und Feiertagsgottesdienste in der Hofkapelle. Lichtenberg klagte über abnehmende Dichterkraft: »Das Poetische Feuer verlöschet bey zunehmenden Jahren, und, wie ich sonst des Tages 6. bis 8. ja einmal 12. Stücke in einem Tage verfertigen können, so kommt es itzo selten auf 4. Cantaten«, wie er am 7. April 1742 dem Biographen der hessischen Theologen seiner Zeit, Ernst Friedrich Neubauer, mitteilte. – Die Drucktexte der Kantaten gingen im Zweiten Weltkrieg verloren; der hier gezeigte Druck gehört in die Gattung der »Leichabdankungen«. [UJ]

64
Johann Conrad Lichtenberg (1689-1751):
Plan der Kirche zu Stammheim.
Tusche, Papier
Darmstadt, Hessisches Staatsarchiv, P 11 Nr. 41/4

65
Johann Jakob Hill (1730-1802):
»Prospect des hochfürstlichen Residenzschlosses und der Hauptstatt Darmstadt nebst Bessungen und umliegenden Situation [...]«.
Feder auf Papier, laviert.
36,5 × 99 cm
Darmstadt, Hessische Landes- und Hochschulbibliothek, Kartensammlung, Mappe 1/16
Der Ausschnitt des Hillschen Prospektes zeigt die Stadtkirche, die Superintendentur und das Waisenhaus – die Darmstädter Wirkungsstätten von Lichtenbergs Vater. [SW]

zur Tante Juncker nach Halle geschickten Bruder Christian Friedrich teilte er das väterliche Interesse an der Musik. Beleg sind die Hallenser Studentenbriefe des Jüngeren, in denen es vorrangig um die Beschaffung von Opernarien und Sinfonien geht.[12] Als Oberappellationsrat in Darmstadt schrieb Christian Friedrich 1778 das Libretto zu einem von Abbé Vogler vertonten »Melodram«, das vom Liebhaberensemble des Erbprinzen aufgeführt wurde. Trotz gelegentlicher Hinweise auf mehr oder minder erfolgreiche Wirtschaftsaktivitäten wird der als Jurist wie als Literat durchaus erfolgreiche Tribunalsrat vom jüngeren Bruder Georg Christoph ob seines unseriös-verschwenderischen Lebenswandels kritisiert.[13]

Enger verbunden war Georg Christoph eigentlich nur mit dem nächstälteren Bruder Ludwig Christian, der wie er die physikalisch-technischen Interessen des Vaters weiterführte, später dann mit Gottlieb Christophs Sohn Friedrich August, der als zeitweiliger Schüler Georg Christophs in Göttingen sein Vertrauensmann im heimischen Darmstadt werden sollte. Er ist der »liebe Vetter« der Überschrift.

Ludwig Christian Lichtenberg, gut fünf Jahre älter als Georg Christoph, zog 1754 als Nachfolger des nächstälteren Bruders zum Theologiestudium nach Halle, wechselte aber offenbar binnen kurzem zur Juristerei über. Die Unterbrechung des Studiums 1756 hängt wohl mit dem Ausbruch des Siebenjährigen Krieges zusammen, der die nord- und mitteldeutschen Universitäten für hessen-darmstädtische Studenten versperrte. Auch der plötzliche Tod des Amtmanns-Bruders in Seeheim Ende des Jahres mag mitgespielt haben. Georg Christoph beklagte Jahrzehnte später in einem Brief an den Darmstädter Neffen, daß »über dem Studiren meiner drei Brüder unser gantzes väterliches Vermögen hingegangen« sei. Der cand. iur. Ludwig Christian Lichtenberg bewarb sich 1760/61 vergeblich in Darmstadt.

Als das Kriegsende die Straßen wieder öffnete, zog es die jüngere Studentengeneration nach Göttingen, das Halle als Modeuniversität abgelöst hatte. Aus dem Hessen-Darmstädtischen kamen schon einige Wochen vor Georg Christoph Lichtenberg, der am 21. Mai 1763 als »Mathematum et Physices stud.« in Göttingen eingeschrieben wurde, die Gießener Juristen-Freunde Ludwig Adolf Grolman und Jakob Ludwig Hallwachs. Im November folgten Bruder Ludwig Christian mit seinem Schutzbefohlenen Ludwig Friedrich von Pöllnitz und der ebenfalls in Darmstadt beheimatete Friedrich Stürz, jüngerer Bruder des bekannteren Publizisten Helfrich Peter Stürz, der schon vor dem Krieg in Göttingen studiert hatte. Wie Stürz war auch der Lichtenberg-Vetter Friedrich Wendt, der in der Nachfolge Johann Junckers Medizin studierte, 1761 aus Jena nach Göttingen gekommen. Persönliche Beziehungen der Lichtenberg-Brüder zu ihren 1765/71 in der Göttinger Matrikel verzeichneten Vettern Georg Friedrich und Johann Friedrich aus der pfälzischen Linie sind nicht nachweisbar.

Ludwig Christian Lichtenberg blieb nur kurze Zeit in Göttingen. Im März 1765 wurde er, vorbereitet durch die diplomatischen Studien bei Christoph Gatterer und Johann Stephan Pütter, »Geheimer Archivarius« in Gotha, ein Amt, das er mit allmählich zum »Geheimen Assistenzrat« aufgestocktem Titel bis zu seinem Tode im Jahre 1812 versah.[14] Mehr als die gelehrten Studien des Bruders über die römische Stenographie der »tironischen Noten« interessierten Georg Christoph zweifellos die aus dem gemeinsamen Erbteil des Vaters erwachsenen physikalisch-astronomischen Experimente, das weithin bewunderte physikalische Kabinett Ludwig Christians, der schon 1774 eine Anleitung zum Blitzableiterbau publizierte und in der von ihm begründeten »Gothaischen gemeinnützigen Gesellschaft« physikalische Vorlesungen hielt. Sicher nicht ohne Zutun des jüngeren Bruders wurde er 1786 korrespondierendes Mitglied der Königlichen Sozietät der Wissenschaften in Göttingen.

66
»Wittwen und Wayßen-Tabellen«. Halbpergamentband mit Kamm-Marmorpapier bezogen, 1751.
33 × 42 cm (aufgeschlagen)
Darmstadt, Zentralarchiv der Evangelischen Kirche in Hessen und Nassau, 111/1444
Transkription: »Tabelle vom Jahr 1751. Aus hiesiger Fürstl. Residenz.
1. Spalte: † den 17ten Julii 1751.
2. Spalte: Herr Johann Conrad Lichtenberg Superintendens der Ober- und Nieder-Grafschafft Catzenelnbogen. Alt 61. Jahr 7. Mon.
3. Spalte: hinterläßt eine Wittwe Henrica Catharina eine gebohrne Eckhardin Alt 54. Jahr.
4. bis 6. Spalte: Kinder, Alt Jahre, Lebens-Umstände und Aufführung / 1. Gottlieb Christoph, 27, Gräflich Leiningischer Secretarius zu Grünstatt nachhero Amtmann zu Seeheim †/ 2. Clara Sophia, 33, Ist noch bey der Fr. Mutter / 3. Christian Friderich, 17, studirt Jura, dermahlen in Halle / 4. Ludwig Christian, 14, Frequentirt das hiesige Paedagogium / 5. Georg Christoph, 9, Geht in die Schule / N[ot]a. in anno 1757. ist der erste Sohn als Amtmann zu Seeheim gestorben. und führen sich alle sehr wohl auf
7. Spalte: Vormünder. Die Fr. Mutter,
8. Spalte: Legen Rechnung ab de anno [kein Eintrag]«
Erläuterung: Außer der Nachricht der Leiningischen Anstellung des ältesten Bruders enthält dies bislang unbekannte Zeugnis zwei wichtige neue Informationen über den Jüngsten, Georg Christoph: Erstens beweist es (was immer bezweifelt wurde), daß Lichtenberg vor dem Pädagog die Stadtschule in Darmstadt besucht hat, und zweitens hat man ihn damals noch nicht, wie er selbst es später tat, für zwei Jahre jünger gehalten. [UJ]

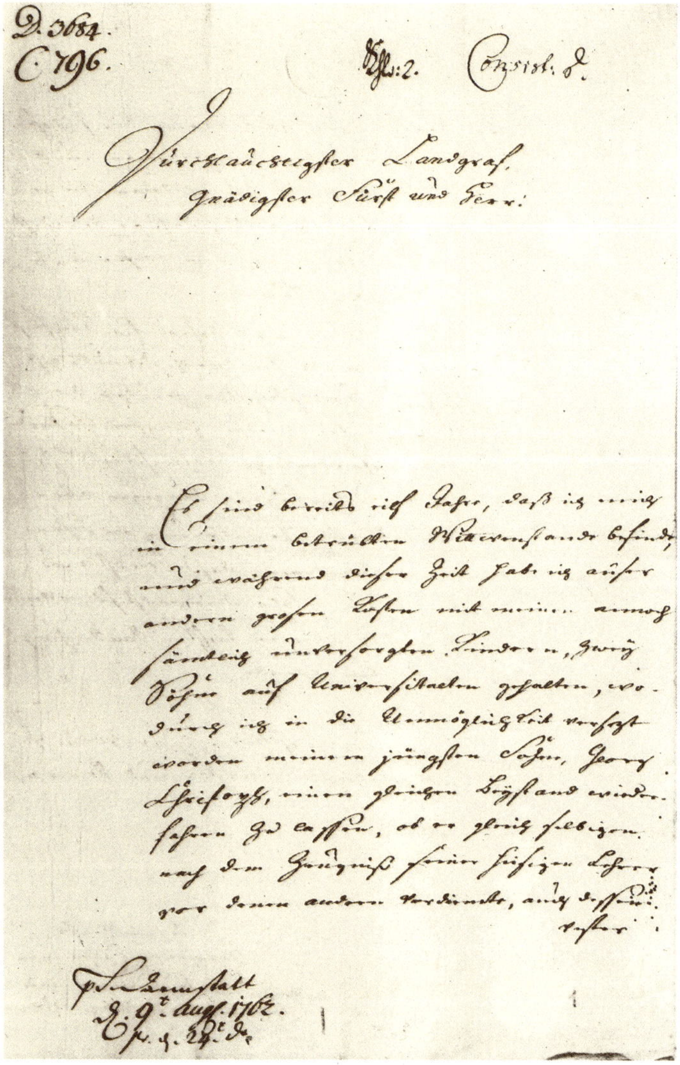

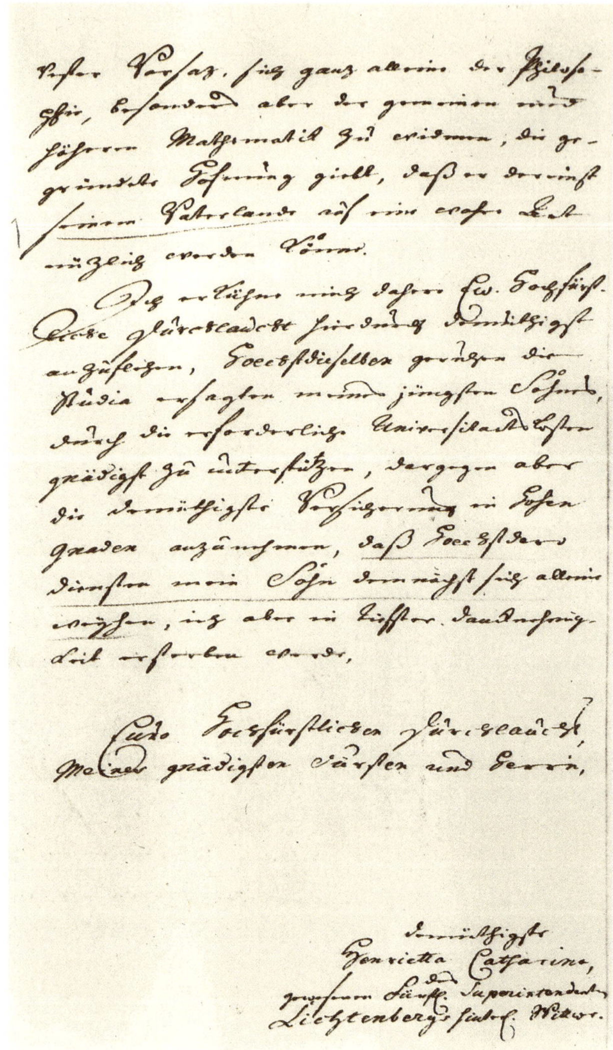

67
[Henriette Catharina Lichtenberg († 1764):]
An den Landgrafen von Hessen-Darmstadt gerichtetes Gesuch wegen eines Stipendiums für ihren Sohn Georg Christoph Lichtenberg, präs. Darmstadt 9. August 1762.
Aus der Akte »Prof. Georg Christoph Lichtenberg sein Stipendium, seine Ernennung zum 2. Prof. der Mathematik in Gießen, sein Verbleiben in Göttingen 1762-1771«.
Darmstadt, Hessisches Staatsarchiv, E 6 B Nr. 29/16a
Von Lichtenbergs Mutter, Henriette Catharina, geb. Eckhardt, gestorben 1764, ist kein Lebenszeugnis erhalten. Das Bittgesuch ist wahrscheinlich von fremder Hand geschrieben. [UJ]
[Aktensignaturen/ Bearbeitungsnotizen]
Durchlauchtigster Landgraf, gnädigster Fürst und Herr:
Es sind bereits eilf Jahre, daß ich mich in einem betrübten Witwenstande befinde, und während dieser Zeit habe ich auser andern grosen Kosten mit meinen annoch sämtlich unversorgten Kindern zwey Söhne auf Universitäten gehalten, wodurch ich in die Unmöglichkeit versezt worden meinen jüngsten Sohne, Georg Christoph, einen gleichen Beystand wiederfahren zu lassen, ob er gleich selbigen nach dem Zeugniß seiner hiesigen Lehrer vor denen andern verdienete, auch dessen [Kustode:] erster
[S. 2:] erster Vorsaz, sich ganz allein der Philosophie, besonders aber der gemeinen und höheren Mathematik zu widmen, die gegründete Hofnung giebt, daß er dereinst *seinem Vaterlande* auf eine wahre Art nüzlich werden könne.
Ich erkühne mich dahero Ew. Hochfürstliche Durchlaucht hierdurch demüthigst anzufragen, Hoechstdieselben geruhen die Studia ersagten meines jüngsten Sohnes, durch die erforderliche UniversitaetsKosten gnädigst zu unterstützen, dargegen aber die demüthigste Versicherung in Hohen Gnaden anzunehmen, daß Hoechstdero Diensten mein Sohn demnächst sich allein weyhen, ich aber in tiefster Dancknehmigkeit ersterben werde,
Euer Hochfürstlichen Durchlaucht
Meines gnädigsten Fürsten und Herrn, demüthigste
Henrietta Catharina [...].

68
Christian Friedrich Lichtenberg (1734-1790):
Lampedo ein Melodram von [C. F.] Lichtenberg und [Georg Joseph] Vogler. Darmstadt den 11 [richtig: 14.] Juli 1779 [Datum der Uraufführung].
63 Blatt in goldgeprägtem Lederband, der später mit Kleisterpapier (»Steinmarmor«) überzogen wurde; Goldschnitt. Titelblatt mit gestochener Bordüre, in die mit Feder und Tinte der Titel kalligraphisch hineingemalt ist.
Darmstadt, Hessische Landes- und Hochschulbibliothek, Theatersammlung, Mus.ms. 1097
Weitere Aufführungen fanden am 26. August 1779 und 5. Januar 1780 statt, an den Aufführungen war der ganze Hof beteiligt.

Georg Christoph hat sich zwar gelegentlich über die Knauserei, den pingeligen Übereifer des Gothaer Bruders mokiert, blieb ihm aber doch wohl lebenslang in brüderlicher Zuneigung verbunden. Ludwig Christian besorgte nach dem Tod Georg Christophs zusammen mit Friedrich Kries die neunbändige Ausgabe der *Vermischten Schriften* Georg Christophs. Er stand der Witwe des Bruders bei der Erziehung der sämtlich noch minderjährigen Kinder zur Seite.

In Darmstadt lebte der Name Lichtenberg durch den Lieblingsneffen Friedrich August weiter, der wie der Gothaer Onkel als Archivarius begann, dann aber im von der Göttinger Aufklärung geprägten Kreis um den 1790 zur Regierung gekommenen Landgrafen Ludwig X. zum Leiter der hessischen Außenpolitik aufstieg und 1809 als regierender Staatsminister in den erblichen Freiherrnstand erhoben wurde. Sein Sohn Ludwig, fast drei Jahrzehnte Verwaltungschef im 1816 zu Hessen gekommenen Mainz, ist mit der Erinnerung an »Rheinhessen« noch einmal ins Blickfeld der Historiker gerückt. Die Aufzählung der zahlreichen weiteren Lichtenberg / Lichtenberger, die sich in den beiden Folgejahrhunderten als Theologen und Verwaltungsbeamte, Ärzte und Wissenschaftler im geschichtlichen »Wer ist's« plaziert haben, würde den Rahmen dieses Beitrags überfrachten.

69
Ernst Christian Specht (vor 1771 bis um 1806) (zugeschrieben): Ludwig Christian Lichtenberg (1737-1812).
Porträt. Pastell auf Pergament, um 1800. 47,5 × 39,5 cm
Bad Vilbel, Privatbesitz
Georg Christoph Lichtenbergs Bruder, Archivar in Gotha; wahrscheinlich Verfasser von Georg Christoph Lichtenbergs erster Biographie (erschienen in: Friedrich Schlichtegroll: *Georg Christoph Lichtenberg.* – Nekrolog auf das Jahr 1799. Gotha 1805, S. 97-220) .
[UJ]

Katalog-Nr. 68

1 Günther Franz (Hrsg.): *Beamtentum und Pfarrerstand 1400-1800. Büdinger Vorträge 1967* (= Deutsche Führungsschichten in der Neuzeit Bd. 5). Limburg 1972; dazu ders.: *Das evangelische Pfarrhaus.* In: Persönlichkeit und Geschichte. Aufsätze und Vorträge. Göttingen 1977, S. 197-202.

2 Die im elsässischen Pfarrerbuch (s. Anm. 5) verlesene Eintragung wurde vom Stadtarchiv Straßburg berichtigt; im Bürgerbuch ist Philipp Wilhelm 1653 mit »von Södern auss dem Westreich« eingetragen. Den Nachweis der Herkunft des Veit Lichtenberger aus Kreuznach führt Waldemar Lichtenberger in: Mitteilungen der Westdeutschen Gesellschaft für Familienkunde 63 (1975), S. 39-43.

3 Über ihn u. a. Dietrich Kurze: *Johannes Lichtenberger († 1503). Eine Studie zur Geschichte der Prophetie und Astrologie* (= Historische Studien Heft 379). Lübeck, Hamburg 1960, S. 11f. Zur Abstammungsfrage siehe W. Lichtenberger: *Der kaiserliche Hofastrolog Johannes Lichtenberger.* In: Mitteilungen der Westdeutschen Gesellschaft für Familienkunde 63 (1975), S. 39-53.

4 Lichtenberger / Lichtenberg / Freiherr v. Lichtenberg aus Kreuznach im Rheinlande. Bearb. von Otfried Praetorius. In: Deutsches Geschlechterbuch Bd. 96. Görlitz 1937, S. 171-203. Eine von Friedrich Euler bearbeitete, wesentlich vollständigere Stammfolge der Lichtenberg / Lichtenberger findet sich masch. im Institut für historische Führungsschichten in Bensheim. Für die pfälzischen Linien der Familie vgl. Josef Raimar: *Die pfälzische Familie Lichtenberger.* In: Pfälzische Familien- und Wappenkunde / Beilage Pfälzische Genealogie, Folge 5, 1953, und W. Lichtenberger: *Zur Genealogie der westdeutschen Lichtenberger.* In: Pfälzische Familie und Wappenkunde 13 (1964), S. 97-104.

5 Marie Joseph Bopp: *Die evangelischen Geistlichen und Theologen in Elsaß und Lothringen von der Reformation bis zur Gegenwart* (= Genealogie und Landesgeschichte Bd. 1). Neustadt a. d. Aisch 1959, S. 334f. Vorfahr der Brüder Friedrich August und Charles Ernst ist der 1723 aus Sachsen nach Straßburg zugezogene Goldschläger Johann Christoph Lichtenberger.

6 Vgl. die Edition dieser für die Geschichte Johann Philipps und seiner Kinder wichtigen Quelle von Wilhelm Diehl: *Aus dem Hausbuch des Amtsverwesers Johann Philipp Lichtenberg.* In: Hessische Chronik, 1. Jg., 1912, S. 21-27, 132-136, 145-148.

7 Dazu Rüdiger Mack: *Pietismus und Frühaufklärung an der Universität Gießen und in Hessen-Darmstadt.* Gießen 1984.

8 Für Johann Juncker u. a. Hans-Heinz Eulner in: Neue Deutsche Biographie Bd. 10, 1974, S. 661f.

9 Vgl. den Hinweis in Johann Philipps *Hausbuch,* Hessische Chronik (wie Anm. 6), S. 148. Christian Wendt, damals Pfarrer in Kirtorf, ging 1730 als Superintendent nach Sorau / Niederlausitz, wohin er zeitweilig auch Johann Eberhard Juncker nachzog.

10 Vgl. dazu Festschrift *Christoph Graupner und die Musik seiner Zeit.* Darmstadt 1983, mit Beitrag von Wolfgang Promies über Beziehungen zu Johann Conrad Lichtenberg, S. 34-37; dazu die zeitgenössische Beurteilung bei Ernst Friedrich Neubauer: *Nachricht von den itzlebenden Evangelisch-Lutherischen und Reformirten Theologen in und um Deutschland.* Züllichau 1743, S. 227-237.

11 Vgl. Frank Schmidt: *Der hessen-darmstädtische Pfarrer Johann Conrad Lichtenberg (1689-1751) als Baumeister.* In: Archiv für hessische Geschichte und Altertumskunde NF 48, 1990, S. 89-129.

12 Nachlaßrest Gottlieb Christoph Lichtenbergs im Hess. Staatsarchiv Darmstadt Abt. E 12 Nr. 219/1, zitiert in der ungedruckten Staatsexamensarbeit von Birgit Werner: *Friedrich Christian Lichtenberg. Porträt eines aufgeklärten Schriftstellers in einer Residenzstadt des 18. Jahrhunderts.* TH-Darmstadt 1987.

13 »[...] ein leichtsinniger Verschwender«, »betrübe [...] mich in der Seele«, heißt es in einem Brief von 1773; zitiert bei Otto Weber (s. Anm. 14), S. 108.

14 Vgl. Otto Weber: *Das Los des älteren Bruders. Anmerkungen zum 250. Geburtstag von Ludwig Christian Lichtenberg.* In: Lichtenberg-Jahrbuch 1988, S. 105-129.

70
Johann Conrad Lichtenberg: Taufeintrag Georg Christoph Lichtenberg.
Aus dem »Geburts- Trau und Sterberegister 1717-1782« der evangelisch-lutherischen Kirche in Ober-Ramstadt. 33 × 21 cm
Ober-Ramstadt, Evangelische Kirchengemeinde Jg. 1742, lfd. Nr. 23, Inv.-Verz. X, 4
Johann Conrad Lichtenberg hatte sein Söhnchen »so gleich wegen Schwachheit« getauft.
Transkription: »Domin:[ica] VI. p.[ost] Trin:[itatem] [= am 6. Sonntag nach Trinitatis] d[en] 1. t Jul: wurde *Georg Christoph*, mein Joh: Conr: Lichtenberg, p.[ro] t.[empore = derzeit] Past:[or] u. Metrop:[olitan] allhier u. Henricae Catharinae ux.[oris: meiner Ehefrau] eodem hor:[a] V. pomeri-d:[iana = in eben dieser fünften Stunde am Nachmittag] gebohrnes Söhnl.[ein] so gleich wegen Schwachheit von mir getaufft. Die erwehlte Taufzeugen waren (S.[alvo] T.[itulo = unter Übergehung des Titels]) Herr Joh:[ann] Georg Wachter Fürstl.[ich] Hess.[ischer] Cammer Secret:[är] zu Darmstatt u. (S.T.) Herr Christoph Graupner Candid:[atus] Juris u. Accessist bey dene Regierungs Secretariis zu Darmstatt, meiner Frauen Schwester Sohn [= Neffe].« Am Rand: »† 1799 24. Febr. in Göttingen«

71
»Zum Privatgebrauche. Auszug aus dem Kirchenbuch der Pfarrei Oberramstadt. Geborne im Jahr 1742.«
Handschrift; 33 × 21 cm
Bad Vilbel, Privatbesitz
Lichtenberg hielt sich (nicht ohne selbst daran zu zweifeln) sein Leben lang für zwei Jahre jünger, als er tatsächlich war. Sein Bruder Ludwig Christian, dem dieser Umstand auffiel, holte nach seinem Tod authentische Nachricht ein, was die Söhne dann 1842 für ihre Ausgabe der Schriften wiederholten. [UJ]
Transkription: [wörtlicher Auszug aus Nr. 73 = Kirchenbuch; dann:] »Daß Vorstehendes aus dem Kirchenbuche der Pfarrei Oberramstadt getreulich extrahirt worden sei, bezeugt der [der-]zeitige Pfarrer allda, urkundlich seiner eigenhändigen Unterschrift und des beigedruckten hiesigen Pfarrsiegels Oberramstadt am 8: Jul. 1842 Friedrich Schaum.«

72
August Lucas (1803-1863):
Das Pfarrhaus zu Ober-Ramstadt.
Lichtenbergs Geburtshaus.
Pastell, 1843. 14 × 22 cm
Bad Vilbel, Privatbesitz
Im Sommer 1842 bestellte Georg Christoph Lichtenberg jr. auf Vermittlung seines Darmstädter Vetters Friedrich August Lichtenberg bei August Lucas eine Ansicht des väterlichen Geburtshauses in Ober-Ramstadt. Der sandte im März 1843 eine Zeichnung zur Ansicht und verlangte für ihre Ausführung in Pastell 20 Gulden (= 11 $^{1}/_{2}$ Reichstaler). [UJ]

73
Gottfried Meister:
»Situationskarte von Nieder- und Ober-Ramstadt [...]« sowie des umgebenden Odenwaldes.
Handzeichnung, koloriert, Anfang 19. Jahrhundert. 33,4 × 37,9 cm
Darmstadt, Hessische Landes- und Hochschulbibliothek, Kartensammlung, Mappe 3/13
Lichtenberg an Blumenbach, September 1793: »Apropos können Sie meinen Kopf brauchen? Ich bin ein Ottenwälder, die am Rhein auf der Stufenleiter der Civilisation mit den Saxenhäußern rangiren.« (Bw 4, Nr. 2301)
Gottfried Meister diente 1803-1822 im Großherzoglich Hessen-Darmstädtischen Generalstab, zuletzt als Obrist. In dieser Zeit dürfte die Karte entstanden sein. [UJ]

74
Ernst August Schnittspahn:
»Altes Pädagog«.
Gouache, 1870. 34,7 × 52,2 cm
Darmstadt, Schloßmuseum, o. Inv.
Die nur noch in Abschriften aus dem 20. Jahrhundert erhaltenen Klassenlisten des Pädagogs verzeichnen Lichtenbergs Eintritt in die Schule: »Tempore autumn. 1752 / CL. III. / Lichtenberg p[ater] erint.« Aus den Klassen- und Versetzungslisten ergibt sich, daß Lichtenberg im Herbst 1754 nach Secunda, im Herbst 1756 nach Prima, im Herbst 1758 nach Selecta versetzt und im Herbst 1761 zur Universität entlassen wurde. Aus dem Catalogus praemiis adfectorum erfährt man, daß er im Frühjahr 1754 und im Frühjahr 1756 »Praemium«, einen Preis für besondere Leistungen, erhalten hat.
Lichtenberg an Gottfried Hieronymus Amelung, 5. März 1784: »Was müste das für ein Glück seyn, einmal im Geist wieder über die zerschnittenen und zerbrannten Tafeln zu klettern, wo mancher Christliche Nahmen unter einem Galgen paradirte die Aepfelbeklexten Wände, in denen meine Einbildungs / Krafft Medusen Köpfe und Bataillen sah wieder durchzugehen! Unsern Umgang einmal wieder zu mustern, Wittich den unbeschnittenen, Wenck den grosmüthigen, Kärcher den keuschen, Hach das alles umfassende Genie, Becker den Weisen (album), Ammelung mit dem Rabenhaar. Was müste das für eine Freude seyn. Gut ich *will* sie noch erleben, es koste auch was es wolle.« (Bw 2, Nr. 1250) [UJ]

75
Stundenplan des Darmstädter Pädagogs, 1779.
Druckblatt; 19,5 × 16 cm
Darmstadt, Hessisches Staatsarchiv, R 1 A Nr. 19/43
In den »Erneuerten Statuten des Darmstädter Pädagogs« (1778): »Es soll bei diesem Pädagog als ein unveränderliches Gesetz und als die erste Grundlage seiner ganzen Verfassung angesehen werden, daß keineswegs darin nur blose sogenannte Studierte und Brod Gelehrte, sondern ebensowohl nützliche Diener durch alle Stände des bürgerlichen Lebens erzogen werden sollen.«

76
Abraham Gotthelf Kästner (1719-1800):
Anfangsgründe der Arithmetik, Geometrie, ebenen und sphaerischen Trigonometrie und Perspektive. [Göttingen] 1758.
[= Mathematische Anfangsgründe. 4 Teile in 9 Bdn. Göttingen 1758-1791, Teil 1/1].
Darmstadt, Hessische Landes- und Hochschulbibliothek, 33/673, T. 1/1
»Ich kann nicht leugnen, daß mir als ich zum erstenmal sah, daß man nun in meinem Vaterland anfange zu wissen was Wurzelzeichen sind, mir die klaren Freuden-Tränen in die Augen gedrungen sind.« (SB 1, D 514)

77
Johann Martin Wenck (1704-1761):
Vorbereitungsgründe zur Beantwortung der Frage: Ob und wieferne in Hessen das Vehmgericht sey eingeführt gewesen? Statt einer ehrerbietigsten Einladung an alle hohe und hochgeneigte Gönner der Wissenschaften zu Anhörung der den 11. März um 2 Uhr abzuhaltenden Reden. Entworffen von Joh. Martin Wenck, des Gymnasii Rector und Fürstl. Bibliothekar. Darmstadt 1761.
Darmstadt, Hessische Landes- und Hochschulbibliothek, 43/3960
Zum Schulunterricht des 18. und frühen 19. Jahrhunderts gehörte der Schulactus zu Ostern und Michaelis jeweils am Ende des Halbjahres. Er wurde angekündigt mit einer gedruckten wissenschaftlichen Abhandlung eines Lehrers, dem »Programm« in deutscher oder lateinischer Sprache, dem anhangsweise die Themen der Schülervorträge angefügt waren. Jeweils die besten der oberen Jahrgänge trugen (ebenfalls deutsch oder lateinisch) Texte vor: Gedichte, Reden, Dialoge – um zu zeigen, was sie im Rhetorikunterricht gelernt hatten. Von Lichtenberg kennen wir dadurch wenigstens einige Titel seiner Jugendarbeiten. Sämtliche Einladungen sind vom Rektor Johann Martin Wenck verfaßt; die erste und vierte in deutscher, die anderen in lateinischer Sprache.
4. April 1759 (S. 14): »Georg Christoph Lichtenberg und Carl Breider besprechen sich teutsch über die Frage: Kan auch ein junger Redner bewegen?«
26. März 1760 (S. 13): »G. Christoph Lichtenberg, quantum verae sublimitatis cognitioni humanae per studia potissimum mathematica accedat, sermone patris declarat.«
17. Sept. 1760 (S. 13): »Georg Christoph Lichtenberg, fortia facta Hannibalis cum gestis a Iul. Caesare componet.«
11. März 1761 (S. 12): »Georg C. Lichtenberg Stellt eine Vergleichung der Römer und Griechen an.«
15. Sept. 1761 (S. 19): »Postremum dicentis locum occupat, qui per aliquot annos alacris ingenii industria ornavit primum, Georgius Christoph. Lichtenberg, qui cum aliis VI bonae notae commilitionibus discessurus e Paedagogei disciplina, de vero litteris et poesi constituendo pretio agere decrevit carmine teutonico.« [UJ]

78
Die älteste erhaltene Handschrift Lichtenbergs:
Eintragung in das Schulbuch »Recueil de poésies« (1754).
Göttingen, Niedersächsische Staats- und Universitätsbibliothek, 8° Poet. Gall. I, 1706
Transkription: »Lichtenberg M.D.C.C.L.X.I. [1761] den 18. May. an dem Tag an welchem eine totale Monds-Finstenüß zu sehen war.«

79
Georg Christoph Lichtenberg:
Brief an Gottfried Hieronymus Amelung, [Herbst 1782?].
Darmstadt, Hessische Landes- und Hochschulbibliothek, Hs 3515
Von allen seinen Klassenkameraden hatte Lichtenberg später nur noch zu Amelung regelmäßigen Kontakt: Georg Philipp Bing war in Göttingen gestorben; Carl Wilhelm von Ibell, Ludwig Julius Friedrich Höpfner und Christian Heinrich Zimmermann gingen nicht in dieselbe Klasse.

Lichtenbergs Mitschüler in seiner Abiturklasse waren:
Friedrich Balthasar Steinicke, Georg Philipp Bing (Darmst. nat. pat. Secr. Camerae), Friedrich Jacob Krug, Christian Friedrich Lindemeyer aus Zwingenberg (Mater vidua, pat. Diaconus), Gotthilf Hieronymus Amelung aus Halle (nat. mense 7br pater nunc praecept. huius urbis, qui in locum Würthii, praec. privati successit), Georg Ludwig Wittich aus Krumstadt, Friedrich Ludwig Hach, Friedrich Conrad Becker aus Bischofsheim (P. Ludimagister), Johann Christian Conrad Hofmann, Johann Ernst Kuhn (p. Sergeant), Christian Algeier aus Pappenheim (p. consil. iud. milit. 8. 10. 1752 immatr., 14 Jahr alt Cl. I ord. III.), Ludwig Pfaff (pater CabinettsCassier), Johann Ludwig Otto aus Korck, Henrich Bernhard Eßwein aus Zwingenberg, Georg Friedrich Heß aus Catzenelnbogen, Friedrich Carl Wilhelm Reusch (pater Consil. Regim. Comitis de Wied Runckel) und Johann Friedrich Kühnlein aus Stockstadt. (In Klammern ergänzt: Informationen aus den Aufnahmelisten) [UJ]

Markus Matthias

»Wäre es nicht gut, die Theologie etwa mit dem Jahre 1800 für geschlossen anzunehmen und den Theologen zu verbieten, fernere Entdeckungen zu machen?«

Theologie- und Frömmigkeitsgeschichte: Vom Pietismus zur Aufklärung

Es war Georg Christoph Lichtenbergs Großvater, Johann Philipp (1660-1739), der in seiner Jugend in persönlichen Kontakt mit dem Pietismus trat, jener für die deutsche Geistesgeschichte so bedeutenden Frömmigkeitsbewegung. Als Sechzehnjähriger (1676) war er zu seiner Schwester nach Bechtheim gekommen, wo ihn der Ortspfarrer Johann Samuel Kriegsmann in Latein, Musik und Religion unterwies. Am Anfang des Jahres 1678 holte ihn dessen Bruder, der Kammerrat Wilhelm Christoph Kriegsmann, nach Darmstadt. Als dieser wegen seiner öffentlichen Rechtfertigung der von Frankfurt am Main ausgehenden pietistischen Reformbestrebungen noch in demselben Jahr die Residenzstadt verlassen mußte, womit zugleich die Hoffnung von Lichtenbergs Großvater auf eine Anstellung am landgräflichen Hof zunichte wurde, ging Johann Philipp nach Frankfurt am Main, wo er dem dänischen Gesandten Georg Wilhelm Orth zwei Jahre als Schreiber diente. Über diese Zeit notiert er später: »in dieser lieben Statt bin ich Gottlob! durch fleißige Besuchung Herrn Dr. Speners Collegien und Predigten erstlich zu einem neubekehrten Christen worden, wiewohl nicht ohne Anfechtung.«[1]

Wenige Jahre zuvor, im Frühjahr 1675, war der im Elsaß geborene Philipp Jacob Spener, seit 1666 Pfarrer und Senior in Frankfurt am Main, mit einer Schrift hervorgetreten, mit der man gewöhnlich den Beginn der pietistischen Bewegung im deutschen Luthertum datiert. Seine *Pia Desideria: oder Hertzliches Verlangen nach Gottgefälliger Besserung der wahren Evangelischen Kirchen* erschienen zuerst als Vorrede zu Johann Arndts Postille (Predigtsammlung). In der Tat ist der von Spener ausgehende Pietismus wesentlich von Johann Arndt (1555-1621) und seiner Vorstellung von christlicher Frömmigkeit geprägt. Mit seinen *Vier Büchern vom Wahren Christentum* ist Arndt der bedeutendste und meistgelesene protestantische Erbauungsschriftsteller. Nicht die Person, wohl aber sein Werk standen im Ansehen der Heiligkeit, wenn man immer wieder Berichte vernehmen konnte, nach denen die *Vier Bücher vom Wahren Christentum* bei dieser oder jener Feuersbrunst unversehrt geblieben seien. Der Frankfurter Senior hat versucht, Arndts Verständnis des Christentums in praktische Reformen umzusetzen. Arndt, bei dem sich konfessionelle Dogmatik, Mystik, Spiritualismus und Naturphilosophie in eigenwilliger Weise verbinden, hat in seinen *Büchern vom Wahren Christentum* analog zu den mystagogischen Schritten der Läuterung, Erleuchtung und Vereinigung eine methodische Anleitung gegeben, das Christentum zu verinnerlichen, d. h. die christlichen Tugenden wie Glaube, Liebe, Hoffnung im individuellen Seelenleben als Wirkungen des Predigtwortes erfahrbar zu machen. Nach Arndt wird im Protestantismus statt des kirchlichen Bekenntnisses mehr und mehr die eigene religiöse Erfahrung zum nahezu unangefochtenen Kriterium in Glaubensfragen.

80
Martin Luther (1483-1546) und Karl Hildebrand von Canstein (1667-1719): Bibel.
Nebst der Vorrede C[arl]. H[ildebrand]. v[on]. C[ansteins].
77. Aufl. Halle 1748. 1079, 308 S. 20,5 × 13,5 cm (geschlossen)
Göttingen, Niedersächsische Staats- und Universitätsbibliothek, Cod. Ms. v. Einem 13
Verbreitete, preisgünstige, sehr sauber und ansprechend gedruckte Bibel mit kritischem Text aus der 1710 von Carl Hildebrand von Canstein gegründeten Bibelanstalt in Halle; führte Kleinschreibung durch.
Lichtenberg an Franz Ferdinand Wolff, 12. August 1784: »Da der Teufel wie ich von sichern Leuten weiß, bey seinem Abschied jedesmal inflammable Lufft zurückläßt, so wird die Sache dadurch fast ausser allem Zweifel gesezt, in der Bibel heißt der Teufel der Geist der in der Lufft herrscht, hier ist, wie man an der Cansteinschen Bibel sehn kan, offenbar etwas ausgelassen, vermuthlich das Wort inflammabel.« (Bw 2, Nr. 1288) [UJ]

81
Daniel Chodowiecki (1726-1801): Die Kleidertracht der Berliner Geistlichen.
Aus: [Friedrich Nicolai:] Das Leben und die Meinungen des Herrn Magister Sebaldus Nothanker. 2 Bde. Berlin 1775. Kupferstich
Hannover, Wilhelm-Busch-Museum

82
Johann Arnd[t] (1555-1621): Paradies-Gärtlein voller christlicher Tugenden: Wie dieselbe in die Seele zu pflanzen durch andächtige, lehrhaffte und tröstliche Gebeth.
Nürnberg: Wolfgang Endters 1644. 8°.
Darmstadt, Hessische Landes- und Hochschulbibliothek, W 3278/10
»Die Geschichte von Arndts Paradies-Gärtchen, das im Feuer lag und nicht verbrannte. Man bewahrt glaube [ich] das Exemplar auf der Darmstädtischen Schloßbibliothek. In den spätern Ausgaben wird dieses als eine Empfehlung angeführt.« (SB 1, L 19)
Es ist nicht das einzige Erbauungsbuch, dem derlei Fähigkeit nachgerühmt wurde, aber die Fama gerade dieses wichtigen pietistischen Büchleins ist in ganz Ober- und Südhes-

Wenn Kant Aufklärung beschreibt als »die Maxime jederzeit selbst zu denken«, dann kann man die Spenerschen Reformvorschläge als aufklärerisch bezeichnen. Denn sie wenden den Blick von dem durch sein Amt autorisierten Prediger und autoritativen Schriftausleger auf den Hörer der christlichen Botschaft. Er soll sich selbst der christlichen Wahrheit vergewissern: durch die Bewährung der christlichen Lehre im eigenen Lebensvollzug, der praxis pietatis. Gegenüber der altprotestantischen Theologie ändern sich zunächst nur die Prioritäten: Die reine Lehre (Orthodoxie) tritt hinter das rechte Leben (Orthopraxie) zurück, der Glaube hinter die Liebe; die Predigt wird ersetzt oder jedenfalls ergänzt durch Erbauungsversammlungen (Collegia pietatis), in denen jeder zu Wort kommen, seine Zweifel und Fragen vorbringen und seine Erfahrungen bezeugen kann.

Auch sonst weist Speners Denken und Handeln aufklärerische Züge auf. Im Kampf gegen den Atheismus hält er die traditionelle Argumentation mit unerklärten Zeichen und Wundern für untauglich angesichts einer sich rasch entwickelnden Naturwissenschaft. Seiner Konzeption einer Re-Christianisierung durch Kerngemeinden eignet eine pragmatische Rationalität. Seine (biblisch begründete) Erwartung eines künftig besseren Zustandes des kirchlichen Lebens steht dem aufklärerischen Fortschrittsoptimismus näher als dem krassen schwärmerischen Chiliasmus, wie er in radikalpietistischen Kreisen vertreten wurde.

Man muß sich diese bereits bei Spener zu beobachtende Verbindung von religiösen Inhalten und aufklärerischem Denken vor Augen halten, will man die Atmosphäre erfassen, in der Georg Christoph Lichtenbergs Großvater, dann sein Vater Johann Conrad und schließlich er selbst aufwachsen. Denn offenbar ist für die Landgrafschaft Hessen-Darmstadt der Pietismus Spenerscher Prägung bestimmend geblieben. Dagegen hat der durchaus anders geartete Pietismus aus der Schule August Hermann Franckes, der durch die Universität und die Franckeschen Anstalten in Halle institutionelle Formen annahm, trotz seiner ökumenischen Weite für Hessen-Darmstadt nur periphere Bedeutung. Zu erklären ist das aus dem einfachen Umstand, daß die Landgrafschaft seit der Berufung von Speners Gesinnungsgenossen Johann Heinrich May nach Gießen (1688) die erste pietistisch geprägte Theologische Fakultät besaß. Für nahezu alle späteren Pietisten in kirchlichen Ämtern Hessen-Darmstadts bleibt die Spenersche Theologie und seine Verbindung von Frömmigkeit und aufklärerischem Denken maßgeblich. Das gilt ebenso für den in Hessen viel gelesenen Erbauungsschriftsteller Johann Friedrich Starck (1681-1757) wie für die bedeutenderen Gießener Professoren: den der hallischen Schule entwachsenen Johann Jacob Rambach (1693-1735) oder den aus Württemberg stammenden Christoph Matthäus Pfaff (1686-1760). Bei Pfaff überlagert das aufklärerische Element bereits den pietistischen Impetus, wenn er den Fortschritt auch der theologischen Wissenschaft mit typisch aufklärerischem Ethos preist: »Leben wir doch in einer Zeit, da wir sehen daß durch eine besondere Führung Gottes der menschliche Verstand überhaupt, ja alle Wissenschafften sich aufklähren [...] ja da innerhalb zwanzig oder dreißig Jahren so vieles auch in der Gottes-Gelährtheit selbst sich unter uns besser gefunden hat«.[2]

Pfaff gehört zur Generation von Lichtenbergs Vater. Johann Conrad Lichtenberg (1689-1751) hatte in Gießen vor allem bei Johann Heinrich May (1653-1719) studiert, dann in Jena bei dem zwischen Orthodoxie und Pietismus vermittelnden Johann Franz Buddeus (1660-1727). Er selbst gehört nach den wenigen Zeugnissen, die wir über ihn haben, wie Pfaff zu den ›Übergangstheologen‹. Kirchentreu die traditionelle Lehre bewahrend und in der Praxis vor allem am religiösen Leben und Erleben interessiert, ist diese Generation von den Entdeckungen und dem siegreichen Fort-

sen in verschiedenen Versionen verbreitet. Anlaß genug für Lichtenberg jedenfalls, seiner zu spotten. Trotzdem: aufgewachsen war er im Geiste solcher Werke, und gerade in der Säkularisation des christlichen Wortschatzes aus Bibel, Kirchengesangbuch und Erbauungstraktat verrät sich diese Erziehung, die er wie so viele Söhne von Geistlichen – auch in der Abwehr – produktiv umgesetzt hat. [UJ]

83

Christoph Graupner (1687-1760) und Johann Conrad Lichtenberg (1689-1751):
»Herr, wohin sollen wir gehen« (Joh. 6, 68-69).
Kantate zum Osterfeste 1729.
Notenhandschrift
Darmstadt, Hessische Landes- und Hochschulbibliothek, Theatersammlung, Mus.ms. 437/12

Von 1727 bis 1743 verfaßte Johann Conrad Lichtenberg für seinen Schwager Christoph Graupner zahlreiche Kantatentexte. Die gedruckten Textbücher sind verloren, die Dichtungen selbst sind nur noch in Graupners Kompositionen erhalten. [OB]

Transkription: Linke Seite: Schluß des Eingangschores über das Bibelwort »Herr, wohin sollen wir gehen« (Joh. 6, 68-69) sowie der Beginn des von Lichtenberg gedichteten, auf das Wort »Leben« aus dem Eingangschor Bezug nehmenden Rezitativs (Tenor): »Doch ach, wir sind offt so erstorben, daß Jesus Worte uns wie todte Worte seynd. Wenn unserm Fleisch sein Trost verdorben, wenn außen keine Hoffnung scheint, so denkt es gleich, es sei vergebens, was uns der Fürst des Lebens versprochen hat und noch verspricht. Die Schwachheit, ach, bedenkt es nicht, daß der, dem alles unterthan, Sein Wort, wenns niemand glaubt, dennoch erfüllen kann.« Rechte Seite: Schluß des Rezitativs und Beginn der von Streichern begleiteten Tonorarie: »Seele, glaube Jesus Worten, was er sagt, das wird geschehn. Seine Macht in Worten und Werken kann den schwächsten Glauben stärken, wer auf seine Lehre baut und vertraut, der wird manches Wunder sehn.«

84
Miscellanea Berolinensia ad Incrementum Scientiarum, ex Scriptis Societati Regiae scientiarum.
2 Bde. Berlin 1710/1723.
Darmstadt, Hessische Landes- und Hochschulbibliothek, Zs 555
Die Pergamentbände sind wahrscheinlich aus dem Besitz von Johann Conrad Lichtenberg.
Lichtenberg über seinen Vater an Friedrich Wilhelm Strieder am 1. Januar 1787: »Er pflegte seine Kinder sehr früh mit der Einrichtung des Weltgebäudes bekannt zu machen und flößte ihnen eine Prädilection für Physic ein [...]. Ja er brachte einmal in einer Wochenpredigt auf dem Dorfe Astronomie auf die Cantzel, so viel seinem Auditorio verständlich war, und er soll gesagt haben, er habe nie eine größere Stille bemerckt, und die Bauern schickten sogar einmal Deputirte ab, ihn zu bitten, er mögte doch bald einmal wieder von den Sternen predigen.« (Bw 3, Nr. 1504, S. 318-319) [UJ]

schritt der menschlichen Vernunft fasziniert. Johann Conrad, der »polytechnische Pastor«[3] und spätere Superintendent der Diözese Darmstadt, ist nicht weniger religiös als sein Vorfahre oder seine pietistischen Zeitgenossen. Seine Religiosität ist aber getragen von der Überzeugung, daß die menschliche Vernunft eine gute Gabe Gottes sei, die der Mensch um seiner auch gegenwärtigen Glückseligkeit willen ausgiebig gebrauchen solle.

Eine Randbemerkung sei hier erlaubt. Die oben skizzierte Verbindung von Religion und Aufklärung im Pietismus manifestiert sich noch augenfälliger in der Gestalt des pietistischen Freigeistes Johann Konrad Dippels – übrigens einem Patensohn von Georg Christoph Lichtenbergs Urgroßvater Conrad Rittberger. Diese Verbindung läßt bereits den im Zuge der Übernahme des Säkularisationsbegriffs in die deutsche Literaturwissenschaft wiederholt unternommenen Versuch scheitern, Lichtenbergs Denken von dem Paradigma der Säkularisation pietistischen Erbes her zu begreifen. Der Versuch ist zudem historisch fragwürdig, weil ihm ein Pietismusbegriff zugrunde liegt, der an der Spätphase des hallischen Pietismus orientiert ist.

Es ist kaum möglich, eine historische oder geistesgeschichtliche Bewegung wie den Pietismus auf genau zu beschreibende Ursachen zurückzuführen. Gleichwohl soll im Hinblick auf die zweite Hälfte des 18. Jahrhunderts, in der Georg Christoph Lichtenberg lebte, ein Motiv hervorgehoben werden.

Sowohl bei Spener wie bei Francke läßt sich beobachten, daß sie ihre Versuche zur Verbesserung des christlichen Lebens als Mittel zur Überwindung von Einsprüchen der Vernunft gegen die Religion, also gegen den rationalen Atheismus, verstehen. Spener weist in seinen Briefen wiederholt darauf hin, daß seine neuen religiösen Formen Zweiflern den Weg zum christlichen Glauben geöffnet hätten. Francke versteht seine Bekehrung als einen Sieg gegen seine eigene atheistische Vernunft.

Vom Ende des 18. Jahrhunderts aus betrachtet erscheint der Pietismus deshalb als eine kirchlich-christliche Reaktion nicht auf die Orthodoxie, sondern auf den Siegeszug der autonomen Vernunft; der Pietismus ist gleichsam ein retardierendes Moment für die Aufklärung in Deutschland. Indem er die neuen Denkweisen in sich aufnimmt, sie resorbiert, vermag er den Ansturm der Vernunft gegen die geoffenbarte Religion zu hemmen. Spricht der Aufklärer von der Stimme der Vernunft als einziger Richtschnur, so der Pietist von der inneren Stimme des Heiligen Geistes; fragt der Aufklärer nach Ziel und Wirkung des Denkens, so der Pietist nach der Praxis und den Früchten des Glaubens. Die sittliche Bestimmung des Menschen wird von beiden herausgestellt: der Aufklärer führt sie auf die natürliche Anlage im Menschen zurück, der Pietist auf die durch Christus geheilte und wiedergeborene Natur; beiden ist Geschichte und damit auch die christliche Heilsgeschichte mehr oder weniger zufällig, ohne unmittelbaren Wahrheitsgehalt; es bedarf der Vermittlung von Geschichtswahrheiten: entweder durch den Aufweis ihrer allgemeinen Vernünftigkeit oder durch die gegenwärtige Einwohnung Jesu im Herzen des Menschen.

Es ist dem Pietismus nicht gelungen, das Christentum in der Weise zu verwirklichen, wie es der Zeitgeist forderte: als eine zur Erfahrungswirklichkeit gehörende Äußerung des Menschen, die doch übernatürlichen Ursprungs ist. »Sollten es nicht die guten Menschen sein, die die Religion verehren; anstatt daß die Religion die guten Menschen macht?« (SB 2, K 73) Der Pietismus konnte das Christentum nicht als solches verwirklichen, er konnte es nur *humanisieren.*

Die atemberaubende Geschwindigkeit, mit der in der zweiten Hälfte des 18. Jahrhunderts das kirchliche Lehrsystem demontiert, auch von den Theologen demontiert wird, ist daher verständlich. Gesteht man der Vernunft erst einmal das Richteramt über die Offenbarung zu, beginnt man erst einmal mit der Humanisierung des Christentums, so gibt es prinzipiell kein Halten. Im Wechsel der Generationen beginnt daher die Reduzierung der kirchlichen Lehre nach Maßgabe der Vernunft. Dabei sind die Theologen vom Fach meist konservativ, ›hinken auf beiden Seiten‹ der Bewegung hinterher.

So besaß die Göttinger Theologische Fakultät zur Jahrhundertmitte in Gottfried Leß (1736-1797), Christian Wilhelm Franz Walch (1726-1784) oder Gotthilf Traugott Zachariä (1729-1777) durchaus ernstzunehmende und fortschrittliche Theologen aus der Schule von Christian Wolff (gestorben 1754) und Siegmund Jakob Baumgarten (gestorben 1757). In den siebziger Jahren aber hatte sich ihre Theologie bereits überlebt, so daß Lichtenberg über seine Kollegen nur noch spotten konnte.

Mit der Rückkehr des aus der Schule Leibniz' kommenden Christian Wolff nach Halle (1740) hatte der Pietismus als theologische Bewegung abgedankt. Von nun an sollte gerade Halle zu den fortschrittlichen Fakultäten gehören. Christian Wolff hatte noch die Harmonisierung von Vernunft und christlicher Religion versucht und dabei den traditionellen Bestand der kirchlichen Lehre unangetastet gelassen.

Um 1770 steht die Neologie genannte neue Theologie in höchster Blüte. Ihre Vertreter leugnen nicht die Offenbarung als solche, aber sie verstehen es, die konkreten kirchlichen Glaubensüberlieferungen früherer Jahrhunderte als Ballast über Bord zu werfen, indem sie die dogmatischen Formulierungen historisch erklären und damit als letztlich zeitbedingt kritisieren. Die Moralität wird als Kern der Religion angesehen. »Solcher Zeilen wie einige in Psalm 4 werden wenige geschrieben. Wie unendlich viel steckt nicht in den Worten: *Redet mit eueren Herzen auf eurem Lager; opfert Gerechtigkeit und hoffet auf den Herrn.* Eine ganze Religion!« (SB 1, F 873)

Am Ende des Jahrhunderts hat auch der Begriff der Offenbarung als einer besonderen Tat Gottes ausgespielt. »Was der Mensch zu seiner Glückseligkeit zu wissen nötig hat, das weiß er gewiß ohne alle Offenbarung, als die, die er seinem Wesen nach besitzt.« (SB 1, J 125) Hermann Samuel Reimarus (1694-1768) hat mit seiner durch Lessing postum bekanntgemachten *Apologie oder Schutzschrift für die vernünftigen Verehrer*

85
Christoph Maximilian von Pronner:
Johann Christoph Bielenfeld (1664-1727).
Öl auf Leinwand. 60 × 75 cm
Gießen, Universität, Senatssaal
Durch die Vermittlung des Pietisten, Professors der Theologie in Gießen und Oberhofpredigers, Superintendenten und Beisitzers des Konsitoriums in Darmstadt Christoph Maximilian von Pronner erhielt Johann Conrad Lichtenberg die Superintendentur in Darmstadt. [SO]

86
Johann Juncker (1679-1759).
Porträt.
Münster, Westfälisches Landesmuseum, Porträtarchiv Diepenbroick
Juncker war zunächst als »Informator« an den 1700 in Halle gegründeten Franckeschen Anstalten tätig, später nach autodidaktischem Studium »der Arzeneikunst Doctor und Professor Publius auf der Königl. Friedrichs-Universität zu Halle, des Wäysenhauses und der Königl. Pädagogii zu Glaucha vor Halle Physicus Ordinarius.« Er ist der Verfasser zahlreicher medizinischer und pietistischer Schriften. Johann Conrad Lichtenberg verbrachte bei Juncker in Halle 1711 sein »allerglückseligstes« Studienjahr und heiratete dessen Schwester. Auch seine beiden älteren Söhne, die Brüder Georg Christoph Lichtenbergs, nahmen bei ihrem Studienbeginn in Halle beim Onkel Quartier. [SO]

Gottes die Reduktion der christlichen Religion auf die vermeintliche Religion Jesu oder die natürliche Religion am wirkungsvollsten proklamiert. Niemandem könne zugemutet werden zu glauben, »was die Geschicht- und Lehrbücher des Christlichen Systems, ausser, über und wieder [sic] die vernünftige Religion, enthalten«.[4]

Georg Christoph Lichtenberg nimmt an dieser Entwicklung von Theologie und Frömmigkeit teil, gesellt sich als Nicht-Theologe zu den progressiven Kräften, ohne jedoch Vordenker zu sein. Seine Gedanken über Religion und Kirche, wie er sie in seinen privaten und veröffentlichten Schriften äußert, sind meist Lesefrüchte aus Zeitschriften und Büchern. Neologisch sind seine Definition der Religion als Lehre zur Glückseligkeit (SB 1, J 125) und das moralische, die ethische Praxis betonende Verständnis des Christentums und die damit einhergehende Geringschätzung eines konfessionell bestimmten Lehrgebäudes (und in der Konsequenz der Theologen) (SB 1, F 392, F 873). Religionspolitisch vertritt er die aufklärerische Unterscheidung von privater und öffentlicher Religion, die dem gebildeten einzelnen keine Schranken in Glaubensfragen setzt, den öffentlichen Kultus aber unter die konfessionelle Autorität der Obrigkeit stellt (SB 1, F 533, J 233; SB 2, E 817). Er begrüßt die historische Kritik der Dogmen als einen Weg zur Reinigung der an sich einfachen und natürlichen Religion von ihren geschichtlichen Überformungen (SB 2, H 26). Vorausschauend hält er das Festhalten am Offenbarungsbegriff für sinnlos, da die Vernunft immer neue Entdeckungen und die Theologie überflüssig machen werde (SB 1, F 443). So übernimmt er schließlich die Vorstellung Lessings von der *Erziehung des Menschengeschlechts*, nach der die christliche Offenbarung nur eine, freilich besonders taugliche historische Form der Religion sei, den Menschen zu seiner vernünftigen Religion heranzuführen (SB 1, J 293). »So lange die verschiedenen Religionen nur verschiedene Religionssprachen sind, so ist alles recht gut« (SB 2, G 44).

Überhaupt wird man Lichtenberg in die Nähe des von ihm verehrten Lessing stellen dürfen. Beide zeichnet es aus, kein Interesse daran zu haben, »ein Freigeist« (vgl. SB 1, B 81) zu sein. Lichtenberg kann die kulturelle Bedeutung des Christentums anerkennen und ist auch kritisch gegenüber der selbstsicheren rationalistischen Kritik. Eigene religiöse Stimmungen sind dem Aufklärer nicht fremd. Seine »Stimmungsreligiosität«[5] ist eine typische Erscheinung neuzeitlicher Religiosität. Er weiß von eigenem »Aberglauben« (Bw 4, Nr. 2945)[6], Zeichendeuterei und dem »Diktat des Herzens« (SB 2, L 724), das sich nicht wegräsonnieren läßt.

Lichtenbergs religiöses Interesse manifestiert sich schließlich in seiner Rezeption des spinozistischen Systems, wie er es im Verlauf der Diskussion über Lessings angeblich spinozistisches Bekenntnis (seit 1785) kennengelernt hat. »Wenn die Welt noch eine unzählbare Zahl von Jahren steht, so wird die Universalreligion geläuterter Spinozismus sein.« (SB 2, H 143) Was er darunter, besonders unter dem »geläuterten« Spinozismus verstand, zeigt *Amintors Morgenandacht* (1790): Lichtenberg verbindet darin ein spinozistisches oder pantheistisches Weltbild mit einem von Kant herrührenden, moralischen Theologiebegriff zu einer einheitlichen ästhetischen Weltbetrachtung. Das Vertrauen auf die Ordnung der Natur, wie sie sich zum Beispiel im täglichen Sonnenaufgang erleben läßt, und der Glaube an die Freiheit des eigenen Tuns (Moralität) bilden eine Einheit. Freiheit und Gesetzmäßigkeit, Verantwortlichkeit und Vorsehung sind ineinander verwoben. Die Naturbetrachtung führt ihn zu einer »völlige[n] Beruhigung in Absicht der Zukunft und frohes Ergeben in die Leitung der Welt« (SB 3, S. 78).

Amintors Glaubensbekenntnis hat Lichtenberg in seinen letzten Lebensjahren nicht tragen können; die Äußerungen der späten Jahren zeigen wieder eine zunehmende Zerrissenheit; das Gefühl des himmlischen Friedens ließ sich nicht durchhalten. Zwei

Monate vor seinem Tod notiert er am Neujahrstag 1799 in sein Tagebuch: »Es geht ans Leben dieses Jahr. Mutter wird helfen!« (SB 2, S. 854) Die Aufklärungstheologie war mit ihrer Rationalisierung gescheitert. Das religiöse Gefühl hatte keine Heimat mehr. *Entdeckungen* waren auf diesem Weg nicht mehr zu machen.

1 Wilhelm Diehl: *Aus dem Hausbuch des Amtsverwesers Johann Philipp Lichtenberg*. In: Hessische Chronik 1 (1912), S. 21 ff., 132 ff., 145 ff., bes. S. 26.

2 Zit. nach Karl Barth: *Die protestantische Theologie im 19. Jahrhundert*. Zürich 1947, S. 122.

3 Ernst Friedrich Neubauer: *Nachricht von itztlebenden Evangelisch-Lutherischen Theologen in und um Deutschland 1743*. S. 227-237 und 744, bes. S. 230.

4 Hermann Samuel Reimarus: *Apologie oder Schutzschrift für die vernünftigen Verehrer Gottes*. Frankfurt a. M. 1972, Bd. 2, S. 585.

5 Paul Requadt: *Lichtenberg. Zum Problem der deutschen Aphoristik*. Hameln 1948, S. 24.

6 Brief an Immanuel Kant vom 9. Dezember 1798.

Jürgen Rainer Wolf

»Die meisten ... Beherrscher dieser Welt sind Tambours, Fouriers, Jäger«

Die Landgrafschaft Hessen-Darmstadt und die Residenzstadt Darmstadt zur Zeit Lichtenbergs

Wenn Georg Christoph Lichtenberg in seinen Aphorismen unter vielen Standesgenossen nur den Landgrafen von Hessen-Kassel, nicht aber die Vettern aus der jüngeren Linie des Hauses Brabant direkt angesprochen hat, möchte man seine Glosse gleichwohl als Reflex auf die Geschichte seines Geburtslandes werten, wird die Landgrafschaft des 18. Jahrhunderts doch, wenn man den äußeren Schein von Herrschaft zum Kriterium erhebt, zumindest von einem »Jäger-« und einem »Soldaten-Landgrafen« geprägt. Und nicht nur die Zeitgenossen waren im Zweifel, ob dieses Erscheinungsbild nicht auch das theaterhafte Wesen des Ländchens ausmachte. Der heutige Historiker muß allerdings bei jedem Wertungsversuch die Lückenhaftigkeit des Quellenmaterials in Rechnung stellen. Dies gilt für die Regierungstätigkeit des Jäger-Landgrafen Ludwig VIII. (1691-1768), wenn es denn eine gab, aber auch für die Reformzeit des Soldatenlandgrafen Ludwig IX. (1719-1790) und die beginnende Regierungstätigkeit des späteren ersten Rheinbund-Großherzogs Ludwig X. (1753-1830) nicht weniger als für die Geschichte der Residenzstadt Darmstadt.[1]

Das Erbe, das Ludwig VIII. drei Jahre vor Lichtenbergs Geburt von seinem am 12. September 1739 im Jagdschloß Jägersburg verstorbenen Vater Ernst Ludwig übernahm, wäre sicher auch für einen bedeutenderen Fürsten zu schwer gewesen; eine Phase äußerster barocker Prachtentfaltung, der wirtschaftlichen, intellektuellen und künstlerischen Anstöße war in einem dramatischen Absturz geendet. Mit Zustimmung des damaligen Erbprinzen war seit 1718 der kostspielige Betrieb von Parforcejagd und französischer Komödie eingestellt worden. Alle Versuche, den Landesherrn selbst an die von ihm für verbindlich erklärten Leitsätze zu ketten, waren fehlgeschlagen. Auch ein mißglücktes Experiment mit der Prägung minderwertiger Goldmünzen hatte das Ausmaß des finanziellen Desasters nicht mehr verschleiern können.[2] Trotzdem waren bei den Reichsgerichten ausgeklagte Forderungen, darunter die sogenannte Bernussche Schuld, aus politischen Rücksichten bei Ernst Ludwig nicht einzutreiben.

Dem neuen Landgrafen Ludwig VIII. ist, wie er selbst behauptet, das Ausmaß der Verschuldung in seiner Erbprinzenzeit nicht bewußt gewesen. Der Kassensturz bei Regierungsantritt ergab eine Verschuldung der Rentkammer von 3 340 000 Gulden; dazu kamen die Schulden der Kabinettskasse, die sich auf 2 000 000 beliefen. Mit der Nicht-Annahme des Privat-Erbes suchte sich Ludwig VIII. formal von den Schulden des Kabinetts zu befreien, eine Argumentation, die der Überprüfung durch die höchsten Reichsgerichte nicht standhielt. Den immensen Beträgen stand ein Territorium von an die 5900 Quadratkilometern mit (1774) knapp 166 000 Einwohnern gegenüber. Es war kein geschlossenes Gebiet, sondern mit der Obergrafschaft Katzenelnbogen um Darmstadt, dem Oberfürstentum Hessen um Gießen und Alsfeld sowie Streubesitz

87
Gerhard Valk:
Karte der Landgrafschaft Hessen.
Kupferstich, koloriert, um 1730.
47,5 × 57,5 cm
Darmstadt, Hessisches Staatsarchiv, P 1 Nr. 1185

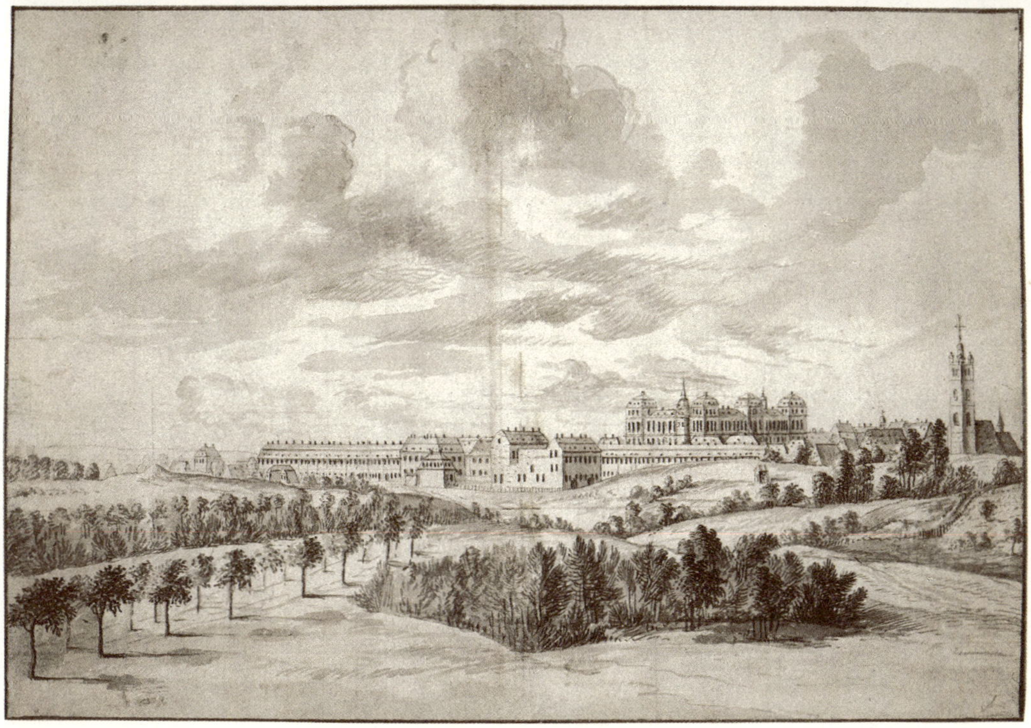

88
Johann Tobias Sonntag
(1716-1774):
Ansicht von Darmstadt und
Bessungen.
Öl auf Leinwand, 1744. 65 × 96 cm
Signiert und datiert, bez. »Prospekt
von Darmstadt fait par
J. T. Sonntag«
Darmstadt, Schloßmuseum, o. Inv.

89
Johann Tobias Sonntag
(1716-1774) (zugeschrieben):
Darmstadt von Westen.
Feder und Wasserfarben, 1744.
27,7 × 39,4 cm
Darmstadt, Stadtarchiv, St 53
Überformate Nr. 67

90
Georg Adam Eger (1727-1808): Der Hirschzug des Landgrafen Ludwig VIII.
Öl auf Leinwand, um 1740.
48 × 68 cm
Bez. auf der Rückseite: »Ludwig VIII. mit Hirschen fahrend«
Darmstadt, Jagdmuseum Kranichstein, Gr.H.I.K. 16
Ein Zeitgenosse Ludwigs VIII., Oberhofjägermeister von Schorokofsky, erinnert sich an die kuriosen Hirschfahrten seines Fürsten: »In den 1720er Jahren ließen der damalige Herr Erbprinz, nachher Landgraf Ludwig der Achte von Hessen-Darmstadt, unter seines Vaters des Landgrafen Ernst Ludwig Regierung, und unter Aufsicht des Oberjägermeisters von Minnigerode mehrere Hirschkälber einfangen, erziehen, und im Stall an Halfter, Krippe und Raufe so zahm machen, und zum Anschirren, Anspannen und zum Zug so gut abrichten, daß Höchstgedachte Se. Hochfürstliche Durchlaucht, damit in der hier abgebildeten Equipage fuhren. [...] Eine solche Spazierfahrt hielten diese Thiere jedoch nicht länger als höchstens eine Stunde im kleinen Trab oder Schritt aus. Beym Anspannen mußten alle Hunde, als welche ihnen durchaus zuwider waren, überall sorgfältig weggeschafft werden. Auch ist noch besonders merkwürdig, daß sie zur Prunftzeit aus vollem Halse schrien, und wilder und gefährlicher wurden, mithin nicht angespannt werden konnten. Sie warfen, wie gewöhnlich, das Geweih im Frühjahr ab, und setzten es meistens stärker wieder auf, wie sich dann eins mit 18, eins mit 16, von den andern aber jedes theils mit 14, theils mit 12 Enden vorfande. Ich selbst erinnere mich, als ein Kind im Jahre 1737 die zwey stärksten noch lebendig gesehen zu haben.« [SW]

91
Trompe l'œil.
Öl auf Leinwand, 1757. 85 × 72 cm
Darmstadt, Jagdmuseum Kranichstein, o. Sign.
Auftraggeber dieses »augentäuschenden« Gemäldes war Georg Ludwig Briehl, der 1760 auf einer Gehaltsliste als »premier chasseur« (Oberjäger) von Kranichstein geführt wird. Um ein Medaillon des Landgrafen Ludwig VIII. von Hessen-Darmstadt sind auf der illusio-

in der Niedergrafschaft um Braubach am Rhein auch ohne das heute badische Kürnbach und Teil-Eigentumsrechte, so zusammen mit Kurpfalz an Groß-Umstadt, zersplittert genug. Die in Oberhessen zahlreicheren Städte täuschen nicht darüber hinweg, daß die Wirtschaftsstruktur dieses Territoriums größtenteils agrarisch bestimmt war. Die landesherrlichen Einnahmen hingen also bis weit in das 19. Jahrhundert hinein nicht nur vom Maß der Belastbarkeit der Untertanen, sondern vor allem vom Wetter ab. (Acker-)Bürger und Beisassen, Bauern und auch Leibeigene, dazu ein zahlenmäßig kleiner jüdischer Bevölkerungsanteil prägten das Gesicht des Landes. Lediglich das sogenannte Hinterland um Biedenkopf und Battenberg war seit Ernst Ludwigs Zeiten als Montanrevier anzusehen, dessen Gruben und Schmelzen einen aber nicht zu überschätzenden Profit abwarfen.

Die Residenz des kleinen Landes spiegelte hochfliegende Pläne und Scheitern des Landgrafen Ernst Ludwig im Äußeren wieder. Ihr Zentrum, die alte katzenelnbogische Wasserburg, war nach dem Brand von 1715 nur teilweise nach dem riesigen Projekt des eigentlich für Rheindammbauten neueingestellten Architekten de la Fosse neu errichtet worden; aber schon für die Fertigstellung des Torsos fehlten die Mittel. Im Zuge der Abwerbung des Komponisten Graupner vom Gänsemarkt-Theater Hamburgs hatte man schon fünf Jahre früher das als Bühne dienende alte Reithaus zum Opernhaus, einer technischen Spitzenleistung, umgebaut; aber zum eigentlich geplanten Neubau kam es erst unter dem ersten Großherzog. Zu dem Altstadtkern innerhalb der Mauern des 1330 zur Stadt erhobenen Fleckens, der seit der hessischen Erbteilung von 1567 und der damit verbundenen Residenzerhebung errichteten Renaissance-Beamtenvorstadt, hatte Ernst Ludwig die Neue Vorstadt an der vom Rhein zum Schloß führenden Magistrale hinzugefügt; aber die erwarteten Hugenottenkaufleute waren ausgeblieben, die Kanalverbindung der geplanten Handelsstadt zum Rhein sollte nie gebaut werden.[3] Nach Westen, zur Bergstraße, die hier an der Residenz vorbei Frankfurt mit Heidelberg verband, schloß ein Pallisadenzaun mit dem Neuen

Tor am heutigen Luisenplatz die Stadt zum Schutz vor Marodeuren, Bettlern und Rotwild ab. Reiseschriftsteller wie Baron Karl Ludwig von Pöllnitz referierten die Merkwürdigkeiten einer Hofhaltung, die gewissermaßen in reduzierter Form betrieben wurde, wobei der Landgraf in einem Haus am Markt vor der Neubauruine wohnte. Dem Fehlen einer regierenden Landgräfin entsprach der weitgehende Mangel an dem, was man gemeinhin Hofgesellschaft nennt. Neben dem für die Verwaltung des Landes unverzichtbaren Beamtenapparat und dem für einen »armierten« Reichsstand existenznotwendigen, wenn auch noch nicht übermäßig umfangreichen Militär gab es nur eingeschränkt Hofpersonal. Selbst in der nach Möglichkeit aufrechterhaltenen Rangordnung der Hofbedienten, auch des Kulturbetriebs, waren viele Stellen durch Personalunion verknüpft, um aus den geringen Salärs dann doch tragfähige Besoldungen werden zu lassen. Angesichts leerer Kassen war ein nicht zu kostspieliges Vergnügen wie die Jagd aus der Sicht des Landesherrn durchaus sinnvoll: Standesgemäß blieb der Aufenthalt mit vergleichsweise geringem Jagdgefolge auf den zahlreichen Jagdschlössern Oberhessens und der Obergrafschaft, während eine Hofhaltung im Residenzschloß zu aufwendig geworden war.

Ludwig VIII. erbte nicht nur die dazu passende Jagdleidenschaft des Vaters, sondern auch eine in dieser Hinsicht ausgebaute Residenzlandschaft, die in bequemen Entfernungen das schon vom ersten Landgrafen Georg I. 1572 erworbene Kranichstein mit dem Griesheimer Haus, Wolfsgarten, Mönchbruch, Wiesenthal, dem Bickenbacher Anwesen, dem Bessunger Jagdhof, Ernsthofen und Lichtenberg – teils durch Verschneisung der Wälder – verknüpft hatte. Die Stadt selbst war in ihrer Ausdehnung steckengeblieben. Nur unwesentlich geht der im Hillschen Prospekt von 1774 wiedergegebene Anblick über den Zustand der Ernst-Ludwig-Zeit hinaus. Die Bauruine des Neuschlosses überragt lediglich der Turm der Stadtkirche, an die Lichtenbergs Vater Johann Conrad 1745 als Pfarrer berufen wurde. Sie blieb das einzige lutherische Gotteshaus mit landgräflichem Patronatsgestühl und Fürstengruft. Erst der Soldatenlandgraf Ludwig IX. hat den Reformierten die öffentliche Religionsausübung in der benachbarten Stadtkapelle auf dem Pestfriedhof des Dreißigjährigen Krieges gestattet. Hatte sich die Judenschaft noch am Ende des 17. Jahrhunderts von Ernst Ludwig die Toleranz erkaufen können, so mußten die Katholiken auf den Regierungsantritt Ludwigs X. (1790) warten. Zum repräsentativen öffentlichen Baubestand trat unter der Regierung Ludwigs VIII. lediglich das vor der Stadtmauer auf Kosten der Bürgerschaft nach alten, von Stadtpfarrer Lichtenberg überarbeiteten Plänen errichtete Waisenhaus. Es lag neben der Lateinschule, dem von Lichtenberg ab Herbst 1752 besuchten Pädagog.

Die Stadt, die Georg Christoph Lichtenberg im Alter von drei Jahren kennengelernt hatte, war mit ihrer Bürgerschaft in hohem Maße wirtschaftlich abhängig von Hof und Regierungsapparat. Konnte dort nicht gezahlt werden, traf dies über ausbleibende Gehälter und liegengelassene Rechnungen die Bürgergemeinschaft mit Beisassen, Juden wie Christen. Das Spannungsverhältnis zwischen Fürst und Residenz, das durch die Ausschaltung des aufbegehrenden Stadtsyndikus Johann Hermann Blanck durch Ernst Ludwig 1732 zugleich mit der Einsetzung des Stadtrentmeisters Georg Christian Schultz beruhigt worden war, ist gleichwohl schon kurz nach Regierungsantritt seines Nachfolgers in Auseinandersetzungen um die Baulast der Stadtmauer erneut sichtbar geworden. Auf die Unstimmigkeiten zwischen Bürgerschaft und Stadtrat reagierte Syndikus Esswein, der als »zur Neuerung und zu Umschränkung fürstlicher iurium sehr geneigt« eingestuft wurde, schließlich im April 1742 mit der Bitte um gerne erteilte Amtsentlassung. Die Stadt, die 1749 über 561 Haushalte von Bürgern, Witwen

nistisch gemalten Holzwand verschiedene Gegenstände gruppiert: zwei Briefe an Briehl, ein kleines Bild mit einer Jagdszene vor dem Schloß Kranichstein, diverse Journale, so zum Beispiel das *Hessen-Darmstädtische Frage und Anzeigungsblättchen*, sowie eine Ausgabe des Kalenders des *Frankfurter hinkenden Boten* von 1757. Ferner finden sich persönliche Gebrauchsgegenstände des landgräflichen Oberjägers (Brille, Schere, Zirkel, Uhr, Feder). [SW]

92
Hirsch von Leithund Cesar angesprungen.
Öl auf Leinwand, um 1740.
171 × 235 cm
Darmstadt, Jagdmuseum Kranichstein, o. Sign.
Cesar war der Lieblingshund des Landgrafen Ludwig VIII. [SW]

93
Schußliste des Landgrafen Ludwig VIII. von Hessen-Darmstadt, mit Wappenkartusche, hessischem Löwen und Diana.
Feder, Tinte und Wasserfarben auf Papier, 1750. 21,5 × 23,5 cm
Darmstadt, Jagdmuseum Kranichstein, Gr.H.I.K. 192
»Tabelle was an Rothem Tann und Schwarz Wildbreth, wie auch Haasen, Pürsch und Füchs Wildpreth,

gefangen, geschossen, und gehetzt worden 1750. 472 Hirsch, 108 Schwein, 200 Rehböcke, 679 Thier, 126 Keiler, 470 Geissen, 34 Tannhirsch, 283 Bache, 4037 Haaßen, 401 Tann Thier, 691 Frischlinge, 1526 Füchs, 3 Trappen, 8 Hasselhüner, 12 Auerhahne, 503 Schnepfen, 103 Wildgänß, 2919 Feldhühner, 561 Fasane, 561 Wild Enten, 2429 Raubvögel. Meistens in Gegenwart Ihro Hochfürstl. Durchlaucht des Regierenden Herrn Landgrafen zu Hessen Darmstadt Höchsten Person erlegt. Summa 16 188 Stück.«

94
Georg Adam Eger (1727-1808): Jagd im Kranichsteiner Teich.
Öl auf Leinwand, 1765. 62 × 82 cm
Darmstadt, Jagdmuseum Kranichstein, o. Sign.
Ende einer Parforcejagd unter Ludwig VIII., der wie auf allen Jagdgemälden als einziger der dargestellten Personen auf einem Apfelschimmel reitet und sich so vom übrigen Jagdpersonal (hier von den Piqueuren, Parforcejägern auf Pferden mit Hörnern und Peitschen), optisch abhebt – treffendes Beispiel der mit großem Aufwand betriebenen barocken Jagd, ein gesellschaftliches Ereignis, das Teil des Hofzeremoniells und der fürstlichen Repräsentation war. Die von Landgraf Ernst Ludwig in Darmstadt eingeführte »französische Parforcejagd« – eine Hetzjagd zu Pferde auf einen bestimmten, vorher festgelegten Hirsch – folgte streng festgelegten Regeln. Die Zeremonie gebot es, daß nur ein fürstlicher Jagdherr, und zwar der ranghöchste Jäger, das gejagte Wild töten durfte. Eger zeigt hier anschaulich, wie sich der von der Hundemeute und den Jägern oft stundenlang gehetzte Hirsch in den Kranichsteiner Teich flüchtet. Was das Jagdreglement danach vorsieht, beschreibt der eher jagdunkundige Landgraf Friedrich V. von Hessen-Homburg nach einer Parforcejagd unter Ludwig VIII. in seinem Tagebuch: »Auf einmal wurden wir gerufen, um den Beschluß von der Jagd zu sehen. Wir fuhren gleich hin, bey einer grausamen Kälte. Der Hirsch war halari, wurde erstochen, dann zerlegt, und die Hunde mußten einen Creys um ihn schließen, durften ihn aber nicht anrühren und mußten sogar, so wie ein gewisses Stück mit den Hörnern geblasen wurde, alle zu-

und Hofdienern verfügte, rechnete damals einen Etat von 8970 Gulden ab, eine marginale Summe im Vergleich zur Schuldenlast des Landes.

Neben der Residenzstadt, durch die Lage in Rhein-Nähe stets bei Kriegen des westlichen Nachbarn gefährdet, war die Landesfestung und Universitätsstadt Gießen auch in politischer Hinsicht am bedeutendsten. Beide führten bei Beratungen der Landstände die Dritte Kurie der Städte an. An der Spitze dieser Versammlung, die das Land gegenüber dem Fürsten »vertrat«, ohne im heutigen Sinne repräsentativ zu sein, stand der Erbmarschall, ein Mitglied der Familie Riedesel Freiherrn zu Eisenbach. In der Ersten, der Prälatenkurie, hatte man an die Stelle der durch die Reformation beseitigten Klöster die aus ihrem Vermögen gestifteten Anstalten gesetzt: die seit dem Marburger Erbstreit als lutherische Landesuniversität neubegründete Hochschule in Gießen, die zur Versorgung unverheirateter Töchter des Adels ausgestatteten Stifte Wetter und Kaufungen und die Hohen Hospitäler, die vom »Obervorsteher« vertreten wurden. Das höchste Gewicht aber kam immer noch dem in der Zweiten Kurie organisierten Adel zu. Selbst von Steuerzahlungen weitgehend frei, vertrat die Ritterschaft hier in Theorie und Praxis auch die Interessen ihrer Hintersassen.

Ein Selbstversammlungsrecht besaß dieses Gremium nicht. Aber durch zeitliche Befristung der von ihm zu bewilligenden Steuern war seine Berufung in bestimmten Abständen notwendig. Der letzte, von Landgraf Ernst Ludwig 1738 nach Gießen berufene »engere Landtagscommunicationstag« hatte dem Fürsten beispielsweise 100 000 Gulden, erhebbar in Jahresraten von 1740 bis 1744, bewilligt, sich aber gleichzeitig unter Berufung auf die Beilegung des Konflikts zwischen Landesherrn und Ständen im Jahre 1655 mit Erfolg gegen den Versuch zur Einschränkung der Teilnehmerzahl verwahrt.[4] Ludwig VIII. lud zwar im Januar 1740 auch nur einen »Engeren Auschuß« nach Grünberg, war aber formal im Recht, da es wegen dieses Sachverhaltes keine allgemeine Steuerbewilligung zu erörtern galt. Er stellte durch seine von einem Beamten verlesene Proposition, gewissermaßen die Thronrede, dann auch die seit 1725 erörterte Frage der Errichtung eines Landeszuchthauses in der von den Franzosen 1689 zerstörten Festung Rüsselsheim in den Vordergrund, garniert mit dem Hinweis auf den ihm zustehenden »Don Gratuit« zum Regierungsantritt und die notwendige Übernahme der Reisekosten für die Kavalierstour der Prinzen Georg Wilhelm und Johann Friedrich.[5] Wenn die Stände auch offiziell noch nichts vom Zustand der Finanzen erfuhren, so zeigte sich die Stärke ihrer Stellung in der Einwilligung des Landesherrn zur Mitwirkung auch an der Erhebung der Bewilligungen. Es waren gewählte ständische Obereinnehmer, darunter die Syndici der Städte Darmstadt und Gießen, die die Gelder für eine »gemeine Ritter- und Landschaftstruhe« verrechneten. Die Stände haben wie gewohnt in diesen Landtagsabschied auch andere Artikel eingerückt, die mit der Proposition nichts zu tun hatten. So wies man die angeblich vom Fürsten vorgeschlagene Einrichtung einer staatlichen Musterungskommission zur Ergänzung der Infanterieregimenter zurück; es sollte bei der Militärsteuer und den Werbungen sein Bewenden haben.

Die Einlassungen der Stände, man solle das Landeszuchthaus lieber in Oberhessen errichten, da die sonst nötige Befestigung Rüsselsheims bei einem neuen Krieg mit Frankreich nur Ärger bringen werde, zeigte deutlichen Weitblick. Knapp ein halbes Jahr nach Landtagsschluß löste der Tod des Reichsoberhauptes am 20. Oktober den Österreichischen Erbfolgekrieg um die Ansprüche seiner Tochter Maria Theresia aus. Als Ludwig VIII. im März 1743 die Stände abermals, diesmal nach Butzbach, zusammenrief,[6] war der Wittelsbacher Kurfürst Karl Albrecht schon über ein Jahr im benachbarten Frankfurt zum Römischen Kaiser gewählt. Nominell zu Verhandlungen

rücklaufen. Endlich wurde eine gewisse Fanfare geblasen, da fielen sie alle über den Hirsch und zerrissen ihn. Wir standen dabey auf einer feuchten Wiese eine halbe Stunde, es war schon 8 Uhr. Der Herr von Riedesel brachte mir zu großem Ehrenzeichen die Füß vom Hirsch.« [SW]

95
Georg Adam Eger (1727-1808):
Parforcejagd im Ried.
Oberjägermeister von Riedesel stürzt über eine Kuh.
Öl auf Leinwand, undatiert.
64,5 × 82,5 cm
Darmstadt, Jagdmuseum Kranichstein, Gr.H.I.v. 75
Anschauliches Dokument, das die verheerenden Folgen der in Hessen-Darmstadt besonders beliebten Parforcejagd widerspiegelt. Zahlreich waren die Klagen der Bauern, deren Felder durch den aufgrund übertriebener Hege entstandenen Wildreichtum und die zu jeder Jahres- und Tageszeit stattfindenden Jagden des Landgrafen verwüstet wurden. Rücksichtslos setzte sich der tolle Zug der Jagdgesellschaft über jedes Hindernis – hier eine Kuhherde – hinweg. Die dabei entstandenen Schäden hatte die Landbevölkerung selbst zu tragen, ja sie mußte Jagdfronden leisten, das heißt unentgeltlich die unterschiedlichsten Hilfsdienste bei der Jagd verrichten; das Wild zusammentreiben, Hunde und Jagdpersonal transportieren, das erlegte Wild tragen und Schneisen anlegen. Keine Kritik an der Jagd seines fürstlichen Auftraggebers, sondern eine »lustige Jagdepisode«, das war es wohl, was Hofjagdmaler Georg Adam Eger, ein ständiger Begleiter des jagdlustigen Ludwig VIII., mit diesem Bild darstellen wollte. [SW]

96
Georg Adam Eger (1727-1808):
Parforcejagd an der Dianaburg.
Öl auf Leinwand, undatiert.
66 × 86 cm
Darmstadt, Jagdmuseum Kranichstein, Gr.H.I.K. 69
Der Hirsch ist von der Meute gestellt; im Vordergrund Ludwig VIII. auf einem Schimmel, die »große Landgräfin« und Prinz Georg Wilhelm von Hessen-Darmstadt. [SW]

97
Georg Adam Eger (1727-1808):
Landgräfin Caroline von Hessen-Darmstadt (1721-1774).
Im Hintergrund Jagd an der Dianaburg, Halali.
Öl auf Leinwand, undatiert.
83 × 67 cm
Bez. auf der Rückseite »Caroline von Hessen-Darmstadt, als Erbprinzessin in dem Parforce-Jagd-Anzug unter der Regierung Landgraf Ludwig VIII. von Hessen-Darmstadt geboren den 9. März 1721, gestorben den 30. März 1774.«
Darmstadt, Jagdmuseum Kranichstein, Gr.H.I.K. 369
Landgräfin Henriette Caroline von Hessen-Darmstadt, die lange Zeit als treibende Kraft des Darmstädter Kreises der Empfindsamen galt, in ungewohntem Jagdhabit. Die geborene Prinzessin von Pfalz-Zweibrücken-Birkenfeld wurde die Ehefrau des späteren Landgrafen Ludwig IX. von Hessen-Darmstadt. Goethe verlieh ihr aufgrund ihrer geistigen Vorzüge den Beinamen »Große Landgräfin« und Friedrich II. von Preußen stiftete ihr nach ihrem Tod eine Urne mit der Aufschrift: »Femina sexu, ingenio vir« (Von Geschlecht ein Weib, an Geist ein Mann).
Das Jagdschlößchen Dianaburg, vor dem sich die Landgräfin im roten Parforcerock und Dreispitz hier postiert, wurde 1760 nach Entwürfen von Johann Jacob Hill als Geschenk für den Erbprinzen Ludwig IX. erbaut. Dieser konnte allerdings wenig mit der Jagdleidenschaft seines Vaters anfangen und schaffte die Parforcejagd aus Kostengründen und Desinteresse ab. Caroline hingegen scheint an der Dianaburg und dem sich dort abspielenden Jagdspektakel Gefallen gefunden zu haben, zumindest ließ sie sich mehrmals von Eger inmitten der fürstlichen Jagdgesellschaft vor dem Schlößchen malen. [SW]

98
Keiler an der Speyerhügelschneise.
Öl auf Blech, um 1748.
51 × 60,5 cm
Darmstadt, Jagdmuseum Kranichstein, o. Sign.
»Seine Hochfürstl: Durchl: Landgraf Ludwig VIII von Hessen Darmstadt haben dieses Schwein den 6. *Januar* 1748 an der Kranichsteiner Allee nächst der Speyerhügel-Schneise geschossen.

Du ritterlich und grimmig Schwein, / Wie saßt du hier auch ganz allein, / Herrn Landgraf hast du *attaquirt*, / Er gab dir auch was dir gebührt / Schoß dir ein' Kugel auf den Leib, / Das du nicht konntest laufen weit, / Dadurch machtest du auch allhier, / Dem Theuern *Ludwig* viel *Plaisier*.«
Eines von vielen Blechschildern mit Versen, in denen Ludwig VIII. von Hessen-Darmstadt als »Jagdlandgraf« verherrlicht wird. Diese Schilder wurden überall dort befestigt, wo der Fürst das Wild erlegt hatte, so daß dessen Untertanen auf Schritt und Tritt an die Jagdleidenschaft ihres Fürsten erinnert wurden. [SW]

99
Landgräflicher Jagdwagen.
Öl auf Blech, o.J. 46 × 41 cm
Darmstadt, Jagdmuseum Kranichstein, o. Sign.
»Hier an diesem Ort haben Ihro Hochfürstl: Durchlaucht *Ludwig VIII* sich vielfältig mit Versuchen derer Leithunde und sonstigen Jagden aufgehalten.
Hier ist das alte *Rendez-vous*, / *Dragoner* kommen auch darzu, / Wo *Ludwig* schon vor 40 Jahren, / Mit Leithund ist gar oft gefahren; / Da fleißig täglich mit Bedacht, / Bis er sich Hirschgerecht gemacht; / Gott laß den achten *Ludwig* leben, / Mit *Dragonern Jägern* wohl umgeben.«
Dieser kleine Transportwagen für Jagdpersonal und Hunde war so konstruiert, daß man auf engen Waldwegen fahren konnte. Aufgrund seiner schmalen, langgestreckten Form und seines durchgehenden Lederkissens hieß er im Volksmund auch »Die Wurst«. Die Blechtafel hing ursprünglich im Kranichsteiner Wald an einem »Rendez-vous«, einem Treffpunkt der Jäger des Landgrafen. [SW]

100
Keiler am Allerheilger Forsthaus.
Öl auf Blech, 1750. 46 × 33,5 cm
Darmstadt, Jagdmuseum Kranichstein, Gr.H.I.K XXX
»*Anno* 1750 den *24ten Oktober*, allernächst hier am Allerheil'ger Forsthaus an der Forstschneiß.
Setzt sich ein starkes Schwein hieher, / War in der Größ' als wie ein Bär, / Drum hat man wie es sich gebührt, / *Ludwig* den achten dran geführt. / Der hat den Schuß ihm beigebracht, / Doch nahm's der

über die Aufbringung des Karl VII. vom Reichstag bewilligten Krönungsgeschenks berufen, wurde nun den Ständen der erschreckende Zustand der fürstlichen und Landesfinanzen bekanntgemacht. Der Appell an den »patriotischen Eyfer« hatte Erfolg. Die auslaufende Tranksteuer-Bewilligung wurde um 15 Jahre verlängert. Außerdem übernahm das Land die Rückzahlung der Preußischen Anleihe von 100 000 Talern sowie von 124 000 Gulden, die in Frankfurt bei der Freifrau La Roche, Maria Hedwig von Maskowsky, Juwelier Johann Christian Rieß und Johann Georg Leerse fällig waren. Bezeichnenderweise war die Einnahme dieser Steuern durch die Stände selbst völlig unstrittig. Das gesamte Ausmaß der Verschuldung wurde ihnen noch nicht offenbart, glaubte der Landtag doch, damit einen wesentlichen Beitrag zur Entlastung geliefert zu haben. Aber es war noch nicht einmal ein Dreizehntel der Rentkammerschulden dadurch gedeckt. Die Ablehnung von Bewilligungen zur Fertigstellung des Neuschlosses veranlaßte Ludwig VIII., sein seit der Erbprinzenzeit bewohntes Palais am Markt in Darmstadt 1744 im Rokoko-Stil ausbauen zu lassen.

Der frühe Tod Kaiser Karls VII., dessen Hofhaltung im nahen Frankfurt dafür ein Anlaß gewesen sein soll, und die nachfolgende Wahl Franz Stephan von Lothringens zum Reichsoberhaupt haben letztlich die Landgrafschaft Hessen-Darmstadt und ihren Fürsten noch drei Jahrzehnte lang vor der Sequestrierung bewahrt. Ludwig VIII. hatte dem in Heidelberg wartenden Kandidaten und seiner Gemahlin Maria Theresia das Wahldekret der Kurfürsten überbracht, Ausgangspunkt eines lebenslang bewahrten Treueverhältnisses zwischen Kaiser und Vasall. Die Persönlichkeit des Landgrafen, der die Regierungsgeschäfte damals lieber durch den Premierminister August Friedrich von Minnigerode[7] führen ließ und zur Selbstregierung aus dem Kabinett ganz unfähig war, hat die Durchführung der Pfändungsverfügungen des Reichhofrates dank liebenswürdiger Freundschaft der Kaiserin aufzuhalten verstanden. Kurzfristige Kredite des Hof- und Kammeragenten Bär Löw Isaak in Frankfurt gestatteten die Aufrechterhaltung von Hof und Verwaltung, wenn man auch sozusagen von der Hand in den Mund lebte.

In dieser Lage war die Versuchung, durch Truppenvermietung Subsidien zu erhalten, übermächtig. Ein im August 1747 mit den Generalstaaten der Niederlande geschlossener Vertrag wurde zwei Jahre später vorzeitig gelöst, als der Friede von Aachen

Waidmann nicht in Acht, / Weil es im Laufen gleich geendet / Und nach der Wachs-Wies hingewendet. / Jedoch es hatte keine Noth, / Der Fürst schoß diesen Hauer todt, / Da man erst nach zwei Dutzend Stunden, / Denselben wieder hat gefunden. / Ihr Jäger gebet besser Acht, / Wann Eures *Ludwigs* Büchse kracht; / Bedenckt und mehret Sein Vergnügen, / So kann die Pflicht den Feind besiegen.«

101
Hirsch mit Schlappohren.
Öl auf Blech, um 1754.
40,7 × 27,5 cm
Darmstadt, Jagdmuseum Kranichstein, o. Sign.
»Diesen Hirsch mit Schlappohren haben seine Hochfl: Durchl: *Ludwig VIII* Landgraf v. Hessen Darmstadt *d: 20 Aug: 1754* im Arheilger Forst gegen der Mörsbach bei dem Hirtenhause geschossen.
Man hat mich zwar sehr wohl geheget, / weil ich die Ohren wie ein Hund / Doch hat mich einst der Fürst erleget, / da Er mich nicht recht sehen kund. / Mein früher Tod ward zwar bereut: / weil ich mich aber sehr gescheuth / Und hinter einem Busch verhelet, / wird mir die Schuld selbst zugezählet, / Man thut mir noch im Tod die Ehr / und malet mich was will ich mehr.«
Abnormitäten – mißgebildete Geweihe, »gefleckte« und »weiße Hirsche« oder dieser »Hirsch mit Schlappohren« – waren ein beliebtes Motiv der Hofjagdmaler. Derartige Jagdraritäten wurden nicht nur auf Blechschildern, sondern in aufwendigen Ölgemälden festgehalten, so auch der Hirsch, der »Ohren wie ein Hund« hatte. [SW]

102
Weißer Damhirsch mit einer Schaufel.
Öl auf Blech, um 1763.
40,5 × 27,5 cm
Darmstadt, Jagdmuseum Kranichstein, K.N. 380
»Diesen weißen Tann-Hirsch mit angezeigtem raren Gewächs von Gehörn, haben Ihro Hochfürstl: Durchl: *Ludwig VIII* Landgraf von Hessen Darmstadt den *16. Juni 1763* im Gerauer Wald geschossen Wobei merkwürdig: daß weder an dem Kurtz-Wildpret noch sonsten inwendig einiger Schaden oder Mangel wahrzunehmen gewesen, sondern der Hirsch sehr feist.«

103
EM (?):
Hirsch mit 20 Enden.
Öl auf Blech, um 1741. 50 × 42 cm
Darmstadt, Jagdmuseum Kranichstein, o. Sign.
»Seine Hochfürstl: Durchl: Herr Landgraf *Ludwig VIII* von Hessen Darmstadt haben diesen Hirsch von 20 Enden im Monat *Sept*: 1741 im Forst Romrod geschossen.«

104
EM (?):
Hirsch von 18 Enden,
im Hintergrund Jagdschloß Wolfsgarten.
Öl auf Blech, 1835 (?).
47,5 × 34,5 cm
Darmstadt, Jagdmuseum Kranichstein, o. Sign.
»Diesen Hirsch von 18 Enden, haben Ihro Hochfürstl: Durchl: *Ludwig VIII* Landgraf von Hessen-Darmstadt den 6ten *October* 1763 im Forst Mitteldick geschossen.«

105
EM (?):
Hirsch mit 18 Enden,
im Hintergrund Romrod.
Öl auf Blech, um 1748.
50,5 × 42,5 cm
Darmstadt, Jagdmuseum Kranichstein, o. Sign.
»Seine Hochfürstl: Durchl: Herr Landgraf *Ludwig VIII* von Hessen Darmstadt haben diesen Hirsch von 18 Enden, dessen Schauffel an der rechten Stange 9 $^1/_4$ Zoll und an der linken 8 $^3/_4$ Zoll breit waren, den 26. *Sept*: 1748 im Oberforst Romrod in der neuen Heege an der Ober-Röder Schneiße auf 100 Gänge im Sitz geschossen, hat gewogen 385 Pfd. und das Gehörn 13 $^1/_2$ Pfd.«

106
Hirsch mit in die Höhe gewachsenen Schalen.
Öl auf Blech, um 1748.
50,5 × 42,5 cm
Darmstadt, Jagdmuseum Kranichstein, Gr.H.I.K. 323
»Seine Hochfürstl: Durchl: Herr Landgraf *Ludwig* VIII von Hessen Darmstadt, haben diesen Hirsch mit 2 in die Höhe gewachsenen Schalen an den Vorder-Läufen den 2 *Sept*: 1748 vormittags 11 Uhr auf 80 Gänge aus freier Hand bei Romrod geschossen, hat gewogen 400 Pfund.«

107
Hirsch mit einer Stange.
Öl auf Blech, um 1746.
43,5 × 48,5 cm
Darmstadt, Jagdmuseum Kranichstein, Gr.H.I.K. 475
»Seine Hochfürstl: Durchl: Prinz Georg Wilhelm von Hessen Darmstadt, haben diesen Hirsch den 5ten *Octob*: 1746 an dem Becker-Weg geschossen.«

108
Ernst Michael:
Des Paulen Trinkglas.
Öl auf Blech, 1842. 73 × 50 cm
Darmstadt, Jagdmuseum Kranichstein, Gr.H.I.K. 474
»Wenn in der Väter Zeit nach einem Grenzbegang / Zum Festgelag, beim Becherklang / Die Aeltesten und Schöffen der Gemeinden / An diesem Platze sich vereinten; / Da warf der alte Paul, ein wackrer Zecher / Im Weinesübermuth die Becher, / Die er geleeret, an den Baum, / Der einst gegrünt an diesem Raum. / Des Landes Fürsten führt die Jagdlust eines Tags / Inmitten eines solchen Festgelags; / Des Alten Scherz und Uebermuth / Gefiel dem muntren Fürsten gut; / Und zu den lust'gen Zechern hingewandt / Sprach er: Es sei fortan benannt / Zum Angedenken dieser Stunde / Der Baum dort in des Volkes Munde: Des Paulen Trinkglas.«

109
Mörsbach-Quelle.
Öl auf Blech, um 1750. 49 × 55 cm
Darmstadt, Jagdmuseum Kranichstein, Gr.H.I.K 47
»Hier bei dieser süßen Quelle / Rein, gesund, recht klar und helle, / Und wo die Mörsbach sich ergießt, / Auch recht gesundes Wasser ist. / *Carabiner* und die *Büchsen* / Jagen hier die schönste Füchsen, / Und die mit abgebranntem Schwanz, / Sind hinten stumpf und vorn nicht ganz.«

110
M (?):
Die vergessene Tabakspfeife.
Öl auf Blech, o. J. 35 × 25 cm
Darmstadt, Jagdmuseum Kranichstein, Gr.H.I.Kr.
»Hier ward durch *Ludwig* des Achten Hand, / Der Wunderschuß hinaus gesandt, / Der drüben an Waldessaume, paff: / Zwei Hirsche mit einer Kugel traf. / Und wo er den Meister-Schuß gethan, / Traf man auch die vermißte Pfeiffe an.«

111
Prunkschlitten, Schiff als Hirsch, am Bug ein Löwenkopf.
Holz, 18. Jahrhundert.
78 × 80 × 200 cm
Darmstadt, Jagdmuseum Kranichstein, o. Sign.

112
Johann Conrad Seekatz (1719-1768):
Fürstlicher Jäger.
Öl auf Leinwand, um 1750.
82 × 65 cm
Darmstadt, Jagdmuseum Kranichstein, o. Sign.
Das Sujet ist ein rares Motiv bei Johann Conrad Seekatz. Als dieser 1753 zum Hessen-Darmstädtischen Hofmaler ernannt wurde, war der Bereich Jagddarstellung bereits besetzt. Es kennzeichnet den hohen Stellenwert des Jägerhandwerks am Hofe Ludwig VIII., daß der renommierte Genremaler Seekatz dennoch einen nicht weiter benannten Waidmann porträtierte. [SW]

113
Jagdlappen.
Bedruckt mit Mohrenköpfen, Wappenlöwen und anderen Motiven.
Bemalte Leinwand, 1700-1754.
Je ca. 70 × 40 cm
Darmstadt, Jagdmuseum Kranichstein, o. Sign.
Jagdlappen, an langen Schnüren im Wald gespannt, sollten das Wild zusammenhalten. »Durch die Lappen gegangen« waren Hirsch, Reh oder Wildschwein, wenn sie sich nicht von den »Mohrenköpfen« abschrekken ließen und das Weite suchten. [SW]

den Österreichischen Erbfolgekrieg beendete. Unmittelbar danach ließ der Landgraf in Schloß Schönbrunn bei Wien am 27. Oktober 1750 die seit fünf Jahren von seinem Hofuhrmacher Ludwig Knauß gefertigte »Vorstellungsuhr« überreichen. Ein kunstreiches Automatenwerk, das sein Bruder, Hofmechaniker Friedrich Knauß, verfertigt hatte, stellte allegorisch die Huldigung des Heiligen Reiches, Böhmens und Ungarns vor dem Kaiserpaar dar. Auch das Porträt Ludwigs VIII. unter den schützenden Schwingen des Kaiseradlers zeigte die Uhr.[8] Wer so wertvolle Geschenke machte, konnte schlecht den Verfolgungen der Justiz ausgesetzt werden. In Darmstadt hielt man sich finanziell mit Verkauf von Holz an die Holländer über Wasser.[9] Für Ludwig VIII. ist es bezeichnend, daß er ungeachtet der Finanzmisere 1751 die Friedenszeit zur Wiedereinführung der vom Vater eingestellten Parforcejagd nutzte.[10] Immer deutlicher begann sich in der Verwaltung der im Rückblick zu Ende seiner Regierung kritisierte Zustand abzuzeichnen, daß Jagdbedienstete dem Landgrafen am nächsten standen und dem Volk gegenüber diese Dominanz auch entsprechend ausspielten. Von nun an hatten die Gemeinden ihre Not, den exzessiv hohen Wildstand durch Anstellung von Feldhütern, nächtliche Wachen mit Lärminstrumenten, wenigstens etwas von ihren Äckern fernzuhalten. Rissen gar die Hütehunde ein Stück Wild, waren Geldstrafen für die Dorfbewohner fällig.[11] Vergeblich mahnte der 1755 berufene Landtag, die Beschwerden hätten seit 1743 »mehr zu- als abgenommen«, so daß eine »gerechte gnädigste Entschließung cum effectu zu Conservation dero getreuen Untertanen« angemahnt wurde.[12]

Als sich die Stände ein halbes Jahr später erneut mit Schuldenfragen beschäftigen mußten, wurden die Forderungen wegen der Wildschäden noch verschärft.[13] Soweit sich absehen läßt, hat all dies Ludwig VIII. nicht berührt. Ein gezieltes Verwaltungshandeln im Sinne zeitgemäßer Peuplierung und des Landesausbaus hat es sichtlich nicht gegeben; über die Auswanderung der Untertanen klagte man nur.[14] Bezeichnenderweise war der Verleihung eines Gnadenpokals Ludwigs VIII. 1754 an seine Residenz der gescheiterte Versuch seines Landrates Schulz gefolgt, anstelle der Landtagsvoten der Städte die Bewilligung von den im Verfassungsgefüge so nicht vorgesehenen Zünften vornehmen zu lassen.

Anders sah es in dem vom Erbprinzen, Ludwigs gleichnamigen Sohn aus der Ehe mit der Erbtochter des Grafen Johann Reinhard III. von Hanau, seit 1746 selbständig verwalteten Hanau-Lichtenberg aus. Ludwig (IX.) hat schon in jungen Jahren ganz auf das Vorbild Preußens gesetzt. Von hier übernahm er die mustergültigen Einrichtungen des Soldaten-Königs, suchte das Militärsystem auf sein kleines, ganz anders strukturiertes Land zu übertragen. Da die Gebiete im Elsaß der Oberhoheit Frankreichs unterstanden, gründete er im Reichsamt Lemberg neben dem Jagdschloß des Großvaters eine Militärkolonie, die er tatkräftig zur Stadt Pirmasens, seinem Potsdam, ausbaute. Militärbegeistert wie er war, hat er die Kräfte seines Ländchens überbeansprucht.[15] Im Dienst Friedrichs II. in der Garnison Prenzlau gingen ihm Militärmärsche und Exerzieren über alles. Trotzdem sah er den Unterschied zwischen dem mächtigeren Kasseler Vetter mit seinem Militärstaat und der Bedeutungslosigkeit Hessen-Darmstadts. Von Preußen übernahm er mit scharfem Verwaltungs-Rationalismus auch Vorstellungen zu Peuplierung, Landesausbau, Merkantilismus und – nicht zuletzt – zum persönlichen Regiment des Monarchen. Und er wartete in Pirmasens, wohin der Siebenjährige Krieg mit der eindeutigen Parteinahme des Vaters für Habsburg ihn zurückzwang, auf die Übernahme des Erbes, das er in dessen Händen verkommen sah.

Nach Abschluß des Friedens wurde die Lösung der Schuldenfrage für Hessen-Darmstadt unumgänglich. Das Treffen Ludwigs VIII. im Wald bei Heusenstamm mit

Kaiser Franz I. und dem gemäß dem Friedensvertrag zum Römischen König gewählten Joseph II. am 27. März 1764 war ein letzter Beweis der Anerkennung der Kaisertreue. Als Joseph II. nach dem Tod des Vaters am 18. August des folgenden Jahres die Kaiserwürde übernahm, war absehbar, daß der in Kategorien der Rechtlichkeit denkende junge Mann die Verzögerungstaktik seiner Eltern gegenüber den Gläubigern Hessen-Darmstadts nicht fortsetzen würde. Seit 1766 wurde, gleichzeitig mit Bemühungen um eine Bestandsaufnahme der wirtschaftlichen Grundlagen im Inland, in intensiven Verhandlungen mit den Gläubigern in Frankfurt und dem Kaiserhof in Wien um Ansätze zu einer Lösung der Probleme gerungen. Reichsvizekanzler Fürst Colloredo sah es dem Kaiser gegenüber in seinem Vortrag vom 27. Januar 1767 auf das Gutachten des Reichshofrats, der obersten Reichsbehörde in Justizsachen, immer noch als sinnvoll an, dem Landgrafen »als einem sich so vielfältig für die Erhaltung des Kayserlichen Ansehens und besonders im letzten Krieg bezeigten patriotischen Reichsstand auf alle nur mögliche Weise salva iustitia und zum Theil im Weeg Rechtens zu helfen, und dadurch einen Protestantischen Stand nebst einem Hauß dem Kayserlichen Hof bei allen Gelegenheiten nuzbar und verbindlich zu machen«.[16] Erbprinz Ludwig (IX.), dem man 1764 durch Übernahme in den österreichischen Militärdienst den Abschied aus dem preußischen versüßt hatte – er stieg vom Feldmarschall-Leutnant zum Obristfeldzeugmeister auf –, wurde gerade bei einem Besuch in Wien 1767 das Macquirische Infanterie-Regiment übertragen. Das nahm man zum Anlaß, ihm die guten Absichten des Kaisers in der Schuldensache zu versichern. Aber auf den Vorschlag Colloredos, selbst durch einen Bar-Vorschuß den Tilgungsplan einzuleiten und sich Hessen-Darmstadt dadurch »auf beständig in allen Fällen zum genauesten zu verpflichten«, ging Joseph II. nicht ein. Außer den Privatgläubigern hatte sich auch die Nebenlinie Hessen-Homburg mit Forderungen auf rückständige Deputate in Höhe von 500 000 Gulden gemeldet, die zugleich auf Schatull-Einnahmen des Landgrafen aus englischen und holländischen Subsidien und Einsparungsmöglichkeiten verwies. Der Reichshofrat hatte in seiner Stellungnahme deutlich gemacht, daß Ludwig VIII. »während seiner langen Regierung so wenig ernstlichen Bedacht auf Tilgung der Schulden genommen, daß er vielmehr solche theils durch gestattete Aufschwellung der Interessen und Deputaten, theils durch neue Schulden vermehrt, und, wenn ja ein väterliches Capital abgeführt worden, solches anderst nicht, als mittelst Aufnehmung eines neuen bewürckt«. Hinweise auf Kriegslasten seien nicht stichhaltig, und ein Schuldentilgungsplan müsse durch oberstrichterliche Verfügung des Kaisers sichergestellt werden. Die gleichzeitige Übertragung des hessen-darmstädtischen Reichstagsvotums auf den kurbrandenburgischen Reichstagsgesandten von Schwarzenau hat gegenüber den Wiener Instanzen nicht gerade glücklich gewirkt, wenn die Verstimmung auch beigelegt werden konnte.

Mehrmals hat Landgraf Ludwig VIII. 1767/68 die Stände berufen, um Mittel für die Reichskammergerichtsvisitation, die Schulden und Deputate, auch die Errichtung des Landhusarenkorps als neue Polizeitruppe bewilligen zu lassen. Ein Geldgeschenk von 100 000 Gulden wurde von der Regierung unter anderem mit dem Zugeständnis erkauft, bei der Annahme von Bürgern in Zukunft das Gutachten von Bürgermeister und Rat vorzuschalten.[17] Die Deputierten setzten als Bedingung in den Landtagsabschied, daß ihre »Desideria [...] schleunige werckthätige Remedur« erfahren, Kriegs- und Kammerkasse von der Schuldenlast befreit und die Steuerbelastung wieder gesenkt werden müsse. Von dem gealterten Landgrafen war das nicht mehr zu erwarten. Erst sein Tod am 17. Oktober 1768 beim Schlußapplaus für die Gastspieltruppe Johann Martin Leppers im Hoftheater wurde zum Auftakt einer neuen Reformzeit.

114
Jägerin mit Jagdtasche und Jagdhorn.
Figurine. Holz, lackiert, Samt- und Brokatkleid, Brustlatz mit Glasperlen besetzt, Parforce-Horn (Messing), um 1750; 88 × 63 cm
Darmstadt, Jagdmuseum Kranichstein, o. Sign.

115
Hirschköpfe, mit Geweih und Medaillon.
Holz, geschnitzt, Horn. Je Platte ca.: 59 × 44 cm, Geweihspanne: ca. 100 cm, Kopftiefe: 38 cm
Darmstadt, Jagdmuseum Kranichstein, o. Sign.
Derartige aus Holz geschnitzte Hirschköpfe mit ›kapitalen‹ Geweihen sind zahlreich im Jagschloß Kranichstein zu finden. Sie stammen fast ausschließlich aus der Regierungszeit Ludwig VIII. von Hessen-Darmstadt, dem – im Gegensatz zu seinem Vater Ernst Ludwig – allein das Sammeln von Jagdtrophäen nicht genügte. Landgraf Ludwig VIII. führte eine detaillierte Dokumentation der Jagd durch, indem er beispielsweise anordnete, daß alle Hirschköpfe mit einer Legende versehen wurden, auf der Schütze, Ort, Zeit und andere Jagdbesonderheiten vermerkt waren. Darüber hinaus beauftrage er seinen Hofmaler Georg Adam Eger, lebensgroße Hirschporträts in Öl anzufertigen, die nochmals auf die Jagdgeschichte des betreffenden Hirsches hinwiesen. Nicht selten wurde ein und derselbe Hirsch in den verschiedensten künstlerischen Techniken festgehalten – ein Ausdruck dafür, welch große Bedeutung Ludwig VIII. der höfischen Jagd beimaß. [SW]

116
Johann Ludwig Strecker (1721-1799): Landgraf Ludwig IX. (1719-1790). Öl auf Leinwand. 82 × 63 cm Darmstadt, Schloßmuseum, o. Inv. Über Ludwig IX. von Hessen-Darmstadt, hier in der Uniform seines Preußischen Infanterieregiments, schreibt Lichtenberg am 29. Dezember 1771 an seinen Göttinger Freund und Verleger Johann Christian Dieterich: »Sey getrost, lieber Bruder, Du lebst in einem Lande, dessen König nicht mehr Trommeln machen läßt als er just braucht, dessen Wild keine Bauern frißt, und der mehr Leute bisher glücklich gemacht hat, als der L... von D... seit einem Jahr unglückliche«. (Bw 1, Nr. 39, S. 60) Doch Lichtenbergs Kritik richtet sich nicht nur gegen den Darmstädter Fürsten: »Kein Fürst wird jemals den Wert eines Mannes durch seine Gunst bestimmen, denn es ist ein Schluß, der nicht auf eine einzige Erfahrung etwa gegründet ist, daß ein Regent meistens ein schlechter Mann ist. Der in Frankreich backt Pasteten und betrügt ehrliche Mädgen, der König von Spanien haut unter Pauken und Trompeten Hasen in Stücken, der letzte König in Polen der Kurfürst von Sachsen war schoß seinem Hofnarren mit dem Blasrohr nach dem Arsch, der Fürst von Löwenstein beklagt bei einem großen Brand nichts als seinen Sattel [...], der Herzog von Württemberg ist ein Wahnsinniger, [...] die meisten übrigen Beherrscher dieser Welt sind Tambours, Fouriers, Jäger. Und dieses sind die Obersten unter den Menschen; wie kann es denn in der Welt nur erträglich hergehen; [...] o wenn doch die Welt einmal erwachte, und wenn auch drei Millionen am Galgen stürben, so würden doch vielleicht 50 bis 80 Millionen dadurch glücklich«. (SB 1, A 119) [SW]

Mit 49 Jahren hat Ludwig IX. endlich die Erbfolge in Hessen-Darmstadt, für die er schon 1762 durch den politischen Publizisten und Staatsmann Friedrich Karl von Moser ein Reformprogramm hatte ausarbeiten lassen,[18] antreten können. Eine der ersten Maßnahmen war neben dem Ende des Jagdbetriebs[19] die Auswechselung der leitenden Beamten. Mit der Regierungsübernahme durch den Preußenfreund war auch die Schuldenkrise da, und es war schwierig, die zuständigen Reichsbehörden in Wien und die Gläubiger von der wirklich bestehenden Bereitschaft zur Erbringung von Leistungen zu überzeugen. Während der Kaiserliche Gesandte beim Oberrheinischen Kreis in Frankfurt, der an den Schuldenverhandlungen beteiligte Graf Neipperg, darauf hinwies, daß monatlich 13 500 Gulden nach Pirmasens für das dortige Militär abgeführt würden und alleine der Trauerfall 100 000 Gulden gekostet habe, hat Moser in seiner Position als Reichshofrat von Wien aus in dieser Zeit die Verhandlungen Ludwigs IX. mit dem Reichsvizekanzler, Neipperg und den Gläubigern mit Hinweisen auf die Kompetenzen des Reichshofrates als Justizorgan ins Zwielicht gezogen und damit den Weg für seine Berufung als Minister geglättet. Der von der Rentkammer erarbeitete, mit dem Namen des Rates Jakob Christian Klipstein verbundene Zahlungsplan vom Oktober 1769 bestimmte mehr als die Hälfte der Kammereinnahmen von 539 659 Gulden zur Zahlung von Zinsen und Kapital.[20] Während Klipstein in Wien verhandelte, suchte der Landgraf um Assistenz des Kaisers bei den Landständen zwecks Garantie einer Anleihe von bis zu 3 000 000 Gulden nach, die das ganze Projekt erst ausführungsreif machen sollte. Einkünfte aus Hessen-Darmstadt zu ziehen, war dem Fürsten bis auf ein geringes Handgeld kaum mehr möglich. Es bleibt sein Verdienst, durch Überweisung der Rentkammer-Einnahmen an die Staatsschuldentilgungskasse, eine von auf den Kaiser verpflichteten eigenen hessen-darmstädtischen Beamten geleitete Behörde, die Konsolidierung des Territoriums ermöglicht zu haben, wenn auch der Abschluß der Schuldenregelung und der Ausgleich mit den Ständen

mit Mosers Namen verbunden ist. Ludwig IX. selbst hat diese Konstruktion augenscheinlich den Verbleib im unbelasteten Pirmasens erleichtert.

In Darmstadt, das Lichtenberg 1761 nach Schulabschluß bereits verlassen hatte, entfaltete sich in Abwesenheit des Fürsten – und vielleicht gerade deshalb – der Musenhof der Großen Landgräfin, an dem dank finanzieller Zwänge freilich nur Schöngeistigkeit eine echte Chance hatte. Das so sehr geliebte Militär, dem ihr Gatte in Darmstadt und Pirmasens bestaunte Exerzierhäuser und Kasernen bauen ließ, war, wie Kriegsrat Johann Heinrich Merck 1771 bemerkte, zum Einsatz viel zu schade. Einen »Soldatenhandel« wie in Hessen-Kassel gab es hier also nicht, wenn auch der Wunsch nach Teilhabe am Subsidiengeschäft nicht erlosch.[21] Trotz aller Bereitschaft Ludwigs IX., auch der alten Residenz Förderung angedeihen zu lassen, wurde eher am Ausbau Pirmasens' weitergearbeitet. Der Traum Henriette Karolines, das Schloß vollenden zu lassen, scheiterte am Geldmangel, so daß es beim Ausbau der Assembléezimmer zwischen Glocken- und Kaisersaalbau blieb.[22] Hier hat sich also der Briefwechsel mit Voltaire und dem Baron Melchior von Grimm vollzogen, hier im Altschloß mit dem Hofmeister des Erbprinzen, Franz Michael Leuchsenring, die Begeisterung für Rousseaus *Emile* und Oliver Goldsmiths *Vicar of Wakefield* Einzug gehalten. Die hessen-homburgische Hofdame Luise von Ziegler und die der Landgräfin-Mutter beigegebene Henriette von Rousillon wurden als »Lila« und »Urania« angeschmachtet, Johann Gottfried Herder lernte im Hause des Geheimen Rates Andreas Peter Hesse die Schwägerin Karoline Flachsland kennen, mit der er in der Stadtkirche getraut wurde. Mit Hesse und Kriegsrat Merck gehörten zwei landgräfliche Beamte zu einem Freundeskreis, der für den Druck von Klopstocks Oden verantwortlich zeichnete. Hier fand Johann Wolfgang Goethe eine »Darmstädter Gemeinschaft der Heiligen«. Der gerne dem Kreis der Landgräfin zugeordnete, 1772 zum Präsidenten und Kanzler berufene Moser, blieb nicht nur der Bürgerschaft, sondern auch den

117
Johann Michael Petzinger (1755-1833):
Fünfteiliger Wandschirm mit fast lebensgroßen Soldaten verschiedener Regimenter Ludwigs IX. von Hessen-Darmstadt.
Öl auf Leinwand, nach 1780.
Je 200 × 95 cm
Darmstadt, Schloßmuseum, o. Inv.
Detailgetreu werden die von Ludwig IX. entworfenen Uniformen sowie die soldatische Ausrüstung seiner Regimenter wiedergegeben. Jede der dargestellten Figuren – ein berittener Soldat und sieben Grenadiere – steht für ein Regiment, das der Landgraf von Hessen-Darmstadt während seiner langen Militärlaufbahn einmal kommandiert hatte. Ohne jegliche Individualität präsentieren sich die Soldaten in ihrer mustergültigen militärischen Montur dem Betrachter. [SW]

118
Johann Michael Petzinger (1755-1833): Garde du Corps unter Ludwig IX. paradiert die Rheinstraße in Darmstadt hinunter. Öl auf Holz, 18. Jahrhundert. 33 × 44 cm Darmstadt, Schloßmuseum, o. Inv.

119
Johann Martin Schuhknecht (1724-1790): »Unterdänig-gehorsamster Überschlag«. Kostenvoranschlag zum Bau des Exerzierhauses, Darmstadt, 13. November 1770. Papier; 35 × 42 cm (aufgeschlagen) Darmstadt, Hessisches Staatsarchiv, E 8 B 53/2
Auch wenn er aus finanziellen Gründen die aufwendige Parforcejagd abgeschafft hatte – für seine Soldaten scheute Ludwig IX. keine Kosten und Mühen: Der von Schuhknecht ausgestellte Kostenvoranschlag für das Darmstädter Exerzierhaus belief sich auf die Summe von 38 109,36 Gulden, die endgültigen Baukosten (140 000 Gulden) überstiegen diesen Betrag bei weitem. Weithin berühmt war das Exerzierhaus vor allem wegen seiner freitragenden Holzdecken-Konstruktion. So kündigt Lichtenberg am 10. (?) Mai 1784 seinem Vetter Friedrich August Lichtenberg zwei »vortreffliche« junge Engländer, Lord Inverary und seinen Hofmeister Mr. Ritchie an, die den »höltzernen Lufftball, ich meine das Exercir-Hauß«, zu sehen wünschen. (Bw 2, Nr. 1264) An Georg August Ebell schreibt er am 18. Oktober 1792: »Von dem Darmstädtischen Exercierhauß besitze ich einen Riß, nach dem ich mich nun schon fast zu Schanden gesucht habe und kan ihn nicht finden. Ist Ihnen mit einer Nachricht von der Heitzung jenes Haußes gedient, so kan ich sie Ihnen sehr leicht verschaffen. Ich bin ein Darmstadinus von Geburt, und es könte leicht seyn daß ich wo nicht unter den Feuerbötern, doch unter den Holtzlieferanten irgend einen Herrn Vetter hätte. Auf alle Fälle ist mein Neveu dort würcklicher Geheimer Sekretär und ein junger Mann von Thätigkeit und Wißbegierde«. (Bw 3, Nr. 2156) [SW]

führenden Beamtenschichten der Stadt fremd. Mit seinem Namen ist die Anlage eines Landschaftsparks vor den Toren der Stadt und insgesamt die Reformzeit verbunden worden. Die sogenannten Moserschen Tabellen, angelegt auf Grund eines schon nach Regierungsantritt vom Landgrafen erteilten Befehls zur statistischen Erfassung des ganzen Landes, überliefern Zahlenmaterial für die Residenzstadt im Jahre 1777. An der Gesamtbevölkerung von 9038 Einwohnern hatte nun das Militär mit 3045 Personen den größten Anteil. Der Versorgung des Invalidenhauses galt der Ertrag der im selben Jahr unter kurzzeitiger Leitung von Matthias Claudius begründeten Landzeitung, und dort wurde auch eine Leihbibliothek mit überraschend »aufgeklärter« Lektüre installiert.[23] Leider wissen wir nicht, wer die Leser waren. Die neue Zeitung hatte jedenfalls ein ganz anderes Niveau als das seit Ernst Ludwigs Tagen bestehende *Frag- und Anzeigungs-Blättchen* mit der Information über die neuesten Lebensmittelpreise. Nach dem Tod der Landgräfin, nach Rückkehr von der spektakulären Brautschau ihrer Töchter in St. Petersburg 1774, ihrer Beisetzung im umgestalteten Herrengarten blieb neben der marginalen Hofhaltung des Prinzen Georg Wilhelm im Marktpalais der Minister von Moser die dominierende Figur der Verwaltung. Mit der Rückkehr des Erbprinzen Ludwig (X.) aus Rußland begann sich das zu ändern. Für ihn wurden im katzenelnbogischen Herrenbau des Schlosses Räume erweitert, er knüpfte in gemilderter Form an die Jagdleidenschaft seines Großvaters an[24] und ließ Kranichstein verschönern. Nach der vom Erbprinzen geförderten Annahme des Minister-Rücktrittsgesuchs wegen Fehlschlags der Landkommission und Streitigkeiten um Heeresvermehrung und gestiegenes Defizit übernahm er den Besitz Mosers in Bessungen.[25] Erst nach dem Abgang des Ministers begann man mit den Arbeiten zur Judenemanzipation.[26] Von der neu installierten Hofhaltung des jungvermählten Erbprinzen strahlte jetzt, wie die Öffnung des Liebhaber-Theaters der Hofgesellschaft für Bürgerliche zeigt, im Sinne gewandelter Aufgeklärtheit fürstliches Interesse auf die Bürgerschaft aus.

Das war nicht mehr der an Preußen orientierte Rationalismus des militärfanatischen Soldatenlandgrafen, die Selbstbeschränkung zum Zweck der Staatserhaltung. Nach dem Tod Ludwigs IX. wurde 1790 die kleine Pirmasenser Hofhaltung, nicht nur wegen ihrer Gefährdung durch die Revolutionskriege, liquidiert, die letzte Mätresse zur Ruhe gesetzt. Nun wurde Darmstadt aufgewertet, die Planung zum Stadtausbau, der seit Ernst Ludwigs Tagen stagniert hatte, wieder hervorgeholt und vorangetrieben. Der größte Teil der Projekte obrigkeitlicher Förderung mußte freilich wegen des Kriegsgeschehens bald auf bessere Zeiten vertagt werden. Das Gedankengut der Revolutionäre hat, von einem kurzen Aufflackern in Gesellenunruhen abgesehen, damals in der Stadt keine Resonanz gefunden. Die Revolution hatte noch zu Lebzeiten Ludwigs IX. auf Hanau-Lichtenberg übergegriffen, war aber dort in geschickter Kombination von militärischer Repression und Zugeständnissen beigelegt worden. Stillschweigend war auch der bedrohlicher aussehende Versuch des Alsfelder Stadtsyndikus Benjamin Minnigerode, die Rechte der Landstände auszuweiten, mit dessen Selbstmord nach der Verhaftung zu den Akten gelegt worden.[27] Die am Tag der Regierungsübernahme, am 6. April 1790, von Ludwig X. aus der Schublade gezogenen Reformdekrete hatten mit einer Stärkung ständischer Mitbestimmung nichts zu schaffen; statt dessen wurde die Errichtung eines Reiterregiments Chevaux-Legers auf Kosten der ererbten Kabinettskasse durchgeführt. Die Stärkung der Militärmacht konnte jetzt wieder zur Erzielung von Einnahmen aus Subsidien eingesetzt werden, ein Mittel, von den landständischen Bewilligungen unabhängiger zu werden. Während aber erhebliche Truppenteile in kaiserlichen und britischen Diensten vermarktet wurden, mußte der Landgraf selbst mit militärischer Bedeckung vor den anrückenden Franzosen nach Sachsen fliehen und von dort aus den landständischen Kredit in Anspruch nehmen. Die linksrheinischen Lande gingen im Frieden von Lunéville an Frankreich verloren. Aber als Ersatz wurden mit dem Reichsdeputationshauptschluß von 1803 neben dem kurkölnischen Herzogtum Westfalen und manch anderem auch kurmainzische und kurpfälzische Gebiete zugewiesen, die aus der zerrissenen Landkarte Hessen-Darmstadts den überlebensfähigen Staat des 19. Jahrhunderts formieren sollten.

1 Über die Landgrafschaft Hessen-Darmstadt und die Residenz Darmstadt im 18. Jahrhundert vgl. *Darmstadt in der Zeit des Barock und Rokoko* (Katalog). Darmstadt 1980; Jürgen Rainer Wolf: *Zwei Jahrhunderte Krieg und Frieden.* In: Darmstadts Geschichte, hrsg. v. Eckhart G. Franz. Darmstadt 1980, S. 129-288; ders.: *Hessen-Darmstadt und seine Landgrafen in der Zeit von Barock, Absolutismus und Aufklärung.* In: Die Geschichte Hessens, hrsg. v. Uwe Schultz. Stuttgart 1983, S.121-132; Hans Philippi: *Hessen vom Barock zum Klassizismus 1648-1806.* In: Das Werden Hessens, hrsg. v. Walter Heinemeyer (= Veröffentlichungen der Historischen Kommission für Hessen 50). Marburg 1986, S. 349-385. Ein umfassender Beitrag des Verfassers für das Handbuch für hessische Geschichte ist in Vorbereitung.

2 Vgl. Jürgen Rainer Wolf: *Joseph Süß Oppenheimer (»Jud Süß«) und die Darmstädter Goldmünze. Ein Beitrag zur hessen-darmstädtischen Finanzpolitik unter Landgraf Ernst Ludwig.* In: Neunhundert Jahre Geschichte der Juden in Hessen. Wiesbaden 1983, S. 215-261.

3 Jürgen Rainer Wolf: *Zum Scheitern der Waldenser-Ansiedlung in Arheilgen bei Darmstadt.* In: Archiv für hessische Geschichte und Altertumskunde (AHG) NF 44, 1986, S. 419-432; ders.: *Zur gescheiterten Ansiedlung französischsprachiger Religionsflüchtlinge in Kelsterbach.* In: AHG NF 46, 1988, S. 349-359.

4 Staatsarchiv Darmstadt (StAD) E 2 Nr. 32/6; zur gesamten Landstände-Überlieferung vgl. Jürgen Rainer Wolf: *Landstände und Landtage* (= Repertorien des Hess. Staatsarchivs Darmstadt 33). Darmstadt 1991. Eine Veröffentlichung der Landtagsabschiede 1648-1806 wird vom Verfasser vorbereitet.

5 StAD E 2 Nr. 34/3.

6 StAD E 2 Nr. 34/7, 35/1 und 36/1.

7 * Sondershausen 16. Dezember 1687, † Darmstadt 9. November 1747. Er kam als Page an den Hof, wurde 1708 Hof- und Jagdjunker, 1714 Jägermeister und 1718 Wirklicher Jägermeister sowie Oberforstmeister der Ober- und Niedergrafschaft Katzenelnbogen und der Herrschaft Eppstein. 1725 Kammerjunker, 1727 Oberjägermeister der Landgrafschaft. Der Regie-

120
Johann Martin Schuhknecht (1724-1790) und Johann Jacob Hill:
Plan und »Explication« des in den Jahren 1770 bis 1772 von Johann Martin Schuhknecht erbauten Exerzierhauses in Darmstadt, 17. November 1770.
Papier; Plan: 36 × 43 cm;
Explication: 32 × 21 cm
Darmstadt, Hessisches Staatsarchiv, P 11 Nr. 72/1 und 3
Der Plan zeigt die Hauptfassade und den Grundriß des Darmstädter Exerzierhauses. Über dessen mächtige Ausmaße schreibt am 27. Juni 1771 der Darmstädter Kriegsrat Johann Heinrich Merck in einem Brief an Johann Wilhelm Ludwig Gleim: »Vor meinem Hause zimmert man das Dach zu einem Haus von 250 Schuh lang u. 150 breit um täglich vier oder sechs Stunden 1500 freygebohrene Menschen bey einem Feuer von 16 biß 29 grosen Öffen in den Waffen zu üben, die sie nie ausser der Stadt worin sie ihr Leben eingesperrt zubringen, gebrauchen sollen und werden. Dazu kommt daß man zur Unterhaltung dieser furchtbaren Macht 2 drittel aller Bedienten im Lande auf das drittel Besoldung reducirt«. [SW]

121
Schlüsselschild des Exerzierhauses.
Bronze, vergoldet. 32 × 15,5 cm
Darmstadt, Schloßmuseum, o. Inv.
Schlüsselschild aus dem Darmstädter Exerzierhaus, das 1892 abgerissen wurde, um dem Hessischen Landesmuseum Platz zu machen. [SW]

122
Landgraf Ludwig IX. von Hessen-Darmstadt:
Letzte Bilanz der von Ludwig IX. komponierten Militärmärsche.
Aus dem Schreibkalender auf das Jahr 1789. Papier, Leder;
35 × 67 cm (aufgeschlagen)
Darmstadt, Hessisches Staatsarchiv, D 4 Nr. 519/2
Ein weit über 1000 Seiten starkes, in reich vergoldetes grünes Ziegenleder gebundenes Tagebuch, das Ludwig IX. von Hessen-Darmstadt treffend charakterisiert. Nichts schien dem Darmstädter Landgrafen zu unwichtig, um es nicht detailliert aufzuzeichnen. Alles, was er tat (und ließ), hat er in seinen Schreibkalendern festgehalten, auch jene Bilanz vom 29. Dezember 1789, die die stattliche Anzahl von 92 173 Mili-

tärmärschen verzeichnet, die allerdings zum Teil nur aus wenigen Takten bestanden.
Die militärischen und anderen Leidenschaften seines Landesherrn beschreibt am 18. September 1780 Johann Heinrich Merck voller Ironie in einem Brief an Karl August von Sachsen-Weimar: »Seine [Ludwig IX.] HauptBeschäfftigung ausser Militär ist Musik und Mahlerey. Jahr aus Jahr ein sind 2 HofMahler beschäfftigt Soldaten in allen würkl. existirenden, oder noch mögl. zu existirenden Uniformen auf Cartons 1 biß 1 1/2 Schuh hoch zu mahlen. [...] Ein dritter HofMahler ist damit beschäfftigt nichts wie Französische Damen sowol würkl. als mögl. zu mahlen, u. diese in allen Stellungen und Kleidungen. Zwey Capellmeister sind mit ihren Untergebenen angehalten von Morgens 8 biß Nachmittags 4 Uhr, wenn die Bett-Pfanne gebracht wird da zu seyn, um die Märsche in Noten zu sezen, die der L.[andgraf] componirt. Mit 2 Fingern spielt er auf dem Clavier die Märsche vor, u. alsdenn müssen sie gesezt, u. auch offt sogl. probirt werden. Er hat es soweit gebracht, daß er in Einem Tag gegen 300 componirt hat, u. gegenwärtig stehen von seiner Arbeit aufm Papier 52 365 St. Märsche.« [SW]

123
Bestätigung des hessen-darmstädtischen Schuldenvergleichs durch Kaiser Joseph II., Wien, 8. Oktober 1773.
Pergamentlibell mit angehängtem Majestätssiegel
Darmstadt, Hessisches Staatsarchiv, B 1 Nr. 308 (alt)
1772 betrugen die hessen-darmstädtischen Hof- und Staatsschulden fast 4 Millionen Gulden; dazu kamen 600 000 Gulden Verzugszinsen. Ein Schuldenvergleich, unterschrieben vom Kaiser und Reichsvizekanzler Rudolf Graf Coloredo, wendete die drohende Reichszwangsverwaltung ab und stellte die Befriedigung der rund 150 Gläubiger sicher. [SW]

rungswechsel machte ihn 1740 zum Wirklichen Geheimen Kabinettsminister und 1745 zum Premierminister.

8 Sie wird heute in der Hofburg aufbewahrt, vgl. Katalog (wie Anm. 1).

9 Stadtarchiv Pfungstadt (StadtAPf), Rechnung 1751.

10 Gisela Siebert: *Jagd und Jagdhäuser in Hessen-Darmstadt*. Stuttgart 1972, S. 54; erste Jagd mit der neuen, in England gekauften Meute am 27. Juli 1751. – Dazu Katalog (wie Anm. 1), S. 337.

11 Vgl. StadtAPf, Rechnung für 1753, u.a. Bezahlung der Wirtshausrechnung für die Hofjäger, weil sie »die besambte Felder verschont«; ebda. für 1756 Zahlung wie schon am Vortag die Gemeinde Eberstadt, »weilen man an dem Herrn Oberforstmeister bemercket, daß solches gnädigster Herrschaft wohl gefallen mögte«; ebda. für 1758.

12 StAD E 2 Nr. 40.

13 StAD E 2 Nr. 42/5.

14 Vgl. *Auswanderung aus Hessen* (Katalog). Darmstadt 1984.

15 Vgl. Jürgen Rainer Wolf: *Zum zweihundertsten Todestag Landgraf Ludwigs IX. von Hessen-Darmstadt*. In: Gedenkreden zum 200. Todestag Landgraf Ludwigs IX. Pirmasens 1990, S. 7-17.

16 Haus-, Hof- und Staatsarchiv Wien. Reichskanzlei. Kleinere Reichsstände Nr. 171.

17 StAD E 2 Nr. 44/1 und 45/2.

18 Friedrich Karl von Moser und sein Vater Johann Jakob, der 1747 in hessen-homburgische Dienste getreten war, waren bereits 1751 mit der Frage der Verbindlichkeit der Kabinettskassenschulden Ernst Ludwigs für seine Nachfolger befaßt, vgl. Karl Witzel: *Friedrich Carl von Moser. Ein Beitrag zur hessen-darmstädtischen Finanz- und Wirtschaftsgeschichte am Ausgang des 18. Jahrhunderts* (= Quellen und Forschungen zur hessischen Geschichte X). Darmstadt 1929, S. 18.

19 Die Äußerungen der Zeitgenossen wie des Eberstädter Pfarrers Johannes May oder des Historiographen Helfrich Bernhard Wenck lassen ebenso wie die Reaktion der Stände auf diese Maßnahmen keinen Zweifel an ihrem hohen Stellenwert.

20 Vgl. HHuStAW. RK. Kl.Rst. Nr.170. Erst die Drohung Mosers, Forderungen an das Haus Habsburg aus dem Dreißigjährigen Krieg zu publizieren, sowie die gleichzeitige Verlobung der Prinzessin Wilhelmine mit Großfürst Paul haben Kaiser Joseph II. zur Bestätigung des Vergleichs mit der Betrauung Ludwigs IX. mit der Direktion des Amortisationsfonds gebracht.

21 Vgl. Eckhart G. Franz: *Landgraf Ludwig IX., der hessische »Soldatenhandel« und das Regiment »Royal Allemand«*. In: AHG NF 35, 1977, S. 177-227.

22 Vgl. Jürgen Rainer Wolf: *»Je voudrais trouver un petit trésor ...« Planungen zum Ausbau des Darmstädter Neuschlosses nach dem Regierungsantritt Landgraf Ludwigs IX.* In: AHG NF 40, 1982, S. 313-319.

23 Vgl. Thomas Lange: *Auf dem Weg zum modernen Staat. Französische Revolution und Rheinbundreform in Hessen-Darmstadt. Dokumente 1789-1815* (= Geschichte im Archiv. Darmstädter Archivdokumente für den Unterricht 2). Darmstadt 1990.

24 Vgl. Gerhard Heinemann: *Die Parforcejagd des Erbprinzen und späteren Großherzogs Ludewig von Hessen. Die höfische Jagdpraxis als Anlaß einer Kontroverse zwischen Schlözer und Merck*. In: AHG NF 47, 1989, S. 181-210.

25 Damit wurde Moser nach seinem Sturz von den drängendsten finanziellen Verpflichtungen befreit (StAD D 4 Nr. 552/3). Der von Ludwig IX. erst in zeitlichem Abstand initiierte Prozeß gegen Moser wurde von Ludwig X. beim Regierungsantritt trotz Abratens des Ministers von Gatzert niedergeschlagen, StAD D 4 Nr. 613/1.

26 Vgl. Jürgen Rainer Wolf: *Zwischen Hof und Stadt. Die Juden in der landgräflichen Residenzstadt des 18. Jahrhunderts*. In: Juden als Darmstädter Bürger, hrsg. v. Eckhart G. Franz. Darmstadt 1984, S. 50-79, v. a. S. 69-73.

27 Vgl. zuletzt Eckhart G. Franz: *Hessen-Darmstadt, Kurmainz und die Französische Revolution*. In: Hessisches Jahrbuch für Landesgeschichte 40, 1990, S. 125-143.

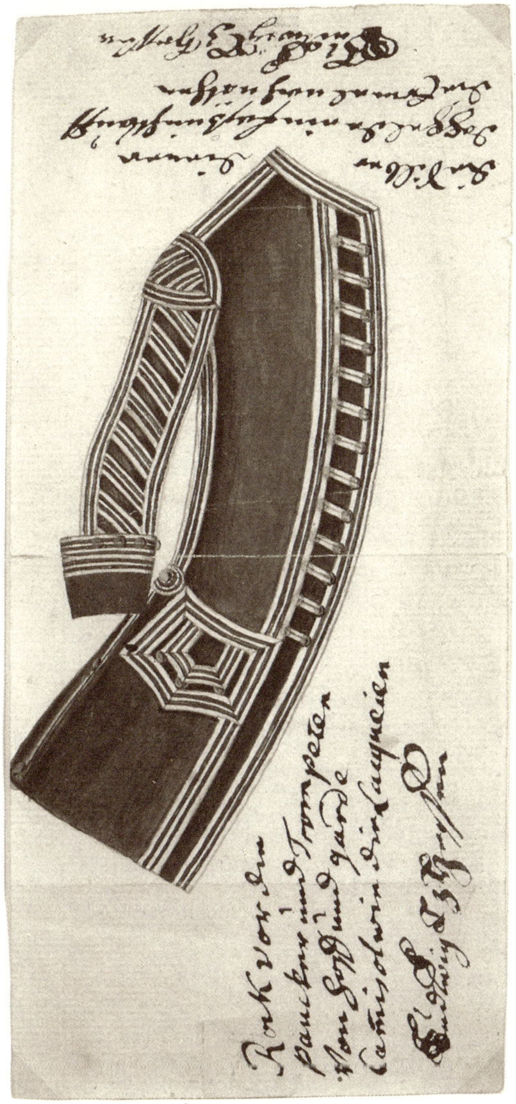

124
Landgraf Ludwig IX. von Hessen-Darmstadt:
Exerzier-Reglement, Pirmasens, den 12. Januar 1775.
Untersuchung derer Manoevres so auf höchsten Befehl Ihro Hochfürstl. / Durchlaucht des Herrn Landgrafen zu Hessen in Höechst dero gedruckten Reglement und Regulativ befindlich, in wie weit die Königl. Französ[s]ische davon abweichen.
Papier; 36 × 42 cm
Darmstadt, Hessisches Staatsarchiv, D 4 Nr. 533/8
Ein in insgesamt 35 §§ unterteiltes Reglement, das 92 Exerzierphasen der Soldaten zeigt. [SW]

125
Grenadiermütze des Kreisregiments aus der Zeit Ludwig IX.
Tuch mit Stickereien und Blechbeschlägen, 18. Jahrhundert.
Ca. 25 × 20 × 15 cm
Darmstadt, Schloßmuseum, o. Inv.

126
Entwurf einer Hoflivree.
Aquarell, Tusche (Nachzeichnung). 20,8 × 9,2 cm
Darmstadt, Schloßmuseum, o. Inv.
»Rock von die paucker und Trompeten von Hoff und garde Cammisol wie die Lacqueien Ludwig L z Hessen. Die Silberdiener doppelde einfaß nichts auff die Ermel noch näthen.«
Die kraus anmutende Beschriftung stammt von der Hand Ludwig IX.

127
Leibrock Landgraf Ludwigs IX. von Hessen-Darmstadt.
Tuch mit Goldstickereien, 18. Jahrhundert.
90 × 40 cm (Schulterbreite)
Darmstadt, Schloßmuseum, o. Inv.
Auf dem Leibrock des Landgrafen ist der Stern des Königlich-Preußischen Schwarzen-Adler-Ordens aufgestickt, den Ludwig IX. 1750 von Friedrich II. von Preußen verliehen bekam, seinem verehrten Vorbild. [SW]

Wieland Sachse

»Sey getrost Bruder, Du lebst unter einem weisen Könige«

Wirtschaft und Gesellschaft des Kurfürstentums Hannover

Am 16. Juni 1794 schrieb Lichtenberg an Johann Wilhelm von Archenholtz: »Ich habe [...] das, wie ich glaube, in Deutschland seltne Glück unter einer Regierung zu leben, der ich die größte Verehrung schuldig bin. Ich verlange schlechterdings in politischer Rücksicht nicht anders zu leben, als ich jezt lebe und es kümmert mich wenig, wieviel von dieser glücklichen Lage auf Rechnung, der Regierung oder meine eigene zu stehen kömmt. Denn man muß nicht immer verlangen, daß jene alles thun soll, ohne erst auch von seiner Seite alles getan zu haben. Aufopferungen sind von beyden Seiten nöthig. Einseitiges Bestehen auf sogenannten Gerechtsamen, befördert die gute Sache wahrlich nicht.« (Bw 4, Nr. 2399)

Das Bekenntnis Lichtenbergs zu seiner Regierung ist Ausdruck relativer Zufriedenheit mit den kurhannoverschen Verhältnissen. Es ist zugleich eine Absage an jede Form verordneter Glückseligkeit im Zeichen welcher Staatsomnipotenz auch immer: sei sie nun preußisch oder französisch! Es ist keineswegs unpolitisch, wenn er hier Partizipation, Beteiligung und Gemeinsamkeit von Regierung und patriotisch-reformfreudiger Öffentlichkeit einfordert. Wie berechtigt ist diese Beurteilung aber aus der Sicht des heutigen Historikers? Gab es für Kurhannover eine Chance, im gesamteuropäischen Modernisierungsprozeß mitzuhalten? Wie entwickelt, wie modernisierbar war es im Revolutionszeitalter? Welche Impulse gingen von den revolutionären Veränderungen, den Kriegen, den reformerischen Herausforderungen und der Fremdherrschaft bis 1825 auf Hannover aus, und in welcher Weise wurden Wirtschaft und Gesellschaft davon tangiert?

Zunächst ein Blick auf die europäische Staatenwelt zu Beginn des Revolutionszeitalters: An der Spitze steht unstreitig England, in monarchischer Personalunion mit dem Kurfürstentum Hannover verbunden, spätestens nach dem Siebenjährigen Krieg ein Weltreich. Ein Staat mit einer modernen, hochentwickelt-kapitalisierten Landwirtschaft, der jedoch zugleich mitten in dem spektakulären, alle Lebensbereiche verändernden Prozeß begriffen ist, den man die Industrielle Revolution genannt hat. Da ist Preußen, als Neuling im Konzert der Großmächte für die europäische Öffentlichkeit ein hochinteressantes Gebilde, militärisch stark, ja militaristisch, mit einer straffen, modernen Verwaltung und einer nach absolutistisch-kameralistischen Prinzipien geführten Staatswirtschaft, die aber schon deutlich wahrnehmbare Symptome einer durch dirigistische Gängelung und Bevormundung hervorgerufenen Verkrustung aufwies. Im Südosten: die Habsburgermonarchie, seit neuestem im deutschen Dualismus mit preußischer Konkurrenz konfrontiert, durch die umstrittene Reformpolitik Josephs II. schon erkennbar überstrapaziert und krisengeschüttelt, ein heterogenes Gebilde mit hohen Ansprüchen, doch politisch eher auf dem absteigenden Ast. Sodann Hannover selbst: ein deutscher Mittelstaat, der etwa die östlichen zwei Drittel des heutigen Niedersachsens umfaßte und um 1790 etwa 850 000 Einwohner hatte.

Selbständige, nicht zu Hannover gehörende niedersächsische Territorien und politische Gebilde begrenzten und durchquerten es: Braunschweig-Wolfenbüttel, Hildesheim, Schaumburg-Lippe, Oldenburg, die Hansestädte Bremen und Hamburg. Hannovers übermächtiger Nachbar im Osten war Preußen, im Nordosten lag Mecklenburg-Schwerin, im Norden das Herzogtum Holstein, im Westen lagen das Niederstift Münster und das Hochstift Osnabrück, südwestlich die vom Hauptland getrennten westlichen Provinzen Preußens, südliche Anrainer waren schließlich die Landgrafschaft Hessen-Kassel sowie das Kurfürstentum Mainz mit dem Eichsfeld. Der größte kurhannoversche Landesteil war das Herzogtum Lüneburg, gefolgt vom Herzogtum Bremen mit dem Land Hadeln, dem Fürstentum Calenberg, der oberen Grafschaft Hoya und dem Fürstentum Göttingen. Weiter gehörten das Fürstentum Verden, das Herzogtum Lauenburg, die Grafschaft Dannenberg, das Fürstentum Grubenhagen, der Harz, die niedere Grafschaft Hoya und schließlich die Grafschaft Diepholz dazu. Im Gegensatz zu den menschenleeren nördlichen wiesen die mittleren und südlichen Landesteile eine beachtliche bis hohe Bevölkerungs- und Siedlungsdichte auf, eine Tatsache, die im populationistisch gesonnenen 18. Jahrhundert als Vorteil angesehen wurde.

Die zunächst verwirrende territoriale Vielfalt erklärt sich aus der Tatsache, daß Kurhannover ein historisch gewachsenes, durch politische und dynastische Gebietserweiterungen in einem langen Prozeß zusammengefügtes Land war. Auch die umgangssprachliche unpräzise Bezeichnung dieses heterogenen Gebietes als »Land Hannover« verweist auf den Tatbestand, daß in staatsrechtlicher Hinsicht Unvergleichbares betrachtet wird: die gesamten Besitzungen des 1692 zur Kurwürde gelangten Hauses Braunschweig-Lüneburg.

Als für das Schicksal dieses Gebietes von entscheidender Bedeutung gilt gemeinhin die dynastische Verbindung des Hauses Braunschweig-Lüneburg mit Großbritannien und die sich daraus ergebende Personalunion, die von 1714 bis 1837 dauerte. Aus ihr entwickelten sich wichtige Determinanten hannoverscher Politik nach außen wie im Innern. So resultierte die Erhebung zum Königreich auch aus gegen Preußen gerichteten englischen Interessen. Gebietserweiterungen vom Erwerb Bremens und Verdens 1720 bis zum Reichenbacher Vertrag 1813 standen in aller Regel im Zusammenhang einer nach Mitteleuropa zielenden Politik Großbritanniens. Dessen Ausgleichs-, Hegemonial- oder Handelsinteressen haben Hannover nicht selten in die Rolle eines kontinentalen Faustpfandes geraten lassen, es zum Spielball geostrategischer Interessen gemacht. Dies gilt besonders im Revolutionszeitalter.

Für die Innenpolitik, für eine Wirtschafts- und Strukturpolitik war vor allem von Bedeutung, daß die Landesherren die Residenz nach England verlegten und sich nur selten und immer weniger in Hannover aufhielten. Die Abwesenheit der Könige, besonders ausgeprägt unter Georg III., der die Stammlande nie besucht hat, trug zu einer deutlichen Verlagerung des Schwerpunktes der Politik des Hauses Hannover nach England bei und machte entsprechend den Weg frei für eine mit starken Handlungsvollmachten, ja einer faktischen Omnipotenz ausgestattete Landesregierung, das Geheime Ratskollegium in Hannover. In der Tendenz ist der Begriff »Sekretariokratie« – ausschließlich adligen Ministern unter Mitwirkung von aus den »hübschen« Familien hervorgegangenen bürgerlichen Beamten – wohl zutreffend, der als Wesenszug der Politik der inneren Landesverwaltung ihre Schwerfälligkeit und Ineffizienz hervorgehoben hat.

Relativ starke Land- und Provinzialstände sind anders als in Preußen ein machtvoller Hemmschuh für frühe absolutistisch-merkantilistische Entfaltungsversuche gestaltender Staatsinitiative gewesen. Eine gewisse Schwerfälligkeit des Geschäftsgangs, ein administrativer Immobilismus und oft unklare Kompetenzverteilung kommen hinzu. Die Abwesenheit der Monarchen begünstigte den Nepotismus, und die nahezu unbeschränkt agierende Oligarchie von Landadligen kümmerte sich mehr um eigene Vorrechte als um verwaltungstechnische und wirtschaftliche Reformen.

Zudem war Hannover ein Nebenland. Es spricht vieles dafür, daß es durch den fortgeschrittenenen agrarischen und gewerblich-industriellen Entwicklungsstand Englands in ökonomischer Hinsicht auf einen gerade halbkolonialen Status reduziert und als Absatzmarkt für Industrieprodukte der Peripherie des englischen Wirtschaftssystems zugeordnet wurde. Eine solche Sicht ist jedoch einseitig: Immerhin bot die Bindung an England auch Vorteile: man konnte Halbfertig- und Agrarprodukte nach dort absetzen, profitierte von einem gewissen Technologietransfer und den praktischen und theoretischen Impulsen für die Landwirtschaft.

Und es gab ja auch die regierungsunmittelbare Reformuniversität Göttingen, für deren vielfältige Kontakte nach England nicht zuletzt Lichtenberg selbst steht, von zahlreichen weiteren Anglophilen einmal abgesehen. Es scheint, als korrespondiere der relativen Zufriedenheit Lichtenbergs mit seiner Regierung auch ein gewisser Vorteil relativer Rückständigkeit Kurhannovers, wenn man denn die spezifischen Chancen zu seiner Modernisierung nutzte!

Vor allem aber war es der eindeutige ökonomische Vorrang der Landwirtschaft, der der hannoverschen Modernisierungspolitik eine dezidierte Richtung gab.

Seit jeher war man stärker an einer Erhaltung der agrarischen Strukturen als an einer intensiveren gewerblichen Durchdringung des Landes interessiert. Selbst der engagierteste Gewerbeförderer des 18. Jahrhunderts, der hannoversche Kammer- und Kommerzienrat Christian Ludwig Albrecht Patje schrieb 1796: »Auf dem Felde wohnet der Wohlstand und die Glückseligkeit einer Nation. So lange Ackerbau und Viehzucht die Menschen nähren, muß man ihnen die glücklichste aller Lagen nicht beneiden und verkümmern. Wer mögte den wohlgenährten, gesunden, knochigen Arbeitsmann, der einem hohen Alter und einer sicheren Zukunft unter dem bemosten Dache seines Ahnen, und im Schatten der Bäume, unter denen er seine Jugendjahre verspielte, entgegen siehet, für den bleichen, verkrüppelten, halbbekleideten Fabrikanten vertauschen, der im dumpfigen Fabrikhause seine besten Tage versitzet, dessen Unterhalt von der Laune des Fabrikeigentümers, oft von den benachbarten Staaten abhänget, und für sein Alter ihm oft nicht einmal ein hospitalmäßiges Auskommen hoffen lässet.«

Klingen hier vor allem physiokratische, den Vorrang der Landwirtschaft betonende Motive an, so zielt die folgende Invektive gegen Peuplierungspolitik und Militärsystem eindeutig auf Preußen: »Aber auch die Bevölkerungssucht muß ihre Grenzen haben. Was Ackerbau und Viehzucht nicht nähren, und Fabrikenhandlung und Schiffahrt nicht beschäftigen kann, was der Staat zu seinem Regimente und dessen verschiedenen Zweigen nicht bedarf, ist Geiz an Weinreben, von denen man keine Trauben sammeln kann. Militärisch geformte, und auf Eroberungspläne sinnende Regierungen denken freilich anders und wünschen immer mehr Menschen erzeugt zu sehen, weil sie immer viel Menschen zum Erwürgen nötighaben; aber das ist ein barbarisches Bevölkerungssystem.«

Die kurhannoversche Landwirtschaft zeichnete sich bei allen regionalen Unterschieden insgesamt durch eine hohe Ertragsfähigkeit aus. Weit überdurchschnittliche Erträge erwirtschafteten die Bauern etwa in den Küstenmarschen oder auf den Lößböden zwischen Hannover und Hildesheim und östlich davon, ebenso im Süden des Landes.

Dies galt jedoch nur für normale Erntejahre, in denen nicht kriegs-, witterungs- oder krankheitsbedingte Ernteausfälle zu Teuerungskrisen und Hunger führten, die in der Agrarproduktion der vorindustriellen Zeit an der Tagesordnung waren.

Langfristig gesehen ist im gesamten Europa während der zweiten Hälfte des 18. Jahrhunderts und darüber hinaus ein kontinuierlicher Anstieg der Getreidepreise zu verzeichnen, kurzfristig verursachten immer wieder Mißernten und Hungerkrisen einen sprunghaften Ansteig der Getreidepreise, so etwa 1771/73, aber auch Mitte der 1790er Jahre. Schon Zeitgenossen fragten sich, ob die langfristige Preisentwicklung nicht auf ein Mißverhältnis zwischen Bevölkerungswachstum und Nahrungsspielraum hindeutete, und ob es nicht möglich sei, die immer wiederkehrenden Krisenerscheinungen abzufedern.

Als Antwort und Reaktion darauf entstand eine gerade für Kurhannover so wichtige und modernisierend wirkende Agrarreformbewegung, in der sich private und staatliche Wirtschaftsförderung vereinten und die bekanntlich von englischen Impulsen profitierte. Man war sich weitgehend einig, daß es galt, die agrarische Produktion zu heben, die Landwirtschaft zu entkollektivieren, unproduktive Dienste und Abgaben – vor allem auf den Domänen – abzustellen, die landwirtschaftliche Nutzfläche etwa durch Moorkultivierung oder anderen Landesausbau zu vergrößern und die Versorgung mit Getreide und Saatgut durch Kornmagazinierung zu sichern. Entsprechende Vorschläge wurden öffentlich weithin diskutiert, nahmen in der Publizistik einen breiten Raum ein und unterlagen nicht der Zensur. Sie verbinden sich mit den Namen der »Königlich-Großbritannisch und Kurfürstlich-Braunschweig-Lüneburgschen Landwirtschaftsgesellschaft« sowie mit dem Albrecht Thaers, der mit politikberatender Absicht mit seiner *Einleitung zur Kenntnis der englischen Landwirtschaft und ihrer neuesten praktischen und theoretischen Fortschritte* und seinen *Annalen der niedersächsischen Landwirtschaft* große öffentliche Wirkung erzielte.

Dabei darf nicht vergessen werden, daß es auch mannigfache Hinweise auf bäuerliche Widersetzlichkeiten gegen die mit der Entkollektivierung der Landwirtschaft verbundenen Eingriffe in altüberkommene Gemeinheitsrechte gab. Auch erfreuten sich nicht alle neueingeführten Verfahren und Fruchtsorten der rechten Akzeptanz beim hannoverschen Landmann, was oft mit deren mangelnder Geschmacksqualität zusammenhing.

Längerfristig setzen sich die Reformvorschläge allerdings durch: Es ist die Zeit vieler agrartechnischer Innovationen: neuartige Pflüge, größere Sensen anstelle der alten Sichel, verbesserte Anspannungen und Ackerwagen. Wichtiger noch waren neue Methoden der Düngung mit der richtigen Anwendung von Mergel, der Unkraut- und Schädlingsbekämpfung bis hin zur Reinigung des Getreides vom gefährlichen Mutterkorn. Für den Obstbau und Tierhaltung wurden neue Vorschläge gemacht und befolgt. Nach und nach setzte sich der Anbau der Kartoffel und anderer Wirtschaftspflanzen wie Erbsen, Runkelrüben, Raps, Flachs und Klee durch, wobei die traditionelle Dreifelderwirtschaft – ohne die Dominanz des Getreides zu reduzieren – immer mehr von der sogenannten verbesserten Dreifelderwirtschaft mit Besömmerung der Brache und einer deutlichen Erhöhung der Flächenproduktivität abgelöst wurde.

Dabei war der Flachsanbau von besonderer Bedeutung, denn er befriedigte die vom Leinengewerbe ausgehende Nachfrage, während aufs Ganze gesehen die Viehzucht gegenüber dem Ackerbau geringere Bedeutung hatte und häufig nur zur Deckung des Eigenbedarfs oder der Dunglieferung diente.

In Kurhannover herrschte der bäuerliche Familienvollerwerbsbetrieb vor, während die Gutswirtschaft nur eine geringe Rolle spielte. Die Agrarverfassung war weithin von Meierrecht bestimmt, das ein faktisch nahezu erbliches Nutzungsrecht und somit einen relativ hohen Grad von bäuerlicher Freiheit bedeutete. Nicht zuletzt aus steuerlichen Motiven heraus achteten die Landesregierungen überwiegend darauf, daß die Bestimmungen gegen das sogenannte Abmeiern restriktiv gehandhabt wurden. Steuern, Abgaben und Dienste nahmen im 18. Jahrhundert mit der Ausweitung des adligen und landesherrlichen Geldbedarfs zu und führten zu einer spürbaren Belastung der Betriebe.

Die ländliche Sozialstruktur hängt mit der Besitzstruktur und der Aufteilung nach Hofklassen eng zusammen. Schematisiert können Vollbauern, Halbbauern und landarme oder landlose unterbäuerliche Schichten unterschieden werden. Als Vollbauern sind die Spanndienste leistenden Ackerleute (Meier) und Halbspänner (Halbmeier) anzusprechen, die jeweils große bis mittelgroße Höfe bewirtschafteten. Ihnen galt die ausgeprägte Bauernschutzpolitik der Regierung. Darunter differenzierte sich die ländliche Bevölkerung in den Klassen der Kotsassen (Köter), der Brinksitzer und der Anbauer, wobei vor allem die letzteren über so wenig Land verfügten, daß sie auf außeragrarische Einkommensergänzungen angewiesen waren. Je weniger geeignetes Land nun für die Anlage neuer Stellen vorhanden war, um so weniger konnte die Anzahl der Vollbauern erhöht werden, so daß rapides Bevölkerungswachstum zu einer starken Zunahme unterbäuerlicher Existenzen führte. Diese bewirtschafteten dann Grenzböden, Gärten und winzige Parzellen und waren im übrigen auf nebengewerbliche Tätigkeiten verwiesen. War auch diese Mischform der Subsistenzsicherung nicht möglich, lebten sie als Inquilinen oder Einlieger in Wohnungen, die ihnen nicht gehörten, vom Tagelohn, vom Spinnen oder ähnlichen Tätigkeiten. Insbesondere für Südhannover ist dieses Häuslingswesen eine charakteristische Erscheinung gewesen, deren siedlungshistorische Folgen in vielen Dörfern der Göttinger Umgebung heute noch erkennbar sind. Die landwirtschaftlichen Einkommensmöglichkeiten gerade dieser unterbäuerlichen Schichten, wie etwa der Anbauer oder Häuslinge, wurden seit der zweiten Hälfte des 18. Jahrhunderts, besonders seit der Jahrhundertwende, noch durch Verkoppelungen und Markenteilungen, die zur Entkollektivierung und Aufhebung der Besitzzersplitterung führen sollten, erheblich verschlechtert: sie konnten ihr Vieh nicht mehr auf die gemeinsame Weide schicken und kein Holz mehr aus dem Wald holen. Ihre Pauperisierung zeichnete sich ab.

Vielfache Bestrebungen zur Reform bäuerlichen Rechts, die schon von privater und staatlicher Seite tief im 18. Jahrhundert einsetzten, gingen jedoch noch weit über die Dienstablösung, die Gemeinheitsteilungen und Verkoppelungen hinaus. Schon 1793 wurde öffentlich aus Kreisen der Agararreformbewegung die formelle Abschaffung des Meierrechts gefordert. Dem Bauern sollte Gelegenheit gegeben werden, die Gefälle durch Geldzahlungen oder Landabtretungen abzulösen und den Resthof als freies Eigentum zu behalten. Nach allem, was man bisher weiß, war man in Kreisen der Regierung durchaus bereit, diesen Vorschlägen zu folgen, zumal gerade in den 1790er Jahren der bäuerliche Protest spürbar zunahm.

Verbesserungs-, Reform- und Partizipationsbemühungen gab es auch im Gewerbe und Handel. Patriotisch orientierte, nützliche Verbesserungsvorschläge ganz praktischer Art wurden der Öffentlichkeit unterbreitet, und in Büchern, Korrespondenzen und Zeitschriften wurde darüber raisonniert. Gerade von Göttingen aus erreichte die staatswirtschaftliche Universitätsstatistik über die akademische Lehre und die publizistische Wirkung eine führende Rolle, ja politisch-moralische Autorität, indem sie – mit Schlözers Worten – »die Regierung kontrollierte«, denn »Statistik und Despostism vertragen sich nicht zusammen [...]«. Jenseits derart weitgreifender Ansprüche stehen ganz praktische Verbesserungsvorschläge im Mittelpunkt: Erfahrungen mit neuen Fertigungsmethoden, technologische Anregungen, Konzept und Praxis der Industrieschule zur Erziehung armer Kinder zur Arbeit, Anleitungen zur Kuhpockenschutzimpfung, Erläuterungen zum Harzer Bergbau, Marktpreisbeobachtungen bis hin zur Kritik an Zünften, Handwerksausbildung und Wirtschaftsverwaltung.

Solange die Themen dem Utilitarismus und der praktischen Reform verpflichtet waren und offene Kritik an den politischen Verhältnissen an sich vermieden, wurden sie von der Zensur weitgehend ungehindert verbreitet. Das offiziöse *Hannoversche Magazin* ist reich an Anknüpfungspunkten dieser Art. Dort, aber auch in den Zeitschriften Spittlers und Meiners, meldeten sich oft bürgerliche Reformkräfte zu Wort, zu denen viele Göttinger Korrespondenten gehörten.

Allgemein fällt im Gewerbe eine differenzierte Branchenstruktur auf, mit einem bedeutenden Anteil des Bauhandwerks, das auch von der durchschnittlichen Betriebsgröße her führend war. Der Residenzcharakter Hannovers oder der Ausbau Göttingens zur Landesuniversität haben – vermittelt über Bevölkerungswachstum und Bautätigkeit – die quantitative Bedeutung des Baugewerbes erhöht. Ähnliches gilt auch für das Nahrungs- und Textilgewerbe beider Städte, das teilweise gehobene Bedürfnisse zu befriedigen hatte.

Die für das 18. Jahrhundert typische Struktur des städtischen Handwerks in Kurhannover ist ausgeprägt differenziert nach Branchen und Einzelberufen, verbunden mit deutlichem Vorherrschen des zünftigen Klein- oder Kleinstbetriebes. Die durchschnittlichen Betriebsgrößen schwankten um zwei Mitarbeiter, daß heißt von Einzelfällen abgesehen beschäftigten die Betriebe lediglich eine Arbeitskraft. Der Anteil der Handwerksbevölkerung – also der Menschen, die als Handwerker oder deren Familienangehörige direkt oder indirekt vom Handwerk lebten – lag bei knapp einem Drittel der gesamten Einwohnerschaft. So verwundert es nicht, daß das hannoversche Zunfthandwerk über seine Korporationen, die Ämter, Gilden und Innungen, einen bedeutenden politischen, wirtschaftlichen und sozialen Einfluß hat bewahren können, an dem sich oft aufgeklärte Kritik, gelegentlich auch Gesellenprotest entzündete. Daneben gab es seit langem ein vielfältiges Landhandwerk, das seit der zweiten Hälfte des 18. Jahrhunderts verstärkt konzessioniert wurde, zum Teil durchaus, um die Macht städtischer Zünfte zu unterminieren. Neben Bau- und Konsumgüterhandwerken dominieren vor allem Landschmieden und Landdrechslereien, Betriebe also mit erheblicher Bedeutung für die Apparateausstattung bäuerlicher Betriebe. Neu ist in dieser Zeit, daß gerade im Umfeld von Städten, im engeren Dunstkreis größerer lokaler Märkte, eine deutliche Verdichtung im Landhandwerk beobachtet werden kann. Im Zuge tendenzieller Aufweichung der traditionellen, rechtlich fixierten Stadt-Land-Trennung im Gewerbe scheint es hier tatsächlich zu einer nicht unbeträchtlichen Konkurrenz zwischen beiden handwerklichen Bereichen gekommen zu sein.

Unter dem Druck der wachsenden Bevölkerung hat sich ein größer werdendes Produktions- und Nachfragepotential entwickelt, das innerhalb der ländlichen Sozialordnung doch deutlich schlechter stand als die Stadthandwerker in den Städten. Landhandwerker galten sehr viel weniger als die Voll- und Halbbauernschicht und waren oft kaum von den legalen und illegalen Grenz- und Mischexistenzen auf dem Lande zu unterscheiden. Die Übergänge zwischen dem Landhandwerk, bäuerlichem Vollerwerb mit Nebengewerbe und Gewerbe mit bäuerlichem Nebenerwerb sind fließend. Die Nebengewerbe sind überaus vielfältig, haben enge Bindungen zur Landwirtschaft, und vielfach überdauert bis ins 20. Jahrhundert Holz- und Torfwirtschaft, Bienenzucht, Fracht- und Holzfuhrunternehmen, Fischerei und Teichwirtschaft, dann auch Gewerbe der Steine und Erden und natürlich im Nordwesten der Hollandgang. Bergbau, Steinbrüche und Salinen, Hütten- und Metallhämmer, Glas, Kalk- und Gipsbrennerei haben untergeordnete Bedeutung. Alle Tätigkeiten wurden jeweils in enger Verknüpfung mit der Landwirtschaft ausgeübt. Im gesamten Kurfürstentum, vor allem aber in seinem südlichen, zum »deutschen Leinengürtel« gehörenden Teil, galt dies auch für das Leinengewerbe, also Garnspinnerei und Weberei. Die Zeit bis etwa 1820 ist die große Blüte der Garn- und Leinwandproduktion im Land Hannover gewesen, wahrscheinlich auch bedingt durch die qualitätsfördernde und kontrollierende Institution der Leinenleggen, die vom Kommerzkollegium durchgesetzt worden war. Nach Aufhebung der Kontinentalsperre Napoleons, als englische Textilien, die besser und billiger waren, den bis dahin künstlich abgeschirmten deutschen Markt überschwemmten, war es damit vorbei.

Hinter den »großgewerblichen Betriebsformen«, den Manufakturen und dem Berg- und Hüttenwesen, verbergen sich oft kaum von größeren Handwerksbetrieben unterscheidbare Produktionsstätten. Dies gilt für die Metallverarbeitung gleichermaßen wie für die Gewerbe der Steine und Erden, der chemischen Produkte, der Nahrungs- und Genußmittel und der Ledererzeugung. Kaum mehr als 10 Beschäftigte dürften die Regel gewesen sein. Es gab 4 Fayencefabriken, 3 Glashütten, 1 Schmelztiegelfabrik, 6 Spiegelfabriken, 1 Farbenfabrik, 17 Seifenfabriken, 1 Siegellackfabrik; im Bereich der Metallverarbeitung 10 Blankschmieden und Sensenfabriken, ganze 5 Kupferhämmer, 2 Messinghütten; dann 34 Tabaksfabriken, 34 Papiermühlen und weitere kleinere mehr. Zu erwähnen ist noch der Schiffbau, der, mitunter kleinbetrieblich strukturiert, an Weser und Elbe auf 25 Werften immerhin fast 1000 Menschen beschäftigte. Eindeutig als Großbetriebe anzusprechen sind die Fayencefabrik in Münden, die Gewehrfabrik in Herzberg, die großen Wollmanufakturen in Göttingen und Osterode sowie die Woll- und Baumwollmanufaktur in Hameln – aufgrund ihrer geringen Zahl im einzelnen identifizierbare Produktionsstätten.

In der Regel waren die Großbetriebe an landesherrliche Privilegien, Steuerbefreiungen und Heeresaufträge gebunden und von deren Fortbestehen abhängig. In vielen Fällen brachen sie – wie die Graetzelsche Manufaktur in Göttingen, die zeitweise 3000 Spinner beschäftigt hatte – mit deren Ende zusammen oder führten fortan Kümmerexistenzen. Der Bergbau im hannoverschen Harz war seit Jahrhunderten bedeutend und strahlte auf das ihm zugeordnete Hüttenrevier aus. Im 18. Jahrhundert florierte er noch immer und warf gute Erträge ab, die seine Anteilseigner, die Besitzer der sogenannten Kuxe, vermutlich jedoch nicht reinvestierten, sondern als Partikuliers und Rentenempfänger konsumtiven Zwecken zuführten. Besonders in Hannover und Göttingen machen diese von arbeitsfreiem Einkommen lebenden Bevölkerungsteile einen wichtigen Faktor der Sozialstruktur aus.

So war Hannovers Wirtschaftsleben deutlich vom Primat einer sich in beachtlichem Maße modernisierenden Landwirtschaft geprägt, die gute Erträge und Exportüberschüsse erwirtschaftete.

Daneben und in vielfacher Bindung an Agrarproduktion und ländlich-feudale Lebenswelt gab es einen beachtlichen gewerblichen Sektor, der zunehmend an Bedeutung gewann. Kurhannover, ein traditionelles Handelsdurchgangsland, betrieb eine im Zeitalter des Merkantilismus / Kameralismus erstaunlich gemäßigte Zollpolitik ohne unüberwindliche Handelshemmnisse auch im Inland. Natürlich gab es Einfuhr-, Schutz- und Retorsionszölle – oft zugunsten Englands und zum Nachteil Frankreichs –, doch wurden Handel und Transport auf Chausseen und Binnenwasserstraßen eher gefördert und deren Aus- und Weiterbau vom Kommerzkollegium forciert. Nach holländischem, englischem und preußischem Vorbild betrieb man zeitweise eine Seehandlungskompagnie (die ohne große Wirkung blieb) sowie den Aufbau einer eigenen Hochseeflotte, deren Hauptschiffe *Georg III.* und *Königin Charlotte* gerade rentabel wurden, als die französische Blockadepolitik einsetzte. Auf diese Weise wurden Entwicklungen erstickt, die durchaus vielversprechend waren.

Ausgangs des 18. Jahrhunderts war Kurhannover gewiß – mit den Maßstäben der Zeit gemessen – kein modernes Land. Allzu deutlich überwog die Landwirtschaft und allzu einseitig war die gesamtwirtschaftliche Unterordnung und Einbindung des gewerblich-industriellen Sektors. Doch waren in beiden Bereichen schon Veränderungen spürbar, die von Reformkräften aufgegriffen und betrieben wurden und auf die die Regierung gelegentlich, wenn auch halbherzig, reagierte. Der Wille, verbessernd und modernisierend an vielfältigen Aufgaben der Ausgestaltung des Staats und seiner inneren Struktur, seiner Ökonomie und seines Erscheinungsbildes mitwirken zu wollen, war bei vielen Zeitgenossen ungebrochen. In Kritik, Verbesserung und Partizipation sah man – mit beträchtlichem Vertrauen in die Wandelbarkeit der Verhältnisse – den richtigen Weg in die nachfeudale Zukunft. Durch Steigerung, ja die Entfesselung der ökonomischen Produktivkräfte glaubten weite Kreise der Wirtschaftsreformer, Weichen stellen zu können, Kurhannover konkurrenzfähig zu halten und Armut und Not entgegenzuwirken. Diese Ansätze wurden durch die alte landständische Gesellschaftsstruktur gehemmt. Angesichts der nur schwer kompensierbaren unsozialen Steuerpolitik der land- und provinzialständischen Interessenvertretungen feudaler Privilegiengruppen, gegenüber der die öffentliche Kritik immer mehr zunahm, angesichts des politisch-sozialen Übergewichts des landsässigen Adels waren Modernisierungsbestrebungen faktische Grenzen gesetzt, deren Überwindung langen Atem erfordert hätte.

Es bleibt Spekulation, ob denn die Reformkräfte letztlich hätten erfolgreich sein können, wenn Revolution, Revolutionskriege, Fremdherrschaft und Restauration ihre Generation und ihre Ziele *nicht* diskreditiert hätten. Im Bereich von Wirtschaft und Gesellschaft war Hannover auf gutem Weg, als das Revolutionszeitalter begann. Die Chancen für eine gemäßigte Modernisierungspolitik ohne grundstürzende Veränderungen waren vorhanden, es fehlte jedoch an regierungsoffizieller Unterstützung, die um so geringer wurde, je mehr die Revolutionsfurcht in den 1790er Jahren um sich griff.

Bernd Wedemeyer

»Wir wohnen zu Göttingen in Scheiterhaufen, die mit Türen und Fenstern versehen sind«

Geschichte und Kultur der Stadt Göttingen zur Zeit Lichtenbergs

Noch in der zweiten Hälfte des 18. Jahrhunderts lebten im überwiegend agrarisch geprägten Deutschen Reich lediglich rund 20 % der Bevölkerung in städtischen Zusammenhängen. Von den etwa 3000 deutschen Orten mit Stadtrecht galten lediglich 15 bis 20 als mittelgroße Ortschaften – in ihnen lebten mehr als 2000 Menschen –, und nur die etwa ein Dutzend Städte, die wesentlich mehr als 10 000 Einwohner aufwiesen, konnten als Großstädte bezeichnet werden. Obwohl sich die meisten dieser Städte hinsichtlich Autonomie, Größe und Rechtsstellung krass voneinander unterschieden, wiesen sie hinsichtlich ihrer Bevölkerungsstruktur und -zusammensetzung doch übereinstimmende Merkmale auf: Der Anteil der städtischen Oberschicht, die sich aus Patriziat, Honoratioren, Akademikern, Kaufleuten und Wirtschaftsbürgern zusammensetzte, betrug oft nur zwischen einem und zehn Prozent. Das aus Handwerkerhaushalten, aber auch aus mittleren Beamten und Angestellten sowie aus Gewerbetreibenden bestehende Kleinbürgertum stellte zwischen zehn und 50 % der städtischen Einwohner, der Anteil der sozial Schwachen lag stets bei etwa 30 bis 65 %. Diese heterogene Gruppe, die sich vornehmlich aus Tagelöhnern, Gesellen, verarmten Handwerkern, Manufakturarbeitern, Dienstboten und Stadtarmen zusammensetzte, stellte somit den größten Anteil an der städtischen Bevölkerung.

Auch der rechtliche Bereich war von sozialer Ungleichheit geprägt: Höchstens 60 % der Stadtbewohner besaßen das noch im 19. Jahrhundert so wichtige Stadtbürgerrecht, das durch Geburt erworben oder auch (teuer) erkauft werden konnte. Nur ein Stadtbürger war zu Haus- und Grundbesitz, zur Ausübung eines zünftigen Berufes, zum Handel und zur politischen Teilhabe berechtigt und genoß die Fürsorge der Gemeinde bei Armut oder Krankheit. Die bürgerlichen Frauen besaßen, gerade hinsichtlich Haus- und Grundbesitzerwerb oder zünftiger Berufstätigkeit, jedoch wesentlich eingeschränktere Möglichkeiten. Trotz dieser Unterschiede bedeutete der Besitz des Bürgerrechtes für beide Geschlechter die wichtigste Voraussetzung für eine Integration ins bürgerliche Stadtleben, da es ein bestimmtes Maß an sozialer und gesellschaftlicher Absicherung garantierte. Die nichtbürgerlichen Stadtbewohner, die das Bürgerrecht nicht erwerben konnten, wollten oder durften, blieben dagegen weitgehend recht- und besitzlos, waren sozial nicht abgesichert und konnten sogar jederzeit aus der Stadt ausgewiesen werden. Auch besaßen sie kaum Chancen, ihr soziales Umfeld zu verlassen: Soziale Mobilität bzw. sozialer Aufstieg ließ dieses auf starre Traditionalität ausgerichtete städtische Sozialschema lange Zeit nicht zu.

Unter dem Einfluß der Aufklärung und durch das Aufkommen neuer wirtschaftlicher Produktionsprozesse und Gewerbezweige entwickelten sich etwa seit der Mitte des 18. Jahrhunderts neue bürgerliche Gruppen, die zwar prozentual nur geringe Bedeutung besaßen, dafür aber politisch, wirtschaftlich und kulturell großen Einfluß

128
Georg Daniel Heumann (1691-1759):
»Goettingae Ichnographia« (Stadtplan).
Aus: Wahre Abbildung der königl. GroßBritan. und Churfürstl. Braunschw. Lüneb. Stadt Göttingen, Ihrer Grund-Lage, Äuserlicher und Innerlicher Prospecte und der zur Georg August Universität gehörigen Gebäude. Göttingen o. J. [um 1748], Taf. III. Kupferstich, um 1748. 22 × 32,5 cm (Platte)
Göttingen, Niedersächsische Staats- und Universitätsbibliothek, 4° Hist. Hann. V, 29 Rara (Bl. 3)

129
Georg Daniel Heumann (1691-1759):
»Wie solches auf der Straße zu der Wehndischen Papier Mühle gegen dem Wehnder [Thor]«.
Kupferstich, koloriert, um 1748.
22 × 32,5 cm (Platte)
Göttingen, Sammlung Himme

130
Georg Daniel Heumann
(1691-1759):
»Wie es unten am Haynberg gegen dem Geismar und Albaner Thor außiehet«.
Kupferstich, koloriert, um 1748.
22 × 32,5 cm (Platte)
Göttingen, Sammlung Himme

131
Georg Daniel Heumann
(1691-1759):
»Wie solches auf dem Leinberg gegen dem Gröner und Geismar Thor sich Praesentiret«.
Kupferstich, koloriert, um 1748.
22 × 32,5 cm (Platte)
Göttingen, Sammlung Himme

ausübten. Zu ihnen zählten Universitätsangehörige, akademisch gebildete Beamte, Vertreter freier Berufe, Besitzer von Verlagen und Manufakturen, Geistliche und Intellektuelle. Diese »neuen Bürgerlichen« hatten vielfach eine gezielte Fachausbildung erworben und besaßen eine relativ große geistige Unabhängigkeit und individuelle Entscheidungsfähigkeit. Sie formulierten neue gesellschaftliche Leitbilder, entwickelten neue politische Ideen, entwarfen effektivere Verwaltungsapparate, leiteten Reformen ein und ermöglichten wirtschaftliche Umgestaltungsprozesse. Neben die Tradition des ständisch eingebundenen und eingeschränkten Stadtbürgers trat die Idee des gleichberechtigten freien Staatsbürgers.

Es liegt auf der Hand, daß ein Denk- und Handlungsansatz, der auf Expansion und Profit ausgerichtet war, der – zumindest theoretisch – auf Gleichberechtigung basierte

132
Georg Daniel Heumann
(1691-1759):
»Der Große und der äußere Hof des Universitaets Collegii«.
Kupferstich, koloriert, um 1748.
22 × 32,5 cm (Platte)
Göttingen, Sammlung Himme

und sozialen Aufstieg ermöglichte, den alten städtisch-zünftigen Sozialstrukturen, die ohne streng regulierte Berufstätigkeit, Standesbewußtsein und konservative Wertordnung nicht funktionieren konnten, zutiefst zuwiderlief. Einerseits mißtraute man dem neuen »modern« denkenden Bürgertum, andererseits fürchtete man durch die wirtschaftlichen Umgestaltungen den Abstieg ins Unterschichtsmilieu. Diese Ängste dienten dem handwerklich orientierten Kleinbürgertum vor allem in den Klein- und Mittelstädten bis weit ins 19. Jahrhundert hinein als Grundlage zur Verteidigung seiner traditionellen Lebensform. Die Beibehaltung des alten Bürgerrechts und des konservativen Zunftzwangs konnte die neuen Entwicklungen zwar partiell hemmen, auf die Dauer jedoch nicht aufhalten.

Durch die neuen wirtschaftlichen und politischen Entwicklungen, aber auch durch Bevölkerungsanstieg, Hungerkrisen und den Verfall der Löhne stieg die Gruppe der sozial Schwachen, die unter der Armutsgrenze lebten, im Laufe des 18. Jahrhunderts stark an. Zur Bekämpfung dieser Massenarmut boten die Verwaltungen ein Konzept an, das den Aufbau von Armen- bzw. Werkhäusern und Industrieschulen vorsah, die von lokalen Armenadministrationen geleitet werden sollten. Diese Kontrollorgane trennten die Armen in »arbeitswillige« und deshalb unverschuldet Verarmte und angeblich selbstverschuldet verarmte, »faule« Menschen, die mit keinerlei Unterstützung rechnen konnten. Im Gegenteil: Die Almosen wurden gestrichen, sie erhielten Bettelverbot, und ihnen drohte die Ausweisung aus der Stadt. Dieses auf bürgerlichen Wertvorstellungen basierende Konzept zur Eindämmung der Armut reagierte lediglich auf die Symptome, nicht aber auf die gesellschaftlich und wirtschaftlich bedingten Ursachen der Armut. Es verwundert daher nicht, daß die eingesetzten Armenadministrationen die Probleme keinesfalls in den Griff bekamen und sich die Massenarmut des späten 18. Jahrhunderts zum Pauperismus des 19. Jahrhunderts entwickeln sollte.

Die Geschichte und Kultur Göttingens im späten 18. Jahrhundert fügt sich, wie in vielen anderen Städten auch, in die skizzierten allgemeinen Entwicklungen ein; nur gelegentlich zeichneten sich individuelle Züge ab, die vor allem auf die Gründung der Göttinger Universität in den dreißiger Jahren des 18. Jahrhunderts und ihre Einflüsse auf das städtische Leben zurückzuführen sein dürften.

133
Georg Daniel Heumann (1691-1759): »Prospect der Allee«. Kupferstich, koloriert, um 1748. 22 × 32,5 cm (Platte) Göttingen, Sammlung Himme

Nach dem Siebenjährigen Krieg, der in Göttingen weit über 1000 Menschenleben gefordert hatte, zählte die Bevölkerung der Stadt nur noch etwa 6000 Einwohner; bis zum Ende des Jahrhunderts aber stieg die Personenzahl so stark an, daß Göttingen nun mit knapp 10 000 Bewohnern zu den größeren Mittelstädten gerechnet werden konnte. Der Anteil der städtischen Oberschicht lag in der zweiten Hälfte des 18. Jahrhunderts bei rund neun Prozent und der des Mittelstandes bei etwa 55 %, während die sozial Schwachen mehr als ein Drittel der Göttinger Einwohnerschaft stellten. Zu diesen Gruppen gesellte sich noch die vornehmlich adelige und großbürgerliche Studentenschaft, deren Zahl etwa zwischen 600 und 900 lag.

Auch in Göttingen besaßen kaum 50 % der Stadtbewohner das Bürgerrecht bzw. lebten in Verwandtschaftsverbänden, in denen wenigstens der Haushaltsvorstand das Stadtbürgerrecht innehatte. Zu den Personen ohne Stadtbürgerrecht zählten jedoch nicht nur die unterbürgerlichen Schichten und die Studenten, sondern auch die Universitätsverwandten, denen die Hochschule den Erwerb eines gesonderten Universitätsbürgerrechts ermöglichte. Viele Universitätshandwerker, Angestellte und Dozenten ergriffen diese Alternative; vor allem Professoren erwarben häufig beide Bürgerrechte.

Auch Göttingen kannte das Problem der Massenarmut; 1763 zählten rund 13 % der Bevölkerung zu den besitzlosen Stadtarmen, gegen 1800 war bereits mehr als ein Drittel der sozial Schwachen ohne finanzielle Unterstützung nicht mehr überlebensfähig. Gemäß der an den bürgerlichen Tugenden orientierten Armenpolitik wurden in Göttingen nur diejenigen Bedürftigen, die vom Göttinger Armenadministrator Pastor Ludwig Gerhard Wagemann als »förderungswürdig« eingestuft wurden, auch tatsächlich unterstützt. Der überregional recht bekannte Wagemann, der als typischer Vertreter der Armenpolitik im späten 18. Jahrhundert gilt, gründete in Göttingen ein Werkhaus, in dem Bettler und Arme Arbeit verrichten mußten, entwickelte eine Industrieschule, in der Kinder industrielle Fertigkeiten erlernen konnten bzw. mußten und unterhielt darüber hinaus ein eigenes Publikationsorgan. Die sozial Schwachen jedoch, die sich nicht registrieren und überwachen lassen wollten und somit den bürgerlichen Anforderungen Wagemanns nicht entsprachen, wurden von den Förde-

134
Friedrich Wilhelm Ohsen und Rausch (sculps.):
»Post Charte der Chur Braunschweigischen und angrenzenden Lande von Friedrich Wilhelm Ohsen, Cancellisten bey Königlicher Geheimen Raht Stube zu Hannover privatim entworfen im Jahr 1774«.
O. O. 1774.
Kupferstich, koloriert.
93 × 106,5 cm,
Maßstab ca. 1:236 000
Göttingen, Niedersächsische Staats- und Universitätsbibliothek, Mapp. 7903
Lichtenberg schreibt [im März/April 1773] an Johann Christian Dieterich über den Entwurf der Karte: »Die hierbey zurückkommende Charte unterscheidet sich durch nichts, als daß die fahrenden und reitenden Posten mit drey Strichen angedeutet sind, und durch eine Menge von recht groben Fehlern. [...] Die Regierung kan eine solche Charte nur immerhin erlauben, das Land wird dadurch dem Feind gewiß nicht verrathen, verwirrt aber kan er dadurch werden, wenn er sich darauf verläßt«. (Bw 1, Nr. 140) [AL]

rungen ausgeschlossen und teilweise aus der Stadt verwiesen; eine Praxis, die der Armenstatistik Wagemanns recht förderlich war, da die Zahl der Armen durch die Ausweisung sinken mußte. Diese rigide Vorgehensweise konnte das Problem der Massenarmut jedoch nicht lösen. Nicht Ursachenbekämpfung, sondern Symptomeindämmung bestimmte in Göttingen die Politik.[1]

Der zumeist handwerklich und in Gilden orientierte Mittelstand Göttingens lehnte sowohl aus finanziellen Gründen – die Universitätsgründung verlangte verschiedene vom Bürger zu zahlende Verbesserungen – als auch aus seiner konservativen Haltung heraus die Akademiker ab, die ihrerseits mit Herablassung und Arroganz antworteten. Von Anfang an entstand eine Mauer zwischen den kleinbürgerlichen Stadtbewohnern und den aufklärerisch geschulten Akademikern, deren soziale Kontakte sich auf Beziehungen zur alteingesessenen Oberschicht beschränkten und die ansonsten zunehmend unter sich blieben.

Um in der provinziellen und für Akademiker wenig ergiebigen Mittelstadt Göttingen die eigenen kulturellen, sozialen und literarischen Bedürfnisse befriedigen zu können, entwickelten die Universitätsangehörigen von Beginn an eine eigene Begegnungsebene auf der Basis akademischer Einrichtungen. In den dreißiger Jahren erschienen die ersten von Akademikern gegründeten Göttinger Periodika, deren Zielsetzung die gegenseitige Annäherung zwischen Akademikern und Stadtbürgern und die Aufklärung der als »rückständig« eingestuften Göttinger Bürger war. Neben literarischen und philosophischen Artikeln wurden auch aktuelle Meldungen und private Anzeigen abgedruckt. Bereits nach wenigen Jahren mußten die Zeitungen jedoch wieder eingestellt werden, weil die unterschiedlichen Lesebedürfnisse der Akademiker und Kleinbürger sich nur schlecht miteinander verbinden ließen. In der zweiten Hälfte des 18. Jahrhunderts erhielten dann die Göttinger Akademiker mit der Gründung mehrerer wissenschaftlicher Periodika ein ausgedehntes Forum für fachliche Auseinandersetzungen. Die Göttinger Stadtbürger dagegen bedienten sich der in den sechziger Jahren gegründeten »Göttinger Anzeigen für gemeinnützige Sachen«, um sich über die neuesten Nachrichten zu informieren und um die umfangreiche Kleinanzeigenrubrik zu nutzen. Darüber hinaus boten mehrere private Lesegesellschaften den Stadtbürgern Gelegenheit, sich politisch und wissenschaftlich zu bilden oder sich mit Romanen und Unterhaltungslektüre einzudecken.[2]

An die öffentliche Geselligkeit richteten sich unterschiedliche Bedürfnisse. Die Akademiker beklagten vielfach die Provinzialität der Göttinger Kaffeehäuser, in denen nicht wie in den »Großen Kaffeehäusern« Leipzigs, Berlins oder Wiens Zeitungen auflagen und die auch sonst keine anregende Unterhaltung boten. Vornehmlich zog es deshalb Studenten und Stadtbürger in die städtischen und ländlichen Schenken, in denen neben Kaffee und Tee hauptsächlich Alkohol angeboten wurde. Die von der Obrigkeit mit Mißtrauen betrachteten Göttinger Kaffeewirte stellten Billardtische in ihren Häusern auf und ließen Glücksspiele und wohl auch Prostitution zu; vielfach kam es zu Schlägereien. Die Gründung eines »Literarischen Kaffeehauses« aber wurde trotz mehrfacher Bitten der Akademiker von der Regierung abgelehnt.[3]

Die gesellschaftlichen Kontakte der Akademiker verbanden daher eher Beruf und Privatleben miteinander. Die Professoren zogen sich mit ihren Familien auf private Tanzveranstaltungen, Bälle, Sonntagsvisiten, Spaziergänge oder aufs Land zurück und unternahmen ausgedehnte Reisen. Allgemein blieben sie, bis auf Kontakte zu wenigen ausgewählten Studenten, Honoratioren und Beamten, weitgehend unter sich, zumal viele Göttinger Akademiker verwandtschaftliche Bindungen untereinander besaßen. Die auf das Familienleben beschränkte Zurückgezogenheit bot zwar den Männern

135
Nikolaus Zimmermann (1766-1833): Göttinger Straßenszene. Aquarell, 1793. 22 × 32,9 cm Göttingen, Städtisches Museum, 1930/36
Das Blatt versammelt unterschiedliche Typen der etwa 9000 Einwohner zählenden, noch sehr ländlichen Universitäts- und Ackerbürgerstadt. Rechts im Bild zwei gut angezogene Städter mit Hund, die offenbar einen Spaziergang machen. Im Hintergrund zwei schlichter gekleidete Frauen, die die städtische Straßenbeleuchtung mit Öl versorgen – bereits 1737, mit Gründung der Universität, waren die Laternen installiert worden. [AL]

eine ausgezeichnete Basis für ihre wissenschaftliche Karriere, den Frauen der Akademiker aber kaum genügend Alternativen in dem für sie recht eintönigen Alltagsleben.[4]

In Göttingen standen sich die Akademiker als Vertreter der »neuen Bürgerlichen« und die in traditionellen Bahnen lebenden Kleinbürger als Fremde gegenüber, ohne daß eine Integration der Universität in die städtische Gesellschaft jemals wirklich stattfand. Nicht nur die Akademiker als neue und fremde Gruppe, sondern auch die wachsende Zahl der sozial Schwachen brachen aber im Laufe des Jahrhunderts die alten städtisch-zünftigen Sozialstrukturen auf und ebneten auch in Göttingen den Weg in die urbane Gesellschaft des 19. Jahrhunderts.

Bis weit ins 18. Jahrhundert hinein boten viele Klein- und Mittelstädte noch ihr traditionelles Stadtbild: Stadtgrundriß, Befestigungsanlagen, Sakralbauten und zum größten Teil auch die Wohngebäude stammten noch aus dem Spätmittelalter und der beginnenden Neuzeit. Neben den altersbedingten Verfallserscheinungen litt eine große Zahl der Privathäuser noch zusätzlich unter den Zerstörungen im Dreißigjährigen Krieg. Da zudem der Wiederaufbau nur zögernd einsetzte, befanden sich die Bausubstanz und auch die Straßen im 18. Jahrhundert noch immer in einem äußerst schlechten Zustand.[5]

Das Göttinger Stadtbild trug noch im späten 18. Jahrhundert mittelalterliche Züge: Stadtgrundriß, Straßennetz und weite Teile der inneren und äußeren Stadtmauer blieben im wesentlichen unverändert. Nach dem Siebenjährigen Krieg erfolgte die Umgestaltung der Befestigungsanlagen in einen mit Bäumen bepflanzten und als Spazierweg genutzten Wall, der aber seine ursprüngliche Form bewahrte. Zudem blieb die Bebauung bis ins 19. Jahrhundert hinein hauptsächlich auf das Stadtgebiet innerhalb der Mauern beschränkt; erst danach erfolgten eine intensive Besiedelung auch des Umlandes und die Gründung von Vororten.

Im beginnenden 18. Jahrhundert startete das Land Hannover ein umfassendes Programm zur baulichen Wiederherstellung der Städte, die im Dreißigjährigen Krieg

136
Nikolaus Zimmermann (1766-1833): Bauern auf dem Weg zum Göttinger Markt.
Aquarell, 1793. 17,9 × 28,2 cm
Göttingen, Städtisches Museum, 1930/37
Jahrhunderte hindurch boten die Bauern der Umgebung ihre Erzeugnisse aus der Viehwirtschaft, dem Feld- und Gartenbau auf den dreimal wöchentlich stattfindenden Märkten an. [AL]

Schaden erlitten hatten. Die Förderung von privaten Baumaßnahmen durch staatliche Subventionen hatte auch in der Fachwerkstadt Göttingen eine rege Neubau- und Reparaturtätigkeit zur Folge.[6] Trotz dieser Maßnahmen aber dürfte Göttingen, dessen profaner Baubestand zu Beginn des Jahrhunderts überwiegend spätmittelalterlich gewesen war, in der zweiten Hälfte des 18. Jahrhunderts höchstens zu 50 % aus barockzeitlichen Gebäuden bestanden haben. Viele noch erhaltene mittelalterliche Häuser, vor allem in den ärmeren und dezentral gelegenen Stadtvierteln, waren immer noch im abbruchreifen oder reparaturbedürftigen Zustand. Zwar hatten die Universität und einige reiche Privatleute mehrere architektonisch hervorragende und auffällige Häuser errichten lassen, der Profanbaubestand der Stadt bot insgesamt gesehen jedoch eher ein überwiegend nüchternes, schmuckloses und kleinbürgerliches Bild, das recht gut auf die finanziellen Mittel und die ökonomischen und mentalen Bedürfnisse des breiten Mittelstandes in Göttingen zugeschnitten war.

Das Straßenbild erfuhr seit der Universitätsgründung jedoch Veränderungen: In den dreißiger Jahren wurden Straßenlaternen errichtet und öffentliche Trinkbrunnen aufgestellt. In barocker Manier wurde eine mit Bäumen bepflanzte Allee angelegt, viele Straßen erhielten eine Steinpflasterung, und die Hauptverkehrswege wurden mit steinernen Bürgersteigen versehen, die für die damalige Zeit ein absolutes Novum darstellten. Die aus billigen Materialien bestehenden Pflasterungen und Bürgersteige verfielen jedoch nach kurzer Zeit, sanken ab und erforderten eine dringende Reparatur. Zudem beschränkten sich die Straßenverschönerungen hauptsächlich auf die repräsentativen »besseren« Wohngegenden; in den entlegeneren Armenvierteln herrschten weiterhin die alten baulich und hygienisch unzumutbaren Zustände vor.[7]

Die Art und Weise der Wohnungssuche im 18. Jahrhundert wies verblüffende Ähnlichkeiten mit den heutigen Strategien auf, an eine Wohnung zu gelangen: Lokalzeitungen druckten eine Vielzahl von Wohnungsannoncen ab, und Studenten verfügten schon früh über eine Zimmervermittlung. Handwerker wandten sich an die Gilden, für neu hinzugezogene Professoren ging die Stadt bzw. die Universität auf Wohnungssuche, und Arbeitskollegen und Freunde versuchten sich gegenseitig Wohnungen zu vermitteln. Eine sicherlich typische Wohnungssuche in Göttingen im Jahre 1747 beschreibt der Juraprofessor Johann Stefan Pütter: »Es traf sich aber eben, daß D. Crusius [...] nach Haarburg abging. Dessen Haus bekahm Boehmer. Das von demselben zur Miethe gehabte Haus bezog Claproth, der es gekauft hatte. Die von letzterem bisher bewohnten Zimmer beym Kaufmann Bachmann an der Grohnder Straße waren nun für mich gemiethet«.[8]

Vor allem Studenten, viele Kleinbürger und sozial Schwache beiderlei Geschlechts wohnten in Mietwohnungen; aber auch viele Professoren überbrückten zumindest ihre Anfangsjahre in Göttingen in gemieteten Unterkünften, bevor sich manche von ihnen in der Gewißheit, länger in der Stadt zu bleiben, ein eigenes Haus kauften. Nicht alle Dozenten jedoch konnten sich finanziell auch ein eigenes Haus leisten. Zudem kam gegen Ende des Jahrhunderts – auch in Ermangelung erschwinglicher Häuser – der Trend auf, in den damals noch seltenen großen abgeschlossenen Stadtwohnungen der neuen barockzeitlichen Häuser und hier, wer es sich leisten konnte, in der sogenannten »Bel Etage« zu leben. Auch Lichtenberg bezog, nachdem er in Göttingen mehrmals die Unterkunft gewechselt hatte, ab 1777 mit seiner Familie die Wohnung in einem Mietshaus, das seinem Verleger und Freund Dieterich gehörte und das mit über 60 Bewohnern zu einem der größten Häuser Göttingens zählte.[9] Wie viele andere seiner Universitätskollegen nutzte auch Lichtenberg darüber hinaus ein bewohnbares Gartenhaus am Stadtrand bzw. vor den Stadttoren als gelegentlichen Zweitwohnsitz.

Stadtarme mußten dagegen mit ihren Familien in kleinen, teilweise unbeheizten Wohnungen wohnen, die zudem nur, wenn überhaupt, unzulängliche sanitäre Einrichtungen enthielten und die sich in den typischen Armenvierteln der Stadt befanden, in denen katastrophale hygienische Zustände herrschten. In diesen Wohnungen, die lediglich ein oder zwei Zimmer enthielten, waren Personen unterschiedlichen Geschlechts und Alters gezwungen, ohne Wahrung einer Intimsphäre eng und dichtgedrängt miteinander zu leben. Die wenigen und alten Möbel wie z.B. die Betten mußten gemeinsam genutzt werden. Man kochte vorwiegend mit Eisen- und Tontöpfen und aß von Keramik- und Holzgeschirr.

Das Gros der Kleinbürger, die entweder in eigenen Häusern oder gemieteten Wohnungen wohnten, besaß mit mindestens drei oder vier Zimmern wesentlich mehr Spielraum. Abgesehen von Küche und Werkstatt bzw. Arbeitsraum, Wohnstube und Schlafzimmer verfügten viele Bewohner aber nicht über separate und gesondert genutzte Räume oder über eigene Privatzimmer, wobei wegen Platzmangels auch hier ein Raum vielfach mehrere Wohnfunktionen übernehmen mußte. Die zumeist schmucklose Wohnungseinrichtung richtete sich mit alten Schränken, schweren Frühbarocktischen, Truhen, Bänken und Schemeln traditionell nach älteren Mustern, obwohl im Verlauf des 18. Jahrhunderts auch im Kleinbürgertum bereits schon die neuartigen Kommoden, aber auch Schreibpulte und Kaffeetische zu finden waren. Akademiker, Kaufleute und Honoratioren dagegen besaßen vielfach nicht nur mehrere und größere Räume, sie nutzten sie auch entsprechend ihrer Schicht, ihren Bedürfnissen, ihrer Erziehung und ihren finanziellen Möglichkeiten. Nur in dieser Schicht verfügten bereits Kinder über ein eigenes Zimmer, konnten sich Frauen in Privaträume zurückziehen, besaßen Professoren Bibliotheks- und Arbeitszimmer und wurden bestimmte Räume ausschließlich als Besuchs-, Aufenthalts- oder Empfangssalons genutzt. Die Trennung zwischen Öffentlichem und Privatem, zwischen Rückzug und Geselligkeit war im Wohnverhalten der Oberschicht bereits im späten 18. Jahrhundert schon deutlich herausgebildet.

137
Georg Daniel Heumann (1691-1759):
Holla! Muß koepen Muß!
Aus »Göttingische Ausruff« von 1744.
Göttingen, Sammlung Himme
Im »Göttingischen Ausruff« veröffentlichte der Nürnberger Kupferstecher eine Serie von Handeltreibenden aus der Umgebung Göttingens. Der Musverkäufer mit Bockkarre und Musstander füllte mit einem Schöpflöffel Pflaumenmus in die mitgebrachten Gefäße der Käufer. Im Hintergrund sieht man einen »Zocker« (Pumpbrunnen). Daneben ein Wirtshaus, auf dessen Wirtshausschild ein »scutum Davidis«, ein Davidsschild oder -stern verkündet, daß hier Bier ausgeschenkt wird, also das Wirtshaus die Braugerechtigkeit besitzt. Lichtenberg, dem die chemischen Zeichen für Feuer △ und Wasser ▽ so vertraut sind, deutet es allerdings anders: »Das Bierschild ✡ ist das Feuer- und Wasser-Zeichen, anzudeuten daß der Wein mit Wasser gemischt werden müsse«. (SB 1, E 394) [AL]

Der Monofunktionalität der Räume entsprach auch die Einrichtung der jeweiligen Zimmer bzw. das Möbelinventar überhaupt. Neben den zur bürgerlichen Grundeinrichtung zählenden Schränken, Tischen, separaten Betten und Truhen gehörten zu den neuartigen Möbeln bzw. Möbelgruppen vor allem Kommoden, Sofas, Sekretäre, Kindermöbel und die Kombination von Eßtisch und sechs oder zwölf gleichartigen Stühlen. Zur Luxuseinrichtung zählten zudem alle Arten von Wandschmuck und vor allem Porträts, aber auch Kaffee- und Beistelltischchen und reichhaltige Silber- und Porzellanservices, die den gehobenen Bedarf deutlich demonstrieren und die selbstverständlich auch zum Besitz Lichtenbergs und seiner Kollegen gehört hatten.[10] Mit diesem Ensemble verfügten die wohlhabenderen bürgerlichen Schichten bereits im späten 18. Jahrhundert über »moderne« Einrichtungsgegenstände und Möbelinventare, die die Wohn- und Lebensbedürfnisse des beginnenden bürgerlichen Zeitalters repräsentierten.

Die Lebens- und Wohnumstände der gebildeten Schichten standen somit deutlich in einem Spannungsverhältnis zum Wohnen der Kleinbürger, die vielfach auf ihren althergebrachten Wohnmustern beharrten und den unterbürgerlichen Gruppen, denen der Aufstieg zum bürgerlichen Wohnen verwehrt blieb. Sie standen aber auch im Gegensatz zu den äußeren Wohnumständen der Stadt Göttingen, die im späten 18. Jahrhundert noch in weiten Teilen ihre mittelalterlichen und traditionellen Grundzüge behalten hatte.

1 Vgl. Wieland Sachse: *Göttingen im 18. und 19. Jahrhundert. Zur Bevölkerungs- und Sozialstruktur einer deutschen Universitätsstadt* (= Studien zur Geschichte der Stadt Göttingen 15). Göttingen 1987. – Ders.: *Über Armenfürsorge und Arme in Göttingen im 18. und frühen 19. Jahrhundert.* In: Karl Heinrich Kaufhold, Friedrich Riemann (Hrsg.): *Theorie und Empirie in Wirtschaftspolitik und Wirtschaftsgeschichte.* Göttingen 1984, S. 217-239.

2 Vgl. Hans-Georg Schmeling: *Stadt und Universität im Spiegel der ersten Göttinger Wochenblätter.* In: Göttingen im 18. Jahrhundert, S. 31-72. – Birgit Panke-Kochinke: *Göttinger Professorenfamilien im 18. und im ersten Drittel des 19. Jahrhunderts.* In: Göttinger Jahrbuch 34 (1986), S. 61-82. – Inventare von Leihbibliotheken z.B. in Universitätsarchiv Göttingen Gerichtsakten E IV.

3 Vgl. Bernd Wedemeyer: *Coffee de Martinique und Kayser Thee. Archäologisch-volkskundliche Untersuchung am Hausrat Göttinger Bürger im 18. Jahrhundert* (= Archäologie – Baugeschichte – Nachbarwissenschaften 1). Göttingen 1989, S. 68f. – Peter Albrecht: *Schlözers Vorschlag zur Errichtung eines Großen Caffe-Hauses in Göttingen 1786.* In: Göttinger Jahrbuch 35 (1987), S. 209-214.

4 Vgl. Panke-Kochinke (wie Anm. 2). – Dies.: *»Die heimlichen Pflichten«. Professorenhaushalte im 18./19. Jahrhundert.* In: Göttingen ohne Gänseliesel. Texte und Bilder zur Stadtgeschichte. Gudensberg-Gleichen 1988, S. 42-47.

5 Vgl. allgemein Klaus Gerteis: *Die deutschen Städte in der frühen Neuzeit.* Darmstadt 1986, S. 34f. – Hans Jürgen Teuteberg: *Betrachtungen zu einer Geschichte des Wohnens.* In: Ders. (Hrsg.): *Homo Habitans. Zur Sozialgeschichte des ländlichen und städtischen Wohnens in der Neuzeit.* Münster 1985, S. 1-25. – Konrad Bedal: *Zeitmarken in der traditionellen Baukultur.* In: Günter Wiegelmann (Hrsg.): *Wandel der Alltagskultur seit dem Mittelalter.* Münster 1987, S. 139-160. – Helmut Möller: *Die kleinbürgerliche Familie im 18. Jahrhundert. Verhalten und Gruppenkultur.* Berlin 1969, S. 117.

6 Vgl. Jens-Uwe Brinkmann: *»Der gantzen Stadt zur Zierde und Annehmlichkeit«. Die öffentliche Bautätigkeit.* In: Göttingen im 18. Jahrhundert. Göttingen 1987, S. 255-324. – Sabine Kastner: *Bauen und Wohnen in der ersten Hälfte des 18. Jahrhunderts.* In: Göttingen im 18. Jahrhundert. Göttingen 1987, S. 215-246. – Sachse (wie Anm. 1), S. 222.

7 Vgl. Bernd Wedemeyer: *Zur Geschichte der öffentlichen Reinlichkeit im Göttingen des 18. und 19. Jahrhunderts.* In: Volkskunde in Niedersachsen 1 (1988), S. 11-176. – Wieland Sachse: *Wohnen und soziale Schichtung in Göttingen im 18. Jahrhundert.* In: Teuteberg (wie Anm. 5). – Alle folgenden Ausführungen zum Wohnen basieren auf Bernd Wedemeyer: *Wohnverhältnisse und Wohnungseinrichtung in Göttingen im 18. und in der ersten Hälfte des 19. Jahrhunderts.* Göttingen 1991 (Diss.).

8 Johann Stephan Pütter: *Selbstbiographie.* Göttingen 1798, Bd. 1, S. 173f.

9 Vgl. Brief an Gottfried Hieronymus Amelung vom 24. März 1786 (Bw 3, Nr. 1426, S. 177) und Brief an Friedrich Nicolai vom 2. April 1786 (Bw 3, Nr. 1427, S. 178).

10 Vgl. Lichtenbergs Nachlaßinventar. In: Ulrich Joost (Hrsg.): *Der Briefwechsel zwischen Johann Christian Dieterich und Ludwig Christian Lichtenberg.* Göttingen 1984, S. 112f.

Stefan Brüdermann

»Dieß geistliche Schlaraffen-Ländgen«

Zur inneren Verfassung der Göttinger Universität im 18. Jahrhundert

138
Carlo Francesco Ritter von Rusca (1696-1769):
Gerlach Adolf Freiherr von Münchhausen (1688-1770).
Porträt. Öl auf Leinwand, wahrscheinlich 1737.
(Kopie), 94 × 79 cm
Göttingen, Universität, Aula
Der hannoversche Geheime Rat Gerlach Adolph von Münchhausen wurde von Georg II. mit den Vorbereitungen zur Gründung der Universität beauftragt. Zuvor hatte er staatsrechtliche und historische Studien an den Universitäten in Jena, Halle und Utrecht betrieben. Er war von 1737 bis zu seinem Tod 1770 alleiniger Kurator der Universität Göttingen und Mitbegründer der dortigen Sozietät der Wissenschaften. 1765-1770 war Münchhausen erster Minister in Hannover. 1773 entwarf Lichtenberg die Allegorie der Georgia Augusta als Nutzgarten: »Da sprach ein Mann, der lange als ein sehr vernünftiger Mann bekannt war, ich will auch einmal einen Garten anlegen, er hieß Gerlach [Münchhausen]. Er zog die besten Gärtner aus andern Gärten an sich, wenn nun die andern Gärtner sahn daß einer hingezogen wurde, da hätte man sehen sollen, sie steckten sich hinter die Hecken, einige suchten ihm Kletten in die Haare zu werfen, andere warfen ihm zerdrückte Schwarzkirschen auf sein Kleid, noch andere schmissen faule Äpfel, etliche wollten ihn aus ihren Gießkannen begießen, ja einige die keine Gießkanne hatten pißten nach ihm, die Klei-Länder warfen mit harten Schollen. Durchaus müssen die Gärten die

Seit dem 16. Jahrhundert ließen Adlige ihren Söhnen zunehmend auch akademische Bildung vermitteln, damit sie bei der Besetzung staatlicher Verwaltungspositionen ihren herkunftsbedingten Vorsprung vor den aufstrebenden Bürgerlichen behielten. Die Universitäten wurden in der frühen Neuzeit von konfessionellen Einflüssen geprägt; noch war die Theologie nicht allein aufgrund ihres ideellen Ranges, sondern auch faktisch die wichtigste Fakultät. Für die weltlichen Ausbildungsinteressen der Adligen bildeten daher die gegen Ende des 16. Jahrhunderts neu entstehenden Ritterakademien oft die bessere Alternative, denn als Ersatz für Gymnasium und Universität zusammen vermittelten sie eine Bildung, die speziell höfischen Bedürfnissen entsprach: Neben einer Grundausbildung in Geschichte, Geographie, Jura, Mechanik und Architektur standen vor allem Sprachausbildung (Italienisch und Französisch) sowie praktische Fertigkeiten wie Tanzen, Fechten und Reiten. Wollten die Universitäten ihre wichtigste Klientel nicht weiter verlieren, sondern mehr an sich binden, so mußten sie besser auf deren Bedürfnisse eingehen, mußte der Primat der Theologie fallen.

Als erste Universität dieses neuen Stils wurde Halle 1694 gegründet. Dort rückte die Ausbildung der künftigen Staatsdiener zu Juristen in den Vordergrund, während die Theologenausbildung im Sinne des Spenerschen Pietismus reformiert wurde. Die Lehren vom staatlichen und gesellschaftlichen Leben formulierte und verstand man dort nun mit Blick auf ihre praktische Anwendung in Kategorien der Jurisprudenz. Die Professoren wurden recht erfolgreich zur fruchtbaren fachlichen Konkurrenz angehalten und der Lehrbetrieb durch die Einteilung des Stoffes in halbjährige Kurse effektiver gestaltet.

Doch in den zwanziger Jahren des 18. Jahrhunderts begann die Universität Halle unter verschiedenen inneren Problemen zu leiden und verlor an Bedeutung. Wenig später ging die Neugründung der Göttinger Universität den Weg der Aufklärungsuniversität unter der Anleitung des Ministers Gerlach Adolph von Münchhausen noch konsequenter und langfristig erfolgreicher. Im Oktober 1734 begannen die ersten Vorlesungen; erst nachdem genügend Professoren der verschiedenen Fächer angeworben und in Göttingen eingetroffen waren, folgte am 17. September 1737 die feierliche Inauguration.

Eine Universität war im 18. Jahrhundert auf viel deutlichere Weise als gegenwärtig ein Unternehmen, das wirtschaftlichen Gesichtspunkten unterworfen wurde. Die Göttinger Universität sollte den eigenen Schulabgängern ein Studium im hannoverschen Lande nahelegen, zudem möglichst viele Ausländer (das heißt Nicht-Hannoveraner) hereinziehen und zum längeren Aufenthalt veranlassen. So würde das Geld im Lande bleiben und noch auswärtiges hereinkommen: damit sind die Ziele des Kameralismus erreicht, der deutschen Spielart des französischen Merkantilismus. Zudem versprach sich die Regierung zusätzliche wirtschaftliche Wachstumsimpulse für die im Dreißigjährigen Krieg schwer geschädigte südhannoversche Stadt Göttingen.

Universitäten und die Bäume die Bücher sein. Gerlach hatte es ausdrücklich verboten, daß keiner seiner Gärtner einem andern einen Streich spielen sollte, die Nessel-Samen-Büchsen wurden konfisziert, und das Hauptgebot war den Garten rein zu halten, das Unkraut zu verbrennen und ja nicht in andrer Leute Gärten, ja nicht einmal vor ihre Türen zu werfen.« (SB 1, D 214)
Bei dem Gemälde handelt es sich wahrscheinlich um eine Kopie des Porträts von Münchhausen, das 1737 entstand, als sich der italienische Künstler Rusca in Hannover aufhielt. [AL]

139
»Sigillum Universitatis Regiae Georgiae Augustae«.
Siegel der Universität Göttingen.
Bronze, wahrscheinlich 1737.
Durchmesser: 10,3 cm
Göttingen, Universität, Aula
Das Siegel zeigt Georg II. mit Herrschaftsinsignien, über seinem Kopf das Wappen des englischen Königshauses. Der Landesherr war stets Rektor der Universität; der Rektor »am Ort« wurde Prorektor genannt. [AL]

140
Die vier Statuten der Göttinger Fakultäten.
Papier, gebunden, rote Wachssiegel in Messingkapsel, 1737. 34 × 25 cm
Göttingen, Universitätsarchiv
Die Statuten sind in den Farben der akademischen Disziplinen gebunden:
schwarz = Theologie
scharlachrot = Jura
»fleischrot« = Medizin
violett = Philosophie [AL]

141
Joel Paul Kaltenhofer (1716-1777): Signet der Göttinger Sozietät mit dem Wahlspruch »Fecundat et ornat«.
In: Commentarii Societatis Regiae Scientiarum Gottingensis. Tomus I. Ad Annum MDCCLI. Göttingen 1752. 10,5 × 12 cm (Maße des Bildes)
Göttingen, Niedersächsische Staats- und Universitätsbibliothek, 8° Phys. Math. IV, 330
Lichtenberg an Abraham Gotthelf Kästner am 4. Juni 1784: »Der arme [Universitätszeichenlehrer Joel Paul] Kaltenhofer bekam ein-

Die Erwartungen, die die hannoversche Regierung auf eine große wirtschaftliche und wissenschaftliche Bedeutung der Göttinger Universität gesetzt hatte, erfüllten sich nicht sofort. Die Regierung hatte Pech mit einigen der berufenen Professoren, zudem scheint es unter den Studenten in der Gründungszeit in Göttingen kaum weniger chaotisch zugegangen zu sein als an der in dieser Hinsicht berüchtigten Jenaer Universität. Die Ermordung eines Nachtwächters durch randalierende Studenten war 1736 nur der Höhepunkt einer Kette von Tumulten.

Erst in den fünfziger Jahren erhöhte sich die Zahl der Studenten, doch der Aufstieg der Göttinger Universität wurde nochmals unterbrochen durch die militärischen Besetzungen im Siebenjährigen Krieg und die erneut schwierigen disziplinären und wirtschaftlichen Verhältnisse kurz danach.

Die strikt auf Effizienz gerichtete Universitätskonzeption des absolutistischen Staates blieb nicht ohne Folgen für die äußere und innere Universitätsverfassung. Die Formen der tradierten universitären Selbstverwaltung wurden gezielt in den Dienst moderner Staatsräson gestellt, die alte »Gelehrtenrepublik« wandelte sich unter ihrem Einfluß zur »Staatsdienerschule«.[1] Das läßt sich gerade im ersten Jahrhundert der Göttinger Universität gut verfolgen.

Da die Professoren von den Studenten für ihre Vorlesungen bezahlt wurden, waren sie traditionell von ihnen mehr oder weniger abhängig. Doch während an vielen Universitäten des alten Reiches die Professoren gar keine, nur schlechte oder unregelmäßige staatliche Besoldung genossen, und daher auf das Wohlwollen der Studenten völlig angewiesen waren, erhielten die Göttinger Professoren gute, regelmäßige Gehälter, die an ihren Leistungen für die Universität orientiert waren. Die Professoren sollten nach dem Willen von Gerlach Adolph von Münchhausen, dem ersten Kurator der Universität, unabhängig von den Hörergeldern sein.[2]

So waren die Professoren auch unabhängiger für eine Verwendung in der akademischen Selbstverwaltung, deren Aufgabe insbesondere in der Gerichtsbarkeit über die Studenten lag. Nach ihrem traditionellen Verständnis war die Universität zugleich kollegial und patriarchalisch organisiert. Ideal gesehen waren alle Professoren und Studenten rechtlich gleichberechtigt, doch aufgrund des geringen Alters der Studenten sollten die Professoren ihnen gegenüber eine erzieherische Aufgabe wahrnehmen.

Dem diente der Aufbau der Universität mit dem Prorektor an der Spitze (»Rektor perpetuus« war der hannoversche Kurfürst, also in den Zeiten der Personalunion der weit entfernte englische König). Als »primus inter pares« war er Kopf der Universitätsverwaltung, beraten von der »Deputation« der vier Dekane (Fakultäten der Theologie, Jurisprudenz, Medizin und Philosophie) und – in besonders wichtigen Fragen – vom »Konzil« (Senat) aller ordentlichen Universitätsprofessoren (zusammen damals 19). Um Eifersüchteleien auszuschließen, wurde der Prorektor nicht gewählt, sondern von den Fakultäten im genau festgelegten turnusmäßigen Wechsel gestellt. In den Dingen der alltäglichen Verwaltung wurde der Prorektor von einem Syndikus und einem Sekretär unterstützt. Da jeder Prorektor im Regelfall nur ein halbes Jahr amtierte, war der Einfluß dieser fest angestellten Verwaltungsbeamten groß. Außerdem behielt sich die hannoversche Regierung nicht genau definierte, aber faktisch weitreichende Eingriffsmöglichkeiten vor, zumal dann, wenn Probleme in der Verwaltung oder mit dem Verhalten der Studenten entstanden. Durch intensive persönliche Kontakte kontrollierte sie die Vorgänge in der Universität genau. Vor allem behielt sich die Regierung die Entscheidungen bei den Professorenberufungen vollkommen vor, womit schon die häufigste Ursache des üblichen Professorengezänks ausgeschaltet war.

Zwar war die Zahl der Studenten, die »Frequenz«, nach dem kameralistischen

mal einen entsetzlichen Verweiß von HE[[AL]brecht] von Haller dafür daß er foecundat statt fecundat auf die Vignette der hiesigen Societät gestochen hatte und muste seine wohlgemeinte Emendation mit vieler Mühe wieder wegschaben.« (BW 2, Nr. 1272) [AL]

142
Entwurf zu zwei Pedellenszeptern.
Tusche, 1736. 21 × 27 cm
Göttingen, Universitätsarchiv, 1, Nr. 10

Szepter gehören bereits im Mittelalter zu den Insignien der Universitäten. Sie wurden nicht vom Rektor oder Prorektor, sondern stets von den beiden Pedellen dem Rektor beziehungsweise seinem Stellvertreter vorangetragen.
Die ausgeführten Szepter beschreibt ein zeitgenössischer Bericht: »Die beyden Scepter, so von Silber und stark vergüldet, hatten oben das Königliche Wappen, und lagen auf einem auf vorgedachte Art beschaffenen rothen Sammten Küszen. [Man] sagte uns, dasz sie 300 Reichsthaler gekostet.« [AL]

143
Entwurf zum Talar des Prorektors mit Barett.
Tusche, 1737. 21 × 26 cm
Göttingen, Universitätsarchiv, 1, Nr. 10
Talar mit Barett gehörten zu den Insignien, die Ausdruck der Amtsgewalt der akademischen Würdenträger waren. [AL]

144
Georg Daniel Heumann (1691-1759):
»Universitaets Bibliothec«.
Kupferstich, koloriert um 1748.
22 × 32,5 cm (Platte)
Göttingen, Sammlung Himme
Die 8912 Bände des ehemaligen königlichen Geheimen Rates und Großvogts Joachim Heinrich Freiherr von Bülow bildeten die erste Grundlage der Bibliothek. Hinzu kamen 708 Bücher des vorherigen Gymnasiums sowie 2154 Titel als königliches Geschenk aus der Bibliothek von Hannover. Mit diesem Grundstock hatte die Bibliothek – für Gerlach Adolf von Münchhausen Herzstück einer jeden Universität – einen der reichsten Buchbestände mitteleuropäischer Sammlungen. Münchhausen schaffte weiter Bücher an und überwachte die Bestellungen. Münchhausen setzte Christian Gottlob Heyne, den Altphilologen, als Bibliothekar ein und stellte ihm Jeremias David Reuß zur Seite. Nach Heynes Tod 1812 war die Zahl der Bücher auf etwa 250 000 Bände angewachsen. Die Bibliothek war täglich geöffnet, mittwochs und samstags von 2 - 5 Uhr, an den übrigen Tagen von 1 - 2 Uhr. Jedes Mitglied der Universität hatte Zugang, Professoren und Studierende konnten sich die Bücher einige Tage nach Hause kommen lassen. Diese Gegebenheiten änderten sich während Lichtenbergs Tätigkeit an der Georgia Augusta nicht. Mit Beginn seiner Studienzeit war er ein häufiger Benutzer der Bibliothek, in 35 Jahren sind 1030 Entleihungen auf seinen Namen notiert. [AL]

145
Georg Daniel Heumann (1691-1759):
»Medicinischer Universitaets Garten.«
Kupferstich, koloriert, um 1748.
22 × 32,5 cm (Platte)
Göttingen, Sammlung Himme
Der Botanische Garten wurde zwischen dem Weender und dem Albaner Tor direkt unterhalb des Walls eingerichtet. Auf Kosten des Königs wurde bei dem Garten, hinter dem anatomischen Theater, ein Haus für Albrecht von Haller, den Leiter des Botanischen Gartens, erbaut. 1738 waren die Gewächshäuser fertiggestellt, 1739 die Mistbeete angelegt und erstes Gartengerät angeschafft.

Abends zwischen 5 und 7 Uhr, ausgenommen an Sonn- und Festtagen, hatte jedermann Zutritt. Anfangs diente die Anlage ausschließlich botanischen Unterrichtszwecken. Haller hatte neben den einheimischen Gewächsen im medizinischen Garten auch seltene Exemplare aus der Schweiz und dem Harz angepflanzt. Durch seine weitreichenden internationalen Kontakte erhielt er zusätzlich Samen von seltenen Pflanzen. 1768 wurde zusätzlich im Süden des Geländes, innerhalb der Stadtmauer ein »oeconomischer« Garten angelegt, der dem steigenden Interesse an Fragen der Landwirtschaft im ausgehenden 18. Jahrhundert Rechnung trug. [AL]

146
Gottlieb Martin Klauer (1742-1801):
Albrecht von Haller (1708-1777).
Büste. Terrakotta, Ende 18. Jahrhundert. Höhe: 51 cm
Göttingen, Systematisch-Geobotanisches Institut
Der Schweizer Universalgelehrte und Dichter der Aufklärung Haller war 1736 als ordentlicher Professor der Anatomie, Chirurgie und Botanik nach Göttingen berufen worden und übernahm dort zusätzlich von 1739-1751 die Leitung des medizinischen Gartens. 1753 kehrte er in die Schweiz zurück. Er war Mitglied zahlreicher europäischer wissenschaftlicher Gesellschaften, unter anderem der Royal Society London, der Akademie der Wissenschaften Berlin, der Akademie der Wissenschaften München und Präsident der Sozietät der Wissenschaften in Göttingen. Sein bedeutendstes wissenschaftliches Werk sind die *Elementa physiologiae corporis humani*, eine Veröffentlichung zur Medizin. [AL]

147
Albrecht von Haller (1708-1777):
Die Alpen.
In: Gedichte des Herrn von Haller. 7. Auflage. Zürich: Heidegger 1758.
Göttingen, Niedersächsische Staats- und Universitätsbibliothek, 8° Poet. Germ. III, 7507
Hallers episches Gedicht *Die Alpen* – eine epochemachende Darstellung von Natur und Empfindung – entstand 1729. [AL]

148
Carl Anton Friedrich Lafontaine (1755-1831):
Johann David Michaelis (1717-1791).
Porträt. Öl auf Leinwand, 1790. 72 × 60 cm
Göttingen, Seminar für Iranistik und Vorderasiatische Archäologie
Der Theologe, Orientalist und Philosoph Michaelis kam 1746 als Professor für Philosophie an die Georgia Augusta. Er entwarf mit Albrecht von Haller die Statuten der Sozietät der Wissenschaften Göttingen, deren Direktor er 1761-1770 war – zu diesem Zeitpunkt schied er wegen Differenzen auf eigenen Wunsch aus der Gesellschaft aus. Michaelis war Mitglied der Royal Society in London und der Académie des Inscriptions in Paris; von 1761-1763 Direktor der Universitätsbibliothek. Er betätigte sich als Herausgeber, war Beiträger des *Göttingischen Magazins der Wissenschaften und Litteratur* und der *Göttingischen Gelehrten Anzeigen*. Er gab, von Gotthold Ephraim Lessing angeregt, eine neue, mit Anmerkungen versehene Übersetzung des Neuen und Alten Testaments heraus. Lichtenberg korrespondierte einige Male mit ihm über sich aus dem Alten Testament ergebende physikalische Fragen, z.B. ob die »Spitzen auf dem Tempel Salomonis« Blitzableiter gewesen sein könnten. [AL]

149
Johann Stephan Pütter (1725-1807).
Büste. Gips. Höhe: 65 cm
Göttingen, Kunstsammlung der Universität, o. Inv.
Der Staatsrechtslehrer und Publizist Pütter erhielt 1746 einen Ruf nach Göttingen und lehrte von 1747-1753 als außerordentlicher Professor und ab 1753 als ordentlicher Professor der Jurisprudenz an der Georgia Augusta. Ab 1752 las er Staatsrecht, Reichsgeschichte und Reichsprozeß. Als ordentlicher Professor des Staatsrechts – seit 1757 – war er eine Autorität auf dem Gebiet des Privatfürstenrechts und als Kronjurist zahlreicher Fürstenhäuser tätig. Seine Hauptwerke waren der *Entwurf einer juristischen Encyclopädie und Methodologie* (1757) und die *Gelehrten Geschichte der Georgia Augusta* (1765 und 1788). Er war Mitglied der Akademie der Wissenschaften zu Berlin. [AL]

150
Johann Christian Ruhl (1764-1842):
Christian Gottlob Heyne (1729-1812).
Büste. Gips, vor 1800. Höhe: 47 cm
Bez. »Ch. G. Heyne«
Göttingen, Archäologisches Institut der Universität, A 1564
Der klassische Philologe und Orientalist Heyne war seit 1763 ordentlicher Professor für klassische Philologie und Johann David Michaelis' Nachfolger als Direktor der Universitätsbibliothek. Er war Mitglied vieler europäischer Akademien: der Sozietät der Wissenschaften Göttingen, der Berliner und Münchner Akademie der Wissenschaften, der Royal Society in London, der Académie des Inscriptions in Paris, der Akademie der Inschriften und Altertümer in Stockholm. Heyne gilt als Begründer der modernen universellen Altertumswissenschaften, er edierte unter anderem die Werke von Homer, Vergil und Pindar. Göttingens hohes Ansehen im 18. Jahrhundert begründet sich auf Heynes fast fünzigjähriger Lehr- und Verwaltungstätigkeit. Seit 1769 war er Redakteur der *Göttingischen Gelehrten Anzeigen*. [AL]

151
Johann Elias Hayd (Heydt, 1739-1809):
August Ludwig von Schlözer (1735-1809).
Porträt. Schabkunst, 1779. 21 × 13,3 cm
Göttingen, Niedersächsische Staats- und Universitätsbibliothek, Voitsche Sammlung
1769 erhielt Schlözer seine Berufung nach Göttingen zum ordentlichen Professor der Geschichte. Nach dem Tod Gottfried Achenwalls las er Statistik, Politik und europäische Geschichte. Er hatte großen Einfluß als Staatswissenschaftler und politischer Schriftsteller; bemerkenswert ist seine Zeitschrift *Briefwechsel meist historischen und politischen Inhalts* und ihre Fortsetzung *Staatsanzeigen*, deren politische Zeitdokumente die hannöversche Regierung 1793 zum Verbot des Periodikums veranlaßten. Schlözer war Mitglied der Sozietät der Wissenschaften Göttingen.
Lichtenberg an Gottfried Hieronymus Amelung, 3. Juli 1783: »Ich halte sehr gute Freundschafft mit ihm und ich gehöre unter die wenigen seiner HEE. Collegen, denen er seine Staats-Anzeigen jedesmal schenckt, wenn sie erscheinen.« (Bw 2, Nr. 1102) [AL]

152
Johann Schulz:
August Gottlieb Richter (1742-1812).
Porträt. Öl auf Leinwand. 68,5 × 57 cm
Göttingen, Universität, Aula
Richter wurde 1771 zum ordentlichen Professor der Medizin und Chirurgie in Göttingen ernannt. Als Direktor des Chirurgischen und Krankenhospitals am Geismar Tor und königlicher Leibarzt war er wohl der bedeutendste Mediziner seiner Zeit in Göttingen und wird als einer der Begründer der akademischen Chirurgie in Deutschland bezeichnet. Richter war Mitglied der Sozietät der Wissenschaften Göttingen und Beiträger zu den *Göttingischen Gelehrten Anzeigen*. Von seinem richtungweisenden Werk, *Anfangsgründe der Wundarzneykunst*, besaß Lichtenberg einen Band. Richter war Lichtenbergs Hausarzt: »Indessen werde ich von Richter und Strohmeyer mit einer Sorgfalt und einem Eifer behandelt, als wenn ich ein König wäre und mit einer Liebe als wären sie meine Brüder oder meine Kinder«, berichtet Lichtenberg an Friedrich August Lichtenberg am 26. Dezember 1789. (Bw 3, Nr. 1705) [AL]

153
Georg Daniel Heumann (1691-1759):
Samuel Christian Hollmann (1696-1787).
Porträt. Schabkunst, 18. Jahrhundert
Göttingen, Niedersächsische Staats- und Universitätsbibliothek, Voitsche Sammlung
1737 nahm Hollmann als erster Professor den Vorlesungsbetrieb an der neu gegründeten Georgia Augusta auf. Bis 1787 war er Professor der Philosophie und Physik. Er führte aus England das erste Mikroskop in Göttingen ein. Hollmann war Mitglied der Royal Society London und Mitglied der Sozietät der Wissenschaften Göttingen und schrieb Beiträge für die *Göttingischen Gelehrten Anzeigen*. Lichtenberg hörte seine Vorlesungen zur Physik. Durch Hollmanns Streitigkeiten mit Abraham Gotthelf Kästner stand Lichtenberg seinem alten Lehrer distanziert gegenüber.

Lichtenberg an Johann Andreas Schernhagen am 26. Juni 1783: »Der Sieben und achtzigjährige Hollmann, und Senior der gantzen Universität wie er sich selbst nennt, hat kürtzlich ein Buch über die Barometer und Thermometer drucken lassen, worin er einen gantz abscheuligen Ausfall auf Kästnern thut, und ihm auf eine verdrüßliche Weise den freylich grosen [Tobias] Mayer [sen.] entgegengesetzt, und dabey einen mathematischen Charlatan [...] nennt. [...]: ich bin in diesem Jahrhundert nicht gebohren, und dencke auch nicht darin zu sterben. Hollmann hat würcklich Munterkeit genug so etwas nicht allein zu sagen, sondern auch zu thun«. (Bw 2, Nr. 1100) [AL]

154
Georg Christoph Lichtenberg:
Drei Karikaturen von Samuel Christian Hollmann.
In: Brief an Johann Friedrich Blumenbach, 17. (?) Oktober 1787. Reproduktion (Original verschollen)
Beim postumen Erscheinen von Samuel Christian Hollmanns fragmentarisch gebliebener Geschichte der Göttinger Universität gedachte Lichtenberg im Brief an Johann Friedrich Blumenbach, [Göttingen], 17. (?) Oktober 1787 seines ehemaligen Lehrers und dessen Schrulligkeiten: »Bey der Geschichte, daß man in Göttingen die Anatomie für eine Branche der Abdecker-Kunst gehalten, vermisse ich einen Ausbruch von Enthusiasmus für diese Wissenschafft, womit er jene Erzählung gewöhnlich schloß, nemlich: Meine Herren, wahrlich wenn mich nicht gewisse Rücksichten abmithielten, so wolte ich in meinem Testament verordnen, daß mein Leib einmal mit Paucken und Trompeten auf die Anatomie gebracht mit würde. Bey den Worten Paucken und Trompeten brach eine unbeschreibliche Illumination in dem gantzen Gesicht aus, wie ich denn nicht leicht noch ein Menschen Gesicht gesehen habe, das bey einer so sehr für das saure überwiegenden natürlichen Anlage so sehr freundlich aussehen konnte: Ernst so [Zeichnung] und dann gleich darauf so: [Zeichnung] dieses ist besser [Zeichnung]« (Bw 3, Nr. 1559). Als Lichtenberg die Gesichtsveränderungen Hollmanns aus dem Gedächtnis zeichnete, ähnelte sein ›Porträt‹ freilich keineswegs dem des Göttinger Professors: Er hatte vielmehr, um die »so sehr für das saure überwiegende natürliche Anlage« zu treffen, vielleicht sogar ohne es selbst zu bemerken, Hogarths Porträtkupferstich des kurz danach wegen Hochverrats angeklagten und zum Tode verurteilten Simon Fraser, des 12. Lord Lovat (1667-1747), zum Muster genommen. Das fröhliche Bild ist übrigens auch ein ›Zitat‹ aus Hogarth; es stammt aus dem Blatt *The laughing audience*. [UJ]

155
Christian Wilhelm Büttner (1716-1801).
Porträt. Öl auf Leinwand, um 1780. 86 × 69 cm
Göttingen, Universität, Aula
Seit 1758 lehrte Büttner als außerordentlicher Professor der Philosophie an der Georgia Augusta, ab 1763 als ordentlicher Professor der Naturwissenschaften. Er war Mitglied der Sozietät der Wissenschaften Göttingen. Büttner trug als erster Universitätsprofessor Deutschlands Naturgeschichte vor. Er war Lichtenbergs Lehrer und sein Hausnachbar. 1783 ging Büttner als Pensionär und Hofrat nach Jena und verkaufte 1785 sein Wohnhaus an Johann Christian Dieterich. Seine umfangreiche Mineraliensammlung veräußerte er an die Universität Göttingen, während seine große Bibliothek nach seinem Tod von der Universität Jena übernommen wurde. Lichtenberg charakterisierte ihn scharf: »Der Mann hat vieles gelesen, versteht aber fast alles falsch. In Hypothesen ist er unerschöpflich, weil bei ihm nur flüchtige Ähnlichkeit nötig ist auf eine zu verfallen. [...] er ist einer von denen Personen mit denen man sehr viele Worte gewechselt haben kann, ohne eigentlich mit ihnen gesprochen zu haben.« (SB 2, S. 549) [AL]

156
Friedrich Wilhelm Eugen Doell (1750-1816):
Abraham Gotthelf Kästner (1719-1800).
Büste. Marmor, um 1800.
Höhe: 57 cm
Göttingen, Kunstsammlung der Universität, o. Inv.
»*Rätsel*. Er ward in Leipzig geboren; der Stolz eines Königs der Briten, und das Wunder Deutschlands. Wer war dies? *Auflösung*. Unter den Toden war es Leibniz, unter den Lebendigen ist es Kästner.« (SB 1, B 407)
Kästner war von 1756-1800 ordentlicher Professor für Mathematik und Physik in Göttingen und trat in der Nachfolge von Tobias Mayer 1764 die Leitung der dortigen Sternwarte an. Lichtenberg kannte seine *Anfangsgründe der Mathematik* schon als Schüler. Kästner machte sich außer mit seinen verbreiteten mathematischen und astronomischen Lehrbüchern auch einen Na-

men als gefürchteter Epigrammatiker. Er war als Literaturkritiker und Herausgeber zahlreicher aufklärerischer Schriften tätig. Unter anderem schrieb er für die *Göttingischen Gelehrten Anzeigen* zahlreiche Rezensionen. Er war Mitglied der Sozietät der Wissenschaften Göttingen, der Akademie der Wissenschaften St. Petersburg, der Royal Society London und einiger anderer Akademien. Das Verhältnis Lichtenbergs zu seinem Lehrer Kästner, der auf seinen Schüler 1799 den Nachruf hielt, war, wie aus dem Briefwechsel und Notizen in den Sudelbüchern hervorgeht, nicht frei von Spannungen. [AL]

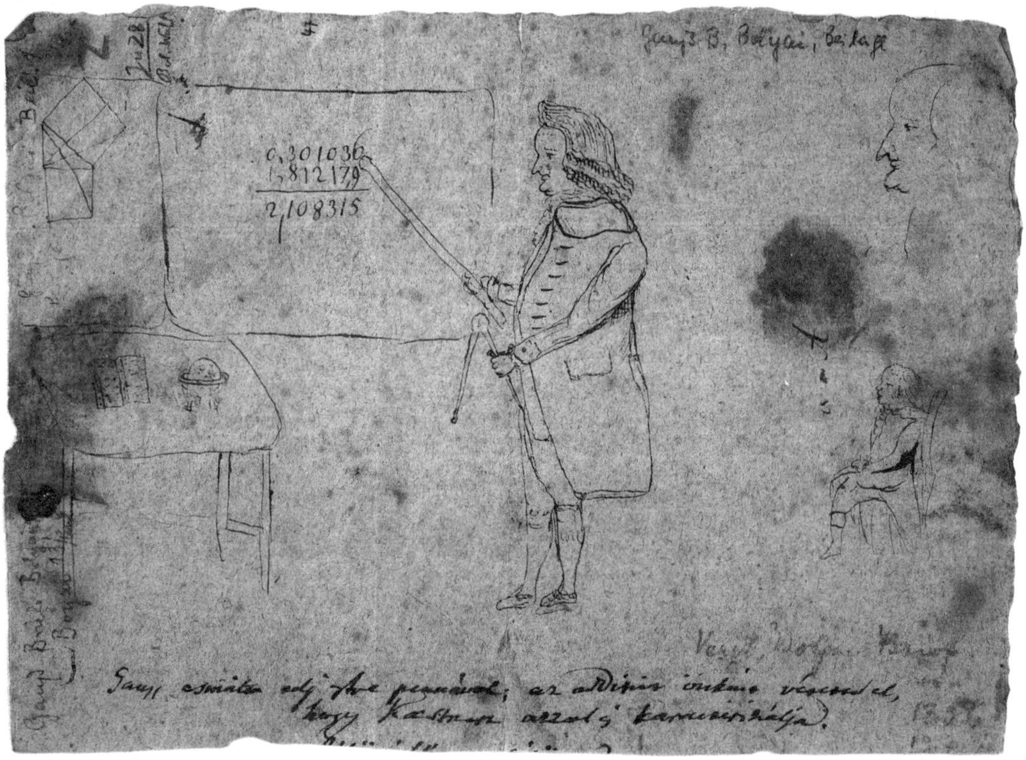

157
Carl Friedrich Gauß (1777-1855). Der 76jährige Professor Kästner vor der Tafel.
Gezeichnet während einer Vorlesung. Tinte auf Papier, um 1799. 15 × 20 cm
Göttingen, Niedersächsische Staats- und Universitätsbibliothek, Cod. Ms. Gauß, Briefe B: Bolyai Beil. 1 (= Bl. 47)
Die Addition des Mathematik-Professors an der Tafel ist fehlerhaft, das richtige Ergebnis lautet 2,113215. [AL]

158
Georg Christoph Lichtenberg: Über seinen Lehrer Gottfried Achenwall (1719-1772).
Brief an Johann Andreas Schernhagen, 23. Dezember [1782].
Göttingen, Niedersächsische Staats- und Universitätsbibliothek, Cod. Ms. Licht. I: 23. 12. 1782
Der Philosoph und Historiker Achenwall kam 1748 als Privatdozent nach Göttingen. Als ordentlicher Professor der Philosophie, Geschichte, Statistik und des Naturrechts lehrte er seit 1753 an der Georgia Augusta. »Der seelige Achenwall prophezeyhte, als ich die Staaten-Geschichte bey ihm hörte, dem Spanischen Reich in Amerika den Untergang *durch* die Colonien. Der Zeitpunckt scheint mercklich näher zu rücken [...].« (Bw 2, Nr. 1005) [AL]

159
Albrecht Ludwig Friedrich Meister (1724-1788).
Silhouette im Album des stud. jur. Carl Schubert. Papier, Tusche
Göttingen, Niedersächsische Staats- und Universitätsbibliothek, Cod. Ms. Hist. Lit. 103 Cim
Meister, Professor der Mathematik 1764-1788, war Mitglied der Sozietät der Wissenschaften Göttingen und schrieb von 1770-1787 für die *Göttingischen Gelehrten Anzeigen.* Bei ihm hörte Lichtenberg »Reine und Angewandte Mathematik sowie Bau- und Befestigungskunde«. Lichtenberg war später eng mit Meister befreundet und führte einen regen, vertraulichen Briefwechsel mit ihm. »Er war kein Singer und Beter, kein Betbruder, ein Name den überhaupt kein ehrlicher Mann auf sich sitzen lassen muß, kein Religionist. Es machte (kostete ihn) überhaupt wenig Umstände

Konzept der wichtigste Indikator für den wirtschaftlichen Erfolg einer Universität, doch kam es dabei auch auf die soziale Zusammensetzung der Studentenschaft an: Für das Prestige der Universität und den Geldbeutel der Göttinger Einwohner waren wohlhabende Adlige natürlich wesentlich wertvoller. Gerade auf ihr Bedürfnis war ja die Juristenuniversität zugeschnitten. Ihre große Bedeutung in der Göttinger Studentenschaft läßt sich daher nicht nur an der Zahl der Adligen in der Matrikel abmessen,[3] sondern auch an der großen Zahl der Jurastudenten und der relativ geringen Zahl der Theologen. Denn Jura konnten jene studieren, die aufgrund ihrer Herkunft auf ein entsprechendes Amt hoffen durften, Theologie dagegen war das Studium der begabten sozialen Aufsteiger. Aufgrund der großen Anzahl der Adligen galt Göttingen im letzten Drittel des 18. Jahrhunderts als die »Adelsuniversität«.

Diesen sozialen Unterschieden in der Studentenschaft stand die idealtypische Gleichheit aller »Burschen« gegenüber: Ihr besonderer Studentenstatus machte sie zu privilegierten Wesen gegenüber ihrer städtischen Umgebung, sollte aber zugleich die durch die Geburt hereingebrachten Standesunterschiede wenigstens für die Dauer des Studiums egalisieren.

Faktische Unterschiede in den Lebensbedingungen gab es aber in der Studentenschaft mehr als genug. Das fing schon bei der Immatrikulation an, denn Adlige dokumentierten hier ihren Sozialstatus mit einer höheren Gebührenzahlung, und Grafen hatten sogar die Ehre, sich in eine eigene Matrikel einzutragen. Die ausgehändigte Immatrikulationsbescheinigung war als Beleg des Rechtsschutzes (z. B. vor gewaltsamer Soldatenwerbung) sehr wichtig, aber den Studentenstatus bestimmte im Verständnis der Studenten und ihrer Umgebung weder die bloße Eintragung in ein Matrikelbuch noch der regelmäßige Besuch von Vorlesungen. Vielmehr machte die rechte Lebensform den Studenten aus; der Göttinger Einwohner sollte ihn schon am Auftreten und an der Kleidung erkennen können.

Es gab traditionelle Formen studentischer Gemeinschaft: Die Landsmannschaften setzten sich nach regionalen Gesichtspunkten zusammen und waren Freizeit- und Notgemeinschaften. Jeder Student gehörte zwang- und formlos einer Landsmannschaft an, wenn er es nicht vorzog, für sich zu bleiben. Daneben entstanden im 18. Jahrhundert in Göttingen wie an anderen Universitäten recht kurzlebige akademische Orden, in denen vorwiegend Studenten, aber auch angesehene Bürger und manche Professoren enger zusammengeschlossen waren. Recht lange hielt sich in den sechziger und siebziger Jahren der Orden »Concordia et Taciturnitas«. Die veränderte Rolle der Professoren in der Universität und ihre Entfremdung von den Studenten durch die konsequentere Wahrnehmung ihrer Aufgabe als Obrigkeit förderte aber die Entstehung von rein studentischen Orden und fester organisierten Landsmannschaften. Diese Entwicklung mündete in die Bildung von Korps und Burschenschaften.

Die große Bedeutung von zum überwiegenden Teil wahlfreien Gemeinschaften bildete einen Bestandteil im Prozeß der Individualisierung innerhalb der Studentenschaft. Während der studentische »Pennalismus« (Verspottung, finanzielle Ausbeutung oder körperliche Quälerei von Neuankömmlingen) in Göttingen nicht zu größerer Bedeutung gelangte und auch an anderen Universitäten unwichtiger wurde, bekam das Duell eine neue Funktion als persönliche Mutprobe. Nicht mehr wie in den wilden Zeiten des frühen 18. Jahrhunderts bildete eine unreflektierte Rauflust den Anlaß zu Streithändeln, sondern der Wunsch, Sozialprestige in formeller Austragung zu erwerben oder zu sichern.

Parallel dazu wurden die Studenten von ideell gleichberechtigten Mitgliedern einer Genossenschaft zu Untertanen. Sie verloren die alte »akademische Freiheit«, die ihnen oft auch rechtlichen Schutz bei einer undisziplinierten Lebensführung gewährt hatte, während ihnen statt dessen die persönliche Lernfreiheit als Gegenpol zur professoralen Lehrfreiheit zuwuchs. Die Professoren selbst gaben zugunsten der staatlichen Sicherung die »Gelehrtenrepublik« alten Stils auf und erfüllten ihre Funktion als Obrigkeit der Studenten. Die traditionelle Abhängigkeit der Professoren hatte darin gelegen, daß die Studenten ihnen für den Besuch der Vorlesungen nach festgelegten Sätzen das sogenannte Kolleggeld zahlen mußten. Dabei gab es einige für die Stellung von Professoren und Studenten wichtige Besonderheiten:

Juravorlesungen waren teurer als Theologievorlesungen, Adlige zahlten mehr als Bürgerliche und saßen dafür auch auf bevorzugten Plätzen. Neben diesen sogenannten Privatvorlesungen (die dennoch für jeden zugänglich waren, der den festgelegten Gebührensatz zahlte) gab es noch die »öffentlichen« Vorlesungen, die gratis gehalten wurden (dazu waren die Göttinger Professoren laut Statut § 39 verpflichtet), jedoch Gegenständen gewidmet waren, die für ein »Brotstudium« nicht wichtig waren. Die Studenten blieben also auf bezahlte Vorlesungen angewiesen. Die besonders reichen Studenten konnten noch in »Privatissima«, deren Preis speziell festgelegt wurde, allein oder in sehr kleinen Gruppen Unterricht nehmen.

Die ordentlichen Professoren wurden zwar gut bezahlt, doch die jüngeren akademischen Lehrer, die sich erst um eine einträgliche, fest besoldete Stelle bemühen mußten, waren nach wie vor auf Hörergelder angewiesen. Gerade ihre Vorlesungen wurden aber im allgemeinen weniger besucht als die ihrer berühmten Kollegen. Auf dieser Skala rangierte Lichtenberg zunächst im unteren, später im mittleren Bereich.

Für manche galt also auch hier noch die Auffassung des Professors Johann David Michaelis, wonach »der Professor sich bücken muß, und froh seyn kann, ohne Insulten

um ein Gott gefälliger ehrlicher Mann zu sein, da andere $^2/_3$ der Woche verseufzen, versingen und verbeten, und doch am Ende nicht damit zu Stande kommen.« (SB 1, J 114) »Ich habe mich seines Umgangs gefreut so wie sich der Gesunde seiner Gesundheit [freut], bloß durch fröhlichen Genuß, und erst den Wert bemerkt nachdem [ich] ihn zu verlieren anfing.« (SB 1, J 126) [AL]

160

Johann Christoph Gatterer (1727-1799).
Silhouette. Papier, Tusche
Göttingen, Niedersächsische Staats- und Universitätsbibliothek, 8° Cod. Ms. Hist. lit. 47 (Nr. 9)
Der Historiker, ›Begründer der modernen Diplomatik‹, war 1759-1799 Professor für Geschichte an der Georgia Augusta. Gatterer war seit 1776 ordentliches Mitglied der Sozietät der Wissenschaften Göttingen, zeitweilig auch deren Direktor. Mit Unterbrechungen schrieb er seit 1769 für die *Göttingischen Gelehrten Anzeigen*. 1764 begründete Gatterer das Historische Institut, in dem zunächst Lichtenbergs Bruder, dann auch Lichtenberg selbst Mitglied war. 1765 trug Lichtenberg dort die Abhandlung *Von den Charakteren in der Geschichte* vor. Trotz mancher Unstimmigkeiten blieben beide bis zu ihrem Tod in Briefkontakt. Lichtenberg schreibt im Brief an Johann Andreas Schernhagen am 14. September 1778 über Gatterer: »in der Diplomatick ist er gewiß ein Einziger Mann, der grosen Nutzen stifftet.« (Bw 1, Nr. 531) [AL]

161

Solennes Vivat.
Stammbuchblatt. Aquarell auf Pergament, um 1740
Hamburg, Museum für Kunst und Gewerbe
Ihre Sympathie für einen Professor oder den amtierenden Prorektor bekundeten die Studenten mit Vivat-Rufen, die als ›Solennes Vivat‹ von Fackelzügen und Musikständchen begleitet waren. Pereat-Rufe, die im Gegensatz zum Solennen Vivat immer unorganisiert waren, zeigten ihre Abneigung, sie endeten oftmals mit eingeschlagenen Fensterscheiben und demolierten Hauseingängen, in Tumulten und Prügeleien. Dieses Stammbuchblatt zeigt die Huldigung eines Professors. [AL]

162
Hempel (?):
Die Schulden des Studenten und ihre Ursachen.
Stammbuchblatt. Papier, Aquarell, 1774. 9,7 × 16 cm
Göttingen, Stadtarchiv, Stammbuch Nr. 151
Mit einem sich ständig verschärfenden Kreditedikt versuchte Gerlach Adolf von Münchhausen, Kurator der Universität, ab 1735 der unsteten Haushaltsführung der Studenten entgegenzuwirken. Zum einen sollte dieses Edikt die Studenten vor gewissenlosen Geschäftsleuten schützen, zum anderen sollte die Festlegung einer Höchstgrenze der Kredite die Kauflust der Studenten einschränken. Die Studenten machten Schulden etwa bei Schneider, Barbier, Perückenmacher und Schuster, wie der Aufstellung an der Wand zu entnehmen ist. [AL]

163
Rupstein (?):
Sonntäglicher Höflichkeitsbesuch eines Studenten.
Stammbuchblatt. Papier, Aquarell, 1774. 9,7 × 16 cm
Göttingen, Stadtarchiv, Stammbuch Nr. 219
Einige Göttinger Professoren veranstalteten an Sonntagen gesellige Zusammenkünfte – ein sogenanntes »offenes Haus« – mit Kollegen und den Honoratioren der Stadt, wozu auch häufig Studenten eingeladen waren. Bei dieser Gelegenheit wurden der Dame des Hauses die ›Honneurs‹ gemacht, dem Professor oft das Stammbuch mit der Bitte um einen Eintrag vorgelegt. [AL]

164
Johann Peter Bucher:
»Studenten Moebels«.
Stammbuchblatt. Blaue Tuschezeichnung, rotgerändert.
9,8 × 16,5 cm
Göttingen, Niedersächsische Staats- und Universitätsbibliothek, 8° Cod. Ms. Hist. lit. 48zf (S. 22)
Johann Peter Bucher, Jurastudent aus Kassel, immatrikulierte sich am 24. April 1757 in Göttingen.
Als »Studenten Moebels« sind dargestellt (links unten beginnend im Uhrzeigersinn): »nützliche« Bücher und Schreibzeug, Musikinstrumente zum Vertreiben der »Grillasy«, zu den »nöthige[n]« gehören außer Sporen und tressenbesetztem Hut vor allem ein Pistolenpaar und diverse Hieb- und Stichwaffen, »erfreuliche« dagegen sind Karaffen mit sicherlich alkoholischen Getränken, Spielkarten und Würfel sind »gefährliche«. Auf dem Tisch der gefüllte Geldbeutel und ein Wachsstock (= Beleuchtung) als »unentbehrliche« – unklar bleibt, ob zu den letztgenannten die zierliche Frauenperson zu zählen ist, die dem Studenten Gesellschaft leistet.
[AL]

und Beleidigungen [an den Studenten] vorbey zu kommen«,[4] doch insgesamt war es um die Autorität der Lehrenden in Göttingen weit besser als an den meisten anderen Universitäten bestellt.

Die an traditionellen Leitbildern orientierte Verbindung zwischen Professoren und Studenten zeigte sich trotz der Göttinger Modernität noch in mancher Hinsicht. So waren wie Lichtenberg viele Universitätsabsolventen angesichts der ungünstigen Berufsaussichten gezwungen, jahrelang als Hauserzieher zu arbeiten oder als Hofmeister andere, adlige, Studenten auf den Universitäten zu betreuen – eine undankbare Aufgabe. Aber auch fest angestellte Professoren sollten nach dem Willen der Regierung bis in die siebziger Jahre hinein kollektiv auf die Studenten erzieherisch einwirken. Diese an einem patriarchalischen Universitäts- und Staatsmodell orientierten Ansätze einer »schulmäßigen« Universitätsdisziplin blieben jedoch erfolglos und wurden im letzten Drittel des Jahrhunderts aufgegeben zugunsten eines gewissen Vertrauens in die zwanglose Entwicklung mündiger junger Leute.[5] Davon blieben nur die etwas steifen Formen einer Geselligkeit, die Studenten gezielt einbeziehen sollte. Allerdings erschien hier Göttingen, wohl aufgrund des vornehmen Publikums als vergleichsweise offen, denn Friedrich Christian Laukhard notierte bei seinem Besuch 1778/79 ganz überrascht, daß hier sogar die Professoren die Studenten besuchen.[6] Unabhängig von den früheren Bemühungen der Regierung, die Professoren für die Erziehung mitverantwortlich zu machen, gab es aber häufig nahe Kontakte von Eltern zu einzelnen Professoren, die dazu führten, daß diese Eltern den Professoren ihre Söhne anvertrauten. Die Professoren sollten dann besonders darauf achten, daß die Studenten nicht zuviel Geld ausgaben und mit einer großen Schuldenlast die Universität verließen. Auch Lichtenberg, dessen Englandreisen und -kontakte durch seine Hofmeistertä-

165
Hospiz und Landesvater.
Stammbuchblatt. Aquarell auf Pergament, um 1740
Hamburg, Museum für Kunst und Gewerbe
Höhepunkt der geselligen Zusammenkünfte der Studenten war oft der »Landesvater«: Die Studenten sangen ein Lied zu Ehren ihres Territorialherren. Während des Gesangs spießten sie ihre Hüte zum Symbol der Freiheit auf einen Degen, schworen, »brave Burschen« zu bleiben und tranken Brüderschaft.
Der »Landesvater«, ein Trinkspruch, der im gesamten hannöverschen Raum gebräuchlich war, geht auf den Krönungstag Georg II. und die damit verbundenen Feiern in Hannover zurück. Daß die Trinksitte häufiger in ein wüstes Gelage ausartete, läßt eine Bemerkung Lichtenbergs vermuten: »Götz von Berlichingen wird so wenig in Drurylane [Londoner Theater] aufgeführt werden, als je Kardinäle einen Landes-Vater in der Peterskirche machen werden.« (SB 1, E 441)
[AL]

166
Levin Joachim von Barner:
Cornelius-Szene.
Stammbuchblatt. Aquarell, 1765.
12,8 × 18,8 cm
Göttingen, Stadtarchiv, Stammbuch Nr. 85
Der Name Cornelius ist gleichbedeutend mit »verbummelter Student«. Die Bezeichnung geht zurück auf die Komödie »Cornelius relegatus« von Albert Wichgrevius (1575-1619), die 1600 anläßlich des Jubiläums der Universität Rostock uraufgeführt wurde und in fünf Akten die unrühmliche, aber schließlich glücklich endende Laufbahn eines jungen Mannes zeigt, der auf die Universität geschickt worden war. Seitdem war die sogenannte »Cornelius-Szene« eine beliebte Stammbuch-Darstellung: Der verbummelte Bursche in seiner Stube, auf dem Boden ein Stiefelknecht und der seit der Jahrhundertmitte verbotene Degen. Der Beutel ist leer, auf dem Pult liegen fünf unbezahlte Rechnungen, der Gläubiger überreicht ihm die sechste. Links an der Wand das »Pumpregister«; der Pedell schreibt an die Tür »Dominus citatus ad rectorem«, was heißt: Der Herr wird zum Rektor befohlen.
[AL]

167
Wienecke (?):
»Eine Aufwärterin erhält ihre Auslagen erstattet«.
Stammbuchblatt. Papier, Aquarell, 1755. 9,4 × 15,4 cm
Göttingen, Stadtarchiv, Stammbuch Nr. 23
Die Studenten hatten zur Bedienung und Betreuung Aufwärterinnen, die sehr gering entlohnt wurden. Auf diesem Stammbuchblatt wird ironisch dargestellt, daß die Aufwärterinnen auch für andere Dienste zur Verfügung standen.
»*Aufwärterin.* Ist in Göttingen von einem weit größern Umfang als in andern kleinen Städten von Deutschland. [...] Dieses ist eine junge Kreatur, oft in den engen Tälern des Harzes oder des Solling erzogen, unschuldig, ohne die geringste Idee von Steinschnalle oder Federhut. Ein Taler die größte Summe, die sie je gesehen oder gedacht haben. Bortenhut und vornehmer Herr ist bei ihnen einerlei, und die Bitten eines solchen Hutes sind ihnen Befehle. [...] Diese dienen, mit Behutsamkeit und Redlichkeit genutzt, Stellen der Dichter zu erklären, die der Gymnasiast übersetzt, aber nicht empfindet, die das gepuderte Mädgen uns nicht aufschließet, die zu artifiziell liebt.« (SB 1, B 171)
[AL]

168
Georg Daniel Heumann (1691-1759):
Göttinger Studenten-Stube.
Kupferstich, um 1750.
9,1 × 13,4 cm
Wolfenbüttel, Niedersächsisches Staatsarchiv, VI Hs. 13 Nr. 57
Die Vermietung von Professoren- und Studentenwohnungen war für die Göttinger Bürger eine wichtige Erwerbsquelle. Für Renovierungen oder den Neubau von Häusern standen finanzielle Zuschüsse der Regierung zur Verfügung. Die Ausstattung der Zimmer war gleichförmig, was sich aus den damals geführten Logierlisten erkennen läßt.
Heumanns Kupferstich zeigt – im Gegensatz zu den vorstehenden Stammbuchblättern – den ›idealen‹ Studenten: Sein Zimmer ist hell und aufgeräumt, ausschließlich mit »nützlichen« Gegenständen wie Büchern und reichlich Schreibzeug ausgestattet, Schuldenregister, Waffen und vor allem Flaschen und Spielkarten fehlen. Er selbst in Hausmantel, Mütze und Pantoffeln, Inbegriff der Häuslichkeit, die Pfeife rauchend, mit einem heiteren Lächeln in sein Buch blickend – dieser Student geht sicherlich nicht gleich auf die Gasse, um Fensterscheiben einzuschmeißen, oder zu einem Kommilitonen auf dessen Bude, sich maß- und sinnlos zu betrinken.
[AL]

169
»Plan-Tabelle der Preise von den nothwendigen Bedürfnissen der hier in Göttingen Studierenden, nebst dem Kosten-Verzeichnisse der ad Luxum gehörenden Dinge, wie solche dermalen im Martio 1765 gewesen«.
In: Hannoverscher Anzeiger, Montag 18. März 1765.
Claustal-Zellerfeld, Universitätsbibliothek, I J 23-1765
Die Tabelle von 1765 erläutert, mit welchen Aufwendungen Lichtenberg zu rechnen hatte – zwei Jahre zuvor hatte er sich immatrikuliert. Kurios ist für den heutigen Betrachter, daß die Rechenstunden zu den »Galanten Wissenschaften« gehörten, so wie auch der Vergleich einiger anderer Spalten amüsiert: Ein Pfund Schokolade kostet etwa ebensoviel wie ein Viertel Sekt. – Champagner, der bereits damals erheblich teurer war als einheimischer Schaumwein, wird zwar zu den »ad Luxum gehörigen Sachen« gezählt, aber immerhin aufgeführt. Neun »Weine« und zusätzlich »Ausländisches Bier« stehen für den besser gestellten Studenten auf dem Plan, für den minderbemittelten dagegen nur einheimisches Bier.
[AL]

170
Georg Daniel Heumann
(1691-1759):
Ritterspiel das in Sr. Königlichen Majestät von Großbritannien Georg II. Gegenwart auf der Göttingischen Universität den 1. August 1748 gehalten worden ist.
Kupferstich, koloriert, um 1748.
22 × 32,5 cm
Göttingen, Sammlung Himme
Blick von Norden. Das Gebäude rechts im Bild mit dem großen Torbogen ist der 1735 errichtete Reitstall (Rückseite). Im Hof werden Kampfspiele zu Pferde ausgetragen. Die körperlichen Exerzitien – »Galante Wissenschaften« wie Reiten, Fechten und Tanzen – hatten an der Georgia Augusta einen hohen Stellenwert. Die Studenten sollten auch die Reitkunst ›studieren‹. Der Universitätsrektor Gerlach Adolf von Münchhausen wählte die Exerzitienmeister mit ebensoviel Sorgfalt aus wie den Lehrkörper. Der Stallmeister Johann Heinrich Ayrer, ein langjähriger Freund Lichtenbergs, hatte – als einziger Exerzitienmeister – seit 1760 den Rang eines ordentlichen Professors. [AL]

171
Georg Daniel Heumann
(1691-1756):
»Prospect des Großen Markts«.
Kupferstich, koloriert, um 1748.
22 × 32,5 cm
Göttingen, Sammlung Himme
Links das Rathaus und im Hintergrund die Weender Straße mit der Jacobi-Kirche. Besonders beliebt bei den Göttinger Studenten waren die winterlichen Schlittenfahrten. Zu diesem Zweck mietete man auf dem Göttinger Marktplatz einen Schlitten und fuhr damit aus der Stadt hinaus – ein Luxus allerdings, den sich ärmere Studenten kaum leisten konnten. [AL]

172
Heinrich Christoph Grape
(1761-1834):
»Lager der Studenten zu Kerstlingeröderfeld vom 26 bis 29ten Julij 1790«.
Radierung. 17,7 × 25,3 cm
Göttingen, Städtisches Museum, 1892/284
Nach einem Streit zwischen einem adeligen Studenten und einem Tischlergesellen, der in einer Massenschlägerei endete, zogen am 26. Juli 1790 etwa 200 Studenten aus Göttingen aus und schlugen auf dem »Kerstlingeröder Feld« ihr Lager auf. Sie stellten Wachen auf, bildeten Kompanien und erklärten sich nur bereit zurückzukehren, wenn ihre Forderungen nach Satisfaktion erfüllt wären. Damit nahmen sie eine alte studentische Tradition zur Durchsetzung ihrer Rechte auf. Durch ihren Auszug übten sie wirtschaftlichen Druck zum einen auf die Universität, zum anderen auf die Göttinger Bevölkerung aus. Bei den nun beginnenden Verhandlungen drohten die Studenten, falls keine Satisfaktion erfolge, die Universität ganz zu verlassen. Daraufhin gaben Hochschule und Bürgerschaft nach. [AL]

173
Johann Daniel Zimmer
(1751-1824) und Ernst Ludwig Riepenhausen (1762-1840):
Einzug der Studenten in Göttingen 29. Juli 1790.
Kupferstich. 16,8 × 36 cm
Göttingen, Städtisches Museum, 1889/551
Nachdem die Forderungen der Studenten – wie etwa die Freilassung der in dem Tumult festgenommenen Mitstudenten und die Verfolgung und Bestrafung der Handwerksgesellen – erfüllt waren, zogen die Studenten am 29. Juli 1790 mit »Pauken und Trompeten« in die Stadt ein. Sie wurden mit Fahnen, Musik und Zurufen der Bevölkerung begrüßt. Der Zug endete auf dem Marktplatz mit Hochrufen auf die akademische Freiheit. Am Abend illuminierten einige Handwerker ihre Fenster mit Transparenten, die mit Versen bestückt waren. [AL]

174
Georg Christoph Lichtenberg:
Eintrag in das Stammbuch des Johann Christian Kestner (1741-1800) vom 11. März 1765.
Papier; 11,8 × 17,5 cm
Leipzig, Universitätsbibliothek, Ms 2645
Der als Ehemann der ›Wertherlotte‹ Goethes bekannte Johann Christian Kestner studierte 1762-1766 in Göttingen Jura. Lichtenberg scheint er in Gatterers »Historischer Akademie« kennengelernt zu haben. Lichtenberg nennt sich hier der »jüngere«, da sich sein älterer Bruder Ludwig Christian in dasselbe Stammbuch einschrieb. [AL]
Transkription: »Mit Freunden, so wie Du sich zu erfreun; / Gleich hold dem Wasser und dem Wein; / Zum Kittel nicht zu stolz, und dennoch werth der Seide; / Dieß ist der Stand, das Glück, das ich beneide. / Wie glücklich würde ich mich schätzen, wenn ich Ihnen, mein werthester Freund, bisweilen auch, ohne das Sie dieses Blatt an mich erinnerte, in den Sinn käme. / Göttingen den 11. März 1765. Georg Christoph Lichtenberg der jüngere«.

175
Georg Christoph Lichtenberg:
Eintrag in das Stammbuch des Friedrich Maximilian Moors vom 4. September 1766.
Frankfurt am Main, Freies Deutsches Hochstift, Reproduktion
Lichtenbergs Zeichnung vereinigt emblematische Elemente. Das Grabmal mit dem Totenschädel entspricht der ›Pictura‹ (= Bild), das Epigramm der ›Subscriptio‹ (erklärende Bildunterschrift). [AL]
Transkription: »Amico Aspectus! [Dem Freund zur Ansicht!] – Mein Freund. / Dort ruht Musick und Bal, vielleicht in ew'ger Ruh / Und, Freund, ich fürchte fast, ich leg' mich bald dazu. / Mit / diesen sehr erlaubten Betrachtungen wolte ich dir nur / sagen, daß ich würcklich jetzo an den Tod / denke, doch so, daß mir die Lust zu mahlen noch zu weil-/len dabey ankommt. So bald ich ein mal wieder ohne Todes-/betrachtungen mahlen kan, so bekomst du dein Mädchen / von mir gemahlt. Jetzo nehme ich das 12te Campher-/Pulver ein, und bin Zeit Lebens, mit und ohne / Seitenstechen, / dein ergebenster Freund, Bruder und Diener / Georg Christoph Lichtenberg aus Darmstadt. / Göttingen d. 4ten Julii 1766.«

176
Georg Christoph Lichtenberg:
Eintrag in das Stammbuch des Joachim Friedrich von Holstein vom 22. April 1767.
Nürnberg, Germanisches Nationalmuseum, Hs 117.184, p. 155
Joachim Friedrich von Holstein immatrikulierte sich am 13. April 1763 für das Jurastudium. Er stammte aus Mecklenburg. [AL]
Transkription: »Wie mancher, den des Enckels Mund / Mit Ehrfurcht preißt und jeder Schüler kennet; / Ist nur, wie Kästners alter Hund, / Bekannt, weil ihn ein Kästner nennet! / Ich empfehle mich Ew. Wohlgebohrnen geneigtem / Andenckens und bin Zeit Lebens / Deroselben / ergebenster Diener / Georg Christoph Lichtenberg aus Darmstatt / Göttingen den 22ten April 1767.«

177
Georg Christoph Lichtenberg:
Eintrag in das Stammbuch des Johann Reinhard Nicolai, 29. August 1796.
Hamburg, Privatbesitz
Johann Reinhard Nicolai wurde am 3. Mai 1766 gratis – wegen erwiesener Armut – als Student der Theologie in Göttingen immatrikuliert.
Transkription: »Dorset / The weighty bullion of one sterling line / Drawn to french wire would through whole pages shine. / With the greatest pleasure I subscribe myself / Sir, Your / most obedient humble servant / G. C. Lichtenberg of Darmstadt / Göttingen August the 29th 1769.«

178
Georg Christoph Lichtenberg:
Eintrag in das Stammbuch des Renatus Leopold Christian von Senkenberg vom 19. Dezember 1769.
Handschrift. 10,5 × 18,5 cm (Blatt)
Ansbach, Historischer Verein für Mittelfranken, Stammbuch Nr. 10
Renatus von Senkenberg (1751-1800) aus Frankfurt war in Göttingen immatrikuliert und wohnte 1769 des »Studirens wegen« bei dem Stallmeister Johann Heinrich Ayrer, wie er sich noch am 27. August 1798 in einem Brief an Lichtenberg zurückerinnert (Bw 4, Nr. 2898).
Das Zitat stammt aus Alexander Pope, *Essay on Criticism*, Vers 253 f. Lichtenbergs englische Schüler trugen sich in diesem Stammbuch auf den folgenden Seiten mit weiteren Versen des Gedichtes ein. [AL]
Transkription: »Who ever thinks a faultless piece to see, / Thinks what ne're was nor is nor e'er shall be / Sir / I have the happiness of / subscribing myself / Your most obedient humble servant / Göttingen, Dec. the 19th / 1769 G. C. Lichtenberg of Darmstadt«
Übersetzung: Wer jemals denkt, ein fehlerloses Stück zu sehen / Denkt, was nie war, noch ist, noch je sein wird.

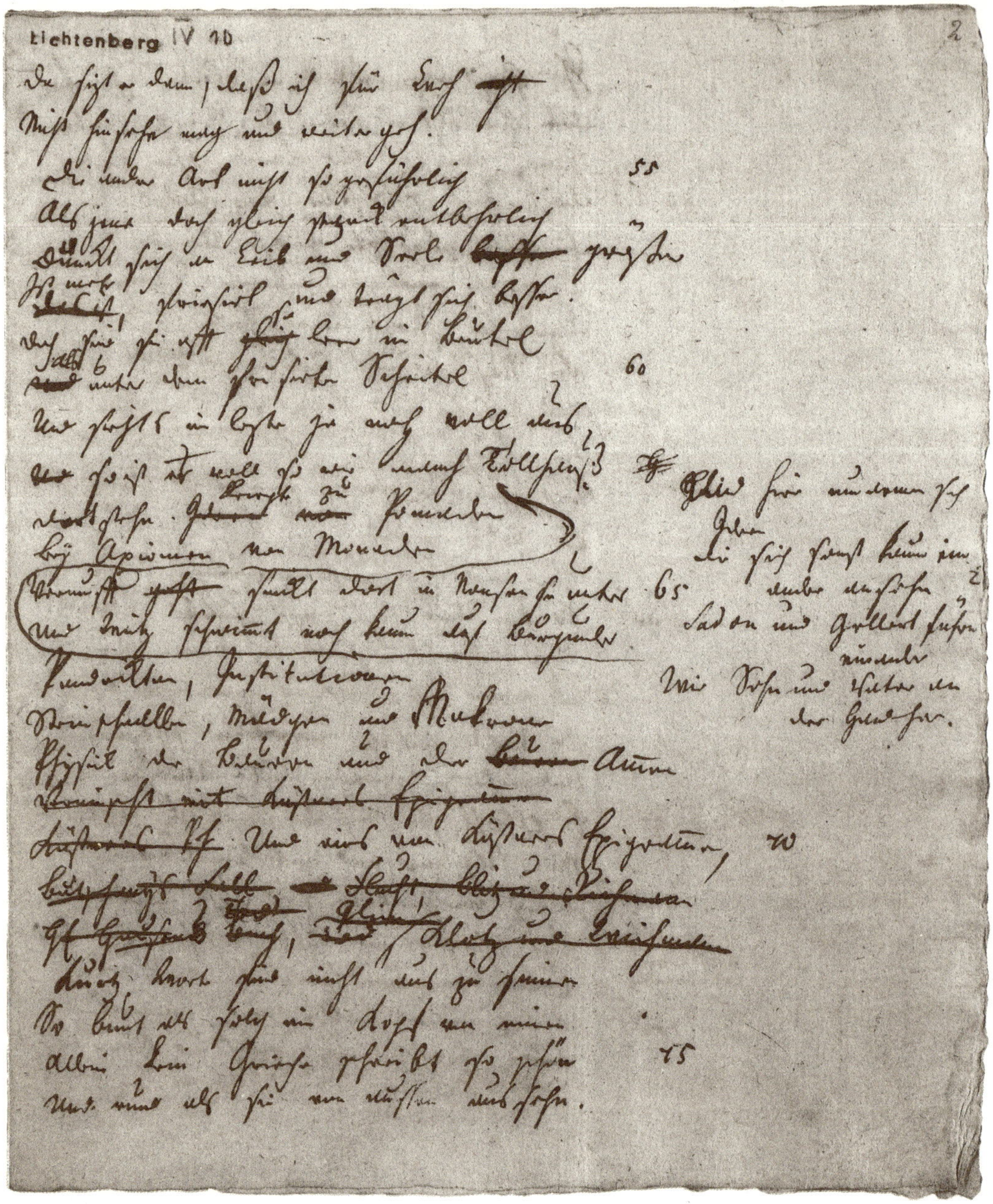

179
Georg Christoph Lichtenberg: Eintrag in das Stammbuch des Johann Ernst Ludwig Paulmann vom 28. März 1783.
Quedlinburg, Städtisches Museum
Paulmann (1760-1830) stammte aus Braunschweig und war am 19. November 1781 als Theologiestudent in Göttingen immatrikuliert. Das Zitat hatte Lichtenberg 1772 als bereits »einmal in einem alten Buch gelesen« notiert. (SB 1, D 227) Die Abkürzung bei Lichtenbergs Namen P. O. bedeutet Publicus Ordinarius = Öffentlicher Professor der Philosophie. [AL]
Transkription: »Innatum est cunctis sublimia plurima scire, / Utque scias, brevis est regula: scire velis! / Honoris ac memoriae caussa / scribebat / G. C. Lichtenberg. Prof: P. O. / Göttingen d. 23 Martii 1783«
Übersetzung sinngemäß: Angeboren ist allen, das Höchste und Meiste zu wissen, / Um zu wissen, ist kurz die Regel: Wolle wissen!

180
Georg Christoph Lichtenberg: Eintrag in das Stammbuch des Alexander Podmaniczky vom 20. September 1786.
Göttingen, Niedersächsische Staats- und Universitätsbibliothek, 8° Cod. Ms. Hist. lit. 47 (S. 225)
Alexander Baron von Podmaniczky (Lebensdaten unbekannt) aus Ungarn immatrikulierte sich am 25. Oktober 1784 als Jurastudent und war bis 1786 in Göttingen. [AL]
Transkription: »Nunquam aliud natura aliud sapientia dicit. / Benevolam sui Memoriam / commendaturus scribebat. / G. C. Lichtenberg, Prof Philos. P. O. / Gottingae d. 20 Sept. 1786.«
Übersetzung: Niemals sagt ein anderes die Natur, ein anderes die Weisheit. / Seiner geneigten Erinnerung sich empfehlend schrieb's ...

181
Georg Christoph Lichtenberg: Eintrag in das Stammbuch des Friedrich August Carus (1770-1807) vom 23. September 1792.
Nürnberg, Germanisches Nationalmuseum, Hs 12 1639
Hier zitiert Lichtenberg, leicht abgewandelt, aus Francis Bacons *Novum Organum* (1740) und verläßt die Poesie, die in den Stammbuchsprüchen der Zeit geläufig ist. [AL]
Transkription: »Non fingendum aut excogitandum, sed experiendum / quid Natura faciat aut patiatur / Baco de Verul: / Benevolam sui memoriam / commendaturus scribebat / G. C. Lichtenberg Cons. Aul. et Prof. Philos. publ. ord / Gottingae d. 23 Sept. 1792.«
Übersetzung: Nicht erdichtet oder ersonnen, sondern durch Erfahrung gewonnen werden muß, was die Natur tue oder dulde.

182
Georg Christoph Lichtenberg: »Seitdem mein Kutscher und mein Schicksal«.
Satirisches Gedicht über Göttingen, 1769.
Göttingen, Niedersächsische Staats- und Universitätsbibliothek, Cod. Ms. Licht. IV, 10 (Bl. 1ff)
Diese satirische Epistel ist wohl kaum als wirklicher Brief gewechselt worden, Absender und Empfänger sind nur Rollenfiguren. Ein Göttinger Student berichtet dem daheimgebliebenen Freund über seinen Studienort. Der Reiz des Gedichts liegt in der durchgängig zweisilbigen Endreimbildung, die mehrfach zu Ungleichförmigkeiten der Akzentuierung führt. Man nennt diese Reime »hudibrastische Reime«, nach Samuel Buttlers *Hudibras* (1663), einer Satire auf das Puritanertum in der Art des *Don Quixote*. [AL]

Transkription: »Schreiben an einen Freund / Göttingen im Mai 1769. Seitdem mein Kutscher und mein Schicksal / Mich, Theuerster, aus deinem Blick stahl, / Leb' ich in diesem Vaterstädtgen / Von manchen Hefften und Tracktätgen, / Berühmt in allerley Bedeutung / Durch Würste, Bibliotheck und Zeitung / Durch Professorn und Regenwetter, / Und breite Stein und Wochenblätter; / Durch junge Herrn aus allen Reichen / Der Welt, und Mädgen und dergleichen. / Du kennst zwar schon aus einem Bändgen / Dies geistliche Schlaraffen-Ländgen, / Wo Wahrheit kommt von selbst geflogen, / Bald mit der Haut bald abgezogen, / Zuweilen künstlich skelettiert, / Zuweilen ganz französ'sch kandiert, / Und wo man folglich um gelehrt / Zu werden nur sich recht aufsperrt. / Der Preiß ist für so viel und so schön / Vier Taler vier und zwanzig Groschen. / (Viel mehr kost'ts was der Leib indes iß't, / Wenns auch nur trocken Brod und Käß ist:) / Doch wirst du vieles noch vermissen, / Was man hier weiß und nicht will wissen. / Professorn schreiben nur qua tales / Und dann wer Hencker weiß denn alles?«

183
Vorgedruckte Immatrikulationsurkunde.
21. Mai 1763. 48 × 38 cm
Braunschweig, Privatbesitz
Die vom jeweils amtierenden Prorektor ausgefüllte und unterzeichnete Urkunde, die dem Studenten ausgehändigt wurde, dokumentierte die Immatrikulation. Sie konnte als Paß verwendet werden und schützte damit vor Soldatenwerbung. Sie enthält zum größeren Teil eine Eidesformel über Pflichten und Verbote, nach denen sich der Student zu richten hatte. Die Urkunde für Lichtenberg wurde am 21. Mai 1763 von Christian Wilhelm Walch, damals ordentlicher Professor der Theologie, unterzeichnet. [AL]

184
Georg Christoph Lichtenberg:
Eigenhändige Eintragung in der Göttinger Studentenmatrikel vom 21. Mai 1763.
Großfolio
Göttingen, Universitätsarchiv
Die Eintragung in die Matrikel dokumentierte zusammen mit der Aushändigung der Immatrikulationsurkunde den Rechtsstatus des akademischen Bürgers. Zur Zeit Lichtenbergs nahm der Student den Eintrag noch selbst vor: Auf die laufende Nummer in dem betreffenden Semester (»185«) folgten der noch oft in Humanistentradition latinisierte Name, das Vaterland (»Darmstadinus«), das Studienfach (»Mathematum et Physices studiosus«) und die jeweils zuletzt besuchte Hochschule (die »– – –« zeigen an, daß Göttingen Lichtenbergs erster Studienort war). In den beiden letzten Spalten sind die zu entrichtenden Gebühren eingetragen – Lichtenberg war nicht davon befreit. [AL]

185
Register über die aus der Königl Universitaets-Bibliothec zu Goettingen ausgeliehenen Büchern: Von Michaelis 1778 bis Ostern 1779.
Titelblatt des Ausleihregisters Wintersemester 1778-1779.
Göttingen, Niedersächsische Staats- und Universitätsbibliothek, Bibliotheksarchiv: Ausleihregister M 1778/O 1779
In den Ausleihregistern wurden die ausgegebenen Bücher alphabetisch nach Verfasser oder Titel mit dem Namen des Entleihers und dem Datum der Entleihung aufgeführt. Bei den Studenten unterzeichnete noch zusätzlich ein Professor als Bürge. Die Register boten die Möglichkeit, festzustellen, welches Buch gerade in wessen Hand war. [AL]

186
Ausleihregister.
Lichtenbergs erste nachgewiesene Entleihung, 1763.
Ca. 34,5 × 22,5 cm
Göttingen, Niedersächsische Staats- und Universitätsbibliothek, Bibliotheksarchiv: Ausleihregister 1763
Als Bürge für Lichtenbergs erste Entleihung aus der Universitätsbibliothek fungierte Kästner. [AL]
Transkription: »Penthers bürgerl. Baukunst 1.2 Th. Lichtenberg per Kaestner verlängert 27. Jul. 10. Aug.«

187
Johann Friedrich Penther (1693-1749):
Anleitung zur Bürgerlichen Bau-Kunst enthaltend ein Lexicon Architectonicum [...]. Teil 1.

Erster Theil einer ausführlichen Anleitung zur Bürgerlichen Bau-Kunst enthaltend ein LEXICON ARCHITECTONICUM oder Erklärungen der üblichsten Deutschen/ Frantzösischen/ Italiänischen Kunst-Wörter der Bürgerlichen Bau-Kunst/ nicht minder derer schweren Lateinischen Vitruvianischen zu gemeldter Bau-Kunst gehörigen Wörter entworffen von Johann Friedrich Penther, Königl. Großbritannischen Rath/ Professore auf der Georg-Augusti-Universität und Ober-Bau-Inspectore.
AUGSPURG, Verlegts Johann Andreas Pfeffel, weil. Kayserl. Hof-Kupferstecher, druckts Christoph Peter Detleffsen. 1744.

Augsburg 1744. Verlegts Johann Andreas Pfeffel, druckts Christoph Peter Detleffsen.
Göttingen, Niedersächsische Staats- und Universitätsbibliothek, 2° Bibl. Uffenbach 469
Johann Friedrich Penthers »Bau-Kunst« ist der erste Titel, den Lichtenberg nachweislich aus der Göttinger Bibliothek entliehen hat (vgl. Katalog-Nr. 185). Architektur als Lehrfach wurde im 18. Jahrhundert im Rahmen der Angewandten Mathematik gelehrt, Lichtenberg besuchte eine entsprechend betitelte Lehrveranstaltung bei Albrecht Ludwig Friedrich Meister. So erklärt sich Lichtenbergs heute zunächst vielleicht verwunderliches Interesse an der Baukunst. Vielleicht hat er den Band aber auch mit Blick auf seinen Vater gewählt, der sich in Hessen-Darmstadt als Baumeister betätigt hatte. [AL]

188
Lichtenbergs einziger erhaltener Leihschein, 1765.
10 (bzw. 9,5) × 16 cm
Göttingen, Niedersächsische Staats- und Universitätsbibliothek, Cod. Ms. Licht. VII, P 6 (Bl. 66-68)
Um ein Buch der Bibliothek zu entleihen, mußten die Studenten Leihzettel schreiben und diese von einem Professor als Bürge gegenzeichnen lassen. Die Zettel wurden nach den Namen der Entleiher alphabetisch geordnet, als Quittung aufbewahrt und nach Rückgabe des Buches vernichtet. War ein Buch bereits ausgeliehen, wurde der Schein gegenstandslos; das Stück Papier konnte anderweitig verwendet werden. Lichtenberg zerschnitt den hier gezeigten Leihschein in drei Teile und nutzte die Rückseite zu Notizen. Das Physikbuch von Jean Théophile Desaguliers entlieh er in der Zeit von 1766 bis 1798 sehr häufig und empfahl es den Studenten in seinen Vorlesungen. [AL]
Transkription: »Desaguliers Course of experimental Philosophy / Ex biblioth: acad: accepit [aus der akademischen Bibliothek hat erhalten] / GCLichtenberg / d. 25ten Febr: 1765 [Als Bürge gegengezeichnet:] AGKästner«
Die Rückseite dieses Scheins:
»Furcht für [= vor] Gewitter Phys. Ursachen zu hindern kan man Wasser, worinn Nitrum oder Cremor Tartari aufgelößt ist brauchen«
»Zur Elecktricität. Vid Avadan 39, 1; Von der Cur mit dem Zitterfisch. 44, 2 Gewitter Elecktricität 49, 1.«
»Phys. Lufft. In verschlossenen Zimmern, kan man um die Elasticität der Lufft zu erhalten mannig mal Schieß Pulver entzünden, [Unzers] Arzt. 1 B. St. 17«

189
Abraham Gotthelf Kästner (1719-1800) und Georg Christoph Lichtenberg:
Abschrift des Zeugnisses für Georg Christoph Lichtenberg vom 9. Juli 1766.
Gotha, Forschungs- und Landesbibliothek, B 1918 II
Das 18. Jahrhundert kennt noch nicht den auf Gleichmäßigkeit der Bedingungen und Vergleichbarkeit

der Ergebnisse orientierten Prüfungsbetrieb heutiger Hochschulen, und Promotionsurkunden waren eher Standeserhebungen als Leistungsnachweise. Einen Ersatz bildeten die ›Testimonia‹: formalisierte, gleichsam zum internationalen Gebrauch durchweg lateinisch gehaltene Zeugnisse, die bis auf diese Sondersprachlichkeit eher an Empfehlungsbriefe denken lassen, im Unterschied zu diesen aber bezahlt werden mußten.
Von Lichtenberg wissen wir durch sein Tagebuch, daß er im letzten Lebensjahrzehnt wenigstens 30 Testimonia ausgestellt hat. Wir kennen aber nur das hier gezeigte als einziges, das ihm selbst seine Leistungen bescheinigt.
Hinter »Hannover« dürfte sich der Präsident des Geheimen Rats-Kollegiums, der Kurator Gerlach Adolf v. Münchhausen verbergen. [UJ]
Transkription: »L.[ectori] B.[enevolo] S.[alutem] / Nobilissimus Dom.[inus] Georgius Christophorus Lichtenberg Hasso Darmstad.[iensis] per biennium et quod excurrit, matheseos purae et applicatae elementa, Physicam, Algebram, Trigonometriam sphaericam tradentem me audivit. Ingenio vero non saltim ad has litteras, sed ad elegantiores etiam praeditus a natura est excellenti, illudque indefessa et qua omnibus, qui eruditionis addiscendae caussa in academiis commorantur exemplo esse possit industria excolit, efficiens tum illis rebus tum morum probitate, ut inter paucos auditorum meorum carissimus mihi sit et quem credam ubicunque locorum aliquando diligentiae suae praemia retulerit scholae nostrae gloriam illustraturum. Dab:[am] Goett:[ingae] d.[ie] 9 Julii A.[nno] Aer.[ae] Christ.[ianae] MDCCLXVI. / Abr:[aham] Gotthelf / Kaestner. / Math.[ematum] et Phys:[ices] P.[rofessor] P.[ublicus] O.[rdinarius]«
Übersetzung: Dem wohlwollenden Leser einen Gruß. Der sehr ehrenwerte Herr Georg Christoph Lichtenberg aus Hessen-Darmstadt hat bei mir zwei Jahre lang und etwas darüber die Anfangsgründe der reinen und angewandten Mathematik, die Physik, Algebra und sphaerische Trigonometrie im Kolleg gehört. Er ist mit hervorragendem Verstand freilich nicht nur zu diesen Wissenschaften, sondern auch zu den vornehmeren von Natur aus be-

tigkeit für englische Studenten möglich wurden, hatte sich oft mit solchen unangenehmen Pflichten zu plagen. Versuche, eine derartige individuelle Aufsicht als öffentliche Einrichtung zu etablieren, scheiterten in Göttingen wie an anderen Universitäten.

Denn für studentische Freiheit im Geldausgeben sorgten häufig die Bürger, die bald ihre anfängliche Abneigung gegen die fremden Studenten hintanstellten und den kameralistischen Nutzen der Universität für sich zu buchen suchten. Ihre wichtigste Einnahmequelle wurde bald die Vermietung von Studentenwohnungen. Öffentliche Wohneinrichtungen für Studenten gab es in Göttingen damals nicht, anders als in vielen Universitätsstädten wohnten auch nur wenige Studenten in Professorenhäusern. Ein Göttinger Student mietete gewöhnlich eine Stube mit einer Schlafkammer. In der mittleren Qualitätsklasse zahlte er dafür etwa dreißig Taler jährlich, das war für einen durchschnittlich ausgestatteten Studenten ein Zehntel seines Jahresgeldes. Ihm standen die häuslichen Dienstboten zur Verfügung, und es war üblich, ein Konto für allerlei kleine Einkäufe beim Hauswirt zu haben.

Nach einer regen Bau- und Renoviertätigkeit in der ersten Jahrhunderthälfte und dank einer Wohnungsvermittlung der Universität gab es ein für die Studenten erfreuliches Überangebot an Wohnraum. Infolgedessen konnten sie sich gegenüber den Hauswirten im allgemeinen bei Streitfragen gut behaupten.

Weniger erfreulich sah es bei der Nahrungsversorgung aus, zudem sahen viele der Studenten das frugale Göttinger Essen aus einem verwöhnten Blickwinkel. Die Studenten aßen meist bei besonderen Tischwirten (»Traiteuren«), ab den 1770er Jahren ließen sich auch sehr viele das Essen von dort auf ihr Zimmer holen. Die Preise, nach der Göttinger Selbsteinschätzung relativ hoch, lagen zwischen drei und sieben Talern monatlich. Die Qualität des Essens litt unter der schwierigen ökonomischen Lage vieler Tischwirte; nur die 140 aus öffentlichen Mitteln bezahlten Freitische waren eine sichere Einnahme für die Gastronomen, von denen trotzdem viele an den wirtschaftlichen Problemen scheiterten.

Dies sind nur zwei der wichtigsten Bereiche, in denen die Studenten ihr Geld ausgaben. Sie zogen darüber hinaus für ihre speziellen Bedürfnisse Handel und Gewerbe nach Göttingen. Zum Teil wurden diese von der Universität abhängigen Gewerbetreibenden als »Universitätsverwandte« rechtlich von der Stadt abgetrennt: Ebenso wie Professoren und Studenten unterstanden sie dann nur der Universitätsgerichtsbarkeit. Derlei Sonderrechte vergifteten anfänglich das soziale Klima in der Stadt, doch mit der Zeit arrangierten sich (fast) alle. Nur die jüdischen Kaufleute, die lange Zeit einen großen Teil des Handels mit Universitätsangehörigen beherrscht hatten, wurden nach einer langen neidischen Kampagne der Göttinger Kaufleute 1793 teilweise aus der Stadt gewiesen. Gegen die ebenfalls jüdischen »fliegenden Händler« hatte es schon länger einschränkende Rechtsvorschriften gegeben.

Umgekehrt hatte auch die Stadt eine prägende Wirkung auf die Universität. Von vielen Studenten wurde Göttingen als Stadt mit geringem Freizeitangebot angesehen und die Bevölkerung als besonders langweilig und abstoßend empfunden. Vielleicht trug dies zum Ruf Göttingens als Arbeitsuniversität bei.

Wie sich die Stadtbevölkerung allmählich mit den ökonomischen Vorteilen der Universität vertraut machte und den Fremdkörper in der Stadt zunehmend akzeptierte, so assimilierten sich auch die Professoren im letzten Drittel des 18. Jahrhunderts in der Stadt durch Gesellschafts-, Heirats- und Geschäftsbeziehungen.

Mit diesen Rahmenbedingungen begann in den siebziger Jahren die eigentliche »Blütezeit« der Universität, während sich die anderen deutschen Universitätsstädte in einer Strukturkrise befanden und die Studentenzahlen sonst überall sanken. Selbst als einige Göttinger Professoren in den neunziger Jahren in den Ruf einer recht revolutionsfreundlichen Haltung kamen, konnte dies der hohen Zahl an Immatrikulationen kaum schaden.

In dieser Zeit, die sich deckt mit Lichtenbergs Wirken in Göttingen, wurde die Universität in der Publizistik mit reichem Lob bedacht, erlangte einen europäischen Ruf und wurde mit ihrer Kombination von Lehr- und Lernfreiheit zum Vorbild einer künftigen Universitätsreform.

gabt, und ihn vervollkommnet er mit unermüdlichem Eifer und so, daß er allen, die an Universitäten sich aufhalten, um Bildung zu erwerben, als Beispiel dienen könnte; und er erreicht sowohl durch diese Dinge wie auch durch seinen untadeligen Charakter, daß er unter den wenigen meiner Zuhörer mir der Liebste ist, und daß ich von ihm glaube, daß er – an welchen Orten immer er einmal den Lohn seines eifrigen Studierens davonträgt, er den Ruhm unserer Hochschule heller erstrahlen lassen wird. Gegeben zu Göttingen am 9. Juli im Jahre der christlichen Zeitrechnung 1766. Abraham Gotthelf Kästner, ordentlicher öffentlicher Professor der Mathematik und Physik.

1 Reiner A. Müller, S. 58.

2 Reskript vom 14. Januar 1749 (Universitätsarchiv Göttingen, Kuratorialarchiv 4 I 11).

3 Vgl. Dietrich von Maercker und Ilse Costas.

4 Johann David Michaelis 4, 1776, S. 201.

5 Johann David Michaelis 4, 1776, S. 173-180; Ernst Brandes 1802, S. 26-35 und 332-337; Christoph Meiners 2, 1802, S. 180-182.

6 Friedrich Christian Laukhard: *Leben und Schicksale 1.* Leipzig 1792, S. 263.

Quellen- und Literaturhinweise

Ernst Brandes: *Ueber den gegenwärtigen Zustand der Universität Göttingen.* Göttingen 1802.

Stefan Brüdermann: *Göttinger Studenten und akademische Gerichtsbarkeit im 18. Jahrhundert* (= Göttinger Universitätsschriften. Serie A, Bd. 15). Göttingen 1990.

Norbert Conrads: *Ritterakademien der frühen Neuzeit: Bildung als Standesprivileg im 16. und 17. Jahrhundert.* (= Schriftenreihe der Historischen Kommission der Bayrischen Akademie der Wissenschaften Bd. 21). München 1982.

Ilse Costas: *Die Sozialstruktur der Studenten der Göttinger Universität im 18. Jahrhundert.* In: H.-G. Herrlitz, H. Kern (Hrsg.): Anfänge Göttinger Sozialwissenschaft (= Göttinger Universitätsschriften. Serie A, Bd. 4). Göttingen 1987, S. 127-149.

Wilhelm Ebel (Hrsg.): *Die Privilegien und ältesten Statuten der Georg-August-Universität zu Göttingen.* Göttingen 1961.

Ludwig Fertig: *Die Hofmeister.* Darmstadt 1979.

Ernst Gundelach: *Die Verfassung der Göttinger Universität in drei Jahrhunderten* (= Göttinger Rechtswissenschaftliche Studien Bd. 16). Göttingen 1955.

Notker Hammerstein: *Jus und Historie.* Göttingen 1972.

Dietrich von Maercker: *Die Zahlen der Studierenden an der Georg-August-Universität in Göttingen von 1734/37 bis 1978.* In: Göttinger Jahrbuch 27 (1979), S. 141-158.

C. E. McClelland: *State, society and university in Germany 1700-1914.* Cambridge 1980.

Christoph Meiners: *Über die Verfassung und Verwaltung deutscher Universitäten.* Bd. 1 und 2, Göttingen 1801/02.

Johann David Michaelis: *Raisonnement über die protestantischen Universitäten in Deutschland.* 4 Bde., Frankfurt a.M., Leipzig 1768-1776.

Reiner A. Müller: *Geschichte der Universität.* München 1990.

Johann Stephan Pütter: *Versuch einer academischen Gelehrten-Geschichte von der Georg-Augustus-Universität zu Göttingen.* [Erster Teil bis 1765] Göttingen 1765. Zweyter Theil von 1765 bis 1788 Göttingen 1788. Dritter Theil von 1788 bis 1820 fortgesetzt von F. Saalfel. Göttingen 1820.

Emil Franz Rössler (Hrsg.): *Die Gründung der Universität Göttingen.* Göttingen 1855.

Götz von Selle: *Die Georg-August-Universität zu Göttingen 1737-1937.* Göttingen 1937.

Wolfgang Sellert: *Rechtswissenschaft und Hochschulpolitik – Münchhausen und die Juristische Fakultät.* In: J. v. Stackelberg (Hrsg.): Zur geistigen Situation der Zeit der Göttinger Universitätsgründung 1737 (= Göttinger Universitätsschriften. Serie A, Bd. 12). Göttingen 1988, S. 57-84.

Rainer Herbster

»Die Astronomie ist vielleicht diejenige Wissenschaft, worin das wenigste durch Zufall entdeckt worden ist, wo der menschliche Verstand in seiner ganzen Größe erscheint und wo der Mensch am besten lernen kann, wie klein er ist«

Lichtenbergs astronomisches Werk

190
Heinrich Christoph Grape (Lebensdaten unbekannt):
Die alte Göttinger Sternwarte auf dem Mauerturm.
Kupferstich, um 1800.
Göttingen, Sammlung Himme
Durch den Streit um den besten Standort verschob sich die Gründung der Göttinger Sternwarte bis in das Jahr 1751. Die ursprünglichen Pläne, sie auf der Universitäts-Kirche, dann auf dem Hallerschen Wohnhaus im Botanischen Garten zu errichten, scheiterten. Stattdessen wurde sie 1751 in der östlichen Mauerstraße in einem alten Turm der Stadtmauer installiert. Schon 1759 war das Gebäude in so schlechtem Zustand, daß es eine Gefahr für die empfindlichen Instrumente darstellte. 1754 erhielt Tobias Mayer die Aufsicht über das Observatorium, 1764 löste ihn Abraham Gotthelf Kästner ab. Auch er hatte mit den Mängeln des Gebäudes zu kämpfen, in dessen Untergeschoß sich das Spritzenhaus der Stadt Göttingen befand. Das Observatorium war mehrfach vom Einsturz bedroht, einige Instrumente ließen sich durch eine fortwährende Senkung der Mauern gar nicht nutzen. An der Göttinger Sternwarte observierte Lichtenberg als Student. »Den 8ten April [1766], Abends, heiterte es sich zuerst etwas auf, und ich erhielt die erste Nachricht, daß ein Comet zu sehen wäre, von Herrn Lichtenberg, der sich hier mit glücklichem Eifer auf die Mathematik gelegt.« (Abraham Gotthelf Kästner: Nachricht von dem im April zu Göttingen gesehenen Cometen. In: *Hannoverisches Magazin*, 33tes Stück, Freytag, den 25ten April 1766) [AL]

Das vorangestellte Zitat Lichtenbergs über das Wesen der Astronomie läßt erwarten, daß diese Wissenschaft von dem universell orientierten Gelehrten besonders intensiv betrieben wurde. Gerade dies aber ist nicht der Fall. Weder kann man Lichtenberg als einen besonders brillanten, noch als einen besonders mittelmäßigen Astronomen bezeichnen. In seiner astronomischen Arbeit war er ein guter Handwerker, der qualitativ hochstehend gefertigte Arbeiten lieferte. Dies gilt sowohl für die Herausgabe des wissenschaftlichen Werkes Tobias Mayers (1723-1762), seines Lehrers, als auch für die von ihm durchgeführte Gradmessung.

Mit dem Beginn des 18. Jahrhunderts wurden umfangreiche Gradmessungen in fast allen Kulturnationen Europas unternommen, um die von Christiaan Huygens (1629-1659) und Isaac Newton (1643-1727) aufgestellte Behauptung zu überprüfen, daß die Erde an den Polen abgeflacht sei. Nach dieser Theorie käme ihr somit nicht eine Kugelform, sondern die eines Rotationsellipsoides zu. Die Überprüfung dieser Annahme hatte nicht nur Folgen für die Physik, sondern ebenso für die Nautik und Kartographie.

In Hannover waren bis zu Lichtenbergs Messungen lediglich die geographische Länge und Breite Göttingens gesichert, nämlich durch den schon erwähnten Tobias Mayer. Georg III., König Großbritanniens und zugleich Landesherr von Hannover, ein Liebhaber der Astronomie, ordnete weitere geographische Ortsbestimmungen in seinem Kurfürstentum an. Das hannoversche Ministerium holte daraufhin von der göttingischen Königlichen Sozietät, der heutigen Akademie der Wissenschaften, entsprechende Personalvorschläge ein, woraufhin Lichtenberg, der schon durch seinen Englandaufenthalt dem König kein Unbekannter war, mit der Ausführung dieses Vorhabens betraut wurde.

Ein brauchbares Meßinstrument zur Durchführung dieses Vorhabens war in Göttingen nicht aufzutreiben. So stiftete der König einen Quadranten, womit sich Lichtenbergs astronomischer Gerätepark auf diesen Quadranten, eine Präzisionsuhr des Göttinger Uhrmachers Kampe, von der es hieß, sie sei den englischen Chronometern zumindest ebenbürtig, ein Fernrohr aus der Werkstatt des englischen Gerätebauers John Dollond und einen Kompaß beschränkte. Vor der Darstellung der Lichtenbergschen Vermessung soll die Rolle der Astronomie bei der geographischen Ortsbestimmung erläutert werden.

191
Friedrich Wilhelm Herschel
(1738-1822):
Spiegelteleskop nach Newton.
Mahagoniholz, Messing, Glas, um 1786. 225 cm lang
Darmstadt, Hessisches Landesmuseum, Physikalische Sammlung, 60/166

Der aus Hannover stammende Friedrich Wilhelm Herschel wurde mit 14 Jahren Militärmusiker, ein Beruf, den er aber bald wegen *Engbrüstigkeit* aufgeben mußte. 1757 ging er als Organist und Orchesterleiter nach England, wo er sich in seiner Freizeit mit der Astronomie zu beschäftigen begann. Dabei erwarb er sich durch Selbststudium solche Kenntnisse, daß er ab 1774 seine Spiegelteleskope selbst herstellen konnte. Am 13. März 1781 entdeckte Herschel den Planeten Uranus; ein Jahr später ernannte ihn Georg III. zum Königlichen Hofastronom.
Nach den Kabinettsrechnungen wurde das hier gezeigte Fernrohr 1793 von Landgraf Ludwig X. für 832 Gulden gekauft. Zuvor war Lichtenberg um ein Gutachten gebeten worden. Er empfahl den Ankauf dieses Fernrohrs, das in Göttingen schon 1787 als Geschenk des englischen Königs durch Herschel selbst überbracht worden war. Der Teleskoptyp wurde so bekannt, daß nach ihm ein Sternbild der südlichen Himmelshalbkugel benannt wurde (*Telescopium Herschelii*). Das Gerät ist so konstruiert, daß der Benutzer vom selben Standort aus das Fernrohr bedienen und gleichzeitig beobachten konnte. Am 2. April 1787 schreibt Lichtenberg an den Hessen-Darmstädtischen Kabinetts-Sekretär Ernst Christian Friedrich Adam Schleiermacher: »Das Herschelsche Teleskop, womit der König unser Observatorium beschenckt hat, ist das vollkommenste Werckzeug dieser Art, das ich in meinem Leben gesehen habe, so wohl was das wesentliche, Vergrößerung und Deutlichkeit, als auch das Stativ betrifft, das in seiner Art ein eben so großes Meisterstück ist, als das Teleskop selbst. Die Röhre des Teleskops ist 8eckigt, von Mahogany-Holtz, und so nett verbunden, daß gar kein Werfen statt finden kan. Der Focus des Spiegels ist 10 Fuß, und also so lang auch das Rohr. Sein Durchmesser und Oefnung 8 $^1/_2$ Zoll. Er wiegt mit seiner Fassung 21 Pfund, und da man leztere etwa auf 3 Pfund schätzen kan, der Spiegel für sich etwa 18 Pfund. Er ist aus einem so reinen Metall verfertigt und mit solcher Gnauigkeit lävigirt und polirt, daß als ich zum ersten mal in der Nähe hinein sah, trotz aller Bekanntschafft mit andern Instrumenten dieser Art förmlich frappirt wurde, und bekennen muste, ich habe nie vorher in einen wahren Spiegel gesehen. – Zum Gebrauch am Himmel sind 8 verschiedene Vergrößerungen, worunter die schwächste etwa 90 die stärckste 1000 mal vergrößert.« (Bw 3, Nr. 1516, S. 339f.) [KH]

192
Kleines astronomisches Spiegelteleskop.
Messing, Glas, vor 1789. 42 cm lang
Universität Göttingen – Erstes Physikalisches Institut (Göttingen, Städtisches Museum), H 102
Das Fernrohr aus Lichtenbergs Sammlung, nach James Gregory (1638-1675) gebaut, liefert aufrecht stehende Bilder. [GB]

193
Johann Elert Bode (1747-1826):
Das »Telescopium Herschelii« als Sternbild am Himmel.
In: J. E. Bode: Stern-Atlas. Berlin 1801.
Kupferstich. 49 × 70 cm
Darmstadt, Hessisches Landesmuseum, Physikalische Sammlung, Ph. C. 59/133
Die Begeisterung der Astronomen über die Güte und Lichtstärke des Herschelschen Teleskops ging so weit, daß sie es neben die mythologischen Figuren der Antike unter die Sterne versetzten. [SO]

194
G. Wright:
Himmelsglobus.
Hohlkörper aus 12 ekliptischen Pappsegmenten mit koloriertem Kupferstich, Messing-Polkappen, Messing-Meridianring, Holz-Horizontring mit Stich beklebt, auf dreifüßigem Mahagoni-Gestell mit Kompaß, 1782. 60 cm hoch, Durchmesser: 30,3 cm
Bez. in der Kartusche unter dem Wendekreis »Wright's / New improved / Celestial Globe / on which the Stars / are correctly laid down / from the Observations of / Dr. Halley, Dr. Bradley«. Darunter der Lieferanten-Nachweis aufgeklebt: »sold by J. H. Hurter [Optician Great Malbro Street] London.«
Darmstadt, Hessisches Landesmuseum, Physikalische Sammlung, 56/14

195
Armillarsphäre.
Messing, Holz, Stahl, Elfenbein, Papiermasse, um 1790. Höhe: 55 cm, Durchmesser: 36 cm
Bez. »Sold by J[ohann] H[einrich] Hurter«.
Darmstadt, Hessisches Landesmuseum, Physikalische Sammlung, 59/113
Armillarsphären, seit dem 15. Jahrhundert als Unterrichtsgeräte benutzt, geben einen Überblick über die wichtigsten Himmelskreise. Äquator, Wende- und Polarkreise, Horizont und Tierkreise werden durch Messingringe dargestellt, die die Erdachse mit der Erdkugel umgeben. Die hier gezeigte Armillarsphäre sitzt auf einem Räderwerk, das durch eine Handkurbel angetrieben wird und den Zusammenhang zwischen Sternentag, Sonnentag, Mondbahn, Mondphasen, Bürgerlichem Kalender und Sternkreiszeichen herstellt. Mit dieser Armillarsphäre läßt sich auch der Verlauf von Ebbe und Flut zeigen. [KH]

196
G. Wright und James Ferguson:
Erdglobus.
Mit der Reiseroute von Furneaux 1773 und Captain James Cook 1774.
Hohlkörper aus 12 ekliptischen Pappsegmenten mit koloriertem Kupferstich, Messing-Polkappen, Messing-Medianring, Holz-Horizontring mit Stich beklebt, dreifüßiges Mahagoni-Gestell mit Kompaß, 1782. Höhe: 60 cm, Durchmesser des Globus: 30 cm, des Horizontrings: 43 cm
Bez. in der Kartusche »Fergusons / Terrestrial Globe / Improved by / G. Wright / Whereon all the new Discoveries / of the late Capt Cook & other / eminent Navigators are / correctly laid down to / the Present Time«, darunter: »4. Hind Court Fleet Street«. Darunter aufgeklebt: »Sold by J. H. Hurter.«
Darmstadt, Hessisches Landesmuseum, Physikalische Sammlung, 56/15
»Einen Globus könnte man eine astronomische Rechenmaschine nennen.« (SB 1, D 288)

197
John Townsend (pinx.) und Robert Stewart (engr.):
James Ferguson (1710-1776).
Porträt.
Mezzotinto, 1776. 38,5 × 28 cm (Blatt)
London, Guildhall Library, c c 101. Clockmakers Co. Prints
Lichtenberg lernte den englischen Physiker Ferguson während seines Englandaufenthaltes im Juli 1775 kennen: »Ein ziemlich alter ehrlicher Mann scheint er zu seyn, der die gemeinen Versuche sehr gut macht und erklärt«. (LE 1, T III, S. 175) Fergusons Vorlesungen waren – laut Lichtenberg – sehr beliebt: »Es lief alles hinein, Christen und Juden, Offiziere, Frauenzimmer und Quäker und – Professoren von Göttingen«. (LE 2, T III, S. 122) [SS]

198
Alexander Fräser:
Quadrant.
Holz, Messing, Eisen, Ende 18. Jahrhundert. 53 × 36 × 42 cm
Darmstadt, Hessisches Landesmuseum, Physikalische Sammlung, 60/132
Unter den Winkelmeßinstrumenten nennt man diejenigen »Quadranten«, deren Winkeleinteilung ein Viertel des Vollkreises (also 90°) zeigt. Im 18. Jahrhundert wurde die Meßgenauigkeit der Quadranten erheblich gesteigert, die meisten Sternwarten arbeiteten mit diesem Gerät, das zum Aufsuchen von Sternorten diente. »Man könnte auch leblose Dinge unter sich korrespondieren lassen«, notiert Lichtenberg und denkt dabei etwa an das »Schreiben des Göttingischen Quadranten an seinen Bruder in Greenwich.« (SB 1, C 85) [KH]

199
Alexander Fräser:
Sonnenuhr in Dosenform.
Messing, Silber, Glas, Stahl, um 1800. Durchmesser: 8,9 cm, Höhe: 3,4 cm
Bez. »Alex^{r}-Fraser Darmstadt Lati$^{[tu]}$de 49.43[°]«
Darmstadt, Hessisches Landesmuseum, Physikalische Sammlung, 58/140
Der aus Schottland stammende Alexander Fraser (später schrieb er sich Fräser) war zunächst Mechaniker bei Johann Heinrich Merck und von 1791-1823 Hofmechaniker in Darmstadt. Bei dem hier gezeigten Stück handelt es sich um eine von Fraser verfertigte Messingdose, in der eine Scheibe auf einem Rubin drehbar gelagert ist. Auf ihrer Oberseite steht das Poldreieck, auf der Unterseite ist ein Magnet für die Ausrichtung der Sonnenuhr befestigt. Am Rand der Dose befindet sich ein Silberring mit der Einteilung der Kompaßrose.
»Bei den Sonnenuhren steht der Schatten still und die Uhren drehen sich.« (SB 2, J 1572) [KH]

200
C. E. Knabe:
Äquatorialsonnenuhr.
»Universal-Uhr«
Messing, teilweise versilbert, 18. Jahrhundert (nach 1733).
14 × 13 × 12,9 cm
Bez. »Fait à DARMSTADT par C. E. Knabe«
Darmstadt, Hessisches Landesmuseum, Physikalische Sammlung, 58/139
Auf einer rechteckigen Grundplatte mit eingraviertem Teilkreis sitzt der drehbare Aufbau. Durch drei Fußschrauben kann mit Hilfe des frei hängenden kleinen Lots die Grundplatte absolut waagrecht gestellt werden. Johann Friedrich Penther beschreibt in seiner *Gnomonia fundamentalis et mechanica* (1733) eine entsprechende Sonnenuhr; er nennt sie eine »Universal-Uhr«, weil man sie

mehrfach verwenden kann: 1. an »jedem Ort die rechte Stunde erfahren«, 2. die »wahre Mittagslinie einschließlich magnetischer Deklination« finden, 3. die Polhöhe bestimmen und 4. den Monatstag ermitteln. Die hier gezeigte Äquatorialsonnenuhr dürfte ein Nachbau nach Penthers Beschreibung sein,

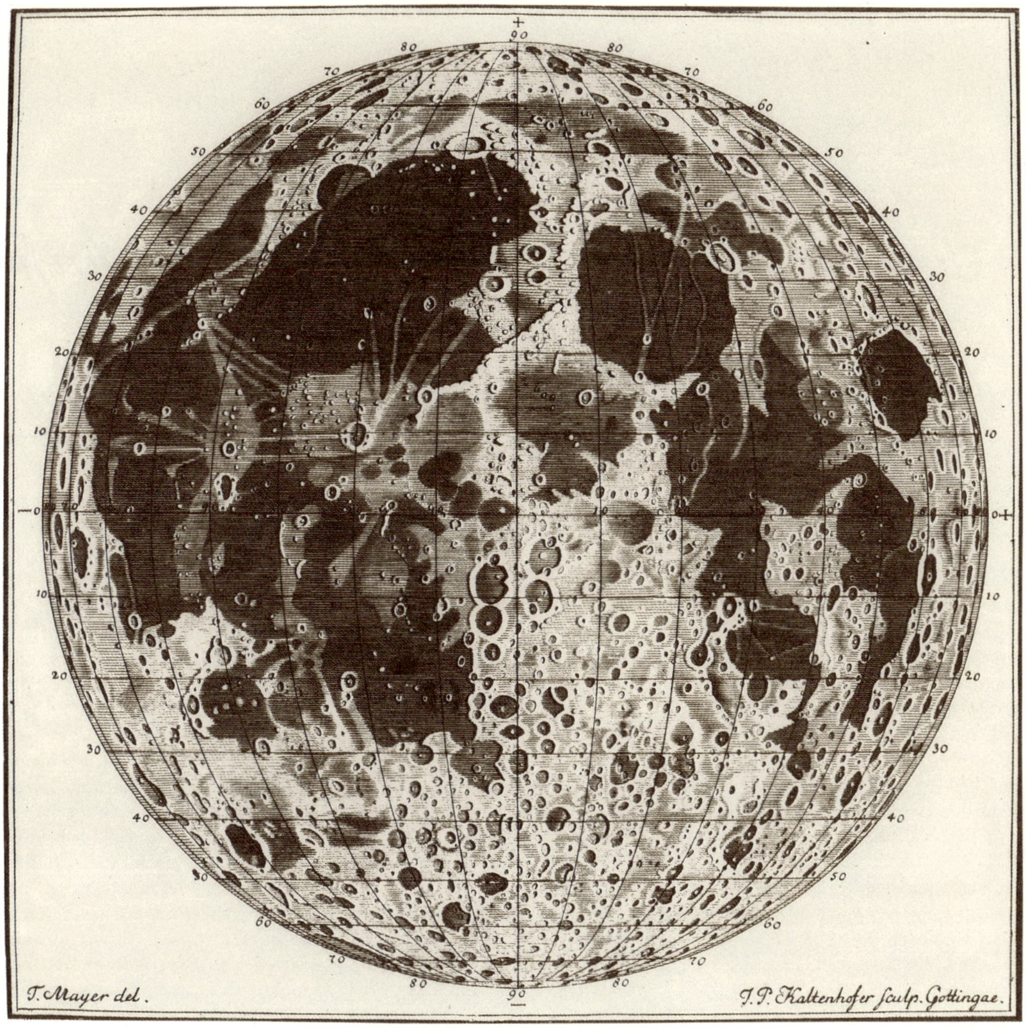

daher ist ihre genaue Entstehungszeit schwer anzugeben.
»Wir können ein Hirsekorn ungeheuer vergrößern; aber eine Sekunde Zeit können wir zu keiner Minute und zu keiner Viertelstunde machen. Das wäre vortrefflich, wenn man das könnte! Allein man sucht mehr die Zeit zu *verkleinern*, so sollte man sagen, statt *verkürzen*.« (SB 2, L 925) [KH]

201
Joel Paul Kaltenhofer (1716-1777) (inv.) und Westermayer (sc.):
Tobias Mayer (1723-1762).
Porträt.
Kupferstich, 1799.
Göttingen, Niedersächsische Staats- und Universitätsbibliothek, Voitsche Slg.: T. Mayer
Tobias Mayer, der ursprünglich als Kartenmacher in Nürnberg arbeitete, hatte sich autodidaktisch zum Astronomen ausgebildet und wurde (nach Hevelius) zu einem Begründer der modernen Selenographie; er entdeckte das Fehlen der Mondatmosphäre. 1751 nach Göttingen berufen, lehrte er dort bis zu seinem Tod Mathematik und Ökonomie und leitete seit 1754 die dortige Sternwarte. Er starb zwar schon im Jahr vor Lichtenbergs Studienbeginn, doch hat er den Ruf einer Göttinger Astronomie dergestalt etabliert, daß der Uhrmacher Harrison in London, weil Lichtenberg sich bei seinem Besuch als Göttinger vorstellte, ihn einen von den »Mondsüchtigen« nannte (wie Lichtenberg später im Kolleg zu erzählen pflegte). Damit nicht genug, hinterließ Mayer einen umfangreichen wissenschaftlichen Nachlaß, den die Sozietät erwarb, der aber infolge mancherlei Eifersüchteleien zunächst liegenblieb. Lichtenberg gelang es nun durchzusetzen, daß ihm dieser Nachlaß zur Publikation übertragen wurde; indessen kam nur der erste Band zustande. [UJ]

202
Georg Christoph Lichtenberg (Hrsg.):
Tobiae Mayeri Opera Inedita. Vol. I. Commentationes Societati Regiae scientiarum oblatas, quae integrae supersunt, cum tabula selenographica complectens. Edidit et observationum appendicem adiecit Georgius Christophorus Lichtenberg. Gottingae: Dieterich 1775.
110 S., 3 Falttaf. 4°
Göttingen, Niedersächsische Staats- und Universitätsbibliothek, 4° Math. I, 2987 Rara
Die Edition der »unveröffentlichten Werke« Tobias Mayers war Lichtenbergs erste bedeutendere wissenschaftliche Publikation. Wohl weil sie sich kaum verkauften (und vermutlich auch aus nachlassendem Interesse bei Lichtenberg), wurde die Ausgabe nicht fortgesetzt.
Lichtenberg an Johann Christian Dieterich, 30. Oktober 1774: »Die Mayerschen Wercke habe ich ihm [König Georg III.] vor vier Tagen überreicht, er ist gantz davon eingenommen, und nun will ich Dir sagen, was er von Deinem Druck gesagt hat, es sind die Worte des Königs: *Das ist ein vortrefflicher Druck, so wie es die Schrifften des Mannes gewiß verdienen*, sagte er gleich als er es aufmachte, *so gut als Baskerville*«. (Bw 1, Nr. 265, S. 480)
Angebunden (ausgeklappt) ist die von Tobias Mayer entworfene und von Kaltenhofer gestochene Mondkarte. Lichtenberg an Johann Heinrich Lambert, 1. März 1774: »[Der Stich der Mondkarte] macht HE. Kaltenhofer viel zu schaffen, denn willkührliche Züge, deren er bey seiner grosen Gewissenhafftigkeit bey der gnausten botanischen und anatomischen Zeichnung doch hier und da noch welche thun kan, darf er hier gar nicht thun; dabey ist die Menge der zu verzeichnenden Flekken sehr groß. Ich habe einmal vom südlichen Pol des Mondes bis an den Parallelen von 40°, also etwa auf dem 15ten Theil der gantzen Scheibe allein 205 gezählt.« (Bw 1, Nr. 239, S. 437) [UJ]

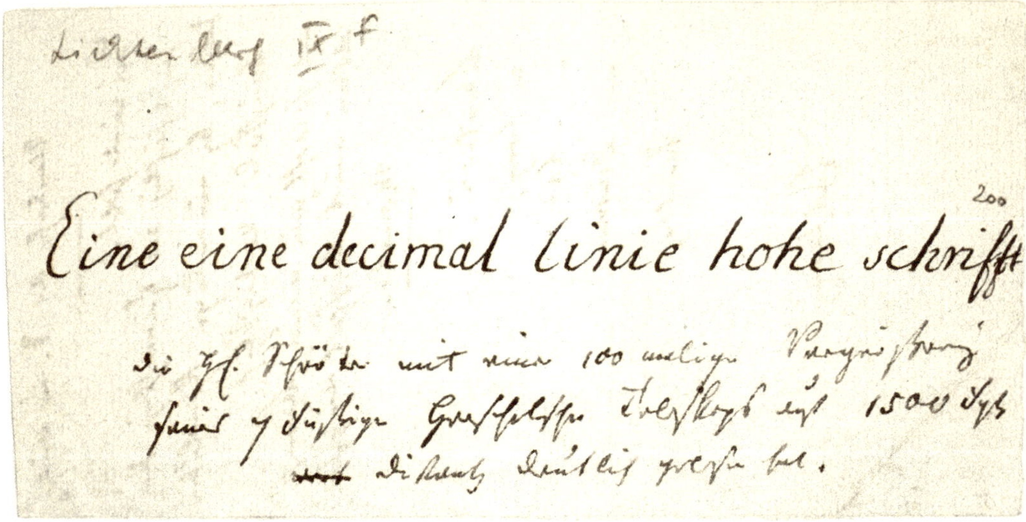
200
Eine eine decimal linie hohe schrifft

203
Georg Heinrich Tischbein
(1756 bis nach 1815):
Johann Hieronymus Schroeter
(1745-1816).
Porträt.
Kupferstich, Oktober 1791.
Lilienthal, Heimatverein
Jurist und Amateur-Astronom, seit 1782 Oberamtmann in Lilienthal bei Bremen, wo er sich auf dem dortigen Amtshof eine mit hervorragenden Instrumenten – unter anderem einem freistehenden 28füßigen Tubus – ausgestattete Privatsternwarte baute, um sich vor allem der Planeten- und Mondbeobachtung zu widmen. Er gilt neben Hevelius und Tobias Mayer als Begründer der wissenschaftlichen Selenographie. Am 3. Oktober 1785 antwortete Lichtenberg auf einen ersten Brief Schroeters: »Es ist mir eine ausserordentliche Freude gewesen unvermuthet mit einem Manne von Ihren Verdiensten und Kenntnissen in Briefwechsel zu kommen [...]. Freylich habe ich mich schon offt nach Ihnen hingewünscht Ihre vortrefflichen Anstalten zu sehen, vielleicht bin ich bald einmal so glücklich.« (Bw 3, Nr. 1400) [SO]

204
Georg Heinrich Tischbein
(1756 bis nach 1815):
Die große Mondkarte nach Tobias Mayer (Tob. Mayeri Tabula Selenographica Tafel V). Angefertigt von George Tischbein 1791.
In: Johann Hieronymus Schroeter: Selenotopographische Fragmente. Lilienthal und Helmstedt 1791.
Kupferstich.
Göttingen, Niedersächsische Staats- und Universitätsbibliothek, 4° Astron. II, 3825, Tafelband
Die Mayersche Mondkarte, die sich der große Astronom seit 1749 zum eigenen Gebrauch (vor allem zur Ermittlung der genauen Umdrehungszeit des Mondes) auf der Basis einer Reihe von mit Tusche ausgeführter Detailzeichnungen und mit Hilfe von ihm selbst gefertigter Mikrometer angelegt hatte, war so gut, daß Schroeter für seine *Selenotopographie* mit ihren 182 Detailzeichnungen sie als Überblickskarte neu herausgab. Am 5. Juni 1790 holte er sich dazu von Lichtenberg die Erlaubnis. Es wurde bei ihrem Druck dann lediglich die Schraffur geändert und die Karte auf den Kopf gestellt – so nämlich, wie sie dem Astronomen im Himmelsfernrohr erscheint.
Lichtenberg erklärte in einem Brief an Johann Hieronymus Schroeter am 21. April 1791: Die »Mondcharte [...] ist in der That vortrefflich gerathen und kommt der Sanfftheit des Mayerschen Originals sehr viel näher als die Kaltenhofersche Copie. Kaltenhofer war ein sehr genauer Mann ohne sonderlich viel Geschmack, HE. Tischbein vereint beyde Eigenschafften in sich.« (Bw 3, Nr. 1860) [UJ]

205
Johann Hieronymus Schroeter und Georg Christoph Lichtenberg:
»Eine eine decimal linie hohe schrifft«.
Zettel zur Demonstration der hohen Bildschärfe des Schroeterschen Teleskops. Beilage eines Briefes an Lichtenberg, um 1787.
Handschrift; 10,5 × 7,7 cm
Göttingen, Niedersächsische Staats- und Universitätsbibliothek, Cod. Ms. Licht. IX, F (Bl. 200)
Die von Schroeter geschriebene Zeile hat die Höhe von $^1/_{10}$ Pariser Zoll = 2,71 mm, die, wie Lichtenberg auf diesem Zettel kommentierend hinzufügt, »Hr. Schröter mit nur 100maliger [genau 95maliger] Vergrößerung seines 7füßigen Herschelschen Teleskops auß 1500 Fuß [= 438,14 m] Distantz deutlich gesehen hat.«

206
Ernst Christian Specht
(vor 1771 bis um 1806):
Franz Xaver Freiherr von Zach
(1754-1832).
Porträt.
Pastell, 1794; 36 × 30 cm
Bez. auf der Rückseite »Herr v. Zach. / mir zum Andencken von / Ihm selbst geschenckt. 1794 / GCLichtenberg«
Hemmingen, Heinz Lichtenberg
Der aus Ungarn gebürtige gothaische Hofastronom, der seine Laufbahn als Offizier in einem Vermessungstrupp des österreichischen Ingenieurkorps begonnen hatte, ist einer der herausragenden, international hochangesehenen Astronomen im Deutschland der Goethezeit. Daß er mit Lichtenberg Bilder tauschte (er wollte dessen Porträt unbedingt für seinen Astronomentempel in der Sternwarte auf dem Seeberg bei Gotha haben), ist für beide ein enormes Kompliment. [UJ]

207
Kurhannoversche Landesaufnahme des 18. Jahrhunderts.
Blätter: Bützfleth, Göttingen, Friedland, Hannover, Stade.
Berlin, Staatsbibliothek zu Berlin – Preußischer Kulturbesitz
Unter der Leitung des Generals Josua Du Plat (1722-1795) nahmen elf Offiziere des Ingenieurkorps das Hannoversche Staatsgebiet von der Nordseeküste bis zur Grenze nach Hessen-Kassel karthographisch auf. Resultat der insgesamt 23jährigen Arbeit von 1764 bis 1786 waren 159 (mit Beikarten: 172) Blätter im Maßstab 1 : 21 333 $^1/_3$. Da es vorwiegend militärischen Zwecken diente, unterlag das Kartenwerk strengster Geheimhaltung. Und Lichtenberg, dessen Aufgabe es war, die Landkarten geographisch genau nach Längen- und Breitengraden einzumessen, dürfte das Kartenwerk selbst nie zu Gesicht bekommen haben. Insgesamt existierten nur zwei vollständige Exemplare des handgezeichneten und außerordentlich fein kolorierten Kartenwerks. Ein Exemplar ging an den König nach England. Das zweite, in Hannover verbliebene Exemplar, wurde 1803 von den Franzosen erbeutet und verschwand – in einzelne Blätter auseinandergerissen – in einem französischen Armeearchiv; 1935 wurde es zurückgegeben, 1945 verbrannte es im deutschen Heeresarchiv. Das Exemplar des englischen Königs kam 1826 nach Deutschland zurück; bei der Annektion Hannovers durch die Preußen 1866 kam es an den preußischen Generalstab; heute lagert es in der Staatsbibliothek preußischer Kulturbesitz in Berlin. [SO]

Die Ermittlung der geographischen Breite

Die scheinbaren Durchstoßpunkte der Erdachse durch das Himmelsgewölbe werden als die Himmelspole bezeichnet. Wir nehmen nun an, daß der nördliche Pol mit einem Stern gekennzeichnet sei. Beobachtet man diesen und mißt seine Höhe über dem Horizont, so entspricht die gemessene Höhe der jeweiligen Breite des Beobachtungsortes. In der Praxis bedient man sich zur Bestimmung der Breite nicht nur der Beobachtung eines dem Himmelspol nahegelegenen Sterns, sondern auch der anderer Sterne, der Sonne und des Mondes. Die von Lichtenberg angewandte Beobachtungsmethode bestand darin, daß man zwei Sterne, deren Deklination (Abstand vom Himmelsäquator) bekannt ist, so auswählt, daß der eine von diesen nördlich des Zenits, der andere südlich von diesem kulminiert (durch die Mittagslinie geht). Diese Beobachtung und Messung hat ihren Vorteil darin, daß die sogenannte Refraktion, die Brechung des vom Stern ausgehenden Sehstrahls, die eine Ortsverschiebung des Sterns bewirkt, nicht zum Tragen kommt. Bei der Beobachtung anderer Himmelskörper, die nicht in der Nähe des Zenits kulminieren, muß die Refraktion aber berücksichtigt werden, so zum Beispiel bei Lichtenbergs Messungen des mittäglichen Sonnenstandes. Zu der Zeit Lichtenbergs war die Größe der Refraktionskonstante schon hinreichend genau bekannt.

Die Bestimmung der geographischen Länge

Bis zur Mitte des achtzehnten Jahrhunderts konnte an eine hinreichend genaue Bestimmung der Länge eines Ortes nicht gedacht werden. Erst ab der Zeit, da tragbare Chronometer verfügbar waren, speziell zur Standortbestimmung von Schiffen gedacht, war dies möglich.

Die Längendifferenz zweier Orte läßt sich bestimmen durch die Zeitdifferenz der Beobachtung eines astronomischen Ereignisses. Wir nehmen an, in Görlitz kulminiere die Sonne um 12 Uhr wahrer Ortszeit. Beobachte ich nun das gleiche Ereignis in

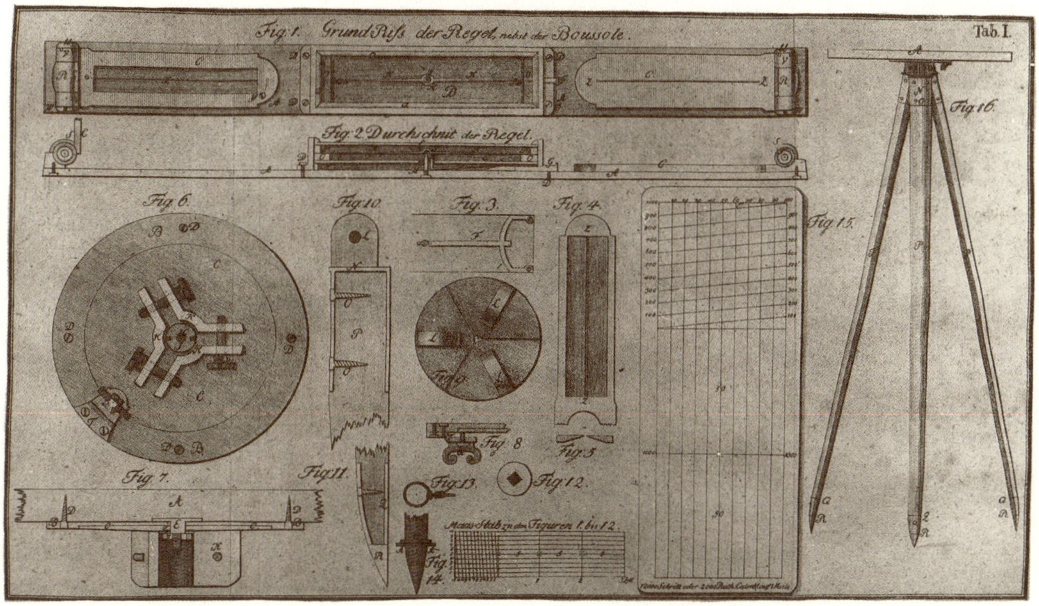

208
Johann Ludwig Hogrewe (gest. 1814): Praktische Anweisung zur topographischen Vermessung eines ganzen Landes. Hannover u. Leipzig: J. W. Schmidt 1773. 159 S., 8 Kupfertafeln.
Darmstadt, Hessische Landes- und Hochschulbibliothek, 33/2385
›Leitfaden‹ der Kurhannoverschen Landesaufnahme, veröffentlicht durch einen der an der Vermessung beteiligten Offiziere. Die Kupfertafel I zeigt die Geräte des Landvermessers: ein Diopterlineal aus Messing mit zwei Klappen zum Anvisieren und einer Bussole, einer Meßkette von 5 Ruthen (23,32 m) Länge und zwei Meßlatten von 5 Fuß (1,45 cm). Das Zeichnen der »Brouillons« (ersten Maßskizzen) geschah auf einem quadratischen Meßtisch von 18 Zoll Kantenlänge (41,9 cm), der auf einem dreibeinigen Stativ befestigt war. Zum Handwerkszeug gehörten ein Maßstab aus Holz, ein Handzirkel, Nadeln und Bleifedern. [SO]

209
Carl Wunderlich:
Markscheidegerät mit Zubehör.
7 Teile, Messing, Stahl, Glas in Nußbaumholzkasten, 1802
Darmstadt, Hessisches Landesmuseum, Physikalische Sammlung, 58/144
Die Geräte – Hängekompaß, Höhenwinkelmesser, Senklot, Meßkette und Visierschnur – wurden zur Vermessung des Stollenvortriebs im Bergbau verwendet. Wegen der schlechten Beleuchtung unter Tage ersetzte man die optische Visierlinie durch ein Seil oder benutzte Fernrohre mit Dioptern statt Glasoptik. Der Kompaß wurde nicht wie über Tage in 360°, sondern in zweimal 12 Teile (»Stunden«) geteilt, »damit diese in der ohnehin finsteren Grube desto kenntlicher und sichtbarer werden mögen«. Die Meßkette ist in 6 Lachter, ein Bergbaumaß (das etwa dem Klafter entsprach), eingeteilt. [KH]

210
Feldbesteck eines Topographen.
Messing in Holzkasten, 18. Jahrhundert. 25,4 × 9,7 × 2,9 cm
Darmstadt, Hessisches Landesmuseum, Physikalische Sammlung, 57/165
Der Kasten enthält einen Halbkreiswinkelmesser, vier Lineale und ein Klapplineal, aus denen mit vier Dioptern und einigen Schrauben auf dem Kasten ein doppeltes Meßdreieck zusammengesetzt wird, mit dem Vermessungsaufgaben gelöst werden können. [KH]

211
Kompaß zur Geländevermessung.
Stahl, Messing, 1771. Durchmesser: 10,5 cm
Universität Göttingen – Erstes Physikalisches Institut, H 111
Aus Lichtenbergs Sammlung; 1771 angefertigt für seine Vermessungsreise 1772-1773 nach Hannover, Osnabrück und Stade. [GB]

Darmstadt mit einer Uhr, die Görlitzzeit zeigt, was vereinbarungsgemäß die mitteleuropäische Zeit ist, so findet dieses Ereignis circa 28 Minuten später statt. Da vier Zeitminuten einem Grad am Himmel entsprechen, ist die Längendifferenz zwischen Görlitz (15 Grad östlicher Länge) und Darmstadt 28 : 4 = 7°, die Länge Darmstadts also 15° – 7° = 8°.

Obgleich Lichtenberg einen zuverlässigen Chronometer besaß, bediente er sich zur Überprüfung der Ganggenauigkeit seiner Uhr solcher Himmelsphänomene, die nicht wie die Kulmination der Sonne oder eines Sternes eine Funktion der Erddrehung sind. Solche Ereignisse sind der Ein- und Austritt eines Jupitermondes, Sternbedeckungen durch den Mond und Mondfinsternisse. Hierzu zog er entsprechende Beobachtungen der jeweils gleichen Phänomene heran, die von Astronomen an anderen Orten mit bekannter Länge gemacht wurden.

Ende Dezember des Jahres 1771 befand sich Lichtenberg bereits in Hannover. Dort begann er mit der Eichung seines Quadranten. Ab dem 3. März hatte er hier seinen festen Wohnsitz bezogen und begann 1772 mit der Einrichtung eines Observatoriums, dessen genaue Lage nicht näher zu bestimmen ist, da er lediglich mitteilt, daß es sich in einem Garten vor der Stadt befand. Am 26. März begann Lichtenberg mit seinen Meßreihen und war bereits am 14. Juni mit der Breite von Hannover »heraus«. Die Längenbestimmungen hatte er am 13. Juli abgeschlossen und konnte an diesem Tage einen Bericht an das Kuratorium absenden.

Ab dem 26. Juli weilte er wieder in Göttingen, von wo er einen Bericht an das Ministerium absandte. Nachdem dieser vom König mit Wohlwollen aufgenommen worden war, erhielt er am 8. August eine Königliche Resolution des Inhalts, daß auch Stade in Länge und Breite zu bestimmen sei, um so ein Viereck aufzuspannen, markiert durch die Städte Hannover im Osten, Osnabrück im Westen, Stade im Norden und endlich Göttingen im Süden. – Anfang September brach Lichtenberg nach Osnabrück auf. Am 6. Oktober war das Observatorium eingerichtet.

Er berichtet, daß er mit den Beobachtungen, die zur Bestimmung der Länge erforderlich waren, nicht gerade glücklich war, ebenso stand das Wetter seinen Messungen entgegen. Zu Beginn des Jahres 1773 war er endlich mit seinen »Beobachtungen größtenteils zu Ende«. Am 4. Januar schrieb er an den Astronomen Johann Bernoulli, der in Berlin weilte, um von diesem korrespondierende Beobachtungen für seine Observationen der Ein- und Austritte der Jupitermonde zu erhalten, desgleichen für die am 11. Oktober stattgehabte Mondfinsternis. Mitte Februar kehrte er nach Göttingen zurück, wo er seine Berechnungen abschloß. Anfang Mai begab er sich nach Stade. Hier war das Observatorium Mitte Juni eingerichtet. Begünstigt duch das Wetter, waren seine Messungen bereits Mitte Oktober abgeschlossen.

Am 21. November dieses Jahres vermochte er dem Kuratorium die Fertigstellung seiner Ortsbestimmungen mitzuteilen, woraufhin er von diesem mit der Summe von 500 Talern belohnt wurde.

Die Ergebnisse seiner Arbeit wurden unter dem Titel *Observationes Astronomicae per annum 1772 et 1773 ad situm Hannoverae, Osnabrugi et Stadae determinandum institutae* im 7. Band der *Novi Commentarii Societatis Regiae Scientiarum Gottingensis 1776* dargelegt. Gemäß der Tradition Tobias Mayers und James Bradleys (1692-1762) zeichnet sich diese Arbeit durch die sorgfältige Untersuchung der Gerätekonstanten, zum Beispiel der des Mikrometerschraubenwertes, und der Instrumentenfehler, etwa der Kreisteilung, aus.

Zwar wurden von Lichtenberg die von Adrien Marie Legendre (1806) und Karl Friedrich Gauß (1809, 1816, 1823) angestellten Betrachtungen zu einer Theorie der

Beobachtungsfehler noch nicht vorweggenommen, seine Aussagen lassen aber schon die Einsicht in die wichtigste Eigenschaft der Fehlerverteilungsfunktion erkennen: das umgekehrte Verhältnis der Größe des jeweiligen Fehlers zu der Wahrscheinlichkeit seines Auftretens.

Die von Lichtenberg ermittelten Ortskoordinaten

In den folgenden Tabellen werden die von Lichtenberg erhaltenen Ortskoordinaten mit den Ergebnissen der Messungen von Gauß und Schumacher verglichen:

Breite

nach Lichtenberg		nach Gauß/Schumacher	Diff.
Hannover	52°22′18″	52°35′25″	7″
Stade	53°35′05″	52°16′29″	3″
Osnabrück	52°16′14″	52°16′29″	15″

Länge

nach Lichtenberg		nach Gauß/Schumacher	Diff.
Hannover	– 29 m 30 s	– 29 m 36 s	6 s
Stade	– 28 m 06 s	– 28 m 33 s	27 s
Osnabrück	– 21 m 50 s	– 22 m 50 s	60 s

Die Längendifferenzen sind auf Paris bezogen.

Wie der Vergleich mit den späteren Messungen von Gauß und Schumacher zeigt, können die Lichtenbergschen Messungen sich durchaus sehen lassen.

Literatur

Paul Hahn: *Georg Christoph Lichtenberg und die exakten Wissenschaften, Materialien zu einer Biographie.* Göttingen 1927.

Georg Christoph Lichtenberg: *Aphorismen, Essays, Briefe.* Hrsg. von Kurt Batt. Leipzig 1963.

Bernhard Sticker: *Über Georg Christoph Lichtenberg als Astronom.* In: PRISMATA. Hrsg. von Yasukatsu Maeyama und Walter Gabriel Saltzer. Wiesbaden.

212
Jacob Sigmund Leitner:
Reise-Reißzeug.
Silber in mit Samt ausgeschlagenem Holzkasten, Nürnberg, 18. Jahrhundert.
Kasten: 10,5 × 14 × 2,5 cm
Darmstadt, Hessisches Landesmuseum, Physikalische Sammlung, 60/7

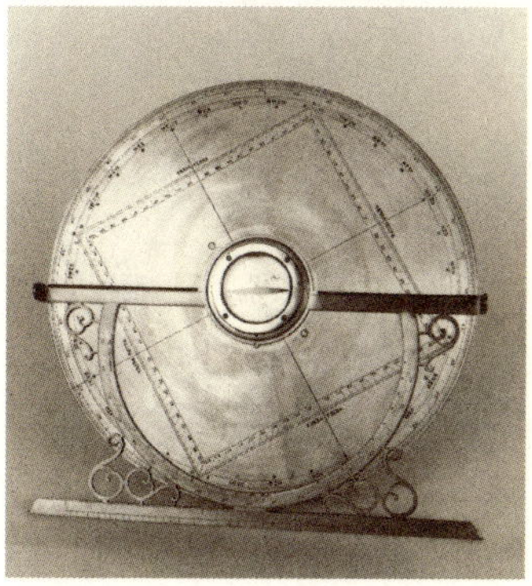

213
Vollkreis-Winkelmesser.
Messing, Glas, Stahl, 17. Jahrhundert. 12 cm hoch, 23 cm Durchmesser
Darmstadt, Hessisches Landesmuseum, Physikalische Sammlung, 59/54
Die runde Messingscheibe, deren Rand in 4 mal 90° geteilt ist, sitzt auf einem Stativfuß. Auf ihr ist ein Schattenquadrat graviert. In der Mitte ist eine Bussole angebracht, die die vier Himmelrichtungen und eine Deklination von etwa 10° anzeigt. Außerdem ist der Winkelmesser mit einem Visierstab und einem Kreisbogen von 210° versehen; in die Mitte des Bogens kann man einen Visierstab einstecken. Das Vermessungsgerät konnte mehrfach genutzt werden: als Vollkreis-Winkelmesser, als Höhenmesser (darauf deutet das Schattenquadrat mit den Angaben »umbra recta« und »versa«, die sich auf die Sonnenhöhe beziehen) und als Auftragsbussole zum Arbeiten auf dem Kartenblatt am Meßtisch (nach Abschrauben des Stativs). [KH]

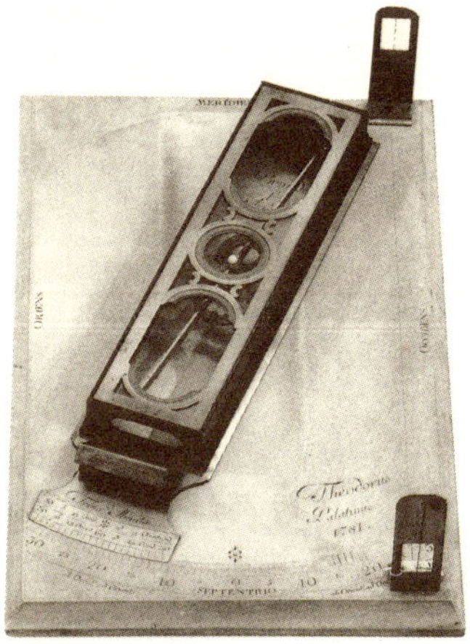

214
Georg Friedrich Brander (1713-1783):
Deklinatorium magneticum.
Bussole (Magnetnadel) auf gravierter Marmorplatte.
Stahl, Messing, Holz, Marmor, Augsburg 1781. Breite: 21 cm
Universität Göttingen – Erstes Physikalisches Institut, H 112
Das Gerät des berühmten Augsburger Mechanikers Brander, das aus Lichtenbergs Sammlung stammt, diente zur Geländevermessung. In der Mitte der verwindungsfreien Marmorplatte befindet sich ein drehbar aus Messing, Holz und Glas gearbeiteter Kasten, der eine Magnetnadel enthält, deren Drehzentrum mit dem des Gehäuses zusammenfällt. Am unteren Ende befindet sich ein Spiegel, mit dem die Auslenkung der Nadel beobachtet werden kann. Durch Skalenteilungen auf der Bodenplatte und am Kasten kann die Stellung der Magnetnadel relativ zur Grundplatte und damit zu einer Landmarke abgelesen werden, die durch die Einrichtung am rechten Rand anvisiert wird. [GB]

215
Dreibeiniger Fernrohrträger.
Holz, Messing, Stahl, Leinenbänder, 18. Jahrhundert. Höhe: 170 cm (zusammengelegt)
Darmstadt, Hessisches Landesmuseum, Physikalische Sammlung, 60/12
Der Träger wurde für leichte Fernrohre und zum Einsatz im Feld gebaut. [KH]

216
Peter Dollond (1730-1820):
Teleskop mit achromatischem Objektiv.
Messing, Glas, Holz, London um 1770. 68 cm lang
Universität Göttingen – Erstes Physikalisches Institut (Göttingen, Städtisches Museum), H 101
Dieses Teleskop brachte Lichtenberg bereits 1770 von seiner ersten Englandreise mit.
Lichtenberg an Johann Christian Dieterich, 8./9. April 1772: »Heute habe ich mit einem englischen Tubus, der 120 Reichsthaler kostet in einem entlegenen Hauß die Zärtlichkeit eines Cammermädchens und eines Bedienten beobachtet, der Auftritt schien dem Ackteur mehr als 120 Thaler werth zu seyn. Der Kerl lag wahrlich einmal auf den Knien ich konte ihn gantz übersehen aber seine Hand konte ich nicht finden, glaube ich, und wenn mein Tubus 500 gekostet hätte. Die Scene war sehenswerth.« (Bw 1, Nr. 58) [GB]

217
Mrs. Dolland Wilson (pinx) und J. T. Smith (fec.):
Peter Dollond (1730-1820).
Porträt.
Mezzotinto; 34,8 × 27,5 cm (Platte); 37,5 × 27,5 cm (Blatt)
London, Guildhall Library, Portraits C
Die Firma der berühmten Optiker- und Instrumentenmacher-Familie Dollond, gegründet von John Dollond (1706-1761), existiert noch heute. Zu Lichtenbergs Zeit hatte der Sohn Peter sein Ladengeschäft und seine Werkstatt, wie die meisten Londoner Mechaniker, am Strand, in Denmark Court. [SS]

218
Georg Christoph Lichtenberg:
Observationes astronomicae per annum 1772 et 1773 ad situm Hannoverae, Osnabrugi et Stadae determinandum institutae.
In: Novi Commentarii Societatis Regiae Scientiarum Gottingensis. Commentationes physicae et mathematicae classis. Bd. 7, 1776, S. 210-232.
23,4 × 20 cm
Göttingen, Niedersächsische Staats- und Universitätsbibliothek, 8° Phys. Math. IV, 355: 1776
Die Ergebnisse seiner monatelangen astronomischen Beobachtungstätigkeit legte Lichtenberg in seiner ersten Sozietätsveröffentlichung nieder; eine knappe deutsche Zusammenfassung von seiner Hand brachten die *Göttingischen Anzeigen von Gelehrten Sachen* (1777: Stück 16 vom 16. Februar, S. 121-123).
Bei der Mittelwertbildung aus den mehrfach durchgeführten Messungen gewichtete Lichtenberg einzelne Ergebnisse und nahm sie aus seinen Beobachtungen heraus, was man heute vielleicht nicht mehr tun würde. Die Präzision seiner Breitenberechnungen ist enorm hoch, zum einen, weil er durch die von ihm selbst durchgeführte Prüfung die Fehlerabweichung seiner Meßinstrumente genau kannte, zum anderen, weil bei der von ihm angewandten ›Hellschen Methode‹ bestimmte Fehler einander selbst aufheben. Die Genauigkeit der Längenberechnungen leidet zu jener Zeit generell an Mängeln teils der Zeitgenauigkeit, teils der Kenntnis astronomischer Konstanten, außerdem war Lichtenberg abhängig von der Genauigkeit der Parallelbeobachtungen anderer Astronomen. Die Abweichung ist aber gleichförmig: Lichtenberg verlegte seinen Standort an allen drei Orten um circa 4 Bogenminuten zu weit westlich. [UJ]

219
Ernst August Wilhelm von dem Bussche (1727-1789) und Franz Christian de Benoit:
Osnabrugensis Episcopatus nova delineatio. 2. Auflage 1784.
Düsseldorf, Privatbesitz.
Hauptzweck von Lichtenbergs Beobachtungen war die Einmessung der rein terrestrisch (und mit vergleichsweise primitiven Mitteln) vom Ingenieur-Korps, den Pionieren also, durchgeführten Landvermessungen. Gleich nach dem Siebenjährigen Krieg 1763 zu Heerstraßenbau, Moorkolonisation und genauerer Steuererhebung des Landes begonnen, dauerte es bis zum Abschluß der Kartographie 24 Jahre. Die Karte Hochstift Osnabrück, gezeichnet von Ernst August Wilhelm von dem Bussche und Franz Christian von Benoit, war dagegen schon 1774 fertig. Die hier gezeigte zweite Auflage von 1784 hat eine ausführlichere Legende als die erste. Der Nachdruck des von Lichtenberg oft belachten Christian Ludolph Reinhold in Osnabrück, der sich selbst an der Vermessung versucht hatte, nennt 1778 zwar die Gradzahlen und die Magnetnadelabweichung nach Lichtenbergs Messungen, verschweigt aber dessen Namen. [UJ]

220
»Zelle«.
Ansicht der Stadt.
Kupferstich, 18. Jahrhundert.
12,5 × 16 cm
Hannover, Historisches Museum am Hohen Ufer, VM 38529

221
Reinier und Josué Ottens:
Carte nouvelle de l'Electorat de Hannover ou les Domaines du Roi de la Grande Bretagne en Allemagne à Amsterdam 1757.
(Neue Karte des Kurfüstentums Hannover oder vom Herrschaftsgebiet des Königs von Großbritannien in Deutschland).
Kupferstich, koloriert.
58,5 × 51 cm
Darmstadt, Hessische Landes- und Hochschulbibliothek, Kartensammlung.
Die Karte zeigt die Reiseroute Lichtenbergs 1772/73 mit den Stationen Hannover, Osnabrück, Stade, Celle und Hamburg. Helgoland, wohin er von Stade aus einen Ausflug unternahm, ist nicht mehr eingezeichnet.
»Vergangene Nacht um zwölf bin ich von Hamburg hier angelangt. Was dieses an einem schönen Maytag für ihren Professor für eine Reise gewesen ist, kan nicht beschrieben werden«, schreibt Lichtenberg am 19. Mai 1773 aus Stade (Bw 1, Nr. 159). [SO]

Winfried Siebers

»Eines akademischen Lehrer Reisen in fremde Länder«

Reisen zur Zeit Lichtenbergs

Lichtenbergs Reisekalender ist wenig umfangreich. Legt man einen nicht allzu strengen Maßstab an, so lassen sich seine wichtigsten Reisen auf die Jahre von 1770 bis 1775 eingrenzen. Vor und nach diesem Jahrfünft ist er nur wenige Male gereist, hat seinen Bruder in Gotha oder Kollegen in Hannover oder die Umgegend Göttingens besucht. Doch wie ist die geringe äußerliche Beweglichkeit mit der Spannweite und Vielfalt von Lichtenbergs geistiger Welt zu vereinbaren, wie ist dieser »Widerspruch von gedanklicher Universalität und lebensräumlicher Beschränkung« zu erklären?[1]

Einmal hat Lichtenberg den Großteil seines Lebens in einem Mittelpunkt der gelehrten Welt verbracht. Göttingen war die führende Universität des Alten Reiches im 18. Jahrhundert, beherbergte erstrangige Gelehrte, besaß eine vorbildliche Bibliothek und verfügte über mustergültige Einrichtungen des gelehrten Informationsaustausches, eine zweimal wöchentlich erscheinende wissenschaftliche Zeitschrift, die *Göttingischen Gelehrten Anzeigen*, und eine gelehrte Gesellschaft. Trotz der Enge, die Lichtenberg mitunter beklagte, war Göttingen ein funktionierendes Zentrum der Wissenschaft in der Aufklärungszeit. Außerdem hat Lichtenberg einen ausgedehnten Briefwechsel geführt, der die unterschiedlichsten Adressaten und Beziehungskreise in seiner Person und mitunter auch in seinen Briefen miteinander verknüpfte. Lichtenberg hat sich also aller wichtigen Kommunikationsformen der *res publica literaria*, der Gelehrtenrepublik der Aufklärung bedienen können.[2]

Zum andern umfaßt seine Reisetätigkeit fast alle geläufigen Typen und Formen des Reisens im 18. Jahrhundert: die Reise als begleitender Hofmeister adliger Kavaliere (die erste Englandreise); die Dienstreise des angehenden Professors in königlichem Auftrag; die Studien- und Fortbildungsreise des Wissenschaftlers (die zweite Englandreise); die Bade- und Seebäderreise und schließlich die Reise auf dem Kanapee, die Lehnstuhl-Reise, die sich aus dem nicht verwirklichten Plan einer Italien-Reise ergab.[3]

Lichtenbergs erste England-Reise fügt sich noch in das Muster der überkommenen adligen Kavalierstour ein. Dieser Reisetyp hatte seinen – nach Anzahl und sozialer Folgewirkung gemessenen – Höhepunkt zwar bereits in den Dezennien um 1700 gehabt, lebte aber in veränderter Form noch bis zum Ende des 18. Jahrhunderts fort. Lichtenberg führte 1770 zwei englische Adlige, die er bereits vorher in Göttingen unterrichtet hatte, in ihr Heimatland zurück. Wie viele mittellose Gelehrte hat er sich nach dem Abschluß des Studiums als Hofmeister und Studienbegleiter zumeist adliger – und in Lichtenbergs Fall englischer – Studenten betätigt. Er teilte dieses Schicksal mit ebenso bekannten Zeitgenossen wie Johann Joachim Winckelmann, Christian Gottlob Heyne, Johann Gottfried Herder, Joachim Heinrich Campe oder Jean Paul, die sich gleichfalls zeitweise als Hofmeister verdingen mußten. Die Tätigkeit als Hauslehrer und Erzieher erlaubte den stellungslosen Universitätsabsolventen vorübergehend ihren Lebensunterhalt zu bestreiten. In vielen Fällen bot sie den Hofmeistern zudem die womöglich einmalige Chance, als Begleiter ihrer adligen Zöglinge eine Rundreise durch die wichtigsten Länder Westeuropas zu machen. Zwar mußten die

222
Plan der Stadt und Festung Hannover.
Federzeichnung, koloriert, 18. Jahrhundert.
Darmstadt, Hessische Landes- und Hochschulbibliothek, Kartensammlung, Mappe 162/10
An Christiane und Johann Christian Dieterich, 5. März 1772: »Unter handgreiflichem Schutz des Himmel, der mich mit Sonnenschein und Lerchengesang [...] begleitet hat, bin ich vorgestern bei guter Gesundheit hier eingetroffen. [...] Meine Aufwärterin ist für eine Hannöverische ziemlich schön, hat aber auch den Fehler, daß sie besser von hinten aussieht, als von vornen, wovon das erste seinen Grund in der niedlichen Kleidung, und das leztere im Gesicht hat, ich sehe sie deswegen auch gemeiniglich erst an wenn sie hinausgeht. [...] Übrigens lebe ich völlig wieder wie ein Pursche [Student] hier, aber wie ein Pursche der [...] keinen Pedell zu fürchten hat, in einer sehr volckreichen Stadt, deren Tugend und Laster ich durch meinen Beytrag nicht um eines Senfkörngens Werth leichter oder wichtiger machen kan.« (Bw 1, Nr. 48) [SO]

223
»Prospect des neuen churfürstl. landschaftl. Hauses zu Hannover«.
Federzeichnung, koloriert, 18. Jahrhundert. 53,5 × 72,5 cm
Darmstadt, Hessische Landes- und Hochschulbibliothek, Kartensammlung, Mappe 233/13

224
Otto von Münchhausen (1716-1774):
Der Hausvater, T. I und V. Hannover 1766 u. 1770.
Bez. »Aus Lichtenbergischem Familienbesitz.«
Darmstadt, Hessische Landes- und Hochschulbibliothek, Zs 820
Das fünfbändige Werk gehört zur sogenannten ›Hausvaterliteratur‹, einer von der Renaissance bis weit ins 18. Jahrhundert in sich selbständigen, später zum hauswirtschaftlichen Ratgeber abgesunkenen Buchgattung, die in ihrer Blütezeit im Barock durch zahlreiche literarische und theologische Elemente Aufmerksamkeit verdient. Otto von Münchhausen (1716-1774) bewirtschaftete selbst einen Gutshof in Schwöbber. Sein *Hausvater* ist schon

so Reisenden sich den Anforderungen der Kavalierstour, die adlige Umgangsformen und Lebensführung einüben sollte, beugen, doch haben die gelehrten Hofmeister ihre Reisezeit auf zweifache Weise zu nutzen gewußt: einmal, indem sie ihren eigenen wissenschaftlichen Interessen nachgingen, zum anderen, indem sie das adlig-höfische Reiseprogramm mit gelehrten Elementen anreicherten.[4]

Auch Lichtenberg machte von der Reisemöglichkeit des Hofmeisteramtes bei seiner ersten großen Auslandsreise Gebrauch. Zwar beklagte er später einmal in einem Brief an Paul Christian Wattenbach vom 6. Juni 1796 (Bw 4, Nr. 2639), daß er »die 10 schönsten Jahre meines Lebens mit der Zähmung von Engländern verlohren« habe, doch eröffnete die ungeliebte Aufgabe ihm immerhin den ersten augenscheinlichen Kontakt mit der englischen Lebenswelt. Seine Erfahrungsbereitschaft, sein Enthusiasmus und seine Beobachtungsgabe haben ihn dann zu einem der bedeutendsten Vermittler englischer Kultur im Deutschland der Aufklärungsepoche werden lassen.[5]

Die zweite Reiseperiode Lichtenbergs gehört einem anderen wichtigen Typus des Reisens im 18. Jahrhundert an: der Gelehrtenreise. Obwohl das soziale Profil des Gelehrten im Verlauf des Jahrhunderts allmählich von dem wirkungsmächtigeren des bürgerlichen Gebildeten aufgesogen wurde, sind die akademisch geschulten Gelehrten eine Kerngruppe der aufklärerischen Öffentlichkeit geblieben. Die Gelehrtengemeinschaft der Aufklärung konnte auf bereits erprobte Organisationsformen der *res publica literaria* früherer Jahrhunderte zurückgreifen. Deren bedeutendste Institutionen waren die Universitäten, die Akademien und die gelehrten Gesellschaften. Diesen entsprachen die relativ beständigen Medien des wissenschaftlich-literarischen Austausches: der gesellige Umgang mit Gleichgesinnten im Gespräch, der Briefwechsel, das Bücherstudium, die Nachrichtengebung in den Zeitschriften und das Reisen.[6]

Eine verbreitete Form der Gelehrtenreise war die in fürstlichem oder königlichem Auftrag durchgeführte Dienstreise. Die Erkenntnisabsichten dieser Reisen waren eng an das jeweilige Interesse des absolutistischen Herrschers gebunden. Die Gelehrten konnten ihren eigenen wissenschaftlichen Belangen nur in eingeschränktem Maße nachgehen, soweit die engen Grenzen der fürstlichen Reise-»Instructionen« das überhaupt zuließen. Ihren nachprüfbaren Nutzen gewannen die Auftragsreisen erst dadurch, daß ihre Ergebnisse publiziert und somit einer gelehrten Öffentlichkeit zur Auswertung und Diskussion vorgelegt wurden. Von dieser Art sind Lichtenbergs Reisen nach Hannover, Osnabrück und Stade in den Jahren 1772 und 1773. Sie dienten der astronomischen Ortsbestimmung dieser Städte sowie der Landvermessung und Kartierung des Kurfürstentums Hannover und des Hochstifts Osnabrück. Der außerplanmäßige Professor für Philosophie hat – dem gelehrten Berufsethos der Weitergabe und Bekanntmachung des erlangten Wissens folgend – die Ergebnisse seiner Messungen in verschiedener Weise veröffentlicht, in einem Gutachten für die Regierung, in einem amtlichen Mitteilungsblatt des Fürstbistums Osnabrück und ausführlicher in lateinischer Sprache vor der Göttinger Gelehrtensozietät.[7]

In einem Brief vom 28. April 1774 an das Geheime Rats-Kollegium in Hannover führte Lichtenberg drei Gründe für eine weitere, seine zweite Englandreise an: Er möchte die »mannichfaltigen Wercke der Kunst« in Augenschein nehmen, den »Umgang mit Gelehrten« pflegen und den Kontakt zu englischen »Künstlern und Gelehrten« anbahnen, »deren Bekanntschafft der [Göttinger] Königlichen Societät der Wissenschafften künfftig nützlich seyn kan« (Bw 1, Nr. 247). Lichtenbergs Vorhaben entsprach damit genau dem Ideal der wissenschaftlichen Studienreise der Aufklärung; denn Forschung, Fortbildung und Kontaktaufnahme waren die Hauptaufgaben gelehrten Reisens im 18. Jahrhundert. Die Ergebnisse, Erfahrungen und literarischen

stark geprägt durch rational-aufklärerisches Denken, das die alten Bauernweisheiten ablöste.
Über den Verfasser, den er in Hannover kennenlernte, schrieb Lichtenberg an Georg Friedrich Werner am 29. Novermber 1788: »Der seel. Münchhausen, der vortreffliche Verfasser des Haußvaters, erklärte alles durch Zittern und Bewegung, Wärme, Licht, Gerüche, Geschmack, Elastizität, Impenetrabilität, Weichheit, Flüssigkeit pp. und nahm dabey nur eine Materie an. Für diesen Roman war er so eingenommen, daß er mit jedem Menschen davon sprach, ja, ganze Stunden hat er mich offt damit gequält, und wenn ich es endlich nicht mehr aushalten konnte, so ließ ich ein Glas mit Wasser-Insecten hohlen, die in einem Graben des Gartens, worin ich zu Hannover wohnte, in unbeschreiblicher Mannigfaltigkeit anzutreffen waren; da wurde er stille und beobachtete, oder, wenn er sprach, so war es der herrlichste Unterricht. Stundenlang habe ich dem vortrefflichen Manne alsdann zugehört und von ihm gelernt«. (Bw 3, Nr. 1641, S. 603) [UJ]

225
Raphael Levi (1685-1779).
Porträt.
Öl auf Leinwand, um 1765.
Bez. »Auf dem Tisch, neben Globus und Fernrohr die aufgeschlagenen ›Cours-Wechsel-Tafeln‹, Levis 1760 erschienenes Hauptwerk«.
Hannover, Historisches Museum am Hohen Ufer, VM 27176

Lichtenberg besuchte den Mathematiker Raphael Levi am 31. August 1772 in Hannover; aus dem ausführlichen Bericht in Lichtenbergs Tagebuch hier nur ein paar Auszüge:
»Hierauf lernte ich den alten Juden Raphaël kennen [...] Eben so merckwürdig ist er auch noch dadurch, daß er vielleicht der eintzige jezt lebende Schüler des Leibnitz ist, bey dem er die lezten 6 oder 7 Jahre fast ununterbrochen gewesen ist. [...] Er ist ein Bescheidner, einnehmender reinlicher Geist, dem der weise Bart, den man heutzutage so selten Gelegenheit hat bey der Philosophie zu sehen, ein äußerst würdiges ansehen giebt. Er nahm beym Abschied meine Hand zwischen seine beyden Hände und drückte sie. Es war eine der angenehmsten Visiten, die ich in Hannover abgelegt habe.« (Tagebuch, Licht. IV, 7, S. 92, ungedruckt)
[UJ]

226
Georg Christoph Lichtenberg:
Der Kutscher.
Brief an Joel Paul Kaltenhofer,
20. September 1772.
Mit zwei Zeichnungen »Der Kutscher«.
Hannover, Stadtbibliothek, Niedersächsisches Schrifttumsarchiv

Lichtenberg berichtete Joel Paul Kaltenhofer am 20. September 1772 von einer Postkutschenfahrt, die ihn durch die damals preußische Festung Minden führte. Die preußischen Grenzbeamten amüsierten sich über Lichtenbergs hannoverschen Kutscher: »Dieser saß freylich etwas drolligt da. Wenn ich meine

Zeichenstunde bey Ihnen fortgesezt hätte, so wolte ich ihn gantz mahlen, doch seinen Kopf und ein Bein sollen Sie sehen. a die Mine des Kerls, der das Gespötte der Preußen völlig fühlt, aber nicht ahndet. b die Locke die der Wetterschlag bis dahin gestreckt hatte. c das Haarband von dem Lager auf der Streu in der vorigen Nacht herunter und auf die Seite gezogen. d noch etwas von einem sogenannten dreydrähtigen Zopf, wovon auch noch etwas bey e über c zu sehen. f des Kerls wohlgebildeter Schenckel etwas fleischichter, als seine Pferde ihre. g ein alter weiter baumwollener Strumpf, den ich, so übel er auch aussah dem Kerl zu gut hielte, weil eigentlich die Camasche h drüber gehörte, die unten bey den Schuhen gantz saß.« (Bw 1, Nr. 86, S. 155 f.)
[SO]

227
Georg Christoph Lichtenberg:
Grundriß-Skizze des Wilhelmsteins im Steinhuder Meer.
Aus: Tagebuch 1770-1774.
Reproduktion.
Göttingen, Niedersächsische Staats- und Universitätsbibliothek, Cod. Ms. Licht. IV, 7 (S. 95)
Der Grundriß der Wilhelmstein-Kasematten zeigt Schießscharten, vier Magazinräume, Pulverkammer mit Mittelpfeiler, zwei Treppen, Brunnen im Osten, Eingang mit Zugtreppe im Süden. Auf der um die Sternschanze gemauerten Berme hätten im Ernstfall Mörser zum Steilfeuer über die Außenwerke gestanden. Die vier Außenwerke an den Spitzen hießen Bastionen [Bollwerke], die vier mittleren jeder Seite Ravelins [Halbmonde], die acht restlichen Courtinen [Mittelwälle]. Auf den Außenwerken waren Unterkünfte, Handwerke, Studienräume der Militärschule und Versuchsgärten untergebracht.
[UJ]

228
Anton Wilhelm Strack (* 1758):
Der Wilhelmstein
im Steinhuder See.
Zeichnung, Aquarell [Vorlage zum Kupferstich von Georg Heinrich Tischbein (1756 bis nach 1815)],
Ende 18. Jahrhundert.
Darmstadt, Hessische Landes- und Hochschulbibliothek, Kartensammlung, Ansicht 3545
»Wir liesen uns am folgenden Morgen um 9 Uhr nach der Festung WilhelmsStein Uebersetzen, die der berühmte Graf von Bückeburg auf Pfahlen mitten auf diesem See hat erbauen lassen.« (Tagebuch, Licht. IV, 7; 1. September 1772, ungedruckt)
[UJ]

229
»Prospect des Rathhauses
zu Osnabrück«.
Guckkastenblatt, koloriert,
18. Jahrhundert. 28,5 × 42 cm
Hannover, Historisches Museum
am Hohen Ufer, VM 32 658
An Johann Christian Dieterich: »Im Lande der Schincken und des Pumpernickels / Osnabrück den 7 September 1772. / Lieber Gevatter! Nach einer Reise von 5 Tagen bin ich endlich von Hannover hier angelangt. [...] Noch zur Zeit logire ich im römischen Kayser auf dem Marckt, dem Hause, worinn einmal ein gewisser Friede, der der Westphälische heißt, geschlossen worden ist, beynah gegen über.« (Bw 1, Nr. 84)

230
Ernst August Howindt († 1799):
Justus Möser (1720-1794).
Porträt.
Öl auf Leinwand, 1774.
88 × 70,5 cm
Osnabrück, Kulturgeschichtliches Museum, o. Inv.
Der Osnabrücker Jurist, Geschichtsschreiber und Publizist Justus Möser war 1761 Konsulent der Englischen Krone und 1768 als Geheimer Referendar Mitglied der Regierung. Fasziniert von der Praxis und Theorie des Theaters schrieb er 1749 ein Trauerspiel und 1761 ein Selbstgespräch mit dem Titel *Harlequin, oder Vertheidigung des Grostesk-Komischen*. Lichtenberg lernte Justus Möser am 10. September 1772 in Osnabrück kennen: »Dieser berühmte Mann ist recht für den Umgang gemacht, munter und gefällig im höchsten Grad, und spricht unverbesserlich gut, er weiß sich zu jedermanns Fähigkeiten herabzulassen und zu erheben, und oft weiß er den Reden andrer Personen so zu begegnen, daß sie sich wundern solche Einfälle gehabt zu haben.« (SB 2, S. 618) [SW]

231
Karoline Mathilde, Königin von Dänemark (1751-1775).
Kopie eines unbekannten Künstlers vermutlich nach Jens Juels. Pastell; 50,4 × 17,5 cm
Celle, Bomann Museum, BM 440
Karoline Mathilde (1751-1775), Schwester Georg III. von England, war seit 1766 mit König Christian VII. von Dänemark verheiratet. Als ihr Arzt (und Geliebter) Struensee, der mit ihrer Hilfe den schwachsinnigen Gemahl entmachtet und eine Reihe von notwendigen Reformen durchgesetzt hatte, von einer Adelsfronde gestürzt worden war, wurde sie nach Struensees Hinrichtung 1772 geschieden; da man der Schwester Georg III. nicht den Prozeß machen konnte, wurde sie ins hannöverische Celle verbannt, wo sie 1775 starb. Gerüchte, sie sei vergiftet worden, entbehren aller Grundlage; den Porträts zufolge ist sie eher an Fettsucht gestorben.
Auf seiner Reise nach Hamburg übernachtete Lichtenberg in Celle, um (eine beliebte Attraktion) Karoline Mathilde beim Abendessen zuzuschauen. Er berichtet davon ausführlich nach Göttingen an Christiane Dieterich [28. Juni 1773]: »[...] und so wie ich in den Speise Saal hineintrat, war ein schicklicher Platz zum observiren das erste worauf ich dachte. Nach einer Wahl von etlichen Augenblicken kam es zum Schluß, ich stund, und die Beobachtungen nahmen ihren Anfang. [...] Dort die dicke Dame, grade gegen uns über, in dem blauen Kleide ist die Königin, sagte der Hausknecht, indem sein Zeigefinger seinen Weg nach der Königin durch meine rechte Locke nahm [...]. Die Königin ist wahrscheinlicher Weise, denn stehen habe ich sie nicht gesehen, nicht sehr groß, allein starck von Person. Ihre Gesichts Farbe ist gesund, melirt aber doch mehr weiß als roth. Ihre Augen zwar nicht lebhafft aber durchdringend und verrathen Nachdruck Feuer und Geist. Der Heroismus, den sie bey ihrer Arretirung bewieß, denn sie kriegte den Officier, der ihr den Arrest ankündigte beym Schopf zu fassen, ist in ihrem Gesicht, wiewohl mit sehr viel weiblicher Sanfftmuth verwaschen, ausgedrückt.« (Bw 1, Nr. 175, S. 308 f.) [UJ]

232
»Plan der Stadt Celle und der umliegenden Gegend«.
Kupferstich, koloriert, mit Legende, Ende 18. Jahrhundert.
24 × 19 cm
Hannover, Historisches Museum am Hohen Ufer, VM 35 273

233
Hinrichtung Johann Friedrich Struensee (1737-1772).
Kupferstich. 15,5 × 17,5 cm
Bez. »Allhier auf diesem Canapeé / liegt Johann Friedrich Struensee, / es zeigen die zertheilten Stücken / die Unbeständigkeit vom Glücken« »J.V.B.«
Celle, Bomann Museum, BGR 779
Lichtenberg an Joel Paul Kaltenhofer am 18. Juli 1772: »Meinem Barbierer und Perüquenmacher, die zwey sehr seltsame närrische Geschöpfe sind, habe ich neulich einen Streich gespielt, der sehr viel Beyfall erhalten hat. Vor einigen Tagen, da sie beyde zugleich kamen, lag eben der Kupferstich aus den Commentarien auf dem Tisch, der die Nerven des Hertzens vorstellt. Nachdem sie allerley Räsonnements darüber angestellt, kam endlich der Barbierer mit der Bartschüssel in der Hand auf mich zu, und fragte, indem er mir einen Bart mit Seife zog, Herr Professor. Um Vergebung, was soll das Bild dort vorstellen? welches Bild? fragte ich. Dort, sagte er, man sieht das Hertz und etwas von den pulmones. O, sagt ich, das ist der Graf Struensee wie er auf dem Rade liegt. Der Barbier glaubte es so gleich, daß er nichts weiter sagte als, Ha, der da. Der Perüquenmacher, der nun so lang es noch angieng, weißer seyn wolte, als der Barbier, fieng hinten am Tisch an: Du lieber Gott, wie sie ihn verschändet haben, ich habe es doch gleich gedacht. Ich glaube, wenn ich nicht bis über die Ohren eingeseift gewesen wäre, ich hätte es nicht ausgehalten. So aber gieng alles gut, und nun wird, glaube ich, schon ein guter Theil der Stadt wissen, daß ich einen solchen Kupferstich habe, ein guter Theil weiß es aber auch schon, daß ich den Streich gespielt. Es ist doch sonderbar, wie leicht sich unerfahrne Dencker durch die geringste Wahrscheinlichkeit irre führen lassen, die beyden Dencker, von denen hier die Rede ist, hatten alle die Beschreibung der Execution gewiß etlichemal gelesen, und keinem fiel bey dieser Gelegenheit ein, daß man dem Grafen den Kopf abgeschlagen und ihn geviertheIt hat.« (Bw 1, Nr. 69, S. 127 f.)
Abbildung Seite 145

234
»Stada«.
Vogelschauprospekt der Stadt Stade.
Kupferstich, Ende 17. Jahrhundert.
21,5 × 32 cm
Hannover, Historisches Museum am Hohen Ufer, VM 39 349
Lichtenberg an seinen Bruder Friedrich Christian am 13. August 1773: »Nun auch etwas von Stade, wo ich nun schon 12 Wochen lebe und noch vielleicht 8 leben werde. Der Ort ist kleiner als Darmstadt und wird von einer groben und abergläubischen Nation bewohnt. Die meisten glauben im Ernst, ich sey vom König hierher geschickt, wegen der vielen Nassen Jahre mit der Erdkugel eine kleine Veränderung vorzunehmen, und daß die Geister des Nachts zu mir kämen, welches mich hier in einen solchen Ruf bringt, daß ich das Gespräch der Stadt und des gantzen Landes umher bin.« (Bw 1, Nr. 189)

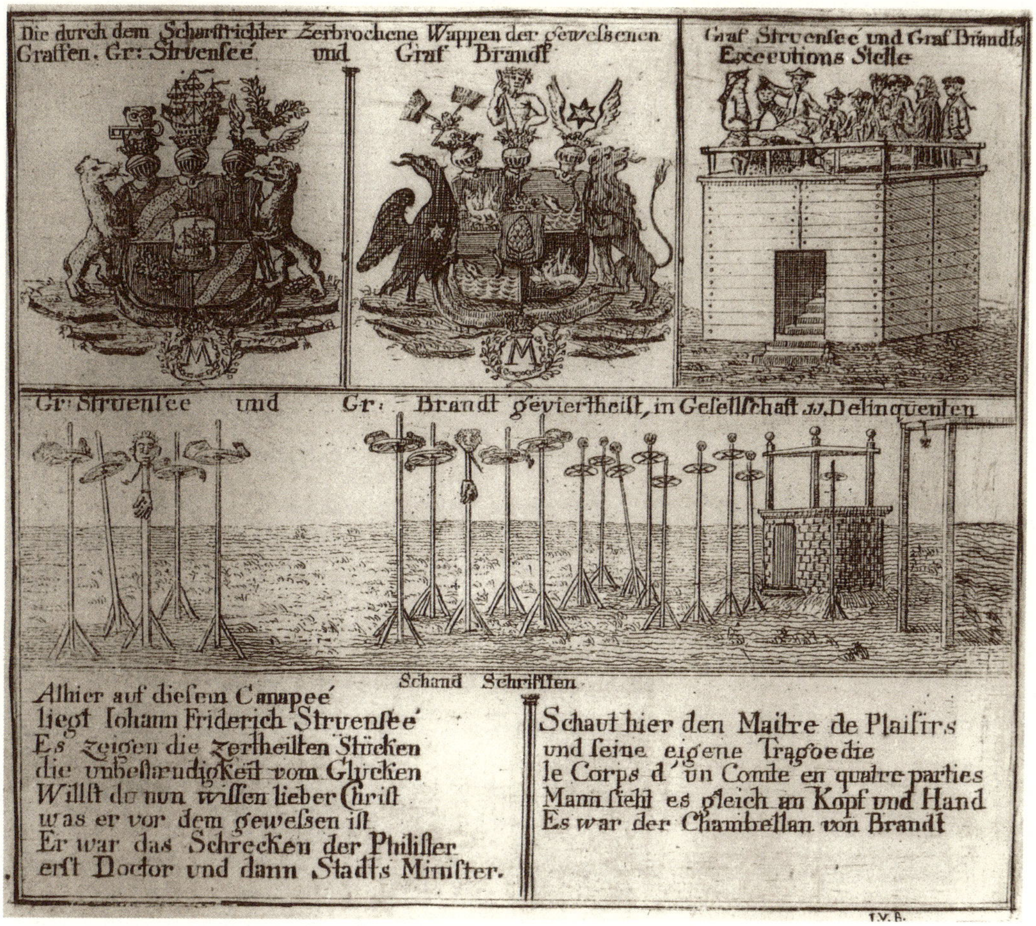

Zeugnisse dieser Englandfahrt gingen jedoch weit über den üblichen Ertrag einer traditionellen Gelehrtenreise hinaus. Der ungewöhnlich lange, fünfzehnmonatige Aufenthalt ist Lichtenbergs Bildungserlebnis gewesen. Er hat in den 25 Jahren seiner darauffolgenden Göttinger Professorenschaft immer wieder davon profitiert, sowohl auf naturwissenschaftlich-technischem als auch auf literarisch-kulturellem Gebiet.

Die bemerkenswerteste Neuerung, die Lichtenbergs England-Erfahrung entsprang, ist allerdings die publizistisch-literarische Auswertung der Reise. Dabei finden sich die unterschiedlichsten Materien in Briefen und Tagebüchern festgehalten: mathematisch-astronomische Berechnungen, technische Beschreibungen, Museumsbesichtigungen, Sozialreportagen aus der Großstadt London, Theaterberichte, literarische Porträts. Lichtenberg umgreift damit in fast enzyklopädischem Eifer noch einmal all jene Bereiche, die sich in der Reiseliteratur der Zeit gerade in die spezialisierten Zweige der ökonomisch-technischen, kunstberichtenden oder Bibliotheks- und Theaterreise aufzulösen begannen. Anders als sein Zeitgenosse Friedrich Nicolai, der wenige Jahre später der enzyklopädischen Gelehrtenreise mit seinem zwölfbändigen Reisewerk ein letztes Denkmal setzen sollte,[8] bediente sich Lichtenberg jedoch der kleinen Sachprosaformen, des Briefs, des Zeitschriftenbeitrags, des Kalenderaufsatzes, des kunstkritischen Buchs in Lieferungen. So gelang es ihm, als Lesepublikum nicht nur den Fachgelehrten, sondern auch den allgemein interessierten, bildungswilligen Leser zu gewinnen. Sein zweiter England-Aufenthalt hat den Göttinger Professor außerdem selbst in der Gelehrtenwelt als bedeutenden Experimentalphysiker bekannt gemacht.

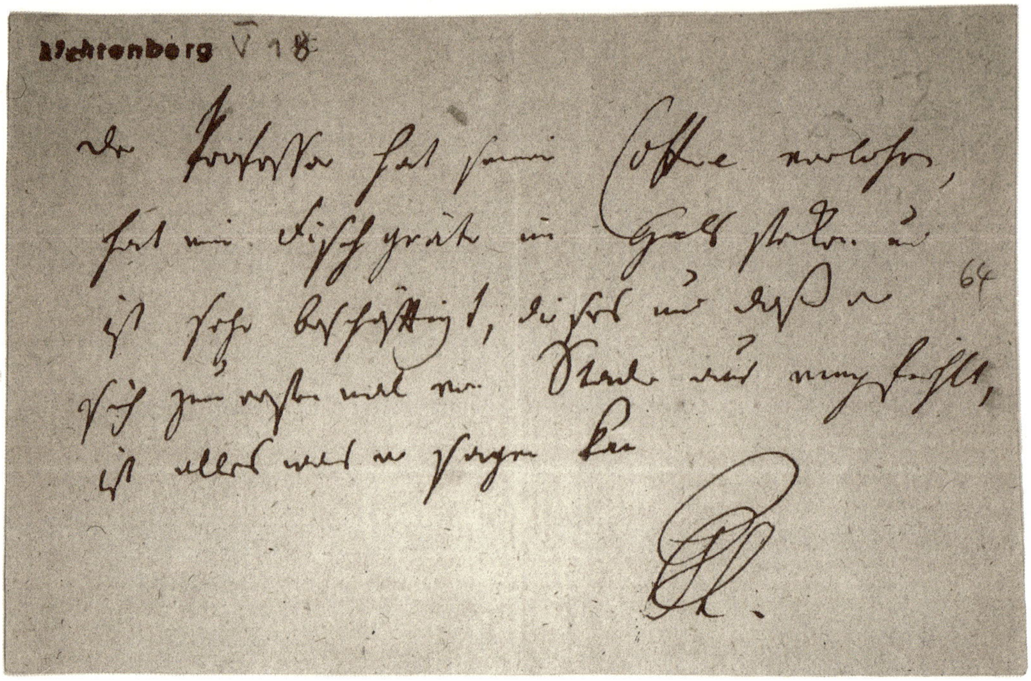

235
Georg Christoph Lichtenberg: Brief an eine unbekannte Person, Stade, etwa 20. Mai 1773. Göttingen, Niedersächsische Staats- und Universitätsbibliothek, Cod. Ms. Licht. V, 18 (Bl. 64)
»[...] Der Professor hat seinen Coffer verlohren, hat eine Fischgräte im Hals stecken und ist sehr beschäfftigt, dieses und daß er sich zum erstenmal von Stade aus empfiehlt, ist alles was er sagen kan GCL«.

Es finden sich noch zwei weitere Reisearten des 18. Jahrhunderts in Lichtenbergs itinerarer Biographie, von denen er die eine womöglich mitbegründet hat. »Reisen, mein Lieber, macht mich gesund, das weiß ich aus Erfahrung. Ich bin nie gesunder, als wenn mich das Posthorn aus dem Schlafe weckt«, schreibt er an Gottfried Hieronymus Amelung am 11. April 1785 (Bw 3, Nr. 1374) – das könnte als Leit- und Merkspruch für Lichtenbergs erfolgreiche Propagierung des heilsamen Badens im Seewasser gelten. Auch diese Errungenschaft fortgeschrittener Lebensart hatte er in England kennengelernt. Sein epochemachender Aufsatz »Warum hat Deutschland noch kein großes öffentliches Seebad?« erschien im Herbst 1792 im *Göttinger Taschen Calender*, und der Arzt Samuel Gottlieb Vogel begründete im Jahr darauf das erste deutsche Seebad in Doberan an der Ostsee.[9]

In eine Typologie der realen Reisen mag die letzte hier aufzuführende Reiseform nicht ganz passen. Doch sie hat in Deutschland bedeutende Vertreter hervorgebracht, Johann Wolfgang Goethe und Christoph Martin Wieland etwa.[10] Die Engländer, die dabei auf eine längere Tradition zurückblicken können, nennen diesen Reisenden einen *armchair traveller*, im Deutschen heißt er z. B. »Lehnstuhlreisender«. Lichtenberg wurde zu einem solchen Lese-Reisenden anläßlich der lange geplanten, mehrmals aufgeschobenen und letztlich nicht mehr verwirklichten Italien-Reise mit seinem Studienfreund Jens Matthias Ljungberg. Er »Laß italianische Reißbeschreibungen, vom Morgen bis in die Nacht« (Bw 3, Nr. 1355).[11] Doch die Lese-Reisen werden ihm kein Ersatz für das Italienerlebnis gewesen sein, auf das er in großer Enttäuschung verzichten mußte: »Wer Italien sehen kan, und siehts nicht, dem ists Sünde« (Bw 3, Nr. 1339).[12] – Wenn Lichtenberg nach 1780 auch keine längerdauernden Reisen mehr unternahm, so hat er doch anderen Anlaß eben dazu gegeben. Der nunmehr berühmte Physiker und Schriftsteller wurde nämlich selbst zum Reiseziel. Gotthold Ephraim Lessing und Johann Heinrich Merck, Goethe und Herzog Karl August von Weimar, Alessandro Volta und Friedrich Wilhelm Herschel haben ihn neben vielen anderen in Göttingen besucht.

Lichtenbergs Schriften und Briefe enthalten vielfältige und umfangreiche Zeugnisse seiner Reisetätigkeit. Sie zeigen, daß er sich durchaus in den traditionellen Bahnen der hergebrachten Reiseformen bewegt hat. Seine einzigartige Beobachtungsgabe, sein Witz und seine öffentlichkeitswirksame Prosa verleihen diesen Reiseerfahrungen jedoch ihre unverwechselbare Physiognomie. »Es sind sehr wenige Dinge von denen wir uns durch alle 5 Sinne Begriffe erwerben können«, heißt es in einer frühen Sudelbuchnotiz (SB 1, B 37). Vielleicht gehörte das Reisen für Lichtenberg dazu.

1 Lichtenbergs Reisekalender ist zusammengestellt in Horst Gravenkamp, Ulrich Joost: *»Es sind das freylich Schattenspiele«. Eine Lichtenberg-Topographie in Bildern.* Göttingen 1990, S. 109-111. – Vgl. die Zeittafel bei Wolfgang Promies: *Georg Christoph Lichtenberg in Selbstzeugnissen und Bilddokumenten.* 2. Aufl. Reinbek 1979, S. 158-162. – Zitat: Harro Zimmermann, Frankfurter Rundschau, 3. September 1991, S. 9.

2 Vgl. Hans Erich Bödeker: *Aufklärung als Kommunikationsprozeß.* In: Aufklärung 2 (1987), H. 2, S. 89-111. – Bernhard Fabian: *Im Mittelpunkt der Bücherwelt. Über Gelehrsamkeit und gelehrtes Schrifttum um 1750.* In: Rudolf Vierhaus (Hrsg.): *Wissenschaften im Zeitalter der Aufklärung.* Göttingen 1985, S. 249-274. – Zu Lichtenberg als Briefschreiber vgl. demnächst Ulrich Joost: *Lichtenberg – der Briefschreiber* (= Lichtenberg-Studien 5).

3 Zum Reisen und zur Reiseliteratur allgemein vgl. den Literaturbericht von Peter J. Brenner: *Der Reisebericht in der deutschen Literatur.* Tübingen 1990 sowie ders. (Hrsg.): *Der Reisebericht.* Frankfurt a. M. 1989. – Kulturgeschichtlich orientiert sind Winfried Löschburg: *Von Reiselust und Reiseleid.* Leipzig, Frankfurt a. M. 1977; Wolfgang Griep, Susanne Luber (Bearb.): *Vom Reisen in der Kutschenzeit* (Ausstellungskatalog). Heide i.H. 1989; Hermann Bausinger, Klaus Beyrer, Gottfried Korff (Hrsg.): *Reisekultur. Von der Pilgerfahrt zum modernen Tourismus.* München 1991. – Zu den technischen und verkehrsgeschichtlichen Voraussetzungen siehe Klaus Beyrer: *Die Postkutschenreise.* Tübingen 1985 und Klaus Gerteis: *Das »Postkutschenzeitalter«. Bedingungen der Kommunikation im 18. Jahrhundert.* In: Aufklärung 4 (1989), H. 1, S. 55-78.

4 Zur sozialen Stellung des Hofmeisters vgl. Hans Heinrich Gerth: *Bürgerliche Intelligenz um 1800.* Göttingen 1976; Ludwig Fertig: *Die Hofmeister.* Stuttgart 1979. – Zur deutschen Kavalierstour siehe Hilde de Ridder-Symoens: *Die Kavalierstour im 16. und 17. Jahrhundert.* In: Brenner (wie Anm. 3), S. 197-223; Winfried Siebers: *Ungleiche Lehrfahrten – Kavaliere und Gelehrte.* In: Bausinger u. a. (wie Anm. 3), S. 47-57. – Zur englischen Grand Tour siehe Robert Shackleton: *The Grand Tour in the Eighteenth Century.* In: Studies in 18th Century Culture 1 (1971), S. 127-142; Heinz-Joachim Müllenbrock: *Die politischen Implikationen der »Grand Tour«.* In: Arcadia 17 (1982), S. 113-125; Jeremy Black: *The British and the Grand Tour.* London 1985.

5 Zu Lichtenbergs Englandreisen vgl. zusammenfassend Michael Maurer: *Aufklärung und Anglophilie in Deutschland.* Göttingen, Zürich 1987, S. 253-291; Wolfgang Promies: *Lichtenbergs London.* In: Conrad Wiedemann (Hrsg.): *Rom – Paris – London. Erfahrung und Selbsterfahrung deutscher Schriftsteller und Künstler in den fremden Metropolen.* Stuttgart 1988, S. 560-570; die Dokumente in LE; vgl. zusätzlich Hans Ludwig Gumbert: *Lichtenberg in Holland.* Utrecht 1973.

6 Zur Sozialgeschichte des Gelehrten siehe Rudolf Vierhaus: *Umrisse einer Sozialgeschichte der Gebildeten in Deutschland.* In: Ders.: *Deutschland im 18. Jahrhundert.* Göttingen 1987, S. 167-182. – Zum Kommunikationssystem der Gelehrten siehe Sebastian Neumeister, Conrad Wiedemann (Hrsg.): *Res Publica Litteraria. Die Institutionen der Gelehrsamkeit in der frühen Neuzeit.* Wiesbaden 1987; Hans Erich Bödeker: *Reisen – Bedeutung und Funktion für die deutsche Aufklärungsgesellschaft.* In: Wolfgang Griep, Hans-Wolf Jäger (Hrsg.): *Reisen im 18. Jahrhundert.* Heidelberg 1986, S. 91-110; außerdem Siebers (wie Anm. 4).

7 Zu Lichtenbergs dienstlichen Vermessungsreisen siehe Hermann Poppe-Marquard: *Georg Christoph Lichtenberg und Osnabrück.* Osnabrück 1974; Jochen Plath: *Georg Christoph Lichtenberg 1773 in Stade, Hamburg und Helgoland.* Stade 1965. – Die Quellen: Thomas Kempf: *Lichtenberg und die Generalkarte des Hochstifts Osnabrück aus dem Jahr 1774.* In: Lichtenberg-Jahrbuch 1989, S. 87-96; Georg Christoph Lichtenberg: *Ueber die geographische Lage der Stadt Osnabrück.* In: Westphälische Beyträge zum Nutzen und Vergnügen, Stück 34 vom 21. August 1773, S. 263-268; ders.: *Observationes astronomicae per annum 1772 et 1773 [...].* In: Novi Commentarii Societatis Regiae Scientiarum Gottingensis 7 (1776), S. 210-232. – Vgl. Photorin 3 (1980), S. 79-80.

8 Friedrich Nicolai: *Beschreibung einer Reise durch Deutschland und die Schweiz, im Jahre 1781.* Bd 1-12, Berlin, Stettin 1783-1796.

9 Zu den Badereisen siehe Wolfgang Promies: *Der Deutschen Bade-Meister: Georg Christoph Lichtenberg und die Wirkungen aufgeklärten Schreibens.* In: Photorin 4 (1981), S. 1-15; Horst Prignitz: *Vom Badekarren zum Strandkorb. Zur Geschichte des Badewesens an der Ostseeküste.* Leipzig 1977; ders.: *Wasserkur und Badelust. Eine Badereise in die Vergangenheit.* Leipzig 1986, S. 105-130.

10 Zu den Lehnstuhlreisenden Goethe und Christoph Martin Wieland siehe Peter Boerner: *Goethes »Englische Reise« oder Gedanken zur Physiognomie des nicht-reisenden Reisenden.* In: Marie-Louise Spieckermann (Red.): *»Der curieuse Passagier«. Deutsche Englandreisende des achtzehnten Jahrhunderts als Vermittler kultureller und technologischer Anregungen.* Heidelberg 1983, S. 75-91; Alan Menhennet: *Wieland as armchair traveller.* In: Modern Language Notes 99 (1984), S. 522-538.

11 Brief an Gottfried Hieronymus Amelung vom 11. Februar 1785.

12 Brief an Samuel Thomas Soemmerring vom 7. Januar 1785.

Smail Rapic

»Die Philosophie, deren Professor zu seyn ich die Ehre habe«

Zwischen Leibniz, Kant und Popper: Lichtenbergs philosophiegeschichtlicher Ort

236
Daniel Chodowiecki (1726-1801) und Georg Christoph Lichtenberg (Erklärungen): »Aufklärung«.
Aus: »Sechs Begebenheiten des Vorletzten Dezenniums«, in: Göttinger Taschen Calender für das Jahr 1792, S. 211-222.
Kupferstich. Ca. 8,7 × 5,1 cm
Berlin, Berlin-Museum.
Wie läßt sich »Aufklärung« versinnbildlichen? Chodowieckis Antwort darauf ist eine schattenlose, lichtdurchflutete Landschaft mit einer Postkutsche. Diese friedliche, leicht zu überschauende und geordnete Landschaft wird erleuchtet von der aufgehenden Sonne, die gleichbedeutend ist mit dem sich aufklärenden Menschenverstand. Lichtenbergs Erklärung dazu lautet: »Aufklärung. Dieses höchste Werk der Vernunft [...] hat jetzt noch kein allgemeiner verständliches allegorisches Zeichen, (vielleicht weil die Sache selbst noch neu ist), als die aufgehende Sonne.« (GTC für 1792, S. 212) [SW]

»Auch ich bin erwacht Freund, und zu dem Grad der philosophischen Besonnenheit gekommen, wo Liebe zur Wahrheit die einzige Führerin ist, wo ich allem was ich für Irrtum halte mit dem mir verliehenen Licht entgegengehe, ohne grade laut zu sagen, das halte ich für Irrtum, und noch weniger, das ist Irrtum.« (SB 1, D 84) In der »philosophischen Besonnenheit«, wie Lichtenberg sie versteht, verbinden sich Anliegen der Aufklärung und der Skepsis. Lichtenberg teilt die Überzeugung der Aufklärung, daß es eine sinnvolle und notwendige Aufgabe des Menschen ist, nach der Wahrheit zu suchen. Er übernimmt die Metaphern des Lichtes und des Erwachens, mit denen die Aufklärung – und darüber hinaus die metaphysische Tradition seit den Griechen – das Streben nach Erkenntnis kennzeichnet. Wer das »Licht« der Wahrheit schaut, »erwacht« gleichsam, kommt zu sich selbst, wird frei von der Finsternis der Unwissenheit und des Irrtums. Zugleich trägt Lichtenberg jedoch den Einwänden des Skeptizismus gegen unseren Anspruch auf wahre Erkenntnis Rechnung. Unsere Erkenntnismöglichkeiten sind beschränkt und dem Irrtum unterworfen. Wir können so gut wie nie mit letzter Sicherheit entscheiden, ob das, was wir für wahr (bzw. falsch) halten, tatsächlich wahr (bzw. falsch) ist, oder ob es uns nur so erscheint. Daher bildet der skeptische Zweifel ein notwendiges Moment unserer Suche nach der Wahrheit. Er gründet letztlich in der Selbsterkenntnis des Menschen als eines endlichen, beschränkten Wesens. Gerade die »Liebe zur Wahrheit« verlangt von uns, den eigenen Standpunkt immer neu in Frage zu stellen und zu relativieren. Setzen wir ihn dagegen absolut, so versperren wir uns der Kritik und damit auch möglichem Erkenntnisfortschritt. In diesem Sinne gehören Wahrheitsfindung und Skepsis zusammen.

Hiermit ist zugleich das zentrale Thema der philosophischen Reflexionen Lichtenbergs bezeichnet. Seine ›skeptische Aufklärung‹ ist nicht nur philosophiegeschichtlich, sondern auch – und erst recht – für die Gegenwartsphilosophie von Bedeutung. Denn Lichtenberg bemüht sich um einen Ausgleich des Gegensatzes von Metaphysik und Skepsis, der die Geschichte der Philosophie beherrscht. Als ›metaphysisch‹ sollen hierbei alle Positionen gelten, die durch die Suche nach einem festen Punkt der Wahrheit, einer umfassenden Letztbegründung unseres Wissens und unserer Existenz gekennzeichnet sind. In diesem Sinne wirken auch in der Aufklärung metaphysische Anliegen fort. Demgegenüber betont der Skeptizismus die unaufhebbare Vorläufigkeit all unserer – vermeintlichen – Erkenntnis. Auf dem Hintergrund von Lichtenbergs ›skeptischer Aufklärung‹ tritt der innere Zusammenhang dieser scheinbar unvereinbaren Positionen zutage.

Durch seinen Grundgedanken »*Alles [ist] in allem*« bzw. »jeder Teil [ist] ein Spiegel des Ganzen« (SB 2, L 915, L 916; SB 3, S. 264) knüpft Lichtenberg ausdrücklich an die metaphysische Tradition an. Sie reicht über Gottfried Wilhelm Leibniz und Baruch Spinoza zurück bis zum Kosmos-Gedanken der vorsokratischen Philosophie: Im Entstehen und Vergehen der einzelnen Dinge erhält sich die Ordnung des Kosmos im

ganzen. Alles einzelne läßt sich nur in seinem Zusammenhang mit dieser universalen Ordnung angemessen erfassen, wo »der Weg hinauf« und »der Weg hinab«, Licht und Dunkel, Leben und Tod untrennbar zusammengehören (Heraklit). Die metaphysischen Positionen der Neuzeit, die Lichtenberg aufgreift, gründen in einer Synthese des griechischen Kosmos-Gedankens mit dem Erkenntnisbegriff der modernen Naturwissenschaft. Darin wird der Begriff des ›Wesens‹ einer Sache ersetzt durch den Begriff des (Natur-)Gesetzes. Die Erklärung des Naturgeschehens ist dementsprechend nicht mehr im Rückgang auf Wesenseigenschaften von Dingen möglich, sondern nur im Hinblick auf ihre kausalen Wirkungszusammenhänge.[1] Dadurch wandelt sich der griechische Kosmos-Gedanke zur Idee eines kausalen Wirkungszusammenhanges der Welt im ganzen. In diesem Sinne schreibt Lichtenberg im Aufsatz »Über Physiogno-

237
Franz Anton Maulbertsch (1724-1796):
Allegorie des Lichtes und der Wahrheit.
Öl auf Leinwand, um 1750.
67 × 53 cm
Köln, Wallraf-Richartz-Museum, 2521
Wo Licht und Wahrheit einziehen, wo der Tag anbricht und mit ihm Phöbus Apoll, der Gott des Lichtes, da müssen die Mächte der Finsternis fliehen. Diese allegorische Darstellung des österreichischen Malers Maulbertsch veranschaulicht treffend die optimistische Weltsicht des Jahrhunderts der Aufklärung. Lichtenberg notiert hierzu: »Ich möchte zum Zeichen für Aufklärung das bekannte Zeichen des Feuers (△) vorschlagen. Es gibt Licht und Wärme, es [ist] zum Wachstum und Fortschreiten [...] unentbehrlich, allein – unvorsichtig behandelt brennt es auch und zerstört auch.« (SB 1, J 971) [SW]

238
Daniel Chodowiecki (1726-1801) und Georg Christoph Lichtenberg (Erklärungen):
»Toleranz«.
Aus: »Sechs Begebenheiten des Vorletzten Dezenniums«, in: Göttinger Taschen Calender für das Jahr 1792, S. 211-222.
Kupferstich, 1792. Ca. 8,7 × 5,1 cm
Berlin, Berlin-Museum.
»Toleranz«, das war eine der wichtigsten Forderungen der Aufklärungsbewegung. Licht umstrahlt Minerva – die römische Göttin der Vernunft und Wissenschaften –, »die aufgeklärte Weisheit«, die »alle Religionsverwandten, Türken, Juden, Catholiken, Lutheraner, Calvinisten, Quäker, Menonisten, Herrnhuter und Chinesen unter ihren Schutz« nimmt, so die Erläuterung Lichtenbergs zu diesem Kupferstich. (GTC für 1792, S. 213) [SW]

239
Francisco de Goya (1746-1828):
El sueño de la razon produce monstruos. (Der Schlaf der Vernunft gebiert Ungeheuer).
Caprichos 43.
Radierung, Aquatinta, 1799.
21,5 × 15 cm
Stuttgart, Staatsgalerie.
»El sueño de la razon produce monstruos«, schrieb Goya auf sein Titel-

blatt der *Caprichos*, das einen Schlafenden zeigt, umgeben von greulichen Gestalten. »Der Schlaf der Vernunft gebiert Ungeheuer«: ein treffender Leitspruch nicht nur für Goyas Werk, sondern eine vorherrschende Einstellung des 18. Jahrhunderts überhaupt. Der sich aufklärende, gesunde Menschenverstand, das Licht der Vernunft dulden keine Poltergeister und Dämonen, die die Köpfe des Volkes verdunkeln. Aufklärung, das heißt mittels der Vernunft die Menschheit vom finsteren Aberglauben und von Vorurteilen zu befreien, Licht in das Dunkel der Unwissenheit und Ängste zu bringen, dem Spuk des Fanatismus und der Intoleranz den Garaus zu machen. Unter die Vorzeichnung zu diesem Blatt schrieb Goya: »Der Autor schläft. Seine einzige Absicht ist es, schädlichen Aberglauben zu verbannen und mit diesem Werk der Launen das feste Zeugnis der Wahrheit fortzusetzen.« [SW]

240
Francisco de Goya (1746-1828):
Y aun no se van! (Und noch immer gehen sie nicht weg!).
Caprichos 59.
Radierung, Aquatinta, 1797/98.
21,5 × 15 cm
Stuttgart, Staatsgalerie.
Der Tag ist noch nicht angebrochen. Wir leben nach wie vor in einem Jahrhundert, das sich zwar das aufgeklärte nennt, doch Unvernunft, Aberglaube und Unwissenheit, Ausbeutung und Gewalt, Unterdrückung und Willkür, sind keineswegs verschwunden: Diese ›Botschaft‹ hält Goya all denen entgegen, die glauben, in der besten

mik«: »Niemand wird leugnen, daß in einer Welt, in welcher sich alles durch Ursache und Wirkung verwandt ist, [...] jeder Teil ein Spiegel des Ganzen ist. Wenn eine Erbse in die Mittelländische See geschossen wird, so könnte ein schärferes Auge als das unsrige, aber noch unendlich stumpfer als das Auge dessen, der alles sieht, die Wirkung davon auf der Chinesischen Küste verspüren.« (SB 3, S. 264) Lichtenberg weist ausdrücklich darauf hin, daß der Mensch den universalen Wirkungszusammenhang der Welt im ganzen in seiner Vielfalt und Komplexität nicht überschauen kann. So folgt aus dem Prinzip »*Alles* [ist] *in allem*« eine grundsätzliche Skepsis gegenüber der menschlichen Erkenntnis, die ihren Gegenstand immer nur in einer reduzierten, vereinfachten Gestalt, niemals in der vollen Komplexität seiner Bezüge erfaßt (SB 1, A 17, J 279). Dies gilt nicht nur für die alltägliche, sondern auch die wissenschaftliche Erkenntnis. »Alle mathematischen Gesetze, die wir in der Natur finden, sind mir trotz ihrer Schönheit immer verdächtig. [...] In der Nähe ist alles nicht wahr.« (SB 2, J 1843)

Wenn wir den universalen Wirkungszusammenhang der Welt nicht überschauen, wie können wir dann aber wissen, daß die Welt überhaupt einen solchen Zusammenhang bildet? Woher wissen wir, daß »jeder Teil ein Spiegel des Ganzen ist«, wo wir doch »das Ganze nicht übersehen« (SB 2, K 66)? Wenn man die Wahrheit des Prinzips »*Alles* [ist] *in allem*« voraussetzt, muß man zwei Standpunkte voneinander unterscheiden: einen »absoluten« bzw. göttlichen, von dem aus tatsächlich das einzelne in seinem Zusammenhang mit dem Ganzen offenbar wird, und einen menschlichen, von dem aus dies gerade nicht möglich ist (SB 3, S. 264 f., S. 290). Der Philosoph, der das Prinzip »jeder Teil [ist] ein Spiegel des Ganzen« formuliert, stellt sich jedoch selbst auf den göttlichen Standpunkt, der ihm gemäß seiner eigenen Theorie gar nicht zukommt. Damit gerät die metaphysische Position, die Lichtenberg aufgreift, in eine Paradoxie. Sie erhebt einen Wahrheitsanspruch, der gemäß ihren eigenen Aussagen vom menschlichen Standpunkt aus grundsätzlich nicht eingelöst werden kann. Dieses Problem wurde bereits in der Leibniz-Rezeption des 18. Jahrhunderts aufgeworfen (von Maine de Biran in seiner *Exposition de la doctrine philosophique de Leibniz*).[2] Es betrifft auch die Philosophie Spinozas, wird dort aber nicht so offensichtlich, da Spinoza den Standpunkt des endlichen Menschen von vornherein überspringt, während Leibniz den menschlichen und göttlichen Standpunkt ausdrücklich gegeneinander absetzt.

Lichtenberg hat die paradoxe Struktur der metaphysischen Position, die er aufgreift, nicht eigens als Problem namhaft gemacht. Es erweist sich jedoch bei näherem Zusehen als das zentrale Motiv seiner Auseinandersetzung mit der metaphysischen Tradition. Lichtenberg hält konsequent daran fest, daß der absolute bzw. göttliche Standpunkt, von dem aus das Prinzip »jeder Teil [ist] ein Spiegel des Ganzen« erst formuliert werden kann, nicht der Standpunkt des endlichen Menschen ist. Auch wenn vom absoluten Standpunkt aus »*Alles in allem*« erkannt und »gelesen« werden kann, »steht es deswegen für unsere Augen da? und können nicht Spuren von Wirkungen, die wir nicht suchen, die bedecken und verwirren, die wir suchen? So wird nichtverstandene Ordnung endlich Unordnung, Wirkung nicht zu erkennender Ursachen Zufall, und wo zu viel zu sehen ist, sehen wir nichts« (SB 3, S. 265). Für Leibniz und Spinoza ist wahre Erkenntnis letztlich erst dann möglich, wenn man sich auf den absoluten Standpunkt stellt, was noch dem antiken Selbstverständnis der Philosophie als einer Erhebung zum Göttlichen entspricht. Angesichts der Endlichkeit des Menschen sieht Lichtenberg jedoch hierin die Gefahr der Illusion und des Dogmatismus. Wer den absoluten Standpunkt für sich beansprucht, läuft Gefahr, sich dem Prozeß gemeinsamer Wahrheitsfindung im »Rat der Menschen« (SB 1, C 194) zu entziehen, um statt dessen entweder in eine subjektive Privatwelt auszuweichen oder die eigenen Ansichten willkürlich und gewaltsam gegen Andersdenkende durchzusetzen. Die Geschichte der Religionen wie auch politischer Ideologien veranschaulicht diese Gefahr in eindringlicher Weise. Indem Lichtenberg die Konsequenzen des Prinzips »*Alles* [ist] *in allem*« im Zusammenhang seiner Kritik der Physiognomik Johann Kaspar Lavaters erörtert, der, ohne es zu merken, subjektive Willkür für absolute Wahrheit ausgibt, verdeutlicht er zugleich die Gefahr, die jede Berufung auf den absoluten Standpunkt mit sich bringt. In der Einleitung zur zweiten Auflage des Aufsatzes »Über Physiognomik« schreibt Lichtenberg, er wolle »Mißtrauen erwecken« gegen die Versicherung, »etwas das auf Erden gesprochen ist, käme vom Himmel; Ich wollte hindern, daß, da grober Aberglaube aus der feineren Welt verbannt ist, sich nicht ein klügelnder an dessen Statt einschliche, der eben durch die Maske der Vernunft, die er trägt, gefährlicher wird, als der grobe« (SB 3, S. 257). Lichtenberg hat damit die Kritik Karl Poppers an der metaphysischen Tradition im Ansatz vorweggenommen, dergemäß die Idee einer absoluten Wahrheit, auch wenn sie noch so vernünftig erscheint, immer das Moment des Autoritären einschließt.

Gerät Lichtenberg aber nicht selbst in einen Widerspruch, wenn er einerseits an dem Prinzip »*Alles* [ist] *in allem*« festhält, andererseits aber betont, daß der absolute Standpunkt, der darin bezogen wird, nicht der des endlichen Menschen ist? (Vgl. SB 3, S. 290) Dieser Widerspruch läßt sich dadurch entschärfen, daß man den Stellenwert des Prinzips »*Alles* [ist] *in allem*« umdeutet: indem man es nicht mehr als eine unumstößliche Wahrheit versteht, sondern als eine – mit Immanuel Kant zu sprechen – »regulative Idee«, d. h. einen Zielpunkt wissenschaftlicher Forschung, dem man sich durch »tieferes Studium der Natur, noch Jahrtausende fortgesezt«, annähern kann (Bw 3, Nr. 1456, S. 234)[3]. An die Stelle des Besitzes der Wahrheit tritt so die – von Prinzipien geleitete – Suche nach der Wahrheit: ein Grundgedanke der Aufklärung, der in der Erkenntnis- und Wissenschaftstheorie des 20. Jahrhunderts neue Aktualität gewonnen hat.[4]

Damit verliert allerdings die Idee einer universalen, kausal geregelten Weltordnung zugleich an Gewicht. Denn woher können wir wissen, daß sich die wissenschaftliche Forschung tatsächlich einer solchen Idee immer mehr annähern wird? Der Fortschritt der Erkenntnis führt uns zugleich das ganze Ausmaß unserer Unwissenheit und unserer Irrtümer vor Augen, was wiederum die Folgerung nahelegt, »alles könne anders sein, als wir es uns vorstellen« (SB 1, J 942). Könnte sich nicht der Anschein der Ordnung, die wir in der Natur zu entdecken glauben, bloß unserer »Kurzsichtigkeit«, d. h. eingeschränkten Perspektive verdanken (SB 1, A 17; SB 2, H 5)? So bleibt die Möglichkeit offen, daß die Ordnung, Regelhaftigkeit und Bestimmtheit, die wir im Erkenntnisprozeß den Naturdingen zusprechen, nicht mehr ist als eine subjektive Projektion – Ausdruck unseres Bedürfnisses nach Orientierung in einer wechselvollen, letztlich unüberschaubaren Wirklichkeit (SB 1, J 392; SB 2, J 1843). Ein solches grundsätzliches »Mißtrauen gegen alles menschliche Wissen« (SB 1, J 938) hat Lichtenberg im Laufe seiner philosophischen Entwicklung immer stärker bestimmt. In seinen widersprüchlichen Aussagen zur Frage der Existenz und Erkennbarkeit einer universalen Weltordnung spiegelt sich die innere Paradoxie seines Grundgedankens »*Alles* [ist] *in allem*« und der metaphysischen Tradition, der er entstammt. Dies droht die Suche nach Erkenntnis zu lähmen (SB 1, J 938).

Einen Ausweg aus diesem Dilemma eröffnen Lichtenbergs Überlegungen zur Wissenschaftstheorie. Ihn beschäftigt insbesondere die Situation der Konkurrenz von

aller Welten zu leben. Im Gegensatz zu seinen allzu optimistisch gestimmten Zeitgenossen, die nur das Licht der Aufklärung sehen wollen, beherrschen diffuses Zwielicht und Dunkelheit die Radierungen Goyas. Wie kein anderer zeigt er die Schattenseiten der Aufklärung, die andere Seite des janusköpfigen Vernunftzeitalters. Hexen, Dämonen und Geister bevölkern Goyas nächtliche, gespenstische Szenen – Sinnbild nicht nur für den nach wie vor lebendigen, von der Kirche geschürten Aberglauben, sondern für alles, was sich der Herrschaft der Vernunft entzieht, über den Verstand geht: das Triebhafte, das Tier im Menschen, seine Begierden und Leidenschaften. [SW]

241
Francisco de Goya (1746-1828): Si amanece, nos vamos. (Wenn es Tag wird, dann gehen wir) Caprichos 71.
Radierung, Aquatinta, 1797/98. 21,5 × 15 cm
Stuttgart, Staatsgalerie.
Finstere Mächte treiben nach wie vor ihr Unwesen. Nur der Tag kann sie vertreiben. Doch der scheint sich hier noch keineswegs anzukündigen. Mit dieser desillusionierenden Sehweise erteilt Goya abermals der Utopie der Aufklärer eine Absage, die glauben, allein die Tatsache, daß der Mensch ein vernunftbegabtes Wesen ist, befreie die Welt automatisch von Unvernunft. Diese Skepsis teilte auch Lichtenberg: »Man spricht viel von Aufklärung, und wünscht mehr Licht. Mein Gott was hilft aber alles Licht, wenn die Leute entweder keine Augen haben, oder die, die sie haben, vorsätzlich verschließen?« (SB 1, L 472) [SW]

242
William Hogarth (1697-1764): »Credulity, Superstition and Fanatism. A Medley«. (Leichtgläubigkeit, Aberglaube und Fanatismus. Eine gemischte Gesellschaft) Radierung, Kupferstich, 1762. 43,7 × 33 cm
Hamburg, Hamburger Kunsthalle, Kupferstichkabinett 21149
Lichtenberg verfaßte im Göttinger Taschen Calender von 1787 eine ausführliche Erklärung zu dem Kupferstich Hogarths, der mit diesem Blatt die Unaufgeklärtheit seiner Zeitgenossen – religiöse Schwärmerei, Wunderglauben und abergläubige Riten der Kirche – anprangerte und satirisch bloßstellte. Dem genauen Beobachter Lichtenberg entging keines der

alternativen Hypothesen bzw. Theorien, die sich auf denselben Sachverhalt beziehen. Der traditionelle Begriff der Wahrheit als Übereinstimmung der Erkenntnis mit ihrem Gegenstand hilft in der Frage, welche von ihnen die richtige ist, nicht weiter; denn jede der verschiedenen Hypothesen bzw. Theorien beansprucht ja, mit den Tatsachen übereinzustimmen. Gesucht ist vielmehr ein Kriterium, mit dessen Hilfe man zwischen wahren und falschen Behauptungen, Hypothesen und Theorien unterscheiden kann.

Um in einer Situation der Konkurrenz alternativer Hypothesen bzw. Theorien eine Entscheidung zu treffen, kann zunächst der Versuch gemacht werden, sie miteinander in Einklang zu bringen und dadurch die Konkurrenzsituation aufzulösen (SB 2, L 862). Mißlingt dies, so muß eine Rangordnung unter den alternativen Hypothesen bzw. Theorien ermittelt werden (SB 2, J 1259, L 967). Dabei gilt es einerseits zu prüfen, inwieweit diese von Beobachtungsergebnissen, experimentellen Daten u.ä. bestätigt werden, andererseits, wie plausibel die Annahmen sind, mittels derer die einzelnen Beobachtungen erklärt werden. »Es sind vielleicht unzählige Hypothesen über eine Sache möglich, in dem Falle muß man die irrationalen übergehen und bloß die rationalen aussuchen« (SB 2, J 1865). Welche Annahmen als plausibel bzw. als »irrational« gelten können, läßt sich allerdings niemals mit letzter Bestimmtheit entscheiden, sondern immer nur im Hinblick auf die bisherige Erfahrung und auf das, was allgemein als wahr bzw. vernünftig akzeptiert wird. Daher muß es das Ziel jeder wissenschaftlichen Theorie sein, mit Hilfe von möglichst wenig hypothetischen Annahmen Beobachtungsdaten in möglichst großem Umfang zu erklären und vorherzusagen. Dieses Ziel ist erreicht, wenn eine Theorie einerseits »das Äußerste unseres Erkenntnis-Kreises umfaßt«, sich damit auf einen größtmöglichen Umfang von Einzelbeobachtungen bezieht und andererseits »in sich zusammenhängend«, d. h. systematisch geordnet ist und dadurch »alles kleinliche hypothetische lokale Spielzeug verschlingt«, indem sie es durch wenige einfache Prinzipien ersetzt (SB 2, J 1416). Eine solche Theorie kann – so Lichtenberg – »die Wahrheit selbst sein oder ihre Stelle vertretten« (ebda.). Das Kriterium, um eine Theorie als wahr akzeptieren zu können, besteht also im Grad der systematischen Einheit – modern gesprochen: der Kohärenz – der Erfahrung, der mit ihrer Hilfe erzielt werden kann. Umgekehrt spricht es gegen den Wahrheitsgehalt einer Theorie, wenn sich ihre Übereinstimmung mit den Beobachtungsergebnissen auf Dauer nur dadurch retten läßt, daß man ständig neue Hilfshypothesen einführt, bestimmte Beobachtungen für irrelevant erklärt u.ä.

Lichtenberg ist sich dessen bewußt, daß mittels des Kriteriums der Kohärenz die Wahrheit einer Theorie niemals endgültig und unumstößlich festgestellt werden kann. Es können neue experimentelle Daten auftreten, die sich mit der Theorie nicht mehr in Einklang bringen lassen. Bestimmte Hypothesen, die bislang vernünftig und naheliegend erschienen, können sich im nachhinein als fragwürdig herausstellen. Das Kriterium der Kohärenz erlaubt es daher lediglich, einer Theorie relativ auf den augenblicklichen Erkenntnisstand einen bestimmten Grad an Plausibilität zuzusprechen. Ob sie »die Wahrheit selbst« ist oder bloß »ihre Stelle« vertritt, wird letztlich ununterscheidbar. Damit wird diese Frage für den Erkenntnis- und Forschungsprozeß zugleich bedeutungslos. Denn da wir kein sicheres Wissen erlangen können, muß die Frage nach der »wahren« Theorie umgewandelt werden zur Frage nach der »einfachsten«, für die Forschung fruchtbarsten Theorie – d. h. derjenigen, mit deren Hilfe wir die größtmögliche Kohärenz in unserer Erfahrung herstellen können (SB 2, K 361).

Bei Lichtenberg zeichnet sich ein pragmatisches Verständnis des Wahrheitsbegriffs ab, das nicht nur auf den Pragmatismus des 19., sondern auch auf zentrale wissenschaftstheoretische Positionen des 20. Jahrhunderts vorausdeutet (den Logischen

zahlreichen sinnträchtigen Details auf diesem Stich, weder die Hexen- und Teufelspuppen, noch das Harlekinkostüm des erregten Predigers, die herumliegenden Bücher oder die Kaninchen gebärende Frau, »The rabbit woman«. »Sie liegt« – so Lichtenberg – »in Convulsionen, sogar das Liqueurglas, das ihr gereicht wird, hat sie abgebissen.« Angesichts dieses tollen, wahnsinnigen Treibens in einer Kirche, wo »von der Fackel der Aufklärung blos der Ruß und ein Paar Pechflecken anzutreffen sind«, schreibt Lichtenberg resumierend: »Der Anblick erweckt Schauder und Entsetzen, und doch ist hier alles wahr. Ja manches paßt so sehr auf unsere Zeiten und uns, die doch Hogarth nicht kannte. [...] Wenn wir nur darin eins sind, daß es solche Thoren und Betrüger, als das Blatt darstellet, überall giebt, und daß sie sich täglich mehr ausbreiten, so kan es uns gleichgültig seyn, zu wissen wie sie heißen, und welche Secte, die meisten liefert. Der Schauplatz ist ein Tabernakel, und hier sehr gut gewählt. Wenn jeder Gesellschaft und jedem Versammlungssaal diesseits der Thüre des Tollhauses etwas ähnliches jenseits correspondirt, so hat auch das Tollhaus sein Tabernakel; und thörigte Leichtgläubigkeit und Aberglauben halten sich alsdann gewöhnlich zu dem Zimmer, worin die Kanzel steht. *Religion* so wie die *Liebe*, erhält sich auch noch in jenen Gewölben des bürgerlichen Todes am längsten.« (GTC für 1787, S. 212-232) [SW]

243
Minerva beschützt Rousseau und Voltaire vor den Fanatikern.
Radierung, um 1790. 22,5 × 39 cm
Hamburg, Hamburger Kunsthalle, Kupferstichkabinett 1988/177

»Es ist unmöglich die Fackel der Wahrheit durch ein Gedränge zu tragen,« erklärt Lichtenberg, »ohne hier einen Bart und dort ein Kopfzeug zu versengen«. (SB 3, S. 385) In das Licht der Aufklärung getaucht sitzen hier zwei Fackelträger der Wahrheit, Rousseau und Voltaire, diese beiden bedeutenden Vertreter des ›siécle de lumiére‹. Minerva beschützt sie vor den Angriffen des Fanatismus, der mit der aufgeklärten Vernunft als unvereinbar angesehen wurde.
Ein derartiges einträchtiges Zusammentreffen entsprang allerdings lediglich dem Wunschdenken des anonymen Künstlers, denn der Rationalist Voltaire und der Gefühlsmensch Rousseau waren sich keineswegs freundschaftlich zugetan. Zu verschieden dachten sie von den Zielen der Aufklärung. So empfand der Rationalist Voltaire die Forderung Rousseaus »Zurück zur Natur« als eine Kriegserklärung an die aufklärerischen Bemühungen um Bildung, Fortschritt und Zivilisation. [SW]

244
Daniel Chodowiecki (1726-1801) und Georg Christoph Lichtenberg (Erklärungen):
»Natur / Afectation, Empfindung / Sentiment, Geschmack / Gout«.
Aus: »Natürliche und affectirte Handlungen des Lebens. Zweite Folge«, in: Göttinger Taschen Calender für das Jahr 1780, S. 127-141.
Kupferstiche, 1779.
Je ca. 8,7 × 4,7 cm
Hamburg, Hamburger Kunsthalle, Kupferstichkabinett 56659

»Natur« – beziehungsweise »Natürlichkeit« – ist ein Schlüsselwort der Aufklärungsbewegung. Höfische »Unnatur«, das gekünstelte, exaltierte Gehabe der Aristokratie, wird hier mit der vorbildlichen »Natürlichkeit« des Bürgertums konfrontiert. Daß auf einem Stich »Natur« im Gewand eines halbnackten Pärchens aus längst vergangenen Zeiten daherkommt, darf man allerdings nicht allzu wörtlich nehmen. Offenbar fiel es Chodowiecki schwerer, die vielbeschworene »Natur« ins rechte Licht zu rücken als die »Unnatur«, die er ja jeden Tag vor Augen hatte.
Auch mit dieser Kupferstichfolge, zu der Lichtenberg ebenfalls die Kommentare verfaßte, will Chodowiecki belehren, dem sich emanzipierenden Bürgertum nützen, indem er das auf bloße Selbstdarstellung zielende Gebaren der Aristokratie lächerlich macht. Ein Beispiel nehmen sollen sich die bürgerlichen Betrachter an den Figuren mit schlichter Kleidung und sparsamen, beherrschten Gesten, die Ausdruck sind für ihre echte, wahre und vernünftige Gesinnung. Man kann sich allerdings des Eindrucks nicht erwehren, daß Chodowiecki »Natürlichkeit« mit bürgerlichem Wohlverhalten und biederer Anständigkeit gleichsetzt. Vergnüglicher sind da die Erklärungen Lichtenbergs, dem es immer wieder gelingt, der moralisierenden Schwarz-Weißmalerei des Berliner Künstlers auch unterhaltsame Seiten abzugewinnen. So schreibt er

Empirismus des Wiener Kreises, den Kritischen Rationalismus Poppers und seiner Nachfolger). Ein solches pragmatisches Verständnis des Wahrheitsbegriffs ist dadurch gekennzeichnet, daß zwar einerseits die absolute Differenz von ›wahr‹ und ›falsch‹ aufgehoben wird (da all unser Wissen vorläufig ist), es andererseits aber möglich und sinnvoll bleibt, relativ auf einen bestimmten Erkenntnisstand zwischen ›wahr‹ und ›falsch‹ zu unterscheiden, ohne damit künftige Korrekturen auszuschließen.

Die Suche nach einer absoluten Wahrheit im Sinne der metaphysischen Tradition wird damit aufgegeben. Dennoch wirken im pragmatischen Verständnis der Wahrheit metaphysische Gedanken fort. Denn die Idee der Kohärenz, der systematischen Einheit der Erfahrung, ergibt sich philosophiegeschichtlich aus einer Umdeutung der metaphysischen Idee der Welt als eines universalen Ordnungszusammenhangs. Hierbei tritt an die Stelle der metaphysischen Spekulation über die Welt im ganzen die Analyse unserer Welterfahrung. Kant hat eine solche Rückwendung des erkennenden Subjekts auf sich selbst ausdrücklich als philosophisches Programm formuliert. Sie zeichnet sich ansatzweise auch bei Lichtenberg ab. Anhand der Auseinandersetzung Lichtenbergs mit Kant läßt sich zeigen, daß das Wahrheitskriterium der Kohärenz nicht nur für die Wissenschaft, sondern darüber hinaus für unsere Welterfahrung im ganzen von Bedeutung ist.

Das pragmatische Verständnis der Wahrheit schließt ein Moment der Skepsis gegenüber unserer Welterkenntnis ein, die immer vorläufig und unsicher bleibt. Dies macht aber die Suche nach Erkenntnis und Wahrheit nicht wertlos. Indem uns die Skepsis die Vorläufigkeit unseres Wissens vor Augen hält, verhindert sie die dogmatische Verfestigung der herrschenden Theorien und Weltdeutungen und spornt uns dazu an, alternative und womöglich bessere zu entwerfen. So enthält das pragmatische Verständnis der Wahrheit sowohl metaphysische als auch skeptische Momente. Im Zusammenhang seiner Überlegungen zur Wissenschaftstheorie hat Lichtenberg tatsächlich Möglichkeiten entdeckt, den Gegensatz von Metaphysik und Skeptizismus grundsätzlich zu überwinden.

1 Vgl. hierzu Heinrich Rombach: *Substanz, System, Struktur.* 2 Bde. Freiburg 1965, insbes. Bd. 1, S. 304ff.

2 Vgl. Aron Gurwitsch: *Leibniz. Philosophie des Panlogismus.* Berlin, New York 1974, S. 121f.

3 Brief an Johann Daniel Ramberg vom 3. Juli 1786.

4 In diesem Sinne schrieb Alexander von Humboldt an Lichtenberg: »Wahrheit an sich ist kostbar, kostbarer aber noch die Fertigkeit, sie zu finden« (Bw 3, Nr. 780).

Empfindung
Sentiment

Empfindung
Sentiment

spöttisch zu dem Kupferstich *Geschmack,* auf dem ein geckenhaftes Aristokratenpärchen inmitten einer zurechtgestutzten, barocken Parklandschaft zu sehen ist: »In der Tat fängt sich bei dieser Dame auf dem Kopf ein dem Reifrock ähnlicher Körper zu entspinnen an, der es bei fernerm Wachstum, in manchen Fällen, nötig machen möchte, das Frauenzimmer wie die Glaskisten mit oben zu bezeichnen, wo oben ist. Übrigens ist die gravitätische Kopfhaltung, die wir hier bemerken, in denen Städten, wo die Dienstmägden das Gemüs auf den Köpfen nach Hause tragen, sehr gemein, und nicht sowohl Affectation von Würde, als die notwendige

Folge eines statischen Versuchs. [...] Die beiden Bänder zur Rechten und zur Linken hängen vermutlich herab, um sie bei einem Salto mortale über eine Gosse anzufassen und dadurch dem Korbe mit allen Heiligtümern der brabandischen Flora die nötige Festigkeit zu geben. [...] Wer in aller Welt könnte ein solches con amore-Gesichtchen und so viel liebe Geistes-Kränklichkeit, zumal unter dem Schutz eines Reifrocks, beleidigen? Ziehe du hin in Frieden mit deinen richtig geschnallten Schuhen, die nicht der letzte Gegenstand deiner Aufmerksamkeit zu sein scheinen, mit deinen Knopflöchern gleich prächtigen Schlüssellöchern zu einem leeren Kasten und mit deinen beiden Uhren, womit du, der du Stunden über Possen wegwirfst, uns glauben machen willst, du wögest die Zeit mit Sekunden ab.« [SW]

245
Karl Guttenberg (1743-1792):
»Du 18eme Siècle, dit, l'eclairé«.
(Das sogenannte aufgeklärte Zeitalter)
Aquarell, 1785. 10 × 19,3 cm
Bez. »Aus dem Stammbuch des Eibert Heinrich Theophil Merkel.«
Nürnberg, Germanisches Nationalmuseum, Hs Merkel 461
Voll bitterer Ironie stellt hier der Künstler dar, wie es in Wirklichkeit um »das sogenannte aufgeklärte Jahrhundert« bestellt war: Eine tiefe, unüberbrückbare Kluft, wie sie größer nicht sein könnte, herrscht zwischen den Ständen. Ausbeutung und Unterdrückung werden versinnbildlicht durch einen wohlhabenden, herausgeputzten Adelsjungen, der auf einem Bauernbuben reitet. Während der hinter den beiden Kindern stehende, prächtig gekleidete Aristokrat scheinbar an dem grausamen Treiben seines peitscheschwingenden Söhnchens nichts auszusetzen hat, eilt ein zerlumpter, tief gebeugter Mann entsetzt herbei. Er und seine Familie haben den aufrechten Gang noch nicht erlernen dürfen, sind sie, als Angehörige des vierten Standes, doch eher Lasttiere der Aristokratie denn menschliche Wesen. Hintergrund dieser grotesken Szene ist eine ärmliche strohgedeckte Hütte an einer Mauer, hinter der sich ein herrschaftlicher Park zu verbergen scheint. [SW]

246
Johann Heinrich Ramberg (1763-1840):
Natural Philosophy.
Die Naturprediger.
Feder, 1789. 31,7 × 41,6 cm
Hannover, Landesgalerie im Niedersächsischen Landesmuseum,
PM Hz 568
Seriös betriebene naturwissenschaftliche Forschung und Experimentierfreudigkeit sind hier verkommen zur Quacksalberei und Scharlatanerie. Die »Naturprediger« Rambergs treten als Zauberer auf, die sich die Unwissenheit des gemeinen Volkes zu Nutze machen. Ramberg, neben Chodowiecki der populärste deutsche Illustrator des 18. und 19. Jahrhunderts, stand unter dem Einfluß der englischen Satiregraphik, vor allem der Hogarths, dessen Kupferstich »Hudibras und Sidrophel« er hier ganz offensichtlich zitierte. [SW]

247
William Hogarth (1697-1764):
Hudibras and Sidrophel.
Aus der Kupferstichfolge »Hudibras«, eine Illustration zu Samuel Butlers (1612-1688) satirischer Dichtung.
Kupferstich / Radierung, 1726.
27,2 × 35,5 cm
Göttingen, Niedersächsische Staats- und Universitätsbibliothek, Gr. 2° Art. plast. VI, 25: 1b Rara
Dieses Blatt Hogarths ist eines von vielen aus der Sammlung Georg Christoph Lichtenbergs. Wissenschaftliche Geräte und technische Errungenschaften des aufgeklärten Jahrhunderts (Fernrohr, Quadrant, Globus, Zirkel) werden mißbraucht als phantastisches Zubehör eines Magiers und Wahrsagers. [SW]

248
Daniel Chodowiecki (1726-1801):
Die Stube eines Naturlehrers.
Aus: Blätter zu Ziegenhagen's Verhältnislehre, 1791.
Radierungen. 7,4 × 13,6 cm
Hamburg, Hamburger Kunsthalle, Kupferstichkabinett 56641
Ernsthaft bemühen sich die dargestellten Personen, mittels physikalischer Geräte wissenschaftliche Erkenntnisse zu gewinnen, um so Licht ins Dunkel des bislang Unerforschten zu bringen. [SW]

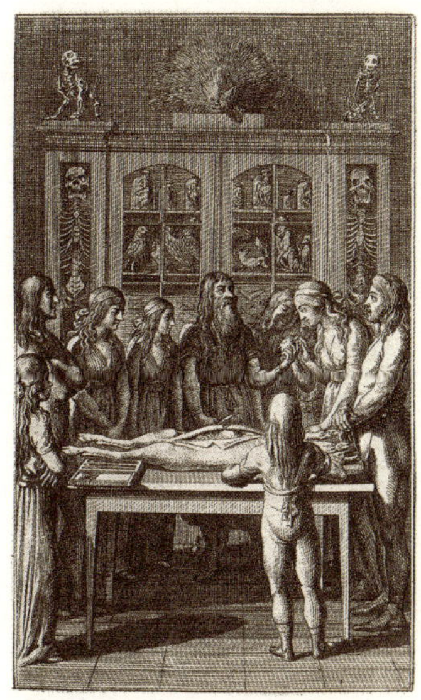

249
Daniel Chodowiecki (1726-1801):
Die Anatomische Lehranstalt.
Aus: Blätter zu Ziegenhagen's Verhältnislehre, 1791.
Radierung. 13,4 × 7,4 cm
Hamburg, Hamburger Kunsthalle, Kupferstichkabinett 56637
Die Entdeckerfreude der um Aufklärung bemühten Zeitgenossen des 18. Jahrhunderts machte auch nicht vor dem Inneren des menschlichen Körpers halt. Während der Auf-

traggeber dieser Kupferstichfolge – Franz Heinrich Ziegenhagen (1753-1806) – die öffentliche Sezierung von Leichen zur besseren Kenntnis der gesunden und kranken menschlichen Natur forderte, hatte Chodowiecki offensichtlich Skrupel, die Obduktion eines Menschen zu zeigen, und legte kurzerhand ein Schwein auf den Seziertisch. [SW]

250

William Hogarth (1697-1764):
The Reward of Cruelty
(Der Lohn der Grausamkeit).
Aus: The four Stages of Cruelty
(Die vier Stufen der Grausamkeit).
Radierung / Kupferstich, 1751.
36,6 × 31,5 cm
Bez. »Price 1s 6d. Designe'd by W. Hogarth. Published according to Act of Parliament Feb. 1. 1751.«
Göttingen, Niedersächsische Staats- und Universitätsbibliothek, Gr. 2° Art. plast. VI, 25: 30 d Rara

Die Skrupel seines deutschen Kollegen Daniel Chodowiecki, eine menschliche Sektion mit allen damit zusammenhängenden Details darzustellen, kannte Hogarth nicht. Drastisch zeigt er Chirurgen und Anatomen, umgeben von einem neugierigen, schaulustigen Publikum, bei ihrem blutigen Handwerk. Im Gegensatz zu Chodowieckis »Anatomischer Lehranstalt«, in der die ernsthafte wissenschaftliche Bemühung und der aufgeklärte Erkenntniswille im Vordergrund stehen, bedient sich Hogarth eines gängigen Vorurteils seiner Zeit: Der Berufsstand des Mediziners, häufig mit dem Metzger und Schlächter verglichen, galt vielfach noch als unehrenhaft. So sind auch Hogarths Chirurgen rohe, brutale Gesellen, die mit einer gewissen sadistischen Freude den Körper des Leichnams aufschlitzen, seine herausquellenden Innereien begutachten und in einem (Kannibalen-)Kochtopf Knochen und Schädel auskochen. [SW]

251

Nikolaus Kopernikus (1473-1543).
Porträt.
Aus: Georg Christoph Lichtenberg's Vermischte Schriften.
Neue vermehrte, von den Söhnen veranstaltete Originalausgabe, 1844, Bd. 5.
Kupferstich. 9 × 7,4 cm
Ober-Ramstadt, Ulrich Joost.

Nikolaus Kopernikus (1473-1543) war der Begründer des heliozentrischen Weltbildes, das die Erde nicht länger als Mittelpunkt der Welt begreift. Lichtenberg, fasziniert von den Leistungen dieses – wie er Kopernikus nannte – »Heroen der Astronomie, dem Manne aller Jahrhunderte«, hatte sich intensiv mit dem Leben und Wirken von Nikolaus Kopernikus befaßt. In seiner Biographie über den Mathematiker und Astronomen schreibt Lichtenberg bewundernd: Sein »Hauptverdienst« bestehe darin, »daß er, mit Vernunft und *Geometrie* bewaffnet, in dem großen Kampfe, den der Irrtum von aller Macht des *sinnlichen Scheins* unterstützt, gegen zweitausend Jahre mit der Wahrheit glücklich bestanden hatte«. Und er fügt hinzu: »Der Kampf, den er zu bestehen hatte, war keine Kleinigkeit. Die Lehrmeinung, deren Umsturz es galt, war von einigen der größten Menschen aller Zeiten angenommen worden. Pythagoras, Aristoteles, Platon, Hipparch, Archimedes, ja bei weitem die meisten und berühmtesten der Alten und unzählige Neuere, vom ersten Rang in der Geschichte der Astronomie.« (SB 3, S. 140 und 153) [SW]

252

Georg Christoph Lichtenberg:
Nicolaus Copernicus im Pantheon der Deutschen. Dritter Teil. Leipzig 1800.
19 × 12 cm
Göttingen, Niedersächsische Staats- und Universitätsbibliothek, 8° Hist. Germ. un. IV, 25

Um 1794 hatte der Chemnitzer Verleger Karl Gottlieb Hofmann ein Unternehmen begonnen, das den deutschen Nationalismus des 19. Jahrhunderts vorwegnahm: In einem Göttertempel (Pantheon) zwischen zwei Buchdeckeln wollte er die Köpfe der deutschen Geschichte vereinigen. Lichtenberg, der sonst alle Anträge, für andere Verleger als Dieterich zu arbeiten, hartnäckig abwies, ließ sich vielleicht durch das hohe Honorar, vielleicht auch durch diesen Nationalgedanken bestimmen, mitzuwirken. Mehrfach äußert er in Briefen, er wolle Kopernikus zu einem Deutschen machen. Das hat damals nichts mit der Frage zu tun, ob Kopernikus Pole sei, sondern bezieht sich nur auf das staatsrechtliche Faktum, daß Ost- und Westpreußen nie zum Römischen Reich deutscher Nationen gehört haben. Jahrelang trieb Lichtenberg Vorstudien, bevor er den Aufsatz, der ein Glanzstück wissenschaftsbiographischer Prosa ist, nahezu abgeschlossen hatte. Hofmann bankrottierte über diesem Unternehmen, das dann vom Leipziger Verleger Friedrich Gotthold Jacobäer zu Ende geführt wurde. [UJ]

253

Georg Christoph Lichtenberg:
Notizbuch zu »Copernikus 1796«.
12 Doppelblatt, deren äußerste als Vorsatz dienten, einstichig geheftet, Halbleder auf Holzdeckeln, blaugrauer Papierbezug, achteckiges Titelschild auf dem Deckel, von Lichtenberg beschriftet.
16 × 10,3 cm (geschlossen)
Göttingen, Niedersächsische Staats- und Universitätsbibliothek, Cod. Ms. Licht. V, 22 a

Von Beginn seiner Arbeit an der Kopernikus-Biographie an exzerpierte Lichtenberg aus den Klassikern der Astronomie und Astronomiegeschichte (Montucla, Gassendi und anderer) in ein eigens dafür angelegtes Notizbüchlein. Das hier gezeigte erste (ein zweites wurde auch noch voll) scheint er gleich zu Jahresbeginn 1796 angefangen zu haben: Ursprünglich sollte die Zahl auf dem Deckel 1795 heißen. [UJ]

254

Nikolaus Kopernikus:
Nicolai Copernici Torinensis De Revolutionibus orbium coelestium. Basileae [1566].
Göttingen, Niedersächsische Staats- und Universitätsbibliothek, 4° Astron. I, 1304 Rara

Diesen Klassiker der Wissenschaftsgeschichte hat Lichtenberg mehrfach in der Göttinger Universitätsbibliothek entliehen. Er benutzte das Werk nicht nur in seinen Astronomie-Vorlesungen, sondern zog es auch für seine Kopernikus-Biographie heran. [SW]

255

Totenmaske Isaac Newtons (1642-1727).
Gips; Höhe: 20,5 cm
Marbach, Schiller-Nationalmuseum, Nr. B 74.676 aa

Der englische Mathematiker, Astronom, Naturwissenschaftler und Politiker Isaac Newton begründete die neuere mathematische Physik und physikalische Astronomie. Zu seinen bahnbrechenden Entdeckungen gehören u. a. die Bewegungsgesetze der Mechanik, das Gravitationsgesetz und – unabhängig von Leibniz – die Differential- und Integralrechnung. 1670 erfand er ein 30-40fach vergrößerndes Spiegelteleskop. Mit seinen naturwissenschaftlichen Erkenntnissen stellte Newton die Metaphysik des 17. Jahrhunderts und die Scholastik grundsätzlich in Frage. In seinen Sudelbüchern notiert Lichtenberg: »Mein Verstand folgte heute den Gedanken des großen Newton durch das Weltgebäude nach, nicht ohne den Kützel eines gewissen Stolzes, also bin ich doch auch von dem nämlichen Stoff, wie jener große Mann, weil mir seine Gedanken nicht unbegreiflich sind [...], und was Gott durch diesen Mann der Nachwelt zurufen ließ wird von mir gehört, da es über die Ohren von Millionen unvernommen hinschlüpft.« (SB 1, B 263)
Lichtenberg besaß einen Abguß der Totenmaske des von ihm verehrten Physikers. Sie wurde nach seinem Tod aus der Versteigerung seiner Bibliothek von Wilhelm Körte erworben, zusammen mit Lichtenbergs eigener Notiz, die im Auktionskatalog abgedruckt war: »Dieses Bild ist in der Form gegossen, welche man über Newton's Gesicht im Tode gemacht hat; die Form befand sich im Besitz des berühmten Bildhauers Roubillac, der die schöne Statüe von Newton für die Universität Cambridge verfertigt. Nach Roubillac's Tode, kam sie an einen Freund eines gelehrten jungen Engländers Hawkins, der sich jezt in Deutschland aufhält, und der für einige geringe Dienste, die ich ihm geleistet habe mir kein größeres Geschenk hätte machen können, indem der gegenwärtige Besitzer der

Form ein eigner Mann seyn soll, der mit seinem Schatz nicht sehr freygebig ist. G.C.L.« (Verzeichnis derjenigen Bücher, welche aus dem Nachlasse des sel. Hrn. Hofraths Lichtenberg zu Göttingen mit Anfange des Novembers dieses Jahres [...] durch den Universitäts-Gerichts-Procurator und Bücher-Auctionator F. J. Schepeler, in dem Buchhhändler Dieterichschen Hause meistbietend verkauft werden sollen. Göttingen 1799, S. 114) Lichtenberg verschenkte mehrfach Zweitabgüsse seiner Newton-Maske an Freunde; das hier gezeigte Exemplar könnte einer dieser Abgüsse sein. [SW/UJ]

256
Isaac Newton (1642-1727):
Philosophiae Naturalis Principia Mathematica. London 1687.
24,7 × 19,6 cm
Göttingen, Niedersächsische Staats- und Universitätsbibliothek, 4° Bibl. Uffenbach 33 Rara
Mit dieser Schrift über die »Mathematischen Prinzipien der Naturlehre« leistete Newton einen entscheidenden Beitrag zum naturwissenschaftlichen Fundament der Aufklärungsphilosophie. Lichtenberg hat das Hauptwerk Newtons zwischen 1782 und 1792 in fast jedem Sommer- und Wintersemester aus der Göttinger Bibliothek entliehen. [SW]

257
Andreas Scheits (1670-1735) (inv.) und Martin Bernigeroth (1670-1733) (sc.):
Gottfried Wilhelm Leibniz (1646-1716).
Porträt.
Kupferstich, 1703. 14 × 8,5 cm
Bez. »Hoc duce in immensi penetravimus intima veri / Nec probat autorem mens magis ulla Deum.« (Unter seiner Leitung sind wir ins Innerste des unermeßlichen Wahren gedrungen / Und kein Geist erweist Gott als Schöpfer besser.)
Wolfenbüttel, Herzog August Bibliothek, P II 3122a
Leibniz, der Gelehrte, der das Wissen seiner Zeit universell beherrschte – er war Philosoph, Mathematiker, Sprachforscher, Jurist, Theologe, Physiker und Diplomat –, beeinflußte das Denken bis weit in das 18. Jahrhundert hinein. Unabhängig von Isaac Newton entdeckte er die Differential- und Integralrechnung und erfand die erste Rechenmaschine. Leibniz war maßgeblich an der Gründung und Entwicklung wissenschaftlicher Einrichtungen beteiligt; so wurde auf seine Veranlassung hin die Akademie der Wissenschaften zu Berlin gegründet, deren erster Präsident er 1700 wurde. [SW]

258
Gottfried Wilhelm Leibniz:
Essais de Theodicée sur la Bonté de Dieu, la Liberté de L'Homme et L'Origine du Mal. Amsterdam 1710.
Das Titelkupfer stellt den steilen Pfad der Tugend (»ardua virtutis via«) dar.
Wolfenbüttel, Herzog August Bibliothek, O 186 Helmst. 8°
In seiner *Theodizee* versucht Leibniz die »Güte Gottes, die Freiheit des Menschen und den Ursprung des Übels« zu beweisen. Krankheit, Elend, Not, sämtliche Ungerechtigkeiten des Lebens, haben in seinen Augen einen höheren Sinn und stellen keineswegs Gottes »beste aller Welten« in Frage. Sie befördern vielmehr die allgemeine Glückseligkeit. Leibniz' Lehre von der »prästabilierten Harmonie« kam der optimistischen Grundstimmung der Frühaufklärer außerordentlich entgegen. Nicht nur Christian Wolff, der die Leibnizsche Philosophie systematisierte und durch die Übersetzung ins Deutsche erst populär machte, sondern auch Johann Christoph Gottsched suchte die *Theodicée* einem größeren Publikum schmackhaft zu machen. In einer seiner vielgelesenen moralischen Wochenschriften, *Der Biedermann*, heißt es: »Einem Frommen ist selbst das Unglück, so ihm wiederfährt, was Gutes, denn es dient zu seinem Besten [...], selbst das Leiden macht ihn glücklich. Krankheit, Armuth, Dienstbarkeit, Ketten und Banden, Lästerungen, Verfolgungen u. s. w. sind nur für ruchlose Gemüther was Böses. Vernünftige Leuthe wissen auch in diesen bittern Blumen ihren Honig zu finden. Wie manchen hat die Unpäßlichkeit fromm, die Armuth fleißig, die Dienstbarkeit gelassen, die Ketten geduldig, die Lästerung tugendhaft, die Verfolgung berühmt und beliebt gemacht.« Lichtenberg, der einerseits glaubte, Aufklärung, Belehrung und Erziehung mache die Welt und die Menschen besser, stand jedoch andererseits einer Lehre der Glückseligkeit skeptisch gegenüber: »Man kann nicht vorsichtig genug sein in Bekanntmachung eigner Meinungen, die auf Leben und Glückseligkeit hinaus laufen, hingegen nicht emsig genug, Menschen-Verstand und Zweifel einzuschärfen.« (SB 1, F 441) Denn: »Nach dem was ich mir von Religion gedenke, so ist es eine Sammlung von Vorschriften zur Glückseligkeit, die der untersuchende Teil des Menschen-Geschlechts (seine Repräsentanten) so lange dem ununtersuchenden einzuschärfen sucht, bis sie selbst etwas Besseres ausspioniert haben.« (SB 1, J 125) [SW]

259
Gottfried Wilhelm Leibniz:
De geometria recondita et analysi indivisibilium atque infinitorum.
In: Acta eruditorum 1686, S. 292-300.
Göttingen, Niedersächsische Staats- und Universitätsbibliothek, 8° Eph. Lit. 136/7
In dieser Schrift entwickelte Leibniz seine Differentialrechnung (Analysis des Unendlichen). Lichtenberg beginnt seine Sudelbücher mit der Notiz: »Der große Kunstgriff kleine Abweichungen von der Wahrheit für die Wahrheit selbst zu halten, worauf die ganze Differential-Rechnung gebaut ist, ist auch zugleich der Grund unsrer witzigen Gedanken, wie oft das Ganze hinfallen würde, wenn wir die Abweichungen in einer philosophischen Strenge nehmen würden.« (SB 1, A 1) Allerdings ist diese Bemerkung selbst wieder eine »kleine Abweichung von der Wahrheit« – die Differentialrechnung beruht nämlich nicht darauf. [UJ]

260
Johann Heinrich Lips:
Baruch [Benedictus] de Spinoza (1632-1677).
Porträt.
Kupferstich, 18. Jahrhundert.
18,4 × 12,1 cm (Platte)
Coburg, Kunstsammlungen Veste Coburg, V,120,221
Der holländische Philosoph Spinoza wurde von der Mathematik und den Naturwissenschaften seiner Zeit, vor allem aber von René Descartes beeinflußt. Aus der jüdischen Religionsgemeinschaft in seiner Geburtsstadt Amsterdam wegen seiner sogenannten »lästerlichen und gott-

losen Lehren« verbannt, lebte Spinoza, der bis zu seinem Tode keiner Glaubensrichtung angehörte, hauptsächlich vom Schleifen optischer Gläser. In seinem streng nach geometrischer Methode aufgebauten Gedanken-System, in dem für Wunderglauben und übernatürliche Ereignisse kein Platz mehr war, lehrte Spinoza den »Pantheismus«, die Identität von Gott und Welt. Spinozas Philosophie hatte großen Einfluß auf Lichtenbergs Denken, der in einem Gespräch mit den Theologen Johann Kaspar Lavater und Gottfried Leß den »ganz außerordentlichen Kopf« Spinoza verteidigt. »Ich sagte also,« – so Lichtenberg in einem Brief an Johann Daniel Ramberg im Juli 1786 – »daß ich glaubte tieferes Studium der Natur, noch Jahrtausende fortgesezt, werde endlich auf Spinozismus führen.« Vor allem Spinozas Überlegungen zum »infame[n] Zwey in der Welt« hatten es Lichtenberg angetan: »*Leib und Seele Gott und Welt*. Das sey aber nicht nöthig. Wer habe denn Gott erschaffen. Der feine Organismus im Thierischen und Pflantzen Körper rechtfertige nur hier Bewegung dependent von der Materie anzunehmen. Mit einem Wort alles was sey, das sey *Eins*, und weiter nichts!« (Bw 3, Nr. 1456, S. 234) [SW]

261
Baruch Spinoza:
Tractatus Theologico-Politicus Continens Dissertationes aliquot, Quibus ostenditur Libertatem Philosophandi non tantum salva Pietate, & Reipublicae Pace posse concedi: sed eandem nisi cum Pace Reipublicae, ipsaque Pietate tolli non posse [...]. Hamburg: Henricus Künraht 1670.

Wolfenbüttel, Herzog August Bibliothek, Vb 607
In Spinozas religionskritischem und staatspolitischem Traktat wird eine rigorose Trennung von Religion (beziehungsweise religiösen Institutionen) und Staat gefordert, indem der Vernunft der Vorrang vor der göttlichen Offenbarung zugesprochen und die Gottgegebenheit der weltlichen, politischen Herrschaft bestritten wird. In Spinozas souveränem Vernunftstaat herrschen Denk- und Religionsfreiheit, die Religion ist politisch entmachtet. Angesichts dieser revolutionären Gedanken des holländischen Philosophen ist es nur allzu verständlich, daß das Traktat eine Flut von Gegenschriften auslöste und Spinoza der Ketzerei bezichtigt wurde. [SW]

262
Jean Huber:
Mienenspiel Voltaires in fünfunddreißig Variationen.
Radierung, um 1770 (anonyme Wiederholung). 54 × 39,5 cm
Zürich, Graphische Sammlung der Eidgenössischen Technischen Hochschule.
Voltaire, mit richtigem Namen François-Marie Arouet (1694-1778), prägte die Epoche der französischen Aufklärung ganz entscheidend. Zeitlebens bekämpfte er Intoleranz und Grausamkeit, Unmündigkeit und Dogmatismus, eine überlebte, die Rechte des einzelnen verletzende Gesellschaftsordnung. Ziel seiner beißenden Kritik war vor allem die Institution Kirche, die in Voltaires Augen die Hauptschuld an den Mißständen seiner Zeit trug: »Recht so meine Herren Abbés, erobert euch die Erde, denn sie gehört dem Starken oder dem Geschickten, der sich ihrer bemächtigt hat. Ihr habt euch die Zeiten der Unwissenheit, des Aberglauben, des Wahnsinns zunutze gemacht, um uns unser Hab und Gut zu rauben und uns mit Füßen zu treten, um euch auf Kosten der Unglücklichen zu mästen. Zittert vor dem anbrechenden Tag der Vernunft!« (*Dictionaire philosophique portatif*, 1764) Verbannt, mehrere Monate in der Bastille inhaftiert, zur Flucht aus Frankreich gezwungen, emigrierte der »staatsgefährliche« Dichter und Philosoph Voltaire 1726 nach England, ein Land, dessen Verfassung und Toleranzdenken er (genauso wie Lich-

tenberg) schätzte. Seine abenteuerliche Odyssee führte ihn unter anderem auch nach Potsdam, wo er sich von 1753 bis 1758 am preußischen Hof Friedrichs II. aufhielt. Kurze Zeit nach seiner Rückkehr von seinem Landsitz in Genf im Jahre 1778 starb Voltaire in Paris, wo man ihm ein kirchliches Begräbnis versagte. »Der unter die Teufel gezählte Voltaire« (SB 1, F 1029), nennt Lichtenberg einmal den von ihm bewunderten französischen Aufklärer. Lichtenberg, der eine Voltaire-Büste besaß, hat in den Sudelbüchern immer wieder Zitate aus dem umfangreichen Werk des Franzosen notiert, so auch den folgenden Ausspruch: »Es ist sehr gefährlich, sagt Voltaire, in Dingen Recht zu haben, wo große Leute Unrecht gehabt haben.« (SB 1, F 509) [SW]

263
Voltaire:
Traité sur la tolérance, à l'occasion de la mort de Jean Calas. Genf 1763.
Göttingen, Niedersächsische Staats- und Universitätsbibliothek, 8° Theol. Iren 130/90
Den wohl berühmtesten Rechtsfall des 18. Jahrhunderts, den Justizmord des protestantischen Tuchhändlers Jean Calas, nahm Voltaire zum Anlaß, ein *Traktat über Toleranz* zu verfassen, in dem er eindringlich darauf hinweist, wohin Fanatismus und Intoleranz führen können. Die Justiz hatte den Gerüchten und Vorurteilen der katholischen Toulouser Bevölkerung Glauben geschenkt, der Hugenotte Calas habe seinen Sohn ermordet, um dessen Übertritt zum katholischen Glauben zu verhindern. Dem beispiellosen Engagement des französischen Aufklärers war es zu verdanken, daß die notleidende Familie des unrechtmäßig Hingerichteten, schließlich rehabilitiert und finanziell entschädigt wurde. [SW]

264
Allan Ramsay (1713-1783) (pinx.):
Jean-Jacques Rousseau (1712-1778).
Brustbild mit Pelzmütze und Pelzkragen.
Kupferstich, 1776. 11,8 × 7,7 cm
Wolfenbüttel, Herzog August Bibliothek, P I 11.293
Der aus einer calvinistischen Genfer Bürgerfamilie stammende Philosoph, Pädagoge, Gesellschaftskritiker, Romancier und Musiker Jean Jacques Rousseau war einer der bedeutendsten Staatstheoretiker der französischen Aufklärung und Fürsprecher des revolutionären Kleinbürgertums. Sein pädagogischer Roman *Emile* (1762), in dem er für eine naturgemäße Erziehung plädierte, wurde auf Betreiben der katholischen Kirche vom Pariser Parlament verboten und verbrannt. »Der Mensch ist frei geboren und überall liegt er in Ketten. Einer hält sich für den Herrn des anderen und bleibt doch mehr Sklave als sie«, so beginnt Rousseaus *Contrat social* (1762), sein auf Freiheit, Gleichheit und Brüderlichkeit beruhender Gesellschaftsvertrag.
In einem Brief an Johann Joachim Eschenburg vom 29. Mai 1794 spielt Lichtenberg auf die durch Rousseaus *Confessions* (1781 f.) allgemein bekannte Verfolgungsangst des Genfer Philosophen an: »Nur im vorigen Winter einmal kam Rousseaus Plagegeist über mich, der sonst immer so fern von mir blieb, als sein Genie, und ich sah überall Verläumder und Anschwärtzer, und hinter jedem Stillschweigen eines Freundes vermuthete ich die Verrätherey gewisser Leute, ohne mir deutlich bewußt zu seyn, was eigentlich an sie hätte können verrathen werden«. (Bw 4, Nr. 2385) Die Angst, verfolgt zu werden, war allerdings nicht nur ein bloßes Hirngespinst des politisch Verfolgten und heimatlosen Rousseau, der mehrere Jahre lang in der Emigration lebte, unter anderem 1766/67 bei David Hume. [SW]

265
Jean Jacques Rousseau:
Julie, ou la Nouvelle Heloyse.
Lettres de deux amants, habitants d'une petite Ville au pied des Alpes. Amsterdam 1761.
Frankfurt am Main, Freies Deutsches Hochstift.
Die verbotene leidenschaftliche Liebe zwischen einer Aristokratentochter und ihrem bürgerlichen Lehrer ist Thema des äußerst erfolgreichen empfindsamen Briefromans *Nouvelle Héloise*, in dem sich Rousseau, wie er selbst bekannte, jenes utopische Elysium schuf, von dem er zeitlebens träumte: Fernab von der gehaßten Großstadt finden Rousseaus Protagonisten zu guter Letzt einen paradiesischen »Ort des Friedens und der Unschuld«, wo man eins sein kann mit Natur, wo sich rasende Leidenschaft in sittliche Empfindungen wandelt und Standesdünkel, Mißgunst, Neid und Konkurrenzdenken keinen Platz haben. [SW]

266
Denis Diderot (1713-1784) und Jean Baptiste le Rond d'Alembert (1717-1783):
Encyclopédie, ou Dictionnaire Raisonné des Sciences, des Arts et des Métiers. 17 Textbde. Paris 1751-1765, und 11 Bde. und 1 Tafelbd. Paris 1762-1777.
Bde. 1-17 und Tafelbde. 1 + 3.
Göttingen, Niedersächsische Staats- und Universitätsbibliothek, 2° Encycl. 8015
Dieses Grundwerk der europäischen Aufklärung hat Lichtenberg mehrmals in der Bibliothek ausgeliehen. Ehrgeiziges Ziel der Herausgeber und der fast 200 Autoren der *Encyclopädie* (darunter Voltaire, Charles de Montesquieu, Rousseau, Paul Heinrich Dietrich Baron von Holbach) war es, Wissen auf allen Sachgebieten der Zeit zu vermitteln. Mit zahlreichen Titelkupfern versehen, wird hier dem bildungs- und wissenshungrigen Leser die Medizin, Technik, Philosophie, Religion, Physik, Jurisprudenz und Kunst nahegebracht. Immer wieder hatten die Enzyklopädisten Probleme mit der Zensur. Vor allem ihre religions- und staatskritischen Aufsätze, die vorherrschenden atheistischen und antiabsolutistischen Tendenzen der Mitarbeiter, waren dem Klerus und Adel ein Dorn im Auge. [SW]

267
Joseph Collyer:
David Hume (1711-1776).
Porträt.
Kupferstich, 1788.
19,5 × 13 cm (Blatt)
Münster, Westfälisches Landesmuseum, Porträtarchiv Diepenbroick, o. Inv.
Fasziniert von der psychologisch-empirischen Philosophie des Schotten David Hume, entlieh Lichtenberg mehrfach dessen Schriften in der Göttinger Universitätsbibliothek.

268
David Hume (1711-1776):
A Treatise of Human Nature.
London 1739 u. 1740. 3 Bde.
Göttingen, Niedersächsische Staats- und Universitätsbibliothek, 8° Philos. IV, 3135 Rara: 1-3.

269
Gottfried Boy (1701 bis nach 1751) (pinx.) und Jeremias Jacob Sedelmayer (1704-1761) (sc.):
Christian (v.) Wolff (1679-1754).
Porträt.
Kupferstich. 17,4 × 14,6 cm
Wolfenbüttel, Herzog August Bibliothek, P I 14695
Der Philosoph und Mathematiker Christian Wolff, der Hauptrepräsentant der deutschen rationalistischen Frühaufklärung und Popularisator der Leibnizschen Ideen, strebte mit seiner »Weltweisheit« eine Vermittlung zwischen Offenbarungsreligion und »Vernunftwahrheiten« an. Eine an der Universität in Halle gehaltene Rektoratsrede mit dem Titel *Über die Moralphilosophie der Chinesen* hatte weitreichende Konsequenzen für Wolff. Da er behauptete, nicht nur Christen, sondern auch Heiden könnten vernünftige, tugendsame Wesen sein, wurde er der Irreligiosität bezichtigt und des Landes verwiesen. Die Beschuldigung, er sei ein Freigeist und Feind christlicher Religion, wies Wolff noch 20 Jahre nach seiner Vertreibung aus Halle als »Verläumdung« von sich. Seiner Distanzierung von der »Freidenkerey der Engelländer« und von dem »einreißenden Deismus, Materialismus und Skeptizismus« hatte er es dann auch mit zu verdanken, daß er nach Halle zurückberufen wurde und schließlich doch noch Karriere machte: 1740 wurde er zum Geheimen Rat und zum Professor der Mathematik, des Natur- und Völkerrechts und 1743 zum Vizekanzler der Universität in Halle ernannt. Lichtenberg schätzte Wolffs Handbücher der Mathematik und Physik. [SW]

270
Christian von Wolff:
Vernünfftige Gedancken von GOTT, der Welt und der Seele des Menschen. Auch allen Dingen überhaupt [...]. Halle:
Renger 1720.
Wolfenbüttel, Herzog August Bibliothek, Li 9923
»Vernünfftige Gedancken«, so beginnen ausnahmslos alle deutschsprachigen Werke Wolffs: *Vernünfftige Gedancken von der Menschen Thun und Lassen, zur Beförderung ihrer Glückseligkeit* (1733), *Vernünfftige Gedancken von den Kräfften des menschlichen Verstandes und ihrem richtigen Gebrauche in Erkänntnis der Wahrheit* (1713), *Vernünfftige Gedancken von dem Gebrauch der Theile in Menschen, Thieren und Pflantzen* (1725). Dies sind nur drei Titel von vielen aus der Vernunftphilosophie Wolffs, der als »Weltweiser«, mit Hilfe des Verstandes, einer aus der Mathematik übernommenen Rationalität und Logik, auch die christliche Religion »vernünftig« zu definieren suchte. »Er vernünftelte mich ganz aus meiner Vernunft heraus« (SB 1, L 404), erklärt Lichtenberg angesichts der Vernunftgläubigkeit seiner Zeitgenossen. Und: »Sollte wohl die Vernunft, oder vielleicht besser der Verstand, wenn er auf Endursachen gerät, besser daran sein als wenn er auf ein Diktat des Herzens gerät. Es ist ja noch eine große Frage wodurch wir am stärksten mit der uns umgebenden Welt verbunden sind, von Seiten des Herzens oder der Vernunft«. (SB 2, L 878) [SW]

271
[Christian von Wolff:]
Vollständiges Mathematisches Lexicon, Darinnen alle Kunst-Wörter und Sachen, Welche In der erwegenden und ausübenden Mathesi vorzukommen, deutlich erkläret [...]. Leipzig: Gleditsch 1734 bzw. 1742. 2 Tle.
Göttingen, Niedersächsische Staats- und Universitätsbibliothek, 8° Math. I, 4560: 1. 2.
Aus Abraham Gotthelf Kästners Besitz, der sich auf dem Vorsatz von Bd. I notierte: »Wolfs mathematisches Lexicon kam 1716 heraus. gegenwärtige Ausgabe erkennt er nicht für seine Arbeit und hat daran keinen Theil [...]«; in Bd. II zum (hier gezeigten) Frontispiz: »Eine Bemerkung beym Titelkupfer: Vermöge des Schattens an der Wand steht die Sonne linker Hand dessen der das Bild ansieht. Unten im Compasse, weißt die Magnetnadel auch linker Hand. Also steht die Sonne gegen Norden!« [UJ]

272
Anton Graff (1736-1813) (pinx.) und Friedrich Müller (Maler Müller?, 1750-1825):
Gotthold Ephraim Lessing (1729-1781).
Porträt.
Kupferstich. 8,8 × 17 cm (Darst.)
Darmstadt, Hessische Landes- und Hochschulbibliothek, Kartensammlung, Portr. L 77
»Wo sind unsere Philosophen? Wo sind unsere Prosaisten? Noch zur Zeit nur ein einziger Lessing!« (SB 1, E 455) klagt Lichtenberg, der zwar vielen Schriftstellern seiner Zeit außerordentlich skeptisch gegenüberstand, jedoch immer dann ins Schwärmen geriet, wenn der Name Lessing fiel. Stolz berichtet er am 10. März 1777: »Vorgestern hatte ich eine unerwartete grose Ehre. HE. Leßing besuchte mich. Was mich vorzüglich dabey vergnügt, ist, daß er ausser seinen alten Freunden hier niemanden besucht hat, und nicht einmal in die Königliche Societät gieng, die an dem Tag gehalten wurde. Als er auf der Bibliothek war außerte er seine Absicht mich zu sehen und HE. Prof. Dieze meldete ihn bey mir. Ich war eben 5 Minuten vorher von einem kleinen Spatziergang nach Hause gekommen, und würde mich auch nicht wenig geärgert haben, wenn er mich nicht angetroffen hätte.« (Bw 1, Nr. 390) Der von Lichtenberg so verehrte Wolfenbütteler Bibliothekar, Dramaturg, Übersetzer, Kritiker, Lyriker und Literaturtheoretiker Lessing gehört zweifellos zu den bedeutendsten Aufklärern Deutschlands. Der Freigeist und »Weltbürger«, wie er sich selbst nannte, der bei allem, was er tat und schrieb, nie die Ziele der Aufklärung aus den Augen verlor, engagierte sich zeitlebens für eine menschliche, eine tolerante Gesellschaft, in der die Mündigkeit des einzelnen genauso gewährleistet ist wie die Religions-, Gedanken- und Redefreiheit. [SW]

273
Gotthold Ephraim Lessing:
Hamburgische Dramaturgie. Hamburg [1767-]1769. 2 Bde.
Bd. 1: 415 (+ 1) S. – Bd. 2: 410 S. 19,5 × 12 cm
Göttingen, Niedersächsische Staats- und Universitätsbibliothek, 8° Poet. Dram. I, 1218^2: 1. 2.
Die »Hamburgische Dramaturgie« – eine Sammlung von über hundert Rezensionen der vom Hamburger Theater aufgeführten Stücke – ist eines von mehreren Werken Lessings, die Lichtenberg besaß. [SW]

274
Gotthold Ephraim Lessing:
Ernst und Falk. Gespräche für Freymäurer. Wolfenbüttel 1778 u. o. O. 1780.
Göttingen, Niedersächsische Staats- und Universitätsbibliothek, 8° Hist. un. III, 5655 u. 5657
»Jede andere Glückseligkeit des Staats, bei welcher auch noch so wenig einzelne Glieder leiden und leiden *müssen*, ist Bemäntelung der *Tyrannei*«, heißt es in *Ernst und Falk. Gespräche für Freimäurer*, in denen Lessing mit frappierender Offenheit Mißstände im absolutistischen Deutschland aufs Korn nimmt. Bissig, ironisch und respektlos ist auch die Widmung, die Lessing seinem Werk voranstellte: »Sr. Durchlaucht dem Herzog Ferdinand Durchlauchtigster Herzog, Auch ich war an der Quelle der Wahrheit und schöpfte. Wie tief ich geschöpft, kann nur der beurteilen, von dem ich die Erlaubnis erwarte, noch tiefer zu schöpfen. – Das Volk lechzet schon lange und vergehet vor Durst. – Ewr. Durchlaucht untertänigster Knecht.« Lichtenberg, dem Lessing

die Freimaurergespräche zusandte, war begeistert: »Vorgestern habe ich ein Manuscript von Leßing gelesen. *Ernst und Falck*, Gespräche für Freymäurer. Eine der Besten Schrifften, die ich seit langer Zeit gelesen habe. Wenn die Freymäurer *das sind*, so ist es eine Sünde wider die menschliche Natur keiner zu seyn. [...] Herr Lessing hat mir so gar Hofnung gemacht, mir das 3te und 4te Gespräch im Manuscript zu zu schicken«, (Bw 1, Nr. 521) schreibt Lichtenberg am 31. August 1778 an Heinrich Christian Boie. Weitere Abschriften des Manuskripts von *Ernst und Falk* verschickte Lessing an seinen Freund Moses Mendelssohn sowie an Matthias Claudius und Johann Joachim Christoph Bode, die – im Gegensatz zu Lichtenberg – alle Freimaurer waren. [SW]

275
Gotthold Ephraim Lessing:
Brief an Lichtenberg,
23. Januar 1780.
2 Blatt (= 3 beschriebene Seiten), 22,9 × 17 cm.
Berlin, Staatsbibliothek zu Berlin – Preußischer Kulturbesitz, Lessing-Sammlung 108
»Ewr. Wohlgeboh[ren] überhäuffen mich mit Freundschaft u. Gefälligkeiten; u. ich bin, oder scheine doch, so unerkenntlich, daß ich auf drey Zuschriften kaum Einmal antworte. Alle meine Krankheiten, Beschäftigungen u. Nachläßigkeiten würden mich schwerlich entschuldigen; wenn ichs aufs Entschuldigen angelegt hätte. Aber was Entschuldigen? Ich will mich nicht entschuldigen; ich will mich bessern. [...] Nächst diesem Brocken, könnte ich mich freylich rühmen, auch noch manchen andern vorräthig zu haben, der sich in einer frischen Milch schon mit hinunter schlucken liesse. Es wäre denn, daß man einen gewissen Geschmak in einer gewissen Frischenmilch gar nicht dulden wollte. Ich erkläre mich weniger leckerhaft: haben Ewr. Wohlgebo[ren] die theologische *Litteratur* ganz u. gar ausgeschlossen? Daß Sie die eigentliche Theologie ausgeschlossen haben, das weis ich wohl. Und wenn nun gar das Einschnitzel der theologischen Literatur auf einen Kollegen zielte? – Ich lege es Ihnen sehr nahe, mein lieber Professor. Aber Sie können mir auch ganz offenherzig antworten: Friede mit meinem Kollegen, u. Krieg mit der ganzen Welt! Dero ganz ergebenster Fr.[eund] u. Diener Lessing« (Bw 2, Nr. 666) [SW]

276
Christian Fritzsch (del. et sc.):
Hermann Samuel Reimarus (1694-1768).
Porträt.
Kupferstich, 1731. 8,5 × 10 cm
Wolfenbüttel, Herzog August Bibliothek, Porträtsammlung
Der »vortreffliche Reimarus« (Bw 1, Nr. 605), so nannte Lichtenberg den Hamburger Orientalisten und radikalen Bibelkritiker der Aufklärung. [SW]

277
Nachschrift der Vorlesung »Encyclopädie der Gelehrsamkeit« von Hermann Samuel Reimarus.
Eine Lage in Quartformat.
Göttingen, Niedersächsische Staats- und Universitätsbibliothek, Cod. Ms. Licht. X, 3
Hermann Samuel Reimarus (1694-1768), Dozent in Wittenberg, Professor an Gymnasien in Wismar und Hamburg, war durch mancherlei Schriften zur Philosophie und Theologie hervorgetreten; Lehrstunden so berühmter Leute wurden – das war damals ganz üblich – mitgeschrieben, diese Mitschriften wiederum kopiert, verschenkt oder verkauft. In Lichtenbergs Nachlaß fand sich eine handschriftliche »Encyclopädie der Gelehrsamkeit«; auf der Rückseite ihres Umschlagblattes hatte Lichtenberg sich notiert: »Lecturis. Diesen Entwurf einer Encyclopädie der Gelehrtheit hat der berühmte H[err] Professor Reimarus zu Hamburg einem meiner guten Freunde theils in die Feder dicktiert, theils ihm zum Andencken, seines Alters ohngeacht, mit eigener Hand geschrieben. Dem ersten Theil davon, den er dicktierte, hat er selbst mit vieler Sorgfalt durchgesehen, und alle Schreibfehler sogar bis auf die Fehler in den Interpunctionen mit eigner Hand corrigiret. Göttingen den 2. August 1764. Georg Christoph Lichtenberg.« [UJ]

278
Hermann Samuel Reimarus:
Von dem Zwecke Jesu und seiner Jünger [= Apologie oder Schutzschrift für die vernünftigen Verehrer Gottes]. Hrsg. von Gotthold Ephraim Lessing. Braunschweig 1778.
Göttingen, Niedersächsische Staats- und Universitätsbibliothek, 8° Theol. Thet. I, 654/23
Kaum jemand ahnte bis zum Tod des würdigen Hermann Samuel Reimarus, daß er lange an einem höchst unorthodoxen Werk gearbeitet hatte, welches er so klug war, nicht selbst zu publizieren (vollständig gedruckt wurde es überhaupt erst 1979): der *Schutzschrift für die vernünftigen Verehrer Gottes*. Es ist dies der wohl wuchtigste Angriff auf die zentralen Dogmen des Christentums, der je im 18. Jahrhundert geführt wurde, und zumal mit dessen eigenen Waffen geführt, gerichtet gegen den Wunderglauben, die Gnadenwahl, die Kindertaufe, ja die Christologie insgesamt. Lessing, dem es die Kinder von Reimarus zeigten, publizierte das Manuskript in Auszügen unter dem Titel *Fragmente eines Ungenannten* als ›angeblich auf der Wolfenbüttler Bibliothek gefunden‹. Die ›Fragmente‹ provozierten rund 200 Gegenschriften, eröffneten aber zugleich und vor allem eine kritische Leben-Jesu-Forschung durch ihre kühnen Thesen. Reimarus interpretierte nämlich sehr scharfsinnig die Eschatologie des Neuen Testaments politisch: Jesus habe nach dem Königtum gegriffen, seine Jünger hätten nach der Kreuzigung die Gebeine gestohlen, um ihren Anhängern die Auferstehungsgeschichte vorlügen zu können – und so weiter. Das Geheimnis um den Verfasser, offiziell erst 1814 von der Familie preisgegeben, wurde sehr rasch gelüftet. Lichtenberg an Carl Friedrich Hindenburg, [Göttingen, spätestens Sommer 1779]: »Ew. Wohlgeboren werden es kaum glauben können, wenn ich Ihnen sage, daß der Ungenannte, welcher die Disharmonie der Evangelisten geschrieben, nicht [Johann Lorenz] Schmidt der verfolgte Werthheimische Bibel Uebersetzer [wie Lessing in seiner Einleitung suggeriert hatte], sondern der vortreffliche Reimarus ist, der dieses Mspt auf der Wolfenbüttelschen Bibliothek bey seinem Tod hinterlegt hat: Ich weiß dieses von so guter Hand, daß wohl kein Zweifel deswegen übrig bleibt« (Bw 1, Nr. 605). – Lichtenberg an Johann Heinrich Albert Reimarus, Göttingen, 2. September 1779: »Noch habe ich Ew. Wohlgeboren fragen wollen ob Sie nicht da man Ihren HE. Vater verschiedentlich für den Verfasser der berühmten Fragmente hält, in unserm Journal Ihre Gedanken über den Grund und Ungrund dieses Gerüchts der Welt mittheilen wolten« (Bw 1, Nr. 610). [UJ]

279
»Monument von Kant«.
Schabkunst, um 1810;
51,5 × 70,5 cm
Darmstadt, Hessische Landes- und Hochschulbibliothek, Kartensammlung, Ansicht 2638/206
Lichtenberg in seinem letzten Brief vom 18. Februar 1799 an seinen Bruder Ludwig Christian: »Dein Antikantianismus hat mich herzlich gefreut, da ich jezt weiß, wie Du die Sache nimmst. Er für seine Person ist gewiß ein großer und, was wohl ebenso viel werth ist, ein wohlmeinender, rechtschaffener Mann. Seine Critik der reinen Vernunfft ist das Werck eines 30jährigen Studiums. Er hat lange über philosophische Systeme Vorlesungen gehalten, dadurch sind ihm eine Menge von Dingen freylich geläufig geworden, die es unzähligen Menschen, selbst von Geiste, nicht sind, wenigstens nicht zu dem Grade. Daher spricht er offt undeutlich ehe man mit ihm bekannt wird. [...] Aber Kant gibt sich auch nicht für den Erfinder von allem aus, er verbindet nur, was große Männer längst eintzeln gesagt und gedacht haben, und NB zeigt, warum man so dencken und sprechen müsse.« (Bw 4, Nr. 2968)

Katalog-Nr. 280

280
Immanuel Kant:
Metaphysische Anfangsgründe der Naturwissenschaft. Riga 1786.
21 × 13 cm
Göttingen, Niedersächsische Staats- und Universitätsbibliothek, 8° Philos. III, 2107
Wann genau Lichtenberg mit dem Denken des Königsberger Philosophen bekannt wurde, läßt sich nicht mehr mit letzter Gewißheit feststellen; vielleicht schon vor 1780. Jedoch vermied er peinlich jeden Streit mit den beiden Antikantianern in Göttingen, seinen Kollegen Johann Georg Heinrich Feder und Christoph Meiners: So habe er es abgelehnt, die hier gezeigte Schrift für die Jenaische *Allgemeine Literaturzeitung* zu rezensieren, berichtete er Christian Gottlob Heyne am 27. April 1788. Sicher ist aber, daß Kant ihn tief beeindruckt hat. Im Sudelbuch heißt es: »Kant unterscheidet sich dadurch von andern Philosophen, daß er seine hauptsächliche Aufmerksamkeit auf das *Instrument* richtet; dessen Güte und hauptsächlich dessen Umfang untersucht, wie weit es reicht, und ob es auch dazu taugt Dinge auszumachen, die man damit ausmachen will, das ist er untersucht die Natur unsers Erkenntnis-Vermögens«. (SB 1, L 662) Und bereits am 7. Juli 1787 teilte er seinem Lehrer Christian Wilhelm Büttner mit: »Ich schreibe jezt an einem eignen Compendio [...], und da dencke ich in den *allgemeinen Betrachtungen von Anfang*, Herrn *Kant* gäntzlich zu folgen« (Bw 3, Nr. 1539). Vor allem aber hat Lichtenberg offenbar in seiner Vorlesung das verwirklicht, was Kant sich im Vorwort seiner Schrift gewünscht hatte, daß »durch diesen Entwurf veranlaßt, mathematische Naturforscher es nicht unwichtig finden sollten, den metaphysischen Teil, dessen sie ohnedem nicht entübrigt sein können, in ihrer allgemeinen Physik, als einen besonderen Grundteil zu behandeln und mit der mathematischen Bewegungslehre in Vereinigung zu bringen.« [UJ]

281
Georg Christoph Lichtenberg:
Vorlesungshandschrift zu Kants »Anfangsgründe der Metaphysik«.
Göttingen, Niedersächsische Staats- und Universitätsbibliothek, Cod. Ms. Licht. VII, A 13 (Bl. 71 u. 77)
Die *merckwürdigen Worte*, mit welchen die Metaphysischen Anfangsgründe – und damit dann auch Lichtenbergs Vorlesungsstunde zu diesem Gegenstand – schließen, lauten: »Und so endigt sich die metaphysische Körperlehre mit dem *Leeren* und eben darum Unbegreiflichen, worin sie einerlei Schicksal mit allen übrigen Versuchen der Vernunft hat, wenn sie im Zurückgehen zu Prinzipien den ersten Gründen der Dinge nachstrebt, da, weil es ihre Natur so mit sich bringt, niemals etwas anders, als so fern es unter gegebenen Bedingungen bestimmt ist, zu begreifen, folglich sie weder beim Bedingten stehen bleiben, noch sich das Unbedingte faßlich machen kann, ihr, wenn Wißbegierde sie auffordert, das absolute Ganze aller Bedingungen zu fassen, nichts übrig bleibt, als von den Gegenständen auf sich selbst zurückzukehren, um anstatt der letzten Grenze der Dinge die letzte Grenze ihres eigenen, sich selbst überlassenen Vermögens zu erforschen und zu bestimmen.« (Kants *Gesammelte Schriften*. Bd. 4, S. 564 f. Akademie-Ausgabe).
Man versteht jetzt, warum Lichtenberg einmal, nachdem er diese Vorlesungsstunde absolviert hatte, sich im Tagebuch notierte: »Kant noch einmal und zum endlichen Schluß. Nachmittag von 2-3 endlich über diesen Salto mortale glücklich hinweg.« (15. Dezember 1796: SB 2, SK 978). [UJ]
Transkription:
Endlich 4te! [gestr.: Categorie] *Verstandes Funcktion Modalität.* Betrachtet Bewegung in Rücksicht auf unsere Erkenntnißvermögen. *Phänomenologie* Hier wird erwiesen, daß zum Beyspiel [folgt gestr.: bey der] geradelinigten Bewegung ohne irgend einen Bezug auf etwas Materiales ausser ihr, mithin absolute Bewegung gar nicht erkennbar und unmöglich ist. Hierauf folgen noch einige Lehrsätze über die Kreisbewegung und den Beschluß machen noch einige Betrachtungen über den Raum, die sich mit den merckwürdigen Worten schließen: Sieh. Met. Anfangsgründe [gestr.: p.] lezte Seite.

282
Immanuel Kant:
Beantwortung der Frage: Was ist Aufklärung?
In: Berlinische Monatsschrift. Herausgegeben von Friedrich Gedike und Johann Erich Biester. Vierter Band. Julius bis December 1784. Berlin 1784, S. 481-494.
Göttingen, Niedersächsische Staats- und Universitätsbibliothek, 8° Scr. var. arg. II, 2460
Kant beginnt seinen berühmten Aufsatz mit den Worten: »Aufklärung ist der Ausgang des Menschen aus seiner selbstverschuldeten Unmündigkeit. Unmündigkeit ist das Unvermögen, sich seines Verstandes ohne Leitung eines anderen zu bedienen. Selbstverschuldet ist diese Unmündigkeit, wenn die Ursache derselben nicht am Mangel des Verstandes, sondern der Entschließung und des Mutes liegt, sich seiner ohne Leitung eines anderen zu bedienen. Sapere aude! Habe Mut, dich deines eigenen Verstandes zu bedienen! ist also der Wahlspruch der Aufklärung.« [SW]

283
Moses Mendelssohn:
Ueber die Frage: was heißt aufklären?
In: Berlinische Monatsschrift. Herausgegeben von Friedrich Gedike und Johann Erich Biester. Vierter Band. Julius bis Dezember 1784.

Berlin: Haude und Spener 1784, S. 193-200.
Wolfenbüttel, Herzog August Bibliothek, Za 305
Auf die Frage: »was heißt aufklären?«, antwortet Mendelssohn: »Die Worte Aufklärung, Kultur, Bildung sind in unsrer Sprache noch neue Ankömmlinge. Sie gehören vor der Hand bloß zur Büchersprache. Der gemeine Haufe verstehet sie kaum. Sollte dieses ein Beweis sein, daß auch die Sache bei uns noch neu sei?« [SW]

284
Johann Friedrich August Tischbein (1750-1812) (pinx.) und Friedrich Wilhelm Nettling († 1824) (sc.): Christoph Martin Wieland (1733-1813).
Porträt.
Kupferstich, Punktiermanier, 1806. 20,1 × 16 cm
Wolfenbüttel, Herzog August Bibliothek, Porträtsammlung
Christoph Martin Wieland, der Herausgeber des *Teutschen Merkur* (1773-1810), einem bedeutenden Publikationsorgan der Aufklärung, und Verfasser von zahlreichen Romanen, Verserzählungen und Essays wurde 1769 Professor der Philosophie in Erfurt und 1772 Prinzenerzieher in Weimar. Als sein erzählerisches Hauptwerk bezeichnete Wieland selbst den *Agathon*, den ersten großen deutschen Entwicklungs- und Bildungsroman. Ein »Verderber der Sitten«, frivol und anstößig, war Wieland – der sich nicht scheute, Sinnliches und Erotisches zu Papier zu bringen – in den Augen der ›Teutschen Jünglinge‹ des Göttinger Hains, die gar eines seiner Werke in einem feierlichen Akt verbrannten. Aufgebracht über das »rasende Oden-Geschnaube« der jungen Generation, bei der er den »gesunden Menschenverstand« vermißte, schreibt Lichtenberg über den Streit zwischen den von ihm verachteten Hainbündlern und dem bewunderten Wieland: »Nichts ist lustiger als wenn sich die Nonsense-Sänger über die Wollustsänger hermachen, die Gimpel über die Nachtigallen. Sie werfen Wielanden vor, daß er die junge Unschuld am Altar der Wollust schlachtet, blos, weil der Mann, unter so vielen verdienstlichen Wercken, die die junge Unschuld nicht einmal versteht, auch ein paar allzu freye Gedichte gemacht hat, die noch über das mehr wahres Dichter Genie verrathen, als alle die Oden voll falschem Patriotismus für ein Vaterland, dessen bester Theil alles das Zeug zum Hencker wünscht.« (Bw 1, Nr. 272, S. 505) [SW]

285
Christoph Martin Wieland: Geschichte des Agathon. Frankfurt und Leipzig 1766-1767.
2 Tle. in 1 Bd.
Göttingen, Niedersächsische Staats- und Universitätsbibliothek, 8° Fab. Rom. VI, 4031
Lichtenberg hat dieses Buch besessen und es gern an Freunde verliehen. Trotzdem nimmt er kritisch Stellung: »Ich bin durch das ganze Stück dem Agathon nicht recht gut gewesen. Ich möchte fast sagen, ich mißgönne es dem delphischen Jesuiten-Schüler, daß sich ein so großer Mann wie Wieland für ihn interessiert und jede seiner Alltags-Empfindungen durch so feine Theorien zu adeln sucht.« (SB 1, C 330) [SS]

286
Christoph Martin Wieland: Sechs Fragen zur Aufklärung.
Aus: Ein paar Goldkörner aus – Maculatur oder Sechs Antworten auf sechs Fragen. In: Der Teutsche Merkur vom Jahre 1789, 66. Band. Zweites Vierteljahr (April 1789) S. 97-105.
Darmstadt, Firmen-Archiv Merck, o. Inv.
Wielands Fragen und Antworten zur Aufklärung lauten: »Also I. ›Was ist Aufklärung?‹ Antwort: Das weiß jedermann, der vermittels eines Paars sehender Augen erkennen gelernt hat, worin der Unterschied zwischen Hell und Dunkel, Licht und Finsternis besteht. [...] II. ›Über welche Gegenstände kann und muß sich die Aufklärung ausbreiten?‹ Drolligte Frage! Worüber, als über alle sichtbare Gegenstände? Das versteht sich doch wohl, dächte ich; Oder muß es den Herren noch bewiesen werden? [...] III. ›Wo sind die Grenzen der Aufklärung?‹ Antwort: Wo, bei allem möglichen Lichte, nichts mehr zu sehen ist. [...] IV. ›Durch welche sichere Mittel wird sie befördert?‹. Das unfehlbarste Mittel zu machen, daß es heller wird, ist, das Licht zu vermehren, die dunkeln Körper, die ihm den Durchgang verwehren, soviel möglich, wegzuschaffen und besonders alle finstern Winkel und Höhlen sorgfältig zu beleuchten, in welcher das Nro. 2. erwähnte lichtscheue Völkchen sein Wesen treibt. [...] V. ›Wer ist berechtigt, die Menschen aufzuklären?‹ Wer es kann! – ›Aber wer kann es?‹ – Ich antworte mit einer Gegenfrage, wer kann es nicht? Nun mein Herr? da stehen wir da und sehn einander an? [...] VI. ›An welchen Folgen erkennt man die Wahrheit der Aufklärung?‹ Antwort: Wenn es im ganzen heller wird; wenn die Anzahl der denkenden, forschenden, lichtbegierigen Leute überhaupt, und besonders die Klasse von Menschen, die bei der Nichtaufklärung am meisten zu gewinnen hat, immer größer, die Masse der Vorurteile und Wahnbegriffe zusehends immer kleiner wird; wenn die Scham vor Unwissenheit und Unvernunft, die Begierde nach nützlichen und edeln Kenntnissen und besonders, wenn der Respekt vor der menschlichen Natur und ihren Rechten unter allen Ständen unvermerkt zunimmt«. [SW]

287
Johann Ludwig Strecker (1721-1799):
Johann Gottfried Herder (1744-1803).
Porträt.
Öl auf Leinwand, 1775; 50 × 70 cm
Darmstadt, Hessisches Landesmuseum.
Der Kulturhistoriker, Philologe, Geschichts- und Religionsphilosoph Johann Gottfried Herder lebte bis 1776 als Prediger in Bückeburg, wo ihn Lichtenberg kennenlernte: »Er ist ein junger feuriger Mann, den man nicht gleich für den Verfasser der Preisschrift von dem Ursprung der Sprachen ansehen sollte. In seinen Reden ist er etwas positiv und spricht von den meisten deutschen Philosophen eben nicht mit sonderlicher Achtung Lessing und Heyne schien er sehr zu bewundern.« (SB 2, S. 617) [SW]

288
Johann Gottfried Herder: Briefe zur Beförderung der Humanität [27./28. Brief].
Frankfurt am Main, Freies Deutsches Hochstift.
Für Herder war Aufklärung mit der »Beförderung der Humanität« untrennbar verbunden. [SW]

289
Anna Dorothea Therbusch (1722-1782) (pinx.) und Daniel Chodowiecki (1726-1801) (sc.): Friedrich Nicolai (1733-1811) im Kreise seiner Familie.
Kupferstich, um 1785; 7 × 11,9 cm
Wolfenbüttel, Herzog August Bibliothek, Porträtsammlung I 9550
»Ihr Schattenbild ist mir, als einem Physiognomisten, und als Ihrem Freunde ein doppelt schätzbaares Geschenk. Ich danke Ihnen dafür von ganzem Herzen«, (Bw 1, Nr. 470) schreibt der Berliner Verlagsbuchhändler, Kritiker und Schriftsteller Friedrich Nicolai am 15. April 1778 an Lichtenberg. Nicolai, ein Freund Lessings und Mendelssohns, mit denen er die *Briefe, die neueste Literatur betreffend* herausgab, startete 1765 sein größtes Zeitschriftenunternehmen: die *Allgemeine Deutsche Bibliothek*, die 40 Jahre lang erschien und das bedeutendste Rezensionsorgan der Zeit wurde. Nicolais ehrgeiziges Ziel war es, mit Hilfe der ADB auch Menschen in entlegensten Orten Deutschlands – »wo nicht einmal ein Buchladen befindlich« ist – mit dem »wahren Wert« der »ganzen neuen deutschen Literatur« bekannt zu machen (vgl. Prolog zur ADB). Für sein gigantisches Unternehmen (in der ADB erschienen mehr als 80 000 Rezensionen von Neuerscheinungen) benötigte Nicolai zahlreiche Mitarbeiter. So forderte er auch Lichtenberg auf, Kritiken zu schreiben, der sich allerdings im Juli 1773 mit den Worten entschuldigte: »Die vielen Geschäffte von allerley Art, mit denen ich jezt überhäufft bin, erlauben mir nicht einen Mitarbeiter an der Bibliotheck abgeben zu können. Ich erkenne aber die mir durch die Aufforderung dazu widerfahrne

Ehre mit dem ergebensten Danck, und werde, so bald ich einmal wieder einer größeren Ruhe genießen kan, so viel es meine Kräffte erlauben, mit vielem Vergnügen dazu erbötig seyn.« (Bw 1, Nr. 183) Doch trotz derartiger Versprechungen ist nur eine Rezension Lichtenbergs in der *Allgemeinen Deutschen Bibliothek* nachgewiesen, die im 45. Band des Jahrgangs 1781 erschien. Es handelt sich dabei um ein Werk aus der Physik: *Sendschreiben an die Kaiserliche Akademie der Wissenschaften zu Petersburg über einige Gegenstände der Elektricität* (1780) von Demetrius Gallitzin. [SW]

290
Friedrich Nicolai:
»D. I. W. GÖTHE«.
Porträt.
Frontispiz in: Allgemeine deutsche Bibliothek. Des neun und zwanzigsten Bandes erstes Stück. Mit Königl. Preußl. und Churfürstl. Brandenburg. allergnädigster Freyheit. Berlin und Stettin: Friedrich Nicolai, 1776.
Kupferstich.
Wolfenbüttel, Herzog August Bibliothek, Za 74
Jeder Band der *Allgemeinen Deutschen Bibliothek* beginnt mit dem Kupferstich eines zeitgenössischen Schriftstellers oder Gelehrten. [SW]

Katalog-Nr. 289

291
Johann Wolfgang Goethe (1749-1832):
Die Leiden des jungen Werthers. Erster Theil. Leipzig: Weygandsche Buchhandlung 1774.
Wolfenbüttel, Herzog August Bibliothek, Lo 2113
Lichtenberg an Johann Christian Dieterich, 1. Mai 1775 (Bw 1, Nr. 279): »Für die Leiden und Freuden und Tollheiten des jungen Werthers dancke ich Dir vielmals. [...] Ich glaube, der Geruch eines Pfannkuchens ist ein stärckerer Bewegungs Grund in der Welt zu bleiben, als alle die mächtig gemeinten Schlüsse des jungen Werthers sind aus derselben zu gehen. Die Holzschnittchen in dem Prometheus ließen sich also noch mit folgenden vermehren. Ein Verliebter (wie der gemahlt wird, wissen die empfindsamen am besten) und zwar ein unglücklicher steht da mit einer Pistole in der einen und einem Brodmesser in der andern; vor ihm steht ein Tisch, worauf das besagte Buch und ein Pfannkuchen zu sehen ist, oben drüber stehen die Worte Numero eins nebst dem Vers aus Addisons Cato: my bane, my antidote are both before me.
Das andere Bild stellt denselben Mann vor; die Pistole liegt auf der Erde, das Brodmesser steckt in dem Pfannkuchen und der Pfannkuchen halb im Maul mit Cäsars Worten: Jacta est alea.«

292
Friedrich Nicolai:
Freuden des jungen Werthers. Leiden und Freuden Werthers des Mannes. Voran und zuletzt ein Gespräch. Berlin: Friedrich Nicolai, 1775.
Mit Titelvignette von Daniel Chodowiecki
Wolfenbüttel, Herzog August Bibliothek, Lo 5724.1
Lichtenbergs Beurteilung, oder besser gesagt Verurteilung, der Literatur der Stürmer und Dränger, der Hainbündler, Anakreontiker und Werther-Verehrer teilte auch Nicolai, der Lichtenberg geraten hatte, er solle doch eine Satire auf das Genie(un)wesen verfassen – eine Idee, die dem Göttinger Professor gefiel. Während Lichtenberg jedoch seine Schrift *Parakletor* (so sollte die Satire heißen) niemals fertigstellte, schrieb Nicolai eine bissige Parodie auf das wohl wichtigste Werk der jungen Dichter-Generation: auf Goethes Erfolgsroman *Die Leiden des jungen Werthers*. Was aus Werther hätte werden können, wenn er sich nicht selbst getötet, sich nicht einer »Freyheit« bedient hätte, die »nicht nützt, sondern schadet«, wollte der Berliner Aufklärer in seinen *Freuden des jungen Werthers* zeigen. In Nicolais Parodie wird Werthers Selbstmord vereitelt, da die Pistole, mit der er sich erschießen will, mit Hühnerblut geladen ist. Dankbar für diesen mißglückten Versuch, reift Nicolais Werther zum ehrbaren, pflichtbewußten Bürger heran, der sich als treuer Ehemann Lottens und stolzer Vater von acht Kindern vertrauensvoll in die Hände des gütigen, weisen »Allmächtigen« begibt. Ob Lichtenberg diesen vernünftigen Biedermann sympathischer fand als Goethes »gutgeschriebenen aber entnervenden Werther« (SB 1, F 667), ist nicht bekannt. Vielleicht ging es ihm wie Lessing, der ebenfalls eine Werther-Satire plante, betitelt *Der bessere Werther*, der jedoch lakonisch konstatierte, Nicolais *Werther* sei zwar »klüger« als der Goethes, aber »besser« sei er deshalb nicht. (Lessing an Wieland, 8. September 1775) [SW]

293
Johann Wolfgang Goethe (1749-1832):
Clavigo, ein Trauerspiel. Frankfurt, Leipzig 1774. 82 S.
Göttingen, Niedersächsische Staats- und Universitätsbibliothek, 8° Poet. Dram. III, 4019^{m}
Goethes Trauerspiel *Clavigo* handelt von einem bürgerlichen Emporkömmling, der es am spanischen Hof zu Ansehen gebracht hat. Ein »kleiner Mensch«, so nannte Goethe seinen Helden Clavigo, der die Wahl hat zwischen einem »stillen bürgerlichen Leben« mit »häuslichen Freuden« und einem Leben, das ihm Macht und Ruhm verschafft. Clavigo entscheidet sich, nach einigen Gewissenkonflikten, gegen das Familienglück und für den Erfolg, die Karriere. Lichtenberg an Johann Andreas Schernhagen, 20. Februar 1777: »Gestern ist Clavigo aufgeführt worden [...]. Allein das Stück selbst ist eben nicht

mein Geschmack. Die Würckungen der Liebe abscheulich und ins unnatürliche vergrößert, so wie es sich ein junger Schwärmer denckt, bey dem der Kopf noch im wachsen Begriffen und dem der Unterleib über den Kopf geschossen ist. *Viel Lärm um nichts* würde ich das Stück nennen.« (Bw 1, Nr. 384) [SW]

294

Edward Young (1683-1745):
Einige Werke von Eduard Young. Aus dem Englischen übersetzt von J. A. Ebert. Braunschweig, Hildesheim 1772-1777, Bd. 1: Dr. Eduard Young's Klagen oder Nachtgedanken über Leben, Tod und Unsterblichkeit. In neun Nächten. Braunschweig, Hildesheim 1777.
Darmstadt, Hessische Landes- und Hochschulbibliothek, 47/6801
Youngs schwermütige *Nachtgedanken über Leben, Tod und Unsterblichkeit* versetzte die Leser in ganz Europa in eine düstere, weltschmerzlerische Stimmung. Auch der junge Lichtenberg war von den todessehnsüchtigen *Gesängen* fasziniert. Im Juli 1794 schrieb er an Johann Arnold Ebert (1723-1795), der Edward Youngs *Night Thoughts* (1742-1745) bereits 1751 erstmals ins Deutsche übersetzt hatte: »O wie gerne hätte ich mich noch mit Ihnen meinem Lehrer vor 33 Jahren, da ich halbe Nächte über Ihrem Young saß, unterhalten.« (Bw 4, Nr. 2418) [SW]

295

Laurence Sterne (1713-1768):
Life and opinions of Tristram Shandy, Gentleman. [London, vol. 1-2, 5th ed. 1763; vol. 3-9, 2nd ed. 1762-1767].
Göttingen, Niedersächsische Staats- und Universitätsbibliothek, 8° Fab. Rom. IX, 1265: 1-2. Rara / 8° Fab. Rom. IX, 1260: 3-9. Rara
In seinem Hauptwerk *Leben und Meinungen des Tristram Shandy* führt der dichtende Pfarrer Laurence Sterne seine Leser auf vergnügliche Weise in die Irre. Entgegen der Ankündigung im Titel erfährt man nur wenig über den Romanhelden, der erst im 3. Band das Licht der Welt erblickt, im 4. endlich (auf einen falschen Namen) getauft und im 5. Buch irrtümlicherweise beschnitten wird. Danach verliert sich dann erst einmal die Spur des Helden, da zahlreiche scheinbar bedeutungslose Abschweifungen immer wieder kunstvoll die Geschichte unterbrechen, so daß Tristram Shandy (trotz der 312 Kapitel) nicht über das zarte Kindesalter hinauskommt. Dieses sprunghaft assoziative Erzählen wurde vor allem von Autoren des 20. Jahrhunderts, von James Joyce, T. S. Eliot und Virginia Woolf, weitergeführt.
Über einen Besuch am »armseeligen« Grab des berühmten englischen Schriftstellers schreibt Lichtenberg an Heinrich Christian Boie im Frühjahr 1776: »Als ich in einiger Entfernung die Worte Laurence Sterne auf dem Stein erblickte, fühlte ich mich durchaus bewegt und wie an heiliger Stätte. Solche Empfindungen können wohl öffters Wunder gethan haben. Der kleine Hügel der über dem Grab aufgeworfen war ist nun schon fast der Erde gleich geworden und mit einem dünnen Gras bewachsen, es wuchs keine Blume darauf um sie für Sie zu pflücken, und keine Nessel um sie auszureißen. Ich stund einige Zeit da mit dem Auge auf die Grabschrifft gerichtet jedoch ohne sie eigentlich zu leßen, wäre sie kürzer gewesen, so hätte [ich] sie eher gelesen ehe ich mich meiner Empfindung überlassen hätte, sie war mir aber zu lang, und da dachte ich gleich, das wüßte ich schon. [...] Meine Empfindungen beschreibe ich indessen Ihnen nicht, es ist überhaupt meine Lieblings Beschäfftigung nicht«. (Bw 1, Nr. 311)
Aus Lichtenbergs anfänglicher Bewunderung für den zweifellos skurrilen Dichter, der für seine Herzenswärme und -kälte gleichermaßen bekannt war, wurde allerdings ein paar Jahre später vehemente Ablehnung: »Ich muß mich immer freuen, wenn die guten Seelen, die den Sterne mit Tränen des Entzükkens in den Augen lesen, glauben, der Mann spiegele sich in seinem Buche. Die Sternische Einfalt der Sitten, sein warmes gefühlvolles Herz, seine mit allem, was edel und gut ist, sympathisierende Seele, und, wie die Phrasen alle heißen, und der Seufzer *alas poor Yorick!* der alles zugleich sagt, sind unter uns Deutschen zum Sprüchwort geworden. [...] Ein Buch kann die ganze Seele seines Verfassers zurückwerfen, aber es verrät eine große Unbekanntschaft mit der Welt und dem menschlichen Herzen, wenn man dieses von Yoricks [Sternes] Schriften glaubt. Yorick war ein kriechender Schmarotzer, ein Schmeichler der Großen, und eine unausstehliche Klette am Kleide derer, die er zu beschmausen sich vorgenommen hatte. [...] Ein gelehrter und sehr rechtschaffener Mann in England fragte mich einmal: was halten sie in Deutschland von unserem Yorick? Ich sagte, er würde von einer großen Menge angebetet, und Kenner dieser Art Schriften, die ihn eben nicht anbeteten, hielten ihn doch für einen außerordentlichen und einzigen Mann in seiner Art; ich fände nicht, daß man in England so von ihm dächte. – ›Um Verzeihung, war die Antwort, man denkt in England eben so von ihm; nur weil wir ihn näher kennen, so wird das Lob durch die Häßlichkeit seines Charakters sehr gemildert; denn er war ein Mann, der seine außerordentlichen Talente größtenteils anwandte, niederträchtige Streiche zu spielen.‹« (SB 2, G 2) [SW]

296

Laurence Sterne (1713-1768):
A sentimental Journey through France and Italy by Mr. Yorick. London 1768. 2 Bde.
Göttingen, Niedersächsische Staats- und Universitätsbibliothek, 8° Fab. Rom. IX, 1275: 1.2.
»Bemerken Sie sodann, daß *sentimental* ein neues Wort ist. War es Sterne erlaubt, sich ein neues Wort zu bilden: so muß es eben darum auch seinem Übersetzer erlaubt seyn: [...] Wagen Sie, *empfindsam*! Wenn eine mühsame Reise eine Reise heißt, bey der viel Mühe ist, so kann ja auch eine empfindsame Reise eine Reise sein, bei der viel Empfindung war«, rät Gotthold Ephraim Lessing dem Übersetzer Johann Joachim Christoph Bode, der schon beim ersten Wort des Titels Probleme mit der Übersetzung von Sternes *A sentimental Journey* hatte. Sentimental, das bedeutete für Sterne nicht rührseliges, gefühlvolles Schwelgen, sondern »Lächeln unter Tränen«, das die Seele befreit. In einem Brief vom 12. November 1766 schreibt er, die *Sentimentale Reise* solle lehren, »die Welt und unsere Mitmenschen mehr zu lieben, als wir es tun – somit geht es hauptsächlich um jene sanfteren Leidenschaften und Neigungen, die dies so sehr fördern.« So ist die Reise durch Frankreich des bereits aus *Tristram Shandy* bekannten Landpfarrres Yorick kein Erlebnisbericht, sondern vielmehr eine von einem Individuum ganz subjektiv wahrgenommene Reise voller Abenteuer und Empfindungen, eine »Reise des Herzens«, wie Sterne es nannte. *A sentimental Journey* fand zahlreiche Nachahmer und löste vor allem in Deutschland eine Flut von empfindsamen Reiseromanen aus. [SW]

297

John Barclay (1582-1621):
Argenis, editio quinta. Frankfurt 1626. 2 Bde.
Mit einem Titelkupfer von Matthäus Merian. Bd. 1: 582 S. (+ 8) – Bd. 2: 585 S. (+ 22) – (Index). Bd. 1 u. 2 in einem Bd.
18,3 × 12,2 cm
Göttingen, Niedersächsische Staats- und Universitätsbibliothek, 8° Fab. Rom. IX, 512
Am 27. Juni 1779 schreibt Abraham Gotthelf Kästner in bekannt hämischer Weise an Friederike Baldinger, die *Argenis* sei ›Photorins‹ (also Lichtenbergs) Leibbuch – das käme ihm vor, als ob ein Kind mit im Kochbuch läse, und das habe wenigstens noch etwas davon. »Und wer weiß noch, ob er es lateinisch liest oder in Opitzens Verdeutschung«. (Kästner: *Briefe aus 6 Jahrzehnten*, 1911, S. 127)
Lichtenberg besaß (um Kästners Zweifel gleich zu heben) eine der über 50 lateinischen Ausgaben von John Barclays Werk, das bis weit ins 18. Jahrhundert hinein die überaus geschätzte Lektüre von z.B. Grotius, Cowper, Leibniz bis hin zu Rousseau gewesen ist. Ob Lichtenberg die (in der Erstausgabe) 1206 Seiten neulateinischer Prosa, diese seltsame Mischung aus Ritterromanze, politischer Abhandlung und historischer Allegorie über Argenis, die Tochter des Königs Meleander von Sizilien, und ihre Freier wirklich vollständig gelesen hat, bleibt ungewiß: immerhin bezeugen die Exzerpte in seinem Sudelbuch C und mindestens die folgende briefliche Erwähnung seine intensiven Studien. Lichtenberg an Georg Friedrich Werner, 29. November 1788: »Wie vieles läßt sich nicht aus den politischen Romanen lernen? Ich lese Barclay's Argenis fast alle 2, 3 Jahr einmal, und immer mit neuem Vergnügen, allein man muß nur nicht glauben, daß jenes Physik und dieses Geschichte sey, beydes sind immer eine Art von Robinsoniaden.« (Bw 3, Nr. 1641, S. 602)
[UJ]

298
Claude-Prosper Jolyot de Crébillon (1707-1777):
»Le Sopha«.
In: Collection complette des Œuvres. Tome troisieme. Londres [d.i. Den Haag] 1779.
Göttingen, Niedersächsische Staats- und Universitätsbibliothek, 8° Fab. Rom. IV, 7178: 3
In dem Erotikon (zuerst 1745) von Crebillon berichtet der Erzähler von seiner früheren Existenz als Sofa, die ihm so lange auferlegt war, bis zwei Menschen einander auf ihm sich »die Erstlinge ihrer Liebe schenken würden.«
In einem Brief an den Göttinger Bibliothekar Jeremias David Reuß vom 24. Juli 1797 schreibt Lichtenberg über das hier gezeigte Exemplar: »Den vom tollen Hunde gebissenen Sopha habe ich sogleich eingesperrt. Niemand hört und sieht etwas von ihm, als ich und das nur gantz geheim.« (Bw 4, Nr. 2769) – Es weist tatsächlich Bißspuren auf. [UJ]

299
[Ludvig Holberg (1684-1754):]
Nicolai Klimii iter subterraneum novam telluris theoriam ac historiam quintae monarchiae adhuc nobis incognitae exhibens, e bibliotheca B. Abelini. Editio IIIa. Hafniae et Lipsiae 1754. 266 S.
Düsseldorf, Privatbesitz.
Als durch einen Erlaß im Jahr 1738 das Komödienspiel in Dänemark verboten wurde, da verfaßte der Publizist und Dramatiker Holberg zu seinem eigenen Vergnügen diese satirische Utopie: Der Student Klim fällt in eine Höhle nahe bei der Stadt Bergen und gerät in eine andere Welt; die Bewohner sind vernünftige Bäume, die sich ganz langsam bewegen, es gibt keine Streitigkeiten in Fragen der Religion, der Rangordnung der Metaphysik; schon ihre Ansätze werden als Krankheitszeichen gewertet und die Patienten sofort in Hospitäler gebracht. Ja, Bauern werden mit Ehrerbietung gegrüßt und Frauen sind Männern vollkommen gleichgestellt. Als Klim sich in einer weiteren Nebenwelt zum Tyrannen aufschwingt, aber gestürzt wird, gerät er auf der Flucht wieder in eine Höhle, stürzt und landet am Ausgangspunkt seiner Reise. Das Werk ist in seiner Schärfe verhalten, erschien aber doch in lateinischer Sprache in Leipzig 1741. Dennoch wurde es ein Erfolg, bereits zu Holbergs Lebzeiten in sieben Sprachen übertragen (erst als vierte ins Dänische). Den utopischen Roman schenkte Lichtenberg 1789 seinem Schüler Georg Heinrich Hollenberg (1752-1831), der das auf der Rückseite des Titelblatts unter Lichtenbergs eigenem Namenszug in lateinischer Sprache anmerkte: »mihi donavit G. H. Hollenberg 1779 a Göttingen, (hat er [Lichtenberg] mir, G. H. H. 1779 zu Göttingen geschenkt).« Von Hollenbergs Hand sind auch die zahllosen Vokabelnotizen mit Bleistift auf fast jeder Seite. Das Buch zieren noch die alten Besitzvermerke von Eduard Grisebach (Exlibris) und des Germanisten »Dr. Richard Daunicht Berlin 22.1.47«. [UJ]

300
Henry Fielding (1707-1757):
The History of Tom Jones, a Foundling. London 1749. 6 Bde.
Göttingen, Niedersächsische Staats- und Universitätsbibliothek, 8° Fab. Rom. IX, 1011: 1-6. Rara
Nächst Laurence Sternes *Tristram Shandy* und *Sentimental Journey* ist dies der englische Roman des 18. Jahrhunderts, der gleichermaßen in »Nutzen und Vergnügen« Geschmack und Ideale des Zeitalters getroffen hat und der ihn und zugleich die europäischen Romanklassiker bis ins 20. Jahrhundert hinsichtlich Gestaltung der Intrigen, Schwung und Humor der Darstellung pragte. Lichtenberg hat den noch heute vergnüglichen *Tom Jones* möglicherweise erst nach der Rückkehr aus England und in englischer Sprache gelesen (die Werkausgabe in seinem Besitz erschien 1775). Er wurde sein Romanideal, woraus auch die entschiedene Neigung zum »deutschen Fielding« Johann Gottwerth Müller »von Itzehoe« resultierte (der nicht an Fielding heranreicht). Als Lichtenbergs Begeisterung für Sterne abnahm, notierte er im Sudelbuch einen Vergleich mit Fielding; dort heißt es über diesen: »[...] sein Fündling ist gewiß eines der besten Werke, die je geschrieben worden sind.« (SB 1, F 1074) Es läßt sich mehr als nur vermuten, daß Lichtenbergs eigener Roman, wäre er denn je geschrieben worden, sich in diese Tradition gestellt hätte. [UJ]

301
Ernst Ludwig Riepenhausen (1762-1840):
Johann Gottwerth Müller von Itzehoe (1743-1828).
Porträt.
Radierung, Ende 18. Jahrhundert.
13,3 × 9,6 cm (Blatt),
12,3 × 7,7 cm (Platte)
Coburg, Kunstsammlungen Veste Coburg, V,272,14
Der in Itzehoe lebende Romanschriftsteller und Buchhändler Johann Gottwerth Müller war ein guter Freund Lichtenbergs, den er im Sommer 1783 besuchte. Man war sich in wechselseitiger Wertschätzung zugetan; Lichtenberg ließ keine Gelegenheit aus, den »deutschen Fielding« zu loben, und dieser hat Lichtenberg zwei bemerkenswerte Denkmale gesetzt. Erst in seinen *Novantiken* 1799, S. 592: »Und alles las [...] sich so leicht, so angenehm weg, wie ein Brief von Lichtenberg«; dann in seinem Roman *Ferdinand*, Bd. 2, Altona 1802, S. 193 und 209 (über die unter dem durchsichtigen Schlüsselnamen »Hellberg« kaum versteckte, positive Figur): »Der erste Gelehrte in der Stadt war ein kleiner lahmer [...] Apotheker, vier Fuß [ca. 1,20 m] hoch, dessen Brust mit einem Vorgebürge, so wie der Rücken mit einem hohen Gewölbe belastet war. Hatte aber die Natur seinen Körper sehr stiefmütterlich behandelt, so hatte sie das von einer andern Seite wieder reichlich gut gemacht, denn Herr Hellberg (so hieß er,) war nicht nur einer der vorzüglichsten Köpfe, sondern dieser Kopf war auch außerordentlich angebauet. [...] Er wußte auch, daß ein [...] verwachsenes Rückgrat oder Brustbein, ein lahmer Fuß keine gegründete Ursache zur Scham ist [...], der junge Graf, der sich vermuthlich den schönen Geist auch als eine schöne Figur gedacht haben mogte [...], machte große Augen beym Anblick eines Menschenkopfes auf einer wandelnden Masse, die in der That von der äußersten Spitze der Brust bis zur äußersten Exkrescenz [Auswuchs] zwischen den Schulterblättern eine um drey Fünftheil längere Linie gab, als wenn man sie von Einer Extremität der Schultern bis zur andern maß, und deren Arme bis zu den Knien hinabgiengen [...] beym Anblick dieser [...] Figur, die nur auf allen vieren hätte gehen dürfen, um einer Schildkröte ähnlicher zu sehen, als einem Menschen, [wäre dem Grafen] doch beynahe ein lauter Ausruf des Erstaunens entschlüpft. – Der Gerichtsschulze hatte nur von der schönen Seele und den Verdiensten seines würdigen Freundes gesprochen, von dem man, wie von Lichtenberg, sagen konnte, er sey der witzigste Kopf unter den Gelehrten, und der gelehrteste Mann unter den witzigen Köpfen seines Zeitalters; der äußeren Bildung desselben hatte er mit keiner Sylbe gedacht.« [UJ]

302
Johann Gottwerth Müller von Itzehoe:
Siegfried von Lindenberg. Eine komische Geschichte.
In: Beytrag zum Nachtische für muntere und ernsthafte Gesellschaften. Zweyter Band. Hamburg 1779. Anhang.
17,7 × 11,4 cm
Göttingen, Niedersächsische Staats- und Universitätsbibliothek, 8° Scr. var. arg. II, 4155
Müllers an Fielding orientierte – dagegen allerdings ziemlich langweilige – Romanprosa wurde von Lichtenberg besonders hochgeschätzt. An Albrecht Ludwig Friedrich Meister schreibt er dazu am 8. (?) Februar 1783: »Es ist soviel *Ründe* in der Composition, simplex duntaxat et unum [denique sit quidvis = Endlich sei ein jedes einfach und einzig (Horaz)] und so viel schönes in der Ausführung, daß ich es, der *übrigen Beweise* ungeachtet, für *kein* deutsches Produkt erkennen würde. Denn die Leute in Deutschland, die so etwas schreiben *könnten*, schreiben so etwas nicht. Was mir sehr bei dieser Schrifft gefallen hat, ist der durchaus gute moralische Endzweck.« (Bw 2, Nr. 1028) [UJ]

303
[Christian Ludwig Liscow:]
Samlung Satyrischer und Ernsthafter Schriften. Franckfurt und Leipzig 1739.
Göttingen, Niedersächsische Staats- und Universitätsbibliothek, 8° Sat. II, 360
Sammelausgabe von den Schriften Liscows, dieses witzigsten und aggressivsten Satirikers der Frühaufklärung, den Lichtenberg überaus schätzte: »Ich kann nie meinen Liscow in die Hand nehmen, ohne daß mich ein geheimer Schauer überlauft der den Gedanken begleitet, wie wenn Dich ein Liscow verewigte.« (SB 1, B 10) [UJ]

304
Georg Christoph Lichtenberg:
Skizze eines Satyrs.
Papier, Bleistift, um 1777.
18 × 15,2 cm
Göttingen, Niedersächsische Staats- und Universitätsbibliothek, Cod. Ms. Licht. IV, 29, Beilage 2 (Bl. 2v)
»Das Gesicht eines lachenden Satyrs, das durch einen Operngucker sieht, eine schöne Vignette vor den Parakletor. Das Objektiv-Glas muß nach dem Leser gerichtet sein obgleich das Perspektiv nach einem andern Gegenstand zu zielen scheint. Ein Sinnbild für die Ironie« (SB 1, E 106).

305
[Georg Christoph Lichtenberg:]
Patriotischer Beytrag zur Methyologie der Deutschen nebst einer Vorrede über das Methyologische Studium überhaupt. [Göttingen: Dieterich] 1773. 16 S.
Mit Vignetten von Johann Wilhelm Meil (1747-1810)
Bad Vilbel, Privatbesitz.
Lichtenberg widmet die kleine Satire auf die Gelehrsamkeit »Allen Hochwürdigsten, Hochgebornen, Hochwürdigen, Hochwohlgebornen Wohlwürdigen, Wohlgebornen, Ehrwürdigen und Hochedelgebornen wie auch allen Großachtbaren, Wohledeln und Wohlehrenfesten launigten *Roten Nasen*«. Und damit gibt er einen Hinweis auf die Bedeutung der »absunderlichen« Wortschöpfung, die er im Titel benutzt: Methyologie. Er hat »dieses Wort seines besseren Äußerlichen wegen dem richtigeren *Methologie* vorgezogen.« Beide Worte sucht man vergeblich im Fremdwörterlexikon (Methyologie oder Methologie = Lehre vom Besoffensein). 144 deutschsprachige Ausdrücke für »Er ist berauscht«, davon 43 plattdeutsche, hat Lichtenberg gesammelt, von »Er ist voll« und »Er sieht eine Turm-Spitze für einen Zahnstocher an« bis »Er hat Moses Zunge« oder von »He is halv sieven« bis »He hat wat im Timpen«. [SS]

306
Friedrich Eckardt [= Georg Christoph Lichtenberg:]
Epistel an Tobias Göbhard in Bamberg über eine auf Johann Christian Dieterich in Göttingen bekannt gemachte Schmähschrifft. [Göttingen] 1776. 40 S.
17,7 × 11 cm
Göttingen, Niedersächsische Staats- und Universitätsbibliothek, 8° Jus. Natur. 4141
Johann Christian Dieterich, Lichtenbergs Hauswirt, Verleger und Freund, hatte gute Geschäfte mit dem Verlagsbuchhändler Tobias Göbhard in Frankfurt und später Bamberg gemacht und dessen unrechtmäßige Raubdrucke verkauft. Das ging jahrelang stillschweigend gut, bis Göbhard auch Dieterichs eigene Verlagsprodukte »piratisierte«. Da war es vorbei mit der Freundschaft, und Lichtenberg schaltete sich mit seiner beißenden Satire in die damals höchst virulente Diskussion um das Verlags- und Urheberrecht ein, an der sich auch unter anderem Kant, Knigge und Feder beteiligt haben. Als Pseudonym wählte er den Mädchennamen seiner Mutter. [UJ]

307
Friedrich Eckardt [= Georg Christoph Lichtenberg]:
Friedrich Eckardt an den Verfasser der Bemerkungen zu seiner Epistel an Tobias Göbhardt. [Göttingen] 1776. 24 S.
17,9 × 11,5 cm
Göttingen, Niedersächsische Staats- und Universitätsbibliothek, 8° Jus. Natur. 4144
Es ist bis heute nicht erwiesen, ob Tobias Göbhard auf Lichtenbergs Streitschrift geantwortet hat. Schon im 18. Jahrhundert bedauern die Buchwissenschaftler und Sammler, kein Exemplar finden zu können. Es ist daher sehr wohl denkbar, daß Lichtenberg die Antwort erfunden hat, um eine noch vernichtendere Duplik hinterhersenden zu können. Jedenfalls galten die »Episteln« während der gesamten Phase der Rechtsunsicherheit, in der über Verlags- und Urheberrecht diskutiert wurde, als musterhafte Polemiken. Eine »dritte Epistel« (gedruckt SB 3, S. 539 ff.) hat mit dem Göbhard-Streit nichts mehr zu tun: Lichtenberg gedachte, im Konflikt über die Physiognomik gegen Zimmermann seinen alten Streiter Eckardt wieder aufleben zu lassen; es blieb aber bei Entwürfen. [UJ]

308
Göttingisches Magazin der Wissenschaften und Litteratur. Herausgegeben von Georg Christoph Lichtenberg und Georg Forster. Göttingen, bei Johann Christian Dieterich 1780-1785. [Jahrgänge 1-4 = 7 Bde.].
Göttingen, Niedersächsische Staats- und Universitätsbibliothek, 8° Scr. var. arg. II, 3480: 1-7. Rara
Das letzte Viertel des 18. Jahrhunderts ist das Zeitalter der Zeitschriftenliteratur. Freilich verschwanden die zahllosen kurzlebigen Blätter fast ebenso schnell wieder, wie sie – getragen von einem intensiven Aufklärungsimpetus – gegründet wurden. Auch Lichtenberg war von dieser Bewegung erfaßt, und als er in Johann Georg Forster einen geeigneten Mitherausgeber gefunden hatte, eröffnete er sein göttingisches Blatt zur Förderung der Aufklärung. Allerdings hatten sich alle Beteiligten bei diesem Unternehmen übernommen: Der Absatz war niedriger, als der Verleger Johann Christian Dieterich erwartet hatte. Für die zum Teil sehr trockenen Abhandlungen aus dem wissenschaftlichen Bereich fand sich kein hinlänglich breites Publikum, und auch Lichtenbergs humoristische und satirische Versuche konnten die Lage nicht bessern. Gute Beiträge liefen etwas schleppend ein, so daß einige Hefte mit Dutzendware gefüllt werden mußten. Vor allem aber verloren beide Herausgeber schnell die Lust am mühsamen Redaktionsgeschäft, warfen gegenüber Dritten jeweils dem anderen Faulheit vor. 1784, als das Unternehmen durch Forsters Ruf nach Wilna in Litauen endgültig zum Erliegen kam (zwei Hefte brachte Dieterich noch Anfang 1785 – vermutlich schon vorbereitetes Material), hinkte die wirkliche Bandzählung bereits zwei Jahre hinter der ursprünglich geplanten her. [UJ]

309
Georg Christoph Lichtenberg:
Amintors Morgenandacht.
In: Göttinger Taschen Calender.
[Göttingen: Dieterich] 1791,
S. 81-89.
Göttingen, Niedersächsische Staats- und Universitätsbibliothek, 8° Scr. var. arg. II, 3470: 1791 Rara
Es bedurfte in dieser Zeit gewiß keines Bekennermutes mehr, religiöser Freidenker zu sein, den Kirchgang zu unterlassen und überhaupt gegen amtskirchliche Institutionen anzuschreiben, insbesondere wenn sie im jeweiligen Herrschaftsgebiet ohnehin nicht vorkamen. Ja, in den Kreisen der deutschen Intelligenz und der Göttinger Gelehrsamkeit wäre es eher schon als seltsam empfunden worden, sich etwa zu einer orthodoxen Gläubigkeit zu bekennen. Dennoch ist Amintor-Lichtenbergs *Morgenandacht*, dieses großartige Bekenntnis zu einem eigenwilligen Spinozismus oder wenigstens doch Pantheismus, höchst ungewöhnlich, auch und gerade in dem entschieden ›vernünftigen‹ *Göttinger Taschen Calender*. Mag sein, daß es die Erfahrungen der großen Krankheit waren, die ihn dazu geführt hatten; jedenfalls haben wir hier eine nicht mehr christologische Nachbildung der Erweckungserlebnisse seiner pietistischen Vorfahren. [UJ]

August Ohage

»Wir sind doch am Ende nichts weiter als eine Secte von Juden«

Die Kontroverse Lavater, Mendelssohn und Lichtenberg

Lavater – mit diesem Namen wird meist der Begriff »Physiognomik« assoziiert; Lavater und Lichtenberg – das meint in der Regel den Streit um die Physiognomik seit 1772. Johann Kaspar Lavater, Moses Mendelssohn und Georg Christoph Lichtenberg aber, diese drei Namen werden unter Lichtenberg-Lesern, Mendelssohn-Forschern, Lavater-Kennern nur dann in einem Atemzuge genannt, wenn von zwei Kontroversen und einem Buchtitel die Rede ist: von Lavaters Bekehrungsversuch an dem jüdischen Aufklärungsphilosophen einerseits, einem von Lavater ausgelösten Skandal in den Jahren 1769 bis 1771, und andererseits von Lichtenbergs 1773 vorgetragener Attacke auf Lavater und jenen Bekehrungsversuch in der Satire *Timorus*: *Timorus, / das ist, / Vertheidigung / zweyer Israeliten, / die / durch die Kräftigkeit / der Lavaterischen Beweisgründe / und der / Göttingischen Mettwürste / bewogen / den wahren Glauben angenommen haben, /* von Conrad Photorin, / der Theologie und Belles Lettres Candidaten. / [Vignette] / Berlin 1773.

Was den allgemeinen Bekanntheitsgrad thematisch einschlägiger Lichtenberg-Texte angeht: Vom *Fragment von Schwänzen* (1777/83) über die *Antiphysiognomik* – also die Taschenkalender-Abhandlung *Über Physiognomik wider die Physiognomen; zur Beförderung der Menschenliebe und Menschenkenntnis* (1778) – bis hin zum *Timorus* nimmt er in dem Maße ab, wie der Textumfang und vor allem die Notwendigkeit begleitender Kommentare steigt. Das resultiert aus der historischen Kontextgebundenheit dieser Satiren und Streitschriften, die im Gegensatz etwa zu einer Vielzahl sogenannter *Sudelbuch*-Notizen nicht ohne weiteres auf heutige Lebenspraxis, Vernunftgebrauch, Sprachkritik zu beziehen sind.

Mag die »Schwanzphysiognomik« immer noch kommentarlos Lesevergnügen bereiten, so der *Timorus* jedenfalls nicht, am wenigsten für Leser, welche die dort formulierte Position Lichtenbergs zur Frage des Proselytenmachens, speziell des Juden Moses Mendelssohn, mit anderen, sei es früheren, sei es späteren Äußerungen Lichtenbergs über Juden in Beziehung zu setzen versuchen. Am Schluß des *Timorus* steht, im Druck deutlich hervorgehoben, die von »Conrad Photorin« mit Entsetzen verabscheute (ergo vom Autor gepriesene) Maxime: »Man solle gar keine Proselyten mehr machen; ein rechtschafner Mann bleibe bey seiner Religion, oder ändere sie vor Gott allein, heimlich und ohne Pomp; Lavater habe seinen Unverstand und Mangel an philosophischer Welt verrathen, daß er mit Mendelssohns philosophischer Ruhe, als mit seinem Eigenthum ungebeten gespielt, und diesen Weisen habe bekehren wollen; Er habe sich durch sein langes Gucken in die Ewigkeit die Augen ganz für den zeitlichen Horizont verdorben; Er solle, statt solche Dinge zu unternehmen, lieber zu seiner eignen höchstnöthigen und nicht mehr lange aufzuschiebenden Cur, ein kühlendes weltliches Buch lesen, z. E. den Apollonius von Kegelschnitten [...].«[1]

Schon Leitzmann hat eine spätere, entschieden unvorteilhafte Äußerung über Men-

310
Bernard Picart (pinx.) und David Herrliberger (1697-1777) (sc.): Tableau des Principales Religions du Monde.
Frontispiz aus: Les Ceremonies religieuses de tous les peuples du Monde [...]. Kupferstich, um 1750; 34,5 × 21,4 cm
Hamburg, Hamburger Kunsthalle, Bibliothek, III. XVIII. Picart 1750
Auf dem Frontispiz sind die wichtigsten Religionen versammelt: Im Bildvordergrund lagern – zusammen mit einem Kamel – moslemische Glaubensbrüder. In ihrer unmittelbaren Nachbarschaft schmort ein Sünder im Fegefeuer. Dahinter, auf der rechten Bildhälfte, wird der Katholizismus versinnbildlicht durch das mit einer Monstranz ausgestattete Papsttum, das auf einem Juden mit Thora und einem behelmten Römer steht, und der Gruppe links mit der Handschelle der Inquisition droht. Diese Gruppe besteht aus einem griechisch-orthodoxen Patriarchen und Vertretern des Protestantismus, darunter die beiden miteinander diskutierenden Reformatoren Luther und Zwingli sowie Calvin und Heinrich VIII. Im Hintergrund sind kultische Bauten des Hinduismus und Buddhismus zu sehen. [SW]

Hochgebohrner Freyherr,

Hochgebietender Herr Geheimder Rath,

Gnädigster Herr!

da Sie mich von der Gnade eines so grossen Kenners und
Beförderers der Wissenschaften überzeugt und mir zugleich
Hoffnung macht meinem Vaterland vielleicht nützlich seyn zu
können. Ich empfinde das grosse Vergnügen, das mit der Pflicht
seinem Vaterland zu dienen verbunden ist hier so lebhaft, daß
ich nichts so sehnlich wünsche, als Ew. Hochfreyherrl: Ex-
cellenz die Dankbegierde persönlich ausdrücken zu können,
wozu mir hier die Worte fehlen. Allein ich werde
mich mit allen Kräften bemühen, das durch die Dienste selbst
wozu ich mich täglich brauchbarer zumachen suche, zu thun, wozu
alle Worte und Ausdrücke zu schwach seyn würden.

Dieses hauptsächlich und meine übrigen Umstände haben

Länder reiste, wegen des grossen Aufwandes nicht verstatten wo[illegible]

Die grosse Gnade also, womit Ew. Hochfreyherrl: Excellenz m[illegible]
ansehen, lässt mich hoffen die gnädige Erlaubniss zu erhalten,
mich, wenn ich das Glück haben solte ein Hochfürstliches
Decret zu erlangen, nach einiger Zeit ohne den Genuss einiger
NB Besoldung für aufzuhalten zu dürfen. So würde ich mich ohne U[illegible]
kosten von Ew Hochfürstliche Durchlaucht, durch Be[illegible]
der englischen Cabinette und Sternwarten, zu meiner Stelle ge[illegible]
schickter machen können, und zugleich auf der andern Seite einer
Pflicht genüge thun können, wozu mich keineswegs schriftliche Ver[illegible]
pflichtungen, sondern allein das Zutrauen, das die Lady [illegible]
auf mich gesetzt hat, indem sie mir ihren einzigen Sohn [illegible]
gewissermaßen verbindlich machen.

Hochgebohrner Freyherr,
Hochgebietender Herr Geheimder Rath,
Gnädigster Herr!

Von Ew. Hochfreyherrl. Excellenz gnädigen Gesin[nungen]
gegen mich giebt mir jedes Schreiben meines Bruders s[olche]
Versicherungen, die mich mit der lebhafftesten Begierde anf[euern]
mich durch Fleiß und Danckbarkeit ~~mich~~ eines solchen Sch[utzes]
und einer solchen Gnade würdig zu bezeugen. Die Nachricht
daß Ew. Hochfreyherrl. Excellenz mich für würdig gehal[-]
ten haben die Mathematick in Gießen zu lehren, und daß
ich durch Hochderoselben gnädige Vermittelung eine Pro[-]
fessor=Stelle daselbst erhalten habe, ist in doppeltem
Betracht für mich die angenehmste meines Lebens gewesen
da sie
[p. 2:] da sie mich von der Gnade eines so grosen Kenners und
Beförderers der Wissenschafften überzeugt und mir zugleich
Hoffnung macht meinem Vaterland villeicht nützlich seyn zu
können. Ich empfinde das grose Vergnügen, das mit der Pflicht
seinem Vaterland zu dienen verbunden ist hier so lebhafft, daß
ich nichts so sehnlich wünsche, als Ew. Hochfreyherrl: Ex-
cellenz die Danckbegierde persönlich ausdrücken zu können,
wozu mir hier die Worte fehlen. Allein ich werde
mich mit allen Kräfften bemühen, das durch die Dienste selbst
wozu ich mich täglich brauchbarer /zu/ machen suche, zu thun, wozu
alle Worte und Ausdrücke zu schwach seyn würden.

Dieses hauptsächlich und meine übrigen Umstände haben
gemacht, daß ich vor einigen Monaten, die Aufsicht über
den Sohn eines englischen Admirals übernommen habe, wobey
ich ihm zugleich Unterricht in einigen Theilen der Mathe-
matick gebe. Er ist noch sehr jung; kennt hier noch niemanden
als HE Professor Tompson und mich; seine noch /allein/ lebende
Mutter hat ihn uns übergeben und will ihn wieder aus
Deutschland zurücknehmen, so bald er einen von uns beyden
verliehrt; ich werde Engelland mit ihm sehen, ein Vortheil
der für einen angehenden Mathematicker von unendlichem
Nutzen ist, und den man dem hiesigen Professor der Mathe-
matick HE. Meister, der auf Kosten des Königs in andere
Länder
[p. 3:] Länder reißte, wegen des grosen Aufwandes nicht verstatten w[ollte.]
Die große Gnade also, wo mit Ew. Hochfreyherrl: Excellenz m[ich]
ansehen, läßt mich hoffen die gnädige Erlaubniß zu erhalten,
mich, wenn ich das Glück haben solte ein Hochfürstliches
Decret zu erlangen, noch einige Zeit ohne den Genuß einige[r]
Besoldung /hier/ aufhalten zu dürfen. So werde ich mich ohne Un[-]
kosten von Ew Hochfürstliche Durchlaucht, durch Besehu[ng]
[illegible] Cabinete und Sternwarten, zu meiner Stelle ge-

pflichtungen, sondern auch das Zutrauen, das die Lady Sw[anton]
auf mich gesezt hat, in dem sie mir ihren eintzigen Sohn ü[bergeben,]
gewissermassen verbindlich machen.

Ich unterwerfe mich gantzt dem geneigten Willen [Ew.]
Hochfreyherrlichen Excellenz und verharre unter den ei[frigsten]
Wünschen für Hochderoselben Hohes Wohlergehe[n]
mit tiefster Ehrfurcht

Hochgebohrner Freyherr,
Hochgebietender Herr Geheimder Rath,
Gnadigster Herr,

Ew. Hochfreyherrl: Excellenz

Göttingen den 18ten Julii
1767.

unterthänigst gehorsamster Diener
Georg Christoph Lichtenberg

Dieser Brief ist eines der frühesten erhaltenen Dokumente aus Lichtenbergs Leben. Erscheinen die Schriftzüge auch schülerhaft jung, geht ihr Schreiber doch auf Person und Interessen des Empfängers, den hessen-darmstädtischen Minister und Kurator der Universität Gießen, Hermann von Riedesel zu Eisenbach, so diplomatisch ein, daß die im Brief ausgedrückte Bitte bewilligt wird.
Lichtenberg befand sich in der Schuld des Landgrafen, der ihm einige Jahre lang ein Stipendium gewährt hatte zum Zwecke einer Ausbildung für den hessischen Staatsdienst. Zurückzahlen konnte Lichtenberg die Kosten nicht; eine Gießener Professur wollte er aber auch nicht annehmen: Es war hinreichend bekannt, daß die Gießener Studenten die größten Rauf- und Trunkenbolde, die Gießener Professoren die schwächsten Köpfe im ganzen Deutschen Reich waren.
Entsprechend hatte sich Lichtenberg seit 1768 um eine Anstellung an der kurhannoverschen Landesuniversität Göttingen bemüht. Die plötzliche Ernennung zum Professor in Gießen, auf die er mit diesem Brief reagiert, drohte all seine Bemühungen zunichte zu machen. Geschickt führt Lichtenberg denkbare Motive Riedesels als seine eigenen Beweggründe an: Er spricht von – für das verarmte Land Hessen-Darmstadt kostenloser – Weiterqualifikation des künftigen Professors.
Der Erfolg blieb nicht aus; Lichtenberg wurde der gewünschte Urlaub bewilligt. Während der gewonnenen Zeit erhielt er – nach der Begegnung mit Georg III. – eine Professur in Göttingen.

Das Original des Dokuments befindet sich im Hessischen Staatsarchiv Darmstadt, Signatur E 6B Nr. 20/16a.
Das »NB« (Nota bene: Wohlgemerkt) am linken Rand der dritten Seite stammt nicht vom Briefschreiber, sondern vermutlich vom Empfänger.

Hochfreyherrlichen Excellenz und verharre unter den ey[illegible]

Wünschen für Hochderoselben hohes Wohlergehen

mit tiefster Ehrfurcht

Hochgebohrner Freyherr,

Hochgebietender Herr Geheimder Rath,

gnädigster Herr,

Ew. Hochfreyherrl. Excellenz

Göttingen den 18ten Jul.
1767.

unterthänigst gehorsamster Diener

Georg Christoph Lichtenberg

17

den Sohn eines englischen Admirals übernommen habe, wobey ich ihm zugleich Unterricht in einigen Theilen der Mathematik gebe. Er ist noch sehr jung; kennt hier noch niemanden als Hl. Professor Tompson und mich; seine verehrte Mutter hat ihn uns übergeben und will ihn wieder nach Deutschland zurücknehmen, so bald er einen von uns beyden verliehrt; ich werde England mit ihm sehen, ein Vortheil der für einen angehenden Mathematiker von unendlichem Nutzen ist, und den man dem hiesigen Professor der Mathematik Hl. Meister, der auf Kosten des Königs in andere

Länder

gegen mich giebt mir jedes Schreiben meines Bruders s[...]
Versicherungen, die mich mit der lebhaftesten Begierde an[...]
mich durch Fleiß, und Dankbarkeit nicht eines solchen Ge[...]
und einer solchen Gnade würdig zu bezeugen. Die Nachri[cht]
daß Se. Hochfreyherrl. Excellenz mich für würdig ge[...]
ten haben die Mathematick in Gießen zu lehren, und daß
ich durch Hochdero selben gnädige Vermittelung eine Pro-
fessor-Stelle daselbst erhalten habe, ist in doppelter
Betracht für mich die angenehmste meines Lebens gewesen,
da sie

9 16

delssohn irritiert,[2] daraus ist später der Verdacht auf einen in den neunziger Jahren zunehmenden Antisemitismus Lichtenbergs abgeleitet worden, zu unrecht. Schwierigkeiten beim Lesen des *Timorus* bereitete auch die mit der Praxis der ironischen Verteidigung der in Göttingen und Weende getauften Juden durch »Conrad Photorin« unübersehbar verbundene Kritik an diesen beiden Proselyten. Das Konzept der Liscowschen Ironie hinderte nicht, daß die ungute Beurteilung der beiden auch dem Verfasser, nicht nur dessen Rollenfigur »Photorin« zugeschrieben wurde – selbst Lichtenberg war offenbar nicht frei von Vorurteilen, wie es die Editoren, Kommentatoren und Leser von diesem Aufklärer erwarteten.

Dem entspricht, daß auch Lavater neuerdings der Vorwurf eines – nun freilich – »christlichen Antisemitismus« gemacht worden ist, wenn auch einer gemäßigten Form der »Judenfeindschaft im 18. Jahrhundert«.[3] Solche Lese- und Deutungsversuche verweisen zunächst auf nichts weiter als auf Lücken in der Erforschung des ausgehenden 18. Jahrhunderts, speziell des Verhältnisses Lavater-Mendelssohn-Lichtenberg, und im übrigen auf die durch millionenfachen, von Deutschen an Juden begangenen Mord in der Gegenwart verursachte Verunsicherung in der Interpretation dessen, was auch im Zeitalter der Aufklärung zum Beispiel ein Vorschlag nicht bloß einer »Verminderung«, nicht allein einer »Einschränkung«, »sondern die gänzliche Vertilgung der Juden« heißt, womit »dem Verderben der Stadt« (in diesem Fall Göttingens) vorgebeugt werden möge.[4] Von einer heillosen Gegenwart unvermittelt zurückzuschließen auf eine fremde Vergangenheit, verbietet sich offenbar gerade dann, wenn Wortschatz und Wortgebrauch ähnlich oder sogar identisch sind.

Über Lavaters Bekehrungsversuch ist seit langem die Moses-Mendelssohn-Forschung mit großem Abstand am besten informiert, am meisten durch die maßgebenden Arbeiten Alexander Altmanns[5] sowie die Bearbeiter der Jubiläumsausgabe von Mendelssohns Schriften, zu allererst durch Simon Rawidowicz.[6] Ungünstiger sieht es in der Lichtenberg-Forschung aus, am ungünstigsten in der Lavater-Forschung, obgleich die schöne, vortrefflich annotierte Werkauswahl von Ernst Staehelin[7] das Wichtigste präsentiert, einen guten Überblick über die Chronologie der Ereignisse bietet und zumal den Kontext herstellt, in den Lavaters Bestrebungen gehören.

Denn der *Schwärmer*, als der Lavater seit seinen *Aussichten in die Ewigkeit* nicht nur unter den Aufklärern wie Gotthold Ephraim Lessing, Friedrich Nicolai und anderen, sondern auch unter seinen damaligen und späteren Freunden wie Johann Georg Zimmermann, dann Goethe, übel oder wohlwollend beleumundet war, hatte nicht erst mit diesem Werk sich einem großen, europaweiten Publikum als Schriftsteller bekannt gemacht. Vielmehr war dieser junge Theologe als Züricher Patriot, der die Verbrechen des Landvogts Felix Grebel von Grüningen, einer Landvogtei der Stadt Zürich, in einer anonymen Flugschrift aufgedeckt und dadurch dessen Verurteilung und Verbannung erzwungen hatte, über die Schweiz hinaus bis ins Braunschweigische schon Anfang August 1769 kein Unbekannter mehr. Das Bestreben, öffentlich wirksam aufzutreten, im Namen von Tugend und Gerechtigkeit dem Ideal des aufgeklärten *Patriotimus* Geltung zu verschaffen, oder aber, in geistlichen Dingen, seinen Christusglauben in Wort und Schrift eindringlich, ja aufdringlich zu predigen, blieb zeitlebens bestimmendes Charakteristikum dieses Mannes.

Anders nun als in der wissenschaftlichen Diskussion um Lavater, Mendelssohn und Lichtenberg durchgängig zu lesen, sind die *Aussichten in die Ewigkeit* nicht irgend»ein Buch« seines Autors,[8] sondern, ihrerseits das entscheidende Dokument einer »theologischen Umorientierung«, der Schlüssel zum Verständnis der späteren Werke einschließlich der Schriften zur Physiognomik. Vom gemäßigten Rationalismus der Aufklärungs-

311
Johann Georg Puschner (um 1720): Jüdische Kleidungen.
Aus: Jüdische Ceremonien welche sowol in- als auser der Synagog heut Zu Tage beobachtet werden in Sieben und Zwanzig Kupfern auf das deutlichste entworfen. Nürnberg. Zu finden bey Peter Conrad Monath [um 1725], Blatt 1.
Kupferstich. 14,7 × 18,1 cm
Hamburg, Hamburger Kunsthalle, Kupferstichkabinett 55411

312
Johann Georg Puschner (um 1720): Das LauberHüttenFest.
Aus: Jüdische Ceremonien [...], Blatt 10.
Kupferstich, um 1725.
14,4 × 17 cm
Hamburg, Hamburger Kunsthalle, Kupferstichkabinett 55420
Das Laubhüttenfest (Sukkoth), vergleichbar mit dem Erntedankfest, ist das dritte der großen jüdischen Feste. Am ersten Tag der Festwoche werden Laubhütten (Sukkah) errichtet, die so gedeckt sein müssen, daß die darin Versammelten den Himmel noch sehen können. Die Hütten sollen an jene Behausungen erinnern, in denen das auserwählte Volk Israel nach seinem Auszug aus Ägypten lebte. [SW]

theologie bewegt sich Lavater jetzt hin zu einer stark christologisch orientierten, persönlich bestimmten Theologie, welche auf die Kraft des Gebets vertraut, »Beweise des Geistes und der Kraft« (des Glaubens) erstrebt und sogar neue Wunder Christi erhofft.[9] Seit 1768 (1. Teil) erschienen, in den folgenden Jahren ergänzt (2. Teil 1769, 3. Teil 1773), aber erst 1778 (4. Teil: Zusätze) vollständig vorliegend, vielfach, auch in Raubdrucken verbreitet, besteht das Werk aus einer Folge von Briefen an den aus seiner Schweizer Heimatstadt Brugg nach Hannover übersiedelnden Freund Johann Georg Zimmermann. Thema ist der Plan zu einer Dichtung über das Leben im Jenseits, Ausgangspunkt seiner Spekulationen waren ihm »Unsere eigene Natur, die Analogie, und vornehmlich die göttlichen Schriften.«[10]

Von Anfang an tritt hier dem Leser als wichtigster Mentor Lavaters der Genfer Naturforscher und Philosoph Charles Bonnet entgegen, und zwar als Autor seiner *Contemplation de la Nature* (1764). Ein neues Werk Bonnets war es denn auch, das Lavater zu dem Schritt hinriß, der zum Eklat führte.

Voraus geht: 1763 bereits lernt Lavater während seiner durch die Grebel-Affäre erzwungenen Absenz aus Zürich, die er zusammen mit den Freunden Felix Heß und Heinrich Füßli (dem Maler und späteren »Nachtmahr«-Füßli) zu einer großen Bildungsreise durch Deutschland nutzt, Moses Mendelssohn persönlich kennen, ebenso wie Christian Fürchtegott Gellert und Johann Wilhelm Ludwig Gleim, dann Friedrich Gottlieb Klopstock, Johann Friedrich Wilhelm Jerusalem und andere literarische und geistliche Autoritäten. Ziel der Reise ist Barth in Schwedisch Pommern, wo man auf Anraten des Landsmannes Johann Georg Sulzer bei dem berühmten Verfasser der vielgelesenen Schrift über die *Bestimmung des Menschen* (1748, [13]1794), dem gemäßigt rationalistischen Theologen Johann Joachim Spalding, eine längere Zeit verbringt. Auf der Hinreise und nochmals auf der Rückreise sucht Lavater in Berlin Mendelssohn auf, insgesamt drei Mal (April 1763/ Febr. 1764), wobei schließlich auch Mendelssohns Verhältnis zum Christentum erörtert wird. Fünf Jahre später dann, schon an der Arbeit an seinen *Aussichten*, läßt Lavater über der Lektüre von Bonnets apologetischer Schrift *Palingénésie philosophique ou idées sur l'état passé et sur l'état futur des êtres vivans* (1769) sich dazu hinreißen, diese von ihm selbst gerade ins Deutsche übersetzten

Beweise für das Christentum dem Juden Moses Mendelssohn zu widmen, mit der Aufforderung, sie »öffentlich zu widerlegen« oder »zu thun, was Klugheit, Wahrheitsliebe, Redlichkeit Sie thun ließen, – was Socrates gethan hätte, wenn er diese Schrift gelesen und unwiderleglich gefunden hätte.«[11]

Das skandalöse Ansinnen ist oft dargestellt und kritisiert worden: Mendelssohn, dessen *Phaedon oder über die Unsterblichkeit der Seele* (1767) gerade Sokrates und seinen Schüler Phaedon im Gespräch über das Thema einem philosophisch gebildeten Publikum die Unsterblichkeitslehre nach dem Vorbild Platons vorgeführt hatte, dieser Mendelssohn sieht sich zu öffentlicher Entgegnung gezwungen; Lavater, sogar von seinen Freunden, »vornehmlich aber dem Herrn Bonnet«[12] übereilt gescholten, muß einlenken, die Polemik dauert noch jahrelang an, auch Lichtenberg hat das Hin und Her verfolgt, ganz offenbar jedoch eher von fern und keineswegs mit dem Engagement zugunsten Mendelssohns wie dessen Freund Lessing, obgleich die Lichtenberg-Kommentatoren diesen gern als Kronzeugen gegen Lavater bemühen.[13] Eine Ausnahme bildet allein Lichtenbergs Debüt als satirischer Schriftsteller, nämlich der *Timorus*, dessen Veranlassung wohl in erster Linie ein konkretes Göttinger Ereignis war, dem ein entsprechendes in Zürich vorausging, das wiederum mit dem Namen Lavater verbunden war: die Taufe zweier Juden vom März 1771 im Züricher Fraumünster und ein ebensolcher Akt in Weende bei Göttingen im Juni sowie in der Göttinger Johannes-Kirche im August 1771, dieser letztere sozusagen unter Lichtenbergs Augen, keine hundert Schritte von seiner Wohnung entfernt.

»*Ein rechtschaffener Mann ändere seine Religion gar nicht oder doch nicht mit Pomp*« – diese Maxime läßt Lichtenberg seinen Rollensprecher »Conrad Photorin« als »schändlich« denunzieren, emphatisch wendet er sich in einer Apostrophe an ein Publikum, das ihr etwa folgte: »Wißt ihr auch, Leute, daß die Hölle auf solchen Reden steht?« Und abermals: »*Nicht mit Pomp*. Pomp! Was war denn für Pomp bey der Judentaufe? Nicht mehr als bey einer Magisterpromotion, und kaum so viel.«[14] »Kanzel« und »Katheder« sind hier gleichermaßen Zielscheibe des satirischen Angriffs. So sehr aber auch im anschließenden – und den *Timorus* abschließenden – ironischen Lobpreis Lavater, der »Bekehrer Mendelssohns«, als »theurer Märtyrer« (weil »von vielen für einen ohnmächtigen Enthusiasten« gehalten)[15] das alleinige Objekt der massiv pointierenden Satire zu sein scheint, haben Göttinger Zeitgenossen die Frage: »Was war denn für ein Pomp bey der Judentaufe?« mit Sicherheit in ihrer Weise beantwortet.

Lavater hatte die beiden Züricher Juden zwar nicht selbst getauft, aber die Taufpredigt gehalten und vor allem sie publiziert,[16] was dem Lesepublikum der Zeit selbstverständlich Lavaters Mendelssohn-Affäre in Erinnerung brachte. Ohne Bezug auf Lavater indessen, jedoch im Zuge der gleichen Tradition, nämlich in bis in die zweite Hälfte des 18. Jahrhunderts fortgesetzten pietistischen Bestrebungen der Judenbekehrung, ist die Göttingische Taufe als Erscheinungsform des von Lichtenberg mißbilligten »Pomps« zu erkennen, bei dem in der Tat »Kanzel« und »Katheder«, kirchliche und akademische Autoritäten gleichermaßen und gleichzeitig ihren Bekehrungseifer entfalteten: Taufzeugen des »zu Christo bekehrten Jüdischen Schulmeisters und Schächters Hirsch Marcus« (danach: Christian Philipp Göttinger) am 25. August 1771 in St. Johannes zu Göttingen[17] waren »der zeitige Herr Prorector [der Georg-August-Universität], H[err] Prof. [Johann Philipp] Murray« sowie »der Herr Bürgermeister Meysenberg« und ferner »des Herrn [Stadtkommandanten] General-Lieutenant von Zastrow Excellence und die Frau Obristin von Goldacker«.[18] Die Predigt hielt Prof. D. Paul Jacob Förtsch, Ordinarius an der Theologischen Fakultät und Superintendent im Fürstentum Göttingen. Mit Sicherheit hat Lichtenberg sie gekannt

313
»Israelitenliebe«.
Antisemitische Karikatur. Aus: Allmanach der Liebe. Nachtrag aus Lichtenbergs Nachlaß. Hamburg bei Vollmer 1801, S. 192.
14 × 9,5 cm
Göttingen, Niedersächsische Staats- und Universitätsbibliothek, 8° Scr. var. arg. II, 1728 Rara
Die antisemitische Karikatur mit einem erbärmlichen Kommentartext stammt vorgeblich aus Lichtenbergs Nachlaß – das ist jedoch in Wahrheit eine Buchhändlerspekulation. [UJ]

314
Christian Wilhelm Dohm (1751-1820):
Ueber die bürgerliche Verbesserung der Juden. Mit Königl. Preußischem Privilegio. Berlin und Stettin: Friedrich Nicolai, 1781.
Wolfenbüttel, Herzog August Bibliothek, Hi 31
In der auf Anregung von Moses Mendelssohn entstandenen Schrift *Ueber die bürgerliche Verbesserung der Juden* plädiert der preußische Staatsdiener Christian Wilhelm Dohm für die rechtliche und gesellschaftliche Gleichstellung der jüdischen Bürger und ihr Recht auf freie Religionsausübung. [SW]

315
Johann Christoph Frisch (1738-1815) (pinx.) und Johann Gotthard Müller (1747-1830) (sc.):
Moses Mendelssohn (1729-1786). Porträt.
Kupferstich, 1787.
26,4 × 18,5 cm (oval)
Wolfenbüttel, Herzog August Bibliothek, Porträtsammlung
In einem Brief vom 26. März 1759 schreibt der Berliner Aufklärer

Friedrich Nicolai über seinen Freund Moses Mendelssohn: »Herr Moses hält sich zur Synagoge und warum solte er dieses nicht thun? – Er ist eines der grösten Genies die Deutschland ie gehabt, die Geschichte seiner Zunahme in den Wißenschaften überzeugt mich recht sehr von der unnützl[ich]keit unseres Universitätsstudirens – He. Moses hat keiner mündlichen Unterweisung etwas zu danken. Er ist aus Deßau gebürtig, und konte bis in sein vierzehntes Jahr keine Sprache als hebräisch, ia nicht mal recht Deutsch lesen.« Der jüdische Popularphilosoph, Ästhetiker und Kunstkritiker Mendelssohn, der zuerst als Hauslehrer, Buchhalter und schließlich als Teilhaber eines jüdischen Seidenfabrikanten in Berlin sein Brot verdiente, ist einer der führenden Köpfe der deutschen Aufklärung. Von seinen Zeitgenossen bewundernd der »deutsche Sokrates« genannt, reflektierte er beispielsweise über die Unsterblichkeit der Seele, übersetzte die Bücher Mose ins Deutsche, gab zusammen mit Nicolai die Zeitschrift *Bibliothek der schönen Wissenschaften und der freien Künste* heraus und schrieb immer wieder gegen Vorurteile und religiöse Intoleranz an, die er am eigenen Leibe zu spüren bekam: »Allhier in diesem sogenannten duldsamen Land lebe ich gleichwohl so eingeengt, durch wahre Intoleranz so von allen Seiten beschränkt, daß ich meinen Kindern zu Liebe mich den ganzen Tag in einer Seidenfabrik [...] einsperren muß; und den Musen nicht so fleißig opfern darf, als ich es wünsche [...] Ich ergehe mich zuweilen des Abends mit meiner Frau und meinen Kindern. Papa! fragt die Unschuld, was ruft uns jener Bursch dort nach? warum werfen sie mit Steinen hinter uns her? was haben wir ihnen gethan? – Ja, lieber Papa! spricht ein anderes, sie verfolgen uns immer in den Straßen, und schimpfen Juden! Juden! Ist denn dieses so ein Schimpf bei den Leuten ein Jude zu seyn?« schreibt Mendelssohn 1780 an einen Mönch. [SW]

316
Moses Mendelssohn:
Phaedon oder Über die Unsterblichkeit der Seele, in drey Gesprächen. Berlin und Stettin 1767.
Mit einem Titelkupfer von Johann Wilhelm Meil.
Wolfenbüttel, Herzog August Bibliothek, Vc 81
Der *Phaedon* – ein in ungezählten Auflagen und mehreren Übersetzungen erschienenes Erfolgswerk – machte Moses Mendelssohn auch im Ausland berühmt. In seiner philosophischen Schrift nimmt Mendelssohn Bezug auf den platonischen Dialog gleichen Titels *(Phaidon)*, der das Gespräch des Sokrates mit seinen Freunden kurz vor seiner Hinrichtung wiedergibt. In einer Vorrede zum *Phaedon* schreibt der jüdische Popularphilosoph erklärend: »Nach dem Beispiel des Plato, habe ich den Sokrates in seinen letzten Stunden die Gründe für die Unsterblichkeit der Seele seinen Schülern vortragen lassen. Das Gespräch des griechischen Schriftstellers, das den Namen Phädon führet, hat eine Menge ungemeiner Schönheiten, die, zum Besten der Lehre von der Unsterblichkeit, genutzt zu werden verdieneten. Ich habe mir die Einkleidung, Anordnung, und Beredsamkeit desselben zu Nutze gemacht, und nur die metaphysischen Beweisthümer nach dem Geschmacke unserer Zeiten einzurichten gesucht.« Meils Titelkupfer zu Mendelssohns Buch zeigt Sokrates im Gefängnis, einen Schmetterling (*Seelenvogel*) betrachtend, der auf einem Totenkopf sitzt. [SW]

317
Johann Caspar Lavater (1741-1801):
Zueignungsschrift an Moses Mendelssohn vom 25. August 1769.
In: Herrn Karl Bonnets Philosophische Untersuchung der Beweise für das Christenthum. Samt desselben Ideen von der künftigen Glückseeligkeit des Menschen. Aus dem Französischem übersetzt und mit Anmerkungen herausgegeben von Johann Caspar Lavater. Nebst der Zueignungsschrift an Moses Mendelssohn, und daher entstandenen sämtlichen Streitschriften zwischen Herrn Lavater, Moses Mendelssohn, und Herrn Dr. Kölbele, wie auch des ersten gehaltene Rede bey der Taufe zweyer Israeliten. Frankfurt am Main: Joh. Bayerhoffer 1774. 8°.
Darmstadt, Hessische Landes- und Hochschulbibliothek, W 171
Mit der taktlosen Aufforderung des Übersetzers Johann Caspar Lavater an Mendelssohn, entweder Charles Bonnet zu widerlegen oder zum Christentum überzutreten. [SW]

318
Moses Mendelssohn:
Schreiben an den Herrn Diaconus Lavater zu Zürich. Berlin und Stettin: Friedrich Nicolai 1770.
Wolfenbüttel, Herzog August Bibliothek, Te 830
Auf die Aufforderung Lavaters, zum Christentum überzutreten, antwortet Mendelssohn in diesem Schreiben: »Allein von dem WESENTLICHEN meiner Religion bin ich so fest, so unwiderleglich versichert, als Sie, oder Hr. Bonnet nur immer von der Ihrigen seyn können, und ich bezeuge hiermit vor dem Gott der Wahrheit, Ihrem und meinem Schöpfer und Erhalter, bey dem Sie mich in Ihrer Zuschrift beschworen haben, daß ich bey meinen Grundsätzen bleiben werde, so lange meine ganze Seele nicht eine andere Natur annimmt.« [SW]

319
Johann Caspar Lavater (1741-1801):
Antwort an den Her[r]n Moses Mendelssohn zu Berlin, von Johann Caspar Lavater. Nebst einer Nacherinnerung von Moses Mendelssohn. Berlin und Stettin: Nicolai 1770.
Darmstadt, Hessische Landes- und Hochschulbibliothek, O 5479
Lavaters Antwort auf Mendelssohns *Schreiben an den Herrn Diaconus Lavater* (1770). [SW]

320
Conrad Photorin [= Georg Christoph Lichtenberg]:
Timorus, das ist, Vertheidigung zweyer Israeliten, die durch die Kräftigkeit der Lavaterischen Beweisgründe und der Göttingischen Mettwürste bewogen den wahren Glauben angenommen haben, von Conrad Photorin, der Theologie und Belles Lettres Candidaten. Berlin [vielm.: Riga: Hartknoch; gedruckt bei Kanter in Königsberg] 1773. 78 S.
Göttingen, Niedersächsische Staats- und Universitätsbibliothek, 8° Sat. II, 628 Rara
Am 13. August 1773 schrieb Lichtenberg aus Stade an seinen Bruder Friedrich Christian in Darmstadt: »Es ist diese Messe eine kleine Schrifft von 5 Bogen zu Berlin herausgekommen, die betitult ist: Timorus oder Vertheidigung zweyer Israëliten pp., die in Göttingen sehr viel Aufsehen gemacht hat. Von Anfang hielt man Kästnern, dann Michaëlis für den Verfasser, ob es gleich weder in dem Stil des einen noch des andern abgefaßt ist, und nun soll ich es geschrieben haben, blos weil sich der Verfasser Photorin genannt, und Professor Dieze zuerst entdeckt hat, daß dieses Lichtenberg auf deutsch hiese. Ich weiß nicht was den Verfasser bewogen haben mag, sich so zu nennen, allein ich bin es nicht, so wenig ich mich sonst auch des meisten in dem Büchelchen zu schämen hätte, so muß

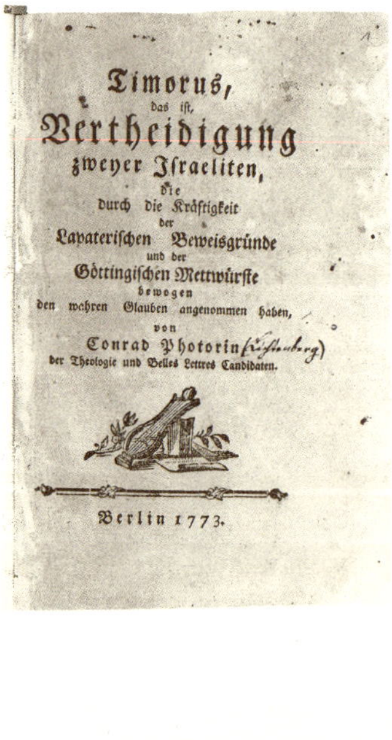
Timorus, das ist, Vertheidigung zweyer Israeliten, die durch die Kräftigkeit der Lavaterischen Beweisgründe und der Göttingischen Mettwürste bewogen den wahren Glauben angenommen haben, von Conrad Photorin der Theologie und Belles Lettres Candidaten.
Berlin 1773.

und ist auch seine *Timorus*-Satire als Polemik gegen aktuelle Göttingische Proselytenmacherei aufgenommen worden, die nun ihrerseits durchaus nicht als direkte, unmittelbare Folgeerscheinung lavaterischen Bekehrungseifers gegolten haben dürfte.

Die völlig einzigartige literarische Qualität des *Timorus* als einer outrierten Stilübung à la Liscow,[19] welche die Position des Autors zur Sache kaum noch erkennen läßt, darf nicht davon ablenken, daß mit dem Göttinger wie mit dem Züricher Taufakt eine aus dem 17. bis ins späte 18. Jahrhundert reichende pietistische Tradition faßbar wird. Neuerdings erst hat die historische Antisemitismusforschung zeigen können, daß Lavaters christologische, latent heterodoxe, auf die Wiedergeburt Christi in einem tausendjährigen Friedensreich hoffende Theologie, wie in den *Aussichten in die Ewigkeit* deutlich, auch sein Handeln als Judentäufer bestimmt.[20] Im Gegensatz zur radikalpietistischen Glaubensüberzeugung und einer durch sie geleiteten Praxis christlicher Toleranz, welche die Judenbekehrung als einen unzulässigen Eingriff in Gottes Handeln ablehnte, ist die andere, im 18. Jahrhundert vor allem durch Nikolaus Ludwig Graf von Zinzendorf repräsentierte Richtung bestrebt, die Judenmission voranzutreiben.[21] Noch Lavater in Zürich und noch Paul Jacob Förtsch in Göttingen handeln, wenn sie ausgezeichnete christliche Bürger ihrer Stadt zu Taufpaten gewinnen, im Geiste dieser Zinzendorfschen Tradition, die sich zu demselben Zweck an den pietistischen Adel gewandt hatte.[22] Vor diesem geistesgeschichtlichen Hintergrund gesehen, stellt sich Lichtenbergs Position im *Timorus* als weitaus komplexer dar, als bisher angenommen. Als »komplex« aber und »ambivalent«, schließlich kaum eindeutig bestimmbar, hat sich sogar angesichts der Originalmanuskripte dieses Aufklärers bei dem Versuch, eine einzige Merkbucheintragung zu lesen und zu deuten, dessen Verhältnis zur jüdischen Kultur und den Juden erwiesen. Der Satz: »Wir sind doch am Ende nichts weiter als eine Secte von Juden«,[23] im Merkbuch J ohne Kontextberührung mit anderen Bemerkungen über Juden notiert, vielleicht als andeutende Relativierung im Geiste der historischen Bibelkritik zu lesen, ist jedenfalls bar jedes »Antisemitismus«-Verdachts. Er datiert aus einer Zeit, als Lichtenberg, Jahre zuvor schwer getroffen vom Tod Moses Mendelssohns, längst bedauerte, ihn nicht gekannt zu haben,[24] und kurz darauf, im Juni 1786, in Göttingen Lavater, seinen Besucher, kennenlernte. Die Kontroversen waren vergessen damals. Lavater hatte, Jahre nach der Bekehrungsaffäre, auf Bitten Mendelssohns, zugunsten Schweizer Juden *menschenfreundlich* mit ihm kooperiert. Lichtenberg hatte, durch den in Zürich getauften Juden Johann Caspar Fraenkel persönlich bereits 1778 über Lavater informiert, seine Vermutung bestätigt gefunden, daß Lavater *in physiognomicis* von Zimmermann unvorteilhaft beeinflußt war.[25] Er ahnte nicht, daß der Physiognom dessen Insinuationen, dem Göttingischen Gegner als seinem Feinde zu begegnen und zwischen dessen mißgestaltetem Körper und seiner kämpferischen Opposition gegen die Physiognomik einen psychologischen Bedingungszusammenhang zu erkennen, stets widerstanden hatte. – Von zukünftiger Forschung zum Thema ›Kontroverse Lavater, Mendelssohn und Lichtenberg‹ ist weiterer Einblick in eine komplexe theologische und philosophische Situation ausgangs des 18. Jahrhunderts zu erhoffen, auf daß gegenwärtige Mißverständnisse aufgeklärt, Blockaden vermieden werden.[26]

ich es bekennen. Der Verfasser ist vermuthlich ein gewißer Herr Heidevogel in Riga, der vor einigen Jahren in Göttingen studiert hat, ein Mensch, der sich gewiß noch einmal in diesem Fach zeigen wird. Die Schrifft ist allerdings grob und geht zu weit, aber dem ohngeachtet sind doch Stellen darin, die viel Laune und Genie verrathen, wie kein vernünfftiger läugnen wird«. (Bw 1, Nr. 189, S. 346) Wie später auch bei anderen Streitschriften immer wieder, versuchte Lichtenberg seine Autorschaft so lange wie irgend möglich geheim zu halten, und solange ihm nicht genug Beifall sicher war, so leugnete er hartnäkkig weiter. Damit läßt die durchsichtige Camouflage seines Namens keinen Zweifel, daß Lichtenberg ihn durchaus im Gespräch halten wollte; »Photorin(us)« heißt ja übrigens auch gar nicht »Lichtenberg«, sondern »(der) Lichtenbergisch(e)«. – Der *Timorus* war sein satirischer Erstling und seine erste gesondert gedruckte Schrift. Mit ihr griff er in den Konflikt zwischen Moses Mendelssohn und Johann Caspar Lavater ein. Lichtenbergs Satire, die nicht oder doch nicht zunächst philosemitisch ist, sondern sich gegen derartige Proselytenmacherei wendet, steht in der alten Humanistentradition der »Epistolae obscurorum virorum«, der »Dunkelmännerbriefe«: Ihr Verfasser verteidigt den gegnerischen Standpunkt mit abstrusen Argumenten und entlarvt auf diesem Wege ihn und seine Schwächen. – Der damals noch mit Lichtenberg fest befreundete Heinrich Christian Boie hatte die Schrift an Friedrich Nicolai vermittelt, der wiederum zur Umgehung allfälliger Zensur sie an den Verleger Hartknoch in Riga weitergegeben hat. Dieser ließ (wie auch hier) derlei heikle Werke in Königsberg bei Kanther drucken.
[UJ]

1 Zit. nach: *Satiren der Aufklärung*. Hrsg. von Gunter Grimm. Stuttgart: 1975, durchgesehene und ergänzte Ausgabe 1779, S. 137-173. Dieser Druck kennzeichnet im Gegensatz zur Edition: *Georg Christoph Lichtenberg. Schriften und Briefe*. Hrsg. von Wolfgang Promies, Bd. 3, S. 205-236, durchgängig und verläßlich durch Kursivdruck die Hervorhebungen des Originals. – Das Zitat: Grimm S. 169.

2 *Lichtenbergs Aphorismen*. Hrsg. von Albert Leitzmann. 5. Heft: 1793-1799. Berlin 1908. L 590: »*Ju-*

den. Daß man einige Familien aus Göttingen verbannt hat, ist ja kein Eingriff in den großen Plan zu ihrer Verbesserung, es ist ja bloß ein untergeordnetes Verfahren gegen sie, während die grose Absicht immer fortdauern kan. [...] *Mendelssohn* ist viel zu viel erhoben worden. Hätte er in einem gantz jüdischen Staat gelebt, so würde er ein sehr gemeiner Verbreiter ihrer abgeschmackten Ceremonien u. s. w. geworden seyn. – Berlin ist es und nicht Judäa oder Jerusalem was ihm einigen Vorzug gab. [...]« (zu datieren: Spätherbst 1798). Dazu Leitzmann: »Von seiner früheren, ausserordentlich hohen Schätzung Mendelssohns [...] ist Lichtenberg nach unserer Nummer [L 590] später zurückgekommen.«(S. 186 f.) – Ulrich Joost hat mit guten Gründen eine Deutung von L 590 vorgeschlagen, welche diese Notiz als einen satirischen Entwurf mit der Zielrichtung: Unangemessenheit staatlicher Maßnahmen gegen Juden, also als durchgängig ironisch (wenn auch schwer oder kaum erkennbar) versteht: »erbitte« oder »verbitte«? *Ein editorisches Problem und seine Weiterungen*. In: Photorin 2 (1980), S. 29-35, hier S. 33.

3 Ernst-Peter Wieckenberg: *Der Bekehrungsstreit zwischen Lavater und Mendelssohn*. In: Tribüne. Zeitschr. zum Verständnis des Judentums 18 (1979), S. 71-79, hier S. 76. Zur Kritik vgl. Hans-Jürgen Schrader: *Sulamiths verheißene Wiederkehr. Hinweise zu Progamm und Praxis der pietistischen Begegnung mit dem Judentum*. In: Conditio Judaica. Judentum, Antisemitismus und deutschsprachige Literatur vom 18. Jahrhundert bis zum Ersten Weltkrieg. Erster Teil. Hrsg. von Hans Otto Horch und Horst Denkler. Tübingen 1988, S. 71-107, hier S. 87, Anm. 47.

4 Forderung des Rats der Stadt Göttingen an die Regierung (den Geheimen Rat) des Kurfürstentums in Hannover, verbunden mit der Bitte an die Universität um Unterstützung (1776), s. Stefan Brüdermann: *Göttinger Studenten und akademische Gerichtsbarkeit im 18. Jahrhundert*. Göttingen (1990), S. 368 f. Die Universität lehnte entschieden ab. Lichtenberg äußerte privat: »Ich bin völlig der Meinung auch daß man hier die Juden einschräncken müsse, und die Bitten der Stadt sind gewiß darin gerecht. Aber ihnen den Schutz auf einmal zu nehmen, wie die Kläger wollen das wäre nicht allein grausam, sondern ist auch wohl gar nicht einmal im Ernst gemeint.« (an Johann Andreas Schernhagen, 10. März 1777, Bw 1, Nr. 390).

5 Alexander Altmann: *Moses Mendelssohn. A biographical study*. University/Alabama (1973). Ferner bes.: *Moses Mendelssohn. Briefwechsel*. Bd. II, 1. II, 2. III (= Moses Mendelssohn. Gesammelte Schriften. Jubiläumsausg., Bd. 12,1. 12,2. 13). Stuttgart-Bad Cannstatt 1976, 1977.

6 S. *Moses Mendelssohn. Schriften zum Judentum*. Bearb. von Simon Rawidowicz. Faksimile-Neudruck der Ausgabe Berlin 1930 (= Moses Mendelssohn. Ges. Schr., Jub. Ausg., Bd. 7). Stuttgart-Bad Cannstatt 1974.

7 *Johann Caspar Lavaters ausgewählte Werke*. Hrsg. von Ernst Staehelin. 4 Bde. Zürich 1943.

8 Grimm (wie Anm. 1), S. 273 (zur Entstehung des *Timorus*). Vgl. auch Barouch Mevorah: *Johann Kaspar Lavaters Auseinandersetzung mit Moses Mendelssohn über die Zukunft des Judentums*. In: Zwingliana 14 (1977), H. 8, S. 431-450, hier S. 431.

9 Horst Weigelt: *Johann Kaspar Lavater. Leben, Werk, Wirkung*. Göttingen (1991), S. 14 f.

10 Johann Kaspar Lavater: *Aussichten in die Ewigkeit*. 1. Teil. Zürich 1777, S. 38 f.

11 Herrn Carl Bonnets *[...] philosophische Untersuchung der Beweise für das Christenthum [...]*. Bd. II. Zürich 1769. Das *Zueignungsschreiben An Herrn Moses Mendelssohn in Berlin* (Bl. 2/4) dat. 25. August 1769. Der Text mit allen einschlägigen Materialien in: Mendelssohn, Jub.Ausg., Bd. 7, S. 1-107, hier S. 3. Staehelin (wie Anm. 7), Bd. 1, S. 216-217, hier S. 217.

12 *Moses Mendelsohn. Briefwechsel* (wie Anm. 5), S. 28. Staehelin (wie Anm. 7), S. 218.

13 Während der Entstehungszeit der Satire (August 1771 bis 2. Hälfte Mai / Anfang Juni 1773) finden sich in Lichtenbergs Briefen und Merkbüchern nur zwei verläßlich auf eigener Lektüre zur Auseinandersetzung Lavater-Mendelssohn beruhende Notizen (SB 1, J 39 und J 40 zu datieren: Anfang September 1772).

14 Grimm (wie Anm. 1), S. 170.

15 Ebda., S. 171.

16 Johann Kaspar Lavater: *Predigt bey der Taufe zweyer Israeliten samt einem kurzen Vorbericht*. Zürich 1771. Vgl. Staehelin (wie Anm. 7), S. 230 ff.

17 *Kurze Nachricht / von den / Lebensumständen / eines zu Christo bekehrten Jüdischen / Schulmeisters und Schächters / Hirsch Marcus / welcher / am 13. Sonntage nach Trinitatis in der / St. Johannis = Kirche zu Göttingen / die H. Taufe empfieng, [...]* herausgegeben / von / D. Paul Jacob Förtsch, / der Gottesgelahrtheit ordentlichem Lehrer, ersten Prediger / zu St. Johannis und im Fürstenthum Göttingen / Generalsuperintendenten. / Göttingen, / im Verlag der Wittwe Vandenhoeck 1771. 8°, 75 S.

18 Kirchenbuchamt Göttingen, Kirchenbuch St. Johannis, 1771, [Taufe] Nr. 37, [S.] 215. – Vgl. Otto Deneke: *Lichtenbergs Leben*. München 1944, Bd. 1, S. 184.

19 Schrader (wie Anm. 3), S. 93 f.

20 Ebda., S. 87 ff.

21 Ebda., S. 91 f.

22 Joost (wie Anm. 2), S. 32 f.

23 SB 1, J 687, Leitzmann (wie Anm. 2) J 667.

24 »O hätte ich doch Mendelssohn gekannt wie Sie, hätte ich Ihre Erfahrung in der Welt und Ihre Thätigkeit.« Brief an Friedrich Nicolai, 21. April 1786 (Bw 3, Nr. 1436).

25 S. Georg Christoph Lichtenberg an Johann Andreas Schernhagen, 27. April 1778 (Bw 1, Nr. 475).

26 Der Nachholbedarf auf Seiten zumal der Lavater-Forschung war Konsens während des Lavater-Symposions in Zürich vom 3. bis 5. November 1991. In ihrem Referat: »... zu thun, ... was Sokrates gethan hätte.« Lavater, Mendelssohn und Bonnet über die Unsterblichkeit, nutzte Gisela Luginbühl-Weber, Basel, den von ihr erstmals vollständig erschlossenen Briefwechsel Lavater-Bonnet und deutete den Bekehrungsversuch als eine mißverstandene Einladung zu einem Religionsgespräch zwischen Christen und Juden. Inwiefern das zutrifft, wird sich zeigen müssen. Als Basler Dissertation steht für 1992 in Aussicht: Gisela Luginbühl-Weber: *Johann Kaspar Lavater – Charles Bonnet. Briefwechsel 1768-1790. Ein Forschungsbeitrag zur Aufklärung in der Schweiz*.

August Ohage

»Raserei für Physiognomik in Niedersachsen«

Lavater, Zimmermann, Lichtenberg und die Physiognomik

»Phisionokmick« oder auch »Phisioknomick«, gar »Phisioknogmick«[1] nennt Johann Kaspar Lavaters »treue Mutter« Catharina Elisabeth Goethe, die »Frau Aja« des Freundeskreises um den jungen Goethe in Frankfurt, in ihren Briefen der Jahre 1777/79 nach Zürich das große Werk sowohl wie die Wissenschaft, durch die der »liebe Sohn« in diesen Jahren berühmt wurde. Die aparte Orthographie der Frau Rat und ihr Umgang mit dem Namen einer Wissenschaft bezeugen ein Phänomen, das zur gleichen Zeit Lichtenberg beobachtet: Die alte *ars aliorum animos cognoscendi* als Kunst der Gesichterdeutung, seit Aristoteles unter dem Namen *Physiognomik* überliefert und von den Gelehrten eher skeptisch beurteilt, war ins Gerede gekommen, zuerst in der Stadt, dann im Kurfürstentum Hannover, schließlich in »Niedersachsen« – und darüber hinaus.

Lavater selbst hatte freilich weder den Anstoß gegeben, noch hatte er anfangs anders als mündlich und nur vor gelehrtem Publikum sich geäußert. Denn was er im Jahre 1771 als studierter Theologe und Waisenhausdiakon der 1746 nach dem Vorbild der Londoner »Royal Society« gegründeten »Naturforschenden Gesellschaft zu Zürich« über Physiognomik vorgetragen hatte, wäre so wenig über gelehrte Kreise hinausgedrungen wie wenig früher ähnliche akademische Abhandlungen etwa in London oder in Berlin, hätte nicht der Autor gegen die gängige *fronti-nulla-fides*-Skepsis Front gemacht und hätte nicht sein Freund Johann Georg Zimmermann, Königlich Großbritannischer Leibarzt in Hannover, selbstherrlich und gegen Lavaters erklärte Absicht den Vortrag in Druck gegeben. Was Lichtenberg betrifft, so geriet er eine Zeitlang in Verdacht, selbst der Verfasser »dieses schön geschriebenen Aufsatzes« zu sein, wie er sich noch 1778 erinnert als an eine »ungegründete, aber für mich allemal schmeichelhafte Mutmaßung«[2] eines Göttinger Gelehrten aus dem Umkreis Johann Christoph Gatterers, in dessen Historischem Institut der junge Darmstädter Student der Mathematik, Astronomie und Naturgeschichte schon 1765 und 1766 drei Abhandlungen von der *Schilderung eines Charakters in einer Geschichtserzählung* vorgetragen hatte, die »viel Physiognomisches« enthielten. Die Mutmaßung lag also nahe, um so mehr, als in demselben *Hannoverischen Magazin*, in dem Zimmermann im Februar 1772 Lavaters Vortrag untergebracht hatte, bereits 1766 Lichtenbergs Aufsatz *Von dem Nutzen, den die Mathematik einem Bel Esprit bringen kann* erschienen war.

Die göttingische Mutmaßung über den anonymen Verfasser jener Abhandlung »über Physiognomik« läßt sich nun einigermaßen genau datieren: Diese erschien am 3., 7. und 10. Februar 1772 im 10. bis 12. Stück des *Hannoverischen Magazins*, jene gehört ganz offenbar in den Februar 1772, also den Erscheinungsmonat, und sie ist ihrerseits Beleg für das Aufsehen, ja die Sensation, welche die Abhandlung sofort bewirkte, jedoch noch nicht entfernt für jenes Phänomen, das Lichtenberg später beobachtet, als »im Jahr 1777 im Sommer Niedersachsen von einer Raserei für Physiognomik befallen wurde«.[3] Da nämlich kein Grund besteht zu der Annahme, Lichten-

321
Kopf eines Eingeborenen aus Australien.
Aus Blumenbachs Schädelsammlung.
Göttingen, Anthropologisches Institut der Universität.
Physiognomik im 18. Jahrhundert ist eine keineswegs (wie heute) als sterndeuterisch angesehene wissenschaftliche Fragestellung gewesen, sondern stand in engstem Zusammenhang zur Medizin. Die Frage einer anthropologischen und noch nicht von Rassenwahn gezeichneten Kraniologie lautete ebenso wie bei Lavater ganz ernsthaft: Besteht ein Zusammenhang zwischen Knochenbau und Seinsweise? Insbesondere Johann Friedrich Blumenbachs bedeutende Schädelsammlung gehört (neben seinen andern Kollektionen) zu den großen Leistungen; sie erregte weithin Aufsehen, und von überall her versuchte er, sich immer neue Stücke zu medizinischen und anthropologischen Studien zu beschaffen. Insbesondere über England erhielt er seltene Stücke aus Afrika und Australien. Mitte August 1793 erhielt er wieder ein solches Prachtstück; laut dem Verzeichnis der Schädelsammlung Blumenbachs (UB Gött., Ms. Blumenbach I, 1, p. 9 Nr. 68/10): »Schedel eines Neuholländers [= Australiers] der bey den Engländern in Sidney cove [= Südostaustralien] gestorben [...] v. Sir Joseph Banks im 7br 93. S. deßen Brief vom 16 Aug. 1793«. Zu diesem Schädel gratulierte Lichtenberg dem Sammler: »Ich glaube nicht, daß schon jezt Ihre Sammlung Ihres gleichen hat, und was das schönste ist, jeder neue Kopf, der hinzu kömt, giebt dem vorhergehenden einen Werth, den er noch nicht hatte. Dießes ist eine eigne Art von Interessen-Berechnung, halten sie *das Capitälchen* warm. Apropos können Sie meinen Kopf gebrauchen? Ich bin ein Ottenwälder, die am Rhein auf der Stufenleiter der Civilisation mit den Saxenhäußern rangiren.« (Bw 4, Nr. 2301) [UJ]

322
Franz Xaver Messerschmidt (1737-1783):
Zweiter Schnabelkopf.
Silikongipsabguß der Marmorbüste, 1777. 42,5 × 26 × 23,5 cm
Hamburg, Kunsthalle, Skulpturenabteilung, 1980/6 a

Der bedeutende Bildhauer des 18. Jahrhunderts Franz Xaver Messerschmidt, der 1769 Substitutprofessor an der Wiener Akademie wurde, mußte dieses Amt bereits fünf Jahre später wegen »einiger Verwirrung im Kopf« aufgeben. Seit 1777 lebte Messerschmidt zunehmend geistig verwirrt und völlig vereinsamt in Preßburg, wo er 1783 starb. Hier besuchte ihn der Berliner Verleger Friedrich Nicolai, der den Bildhauer folgendermaßen charakterisiert: »Messerschmidt war ein Mann von sehr feuriger Imagination, dabey blutreich und von starken körperlichen Kräften, lebte fast beständig einsam, und von seiner ersten Jugend an sehr keusch. Diesem letzte Umstand betheuerte er selbst gegen mich, und führte ihn als einen Beweis an, daß er wirklich Geister sähe und nicht bloß Einbildungen habe«. Bei seiner Begegnung mit Messerschmidt hatte Nicolai auch die Möglichkeit, den Künstler, der in den Preßburger Jahren mit der Serie von *Charakterköpfen* beschäftigt war, während des Arbeitens zu beobachten: »Nun ging er wirklich hiernach zu Werke: er kniff sich, er schnitt Grimassen vor dem Spiegel, und glaubte die bewunderungswürdigsten Wirkungen von seiner Herrschaft über die Geister zu erfahren. Er freuete sich seines Systems, und beschloß, es durch Abbildung dieser grimassierenden Verhältnisse festzusetzen und auf die Nachwelt zu bringen. Seiner Meinung nach waren es 64 verschiedene Abänderungen der Grimassen. Er hatte, als ich bey ihm war, schon sechzig verschiedene Köpfe, theils von Marmor, theils aus einer Masse von Zinn und Bley, meist in Lebensgröße, vollendet [...]. Alle diese Köpfe waren sein Bildniß.« [SW]

323

Johann Melchior Kraus (geb. 1737) (inv.):
Johann Wolfgang Goethe mit Silhouette.
Kopie von Unbekannt. Öl auf Leinwand, 1778.
Frankfurt am Main, Freies Deutsches Hochstift.

»Die Fertigkeit durch das Äußerliche eines Menschen sein Inneres zu erkennen« – so Lavaters Definition von ›Physiognomik‹ – war für viele Zeitgenossen des 18. Jahrhunderts ein faszinierendes Gebiet. Auch Goethe betrieb während seiner Sturm- und Drang-Periode eifrig physiognomische Studien, die er dem Schweizer Prediger zur Veröffentlichung in seinen *Physiognomischen Fragmenten* zusandte. Auf dem hier gezeigten Gemälde ließ sich der junge Goethe mit einer nicht näher bestimmten Silhouette porträtieren. Der Schattenrißkunst kam im Zusammenhang mit der Physiognomik eine nicht zu unterschätzende Bedeutung zu: Für Lavater, der glaubte, den Charakter eines Menschen aus seinem Profil und seiner Schädelform beurteilen zu können, hat die »Physiognomik keinen zuverlässigeren, unwiderlegbaren Beweis ihrer objektiven Wahrhaftigkeit als die Schattenrisse.« [SW]

324

Injektionspräparat von Kopf und Schultern eines Menschen.
Menschliches Gewebe, farbiges Wachs, Anfang 19. Jahrhundert.
Größe des Glaskastens:
38 × 47 × 34 cm
Marburg, Philipps-Universität, Institut für Anatomie und Zellbiologie, Museum anatomicum

Lichtenberg: »Ja ob es nicht erweislich, daß die Schwierigkeit der Physiognomik so groß ist, daß sie nie Menschenliebe befördern kann, weil sie so vielen Unrecht tut, und zwar noch dazu den Unglücklichen Unrecht tut. Weissagt aus was ihr wollt, nur stört mir den menschlichen Frieden nicht auf diese Art, worin Stümper so viel schaden können, und wo es vielleicht unmöglich ist je etwas mehreres zu werden als ein Stümper. Hätten alle Physiognomen Herrn Lavaters Herz, so wäre es freilich unschädlich zu physiognomisieren, allein wenn ich einem gewissen Bekannten meinen Chatoullen-Schlüssel anvertrauen darf, kann ich es deswegen allen?« (SB 2, Undatierbare Bemerkungen 52)

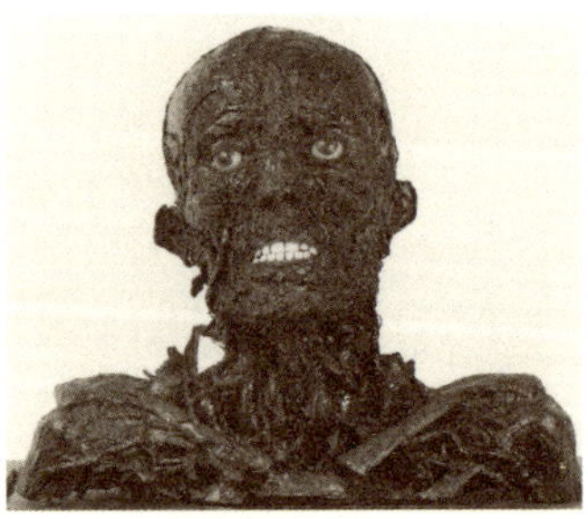

325

»Homerus Arundel« [recte: Sophokles].
Bronze, 3. Jh. v. Chr.
(Replik: Kunstharz, bronziert);
Höhe: 34,8 cm
London, British Museum, Cat. of Bronzes no. 847

»HOMERUS« lautet die Bildunterschrift unter einer Tafel im ersten Band von Lavaters *Physiognomischen Fragmenten*, die Überschrift: »Homer nach einem in Constantinopel gefundenen Bruchstück«. Das Original dieses Kopfes sah Lichtenberg am 24. März 1775 im Britischen Museum in London, und er selbst identifizierte ihn ebenso wie Lavater und die Zeitgenossen ohne weiteres mit dem »Vater der Dichtkunst«.

Homer-Porträts in den verschiedensten Versionen wurden im 18. Jahrhundert in ganz Europa gesammelt, kopiert, beschrieben und gedeutet. Lichtenberg sah den Kopf in dem historischen Augenblick, in dem Begeisterung junger empfindsamer Enthusiasten im Umkreis des Göttinger Hainbundes die ersten Übersetzungen der *Ilias* in deutsche Verse erbrachte: »Vater ompoc[k]« war das Idol der Brüder Christian und Friedrich Leopold Stolberg, dann Gottfried August Bürgers, später Johann Heinrich Voß'. Weil die Brüder Stolberg ihr Homer-Studium buchstäblich begannen und anfangs die griechischen Lettern OMPHOC (für Homeros) lateinisch lasen, blieb das »Ompocken« in ihrem Kreis die deutsche Bezeichnung für ihre Übersetzungsanstrengungen seit Anfang 1773. – Am selben Tage, an dem Lichtenberg dem berühmten Tahitianer Omai, jenem edlen Wilden unter den kultivierten Mitgliedern der Londoner Society, begegnete, notiert der Naturforscher und Physiognom in unmittelbarem Anschluß an Bemerkungen über Miene, Hautfarbe, Verhaltensweise Omais: »Ich habe an diesem Tage das *Museum* nur sehr flüchtig besehen. Folgendes habe ich angemerckt. Einen sehr schönen Kopf des Homers von Erz den Dr. *Mead* für 500 Pfund Sterling gekauft hat, er soll zu einer sehr berühmten Statue des Dichters gehört haben.« (LE 1, T II, S. 106) [AO]

326

Johann Heinrich Ramberg (1763-1840):
Whig mit Brille betrachtet Antikenkopf.
Federzeichnung, 1783;
14,2 × 25,2 cm
Hannover, Landesgalerie im Niedersächsischen Landesmuseum, PM Hz 317

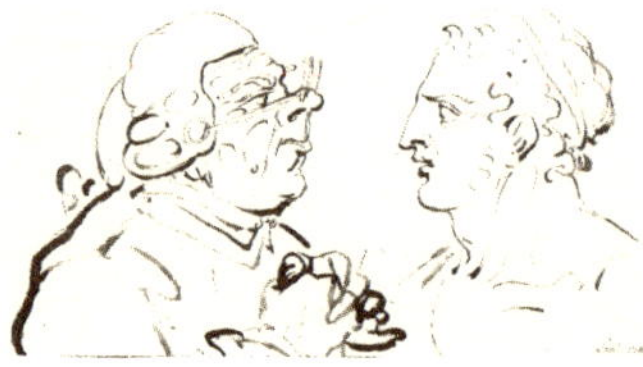

»Aus der Carrikatur kannst Du leicht die Wahrheit schließen. Carrikatur ist ein Vergrößerungsglas für blödere Augen«, schreibt Johann Caspar Lavater in seinen *Physiognomischen Fragmenten* (Bd. 1, Leipzig, Winterthur 1775, S. 226).

327

Johann Heinrich Lips (1758-1817):
Johann Caspar Lavater (1741-1801) in seinem Studierzimmer.
Radierung, koloriert, 1789.
27,2 × 20,4 cm
Bez. über und unter dem Bild von Lavater eigenhändig: »Johann Caspar Lavater an Jens Baggesen. Regensberg bey der Lagern, Mittwochs, den 30. Brachmonats. 1790« und »Liebe wie Gott und das Leben die Lieb', und die Liebe der Wahrheit! 3. XII. 1789 L.«
Kiel, Kunsthalle zu Kiel.

Der Physiognom in seinem Studio vor dem *Physiognomischen Cabinett*. Kein anderes Porträt Lavaters zeigt den berühmten Autor der *Physiognomischen Fragmente* in so charakteristischer Weise wie diese kolorierte Radierung von Johann Heinrich Lips aus dem Jahre 1789: auf dem Tisch Briefschaften und Schreibzeug sowie einige Bände seiner Sammlung

von Porträts, Christusbildern, Heiligenfiguren, mythologischen Darstellungen, bestehend aus Kupferstichen, Handzeichnungen, Aquarellen, Ölskizzen, überwiegend gerahmt und auf Karton aufgezogen und in Schubern in Buchform versammelt, den Großquartbänden der *Physiognomischen Fragmente* nicht unähnlich; an der Wand als Reproduktion ein Ausschnitt aus dem Gemälde des amerikanischen Malers Benjamin West (1738-1820), der es Lavater 1777 von London aus zum Geschenk machte: »Christus mit einem Kindlein.« Im Vordergrund, scharf im Profil gesehen, sein schwarzes Käppchen auf dem Kopf, in die Lektüre eines Buchs vertieft, der Physiognom, wie ihn ungezählte Besucher in seinem Haus in Zürich erlebten. Lichtenberg an Johann Daniel Ramberg, 3. Juli 1786: »HE. Lavater hat mich zweymal besucht, und hat mir würcklich (offenhertzig gesprochen) ungemein gefallen. Auget (kan man bey ihm sagen) praesentia famam. Ich hatte einen hitzigen, enthusiastischen Disputirer erwartet, Er ist aber nichts weniger; jezt wenigstens; Ich halte ihn würcklich für einen vortrefflichen Kopf, den *schwache* Gesellschafft etwas verrückt hat. Hätte Lavater *hier* gelebt, wo man allenfalls calculirt, wo Schwärmer blos schätzen, so würde er gewiß so vielen wahren Ruhm erhalten haben, als er jetzo Geschrey für sich hat. Ich wiederhole es noch einmal: ich kan Ihnen nicht genug beschreiben, wie gut dieser Mann ist. Er meint alles ehrlich, und wenn er betrügt, so ist er ein betrogner Betrüger.« (Bw 3, Nr. 1456) [AO]

328

Johann Caspar Lavater
(1741-1801):
Physiognomische Fragmente zur Beförderung der Menschenkenntniß und Menschenliebe. Gott schuf den Menschen sich zum Bilde! Erster [bis vierter] Versuch. Mit vielen Kupfern. Leipzig und Winterthur: Weidmanns Erben & Reich / Heinrich Steiner und Compagnie [1775-1778]. 4 Bde.
Hier Bd. 1: groß 4°, VIII S., 5 Bl. Vorrede und Zugabe zur Vorrede, 1 Bl. Inhaltsverz., 272 S., 2 Bl. Register, 2 Bl. Verz. der Subscribenten, 68 Tafeln, 78 Vignetten (Textabb.)
32,5 × 27 cm
Göttingen, Niedersächsische Staats- und Universitätsbibliothek, 4° Zool. XI, 1907: 1-4. Rara

Die vier Bände der großangelegten und reich illustrierten *Physiognomischen Fragmente* haben unterschiedliche Schwerpunkte: der erste Band präsentiert die physiognomischen Analysen historischer Personen, der zweite widmet sich der tierischen Physiognomie, der dritte der Physiognomie von Ohren, Händen und anderen ›prominenten‹ Körperteilen. Als der letzte Band gedruckt wird, ist Lavater bereits heftiger Kritik ausgesetzt; wie eine Rechtfertigung seiner Arbeiten erscheint das bemerkenswerte Kapitel, in dem er Christus-Darstellungen vergleicht, um das Bild »des vollkommensten Menschen oder Jesu Christi liefern« zu können. Außerdem behandelt der vierte Band ›nationale‹, ›geschlechts-‹, und ›altersspezifische‹ Physiognomie und die Erblichkeit physiognomischer Details. Die hervorragendsten Köpfe der Aufklärungszeit, Goethe, Johann Gottfried Herder, die Kritiker Johann Georg Jacob Lenz und der Dramatiker Jacob Michael Reinhold Lenz, bekannten sich zu Lavaters Thesen. Andere, vor allem Friedrich Nicolai und am schärfsten Lichtenberg, kritisierten sie. Während der Kontroverse zwischen »Physiognomisten« und »Antiphysiognomisten« wurden die Mängel des Lavaterschen Werks offenbar: Die Beschränkung auf den Ausdruck des Gesichts und die Kopfbildung; und vor allem die einschichtige vermeintliche Entsprechung von Charakter- und Körpereigenschaften.

»Das Papier, Format, Druck und die gröstentheils guten Kupferstiche machen einen Eindruck auf einen ehe man noch ließt, der den Bemerckungen selbst zum Vortheil gereicht. Sonst sieht man wieder, wie in allen Schrifften dieses Schwärmers, den entsezlichen Aufwand von Worten, Beschreibungen von Empfindungen die sich nicht beschreiben lassen, und die gewiß offt guten Beobachtungen in eine in Deutschland unter den sogenannten webenden Genies in den Wolkken, Mode werdende Adepten Sprache gehüllt, daß jedem der Sachen sucht und keine RedensArt die Geduld hundertmal ablaufft.« (Brief an Johann Andreas Schernhagen, 17. Oktober 1775, Bw 1, Nr. 289, S. 570) [AO]

329

Der Mörder Rütgerodt.
Aus: Silhouettenalbum stud. jur. Carl Schubert.
Göttingen, Niedersächsische Staats- und Universitätsbibliothek, 8° Cod. Ms. Hist. lit. 103 Cim. (Bl. 190 v)

»War ein angesehener Bürger in Eimbeck, der außer seiner Nahrung noch 1500 R[eichs]th[aler] jährlich Einkünfte hatte, brachte aber doch seine Mutter um, weil sie ihm, wie er sagte, zu viel aufgegeßen, er erfand hiezu eine Maschiene, die wie Kästner sagte, dem Menschlichen Verstand die größte Ehre machte. [...] Seine Frau schlug er todt, weil sie ihm an einem Morgen den Coffe nicht recht gebracht [...] seine Magd die er geschwängert schlug er 3 Tage vor ihrer Entbindung todt [...]«. Das steht als handschriftli-

berg habe das Versteckspiel seiner Autorschaft, wie er es ein Jahr später mit seinem *Timorus* betrieb, schon vorher – und noch dazu im Falle einer nicht von ihm selbst verfaßten Abhandlung – anläßlich der kurzzeitig anonymen Gedanken *Über Physiognomik* im *Hannoverischen Magazin* geübt, muß »ein Göttingischer Lehrer« (SB 3, S. 261), der mehrfach die Vermutung äußerte, »ein hiesiger Gelehrter vom ersten Rang« (SB 1, F 804), also etwa Kästner oder Gatterer oder auch der Jurist Johann Stephan Pütter, die zutreffende Antwort erhalten haben: Lichtenberg war der Verfasser nicht. Danach aber kann in Göttingen nur im Februar 1772 gefragt worden sein, denn seit Anfang März hielt sich der Göttinger Mathematiker und Astronom zum Zwecke astronomischer Messungen in Hannover auf; ausgeschlossen, daß Lichtenberg bei dieser Gelegenheit nicht von Lavaters Verfasserschaft erfuhr, zumal er vor seiner Abreise Anfang September auch selbst mit Zimmermann zusammentraf. Der aber hatte sogleich im Augenblick des Erscheinens das Incognito gelüftet: »der *Enthusiasmus der Verehrung* mit welchem man allethalben von dem *Verfasser der Physiognomik* sprach, machte den Project des Stillschweigens bey mir scheitern, und in meiner Hertzensfreude rief ich aus: Lavater! Lavater!«,[4] gesteht der Leibarzt in Hannover dem Freund in Zürich alsbald nach dem »Streich«, den er ihm mit seiner unerbetenen, ja ausdrücklich verbetenen Publikation nach Meinung Friedrich Arnold Klockenbrings gespielt hatte. Dieser Klockenbring, Redakteur am *Hannoverischen Magazin*, war im Sommer 1771 Lavaters Gast in Zürich gewesen und brachte im Dezember bei seiner Rückkehr nach Hannover als Geschenk Lavaters eine handschriftliche Kopie jenes Vortrags vor der »Naturforschenden Gesellschaft zu Zürich« mit. Daraus liest er (in Hannover) »mit einer Art von Gewißenhafftigkeit nur den aufgeklärtesten und würdigsten Leuten vor«,[5] Zimmermann erhält es, durch Lavaters an Klockenbring »ausdrücklich dazu gegebene Erlaubniß, [...] doch mit der Bedingung, es ja nicht weiter zu zeigen, läßt es abschreiben« und, getrieben von seinem »Publikationsteufel« – wie Klockenbring an Lavater schreibt –, im *Hannoverischen Magazin* drucken. Seine Besessenheit meldet er selbst schon Anfang Februar mit denselben Worten nach Zürich: Der »*Schreibteufel*« sei in ihn gefahren, und ferner: »Auch ein anderer *litterarischer Teufel* ist in mich gefahren, der aber nicht *Schreibteufel* heißt. Klockenbring wird es dir sagen.«[6] Noch im März war er nicht genesen und ließ Lavater wissen: »Deine Physiognomik lasse ich itzt in Klein Oktav sehr schön drucken. Fünfzig Exemplare auf holländischem Papier sollen dir franco nach Zürich geschicket werden, mir eines. Auf meine Kosten lasse ich eine Vignette dazu machen.«[7] Der große Verleger Philipp Erasmus Reich in Leipzig, beiden Autoren bereits verbunden, energischer Regent auf dem Buchmarkt seiner Zeit und selbst Verleger des Leipziger Meßkatalogs, nahm gar nicht erst Gelegenheit, in der Eile des Erfolgs diesen kleinen durch Zimmermann vermittelten Oktavband im Meßkatalog für Ostern und sogar für Michaelis 1772 anzuzeigen, auf dessen Titelblatt jetzt der Name des Autors zu lesen stand: »*J. C. Lavater / von / der Physiognomik.* (Vignette) Leipzig, / bey Weidmanns Erben und Reich. / 1772.«[8] Schon Anfang Juli bedankt sich Lavater bei seinem Verleger für »die niedlich gedruckten Abhandlungen von der Physiognomik«.[9] Eine von Zimmermann später übel vermerkte Pointe der Publikationsgeschichte dieser berühmten Schrift Lavaters ist dessen gleichzeitiges Angebot an Reich, »den zweyten Abschnitt zu der Physiognomik der einen Plan zu einem vollständigen Werk darüber enthält, auch noch drucken [zu] lassen«.[10] Reich nahm an, und so erschien noch im Sommer 1772 »*J. C. Lavater / von der Physiognomik. / Zweytes Stück,* / welches einen in allen Absichten sehr / unvollkommenen Entwurf zu einem Werke / von dieser Art enthält. / – Leipzig, / bey Weidmanns Erben und Reich. 1772.«[11] – ein über Stichworte nicht hinaus gediehenes Konzept, das wenig Beachtung

cher Bildkommentar hinter der Silhouette des »Rüthgerott« in dem Silhouettenalbum des Jurastudenten Carl Schubert.
Was man heute über den Mordfall weiß: Heinrich Julius Rütgerodt, geboren 1731 in Einbeck im Hannoverschen, wird in zeitgenössischen Quellen als nicht unvermögender, aber geiziger, zurückgezogen lebender, menschenscheuer Bürger seiner Vaterstadt beschrieben. Er hatte im Februar 1775 seine Ehefrau erschlagen und wurde im Zuge der Nachforschungen rasch des bereits zwei Jahre zuvor begangenen Mordes an seiner Dienstmagd überführt. Das Gericht erkannte auf Strafe des Räderns, die am 30. Juni 1775 auf der Hube, der Stätte des Hochgerichts bei Einbeck, öffentlich vollzogen wurde. [AO]

330
Johann Caspar Lavater
(1741-1801):
»Zerstörte menschliche Natur. Rütgerodt.«
Aus: Physiognomische Fragmente, zur Beförderung der Menschenkenntnis und Menschenliebe.
Bd. 1-4. Leipzig und Winterhur: Weidmanns Erben und Reich; Steiner u. Co. 1775-1778, S. 194.
Darmstadt, Hessische Landes- und Hochschulbibliothek, U 930
Lavater sammelte jahrelang Porträts und Silhouetten, eben Physiognomien für sein »Cabinett«. Dabei wurde er von Freunden, Bekannten und Briefpartnern unterstützt – auch Lichtenberg gehörte anfänglich zu den Zulieferern. Ebenso der Hannoveraner Arzt Johann Georg Zimmermann, der die physiognomischen Studien seines Freundes Lavater von Beginn an befürwortete und stark forciert hatte, indem er, Lavaters Einverständnis stillschweigend voraussetzend, einen seiner Vorträge zum Thema vorabdrucken ließ.
Zimmermann war auch ›Ursache‹ für Lavaters prominenteste Fehlinterpretation: Vier Tage vor der Hinrichtung des Doppelmörders Rütgerodt, am 26. Juni 1775, schickte Zimmermann dem Schweizer Physiognomen ein Porträt des Verbrechers zu – ohne weitere Angaben, nur mit den Worten: »ein Schattenbild, desgleichen deine Augen nie gesehen haben, von einem Menschen, dessen Existenz, ja dessen Möglichkeit sogar du dir wohl nie gedacht hast«. Lavaters Urteil: »das originellste, schöpferischste, drolligste, denkendste, Witzreichste Urgenie, das ich je gesehen«.
Ins Sudelbuch notierte sich Lichtenberg: »Man sieht gerne Porträte von Leuten, die man nicht kennt und mit denen man künftig viel umgehen soll, aber bloß um sich wenigstens nach *seinem System* zu beruhigen, man irrt sich, und erweitert sein System.« (SB 2, Undatierte Bemerkungen 53) [SS]

331
Benjamin West (pinx.) und Johann Heinrich Lips (1758-1817) (sc.):
Christus mit Kind.
Aus: Physiognomische Fragmente, zur Beförderung der Menschenkenntnis und Menschenliebe.
Bd. 1-4. Leipzig und Winterhur: Weidmanns Erben und Reich; Steiner u. Co. 1775-1778. Vierter Versuch, S. 450.
Marburg, Universitätsbibliothek.
In dem Abschnitt mit »Apostel- und Christusgesichtern« und dem »III. Fragment«, einer Folge von Christusgesichtern verschiedener Maler, gipfelt der vierte und letzte Band von Lavaters *Physiognomischen Fragmenten.*
Lavater strebte keine Ausdruckspsychologie (so der moderne Disziplinenname) an, sondern eine anschauliche Demonstration der verborgenen Gottebenbildlichkeit des Menschen *als* Christusebenbildlichkeit.
Lavater bat verschiedene Künstler um eine Illustration zum »III. Fragment«. Aus Rom erhielt er schon im Mai 1771 eine dezidierte Absage von seinem besten Freund, dem Maler und Zeichner Johann Heinrich Füssli: »es ist ebenso unmöglich Jesus Christus für einen Christen zu mahlen als Gott für seinen Anbetter: Raphael und M[ichelangelo] haben beydes und mit Menschenwürde gethan – Moses aber hat Ihm doch weit besser nachgesehen«. Der gutmütige Daniel Chodowiecki lieferte nach Lavaters Angaben einen Christus im Profil, der den Physiognomen indessen enttäuschte. Dagegen »Christus mit einem Kindlein nach West«: Das Original in Gestalt eines Ölgemäldes des amerikanischen Historienmalers Benjamin West (1738-1820, in London seit 1763), das Christus mit einem Kind darstellt, erhielt Lavater im Januar 1777 und ließ es von Johann Heinrich Lips für die *Physiognomischen Fragmente* stechen. Seine Wertschätzung dieses Gemäldes wird aus seinem Kommentar, seine ganz persönliche Beziehung zu dem Original daran erkennbar, daß er ihm einen Platz in seinem Arbeitszimmer gab. [UJ]

332
Johann Rudolf Füßli (1709-1793):
»Schlauphlegmatischer Sinn, gelenksam itzt und dann / stierig«.
Junge Frau mit Notenblatt und Hut.
Schwarze und rote Kreide, Papier (auf grünem Papier montiert).
57 × 42 cm (Blatt),
50,2 × 35,3 cm (Darst.)
Bez. von Lavater »nach der Natur von Füsslin«.
Darmstadt, Hessisches Landesmuseum, Graphische Sammlung,
Hz 1886

333
Schreitende Frau.
Aus Lavaters physiognomischer Sammlung.
Kupferstich, 18. Jahrhundert.
22,3 × 14,5 cm (mit Montierung)
Bez. in Lavaters Handschrift
»Stille wandelt zur Höhe des Lichts anbetende Dehmut / 1600-1792 L.«
Darmstadt, Hessisches Landesmuseum, Graphische Sammlung,
GR 7790

334
Georg Christoph Lichtenberg:
»ho ho / sni sni / bah bah / heng heng / heing heing«.
Göttingen, Niedersächsische Staats- und Universitätsbibliothek, Cod. Ms. Licht. V, 10 b
Charles Lebrun (1619-1690) unternahm mit seiner *Méthode pour apprendre à dessiner les passions* (postum 1691) den Versuch, die physiognomische Ausprägung flüchtiger Affekte für den Gebrauch des Künstlers zu systematisieren. Er demonstrierte an Merkmalen wie Stellung der Augenbrauen oder Lippen unterschiedliche Affekte. Seine *Méthode* sollte auch dem Laien die zeichnerische Wiedergabe von Empfindungen ermöglichen. Auf dieses Prinzip griff Lichtenberg ein Jahrhundert später zurück, als er seine Pathognomik der lavaterischen physiognomischen Unbedingtheit entgegensetzen wollte – freilich in weniger differenzierter, auf elementare Grundformen (Kreis, Oval, Punkt, Linie) beschränkter Zeichnung. Zudem variierte Lichtenberg den jeweiligen Grundtyp zu runden, breiten und schmalen Gesichtern und ergänzte ihn um das onomatopoetische Element eines der jeweiligen Empfindung zugeordneten Ausrufs. Gegeben sind von oben nach unten Staunen (ho ho), Zweifel (sni sni), Erschrecken (bah bah), Ärger (heng heng) und Trauer (heing heing). [UJ]

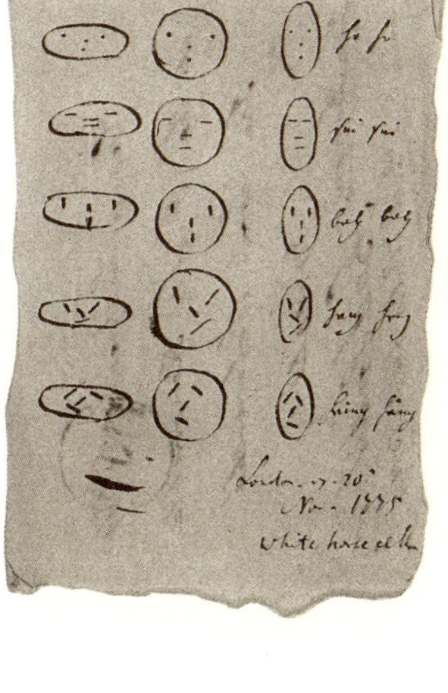

335
Georg Christoph Lichtenberg:
»Über Physiognomik, wider die Physiognomen«.
In: Göttinger Taschen Calender vom Jahr 1778. [Göttingen] bey Joh. Chr. Dieterich 1778 [= Herbst 1777], S. 1-24.
Göttingen, Niedersächsische Staats- und Universitätsbibliothek, 8° Scr. var. arg. II, 3470: 1778 Rara
Von Johann Caspar Lavaters *Physiognomischen Fragmenten* waren schon drei Bände erschienen, als Lichtenberg den *Göttinger Taschen Calender* mit dem Jahrgang 1778 übernahm; aber die Hauptabsatzgebiete des *Calenders* sind anscheinend auch die Orte gewesen, an denen die Physiognomik gleichsam epidemisch sich ausbreitete. Jedenfalls mußte nach Lichtenbergs glaubwürdiger Mitteilung noch im Herbst 1777 eine neue Auflage gedruckt werden. Insgesamt dürfte sein Verleger Johann Christian Dieterich fast 8000 Exemplare abgesetzt haben, so gewaltig schlug die kleine Abhandlung mit der an sie angeschlossenen Kupfererklärung ein. Und Lavater – Lichtenberg quittierte es mit Vergnügen – fühlte sich bemüßigt, in den 4. und letzten Band seiner *Fragmente* eine lange Abhandlung einzurücken, um den Göttinger Kalenderphysiognomisten zu widerlegen. [UJ]

336
Georg Christoph Lichtenberg:
Physiognomische Skizzen.
Göttingen, Niedersächsische Staats- und Universitätsbibliothek, Cod. Ms. Licht. IV, 37 (Bl. 15-18)
»Ich lasse meine Freunde gerne mitsehen und mahle gern«. (Bw 1, Nr. 271, S. 499) Die Briefe sind voll von kleinen veranschaulichenden Skizzen, in den früheren zumeist sorgfältig ausgeführt, später nur rasch hingeworfen. Zeichnen gehörte damals zu den erlernbaren und gern erlernten Fertigkeiten, die er, wie viele seiner Zeitgenossen, ohne besonderen Ehrgeiz betrieb, aber noch an der Hochschule beim Universitätszeichenmeister vertieft hatte. Neben dem Zweck, einen physikalischen Sachverhalt rascher als durch eine weitschweifige Beschreibung zu erläutern, diente das Skizzieren Lichtenbergs physiognomischen Studien. Gut erkennbar sind seine ausdrucks- und gestaltpsychologischen Interessen, die Ermittlung von Gesten und Gesichtstypen und die Ersetzung einer Physiognomik durch eine Pathognomik an den hier gezeigten Studien. Die wilde Zusammenstellung von Gesichtern gehört wohl in die siebziger Jahre, vielleicht in deren zweite Hälfte. Wie bei den meisten rechtshändigen Anfängern im Zeichnen blicken Lichtenbergs Köpfe nach heraldisch rechts. Die Ansammlung von Fratzen erinnert in ihrer scheinbar ungeordneten Kombination an Hogarths *Characters / Caricaturas* – Man vergleiche aber auch Lichtenbergs Bemerkung an Baldinger, 10. Januar 1755 aus England: Ich »suche Gesichter in den Kohlen«. (Bw 1, Nr. 269, S. 487) Die Skizzen stehen auf mehreren Blättern unterschiedlichen Ursprungs: z. B. auf dem hier gezeigten zweifach gebrochenen Foliobogen starken Papiers, wie Lichtenberg es später nie wieder verwendet hat; von den so gebildeten vier Vierteln fehlt eines. [UJ]

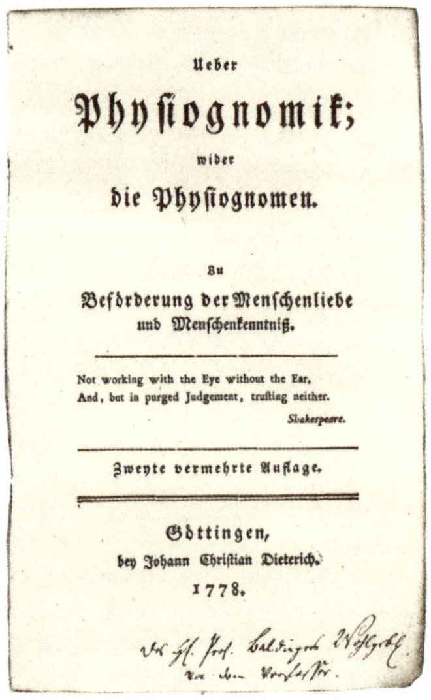
Ueber
Physiognomik;
wider
die Physiognomen.

Zu
Beförderung der Menschenliebe
und Menschenkenntniß.

Not working with the Eye without the Ear,
And, but in purged Judgement, trusting neither.
Shakespeare.

Zweyte vermehrte Auflage.

Göttingen,
bey Johann Christian Dieterich.
1778.

337
Georg Christoph Lichtenberg:
Über Physiognomik; wider die Physiognomen. Zu Beförderung der Menschenliebe und Menschenkenntniß. Zweyte vermehrte Auflage. Göttingen: Dieterich 1778. 93 S.
Mit handschriftlicher Widmung Lichtenbergs: »Des HE. Prof. Baldingers Wohlgeb.[oren] von dem Verfasser.« 16,2 × 10,2 cm (Einband)
Darmstadt, Hessische Landes- und Hochschulbibliothek, U 933
Lichtenberg an Friedrich Nicolai, 15. Februar 1778: »Hier habe ich die Ehre Ihnen einen von vielen verlangten etwas vermehrten Abdruck einer kleinen Abhandlung zu übersenden, die ich für Dieterichs Calender von diesem Jahre im vorigen Sommer auf einem Gartenhause flüchtig zusammen geschrieben hatte. Hätte ich nur im mindesten voraussehen können, daß sie den Lärm machen würde, den sie schon gemacht hat, so hätte ich sie entweder gar nicht oder doch gewiß ordentlicher geschrieben. Es wurde mir sehr früh bekannt, daß Herr Lavater etwas aus der 4ten Etage seines Babylonischen Gebäudes dagegen predigen würde, und deswegen dachte ich, wolte ich sie der Welt so überliefern, wie sie anfangs war, nemlich ohne die Verstümmelungen, die sie leiden muste, damit sie in einen Nähebeutel gesteckt werden konte.« (Bw 1, Nr. 446)

338
Georg Christoph Lichtenberg:
Fragment von Schwänzen.
Manuskript, 1783.
Todtnau, Barbara Hanning.
In einem Brief vom 6. März 1783 an den hannoverischen Freund Johann Andreas Schernhagen bemerkt Lichtenberg: »Es ist besonders wie die Schwantz Physiognomick gefallen muß mit jedem Posttag muß Dieterich welche verschicken. Man sieht daraus was man thun muß um Applausum zu haben. Gottlob, daß ich es nicht nöthig habe mir ihn auf diese Weise in mein Collegiis zu verschaffen, ich ziehe die Purschen nicht an ihren eignen Schwäntzen herein, und noch viel weniger an Sauschwäntzen. Dieterich sagt immer ich könte einen Buchhändler glücklich machen, aber mich zugleich unglücklich pflege ich ihm zu antworten« (Bw 2, Nr. 1046). – Im Frühjahr oder Sommer 1777 hatte Lichtenberg diese witzige Parodie auf Lavaters *Physiognomische Fragmente* möglicherweise im Freundeskreis vorgetragen oder herumgezeigt, mit höchster Wahrscheinlichkeit aber als Brief an Friederike Baldinger kommen lassen. Ihr Mann publizierte sie erstmals 1783 in seinem *Magazin für Aerzte*, und das dürfte den Verleger Johann Christian Dieterich oder sogar Lichtenberg selbst bewogen haben, einen eigenen Druck davon zu veranstalten. Die Verspottung beruht vor allem auf der genauen, nur leicht übertreibenden Nachahmung von Lavaters Diktion, nur eben angewandt auf die gänzlich unangemessenen Bereiche Sau- und Studentenschwänze, Perückenzöpfe also, aber mit dem nirgendwo ausgesprochenen, doch unüberhörbaren obszönen Nebensinn. [UJ]

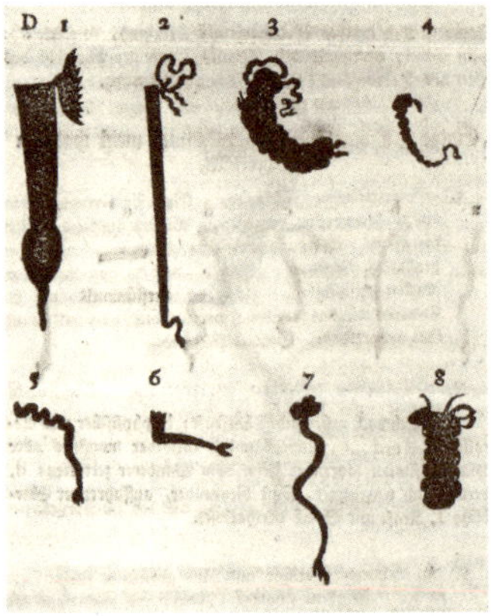

339
[Georg Christoph Lichtenberg:]
Silhouetten. [Fragment von Schwänzen. Ein Beytrag zu den Physiognomischen Fragmenten].
In: Neues Magazin für Aerzte. Herausgegeben Von Ernst Gottfried Baldinger, der Weltweisheit und Arzneywissenschaft Doktor [...].
Bd. 5. Leipzig: Jacobäer und Sohn 1783.
Darmstadt, Hessische Landes- und Hochschulbibliothek, Zs 1334
Ohne Wissen oder Einverständnis Lichtenbergs publizierte Baldinger diese Lavater-Parodie in seinem Magazin. [UJ]

340
Georg Christoph Lichtenberg:
Fragmente von Schwänzen. Ein Beytrag zu den Physiognomischen Fragmenten. [Göttingen: Dieterich] 1783. 8 S.
Göttingen, Niedersächsische Staats- und Universitätsbibliothek, 8° Sat. II, 630
Dieser erste selbständige Abdruck der Satire gegen Lavater parodiert sogar das Format der *Physiognomischen Fragmente*: Es ist m. W. das einzige Beispiel satirisch-pasquillantischer Literatur in dieser Zeit in einem andern Format als dem sonst dafür üblichen Kleinoktav. Den sehr charakteristischen Druckfehlern zufolge diente der Erstdruck in Baldingers Magazin als Satzvorlage, und Lichtenberg hat keine Korrektur mehr gelesen. [UJ]

fand, obgleich kein Geringerer als Gotthold Ephraim Lessing Ergänzungen dazu notierte.[12]

Was bis heute auch in der Forschungsliteratur nicht hinlänglich unterschieden wird: Spätestens seit März 1772 hieß im Sprachgebrauch der Zeit die erste, im *Hannoverischen Magazin* noch anonym publizierte Abhandlung »Lavaters Physiognomik«, seit August 1772 auch der Separatdruck[13] bei Weidmanns Erben & Reich, seltener deren »Zweytes Stück«. Seit dem Erscheinen des ersten Bandes der *Physiognomischen Fragmente* zur Ostermesse 1775, die schon bald ebenfalls »Lavaters Physiognomik« hießen, sprachen Zeitgenossen von »Lavaters kleiner Physiognomik«, wenn sie den Erstdruck meinten – oder sie nannten beide Publikationen, den Aufsatz ebenso wie das große Werk unterschiedslos »Lavaters Physiognomik«, weil der Kontext Eindeutigkeit sicherte. Das hat in der Forschung zu Mißverständnissen und Fehlinterpretationen geführt, unter anderem auch in der Lichtenberg-Literatur seit Leitzmann.

Denn nicht nur war Lichtenberg nicht von Anbeginn Lavaters Gegner, sondern als Leser der *Aussichten in die Ewigkeit* und des *Geheimen Tagebuchs von einem Beobachter seiner selbst* jemand, der als einer der verläßlichsten Zeugen der frühesten physiognomischen Bestrebungen Lavaters *vor* dem Erscheinen der *Physiognomischen Fragmente* und besonders der Wirkungsgeschichte dieses vielbeschrieenen, aber wenig gekannten Werks zu gelten hat. Auch er ein Tagebuch- und Briefschreiber, der von Lavaters Selbstbeobachtungsgabe, seinem psychologischen Gespür, seinen Traumdeutungen, also der Prosa eines Autors, der »zu weilen ausserordentliche Empfindungen habe, die sich nicht sagen lassen«, noch längere Zeit nach der Publikation jener Abhandlung *Über Physiognomik* im *Hannoverischen Magazin* die vorteilhafteste Meinung hatte: »ein groser Kopf« (Bw, Nr. 111, S. 214).[14] Und Zimmermann ist damals noch »der verehrungswürdige Herausgeber« (SB 1, F 804), dessen Anmerkungen zum Erstdruck jener »Göttingische Gelehrte« schmeichelhaft auf ihn bezogen hatte. So nimmt es denn auch nicht wunder, wenn er, als möglicher »Freund« von Zimmermann an Lavater adressiert, anfangs von England aus dessen physiognomische Bestrebungen durch Übersendung von geeigneten Abbildungen für das physiognomische Werk unterstützt – nicht anders als ein durch Johann Gottfried Herder an Lavater empfohlener junger Autor: Goethe.[15] Tatsächlich hat nämlich Goethe, obgleich bereits in brieflichem und alsbald auch persönlichem Kontakt mit dem Zürcher Gottesmann, als »ein großer Zeichner« (Herder) aus Frankfurt als ersten Beitrag nur eine selbstgefertigte Zeichnung geschickt. So auch Lichtenberg aus London.[16] Damals konnte er noch annehmen, Lavater würde sich in den Bahnen fortbewegen, in denen er 1772 begonnen hatte: Was in Moralischen Wochenschriften, bei Popularphilosophen, bei Christian Fürchtegott Gellert, bei Christian Wolff über Physiognomik zu lesen war, wurde von dem Schüler Johann Jacob Bodmers und Johann Jacob Breitingers erneut thematisiert, ausgehend von Vernunft und Erfahrung als Urteilsinstanzen, im Geiste der Schulphilosophie einem aufgeklärten Publikum vorgetragen, das auf »Menschenkenntnis« aus war. Wie groß die Reichweite und wie lebhaft das Echo war, wird erkennbar, wenn man das weit bis ins Holsteinische und nach Mecklenburg, ja nach Kurland – also bis in die baltischen Provinzen des russischen Kaiserreichs – reichende Verbreitungsgebiet dieser populär Aufklärung im weitesten Sinne betreibenden Wochenschrift mit über viertausend Abonnenten bedenkt: *Hannoverisches Magazin worin kleine Abhandlungen, einzelne Gedanken, Nachrichten, Vorschläge und Erfahrungen, so die Verbesserung des Nahrungs= Standes, die Land= und Stadt= Wirthschaft, Handlung, Manufacturen und Künste, die Physik, die Sittenlehre und angenehmen Wissenschaften betreffen, gesammlet und aufbewahret sind* lautete der vollständige Titel. Lichtenberg, selbst Autor im *Magazin*, fragt als Leser aus Stade nach dem

341
G. F. Schmoll:
Johann Heinrich Merck
(1741-1791).
Porträt.
Bleistift auf Papier, undatiert.
Die Wege der beiden Darmstädter haben sich oft gekreuzt, aber obgleich sie Landsleute, fast gleichaltrig und von ähnlich aufgeklärter Gesinnung und Toleranz waren, über vergleichbare Verstandesschärfe und satirischen Geist verfügten, wurden sie doch niemals Weggefährten. Das beginnt schon mit der Schule: Merck ist so früh im Pädagogium eingeschult, daß ihn Lichtenberg gerade noch hat abgehen sehen. Später besuchte Merck zweimal Göttingen und dabei auch Lichtenberg (1778 und 1781); danach haben sie noch korrespondiert. Von einer besonders wichtigen Berührung hat Lichtenberg allerdings wenig oder nichts geahnt: Merck war als Freund Goethes und Lavaters intensiv mit den Problemen der Physiognomik befaßt; sein Porträt findet sich denn auch in den *Physiognomischen Fragmenten*. Nach Erscheinen der lichtenbergischen Antiphysiognomik im *Göttinger Taschen Calender* mußte er auf der einen Seite

Lavater beruhigen und Lichtenberg als einen zwar gescheiten, aber falschen, ja wohl gar verlogenen Zeitgenossen hinstellen: »Allein alles was er von Moralität, Tugend, Freundschafft u. s. w. sagt ist Locus communis, Gleißnerey, u. Sie können mir auf mein Wort glauben, er liebt niemand wie sich. – Seine Briefe an alle Menschen, die er fangen will, sind so warm wie Winkelmann seine, u. eben so unwahr, u. studirt« (17. Mai 1778. Merck 1900, S. 67); andererseits konnte er sich doch den Argumenten seines Landsmannes nicht entziehen, was er in einer Rezension in Christoph Martin Wielands *Teutschem Merkur* (April 1778, S. 81) zum Ausdruck bringt: Eine »treffliche Abhandlung« nennt er die *Physiognomik* und schließt: »Der Warnungen und Lehren gegen Physiognomiesucht sind so viele, und alle so wahr, daß hier nichts weiter zu sagen ist, als dieß: ließ, und warte dankbarlich auf das, was uns der V.[erfasser] aus seinem Ideenschatz und seinem größeren Werke mittheilen wird!« [UJ]

342
Johann Georg Ritter von Zimmermann (1728-1795).
Satirisches Porträt.
Kupferstich, 1779. 35,5 × 24,3 cm
Hannover, Historisches Museum am Hohen Ufer.
Zimmermann, gebürtiger Schweizer, war ab 1768 großbritannischer Leibarzt in Hannover. Als berühmter Modearzt seiner Zeit behandelte er neben Georg III. auch Friedrich den Großen und Katharina II. Als Freund seines Landsmanns Lavater und Anhänger von dessen Physiognomik geriet er in polemische Auseinandersetzungen mit Lichtenberg. Lichtenberg galt zunächst als Initiator des satirischen Zimmermann-Porträts, wogegen er sich in einem Brief an Ernst Gottfried Baldinger, Mitte August 1779, verwahrte:
»Gegen den Zimmermannischen Kupferstich mache ich nicht etwa deswegen Lärm, weil ich den Mann noch geschont wünschte, sondern weil es ein einfältiges Ding ist. Es ist ärgerlich für den Verfasser eines Wercks angegeben zu werden, das jeder witzige Handwercksbursch anzugeben weiß. Auch die Fliege will ich gerne seyn, so bin ich wenigstens der Verfasser nicht mehr. Beleidigungen von der Art fechten

anonymen Verfasser einer Abhandlung »über Menschenkenntnis«[17] in demselben Magazin; »sicherlich ein denckender Kopf« (Bw, Nr. 169, S. 299),[18] ist sein Urteil über diesen unbekannten Juristen aus der Generation Gellerts, der den gelehrten Diskurs aufnimmt, den Lavater begonnen hatte. Dessen Name fällt zwar nicht, doch ist die Bezugnahme auf ihn durchgehend deutlich, am meisten dort, wo er mit den vielzitierten Worten Albrecht von Hallers warnt: »Ins Innre der Natur dringt kein erschaffner Geist.«[19] Physiognomik sei allenfalls »ein Nebenmittel«. »Sie soll mit unter den Wegen stehen, die zur Kenntniß des Menschen führen.« Und: »Diejenigen meinen es nicht ehrlich, welche ihr weiß machen, sie sey das vornehmste und sicherste Mittel den Menschen kennen zu lernen.«[20] Die Anekdote von dem Physiognomen Zopyrus, der »den ihm unbekannten Socrates nach seiner schlechten Bildung charakterisierte«, wird gegen die »gar zu warmen Freunde der Physiognomik« zitiert. Ob, wie sie »behaupten, die Aeußerlichkeiten, [...] mit dem Innern in einem so genauen Verhältniß stehen, daß sie dasselbe allezeit zuverläßig bezeichnen, ist so ausgemacht nicht.«[21] So die physiognomische Skepsis eines ironisch plaudernden Zeitgenossen, der auch seine Zweifel an der Tragfähigkeit des Satzes vom zureichenden Grunde anmeldet, also eines kritischen Schülers Christian Wolffs. Alles in allem durchaus das Gegenteil von »Raserei für Physiognomik« also – und im übrigen eine erstaunliche Weitsicht voraus auf das Terrain, auf das sich Lavater unter dem Titel einer »Beförderung der Menschenkenntnis und Menschenliebe« – dem Lesepublikum erst zwei Jahre später erkennbar – begeben sollte.

Lichtenberg nun, offenbar eher geneigt, auf die Physiognomik sich einzulassen, und bei aller Kritik, wie in späten Hinzufügungen zum *Timorus* erkennbar, auch bereit, Lavaters physiognomische Bestrebungen zu fördern – ähnlich übrigens wie, entgegen Lessings dezidierter Abneigung, dessen Freund Friedrich Nicolai in Berlin –, Lichtenberg also erlebte innerhalb weniger Monate, zwischen Frühjahr und Herbst 1777, den Umschlag von kollegial nachbarschaftlicher Nähe zu bitterster Feindschaft auf seiten dessen, der einmal der Vermittler *in physiognomicis* zwischen ihm und Lavater gewesen war, auch sein persönlicher Gesprächspartner und Arzt in Hannover: Johann Georg Zimmermann. Der Königlich Großbritannische Leibarzt, erbost über Lichtenbergs Abhandlung *Über Physiognomik; wider die Physiognomen* im *Göttinger Taschen Calender* für 1778, meldete Mitte September 1777 plötzlich seinem Freunde Lavater nach Zürich, der Göttinger Antiphysiognom habe »Bosheit und persönlichen Haß gegen dich mehr als alle deine Feinde zusammengenommen; übrigens eine Lammesphysiognomie, in dem Tone der Sprache die Bonhommie eines Kindes. Aber NB er hat auch – einen entsetzlichen Buckel«.[22] Lichtenberg sind diese Töne nie zu Gehör gekommen, Ähnliches aber mit Sicherheit doch, vielleicht auch über seine Physiognomie und seine mißgebildete Gestalt, zumindest aber leichtfertiges Reden und Urteilen über Gesichter, zumal über solche, die als Modeporträt längst in Kurs waren und, wie im *Werther*-Roman seit 1774 nachzulesen, als säkularisiertes Andachtsbild figurierten: die Silhouetten. Was war das anderes als »Raserei für Physiognomik«? Und »Niedersachsen« (also das alte *Saxonia inferior*, der über das Kurfürstentum Hannover bis nach Holstein und Mecklenburg hinausreichende Reichskreis)? »Niedersachsen«: das war das Gebiet, das Lichtenberg seit 1772 bereist hatte und das andererseits Zimmermann, durch mannigfache »Connexionen« (Bw 1, Nr. 461, S. 805)[23] den höheren Ständen und den Gelehrten verbunden, seit Herbst 1774 auf eigene Faust – allerdings in Zusammenarbeit mit dem Verleger Reich – für seine Werbekampagne zugunsten der *Physiognomischen Fragmente* erschloß und wo er denn auch die meisten Subskribenten gewann. Als Pfeil gegen Zimmermann aber erweist sich die Diagnose einer »Raserei für Physiognomik«

dadurch, daß sie dessen vorangegangener Formulierung widerspricht: »Eine Physiognomanie ist durch die Bekanntmachung dieser Blätter nicht zu befürchten«,[24] hieß es in Zimmermanns Vorrede zu seinem Separatdruck von Lavaters Aufsatz *Von der Physiognomik.* Im Sommer 1777, spätestens, war evident, daß der Leibarzt geirrt hatte.

1 *Die Briefe der Frau Rath Goethe.* Gesammelt und hrsg. von Albert Köster. (Sechste, vermehrte Auflage). 2 Bde. Leipzig 1923, Bd. I, S. 18, 26 und 47.

2 Georg Christoph Lichtenberg: *Über Physiognomik; wider die Physiognomen. Zur Beförderung der Menschenliebe und Menschenkenntnis.* Einleitung zur zweiten Auflage [1778], SB 3, S. 261.

3 Georg Christoph Lichtenberg: *Bericht von den über die Abhandlung wider die Physiognomen entstandenen Streitigkeiten.* SB 3, S. 564, verfaßt 1780 (vgl. SB 3, Kommentar, S. 269 f.).

4 Johann Georg Zimmermann an Johann Kaspar Lavater, Hannover, 21. Februar 1772 (ungedruckt, Zürich, Zentralbibliothek, Familienarchiv Lavater).

5 Friedrich Arnold Klockenbring an Johann Kaspar Lavater [2. H. Febr. 1772], s. Wolfgang Stammler: *Friedrich Arnold Klockenbring.* In: Zeitschr. d. Histor. Vereins für Niedersachsen 79 (1914), S. 185-219, hier S. 197 f.

6 Johann Georg Zimmermann an Johann Kaspar Lavater, 3. Februar 1772, wie Anm. 4.

7 Johann Georg Zimmermann an Johann Kaspar Lavater, 23. März 1772, ebda.

8 8°, 80 Seiten. Vorbericht am Schluß (S. 6) datiert: »Hannover den 20. Merz. J. G. Zimmermann«.

9 Johann Kaspar Lavater an Philipp Erasmus Reich, 7. Juli 1772 (ungedruckt, Hamburg, Staats- und Universitätsbibliothek).

10 Ebda.

11 8°, 192 Seiten. Vorrede Lavaters am Schluß (S. 10) datiert »Zürich, den 24. Julius 1772«.

12 Vgl. Wolfenbüttel, Herzog-August-Bibl., Lessingiana XV.

13 (Anonyme) Rezension dieses Separatdrucks durch den Göttinger Philosophen Johann Georg Heinrich Feder. GGA, 107. Stück, 5. September, S. 919-920.

14 *Anmerckungen über des Bruders Brief.* Brief oder Entwurf eines Briefs an Friedrich Christian Lichtenberg oder Entwurf eines Briefs an Ludwig Christian Lichtenberg (Winter 1772/73).

15 S. August Ohage: *Lichtenberg als Beiträger zu Lavaters »Physiognomischen Fragmenten«.* In: Lichtenberg-Jahrbuch 1990, S. 28-51. Dort auch Details zur anfänglichen Kooperation und späteren Konfrontation Zimmermann – Lichtenberg, die im folgenden benutzt, aber nicht in jedem Fall als Zitat belegt werden.

16 Lichtenbergs Zeichnungen sind verloren, doch geben bisher unbekannte Fragmente aus seinen Briefen an Zimmermann Hinweise, wie sie vorzustellen sind.

17 Hannover. Magazin, 23.-25. Stück, 19., 22., 26. März 1773, S. 353-392. 43.-45. Stück, 28., 31. Mai, 4. Juni 1773, S. 705-714.

18 Georg Christoph Lichtenberg an Johann Andreas Schernhagen, 14. Juni 1773.

19 Wie Anm. 17, S. 707.

20 Ebda., S. 703 f.

21 Ebda., S. 709 f.

22 Johann Georg Zimmermann an Johann Kaspar Lavater, 15. September 1777, wie Anm. 4.

23 Georg Christoph Lichtenberg an Johann Andreas Schernhagen, 19. März 1778.

24 Wie Anm. 11, S. 5.

mich nicht an, ich räche mich nur bey Gelegenheit.« (Bw 1, Nr. 600) Betrachtet man das Blatt genauer, ist es – aufgrund seiner allegorischen Details – gar nicht so »ein einfältiges Ding«: Der Löwenzahn und sein Saft spielen auf Zimmermanns auch bei Schwerkranken entschieden propagierte Heilmethode mit dem Saft dieser Pflanze an. Die Zettel, die den gestückelten Charakter der betreffenden Veröffentlichungen vor Augen halten sollen, nennen die Werke Zimmermanns, die ihn berühmt gemacht haben: *Über die Einsamkeit*, *Vom Nationalstolze* und seine anekdotenhaften Geschichten im *Hannoverischen Magazin.* Der Satyr mit den verbundenen Augen und den Midas-Eselsohren läßt mit der Form der Pausbacken gut erkennen, was die Trompete hinter ihm und die Inschrift »famae postica tuba« (die hintere Trompete des Ruhms) in Wahrheit bedeutet. Schließlich lassen sich die einzelnen Teile aufeinander beziehen: »Date obolum« (gebt ein Entgelt), »Niger est, caveto« (hüte Dich, der ist schwarz: Horaz, Sat. 1,4,85); und der Bär, der um eine Fliege zu erschlagen, mit dem Stein auf den Kopf eines Schlafenden zielt – das paßt nicht nur genau auf Lichtenbergs Angriffe gegen Zimmermanns Stil, sondern wurde auch von Zeitgenossen zu Recht als unerhört verletzend aufgefaßt. Die Horazstelle nämlich bezieht sich auf jemanden, der »Ungeschehnes greift aus der Luft, und vertrautes Geheimnis / ausstreut« – und damit auf Zimmermanns voreilige Publikation des Lavaterschen Vortrags. [UJ]

343
Johann Georg Zimmermann:
Ueber die Einsamkeit. Leipzig:
Weidmanns Erben und Reich
1784 f. 4 Bde.
Göttingen, Niedersächsische
Staats- und Universitätsbibliothek,
8° Philos. VI, 8385ᵃ: 1-4.
Dieses ursprünglich 1755 als schlanke Abhandlung erschienene seltsame Machwerk brachte der hannoverische Leibarzt 1784 in vier Bänden komplett umgearbeitet heraus. An ihm schieden sich die Geister des Zeitalters, denn so sehr es die sprachlichen Unarten seines Verfassers, seine Eitelkeit und die Unzulänglichkeit seiner Abstraktionen verriet, so wenig zumal die wilde Folge von Episoden und Beobachtungen gebändigt ist, so genau bildet es die kollektiven Ängste und Lebensgefühle der literarischen Strömung ›Empfindsamkeit‹ ab – deren Hauptphase schon durch die beiden Erscheinungsdaten markiert wird. Zimmermanns Fähigkeit als Arzt bestand wohl weniger in diagnostischer Einsicht und praktischer Therapie als in einem einfühlenden Wesen, und ganz entsprechend lieferte sein Buch eine Fülle von Beobachtungen und Gefühlen nach Art von Symptombeschreibungen, freilich ohne geistige Durchdringung. [UJ]

344
Johann Georg Zimmermann [und
Georg Christoph Lichtenberg
(Hrsg.)]:
Versuch in anmuthigen und lehrreichen Erzählungen, launigten Einfällen und philosophischen Remarquen über allerley Gegenstände.
Zweyte, mit einem Fragment und dem Schreiben des Hrn. Hofr. Kästners an den Verfasser vermehrte Auflage. Göttingen: [Dieterich]
1779. 90 S.
Göttingen, Niedersächsische
Staats- und Universitätsbibliothek,
8° Scr. var. arg. VIII, 2035
Der Streit, der zwischen Zimmermann und Lichtenberg über die Physiognomik ausgebrochen war, beschäftigte Lichtenberg auch in seinen Briefen. So schreibt er z. B. an Johann Andreas Schernhagen, 23. Dezember 1779: »Ich glaube der Streit wird sehr bitter werden und einer auf dem Plaz bleiben, und dieses mögte wohl der seichte Z.[immermann] seyn«. (Bw 1, Nr. 651) Oder an Friedrich Nicolai, 20. Januar 1780: »Was sagen Sie zu dem Zimmermannischen Streit, und zu den Zimmermannischen Tischreden? Wer in aller Welt hätte denkken sollen, daß so viel schlechtes in einem so Gravitätischen Kopf stekken könne?« (Bw 2, Nr. 665)
Zimmermann hatte eine Folge ziemlich fader Geschichtchen im *Hannoverischen Magazin* publiziert, die überraschend als 2. Auflage in einem Buch gesammelt erschienen. Erst seit Otto Denekes (1938) und Rudolf Jungs (1967) Forschungen wissen wir, daß Lichtenberg der Herausgeber war. Er wandte hier den tödlichen Kunstgriff der Satire an, den später Karl Kraus perfektionieren sollte: den Gegner durch das Zitat zu entlarven. Indessen war der Angriff nach damaligem Geschmack zu arg, und Lichtenberg ließ wenigstens die schon gedruckte Vorrede aus allen Exemplaren herausschneiden.
Dieser »Vorbericht zur zweyten Auflage« fehlt in allen Werkausgaben: »Nachstehende Aufsätze, die von einem sehr beliebten Schriftsteller, oder, dessen eigne Sprache zu reden, von einem der ersten Genies unsrer Zeit und Deutschlands künftigem Montaigne herrühren, haben durch die fließende simple Sprache der Natur, worin sie geschrieben sind, durch den blühenden, jugendlichen Witz ihres bereits 51jährigen Verfassers, durch die straffe, herkulische Laune, die hier und da in den selben herrscht, durch die Schlüsse, die sich daraus, nach einer untrüglichen Physiognomik des Stils und der Gedanken, auf die übrigen Eigenschaften der großen Seele ihres Urhebers machen lassen, hauptsächlich aber durch die Aufmerksamkeit, deren sie selbst Kästner gewürdigt hat, nicht wenig Aufsehen erregt. Sie sind, da sie im Hannoverischen Magazin zerstükkelt lagen, oft vergeblich gesucht worden, und werden vermuthlich, aus anderen Ursachen, künftig noch mehr gesuchet werden. Man hat daher dem deutschen Publikum keinen geringen Dienst zu thun geglaubt, wenn man demselben zum künfftigen Nachschlagen diese Meisterstücke in einem deutlichen und angenehmen Druck um einen billigen Preiß vorlegt.« [UJ]

345
Georg Christoph Lichtenberg:
»An die Leser des Deutschen
Museums«.
In: Staats- und gelehrte Zeitung des
Hamburgischen Correspondenten
1778, Nr. 89 vom 5. Juni.
Beilage zu einem Brief an Johann
Andreas Schernhagen, 28. Mai
1778. 23 × 37 cm (aufgeschlagen)
Göttingen, Niedersächsische
Staats- und Universitätsbibliothek,
Cod. Ms. Licht. I: 28.5.1778
Als Sprachrohr von Lavater, den er zur Veröffentlichung seiner physiognomischen Gedanken förmlich gedrängt hatte, für den er Mitarbeiter, bemerkenswerte Porträts und Besonderheiten und schließlich auch Subskribenten des Werkes sammelte, mußte Zimmermann durch Lichtenbergs Attacke auf den Zürcher Freund fast notwendig sich selbst angegriffen fühlen. Er reagierte mit einer Abhandlung in Heinrich Christian Boies *Deutschem Museum*. Lichtenbergs Antwort war rasch, knapp und zielgenau, denn der *Hamburgische Correspondent* erreichte die sämtlichen Parteigänger Zimmermanns. Der Wiederabdruck in den *Nebenstunden einiger Gelehrter in und außerhalb Göttingens* (20. Juni 1778, S. 306 ff.) war nach dieser Kriegserklärung nur mehr Muskelspiel. Zimmermann nahm zu seinem Glück den Fehdehandschuh nicht mehr offen auf.
Es fällt nicht leicht, gerade diese Auseinandersetzung recht zu beurteilen; allzu belanglos scheint der Gegenstand im Verhältnis zur Wut der Beteiligten. Man hat Lichtenberg wohl auch mangelnde Fairness nachgesagt, weil er Mittel anwandte wie den höhnischen Kupferstich oder den entlarvenden Abdruck von Zimmermanns Platituden; aber das ist verglichen mit den Satiren späterer oder auch denen Liscows nur lächerlich. Der einzige Vorwurf, selbst gemessen an der niedrigen Toleranzschwelle des 18. Jahrhunderts, ist der einer gewissen Liebedienerei (ähnlich wie später im Falle von Voß mit Heyne) gegenüber seinem Lehrer Abraham Gotthelf Kästner, der auch gerade im Streit mit Zimmermann lag. [UJ]

Joachim Kalka

»To bäh or not to bäh«

Kleine Glosse zum großen Streit zwischen Voß und Lichtenberg

»[...] der schale Spott, der pedantische Eigendünkel und die lächerliche Empfindlichkeit [...] der gänzliche Mangel an Geschmack [...] elender eingeschränkter Kopf [...] infamer Schulfuchs [...] Nichtswürdiger [...] Elender [...] Neckereien eines Mannes, der mit der Wahrheit quackelt [...] banditischer Angriff des göttingischen Bösewichtes [...] grausamer und feiger Mann [...] Lügen [...] jämmerlich [...] Geschwätz eines eingebildeten Pedanten« ...

Es mag den Leser, der darauf vorbereitet war, sich am hitzigen Streit zweier berühmter und verdienstvoller Männer zu ergötzen, etwas schwül werden bei dem Donner der hier abgefeuerten Geschütze, bei dem am Ende fast ungebändigt hervorbrechenden Vernichtungswillen der Polemik. Lichtenberg und Johann Heinrich Voß, bis dato nicht unfreundlich miteinander verkehrend – noch am 16. Februar 1780 schreibt Lichtenberg als Mitherausgeber des *Göttingischen Magazins* an Voß: »Für den schönen Aufsatz [...] dancke ich Ihnen gehorsamst [...]. Ich versichere dabey aufrichtig, daß mir alles, was von Ihnen kommt sehr erwünscht seyn wird« (Bw 2, Nr. 673) –, geraten böse aneinander. Woher die Bösartigkeit, die Bosheit? Die Kontroverse, welche beide so enragiert, ist weitgehend unbekannt geblieben, weil hier im Gegensatz zu anderen Polemiken Lichtenbergs ein Thema verfolgt wird, welches den meisten modernen Lesern (wie schon vielen seiner Zeitgenossen) abgelegen erscheint. Es geht um die Transliteration der griechischen Eigennamen ins Deutsche – soll man, um gleich ein vielbemühtes Extrembeispiel zu zitieren, die Mundschenkin der Götter *Hebe* oder – dies Voß' philologisch konsequenter Vorschlag – *Häbä* schreiben?

Die anderen Satiren Lichtenbergs haben Gegenstände, welche einer gewissen Achtung und Aufmerksamkeit der Geistesgeschichte sicher sein können – die religiöse Toleranz etwa oder die bei aller Bizarrerie in wichtigen psychologischen Grundfragen gegründete Physiognomik. Aber Aussprache und Schreibung des griechischen Eta? Es ist ein eigenartiger Kampf, der hier geführt wird. Die Nachzeichnung des seltsamen Streits kann nur im groben Umriß geschehen.[1] Es würde hier zu weit führen, die Hintergründe zu schildern – da geht es vor allem auch um eine bittere Lehrer-Schüler-Geschichte zwischen Voß und dem großen Altertumswissenschaftler Christian Gottlob Heyne (1729-1812). Hier sollen nur die Eckpunkte der Kontroverse fixiert werden. Es beginnt mit einem fast unschuldigen Satz im *Gnädigsten Sendschreiben der Erde an den Mond*. Hier setzt Lichtenberg, der Mitherausgeber, im sechsten (letzten) Stück des ersten Jahrgangs seines *Göttingischen Magazins* Ende 1780 zu einer liebevoll-satirischen Musterung der Beiträge des abgelaufenen Jahrgangs an, und dabei fällt ein einziger Satz, der auf Voß' Vorschlag, das griechische Eta (η) mit »ä« wiederzugeben, Bezug nimmt. Die Erde sagt, ausgehend von der interessanten Tatsache, daß *der* Mond in fast allen anderen Sprachen außer dem Deutschen weiblich ist, zu ihm, in jeder anderen Sprache würde sie »ihn« als Frau anreden, »da es doch jedermänniglich bekannt, daß Ihr nichts seyd, als ein bloses Weib. [...] da Wir aber einmal *deutsch*

346
Friedrich Gustav Adolph Schöner (1774-1841):
Johann Heinrich Voß (1751-1826).
Porträt.
Öl auf Leinwand (Kopie), 1797.
71,5 × 60,5 cm
Eutin, Landesbibliothek.
Voß studierte in Göttingen zunächst Theologie, dann klassische Philologie, um später in Otterndorf, dann Eutin alte Sprachen am Gymnasium zu unterrichten. Er war von Gründung an Mitglied des Dichterbundes Göttinger »Hain« und eng befreundet mit Heinrich Christian Boie. 1777 heiratete er Boies Schwester Ernestine. Voß war Herausgeber eines Musenalmanachs und schrieb Idyllen. Berühmt wurde er als Homer-Übersetzer. [SS]

347
Homers Odyssee. Übersetzt von Johann Heinrich Voß.
Hamburg 1781.
[Erste Ausgabe].
Göttingen, Niedersächsische Staats- und Universitätsbibliothek, 8° Auct. class. graec. II, 1494
Die Epen Homers sind in Deutschland erst spät geistiges Allgemeingut geworden. Das Verdienst, dies erreicht zu haben, gebührt zunächst der Generation der Stürmer und Dränger in der Nachfolge von »Werthers« Homerkult. Die Mitglieder des Göttinger Hain erweiterten (widerwillig) ihre philologische Kenntnis der Dichtung in Christian Gottlob Heynes altphilo-

logischem Seminar. Und Voßens metrische Übersetzungen von *Ilias* und *Odyssee* sollten dann bis ins wörtliche Zitat die Homer-Rezeption des 19. und 20. Jahrhunderts begründen und steuern. Die Bedeutung dieser Leistung blieb Lichtenberg verschlossen; an Christian Gottlob Heyne schreibt er am 6. Mai 1782: »Haben Ew. Wohlgeboh*ren* wohl Vossens [...] Gedicht an Stolberg vor der Odüssee gelesen? Es sind einige gute Verse darin aber im gantzen abscheulich. Die Versetzung seines Selbst neben den Homäros über die Sterne ist würcklich entsezlich. Auch die *Töne düfftenden* Kränze, ich habe meine Tage desgleichen nicht erlebt. Im Homer kan doch wohl nichts seyn, was einen solchen unvernünfftigen Metaphern Bruch entschuldigen könte.« (Bw 2, Nr. 909) [UJ]

348

Johann Heinrich Voß:
»Über den Ozean der Alten«.
In: Göttingisches Magazin der Wissenschaften und Litteratur 1 (1780), 2. Stk., S. 297-309.
Darmstadt, Hessische Landes- und Hochschulbibliothek, Zs 2838

In dieser Schrift kündigte Voß nebenbei an, daß er in seiner neuen Übersetzung der *Odyssee* das griechische Eta mit dem deutschen Ä translitterieren werde, weil es die Griechen so ausgesprochen hätten. Auf einen Verweis Christian Gottlob Heynes in einer Rezension der *Göttingischen Gelehrten Anzeigen* und einen Witz Lichtenbergs im *Gnädigsten Sendschreiben der Erde an den Mond* hin entspann sich der – so kleinlich wie heftig geführte – Streit zwischen Voß und Lichtenberg. Wir zeigen nur eine Auswahl der wichtigsten gedruckten Polemiken und übergehen die Rezensionen, Gedichte und privaten Zeugnisse über diesen Streit. [UJ]

schreiben, so wollten Wir fürwahr lieber *Hr. Jäsus* [...] schreiben, als die *Monde* und *der Sonn.*«[2] Ein kleiner Seitenhieb, dem einige unmutige Briefäußerungen Lichtenbergs an verschiedene Korrespondenten vorausgegangen waren, über Stolz und Unverschämtheit von »Herrn Räcktor Foß in Otterndorf«, dieses »große[n] Haase[n]«.[3]

Hier zeigt sich Lichtenbergs Empörung nicht nur über die »Schulfüchsigen Neuerunge[n]«[4] Voß', sondern über die Art und Weise, wie jener den eigenen Lehrer und Förderer Heyne behandelt hat.

Über Voß' noch ganz friedlich mit der Überschrift »An Hrn. Prof. Lichtenberg« eingeleiteten Aufsatz *Über den Ozean der Alten*[5] hatte Heyne eine kurze Notiz in den *Göttingischen Anzeigen von gelehrten Sachen*[6] drucken lassen – anonym, doch war eigentlich klar, wer der Autor sein mußte. Da heißt es: »Eine genauere Anzeige, Prüfung und Auseinandersetzung erlaubt der Ort und die Absicht nicht; genug die Abhandlung dient zur Empfehlung der angekündigten Uebersetzung der Odyssee, welche auch gelehrte Anmerkungen enthalten wird. Wir beklagen nur, daß Hr. Voß die Freunde der Litteratur durch seine sonderbare, zum Theil so gar grundlose, Rechtschreibung der griechischen Namen, selbst abschreckt, ungeachtet er dieser Rechtschreibung nicht einmal treu zu bleiben wagt: denn wäre Härä (' πϱη) richtig, so müßte ja auch Homär, Häsiod, Härodot s.w. geschrieben werden. Wird man nicht auch unsern Heiland Jäsus schreiben müssen? und wo ist der Erweis zu einer solchen Sonderbarkeit?«

Nach brieflichem Hin und Her holt Voß in Heinrich Christian Boies *Deutschem Museum* im September 1780 zu einem großen Schlag gegen Heyne aus: *Über eine Recension in den Göttingischen Anzeigen.* Und im »Wonnemond 1781« folgt im *Deutschen Museum* Voß' Antwort auf Lichtenbergs ersten sanften Hieb: *Ueber einen wizigen Einfal im Göttingischen Magazin*: »im 6. St. des Gött. Magazins 1780, scherzt ein wiziger Kopf, im Namen unsrer alten Mutter, über gewisse Leute, die *Herr Jäsus* [...] schreiben wolten. Ein Mann, der über schöngeistrische Ignoranz, und über die unwissenden Tröpfe, die nur die Possen anderer Monatsschriften, und nicht die gründliche Gelehrsamkeit des Göttingischen Magazins verständlich finden, so richtig denkt und so artig schreibt: hätte doch eigentlich wissen sollen, wovon hier die Rede war.«[7]

Noch sehr zurückhaltend, mit einem Friedensangebot; aber inzwischen hat Lichtenberg, zunehmend erregt über Voß' Verhalten Heyne gegenüber und die sture Verteidigung des »ä«, weit größeres Geschütz in Stellung gebracht: Gleich im Juni 1781 steht im *Göttingischen Magazin*: *Ueber die Pronunsiation der Schöpse des alten Griechenlands verglichen mit der Pronunciation ihrer neuern Brüder an der Elbe: oder über Beh, Beh und Bäh Bäh.*[8] Die Schöpse – ein heute ungebräuchliches Wort – sind die Hammel, welche η! η! rufen. Diesem Aufsatz folgt im März 1782 im *Deutschen Museum* Voß' *Vertheidigung gegen Herrn Prof. Lichtenberg,*[9] im August (?) im 1. Stück des *Göttingischen Magazins* Lichtenbergs *Ueber Hrn. Vossens Vertheidigung gegen mich im März/Lenzmonat des Deutschen Museum 1782. To* bäh *or not to* bäh, *that is the question,*[10] im April 1783 wieder im *Deutschen Museum* schließlich Voß' *Ehrenrettung gegen den Herrn Professor Lichtenberg.*[11]

Die philologischen Konjekturen, wie die den griechischen Schriftzeichen entsprechenden Laute eigentlich geklungen haben mögen, führen Voß – der sich hier auf Erasmus berufen kann[12] – zu dem Schluß, daß das griechische Eta, im Gegensatz zum hellen Epsilon, am angemessensten mit dem deutschen Umlaut »ä« wiedergegeben werden könnte. Hauptbeweis ist hier, daß die Griechen in mehreren erhaltenen Texten ihre »Schöpse« η rufen lassen. Die genaue Lektüre dieser Darlegungen ist ermüdend, doch muß man Voß bei seiner historischen Diagnose recht geben. Was er über Eta/ä

Ailurokriomachie

oder

das Gefecht des Widders an der Elbe

mit

der Katze an der Leine.

Bä, bä sagt er, be, be sagt sie.
Deutsch. Museum März 1782.

Leinathen
1782.

349
Ailurokriomachie oder das Gefecht des Widders an der Elbe mit der Katze an der Leine. Bä, bä sagt er, be, be sagt sie. Deutsch. Museum März 1782. Leinathen [Frühjahr] 1782.
Göttingen, Niedersächsische Staats- und Universitätsbibliothek, 8° Sat. II, 173 Rara
Am 14. Juni 1782 verlangte Lichtenberg, daß das Universitätsgericht den Verkauf eines Pasquills, welches in Göttingen verbreitet werde, unterbinden möge. Bei näherer Untersuchung ergab sich, daß der Buchhandlung Vandenhoeck und Ruprecht in Göttingen 150 Exemplare des bewußten Pasquills zugestellt worden waren, von denen noch 142 beschlagnahmt (und jedenfalls vernichtet) werden konnten. Das Pamphlet ist daher außerordentlich selten und galt lange als vollständig verschollen. Bei der Lieferung an Vandenhoeck befand sich ein Schreiben, das den Buchhändler anwies, das Stück für zwei Groschen zu verkaufen.
Die Satire stellt sich in die antike satirische Fabeltradition: Die übermütige, prahlerische und falsche Katze (Lichtenberg) fängt einen Zank mit dem behäbigen Widder (Voß) an; die anwesenden anderen Tiere (Bär, Esel, Puter) stehen für die am Streit beteiligten Publizisten und Gelehrten. [UJ]

350
Georg Christoph Lichtenberg: Ueber die Pronunciation der Schöpse des alten Griechenlands verglichen mit der Pronunciation ihrer neuern Brüder an der Elbe: ober über Beh, Beh und Bäh, Bäh, eine litterarische Untersuchung von dem Concipienten des Sendschreibens an den Mond.
In: Göttingisches Magazin der Wissenschaften und Litteratur 2 (1781), Stk. 3, S. 454-479.
Göttingen, Niedersächsische Staats- und Universitätsbibliothek, 8° Scr. var. arg. II, 3480: 1781 Rara

351
Johann Heinrich Voß: Vertheidigung gegen Herrn Prof. Lichtenberg.
In: [Heinrich Christian Boie:] Deutsches Museum. Leipzig: Weygand 1782, März oder Lenzmond, Bd. 1, 3. Stk., S. 213-251.
[Voran ein Brief:] An den Herausgeber des deutschen Museums: unterz.: Voß.
Göttingen, Niedersächsische Staats- und Universitätsbibliothek, Gauß-Bibl. 554: 1782,1

352
Georg Christoph Lichtenberg: Ueber Hrn. Vossens Vertheidigung gegen mich im März / Lenzmonat des deutschen Museums 1782.
In: Göttingisches Magazin der Wissenschaften und Litteratur 3 (1782), Stk. 1, S. 100-171.
Göttingen, Niedersächsische Staats- und Universitätsbibliothek, 8° Scr. var. arg. II, 3480: 1782 Rara
Spätestens mit dieser auch für den Verfasser nicht eben vorteilhaften Polemik wird die eigentlich sachliche Diskussion verlassen, werden ganz überwiegend persönliche Anwürfe erhoben oder allgemein ästhetische Positionen des Gegners denunziert. [UJ]

353
Johann Heinrich Voß: Ehrenrettung gegen den Herrn Professor Lichtenberg.
In: [Heinrich Christian Boie:] Deutsches Museum. Leipzig: Weygand 1783, Bd. 1, 4. Stk. (April), S. 340-356.
Göttingen, Niedersächsische Staats- und Universitätsbibliothek, 8° Scr. var. arg. II, 1934: 1783,1

sagt, ist auch mehr oder weniger communis opinio der Altphilologie geworden oder, denkt man an Erasmus, geblieben. Die Konsequenzen für die Gegenwart, welche Voß zieht – und für die alsbald als unausweichliches Beispiel der »Herr Jäsus« steht –, wird man nicht unbedingt teilen wollen. Denn, das ist Lichtenbergs überlegene Position, es gibt eben noch andere und stärkere Gründe dafür, daß es auch dann, »wenn es ausgemacht werden könnte«,[13] daß die Griechen »ä« sagten, wo sie η schrieben, nicht tunlich wäre, eine Änderung der eingebürgerten Schreibweise herbeizuführen. Diese Gründe, die Lichtenberg immer wieder glänzend darlegt, sind das Exzentrisch-Unschöne der vorgeschlagenen Neuerung, die von Voß selbst eingeräumte Notwendigkeit, bei gewissen »durch die Tradition geheiligten« Namen Ausnahmen zu machen, die zu vermeidende Abtrennung des Deutschen von der Praxis der anderen europäischen Sprachen und, sozusagen, die höhere Wahrheit der historisch gewordenen Sprach-Schrift.

Hier bekommt die anscheinend so exzentrische Auseinandersetzung eine gewisse exemplarische Bedeutung: Sie ist ein klassisches Beispiel für das Für und Wider jeder Rechtschreibreform, und vor allem für die Aporien einer abstrakt-logischen Auffassung von Sprach- und Schreibregeln. »Warum nicht auch [...] *Füsick* und *Metafüsick* und den *Aex-Jäsuiten*, und *haz* und *fürz* und *geschiz* statt *hats* und *führts* und *geschiehts*, und am Ende wohl gar [...] *mizzich* statt *mit sich?*«[14] Hier sind wir in der Tat schon fast auf dem Terrain der gegenwärtigen rechtschreibreformerischen Verrenkungen angelangt.

Voß ist zunehmend verbittert, was vielleicht mit dem unklaren Gefühl zusammenhängt, daß er sich in eine unmögliche Situation gebracht hat. Er hat etwas ganz Richtiges und philologisch Korrektes gesagt und hält nun verbissen daran fest, nachdem man ihm – zunächst höflich-ironisch, dann rücksichtslos – mitgeteilt hat, daß es selbst dann, wenn es richtig wäre, Unsinn bleibt. Unsinn von einem Standpunkt aus, den Voß nicht willens ist, einzunehmen: dem der Sprache, im Gegensatz zu jenem der Philologie.

Und hier hat Lichtenberg recht und hat recht behalten – so recht wie Samuel Johnson, den er im zweiten seiner großen Aufsätze zitiert: »Ich kann dem Leser ein Urtheil des gelehrten *Johnson* über diese Leute unmöglich vorenthalten. Er sagt in der Vorrede zu seinem Wörterbuch: Of these reformers some have endeavoured to accomodate orthography better to the pronunciation, without considering that this is to measure by a shadow, to take that for the model or standard which is changing while they apply it. – – Who can hope to prevail on *nations* to change their practice and make all their old books useless? Or what advantage would a new orthography procure *equivalent to the confusion and perplexity of such alteration?*«[15]

Die Philosophen und Dichter haben immer gegen die törichten Vernunftgründe der Philologen die Rechte der Sprachtradition vertreten – man könnte es an einer Geschichte der Vertreibung des »h« aus so vielen Wörtern (Thau, Thor, Thräne, thun ...) studieren; das ginge von Hamanns *Neuer Apologie des Buchstabens H von ihm selbst* bis zu Karl Kraus, der noch 1917 anläßlich einer Idiotie des Kritikers Blumenthal bemerkt: »Der Blumenthal verhält sich zur Lyrik wie der Blumenthal zu einem Blumental. Wobei das Infame ist, daß man ihn mit h schreiben soll und dieses nicht mehr!«[16]

So große Sprachkraft Voß' als Übersetzer[17] und gelegentlich auch als Dichter beweist, hier ist er der nicht mit der Sprache denkende, sondern in der Tat »pedantisch« gegen sie argumentierende Philologe, der Schulmeister, ganz der unhöfliche und eitle und von seinem Recht durchdrungene junge Wissenschaftler (dreißig Jahre alt zu diesem Zeitpunkt), und Lichtenberg bleibt es, im Namen des undenkbaren Herrn Jäsus und der höheren Vernunft sprachlicher Tradition Protest einzulegen. Das geschieht mit großer Verve; ich möchte nur einen kleinen Auszug aus seiner Polemik zitieren, ein Dramolett, das bei aller Bosheit nicht ungerecht genannt werden kann. Hier muß Voß als »Rektor« seine Theorie darlegen.[18]

»*Der Rektor.* Nun weiß du also Junge: η wird im deutschen mit *ä* ausgedruckt. Σγω και Σϱασμος εφαμεν

Der Schüler. Also müssen wir, wenn wir deutsche Hexameter machen, künftig *Aithär* statt *Aether* und *Profät* statt *Prophet,* auch wohl Poiät statt Poet schreiben?

R. Ja untersteh' dichs!

S. Aber warum denn nicht Hr. Rector?

R. Bist du blind? Habe ich denn nicht im deutschen Museum S. 225 ausdrücklich gesagt, wir müssen den *Sprachgebrauch* ehren, wo er über deutsch gewordene Wörter *zu laut* entschieden hat?

S. Aber *zu laut,* Hr. Rector, wie laut ist denn das? dürfen wir denn *Jäsus* schreiben?

R. Höre, Junge, ich sag dirs zum letzten mal, laß mir den Namen weg, oder du sollst sehen. Du weist ja, ich sage es alle Tage, *heilige* und *ehrwürdige* Nahmen dürfen schlechterdings nicht mit einem *ä* geschrieben werden, und ich bekenne offenherzig, der Mann der diesen Nahmen in einem neuen Testament mit einem *ä* aufführte, verdiente das Hals-Eisen.

S. Nun sehe ich es ein. Man druckt η im deutschen durch *ä* aus, ausgenommen 1) wenn der Sprachgebrauch zu laut darwider entschieden hat, 2) wenn die Nahmen heilig sind. Also schreibt man doch *Homär* und *Härodot,* denn das sind ja keine heiligen Nahmen?

R. Habe ich meinen Tag einen solchen Idioten gesehen! Nein! du must schreiben *Homer* und *Herodot.* Steck die Naß ins Museum p. 225, so wirst du's finden.

S. Aber lieber Himmel, Hr. R. warum denn schon wieder nicht. (weint.)

R. Das sind bekannte Nahmen, Flenn-Elz, und bekannte Nahme schreibt man auch nicht mit einem ä. Sag also an: drittens etc.

S. Drittens bey *sehr bekannten* Nahmen, (indem er ich die Augen wischt.)

R. Richtig. Denn was *sehr* bekannt ist, weiß jedermann, und was jedermann weiß, ist sehr bekannt.«

Die Auseinandersetzung, die »bei einem großen Theil des Publicums [...] den Effect eines Stiergefechts oder eines Katzenkriegs [thut], man amusirt sich« (Forster[19] im Oktober 1781), hinterläßt noch heute einen etwas bitteren Nachgeschmack. »Seine [Voß'] und Lichtenbergs Maßlosigkeit zerstörte das ehemalige Verhältnis für immer«, schreibt die *Allgemeine Deutsche Biographie* betrübt.[20] So war es wohl. Es erscheint allerdings in Lichtenbergs Maßlosigkeit trotz allem ein vernünftiges Maß: das des historisch denkenden, an einem historischen Begriff von literarischer Öffentlichkeit geschärften Sprachbewußtseins. Auf Voß' Seite finden wir nur die Halsstarrigkeit dessen, der im falschen Zusammenhang recht hat. Seine Schreibung hat sich trotz einigen wenigen Nachahmern – unter welchen Hölderlin der bedeutendste Fall ist – nicht durchgesetzt. Gerade Hölderlins *Antigonä* (1804) zeigt, daß das Thema niemanden mehr interessierte: Die Rezensenten ignorieren die ungewöhnliche Schreibung fast durchgehend, und insbesondere der gnadenlos jedes Verständnisses für Hölderlins eigenwillige Sprachkunst entbehrende Verriß durch den Sohn Johann Heinrich Voß' – Heinrich Voß d.J. – setzt pikanterweise immer »Antigone«.[21]

Eine befreiende Wirkung auf den Leser hat ein schönen Capriccio zum Wüten der beiden Antagonisten: Christoph Martin Wieland hat sich auf seine Art in den Streit

354
Joachim Christoph Friedrich Schulz [»S-z.«] (1762-1798): Einziges Mittel, die gelehrten Partheien auseinander zu bringen, [...].
In: Christoph Martin Wieland: Der Teutsche Merkur vom Jahr 1782, October, S. 15-18.
Darmstadt, Hessische Landes- und Hochschulbibliothek, Zs 2819

eingeschaltet und einen Vorschlag gemacht: »Einziges Mittel, die gelehrten Parteien auseinander zu bringen, wovon die eine lieber Hebe als *Häbä* und die andere lieber *Häbä* als *Hebe* sagt.«[22] Das Mittel ist die Eindeutschung des antiken Götterhimmels. Wieland zitiert die Götternamen, die der Barockpoet Philipp von Zesen in seinem merkwürdigen Germanisierungswahn, doch nicht un-dichterisch ersonnen hat: Für Jupiter, Diana, Vulkan, Neptun, Venus setze man Donnermann, Jagdtinne, Gluthfang, Schwümmarth, Schäuminne ... Und Wieland fordert die Gegenwart auf, es von Zesen gleichzutun. Mit einer solchen Lösung »wäre doch auf einmal der fürchterlichen Fehde ein Ende gemacht, wobei beide Partheien blutigen Schweiß schwitzen, dem Christlichen Theil des Publikums die Haut schauert, und dem Unchristlichen das Zwergfelt dröhnt.«[23]

»Schwümmarth« für Poseidon ist in der Tat hervorragend und geeignet, dem Leser eine ganz neue Anschauung zumal der Odyssee zu vermitteln. Doch jenseits solcher burlesker Gedankenspiele wird man Lichtenberg gegen Voß zustimmen müssen: Küthärä mag korrekt sein, doch wer wollte sich dorthin einschiffen?

1 Ich zitiere nach der reichen Dokumentation bei Oscar Fambach: *Ein Jahrhundert deutscher Literaturkritik (1750-1850). Ein Lesebuch und Studienwerk. Band III: Der Aufstieg zur Klassik [...].* Berlin 1959, S. 215-309. Der Reiz von Fambachs Werk liegt in der eng verzahnten Montage einer Fülle von Quellen zu den »wesentlichen und [...] umstrittenen Rezensionen« (Untertitel) der Zeit.

2 Fambach (wie Anm. 1), S. 300, Z. 28 ff.

3 Brief an Friedrich Nicolai, 18. Februar 1781 (Bw 2, Nr. 774).

4 Brief an Johann Andreas Schernhagen, 6. November 1780 (Bw 2, Nr. 744).

5 Im 2. Stück des I. Jahrgangs des GMWL, vgl. Fambach (wie Anm. 1), S. 215.

6 3. April 1780, Fambach (wie Anm. 1), S. 215, Z. 1-15.

7 Fambach (wie Anm. 1), S. 229, Z. 40-47. Die »alte Mutter« ist die Erde in Lichtenbergs *Sendschreiben*.

8 Fambach (wie Anm. 1), S. 230 ff.

9 Fambach (wie Anm. 1), S. 241 ff.

10 Fambach (wie Anm. 1), S. 260 ff.

11 Fambach (wie Anm. 1), S. 289 ff.

12 Erasmus von Rotterdam: *De recta Latini Graecique sermonis pronunciatione.* Basel 1528.

13 Fambach (wie Anm. 1), S. 261, Z. 27.

14 Fambach (wie Anm. 1), S. 261, Z. 43 ff.

15 Fambach (wie Anm. 1), S. 265, Z. 18-25.

16 Fackel 445-453, 18. Januar 1917, S. 105.

17 Die säkulare Bedeutung von Voß' Homer-Übersetzung war damals noch ganz unvorhersehbar. – Schadewaldt hat einmal darauf hingewiesen, wie tief homerisch-Voßsche Formungen in die Alltagssprache eingedrungen sind: »Wenn ein Autovertreter zu mir kommt, wie es vor kurzem geschah, und er sagt: ›Der Volkswagen ist ein sehr schaltefreudiger Wagen‹, dann weiß der Mann nicht, daß er einen Ausdruck gebraucht, den er nicht gebrauchen könnte, wenn nicht Johann Heinrich Voß den Homer übersetzt hätte. Schaltefreudiger Wagen: typischer Homerismus, über Voß zu uns gekommen [...]. Voß wurde zuerst ganz abgelehnt wegen dieser Dinge.« Wolfgang Schadewaldt: *Artemis-Symposion: Das Problem der Übersetzung antiker Dichtung*. Zürich, Stuttgart 1963, S. 35.

18 Fambach (wie Anm. 1), S. 262, Z. 3 ff. Die Fußnoten Lichtenbergs werden hier nicht wiedergegeben.

19 An Jacobi, Fambach (wie Anm. 1), S. 240, Z. 24 f. – Die Briefe, welche den Streit begleiten, enthalten ein eigenartiges und melancholisch stimmendes Bild Lichtenbergs, von Forster gezeichnet, ebenfalls in einem Brief an Jacobi (8. August 1781, Fambach, wie Anm. 1, S. 238-239): »Hiermit vertheidige ich Lichtenbergen nicht. Er ist aus Muthwillen und Leichtsinn zusammengesetzt, wie Kästner, nur so dreist ist er nicht, und dies fällt vielleicht auf Rechnung des Körpers. Ich ehre seine Talente, seine mathematische Wissenschaft, seine Schreibart, seinen Witz und seine muntre Laune, seinen oft philosophischen Blick; – aber ich finde schlechthin nichts für mein Herz bei ihm, und unsere Freundschaft, die, ich weiß nicht wie (durch eine gewisse Wärme, womit er sich meiner bei meiner ersten Ankunft in Göttingen annahm) entstand, kriecht jetzt wieder in die Schranken der gewöhnlichen Bekanntschaft zurück; weil ich eben so wenig als Sie – scheinen mag, was ich nicht bin. Lassen Sie uns die Wahrheit suchen, um sie fest zu halten und zu küssen, nicht um sie ungenossen und unerkannt, weil wir sie in diesem oder jenem schlechten Gewand nicht vermutheten, unsern Händen entschlüpfen zu lassen. Nicht bloß Menschliches ist mir ehrwürdig. Lichtenberg ist Mensch und Voß ist Mensch; beide sind die ärgsten Sklaven der Leidenschaft, und dünken sich theils frei, theils glücklich durch ihre Kette.«

20 *Allgemeine Deutsche Biographie* XL, 1896, S. 338 (Franz Muncker).

21 *Jenaische Allgemeine Literatur-Zeitung* 255, 24. Oktober 1804, vgl. *Hölderlin, Frankfurter Ausgabe* XVI, Basel, Frankfurt a.M. 1988, S. 20 ff.

22 Oktober 1782 im *Teutschen Merkur*. Fambach (wie Anm. 1), S. 286-287.

23 Fambach (wie Anm. 1), S. 286, Z. 43-46.

Annette Lüchow

»Rasendes Oden = Geschnaube«

Der Göttinger Hainbund

Als sich 1772 in Göttingen ein paar junge Studenten zusammenfanden, die sich allwöchentlich gegenseitig ihre poetischen Versuche vorlasen und verbesserten, sprach Lichtenberg von Leuten, »welche die Welt so wenig kennen, als die Welt sie«. (Bw 1, Nr. 269, S. 496)[1] Lichtenbergs Freund Heinrich Christian Boie, der seit 1770 den Göttinger Musenalmanach, eine kleine Gedichtanthologie mit Kalendarium, herausbrachte, hatte diesen kleinen Kreis junger Dichter – alle waren erst Anfang 20 – um sich versammelt: »Wir bekommen nachgerade hier einen Parnassus in nuce. Es sind einige feine junge Köpfe da, die zum Theil auf gutem Wege sind. Ich suche das Völkchen zu vereinigen. Gegenseitige Ermunterung, Kritik hilft mehr, als man glaubt«, schrieb er Anfang 1772.[2]

Im September 1772 gründeten einige der »jungen Köpfe«, unter ihnen Johann Heinrich Voß, Johann Friedrich Hahn, Ludwig Heinrich Christoph Hölty und Johann Martin Miller, in einem Eichengrund nahe der Stadt in einer lauen Vollmondnacht einen Freundschaftsbund,[3] in den sie danach auch die übrigen Mitglieder ihres Kreises wie Boie und Carl Friedrich Cramer aufnahmen. Nur Gottfried August Bürger, der bereits Amtmann in Gelliehausen war, trat nicht in den Bund ein, blieb mit den Mitgliedern aber durch häufigen Briefwechsel verbunden. Durch die Gründung des

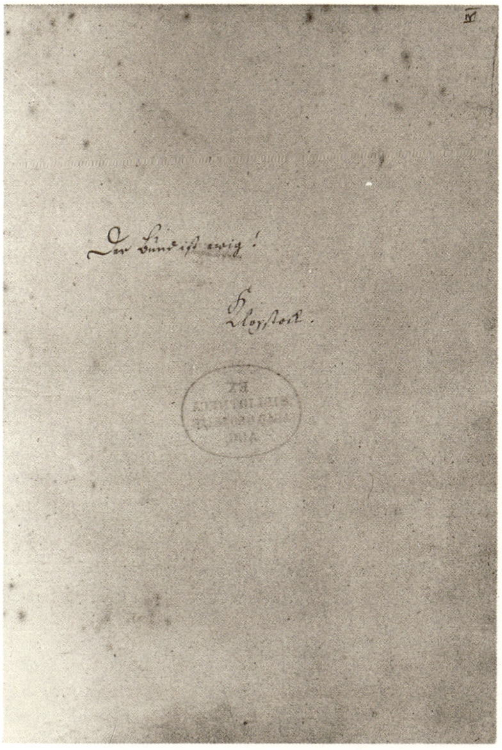

355
Georg Christoph Lichtenberg: Gedicht mit Seitenhieben auf Göttinger Hainbündler.
In einem Brief an eine unbekannte Person, 1778.
Göttingen, Niedersächsische Staats- und Universitätsbibliothek, Cod. Ms. Licht. IV, 10 (Bl. 8)
»Zwo Brittische ehrliche Häute, / Die dancken Ihnen hier beyde, / Nebst meiner ehrlichen Deutschen Haut, / Für das herrliche Sauerkraut. / Ich hätte in Prose geschrieben / Hätt ich der Stunden nicht sieben. / In Versen klingt süße und leicht / Was man in Prose nennt seicht. / Das wissen Voß, Miller und Boie / Jacobi, Schmidt, Meißner und O je! / So viele, ich kan sie nicht nennen, / Die täglich in Reimbrandt entbrennen / Denn schrieben die Herren in Prose / So witzig, so zärtlich, so lose / So holte sie all' ohne Zweifel / HofRath Deinet oder der Teufel. / Nach diesem Anfall muß ich wohl in Prose um Vergebung bitten und in Prose für den Sauerkohl nochmals dancken und versichere daß ich mit vollkommenster Hochachtung bin Dero gehorsamster Diener GCL.« (Bw 1, Nr. 471)

356
Das »Bundesbuch« des Göttinger Hain.
Mit eigenhändigen, unterzeichneten Beiträgen der Mitglieder, 1772-1774.
2 schwarze Lederbände mit sparsamer Goldverzierung (Strichfilete, Röschen in den Ecken, Rückenfilete) und Rotschnitt; Bd. 1: 2 Bl. (auf Bl. 2 das Motto »Der Bund ist ewig« von Klopstock) und S. 1-142, S. 242-244 leer, S. 245-249 Register, S. 250-254 leer; Bd. 2: 2 Bl. und S. 1-48 und 88 leere Bl. 25,3 × 18 cm
Göttingen, Niedersächsische Staats- und Universitätsbibliothek, 8° Cod. Ms. Philol. 204 l-m Cim
In einem Brief an Brückner beschreibt Johann Heinrich Voß am 3. November 1772 »ein in schwarzvergoldetes Leder gebundenes Buch mit weißem Papier in Briefformat«, das bei den allwöchentlichen Versammlungen des Hainbundes auf dem Tisch liege. Es »heißt das Bundesbuch, und soll eine Sammlung von den Gedichten unsers Bundes werden, die einstweilen durchgehends gebilligt sind. Noch steht nichts darin, weil die Gesänge, die

jeder auf das Bündnis [vom 12. September] unter der Eiche gemacht, anfangen sollen [...]. Jezt feilt noch ein jeder daran« (Voß, Briefe, Bd. 1, 1829, S. 96/97).
Tatsächlich beginnt das Bundesbuch mit einem von Johann Martin Miller verfaßten Bundeslied, danach folgen die übrigen des Bundesbuches für würdig befundenen Gedichte, die, abgesehen von einigen Ausnahmen, chronologisch nach dem Datum der Erstfassung geordnet und von ihren Verfassern eigenhändig eingetragen sind: eine bunte Mischung aus Minneliedern, Oden, Übersetzungsversuchen und Epigrammen – eine bis heute noch nicht erschlossene Quelle der Literaturgeschichte.
Lichtenberg hatte zumeist nur Spott für die »Barden«; und sein Freund Dieterich soll gar ganz ernsthaft erzählt haben (Closen an Esmarch 21. September 1774): »daß hier eine Dichtergesellschaft von mehr als 400 Personen sey, sie tränken keinen Wein, aber *gewaltig Bier*. Sie versammelten sich von Zeit zu Zeit auf dem Ochsenberg, wo sie ihr *Wesen* hätten«. [Alü]

357
Musenalmanach MDCCLXXII (1772). Goettingen bey I. C. Diederich.
Titelkupfer Von Johann Wilhelm Meil (1733-1805)
Frankfurt am Main, Freies Deutsches Hochstift.
In diesem Band enthalten ist unter anderem das Gedicht »Vaterlandslied« von Matthias Claudius, in dem dieser auf das gleichnamige Gedicht von Friedrich Gottlieb Klopstock Bezug nimmt, das 1771 in den *Oden* erschien. Die Anfangsstrophen lauten: »Ich bin ein deutsches Mädchen! / Mein Aug' ist blau, und sanft mein Blick / Ich hab ein Herz / Das edel ist, und stolz, und gut.« (Aus: Klopstocks *Oden*, 1771) – »Ich bin ein deutscher Jüngling! / Mein Haar ist kraus, breit meine Brust; / Mein Vater war / ein edler Mann; ich bin es auch!« (Aus: *Musenalmanach* 1772, S. 205 f.)
Diese von den Göttinger Hainbündlern viel zitierten Gedichte wurden als Ausdruck wahren Patriotismus angesehen. In seinen Sudelbüchern notiert Lichtenberg: »Es gibt heuer eine gewisse Art Leute, meistens junge Dichter die das Wort *Deutsch* fast immer mit offnen Naslöchern aussprechen. Ein sicheres Zeichen daß der Patriotismus bei diesen Leuten sogar auch Nachahmung ist. Wer wird immer mit dem Deutschen so dicke tun? Ich bin ein deutsches Mädchen, ist das etwa mehr als ein englisches, russisches oder otaheitisches? [...] Ich bitte euch Landesleute, laßt diese gänzlich unnütze Prahlerei, die Nation die uns verlacht und die die uns beneidet müssen sich darüber kützeln, zumal wenn sie inne werden, daß es ihnen gesagt sein soll.« (SB 1, D 444) [SW]

358
Gedichtband »Für Klopstock« der Mitglieder des Hainbundes, 1773.
Hamburg, Staats- und Universitätsbibliothek.
Der Sammelband mit eigenhändig eingetragenen Gedichten der Mitglieder des Göttinger Hainbundes aus den ersten drei Monaten ihrer Produktion wurde Friedrich Gottlieb Klopstock zum Zeichen der Verehrung der jungen Poeten am 19. April 1773 von den Brüdern Friedrich Leopold und Christian Stolberg überreicht. [SW]

359
Laurentius Russiger (1740-1807): Schäferszene.
Höchster Porzellan, um 1765.
Höhe: 22 cm
Frankfurt am Main, Historisches Museum, X 64:13

360
Anton Hickel (1745-1798) (pinx.) und Johann Gerhard Huck (* 1740) (sc.):
Friedrich Gottlieb Klopstock (1724-1803).
Porträt.
Kupferstich, 1798.
Hamburg, Staats- und Universitätsbibliothek.
Friedrich Gottlieb Klopstock erreichte durch die ersten drei Gesänge seines Epos *Messias* bereits mit Mitte Zwanzig einen Ruhm, von dem die Dichter des Göttinger Hain nur träumen konnten. Sein Werk veranlaßte den dänischen König, Klopstock eine Pension zu gewähren, mit deren Hilfe er als freier Schriftsteller bis zu seinem Tode leben konnte, zunächst in Dänemark, ab 1770 in Hamburg. Für die Mitglieder des Hainbundes, die sich nach seiner Ode »Der Hügel und der Hain« benannt hatten, waren Klopstock das väterliche Idol und sie selbst seine »heilige Kohorte«. Sie widmeten ihm einen Gedichtband und waren hochbeglückt, als er 1774 selbst in den Bund einzutreten wünschte.
Für Lichtenberg, der den Dichter 1773 in Hamburg persönlich kennengelernt hatte, war vermutlich schon deren exaltierte Klopstock-Begeisterung Grund genug für seine Verachtung der jungen Poeten, hielt er ihn doch für einen »große[n] kleine[n] Schriftsteller« (SB 1, F 793), der ein Meister darin sei, »eine Art von leerem Geschwätz [zu machen], dem man durch Neuigkeit des Ausdrucks, unerwartete Metaphern das Ansehen von Fülle gibt« (SB 1, E 195). [Alü]

361
Friedrich Gottlieb Klopstock:
Die deutsche Gelehrtenrepublik. Ihre Einrichtung. Ihre Geseze. Geschichte des lezten Landtags. Auf Befehl der Aldermänner durch Salogast und Wlemar. Herausgegeben von Klopstock. Erster Theil. Hamburg gedrukt bey J. J. C. Bode 1774.
Frankfurt am Main, Freies Deutsches Hochstift.
In seiner *Gelehrtenrepublik* kleidet Klopstock seine Idealvorstellungen des deutschen Geisteslebens in die Utopie eines Gelehrtenstaats, die er in einer Kombination von erzählenden Passagen, Gesetzestexten, gelehrten Abhandlungen, Anekdoten und Epigrammen beschreibt. Er hatte das Werk im Selbstverlag herausgegeben und auf Subskription vertrieben. Besonders tatkräftige Unterstützung erhielt er für seine Subskriptionskampagne von Heinrich Christian Boie, der in Göttingen mit Unterstützung des Hainbundes 342 Subskribenten warb, unter ihnen auch Lichtenberg.
Als die *Gelehrtenrepublik* endlich erschien, war die Enttäuschung allerdings groß. So berichtete Boies jüngerer Bruder Christian Rudolf am 26. Mai 1774 einem Freund (ungedruckt, Hs.: LB Kiel): »Hier gefällt das Buch gar nicht. Der eine sagt, er kanns nicht verstehen, der andere macht sich lustig darüber, der eine verkauft sein Exemplar um den halben Preis, der andere läßt es verspielen«. Lichtenberg gehörte (zusammen mit Feder und Meiners) zur vorletzten Kategorie, meldete Johann Martin Miller an Friedrich Leopold Stolberg am 24. Mai 1774; man habe das Vorhaben begründet: »das Buch soll dumm und einfältig seyn und Lichtenberg sagt, es sey Wielands Triumph indem Klopstok hier seine ganze Blösse zeige«. (Louis Bobé, Efterladte Papirer 8, 1917, S. 105) In Lichtenbergs Nachlaß war die *Gelehrtenrepublik* jedenfalls nicht mehr vorhanden. [Alü]

362
Johann Domenicus Fiorillo (1748-1821) (pinx.) und Klemens Kohl (1752-1807) (sc.):
Gottfried August Bürger (1747-1794).
Porträt.
Kupferstich, 1789. 10 × 5,8 cm
Ober-Ramstadt, Ulrich Joost.
Bürger war ursprünglich Justizamtmann, ab 1784 Privatdozent für Ästhetik und deutsche Stilkunde. Als Professor für Philologie hielt er (ab 1789) als erster an der Georgia Augusta Vorlesungen über das Werk von Immanuel Kant. Seit 1770 lieferte er Beiträge zum Göttingischen *Musenalmanach*, dessen Herausgeberschaft er 1778 bis kurz vor seinem Tod übernahm. Er schrieb auch für die *Göttingischen Gelehrten Anzeigen*, stand dem Hainbund nahe und war befreundet mit Heinrich Christian Boie und Lichtenberg. [SS]

363
Ludwig Heinrich Christoph Hölty (1748-1776).
Porträt.
Frontispiz in: Musenalmanach für 1778. Hrsg. von Johann Heinrich Voß. Hamburg: C. E. Bohn 1778.
Göttingen, Niedersächsische Staats- und Universitätsbibliothek, 8° Poet. Germ. I, 2834: 1778 Rara
Über den Göttinger Theologiestudent, der als Mitglied des Hain dessen bedeutendster Lyriker war, schreibt Lichtenberg an Johann Christian Dieterich, 28. Januar 1775: »HE. Hölty ist, meines Erachtens ein wahres Dichter Genie [...]. Mich dünckt so wie Hölty zuweilen zu dichten dazu gehört natürliche Anlage, allein wie die meisten übrigen, weiter nichts als daß man ein vierthel Jahr ähnliche Werckchen ließt.« (Bw 1, Nr. 272, S. 506)

364
Friedrich Karl Gröger (1766-1838) (pinx.) und Heinrich Jakob Aldenrath († 1844) (lith.):
Christian Graf zu Stolberg (1748-1821).
Porträt.
Lithographie, 1813. 10,5 × 9 cm (Darst.)
Ober-Ramstadt, Ulrich Joost.
Christian und Friedrich Leopold Stolberg, Söhne eines deutschen Adligen in dänischen Diensten, kamen nach viersemestrigem Rechtsstudium in Halle im Herbst 1772 für zwei Semester nach Göttingen. Hier wurden sie durch Heinrich Christian Boie mit den jungen Dichtern des Hainbundes bekannt gemacht und schon bald aufgenommen. Mit ihnen traten nicht nur zwei Reichsgrafen in den Kreis, sondern auch Vertraute Klopstocks, der ein enger Freund der Familie Stolberg war. So konnten sie den persönlichen Kontakt zwischen ihren neuen Freunden und dem vom ganzen Bund verehrten Dichter herstellen. Literarisch trugen sie vor allem mit Oden und Hymnen in der Nachfolge Klopstocks zur Lyrik des Hainbundes bei. Nach ihrem Studium machten sie eine der bei Adligen damals üblichen Bildungsreisen durch Deutschland und die Schweiz und traten dann in den dänischen Staatsdienst.
Ob Lichtenberg sie in Göttingen wahrgenommen hat, ist nicht sicher: Sie wohnten zwar in Dieterichs Haus, doch befand er sich damals gerade auf der Vermessungsreise. Späterhin waren die geistigen Grenzen auch klar gezogen: Im Streit mit Voß gehörten sie für Lichtenberg zu dessen Fraktion. [Alü]

365
Friedrich Karl Gröger (1766-1838) (pinx.) und Heinrich Jakob Aldenrath († 1844) (lith.):
Friedrich Leopold Graf zu Stolberg (1750-1819).
Porträt.
Lithographie, 1813. 10,5 × 9 cm (Darst.)
Ober-Ramstadt, Ulrich Joost.

366
Friedrich Leopold Stolberg (1750-1819):
Freiheitsgesang aus dem 20. Jahrhundert, 1774/75.
Druck (Handabzug) mit Korrektur auf S. 4, 5, 6, 7, 8, 9, 10, 12, 13.
Frankfurt am Main, Dr. Jürgen Behrens.
Der Freiheitsgesang des jüngeren Stolberg zeigt das patriotische Element in der Dichtung des Hainbundes. Er beschreibt aus der Sicht eines ›freien‹ Menschen des 20. Jahrhunderts eine imaginäre Freiheitsschlacht, in der »Zween Jünglinge, Stolberg ihr Name [...] Den schönen Tod, / Den blutigen Tod, / Den Freiheitstod!« sterben. Stolberg ist auch hier von Klopstock beeinflußt, in dessen Drama *Hermanns Schlacht* (1769) die Germanen vor ihrer siegreichen Schlacht gegen die Römer vom »Blut, wegen der heiligen Freyheit, Blut der Tyrannen!« singen (7. Szene), worauf die in Stolbergs Ode dreimal wiederholte Forderung »Der Tyrannen Blut!« anspielt. Eine Forderung, deren jugendliches Ungestüm Goethes Mutter dazu veranlaßt haben soll, Goethe und den Brüdern Stolberg ihren besten Rotwein mit der Maßgabe vorzusetzen: »Hier ist das wahre Tyrannenblut! Daran ergötzt euch, aber alle Mordgedanken laßt mir aus dem Hause« (*Dichtung und Wahrheit*, 18. Buch). [Alü]

367
Heinrich Friedrich Leopold Mathieu (1750-1778):
Heinrich Christian Boie (1744-1806).
Porträt.
Pastell, 1774. 22 × 20 cm
Meldorf, Dithmarscher Landesmuseum, o. Inv.
Heinrich Christian Boie, Sohn eines Predigers in Flensburg, studierte 1764 bis 1767 in Jena zuerst Theologie, dann Jura. 1769 kam er als Hofmeister englischer Studenten nach Göttingen. Ab 1776 wirkte er als Stabssekretär in Hannover, 1781 wurde er Landvogt von Süderdithmarschen. In Göttingen gab er von 1769 bis 1774 den ersten deutschen *Musenalmanach* für den Verlag Dieterichs heraus, zunächst als eine Auswahl gängiger Poesien, dann zunehmend als Forum junger Dichter, die er um sich sammelte und aus denen der Göttinger Hain hervorging. Boie verstand sich selbst nicht als Poet, sondern als Liebhaber der Poesie und suchte junge Talente durch Kritik und die Vermittlung seiner Kontakte, die er zu zahlreichen Dichtern und Gelehrten pflegte, zu fördern.
In Göttingen machte sich Boie durch seine Unterstützung des Hainbunds mit der Zeit unbeliebt. Seine Verehrung für Klopstock trübte auch die langjährige Freundschaft zu Lichtenberg ein wenig, von dem er am 1. Dezember 1781 an Bürger schrieb: »HE. Prof. Lichtenberg scheint nicht übel Lust zu haben, uns zu Britten zu machen [...]. Ich kan die ewigen Hohnnekkereien und Sticheleien nicht leiden. Pope ist Pope, und Klopstock Klopstock!« (Gottfried August Bürger: *Briefe*, Bd. 3, 1874). Das freundliche und gewinnende Naturell hätte aber derlei Mißhelligkeiten und selbst die Kontroverse zwischen Lichtenberg und Zimmermann überstanden, wenn nicht der Streit zwischen Lichtenberg und Boies Schwager Voß es endgültig verkühlt hätte. So bemerkte der Göttinger zum Ende des *Deutschen Museums* spöttisch an Friedrich Ludwig Wilhelm Meyer (16. März 1789): »und zwar hat Weygand statt des: Plaudite dem Boie [...] in einem Avertissement einen nicht sehr sanfften Tritt vor den Theil gegeben, worin er seit jeher seine vorzügliche Stärcke besessen hat.« (Bw 3, Nr. 1668, S. 686). [Alü]

368
Johann Martin Miller (1750-1814).
Silhouette.
Kupferstich. 16 × 9,5 cm (Blattgr.)
Marbach, Schiller-Nationalmuseum, Nr. 423
Johann Martin Miller, Sohn eines Ulmer Predigers, studierte 1770 bis 1774 in Göttingen Theologie. Nach Beendigung seines Studiums in Leipzig wurde er Pfarrer und Gymnasialprofessor in Ulm. Er gehörte zu den Gründungsmitgliedern des Göttinger Hain, in welchem er zusammen mit Hölty das Element der volksliedhaften Lyrik vertrat. Nach seiner Rückkehr nach Ulm verfaßte Miller innerhalb kurzer Zeit mehrere empfindsame Romane, von denen vor allem *Siegwart. Eine Klostergeschichte* (1776) sehr erfolgreich war und ein »Siegwartfieber« auslöste, ähnlich dem »Wertherfieber«. Auf

Lichtenberg, der von Goethes *Werther* gemeint hatte: »Die schönste Stelle im Werther ist die, wo er den Hasenfuß erschießt« (SB 1, F 516), wirkten die empfindsamen Romane tränenselig. [Alü]

369
Johann Martin Miller:
Siegwart, eine Klostergeschichte.
Leipzig 1776. 2 Tle.
Göttingen, Niedersächsische Staats- und Universitätsbibliothek, 8° Fab. Rom. IV, 4163: 1.2. Rara
Lichtenberg an Ernst Gottfried Baldinger, 29. November 1780: »Millers Romane sind im gantzen genommen für mich was die bitteren Mandeln dem Hunde Geschlecht sind. Sie mögen tausendmal Mandeln seyn, und tausendmal unter die guten gemischt werden, für mich ists infames Zeug, und die Pestilenz. Ich habe also den Burgheim nicht gelesen und wolte lieber an der Chaussee arbeiten, als ihn lesen. Dieses schrieb bey völligem Verstand und Gebrauch seiner Sinnen, vor der Mahlzeit treu und ohne Gefährte / GCLichtenberg.« (Bw 2, Nr. 751)

Bundes lösten sich die jungen Dichter aus ihrem Lehrer-Schüler-Verhältnis zu Boie. Die allwöchentlichen Zusammenkünfte fanden weiterhin statt, bereichert durch zahlreiche Oden auf den Bund sowie auf ihre Freundschaft nach dem Vorbild von Friedrich Gottlieb Klopstocks Ode »Wingolf«. Man schuf Rituale für die Bundessitzungen und die Aufnahme neuer Mitglieder, legte ein Bundesbuch an, in das alle Gedichte eingetragen wurden, die der Bund für gut befunden hatte, und ein Bundesjournal, das die einzelnen Sitzungen protokollierte.

Zum Ritual gehörten auch germanische Namen, die man sich gegenseitig spaßeshalber[4] gab. Denn man fühlte sich nicht in der Nachfolge der griechischen Poeten, sondern der in Klopstocks Drama »Hermanns Schlacht« beschriebenen germanischen Barden und sprach daher nicht mehr vom Parnaß, sondern vom »Hain«, weswegen der Bund in der Forschung später »Hainbund« genannt wurde. Intensiviert wurde die Klopstockverehrung durch die Aufnahme der mit Klopstock von Kindheit an vertrauten Grafen Friedrich Leopold und Christian Stolberg. Klopstock wurde nun zum Ideal, zur letzten Autorität erkoren. In nur wenigen Wochen füllte man ein ganzes Buch mit Gedichten, das Klopstock in den Osterferien 1773 von den Grafen Stolberg feierlich überreicht wurde. Dieser Schaffensrausch des Winters 1772/1773 blieb einmalig. Schon Ende 1773 ging »der Bund so seinen Schneckengang fort, und scheint lange nicht mehr so viel Enthusiasmus zu haben wie sonst.«[5] Im Laufe des Jahres 1774 verließen fast alle Mitglieder Göttingen.

Erst als der Bund bereits in Auflösung begriffen war, begann man in Göttingen von ihm Notiz zu nehmen. Wilde Gerüchte kursierten in der Stadt, »daß hier eine Dichtergesellschaft von mehr als 400 Personen sey, sie tränken keinen Wein, aber gewaltig Bier. Sie versammelten sich von Zeit zu Zeit auf dem Ochsenberge, wo sie ihr Wesen hätten.«[6] Die Frau des Professors Christian Gottlob Heyne glaubte sogar, »daß die Barden sich in Kerstlingerode versammeln, in den Wäldern herumlaufen, Eicheln fressen, sich nackend ausziehen und mit den Fellen verreckter Ziegen behängen.«[7] Diese Gerüchte wurden auch im Hause Dieterich kolportiert, so daß sie vermutlich auch Lichtenberg zu Ohren kamen. Lichtenberg hatte für die jungen Dichter und ihr »rasendes Oden-Geschnaube« (Bw 1, Nr. 272, S. 505)[8] nur Spott übrig: »Wenn man etwas Silbenmaß in den Ohren hat und dabei 20 bis dreißig Oden als stimulantia liest, so möchte [ich] gern das Gesicht von dem Sterblichen sehen, der nicht eine Ode wiederhallen könnte bei der jedem poetischen Primaner die Nasenlöcher auf und Finger und Zehen auseinandergehen sollten«. (SB 1, E 104) Nach Erscheinen des Göttinger Musenalmanachs auf das Jahr 1775, der fast ausschließlich Gedichte der Bundesmitglieder enthielt, schrieb er am 29. Januar 1775 an Ernst Gottfried Baldinger: »Was dencken Sie von dem Musen Almanach? Meines Erachtens ist das meiste förmlich abscheulig, zumal das Klopstockische und das darnach geschnittene der andern. Haben Sie wohl ein eintziges neues Bild darin gefunden, das ist das ewige rauschen im Hayn, das Silbergewölck und die Eiche, die wir schon hunderttausendmal gehabt haben [...]«. (Bw 1, Nr. 269, S. 496) Dabei hatten die Hainbündler nicht nur Oden geschrieben, sondern sich auch der volksliedhaften Dichtung zugewandt und in diesem Bereich dem Sturm und Drang neue Impulse gegeben. Sie hatten Themen und Formen des mittelalterlichen Minnesangs wiederaufgenommen, und einfache Lieder, Romanzen und Balladen geschaffen. Einige davon sind durch Vertonungen von Mozart und Schubert bis heute populär. Die Volkslieddichtung wurde am stärksten durch Hölty repräsentiert, den Lichtenberg als einzigen ein »wahres Dichter Genie« (Bw 1, Nr. 272, S. 506)[9] nannte. Damit lobte er denjenigen unter den Hainbündlern, der auch heute noch als der bedeutendste Lyriker des Bundes gilt. Die

Gedichte der anderen sind weitgehend in Vergessenheit geraten. Aber durch ihren Zusammenschluß zum Göttinger Hain haben die jungen Poeten dafür gesorgt, daß die Stadt namentlich in die Literaturgeschichte eingegangen ist.

1 Brief an Ernst Gottfried Baldinger, 29. Januar 1775.

2 Heinrich Christian Boie an Karl Ludwig Knebel, 30. Januar 1772. *K. L. von Knebel's literarischer Nachlaß und Briefwechsel*. Hrsg. von Karl August Varnhagen von Ense und Theodor Mundt. Bd. 2. Leipzig 1840, S. 116.

3 Vgl. Johann Heinrich Voß an Ernst Theodor Johann Brückner, 20. September 1773. *Briefe von Johann Heinrich Voß*. Hrsg. von Abraham Voß. Bd. 1. Halberstadt 1829, S. 91.

4 Johann Heinrich Voß an Ernst Theodor Johann Brückner, 6. Dezember 1772. Teilabdruck in: Ernst Metelmann: *E. Th. J. Brückner und der Göttinger Dichterbund. Ungedruckte Briefe und Handschriften*. In: Euphorion 33 (1932), S. 364.

5 Ludwig Heinrich Christian Hölty an Christian Stolberg, 2. Dezember 1773. (Hs.: Reichsarchiv Kopenhagen, Altenhof 41.)

6 Karl August Wilhelm von Closen an Christian Hieronymus Esmarch, 21. September 1774. In: Adolf Langguth: *Christian Hieronymus Esmarch und der Göttinger Dichterbund*. Berlin 1903, S. 40.

7 Ebda., S. 41.

8 Brief an Johann Christian Dieterich, 28. Januar 1775.

9 Ebda.

370
Daniel Chodowiecki (1726-1801): Cabinet d'un peintre.
Das Familienbild des Künstlers.
Kupferstich, 1771.
Berlin, Berlin-Museum.
Die Zusammenarbeit Lichtenbergs mit Daniel Chodowiecki für den *Göttinger Taschen Calender* beginnt mit einem Brief Lichtenbergs vom 23. Dezember 1776: »Einen Auftrag von HE. Dieterich seines Calenders wegen selbst an Ew. Wohlgeboh[ren] zu schreiben nehme ich mit hertzlicher Bereitwilligkeit an, da er mich mit einem Manne in nähere Bekanntschafft bringt, dessen Wercke ich nicht allein mit dem grösten Vergnügen sondern auch mit wahrhafftem Unterricht als Psychologe, betrachte, und überall aufsuche.
HE. Dieterich wird Ihnen bereits gemeldet haben, daß ich seinen Taschen Calender für 1778 dirigiren und göstentheils selbst schreiben werde. Da Er mir gantz freye Hände gelassen, so wählte ich vor allen Dingen zum Zeichner und Kupferstecher Ew. Wohlgeboh[ren] und der Calender soll gewiß ausserordentlich werden, wenn ich in allen Stücken so glücklich wähle als Hierin.« (Bw 1, Nr. 362, S. 664) Das hier gezeigte, idyllisch anmutende Gruppenporträt zeigt alle Familienmitglieder sowie den Künstler selbst in der guten Stube glücklich vereint. Ursprünglich auf Wunsch der Mutter Chodowieckis entstanden, die ihren Sohn um ein Bild ihrer Enkelkinder gebeten hatte, ist das Blatt mehr als nur eine zufällige Familien-Darstellung. Es ist vielmehr eine wohldurchdachte Inszenierung bürgerlicher Ideale: Fleiß und Einfachheit, Strebsamkeit und Häuslichkeit werden hier dem Betrachter als nachahmungswerte Tugenden vor Augen geführt. [SW]

371
Daniel Chodowiecki (1726-1801): Der Kupferstich Liebhaber.
Aus: Lauenburger Genealogischer Kalender für 1781.
Kupferstich, 1781.
Berlin, Berlin-Museum.

372
Daniel Chodowiecki (1726-1801) und Georg Christoph Lichtenberg (Erläuterungen):
Natürliche und affectirte Handlungen des Lebens. Erste Folge.
Aus: Göttinger Taschen Calender vom Jahr 1779, S. 116-127.
12 Kupferstiche, 1778. Je ca. 8,4 × 4,8 cm
Bez. »Der Unterricht, L'instruction / Die Unterredung, La conversation / Das Gebeth, La priere / Der Spatzier Gang, La promenade / Der Grus, La reference / Der Tanz, La dance«.
Berlin, Berlin-Museum.
Eine von vielen Kupferstichfolgen, die während der langen Zusammenarbeit zwischen Lichtenberg und Chodowiecki enstanden sind. In einem Vorwort »Etwas zur Illumination der Kupferstiche zu diesem Calender« schreibt Lichtenberg: »Ich schlug Hern. Chodowiecki zur Zierde unseres diesjährigen Almanachs vor, Natur und Affektation in verschiedenen Auftritten des menschlichen Lebens, aus seinem Schatz von Beobachtungen gezogen und mit seiner Kunst ausgeführt, neben einander zu stellen. Weiter habe ich keinen Antheil an diesen Stücken, weder in der Art der Ausführung noch in der Wahl der besondern Gegenstände. Jedermann sieht, es sind Bilder zu dem großen Roman, den wir alle, der eine mehr der andre weniger aufmerksam gelesen haben, und Scenen aus dem Schauspiel, das wir täglich ansehen, und in welchem wir nicht selten mitspielen, es sei nun in Scenen, die mit ungraden Zahlen bezeichnet sind, oder in welchen mit graden.« (GTC für 1779, S. 116) [SW]

373
Daniel Chodowiecki (1726-1801): Calender Narr.
Aus: Göttinger Taschen Calender für 1783.
Kupferstich, 1782. 10,7 × 6,6 cm (Blatt), 8,2 × 4,9 cm (Darst.)
Hannover, Wilhelm-Busch-Museum.

374
Georg Christoph Lichtenberg (Hrsg.):
Goettinger Taschen-Calender vom Jahr [...]. [Göttingen:] Bey Joh. Chr. Dieterich. 1776-1800.
25 Bdchen.
Mit wechselnden Titelkupfern.
10,5 × 6,7 cm
Göttingen, Niedersächsische Staats- und Universitätsbibliothek, 8° Scr. var. arg. II, 3470: 1-25. Rara
Dieser spielkartengroße Almanach »zum Nutzen und Vergnügen« war des Verlegers Johann Christian Dieterichs liebstes Verlagsprodukt. Er erschien jeweils zur Michaelismesse (also Anfang Oktober) des Vorjahres. Lichtenberg übernahm die Redaktion von seinem Freund und Kollegen Christoph Polycarp Erxleben, den Auftrag hierzu hatte er schon Ende 1776 von Dieterich erhalten. Hatte der Vorgänger noch mehr als die Hälfte unverändert in den 2. Jahrgang übernommen, so erneuerte Lichtenberg ihn jährlich zur Gänze und gab diesem Kalender in Stil und Gegenständen eine unnachahmliche Physiognomie. Seinen »Haußzins« nannte er ihn, weil er dafür bei seinem Verleger Dieterich mietfrei wohnen durfte. Lichtenberg schrieb die Artikel von 1778 bis zu seinem Tod 1799 jeden Sommer zu großen Teilen selbst, redigierte alle Beiträge, die in den seltensten Fällen und oft auch dort nicht, wo wir den fremden Verfasser kennen, namentlich gezeichnet sind. Doch erst seit 1794 nannte er sich auf dem Titel selbst. Mit seiner Vielfalt von Aufsätzen zu allen Fragen der Natur, Geschichte, neuen Erfindungen, mit Erbaulichem und Vergnüglichem hatte Lichtenberg sich ein Forum geschaffen, auf dem er wie wenige andere praktische, tätige Aufklärung verwirklichen konnte: Ob nun mit der Abfertigung Lavaters in der Physionomik [!], ob mit der Empfehlung zur Einrichtung eines Seebades, ob mit der Korrektur populärer Irrtümer (eine eigene Rubrik über viele Jahrgänge) oder dem Kampf gegen den Aberglauben. [UJ]

Annette Lüchow

»Eine Gans unsrer Stadt«

Die Göttinger ›Universitätsmamsellen‹

375
Schnürleib.
Beiges Leinen, Futter naturfarbenes Leinen und weißes Leder, Fischbeinstäbe, Kanteneinfassung hellblaues Leinenband und weißes Leder, Besatz hellblaues Seidenband, um 1760/65. Höhe: 43 cm
Frankfurt am Main, Historisches Museum, X 86:116
»Schnürbrust« und »Schnürleib«, »Korsett«, »Brustpanzer« sind unterschiedliche Bezeichnungen für ein und dasselbe Marter-Instrument, mit dem man im 18. Jahrhundert dem weiblichen Körper zu Leibe rückte, um ihn gewaltsam in jene Form zu pressen, die dem damals gängigen Ideal entsprach. In der Regel konnten es sich jedoch nur Frauen höherer Stände – die sich kaum bewegen, geschweige denn arbeiten mußten – leisten, den zudem teuren Schnürleib zu tragen. Seit Mitte des 18. Jahrhunderts wurde erstmals Kritik laut am »Brustpanzer«: »Man schreibt so fürchterlich schön wider die Schnürbrüste, – für den Leib – Ach! *die* für den Geist sind erst des Henckers! Schnürbrüste überall!« bemerkte im Revolutionsjahr 1789 Lichtenberg, der plante, einen Kalenderartikel über Schnürleiber zu schreiben, ein Vorhaben, das er allerdings nicht durchführte (an Georg August Ebell am 19. Januar 1789, Bw 3, Nr. 1654). [SW]

»Eine Gans unsrer Stadt, die Frau des Music Director Forkel«, habe einen Roman drucken lassen, bemerkte Lichtenberg 1785 ärgerlich (Bw 3, Nr. 1366).[1] Vermutlich ärgerte ihn weniger, daß die siebzehnjährige Meta Forkel es überhaupt gewagt hatte, mit einem Roman an die Öffentlichkeit zu treten. Er war vielmehr persönlich getroffen, denn die »Gans« hatte es gewagt, sich über seinen Gelehrtenstreit mit Johann Heinrich Voß lustig zu machen. Damit hatte Meta Forkel, Tochter des Göttinger Philosophieprofessors Rudolf Wedekind, einen weiteren schweren Fauxpas begangen, denn als Frau durfte man sich nicht in gelehrte Diskussionen mischen.

Meta Forkel war bei weitem nicht die einzige vorwitzige Professorentochter in Göttingen. Einer anderen, Philippine Gatterer, wurde nachgesagt: »für ein Frauenzimmer hat sie zu viel Muth, denkt und redt zu frey, hat überhaupt so wenig vom sanften weiblichen Charakter [...]«.[2] Philippine Gatterer schrieb Gedichte und erregte damit die Aufmerksamkeit des Talentsuchers – oder wie man damals sagte »Musenaccoucheurs«[3] – Heinrich Christian Boie, der dafür sorgte, daß einige ihrer Gedichte unter einem Pseudonym veröffentlicht wurden. Als Boie die Stadt verließ, nahm sich Gottfried August Bürger der Dichterin an und schrieb an Boie: »Sie hat großes poetisches Talent, aber an Beurtheilungskrafft fehlts ihr; und sie bedarf der Hobel noch gar sehr. Ich kuranze sie gar gewaltig, so weh es auch ihrer Eigenliebe, deren sie eine gute Portion besizt, thun mag.«[4] Die Schülerin erwies sich allerdings als selbstbewußter als die beiden Herren gutheißen konnten: Sie plante schon bald eine eigene Gedichtausgabe. Alarmiert schrieb Boie an Bürger: »Ph. Gatterer will ja ihre Gedichte zusammendrucken laßen. Du soltest doch abrathen; ich will es auch thun.«[5] Offensichtlich ließ sich Philippine Gatterer nicht abraten. 1778 erschien die erste Sammlung ihrer Gedichte. Tischbein malte sie daraufhin in Kassel als »göttingische Muse«.[6] So viel Ehre wurde ihr in Göttingen nicht zuteil: »Hier redt man nicht von ihr, man bewundert sie nicht ohngeachtet ihres lebhaften Verstands, ihres feurigen Wizes [...]«.[7] Auch Lichtenberg scheint von ihrem Talent nicht viel gehalten zu haben. Er hielt es jedenfalls nicht für nötig, sie »zu Versen zu bewegen« (Bw 2, Nr. 919).[8]

Insgesamt zeigte Lichtenberg wenig Interesse an den Töchtern seiner Kollegen, obwohl es neben Meta Forkel und Philippine Gatterer noch weitere begabte Professorentöchter gab wie Caroline Michaelis, Therese Heyne und Dorothea Schlözer. Stadtgespräch in Göttingen waren die »Universitätsmamsellen« allemal – kein Wunder in einer Stadt, wo es so viele junge Männer gab. Dabei hatte die Universitätsverwaltung die Professoren sogar gebeten, die Studenten in ihre Häuser zu Gesellschaften einzuladen, damit sie im Gespräch mit »wohlgesitteten Frauenzimmern« gebildet werden könnten und sich nicht mehr mit »liederlichen Weibspersonen« einließen.[9] Carolines Vater, der Orientalist Johann David Michaelis, soll zu diesem Vorschlag nur gesagt haben: »Ganz gut, aber meine Töchter sollen die Schleifsteine nicht seyn.«[10] Er jedenfalls verbot seinen Töchtern den Besuch der öffentlichen Bälle.[11] Weniger streng behütet wuchs Therese Heyne auf und geriet daher schnell in schlechten Ruf. Als sie

376
Samuel Thomas Soemmerring (1755-1830):
Über die Wirkungen der Schnürbrüste. Berlin 1793.
Göttingen, Niedersächsische Staats- und Universitätsbibliothek, 8° Med. Diaet. 180/31
Anläßlich einer Preisfrage der von dem Pädagogen Christian Gotthilf Salzmann gegründeten philantropinischen Erziehungsanstalt zu Schnepfenthal schrieb Lichtenbergs Freund, der Anatom und medizinische Schriftsteller Samuel Thomas Soemmerring bereits 1787 einen Aufsatz über Schnürbrüste. Soemmerring, vor allem vom medizinischen Standpunkt argumentierend, wies darin insbesondere auf die gesundheitlichen Folgen des Tragens von Schnürleibern hin. [SW]

377
Georg Forster (1754-1794):
Über die Schädlichkeit der Schnürbrüste.
In: Göttinger Taschen Calender für 1789.
Göttingen, Niedersächsische Staats- und Universitätsbibliothek, 8° Scr. var. arg. II, 3470: 1789 Rara
»In Gotha habe ich den Preis über die Frage: ›Welchen Einfluß hat der Gebrauch der Schnürbrüste‹ – gewonnen. Salzmann wird Dir ein Exemplar zusenden«, teilt Soemmerring am 21. Dezember 1787 Georg Forster mit, der – möglicherweise auch angeregt durch Lichtenberg – ebenfalls einen Aufsatz über Schnürleiber verfaßte.
»Die Schnürbrust wirkt gerade das Gegentheil von dem, was man jezt durch sie zu gewinnen hofft; sie sollte den Körper verschönern, und sie verunstaltet ihn«, so beginnt Forsters Göttinger Calender-Artikel, in dem er sich im wesentlichen auf seinen Freund Soemmerring bezieht und auf die durch das Tragen von Schnürleibern bedingten körperlichen Deformationen sowie auf seelische und körperliche Krankheiten hinweist. Er habe jedoch noch ein »paar leichtere Ideen beigefügt, um Kalenderwaare daraus zu machen«, teilte Forster im August 1788 Soemmerring mit. »Wäre vielleicht an der Beybehaltung der Schnürbrüste der verderbte Geschmack der Männer schuld, die als Sclaven der Gewohnheit noch immer in der Trichterform ein Ideal der Schönheit erblicken, welches freylich nicht der Natur, wohl aber jedem Schneider erreichbar ist?« fragte Forster sich und die Leser des *Göttinger Taschen Calenders*. Absurd war es in den Augen des freiheitsliebenden Aufklärers, den doch von Natur aus schönen weiblichen Körper mit »Stäben von Stahl und Eisen« in eine »widernatürliche Lage zu pressen« und ihn in einen »Kerker« zu sperren. [SW]

378
Christian Gotthilf Salzmann (1744-1811):
Krebsbüchlein oder Anweisung zu einer unvernünftigen Erziehung der Kinder. Erfurt 1788.
Frankfurt am Main, Stadt- und Universitätsbibliothek, S 5/446
In der satirischen »Anweisung zu einer unvernünftigen Erziehung« des Pfarrers und Philantropen Salzmann wird auf falsche Erziehungsmethoden hingewiesen und werden Vorschläge zur Verbesserung gemacht. Ein Kapitel in Salzmanns *Krebsbüchlein* lautet: »Ein schönes Mittel, seine Kinder zu Krüppeln zu machen: *Laß sie Schnürbrüste tragen*!« (Nr. 181) Anhand eines abschreckenden Beispiels – der Lebensgeschichte des Fräulein Louischen von Gentholm – führt Salzmann Eltern und Erziehern drastisch vor Augen, was aus Mädchen werden kann, die ihr Leben lang einen Brustpanzer tragen müssen: Louischen, bei ihrer Geburt ein »Ausbund von Schönheit«, wird von ihrer Mutter gezwungen die Qualen geduldig auszuhalten, die ihr die Schnürbrust verursachen. »Jeden Morgen hielt es geduldig stille, wenn man ihn anlegte, duldete es, wenn die Eingeweide, die im Unterleibe liegen, gezwungen wurden, ihren Platz zu verlassen und in der Brusthöhle Quartier zu suchen [...]. Den Mangel an freiem Atemholen und Appetite duldete sie auch, ergab sich endlich sogar darein, als ihr die Mutter den, ihrer Meinung nach, entsetzlichen Befehl ankündigte, daß sie in der Schnürbrust schlafen sollte. Es ist, dachte sie, Deine Mutter, du mußt ihr gehorchen.« Das Louischen endet als bucklige, verkrüppelte alte Jungfer, die niemand haben will. [SW]

379
Dorothea Christiane Erxleben, geb. Leporin (1715-1762).
Porträt auf der 60-Pfennig-Briefmarke der Deutschen Bundespost, 1991.
2,9 × 2,4 cm
Erste medizinische Doktorin an einer deutschen Hochschule, Mutter des Lichtenberg-Freundes Johann Polycarp Erxleben. [SW]

380
Dorothea Christiane Leporin:
Gründliche Untersuchung der Ursache, die das Weibliche Geschlecht vom Studiren abhalten Darin deren Unerheblichkeit gezeiget, und wie möglich, nöthig und nützlich es sey, daß dieses Geschlecht der Gelahrtheit sich befleisse, umständlich dargelegt wird von Dorotheen Christianen Leporinin, nebst einer Vorrede ihres Vaters D. Christiani Polycarpi Leporin, Med. Pract. in Quedlinburg. Berlin 1742.
Hannover, Niedersächsische Landesbibliothek, Ba-A 227
Verstümmelt nachgedruckt unter dem Titel: Vernünftige Gedanken vom Studiren des schönen Geschlechts. Frankfurt 1749.

381
Dorothea Friederike Baldinger (1744-1786).
Ein Porträt existiert nicht.

382
Sophie von la Roche (1731-1807) (Hrsg.):
Lebensbeschreibungen von Friderika Baldinger von ihr selbst verfaßt. Herausgegeben und mit einer Vorrede begleitet von Sophie, Witwe von la Roche. Offenbach bei Ulrich Weiß und Carl Ludwig Brede, 1791.
Göttingen, Niedersächsische Staats- und Universitätsbibliothek, 8° Hist. lit. biogr. IV, 9055

383
Friederike Baldinger:
Brief an Georg Christoph Lichtenberg, 10. Juni 1781.
22,5 × 19 cm
Göttingen, Niedersächsische Staats- und Universitätsbibliothek, Cod. Ms. Licht. III, 13a
»Gestern gieng es mir mitt Ihnen wie jenem verliebten Mädgen, dem ihr geliebter untreu geworden war, daß sich indeß nach einem andern umgesehen hatte, um ienen zu vergeßen, weil er sie verschmähte. Daß aber bei einem unverhoften anblik des erstren sich doch selber gestehen muste: *alte Liebe rostet nicht*: So tanzte mir gestern daß Hertz im leibe, oder viel mehr die Seele im Kopfe, für Freuden, als sie sich under meinem Fenster so unerwartet meinen Augen auf einmal darstellten. Ihr Anblick schob mir, gleich einem Schatten Spiele an der Wand, eine Menge Bilder vor, womitt Ihr Wiz meiner armen Seele sonst so manches Fest gegeben hatte – aber weg war der Profeßor wie ein süsser Traum.« (Bw 2, Nr. 828)

384
Johann Friedrich August Tischbein (1750-1812) (pinx.) und NN (sc.):
Caroline Schelling, geb. Michaelis, verw. Böhmer, gesch. Schlegel (1763-1809).
Porträt.
Kupferstich, 1798.
Nürnberg, Germanisches Nationalmuseum

385
Johann Heinrich Tischbein (1722-1789) (pinx.) und Gotthelf Wilhelm Weise (1750-1810) (sc.):
Magdalena Philippine Gatterer (1756-1831).
Porträt.
Aus: Musenalmanach. Göttingen: J. C. Dieterich 12 (1781).

das Ehepaar Blumenbach auf einer Reise in die Schweiz begleitete, munkelte man in Göttingen sogar, daß sie »blos [...] gegangen wäre um sich einer gewissen Bürde zu entledigen« (Bw 2, Nr. 1214).[12] Erfolgreicher wahrte Heynes Kollege Schlözer den Ruf seiner Tochter: Er bildete sie zur Wissenschaftlerin aus, denn »während dessen sie dieses für sie unnütze Zeug lernt, beschäftigt sie sich doch, und Beschäftigung sichert ein sechzehnjähriges Mädchen vor Anfechtungen des Teufels.«[13] Schon früh wurde Dorothea in mehreren Sprachen, Mathematik, Religion, Geschichte und Mineralogie unterrichtet. Mit siebzehn verlieh man ihr nach vorangegangener Prüfung anläßlich des fünfzigjährigen Bestehens der Universität die Doktorwürde. Lichtenberg kommentierte: »Sie ist zwar noch nicht verheiratet, hat aber promoviert« (SB 2, G 200).

Überhaupt schien Lichtenberg vor allem zu interessieren, welche Mamsell »den Weg alles Mädchenfleisches gegangen« war (Bw 2, Nr. 840),[14] wie Philippine Gatterer, die 1780 Johann Philipp Engelhard heiratete. Wozu Lichtenberg anmerkte: »Sie bekommt einen Casselschen Kriegssekretär, einen sehr artigen Mann, der wie ich gehört habe das kalte Blut besizt, das sich für das hitzige der Mamsel schickt.« (Bw 2, Nr. 749)[15] Philippine selbst hatte kurz vorher an Bürger über ihren »Herzenskäfer« geschrieben, daß sie »ihn liebe mit ruhiger Liebe und der Ueberzeugung daß er mich glücklich machen wird.«[16] Im übrigen war Philippine Gatterer ruhigen Blutes genug, als einzige der fünf Professorentöchter bis zu Engelhards Tod 1819 an der Seite des ihr angetrauten Ehemannes zu bleiben.

Mehr Interesse als Lichtenberg zeigte sein weitgereister Freund Johann Georg Forster an den Professorentöchtern: Bei seinem ersten Besuch im Hause Gatterer Ende 1778 blieb er drei Stunden und fand Philippine »so lebendig, so witzig, so freimüthig«, daß er »die ganze Zeit fast allein mit ihr sprach, während das Lichtenberg die übrige Familie [...] unterhielt.«[17] Auch im Hause Michaelis sprach er vor und schenkte Caroline ein Tuch aus Tahiti, worauf diese sich gleich ein wenig in ihn verliebte.[18] Heiraten sollte er schließlich den »Freygeist«[19] Therese Heyne, wozu ihm Lichtenberg viel Glück wünschte, aber nicht glaubte, »daß er es finden wird. F[orster] ist für die Liebe im eigentlichen Verstand; Th[erese] für die à la Grenadiere wie man mir sagt, denn ich kenne das Mädchen nicht« (Bw 3, Nr. 1339).[20] Lichtenberg sollte recht behalten, das Ehepaar Forster ließ sich später in gegenseitigem Einvernehmen scheiden, und Therese heiratete den Literaten Ludwig Ferdinand Huber. Huber allein konnte ihre Familie aber nicht versorgen, so daß Therese sich ab 1793 selbst literarisch betätigte. Vater Heyne in Göttingen sah darin »einen lächerlichen, unweiblichen Drang«,[21] so daß Huber seine Frau in Schutz nehmen mußte, daß sie »für ein Hemd, ein Wams, eine Lektion mit den Kindern« ihren Schreibtisch »mit tausend Freuden« verließe.[22] Der Öffentlichkeit gegenüber mußte sich Therese zunächst nicht rechtfertigen. Ihr erster Roman sowie die folgenden Romane, Erzählungen und Übersetzungen erschienen zwölf Jahre lang bis zu Hubers Tod unter seinem Namen. Sie selbst beschrieb ihre Zusammenarbeit so: »Ich schmiere das Papier voll, Huber bringt es ins Reine, drückt aus, was ich nur angedeutet, schneidet ab, wo mein Herz überfloß.«[23] Wie gering Hubers Anteil wirklich war, läßt sich nur erahnen, denn nach seinem Tod blieb sie auch ohne seine Hilfe und seinen Namen eine erfolgreiche Schriftstellerin.

Weniger Erfolg trotz ihres frühen Debüts als Romanautorin hatte Meta Forkel. Sie lief ihrem Mann 1788 davon und nahm in Berlin bei einem Schriftsteller Unterricht. Danach fand sie Hilfe bei dem noch verheirateten Ehepaar Forster in Mainz. Georg Forster unterstützte sie in dem Versuch, sich als Übersetzerin ihren Lebensunterhalt zu verdienen.[24] Doch »wegen ihrer Verwandten und weil HE. Forkel mit ihrem Vermögen nicht zum Besten gewirthschaftet hat« mußte sie nach Göttingen zurückkeh-

Kupferstich, 1780. 9 × 5,2 cm
Göttingen, Niedersächsische Staats- und Universitätsbibliothek, 8° Poet. Germ. I, 2826 Rara
»Ja ja, dies bin ich ganz! ...« beginnt ein Gedicht an Tischbein, mit dem sich Philippine Gatterer für dieses Porträt bedankte (Musenalmanach 12 (1781), S. 115-117).

386
Therese Marie Heyne-Forster-Huber (1764-1829).
Porträt.
Pinselzeichnung, Anfang 19. Jahrhundert.
Göttingen, Niedersächsische Staats- und Universitätsbibliothek, Cod. Ms. Th. Huber 7

387
Therese Huber (1764-1829): Die Familie Seldorf. Eine Geschichte von L[udwig] F[erdinand] Huber. Tübingen 1795/1796. 2 Bde.
Göttingen, Niedersächsische Staats- und Universitätsbibliothek, 8° Fab. Rom. VI, 5336: 1. 2. Rara
Im Zusammenhang der Romanliteratur des ausgehenden 18. Jahrhunderts, und nicht nur der von Frauen, ist *Die Familie Seldorf* ein interessanter Sonderfall, den die traditionelle Literaturgeschichtsschreibung zu Unrecht weitgehend übersehen hat. Aus zeitgenössischer Perspektive und am Beispiel einer Frau als Protagonistin werden Ereignisse der Französischen Revolution mit deutlicher Parteinahme für deren Ideale thematisiert. Zwei Ebenen prägen den Aufbau der Handlung, vielschichtig differenziert und miteinander verwoben: die Ebene der politischen Geschichte und die der Familien- und Liebesgeschichte. In beiden Berei-

chen ist Sara Seldorf die aktive Schlüsselfigur, deren schmerzhafter politischer und emotionaler Entwicklungsprozeß im einzelnen dargestellt wird. Sara ist ein Tugendvorbild; sie folgt ihrer von Leidenschaft und Sinnlichkeit geprägten Liebe und verzichtet auf die Sicherheit einer Ehe; sie mischt sich aktiv in das Revolutionsgeschehen 1792/93 in Paris und in der Vendée ein. Die zeitgenössischen Literaturkritiker und -historiker begegneten gerade jenen Punkten mit Unverständnis, in denen aus heutiger Sicht literarische Vorzüge des Romans zu sehen sind: das veränderte Frauenbild und die Ehekritik, die Ausdruck sittenloser Grundsätze seien. [MH]

388

Sophia Margareta [= Meta] Dorothea Liebeskind (1765-1853), geb. Wedekind, gesch. Forkel.
Silhouette, Reproduktion.

389

[Margareta Forkel (1765-1853):]
Maria. Eine Geschichte in Briefen. Leipzig, bey Weidmanns Erben und Reich 1784.
Göttingen, Niedersächsische Staats- und Universitätsbibliothek, 8° Fab. Rom. VI, 2673 Rara
Meta rief man die Tochter eines Göttinger Theologieprofessors; sie ist die am wenigsten bekannte der berühmt-berüchtigten »Göttinger Universitätsmamsellen«, und vollständig muß man sie Margareta Sophia Dorothea Liebeskind, geb. Wedekind, geschiedene Forkel (1765-1853) schreiben: so wechselvoll wie das der Caroline Michaelis war ihr Leben, und es verlief zeitweise ganz parallel. Als sich Meta Forkel nämlich Anfang der 90er vom Übersetzen ernährte, worin sie einige Begabung hatte, zog sie nach Mainz zu Georg Forster, wo auch Caroline weilte; dort geriet sie in den Strudel der Revolution, der Forster, ihr Bruder Georg Christian Gottlieb Wedekind und Carolines Schwager Johann Georg Wilhelm Böhmer dienten. Ihr hier gezeigter literarischer Erstling, ein Briefroman mit Lebensläufen in weniger auf- als zumeist absteigender Linie, ist übrigens außerordentlich schwach; zwar werden nicht, wie im 19. Jahrhundert so gern, die beteiligten Figuren am Schluß paarweise zum Traualtar getrieben, auch wendet

ren, »wo sie nun wohl [...] wenig Schonung von der Prüderie und der Bosheit der göttingischen Frauenzimmer zu hoffen hat.«[25] Forster bat seinen Schwiegervater daher, »ihr den Gebrauch der Göttinger Bibliothek zu erleichtern«, damit sie in ihrer »Carriere« fortfahren konnte.[26] Professor Heyne war dazu gern bereit »wenn das Ubersetzen sie nur zu einer guten Haußfrau machte! [...] und [sie] nicht den Tag zehenmal als eine Schlumpe und Bacchante über die Straße« laufe.[27] Lange hielt Meta Forkel es in Göttingen nicht aus. Noch einmal zog sie nach Mainz. 1794 wurde sie schließlich geschieden, und heiratete – diesmal mit mehr Glück – Johann Heinrich Liebeskind.

Eine glückliche zweite Ehe versagt blieb Dorothea Schlözer. Sie hatte 1792 in dem Lübecker Senator Matthäus Rodde einen Ehemann gefunden, wurde in ihrer Ehe aber nicht glücklich. An eine Trennung dachte sie nicht, statt dessen lebte sie fast zwanzig Jahre lang in einem heimlichen und quälenden Dreiecksverhältnis mit Rodde und dem französischen Emigranten Charles Villers.[28] 1797 hatte sie an ihre Mutter geschrieben: »Auf den Wegen von Caroline wird man mich nicht sehen. Es ist ein heilig Ding um die eheliche Treue, nur frivoler Leichtsinn wirft die Fesseln leicht ab.«[29]

Der Lebenswandel von Caroline Michaelis war den Göttingern in der Tat so anstößig, daß sie ihr den Aufenthalt in der Stadt verboten. Dabei hatte Caroline 1784 zu aller Zufriedenheit den Arzt Johann Franz Wilhelm Böhmer geheiratet. Ihre Ehe dauerte nur knappe vier Jahre, dann starb Böhmer an einer Krankheit. Caroline war mit 25 Jahren Witwe und lehnte jeden weiteren Heiratsantrag ab. Sie hatte beschlossen, nicht »gemächlich« zu leben, sondern »frey«, müßte sie »es auch mit Sorgen erkaufen.«[30] Caroline war bald als »cokette junge Witwe«[31] verschrien. Schlimmer noch wurde ihr Ruf, als sie sich im republikanischen Mainz bei den Forsters aufhielt und dort wie Meta Forkel anfing zu »skribeln«.[32] Beim Verlassen der Stadt geriet sie in preußische Gefangenschaft, weil sie irrtümlich für eine Revolutionärin gehalten wurde. Durch Intervention von Freunden und ihrem Bruder wurde sie nach einigen Wochen schließlich freigelassen. Die Rückkehr nach Göttingen war ihr nun verwehrt. Dabei gelang es ihr noch, das größte Skandalon zu verheimlichen: Caroline war schwanger. Sie brachte das Kind, das aus einer kurzen Liaison mit einem französischen Offizier stammte, unter falschem Namen zur Welt und ließ es bei Pflegeeltern. Caroline willigte schließlich in eine Ehe mit Wilhelm Schlegel ein, der ihr in ihrer Not eine große Hilfe und ein guter Freund gewesen war. Einige Jahre lebte sie mit ihm in einer glücklichen, vom literarischen Wirken der Brüder Schlegel bestimmten Verbindung in Jena. Sie trug in erheblichem Maß zu den Diskussionen des Romantikerkreises bei, schrieb Rezensionen und half ihrem Mann bei seinen Shakespeare-Übersetzungen. Doch dann entfremdeten sich die Ehegatten. Caroline verliebte sich in einen Freund des Hauses, den Philosophieprofessor Friedrich Wilhelm Joseph von Schelling. Nach langem Zögern und in tiefem Kummer um den Tod ihrer ältesten Tochter Auguste – zwei weitere Kinder aus der Ehe mit Böhmer und ihr uneheliches Kind waren bereits im Kindesalter gestorben – entschloß sie sich schließlich 1803, sich von Schlegel scheiden zu lassen und Schelling zu heiraten, mit dem sie bis zu ihrem Tod zusammenlebte.

Caroline Michaelis, Therese Heyne, Meta Forkel, Dorothea Schlözer und ein wenig auch Philippine Gatterer verstießen mit ihrem Lebenswandel gegen das zu dieser Zeit herrschende Frauenbild und gehörten damit wie z. B. auch Sophie Mereau-Brentano oder Dorothea Veit-Schlegel zu einer kleinen Gruppe von Frauen, die sich um die Wende vom 18. Jahrhundert zum 19. Jahrhundert gegen die Konvenienzehe wandten und versuchten, sich als Schriftstellerin ihre Unabhängigkeit zu sichern.[33] Ob es Zufall ist, daß Göttingen mit seinen fünf »Universitätsmamsellen« einen unverhältnismäßig großen Anteil an dieser kleinen Gruppe stellt, verdiente eine genauere Untersuchung. Systematisch zur gebildeten Frau erzogen wurde nur Dorothea Schlözer. Doch der Bücherschrank der Väter war – wenn auch manchmal verschlossen – in allen Professorenhäusern vorhanden, und die heranwachsenden Töchter wurden nicht von jeder gelehrten Diskussion ferngehalten. Vermutlich war es in dieser Stadt also unmöglich, begabte Frauen von geistiger Anregung und damit der Bildung fernzuhalten, die Göttingens »Universitätsmamsellen« einmal berühmt machen sollte.

1 Brief an Friedrich Nicolai, 20. März 1785.

2 Caroline Michaelis an Luise Gotter, 8. September 1780. *Caroline. Briefe aus der Frühromantik.* Nach Georg Waitz hrsg. von Erich Schmidt. Bd. 1, Leipzig 1913, S. 32.

3 Johann Gottfried Herder an Johann Heinrich Merck, 26. Oktober 1772. *Johann Gottfried Herder. Briefe.* Bd. 2. Bearb. von Wilhelm Dobbek und Günter Arnold. Weimar 1977, S. 249.

4 Gottfried August Bürger an Heinrich Christian Boie, 11. Oktober 1777. *Briefe von und an Gottfried August Bürger.* Hrsg. von Adolf Strodtmann. Bd. 2, Berlin 1874, S. 162.

5 Heinrich Christian Boie an Gottfried August Bürger, 3. Mai 1778. Strodtmann (wie Anm. 4), S. 281.

6 Schmidt (wie Anm. 2), S. 31.

7 Ebda.

8 Brief an Johann Christian Friedrich Köhler, [Frühjahr 1782].

9 Stefan Brüdermann: *Göttinger Studenten und akademische Gerichtsbarkeit im 18. Jahrhundert.* Göttingen 1990, S. 381f.

10 *Brief eines Reisenden über Göttingen.* In: Litteratur- und Theater-Zeitung 1784. Teil 1. Nr XI, S. 164. Zitiert nach Brüdermann (wie Anm. 9), S. 382.

11 *Erinnerungen von Luise Wiedemann, geb. Michaelis.* Hrsg. von Julius Steinberger. Göttingen 1929, S. 5f.

12 Brief an Abraham Gotthelf Kästner, 7. Dezember 1783.

13 August Ludwig von Schlözer an Waldemar von Schmettow, 27. Oktober 1786. Zitiert nach Bärbel Kern, Horst Kern: *Madame Doctorin Schlözer. Ein Frauenleben in den Widersprüchen der Aufklärung.* München 1988, S. 98.

14 Brief an Georg Heinrich Hollenberg, 8. Juli 1781.

15 Brief an Johann Andreas Schernhagen, 23. November 1780.

16 Philippine Gatterer an Gottfried August Bürger, 27. September 1780. Strodtmann (wie Anm. 4), Bd. 3, S. 20f.

17 Johann Georg Forster an Johann Reinhold Forster, 24. Dezember 1778. *Georg Forsters Werke.* Bd. 13. Bearb. von Siegfried Scheibe. Berlin 1978, S. 168.

18 Caroline Michaelis an Julie von Studnitz, 31. Januar 1779. Schmidt (wie Anm. 2), Bd. 1, S. 9.

19 Caroline Michaelis an Luise Gotter, 28. Mai 1784. Schmidt (wie Anm. 2), S. 85.

20 Brief an Samuel Thomas Soemmerring, 7. Januar 1785.

21 Zitiert nach Ludwig Geiger: *Therese Huber. Leben und Briefe einer deutschen Frau.* Stuttgart 1901, S. 100.

22 Ebda., S. 100.

23 Ebda., S. 86.

24 Johann Georg Forster an Christian Gottfried Körner, 25. November 1789. *Georg Forsters Werke.* Bd. 15. Bearb. von Horst Fiedler. Berlin 1981, S. 377.

25 Johannn Georg Forster an Christian Gottlob Heyne, 6. Oktober 1789. Ebda., S. 345.

26 Ebda.

27 Cristian Gottlob Heyne an Johann Georg Forster, 18. Oktober 1789. *Georg Forsters Werke.* Bd. 18. Bearb. von Brigitte Leuschner, Siegfried Scheibe, Horst Fiedler, Klaus-Georg Popp, Annerose Schneider. Berlin 1982, S. 359.

28 Vgl. Kern, Kern (wie Anm. 13), S. 148-170.

29 Dorothea Rodde an Caroline Friederike Schlözer, November 1797. Zit. nach ebda, S. 156.

30 Caroline Michaelis an Friedrich Ludwig Wilhem Meyer, 29. Oktober 1791. Schmidt (wie Anm. 2), Bd. 1, S. 231.

31 Ebda.

32 Johann Georg Forster an Christian Gottlob Heyne, 10. März 1792. *Georg Forsters Werke.* Bd. 17. Bearb. von Klaus-Georg Popp. Berlin 1989, S. 60.

33 Vgl. Eva Walter: *Schrieb oft, von Mägde Arbeit müde.* Düsseldorf 1985.

sich wenigstens eine der besseren Gestalten (Barthold) gegen den Selbstmord. Aber immerhin stirbt der verführte Leichtsinn (die Titelheldin), findet sich der Verführer im Wahnsinn; und an jeder Stelle, da der Knoten einer angeblichen Handlung ›geschürzt‹ wird, findet sich auch die entsprechende moralinsaure Erklärung z. B. über Erziehungsregeln, über die Ursachen des Verderbens – und andere Einsichten mehr. Das Buch ist gewiß nicht deswegen so selten, weil es von so vielen Zeitgenossen ge- und zerlesen worden wäre.
Lichtenberg nahm es nur wahr, weil er sich ungerecht behandelt fühlte: »Eine Gans unsrer Stadt, die Frau des Music Director Forkel hat einen Roman in Leipzig drucken lassen, worin sie ebenfalls die Sache so vorstellt, als hätte ich *so* für *e* wie Voß für *ä* gestritten.« (An Friedrich Nicolai, 20. März 1785, Bw 3, Nr. 1366) [UJ]

390
Heinrich Schwenterley (1749-1815) (pinx.) und Johann Dominicus Fiorillo (1748-1821) (sc.):
Dorothea Schlözer.
Porträt.
Kupferstich, 1789. 25 × 20,5 cm
Göttingen, Niedersächsische Staats- und Universitätsbibliothek, Voitsche Slg.: D. Schlözer

Magdalene Heuser

»So weiß ich kaum, ob ich nicht vielleicht auch nicht erlaubte, daß Miecken die Hände zum schreiben brauchen wolte«

Zwischen Aufwartung und Emanzipation durch Schreiben Frauen im 18. Jahrhundert

Zu den Wagnissen der Aufklärung, die jedoch nur ansatzweise versucht und später nur halbherzig weitergeführt worden sind, gehörten die Bestrebungen um Förderung der Bildung und Emanzipation von Frauen. Im ausgehenden 17. und beginnenden 18. Jahrhundert erschienen zahlreiche Dissertationen und Lexika, die in alphabetischer Anordnung berühmte Frauen und deren Verdienste auflisteten. Diese Veröffentlichungen – Vorformen einer Kultur- und Literaturgeschichte von Frauen – sollten einmal beweisen, daß Frauen zu allen Zeiten auf den Gebieten von Literatur, Wissenschaft und Politik zu größeren Leistungen fähig gewesen seien, und zum anderen die zeitgenössischen Leserinnen ermutigen, sich nun ihrerseits auch um Bildung und Tugend zu bemühen.[1] Johann Christoph Gottscheds Literaturbestrebungen um den Aufbau einer deutschen Nationalliteratur, die sich neben der des Auslands sehen lassen und wie die jener Länder auch einige Poetinnen aufweisen sollte, führten zu entschiedenen Forderungen und Maßnahmen, Bildungsmöglichkeiten und -anreize für Mädchen und Frauen zu schaffen und zu erweitern sowie sie zu literarischer Produktion anzuregen. In dem Zusammenhang kommt den Moralischen Wochenschriften eine wichtige Funktion zu.[2]

Im 18. Jahrhundert traten zum erstenmal in Deutschland Frauen in größerer Zahl und unter Berufung aufeinander als Schriftstellerinnen auf.[3] Sie schrieben in den literarischen Formen und Genres ihrer Zeit, nahmen aber häufiger als ihre Dichterkollegen in ihren Texten auch Stellung zu Frauenfragen ihrer Zeit. Dennoch blieben diese Schriftstellerinnen wie Frauen allgemein abhängig von den Möglichkeiten und Grenzen eines Entfaltungsspielraums, wie er ihnen von ihren männlichen Zeitgenossen gesetzt und abgesteckt wurde. Ziel jener Forderungen nach besserer Erziehung und Erweiterung des Wissens für Mädchen und Frauen war es nämlich, sie zu gut qualifizierten und verantwortungsvoll handelnden Vorsteherinnen des Haushalts, Erzieherinnen der Kinder und Gefährtinnen der Männer auszubilden. Der Typ und Topos des »gelehrten Frauenzimmers«, zu Beginn der Frühaufklärung noch ein Ideal, verkam jedoch innerhalb weniger Jahre zum Schimpfwort. Kaum eine gebildete Frau der zweiten Hälfte des 18. Jahrhunderts, die sich nicht dagegen verwahrte, öffentlich als »gelehrt« bezeichnet zu werden.[4] Im Schrifttum von Männern und Frauen der Zeit fand eine lebhafte Diskussion statt über die Geschlechtercharaktere und -rollen sowie deren Veränderbarkeit. Diese Auseinandersetzungen sowie die sich wandelnden Lebensbedingungen hatten nicht nur eine Polarisation der männlichen und weiblichen Geschlechtercharaktere, sondern vor allem auch eine Polarisation der Frauenbilder zur Folge. Zwischen den primären Aufgaben des häuslichen Bereichs, der Aufwartung

391
Johann Heinrich Ramberg (1763-1840):
Die gelehrte Frau.
Tuschzeichnung, 1802. 11 × 8,9 cm
Hannover, Landesgalerie im Niedersächsischen Landesmuseum.
Ein im 18. Jahrhundert berühmt gewordenes Spottgedicht auf die gelehrte Frau, das der unter dem Pseudonym Sperontes bekannt gewordene Dichter Johann Siegismund Scholze 1736 verfaßte, lautet: »Ihr Schönen, höret an, / Erwählet das Studieren, / Kommt her, ich will Euch führen / Zu der gelehrten Bahn, / Ihr Schönen höret an. [...] / Kontinuiert drei Jahr, / Dann könnt Ihr promovieren / Und andere dozieren, / O schöne Musenschar, / Kontinuiert drei Jahr. / Ich sterbe vor Vergnügen, / Wenn Ihr anstatt der Wiegen / Euch den Katheder wählt, / Statt Kinder Bücher zählt; / Ich küßt' Euch Rock und Hände, / Wenn man Euch Doktor nennte. / Drum, Schönste, fangt doch an, / Kommt zur Gelehrtenbahn!«
Rambergs Stich »Die gelehrte Frau« wirkt wie eine Illustration zu Sperontes Gedicht. Auch Ramberg scheint die Meinung der Mehrzahl seiner männlichen Zeitgenossen geteilt zu haben, daß die Frau nicht ihre Nase in Bücher stecken, sondern sich um Haushalt, Mann und Kinder kümmern soll. [SW]

als Ehefrau, Hausfrau und Mutter, und den Ansprüchen auf Teilhabe an Bildung und Öffentlichkeit, zum Beispiel als Schriftstellerin, bewegten sich die Bestimmungsversuche. An dem Primat der Aufwartung durfte letztlich jedoch nicht gerüttelt werden.

Lichtenberg war Zeitgenosse dieser für die Emanzipationsgeschichte von Frauen so entscheidenden und zugleich so widersprüchlichen Jahrzehnte des 18. Jahrhunderts. Wie nicht anders zu erwarten, hat er auch für die hier anstehenden Fragen kein System entwickelt, sondern ist von scharf formulierten Einzelbeobachtungen ausgegangen, die die Grundlage bilden für ebenfalls einzelne theoretische und kritische Ausführungen zum Verhältnis der Geschlechter und zu Frauenbildern. Dabei erweist er sich

392
Daniel Chodowiecki (1726-1801) und Georg Christoph Lichtenberg (Erläuterungen):
Der Fortgang der Tugend und des Lasters.
Aus: Göttinger Taschen Calender für 1778. Bey Joh. Chr. Dieterich. S. 24-31.
12 Kupferstiche, 1777.
Stuttgart, Staatsgalerie, Graphische Sammlung
Mit »Der Fortgang der Tugend und des Lasters« begann die Zusammenarbeit zwischen Daniel Chodowiecki und Lichtenberg, der in einem Brief an den berühmten Berliner Kupferstecher schrieb, er beabsichtige, mit dieser Kupferstichfolge darzulegen, »in wiefern Laster häßlich und Tugend schön machen können, also eine Physiognomick, die nicht so niederschlagend ist, als die jezt beliebte. Ich wünschte also nach Hogarths Art das Leben von liederlichen so wohl als tugendhafften beyderley Geschlechts vorzustellen.« (Bw 1, Nr. 362)
Im Gegensatz zu Hogarths belehrenden Zyklen über vorbildliches und lasterhaftes Verhalten von Männern und Frauen sollten jedoch – so Lichtenberg – keine konkreten Ausführungen über die jeweiligen Lebensumstände gemacht, sondern die »Geschichte [...] durch Züge des Gesichts« und nicht »durch Handlungen gezeigt werden«. (GTC für 1778, S. 25) Lediglich auf dem vierten Blatt des weiblichen Lebenslaufes finden sich Verhaltensweisen. Während sich die »vorbildliche« Frau um die Erziehung ihrer Tochter kümmert und damit das Ideal der »guten Mutter« erfüllt, läßt sich die »schlechte« Frau mit Männern ein. Hogarths »Huren«, so Lichtenberg an Chodowiecki, seien hierfür »vortrefflich zu gebrauchen«. (Bw 1, Nr. 362)
Detailliert hat Lichtenberg dem Kupferstecher in seinem Brief vom 23. Dezember 1776 erläutert, wie er sich die bildliche Umsetzung eines nachahmenswerten beziehungsweise verabscheuenswürdigen männlichen und weiblichen Lebens vorstellte: »Das erste Blat enthielt etwa den Kopf eines schönen Knaben von 16 Jahren voller Unschuld, mit mehr Gesundheit als bestimmtem Charackter im Gesicht. Und so das siebende ein Mädchen etwas jünger, aber sonst übrigens

einmal mehr als genauer Beobachter und Analytiker seiner selbst, nämlich seiner eigenen Erfahrungen mit Frauen, und seiner unmittelbar wahrnehmbaren Umwelt. Hierüber gibt in erster Linie der Briefwechsel Auskunft.

Die dort vertretenen Briefempfängerinnen und -schreiberinnen sowie die in Grüßen kurz Erwähnten oder im einzelnen Beschriebenen gehören überwiegend zu den Frauen, deren Lebenszusammenhänge ausschließlich auf den Mann hin orientiert und durch ihn bestimmt sind. Sie treten als Gattinnen, Töchter, Schwestern, seltener nur als Mütter seiner Korrespondenten, vor allem aber seiner eigenen familiären Lebenszusammenhänge in Erscheinung. An die eigene Mutter Henriette Catharina Lichtenberg erinnert er sich zeitlebens als »meine vortreffliche Mutter, an die ich nie ohne Thränen gedencke« (Bw 3, Nr. 1748).[5] Der erste Tagebuch-Eintrag des Jahres 1799 enthält eine Todesahnung und zugleich einen tröstenden Rückgriff auf die Mutter: »Es geht ans Leben dieses Jahr. Mutter wird helfen!« (SB 2, S. 854). Über Krankheit und Tod der Schwester Clara Sophie Lichtenberg – »daß meine sehr geliebte und eintzige Schwester gestorben ist« (Bw 2, Nr. 750) – berichtet er Johann Andreas Schernhagen am 27. November 1780 ausführlich, nicht ohne ihre besondere Liebe für ihn und seine Ratgeberfunktion für sie zu erwähnen. In den Jahresbriefen an die Cousine Agnes Wendt, Patin seiner Tochter Mimi, schildert er liebevoll und detailliert die Entwicklungsstadien des Kindes: wie sie unbeholfen versuche, mit dem neu geschenkten Eßbesteck umzugehen (Bw 4, Nr. 2491);[6] wie sie ihn nach Beendigung seiner Kollegs an der Tür des Auditoriums erwarte, ihm aufwarte, indem sie ihm tragen helfe und ihn zur Mutter führe (Bw 4, Nr. 2712);[7] und wie sie schließlich selbst »Collegia zu hören« beginne, und zwar im »Stricken« und »in den ersten Anfangsgründen der deutschen Literatur«, womit »die Betrachtung der 4 Evangelisten« auf dem Buchdeckel der Bibel vorerst gemeint sei (Bw 4, Nr. 2803).[8] Solche Beschreibungen, die sich auf Personen und Verhältnisse der eigenen Familie oder die der Briefpartner beziehen, lassen nicht nur Lichtenbergs vielgerühmte Fähigkeit zu genauer Beobachtung, sondern auch zu warmer menschlicher Zuwendung erkennen. In diesen Zusammenhang gehören auch Aufzeichnungen über den Selbstmord eines beinahe 17jährigen Mädchens, einer Aufwärterin, die – mit den Relikten ihrer ersten Menstruation öffentlich vor einer Gruppe von Burschen bloßgestellt – sich »aus einer Ursache ertränckt [hat], die würcklich etwas Großes verräth« (Bw 2, Nr. 1278).[9] »O ich habe Theilnehmen gelernt, und lerne es immer mehr«, kennzeichnet Lichtenberg seine Haltung in einem Brief an Georg Forster vom 27. Mai 1792 (Bw 3, Nr. 2097).

Neben solchen Beispielen teilnehmender Beobachtung, die sich auf den einzelnen Menschen richtet und den konkreten Fall zu erfassen versucht, zeigt sich aber auch eine Tendenz zur Verallgemeinerung und Typisierung im Hinblick auf bestimmte Frauenbilder. So verklärt Lichtenberg nicht nur seine Mutter, sondern auch die kleine Tochter – »ein wahrer Engel« (Bw 4, Nr. 2712)[10] – und schließlich die eigene Frau – »Die Güte, die Geduld und das Vertrauen auf den Himmel bey dieser vortrefflichen Frau« (Bw 4, Nr. 2538)[11] – idealisierend als »Engel« beziehungsweise »Heilige«. »Den Sterbe Tag unserer unvergeßlichen Mutter, den 11ten Junii habe ich, wie einen Heiligen-Tag, begangen. Ich glaube, *wenn ich fähig wäre* irgend in der Welt etwas Schlechtes zu machiniren, so würde der Gedancke an folgende unvergeßlichen alles in der Brut zerstöhren, an unsere Mutter, an meine Frau und Kinder und an *Dich*!« (Bw 4, Nr. 2538)

Es ist jedoch nicht der idealisierende Begriff des »Engels« oder der »Heiligen«, sondern eine andere, sozial bestimmte Kategorie, die im Zusammenhang von Lichtenbergs Frauenerfahrungen und in seinen Reflexionen über sich und sein Verhältnis zum

von gleichem Charackter unbestimmt unentschlossen und gesund. Auf dem 2ten und 8ten Blat kämen nunmehr zween Köpfe, der tugendhaffte oben, der lasterhaffte unten, immer mit Beybehaltung der Aehnlichkeit, nur daß bey dem Tugendhafften immer Gesundheit und innere Ruhe und bey dem andern Kranckheit, GewissensAngst und verzweiflung sich durch die Ihnen gewiß bekannte Zeichen äußerte«. (Bw 1, Nr. 362) Auf dem jeweils ersten Blatt des männlichen und weiblichen Lebenslaufes wünschte sich Lichtenberg eine kontrastive Gegenüberstellung laster- und tugendhafter Attribute, die einiges über sein Männer- beziehungsweise Frauenbild verraten: Flasche und Würfel stehen für männliches Laster; Globus und Buch hingegen zieren den vorbildlichen Mann. Während Voltaires »La pucelle d'Orleans« (Die Jungfrau von Orleans), eine Theater-Maske, ein Kartenspiel und eine Distel »redende Zeichen« der unmoralischen Frau sind, verkörpern Bibel, Sanduhr, Handarbeitszeug und Olivenzweig das tugendsame Weib. [SW]

393
Augustin Claude Le Grand (1765-1815):
Jean Jacques Rousseau oder der natürliche Mensch.
Kupferstich, um 1785.
68,5 × 52,1 cm (Blatt),
44,4 × 36,9 cm (Platte)
Bez. »Jean Jacques Rousseau ou l'homme de la nature / Il rendit les Meres a leurs devoirs et les Enfants au bonheur / Vitam impendere vero« (Jean Jacques Rousseau oder der natürliche Mensch / Er gibt den Müttern ihre Pflicht zurück und den Kindern das Glück / Das Leben der Wahrheit widmen)
Coburg, Kunstsammlungen Veste Coburg, X,128,5

»Gäbe es nur vernünftige Männer auf Erden, so müßte jedes gelehrte Mädchen sein Leben lang Mädchen bleiben«, schreibt Jean-Jacques Rousseau in seinem *Emile*, in dem jenes Weiblichkeitsideal entworfen wird, das in der zweiten Hälfte des 18. Jahrhunderts immer mehr Anhänger (und Anhängerinnen) fand. »So muß sich die ganze Erziehung der Frauen im Hinblick auf die Männer vollziehen. Ihnen gefallen, ihnen nützlich sein, sich von ihnen lieben und achten lassen, sie großziehen, [...] für sie sorgen, sie beraten, sie trösten, ihnen ein angenehmes und süßes Dasein bereiten: das sind die Pflichten der Frauen zu allen Zeiten, das ist es, was man sie von Kindheit an lehren muß«, heißt es weiter im *Emile*. »Zurück zur Natur!« Diese Losung Rousseaus bedeutete für die Frau eine Reduktion auf ihre (angeblich) weibliche Natur. Le Grand hat sie hier verewigt, die vorbildliche Frau, die ihrem natürlichen Trieb folgt: Wie das ihr gegenüberstehende Schaf, das sein Junges säugt, ist auch sie Mutter und stillt – im Gegensatz zur Adligen – ihr Kind selbst. [SW]

394
Johann Kaspar Heilmann (1718-1760) (pinx.) und Justus Chevillet (1729-1802) (sc.):
Le Bon Exemple. (Das gute Beispiel).
Kupferstich, Radierung, um 1765.
49,5 × 34,6 cm (Blatt)
Coburg, Kunstsammlungen Veste Coburg, X,71,5

Abbildungen:
Katalog-Nr. 393 (links)
Katalog-Nr. 394 (rechts)

395
Sigmund Freudeberg (1745-1801) (pinx.) und Nicolas Delaunay († 1792) (sc.):
Die ehelichen Freuden.
Kupferstich, 1783. 32,4 × 36,2 cm (Blatt), 28,7 × 32,4 cm (Darst.)
Wien, Akademie der Bildenden Künste, Kupferstichkabinet

»Heyrathen, heyrathen is the Thing. Ich möchte fast sagen wer nicht heyrathet soll auch nicht essen. Es ist nicht blos das *Können so offt man will, wenn man kann*. Es ist auch keine Kleinigkeit, freylich – allein das Ausbreiten seines Wesens ohne dadurch from home zu kommen; die Kinder! Das ist der Himmel selbst. Alles, alles bekömmt mehr Musse. Ach und wäre es auch nur Oberfläche! Es ist ein Satz in der Mechanick, daß sich das Reiben *nicht* nach der Oberfläche richtet. Muß man sich also doch in der Welt einmal reiben lassen, so trifft doch jeden Theil des vierbeinigten Menschen, ein geringerer Druck als den zweybeinigten, der alles allein trägt, und nie getragen wird als etwa von seinem einschläfrigen Bettlacken.« (Lichtenberg an Samuel Thomas Soemmerring am 14. März 1791, Bw 3, Nr. 1834)

396
Johann Daniel Bager (1734-1815): Kücheninterieur.
Öl auf Holz, 1767. 37,5 × 29,8 cm
Frankfurt am Main, Historisches Museum, B 87:13

397
Besteckkasten mit Instrumenten zur Geburtshilfe.
Holz, mit Leder bezogen, Instrumente Stahl, Messing, Holzgriffe, 2. Hälfte 18. Jahrhundert.
Nürnberg, Germanisches Nationalmuseum.

398
Friedrich Benjamin Osiander (1759-1822):
Lehrbuch der Entbindungskunst. Göttingen 1799.
Göttingen, Niedersächsische Staats- und Universitätsbibliothek, 8° Med. Chir. III, 62057
Seit Mitte des 18. Jahrhunderts begannen sich Frauen der besseren Gesellschaft anstatt von Hebammen von Ärzten behandeln zu lassen, da diese im Gebrauch neuer geburtshilflicher Instrumente (angeblich) besser ausgebildet waren. Ein Verfechter der Zangengeburt war der Leiter der Göttinger Entbindungsanstalt und Professor der Geburtshilfe Friedrich Benjamin Osiander, der 1814 ein Epigramm auf Lichtenberg verfaßte. Das von Osiander weiterentwickelte – seiner Meinung nach – »unschädliche Werkzeug« glaubte er während seiner Amtszeit von 1792-1822 bei 1016 Geburten einsetzen zu müssen. [SW]

anderen Geschlecht überraschend häufig vorkommt und eine Schlüsselfunktion für sein Selbstverständnis erhält. Gemeint sind die Aufwärterinnen. Während seines Aufenthaltes in Osnabrück lernt er Maria Magdalena Tietermann kennen, die als Aufwärterin im »Römischen Kaiser«, wo er wohnt, in Stellung ist. Ihre Arbeiten werden in einem Brief, den er ihr am 22. Juni 1773 schreibt, so aufgeführt: »[. . .] wie sie die Händchen schüttelt und trippelt und in allen Ecken des Hauses zugleich ist, hier jemanden ein Compliment, dort einen Verweiß, dort einen Befehl zu wirft, Schubladen auszieht, rechnet, schreibt, Zucker klopft, Citronen ausdrückt, und, welches das schwerste ist, (wofür mich der Himmel in Gnaden bewahren wolle) die Tugend von einem jungen raschen Mädchen bewacht. Alles, Alles das habe ich im Geist gesehen.« (Bw 1, Nr. 172)

Miecken, wie Lichtenberg sie meist nennt, führt ihn in den besonderen Reichtum der Osnabrückischen Sprache ein, die zum Beispiel drei Wörter für den Schlitz in einem Mädchenrock habe (Bw 1, Nr. 91).[12] Insgesamt neun Briefe schreibt Lichtenberg zwischen dem 20. Februar und 25. November 1773 aus Hannover und Stade an sie, schildert ihr seine Erfahrungen in Celle und das Erlebnis der Helgoland-Fahrt, schickt ihr ein Halstuch mit einer genauen Beschreibung, wie sie es tragen solle, und erörtert im Brief vom 19. Mai 1773 ausführlich das Verhalten eines Herrn B. – »er hat keine sonderliche Begriffe von dem Frauenzimmer überhaupt« (Bw 1, Nr. 157, S. 265) – Miecken gegenüber, über das sie ihn ins Vertrauen gezogen hatte. Als sie ihm berichtet, daß die Leute ihr noch nicht einmal erlauben wollen, einen Brief zu schreiben, tadelt er das zwar, verrät aber im gleichen Kontext, welche Tätigkeiten auch er für ein Frauenzimmer für angemessener hält: »ich meine wenn ich es so recht bedencke, so weiß ich kaum, ob ich nicht vielleicht auch nicht erlaubte, daß Miecken die Hände zum schreiben brauchen wolte, das schütteln hat mir immer besser gefallen« (Bw 1, Nr. 213).[13] Er sieht sie als »eine Freundin, der ich so viel Verbindlichkeit schuldig bin« (Bw 1, Nr. 155),[14] träumt des Nachts von Osnabrück und verspricht ihr stürmische Wiedersehen. Der Briefwechsel hört auf, nachdem er ihr zur bevorstehenden Eheschließung gratuliert hat. Obwohl Lichtenberg Miecken, die er auch einmal Molly nennt, in ihrem Beruf als Aufwärterin, ihm also untergeordnet dienend kennengelernt hat, begegnet er ihr in seinen Briefen als einer Freundin und Person, die er ganz ernst nimmt: »da Sie aber etwas weit besseres [sc. als eine Hochwohlgebohrne Fräulein von Tietermann], da Sie meine Freundin und Miecken sind« (Bw 1, Nr. 197).[15] Diese spielerisch differenzierende Haltung ist ein Ergebnis seiner Beobachtung der Menschen, mit denen er zu tun hat: »Sie können nicht glauben, was die gemeinen Leute (denn die vornehmen taugen überall nicht viel in der Welt) für gute Häute und Seelen sind« (Bw 1, Nr. 91).[16]

Die Unterscheidung zwischen vornehmen und gemeinen Leuten erscheint unter anderem Vorzeichen in dem Artikel zum Stichwort ›Aufwärterin‹ wieder, mit dem Lichtenberg sein projektiertes »Lexidion für junge Studenten« in den »Sudelbüchern« beginnt (SB 1, B 171). Er will den Gebrauch einiger Wörter genauer bestimmen und dadurch verschiedene Ideen in ein helleres Licht setzen. Aufwärterinnen werden als ein soziales Phänomen beschrieben, das besonders charakteristisch sei für kleine Universitätsstädte und das dem Mittelzustand des Erwachsenwerdens zwischen Elternhaus und Ehe entspreche. Sie kommen vom Lande, sind unschuldig und ohne Erfahrung und Ansprüche. Sie bieten jungen Männern jene Erfahrung in Eroticis, die Gymnasiasten »Stellen der Dichter zu erklären« befähigt, die sonst nur trockene Übersetzung blieben. Daß der Student von den Aufwärterinnen aber nichts zu befürchten habe, macht Lichtenberg durch den Vergleich mit den »gepuderten Mädgen«

deutlich, die zu artifiziell lieben, zu systematisch blicken und lächeln, mit vorsätzlicher Nachlässigkeit rühren wollen und die in Konzerten zu finden sind; vor denen möge sich der Studiosus hüten. Die Beschreibung der gepuderten Mädgen trifft offensichtlich auf eine andere soziale Gruppe zu, die Göttinger Bürger- und Professorentöchter, die sogenannten »Universitätsmamsellen«.[17] Lichtenbergs Ausführungen zum Wort ›Aufwärterin‹, hier noch im engeren Sinn eines sozialen Standes erläutert, werfen neues Licht auf zwei Mädchentypen, die von ihm scharf unterschieden und deutlich zugunsten der Aufwärterin und ihrer natürlichen Sinnlichkeit gewertet werden. Daß diese jedoch nicht Bildungsbestrebungen und Ansätze zu »weiblicher Gelehrsamkeit« ausschließen muß, zeigt eine spätere Eintragung: »Die Briefe über die neuste Literatur, die ich im Namen einer Aufwärterin geschrieben habe, können in dem Buch so angebracht werden: Wenige Länder in der Welt, ich darf es kühn behaupten, kommen Deutschland in diesem Stücke gleich, ich habe auf meinen Reisen eine merkwürdige Probe davon gehabt. Ich hielt mich einmal in einem Städtgen auf, wo die Dienstmädchen und Bedienten eine Lese-Gesellschaft errichtet hatten und, statt ihren kleinen Überfluß in Strümpfen und Schuhen, Halstüchern und sonst Dingen auszulegen die zur Üppigkeit gehören, Bücher dafür anschafften. Die Aufwärterin in meinem Haus war nicht lange vor meiner Ankunft in die Gesellschaft getretten, wie die Briefe zeigen, die ich fand nachdem sie das Haus verlassen. Denn der Wirt, ein Idiote, wollte kein Mädchen haben die die gelehrte Zeitung läse.« (SB 1, E 151)[18] Diese Schilderung bringt eine differenzierte Wahrnehmung der Aufwärterin, die sich zu bilden versucht und dafür nicht nur – wie auch die Universitätsmamsellen und in dem Punkt ihre Schwestern – mit dem Schimpfwort der »weiblichen Gelehrsamkeit«, sondern auch mit Entlassung aus dem Dienst bedacht wird. Im allgemeinen jedoch benutzt Lichtenberg den Begriff ›Aufwärterin‹, um zwei gegensätzliche Frauentypen herauszuarbeiten oder aber, wie in der folgenden selbstironischn Reflexion, zwei heterogene Bestrebungen seines Ich in polarisierte Vorstellungen zu fassen: »So hänge ich in der Welt zwischen Philosophie und Aufwärterinnen-List, zwischen den geistigsten Aussichten und den sinnlichsten Empfindungen in der Mitte, taumelnd aus jenen in diese bis ich nach einem kurzen Kampf zur Ruhe meines beiderseitigen Ichs dereinst völlig geteilt hier faule und dort in reines Leben aufdunsten werde. Wir beide, Ich und mein Körper sind noch nie so sehr zwei gewesen als jetzo, zuweilen erkennen wir einander nicht einmal, dann laufen wir so wider einander daß wir beide nicht wissen wo wir sind.« (SB 1, B 263) Am Beispiel der Art und Weise, wie Lichtenberg sich mit dem Phänomen ›Aufwärterin‹ und seinen entsprechenden Erfahrungen auseinandersetzt, zeigt sich die Projektion der eigenen Spaltung – »Ich und mein Körper« – auf zwei polarisierte Frauenbilder, die Aufwärterin und die Universitätsmamsell. Den zuletzt genannten Typ hat Lichtenberg nur am Rande und von fern wahrgenommen. Im eigenen Leben und in der Reflexion galt seine Vorliebe und volle menschliche Achtung den Aufwärterinnen. Die Stechardin und Margarete Elisabeth Kellner, seine zweite Frau, gehören in diesen Zusammenhang.[19]

Ein weiterer Frauentyp seines gesellschaftlichen Umfelds findet immer wieder Lichtenbergs kritische Aufmerksamkeit: die Hexen der vorigen Welt, die er in den Kaffeeschwestern der jetzigen wiederentdeckt und denen er den positiven Frauentypus der Matrone und Mutter gegenüberstellt: »Unter dem Namen Kaffeeschwester verstehe ich alle alte Frauenspersonen, die in ihrer Jugend so viel gelernt haben, daß sie die Bibel bis auf einige Nomina Propria im alten Testament ziemlich fertig weglesen und alle Zahlen aussprechen können, wenn sie mit Worten geschrieben sind, und die, nächst den Biblischen Geschichten, hauptsächlich sich auf die Privat-Geschichte aller

399
Theodor Gottlieb von Hippel (1741-1796):
Über die bürgerliche Verbesserung der Weiber. Berlin 1792.
Frankfurt am Main, Stadt- und Universitätsbibliothek, S 25/1054
»Der männliche Egoismus ist in Beziehung auf das andere Geschlecht der ungezogenste und grenzenloseste, den es nur geben kann«, erklärt Hippel in seiner Emanzipationsschrift *Über die bürgerliche Verbesserung der Weiber*, in der er heftig die »Tyrannei« des Mannes attackiert und für die ökonomische, soziale, politische und rechtliche Gleichstellung der Frau plädiert. Eindringlich führt er hier aus, daß eine aufgeklärte Nation, die diese Bezeichnung verdiene, sich nicht gegen die Befreiung der Frau stellen dürfe, ja ein Land könne sich nicht mit Recht aufgeklärt nennen, wenn es Frauen elementare Menschen- und Bürgerrechte vorenthalte. Gedanken, die an die Frauenrechtlerin Olympe de Gouges erinnern, die in ihrer *Erklärung der Rechte der Frau und Bürgerin* (1791) geäußert hatte, ohne Gleichberechtigung gäbe es keine wahre Revolution der Gesellschaft, da die Entrechtung der Frau das gesamte Gemeinwesen korrumpiere. Hippel und de Gouges gingen weit über das Denken ihrer Zeit hinaus. Viele ihrer Forderungen wurden erst im 20. Jahrhundert verwirklicht. Beide Schriften fehlen im übrigen in Lichtenbergs Bücherschrank. [SW]

400
Theodor Gottlieb von Hippel (1741-1796):
Über die Ehe. Dritte viel vermehrte Auflage. Berlin: Vossische Buchhandlung 1793.
Frankfurt am Main, Stadt- und Universitätsbibliothek, 44/5317
Im Oktober 1778 erschien folgende Notiz in den *Frankfurter Gelehrten Anzeigen*: »Wer ist doch der Verfasser des Büchleins: Über die Ehe? Diese so oft an uns gethane Frage können wir endlich kurz und wahr beantworten: Herr Professor Lichtenberg in Göttingen.« Doch dieser dementierte und schrieb am 29. Oktober 1778 an das »gelehrte Zeitungskomtoir«: »Ew. Wohlgeboren im 86sten Stück Ihrer Blätter von diesem Jahr ertheilte Antwort auf die Frage: Wer ist doch der Verfasser des Büchleins über die Ehe? ist zwar allerdings kurz, wie Sie sagen, aber

wahr, wie Sie glauben, ist sie, auf mein Wort, nicht.« (Bw 1, Nr. 335) In Wahrheit verfaßte der Aufklärungsschriftsteller, Jurist, Polizeidirektor und Bürgermeister von Königsberg Theodor Gottlieb von Hippel die Schrift *Über die Ehe*, in der radikal für die Gleichberechtigung der Frau innerhalb der ehelichen Gemeinschaft gestritten wird: »Da die Weiber eben so gut Menschen sind, wie die Männer und da ihnen gleiche Rechten gebühren«, sollen »beide Menschenclassen auf gleichen Fuß« gestellt werden. Dies waren keineswegs selbstverständliche Gedanken im Zeitalter der Aufklärung. Der Kampf für Freiheit und Gleichheit zielte auf die Abschaffung der ständischen Schranken und keineswegs auf die Beseitigung der Unterdrückung der Frau durch den Mann. »Wer will denn, daß die Frau über die Männer herrschen soll? Nur, auch *sie* soll nicht von ihm beherrscht werden«, hält Hippel in der dritten Auflage von *Über die Ehe* (1792) all denen entgegen, die befürchteten, die Emanzipation der Frau würde zwangsläufig in eine »Weiberherrschaft« münden. In der ersten Auflage (1774) seiner vielgelesenen Schrift verteidigte Hippel allerdings noch die »natürliche« Vorherrschaft des Mannes als notwendige Voraussetzung für die eheliche Harmonie. Lichtenberg besaß die hier gezeigte spätere, zugunsten der Rechte der Frau korrigierte Fassung, zu der Chodowiecki die Titelkupfer anfertigte: Ein Ehemann, der vernünftigerweise auf seine patriarchalische Gewalt verzichtet, wird belohnt durch häusliches Glück. Kinder und Frau überschütten ihn mit Zärtlichkeiten. Der Junggeselle hingegen auf der gegenüberliegenden Seite fristet ein einsames, freudloses Dasein. Die Magd, die hinter ihm ins Zimmer tritt, und der Hund mit dem er spielt, sind kein Ersatz für familiäres Glück. [SW]

401
[Michael Freud ?]
Die bloßen Brüste / syn ein groß Gerüste / viel böser Lüste wird dem züchtigen Frauen-Zimmer zu Ehren und den unverschämten Weibs-Stükken zur Schande erwiesen.
o. O. 1688.
In einem Sammelband mit Satiren gegen Mode und über die Frage, ob die Frau ein Mensch sei, um 1688.

Familien in ihrem Städtgen gelegt haben, und über Schwangerschaften, Ehverlöbnisse, Hochzeit-Tage, und Kopfzeuge Register halten, die in jeder Krankheit eines jungen Mädgens den Bastard reifen sehen, und den Mann und den Ball erraten, der die Ursache und die Gelegenheit dazu war, die hypothetische Ehen zwischen ledigen Personen und nicht selten reelle Ehescheidungen mit ihrem Geschwätz stiften, kurz alle unverständige plappernde, besuchen gehende alte Weiber, so sehr die Pest und das Verderben der guten Gesellschaft als hingegen die reinliche verständige Matrone und ehrwürdige Mutter die Zierde derselben ist.« (SB 1, F 165) Lichtenberg selbst, obwohl keine »alte Frauensperson« und wahrhaftig gelehrt,[20] interessiert sich jedoch durchaus auch und keinesfalls selten für Göttinger Klatsch und hilft ihn zu verbreiten. So erwähnt er in einem Brief an Abraham Gotthelf Kästner vom 7. Dezember 1783 das Gerücht einer angeblichen Schwangerschaft Therese Heynes: »Man spricht auch jezt, daß die älteste Mamsel blos nach der Schweitz gegangen wäre um sich einer gewissen Bürde zu entledigen« (Bw 2, Nr. 1214).[21] Die Ausführungen zur Hexe und ihrer modernen Variante, der Kaffeeschwester beziehungsweise Klatschbase, lassen erneut Lichtenbergs Verfahren erkennen, abgelehnte eigene Neigungen nur bei anderen zu erkennen und auf einen negativ beurteilten Frauentypus zu projizieren.

Bedeutende Künstlerinnen und Gelehrte hat Lichtenberg – im Unterschied zu den Frauen, Müttern, Töchtern und Schwestern, den Aufwärterinnen und auch den gepuderten Mädgen und Klatschbasen seiner unmittelbaren Umgebung – in der Regel nur flüchtig oder aus der Ferne wahrgenommen. So erwähnt er zwar die Namen von Emilie DuChastelet, die über Gottfried Wilhelm Leibniz geschrieben und Isaac Newton übersetzt hat, und von Angelica Kauffmann, der Malerin, im Glückwunsch zur Geburt einer Tochter (Bw 2, Nr. 658).[22] Auf die Geschichte der Anna Louise Karsch, die, aus ärmsten Verhältnissen stammend, durch ihre Gelegenheitsdichtung berühmt und schließlich als »deutsche Sappho« gefeiert wurde, verweist er in einer Reflexion darüber, daß »Schreiben der Maßstab von Verdienst und Würdigkeit geworden ist« (SB 1, D 196). Ausführlicher dagegen und im einzelnen auch inhaltlich geht er auf die berühmten englischen Schauspielerinnen in seinen Briefen aus London ein (Bw 1, Nr. 269, S. 492 f. und Nr. 294, S. 592 ff.).[23] In den Beschreibungen von Ann Barry und Fanny Abington erscheinen die beiden wiederum als zwei unterschiedliche Frauentypen. Während Ann Barry ein Weib ist, »so wie sie der Himmel haben wolte! Sanft, nachgebend, und so wenig satirisch als heroisch« (Nr. 294, S. 592), wird an Fanny Abington das »Talent, die bittere Wahrheit, mit allen den kleinen begleitenden Zügen, den Zeichen der eigenen Bemerkung, tief ins Herz zu reden«, hervorgehoben, deren Erfolge »sich weder auf Jugend noch glühende Wangen, noch überhaupt Schönheit des Gesichts« gründen. »An Geist ist sie sicherlich allen englischen Schauspielerinnen sehr weit überlegen.« (Nr. 294, S. 594 ff.)

Die durch eigene wissenschaftliche und schriftstellerische Leistungen berühmt gewordenen Göttinger Professorentöchter dagegen – Dorothea Schlözer, Philippine Gatterer, Meta Liebeskind, Caroline Schlegel-Schelling, Therese Huber – finden in den Briefen Lichtenbergs allenfalls kurze Erwähnungen. Obwohl sie doch lange in seiner unmittelbaren Umgebung lebten und dort als intelligente und interessante Mädchen und junge Frauen Aufsehen erregten, hat er sie kaum beachtet. Eine Ausnahme bildet hier nur Dorothea Friederika Baldinger. Mit ihr, der Frau des Professors für Medizin Ernst Gottfried Baldinger, korrespondiert Lichtenberg; sie sehen sich in den Göttinger und Kasseler Jahren der Baldingers häufiger. In ihrer Autobiographie aus dem Jahr 1783, die Dorothea Friederika Baldinger auf Anregung ihres Mannes und in Anlehnung an die Tradition der Gelehrtenautobiographien als »Versuch über meine Verstandeserziehung« schreibt, nennt sie »Kästner und Lichtenberg meine Freunde«.[24] Die Aufmerksamkeit, Förderung und Freundschaft solcher Männer bilden im 18. Jahrhundert die Voraussetzung und zugleich Krönung für die geistige Entwicklung einer Frau, die von sich sagt: »Ich wünschte so gar gelehrt zu werden, und ärgerte mich, daß mich mein Geschlecht davon ausschloß«.[25] Das Höchste, was sie – eine Frau des 18. Jahrhunderts – für sich erreichen kann, ist die Frau und Freundin gelehrter und weiser Männer zu werden, die mit ihr zufrieden sind. »Ich glaube ich wäre gelehrt geworden, wenn mich die Vorsehung nicht für den Kochtopf bestimmt hätte«.[26] In einem launigen Brief an Lichtenberg charakterisiert sie Verstandesinteressen als Basis dieser Freundschaft und wiederholt und bekräftigt zugleich jene Polarisation des Frauenbildes – »zwischen Philosophie und Aufwärterinnen-List« – und der eigenen Neigungen – »zwischen den geistigsten Aussichten und den sinnlichsten Empfindungen in der Mitte« –, wie Lichtenberg sie für sich selbst formuliert hat: »Sonst gabs Hexen (erzählte mir imer meine Kindsmagd) die die Leute *ohne Kopf* darstellen konnten. Wenn ich dieses Kunststück noch lernen könnte so sollten Sie bei *verriegelten Thüren* imer ohne Kopf gehen. Ich würde mir aber für meine Mühe den Kopf ausbitten und einer andern Hexe gerne daß übrige Lassen, weil ich glaube nicht alle Hexen könten Ihren Kopf so gut brauchen wie ich.« (Bw 2, Nr. 828)[27]

Dorothea Friederika Baldinger, die hier den Kopfpart für sich in Anspruch nimmt, ist die Adressatin wichtiger Ausführungen Lichtenbergs in seinen Briefen, so seines »Fragments von Schwäntzen« (Bw 1, Nr. 419),[28] vor allem aber seiner zwischen Anspruch auf Theorie und verhaltener Werbung schillernden Abhandlung »Über die Macht der Liebe« (Bw 1, Nr. 383);[29] die Stechardin lernt Lichtenberg erst im Mai 1777 kennen. Eine neue Dichterin ist Dorothea Friederika Baldinger, ein »gelehrtes Frauenzimmer« und als einzige dieses Typs auch Freundin Lichtenbergs, jedoch nicht geworden.[30] Stolz und Resignation prägen die abschließenden Worte ihrer Autobiographie: »Als Frau bin ich erträglich geworden, wie klein würde ich doch als Mann seyn!«[31]

Obwohl Lichtenberg in den Vorstellungen einer Polarisation der Geschlechter und der Frauenbilder befangen bleibt und es auch lieber nicht erlauben möchte, daß »Miecken die Hände zum schreiben brauchen wolte«, erkennt und betont er doch in einigen Reflexionen der Sudelbucher, also theoretisch und vorausweisend, die Notwendigkeit und Eigenständigkeit einer Literatur von Frauen: »Den Männern in der Welt haben wir so viel seltsame Erfindung[en] in der Dichtkunst zu danken, die alle ihren Grund in dem Erzeugungstrieb haben, alle die Ideale von Mädchen und dergleichen. Es ist schade, daß die feurigen Mädchen nicht von den schönen Jünglingen schreiben dürfen wie sie wohl könnten, wenn es erlaubt wäre. So ist die männliche Schönheit noch nicht von denjenigen Händen gezeichnet, die sie allein recht mit Feuer zeichnen könnten. Es ist wahrscheinlich, daß das Geistiche, was ein paar bezauberte Augen in einem Körper erblicken, der sie bezaubert hat, ganz von einer andern Art sich den Mädchen in männlichen Körpern zeigt, als es sich dem Jüngling in weiblichen Körpern entdeckt.« (SB 1, A 139)[32]

Aus Lichtenbergs Besitz.
Göttingen, Niedersächsische Staats- und Universitätsbibliothek, 8° Philos. VI, 8995
In Lichtenbergs Büchersammlung fand sich diese satirisch-erotische Schrift, zusammengebunden mit einer ganzen Reihe von ›Abhandlungen‹ ähnlicher Tendenz zwischen 1680 und 1740. Da die Göttinger Bibliothek den Band kaufte, sind wir über seinen Inhalt orientiert. Er enthält noch die vergleichsweise bekanntere *Aufgedeckte Eytelkeit der Fontange*, mehrere scherzhafte Hochzeitsgedichte und vor allem eine Serie von drei (jedenfalls ironischen!) Streitschriften als Repliken in lateinischer Sprache, ob eine Frau ein Mensch sei: *Mulier homo – Mulier bonum – Mulier malum*: ›Die Ehefrau ist ein Mensch‹ – ›Die Ehefrau ist gut‹ – ›Die Ehefrau ist böse‹, im Anschluß an zwei »Dissertationes«: *Von den bösen Weibern der Gelehrten* 1705 und eine *de ebrietate foeminarum, von versoffenen Weibes-Personen* 1737.
Ob Lichtenbergs Frauenbild durch diese Schriften beeinflußt worden ist, wird man füglich bezweifeln; die Schriften selbst gehören eher in die Sparte der Gelehrtensatire des Späthumanismus, die Lichtenberg schätzte, indessen nicht vorrangig wegen ihrer Gegenstände. Diese Untergruppe, die an die alte Satire gegen zänkische Frauen, insbesondere Ehefrauen, anknüpft, hat gelegentlich auch zu der Fehldeutung geführt, es sei in jener Zeit noch ernsthaft darüber diskutiert worden, ob die Frau eine Seele habe.
[UJ]

1 Vgl. Jean M. Woods, Maria Fürstenwald: *»Das gelehrte Frauenzimmer«. Kataloge der Schriftstellerinnen, Künstlerinnen und gelehrten Frauen von 1606 bis zur Gegenwart.* In: Dies.: *Schriftstellerinnen, Künstlerinnen und gelehrte Frauen des deutschen Barock. Ein Lexikon.* Stuttgart 1984, XII-XXIV.

2 [Johann Christoph Gottsched (Hrsg.)]: *Die Vernünfftigen Tadlerinnen.* Thle. 1 und 2. Halle, Leipzig 1725/1726. – Dorothea Christiana Leporin: *Gründliche Untersuchung der Ursachen, die das Weibliche Geschlecht vom Studiren abhalten.* Berlin 1742. Nachdruck Hildesheim 1987. Dorothea Christiane Erxleben, geb. Leporin, erhielt 1754 als erste Frau in Deutschland von der Universität Halle die medizinische Doktor-

würde. Ihr Sohn Johann Christian Polycarp Erxleben wird als Professor der Physik in Göttingen Kollege und Briefpartner Lichtenbergs.

3 Vgl. Barbara Becker-Cantarino: *Der lange Weg zur Mündigkeit. Frau und Literatur (1500-1800)*. Stuttgart 1987. – Gisela Brinker-Gabler (Hrsg.): *Deutsche Literatur von Frauen*. Bde. 1 und 2. München 1988, besonders Bd. 1, Dritter Teil: Das 18. Jahrhundert, S. 293-468.

4 So schreibt die junge Therese Heyne an Luise Mejer etwa am 10. Januar 1783: »[...] ich möchte um alles in der Welt nicht für gelehrt gehalten sein.« Unveröffentlichter Brief aus der Niedersächsischen Staats- und Universitätsbibliothek Göttingen, Nachlaß Therese Huber 8/1108. Der Ruf eines gelehrten Frauenzimmers zwingt so kluge und erfolgreiche Frauen wie Luise Adelgunde Victorie Gottsched, Julie Bondeli, Caroline Schulze-Kummerfeld, Jenny Voigts-Möser und Therese Huber immer wieder zu Beteuerungen, daß sie keine ihrer weiblichen Pflichten über ihren intellektuellen und beruflichen Tätigkeiten vernachlässigt hätten.

5 Brief an Friedrich August Lichtenberg vom 4. Oktober 1790. – Ihren Sterbetag sowie den des Vaters und der Stechardin vermerkt er getreu und regelmäßig in seinen Tagebüchern.

6 Brief an Christiane Marie Agnes Wendt vom 12. Februar 1795 (Bw 4, Nr. 2491).

7 Brief an Christiane Marie Agnes Wendt vom 23. Dezember 1796 (Bw 4, Nr. 2712).

8 Brief an Christiane Marie Agnes Wendt vom 16. Dezember 1797 (Bw 4, Nr. 2803).

9 Brief an Samuel Thomas Soemmerring vom 12. Juli 1784.

10 Wie Anm. 7.

11 Brief an Ludwig Christian Lichtenberg vom 15. Juni 1795 (Bw 4, Nr. 2538).

12 Brief an Joel Paul Kaltenhofer vom 12. Oktober 1772.

13 Brief an Maria Magdalena Tietermann vom 7. Oktober 1773.

14 Brief an Maria Magdalena Tietermann vom 12. Mai 1773.

15 Brief an Maria Magdalena Tietermann vom August / September 1773.

16 Wie Anm 12. – Das hindert ihn jedoch nicht, unmißverständlich deutlich und heftig Kritik an Jette Sommer zu üben, der Aufwärterin im Dieterichschen Hause in Göttingen, die sein Freund und Vermieter wegen Diebstahls umgehend entlassen soll, wie er diesem im Brief vom 9. April 1782 schreibt (Bw 2, Nr. 899).

17 Vgl. hierzu Birgit Panke-Kochinke: *Göttinger Professorenfamilien. Strukturmerkmale weiblichen Lebenszusammenhangs im 18. und 19. Jahrhundert*. Pfaffenweiler 1991. – Klaus Harpprecht, Gesa Dane: *Die Universitätsmamsellen*. Göttingen 1988.

18 Vgl. hierzu die ironisch gebrochenen »Briefe von Mädchen über Literatur«, die der Herausgeber als satirische Partikeln dem *Parakletor* zuordnet (SB 3, S. 350 ff. sowie SB 1, K 3, S. 241 ff.).

19 Hierüber ist viel geschrieben worden; vgl. u. a. Wolfgang Promies: *Georg Christoph Lichtenberg in Selbstzeugnissen und Bilddokumenten*. Reinbek 1987 (= rm 90), zur Stechardin: S. 83 ff., zu Margarete Elisabeth Kellner, S. 130 ff.

20 Zur Unterscheidung zwischen männlicher Gelehrsamkeit, wie sie im 18. Jahrhundert »im ernsthaften Studium an den Universitäten erworben wurde«, und »weiblicher Gelehrsamkeit« im Sinne dessen, was später ›Bildung‹ heißen wird, vgl. Wolfgang Martens: *Die Botschaft der Tugend*. Stuttgart 1971, S. 527 f.

21 Therese Heynes Briefe vor, während und nach der Schweizer Reise (zwischen 25. April und 15. Oktober 1783) tragen zur Aufklärung dieses Gerüchts bei, das bis heute wiederholt wird. Vgl. *Briefe von Therese Huber*. Hrsg. von Magdalene Heuser und Brigitte Leuschner. Bd. 1, Tübingen, in Vorbereitung.

22 Brief an Johann Andreas Schernhagen vom 3. Januar 1780.

23 Brief an Ernst Gottfried Baldinger vom 10. Januar 1775 und Brief an Heinrich Christian Boie vom 30. November/2. Dezember 1772.

24 Dorothea Friederika Baldinger: *Lebensbeschreibung von Friderika Baldinger von ihr selbst verfaßt*. Hrsg. und mit einer Vorrede begleitet von Sophie, Wittwe von la Roche. Offenbach 1791, S. 17 und 38.

25 Ebda., S. 21.

26 Ebda., S. 36.

27 Dorothea Friederika Baldinger an Lichtenberg am 10. Juni 1781.

28 Brief an Dorothea Friederika Baldinger aus dem Jahr 1777.

29 Brief an Dorothea Friederika Baldinger vom 19. Februar 1777.

30 Überliefert sind von ihr ein Beitrag zur Frauenerziehung *Ermahnungen einer Mutter, an ihr Tochter. Am Confirmationstage*. In: Magazin für Frauenzimmer, 2. Jg. II (1793), S. 99-103, sowie einige Briefe. – Johann Gottwerth Müller erwähnt Madame Baldinger als »eine der gelehrtesten, witzigsten und geistvollsten Damen, die ich kenne, auf deren Freundschaft Lichtenberg und ich so stolz sind, als wenig wir uns der genaueren Bekanntschaft mit dem Herrn Hofrat [...] zu rühmen pflegen.« Vgl. hierzu Bw 1, Nr. 419, S. 759.

31 Baldinger (wie Anm. 24), S. 39.

32 Ähnlich auch SB 1, F 1086. – Vgl. auch Max Frisch: *Montauk*. Frankfurt a. M. 1975, S. 990: »Wir brauchen die Darstellung des Mannes durch die Frau, die Selbstdarstellung der Frau.«

Julia Hoffmann

»Ich laufe und renne den gantzen Tag, mit allen Sinnen sperrweit offen«

Lichtenbergs Reisen nach England

Im Frühjahr 1770, er ist 27 Jahre alt und verdient sich nach abgeschlossenem Studium einen bescheidenen Unterhalt als Erzieher englischer Studenten, macht sich Lichtenberg zum ersten Mal auf den Weg nach England. Auf Einladung eines der Väter, Lord Boston, begleitet er zwei seiner Zöglinge nach Hause. Für Lichtenberg, der bisher kaum etwas anderes erlebt hat als die kleine hessische Residenzstadt Darmstadt und das Ackerbürgerstädtchen Göttingen mit seiner Universität, ist dies eine willkommene Gelegenheit, endlich etwas von der Welt zu sehen. Und England gilt seit Anfang des 18. Jahrhunderts durchaus als lohnendes Reiseziel. Wissenschaften, Technologie und Landwirtschaft befinden sich im Aufbruch, englische Waren werden überall gerühmt, eine vorbildliche Verfassung räumt den Untertanen des Königs weit mehr persönliche Freiheiten und Rechte ein als anderswo. Nicht zuletzt ist allein London schon eine Reise wert. Für den Wahl-Göttinger Lichtenberg liegt England allerdings auch noch aus einem anderen Grunde nahe: Seit 1714 sitzen Könige aus dem Haus Hannover auf dem englischen Thron, und die enge Beziehung beider Länder prägt das Leben an der von dem englisch-hannoverschen König Georg II. gegründeten Universität.

Am Anfang der Englanderfahrungen steht der überwältigende Eindruck. Lichtenbergs erster Aufenthalt in London, nach beschwerlicher Reise (15 Tage!) mit Kutsche und Paketboot, ist kurz, er hat nur wenige Wochen, vollgepackt mit Besichtigungen: St. Paul's Cathedral, Westminster Abbey, Parlament und Paläste, Tower, die ausgedehnten Themsehäfen, sein Programm unterscheidet sich kaum von dem eines heutigen London-Touristen. Er bestaunt die Menschenmassen, die Gesichter, das Getöse und Gedränge der Kutschen, das unglaubliche Warenangebot, die großen Geschäftsstraßen. Nach einer Woche, am 17. April 1770, meldet er sichtlich erschöpft aus der »ungeheuern Stadt« an Christian Gottlob Heyne nach Göttingen: »Es ist unglaublich, was die Menge von neuen Gegenständen, die ich nicht so gleich immer in meinem Kopf unterzubringen wußte, für eine Würckung auf mich gehabt hat. Ich vergaß immer über das lezte das erste völlig, und lebe noch jetzo würklich in einer solchen Verwirrung daß ich mich, da ich sonst mit kleinen Stadtneuigkeiten Bogen anfüllen könte, in großer Verlegenheit befinde aus London und aus dem Wust von Dingen die ich sagen könte, so viel klar zu bekommen, als zu einem kleinen Brief nöthig ist.« (LE 1, Br I, S. 10)

Lichtenberg erfährt den Kontrast zwischen Provinz und Stadt, wie man ihn sich heute kaum noch vorstellen kann. London zählte Mitte des 18. Jahrhunderts immerhin schon rund 700 000 Einwohner, hatte damit Paris längst als größte Stadt überrundet (keine deutsche Stadt reichte auch nur entfernt an beide heran) und besaß eine für damalige Verhältnisse unvorstellbare Ausdehnung. Gerade im 18. Jahrhundert wächst London über die ursprüngliche City und ihren engeren Umkreis hinaus, im Westen

402
Georg Christoph Lichtenberg: »England-Tagebuch« 1774/75.
Marmorierter Ganzlederband mit Streicheisenlinien an den Kanten, Stammbuchformat ca. 11,2 × 17,5 cm (außen), 60 Seiten, bis 45 von Lichtenberg paginiert, 10,5 × 17,5 cm (Blatt), mit 34 Blatt Löschpapier durchschossen, auf das kleinere handschriftliche Bemerkungen notiert, vor allem aber Zeitungsausschnitte aufgeklebt sind.
Göttingen, Niedersächsische Staats- und Universitätsbibliothek, Cod. Ms. Licht. IV, 8
Im Querformat eines Studentenstammbuchs (damit es in die Rocktasche passe) und mit Löschpapier durchschossen (damit es jederzeit schreibbereit und zuklappbar sei) hatte Lichtenberg sich dieses Buch vom Buchbinder anfertigen lassen. Und dieses Mal schrieb er (im Unterschied zum Tagebuch der ersten Reise nach England, wo er bei der Ankunft abbrach), was das Zeug halten wollte, klebte Zeitungsausschnitte hinein, kritzelte Zeichnungen. Lange galt diese wichtige Quelle seiner Englandreise als verschollen; Albert Leitzmann hatte noch Auszüge publiziert, dann war es verschenkt worden und ging durch mehrere Sammlerhände. Hans Ludwig Gumbert hat es für die Göttinger Bibliothek erworben und dann selbst als erster vollständig und kritisch publiziert (1977).
[UJ]

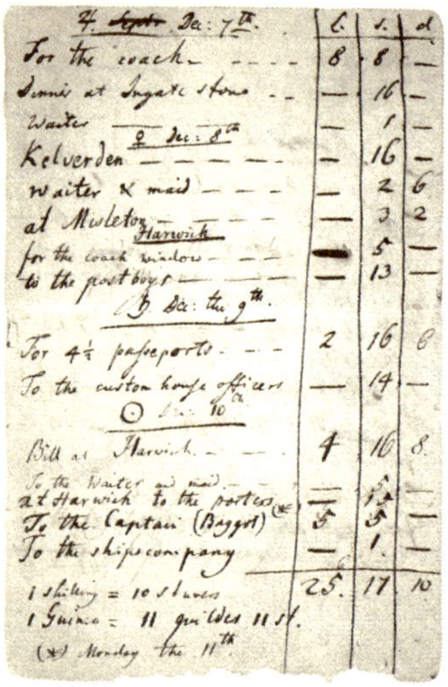

♃ Dec: 7th	l.	s.	d
For the coach	8	8	—
Dinner at Ingatestone	—	16	—
Waiter	—	1	—
♀ Dec: 8th			
Kelverden	—	16	—
waiter & maid	—	2	6
at [illegible]	—	3	2
Harwich			
for the coach window	—	5	—
to the postboys	—	13	—
♄ Dec: the 9th			
For 4½ passeports	2	16	6
To the custom house officers	—	14	—
☉ Dec: 10th			
Bill at Harwich	4	16	8
To the Waiter and maid	—	5	—
at Harwich to the porters (*)	—	[illegible]	—
To the Captain (Baggot)	5	5	—
To the ships company	—	1	—
	25	17	10

1 shilling = 10 stivers
1 Guinea = 11 guilders 11 st.
(*) Monday the 11th

403
Georg Christoph Lichtenberg:
Ausgabenbüchlein bei der Reise von England mit Aphorismen und wissenschaftlichen Notizen, Dezember 1775.
1 Lage geheftet, 13 [ursprünglich 14] Blatt, dazu 3 Blatt Löschpapier, teilweise beschrieben. 15,5 × 10 cm
Göttingen, Niedersächsische Staats- und Universitätsbibliothek, Cod. Ms. Licht. IV, 4
Das Heft war ursprünglich als Abrechnungsbüchlein angelegt, besonders als Nachweis gegenüber den beiden Zöglingen, deren Finanzen Lichtenberg verwaltete. Später übernahm es eine zweite Funktion und diente zu Aufzeichnungen während der Reise. Es enthält eine Reihe von Notizen zu einem Satireplan. Einige der Eintragungen wurden, stilistisch geringfügig überarbeitet, ins Sudelbuch E übertragen. [UJ]

404
Georg Christoph Lichtenberg:
Astronomisches Beobachtungsbüchlein.
26 Blatt in Buntpapierumschlag, 18, fast durchgängig mit Blei beschriebene Seiten.
Göttingen, Niedersächsische Staats- und Universitätsbibliothek, Cod. Ms. Licht. VI, 59
Keineswegs war es nur Straßenleben und Theater, womit Lichtenberg sich in England beschäftigte. Schon bei seinem ersten Aufenthalt dort war er als Astronom dem König auf dessen Sternwarte in Richmond vorgestellt worden und am 20. April 1770 ›examiniert‹ worden. Seine Berufung nach Göttingen war denn auch als Professor der Astronomie erfolgt, und die ersten wissenschaftlichen Arbeiten waren allesamt astronomische. Später nahm ihn die physische Anstrengung des nächtlichen Wachens zu sehr mit, so daß er Astronomie nur noch unterrichtete und selten selbst beobachtete. Dennoch fand er als einer der ersten in Deutschland Friedrich Wilhelm Herschels Uranus. Auch 1774/75 in England hat Lichtenberg seinen ersten Beruf nicht ganz außer acht gelassen. Das hier gezeigte Büchlein ist fast durchgängig mit Bleistift (also wohl im Stehen?) geschrieben und enthält, neben ein paar astronomischen Beobachtungen (Cassiopeia-Durchgängen aus dem September und Oktober 1775) vor allem die bis in die Art der Metalle, Verschraubungen usw. hinein sehr detaillierte Beschreibung eines astronomischen Meßgeräts. [UJ]

405
Georg Christoph Lichtenberg:
Briefe aus England [an Heinrich Christian Boie].
In: Deutsches Museum 1776, Bd. 1, S. 562-574; Bd. 2, S. 982-992. [Forts. Nr. 42].
Darmstadt, Hessische Landes- und Hochschulbibliothek, Zs 2822
Die drei als Briefe verkleideten Essays an Heinrich Christian Boie als Herausgeber seiner Zeitschrift *Deutsches Museum* waren teilweise erst zwei Jahre später abgefaßt als ihre fingierten Daten. Sie gehören mit zum Besten, was die deutsche Literatur an Bühnenschriftstellerei und Theaterkritik vorzuweisen hat, sind neben dem *Hogarth* lange das bekannteste der von Lichtenberg selbst publizierten Werke geblieben und begründeten vor allem seinen Ruhm als genauer Beobachter. Lichtenberg behält in ihnen nicht bloß die Bühne im Auge und registriert dort minutiös Mimik, Gestik, Bewegungskunst und Sprache der Schauspieler, sondern (und damit steigt er gar über den von ihm bewunderten ›hamburgischen Dramaturgen‹ Gotthold Ephraim Lessing hinaus) er beschreibt neben den eigenen Empfindungen und Reaktionen auch die im Zuschauerraum. [UJ]

406
Georg Christoph Lichtenberg:
»F leidger 1777.«
Ausgaben-Büchlein für seine englischen Studenten, 1777-1779.
1 Lage geheftet, 8 Blatt; eingelegt 1 weiteres Doppelblatt; ca. 21 × 8,5 cm
Göttingen, Niedersächsische Staats- und Universitätsbibliothek, Cod. Ms. Licht. IV, 5
Die »Hofmeisterei« hatte Lichtenberg zum Gelderwerb begonnen. Auch wenn sie ihm zu Zeiten eher Vergnügen als Pflicht gewesen sein mag, weil einige seiner Zöglinge ihm in herzlicher Freundschaft und wechselseitiger Wertschätzung zugetan waren, so ist sie, die ihm jedenfalls die Göttinger Professur eingetragen und die beiden Reisen nach England überhaupt ermöglicht hatte, ihm nach der Rückkehr von England im harten Alltag akademischen Unterrichtens bald zur Last geworden. Mit der Beaufsichtigung der »jungen Wilden« war nicht zuletzt auch die Kontrolle ihrer Finanzen verbunden: Es gab damals Studenten aus dem englischen Hochadel in Göttingen, die innerhalb eines Jahres neben ihrem ohnehin hohen Wechsel von 1000 Talern leicht noch einmal weitere 2000 an Schulden zurückließen. Aus dieser Phase von Lichtenbergs Hofmeisterarbeit ist ein Kassenbuch überliefert, das er diesmal nicht metaphorisch »leidger« (= Kontobuch des Kaufmanns) betitelt. [UJ]

407
John Rocque (sc.) und John Pine (del.):
A Plan of the Cities of London and Westminster, and Borough of Southwark; with the Contigous Buildings; from an Actual Survey.
Kupferstich, 24 Blatt (Reprint) 1746. Je Platte 48,5 × 68 cm
Bez. »published by John Tinney«
London, Guildhall Library, o. Inv.
Die frühesten zuverlässigen, noch sehr kleinformatigen Stadtpläne von London datieren aus dem 16. Jahrhundert; eine erste Karte in brauchbarem Maßstab erschien 1633. Das rasche Anwachsen der Stadt dokumentieren rund ein Dutzend Pläne aus dem 17. und frühen 18. Jahrhundert, teils von bekannten Architekten und Stechern ausgeführt – so Wenzeslaus Hollar und Christopher Wren. Es war ein aufsehenerregendes Ereignis, als 1746 John Rocque und John Pine einen Plan vorlegten, der zum ersten Mal die gesamte bebaute Fläche der Stadt wiedergab. Rocque, Sohn einer aus Frankreich eingewanderten Kartographenfamilie, hatte ein knappes Jahrzehnt lang sämtliche Bauten, Straßen und Plätze, Wasserläufe, Gärten und sonstigen Anlagen völlig neu vermessen und kartographiert. John Pine hat das Stechen der 24 Kupfertafeln übernommen und die Karte zusammen mit John Tinney verlegt. [SS]

408
Paul Fourdrinier:
Südostansicht von St. Paul's.
Kupferstich, 1743. 59,5 × 92,5 cm (Platte)
Darmstadt, Hessische Landes- und Hochschulbibliothek, Kartensammlung, Ansicht 3965
Bei seinem Besuch der Paulskirche am 6. Oktober frühmorgens zusammen mit Sir Francis Clerke ›besichtigte‹ Lichtenberg unter anderem die Flüstergalerie. Seinen Gesamteindruck vom damals nach dem Petersdom in Rom zweitgrößten Kirchenbau der Welt schildert er in Briefen an Freunde in Göttingen: »Statt der Beschreibung des Prospeckts behertzigen Sie nur folgende *Data* als Mahler. Unser Stand-Punckt über einer Kupel, die 420 Fuß im Umkreiß hat, wenigstens 350 Fuß über alle Häußer von London erhaben. Die Themse unter uns [...], eine unübersehbare Reihe von Schiffen, einige hundert Kirchen und wie viel Häußer, Menschen und Kutschen? Ich habe gewiß sehr offt weniger Sandkörner in meiner Sandbüchse gehabt.« (LE 1, Br VI, S. 266) 1778 veröffentlichte Lichtenberg unter dem Titel *Vergleichung der St. Peters Kirche in Rom mit der St. Paul Kirche in London, und beydes mit dem Weltgebäude* eine mehrseitige Tabelle mit Angaben zu den Abmessungen beider Bauten: »Mit dießem Maaßstab in Gedanken siehe zur Milchstraße hinauf, [...] und denke dann: dieses ist ein kleiner Winkel einer der unermeßlichen Hallen des Tempels des Allmächtigen, eben so unbegreiflich in dem Bau seines Tempels, als in dem Bau der Mücke die in einer Thräne ertrinkt.« (GTC für 1778, S. 85-89) [SS]

stoßen die vornehmeren Viertel jetzt an den Hyde Park, und die einst getrennten Städte Westminster und London gehen ineinander über. Rund um die Stadt brennen Tag und Nacht Ziegelhütten.

London ist unbestritten das politische wie wirtschaftliche Zentrum Großbritanniens, das sich im 18. Jahrhundert dank seiner Flotte und seiner überseeischen Besitzungen zu einer Weltmacht entwickelt hat. Und es ist auch das kulturelle Zentrum: vielseitig und anregend für Schriftsteller und Künstler, reich an Theatern, Vergnügungsparks, Kaffeehäusern, Akademien, Museen, gelehrten Gesellschaften. Schon im 18. Jahrhundert eine Großstadt, die kaum zur Ruhe kommt. So verwundert es nicht, daß Lichtenberg bei seiner mitternächtlichen Ankunft in London als erstes bemerkt, der Straßenlärm sei »so groß als an andern Orten am hellen Mittage«. (LE 1, T I, S. 9)

London ist jedoch auch eine Stadt der Widersprüche. Verschwenderischer Reichtum und bittere Armut treffen hier so kraß aufeinander wie sonst nirgends. Die Wohnverhältnisse sind vielerorts katastrophal – um die alte City liegt ein Ring von Slumvierteln –, und die Sterblichkeitsrate ist hoch. Bettler und Prostituierte gehören selbstverständlich zum Straßenbild, allein von letzteren soll es etwa 50 000 geben, wie Lichtenberg sich später einmal notiert (SB 1, L 112). Diebstahl und Straßenräubereien sind an der Tagesordnung.

Als Gast eines hohen Hofbeamten lebt Lichtenberg eher auf der Sonnenseite Londons. Doch der Wechsel aus den bescheidenen Göttinger Verhältnissen in die Welt des britischen Hofadels bereitet ihm nicht eben Wohlbehagen, wie er in einem Brief an Abraham Gotthelf Kästner vom 17. April 1770 freimütig bekennt: »Ich muß hier etwas zu vornehm leben um viel lernen zu können, ich wolte viel darum geben wenn ich mit meiner Göttingischen Niedrigkeit in London leben könte, so aber bin ich genöthigt mich täglich zweymal auf verschiedene Art anzukleiden, immer in grosen Gesellschafften zu seyn und zu speisen, neue Lebens Art zu lernen die ich jenseits der See nie brauchen werde und kan.« (LE 1, Br II, S. 18)

Der Fürsprache seines Gastgebers Lord Boston allerdings verdankt er wohl den »glücklichsten Tag seines Lebens«: Am 22. April 1770 empfängt ihn König Georg III.

409
The Inside view of Westminster Abb[e]y.
Kupferstich, koloriert (Guckkastenbild), 1753. 27 × 42 cm
London, Guildhall Library, W2/ABB/int.
Der gewaltige Innenraum der gotischen Kathedrale beeindruckte Lichtenberg tief, fast andächtig notiert er in ein Merkbuch: »Mit unaussprechlicher Wollust dencke ich noch an den Tag zurück, da ich in Westminster Abtey über den Staub der Könige wandelnd, bey mir selbst die Worte betete, Ehe da die Berge worden und die Erde und die Welt geschaffen worden bist du Gott von Ewigkeit zu Ewigkeit.« (LE 1, S. 249) [SS]

410
Leonhard Knyff (1650-1721) (del.) und J. Benoit Winkler (sc.):
La Tour de Londres.
Kupferstich, koloriert (Guckkastenbild), um 1720. 35,5 × 44 cm
London, Guildhall Library, S3/TOW (41 A)
Den Tower besichtigte Lichtenberg bereits bei seinem ersten Englandaufenthalt. Der Name der berühmtesten Londoner Sehenswürdigkeit geht auf den ersten Bau der Analge zurück, einen mächtigen Befestigungsturm, den William I. im 12. Jahrhundert errichten ließ. In seiner wechselvollen Geschichte diente der Tower als Gefängnis und Hinrichtungsstätte, beherbergte er die Königliche Waffenkammer, Sternwarte, Menagerie und die Kronjuwelen – nur diese sind noch heute dort in Verwahrung. [SS]

411
N (fec.):
»Abbildung des sehr schön und zahmen Tygers«.
Kupferstich, 1773. 29,5 × 19,2 cm
Wiesbaden, Privatbesitz
Seit Henry III. im Jahr 1235 vom Römischen Kaiser drei Leoparden geschenkt bekam, war der Tower der Unterbringungsort für die Königliche Menagerie, die stets zur Besichtigung durch die Bevölkerung freigegeben war. Erst in den Jahren von 1832 bis 1834 wurden sämtliche dort gehaltenen Tiere in den Zoologischen Garten (gegr. 1826) verlegt. Tagebucheintrag, etwa 20. März 1775: »Ich sahe an diesem Tage wieder die Thiere im *Tower*, der alte *Löw* ist tod, statt dessen ist wieder

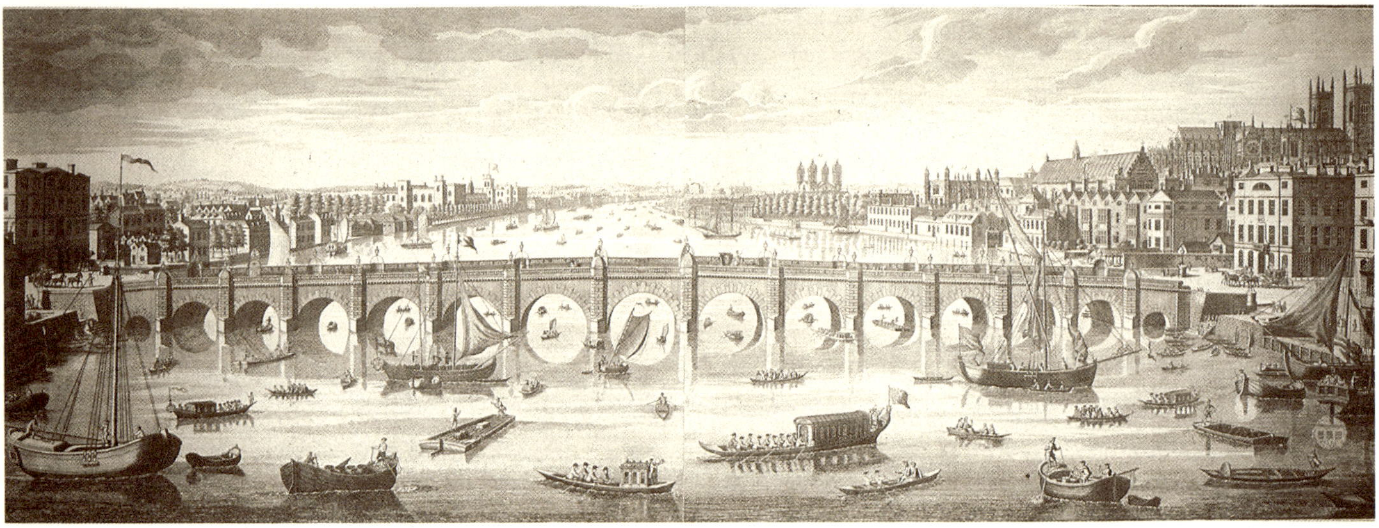

einer von 11 Jahren ein majestätisches Thier da, ein Leopard hat vor 6 Monaten ein junges gehabt, ich sah es, es mogte etwa 2 Fuße lang seyn, der Kopf ist ungewöhnlich dick, der Peltz niedlich, es lag auf der Seite und als die Thüre geöffnet wurde, sperrte es den Rachen auf und zischte. Hat man wohl mehr beyspiele, daß diese Thiere sich in unserm Clima fortpflantzen?« (LE 1, T II, S. 93 f.) [SS]

412
Thomas Willson (del. et. sc.):
»An Exact Prospect of the Magnificent Stone Bridge At Westminster with a View of the Abby Lambeth Palace and other Buildings & up the River Thames«.
Kupferstich, 1751. 47,5 × 118 cm (zweiteilig)
Darmstadt, Hessische Landes- und Hochschulbibliothek, Kartensammlung, Ansicht 3967
Am 8. Oktober 1774 schreibt Lichtenberg an Ernst Gottfried Baldinger, daß er auf dem Dach der Paulskirche, die er zusammen mit seinem Freund Sir Francis Clerke schon morgens um 7 Uhr bestiegen hatte, ganz London zu seinen Füßen, einen Toast auf alle seine Freunde ausgebracht hat: »und unter mir die Themse mit ihren drey Brücken, davon die oberste über 2 Millionen Thaler gekostet hat«. (LE 1, Br V, S. 264) [SS]

413
Johannes Kip (1653-1722) (sc.) und Jacob Knyff (del.):
St. James's House.
Der königliche Palast in London.
Kupferstich, um 1720. 36 × 49 cm
London, Guildhall Library, W2/JAM/PAL
Als Gast des Königs besuchte Lichtenberg das städtische Palais der königlichen Familie mehrfach; von einer Abendgesellschaft, zu der er eingeladen war, berichtet er Johann Christian Dieterich lakonisch: »Die Hertzogin von Devonschire hatte am 18 Jenner bey dem Ball in St James für 100 000 Pfund Juwelen am Leibe«. (LE 1, Br XII, S. 288) Daß es in der Umgebung des königlichen Palasts recht nobel zuging, notiert Lichtenberg in den Reise-Anmerkungen: »In *St James-Street* wohnte zu meiner Zeit eine Obsthändlerin, die es gewiß weiter gebracht als je eine ihrer Vorgängerinnen in diesem Fache. Sie war in allen Intriguen Unterrichtet hatte immer die ersten Nachrichten von Staats Neuigkeiten. Nicht jeder durfte in ihren Laden kommen [...]. Ihre Bude war nur Leuten von Rang und Mode offen. [...] Diese traten hinein schnitten sich eine Scheibe Ananas, und assen sonst einige Kostbarkeiten, besprachen sich mit Ihr und giengen wieder weg ohne eben jezt zu bezahlen. Nach einem Jahr bekamen diese Herren offt Rechnungen von 500 Pfunden von Ihr.« (LE 1, E, S. 245) [SS]

414
Thomas Malton (1748-1804) (del. & fec.):
The Banqueting House, Westminster, Whitehall.
Aquatinta, 1781. 35,5 × 28 cm
London, Guildhall Library, W2/WHI/BAN
Als 1697 die königliche Residenz Whitehall abbrannte, war das sogenannte Banqueting House der einzige Bau der Anlage, der den Flammen widerstand. Entworfen von Inigo Jones und 1622 vollendet, war das Banqueting House das erste reine Renaissancegebäude in London. Den zu Repräsentationszwekken des Königshauses genutzten großen Festsaal stattete Peter Paul Rubens im Auftrag von Charles I. mit einem monumentalen Deckengemälde aus – allein die Cherubim maßen jeweils 9 Fuß. Aus Lichtenbergs »Reise-Anmerckungen«, 1775: »Den 15 April [...] gieng ich des Abends [...] in Hyde Park spaziren, der Mond war eben auf gegangen, voll und schien über Westminsters Abtey her. [...] Ich schlenderte hierauf Piccadilly und den Heumarckt hinunter nach *Whitehall* theils die Statüe Carls des ersten wieder gegen den hellen westlichen Himmel zu betrachten, und theils beym Mond Licht mich meinen Betrachtungen bey dem Banquetting Hauß zu überlassen, dem Haus aus welchem durch ein Fenster Carl der erste auf des Schafott trat. [...] Vor mir lag das majestätische Gebäude vom vollen Monde erleuchtet, es war Abend vor Ostern, (der Tod des Mittlers –) Hier zu diesem Fenster stieg Carl hinaus um die vergängliche Crone mit der unvergänglichen zu vertauschen.« (LE 1, T III, S. 133) Lichtenberg bezieht sich auf Charles I. (1600-1649), der nach dem Bürgerkrieg wegen Hochverrats zum Tod verurteilt und öffentlich hingerichtet wurde. [SS]

415
T.[homas] Sandby (1721-1798) (del.) und Edw.[ard] Rocker (sc.):
Covent Garden Piazza.
Kupferstich, 1777. 41,3 × 55,5 cm
London, Guildhall Library, W2/COV
Im Mittelalter gehörte das Gelände von Covent (= Convent) Garden zum Kloster von Westminster Abbey, es wurde von den Mönchen zum Gartenbau genutzt. Ertragsüberschüsse des Klosters wurden an die Londoner Bevölkerung verkauft, wodurch sich nach und nach ein Viktualienmarkt entwickelte, dem Charles II. 1670 die Marktrechte verlieh. Bei Auflösung der Klöster in den Jahren 1535-1540 wurde der Besitz der Mönche von Westminster vom Königshaus konfisziert; Charles I. beauftragte den Architekten Inigo Jones mit der Neugestaltung des Geländes. Zentrale Anlage ist die Covent Garden Piazza, die im Westen begrenzt ist von der Fassade der kleinen St. Paul's Church, an der Nordseite von den Bürgerhäusern mit Arkadengängen, die hier abgebildet sind. [SS]

416
John Collet (1725-1780):
Covent Garden Piazza and Market.
Öl auf Leinwand, um 1775.
133,5 × 189,5 cm
London, London Museum, 55.72

Es dauerte einige Jahre, bis die Londoner Bevölkerung, die kaum auf dem Kontinent, geschweige denn je in Italien gewesen war, den von Inigo Jones nach italienischem Vorbild konzipierten Platz auch ästhetisch zu würdigen wußte. Ungeachtet dessen entwickelten sich Handel und Wandel, die Piazza diente weiterhin als Markt. An ihrer Westseite entstand ein vornehmes Wohnviertel, während das restliche Areal mehr und mehr zum Vergnügungsviertel mit hemmungslosem Nachtleben wurde. Bereits 1722 gab es 22 Glücksspielsalons, die Titelheldin Fanny Hill aus John Clelands 1749 vollendetem Roman ist hier beheimatet. Eine Beschreibung von 1775 faßt zusammen: »Zwei Armenschulen, ein Gemeindehaus, eine Besserungsanstalt, zwei Kaffeehäuser zweifelhaftesten Charakters (= two Bagnio's), eine Kaltwasserbadeanstalt und das Covent Garden Theater«. Lichtenberg schreibt im *Göttinger Taschen Calender* für 1786, S. 143: »*Bagnio*, so nennt man in London Häuser, worin eigentlich blos gebadet und geschwizt werden sollte, die aber gewöhnlich jezt zu allem gebraucht werden, ausgenommen zum Baden und schwitzen«. [SS]

Katalog-Nr. 416 (links)
Katalog-Nr. 417 (rechts)

417
Thomas Malton (1748-1804) (sc.):
St. Dunstans, Fleet Street.
Aquatinta, 1797. 21,5 × 31,5 cm (Platte); 30 × 38 cm (Blatt)
Bez. »published by Thomas Malton«
London, Guildhall Library, 208/Dun

Bemerkenswert an St. Dunstan in the West ist die große Uhr, die von der Gemeinde St. Dunstan 1671 aus Dankbarkeit an der Außenwand angebracht wurde, weil der Kirchenbau beim großen Brand 1666 von den Flammen verschont worden war. Angeblich handelt es sich um die erste Turmuhr in London, auf deren Zifferblättern die Minuteneinteilung dargestellt wurde und die »vorn und hinten« abzulesen war, also aus beiden Richtungen in der Fleetstreet. »Sie werden mich also entschuldigen, wenn es sich zuweilen hart und schwer ließt, es ist die Ordnung von *Cheapside*«, schreibt Lichtenberg am 10. Januar 1775 an Ernst Gottfried Baldinger aus London: »ich [will] Ihnen ein flüchtiges Gemählde von einem Abend in London auf der Strase machen, das ich mündlich nicht blos ausmalen, sondern auch noch mit einigen Gruppen vermehren will, die man nicht gern mit so dauerhaffter Farbe, als Dinte, malt. Ich will dazu *cheapside* und *fleetstreet* nehmen, so wie ich sie in voriger Woche, da ich des Abends etwas vor 8 Uhr aus Herrn Boydells Hauß nach meinem Logis gieng, gefunden habe. Stellen sie sich eine Strase vor etwa so breit als die Weender [in Göttingen], aber, wenn ich alles zusammen nehme, wohl auf 6mal so lang. Auf beyden Seiten hohe Häuser mit Fenstern von Spiegel Glas. Die untern Etagen bestehen aus Boutiquen und scheinen gantz von Glas zu seyn; viele tausende von Lichtern erleuchten da Silberläden, Kupferstichläden, Bücherläden, Uhren, Glas, Zinn, Gemählde, Frauenzimmer-Putz und Unputz, Gold, Edelgesteine, Stahl-Arbeit, Caffeezimmer und *Lottery Offices* ohne Ende. Die Straße läßt [= scheint], wie zu einem Jubelfeste illuminirt [= erleuchtet], die Apothecker und Materialisten [= Drogisten] stellen Gläßer, worin sich Dietrichs Cammer Husar baden könte, mit bunten *Spiritibus* aus, und überziehen gantze Quadratruthen mit purpurrothem, gelbem, grünspangrünem und Himmelblauem Licht. Die Zuckerbäcker blenden mit ihren Kronleuchtern die Augen, und kützeln mit ihren Aufsätzen die Nasen, für weiter keine Mühe und Kosten, als daß man beyde nach ihren Häusern kehrt; da hängen *Festons* [Girlanden] von spanischen Trauben, mit Ananas abwechselnd, um Pyramiden von Aepfeln und Orangen, dazwischen schlupfen bewachende und, was den Teufel gar los macht, offt nicht bewachte weißarmigte Nymphen mit seidenen Hütchen und seidenen Schlenderchen [= Umhängen]. Sie werden von ihren Herrn den Pasteten und Torten weißlich zugesellt, um auch den gesättigten Magen lüstern zu machen und dem armen Geldbeutel seinen zweytlezten Schilling zu rauben, denn hungriche und reiche zu reitzen, wären die Pasteten mit ihrer Atmospäre allein hinreichend. Dem ungewöhnten Auge scheint dieses alles ein Zauber; desto mehr Vorsicht ist nöthig, Alles gehörig zu betrachten; denn kaum stehen Sie still, Bums! läuft ein Packträger wider Sie an und rufft *by Your leave* wenn Sie schon auf der Erde liegen. In der Mitte der Strase rollt Chaise hinter Chaise, Wagen hinter Wagen und Karrn hinter Karrn. Durch dieses Getöße, und das Sumsen und Geräusch von tausenden von Zungen und Füßen, hören Sie das Geläute von Kirchthürmen, die Glocken der Postbedienten, die Orgeln, Geigen, Leyern und Tambourinen englischer Savoyarden, und das Heulen derer, die an den Ecken der Gasse unter freyem Himmel kaltes und warmes feil haben. Dann sehen Sie ein Lustfeuer von Hobelspänen Etagen hoch auflodern in einem Kreis von jubilirenden Betteljungen, Matrosen und Spitzbuben. Auf einmal rufft einer dem man sein Schnupftuch genommen: *stop thief* und alles rennt und drückt und drängt sich, viele, nicht um den Dieb zu haschen, sondern selbst vielleicht eine Uhr oder einen Geldbeutel zu erwischen. Ehe Sie es sich versehen, nimmt Sie ein schönes, niedlich angekleidetes Mädchen bey der Hand: *come, My Lord, come along, let us drink a Glass together, or I'll go with You if You please*; dann passirt ein Unglück 40 Schritte vor Ihnen; *God bless me*, rufen Einige, *poor creature* ein Anderer; da stockt's und alle Taschen müssen gewahrt werden, alles scheint Antheil an dem Unglück des Elenden zu nehmen, auf einmal lachen alle wieder, weil einer sich aus

Versehen in die Gosse gelegt hat; *look there, damn me*, sagt ein Dritter und dann geht der Zug weiter. Zwischen durch hören Sie vielleicht einmal ein Geschrey von hunderten auf einmal, als wenn ein Feuer auskäme, oder ein Haus einfiele oder ein Patriot zum Fenster herausguckte. In Göttingen geht man hin und sieht wenigstens von 40 Schritten her an, was es giebt; hier ist man |:hauptsächlich des Nachts und in diesem Theil der Stadt (the City):| froh, wenn man mit heiler Haut in einem Neben Gäßgen den Sturm auswarten kan. Wo es breiter wird, da läuft alles, niemand sieht aus, als wenn er spatzieren gienge oder observirte, sondern alles scheint zu einem sterbenden gerufen. Das ist *Cheapside* und *Fleetstreet* an einem December Abend.« (LE 1, Br X, S. 273 ff.) [SS]

418
E.[dward] Dayes (drawn) (1763-1804), R. Dodd (tinted) und R. Pollard (engraved): Grosvenor Square.
Blick vom Grosvenor Square aus, mit Drehorgelspieler und Kutsche im Bildvordergrund.
Aquatinta, 1789. 42,5 × 53 cm
London, Guildhall Library, W2/Gro
Die Grosvenor Street gehört zu einem großzügigen Bebauungsplan, der 1720-1734 verwirklicht wurde. Bereits 1735 waren zwei Drittel der Anlieger Adelige. Grosvenor Square war und ist (mit Ausnahme von Lincoln's Inn Fields) der flächengrößte Platz der Stadt; auch heute noch gilt er als eine der »ersten Adressen«. In der Lower Grosvenor Street hatte Lord Boston sein Haus, in dem Lichtenberg während beider Aufenthalte längere Zeit gewohnt und das er in sein Tagebuch skizziert hat. Das Haus wurde von zwei Generationen der Bostons bewohnt; es steht noch heute, allerdings stark verändert. [SS]

419
Georg Christoph Lichtenberg: Lord Bostons Haus in Lower Grosvenor Street.
Eigenhändige Zeichnung im »England-Tagebuch«, Katalog-Nr. 402
Göttingen, Niedersächsische Staats- und Universitätsbibliothek, Cod. Ms. Licht. IV, 8 (Löschblatt zwischen Seite 42 und 43)

auf seiner Sternwarte zu Richmond und stellt ihn dabei auch dem Hofastronomen Stephen Charles Triboudet Demainbray sowie dem berühmten Instrumentenbauer Peter Dollond, Erfinder der achromatischen Fernrohre, vor. Der junge Gelehrte muß einen guten Eindruck hinterlassen haben, denn zurück in Göttingen wird er kurz darauf zum außerordentlichen Professor ernannt.

England, die »glückliche Insul«, wie sie Lichtenberg in einem Brief an Johann Christian Dieterich vom 28. September 1773 nennt (Bw 1, Nr. 206), hat ihn nach dieser ersten Reise nicht mehr losgelassen. Drei Jahre später bereitet er einen längeren Studienaufenthalt vor. Seinen Antrag auf Beurlaubung für vier Monate begründet er mit Vertiefung der wissenschaftlichen Beziehungen und mit den »mannigfaltigen Wercken der Kunst« (nach damaligem Verständnis meint das vor allem die mechanischen Künste, d. h. die Herstellung physikalischer Instrumente), die er dort zu studieren wünscht, da England die Hochburg der Instrumentenbauer ist. Im September 1774 ist er endlich wieder in London, glücklich »aus einem Göttingischen Hintergebäude in eine der ersten Straßen der Hauptstadt der Welt versezt«, wie er es im Brief an Ernst Gottfried Baldinger vom 8. Oktober 1774 formuliert (LE 1, Br V, S. 263). Diesmal genießt er das Leben in London in vollen Zügen, zögert seine Abreise immer wieder hinaus und spielt sogar mit dem Gedanken, ganz in England zu bleiben. Aus vier Monaten werden schließlich sechzehn.

Seine Begegnungen, Eindrücke und Studien während dieses zweiten England-Aufenthaltes 1774/75 sind dank der überlieferten Reisetagebücher, Notizbücher, Briefe, aber auch späterer Veröffentlichungen recht gut dokumentiert. In ausgefeilten Briefen versucht Lichtenberg, den daheimgebliebenen Freunden und Bekannten ein lebendiges Bild seiner Erlebnisse zwischen Hof, Gelehrtenwelt und Londoner Straßen zu vermitteln, zu malen, wie er es selbst mehrfach nennt. Mit der atmosphärisch dichten, impressionistischen Schilderung der Londoner Geschäftsstraßen Fleetstreet und Cheapside an einem Dezemberabend hat er dabei auch die erste Großstadtbeschreibung der deutschen Literatur geschaffen. Die Tage- und Notizbücher enthalten vorwiegend kürzere Einträge, oft nur Stichworte. Sie lassen erkennen, daß Lichtenberg tatsächlich mit »allen Sinnen sperrweit offen« das fremde Land erlebte: Notizen über verbesserte Barometer, Hundesteuern, Pferderennen, Museumsbesuche, Armenabgaben und Korruption stehen neben Bemerkungen über englischen Wortgebrauch und Redensarten, Seiltänzer, Teeausschank in Wirtshäusern, Wedgwood-Vasen und chinesische Schreibpinsel. Dazwischen Skizzen, eingeklebte Werbezettel und Zeitungsausschnitte. Neben Kleinigkeiten und Alltäglichkeiten die Höhepunkte. Er trifft bekannte Gelehrte wie Joseph Priestley (einen der Entdecker des Sauerstoffs), nimmt an einer Sitzung der Royal Society teil, lernt Teilnehmer der Cook-Expeditionen in die Südsee kennen, darunter Vater und Sohn Forster, die gerade eben von der zweiten Weltumsegelung Cooks zurückgekehrt sind. Einige Wochen verbringt er allein auf dem paradiesischen Landsitz Wrest seines Freundes Lord Polwarth, wo er Landschaft und Bibliothek genießt. Die königliche Sternwarte in Richmond steht ihm offen, und Lichtenberg erfährt das für einen Deutschen, zumal einen Bürgerlichen, seltene Privileg, mehrfach Gast der königlichen Familie zu sein und dort ausführliche Gespräche zu führen. Schließlich unternimmt er auch eine Reise nach Birmingham (um die Maschinenfabrik von James Watt zu besichtigen), Oxford und Bath – und zu seiner großen Genugtuung ist er wie ein »Webergeselle« unterwegs, auf der Postkutsche und ohne Bediensteten.

In die Zeit dieses zweiten England-Aufenthaltes fällt auch der Ausbruch des bereits seit längerem schwelenden Konfliktes zwischen den amerikanischen Kolonien und ihrem Mutterland England. »6 Stunden auf einem Fleck« verfolgt Lichtenberg ge-

420
William Hogarth (1697-1764):
Executed at Tyburn.
Plate 11 aus der Serie The Idle Prentice.
Kupferstich, 1747. 27,5 × 40,3 cm (49,5 × 66,5 cm Blatt)
Ober-Ramstadt, Ulrich Joost

Tyburn, Londons Hinrichtungsstätte von 1388 bis 1783, lag am Ende der Oxford Road am Hyde Park. Die ersten feststehenden Galgen wurden 1571 dort errichtet. Sie hatten Triangelform, so konnten gleichzeitig 21 Verurteilte erhängt werden. Hinrichtungstage waren öffentliche Feiertage, da man annahm, daß der Anblick einer Exekution der Abschreckung diene. Henry Fielding schreibt in seinen *Inquiry into the Causes of the Late Increase of Robbers* 1751 dazu: »Der Tag, der vom Gesetz für des Diebes Schande ausersehen ist, ist dessen [des Diebes] Meinung nach der Tag seines Ruhms. Sein Transport nach Tyburn und seine letzten Augenblicke sind alle Triumph; begleitet vom Mitgefühl der schwachen und zart Besaiteten und unter Applaus, Bewunderung und Mißgunst all der Unerschrockenen und Hartgesottenen.« Der Hogarthsche Stich illustriert diese Worte augenfällig: Im Bildvordergrund sensationshungrige Rowdies, Lebkuchen-, Gin- und Orangenverkäufer, Balladensänger und Taschendiebe. Hinter ihnen die erhöhten Plätze für die schaulustige bessere Gesellschaft. Rechts vom Galgen läßt auf der Galerie ein Mann eine Brieftaube fliegen. Die Taube fliegt zurück zum Gefängnis und informiert so die nicht beiwohnenden Vertreter der Amtsgewalt über die Ankunft der Delinquenten auf der Richtstätte. Lichtenberg sah am 25. Oktober 1775 das Erhängen von Dieben und Einbrechern: »Kaum hatten sie 10 Minuten gehangen, so kam ein Mann und zwo Weiber, die ließen sich durch Ihre Hände Kröpfe und andere Gewächse bestreichen.« (LE 1, T III, S. 196) [SS]

421
W. Sharp (sc.) und Stodhart (del.):
Portalfiguren vom Haupteingang des Irrenhauses Bedlam.
Von Caius Gabriel Cibber (1630-1700).
Kupferstich, 1783. 13,5 × 20,7 cm (Platte); 18 × 24 cm (Blatt)
London, Guildhall Library, 447, OLD

Die Irrenanstalt Bethlehem Royal Hospital geht zurück auf eine Gründung von 1247; 1675 wurden die Insassen verlegt in ein Gebäude, das häufig mit den Tuilerien verglichen wurde und das auch Lichtenberg gesehen hat. Der achssymmetrische Bau, in dem bis zu 300 Patienten untergebracht werden konnten, wurde von dem Architekten Robert Hooke entworfen, die Figuren »Madness« und »Melancholy« aus Portland Stone über dem Portal stammen von Caius Gabriel Cibber. Sie wurden nach Patienten modelliert; einer der beiden soll Oliver Cromwells Pförtner gewesen sein. [SS]

422
View of old Bethlem Hospital as represented in Maitland's History of London.
Kupferstich, 1772. 22,5 × 42 cm
Bez. »Day & Hage Lithogr.[aphers]«
London, Guildhall Library, 447, OLD

Seit dem Beginn des 17. Jahrhunderts gehörte Bedlam zu den Sehenswürdigkeiten Londons. Die Patienten, die man nicht sich selbst überlassen konnte, waren, an den Füßen angekettet, in kleinen Zellen in Galerien untergebracht, ähnlich Tieren in einer Menagerie. Gewalttätige Patienten wurden, wie es der damaligen Vorstellung von Therapie entsprach, mit Kaltwasserbädern oder durch Peitschenhiebe »beruhigt«. Weniger gefährdete/gefährliche Kranke konnten sich in großen Sälen, weibliche Patienten im Ost-, männliche im Westflügel, und den Gartenanlagen innerhalb der Anstaltsumfriedung frei bewegen. Ab 1770 gab es keine Behandlung mit Schlägen mehr und die Irrenanstalt wurde für den öffentlichen Besuch gesperrt, um die Ruhe der Insassen und potentielle Heilungserfolge nicht zu stören. Lichtenberg wird sich also schon eine Eintrittskarte gekauft haben müssen. Das Verständnis für die Patienten Bedlams wuchs mit dem öffentlichen Mitgefühl, das man der Geisteskrankheit Georgs III. entgegenbrachte. Lichtenberg, der außer einer kurzen Notiz keine längere Schilderung hinterlassen hat, war durch seinen Besuch in Bedlam bedrückt und nachhaltig beeindruckt. So erinnert er sich mehrfach an »das unbeschreibliche Wohlbehagen das meinen ersten freyen Odemzug begleitete, als ich im October 1775, nach einem kurzen Besuche in diesen Begräbnissen wieder in die freye Luft von Moorfields hervortrat«. (LE 2, S. 139) [SS]

423
P. Begbie (sc.):
»View of the New Front, Towards Bridges Street, of the principal Entry to the Theatre Royal Drury Lane.«
Kupferstich, 1776. 59 × 44 cm
London, Guildhall Library, W2/DRU

Das »Theatre Royal Drury Lane« ist einer der beiden ältesten Theaterbauten Londons, die bereits 1663 eröffnet wurden. Der Schauspieler David Garrick, der auf dieser Bühne 1742 sein Debüt gab, übernahm 1747 (in Partnerschaft mit James Lacey) die Leitung des Hauses. Unter seiner Intendanz gelangte Drury Lane als Shakespeare-Spielort zu Weltruhm. Bevor sich Garrick 1776 zur Ruhe setzte, veranlaßte er noch eine großzügige Umgestaltung des Gebäudes durch die Architektenbrüder J. und R. Adam. 1775, als Lichtenberg das Theater zum ersten Mal besuchte, war die »New Front« bereits ausgeführt. [SS]

424
B. Pastorini:
»Inside View of the Theatre Royal Drury Lane, as it appeares from the stage, altered & decorated in the year 1775«.
Mezzotinto, braun, um 1775.
46,5 × 61 cm
London, Guildhall Library, W2/DRU
Bereits am fünften Tag seines zweiten Aufenthalts in London, am 29. September 1775, ging Lichtenberg in das Theatre Royal Drury Lane, insgesamt war er gut ein Dutzend Mal in diesem Theater. Hier sah er am 2. Dezember 1775 David Garrick in der Hauptrolle des *Hamlet*; die schauspielerische Leistung Garricks begeisterte ihn so sehr, daß er die Aufführung nur zehn Tage später zum zweiten Mal besuchte. [SS]

425
Charles John Smith (from an original Drawing):
»Exterior View of the Italian Opera House. In the Haymarket.«
»As it appeared before the fire June 1789«.
Gouache nach einem Kupferstich von 1790. 20 × 23,8 cm
London, Guildhall Library, W2/HAY (I)
Das Haymarket Theatre, auch Theatre Royal, King's Theatre und Italian Opera House genannt, wurde 1720 erbaut. Henry Fielding, der hier seine satirischen Komödien aufführte, übernahm 1735 die Leitung des Hauses. Diese wurde ihm bereits 1737 wieder entzogen, das Theater geschlossen, für die Londoner Theater Zensur eingeführt – manche Stücke Fieldings waren zu wirklichkeitsnah, zu sozialkritisch und als politische Satiren zu scharf, um von den Behörden geduldet zu werden. [SS]

426
Rothwell (sc.) und Van Assen (del.):
Hay Market Theatre.
Abbildung aus »Pocket Magazine«.
Kupferstich, 1795. 8,5 × 12,2 cm
London, Guildhall Library, W2/HAY
Zur Führung eines Theaters resp. einer Schauspielertruppe benötigten die »Intendanten« eine Lizenz. Samuel Foote, dem diese Genehmigung nicht erteilt wurde, umging die Bestimmung. Er etikettierte, als er 1747 das Haymarket Theatre wiedereröffnete, seine Vorstellungen im Haymarket Theatre als Kakao- und Teeausschank: Die Besucher waren zum Verzehr verpflichtet, konnten aber seine Konzerte und Parodien »kostenlos« sehen, die zunächst vormittags stattfanden. Während der Kakao zubereitet wurde, verkürzte der »Restaurateur« Foote seinen Gästen die Wartezeit, indem er den »Schauspielunterricht« für seine Truppe auf der Bühne »fortsetzte«. Footes Persiflagen stadtbekannter Persönlichkeiten waren beim Publikum ungeheuer beliebt; nicht selten waren sie derart beleidigend, daß sein Etablissement geschlossen und er vor Gericht zitiert wurde. Aufgrund eines tragischen Unfalls änderte sich die Situation für das Haymarket Theatre und Samuel Foote grundlegend: Foote war Jagdgast beim Herzog von York, der sich und seinen Gästen einen Spaß bereiten wollte und Foote ein schwer zu reitendes Pferd zuteilte. Foote stürzte so unglücklich vom Pferd, daß ihm ein zertrümmertes Bein amputiert werden mußte. Um den erlittenen Schaden wiedergutzumachen, setzte sich der Herzog von York beim König für Footes Schauspiellizenz ein. Foote, der nach der Amputation eine Prothese trug, erhielt die Konzession für die Sommermonate. Während der Wintermonate spielte er wie auch schon vor 1747 im Drury Lane, vorwiegend komische Rollen. [SS]

427
Joshua Reynolds:
Garrick zwischen Tragödie und Komödie.
Aquatinta, 1775. 18,5 × 23,3 cm (25 × 35,5 cm Blatt)
Ober-Ramstadt, Ulrich Joost
Der Kunsthändler, Graphikverleger und Kupferstecher John Boydell (1719-1804) gründete 1789 die »Shakespeare Gallery« in der vornehmen Pall Mall Nr. 52 – nicht nur, um den »Ruhm des unsterblichen Shakespeare« zu mehren: Er engagierte Künstler wie Reynolds, West, Füssli und Angelica Kauffmann, die ihm zur Eröffnung bereits 34 Original-Ölgemälde mit Shakespeare-Szenen angefertigt hatten. 33 weitere Bilder kamen 1790 hinzu, das Jahr, in dem er auch zum Bürgermeister gewählt wurde. Boydell sicherte sich zugleich das Recht, Kupferstiche zu diesen Gemälden allein zu verfertigen und zu verkaufen. Mit der »Gallery« ruinierte sich Boydell, dem »seine allzugroße Tüchtigkeit und nicht immer taktvolle Reklame sehr übelgenommen« wurden: Die Kriege in Folge der Französischen Revolution dezimierten den Absatz seines Kunsthandels an den Kontinent gründlich. »Bey Herrn *Boydell* [dem Graphikhändler] sah ich *Garrick* bey *Shakespear's* Büste, für ½ *Guinee*, er ist da noch jung kann sich aber geglichen haben. Er ist zu lang. Garrick zwischen der Comödie und Tragödie, da ist er älter, doch ähnlich ½ *Guinea*. Er ist in Kupfer gestochen, wie er vor dem Geist im Hamlet erschrickt«. (LE 1, T II, S. 71) [SS]

428
Thornthwaite (sc.) und Roberts (del.):
The Alchemist.
Mr. Garrick in the Character of Abel Drugger.
Kupferstich, 1777. 16,5 × 10,2 cm
Ober-Ramstadt, Ulrich Joost
David Garrick (1717-1779), den Lichtenberg grenzenlos bewunderte, war sicherlich der beste, bekannteste Schauspieler Englands im 18. Jahrhundert. Seit er 1747 die Leitung des Theatre Royal Drury Lane zusammen mit James Lacey übernahm, verbesserte er die Bühnentechnik des Hauses und machte sich auch als Bühnenautor einen Namen. Seine größte und bleibende Leistung ist eine völlige Erneuerung des englischen Theaterstils: Bereits in seiner ersten Rolle überzeugte er Publikum und Kritiker durch seine gänzlich unaffektierte, natürliche Darstellung Richards III., mit der er die klassizistische französische Spielweise ablöste, die durch Pomp, Pathos und Deklamation charakterisiert ist. Einen Eindruck von Garricks reformerischer Leistung vermitteln Lichtenbergs Schilderungen seiner Darstellung des Hamlet in den drei *Briefen aus England*, die von Heinrich Christian Boie in dessen *Deutschem Museum* 1776/78 erschienen. Erst am Ende seines langen Englandbesuchs hatte Lichtenberg das Vergnügen, den glühend verehrten Schauspieler persönlich kennenzulernen. Garrick seinerseits lobte Lichtenbergs englische Aussprache und stellte ihm für weitere Besuche seine Loge im Drury Lane zur Verfügung – eine Gelegenheit, die Lichtenberg bis zur Abreise noch mehrmals nutzte. Der *Alchemist* (1610) ist eine der erfolgreichsten Komödien von Ben Jonson (1572-1637), die bis ins 20. Jahrhundert immer wieder inszeniert wurde. Lichtenberg sah Garrick in seiner besten Komödienrolle als Abel Drugger wahrscheinlich im Oktober 1774. Aus den *Briefen aus England*: »in jeder Minute äussert der arme Abel seinen Karakter, Aberglauben und Einfalt, mit neuen Zeichen. [...] Wenn die Astrologen den nunmehr grossen Namen Abel Drugger aus den Sternen heraus buchstabiren, so sagt der Betrogne arme Tropf mit inniger Freude: Das ist mein Name. Garrick macht daraus eine heimliche Freude, denn sich so gerade heraus zu freuen wäre wider den Respekt. Garrick dreht sich also von ihnen ab, und freut sich ein paar Augenblicke so in sich selbst hinein, daß er wirklich die rothen Ringe um die Augen kriegt, die allemal eine grosse, wenigstens zum Theil gewaltsam unterdrückte Freude begleiten, und so sagt er: das ist mein Name, zu sich selbst. Dieses weise Heimlichthun that eine unbeschreibliche Wirkung, denn man sah nicht blos den einfältigen, hintergangenen passiven Pinsel, sondern einen noch weit lächerlicheren, der mit einer Art von innerm Triumph sich noch wohl gar für einen durchtriebenen Gast hält.« (LE 1, Anh. VIII, S. 344 f.) [SS]

429
Aquatic Theatre, Sadlers Wells.
Kupferstich, 1813. 30 × 45,5 cm (Platte); 33,5 × 48,5 cm (Blatt)
Bez. »Published by [A.] Ja.[me]s Whittle & R.[ichard] H. Laurie, Fleetstreet«
London, Guildhall Library, Fl/SAD
Das Varieté-Theater Sadler's Wells hat seinen Namen von einem Thomas Sadler, der in dem nördlichen Vorort (heute innerstädtischer Bereich!) Islington 1683 neben einer Heilquelle ein »Music house« erbaute. Die Kurgelegenheit gewann dadurch an Attraktivität, etwa 500 Gäste besuchten täglich die Quelle, bis sie Ende des 17. Jahrhunderts an Bedeutung verlor. Seiltänzer, Jongleure und andere Unterhaltungskünstler traten in raschem Wechsel hier auf, bis der Bau 1746 unter ständige Leitung kam. Während Lichtenbergs Aufenthalt war Tom King der Impresario. Er hatte bis 1772 Drury Lane geleitet; durch seinen Standortwechsel kam das Varieté-Theater, das vorwiegend von der breiten Masse besucht wurde, beim gehobenen Publikum en vogue. Lichtenberg kam mehrmals hierher, einmal begleitete er den Tahitaner Omai: »*Saddlers Wells* hat ihm vorzüglich gefallen, und er muste den 2^t^ Tag gleich wieder hingehen, hernach war [er] gleichgültig dagegen. « (LE 1, T II, S. 110) [SS]

Abbildung oben links:
Katalog-Nr. 426
Abbildung oben rechts:
Katalog-Nr. 431

430
Johann Heinrich Ramberg (1763-1840):
Theaterpublikum. ›Proleten‹.
Federzeichnung, um 1785.
12,8 × 33,2 cm
Hannover, Landesgalerie im Niedersächsischen Landesmuseum, PM Hz 316
»O! Wer London nicht kennt, kann sich unmöglich einen Begriff von der Biegsamkeit des physiognomischen Stoffes bey diesem großen Volke, und dem Spiele machen, das die unerschöpfliche Natur mit Gesichtern treibt.« (Ausf. Erklärung der Hogarthischen Kupferstiche, 5. Lief. S. 119)

431
Johann Heinrich Ramberg (1763-1840):
The Play-house.
Federzeichnung, koloriert, 1782.
39,5 × 30,6 cm (oval)
Hannover, Landesgalerie im Niedersächsischen Landesmuseum, 1931/101
»Die Flüche wollen auf unsern Theatern noch nicht recht fort, und es ist auch nicht sehr zu wünschen daß unser Gefühl darin stumpfer wird.« (SB 1, F 571)

432
»The surprising Equilibres on the Slack Rope, by, the Grand Turk Mahomed Caratha [...]«.
Schlaffseil- und Leitertänzer.
Kupferstich, um 1775.
23,5 × 32,5 cm
Bez. »Printed and sold by Sayer, Fleet Street«
London, Guildhall Library, Islington / Miscellaneous I/WI L.263
Zwischen der Kunstfertigkeit von Schauspielern und Akrobaten macht Lichtenberg kaum einen Unterschied. Auch von Seil- und Leitertänzern, die er in Sadler's Wells bewundert, notiert er sich die Namen in sein Tagebuch. Besonders beschäftigen ihn die erstaunlichen Darbietungen des Leitertänzers: »Wie hebt sich der Leiter-Täntzer in *Saddlers-Wells*? Wenn er über die Bühne springt.« (LE 1, T III, S. 179) [SO]

433
Schlaffseilläufer.
2 Kupferstiche, koloriert, um 1775.
Je 18,2 × 23,9 cm
Nürnberg, Germanisches Nationalmuseum, HB 2575 1 u. 2, Kapsel 1338 a
Die Kunststücke der Akrobaten waren nicht nur Unterhaltung; der Physiker fand in ihnen ein unerschöpfliches Reservoire anschaulicher Beispiele, mit denen er seinen Studenten naturgesetzliche Phänomene anschaulich erläutern konnte. »Auf der Trägheit beruht auch das, [...] daß sich die herumziehenden Gaukler einen Ambos auf die Brust setzen und von ein paar Schmiedgesellen mit großen Hämmern darauf schmieden lassen. Ist die Brust stark genug den Ambos zu ertragen, so mag darauf hämmern, wer da will.« (Gamauf I, S. 130) [SO]

434
»A Representation of the Surprising Performances of M^r^. Price.«
Kunstreiter.
Kupferstich, 1770. 19,5 × 21 cm
Bez. »Engraved for the Universal Museum & Comp[lete] Mag[azin] of Knowledge and Pleasure«
London, Guildhall Library, L 26.5
»Ebenso das Kunstreiten. Dieß ist wenigstens von der Seite [der Trägheits-Gesetze] keine so große Kunst, von welcher man es dafür ausgiebt. Man bewundert nähmlich dabey am meisten wie sich ein solcher Kunstreiter über sein im Gallop laufendes Pferd erheben, durch einen Reif oder über ein Seil springen und dann wieder auf das Pferd, das unterdessen unter ihm wegläuft zu stehen kommen könne. Allein er muß ja wegen des Stoßes, den er von dem Pferd erhält, wieder auf den Sattel kommen. Hat er nur gelernt auf dem Sattel zu stehen, wenn das Pferd stille steht und wenn es in Bewegung ist: so hat er für nichts weiter zu sorgen. – [...] Im Kreise ist es schon etwas künstlicher. Da fliegt der Kerl nach der Tangente zu. Das Pferd aber beschreibt unterdessen einen Bogen. Je kleiner der Kreis, desto künstlicher.« (Gamauf I, S. 146-147) Der »Englische Reiter« Price, Stammvater einer heute noch in Dänemark beheimateten Artistenfamilie, bereiste in den 1780er Jahren mit seiner Kunstreiter- und Akrobatentruppe auch die deutschen Staaten. [SO]

435
»The curious & uncommon performances of a monkey as they will be introduc'd every Evening at Sadlers Wells. By Signor Spinacuta.«
Affentheater.
Kupferstich, um 1785.
34,5 × 42,5 cm
London, Guildhall Library,
WF1/SAD
Wie Price war auch Signor Spinacuta ein internationaler Artist. Nach seinem Gastspiel in England kam er mit seinen gelehrigen Affen auf den Kontinent und war beispielsweise auf der großen Braunschweiger Messe zu bewundern. [SO]
Abbildung rechts

436
»Mrs. Midnight's Animal Comedians.«
Affentheater.
Kupferstich, um 1775. 19 × 24 cm
London, Guildhall Library,
F1/SAD
»Der Umgang mit vernünftigen Leuten ist deswegen jedermann so sehr anzuraten weil ein Dummkopf auf diese Art durch Nachahmen klug handeln lernen kann, denn die größten Dummköpfe können nachahmen, selbst die Affen, Pudelhunde und Elefanten.« (SB 1, F 150)

437
Nichols Sutton (del. & sc.):
Montague House
In Great Russell Street.
Britisches Museum.
Kupferstich, um 1760. 33 × 45 cm (Platte); 38 × 48,5 cm (Blatt)
Bez. »For Stowes Survey«
London, Guildhall Library,
H4/BRI
Das Britische Museum geht zurück auf die Sammlungen des Arztes Sir Hans Sloane, die Kunst, Antiken und Naturgeschichte umfaßten. Beim Tod Sir Sloanes 1753 verabschiedete das Parlament die Gründungsakte für das Museum und entschied den Ankauf des Nachlasses gleichzeitig mit dem Ankauf der Manuskriptsammlungen des Königshauses und Robert Harleys sowie der Kunstsammlung Cotton; die Bestände wurden im Montague House untergebracht. Das Museum ist seit 1759 öffentlich zugänglich, allerdings nur für drei Stunden täglich, und noch bis Ende des 19. Jahrhunderts mußten sich Besucher an die 1759 getroffene Regelung halten, die also auch für Lichtenberg galt: Der Interessierte hatte sich mit einem Schreiben anzumelden, »which writing shall contain the applicants' names, condition, and places of abode, also the day and hour at which they desire to be admitted [...] the applicants, on applying at the porter's lodge at the time named, will receive printed tickets enabling them to see the collection [but] no more than ten tickets are to be delivered out for each hour of admittance«. Lichtenberg meldete sich bereits bei seinem ersten Englandaufenthalt zur Besichtigung an. Tagebucheintragungen von seinem zweiten Aufenthalt zeigen, daß er sich sämtliche Sammlungsgebiete angesehen hat, wobei ihn aber – folgt man seinen Eintragungen – die naturkundlichen Objekte und vor allem die Bibliotheksbestände mehr fasziniert haben als die Kunstgegenstände, abgesehen vom Kopf Homers. Außerdem notierte er sich Fakten zur Entstehung des Museums: »Hans Sloane verlangte für seine Sammlung 20 000 Pfund. Zu dem Ende machte das Parlament eine Lotterie, wodurch 80 000 Pfund gehoben wurden. 20 000 wurden für das Cabinet bezahlt. 10 000 für das Hauß 4 bis 5000 für die Einrichtung 10 000 für die *Harley*anischen *Mss pp.* 30 000 Pfund wurden in die Banck gelegt, und von den Zinsen werden die gehörigen Personen besoldet, allein diese reichen dazu nicht hin, daher sie gewöhnlich alle 2 Jahre dem Parlament eine Bittschrifft übergeben. Es sind 8 Personen bestellt [...]. Von den Büchern ist jetzt kein *Catalogus* da, auch nicht von Naturalien. [...] Man arbeitet jetzt an einem *Catalogo* der Bücher, und man wird, wenn er fertig ist die Doubletten verkaufen.« (LE 1, T III, S. 139) [SS]

438
Charles Brandoin (inv. et del.) und Richard Earlom (fec.):
The exhibition of the Royal Academy of Painting in the year 1771.
Mezzotinto, 1772. 42,5 × 56,5 cm
Bez. »Printed for Robert Sayer«
London, Guildhall Library, Print W2/PAL
Seit Mitte des 18. Jahrhunderts fanden in London Kunstausstellungen statt. Zunächst waren es die Ausstellungen der Society of Artists, dann aber seit ihrer Einführung 1769 vor allem die der Royal Academy of Art, die in der Londoner Saison Höhepunkte setzten. Die Veranstaltungen trafen genau den Nerv der ›besseren‹ Kreise, das Gespräch über Kunst war sofort en vogue, der Besuch der Vernissagen gesellschaftliches Muß. [SS]

439
Johann Heinrich Ramberg (1763-1840):
Ausstellungspublikum.
Federzeichnung, um 1787.
13,6 × 49,3 cm
Hannover, Landesgalerie im Niedersächsischen Landesmuseum,
PM Hz La Z 42
Lichtenberg zeigt sich vom Besuch einer Kunstausstellung nicht sonderlich beeindruckt: »*Sir Josuah Reynolds* Gemählde nehmen sich vorzüglich aus, die andern sind meistens unter ihm. Sein Colorit taugt nicht viel, und seine Farben sollen bald verschiessen. Eine Bildsäule der Venus von *Bacon* ist vortrefflich. Es ist dieses derselbe Künstler, der die Büste des Königs, die in der Bibliothek im Palast der Königin steht, verfertigt hat.« (LE 1, T III, S. 149) [SS]

spannt die große Parlamentsdebatte des englischen Oberhauses zu diesem Thema am 7. Februar 1775, kurz bevor im April 1775 der Krieg um die Unabhängigkeit der Kolonien beginnt. Daß ihn diese Auseinandersetzung sehr beschäftigte, zeigen einige längere Aufzeichnungen in seinem »Reise-Anmerckungen« betitelten Tagebuch vom Juni und Juli 1775, in denen er das Für und Wider diskutiert (»was ist denn nun *meine* Meinung heute«). Hat er auch durchaus Verständnis für manche Beweggründe der Amerikaner, so überwiegt letztlich doch die Einschätzung, sie seien undankbare »Spitzbuben« (LE 1, T IIIb, S. 211-215), eine Einschätzung, die er auch später nicht revidiert.

»Die Gesichter der gemeinen Leute auf einer Strase anzusehen ist jederzeit eines meiner grösten Vergnügen gewesen. Keine Zauberlaterne komt diesem Schauspiel bey.« So lautet einer der Einträge in den »Reise-Anmerckungen« (LE 1, T III, S. 141), und er gibt einen Hinweis darauf, was den Besucher aus Göttingen in London vielleicht am meisten interessierte und beeindruckte. Lichtenberg, dessen lebenslange Lieblingsbeschäftigung die Beobachtung der Menschen, ihrer Gebräuche und vor allem der menschlichen Physiognomien war, findet in der Großstadt ein reiches Betätigungsfeld. Er begibt sich auf lange Spaziergänge in die Straßen, sucht Wirtshäuser und Vergnügungsparks auf und drängt sich mitunter dabei auch an Orten, »wo physiognomische Beobachtungen mit nicht geringerer Gefahr verbunden sind, als Versuche mit der Gewitter-Elektrizität« (SB 2, Undatierbare Bemerkungen 40). Immer interessiert an den dunklen Seiten der menschlichen Existenz, besucht er Gerichtsverhandlungen, verfolgt die Schicksale bekannter Straßenräuber und läßt sich eine der volksfestartigen Hinrichtungen zu Tyburn (der damaligen Londoner Hinrichtungsstätte an der Nordostecke des Hyde Park), bei der fünf Menschen gehängt werden, ebensowenig entgehen wie das Irrenhaus Bedlam. Besuche dort sind im 18. Jahrhundert allerdings nichts Ungewöhnliches.

Doch London bietet nicht nur die Schauspiele auf den Straßen oder im Gerichtssaal. Mit großer Begeisterung verfolgt Lichtenberg die Aufführungen der zahlreichen Londoner Bühnen und besonders die Auftritte David Garricks, des berühmtesten englischen Schauspielers seiner Zeit, der sich vor allem einen Namen als Shakespeare-Darsteller gemacht hatte. Er beherrscht die Kunst der Zeichnung individueller Charaktere, komischer wie tragischer, wie kein anderer. Lichtenberg läßt keine Gelegenheit aus, ihn auf der Bühne zu sehen, achtmal insgesamt, davon zweimal in der Rolle des Hamlet (was er sich auf einer im Tagebuch eingelegten Liste notiert). Seine Faszination für diesen Schauspieler, und die Londoner Theaterszene überhaupt, läßt sich an den Theaterkritiken ablesen, die er für Heinrich Christian Boies Deutsches Museum schreibt (LE 1, Anh. VIII, S. 342 ff.). Bis in feine Nuancen der Mimik, Haltung und Bewegung zeichnet er das Spiel Garricks und auch anderer bekannter Darsteller nach. Aus dem Hamlet läßt er ganze Szenen vor den Augen des Lesers wiedererstehen. Was Lichtenberg an Garrick bewundert, ist die tiefe Menschenkenntnis, die ihn zu seiner überragenden Darstellungskunst befähigt und die er sich, fast ein Leitmotiv für Lichtenberg, sowohl bei den »ausgebildeten und ausgekünstelten in den Sälen von S. James's« (die Londoner Königspaläste) als auch bei »den Wilden in den Gahrküchen von S. Gilles's« (eins der Londoner Slumviertel) erworben hat (LE 1, Anh. VIII, S. 348).

Im Dezember 1775 kehrt Lichtenberg wieder nach Göttingen zurück. Seine Mitbringsel sind »zween grose Coffer voll Zeug, Kupferstiche, Bücher und Lumpen, englische und deutsche«, die er im Brief an Johann Christian Dieterich vom 1. Dezember 1775 bereits ankündigt (LE 1, Br XXVII, S. 330). Er hat die Kleinstadt, in der,

440
Thomas Gainsborough (1727-1788):
John Joseph Merlin (1735-1803).
Porträt.
Öl auf Leinwand.
76,2 × 63,5 cm
London, The Iveagh Bequest, Kenwood, GLC
Der gebürtige Belgier John Joseph Merlin (1735-1803), genialer Mechaniker, arbeitete längere Zeit für James Cox. 1770 gründete er in der Princess Street sein eigenes, »Merlin's Mechanical Museum«, wo er seine mechanischen Erfindungen, »wissenschaftliche Spielzeuge«, ausstellte. Das Museum bestand über seinen Tod hinaus bis 1808. Merlin entwickelte ungewöhnliche Musikinstrumente, wie etwa ein faßförmiges Cembalo, nützliche Gegenstände wie Zimmeröfen, Rollstühle, Taschenuhren. Die neuere englische Forschung schreibt seiner Werkstatt auch die berühmte »Perpetual Clock« zu, die Lichtenberg in »Cox's Museum« gesehen hat. »L. am 13 April 1775 besuchte ich Herrn Merlin einen geschickten Künstler. [...] Dieser Merlin arbeitet zu weilen in einem Hausgen in Gestalt eines Fasses, das er aber nicht wältzen kan, wie Diogenes.« (LE 1, T IIa, S. 125) [SS]

441
Anzeige für Merlin's »Dutch oven«, einen Bratenröster.
Kupferstich, um 1775.
15,4 × 18,3 cm
London, British Museum, Heal collection 85,194
Der Bratofen, am 29. Januar 1773 unter der Nr. 1032 in England patentiert, verkürzte – das verspricht der Anzeigentext – die übliche Garzeit um ein Drittel. Der Ofen, der

vor allem für Feldküchen und Kombüsen entwickelt wurde, konnte – ähnlich modernen Geräten – in verschiedenen Ausführungen geliefert werden, von schlicht bis ›de luxe‹. [SS]

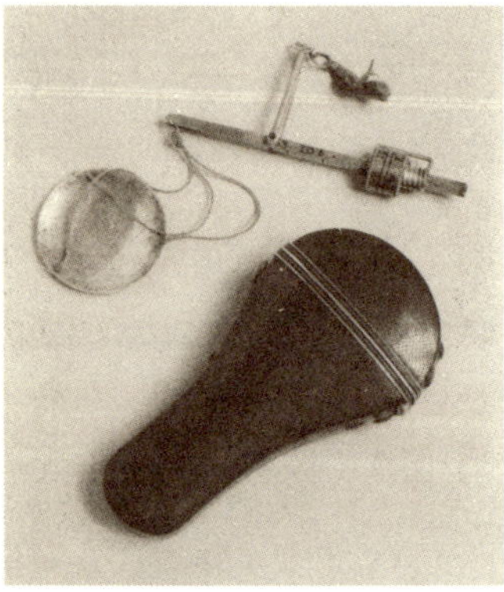

442
John Joseph Merlin (1735-1803):
Merlin's Feinwaage für Goldmünzen.
Waage in Etui.
Silber, Etui Holz, mit Haihaut bezogen, Beschläge Silber, Ende 18. Jahrhundert; Länge des Waagenarms: 67 mm
London, Science Museum, Brain Brass, Esqu.
Merlin fertigte Feinwaagen in unterschiedlichen Funktionsweisen und Materialien. Hier eines der beiden bekannten Exemplare aus Silber. Lichtenberg notierte sich zweimal ins England-Tagebuch zu Merlin: »Seine mannigfaltigen Bratenwender und Goldwagen.« (LE 1, T IIa, S. 125) [SS]

443
Charles Bigot:
View of Wigley's Rooms at Spring Gardens, formerly Cox' Museum.
Bleistift, Sepia laviert, 1820.
12,4 × 15,3 cm
Bez. »To the Park, Spring Gardens, auf dem Gebäude: WIGLEY'S ROOMS«
London, British Museum, Crace Collection 9, Nr. 75
Das Gebäude war ursprünglich eine Hugenottenkapelle, die im 18. Jahrhundert als Konzert-Halle genutzt wurde. Mozart gab hier 1764 sein Londoner Debüt. Die Abbildung zeigt nichts von dem Gepränge, mit dem der Gold- und Silberschmied James Cox das Haus durch Nollekens ausschmücken ließ: Kandelaber aus Bergkristall, karmesinrote Vorhänge, Balustraden in Weiß und Gold, gekrönt von Porträts des Königspaares Georg III. und Charlotte, gemalt von Johann Zoffany. Die Nutzung des Hauses als Museum, die nur drei Jahre (1772-1775) währte, war prägend: für die nächsten 50 Jahre hieß das Haus »The Great Room, Spring Gardens, formerly Cox's Museum«. Das Coxsche Museum war eine Sammlung mechanischer Kunstwerke, aus Edelsteinen, Halbedelsteinen und Edelmetallen gefertigt, so zum Beispiel ein Pfau, der zur vollen Stunde krähte und sein Rad schlug (heute in der Ermitage), ein lebensgroßer, silberner Schwan, der seinen Hals wenden, seinen Schnabel tauchen konnte und über das Wasser zu gleiten schien (heute in Bowes Museum, Barnard Castle). Lichtenberg notierte weitere Pretiosen in sein Tagebuch: »Schlangen die Baume hinauf kriechen. Schmetterlinge die ihre mit Diamanten besezten Flügel bewegen. Tulpen die sich öffnen und schließen mit einem diamantenen Thau überzogen. Wasser Fälle, die durch gewundene Glasröhren die sich schnell um ihre Axe drehen hervorgebracht werden. Goldne Elephanten [die sich] mit goldnen Pallästen auf ihren Rücken fort beweg[en] Schwanen die auf Spiegeln fortschwimmen, Crocodille die Goldne Kuglen fressen, und Drachen die Perlen ausspeyen. Künstliche Hyazinthen von einem Halben Fuß im Durchmesser die wie Kohlen brennen.« (LE 1, T II, S. 33) – Die ganze Pracht, für deren Anfertigung James Cox internationale Künstler anwarb, war angeblich 197 000 Pfund wert. [SS]

444
Biagio Rebecca (1735-1803) (inv.) und Francesco Bartolozzi (1727-1815) (sc.):
Mr. Cox's Museum 1772.
Eintrittskarte.
Kupferstich, 1772. 9,1 × 13,4 cm
London, British Museum, Heal Collection 87*, Museums, 3)
»*Coxe's* Museum habe ich noch einmal gesehen. In einem Sinngedicht wurde diese Woche in der Zeitung gesagt, daß das Alterthum nur mit seinen 7 Wundern pralen mögte in *Coxe's Museum*, werden sie alle übertroffen.« (LE 1, T II, S. 117)

445
James Cox († um 1792):
A Descriptive Catalogue of the Several Superb and Magnificent Pieces of Mechanism and Jewellery, exhibited in Mr. Cox's Museum at Spring Gardens, Charing Cross. London, 1772.
Ausstellungskatalog.
London, Guildhall Library, Pam. 1935
Diesen Katalog hat James Cox kurz nach Eröffnung seines Museums am 2. März 1772 publiziert. Er beschreibt die 23 Exponate in lyrischen, enthusiastischen Worten sehr detailliert. Dabei wird deutlich, daß Cox mit seinen Ausstellungsstücken auf den fernöstlichen Markt zielt, während er sich bei seinem Londoner Publikum entschuldigt: »The wildness of the Oriental models have a right to please, not only in quality of exotic, but in their giving that kind of idea of infinity, which arises from an irregularity or disorder, that, even while, in some respects, it deviates from Nature, imitates her, at least, in her spirited licences, and bold strokes«. Cox geht in seinen Texten auch auf die Präsentation einzelner Objekte in seinen Ausstellungsräumen ein, und dabei wird deutlich, daß er große Bestände nicht nur von John Joseph Merlin hat bauen lassen, sondern auch reichlich Anregungen von Merlin zur Aufstellung der kostspieligen Kunstwerke bezogen hat. So bei der Benutzung von Orgelmusik oder den komplizierten Inszenierungen mit Zeitschaltung, die mehr an John Joseph Merlin und den Automatenbauer Jacques de Vaucanson denken lassen als an Cox's »musikalische Uhrwerke«. [SS]

446
Stone (Miss), C. Ryley (del.) und W. Skelton (sc.):
»A perspective view of the grand saloon & gallery at the Museum, late Sir Ashton Lever's.«
Kupferstich, [1795].
21,5 × 15,5 cm
London, Guildhall Library, S2/BLA
Der enthusiastische, aber völlig unsystematische Naturforscher und Raritätensammler Sir Ashton Lever hatte sein »Holophusikon« genanntes Museum 1772 in Leicester House, an der Nordseite des Leicester Square eröffnet, wo die Sammlungen sechzehn Räume und zahllose Korridore füllten. Levers Ehrgeiz war es, »to pursue Natural History and carry the exibition of it to such an height as no one can imagine: and to make the most wonderful sight in the world«. Neben hunderten ausgestopfter Säugetiere und Vögel, tausenden von Fossilien waren allerlei disparate Raritäten ausgestellt. Sophie von La Roche, die einige Jahre nach Lichtenberg das Museum besuchte, erinnerte sich an »Haufen alter Rüstungen und Waffen aus allen Epochen und jeder Ecke des Globus«, »an getrocknete Seeungeheuer aller Art«, »Musikinstrumente aller Nationen, alte und neue«, einen »wunderbar ausgestopften jungen Elefanten« sowie eine große Sammlung von chinesischen, türkischen und tahitianischen Kostümen sowie den Kleidern von Königen und Königinnen, Lords und Ladies aus den letzten 300 Jahren, gut für einen Maskenball. Die Besonderheit an Levers Museum war, daß es, anders als die Hans Sloane Collection (Britisches Museum), jedermann nach Bezahlung eines – allerdings gesalzenen – Eintrittspreises frei zugänglich war. »Den 28[t] Nov. gieng ich [...] nach Herr Lever um seine Sammlung von Vögeln zu sehen. Sie ist ausserordentlich, es befinden [sich] nicht allein auf 3000 verschiedene Arten von Vögeln da, sondern eine Menge von andern Thieren Mineralien und Kunstsachen. Das was mich am meisten frappirte, war eines von dem Thieren, die [...] wie eine grose *Mus Jaculus* aussehen, das eintzige vielleicht jezt in England Ein weiser Pfau, und ein anderer, der schon einige weise und einige vermischte Federn im Schwantz hatte. Einige vortrefflich[e] *Flamingo*'s 2 junge Katzen mit einem eintzigen grosen Auge in der Mitte des Kopfes, den vortrefflichen Flügel eines grosen Phasan's braun schwartz und weiß, herrlich gezeichnet. Die rothe Nachtigal.« (LE 1, T III, S. 205) [SS]

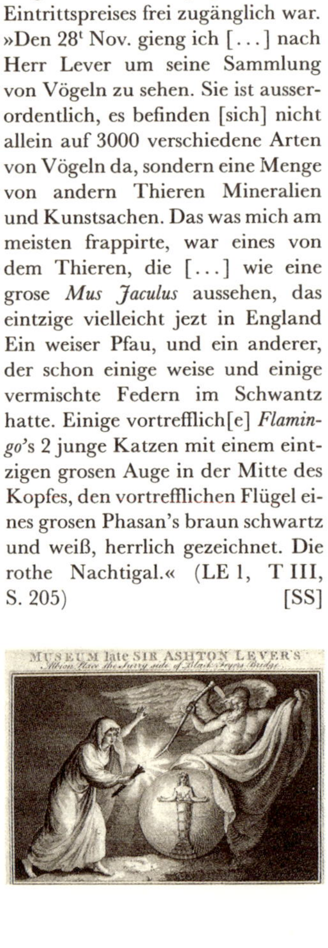

447
C. R. Ryley (inv.)
und W. Skelton (sc.):
Museum late Sir Ashton Lever's. Albion Place the Surry side of Black Fryers Bridge.
Kupferstich, um 1775.
11,5 × 12 cm
London, Guildhall Library, S2/ALB

448
The Coffe-house Politicians.
Kupferstich, 1770. 17 × 11,5 cm
London, Guildhall Library, Sat. Prints 21 A
Dieses Blatt gehört zu den »Satirical Prints« der Lichtenbergzeit. Es karikiert das Flair der Metropole, in der Presse- und Meinungsfreiheit herrscht und sich jeder »Gimpel« bei einer Tasse Kaffee zum aktuellen Geschehen (ungestraft) äußern kann – und das auch tut. »Von der Bedeutung der Kaffeehäuser Londons im 18. Jahrhundert können wir uns nur noch schwer eine Vorstellung machen. Sie nahmen schon in gewissem Sinne die exklusiv männliche Atmosphäre der späteren Clubs vorweg. Es gab Hunderte, für jeden Stand und Rang und Beruf. Im allgemeinen herrschte in den ›gehobeneren‹ Kaffeehäusern eine wohltuende Ruhe, begründet auf dem Bestreben der Besucher, einander nicht zu stören. Man ging zu feststehenden Zeiten dorthin, las die Zeitungen, die in großer Zahl dort zu finden waren, traf Freunde, Bekannte und Geschäftsfreunde, schrieb seine Briefe [...] und empfing dort seine Post.« (LE 2, T III, S. 117) [SS]

449
The Catch Singers.
Aquatinta, 1775. 14,4 × 16,4 cm
Bez. »Pub. by W. Humphrey«
London, Guildhall Library, Sat. Prints 23
»Was? die Sache verstehen wenn man diputiren will? Ich behaupte, daß zu einem Dispute nothwendig ist, daß wenigstens einer die Sache nicht versteht, worüber gesprochen wird, und daß in dem sogenannten lebendigen Dispüt in seiner höchsten Vollkommenheit beyde Partheyen nichts von der Sache verstehen, ja nicht einmal wissen müssen, was sie selbst sagen. [...] Als ich in England war disputirte [man] auf allen Bier bäncken, Caffeehäusern, Creutzwegen und Landkutschen über die Amerikaner nach den Regeln des lebendigen Dispüts [...], ja als einmal [...] ein einfältiger Tropf [...] aufstund und zu bedencken gab ob es nicht einigermassen gut wäre die Sache ernstlich zu prüfen, ehe man einen Entschluß fasse, so antwortete ein anderer Mann ausdrücklich, daß, da dieses zu weit führen würde und mühsam wäre, der Entschluß ohne weitere Untersuchung gefaßt werden müste. Welches auch damals, weil es fast Essens Zeit war, genehmigt wurde.« (Reise-Anmerkungen, LE 1, S. 245)

450
Johann Heinrich Ramberg (1763-1840):
Streit in einer Punschgesellschaft.
Skizze zu einer Radierung.
Federzeichnung auf Pauspapier.
22,1 × 35 cm
Hannover, Landesgalerie im Niedersächsischen Landesmuseum, PM Hz 170
»Wenn die Neger-Bedienten in Westindien Punsch mischen, so fragen sie vorher: for drunk or for dry? So etwas könnte man auch bei politischen Disputen fragen: sollen wir mit Gefühlen oder mit Vernunft disputieren, for drunk or for dry?« (SB 1, L 389)

451
Thomas Rowlandson (1756-1827) (drawn & etched by):
»A sudden squall in the Hyde Park«.
Aquatinta koloriert, um 1790.
42 × 54,6 cm
London, Guildhall Library, W.W2/HYD
Anfang des 17. Jahrhunderts wurde der Hyde Park, Londons größte zusammenhängende Grünfläche, für jedermann zugänglich, die Londoner Bevölkerung nutzte die Gelegenheit zur Naherholung ausgiebig. Die Verbindung zwischen Kensington Palace und St. James's war mit 300 Laternen die erste nachts voll erleuchtete Straße Londons – angelegt von William III. in der Hoffnung, dadurch die »Highwaymen« (Straßenräuber) abzuschrecken. [SS]

452
Johann Heinrich Ramberg (1763-1840):
Überfall im Hydepark.
Federzeichnung, 1787/88.
29 × 44,4 cm
Hannover, Landesgalerie im Niedersächsischen Landesmuseum, PM Hz 1012
Horace Walpole, dessen Landsitz Strawberry Hill Lichtenberg besuchte, war eines der prominentesten Opfer der nächtlichen Überfälle. Weitere Berühmtheit erlangte der Hyde Park als »duelling ground«; hier duellierte sich etwa 1772 John Wilkes mit Samuel Martin.
»Ein Mensch, der mit einem Fluch andern die Herzhaftigkeit nimmt und sich gibt – ein Straßenräuber.« (SB 2, Undatierbare Bemerkungen 7) [SS]

453
Johann Heinrich Ramberg (1763-1840):
Straßenprediger.
Federzeichnung. 30 × 46,7 cm
Hannover, Landesgalerie im Niedersächsischen Landesmuseum, PM Hz 1010
»Er war der Ausrufer des Evangelii, denn Prediger konnte man ihn nicht nennen.« (SB 2, Undatierbare Bemerkungen 29)
Abbildung oben

454
Thomas Rowlandson (1756-1827) (fec.) und R. Pollard (engr.):
»Vaux Hall«.
Aquatinta, koloriert, 1785.
19,3 × 29,8 cm
London, Guildhall Library, La W.L1/VAU/gar
Samuel Johnson war ein häufiger Gast in den Vauxhall Gardens, mit dem Impresario Tom Tyers war er gut befreundet. Johnson sitzt hier in der »supper box« mitten am Tisch, neben ihm James Boswell, Oliver Goldsmith und Mrs. Hester Thrale. In der rechten Bildhälfte flüstert der Prince of Wales seiner ehemaligen

Kinderfrau, Perdita Robinson ins Ohr, die Arm in Arm mit ihrem zwergenwüchsigen Gatten dargestellt ist. Die beiden jungen Damen in der Mitte sind die Herzogin von Devonshire mit Schwester, links neben ihnen der geckenhafte Major Topham. Die Sängerin ist Elisabeth Weichsel, eine deutsche Musikerin, die in England später Mr. Billington heiratete und auch unter diesem Namen bekannt war. James Boswell kommentierte: »Vauxhall Gardens ist ganz besonders nach dem Geschmack der englischen Nation; denn es gibt eine Mischung von kuriosen Sehenswürdigkeiten und fröhlichem Exhibitionismus, Musik, vokal und instrumental, nicht zu raffiniert für's allgemeine Ohr, – für all das zahlt man nur einen Schilling. Und, last not least, gute Speisen und Getränke für diejenigen, die Schlemmerei lieben.« Das Bild ist die Kopie eines berühmten Aquarells, das Rowlandson 1784 in der Royal Academy of Arts ausstellte. [SS]

455
Vauxhall Gardens.
Showing the Grand Walk at the Entrance of the Garden, and the Orchestra, with the Music Playing.
Kupferstich, koloriert (Guckkastenblatt), 1751. 28,5 × 42 cm
Bez. »Printed for John Bowles & Son at the Black Horse in Cornhill«
London, Guildhall Library, LI. VAU/gar

Vauxhall Gardens, die bei ihrer Eröffnung etwa 1660 noch New Spring Gardens hießen, waren ein großes Vergnügungsgelände. Vauxhall zog – bei freiem Eintritt – Besucher aus allen Schichten an, die, von London kommend, den Ort bis zum Bau der Westminster Brücke nur auf dem Wasserweg erreichen konnten. Das Publikum lustwandelte auf den nachts erleuchteten Wegen oder hörte gegen Entgelt Konzerte, amüsierte sich in den Restaurationen bei Essen, Trinken und Tanz. 1728 übernahm Jonathan Tyers, später gefolgt von seinen Söhnen, das Management des Ausflugsziels. Die Familie Tyers gestaltete Vauxhall Gardens neu, stockte das bis dahin einzige Konzerthaus mit oberen Rängen auf, errichtete »Ruinen«-Architektur, »Triumphbögen«, einen gotischen Orchesterbau und chinesische Pavillons, stellte Statuen an die Wege und installierte Brunnen und eine Kaskade. Unter der Regie der Tyers wurde Vauxhall zu einem der großen »pleasure gardens« des 18. Jahrhunderts in London, die »großen Luxus, modische Eleganz, raffinierte Architektur, prätentiöse Ausstattung, künstlerische und gastronomische Darbietungen, Gelegenheit zum Lustwandeln in gepflegten Alleen – teils hell erleuchtet, teils im Dunkeln – Früh- und Abendkonzerte, Ballette, Teeräume, Ballsäle, nächtliches Feuerwerk und vieles andere« boten. Die bekanntesten unter den vielen kleinen und großen Anlagen dieser Art waren Ranelagh, in dem sich vorwiegend die gehobeneren Kreise einfanden, Marylebone Gardens mit den niedrigsten Eintrittspreisen und entsprechendem Publikum und schließlich Vauxhall in der mittleren Preis- und Besucherklasse. Alle Vergnügungsparks waren in den Sommermonaten geöffnet, am belebtesten waren sie in den Abend- und Nachtstunden. Für viele Besucher begann das Amüsement bereits bei der Anfahrt – Ranelagh war ebenfalls nur per Boot zu erreichen. Lichtenberg war am 17. Juli 1775 in Vauxhall: »[...] ich gieng hin zu Wasser und kehrte auch zu Wasser zurück.« (LE 1, T III, S. 176) [SS]
Abbildung oben

456
Johann Heinrich Ramberg (1763-1840):
Herren und Damen der englischen Gesellschaft.
Federzeichnung, 1780.
26 × 61,5 cm
Hannover, Landesgalerie im Niedersächsischen Landesmuseum, PM Hz 319

457
Thomas Rowlandson (1756-1827):
Racing.
Kupferstich, koloriert, um 1808.
24,3 × 33,1 cm
London, Guildhall Library, Tegg's Caricature Magazine Vol. 3, p. 14

»Den 11ten October habe ich dem Pferde Rennen zu Maidenhead in Berckshire beygewohnt. Es ist ohnstreitig ein sehenswürdiges Schauspiel, und unmöglich sich nicht darin zu interessieren. Es rennten an diesem Tage drey Pferde, und da das Pferd das den Preyß erhalten soll zweymal gewinnen muß, so muß 2, 3 oder viermal gerennt werden. Ein *heat* zu *Maidenhead* bestund aus 2 *Touren* jede von 2 englischen Meilen oder 2 × 5100 = 10200 Fuß das ist aus 20,400 Fuß. [...] Ich hatte eine Uhr in der Hand und sah gnau nach die 20 400 Fuß legten sie [die Pferde] in $8^1/_4$ Minute zurück oder 42 Fuß in einer Secunde. [...] Die Bahn *b c* ist mit Pfählen und Stricken eingefaßt *d* ist ein Strick der allemal kurtz vor her ehe sie ankommen weggenommen wird.« (LE 1, T IIa, S. 121 f.)

458
Johann Heinrich Ramberg (1763-1840):
Reiter.
Federzeichnung, um 1785.
23,5 × 29,6 cm
Hannover, Landesgalerie im Niedersächsischen Landesmuseum, 1911/360

459
Andreas Möller:
Boxkampf in London.
Öl auf Leinwand, Anfang 18. Jahrhundert. 63,5 × 76,5 cm
Kassel, Staatliche Kunstsammlungen

Boxkämpfe – oft aus nichtigem Anlaß – gehörten im London des 18. Jahrhunderts zum alltäglichen Straßenbild. Die Boxer entblößten den Oberkörper und schlugen mit den Fäusten aufeinander ein. So-

so anders als in London, »sich immer ein Gesicht aufs andere reimt« (SB 1, E 289), hiernach nicht wieder verlassen. Aber er trägt auch in Göttingen ›ein ganzes London im Kopf‹, wie er selbst später einmal anerkennend von seinem Freund, dem Romanautor Johann Gottwerth Müller im Brief vom 16. Juli 1794 sagt (Bw 4, Nr. 2411). Die Erfahrungen und Erlebnisse der Zeit in England ziehen sich wie ein roter Faden durch Leben und Werk. Dem Geschehen in England gilt immer seine besondere Aufmerksamkeit. Er pflegt seine Beziehungen dorthin und wirkt auf vielfältige Weise als Vermittler zwischen beiden Ländern. Spuren der Ausflüge in die ›große Welt‹ finden sich in zahlreichen Schriften. Die *Ausführliche Erklärung der Hogarthischen Kupferstiche* (Lichtenberg hatte sich eine Sammlung der Kupferstiche von William Hogarth aus England mitgebracht) wäre ohne genaue Kenntnis der englischen Sitten und Gebräuche, ohne eigene Anschauung der Paläste und der Hinterhöfe, der Höflinge wie der Wilden bei den Ziegelhütten undenkbar. Was für die Hogarth-Erklärungen im besonderen gilt, läßt sich auf alle literarischen Arbeiten verallgemeinern. Die »Schule, in welche Shakespear gieng [...], London meyne ich«, (LE 1, Anh. VIII, S. 348) hat Lichtenberg auch für sich als die einzig wahre Schule angesehen. So jedenfalls ist wohl das etwas paradox klingende Fazit zu verstehen, das Lichtenberg sich am Ende seines Aufenthaltes in England in einem seiner Merkbücher notiert: »Ich bin eigentlich nach England gegangen um deutsch schreiben zu lernen« (SB 1, E 144).

bald der Kampf begann, sammelten sich Zuschauer ringsum, die auf »fair play« achteten – es war beispielsweise unzulässig, einen am Boden liegenden Gegner zu schlagen oder zu treten –, die Parteien anfeuerten, spontane Wetten abschlossen und schließlich den Verlierer versorgten. Lichtenberg berichtet über einen Kampf an Johann Christian Dieterich nach Göttingen: »Vorgestern des Morgends boxten sich zween Kerl unter meinem Fenster. Ich habe diese Ceremonie sehr offt mit angesehen, aber nie blutiger als dieses mal. Dem einen Kerl flos das Blut aus Nase und Mund über den nackenden Leib, kam ihm endlich ab die Arme und an den andern Kerl, so daß es in der That scheußlich aus sah; als sie so fochten, kam der König und die Königin in einem Phaëton gefahren und so dicht an ihnen vorbey, daß so gar ein Theil der Zuschauer auf die andere Seite des Phaëtons tretten musten. Sie ließen sich dadurch so wenig stöhren, als wenn Ich vorbeygegangen wäre. Der eine Kerl wurde auf 6 bis sieben mal von dem andern nieder geschlagen, nicht umgeworfen, sondern er schlug ihm so an den Kopf, daß er seine Sinne verlohr und so wie ein ohnmächtiger in die Knie brach und zusammen stürzte. So bald er wieder zu sich kam, wo zu ihm die umstehenden verholfen, wagte er einen neuen Gang, bis endlich die umstehenden es nicht mehr zuließen, weil zu fürchten war daß er bleiben würde. Alsdann gaben sie sich die Hände, zogen ihr Hemde an und giengen jeder seine Wege. Der eine Kerl sah sich gar nicht mehr gleich, er war blau und gelb im Gesicht und die Augen waren ihm verschwollen.« (LE 1, Br XIX, S. 308 f.) [SS]

460
Johann Heinrich Ramberg (1763-1840):
Boxer mit Hunden.
Federzeichnung. 13,7 × 23,7 cm
Hannover, Landesgalerie im Niedersächsischen Landesmuseum, 1911/352
Der Boxkampf der beiden Männer wird von den Hunden im Hintergrund »nachgestellt«. [SS]

461
Johann Heinrich Ramberg (1763-1840):
Boxer und Esel.
Federzeichnung, 1782.
10,5 × 23,2 cm
Hannover, Landesgalerie im Niedersächsischen Landesmuseum, 1911/363

462
Johann Heinrich Ramberg (1763-1840):
Boxer.
Federzeichnung, 1782.
9,7 × 13,8 cm
Hannover, Landesgalerie im Niedersächsischen Landesmuseum, 1911/361

463
Samuel N. Buck (del., sc.):
»The South West Prospect of Birmingham, in the County of Warwick.«
Kupferstich, 1731. 29,9 × 78,6 cm (Platte); ca. 33 × 84 cm (Blatt)
London, Guildhall Library, Buck's Views
Am 16. Oktober 1775 schreibt Lichtenberg an Johann Andreas Schernhagen: »Am vergangenen Freytag bin ich von einer Reise von mehr als 72 deutschen Meilen in die Runde glücklich wieder zurückgekommen. Ich habe Oxford, Birmingham und Bath besehen. Wer die lezten beyden Orte nicht gesehen hat, darf kaum sagen, daß er in England gewesen ist. [...] Was ich auf dieser Tour gesehen habe, zu beschreiben, ist kaum für einen Brief. Ich führe nur an, daß ich Herrn Boltons berühmte Manufacktur oder gantzes System von Manufackturen zu Soho in Staffordshire bey Birmingham gesehen habe, wo täglich 700 Menschen Knöpfe, Uhrketten, Stahlschnallen, Degengefäße, Etuis, alle Arten von Silberarbeiten, Uhren, alle nur ersinnlichen Zierrathen aus Silber, Tomback und anderen Compositionen, Dosen pp machen. Jeder Arbeiter hat da nur ein ganz kleines Feld vor sich, daß er also gar nicht nöthig hat Stellung und Werckzeug zu verändern, wodurch eine unglaubliche Menge Zeit gewonnen wird. Jeder Knopf, der z. E. aus Buchsbaum oder Elfenbein oder sonst etwas aufgekittet ist, geht durch wenigstens zehn Hände.« (LE 1, Br XXII, S. 316)

464
A View of the Fire Engine of Chelsea Waterworks, taken from the Roadside.
Aquatinta, 1783. 26 × 36 cm
Bez. »Printed for R. Sayer & J. Bennet«
London, Guildhall Library, W.C 2
Die Chelsea Wasserwerk-Gesellschaft wurde bereits 1723 gegründet, um die City of Westminster ausreichend mit Wasser zu versorgen. Die Wasserreservoirs speisten sich bei Flut aus der Themse, die Verteilung auf die verschiedenen Versorgungskanäle lief in den ersten Jahrzehnten über eine mit Pferdekraft betriebene Pumpe. Um die Jahrhundertmitte wurde das Leitungssystem erweitert, der Hyde Park, St. James's Palast und der zugehörige weitläufige Garten, die Neuanlage des Grosvenor Place und etliche andere Abnehmer gingen an das Versorgungsnetz. Die Pumpe, durch die um 1770 täglich etwa 1 750 000 Liter Wasser liefen, wurde ab jetzt mit Dampfkraft betrieben. Die erste so modern arbeitende Pumpstation mit ihrem dampfenden Kamin galt als technisches Wunderwerk und wurde von Londonern und Reisenden gleichermaßen bestaunt. [SS]
Abbildung oben

465
Schnitt durch eine Dampfmaschine.
Papier, Reißstift, Tusche.
74 × 65,5 cm
Göttingen, Niedersächsische Staats- und Universitätsbibliothek, Cod. Ms. Licht. X, 7
Den Bericht an Johann Andreas Schernhagen vom 16. Oktober 1775 über die Reiseetappe in Englands Industriegebiet beendet Lichtenberg mit den Worten: »Birmingham ist ein sehr groser und volckreicher Ort, wo fast alles hämmert, klopft, reibt und meißelt.« – Eine Einrichtung in Boltons Betrieb hat Lichtenberg besonders fasziniert: »Ich habe da eine Feuer- oder Dampfmaschine von einer neuen Construcktion gesehen, die hebt [...] Wasser 24 Fuß hoch in einer so kurtzen Zeit, daß das Wasser durch seinen Fall ein Rad in Bewegung setzt, das so groß ist als eins an der Herrnhäußer Kunst [Wasserspiele im Herrnhäuser Schloßpark]. Herr Bolton macht noch ein Geheimniß daraus; ich habe aber so viel gesehen, [... daß er] das Gewicht der Atmosphäre, das bey anderen Maschinen so nöthig ist, ausschließt, drückt also vermuthlich den *Embolus* auch durch Dämpfe wieder nieder; dieses ist vermuthlich das Geheimniß. Da die Kraft, die eingeschlossne Dämpfe ausüben, fast gar keine bekannte Grentzen hat, so kan er so viel Wasser auf einen Zug heben, als die Festigkeit der Maschine zuläßt.« (LE 1, Br XXII, S. 316)

466
John Baskerville (1706-1775).
Porträt.
Mainz, Gutenberg-Museum
John Baskerville, bei seinem Tod der bekannteste, beste Drucker Englands, begann seine Laufbahn als Hausknecht. Kalligraphisch sehr begabt, unterrichtete er die Kinder minderbemittelter Familien im Schreiben. 1727 eröffnete er eine Schule für Schreib- und Buchhal-

tungsunterricht; nebenbei meißelte er Inschriften auf Stein. Er arbeitete sich hoch; 1750 begann er mit Schriftschneiden. 1756 erschien das erste Produkt aus seiner Druckerei mit seiner eigenen Typographie. Das Druckereigewerbe warf für ihn wenig Gewinn ab, er versuchte mehrfach, seine Druckerei zu verkaufen. Lichtenberg hat bei seiner Reise nach Birmingham nur noch Baskervilles Witwe kennenlernen können. Er ging zu »*Mrs.* Baskerville und besah die weltberühmte Schrifftgießerey und Druckerey. Ihr Mann ist todt. Die Druckerey wird sie aufgeben, allein die Schriftgießerey fortsetzen, bis sie alles verkaufen kan. Diese Frau wohnt vor der Stadt in einem Hauße von Gärten umgeben [...].« (LE 1, Br XXII, S. 317) [UJ]

467
A paper mill, with the men at work.
Kupferstich, um 1770. 20,5 × 33 cm (Blatt), 18 × 28 cm (Platte)
Bez. »Engraved for the Univ. Magazine«
London, Guildhall Library, L 69.4
Die Papierherstellung – im 18. Jahrhundert noch vorwiegend aus Lumpen – erfordert mehrere Arbeitsgänge. Die Lumpen werden mit Wasser, teils zusätzlich mit Kalk versetzt, Stampfwerke zerteilen die Lumpen in einzelne Fasern, wobei die Nässe für den wesentlichen Fäulnisprozeß sorgt (linker Bildabschnitt). Diese Arbeit wurde von wasserkraftgetriebenen (Mitte) Maschinen besorgt. Der so entstandene Brei (das »Ganzzeug«) wird stark mit Wasser verdünnt und erwärmt. Dann schöpft man mit der sogenannten Form (Metallsieb, das über einen Holzrahmen gespannt ist) die Fasersuspension aus dem Bottich; beim Herausheben der Form läuft das Wasser ab (rechts hinten). Anschließend wird die Form auf einen Filz gestülpt, auf dem das nasse Papiervlies haften bleibt. Mehrere Lagen Filze mit anhaftenden Bogen werden aufeinandergestapelt, die Stapel werden mit einer immer stärker anzuziehenden Spindelpresse entwässert (rechts Mitte). Anschließend werden Bogen und Filze getrennt, die Bogen erneut aufeinandersortiert und nochmals gepreßt (rechts vorn), bevor sie zum Trocknen aufgehängt werden. Schreibpapier wird zusätzlich in eine wässerige Leimlösung getaucht und gepreßt, um den Leim gleichmäßig zwischen die Fasern zu drücken. Das Glätten, der Vorgang, für den sich Lichtenberg so besonders interessierte, beginnt erst danach. Lichtenberg: »Wie viel getan werden muß, ehe das Buch zu Stande kömmt. Swift sagt, ehe ein englisches Kammermädchen ihren Tee schlürfen könnte müßte die Welt ein paarmal umsegelt werden. Bei Büchern geschieht zwar nicht *so* viel, aber es helfen doch eine Menge Handwerker dazu. Was ist nicht schon zur Papier*mühle* nötig.« (SB 1, L 6) [SS]

468
The Book of Common Prayer, and administration of the sacraments [...] Cambridge: J. Baskerville 1762.
Göttingen, Niedersächsische Staats- und Universitätsbibliothek, 8° Hist. Eccl. Rit. I, 14797 Rara
Erschienen in mehreren größerformatigen Ausgaben (Oktav) seit 1760, dann in kleineren (rund 4000 Exemplare); ersatzweise Baskervilles Bibel. Alle von Baskerville hergestellten Ausgaben sind editorisch unbedeutend, aber wegen ihrer typographischen Qualität und der Behandlung des Papiers (Glätten vor dem Druck) berühmt geworden. Lichtenberg schreibt an Johann Andreas Schernhagen am 16. Oktober 1775 zu seinem Besuch bei der Witwe Baskervilles in der Druckerei: »Sie empfieng mich mit ungemeiner Höflichkeit, und als sie fand daß ich ein Bewunderer ihres Mannes war, so schenckte Sie mir nicht allein einige Exemplare ihrer Schrifftproben [...], sonder[n] auch ein common prayer Book, das ihr Mann gedruckt hat, und das nun rar geworden ist, und tracktirte mich mit Madeira und toast.« (Bw 1, Nr. 289, S. 565 f.) [SS]

469
John Milton (1608-1674):
Paradise lost, 1758.
Darmstadt, Hessische Landes- und Hochschulbibliothek, 72/5348
Die berühmte von Baskerville gedruckte Ausgabe.

470
Allen Ramsey (1713-1773): Georg III., König von Großbritannien und Irland, Kurfürst von Hannover.
Ganzporträt.
Kopie aus der 2. Hälfte 19. Jahrhundert. Öl auf Leinwand, um 1765. 233,5 × 151 cm
Celle, Bomann Museum, BM 1199
Georg III. bestieg 1760 den Thron. Während seiner Regentschaft erwarb er 1763 Kanada für die englische Krone, erntete aber reichlich Kritik durch den Verlust der amerikanischen Kolonien. Georg III. hatte mit 13 Jahren seinen Vater verloren und wurde in großer Abgeschiedenheit von seiner Mutter erzogen, »wobei man ihn von jedem normalen Umgang abschloß [...]. Positives Ergebnis dieser Erziehung war aber seine für englische Herrscher des 18. Jahrhunderts ungewöhnlich hohe ethische Auffassung [...]. Er war ein liebenswürdiger Monarch, an vielem interessiert, was außerhalb seiner Regierungsgeschäfte lag: Musik, Landwirtschaft und Botanik, vor allem Astronomie.« (LE 1, S. XXXVI) 1810 verfiel der englische König in Schwermut und wurde unheilbar geisteskrank.
Nachdem er Lichtenberg am 22. April 1770 auf seiner Privatsternwarte »examiniert« hatte, setzte sich Georg III. bei seinen Räten in Hannover persönlich für dessen Professur ein: »Wir haben Lichtenberg als einen Mann von viel Geschicklichkeiten, in Sonderheit in den astronomischen Wissenschaften allhier kennengelernt.« (LE 1,

Thomas Reuter

»... etwas mehr ... als ein bloßer Luxus«

Die Revolution des Badens

Lichtenberg lesen, notierte 1908 Hermann Bahr, »ist wie ein Bad in Verstand«:[1] Läßt sich ein prägnanteres Bild finden für die Absichten und möglichen Wirkungen aufgeklärten Denkens und Schreibens? Zumal dessen Autoritäten selbst ihr Unternehmen immer auch als ein therapeutisches gesehen haben. Um die Welt vernünftig einrichten zu können, mußte zunächst der Mensch verständig werden. Aufklärung sollte das Rezept dazu sein: ein Universalmittel zur Regeneration und Stärkung des menschlichen Geistes. Ein Jungbrunnen für die wahren intellektuellen Kräfte der Skepsis und des Witzes.

»Man könnte eine Diätetik schreiben für die Gesundheit des Verstandes« (SB 1, D 251), erwog Lichtenberg 1774. Sie wäre vermutlich auf ein Vorbeugungsprogramm gegen die Melancholie und andere Manien hinausgelaufen, sicherlich aber hätte sie dann die Empfehlung eingeschlossen, regelmäßig zu baden. Ein Bad, wußten seit jüngstem fortschrittliche Ärzte und wußte auch Lichtenberg, ein Bad ist die beste Medizin. Richtig dosiert, regt es die Zirkulation der Säfte an, befördert eine ordentliche Ausscheidung, festigt die Nervenfasern, löst zerebrale Verkrampfungen, kurz, bekämpft und verhütet unzählige Krankheiten des Körpers und des Kopfes. Lichtenberg, ständig malad, hat es erfolgreich ausprobiert: Sein chronischer Husten verschwindet, als er sich 1773 ein tägliches Kaltwasserbad verordnet. »Ich setze es bey der jetzigen Witterung noch immer fort«, meldet er, »ob ich gleich zuweilen so von Anfang dabey friere, daß die Wanne mit mir zittert.« (Bw 1, Nr. 167)[2] Heroisch hielt Lichtenberg durch, und wirklich, wer damals badete, durfte sich einer gehörigen Portion Verwegenheit und Pioniergeist rühmen: Es war wie ein Aufbruch ins Unbekannte.

Rund zwei Jahrhunderte lang hatte bis dahin im zivilisierten und seuchengeplagten Europa die Wasserscheu grassiert. Baden galt als extrem gefährlich, man fürchtete, der Körper könnte gleich einem Schwamm giftige Feuchtigkeiten aufsaugen. Erst gegen Mitte des 18. Jahrhunderts war dieser Verdacht endgültig ausgeräumt; so setzte sich nun die neue Einsicht der Physiologie durch, daß Wasser das reinste Lebenselexier ist; egal, ob süß oder salzig, Hauptsache kalt. Noch war es nur eine winzige Minderheit, die daraufhin zu Hause oder im Freien das Experiment eines Bades wagte, doch ihre Erfolgsberichte schlugen Wellen. Unter Bibbern und Beben vollzog sich eine veritable Revolution, die auch Lichtenberg mitriß, ja, die er selbst sogar noch einmal vorantreiben sollte – eine Revolution der somatischen Kultur.

Im Herbst 1792, nicht ganz zwanzig Jahre nach seiner Initiation in die Riten des Badens, publizierte Lichtenberg im *Göttinger Taschen Calender* einen aufsehenerregenden Aufsatz: *Warum hat Deutschland noch kein grosses öffentliches Seebad?*[3] Die Frage ist rhetorisch, das Ganze ein einziger Aufruf, endlich eines zu errichten, nach englischem Vorbild. Schon um 1740 hatten sich dort an der Kanalküste einige Draufgänger in die Fluten getraut, zwei Jahrzehnte später bereits sahen sich Dörfer wie Margate, Deal oder Brighthelmstone (das spätere Brighton) in aufstrebende Badeorte verwandelt.[4] Der überwiegende Teil ihres Publikums stammte aus dem englischen Hochadel und der *gentry*, der Rest aus den Kreisen der künstlerischen und wissenschaftlichen Intelligenz, und die einheimischen Fischer dürften nicht schlecht darüber gestaunt haben. Was mochte Leute von Rang und Namen dazu bewegen, sich aus freien Stücken und ohne ersichtlichen Zweck dem Tosen der Brandung auszusetzen? Überhaupt: Was sollte jemanden in Deutschland dazu veranlassen, ihnen nachzueifern?

Nun, Lichtenberg konnte seinen Lesern die Reize und Vorzüge des Seebads aus eigener Erfahrung schildern. Während seiner England-Reise 1775 hatte er für zwei Wochen in Margate Station gemacht und die Gelegenheit genutzt, sich weiter im Baden zu üben. Es waren die »gesündesten Tage«[5] seines Lebens, schwärmt er rückschauend, Tage voller erfrischender Vergnügungen – und peinlich einzuhaltender Verhaltensvorschriften.

Nur Narren oder genuine Athleten sind so todesmutig, einsam und frontal den Kampf mit den Wogen aufzunehmen. Normalsterbliche hingegen benötigen medizinischen und technischen Beistand. Die an eine gemächliche Lebensweise gewöhnte Physis könnte gravierende Schäden davontragen, falls die Konfrontation mit den Gewalten der Natur zu heftig gerät; deswegen will vorab der Arzt konsultiert sein, um die Konstitution eines jeden zu prüfen und demgemäß über Dauer und Häufigkeit des Bades zu entscheiden. Unentbehrlich sind im übrigen besondere Sicherheitsvorkehrungen. Noch beherrscht kaum einer die Kunst des Schwimmens, zudem muß das Gebot der Dezenz beachtet werden; daher ist es in Margate wie anderswo üblich, sich eines Badekarrens zu bedienen. Auch Lichtenberg verschmäht dieses Hilfsmittel nicht.

Jeden Morgen läßt er sich in seiner rollenden Kabine einige Meter weit ins Meer hineinfahren. Sie schützt vor neugierigen Blicken, wenn der Badeanzug angelegt wird; darüber hinaus ist sie mit einem Vorzelt ausgerüstet, in dessen Deckung man über eine Treppe ins Wasser klettern und unbehelligt, nur unter den wachsamen Augen eines Badewärters, sein Pensum absolvieren kann: Fest mit beiden Händen ein Halteseil umklammernd, fällt man auf die Knie und taucht unter. Routiniers, berichtet Lichtenberg und rechnet sich selbst dazu, wiederholen diese Prozedur drei- bis viermal; Anfänger aber mahnt er sachkundig zur Vorsicht. Um »den eigenen Körper erst kennen zu lernen«, sollten sie sich auf einen einzigen Versuch beschränken und dann rasch ankleiden, bevor »die angenehme Glut, die man beim Aussteigen empfinden muß, in Schauder übergeht«.[6]

Man sieht: Das Baden im Meer ist eine komplizierte und streng reglementierte Praxis. Sie ist es von Anfang an und bis weit ins 19. Jahrhundert hinein, so lange, wie der Arzt als ihr berufener Interpret akzeptiert wird. Es waren seine Wertungen und Gebrauchsanweisungen, die den Diskurs über das Baden eröffneten und auch das tatsächliche Verhalten prägten, und es waren insofern medizinische Vernunftgründe, die zur Erschließung der Küste als Erholungsgebiet führten. Allein, die rasch wachsende Attraktivität dieser Gegend verdankte sich noch anderem.

Wie Lichtenberg den ahnungslosen Deutschen erklären muß, gehören zum Zauber eines Seebads »die großen Phänomene der Ebbe und Flut, deren Beobachtung immer beschäftiget ohne zu ermüden«.[7] Die erhabene Szenerie des endlosen Wellengangs und der wunderbare Mikrokosmos des Watts bilden zusammen ein einzigartiges Naturschauspiel, das den Betrachter ehrfürchtig die Anfänge und Entwicklungslinien der Erdgeschichte innewerden läßt. Davon abgesehen, lockt die unverdorbene Seeluft, die gerade dem bleichen Städter oder dem gelehrten Stubenhocker »Eßlust und Stärkung zuträgt«.[8] Doch anregend ist die Atmosphäre hier auch sonst: Sie prickelt vor erotischer Spannung, sehr zu Lichtenbergs Gefallen, wie zwischen den Zeilen durchklingt. Die morgendliche Gegenwart leichtgeschürzter Damen und ihrer adretten Badehelferin-

S. XLI) – Lichtenbergs Wunsch, Göttingen zu verlassen und in England zu leben, beförderte er aber nicht: »Der König liebt Göttingen zu sehr und hat eine zu grose Idee davon, als daß er ruhig ansehen könnte, daß jemand *um sein Glück zu machen* daraus wegzieht. Ich kenne seine Gesinnung in diesem Punckt«, schreibt Lichtenberg 1772 an Joel Paul Kaltenhofer (LE 2, S. 9). [SS]

471
H. Schultz (sc.) und
F. J. Mannskirch (del.):
A View in Kew Gardens of the Queen's Lodge.
Aquatinta, koloriert, 1789.
36,5 × 44 cm (Platte);
40 × 51 cm (Blatt)
London, Guildhall Library, KEW GAR
Etwa 10 km von Londons City themseaufwärts lag die Ortschaft Kew, zusammen mit Richmond die landschaftlich reizvollste Gegend in unmittelbarer Nähe zur Metropole. Auf dem vorwiegend in den Sommermonaten genutzten königlichen Landsitz in Kew war Lichtenberg mehrmals längere Zeit zu Gast. Am 30. Oktober 1774 berichtet Lichtenberg seinem Freund Johann Christian Dieterich nach Göttingen: »Du siehst aus der Ueberschrifft, daß ich mich an dem Ort aufhalte wo die Königliche Familie residirt. Ich wohne aber nicht allein in dem Ort, sondern in einem Königlichen Hause neben dem Printzen Ernst, speiße an einem Königlichen Tisch mit der Frau von Hagedorn, der jetzigen Vertrauten der Königin, und dem Grafen von Laßberg allein. Bin alle Tage einige Stunden bey dem König und der Königin, und habe Erlaubniß mich so lange hier aufzuhalten, als es mir gefällt, nach der Stadt oder auf das Land zu gehen und wieder hieher zu kommen, Gebrauch von dem *Observatorio* zu machen, kurtz ich bin vielleicht in vielen Stücken einer der glücklichsten Unterthanen des Königs.« (LE 1, Br VIII, S. 268) Lichtenberg nutzte die Gastfreundschaft des Königs bis zum Frühjahr 1775. Auf die winterliche Theatersaison brauchte er deshalb nicht zu verzichten. Mit der Kutsche war London nach kurzer Fahrt zu erreichen, wovon er ausgiebig Gebrauch machte. [SS]

472
W. Byrne (sc.) und S. Le Febre (del.):
Kew Gardens.
Pagode und Gewächshaus.
Kupferstich, 1792. 32,5 × 49,5 cm
London, Guildhall Library, W.VI/KEW gar
Berühmt waren die königlichen Gärten in Kew, in denen Nutz- und Zierpflanzen aus sämtlichen Klimaregionen auf unterschiedlichsten Bodenarten, in Sumpfbeeten und Steingärten, in Gewächshäusern und unter freiem Himmel wuchsen. Dieser durch Wasserflächen, Bauplastik und Kunstwerke aufgelokkerte botanische Garten war für jedermann zur Besichtigung frei zugänglich. Bei den Besuchern war vor allem die Nachbildung einer neunstöckigen chinesischen Pagode mit Gewächshaus beliebt. [SS]

473
J. C. Stadler (sc.) und J. Farington (del.):
Richmond.
Aus: [William Combe:] An History of the Principal Rivers of Great Britain, vol. I and II: The Thames. London: John and Josiah Boydell 1794, vol. II, after p. 28.
Aquatinta, koloriert, 1793.
32 × 21 cm (äußerster Rahmen der Darstellung)
London, Guildhall Library, [William Combe, 1793]
Richmond war Ende des 18. Jahrhunderts eine selbständige kleine Stadt mit einer eigenen Brücke über die Themse. In naher Nachbarschaft zu Kew gelegen, war es seit dem 13. Jahrhundert im Besitz der Krone und früher der Sitz der Königlichen Familie. Zu Lichtenbergs Zeit war die ehemalige Residenz bereits abgetragen; in den Gärten weideten die königlichen Rinder. Auf einem sanften Hügel, »Richmond Hill«, hatte Georg III. seine private Sternwarte erbauen lassen. [SS]

nen, moderne »Sirenen« scheinen sie ihm;[9] der halböffentliche Akt des Badens selbst, begleitet vom verfänglichen Vorgang des Aus- und Ankleidens; überhaupt, das im Brandungsschaum geborene Glutgefühl der eigenen Körperlichkeit: all das erzeugt ein ganz besonderes Reizklima, dessen Wirkung bis tief in die Nacht anhält, wenn in den Tanzsälen und Casinos vor Ort Hochstimmung herrscht.

Bringt man die Motive, ins Seebad zu reisen, auf eines, es wäre das Verlangen nach Animation. Ein Aufenthalt am Meer aktiviert die gesamte menschliche Natur, er verheißt dem Körper Kraft, der Seele Schwung, dem Geist Abwechslung, kurz, er verspricht gesteigerten Selbstgenuß; und womöglich lag darin der Grund, warum das Seebad zuerst in England in Mode kam, und dort in den kulturellen Eliten. Erheblich früher als auf dem Kontinent hatte sich in ihnen ein Lebensstil entwickelt, der weniger auf Repräsentation und Manierlichkeit denn auf Selbstentfaltung und Glücksgewinn zielte. Ein Lebensstil, der in seiner gepflegten Zwanglosigkeit dem einzelnen Raum gab, die ganze Spanne seiner Vitalität auszukosten, und der so Appetit wecken mochte auf Stimulantien, wie sie das Seebad bot.

Lichtenberg hatte davon genascht. Doch seine Stippvisite in Margate war Privatsache und blieb es auch zunächst – bis 1788 der Hamburger Wasserbauinspektor Reinhard Woltmann an ihn herantrat. Er bat um publizistische Unterstützung für seinen Plan, bei Cuxhaven ein Seebad anzulegen. Vergleichbare Vorstöße zuvor waren freilich kläglich gescheitert: Eine Eingabe des Juister Inselpastors an den Preußischen König und die Initiative eines Lübecker Arztes 1783 fanden nicht die geringste Resonanz.[10] Noch schien im unterentwickelten Deutschland kein allgemeineres Bedürfnis nach Rekreation zu existieren, oder doch kein öffentliches Interesse daran, finanzielle Mittel für den Bau eines Seebads aufzubringen. Immerhin, Woltmann hatte es klug angefangen, als er sich des Beistands eines prominenten und mit der Materie vertrauten Manns wie Lichtenberg versicherte; nur ließ dessen zugesagte Werbeschrift auf sich warten. Eine schwere Erkrankung verzögerte ihre Fertigstellung um Jahre. So dauerte es bis 1792, da Lichtenbergs Seebad-Aufsatz endlich erschien und wie erhofft Wirkung zeigte, allerdings etwas anders als geplant.[11] Ausdrücklich und im Einvernehmen mit

Woltmann hatte Lichtenberg für die Errichtung eines Seebads bei Cuxhaven und also im damaligen Zuständigkeitsbereich von Hamburg plädiert und zugleich wohlweislich empfohlen, auf die Konzessionierung von Tanzhallen, Komödienhäusern und Spielbanken fürs erste zu verzichten.[12] Der gesundheitliche Nutzen, nicht das mondäne Vergnügen, mußte betont werden, wenn irgend die politischen Instanzen der protestantischen Hanse- und Kaufmannsstadt für die Anlage eines Seebads gewonnen werden sollten. Dennoch, der Versuch schlug fehl. Woltmanns Projekt, obschon bis zur Entscheidungsreife gediehen, stieß auf Widerstand in der Hamburger Bürgerschaft, offenbar sah man in ihm lediglich eine Verführung zu purem Müßiggang. So wurde es 1795 stillschweigend und für geraume Zeit zu den Akten gelegt.

Doch Lichtenbergs Aufruf war auch zur Ostseeküste durchgedrungen, zu dem Rostocker Arzt Samuel Gottlieb Vogel. Der handelte sofort. Er besuchte Lichtenberg in Göttingen, um sich mit ihm zu beraten; vor allem aber gelang es ihm, den regierenden Herzog von Mecklenburg-Schwerin für den Bau eines Seebads zu begeistern. Friedrich Franz, immer in Geldnöten, spitzte auf einen lukrativen Aufschwung des Fremdenverkehrs, und während in Hamburg noch diskutiert wurde, nahm schon im Sommer 1794 in Doberan das erste deutsche Seebad den Betrieb auf – die Verwaltungswege eines Obrigkeitsstaats waren kurz. Gleich in der Premierensaison wurden rund 300 Besucher gezählt, weit mehr als erwartet, zwei Jahre später waren es bereits 500 Gäste, die sich hier den Sommer über tummelten.[13] Ihnen stand ein Badehaus mit elf Kabinen zur Verfügung, und wer sich seefest wähnte, fuhr in einer Schaluppe aufs Meer hinaus und ließ sich, in einem porösen Kasten hockend, ins Wasser eintunken.

Das Beispiel Doberans steckte an. 1797 eröffnete auf Norderney das erste Nordseebad, weitere potentielle Badeorte zogen nach: 1802 Travemünde und Kolberg, 1804 Wangerooge, 1809 Spiekeroog, 1816 endlich Cuxhaven, 1826 schließlich Helgoland. Insgesamt fünfzehn Seebäder wurden in diesem Zeitraum eingeweiht; Lichtenbergs Appell hatte gefruchtet; doch nicht in jeder Hinsicht.

Als in Deutschland die Forderung nach der Anlage von Seebädern laut wurde, da wußte sie sich im Einklang mit einem der Leitmotive aufgeklärten Denkens. Unüber-

474
A View from Richmond Hill down the River.
(Star and Garter Home).
Kupferstich, um 1760.
17,5 × 27,5 cm
Bez. »Printed for Rob[er]t Sayer, Fleet Street«
London, Guildhall Library, VI RIC/hil
Der Ort mit dem schönsten Blick von Richmond Hill auf die Themse war der ideale Standort für ein Ausflugslokal. Das »Star and Garter Home« bot seit Beginn des 18. Jahrhunderts seinen Gästen auch Übernachtungsmöglichkeiten an, Anfang des 19. Jahrhunderts wurde es ein Treffpunkt der besseren Londoner Gesellschaft, »more like the mansion of a nobleman than a receptacle for the public«. Links im Bildmittelgrund ist das Kew Observatory zu erkennen, rechts das »Star and Garter Home«, wie es Lichtenberg in seinem Tagebuch skizziert hat und wie es hier in der Randspalte wiedergegeben ist.[SS]

475
The Observatory in Richmond Gardens.
Aquatinta, um 1775. 18 × 23 cm
London, Guildhall Library, Lyson's Vol. 1, p. 446
»Der König von Großbritannien empfing den deutschen Hofmeister auf seiner Sternwarte in Richmond [am 22. April 1770]. Er war nicht allein. Sein Hofastronom und einer der größten Londoner Instrumentenmacher, der für seine Fernrohre berühmte Dollond, waren anwesend. Lichtenberg wurde einem Examen unterzogen, das er gut bestand. In dem zwei Monate später abgefaßten persönlichen Schreiben, mit dem er Lichtenberg zum außerordentlichen Professor ernannte, bezeugte Georg III. ›Wir haben Lichtenberg als einen Mann von vielen Wissenschaften alhier kennengelernt‹.« (LE 1, S. XL) Der »Mann von vielen Wissenschaften« notierte später zum 22. April 1770: »der glücklichste Tag meines Lebens«.

476
Paul Sandby (inv.):
Strawberry Hill.
Aquarell, um 1775. 29 × 38 cm
London, Guildhall Library, V TWI/str
Strawberry Hill war der Landsitz des exzentrischen Horace Walpole, des späteren Earl of Oxford. Er unterhielt in seinem Haus eine kleine Privatpresse, war ein rühriger Bücher- und Kunstsammler; als amüsanter Briefschreiber und Chronist des 18. Jahrhunderts erlangte er Berühmtheit. Mit seiner Schauergeschichte *Castle of Otranto* begründete er die Gattung der »Gothic Novel«. Geleitet von seiner Vorliebe für den gotischen Stil begann er ab 1753

hörbar schwang in ihr die Überzeugung mit, daß am Anfang aller Anstrengungen, sich selbst und die Welt zu verbessern, die Sorge um die Gesundheit steht. Wie könnte der Mensch das ihm zugetraute Leistungsvermögen unter Beweis stellen, ohne im Vollbesitz seiner Sinne und Kräfte zu sein?

Enttäuscht und verdrossen hatte Lichtenberg daher seinerzeit die ablehnende Haltung der Hamburger Bürgerschaft zur Kenntnis genommen. »Da die englischen Aerzte so sehr für die Seebäder sind«, schrieb er Ende 1793 trotzig an Woltmann, »müssen sie doch wohl etwas mehr seyn, als ein bloßer Luxus.« (Bw 4, Nr. 2329)[14] Gleich seinen Mitstreitern hatte er geglaubt, daß die medizinischen Gutachten über die Segnungen einer Meereskur gehörigen Eindruck auf ein breites, verständiges, bürgerliches Publikum machen würden. Ganz aufklärerisch ging es um die Popularisierung einer vernünftigen Praxis. Doch aufklärbar zeigten sich nur die Spitzen der Gesellschaft.

Stärker noch als in England war in Deutschland das Seebad ein exklusiver Treffpunkt des Adels. Gelegenheit, sich diskret vom Druck der Etikette und der Last der Konvenienz zu befreien, um leibhaftig zu spüren, wie es ist, ganz Mensch zu sein. »Man lebt hier blos der Gesundheit, der Natur, und seinen Freuden«, berichtete 1799 das *Journal des Luxus und der Moden* aus Doberan: »Stern und Band bleiben weg«.[15] Es war die Lust am unbefangenen Umgang mit anderen und mit sich selbst, die im soziablen Milieu des Seebads Befriedigung fand, und vielleicht mußte man bereits hochsensibel die eigene Zivilisiertheit als Bürde empfinden können, um ihr zu frönen. Das Bürgertum jedenfalls, dem diese Erfahrung noch bevorstand, wird erst Mitte des 19. Jahrhunderts die Faszination der Meeresküste entdecken – und damit eine neue Welle von Bädergründungen an Nord- und Ostsee auslösen.

Die zweite Hälfte des 18. Jahrhunderts sah die Intelligenz besessen von der Idee der Gesundheit – und von der Vorstellung, krank sein zu können. Nie ist ausführlicher und penibler über das gesundheitliche Befinden diskutiert worden als damals. Allein die Briefe aus dieser Zeit ähneln über weite Strecken ärztlichen Bulletins. Die physiologische Verfassung von Körper und Geist ist Gegenstand unermüdlicher Aufmerksamkeit. Die kleinste Unpäßlichkeit wird notiert und beredet, wie um sich zu vergewissern, ob man noch alle beisammen hat. Umgekehrt wächst das Interesse an Fragen der Diätetik und Hygiene. Man zeigt sich offen für jede Novität auf diesem Gebiet, vor allem, was das Baden betrifft.

Ende 1794 wandte sich so Lichtenberg erneut diesem Thema zu. Er stellte im *Göttinger Taschen Calender* das Luftbad vor, die heikle Praxis, sich splitternackt den Einflüssen der Atmosphäre auszusetzen. Und da er diesmal nicht auf persönliche Erfahrungen zurückgreifen konnte oder wollte, berief er sich auf das Vorbild zweier Männer, deren Name dafür bürgen mochte, daß diese Übung nicht einfach schamlos und überhaupt verrückt war.

Der eine war kein Geringerer als Benjamin Franklin. Seiner eigenen Aussage nach empfand er den Schock eines Kaltwasserbads als unbekömmlich und zog es daher vor, sich nackt am Schreibtisch sitzend von der frischen Morgenluft umspülen zu lassen.[16] Der andere war der Anthropologe James Burnet Lord Monboddo, Verehrer Jean Jacques Rousseaus und Autor eines vielbeachteten Werks über den Ursprung der Sprachen, zu dessen deutscher Übersetzung immerhin Johann Gottfried Herder ein Vorwort beigesteuert hatte. Lichtenberg teilte die wissenschaftlichen Ansichten des Lords nicht, hielt manche gar für ausgemachten Unsinn, doch sah darin noch lange keinen Anlaß, eine weitere seltsame Angewohnheit Monboddos als Marotte abzutun: Jeden Morgen pflegte er nackt bei offenem Fenster Gymnastik zu treiben, und das bisweilen zusammen mit seinen Töchtern!

seinen Landsitz umzugestalten – ein frühes Beispiel für den Historismus in der Architektur. Der Umbau von Strawberry Hill zu einem neogotischen Gesamtkunstwerk, orientiert an Vorbildern wie beispielsweise Westminster Abbey – erstreckte sich auch auf die Innenräume und das Mobiliar. Nach 13jähriger Bauzeit war die Pracht vollendet, für die Lichtenberg nur ein Wort erübrigte: »Altvätterisch«! [SS]

477
J. C. Stadler (sc.) und J. Farington (del.):
Hedsor Lodge, Buckinghamshire, am Oberlauf der Themse.
Aus: [William Combe:] An History of the Principal Rivers of Great Britain, vol. I and II: The Thames. London: John and Josiah Boydell 1794, vol. I, after p. 271.
Aquatinta, koloriert, 1793.
32 × 21 cm (äußerster Rahmen der Darstellung)
London, Guildhall Library, [William Combe, 1793]
»Den 6^{t} *8bris* [1774] fuhr ich [mit] *Lord Boston* nach *Hedsor* seinem Landgut in Buckingham shire, in eine der Romantischten Gegenden die ich noch gesehen. Das Hauß liegt an einem Hügel der sich bis nach *Maidenhead* auf 7 englische Meilen erstreckt und [an] dessen Fuß sich die Themse hinwindet. [...] Das Hauß hat eine sehr reitzende Lage. Ringsherum eine Aussicht von 30 englischen Meilen und drüber, man sieht das Schloß zu *Windsor* gantz nahe *Harrow on the Hill* offt die Pauls kirche, ja wie einige sagen bey sehr hellem Wetter die *Stadt Portsmouth.* Oben auf dem Gebaude befindet sich ein Conducktor, der nicht sonderlich angelegt ist.« (LE 1, T II, S. 34) [SS]

478
J. C. Stadler (sc.) und J. Farington (del.):
Windsor Bridge.
Aus: [William Combe:] An History of the Principal Rivers of Great Britain, vol. I and II: The Thames. London: John and Josiah Boydell 1794, vol. I, after p. 284.
Aquatinta, koloriert, 1793.
32 × 21 cm (äußerster Rahmen der Darstellung)
London, Guildhall Library, [William Combe, 1793]
Das provinzielle Städtchen Windsor, 30 km westlich von London gelegen, war schon zu Lichtenbergs Zeit ausschließlich wegen Windsor Castle berühmt. Das Schloß wurde im 14. Jahrhundert über einer Festung errichtet, die auf Wilhelm den Eroberer zurückgeht. So wie auf diesem Bild sah Lichtenberg auf seiner Reise themseaufwärts den Bau am rechten Hochufer liegen, sein Weg hat ihn über die Brücke geführt – denn am gegenüberliegenden Ufer geht es nach Eton, das er auf der gleichen Fahrt besuchte. [SS]

479
Anzeige für Badekarren.
Kupferstich, 1775.
Margate, Margate Library
Der Ort Margate, an der Ostküste Englands in der Grafschaft Kent, ist heute mit dem Festland verbunden. Als sich Lichtenberg im August 1775 dort im Ort mehrere Tage aufhielt, mußte er auf die Insel Thanet übersetzen. Margate, damals von den Engländern bereits favorisierter Badeort, in einer zeitgenössischen Beschreibung: »In der Sommerzeit halten sich beständig ein Paar Aerzte hier auf... Man hat einen viereckigen Platz mit guten Häusern umgeben gebauet, darinn der Adel und andere bemittelte Personen, die der Badekur wegen herkommen, wohnen können. Es ist auch ein großer und zierlicher Assembleesaal auf demselben angelegt, aus dem man einen angenehmen Prospekt über die See hat; er ist der größte in England, und 87 Fuß lang und 43 breit. An denselben stoßen die Zimmer zum Kartenspielen und Theetrinken; über diesen sind eine Reihe von Zimmern, darinn Badegäste wohnen können.« Lichtenberg äußert sich über diesen Badeort so: »Margate. Es geht da so wie an allen Orten, wo Bäder sind, man holt ein bisgen verlohrne Gesundheit und verliehrt sein Hertz.« (LE 1, E, S. 249)
»Dieses Häuschen, das einem Schäferkarren nicht unähnlich ist, hat zwey Thüren, eine gegen das Pferd und den davor sitzenden Fuhrmann zu, die andere nach hinten. Ein solches Häuschen faßt vier bis sechs Personen, die sich kennen, recht bequem, und selbst mit Spielraum, wo er nöthig ist. An die hintere Seite ist eine Art von Zelt befestigt, das wie ein Reifrock aufgezogen und herabgelassen werden kann. Wenn dieses Fuhrwerk, das an den Badeorten eine Maschine *(a machine)* heißt, auf dem Trocknen in Ruhe steht, so ist der Reifrock etwas aufgezogen [...]. An der hinteren Thüre findet sich eine schwebende aber sehr feste Treppe, die den Boden nicht ganz berührt. [...] In dieses Häuschen steigt man nun, und während der Fuhrmann nach der See fährt, kleidet man sich aus. An Ort und Stelle [...] läßt er das Zelt nieder. Wenn also der ausgekleidete Badegast alsdann die hintere Thür öffnet, so findet er ein sehr schönes dichtes leinenes Zelt, dessen Boden die See ist, in welche die Treppe führt.« (GTC für 1793)

480
Strandsegeln.
Im Hintergrund zwei Badekarren.
Aquatinta, koloriert, 1791.
23 × 34,8 cm
Wiesbaden, Privatbesitz
Das Bild von der deutschen Küste zeigt – eine ungewöhnlich frühe Darstellung – verschiedenste sportliche Aktivitaten an frischer Seeluft. Auf der Düne im Hintergrund zwei Badekarren, deren Gebrauch Lichtenberg so ausführlich erläutert. [SS]

Diese Fakten waren freilich weitgehend bekannt, wie Lichtenberg richtig anmerkte, und es dürfte ihm auch nicht entgangen sein, daß schon 1786 das von seinem Bruder herausgegebene *Magazin für Naturgeschichte* dem Luftbad einen lobenden Artikel gewidmet hatte.[17] Wenn er dennoch über diese Praxis handelte, so deshalb, weil neue physiologische Erkenntnisse endlich ihren Nutzen zu beweisen schienen.

Noch vor wenigen Jahren war man nicht in der Lage gewesen, die Wirkungen der Luft auf den Organismus plausibel zu beschreiben. Erklärlich war nur der mechanische Effekt der Friktion, er war vom Wasser her vertraut; ansonsten jedoch blühten die Spekulationen. Man nahm an, daß bestimmte kraftspendende Luftpartikel irgendwie durch die Poren in den Körper wandern, und man mutmaßte, daß dessen flüchtige, an der Haut haftende Ausscheidungen vom Luftmeer abgewaschen werden. Nun aber, stellte Lichtenberg erleichtert fest, kann man vom Luftbad reden, »ohne zu fürchten, durch gesuchte unnütze Grübelei die Würde der Naturlehre, oder durch mutwillig scheinende Vorschläge die Majestät der Sittsamkeit und Unschuld zu beleidigen«.[18] Alle Zweifel an der Seriosität dieser Praxis schienen behebbar, und zwar durch die allerjüngsten Experimente des englischen Arztes John Abernethy über den Gaswechsel durch die Haut.

1793 hatte das nachmalige Mitglied der Royal Society seine Forschungsergebnisse dazu veröffentlicht, und Lichtenberg mochte auf sie aufmerksam geworden sein durch eine Rezension in den *Göttinger gelehrten Anzeigen*.[19] Jedenfalls legte er mit Abernethy dar, daß die gesamte Oberfläche des Körpers gleich den Lungen ein einziges Respirationsorgan bildet, und schloß daraus, daß ein Luftbad ein ideales Mittel darstellen müsse, den fundamentalen Lebensprozeß von Atmung und Verbrennung zu unterstützen. Doch so erstaunlich diese Überlegungen waren, fast erstaunlicher noch ist, daß Lichtenberg sie vortrug, ohne die Arbeiten Antoine Laurent Lavoisiers zu erwähnen. Sollte ihm etwa dessen ebenfalls 1793 publizierte Untersuchung über die Hautatmung verborgen geblieben sein? Oder hatte er sie ignoriert, da er schon seit Jahren gegen Lavoisiers Verwerfung der Phlogiston-Lehre stritt?

Wie auch immer, das Luftbad war wissenschaftlich gerechtfertigt, der Verstoß gegen das Tabu der Nacktheit entschuldbar und tolerabel. Ein Triumph der Vernunft über den moralischen Common sense, aber einer mit beschränkter Geltung. Er taugte nicht zur allgemeinen Maxime, wie Lichtenberg zu bedenken gab, indem er maliziös deren Konsequenzen ausmalte. Folgte nicht aus der Theorie der Hautatmung die Schädlichkeit der Kleidung: sie hindert den direkten Luftkontakt; und sollte man daher nicht erwarten, daß »*der tiefe Ausschnitt* am Busen, und der *hohe Abschnitt* am Unterrock sich endlich einander auf halbem Wege begegnen und zum bloßen Feigenblatt unserer ersten Eltern zusammenschmelzen werden. So führt auch diese Theorie, so wie die neueste Politik auf eine baldige Wiederkehr vom paradiesischen Stand der Unschuld und Gleichheit«.[20]

Das Luftbad als Revolutionsfanal, die Revolution als Luftgebilde – ein Gedankenspiel, ein Witz und also mehr. Ein skeptischer Wink, im Leben nicht die hochfliegende Vernunft, sondern erdenschwere Vernünftigkeit walten zu lassen, die ihre Einsichten zumutbar und sozialverträglich gestaltet. Nur: Lichtenbergs ironische Volte sollte überboten werden, durch eine Ironie der Geschichte.

Hundert Jahre nach seiner Erstveröffentlichung erschienen 1895 Auszüge aus Lichtenbergs Luftbad-Aufsatz an merkwürdiger Stelle, im *Gesundheitsrat*, der *Zeitschrift für die gesamte Naturheilkunde* und für *natürliche Entwicklung*. Verantwortlich für diese Ausgrabung zeichnete Heinrich Pudor, einer der Initiatoren der Nacktkulturbewegung, und er präsentierte Lichtenberg als ihren Vordenker. »Bei der ganzen Sache ist am interessantesten dies«, kommentierte Pudor, »daß Lichtenberg innerlich schon überzeugt gewesen zu sein scheint, daß man nicht nur zuweilen ein Luftbad nehmen solle, sondern daß die Kleider überhaupt von Uebel sind«.[21] So wurde Lichtenberg doch noch hinterrücks von einer Politik überwältigt, die im Namen der Natur auf die Annullierung des Sündenfalls drängte, und er lieferte ihr sogar einen Taufpaten. Als 1912 einer der ersten FKK-Vereine gegründet wurde, nannte er sich nach jenem Lord, den Lichtenberg zum Exempel zitiert hatte: Monboddo-Bund.

1 Hermann Bahr: *Tagebuch*. Berlin 1909, S. 211.

2 Brief an Johann Andreas Schernhagen vom 7. Juni 1773.

3 Georg Christoph Lichtenberg: *Warum hat Deutschland noch kein grosses öffentliches Seebad?* In: GTC für 1793, S. 92-109. Zit. nach SB 3, S. 95-102.

4 Vgl. Alain Corbin: *Meereslust. Das Abendland und die Entdeckung der Küste*. Berlin 1990.

5 Lichtenberg (wie Anm. 3), S. 95.

6 Ebda., S. 98.

7 Ebda., S. 96.

8 Ebda., S. 96.

9 Ebda., S. 98.

10 Zum Seebad in Deutschland allgemein vgl. Horst Prignitz: *Vom Badekarren zum Strandkorb. Zur Geschichte des Badewesens an der Ostseeküste*. Leipzig 1977; *Saison am Strand. Badeleben an Nord- und Ostsee. 200 Jahre*. Hrsg. von Bärbel Hedinger. Herford 1986.

11 Zu Einzelheiten vgl. Wolfgang Promies: *Der Deutschen Bade-Meister: Georg Christoph Lichtenberg und die Wirkungen aufgeklärten Schreibens*. In: Photorin 4 (1981), S. 1-15; Hans-Heinz Eulner: *Zur Geschichte der Meeresheilkunde: Georg Christoph Lichtenberg und das Seebad Cuxhaven*. In: Medizinhistorisches Journal, Bd. 17, 1982, S. 115-128; Horst Gravenkamp: *Nachwort*. In: GTC für 1793, Nachdruck Mainz 1990.

12 Lichtenberg (wie Anm. 3), S. 101.

13 Vgl. Samuel Gottlieb Vogel: *Ueber den Nutzen und Gebrauch der Seebäder*. Stendal 1794; ders.: *Ueber die bisherige Anwendung und Wirkung des Mecklenburgischen Seebades bey Doberan*. In: Hufelands Journal für praktische Heilkunde, 3. Bd., 2. St., 1797, S. 199-238 und 6. Bd., 1. St., 1798, S. 3-47.

14 Brief an Reinhard Woltmann vom 12. Dezember 1793.

15 *Badechronik: Ueber das Seebad zu Doberan*. März 1799, S. 140.

16 Vgl. Brief von Benjamin Franklin an Barbeu Duboury vom 28. Juli 1768. In: *The Writings of Benjamin Franklin*. Vol. V, New York 1906, S. 153.

17 Georg Christoph Lichtenberg: *Ueber die unmittelbare Wirkung der Luft auf die Oberfläche des menschlichen Körpers*. In: Magazin für das Neueste aus der Physik und Naturgeschichte, 3. Bd., 4. St., 1786, S. 80-84.

18 Georg Christoph Lichtenberg: *Das Luftbad*. In: GTC für 1795, S. 115-126. Zit. nach SB 3, S. 125-129, hier S. 127.

19 John Abernethy: *Surgical and physiological essays*. London 1793. In: Göttinger gelehrte Anzeigen, 1794, Bd. 1, St. 68, S. 681-688; auf deutsch erschien Abernethys zweibändiges Werk 1795 bzw. 1798.

20 Lichtenberg (wie Anm. 18), S. 128.

21 Heinrich Pudor: *Lichtenberg vor hundert Jahren über das Luftbad*. In: Der Gesundheitsrat, 1895, S. 154-155.

481
Bath (inv.):
The Ladies Contrivance or the Capital Conceit.
Kupferstich, 1777. 22,5 × 33 cm
London, Guildhall Library,
Sat. Prints. 23 B
Eine Karikatur auf die stets höher aufgetürmten Haartrachten der Damen der besseren Londoner Gesellschaft. [SS]

482
Sänfte.
Holz mit Leder bespannt, Inneneinrichtung mit grünblauem Samt überzogen, mundgeblasenes Glas in den Fenstern, von Zinnstäben gefaßt, Messingnägel, 2 Tragstangen, 18. Jahrhundert.
160 × 65 × 85 cm ohne Stangen
Schweinfurt, Städtische Sammlungen, M-275 A
Für die breiten befestigten Prachtstraßen Londons war die private und öffentliche Kutsche das geeignete Beförderungsmittel. In engeren, ungepflasterten Gassen mußte, wer sein Schuhwerk schonen und nicht selbst gehen wollte oder konnte, dagegen umsteigen in die ›personalintensive‹ Sänfte. Auf Ansichten aus dem dicht bebauten Theater- und Prostituiertenviertel Covent Garden, in dem täglich Markt stattfand, ist häufig eine Sänfte zu sehen. So etwa auf dem Stich von Thomas Sandby (vgl. Katalog-Nr. 415), wo im Schatten der Arkaden der dösende Sänftenträger auf seinen Beförderungsgast wartet. [SS]

483
Williams (fec.):
The Haberdasher Dandy.
Kupferstich, koloriert, um 1775.
24,5 × 34,5 cm
Bez. »pub. by Tho.s Tegg, No. III Cheapside«
London, Guildhall Library,
Sat. Prints 58 A
Die Karikatur auf die modische Putzsucht zeigt nebenbei die Inneneinrichtung und das Schaufenster eines Kurzwarenhändlers.
»Es ist in England nicht selten, daß ein Schneider, der um $^1/_2$ procent wohlfeiler arbeiten will als die übrigen seinen deswegen ergehenden Bericht in der Zeitung anfängt: *As Health ist the first blessing man enjoys under God pp.*« (LE 1, S. 229) [SS]

484
J. June (fec.):
The Lady's Disaster.
Kupferstich, 1778. 24 × 31 cm (Platte), 36,5 × 29 cm (Blatt)
London, Guildhall Library,
Sat. Prints 24
Der Reifrock einer Dame hat sich an einem Mauerhaken verfangen – sehr zur Belustigung der umstehenden Personen, die sich über die Unterröcke, Rüschenunterhosen und »freigelegten« Waden amüsieren. [SS]

485
J. June (fec.):
The Beaux Disaster.
Kupferstich, 1778 (?). 30,5 × 22,5 cm, montiert auf 30 × 40 cm
London, Guildhall Library,
Sat. Prints 24
Ein zierlicher, elegant gekleideter Herr hat sich mit dem Gürtel seiner Kniehose an einem Fleischerhaken verfangen; er hängt – ebenfalls zur Belustigung der Umstehenden – jämmerlich zappelnd in der Luft. [SS]

486
Isaak Cruikshank (1764-1810) (pub. by):
The Piccadilly Nuisance.
Kupferstich, um 1790. 22 × 34 cm
London, Guildhall Library,
Sat. Prints 58 A
Mit dem Titel »Ärgernis am Piccadilly« zeigt Cruikshank großstädtisches Leben: öffentliches Verkehrsmittel in Konkurrenz zu privater Kutsche, Gepäckträger, Straßenhändler, Passanten, Hunde, balgende Kinder zur Rush-hour, die es schon damals in London gab. [SS]

487
»A Macaroni Liveryman.«
Kupferstich, 1772. 18,1 × 13 cm
Bez. »published by M. Darly, Strand«
London, Guildhall Library, Sat. Prints 21
Der Begriff »Makkaroni«, Stutzer, kam in den frühen sechziger Jahren des 18. Jahrhunderts in London auf. Er bezeichnet junge Männer aus der besseren Gesellschaft, die sich eine Reise auf den Kontinent bis nach Neapel, eine »grand tour«, leisten konnten; dort lernten sie das Nationalgericht Makkaroni, sprich die »feine kontinentale« Lebensart kennen, die sie nach ihrer Rückkehr auch entsprechend zu etablieren versuchten. Letztlich machten sie sich lächerlich, da sie jede Modetorheit aufgriffen. Ein »Mitglied der Makkaroni-Zunft« – dick, reich gekleidet, mit üppiger Perücke und mit Besteck ausgerüstet zur nächsten Mahlzeit ... freilich aß man auch damals Makkaroni nicht mit dem Messer. [SS]
Abbildung S. 238, links oben

488
J. Smith (pinx. and fec.):
Miss Macaroni
and her Gallant
at a Print Shop.
While Macaroni and his Mistress here / At another Characters in Picture sneer, / To the vain Couple is but little known / How much deserving Ridicule their own.
Mezzotinto, 1773.
35 × 25 cm (Platte)
Bez. »Printed for John Bowles at Nr. 13 in Cornhill«
London, Guildhall Library, Sat. Prints 20 B
Übersetzung: Während hier Makkaroni und seine Begleitung / feixten über manche aus der Bilderzeitung / war dem eitlen Paar nicht klar / wie lächerlich es selber war. [SS]

489
E. Topham (inv. et del.):
The Macaroni Print Shop.
Kupferstich, 1772. 18 × 25,5 cm
Bez. »M. Darly, Strand«
London, Guildhall Library, Pr W2/STR
Vor der Auslage eines Graphikhändlers treffen sich die Stutzer, vielleicht um die Konterfeis ihrer Lieblingsschauspieler zu kaufen. [SS]
Abbildung oben links

490
»The City Tonsor.«
Kupferstich, 1771. 17,2 × 13 cm (montiert)
Bez. »pub. by M. Darly, Strand«
London, Guildhall Library, Sat. Prints 20 B
An einem gegabelten Gestell liefert der »City«-Barbier die von ihm gepflegten Perücken. Seine Kunden bekleiden ganz offensichtlich unterschiedliche Stellungen in der guten Gesellschaft: von recht unbedeutend bis reichlich wichtig. Das Blatt wurde von Darly gedruckt und war in seinem Printshop am Strand erhältlich. In der Karikatur *The Macaroni Print Shop* (Katalog-Nr. 489) ist der Kupferstich des *City Tonsor's* in der Auslage zu sehen, linke Seite, zweite Reihe von oben, dritte Scheibe von links. [SS]
Abbildung oben rechts

491
The Covent Garden Macaronies.
Kupferstich, 1772. 17,5 × 25 cm (Platte); 19,5 × 27 cm (Blatt)
Bez. »Pub. by M. Darly«
London, Guildhall Library, Sat. Prints 21 D
Über dem Portal der »King Arms Tavern«, aus der die Macaroni gerade herauskommen, ist »LOVE JOY« eingemeißelt. Dem jüngeren der beiden sind die Strümpfe verrutscht, auch fehlt ihm die Weste über dem zerknitterten Hemd. Der ältere hat seine Perücke verloren und muß seinen zur Bequemlichkeit unter der üblichen ›Kopfbedekkung‹ geschorenen Schädel zeigen. Der derangierte Zustand beider erinnert daran, daß im Theaterviertel Covent Garden der Rotlicht-Bezirk Londons lag. [SS]

Katalog-Nr. 487

492
Phil. Dawe (inv. et fec.):
The Enraged Macaroni.
Aquatinta, 1773. 35,3 × 24,8 cm
London, Guildhall Library, Sat. Prints 22
Der »wütende« Makkaroni ist so aufgebracht gegen den Versuch der Fischhändlerin, ihm eine Makrele aufzudrängen, daß er bereits seinen Degen zieht. Sein Hündchen macht sich einstweilen über die Schollen her. Durch das Fenster des Wirtshauses hat eine Frau den manieriert lang gewickelten Perückenzopf des Herrn gepackt, ihn mit einem Küchenmesser radikal zu kürzen. »Wenn die Fische stumm sind, so sind dafür ihre Verkäuferinnen desto beredter.« (SB 2, K 267) [SS]

493
A Temple Macaroni.
Kupferstich, 1772. 17,4 × 12,6 cm
Bez. »Pub. by M. Darly«
London, Guildhall Library,
Sat. Prints 21 B
Die Karikaturen zum Genre Macaroni sind zahllos. Häufig sind die Stutzer einem bestimmten Stadtviertel zugeordnet, ihre Staffage unterscheidet sich je nach Güte des Wohn- und Geschäftsbereichs. In diesem Fall ist es der feine Mann in Begleitung eines feinen Hundes – ganz wie man sich den Kunden eines der gehobeneren Läden im Bezirk Temple vorstellt. [SS]

494
The Middle Temple Macaroni.
In short I am a West Indian.
Kupferstich, um 1775. 17 × 11 cm
London, Guildhall Library,
Sat. Prints 21 F
Der von einem unbekannten Künstler gestochene Macaroni ist – verglichen mit beispielsweise denen Bunburys – Dutzendware der modischen Macaroni-Produktion, wenig sorgfältig in der Ausführung und entsprechend flacher in der Aussage. [SS]

495
Henry W. Bunbury (1750-1811) (del.) und J. Bretherton (fec.):
The Fish-Street Macaroni.
Kupferstich, 1772. 18 × 28,5 cm, montiert auf 20,5 × 31,5 cm
London, Guildhall Library,
Sat. Prints 21 D
Die Fischhändlergilde, 1151 gegründet, übt bis heute ihre Funktion aus, sämtlichen in der Stadt zum Verkauf angebotenen Frischfisch auf Genußfähigkeit zu prüfen. Die mittelalterlichen Fastenregeln garantierten den ›Lebensmittelprüfern‹ ebenso wie den Fischverkäufern sicheres Einkommen; bis in das 19. Jahrhundert waren die meisten Fischhändler gut situierte Kaufleute. Bei dem Fish-Street Macaroni handelt es sich um einen neureichen Nachahmer der modischen Gecken. Bunbury hat ihm ein recht zufriedenes Lächeln verpaßt, das mehr auf Wohlstand und Sättigung als auf Traditionsbewußtsein und Bildungsbeflissenheit schließen läßt. [SS]

496
Henry W. Bunbury (1750-1811) (del.) und J. Bretherton (fec.):
»The Houndsditch Macaroni«.
Kupferstich, 1772. 29,5 × 20 cm (Blatt), 22 × 15 cm (Platte)
London, Guildhall Library,
Sat. Prints 21 F
Die Straße Houndsditch = der Hundegraben führt an der früheren östlichen Stadtmauer entlang. Der Name ist bereits im Mittelalter entstanden, als in dem lange offenliegenden (also nicht kanalisierten) Stadtgraben Tierkadaver – vorwiegend verendete Hunde der städtischen Jagden – entsorgt wurden. Im späten 16. Jahrhundert wurde der Straßenzug saniert, der Graben zugeschüttet. In den Neubauten ließen sich vorwiegend Altkleiderhändler nieder – der Markt für gebrauchte Kleider hielt sich bis ins 19. Jahrhundert in dieser Gegend. Der dargestellte Macaroni ist – bei genauerer Betrachtung – denn auch nicht allzu nobel und vor allem nicht so modisch gekleidet wie sein Namensvetter aus St. James's. [SS]

497
Henry W. Bunbury (1750-1811) und James Bretherton (del. & fec.):
»The St. James's Macaroni«.
Kupferstich, koloriert, 1772.
26,2 × 17 cm
Bez. »published by J. Bretherton, Nr. 134, New Bond Street«
London, Guildhall Library,
Sat. Prints 21 C
In St. James's, der Umgebung des Königlichen Stadtpalastes, war man gediegen und royalistisch gesinnt. Entsprechend harmlos zeigt sich Bunburys hiesiger Macaroni: etwas lächelnd, nicht aggressiv frontal, sondern distanziert von der Seite, keinesfalls anstößig oder auffallend – eben angepaßt. [SS]

Abbildungen obere Reihe:
Katalog-Nrn. 487, 493, 494 und 495
untere Reihe:
Katalog-Nrn. 496 und 497

498
Thomas Rowlandson (1756-1827):
»The Hanoverian Horse and British Lion.«
Karikatur.
Kupferstich, 1784. 24 × 35 cm
London, Guildhall Library,
Sat. Prints 28 A
Auf dem heftig furzenden, nach hinten ausschlagenden Hannover-Roß (dem Staatswappen Niedersachsens) sitzt ein leichter Jockey, ein junges Bürschchen; auf dem englischen Löwen ein dicker, älterer Cäsaren-Typus. [SS]

Arnd Beise

»Meine scandaleusen Exkursionen über den Hogarth«

Lichtenbergs Erklärungen zu Hogarths moralischen Kupferstichen

499
William Hogarth (1697-1764) (pinx.) und Benjamin Smith (sc.): William Hogarth.
Porträt.
Mezzotinto, 1795. 39,5 × 29,5 cm
Darmstadt, Hessisches Landesmuseum, Graphische Sammlung, GR 7517
Der von Lichtenberg verehrte englische Maler, Radierer und Kupferstecher William Hogarth, Sohn eines verarmten Lehrers, der im Londoner Schuldgefängnis inhaftiert war, begann 1713 seine künstlerische Karriere als Lehrling eines Silberschmieds. Nach sechs Jahren beschloß er, wie er später in seiner *Autobiographie* erklärt, »nicht länger Silberplatten-Gravierer zu bleiben [...]. Auf Kupfer zu stechen – ich war damals zwanzig Jahre alt – war mein größter Wunsch. Um dies zu erreichen, war es notwendig, statt der Greuel von Heraldik Gegenstände aus der Natur zu zeichnen.« Nachdem Hogarth als selbstständiger Kupferstecher 1720 ein Geschäft im Hause seiner Mutter eröffnet hatte, trat er 1724 in die freie Akademie des Hofmalers James Thornhill ein, dessen Tochter Jane er fünf Jahre später nach einer abenteuerlichen Entführung heimlich heiratete: »Ich heiratete dann und begann kleine, 12 bis 15 Zoll hohe, Konversationstücke zu malen. Da dies etwas neues war, hatte ich einige Jahre Erfolg damit. Doch trotzdem sie der Phantasie viel Spielraum ließen, war es mehr oder weniger eine Plackerei, und da ich nicht wie einige meiner Mitbrüder eine Industrie daraus machen konnte, [...] waren sie nicht so einträglich, als daß ich davon meine Familie hätte erhalten können. Ich

Als Lichtenberg 1799 starb, war er vor allem als Autor der Hogarth-Erklärungen bekannt. Laut Goethe war die zweite Lieferung der *Ausführlichen Erklärung* (*Der Weg der Buhlerin*) 1795 eine der drei aufsehenerregendsten Neuerscheinungen auf dem Buchmarkt.[1] Doch schon vor Erscheinen der *Ausführlichen Erklärung* galt Lichtenberg vielen vor allem als »Hogarth's großer Kommentator« (Bw 3, Nr. 1602).[2] Man war sich damals einig, daß man »zur Erklärung Hogarths niemanden [hätte] finden können, der geeigneter gewesen wäre als Lichtenberg«, wie sein Kollege und Lehrer Abraham Gotthelf Kästner feststellt;[3] eine Ansicht, der sich auch viele heutige Kunsthistoriker anschließen.[4] Neben den gewissermaßen natürlichen Voraussetzungen, die Lichtenberg mitbrachte – nämlich seine genauen Kenntnisse der »englischen Sitten« wie es bei Kästner heißt – war es vor allem sein »unermüdeter Beobachtungsgeist«, der ihn (so Girtanner in einem Nachruf) »mit derselben Genauigkeit [...] die Zerrbilder des wizigen Satyrikers Hogarth, und die Monds-Charte des großen Göttingischen Astronomen, Tobias Mayer«, erklären ließ.[5]

Wann Lichtenberg zum ersten Mal mit dem Werk Hogarths bekannt wurde, ist unsicher. Verbürgt ist nur, daß er 1775 während seiner zweiten Englandreise bei Hogarths Witwe Kupferstiche des Künstlers erwarb. In seinem sogenannten *Füllhornbuch* (1765-1772) bezeugt er lediglich die Popularität Hogarths, im April 1769 erwähnt er Hogarths kunsttheoretisches Traktat *Analysis of Beauty* (1753), erst eine 1773 geschriebene Notiz in einem anderen Sudelbuch zeigt, daß er bereits Stiche gesehen hat (SB 1, B 131 und C 107; SB 2, Kéras 'Amaltheías 277). Seit Anfang der 70er Jahre, möglicherweise seit seiner ersten Englandreise 1770, kennt er also Bilder Hogarths; doch erst nach 1775 beschäftigen und begeistern sie ihn zunehmend.

In der *Ausführlichen Erklärung*[6] behauptet er allerdings später, er habe bereits in seiner »frühesten Jugend« von einem bestimmten Einfall Hogarths (aus der Serie *A Rake's Progress* von 1735) »erzählen hören« (SB 3, S. 879). In der Tat ist Hogarth auf dem Kontinent schon seit längerer Zeit bekannt als Verfasser ätzender Satiren gegen »alles, was wir unter dem Wort der Philisterei zu begreifen gewohnt sind, gegen stockende Pedanterie, kleinstädtische Wesen, kümmerliche äußere Sitte, beschränkte Kritik, falsche Sprödigkeit, platte Behaglichkeit, anmaßliche Würde, und wie diese Ungeister, deren Namen Legion ist, nur alle zu bezeichnen sein mögen«, wie Goethe in einer Gedenkrede auf den Hogarthbewunderer Wieland formulierte.[7]

Bereits 1754 war Hogarth in Deutschland so berühmt, daß Gotthold Ephraim Lessing in einer Rezension der Übersetzung von *The Analysis of Beauty*[8] über den Inhalt des Werks nichts mehr glaubt sagen zu müssen, da er »den meisten schon bekannt seyn sollte.« Er lobt bei dieser Gelegenheit Hogarth als einen der »größten Mahler, welche England jemals gehabt hat«, und zwar vorzüglich deshalb, weil »er in alle seine

wandte deshalb meinen Blick auf ein neueres Genre, nämlich auf das Malen und Stechen moderner Lebensbilder, ein Feld, welches bisher noch in jedem Lande brach lag.« Diese *modernen Lebensbilder*, Hogarth nennt sie »modern moral subjects«, brachten den ersehnten Erfolg. Den Anfang machte der gemalte und gestochene *Lebenslauf einer Dirne* (1731), die vom Lande kommt und den Lastern der Großstadt London erliegt. In diesem Sinne attackierte Hogarth etwa zwanzig Jahre lang die Torheiten und Untugenden seiner Zeitgenossen, ohne dabei eigene kommerzielle Interessen aus den Augen zu verlieren. Wie kein anderer verstand er sich darauf, seine Kunst gewinnbringend zu vermarkten, indem er erfindungsreich für seine Bilder warb und sie selbst vertrieb. Da er sich nicht scheute die Schattenseiten des gesellschaftlichen Lebens satirisch bloßzustellen, blieb ihm der Zugang zu höfischen Kreisen versagt. Auch seine Ernennung 1757 zum »Sergeant Painter to the King« brachte ihm keine königlichen Aufträge ein. [SW]

500
William Hogarth (1697-1764): »Hogarth painting the Comic Muse«.
Hogarth malt die Komische Muse.
Kupferstich und Radierung, 1758/64. 40,3 × 35,2 cm
Bez. William Hogarth. 1764.
Darmstadt, Hessisches Landesmuseum, Graphische Sammlung, GR 7512
In seinem letzten Lebensjahr hat Hogarth ein bereits 1758 vollendetes Gemälde umgearbeitet; wie wir heute aus röntgenologischen Untersuchungen wissen, hat er zumindest die Polemik entschärft: In der ursprünglichen Fassung nämlich pinkelt ein Mops auf die Gemälde traditioneller Künstler, gegen die sich Hogarth ein Leben lang gewandt hat. Am Fuß der Staffelei, am herausschauenden Kupferstich erkennbar, liegt denn auch seine eigene kunsttheoretische Schrift *Analysis of Beauty*; deren Verwirklichung manifestiert sich in den geschwungenen Formen des Lehnstuhls. Dies Selbstporträt ist programmatisch; nicht nur der Zeitpunkt der Überarbeitung deutet darauf: Das Bild auf der Staffelei hat Hogarth nie gemalt, es nimmt daher im jetzigen Kontext den Status einer Allegorie für sein

Gemählde eine Art von satyrischer Moral zu bringen gewußt, die das Herz an dem Vergnügen der Augen Theil zu nehmen, nöthiget.«[9]

Lessing spricht damit eine der wesentlichen Neuerungen in Hogarths Kunstauffassung und -praxis an. Nach vernachlässigbaren Anfängen als Gebrauchsgraphiker und Illustrator vornehmlich belletristischer Werke war William Hogarth (1697-1764) in den 30er Jahren des 18. Jahrhunderts dazu übergegangen, seine Kunst in den Dienst bürgerlicher Didaxe zu stellen. Damit befreite er die bildende Kunst von dem Odium, bloß schmückendes Beiwerk aristokratischer und großbürgerlicher Repräsentationsräume zu sein. Daß die Malerei dem Auge Vergnügen bereitet, galt als ausgemacht, aber daß auch das Herz von ihrer moralischen Botschaft überwältigt wird, war neu und bisher nur dem Theater als Institution bürgerlicher Öffentlichkeit zugestanden worden. In der Tat sind Hogarths »modern moral subjects«, wie er seine neue Gattung der moralischen Bilderzyklen taufte, eine Art Mischgattung zwischen Malerei und Dichtung. »Mein Wunsch war, auf der Leinwand Bilder wiederzugeben, die den Aufführungen auf der Bühne gleichen, und ich hoffte, daß sie vom gleichen Standpunkt aus beurteilt würden. Ich will noch bemerken, daß ich nur solche Szenen meinte, wo die Menschen selbst Schauspieler sind, und ich glaube, daß das nicht oft in einer würdigen Weise dargestellt worden ist. Mein Bild ist meine Bühne, und Männer und Frauen sind meine Schauspieler, die durch gewisse Gesten und Stellungen ein stummes Spiel vorführen.«[10]

Hogarths Erfolg mit den »modern moral subjects« war ungeheuer; »allein« diesen Werken »von großer moralischer Tendenz« verdanke er seine »Unsterblichkeit«, behauptete Lichtenberg später (SB 3, S. 662), freilich Hogarths Verdienste um die Entwicklung eines modernen Malstils unterschlagend.[11] Bereits von der ersten Bildserie, *A Harlot's Progress* (1732), sind acht unauthorisierte Nachdruckauflagen bekannt: ein heikles ökonomisches Problem. Hogarth suchte daher um rechtlichen Schutz nach, und tatsächlich gelang es ihm, von der Regierung die Anerkennung einer Art Urheberrechts zu erwirken: Am 25. Juni 1735 erlangte der *Engraver's Act* (manchmal auch zutreffend *Hogarth Act* genannt) Gesetzeskraft. Berechtigte Kopien trugen fortan den Vermerk »According to Act of Parliament«, gegen Raubdrucke konnte man vorgehen. Hogarth war zu dieser ersten Initiative zum Schutz geistigen Eigentums durch die besonderen Produktions- und Rezeptionsbedingungen seiner Kunst gezwungen worden.

Obwohl er zunächst Schüler und später auch Schwiegersohn des englischen Hofmalers James Thornhill (1676-1734) war, hatte er in den höfisch orientierten Kreisen der bildenden Künstler in London nicht Fuß fassen können oder wollen. Er war darauf angewiesen, außerhalb der schmalen Schicht aristokratischer Mäzene und Kunstsammler ein Publikum zu finden, von dem er leben konnte. Er fand es vornehmlich in dem bürgerlich-großstädtischen Kaffeehaus-, Journal- und Theaterpublikum, später auch in unteren Volksschichten, und wurde der erste bildende Künstler Englands, der sich von seinen an bürgerliche Kunden verkauften Arbeiten, die jeweils zielgruppenbewußt gestaltet waren, ernähren konnte.

Dazu bedurfte es auch neuer Vertriebswege. Hogarth, der im Selbstverlag arbeitete, annoncierte seine Bildgeschichten in der Zeitung und lud in der Anzeige zur Subskription ein. Interessenten konnten die in der Regel als Ölgemälde entworfene Serie besichtigen und die danach produzierten Kupferstichserien bestellen. Ein anderer innovativer Einfall Hogarths war es, die Malerei aus den Salons zu holen: »1746 machte Hogarth dem Vorstand des Findelhauses [dem er selbst angehörte] den Vorschlag, die wichtigsten englischen Künstler aufzufordern, dem Findelhaus Gemälde zur Ausschmückung zu schenken. Das Projekt kam zustande [...] und das Foundling Hospital beherbergte ab 1746 die erste öffentliche, ständig zugängliche Kunstausstellung Englands.«[12] Das ermöglichte einerseits wenig Begüterten, sich mit Kunst zu befassen, war andererseits aber auch eine geschickte Public-Relations-Kampagne.

Vor allem aber hatte Hogarths Situation Auswirkungen auf seine Ästhetik. Die Auflösung einer verbindlichen Hochsprache der Kunst zugunsten einer adressatenbezogenen muß im übrigen als eine der hervorragendsten Leistungen Hogarths gelten. So lassen sich innerhalb der »modern moral subjects« drei Werkgruppen bilden:

Zum einen die auf ein kleinbürgerliches Publikum berechneten Serien wie zum Beispiel *A Harlots's Progress* oder ihr Gegenstück *A Rake's Progress* (1735), die davor warnen, durch Lasterhaftigkeit ins Elend zu geraten oder sich sozial zu überheben, und die sich bildsprachlich auf einem im Vergleich zu den folgenden Serien mittleren Niveau bewegen.

Dagegen wendet sich die Serie *Marriage à la Mode* (1745) an die britische Upper class: Die weitverbreitete Sitte, daß sich der verarmende Hochadel mit dem reichen Kaufmannsstand verschwägert, womit die einen sich finanziell sanierten, die anderen sich einen enormen Zugewinn an Sozialprestige verschafften, wird hier satirisch aufs Korn genommen. Die Zielgruppe dieser Bilderfolge war an eine verfeinerte Bildsprache gewöhnt und verlangte sie auch. Hogarth nutzt dementsprechend alle Raffinessen der Hochkunst und läßt die aufgeladene Komposition von extra in Paris angeworbenen französischen Feinstechern auf Kupferplatten übertragen. Diese kostspielige Investition machte die Drucke zwar sehr teuer, ermöglichte aber auch erst den Verkauf an Angehörige der Oberschicht.

Umgekehrt verzichtete Hogarth bei den auch bildnerisch eher plakativ argumentierenden Folgen *Beer Street and Gin Lane* (1751) und *Four Stages of Cruelty* (1751) sogar auf die Anfertigung von Gemälden als Vorlage; die Stiche selbst zeichnen sich durch eine einfache Linienführung aus. Dadurch wurden hohe Auflagen möglich und die Drucke so billig, daß sie sich auch an ärmere Handwerker verkaufen ließen; im Falle der *Four Stages of Cruelty* ließ Hogarth sogar eine noch gröbere und billigere Holzschnittfassung der letzten beiden Stationen herstellen, um die weitest mögliche Verbreitung sicherzustellen. Er schreibt darüber:

»Die Leitgedanken [von *Four Stages of Cruelty*] sind, ebenso wie in *Beer Street* und *Gin Lane*, in der Hoffnung, daß ihre Tendenz auch von Menschen niedersten Ranges erkannt werden möchte, so deutlich wie nur möglich gemacht. Und es ist eine Tatsache, daß Leidenschaften durch eine kräftige, ins Auge fallende Strichführung wirksamer als durch zartes Kupferstechen ausgedrückt werden können. [...] und da die Bilder an harte Herzen gerichtet sind, habe ich es vorgezogen, sie hart zu lassen.«[13]

Hogarths Hauptanliegen gilt der Nutzbarmachung der Kunst. Sie sollte nicht mehr nur gefällig sein, sondern im Sinne der alten Formel »et delectare et prodesse« außerdem noch belehren. Indem dies das wichtigste, ja einzige Kriterium wahrer Kunst in der Aufklärung wird, entfallen auch die an traditionelle Formkultur gebundenen Gattungsgrenzen. Hogarths Bilderzyklen können als Schauspiele oder Romane gelesen werden. Lichtenberg nennt in der Erklärung von *Industry and Idleness* die Serie einen »in Kupfer gestochenen Roman«, der sich von einem geschriebenen dadurch unterscheide, daß der Leser, wenn er »ein Blatt umschlägt, glaubt einen Vorhang aufzuziehen, der vor dem nächst folgenden hing. Das neue Blatt läßt wie ein neuer Aktus des Schauspiels« sich begreifen (SB 3, S. 1027 f.).[14] Aber Hogarth verwischt nicht nur die Grenzen zwischen Malerei und Dichtung, sondern vermischt zugleich auch die bis dahin getrennten Gattungen der Malerei. »Ich erkannte«, schreibt Ho-

Lebenswerk ein. Man hat schon viel in dieses Blatt hineingeheimnißt, aber so viel scheint doch festzustehen: Die komische Muse mit einer satyrhaft überzeichneten, sonst klassisch antiken Komödienmaske ist Ideal und Lebenswerk des Künstlers, und dieser selbst, der in der rechten Hand nicht den Pinsel hält, sondern das Palettmesser, präsentiert sich eher als Korrektor denn als Schöpfer seiner Bilder und vielleicht sogar der Schöpfung überhaupt. [UJ]

501

Preisliste der Hogarth-Stiche.
Druckblatt.
Göttingen, Niedersächsische Staats- und Universitätsbibliothek, Cod. Ms. Licht. IV, 51

Auf der Rückreise von England, kündigt Lichtenberg am 1. Dezember 1775 dem Freund Johann Christian Dieterich an, werde er »zween grose Coffer voll Zeug, Kupferstiche, Bücher und Lumpen, englische und deutsche« mitführen (Bw 1, Nr. 299). Unter den England-Mitbringseln befand sich auch eine nahezu vollständige Sammlung der Graphiken von William Hogarth. Lediglich die allerfrühsten Stiche und die (meisten) Buchillustrationen fehlten.

Die Hogarth-Stiche seien ihm ein »drückendes Familienkreutz« geworden; es sei ihm mit ihnen gegangen wie einem Manne, der eine schöne Frau hat – deswegen habe er sie verkauft. Lichtenbergs Klage ist (angesichts seiner deutlichen Neigung, alle Geldmittel für seine physikalische Sammlung zu konzentrieren) sicher überwiegend Koketterie. Nur die Preisliste, die man in seinem Nachlaß fand und die noch insofern bemerkenswert ist, als sie von der bekannteren in Hogarths *Analysis of Beauty* abweicht, hob sich Lichtenberg (sicher etwas wehmütig) auf, als er die Kupferstiche später der Göttinger Universitätsbibliothek verkaufte – für nur 100 Taler, und damit nicht viel über dem Betrag, den er der Witwe Hogarth 1775 bezahlt haben dürfte. [UJ]

502
Quittung über den Verkauf der Lichtenbergschen Hogarth-Sammlung, 1782.
Göttingen, Niedersächsische Staats- und Universitätsbibliothek, 2° Cod. Ms. philos. 182: G. Chr. Lichtenberg
Über den Verkauf der Sammlung gibt Lichtenbergs Korrespondenz mit Christian Gottlob Heyne vom April/Mai 1782 Aufschluß. Der hatte den Wert und billigen Preis der Sammlung rasch erkannt, und schon am 2. Mai unterzeichnete Lichtenberg: »Daß mir von des HE. Geheimd. Sekretär Schernhagens Wohlgebohren für meine an die hiesige Bibliothec überlassene vollständige Sammlung Hogarthischer Kupferstiche Einhundert Reichs Thaler in Cassenmüntze ausgezahlt worden, solches bescheinige ich hiermit quittirend.
Göttingen den 2ten May 1782
GCLichtenberg« (Bw 2, zu Nr. 910) [UJ]

503
William Hogarth (1697-1764) und verschiedene Stecher: »Marriage à la Mode«.
Heirat nach der Mode, Blatt 1-6.
6 Blatt Kupferstich und Radierung, 1745. Je ca. 35,5 × 44,5 cm
Darmstadt, Hessisches Landesmuseum, Graphische Sammlung, GR 6923-6928
Eine »Marriage à la mode«, eine Heirat nach dem neusten Geschmack, meint im England und Frankreich des 18. Jahrhunderts die aus Konvention (etwa auch durch die Eltern), jedenfalls aber ohne Neigung der Eheleute geschlossene Verbindung, die ihre Erfüllung dann in oft wechselseitig geduldeten Seitensprüngen sucht. Die mannigfachen Bezüge und Verbindungen *muß* man bei Lichtenberg nachlesen, der gerade diese Serie ungemein schätzte. An Johann Daniel Ramberg schreibt er am 19. Juni 1794: »Die Heyrath nach der Mode ist bekanntlich nicht von Hogarth sondern von einem andern, dessen Nahme mir jezt nicht beyfällt, [G. Scotin] *gestochen*, und zwar mit vieler Sorgfalt von Seite des mechanischen. Dieses macht dem blos radirenden Riepenhausen viele Mühe und er declarirt, daß es ihm unmöglich wäre bis Michälis mit den VI Platten fertig zu werden. Nun wolte ich nicht gerne, daß die Sache schon beym 2ten Termin zu hincken anfienge. Wir sind daher eins geworden *das Leben einer Buhlschwester* [Harlot's Progress] zu nehmen, das ebenfalls VI Platten ausmacht. Das wird ja nichts thun, und zwischen hier und Ostern 1795 werden ja die Heyrathen nach der Mode, hoffentlich nicht aus der Mode kommen. Das Leben einer liederlichen ist von Hogarth selbst geäzt, enthält nicht so viele ausgearbeitete Figuren und ist daher für Herrn Riepenhausen leichter. Sub rosa: HE. R[iepenhausen] ist selbst ein Bischen nach der Mode verheyrathet, und verschmäht mitunter auch die Heldinnen des zweyten Stücks nicht. Er wird also von dem einen Süjet grade nach der Seite hin abgestoßen, nach der ihn das andere zieht. So etwas würckt, zumal in den Sommer Monaten« (Bw 4, Nr. 2400). [UJ]
Abgebildet sind von links nach rechts: Blatt 5, 2, 6 und 4 der Kupferstichfolge.

504
Georg Christoph Lichtenberg: Entwürfe zu den Hogarth-Kommentaren.
Handschrift.
Göttingen, Niedersächsische Staats- und Universitätsbibliothek, Cod. Ms. Licht. IV, 47-48 (Bl. 19 v, 20 r)
Der Plan zu einer Erklärung der Kupfer dürfte schon sehr alt gewesen sein, vermutlich entstanden, als er nach Chodowieckis Stichen seine physiognomisch-moralischen Bemerkungen für den Kalender verfaßte. Jedenfalls schrieb er am 6. Mai 1782 an Christian Gottlob Heyne anläßlich des Verkaufs der Originalblätter, er habe schon sehr vieles zu ihrer Erklärung aufgeschrieben, es müsse nur noch redigiert werden. Und er behielt sich vor: »daß ich meinen alten Freund zuweilen wieder auf meine Stube kommen lassen darf«. Einzelne, noch sehr allgemein gehaltene Blätter, auf die diese Beschreibung passen könnten und die auch nach ihrem Schriftduktus in die frühen 1780er Jahre zu datieren sind, finden sich im Nachlaß. Später bediente sich Lichtenberg kleiner Hefte, in die er fortlaufend Einfälle, Assoziationen und witzige Formulierungen notierte, wie sie ihm offenbar beim Betrachten der Blätter kamen: Dazu stelle ich vor allem das von ihm nach seinem Umschlag selbst so genannte *Rote Buch* (vgl. Katalog-Nr. 15) und andere Notizhefte. Auf der Grundlage dieser Sammlungen entstand dann am Ende – so können wir aus seinem eigenen und aus Dieterichs Bericht rekonstruieren – ohne Zwischenmanuskripte die Fassung für den Drukker, wobei es aber den Anschein hat, als habe Lichtenberg noch in den Satzkorrekturen starke Änderungen vorgenommen. [UJ]
Textproben:
[Das von Lichtenberg als verarbeitet Gestrichene ist 〈in Winkelklammern〉 wiedergegeben] [fl. 19 v] Copulation V 〈Spinnwebe; gute Bemerkung im ersten Büchelchen p. 4〉 〈ever green, never green. Mr. Addison sagt ein Recensent des Ireland, would have classed her among the ever greens of the sex. J p 124. col. 2〉 〈Die Schönpflästerchen mit Muttermählen zu vergleichen. Bewegliche Muttermähler, tättowirt. Unter drey Augen ein Contrackt〉 〈Seprahin und culotte〉 〈Auf das Hündchen kan doch Rücksicht genommen werden.〉 Er denckt ein Joch wäre leichter abgeschüttelt als ein Paar Hörner. 〈Gilpin sagt, we are all acquainted with pp S. Nichols p. 223. 224 p. 179 das Gesicht des Priesters und seine Perücke sähe so bekannt aus, ob er gleich nicht sagen könne, wo er es gesehen habe.〉 ibid. Die Höltzerne Säule, sagt er. habe keine sonderlichen Nutzen und theile das Gemählde auf eine unschickliche Art ab. Er hätte die Kirchenvorsteher fragen sollen, die würden ihm gesagt ha-

ben, was sie für einen Nutzen, nämlich die Kirche zwar auf eine unangenehme Art abzutheilen aber dafür den Vortheil, daß die Decke nicht einstürzt. [fl. 20 r.] ⟨Der Berühmte Trump. Der andere Hund vielleicht Sarahs bey Hay [?] Wegen beautified and Church wardens Th. Sice and Th. Horn ja nachzusehen Nichols p. 216 pp. Die Kirche von Marybon, lag damals sehr weit weg. S. Ireland p. 47 Note. Monument of the Taylors ibid. p. 217. Die Kirche war würcklich so klein NB. S. die Note im Nichols p. 224. Die Kirchstühle sind etwas sehr niedrig, verglichen mit den Figuren. Vielleicht gehen sie etwas hinunter in die Begräbniß Gewölbe und haben als zeitliche Schlafstelle, des Memento mori wegen communication mit den ewigen. Zur Erinnerung an die Auferstehung. ⟨Das eine Auge ist ein Stecher (a piercer) und schafft ihr drey Männer für einen.⟩ ⟨Man hat eine Statue von Trump S. Anonym p. 20 lezte Zeile.⟩ ⟨So verlernt man das Arm seyn nicht Parish Boy mit den Löchern in Schuhe[n und] Strümpfen⟩ [am Rand:] Charity school Armenschule ⟨Es kömmt sehr viel auf die Aufführung des andern Auges an.⟩ Der dunckle Körper auf der Cantzel zwischen 2 Sonnen. Statt Kirch ließ Kücher Mary la Bonne nicht zu vergessen, Der Glaube ist noch unangenehmer geteilt (Pfosten) Das Schildchen unter dem Fenster.

505
Georg Christoph Lichtenberg:
Materialheft zu »Industry & Idleness«.
Handschrift, 1798.
Göttingen, Niedersächsische Staats- und Universitätsbibliothek, Cod. Ms. Licht. IV, 52
Lichtenbergs Vorgehensweise bei der Beschreibung der Kupferstiche ist ungemein simpel gewesen: Er machte sich längere Zeit Aufzeichnungen zu den verschiedenen Blättern, schickte die Probedrucke bei seinen Freunden herum, sammelte Sachdetails, witzige Formulierungen und Realien. Die eigentliche Niederschrift scheint er in unglaublich kurzer Folge geschafft zu haben – wie er es seinem Vetter Friedrich August Lichtenberg im Brief vom 20. Februar 1795 mitteilte (die erste Lieferung habe er »an etwa 20 Sommer Morgen zusammengeschrieben«), und wie das etwas ausführlicher Lichtenbergs Freund und Verleger Johann Christian Dieterich (7. August 1799) nach seinem Tod dem Bruder Ludwig Christian Lichtenberg bestätigt: »auß diesem Stoff, und anmerckung, so Sie von dem Seel.[igen] Man finden, arbeittete er erst, so wie die Preße es haben muste, Er hatte die Kupfer Platten vor sich, Schrieb 1/4. und 1/2 Bogen auf einer Seith., als wan man eine Brief Schreibt auß den Kopf, und so ging es in die Druckerey Bletter weise, niemahls macht, und hatte Er Manus[cri]pt vorher gemacht, noch durch gedacht« (Briefwechsel Dieterich / Ludwig Christian Lichtenberg 1984, S. 60 f.). Nach Lichtenbergs Tod hatte Dieterich (wohl ohne Wissen der Erben) das Heft dem Göttinger Professor Friedrich Ludewig Bouterwek übergeben. Der sollte nämlich den *Hogarth* fortsetzen, da erst der Dichter Jean Paul, dann auch der Publizist Karl August Böttiger aus unterschiedlichen Gründen Dieterichs Angebot ausgeschlagen hatten. Erst vor wenigen Jahren gelang es der Göttinger Bibliothek, dieses lange Zeit verschollene und nur zu Teilen gedruckte Notizheft zu erwerben und wieder dem Nachlaß einzugliedern.
[UJ]

506
Georg Christoph Lichtenberg:
Hogarths Leben des Liederlichen mit Zeichnungen der vorzüglichsten Köpfe erläutert.
In: Göttinger Taschen Calender für das Jahr 1785. [Göttingen: Dieterich 1784], S. 119-168, 8 Taf. 10 × 6,5 cm
Göttingen, Niedersächsische Staats- und Universitätsbibliothek, 8° Scr. var. arg. II, 3470: 1785 Rara
1783 hatte Lichtenberg begonnen, den *Göttinger Taschen Calender für das Jahr 1784* mit eingehenden Erläuterungen einzelner Bildausschnitte von Hogarth zieren zu lassen. *Hogarths Leben des Liederlichen, mit Zeichnungen der vorzüglichsten Köpfe erläutert* erschien bereits im Jahr darauf im *Taschen Calender für das Jahr 1785*, S. 119-168. Dieser Jahrgang erlebte alsbald eine 2. Auflage, in der den 8 Täfelchen der ersten noch zwei weitere beigefügt wurden. Der *Göttinger Taschen Calender* erschien in allen Jahrgängen gleichzeitig in einer französischen Ausgabe (übersetzt von dem Göttinger Professor und Sprachmeister für Französisch, Isaac Colom du Clos), deren Nachfrage Rückschlüsse auf die Käufergruppe dieses Erfolgsbüchleins Dieterichs zuläßt. Aufgrund des Spielkartenformats, in dem der Kalender (wie die meisten Almanache in der zweiten Hälfte des 18. Jahrhunderts) erschien, war es natürlich völlig undenkbar, das ganze Blatt abzubilden. Das kam Lichtenbergs ursprünglich physiognomischen Intentionen im Umgang mit Hogarth zunächst entgegen; die meisten Abbildungen zeigen Gesichter, Köpfe und allenfalls noch Gesten, die der Göttinger Kupferstecher Riepenhausen zusammenfaßte.
[UJ]

507
Georg Christoph Lichtenberg und M.[aurice] M.[aria] Lamy (Übersetzer):
Explication detaillée des gravures d'Hogarth. Traduit de l'allemand en français. Göttingen: Dieterich 1797.
Göttingen, Niedersächsische Staats- und Universitätsbibliothek, 8° Art. Plast. VI, 70
Da der *Göttinger Taschen Calender* sich in französischer Sprache vorzüglich verkaufte, wagte der Verleger Johann Christian Dieterich 1797 auch mit dem *Hogarth* einen Versuch. Die Übersetzung kam jedoch über die erste Auflage, die zudem sehr selten ist, nicht hinaus, und so läßt sich annehmen, daß das Unternehmen

völlig fehlgeschlagen war – wobei unentschieden bleibt, ob nicht die politische Situation ihren Teil zu einem Geschmackswandel beigetragen hat. Durch den Koalitionskrieg hatte Dieterich sicher frankophone wie frankophile Absatzgebiete eingebüßt. Übersetzer war nicht mehr der 1795 gestorbene Colom du Clos, sondern ein belgischer Emigrant in Göttingen, der sich, wie viele andere seinesgleichen, damals als Sprachmeister durchschlug. [UJ]

508
Georg Christoph Lichtenberg:
Ausführliche Erklärung der Hogarthischen Kupferstiche, mit verkleinerten aber vollständigen Copien derselben von E[rnst Ludwig]. Riepenhausen. Göttingen: Johann Christian Dieterich 1794-1816.
14 Bde. Lfg. 6-11: Mit Zusätzen nach den Schriften der englischen Erklärer. Lfg. 12: Fortgesetzt vom Herausgeber der sechsten Lieferung mit Benutzung der englischen Erklärer.)

1. 1794. XXXVIII, 270 S.;
2. 1795. XIV, 376 S.;
3. 1796. VI, 368 S.;
4. 1798. V, 312 S.;
5. 1799. IV, 235 S.;
6. 1800. XII, 168 S.;
7. 1801. IV, 151 S.;
8. 1805. 196 S.;
9. 1806. 172 S.;
10. 1808. 116 S.;
11. 1809. 158 S.;
12. 1816. IV, 204 S.

Lichtenbergs Handexemplar.
Steinau, Privatbesitz
Aus Lichtenbergs zahlreichen Bescheidenheitsfloskeln sollte man nicht folgern, er sei sich des Wertes seiner Arbeit nicht vollkommen bewußt gewesen. Von »Zerklärungen« redet er (an Johann Arnold Ebert, 8. Januar 1795), von »skandaleusen Excursionen« (an Goethe, 12. Oktober 1795), nennt den *Hogarth* eine reine Gefälligkeitsarbeit für seinen Verleger, Botengänge (an Johann Joachim Eschenburg, 29. Mai 1794) gegen Botenlohn (an Johann Friedrich Blumenbach am 27. Mai 1794), ausschließlich zugunsten seiner Familie (an Friedrich August Lichtenberg, 20. Februar 1795, 8. Mai 1796) – und gebraucht noch manch andere Untertreibung mehr. Bemerkenswert ist vor allem die Auflagenvielfalt. Schon nach kürzester Zeit erwies sich Dieterichs Spekulation als vollkommener Erfolg.

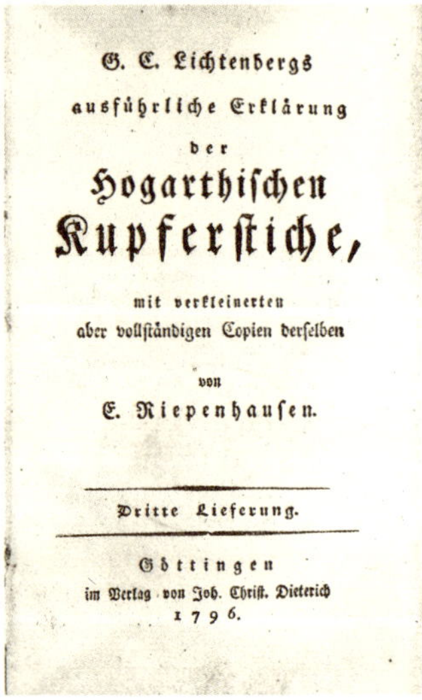
G. C. Lichtenbergs
ausführliche Erklärung
der
Hogarthischen
Kupferstiche,
mit verkleinerten
aber vollständigen Copien derselben
von
E. Riepenhausen.
Dritte Lieferung.
Göttingen
im Verlag von Joh. Christ. Dieterich
1796.

Ob nun aus rein werbetechnischen Gründen, aus einem irrationalen Aberglauben heraus oder aus unlauteren Motiven (um nämlich den Verleger vor einer genaueren Rechnungslegung beim Autor zu bewahren): Dieterich und nach ihm seine Erben behielten den Titel bis um 1835 mit allen bibliographisch relevanten Details bei, so daß schon genauere Kenntnis z. B. der Seitenzahlen nötig ist, um die wirkliche Erstausgabe zu ermitteln. Bei nahezu identischer Gestalt der Titel, insbesondere immer gleichem Erscheinungsjahr, lassen sich mehrere unterschiedliche Versionen nachweisen. Die Titelblätter unterscheiden sich oft nur in den Zierleisten, der Verlagsangabe, im Format und in winzigen orthographischen Kleinigkeiten. Bis weit ins 19. Jahrhundert wurde Lichtenbergs Hogarth-Erklärung immer wieder und später auch von anderen Druckern aufgelegt: von den ersten Lieferungen bis zu sechs, von den späteren wenigstens drei, vermutlich je fünf verschiedene Drucke. Von der ersten Lieferung, die um Mitte Mai 1794 ausgegeben wurde, waren in knapp 8 Wochen 600 Exemplare verkauft. Das Exemplar des allerersten Drucks befindet sich noch in Familienbesitz. Lichtenbergs Sohn Georg Christoph hat nach dem Tod des Vaters die Reihe der postumen Bände (also ab der fünften Lieferung) mit dem eigenen Namenszug, in der Verschlingung der Initialen dem des Vaters nachempfunden, an der gleichen Stelle wie dieser auf der Rückseite der Titel versehen. Die ersten vier Lieferungen aber sind Lichtenbergs Handexemplar gewesen, in das er eine kleine Anzahl von allerdings bloßen Fehlerkorrekturen eintrug. Denn zwar er hat anscheinend bei den meisten seiner Schriften (soweit sie in Göttingen erschienen) selbst die Korrektur gelesen, doch mußte auch er jene ärgerliche Erfahrung aller Schriftsteller machen, daß »wenn ich etwas habe drucken lassen, erst ganz am Ende, wenn sich nichts mehr ändern ließ, [ich] bemerkt habe, daß ich alles hätte besser sagen können« (SB 1, L 587). [UJ]

509
Georg Christoph Lichtenberg:
Ausführliche Erklärung der Hogarthischen Kupferstiche. Göttingen: Dieterich 1794-1833, Lfg. 1-14 in 8 Bdn.
Zweite Ausgabe, vom Stehsatz der ersten. Erschienen vermutlich noch vor 1800.
Göttingen, Niedersächsische Staats- und Universitätsbibliothek, 8° Art. Plast. VI, 65 a
Die Hogarthischen Kupferstiche, notierte sich Lichtenberg bereits in England, »haben fast alle etwas was allgemein gefällt, allein, um des Mannes gantzen Geist, das ausserordentliche in seinem Genie zu erkennen, und das Vergnügen, das sie gewähren können gantz zu geniessen muß man mehr von den englischen Gebräuchen und Sitten wissen, als sich in einem Jahr erlernen läßt.« (LE, T III, S. 146) [UJ]

510
Georg Christoph Lichtenberg:
Ausführliche Erklärung der Hogarthischen Kupferstiche. Göttingen: Dieterich [um 1825].
Düsseldorf, Privatbesitz
Mit einer Gesamtauflage von zusammen rund 10 000 Exemplaren im 19. Jahrhundert hat dieses Werk Lichtenbergs eine größere Verbreitung erlebt als seine sämtlichen übrigen Werke zusammen und dürfte auch verantwortlich sein für seinen Ruhm als Humorist. Es ist eine Art von Erfolgsbuch gewesen mit ganz erstaunlichen Wirkungen bis nach England zurück. So meldet schon 1796 ein Unbekannter aus London: »Lichtenbergs Erklärungen der Hogarthischen Kupferstiche finden hier bey den teutschlesenden Engländern großen Beyfall. Noch heute hörte ich einen Geistlichen in dem Escherschen Buchladen, der sehr genau mit Hogarths satyrischen Anspielungen bekannt zu seyn schien, die Bemerkung machen: Prof. Lichtenberg has so happily coinced with Hogarth's ideas and manner of seeing things, that had he lived to see Lichtenberg's work, he would have been overjoyed to find a foreigner better to sympathize with him, than perhaps any of his own Countrymen. – 'Tis odd indeed, setzte er kopfschüttelnd hinzu, that a German should write so excellent a commentary upon Hogarth!« (*Neuer Teutscher Merkur* 1796, Bd. 2, S. 199 f.) Eine erste Besprechung erschien bereits im Januarheft des *Gentleman's Magazine* 1795, S. 59 (wiedergedruckt im August S. 682). – Und diese Einschätzung wiederholte sich noch mindestens zweimal in jener Phase der englischen Lichtenberg-Rezeption: *The London Magazine* druckte 1820 Lichtenbergs *Erklärung* zu Tafel 1 vom *Harlot* (S. 277-284) sowie zu den Tafeln 1-3 von *A Rake's Progress* (S. 388-402), anonym eingeleitet (*German description of Hogarths's Works*); und 1836 schrieb *The Foreign Quarterly Review* (Bd. 16, S. 279-303) ausführlich über ihn. [UJ]

511
Georg Christoph Lichtenberg:
Ausführliche Erklärung der Hogarthischen Kupferstiche. Göttingen: Dieterich [um 1838/40].
Düsseldorf, Privatbesitz

512
Ernst Ludwig Riepenhausen (1762-1840):
Porträtrelief.
Gips in Holzrahmen, 1841.
46,5 × 46,5 cm
Göttingen, Niedersächsische Staats- und Universitätsbibliothek, o. Inv. (Restaurierungswerkstatt)
Dieser Nachschöpfer der Kupferstiche Hogarths zum Gebrauch von Lichtenbergs *Ausführlicher Erklärung* war Sohn eines nicht sehr wohlhabenden Mechanikers, der aus dem nahegelegenen Duderstadt nach Göttingen eingewandert war, immatrikulierte sich am 12. Mai 1781 an der Göttinger Universität, muß sich aber wohl schon damals vom Kupferstechen ernährt haben: Seine ältesten Arbeiten (Stammbuchblätter, Illustrationen zu wissenschaftlichen Werken und erste Porträtarbeiten) stammen aus diesem und

garth, »daß die Schriftsteller und auch die Maler im historischen Stil die Zwischenstufe vom Erhabenen zum Grotesken übersahen.«[15] Indem seine Bildgeschichten von »characters« handeln, glaubt Hogarth einen realistischen Standpunkt zwischen Burleske und erhabener (»sublimer«) Malerei einzunehmen. Die Wirklichkeit sei von Zwischentönen geprägt, die im Erhabenen und Lächerlichen zugleich liegen. »Characters«, so Hogarth,[16] seien weder überspitzt noch übertrieben, also keine Karikatur, sondern nur verdeutlichende Explikationen der Natur, mithin satirisch eingesetzter Realismus. Lichtenberg betont in seinem Kommentar ebenfalls, daß Hogarth alles »ohne Übertreibung ausgeführt« habe (SB 3, S. 690), und klagt über die »sehr gewöhnlichen Menschen«, die ihn noch immer als »Karikatur-Maler« verkennen (SB 3, S. 749).[17]

Hogarth verweist später auf das Vorwort Henry Fieldings zum Roman *Joseph Andrews* (1742), in dem die gemischte Gattung des Romans gegenüber der tragischen sowie nur belustigenden Literatur legitimiert wird.[18] Die Stellung der »modern moral subjects« als eigenständige, vor allem aber realistische Gattung zwischen der burlesken Satire und der sublimen Historie hat Hogarth in seinem als Quittung für den Harlot-Zyklus, die *Strolling Actresses* (1738) und die *Four Times of the Day* (1738) dienenden Blatt *Boys Peeping at Nature* (1731/51) sehr anschaulich reflektiert: Auf ihm läßt er drei Putten das akademisch steife Verhältnis der Kunst zur Natur darstellen, indem sie nach ihrem Modell zeichnen. Ein kleiner Satyr aber verhält sich der neuen Gattung gemäß; er will die »alte Mutter Natur« untersuchen, wie es ein beigegebenes Vergil-Zitat (Aeneis 3, 1, 96) fordert, wobei die Darstellung neuer Inhalte die Anwendung neuer Formen erlaube, wie Hogarth ein ebenfalls auf dem Blatt befindliches Horaz-Zitat (Ars poet., 11, 48 f.) auslegt – mit einem Wort: der Satyr geht daran, Mutter Natur unter das Kleid zu schielen. Genau so versucht Hogarth, den sozialen Verhältnissen seiner Zeit auf den Grund zu gehen, d. h. gewissermaßen der Gesellschaft unter den Rock zu schauen. Die von dem englischen Kommentator John Ireland Hogarth selbst zugeschriebene Bildunterschrift zu *Time Smoking a Picture* (1761) gibt den Anspruch aufklärerisch realistischer Kunst treffend wieder: »To Nature and your Self appeal, / Nor learn of others, what to feel« (»An die Natur und dich selbst mußt du dich halten, / Laß andere im Fühlen nie als Lehrer walten«).[19]

Grenzen traditioneller Gattungen werden dabei obsolet. Auch im Bereich der deutschen Literatur gilt dies; Lessing wertet die »Formkultur des Witzes« als »Spielwerk der Mode« und »Gauckelputz für Kinder« ab und fordert dagegen den rein inhaltlich bestimmten »Ernst der Gesinnung, des Gefühls, des Herzens, der Leidenschaft«.[20] An die Stelle formaler Kriterien tritt das der »Natürlichkeit« und der »Wahrheit« einer künstlerischen Darstellung; damit wird Hogarth aufgrund seines Realismus wie seiner satirisch-kritischen Grundhaltung sehr schnell zu einem der bekanntesten und vorbildlichen Künstler der damaligen Zeit. Für Lichtenberg ist er neben dem Schauspieler David Garrick, dem Dramatiker William Shakespeare und – mit Abstrichen – den Romanciers Henry Fielding und Laurence Sterne einer seiner ästhetischen Götter. (SB 1, F 37 und F 1074; SB 3, S. 330) – Auch andere Künstler orientieren sich an Hogarth, etwa Wieland, der in seinem Schildbürgerroman *Die Abderiten* (1774) Szenen »in Hogarths Manier« beschreibt. Im Bereich der bildenden Kunst bereitete vor allem das ausdrückliche Lob Hogarths durch den einflußreichen Generaldirektor der Dresdner Kunstakademie Christian Ludwig von Hagedorn (1713-1780)[21] den Boden für realistische Darstellungen im Stile des Engländers, wie zum Beispiel das erste bürgerlich-zeitgenössische Ereignisbild *Der Abschied des Jean Calas von seiner Familie* (1767) von Daniel Nikolaus Chodowiecki (1726-1801) oder dessen Serien *Leben eines Liederlichen* (1773) und *Leben eines schlecht erzogenen Frauenzimmers* (1779).[22]

dem vorangegangenen Jahr. Bereits 1782 teilte er sich mit Daniel Chodowiecki die Illustrationen der Gedichte Philippine Gatterers. Wo dieser sympathische Duzfreund Gottfried August Bürgers eigentlich zum Stecher ausgebildet wurde, ob er Göttingen je verlassen hat, wissen wir bislang nicht. 1796 wird er ›Universitätsverwandter‹, was ihn der akademischen Gerichtsbarkeit unterstellte und dem städtischen Zunftzwang entzog; ein (zudem kleines) Gehalt hat er aber erst 1820 erhalten. Er lebte nahezu ausschließlich von seiner Arbeit, die immerhin so einträglich war, daß er um 1800 ein kleines Häuschen erwerben konnte und eine öfter gelobte Sammlung von Handzeichnungen, Holzschnitten und Kupferstichen alter Meister zusammentrug. Gegen Lebensende scheint er auf ihrer Basis noch einen kleinen Graphikhandel begonnen zu haben – sie war also wohl eine Art Altersversorgung. Zwei seiner Söhne wurden als Maler hochgeschätzte Mitglieder der deutschen Kolonie in Rom; Goethe etwa fand sie allen Lobes wert; heute sind sie fast vergessen. – Riepenhausens langes Leben ließ ihn zu einem der fruchtbarsten Göttinger Künstler werden. Er hat sich freilich selten über die Anforderungen eines guten Kopierers und Illustrators hinausgeschwungen; im Falle der Hogarth-Blätter ist sein Stich (nicht nur infolge der Verkleinerung) noch gröber als der der Vorlage und überhaupt nicht am Detail orientiert. Als Kleinmeister ist er, wie auch sein Werk, daher bis heute nicht von den Kunsthistorikern einer Erforschung für würdig befunden; es gibt keinen Katalog seines Œuvres, außer Otto Denekes knapper Darstellung (in *Göttinger Nebenstunden* H. 12, 1936, S. 65 ff.) keine Biographie; und selbst sein Geburtsdatum ist in allen Künstlerlexika falsch. [UJ]

513

William Hogarth (1697-1764) und H. Loedel:
Hogarths Werke in verkleinerten aber vollständigen Kopien von E. Riepenhausen. Neue Ausgabe von H. Loedel in Lieferungen. Göttingen: Dieterich 1854. 28 × 38 cm (geschlossen)
Göttingen, Niedersächsische Staats- und Universitätsbibliothek, 4° Art. Plast. VI, 86

Die Ausgabe der Riepenhausenschen Hogarth-Nachstiche von Heinrich Burkhart Loedel (1798-1861), Riepenhausens Nachfolger als Universitäts-Zeichenmeister und -Stecher, wurde zuerst 1854 mit den *Vermischten Schriften* ausgegeben, in denen Lichtenbergs *Erklärung* als Bd. 9-14 erschien. Die Abdrucke der Stiche zeichnen sich (im Unterschied zu den Texten) durch vorzügliche Papierqualität und sehr sauberen Druck aus.
Entweder als Lagerbestand oder eher doch neuerlich aufgestochen war die Loedelsche Ausgabe mit neuem Datum 1897 (»nur in wenigen hundert Exemplaren«) immerhin noch 1901 lieferbar, wie die Anzeige der Dieterichschen Verlagsbuchhandlung meldet. Sie kostete »in eleganter Leinenmappe« und mit den Texten in zwei Bänden zusammengefaßt (also offenbar ein Restbestand, ein Neudruck oder eine Titelauflage eben der Bände 9-14 aus den *Vermischten Schriften*) damals 25 Goldmark, was ca. 400,– DM heutiger Währung entspräche – war mithin ein ausgesprochenes Luxusbuch. [UJ]

514
William Hogarth (1697-1764):
The Rake's Progress / Der Weg des Liederlichen.
1. The Heir / Der Erbe
2. The Levee / Der Morgenempfang
3. The Orgy / Die Orgie
4. The Arrest / Der Arrest
5. The Marriage / Die Heirat
6. The Gaming Haus / Die Spielhölle
7. The Prison / Das Gefängnis
8. The Madhouse / Das Irrenhaus.
8 Ölgemälde, 1732-1735.
Je 62,2 × 75 cm
London, Sir John Soane's Museum
Die Momentaufnahmen, mit denen Hogarth die Geschehensabläufe seiner ›Romane‹ zusammenfaßt, sind rasch erzählt (wären da nicht die vielen Einzelheiten, Anspielungen, Nebenhandlungen; die Symbole, Verweise und Bildzitate, die hier übergangen werden, aber bei Lichtenberg nachzulesen sind): Tom Rakewell tritt das Erbe seines geizigen (to rake: raffen) Vaters an und beginnt es gleich auszugeben, nicht ohne jetzt die Verlobung mit der von ihm verführten Sarah, die ein Kind von ihm erwartet, zu lösen, sie mit einer Handvoll Münzen abspeisend. Auf den beiden folgenden Bil-

Katalog-Nr. 514, 1. The Heir / Der Erbe

Chodowiecki war in den siebziger Jahren der sicherlich bekannteste und – bei aller Biederkeit – fähigste deutsche Graphiker und Illustrator, so daß es nicht verwundert, wenn Lichtenberg bei seinem ersten Plan, ein Werk im Geist Hogarths zu schaffen, sofort an ihn dachte. Lichtenberg versah Chodowiecki mit den gleichen Epitheta, die er auch dem »Seelenmaler« Hogarth (SB 3, S. 749), wie jedem wahren Künstler, zusprach: »ein geborner Beobachter des Menschen« sei der »Seelen-Zeichner« Chodowiecki, und seine Stiche seien mit »mehr als Hogarthischem Geist, wie man schon von ihm gewohnt ist«, ausgeführt, schreibt er in der Einleitung zur Serie *Der Fortgang der Tugend und des Lasters* (1777).[23] Auch später noch rühmt er Chodowieckis »ausserordentlichen Beobachtungs Geist« (Bw 1, Nr. 625)[24] und sein »noch nie erreichtes Talent auch in den kleinsten Figuren Seelen darzustellen« oder Gesichter in einem »Geist« zu zeichnen, »über dem man fast vergißt, daß es Striche sind« (SB 3, S. 384 und S. 295).

Lichtenberg denkt offensichtlich an Hogarths Serie *Industry and Idleness* (1747), als er Chodowiecki vorschlägt, »nach Hogarths Art das Leben von liederlichen so wohl als tugendhafften beyderley Geschlechts vorzustellen« (Bw 1, Nr. 362),[25] obwohl er später einräumt, daß die genannte Folge »hinter den meisten Werken unsers Künstlers etwas zurück« bleibe (SB 3, S. 993).[26] Hogarth vergleicht hier in jeweils sechs Stationen den Werdegang eines fleißigen und eines faulen Webergesellen; während der eine als Lord Mayor of London endet, schließt der andere sein Leben am Galgen. Die relativ grobschlächtige Argumentation erklärt sich aus der Zielsetzung der Serie: Sie soll der Jugend deutlich machen, daß Ordnung, Fleiß und Sparsamkeit sich auszahlen,

Katalog-Nr. 515, 1. The Heir / Der Erbe

Faulheit aber selbstverschuldet in Armut und Elend führt, kommentiert Hogarth.[27] Damit entspricht die Folge dem didaktischen Anspruch aufklärerischer Publizistik, den auch Lichtenberg nicht aufgeben mag; im Januar 1777 notiert er in sein Sudelbuch: »Wer seine Talente nicht zur Belehrung und Besserung anderer anwendet ist entweder ein schlechter Mann oder äußerst eingeschränkter Kopf.« (SB 1, F 353)

Mit der auch in Bildaufbau und Inhalt von ihm genau geplanten Bilderserie vom *Fortgang der Tugend und des Lasters* bemüht sich Lichtenberg diesem pädagogischen Anspruch gerecht zu werden und ein seiner Heimat und Situation angemessenes Werk zu schaffen, das in seiner Methode den Werken des englischen Moralisten analog ist, ohne ihn indes zu kopieren. Wie alle Satire, die nach Christoph Martin Wieland »zum Vergnügen aller Klugen und zur Lehre und Züchtigung aller Narren geschrieben« werde,[28] zielt diese mit Erklärungen versehene Bilderserie direkt auf die moralische Besserung der Leserschaft und auf die Bestrafung der Physiognomiker, denen Lichtenberg hier seine Pathognomik praktisch vorführt.[29] Damit huldigt Lichtenberg noch einem vergleichsweise altmodischen Satirekonzept, das mit der unmittelbar bessernden Wirkung von literarischen Werken rechnet.[30]

Bald aber war sein Zweifel an der Wirksamkeit von Satire so stark geworden, daß er auf solche Unternehmungen verzichtete; anstatt ein Hogarth adäquates, aber auf deutsche Verhältnisse zugeschnittenes Werk schaffen zu wollen, entschloß sich Lichtenberg, die Bilder des englischen Meisters selbst zum Gegenstand zu machen. Allenfalls indirekt läßt sich Hogarths Auseinandersetzung mit den gesellschaftlichen Mißständen seiner Zeit auf die deutsche Misere beziehen; und nur ebenso indirekt ist auch Lichten-

dern macht der Held seinem Namen nun in dessen zweiter Bedeutung alle Ehre (rake: Wollüstling, Verschwender), erst im eigenen Salon, dann im Bordell – was auf Bild 4 zur Folge hat, daß der Rake (eben auf dem Weg zu einem königlichen Empfang) gepfändet wird. Es rettet ihn noch überraschend die verstoßene Sarah vor Schande und Schuldgefängnis. Auf dem 5. Bild sieht man Rakewell im Versuch, sich zu sanieren, eine alte und häßliche, wiewohl vermutlich wohlhabende Frau heiraten, auf dem 6. hat er offensichtlich alles Vermögen im Glücksspiel verloren – das hatte Hogarth schon auf Bild 4 angekündigt. Rakewell landet (Bild 7) im Schuldgefängnis von London, alle Versuche (etwa durch Abfassung eines Schauspiels) zu Geld zu kommen, schlagen fehl. Der verzweifelte Gesichtsausdruck kündigt schon das Ende seiner Lebensbahn an: Auf Bild 8 treffen wir ihn auf der letzten Station im Irrenhaus Bedlam, geistesabwesend, aber offensichtlich doch aggressiv oder selbstzerstörerisch: Man legt ihn in Ketten. Und wieder ist es nur die einst zurückgewiesene treue Sarah, die sich bei ihm sorgt und wie eine Mater dolorosa (die Gruppe ist einer Pietà nachgebildet) um ihn trauert. [UJ]

515

William Hogarth (1697-1764):
The Rake's Progress / Der Weg des Liederlichen.

1. The Heir / Der Erbe
2. The Levee / Der Morgenempfang
3. The Orgy / Die Orgie
4. The Arrest / Die Festnahme
5. The Marriage / Die Heirat
6. The Gaming Haus / Die Spielhölle
7. The Prison / Das Gefängnis
8. The Madhouse / Das Irrenhaus.

8 Kupferstiche, 1732-1735.
Je ca 32 × 39 cm
Göttingen, Niedersächsische Staats- und Universitätsbibliothek, Gr. 2° Art. plast. VI, 25: 7a-h Rara

Hogarth hatte diesen Zyklus mit einem Subskriptionsbillet 1733 angekündigt. Er verzögerte aber dann die Fertigstellung der Blätter, bis am 25. Juni 1735 der sogenannte »Hogarth-Act« in Kraft trat. Dieses Datum stach Hogarth als Publikationsdatum auf die Platte. [UJ]

Katalog-Nr. 514, 3. The Orgy / Die Orgie

bergs literarischer Witz, der zunehmend »in die Sphäre autonomer Kunst übergeht, wo die geistreichen Einfälle und die exzellenten Formulierungen um ihrer selbst willen stehen«,[31] auf konkrete Wirklichkeit bezogen.

Lichtenbergs Hogarth-Erklärungen waren nicht die ersten, die in Deutschland erschienen. Abgesehen von einigen Literarisierungen in Hogarths Manier[32] war der erste Bildkommentar bereits 1754 im Anhang der von Lessing besorgten zweiten Ausgabe der von Christlob Mylius übersetzten *Analysis of Beauty*[33] erschienen: eine Übersetzung der *Briefe des Herrn Rouquet an einen seiner Freunde in Paris, worin er ihm die Kupferstiche des Herrn Hogarths erklärt.*[34] Der zweite Versuch wurde 15 Jahre später unternommen, gedieh aber nur bis zur »dritten Abtheilung«; immerhin aber waren die drei wichtigsten moralischen Bildserien Hogarths dem deutschsprachigen Publikum bereits mit Erklärungen vorgelegt worden: *Die Begebenheiten einer Buhlschwester*, *Die Begebenheiten eines Lüderlichen* und *Die Heyrath nach der Mode.*[35]

So ist also Lichtenberg, der seit 1784 bis zu seinem Tod mehr oder minder ausführliche Erklärungen von Hogarths graphischem Werk herausgibt, nicht der erste überhaupt, wohl aber »der erste, der sich auf *diesem* Wege versucht hat«, wie er stolz in der Vorrede zum Lieferungswerk schreibt (SB 3, S. 662): d. h. er ist der erste, der Hogarths bildnerischen Stil in einen entsprechenden schriftsprachlichen Stil zu übertragen suchte. Er nennt dies den »poetischen« Weg; während der »prosaische« Weg seiner Vorgänger bedeutet, daß »man etwa bloß mit kurzen und dürren Worten [sagt], was die Dinge bedeuten« (SB 3, S. 660 f.), will er seinen »Vortrag« mit einer »Laune«

Katalog-Nr. 515, 3. The Orgy / Die Orgie

beleben, »die mit der des Künstlers so viel Ähnlichkeit hätte als möglich, und immer mit ihr gleichen Gang hielte. Was der Künstler da gezeichnet hat, müßte nun auch so gesagt werden, wie Er es vielleicht würde gesagt haben, wenn er die Feder so hätte führen können, wie er den Grabstichel geführt hat«. (SB 3, S. 661)

Es handelt sich bei Lichtenbergs Hogarth-Erklärungen also um zweierlei: einmal will er selbstverständlich auch über die bloßen Fakten informieren, insbesondere da er weiß, wie schnell bestimmte Anspielungen und Verweise vergessen werden, und sie dadurch der »Nachwelt zum Gebrauch aufbewahren« (SB 3, S. 667), zum anderen aber und in erster Linie will er ein literarisches Pendant zu den Bildern schaffen, sie also in einem anderen Medium gleichsam neu schöpfen. Damit geht er über die bis dahin gewöhnliche Aufgabenstellung des Hermeneuten, d. h. Texterklärers und -auslegers hinaus. Nicht mehr nur das bloße Verstehen der durch historischen Abstand an Deutlichkeit verlierenden Anspielungen will er sicherstellen,[36] sondern es geht ihm bereits um das Verstehen im Sinne von Friedrich Ernst Daniel Schleiermachers moderner Hermeneutik, die wahres Verständnis als kongeniale Reproduktion der ursprünglichen künstlerischen Produktion auffaßt.[37] Daß der Ausleger als Nachgeborener bisweilen mehr weiß als der Künstler, versteht sich von selbst; es sei nach Lichtenberg aber auch nicht bedenklich, wenn er als Erklärer, weil er »den Hogarth [...] aus dem Ganzen kennt« (SB 3, S. 685), zuweilen etwas hinzufüge, von dem es wenigstens »möglich wäre«, »daß Hogarth an so etwas gedacht hätte« (SB 3, S. 680), solange er »nur nichts weggedacht oder wegerklärt habe von dem, was da ist« (SB 3, S. 665).

516
William Hogarth (1697-1764) (pinx.) und Ernst Ludwig Riepenhausen (1762-1840) (sc.):
Der Weg des Liederlichen.
[The Rake's Progress].
Aus: [Umschlagtitel der Lieferung:] Sammlung Hogarthischer Kupferstiche. Dritte Lieferung von acht Platten [Spätere Bezeichnung:] Blatt 13-20. [Zuerst: Göttingen: Dieterich 1796].
8 Kupferstiche; je 17,6 × 22,2 cm
Darmstadt, Lichtenberg-Forschungsstelle
Wie schon die Kalenderkupfer nach Hogarth, so ließ Dieterich auch die auf die Hälfte verkleinerten Gesamtnachstiche der Blätter vom Göttinger Kupferstecher Ernst Ludwig Riepenhausen (1762-1840) ausführen. Seine ziemlich grobe Linienführung reproduziert die Vorlagen doch recht gut: Lichtenberg fand sogar, die Kopien hätten nichts gegenüber den Originalen verloren (an Eschenburg, 12. April 1794, 11. Februar 1798; an Ramberg, 22. Mai 1794), ja er glaubte, eine Steigerung in seiner künstlerischen Entwicklung zu beobachten: »Aber bessert sich nicht der Tausendkünstler Riepenhausen mit jedem Jahre?« (an Blumenbach, 2. April 1798). Dem hohen Alter des Künstlers ist es zu danken, daß die Platten bei den mehrfach notwendigen Neuauflagen von ihm selbst (vermutlich viermal) wieder aufgestochen wurden. [UJ]

517
Georg Christoph Lichtenberg:
Der Weg des Liederlichen.
In: Ausführliche Erklärung der Hogarthischen Kupferstiche. 3. Lieferung. Göttingen: Dieterich 1796.
Göttingen, Niedersächsische Staats- und Universitätsbibliothek, 8° Art. Plast. VI, 65: 3. Rara
Die Erstausgabe von *Der Weg des Liederlichen*, wie Lichtenberg den Rake jetzt nannte, erschien zur Jubilatemesse 1796; die Vorrede ist datiert: »Göttingen, im April 1796«. [UJ]

518
[Jean André Rouquet (1701-1758):]
Lettres de Mr** à un de ses amis à Paris, pour lui expliquer les estampes de Mr. Hogarth.
London 1746.
Göttingen, Niedersächsische Staats- und Universitätsbibliothek, 8° Art. Plast. VI, 35 Rara
Beim Verkauf der Stiche schenkte Lichtenberg das hier gezeigte Exemplar dieses Buchs der Göttinger Bibliothek. Es enthält von ihm eine Notiz über den Autor (auf dem vorderen Vorsatzblatt): »Walpole's Anecdotes of Painting in England. Raquetti, the Enameller [Emaillierer], published a french explanation, though a superficial one of many of his (Hogarth's) prints, which it was said, he had drawn up for the use of Marshall Belleisle, then a prisoner in England. Dieses ist die Schrifft. Der Verfasser heißt aber hier Rouquet.« Entsprechend steht ein Hinweis auf Belleisle, der die Kupferstiche besaß, auf S. 45, wo es im Buch heißt: »une persone tres-distingué«. Hogarth selbst soll seinen Freund Rouquet angeregt haben, die Kommentare als fingierte Briefe im Druck bekannt zu machen, jedenfalls auch, um den Absatz seiner Stiche auf dem Kontinent, besonders in Frankreich, zu fördern. [UJ]

519
William Gilpin (1724-1802):
An Essay upon Prints. Containing Remarks upon the Principles of Picturesque Beauty; the Different Kinds of Prints; and the Characters of the Most Noted Masters; Illustrated by Criticism upon Particular Pieces; to Which Are Added Some Cautions that May Be Useful in Collecting Prints. London: Printed by G. Scott For J. Robson, ^{2}1768, VIII, 246 S.
Göttingen, Niedersächsische Staats- und Universitätsbibliothek, 8° Art. Plast. III, 49^{2}
In der Vorrede zur 1. Lieferung der *Ausführlichen Erklärung* (1794) bekannte Lichtenberg, er besitze allerdings nur die deutsche Ausgabe *Abhandlung von Kupferstichen, worinn die allgemeinen Grundsätze von den Regeln der Malerey, in so weit sie die Kupferstiche betreffen, abgehandelt, die verschiedenen Arten von Kupferstichen angezeigt, und die Charaktere der berühmtesten Meister gegeben werden* (1768). »Der Verfasser«, schreibt er, »ist weder auf dem Titel noch in der Vorrede genannt.« – Gilpins Ziel war es, den Sammler nach ästhetischen und formalen Kriterien zu erziehen; Gestaltung von Händen und Köpfen (die er bei Hogarth lobt), Perspektive, Lichteinfall und anderes Technische mehr sind ihm wichtig, die inhaltliche Gestaltung und schon gar soziales Engagement nahezu gleichgültig – wobei er notwendig verkennt, wie ihm Lichtenberg denn auch gelegentlich nachweist, daß die räumliche Komposition von der Bildwirklichkeit bestimmt wird. [UJ]

520
[Christian Ludwig von Hagedorn (1713-1780):]
Die Werke des Hrn Willm Hogarth. in Kupferstichen Moralisch und Satyrisch erläutert. Hamburg und Leipzig: [Barthold Joachim Zink] 1769. 104 S.
Titelblatt (= S. 1) gestochen. Die Tafeln zu Buhlschwester (1-7) im Text; zum Lüderlichen (1-7) mit leerer, gezählter Rückseite, Tafel 8 unpaginiert eingeheftet.
Göttingen, Niedersächsische Staats- und Universitätsbibliothek, 8° Art. Plast. VI, 50
Dies ist der vermutlich älteste Versuch, dem deutschen Publikum einen Teil von William Hogarths Werk nahezubringen. Es enthält die Serien *Harlot's Progress* und *Rake's Progress*, die im Deutschen *Die Begebenheiten einer Buhlschwester* und *Die Begebenheiten eines Lüderlichen* heißen. Schon an dieser altfränkischen Überschrift erkennt man die Gattung und die Tradition – zahlreiche

Abbildungen von links nach rechts:
Katalog-Nr. 515, 4. The Arrest / Der Arrest
Katalog-Nr. 516, 4. The Arrest / Der Arrest
Katalog-Nr. 515, 8. The Madhouse / Das Irrenhaus
Katalog-Nr. 516, 8. The Madhouse / Das Irrenhaus
Wie schon bei den Abbildungen auf S. 246-249 zeigt sich die Seitenverkehrung von Vorlage zu Nachstich; dort vom Ölgemälde zum Hogarthischen Kupferstich, hier von der Hogarthischen Kupferstichvorlage zu Riepenhausens Kopien.

1784 bis 1796 erscheinen in dem von ihm redigierten und meist allein verfaßten *Göttinger Taschen Calender* die *Erklärungen Hogarthischer Kupferstiche*. Der Lichtenbergforscher Franz H. Mautner zählt diese sogenannten Kalenderaufsätze sprachlich zu Lichtenbergs besten Leistungen: »Sie sind in den ersten Jahren mit einer Frische geschrieben, der man die Freude am Erklären anmerkt, in klarer, oft geschliffener, aber nicht überspitzter Sprache, die mit anmutiger Präzision und Sachlichkeit auf das Ziel losgeht, meist in geselligem oder heitern Ton.«[38] Um so enttäuschender ist, daß es – abgesehen von einer allzu schmalen Auswahl[39] – keinen Neudruck gibt. In der Tat steht in diesen sogenannten Kalenderaufsätzen Lichtenbergs Fähigkeit zu pointiertem, epigrammatisch zugespitztem Schreiben in Blüte. Er selbst bezeichnete sie als »mitunter das Beste, was ich zu geben hatte« (SB 3, S. 660). Und doch findet Lichtenberg erst in der zwar schon 1784/85 geplanten,[40] aber erst seit 1794 erscheinenden *Ausführlichen Erklärung* zu seiner Meisterschaft; diese besteht vor allem in der gegen Ende des 18. Jahrhunderts selten gewordenen Selbstreflexion des aufklärerischen Tuns.

Was sich bereits im *Göttinger Taschen Calender* vor allem in Fußnoten andeutet – daß der Autor nämlich Rechenschaft über die eigene Auslegungskunst ablegt[41] –, wird zum konstituierenden Element der *Ausführlichen Erklärung*.

Immer wieder betont Lichtenberg, daß er als individueller Ausleger nicht über die allein gültige Deutung der Bilder verfügt, sondern bloß eine ihm plausibel erscheinende vorschlägt. (Bereits 1777 war es ihm bei der Erklärung der Chodowieckischen Stiche ernst mit der programmatischen Aussage: »Mit nachstehenden Erklärungen will der Verfasser keines Menschen Urteil vorgreifen.«[42]) Immer wieder tauchen Formulierungen auf, die – von Albrecht Schöne[43] so genannte – »Vorbehaltssignale« sind. »Es wäre doch möglich, daß Hogarth an so etwas gedacht hätte«, kommentiert Lichtenberg seinen eigenen Kommentar (SB 3, S. 680); an anderen Stellen spricht er von seinen »Mutmaßungen« (z. B. SB 3, S. 672 und S. 757) oder davon, daß ein Blatt »vielleicht noch einer anderen Deutung fähig« wäre (SB 3, S. 1032), oder daß eine Stelle »nicht ganz deutlich« sei, daß sie aber »wahrscheinlich« so oder so ausgelegt werden könnte (SB 3, S. 699). Vielfach überläßt er »es dem Gefühle des Lesers, zu bestimmen, ob Hogarth auch diese Bedeutung hier im Sinne gehabt habe. Es wäre möglich« (SB 3, S. 833), schreibt er, Vorschläge machend, ohne indes das autoritative Gebaren der bisherigen Ausleger zu übernehmen.[44]

Romane des 17. und 18. Jahrhunderts führen diesen Hinweis auf ›wirklich Vorgefallenes‹ im Titel. Die vignettenartigen Kopien der Hogarth-Originale darin sind von F. N. Rolffsen (ziemlich dürftig) nachgestochen; die Beschreibung selbst stützt sich offenbar auf Rouquet, der wiederholt zitiert wird und dessen persönlicher Bekanntschaft sich der Herausgeber ausdrücklich rühmt. [UJ]

521
John Nichols (1745-1826): Biographical Anecdotes of William Hogarth; with a Catalogue of his Works Chronologically Arranged; and Occasional Remarks. 2. Aufl. 1782 [zuerst 1781]. 474 S.
Göttingen, Niedersächsische Staats- und Universitätsbibliothek, 8° Art. Plast. VI, 16
Lichtenberg dazu: »Der Verfasser ist der berühmte Buchdrucker und Buchhändler *Nichols*. Sehr gut.« (SB 3, S. 666) An Johann Friedrich Blumenbach schrieb er (12. November 1786) etwas zurückhaltender: »Er gibt gute kritische Nachrichten von Hogarths Wercken, aber in dessen Geist und Laune dringt er selten ein«. Indessen wurde Nichols eine der wichtigsten Quellen für Lichtenberg. Die Fülle von Informationen, die Nichols zum Teil mit beträchtlichem Scharfsinn ordnete, gliederte und kritisierte, ermöglicht überaus wichtige Einblicke in Hogarths Arbeitsweise. So erfahren wir von ihm, daß Hogarth den *Rake* zunächst von dem französischen Stecher Scotin radieren ließ, der schon bei der *Marriage* beteiligt war, dann aber die Ausführungen wichtiger Einzelheiten wie der Gesichtszüge und Bildinschriften selbst vorgenommen hat. Vor allem aber bietet Nichols Materialien zum Faktischen der Bildinhalte: politische Hintergründe, Anekdoten und allerlei Details, die zum Verständnis der Blätter unabdingbar sind. Drang er also auch nicht in die »Laune« ein, so hat Lichtenberg ihn doch nach Kräften genutzt. Das hier gezeigte Exemplar stammt aus seinem Besitz. [UJ]

Lichtenberg müht sich, stets das Bewußtsein davon aufrechtzuerhalten, daß es sich hier um eine »Peri- oder Paraphrase« (Jean Paul) handelt, nicht um die Sache selbst. Das Reden über das eigene Sprechen, das sich durch die Sudelbücher zieht, ist in der *Ausführlichen Erklärung* zum Zweck der Bildinterpretation instrumentalisiert; das bedeutet, daß Lichtenberg niemals die Mehrdeutigkeit der visuellen Vorlage auf eindeutige Aussagen in seinem Kommentar reduzieren will. Den »Schutz der Vieldeutigkeit« (SB 3, S. 730) gilt es für ihn vor allem im Bereich der Sexualität zu wahren, weil jede Deutung Zweideutigkeiten eindeutig (SB 3, S. 663 f.) und damit zur simplen Zote (SB 3, S. 730) mache.[45]

So wie das vorliegende Kunstwerk offen ist, so bleibt es auch der Kommentar. Neben dem immer wieder deutlich gemachten Bewußtsein, selbst nur einen »geringen Beitrag zu einer künftigen vollständigen Erklärung dieser Werke« (SB 3, S. 663) leisten zu können, erreicht Lichtenberg diese Offenheit durch eine Redlichkeit, die er als »Pflicht« des Auslegers begreift (SB 3, S. 816) und die sich nicht nur an folgenden beiden Punkten offenbart:

Er scheut sich nicht, angesichts manchen Details zu sagen, was es bedeute, »weiß ich nicht« (z. B. SB 3, S. 683); im Gegensatz zu seinen Vorgängern, die »darüber hingehen, als hätten sie sie nicht gesehen« (SB 3, S. 721), benennt er diese Dinge ausdrücklich. Etwa indem er einräumt, er »kenne die englischen Sitten viel zu wenig«, um »schlechtweg so was zu behaupten« (SB 3, S. 1045), oder indem er Fragen an die Leser stellt, die er nicht einmal durch Spekulationen zu beantworten sucht: »Nun zum Schluß einige Fragen: 1) Was bedeuten die Buchstaben P.C. [...]? Ist es ein bloßer Name [...]? 2) Was ist das alles, was da in der Kiste beisammen liegt? [...]« (SB 3, S. 834).

Außerdem diskutiert Lichtenberg als Wissenschaftler die bereits vorliegenden Interpretationen. Häufig referiert er abwägend deren Meinungen, um schließlich einer von ihnen eine höhere Glaubhaftigkeit zuzusprechen oder noch eine weitere, abweichende, eigene Deutung danebenzustellen: »Sonst sind einige Ausleger, und darunter auch Nichols, gerade für das Gegenteil. [...] Der ungenannte Erklärer hingegen, der, wie mich dünkt, meistens sehr gut trifft, sagt nur ein paar Worte hierüber, und diese sind ganz für meine Hypothese.« (SB 3, S. 682)

Für Lichtenberg macht dies den besonderen Reiz einer solchen Erklärung aus: »Mich wenigstens hat nicht so wohl das Unverkennbare in dem Witz und in der Laune des Künstlers [...] so sehr gefesselt, als das leicht Verkennbare und das wirklich Verkannte« (SB 3, S. 682), gesteht er und fügt privat hinzu: So »wird es glaube ich nicht schaden hier und da wenigstens, conjecturas variantes, wie Lectiones Variantes beysammen stehn zu lassen. Denn wenn sie munter erzählt werden so unterhalten sie allemal, eben deswegen weil sie den Geist des Lesers mit Abwägung des Gehalts beschäfftigen. Mir hat bey Lesung alter Schrifftsteller öffters die Vergleichung der Lesarten mehr Vergnügen gemacht, als die Stelle die ihr Licht von derselben erwartete.« (Bw 3, Nr. 1378)[46]

Vielleicht kann offen bleiben, ob es sich bei diesem Vergnügen um eine spezielle Gelehrtenlust handelt. Vorbildlich bleibt Lichtenbergs Haltung als außerordentlich bewußter Interpret eines bildnerisch-narrativen Werks sowohl für moderne Kunsthistoriker wie Germanisten allemal. Aber auch für Nicht-Gelehrte bietet die *Ausführliche Erklärung* Gewinn genug: Lichtenbergs Prosa besticht sowohl durch die ihr eigene poetische Kraft, ohne daß man deswegen sagen könnte, sie sei selbst Dichtung oder ein Surrogat dafür,[47] wie gleichermaßen durch eine den Leser stets einbeziehende Haltung. Häufig wendet sich Lichtenberg mit didaktischen (»Aber woher weiß man,

522
[Samuel Felton?:]
An Explanation of several of Mr. Hogarth's Prints. London: Printed For the Author; And sold by J. Walter, Charing Cross 1785, 117 (+ 1) S. 22 × 14 cm (geschlossen)
Göttingen, Niedersächsische Staats- und Universitätsbibliothek, 8° Art. Plast. VI, 55
Lichtenberg beschreibt diesen Kommentator (die Zuschreibung an Samuel Felton ist nicht gesichert), der ausdrücklich nur darüber handelt, was seine Vorgänger nicht haben: »Es ist der *Ungenannte*, von dem ich zuweilen spreche. Er hat vieles, was seine Vorgänger *nicht* haben, erzählt auch mitunter mit Laune, die nur nicht immer von der feinsten Art ist. Das ist freilich *auch* Hogarthisch«. (SB 3, S. 666) [UJ]

523
C. H. F. Bretzner (1746-1807):
Das Leben eines Lüderlichen. Ein moralisch-satyrisches Gemälde. Nach Chodowiecki und Hogarth. 3 Teile. Leipzig: Friedrich Gotthold Jacobäer 1787.
Bd. 1: 336 S.; Bd. 2: 331 S. (+ 1); Bd. 3: 469 S. (+ 1).
Je 10 × 17,4 cm
Göttingen, Niedersächsische Staats- und Universitätsbibliothek, 8° Fab. Rom. VI, 3676
Der offenbar durch die Bildfolgen von Hogarth (*The Rake's Progress*) und Chodowiecki (*12 Blätter zum Leben eines Lüderlichen*) zu seinem Roman angeregte, heute bis auf sein Libretto zu Mozarts *Entführung aus dem Serail* nahezu vergessene Schriftsteller erspart dem geneigten Leser keinen der moralischen Ratschläge des an ihnen ohnehin nicht eben armen Zeitalters. Der Held, Karl Wild, gerät nach liebloser Kindheit alsbald an der Universität in schlechte Gesellschaft (seine schon vorher bemerklichen Untugenden treten nun kraß hervor) und auf die schiefe Bahn von Spiel, Alkohol und Frauen, deren er nicht wenige entehrt und unglücklich macht und zwei durch seinen Egoismus in den Selbstmord treibt; eine dritte stirbt vor Kummer. Immerhin wird er nicht ein Opfer venerischer Krankheiten, sondern endet – in Einsicht seiner Untaten – im Irrenhaus. Die Bände sind mit je einem Titelkupfer und einer Titelvignette ausgestattet. Die in den beiden ersten Bänden verantwortete Johann Georg Penzel (1754-1809). Im Unterschied zu diesem, der sich um eigenständige Motivwahl bemüht hatte, wählte Chodowiecki im letzten je eins, was vor ihm Hogarth und er selbst bearbeitet hatte. [UJ]

524
John Ireland († 1808):
Hogarth Illustrated. London: J. & J. Boydell, Cheapside, and the Gallery Pall Mall, 1791, 311 und 296 S. [Sowie:] A Supplement to Hogarth Illustrated, compiled from his Original Manuscripts, in the Possession of John Ireland. London: Poets Cornmer, Palace Yard, Westminster 1798. 380 S.
Bd. 1: 311 S. (1791); Bd. 2: 607 S. (+ 3) (1791); Erg. Bd. 3: 380 S. (1798). 24 × 15,5 cm
Göttingen, Niedersächsische Staats- und Universitätsbibliothek, 8° Art. Plast. VI, 40: 1-3.
Lichtenberg schreibt über ihn: »Unstreitig das vollständigste und, den affektierten Vortrag abgerechnet, das vorzüglichste Buch. Es ist schon eine zweite Ausgabe vorhanden, die aber, wie ich aus Journalen ersehe, nur wenige und unbeträchtliche Zusätze erhalten hat« (SB 3, S. 666); und an anderer Stelle: »Er ist bei allen seinen vielen Kenntnissen und bei allem seinem Witz und selbst der Laune, die zumal aus seinen eingemengten Versen hervorleuchtet, in seinem Vortrage viel, viel zu festlich. Er bringt Verse und Geschichten bei, die nichts erläutern, ja vielmehr den Geist ganz von der Hauptabsicht entfernen, der Mühe hat, sich nach einem solchen Fehltritt wieder zu sammeln«. Ireland hatte der Witwe des Künstlers eine Reihe von Manuskripten abkaufen können, so daß seine Biographie alsbald maßgeblich war. Die Bildwiedergaben, die dem 2. Band des Werkes beigegeben und dort ausführlich kommentiert sind, stachen Courbould und Dent. 1798 erschien ein Supplementband auf der Basis von inzwischen erworbenen Manuskripten, der sich demnach zum größeren Teil mit Hogarths Leben befaßt; erst sein letztes Drittel ist wie der Hauptteil angelegt. [UJ]

525
Samuel Ireland († 1800):
Graphic Illustrations of Hogarth from Pictures, Drawings and scarce Prints in the Possession of Samuel Ireland. Vol. 1, London 1794, published by R. Faulner, New Bond Street and J. Egerton, Whitehall [Textbd. 183 S., Tafelbd. 59 Abb.]. Vol. 2, London 1799, published by R. Faulner, New Bond Street, J. Egerton, Whitehall and B. White, Fleetstreet [Textbd. 150 S., Tafelbd. 48 Abb.].
Göttingen, Niedersächsische Staats- und Universitätsbibliothek, 8° Art. Plast. VI, 44: 1.2. und Taf.Bd.
In seiner Literaturübersicht in der ersten Lieferung konnte Lichtenberg dieses Werk von Samuel Ireland zwar noch nicht erwähnen (es begann erst 1794 zu erscheinen), doch hat er den ersten Band (der zweite erschien erst nach Lichtenbergs Tod) alsbald angeschafft, benutzt und wenigstens einmal (auf der 2. Platte vom *Rake*) zitiert. Samuel Irelands Werk meidet interpretierende Kommentare und liefert statt dessen möglichst viele Fakten und Anekdoten zur Entstehung, zu Auftraggebern und Hintergründen bis hin zu Besitzern, Verkaufspreisen und anderem mehr. Der Autodidakt Ireland, der mit seinem Namensvetter nicht verwandt ist, hatte wie dieser bei der Witwe des Künstlers angefragt und von ihr die Originalzeichnungen und Entwürfe erwerben können. Diese hat er dann teils selbst gestochen, teils von andern stechen lassen – die Stiche sind den beiden Textbänden als Tafelbände jeweils in gleichem Format beigegeben. [UJ]

526
Dieterichsche Buchhandlung:
Warnung vor einem angeblichen Beytrag zu Lichtenberg's Nachlaß. In: Reichsanzeiger 1801, Nr. 3 vom 5. Januar, Sp. 40. 22 × 19,6 cm
Göttingen, Niedersächsische Staats- und Universitätsbibliothek, 8° Scr. var. arg. II, 2255

527
Karrikatur-Almanach auf 1801. Aus Lichtenbergs Nachlaß. Mit 9 Hogarthischen Karrikaturblättern. Mainz und Hamburg: Gottfried Vollmer 1800.
Bad Vilbel, Privatbesitz

Unmittelbar nach seinem Tode bereits hatte ein cleverer Verleger die Chance erkannt, durch die Nachlaß-Fiktion aus dem Namen und Erfolg Lichtenbergs Kapital zu schlagen. Die unbedeutenden und roh ausgeführten Karikaturen, die auf die damals herrschende Mode englischen Geschmacks der Zeit setzten, aber das Imitierte bei weitem nicht erreichen, stehen erbärmlichen Erläuterungen gegenüber. Der unbekannte Verfasser kann über keine besonders guten Kenntnisse von Lichtenbergs Stil verfügt haben. Seine Beschreibungen erinnern vielmehr peinlich an den pathetisch-didaktischen Stil Lavaters mit seinen Apostrophen und fingierten Dialogen zwischen dem Physiognomisten und seinen Schülern (in vorliegendem Beispiel zudem immer: Schülerinnen) – und lassen damit zugleich vermuten, daß er sich an Lichtenbergs diesen Lavaterschen Stil parodierendem *Fragment von Schwänzen* orientiert hatte. Gegen derlei »Freibeutereien« setzte sich die Dieterichsche Buchhand-

lung alsbald zur Wehr. Heinrich Dieterich ließ in Rudolf Zacharias Beckers *Reichsanzeiger* 1801, Nr. 3 vom 5. Januar, Sp. 40 eine *Warnung vor einem angeblichen Beytrag zu Lichtenberg's Nachlaß* einrücken. (Vgl. Katalog-Nr. 526) [UJ]

528
Anzeigenkrieg zwischen Pönicke und der Dieterichschen Buchhandlung (Werbe-Erklärungen).
6 Druckblätter.
Göttingen, Niedersächsische Staats- und Universitätsbibliothek, Cod. Ms. Licht. IV, 51
Bereits auf einem Subskriptionsblatt für die Werke von Gottfried August Bürgers vom Februar 1829 teilte die Dieterichsche Verlagsbuchhandlung mit, daß sie ihre Lagerbestände von Hogarths Werken mit den Lichtenbergischen Erklärungen von 36 Talern 16 Gutegroschen auf 20 Taler herabsetzen werde. Ausgelöst war diese Mitteilung durch eine Rezension in der Zeitschrift *Hesperus* (vom 12. Mai 1828, Nr. 114, S. 456), wonach der Lithograph Hellwig in Tübingen mit der ersten Lieferung (Tags-Zeiten) begonnen habe, Hogarth nach Riepenhausen mit Lichtenbergischen Erläuterungen herauszubringen, und auf Subskribenten warte. Die Dieterichschen Platten (so die Anzeige) seien nunmehr von Riepenhausen neu aufgestochen und würden damit die Lithographien bei weitem übertreffen. In einer Werbe-Erklärung vom Juni 1831 (Cod. Ms. Licht. IV, 47 Beilage) weist die Dieterichsche Buchhandlung dann die Behauptung der Firma *Elias Pönicke & Sohn Lithographisches Institut* (vom März 1831), daß sie die Hogarth-Stiche und Lichtenbergs Erklärungen nicht liefern könne, als frei erfunden zurück. Dieterichs Firma, bei seinem Tod 1800 noch eine der sechs größten Verlagsbuchhandlungen im Deutschen Reich, war während der Franzosenkriege in ernste Schwierigkeiten geraten, denen Heinrich Dieterich sich nicht gewachsen zeigte: 1814 wurde die Handlung einem gerichtlich bestimmten Geschäftsführer unterstellt. Sie wurde nur noch bis in die zweite Hälfte der dreißiger Jahre in Göttingen fortgeführt. Außer ein paar wissenschaftlichen Neuausgaben verlegte die Verlagsbuchhandlung im wesentlichen die bewährten Longseller: darunter auch den Riepenhausen-Lichtenbergschen Hogarth. Ein Urheberrecht im modernen Sinn aber kannte das Zeitalter nicht, und so entbrannte dieses Werbezettelduell. [UJ]

529
Georg Christoph Lichtenberg:
G. C. Lichtenberg's witzige und launige Sittengemählde nach Hogarth. Für gebildete Leser bearbeitet und herausgegeben von Johann Schwinghamer. Mit zwey grossen in Kupfer gestochenen Hogarthischen Abbildungen [von J. G. Mansfeld und V. Grüner]. 2 Bde. Wien: Gassler 1811.
[= G. C. Lichtenberg's witzige und launige Schriften Bd. 4-5]
Göttingen, Niedersächsische Staats- und Universitätsbibliothek, 8° Scr. var. arg. VIII, 2207: 4. 5.
Seit der Mitte des 18. Jahrhunderts belieferten Wiener Verlage die habsburgischen Erblande mit billigeren, aber unrechtmäßigen Nachdrucken reichsdeutscher Lehrbücher und Bestseller der Literatur. Der Verleger Trattner war sogar für diese im Sinne der merkantilistischen Wirtschaftstheorie hochverdiente »Schleichdruckerei«, wie Lichtenberg es nannte, geadelt worden. Lichtenberg selbst nun war schon wenige Jahre nach seinem Tod ein so ›klassischer‹ Autor, daß ein Raubdruck seiner Werke sich offenbar lohnte. An eine erste dreibändige Werkauswahl, deren Antiquadruck sich ebenso wie die französische Beschriftung der Tafeln entweder aus der damaligen französischen Hegemonie oder der ins Auge gefaßten Käufergruppen (französisch gebildeten Adligen) erklären ließe, schloß der Herausgeber Schwinghamer zwei Bände »Sittengemählde« an. Sie enthalten einen Kompreß aus den Erklärungen zu *Punschgesellschaft, Liederlichem, Heirat, Komödiantinnen, Buhlerin, Fleiß und Faulheit* und einiger Einzelblätter und -bemerkungen. Dazu gab der Verlag zwei Umrißzeichnungen nach den Originalblättern bei, die Manfeld und Grüner in Kupfer stachen: *Komödiantinnen* und *A midnight modern Conversation.* [UJ]

530
Carl Rahl:
G. C. Lichtenberg's ausführliche Erklärungen der Hogarthischen Kupferstiche, mit verkleinerten Copien von Carl Rahl. Wien: Armbruster 1818-1823.
Oktavausgabe
Ober-Ramstadt, Ulrich Joost
1818 machte sich der Wiener Verlag Kaulfuß und Armbruster die offenbare Lieferschwäche der Dieterichschen Verlagsbuchhandlung zunutze und brachte in diesem und den folgenden Jahren einen Nachdruck der Lieferungen 1-10 in acht Kleinoktavbändchen in zwar sauberem, aber sehr kleinem Druck auf den österreich-ungarischen Markt. Der Stecher Carl Rahl lieferte dazu die Tafeln und versah jedes Heft noch mit einem gestochenen Titel mit verschiedenen Motiven und allegorischen Figuren aus dem Werk Hogarths, das erste zusätzlich noch mit einem Frontispiz. Ein rechter Erfolg scheint dem Unternehmen aber nicht beschieden gewesen zu sein. Denn die 11. Lieferung, die bei Dieterich 1809 erschienen war, wurde nicht mehr nachgedruckt. Um 1835 übernahm die Buchhandlung Rudolph Sammer (gleichfalls in Wien), die 1837 auch den fünfbändigen Raubdruck der *Vermischten Schriften* von Kaulfuß nochmals nachdruckte, die unaufgebundene Restauflage, vertrieb sie mit neuen Kartonumschlägen und Aufklebern (»Zu haben bey Rudolph Sammer Buchhändler in Wien«) und ergänzte die Lieferungen 11-14 in Sammerschen Umschlägen aus Dieterichs Verlag. Spätestens 1844 war die Mischausgabe vergriffen, denn da erschien eine Quartausgabe. [UJ]

531
William Hogarth (1697-1764) und Carl Rahl:
G. C. Lichtenberg's ausführliche Erklärung der Hogarthischen Kupferstiche, mit verkleinerten Copien von Carl Rahl. Wien: Sammer o. J.
Tafelband. 29 × 33 cm
Göttingen, Niedersächsische Staats- und Universitätsbibliothek, Quer-4° Art. Plast. VI, 88
Hogarths Kupferstiche in 62 Blättern, eingebunden. Zu haben bei Rudolf Sammer in Wien. [UJ]

532
William Hogarth und seine Zeit; oder London im achtzehnten Jahrhundert. Eine Sammlung von Stahlstichen nach Hogarth's Originalen, mit Erzählungen von Adolph Görling. Leipzig und Dresden: A. H. Payne [1851/1852?].
Düsseldorf, Privatbesitz
Diese Beschreibung enthält von Lichtenberg fast nichts, sondern wandelt die Bildgeschichten in einen Roman mit zahlreichen eingelegten Dialogen um. Sie steht damit in einer Linie mit Reichards »Stummen Romanen« in der *Bibliothek der Romane* 1778 und den anderen literarischen Umsetzungen der Hogarthischen Blätter im 18. Jahrhundert und bietet zugleich einen Grund für die Vermutung, daß Lichtenbergs Beschreibung das Surrogat seines nie geschriebenen satirischen Romans gewesen ist. – Die Datierung dieser Ausgabe beruht vermutungsweise auf der Angabe des Verlagsortes. [UJ]

533
Dr. Paul Schumann:
Hogarth's Werke. Eine Sammlung von Stahlstichen nach seinen Originalen. Mit Text von G. C. Lichtenberg. Revidirt und vervollständigt von Dr. Paul Schumann. Reudnitz bei Leipzig: A. H. Payne 1886-1887.
3. Auflage, in 30 Lieferungen; die 1. und 2. nicht ermittelt. Exemplar im Einband des 20. Jahrhunderts und mit Kasten für die Stahlstiche.
Düsseldorf, Privatbesitz
Daß der Erfolg von Lichtenbergs Kommentar nicht aufhörte, zeigt diese Ausgabe des rührigen Verbreiters vor allem klassischer Kunstwerke in sauberen Stahlstichen, die in alle Länder Europas exportiert wurden. Es muß vorläufig unent-

daß dieses die Kirche von Marybone ist?« SB 3, S. 881) oder rhetorischen Fragen (»Sank sie vorsätzlich auf die Knie, oder hat sie bloß vergessen aufzustehen?« SB 3, S. 965) an die Leser, fordert sie zu eigenem Dialog mit dem Kunstwerk auf (»Man frage den Dorf-Aktäon, der weiß es gewiß.« SB 3, S. 682) oder läßt sie an seinem Dialog mit den fiktiven Protagonisten der Hogarthischen Geschichten teilhaben (»Lebe also wohl, du armes Paar, wir sehen uns sobald nicht wieder.« SB 3, S. 737). Auf diese Weise lädt er zur Begleitung bei seinem Gang (»Ehe ich weiter gehe [...]« SB 3, S. 682) durch die »Schauplätze« (SB 3, S. 1017) der Bildgeschichten ein. Daß dieser Gang lebendiges Erlebnis wird, dafür sorgt Lichtenberg, indem er Stiche »beschaut« und »behorcht« (SB 3, S. 686) und zuweilen neben Auge und Ohr auch einen »dritten Sinn« (SB 3, S. 687) nicht zu kurz kommen läßt, wenn ihm auch der »Respekt vor der gesitteten Welt« (SB 3, S. 670) verbietet, hier allzu deutlich zu werden.

Nicht immer aber wurden Lichtenbergs Hogarth-Erklärungen begeistert aufgenommen. Sowohl die deutschen Klassiker wie auch die Romantiker konnten weder mit den »excentrischen Fratzen« (Goethe) und der »platten Tendenz der Hogarthischen Gattung« (August Wilhelm Schlegel) etwas anfangen, noch mit Lichtenbergs Erklärungen dazu, die Goethe kurzerhand als »Witzeleien« abtut.[48] Statt des »Wahren, Schönen und Guten«, mit dem sich die Kunst befassen soll, gebe es hier nur Äußerungen einer rein »auf Entdeckung des Mangelhaften gestellten Natur«, wie Goethe Friedrich Wilhelm Riemer gegenüber erklärte.[49]

Anders dagegen Jean Paul, der Lichtenbergs satirischen Stil trotz einer auch von ihm gerügten gelehrten Schwerfälligkeit hochschätzte und gerade die Hogarth-Erklärungen als »rein witziges Produkt« und »Aphrodisiakum für mein satirisches Zeugen« liebte;[50] anders auch das Lesepublikum des 19. Jahrhunderts: Wenn überhaupt ein Werk Lichtenbergs den Weg in die bildungsbürgerlichen Bücherschränke fand, dann waren es seine Hogarth-Erklärungen, deren Gesamtauflage im letzten Jahrhundert bei über 10 000 Exemplaren liegen dürfte, weil ihre »Mischung aus Sensation, Moral und Information« begierig aufgenommen wurde.[51]

Schon Franz Kottenkamp, der bereits 1839 eine bis 1882 viermal aufgelegte Ausgabe des grafischen Werks von William Hogarth herausgab, stellte fest: »Lichtenberg's Commentar ist in Deutschland so sehr populär geworden, daß man ihn stets mit der Kunst Hogarth's vereinigt denkt, ja man hat sich an die Verbindung beider Namen so sehr gewöhnt, daß man ziemlich allgemein die Meinung hegt, der englische Künstler sei ohne den Commentar des deutschen Gelehrten unverständlich.«[52] In der Tat aber ist die sich schon bei Kottenkamp andeutende Umstellung der Priorität (er schreibt nicht über Lichtenberg und Hogarth, sondern über Hogarth und Lichtenberg) die auch unserer heutigen Zeit geworden.

Denn im 20. Jahrhundert sind die Hogarth-Erklärungen gegenüber den mit mehr oder weniger Recht so genannten Aphorismen der Sudelbücher zunehmend in den Hintergrund getreten. Zunehmend wird manche kompositionelle Schwäche eines »in doloribus«[53] verfaßten und überdies »zettelweise nach der Druckerey« (Bw 4, Nr. 2385)[54] gegebenen Werks als störend empfunden;[55] auch gibt es allzu zeitgebundene Witze, die nicht mehr zünden: Man denke etwa an die Genealogie der Stühle im Kommentar zur fünften Platte des *Wegs der Buhlerin* (SB 3, S. 797-799), die peinlicher ist als das aus Gründen der Schicklichkeit vermiedene Wort »Nachtstuhl« hätte sein können.

Außerdem empfinden einige Leser wie Herbert Schöffler, der von den Hogarth-Erklärungen sagte, daß sie »uns Ungeduldigen ein Stück ferner Welt zu sehr unter der

schieden bleiben, ob das Fehlen eines Nachweises der 1. und 2. Auflage auf ihrer Seltenheit, auf der Bezugnahme zur Görlingschen Ausgabe oder lediglich auf einer werbewirksamen Erfindung beruht. [UJ]

534
William Hogarth (1697-1764) und Franz Kottenkamp:
William Hogarth's Zeichnungen. Mit der vollständigen Erklärung von G. C. Lichtenberg und einer Lebensgeschichte Hogarth's von Dr. Franz Kottenkamp. [1. Auflage, 2 Bände in 1 gebunden] Stuttgart: Litteratur-Comptoir 1840. Stahlstiche.
Düsseldorf, Privatbesitz
Die hier ausgestellte erste Auflage zeigt etwas ganz Göttingisches: Der Einband, der allerdings durch die im einzelnen nicht rekonstruierbaren Irrfahrten dieses Geschenks für T. S. Eliot stark lädiert ist, stammt vom Göttinger Buchbindermeister Heinz Oschmann MDE, die handschriftliche Widmung von Hans Heinrich und Grete Schaeder: »We shall not cease from exploration / And the end of all our exploring / Will be to arrive where we started / And know the place for the first time. Herrn T. S. Eliot zu freundlicher Erinnerung an seinen Göttinger Besuch Göttingen 8. November 1949.« Die hier beim *Rake* aufgeschlagene vierte Auflage des zwischen 1840 und 1882 viermal aufgelegten, von Kottenkamp edierten Lichtenbergschen Hogarth-Kommentars in Lexikonquart war entweder Stereotypausgabe oder (wahrscheinlicher) Titelauflage der dritten. Außerdem gab es eine bibliographisch bislang nicht erfaßte ›Volksausgabe‹ in einem Band. Wenn man annimmt, daß sich auch hier die Auflagenhöhe nach der der Stiche bemessen hat und bei Stahlstichen eine Kapazität von wenigstens 2000 Abzügen pro Platte unterstellt, ist eine Gesamtauflage der Kottenkampschen von 8-10 000 Exemplaren kaum zu hoch gegriffen. [UJ]

Zeitlupe entrollen«.[56] Ich meine aber, daß im Gegenteil gerade die »Zeitlupe«, die keine des Stils, sondern eine des gründlichen Einlassens ist, eine poetische Kraft besitzt, die uns heute eine verlorengehende Eigenschaft rettet: nämlich genau hinzuschauen und nicht bloß flüchtig über die Sachen hinwegzusehen. Unter anderem auch die widerständige Kraft einer fast unzeitgemäßen Gründlichkeit gibt es in Lichtenbergs *Ausführlicher Erklärung der Hogarthischen Kupferstiche* zu entdecken.

1 *Tag- und Jahreshefte* 1795; Goethes *Werke. Sophienausgabe*. Weimar 1887 ff., I. Abt., Bd. 35, S. 55.

2 So redet ihn Johann Gottwerth Müller (von Itzehoe) in seinem Brief vom 28. April 1788 an.

3 Abraham Gotthelf Kästner: *Lobrede auf Georg Christoph Lichtenberg* (1799). In: Göttinger Universitätsreden aus zwei Jahrhunderten (1737-1934). Hrsg. von Wilhelm Ebel. Göttingen 1978, S. 193.

4 Frederick Antal: *Hogarth and his Place in European Art*. London 1962, S. 206 f.; Edgar Wind, zit. bei Mautner (wie Anm. 38), S. 421; Peter-Klaus Schuster: *Kunsthistorisches zu Lichtenbergs Hogarth-Erklärungen*. In: Deutsche Vierteljahresschrift 49, 1975, Sonderheft 18. Jahrhundert, S. 138*-148*; vgl. Schöffler (wie Anm. 56), S. 79.

5 [Christoph Girtanner:] *Lichtenberg, der Unvergeßliche. Blumen und Thränen auf sein Grab*. In: GTC für 1800, S. 83-85.

6 Zitate aus der *Ausführlichen Erklärung der Hogarthischen Kupferstiche* werden mit der Seitenzahl der Ausgabe von Wolfgang Promies: Schriften und Briefe, Bd. 3 (SB 3) direkt im Text nachgewiesen.

7 *Zu brüderlichem Andenken Wielands* (Rede 18. Februar 1813); *Werke* (wie Anm. 1), I. Abt., Bd. 36, S. 322.

8 Zuerst London 1753. Zur deutschen Ausgabe vgl. Anm. 33.

9 Berlinische privilegierte Zeitung, (80. Stück) 4. Juli 1754 bzw. (65. Stück) 30. Mai 1754; *Sämtliche Schriften*. Hrsg. Karl Lachmann, bearb. Franz Muncker. Bd. 5, Stuttgart 1890, S. 416 und 405 f.

10 William Hogarth: *›The analysis of beauty‹ with the rejected passages from the manuscript drafts and ›Autobiographical notes‹*. Edited by Joseph Burke. Oxford 1955, S. 209.

11 Auch Karl Arndt: *William Hogarth. Der Kupferstich als moralische Schaubühne*. Stuttgart 1987, S. 17, betont: »Der ›gedruckte‹ Hogarth ist nicht der ganze Hogarth – denn seine Farben und die Lebendigkeit seines malerischen Vortrags fehlen.«

12 Werner Busch: *Die englische Kunst des achtzehnten Jahrhunderts*. In: Ders. (Hrsg.): *Funkkolleg Kunst*. Bd. 2, München 1987, S. 713 f.

13 Hogarth (wie Anm. 10), S. 226 f.

14 Die Bezeichnungen »Szene« oder »Kapitel« verwendet Lichtenberg durchgängig gleichberechtigt, um einzelne Blätter einer Serie zu bezeichnen.

15 Hogarth (wie Anm. 10), S. 209.

16 »There are hardly any two things more essentially different than Character and Caricature«, schreibt Hogarth im Begleittext zu *The Bench* (1758/64); vgl. zu dieser Frage ausführlich Antal (wie Anm. 4), S. 128-138 und Werner Busch: *Nachahmung als bürgerliches Kunstprinzip*. Hildesheim 1977, S. 161 ff.

17 Lichtenberg bezieht sich mit dem »noch immer« durchaus auf den eigenen Irrtum: In den früheren Kalenderfassungen seiner Bilderklärungen bezeichnete er selbst Hogarth als »Karikatur-Zeichner« (SB 3, S. 1056; GTC für 1792). Lernprozesse dieser und anderer Art gesteht Lichtenberg freimütig ein: vgl. z. B. SB 3, S. 729: »Wir dachten selbst so – ehmals.«

18 Bei seinem Blatt »Characters and Caricaturs« vom April 1743, welches als Subskriptionsblatt zu »Marriage à la Mode« diente. So wie Hogarth auf Henry Fielding, verweist der in seinem Vorwort auf Hogarth, den er hier geistesverwandt zu den komischen *Schriftstellern* zählt.

19 Klaus Herding betont in seiner Untersuchung *»Die Schönheit wandelt auf den Straßen« – Lichtenberg zur Bildsatire seiner Zeit*. In: Ders.: *Im Zeichen der Aufklärung*. Frankfurt a. M. 1989, S. 144 f.: Das »kantische sapere aude, vermehrt um die Dimension des Gefühls, ist der Kern von Hogarths Kunsttheorie. Die Gesichtspunkte der Freisetzung des Gefühls und der Aufwertung der eigenen Erfahrung führen zu Lichtenberg«.

20 Hamburgische Dramaturgie 30. Stück, 1767; Werke (wie Anm. 9), Bd. 4, S. 369.

21 Christian Ludwig Hagedorn: *Betrachtungen über die Malerei*. Zwei Theile. Leipzig 1762.

22 Daniel Nikolaus Chodowiecki selbst allerdings bestritt energisch eine Abhängigkeit von Hogarth und zeigte sich über das angebliche »Kompliment«, »ein neuer, ein deutscher, ein anderer Hogarth« zu sein, entrüstet (an Friedrich Justin Bertuch, 9. Mai 1775; *Daniel Chodowiecki: Briefwechsel zwischen ihm und seinen Zeitgenossen*. Hrsg. von Charlotte Steinbrucker. Bd. 1, Berlin 1919, S. 128 f.).

23 GTC für 1778; wieder in: *Der Fortgang der Tugend und des Lasters*. Daniel Chodowieckis Monatskupfer zum Göttinger Taschenkalender mit Erklärungen Georg Christoph Lichtenbergs 1778-1783. Hrsg. von Ingrid Sommer. Frankfurt a. M. ²1977, S. 8.

24 Brief an Daniel Chodowiecki, 25. Oktober 1779.

25 Brief an Daniel Chodowiecki, 23. Dezember 1776.

26 Ebenso schon im GTC für 1792; Weber (wie Anm. 39), S. 77.

27 Antal (wie Anm. 4), S. 10; Hogarth (wie Anm. 10), S. 225.

28 Christoph Martin Wieland: *Sämmtliche Werke*. Bd. 20, Leipzig 1796, S. 296. Auch Lichtenberg äußert im Vorwort zum *Fortgang der Tugend und des Lasters*, daß sein Text »dem Kenner Unterhaltung, und unsern jungen Lesern und Leserinnen auch außerdem Lehre gewähren wird« (wie Anm. 23, S. 8).

29 Seine Bilderklärung erschien im GTC für 1778 hinter der Kampfschrift *Ueber Physiognomik* und war über deren Untertitel (»und am Ende etwas zur Erklärung der Kupferstiche des Almanachs«) direkt mit ihr verbunden.

30 Und das, obwohl Lichtenberg

schon 1773 notierte: »Die Komödie bessert nicht unmittelbar, vielleicht auch die Satyre nicht, ich meine man legt die Laster nicht ab, die sie lächerlich macht. Aber das können sie tun, sie vergrößern unsern Gesichtskreis, vermehren die Anzahl der Punkte aus denen wir uns in allen Vorfällen des Lebens geschwinder orientieren können.« (SB 1, D 81)

31 Gunter Grimm: *Nachwort* zu: *Satiren der Aufklärung*. Hrsg. von dems. Stuttgart 1975, S. 325-398, hier S. 342.

32 Ulrich Joost: *Lichtenbergs Bilderklärungen. Die Entstehungs- und Überlieferungsgeschichte eines Erfolgsbuchs im 19. Jahrhundert*. In: *Hogarth und die Nachwelt. Von Lichtenberg bis Hrdlicka*. Hrsg. von dems. und Gerd Unverfehrt. Göttingen 1988, S. 17), listet eine Reihe dieser freien Adaptionen auf.

33 *Zergliederung der Schönheit, die schwankenden Begriffe von dem Geschmack festzusetzen*, geschrieben von Wilhelm Hogarth, aus dem englischen übersetzt von C[hristlob] Mylius. [Hrsg. und mit einem Vorwort von Gotthold Ephraim Lessing.] Berlin und Potsdam 1754.

34 Ebda., S. 93-111.

35 *Die Werke des William Hogarth, in Kupferstichen moralisch und satyrisch erläutert*. Hamburg 1769-1770. Die Kommentare sind im wesentlichen kompiliert aus den Erläuterungen von André Rouquet (1701-1758) und John Trusler (1735-1820); vgl. zu deren Erklärungen Lichtenbergs Vorrede (SB 3, S. 665 f.) zur ersten Lieferung der *Ausführlichen Erklärung*.

36 Lichtenberg weiß um die Historizität aller Kunst und will mit seinen Erklärungen, die »freilich auch verwesliche Konserviermittel« seien, das »Verwesliche« (d. h. Zeitgebundene) an den Werken zugunsten der Nachwelt frisch erhalten (SB 3, S. 667).

37 Ein Vergleich von Lichtenbergs und Friedrich Ernst Daniel Schleiermachers Hermeneutik würde zu weit führen; in grundsätzlichen Positionen (»daß alles einzelne nur verstanden werden kann vermittelst des ganzen, und also jedes Erklären des einzelnen schon das Verstehen des ganzen voraussezt«, und »die höchste Vollkommenheit der Auslegung sei die einen Autor besser zu verstehen als er selbst von sich Rechenschaft geben könne«: *Schleiermacher's sämmtliche Werke*. III. Abt., Bd. 3, Berlin 1835, S. 366 und 362) sind sie aber einig.

38 Franz H. Mautner: *Lichtenberg. Geschichte seines Geistes*. Berlin 1968, S. 332.

39 *Kalenderaufsätze zu Hogarth*. Hrsg. von Otto Weber. Darmstadt 1974.

40 Vgl. Brief an Johann Arnold Ebert, 23. März 1785 (Bw 3, Nr. 1368); an Johann Joachim Eschenburg, 8. April 1787 (Bw 3, Nr. 1517); GTC für 1785 (wie Anm. 39, S. 32).

41 Z. B. GTC für 1785 merkt Lichtenberg zu einem Einfall an, er »erwähne des Himmels hier blos als Deutscher, denn an einen Himmel der Bettlade, konnte Hogarth als Engländer nicht denken« (wie Anm. 39, S. 48), und war GTC für 1784 noch deutlicher geworden, was den Interpretationsvorbehalt angeht: »Es ist eine bloße Muthmaßung von mir, daß H[ogarth] vielleicht auf das bekannte Geheul dieser Kräusel hat anspielen wollen.« (Ebda., S. 23)

42 Wie Anm. 23, S. 8. Vgl. SB 3, S. 682: »Ich greife übrigens dem Urteil der Leser in nichts vor. Ein Teil des Vergnügens, das die Betrachtung der unsterblichen Werke unseres Künstlers gewährt, hängt, so wie bei der von Werken der Natur, mit von der Übung eigner Kraft ab, die noch dabei statt findet.«

43 Albrecht Schöne: *Aufklärung aus dem Geist der Experimentalphysik*. München ^{2}1983, S. 43; insofern sind die Hogarth-Erklärungen keineswegs die Ausnahme von der Regel konjunktivischen Denkens und Schreibens, wie Schöne (ebda., S. 125) annimmt.

44 »Grammatici certant«, spottet er achselzuckend über die Eigenart von Auslegern wie John Nichols und John Ireland, die Leser über verschiedene Beobachtungen zu »versichern« (SB 3, S. 723).

45 Georg Forster befand schon nach Lektüre der Kalenderaufsätze in einem Brief an Lichtenberg dennoch, daß »hie und da eine Stelle Ihren Leserinnen ein Erröthen abnöthigen muß« (10. April 1786; Forsters *Werke. Akademieausgabe*. Bd. 14, bearb. von Brigitte Leuschner, Berlin 1978, S. 463) und wird später in einem Brief an Friedrich Heinrich Jacobi (19. November 1788; ebda., Bd. 15, bearb. von Horst Fiedler, Berlin 1981, S. 209) deutlicher, indem er unumwunden von den »Zoten« spricht, bei denen sich Lichtenberg »ertappen« lasse.

46 Brief an Johann Joachim Eschenburg, 13. Juni 1785.

47 Vgl. Paul Requadt: *Lichtenberg*. Hameln 1948, S. 63: »gleichsam als versetzter Romandichter« könne sich Lichtenberg mit den Hogarth-Erklärungen »am schon vorgeformten Stoff bewähren«.

48 August Wilhelm Schlegel: *Ueber Zeichnungen zu Gedichten* (1799); ders.: *Lichtenberg* (1799), wieder in: *Sämmtliche Werke*. Hrsg. von Eduard Böcking. Bd. 9, Leipzig 1846, S. 102 ff. bzw. Bd. 12, Leipzig 1847, S. 42 f.; Goethe: *Tag- und Jahreshefte* 1795 (wie Anm. 1).

49 *Goethes Gespräche. Eine Sammlung zeitgenössischer Berichte aus seinem Umgang [...]*. Hrsg. von Wolfgang Herwig. Bd. 2, Zürich 1969, S. 59.

50 Jean Paul: *Vorschule der Ästhetik*; *Sämtliche Werke*. Hrsg. von Eduard Berend. 1. Abt., Bd. 11, Weimar 1935, S. 182 (vgl. auch ebda., S. 115, 130 f., 184 und 188); ders.: Brief an Christian Otto, 25. Februar 1797; *Sämmtliche Werke*. 3. Abt., Bd. 2, Berlin 1958, S. 303; vgl. auch an dens., 1794/95 (ebda., S. 44) und an Emanuel Osmund, 17. Juli 1821 (3. Abt., Bd. 8, Berlin 1955, S. 128).

51 Ulrich Joost: *Georg Christoph Lichtenberg*. In: *Deutsche Dichter*. Hrsg. von Gunter E. Grimm und Frank Rainer Max. Stuttgart 1988, Bd. 3, S. 367-386, hier 381 f.

52 Franz Kottenkamp: *Hogarth und Lichtenberg*. In: Phönix. Frühlings-Zeitung für Deutschland, Nr. 284 (1. Dezember 1835), 286 (3. Dezember 1835) und 290 (8. Dezember 1835), S. 1135 f., 1142 f. 1158 f., hier S. 1142.

53 Also »unter Schmerzen« geschrieben: so im Brief an Johann Joachim Eschenburg, 11. Februar 1798 (Bw 4, Nr. 2818; vgl. auch Briefe an dens., 10. Mai 1795 und 8. Mai 1796 (Bw 4, Nr. 2522 und Nr. 2629) sowie an Johann Friedrich Cotta, 19. Mai 1797 (Bw 4, Nr. 2749).

54 Brief an Johann Joachim Eschenburg, 29. Mai 1794.

55 Vgl. Mautner (wie Anm. 38), S. 416 und 419 f.

56 Herbert Schöffler: *Lichtenberg. Studien zu seinem Wesen und Geist*. Göttingen 1956, S. 80.

535
R. Mitchell:
Schnitt durch Barkers Panorama-Rotunde am Leicester Square.
Aquatinta, 1801 (Reproduktion).
London, National Film Archive

1791 hat der Ire Robert Barker (1739-1806) eine neue Art von Gemälde ›erfunden‹, für das er den terminus technicus »Panorama« (griech.: Allansicht) prägte. Ein Bild wurde innen auf eine zylindrisch aufgezogene ›endlose‹ Leinwand von immensen Ausmaßen gemalt. Bildoberkante und Bildunterkante wurden verdeckt, das Gemälde wurde mit Tageslicht indirekt beleuchtet. Die neuartige Präsentationsform erforderte eigens gebaute Ausstellungsrotunden (auch Panorama genannt). Der Betrachter betrat – unter der Leinwand hindurch – das Panorama durch einen verdunkelten Gang, wobei sich die Augen an die dämmrigen Lichtverhältnisse im Inneren gewöhnen konnten. Er erreichte die erhöhte Plattform im Zentrum des Gebäudes, die einen völlig unverstellten Blick auf den künstlichen Horizont ermöglichte. Wie »im Fluge«, wie »durch Zauberhand« war man an den dargestellten Ort versetzt. Die illusionistische Wirkung auf die Zeitgenossen war enorm, die Begeisterung ungeteilt, der Erfolg des neuen optischen Mediums überwältigend.

In Barkers Londoner Rotunde, die länger als ein halbes Jahrhundert existierte, wurden die Rundgemälde regelmäßig jedes Jahr, später alle halbe Jahre gegen neue, aktuelle Bilder ausgetauscht. Die Darstellungen neuester Kriegsereignisse (z. B. die »Seeschlacht von Trafalgar«) wechselten mit Rundumsichten touristischer Attraktionen, die gerade en vogue waren, oder Ansichten aus den englischen Kolonien. Die ausschließlich populären Themen waren auf das Bildungsniveau und das Interesse eines durchschnittlichen Zeitungslesers zugeschnitten; ihr Verständnis setzte keinerlei Kunstkennerschaft voraus. Darüber hinaus waren die Rundgemälde gegen Eintrittsgeld für jedermann – ohne Ansehen des Standes – zugänglich. Und so entwickelte sich die Kunstform des Panoramas im Laufe des 19. Jahrhunderts zu dem ersten visuellen Massenmedium im eigentlichen Sinn.

Die Abbildung zeigt den Schnitt durch die doppelstöckige Ausstellungsrotunde Barkers am Leicester Square. Die obere Leinwand zeigt das »Panorama von London, gesehen vom Dach der Albion Dampfmühle«. [SO]

536
Robert Barker und Henry Aston Barker:
Panorama von London.
Gesehen vom Dach der Albion Dampfmühle, 1792/93.
Rekonstruktion des Panorama-Baus mit Reproduktion des Rundgemäldes nach einer Serie von 6 zeitgenössischen Aquatintablättern (je 43,2 × 55,5 cm).
London, Guildhall Library

Lichtenberg hat niemals ein Panorama betreten; bei seinen Englandaufenthalten 1770 und 1774/75 war es noch nicht erfunden, und auf dem Kontinent waren Rundgemälde erst im Jahr 1800, also nach seinem Tod, zu sehen. Doch eine der ersten Pressemeldungen, die das deutsche Publikum über Barkers neue Erfindung unterrichtete, war 1794 unter dem Titel *Das Gemählde ohne gleiches* in dem von Lichtenberg herausgegebenen *Göttinger Taschen Calender* zu lesen. Das »Panorama von London. Gesehen vom Dach der Albion Dampfmühle«, war das erste vollständige Rundgemälde. Es hatte eine bemalte Fläche von 1479 Quadratfuß (= 137,5 qm) und wurde 1792 in London in einer eigens dafür errichteten hölzernen Rotunde ausgestellt. Später zeigte man es auch auf Jahrmärkten in Deutschland und Österreich, wo das Original verlorenging. In der Ausstellung ist die Ansicht der »Städte London und Westminster mit den drei Brücken über die Themse« nach einer zeitgenössischen Aquatinta-Folge rekonstruiert, die an die Besucher des Londoner Panoramas als Souvenir ver-

kauft wurde. Barker versetzt den Betrachter auf das Dach der Albion Mills, das »Monument der Neuzeit«, wie William Blake diese mit Dampfkraft betriebene Getreidemühle genannt hat. Dieses Industriegebäude, im großen Themsebogen gelegen, wurde erst 1788 errichtet. Doch die Silhouette Londons, der größten Stadt der westlichen Hemisphäre zu dieser Zeit, präsentiert sich noch ganz so, wie sie unter der Regierungszeit von George III. durch die Bauten des Architekten Christopher Wren gestaltet worden war – also ganz so, wie Lichtenberg sie gesehen hat. Der Blick schweift entlang der Blackfriars Bridge (1769, kurz vor Lichtenbergs Eintreffen, vollendet) über den Fluß zum Zentrum der Großstadt; der Turm von St. Bride's markiert Cheapside und die Fleetstreet, die Lichtenberg so anschaulich beschrieben hat. Der Blick wandert weiter die Themse abwärts zu St. Paul's, entlang dem Horizont, durch die Türme zahlreicher kleinerer Kirchen unterbrochen, bis zum Tower und der London Bridge, hinter der ein Wald von Masten den Ankerplatz der großen Übersee-Segler anzeigt. Über die Schornsteine der Albion Mills im Vordergrund hinweg entdeckt man ihr technisch veraltetes Pendant, die Windmühle von Maidlane, und direkt hinter dieser die Kirche St. Saviour's. In der Nähe von St. Saviour's fand jährlich die von Lichtenberg anhand des Hogarthschen Kupferstichs beschriebene Southwark Fair statt. Auf der anderen Seite, unmittelbar neben Albion Mills, am Beginn der Blackfriars Bridge, Albion Place mit der Albion Place Terrace, einer feudalen Wohnanlage, die während Lichtenbergs zweitem Londonaufenthalt gerade vollendet wurde. Unmittelbar rechts von Albion Place Terrace, auf der anderen Seite des Flusses, die massive Architektur von Somerset House und dahinter, fast verdeckt, die Dächer von Covent Garden und des Drury Lane Theatre. [SO]

537
Robert Barker:
Orientierungsplan zu Barker's
Panorama von London.
Kupferstich, 1792 (Reproduktion).
London, Guildhall Library,
St. Pauls's Collection

538
Die »Endeavour«.
Das von Captain James Cook geführte Expeditionsschiff seiner ersten Forschungsreise in die Südsee (1768-1771).
Modell, Maßstab 1:60, 20. Jahrhundert.
Höhe: 73 cm, Länge: 85 cm
Göttingen, Völkerkundliche Sammlung der Universität, Eu 321
An dieser Reise nahmen Joseph Banks und Daniel Solander teil. – Die Besichtigung der »Resolution«, des Expeditionsschiffes, mit dem Cook seine zweite Südsee-Reise unternahm, war Lichtenberg eine Reise nach Deptford wert. In sein Reise-Tagebuch vermerkt er: »Ferner [sahen wir] das Schif *Resolution*, worin *Capt. Cook* mit Herrn Forster die grose Reise um die Welt gethan hat. Es ist ein langes schmales und unangenehmes Schif. Ich habe mir ein Stück Holz davon abschneiden lassen.« (LE 1, T III, S. 207) [SO]

Manfred Urban

»Es war mir nicht unangenehm, meine Rechte Hand in einer andern zu sehen, die gerade vom entgegengesetzten Ende der Erde kam«

Die Entdeckung der Südsee und Lichtenberg

Der Stille Ozean und seine Kulturen sind erst spät in das Blickfeld Europas gelangt. Handelspolitische Erwägungen waren um 1500 die Auslöser dafür, daß die Portugiesen und Spanier, die damals führenden seefahrenden europäischen Nationen, erstmals in diesen Bereich vorstießen. Man wollte die viel Gewinn abwerfenden »Gewürzinseln«, die Molukken, aufsuchen. Laut päpstlicher Bulle und laut Vertrag war dabei den Portugiesen der Ostweg über den Indik und den Spaniern der Westweg – der, wie sich herausstellte, über bzw. um Amerika herumführte – vorgeschrieben. Als der spanische Konquistador Vasco Núñez de Balboa 1513 nach Überschreiten der Landenge von Panama im Süden eine bislang unbekannte große Wasserfläche vor sich sah, nannte er diese »mar del sur«. Die gewaltigen Ausmaße dieses Südmeeres wurden einige Jahre später bei der ersten Erdumseglung des in spanischen Diensten stehenden Ferñao Magellan erkannt, der es auf Grund seiner Erfahrungen als »mar pacifico« bezeichnete.

Die Erstentdeckung und Besiedlung des Stillen Ozeans, der Südsee mit ihren vielen Inseln und Atollen war damals schon lange abgeschlossen. In mehreren Wellen waren Bevölkerungsgruppen von der westlichen Umrandung des Pazifiks aus – einige bereits viele Jahrtausende vor der Zeitwende – in die Weiten des Weltmeeres vorgestoßen. Es waren metallose Kulturen, die in erster Linie vom Anbau von Kulturpflanzen und von der Nutzung der Meeresfauna lebten.

Neben den Handelsfahrten – vor allem der Spanier, vorwiegend von Mexiko zu den Philippinen und zurück – war bald die Suche nach der bereits in der Antike angenommenen »terra australis incognita« eine weitere Triebkraft, Unternehmungen in die Südsee zu starten. Versprach man sich doch vom Auffinden dieses unbekannten Südlandes große Reichtümer. Die Suche nach dem Südland wurde zunächst – noch im 16. Jahrhundert einsetzend – von den Spaniern (Alvaro Mendaña de Neyra 1567-1569 und 1595-1597, Pedro Fernandez de Quiros 1605/06, Luis Vaez de Torres 1606) begonnen und später im 17. Jahrhundert von den inzwischen als Seemacht etablierten Holländern (u. a. Willem Cornelisz Schouten 1616, Abel Tasman 1642/43 und schließlich Jacob Roggeveen 1721/22) fortgesetzt. Außerdem betätigten sich die Engländer durch Kaperfahrten (Francis Drake um 1580, William Dampier 1684, George Anson 1740-1742) im pazifischen Ozean. Durch all diese Fahrten, die aus wirtschaftlichen und machtpolitischen Gründen unternommen wurden, waren bis zur Mitte des 18. Jahrhunderts beträchtliche Teile der Inselwelten der Südsee von den Europäern entdeckt worden. Die Lage, Größe und Ausstattung der Inseln wurde in der Regel jedoch nicht genau erfaßt. Die wenigen Kontakte zwischen den Europäern und den Bewohnern der damals aufgesuchten Südseeinseln waren flüchtig und voller Spannungen.

539
J. Russel (pinx.) und J. Collyer (sc.):
Sir Joseph Banks Bar.t (1743-1820). President of the Royal Society.
Kupferstich, 1789.
17,2 × 11,4 cm (Platte)
Bez. »Sold by W. Dickenson, Bond street [...] Price 3 s.«
London, Guildhall Library, Lyson's Vol. 3, pt. i, p. 32
Banks, mit achtzehn Jahren Erbe eines großen Vermögens, Naturhistoriker mit überwiegend botanischem Interesse, erfolgreicher Sammler auf allen Gebieten der Naturgeschichte, Forschungsreisender (1763 Neufundland und Labrador; 1768-1771 Cooks erste Reise, mit Solander; 1772 Island), Präsident der Royal Society (1777). Lichtenberg besuchte ihn am 11. April 1775. Von späteren Beziehungen ist nichts gesichert. [SS]

540
Johannes Walch:
»Australien (Südland) auch Polynesien oder Inselwelt insgemein der fünfte Erdtheil genannt. Nach den neuesten und bewährtesten Hülfsmitteln entworfen. Augsburg, bey Johan[n]es Walch«, 1802.
Kupferstich, teilkoloriert.
62 × 49 cm (Platte),
53 × 66,5 cm (Blatt)
Darmstadt, Hessische Landes- und Hochschulbibliothek, Kartensammlung, Mappe 1162/5
Die Karte zeigt die Routen der drei von James Cook geführten Expeditionen; August 1768 bis Juli 1771, Juli 1772 bis Juli 1775 und Juli 1776 bis 1779. [SO]

Die eigentliche Entdeckung der Südsee für Europa setzte erst in den 60er Jahren des 18. Jahrhunderts ein. Sie wurde getragen von den Engländern und Franzosen, die in einer Art Konkurrenz eine Reihe von Expeditionen entsandten, deren Ziel der pazifische Raum war. Auf einer der ersten dieser Fahrten entdeckte dabei der Engländer Samuel Wallis im Juni 1767 Tahiti, die Hauptinsel der Gesellschafts-Gruppe, die in Europa bald zum Angelpunkt einer Südseeschwärmerei werden sollte. Die damals einsetzenden Unternehmungen der Franzosen (Louis Antoine de Bougainville 1766-1769, Jean Françoise de Surville 1769/70, Jean François de Galaup, Comte de La Pérouse 1785-1788, Antoine-Raymond-Joseph D'Entrecasteaux 1791-1793) und der Engländer (James Cook 1768-1771, 1772-1775 und 1776-1780) unterschieden sich durch ihre eindeutig auch wissenschaftliche Zielsetzung von den Fahrten der Vergangenheit. Gemäß dem Ideengut der Aufklärung war man nun bestrebt, über allgemeine Entdeckungen und kartographische Erfassung hinaus, das gesamte Naturreich zu erforschen, wobei der Mensch mit seiner »Gesittung« in das Interesse einbezogen wurde. Der Aufgabenstellung entsprechend nahmen neben Astronomen Gelehrte und Zeichner an diesen Expeditionen teil, und die Führer der Unternehmungen wurden mit genauen Anweisungen zum wissenschaftlichen Beobachten versehen. So wurden diese Reisen im Hinblick auf die Erweiterung der geographischen sowie natur- und kulturwissenschaftlichen Kenntnisse und Erkenntnisse außerordentlich ertragreich.

Der erfolgreichste Expeditionsleiter jener Zeit und der alle anderen überragende Entdecker der Südsee war James Cook, der drei Reisen mit jeweils besonderer Aufgabenstellung unternahm. Bei der ersten Fahrt galt es, ein astronomisches Ereignis, den Durchgang der Venus vor der Sonne auf der kurz zuvor von Wallis entdeckten Insel Tahiti im Zentralpazifik, zu beobachten. Cook wurde auf der »Endeavour« von den Naturforschern Joseph Banks und Daniel Solander, einem Schüler Carl von Linnés sowie dem Zeichner Sydney Parkinson begleitet. Auf dieser Reise entdeckte Cook weitere Inseln und erreichte das seit Tasman (1642) von Europäern nicht wieder angelaufene Neuseeland, dessen Doppelinselnatur er erkannte. Im April 1770 entdeckte er schließlich die fruchtbare Ostküste Australiens (Neuholland), was 18 Jahre später zur Gründung einer englischen Strafkolonie in dieser Region und damit zum Beginn eines ›Weiß‹-Australiens führte.

Die zweite Reise, mit zwei Schiffen – »Resolution« und »Adventure« – durchgeführt, sollte klären, ob es die »terra australis incognita«, das große Südland, tatsächlich gäbe. An der durch die Vorstöße in hohe Breiten besonders entbehrungsreichen Expedition – man gelangte mehrmals südlich des Polarkreises in die Treibeisgebiete der Antarktis – nahmen als Naturforscher Johann Reinhold Forster mit seinem Sohn Johann Georg und der Schwede Anders Sparrman teil. William Hodges, ein bekannter Landschaftsmaler, war dem Unternehmen als Zeichner beigegeben. In den kalten Jahreszeiten lief Cook als Erholungstationen verschiedene Inseln der Südsee, u. a. Tahiti und die Osterinsel, an und entdeckte eine Anzahl bislang unbekannter Gestade: so Neukaledonien und Teile der Neuen Hebriden im Westpazifik. Die »Adventure«, die bei einem Sturm von der »Resolution« getrennt wurde, kehrte bereits ein Jahr vor Cook, im Juli 1774 – mit Omai, einem Bewohner der Gesellschafts-Inseln, an Bord – nach England zurück.

Die dritte Reise Cooks hatte das Ziel, eine Durchfahrt vom Pazifik, um das nördliche Amerika herum, in den Atlantik zu finden. Nach Aufsuchen von Inseln, die ihm bereits von seinen vorhergehenden Reisen bekannt waren – Neuseeland, Tonga- und Gesellschafts-Inseln – entdeckte Cook im Januar 1778 die Hawaii-Inseln. Im weiteren Verlauf der Fahrt stieß der Entdecker auf die Nordwestküste Nordamerikas, verfolgte

541
Nathaniel Dance (1735-1811) (pinx.), J. K. Sherwin (sc.) und Johann Daniel Berger (1740-1824) (cop.):
Captain James Cook (1728-1779).
Illustration zu: [Georg Christoph Lichtenberg:] Einige Lebensumstände von Capt. James Cooks, größtentheils aus schriftl. Nachrichten einiger seiner Bekannten gezogen von G. C. L.
In: Göttingisches Magazin der Wissenschaften und Litteratur 1 (1780), 2. Stk., S. 243-296.
Kupferstich, um 1780.
12,5 × 7,5 cm
Ober-Ramstadt, Ulrich Joost
Bereits im *Göttinger Taschen Calender* für 1778 hatte Lichtenberg eine *Nachricht von Capitain Cook's dritter Reise* gebracht. Jetzt, 1780, veröffentlichte er ein eindringliches Porträt des von ihm bewunderten Seemanns und Forschers, zu dem Georg Forster, der Mitherausgeber des *Göttingischen Magazins*, aus eigenem Erleben manchen Zug beigesteuert haben dürfte: »Cook war ein dürrer, hagerer Mann, von breiten Schultern, starkem, gesundem Knochenbau und wenigstens 5 Fuß 11 Zoll bis 6 Fuß lang. Er gieng, wie alle Seefahrer von beträchtlicher Leibes Länge, stark gebückt, um nicht an die Cajüten-Decke zu stossen. [...] Ein Physiognome würde hierin den Mann erkannt haben, der gebohren war, den Erdkreis zu um – – wandeln. [...] Der herrschende Charakter seines Gesichts aber war ein finsteres, störrisches, zurückhaltendes Wesen, dessen Ausdruck durch die überhängende Oberlippe sehr verstärkt wurde. In den mannichfaltigen Brüchen desselben erkannte man nicht undeutlich den Mann von früher Anstrengung und Erfahrung, der viele Hindernisse und viel Elend überstanden, der der Schmidt seines eignen Glücks war, und bey dieser heissen Arbeit oft was redliches geschwitzt haben mag; alles dieses war endlich bey ihm stark mit Zügen des despotischen Schiffs-Capitains verwebt [...]. In dem Kupferstich, den Sherwin nach einem Gemählde des Dance von ihm geliefert hat, gleicht er sich, nach einem einstimmigen Zeugnis, bis zum sprechen. [...] Als Seefahrer betrachtet, war er von der Natur zu Entdeckungsreisen wie bestimmt [...]. Den unsterblichen Ruhm, den England bey der Nachwelt dieser Reisen wegen haben wird, hat es dieser glücklichen Wahl [Cooks zum Expeditionsleiter] allein zu danken. Denn die Reisen von Byron, Wallis, Carteret und Furneaux haben wenig oder gar nichts zu der Ausbreitung unserer Kenntnisse über diese unbekannten Theile der Erde beygetragen. Jene Männer verstunden den Seedienst wohl so gut als Cook, allein in Entdeckungsreisen wußten sie sich nicht zu schicken; sie wußten weder wo, noch was, noch wie sie untersuchen sollten; sie hatten nicht Selbstverleugnung genug, die Befehlshaberstelle auf einer Fregatte gegen die auf einem unansehnlichen Kohlenschiffe aufzugeben; ihre Vorsorge fürs Schiffsvolk gieng nicht so weit ins Detail; sie wußten sich nicht so gut wie Cook in die Wilden zu schikken; sie hatten weder die mathematischen Kenntnisse dieses Mannes noch die grosse praktische Fertigkeit in Aufnehmung und Entwerfung der Seekarten, und am allerwenigsten die Geduld 3 bis 4 Jahre auf einer Entdeckungsreise zu liegen.« (Lichtenberg: Einige Lebensumstände ..., S. 286-288, 295 f.) [SO]

542
John Webber (1750-1791) (pinx.) und Francesco Bartolozzi (1727-1815) (del.):
Der Tod von Captain Cook.
Aus: A Voyage to the Pacific Ocean in the Years 1776, 1777, 1778 and 1780 [...]. Vol. I and II written by Capt. Jes Cook, vol. III written by Capt. J. King, edited by John Douglas. London 1784. 3 Bde.
Kupferstich, 1784.
Nach Auseinandersetzungen mit den Eingeborenen in der Karakakua-Bay auf Tahiti wurde ›versehentlich‹ einer ihrer Anführer getötet. »Die Männer bewaffneten sich jetzt mit Speeren und Steinen, einer bedrohte den Capitän, welcher mit Schrot auf ihn schoß. Da wurde das Volk wüthend, warf mit Steinen, Cook feuerte zum zweiten Male mit einer Kugel und tödtete einen der vordersten Männer. Ein allgemeiner Angriff erfolgte, die Matrosen feuerten auf das Volk, welches sich gegen die Boote bewegte, vier Matrosen tödtete und drei verwundete. Cook selbst wurde getödtet, man sah ihn zuletzt, wie er vom Ufer aus den Booten zurief, man sollte mit Schießen aufhören. Dieses geschah am 14. Februar 1779. [...] weder mit Güte noch mit Gewalt konte man den Leichnam erhalten, kaum mehr als der größte Theil der Knochen wurde ausgeliefert, welche am 21. Februar mit den gewöhnlichen Ehrenbezeigungen beerdigt wurden.« (L. F. Kämtz, in: Allgemeine Encycolpädie der Wissenschaften und Künste [Ersch / Gruber], Bd. 19, S. 238). [SO]

543
John Francis Rigaud (1742-1810) und D. Beyel (sc.):
Johann Reinhold Forster (1729-1798) und sein Sohn Johann Georg Forster (1754-1794) bei naturkundlichen Forschungen auf Neuseeland.
Kupferstich (brauner Druck), 1780.
26 × 23 cm
Darmstadt, Hessische Landes- und Hochschulbibliothek, Kartensammlung, Portr. F. 63
Das Gemälde entstand fünf Jahre nach der Rückkehr der Forscher aus der Südsee in London. [SO]

544
Johann Georg Forster (1754-1794):
»Aptenodytes [Pygoscelis] antarctica«.
Zügel- oder Kehlstreifpinguin.
Gouache, um 1772. 48,6 × 30 cm
Jena, Thüringer Universitäts- und Landesbibliothek, Ms. Prov. f. 185 (1)
Am 8. Dezember 1772, als die Cooksche Expedition ihren ersten Vorstoß in die Antarktis unternahm, sahen Vater und Sohn Forster unweit der Kerguelen-Inseln zum ersten Mal überhaupt Pinguine, die sie bis dahin nur aus Seefahrerberichten kannten. In den folgenden Wochen konnten sie die Tiere mehrfach beobachten, aber erst am 27. Dezember gelang es, ein Exemplar zu erlegen, das Vorlage für diese Gouache wurde. Während Georg Forster das Tier zeichnete, vermerkte Johann Reinhold Forster diese neue Tierart in seinem Manuskript. Er notierte, daß diese Tiere gesellig lebten und fernab vom Land auf treibenden Eisschollen zu finden seien. [SO]

545
Johann Georg Forster (1754-1794):
»Aptenodytes magellanica / very near natural Size. Wog 4 ℔«.
Spheniscus magellanicus, Magellanpinguin.
Gouache, um 1775. 49 × 30 cm
Jena, Thüringer Universitäts- und Landesbibliothek, Ms. Prov. f. 185 (2)
Um die Jahreswende 1774/75 ankerte das von Captain James Cook selbst geführte Schiff »Resolution«,

diese bis zu den Aléuten, durchfuhr die Bering-Straße und mußte schließlich in 70° nördlicher Breite, durch Packeis gezwungen, umkehren. Beim nochmaligen Aufsuchen Hawaiis fand Captain James Cook im Herbst 1778 bei Auseinandersetzungen mit Einheimischen den Tod.

Die Ergebnisse und Auswirkungen von Cooks Reisen, aber auch die persönlichen Verdienste des Kapitäns können nicht hoch genug eingeschätzt werden. Durch seine zielgerichteten Fahrten in den unterschiedlichsten Breiten, die dabei gemachten Entdeckungen und vorgenommenen Vermessungen hat er die verläßlichen Grundlagen unseres Kartenbildes der Südsee gelegt. Das vermutete Vorhandensein eines riesigen Südkontinentes wurde widerlegt. Darüber hinaus erbrachten Cooks Expeditionen eine Flut von wissenschaftlichen Daten und Erkenntnissen in den unterschiedlichsten Bereichen wie Astronomie, Meteorologie, Mineralogie, Botanik, Zoologie sowie Anthropologie, Sprachwissenschaft und Völkerkunde. So wurde bereits auf der ersten Reise erkannt, daß zwischen den Bewohnern Polynesiens (Tahiti, Neuseeland) und denen des Malaiischen Archipels eine enge sprachliche Verwandtschaft besteht. Die Verschiedenartigkeit im anthropologischen Habitus – dunkelhäutige Bevölkerungsgruppen im westlichen, melanesischen Teil (Neue Hebriden, Neukaledonien) und hellhäutige im östlichen, im polynesischen Teil der Südsee – wurden auf der zweiten Reise erfaßt und beschrieben. Die häufig mehrwöchigen Aufenthalte auf den Inseln wurden auch dazu genutzt, sich intensiver mit der Kultur dieser Ethnien zu beschäftigen: mit ihrer Wirtschaft, ihrem handwerklich-technischen Können, ihrer Kleidung und Behausung sowie ihrem sozialen Leben und den religiösen Vorstellungen. Alles wichtige Daten für eine Wissenschaft, die Völkerkunde, die sich in diesen Jahrzehnten herausbildete.

Ebenfalls von großer Bedeutung sind die während der Cookschen Reisen angelegten Sammlungen. Darunter befindet sich in größerem Umfang auch ethnographisches Material. Die Zusammensetzung dieses völkerkundlichen Sammlungsgutes läßt erkennen, daß man bemüht war, die Zeugnisse fremder Kulturen nun, im Gegensatz zu früheren Zeiten, systematisch zu erfassen.

In Europa, voran in Frankreich, England und Deutschland, wurden die planmäßigen Entdeckungsfahrten der 60er und 70er Jahre mit großer Anteilnahme verfolgt. Die bald nach Beendigung der einzelnen Unternehmungen herausgegebenen Reisejournale und andere Veröffentlichungen[1] der Kapitäne, Offiziere und Ärzte sowie der Gelehrten und Zeichner fanden ein sehr aufnahmebereites Publikum. Im Mittelpunkt des Interesses stand dabei Tahiti. Auslöser für die in Europa aufkommende Südsee- und insbesondere Tahiti-Begeisterung waren zunächst die Veröffentlichungen von Bougainvilles Reise – er hatte als erster nach Wallis Tahiti angelaufen – die bereits 1769 und 1771 erschienen.[2] Darin wurden nicht nur die Landschaft, sondern auch die Kultur- und Gesellschaftszustände Tahitis – »la nouvelle Cythère« – in leuchtendsten Farben geschildert. Durch diese überschwenglichen, idealisierenden Berichte schien das Leben der Südseeinsulaner die These Rousseaus zu bestätigen, daß bei den dem Naturzustand nahe lebenden Völkern paradiesisches Glück noch vorhanden sei.

Durch die zahlreichen und teilweise reich illustrierten Veröffentlichungen, die als Ergebnisse der Cookschen Reisen erschienen, erhielt das interessierte Publikum umfangreichere, durch längere Aufenthalte auf den Inseln ermöglichte, auch ins Detail gehende Informationen. Wenngleich sie das verzeichnete Bild im einzelnen etwas korrigieren konnten, so haben sie doch – nicht völlig frei von Idealisierungen – die Südseeschwärmerei noch gefördert. Und selbst Georg Forsters 1777 erschienene *Voyage round the World* – in Gehalt und Darstellung m. E. die bedeutendste aller Publikationen

auf der sich auch Reinhold und Georg Forster befanden, drei Tage vor einer der Neujahrs-Inseln, wo sie außer großen Robbenherden auch tausende dieser Pinguine antrafen. Für die Seeleute waren die leicht zu erlegenden Tiere eine Abwechselung in ihrer eintönigen Kost aus Salzfleisch und Schiffszwieback – für Reinhold Forster aber abermals eine neue, bisher unbekannte Tierart, die von ihm zuerst wissenschaftlich beschrieben wurde. Seine Forschungsergebnisse veröffentlichte er 1781 in den Göttinger Akademieschriften unter dem Titel »Aptenodytae«, mit 5 Kupfertafeln illustriert, zu denen u.a. die beiden hier gezeigten Gouachen als Vorlage dienten. – Am 15. Januar 1781 forderte Georg Forster in einem Brief aus Kassel an Christian Gottlob Heyne die Illustrationsvorlagen zurück: »Ich weiß nicht, ob Hr. Professor Lichtenberg Ihnen gesagt hat, daß mein Vater sich die Originalzeichnungen von den Aptenodytis [...] vorbehalten hätte. [...] denn sie füllen eine Lücke in meines Vaters Sammlung Handzeichnungen.« [SO]

546

Johann Georg Forster (1754-1794): Johann Reinhold Forster's [...] Reise um die Welt während den Jahren 1772, bis 1775 in dem von Seiner itztregierenden Großbrittannischen Majestät auf Entdeckungen ausgeschickten und durch den Capitain Cook geführten Schiffe the Resolution unternommen. Beschrieben und herausgegeben von dessen Sohn und Reisegefährten George Forster [...]. Berlin: 1778 u. 1780. 2 Bde.
[= Geschichte der Seereisen Bd. 4 u. 5].
Göttingen, Niedersächsische Staats- und Universitätsbibliothek, 4° Hist. nat. II, 1015: 4. 5.
Der Reisebericht erschien ein Jahr zuvor zuerst in englischer Sprache unter dem Titel: *A Voyage round the World, in His Britannic Majestys's Sloop, Resolution, commanded by Capt. James Cook, during the years 1772-5.* London 1777. [SO]

547

Heinrich Karl Zimmermann (1741-1805):
Reise um die Welt mit Capitain Cook. Mannheim: C. F. Schwan 1781.

Göttingen, Niedersächsische Staats- und Universitätsbibliothek, 8° Hist. nat. II, 1035 Rara
Karl Zimmermann war Matrose auf der »Discovery«, später Schiffsmeister auf dem Starnberger See. Lichtenberg schreibt nach der Lektüre des Reiseberichts an seinen Freund Johann Friedrich Blumenbach im August 1781: »Haben Sie schon *Heinrich Zimmermanns* Reise um die Welt mit Capt Cook gelesen. Es ist einer der Matrosen. Aber umständlicher, als im Magazin und läßt sich, die Vorrede ausgenommen, gantz gut lesen. Gelacht habe ich überlaut, als ich laß, daß sich einige Wilden unter dem natürlichen noch ein Maul N° 2 schneiden und die Zunge bald *zum untern bald zum obern heraus* strecken. Nun zweifle ich gar nicht daß es irgendwo Mädchen giebt die sich noch eine – schneiden, 3 in einer Reihe.« (Bw 2, Nr. 848) [SO]

548
Tapa.
Rindenbaststoff, Hawaii-Inseln.
Pflanzenfasern, 18. Jahrhundert.
Göttingen, Völkerkundliche Sammlung der Universität, Cook-Sammlung Oz 266
Georg Forster hatte offenbar eine größere Menge von Tapa aus der Südsee mit nach Europa gebracht. Jedenfalls verteilte er Stücke dieser Rindenbaststoffe und überreichte z. B. bei Einladungen diese »Utaheitischen Zeuge« als Gastgeschenke. Im gesellschaftlichen Leben Göttingens spielten diese Mitbringsel vom anderen Ende der Welt durchaus eine Rolle. [SO]

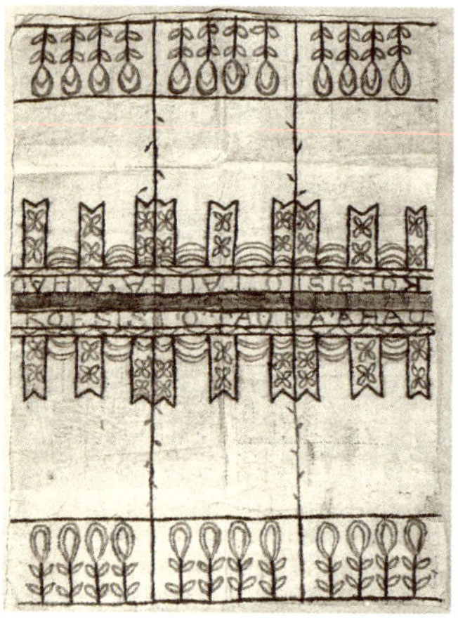

549
Bekleidung aus Rindenbaststoff (Tapa).
Tonga-Inseln.
Pflanzenfaser, 20. Jahrhundert.
104 × 148 cm
Göttingen, Völkerkundliche Sammlung der Universität, Oz 2686

550
Strähnen neuseeländischen Flachses (Phormium tenax).
Pflanzenfaser, 18. Jahrhundert.
Länge: ca. 85 cm
Göttingen, Völkerkundliche Sammlung der Universität, Forster-Sammlung Oz 311
Dieses Material wurde von den Maori zur Herstellung ihrer capeartigen Umhänge verwendet.
Lichtenberg an Abraham Gotthelf Kästner, 16. Oktober 1775: »Von der Chlamydea des Herrn Solander, die Forster Phormium tenax nennt, oder die Pflanze, deren Stengel einen der Seide gleichen Faden giebt, und von der man sich so viel versprach, und noch verspricht, hat er [Reinhold Forster] viel Samen mitgebracht.« (Bw 1, Nr. 288, S. 562) [SO]

551
Ohranhänger aus Neuseeland.
Nephrit (Grünstein), geschliffen, poliert und durchbohrt, 18. Jahrhundert. Länge: 8 cm
Göttingen, Völkerkundliche Sammlung der Universität, Cook-Sammlung Oz 295
In einem Gesuch an Georg III. erbat Johann Friedrich Blumenbach zur Bereicherung der Sammlungen des 1773 eingerichteten, unter seiner Aufsicht stehenden »Academischen Museums« »etwas von dem Ueberfluße ausländischer Natürlicher Merkwürdigkeiten«, die auf den Expeditionen unter Capitain Cooks Leitung gesammelt worden waren. Tatsächlich kam daraufhin im Sommer 1782 eine mehr als 350 Gegenstände umfassende Sammlung ethnographischer Gegenstände nach Göttingen, die zusammen mit Stücken aus Forsters Nachlaß den Grundstock und den wertvollsten Besitz der heutigen Völkerkundlichen Sammlungen der Universität bilden. [SO]

552
Kamm aus Neuseeland.
Wal-Knochen, 18. Jahrhundert.
Länge: 15 cm
Göttingen, Völkerkundliche Sammlung der Universität, Forster-Sammlung Oz 293

553
Sidney Parkinson (1745-1771) (del.) und F. Chambers (sc.): »The Head of a Chief of New Zealand, the face curiously tataowd, or snark'd, according to their Manner«.
Kupferstich, um 1775.

554
Kurze Schlagkeule aus Neuseeland.
Besalt, geschliffen, poliert und durchbohrt, 18. Jahrhundert.
Länge: 35 cm
Göttingen, Völkerkundliche Sammlung der Universität, Forster-Sammlung Oz 278

555
Sidney Parkinson (1745-1771) (del.) und F. Chambers (sc.): »A New-Zealand Warrior in his Proper Dress, & Compleatly Armed, According to their Manner.«
Kupferstich, um 1775.

556
Anthropomorphe Plastik.
Teil eines Wedelgriffs aus Tahiti.
Holz, geschnitzt, 18. Jahrhundert.
Länge: 14 cm
Göttingen, Völkerkundliche Sammlung der Universität, Forster-Sammlung Oz 419

557
Panflöte.
Tonga-Inseln.
9 Bambusröhrchen, 18. Jahrhundert. Länge: 27 cm
Göttingen, Völkerkundliche Sammlung der Universität, Forster-Sammlung Oz 157

558
Kopfbank.
Tonga-Inseln.
Holz, poliert, 18. Jahrhundert.
Länge: 72 cm
Göttingen, Völkerkundliche Sammlung der Universität, Forster-Sammlung Oz 348

559
Dechsel (Querbeil).
Gesellschaftsinseln.
Klinge: polierter Basalt, Stiel: Holz, Kokosfasern, 18. Jahrhundert.
Länge: 56 cm
Göttingen, Völkerkundliche Sammlung der Universität, Cook-Sammlung Oz 361
Die geschliffene und polierte Basaltklinge ist mittelst zopfartig geflochtener Kokosfaserschnur in Schnürschäftung mit dem hölzernen Griffteil fest verbunden. Das Querbeil wurde zum Fällen von Bäumen und allgemein zur Holzbearbeitung verwendet. [MU]

560
Angelhaken.
Neuseeland.
Holz, Knochen, Umwicklungen aus pflanzlichem Material, 18. Jahrhundert. Länge: ca. 10 cm
Göttingen, Völkerkundliche Sammlung der Universität, Cook-Sammlung Oz 342

561
Korb.
Tonga-Inseln.
Pflanzenfasern, 18. Jahrhundert.
Höhe: 28 cm, Länge: 54 cm
Göttingen, Völkerkundliche Sammlung der Universität, Cook-Sammlung Oz 115
Der Korb, geflochten aus den Mittelrippen von Kokospalmblättern und anderem pflanzlichen Fasermaterial, wurde zum Transport von Fischen verwendet. [MU]

562
Keule.
Tonga-Inseln.
Holz, poliert, 18. Jahrhundert.
Länge: 78 cm
Göttingen, Völkerkundliche Sammlung der Universität, Forster-Sammlung Oz 127

von Cooks Reisen, in aufklärerischer Tendenz geschrieben – hat, bedingt durch malerische und stimmungsvolle Passagen, zu der überzogenen Südseebegeisterung beigetragen. Jedoch zeigt sich gerade in den Werken beider Forsters eine fundierte und differenziertere Darstellung unter verstärkter Einbeziehung ethnologischer Fragestellungen.

Die Verklärung der Südsee schlug sich auch in der Illustrierung verschiedener Publikationen, insbesondere der Cookschen *Journals* nieder. Die nach Vorlagen der Expeditionszeichner angefertigten Stiche belegen, daß die Künstler von den idealisierenden Südseevorstellungen ihrer Zeit stark beeinflußt waren und sich dem damaligen Geschmack anpaßten.[3] So wurden die Insulaner gelegentlich als klassische Gestalten in entsprechenden Gewandungen dargestellt – eine Verfälschung, die von Georg Forster scharf kritisiert wurde.[4]

Es waren vor allem die Berichte Cooks und seiner Reisegefährten, die die Südsee voll in das Bewußtsein Europas brachten und die größte Wirkung erzielten. In Europa verklärte man das dargebotene »Gegenbild zivilisatorischer Überfeinerung«[5] zu einem natürlichen Paradies. Die »glückseligen Inseln« wurden zu einem anzustrebenden Fluchtpunkt. Der ›Cook-Südsee-Komplex‹ fand damals einen breiten Niederschlag in der Literatur, u. a. in Romanen. Auch der Göttinger Hain griff diese Thematik auf. Und Schiller befaßte sich in späteren Jahren – wie aus dem 1798 mit Goethe geführten Briefwechsel hervorgeht – mit dem Gedanken, dem großen Entdecker Cook ein Denkmal in Form eines Gedichtes zu setzen.[6] In England wurde der zwei Jahre in London weilende »Otaheite« Omai Gegenstand von satirischen Gedichten. Mit John O'Keefes Pantomime *Omai or a Trip Round the World* – im Dezember 1785 in Covent Garden uraufgeführt – wurden Cooks Reisen erstmalig auf der Bühne thematisiert. Das von Philippe Jaques de Loutherbourg mit realistischen Kostümen und Szenerien ausgestattete Stück war ein voller Erfolg. Wohl davon angeregt verfaßte Mussot Arnould eine Pantomime *La mort du Capitaine Cook*, die ab Oktober 1788 in Paris zur Aufführung kam und im folgenden Jahr auch in London auf dem Spielplan stand.[7]

In Göttingen wurden die Fahrten Cooks und seiner Zeitgenossen mit höchster Aufmerksamkeit verfolgt. Eine Anzahl natur- oder kulturhistorisch interessierter Professoren nahm die entsprechenden Veröffentlichungen umgehend auf und wertete sie bei der wissenschaftlichen Arbeit und im Hochschulunterricht aus. Besonders zu nennen sind in diesem Zusammenhang Christian Wilhelm Büttner, Johann David Michaelis, Johann Christoph Gatterer, Christian Gottlob Heyne, August Ludwig von Schlözer, Christoph Meiners, Johann Friedrich Blumenbach und auch Lichtenberg. Bei einer Durchsicht der *Göttingischen Gelehrten Anzeigen* erkennt man, mit welcher Aktualität und in welchem Umfang die Entdeckungsberichte in diesem führenden wissenschaftlichen Rezensionsorgan vorgestellt wurden. In Göttingen wandten sich in dieser Zeit insbesondere Historiker allgemein-menschheitsgeschichtlichen und im einzelnen speziell völkerkundlichen Fragen und Problemen zu. Es ist bezeichnend, daß damals in Göttingen – um 1770 durch Schlözer und Gatterer – die Begriffe »Völkerkunde« und »Ethnographie« geprägt wurden.[8]

Durch die Verbindungen der beiden Forster mit Göttingen erhielt man in der Universitätsstadt mannigfache zusätzliche Impulse, sich mit Cooks Reisen und der Südsee auseinanderzusetzen. Der ältere Forster pflegte, bereits vor seiner Fahrt mit Cook einsetzend, briefliche Kontakte mit den Professoren. Besondere Bedeutung bekam die engere Bindung des jüngeren Forster zu Göttingen, als er Ende 1778 in Kassel eine Anstellung erhielt. Während seiner Kasseler Zeit – bis 1784 – hielt er sich häufiger in Göttingen auf, um die umfangreichen Bestände der Universitätsbibliothek zu nutzen

563
Armschmuck.
Hawaii-Inseln.
22 Eberhauer, durchlocht und auf Schnur reifartig aneinandergereiht, 18. Jahrhundert. Höhe: 10 cm
Göttingen, Völkerkundliche Sammlung der Universität, Cook-Sammlung Oz 239

564
Haarschmuck mit Resten von Kasuarfedern.
Neuseeland.
Hölzerner Reif, mit Schnüren aus pflanzlichem Material umwickelt, Federn, 18. Jahrhundert. Durchmesser: ca. 8 cm
Göttingen, Völkerkundliche Sammlung der Universität, Cook-Sammlung Oz 298

565
William Hodges (1744-1797) (del.) und J. Hall (sc.):
»The Chief at S.ta Christina«.
Kupferstich, 1777.
31,8 × 25,7 cm (Platte)
Göttingen, Völkerkundliche Sammlung der Universität, Bikat 284,16

566
William Hodges (1744-1797) (del.) und J. Basire (sc.):
»Man in Christmas Sound, Tierra del Fuego«.
Kupferstich, 1777.
27,8 × 19,9 cm (Platte)
Göttingen, Völkerkundliche Sammlung der Universität, Bikat 284,4
»*Pecherais* heisen die elenden Menschen auf Tie[r]ra del'fuego«. (LE 1, T III, S. 200)

567
William Hodges (1744-1797) (del.) und Michel (sc.):
»Man of New Zealand«.
Kupferstich, 1777.
28,7 × 22,1 cm (Platte)
Göttingen, Völkerkundliche Sammlung der Universität, Bikat 284,14
»*Der Pater*: Ihr seid Menschenfresser Ihr Neuseeländer. *Neuseeländer*: Und ihr seid Gottfresser ihr Pfaffen.« (SB 1, J 926)

568
William Hodges (1744-1797) (del.) und J. Caldwall (sc.):
»Woman of Easter Island«.
Kupferstich, 1777.
25,5 × 19,7 cm (Platte)
Göttingen, Völkerkundliche Sammlung der Universität, Bikat 284,6

und sich mit den aufgeschlossenen Professoren auszutauschen. Der Weltumsegler wurde in Göttingen mit großer Spannung erwartet und mit offenen Armen empfangen, erfuhr man doch aus seinem Munde Authentisches über Cooks Unternehmungen und die Verhältnisse auf den Inseln der Südsee. Seine aus der Ferne mitgebrachten Gastgeschenke – »utaheitische Zeuge« (Rindenbaststoffe) – spielten damals im gesellschaftlichen Leben der Universitätsstadt eine Rolle. Da Georg Forster 1785 Therese, die Tochter des von ihm sehr verehrten Heyne heiratete, riß der Kontakt zwischen ihm und Göttingen bis zu seinem frühen Tod 1794 nie völlig ab.

Anfang der 80er Jahre lenkte ein weiterer Umstand in Göttingen verstärkt die Aufmerksamkeit auf den ›Südsee-Komplex‹. Der junge Mediziner, Naturforscher und Anthropologe Johann Friedrich Blumenbach, damals »Aufseher« am 1773 eingerichteten »Academischen Museum«, erkannte die Chance, daß Göttingen auf Grund der Personalunion zwischen Hannover und London »etwas von dem Ueberflusse ausländischer Natürlicher Merkwürdigkeiten« abbekommen könnte, die auf Cooks Reisen »um die Welt in größter Menge gesammlet« worden waren. Sein an Georg III. weitergeleitetes Gesuch hatte Erfolg. Das »Academische Museum« erhielt im Sommer 1782 eine äußerst wertvolle, mehr als 350 Objekte umfassende ethnographische Sammlung, die während der Unternehmungen Cooks zusammengetragen worden war.[9] Diese Belege der von europäischen Einflüssen noch freien Sachkultur fremder Völker, ganz überwiegend »aus den neuentdeckten Inseln des Südmeeres«, wurden aufgestellt und boten damit den Interessierten immer wieder Anlaß, sich mit dem ›Südsee-Komplex‹ zu beschäftigen.

Welche Bedeutung hatten Cooks Reisen und die Entdeckung der Südsee für Lichtenberg? Und wie spiegelt sich das in seinen Äußerungen und seinem publizistischen Schaffen wider? Lichtenberg, der während seiner Studienzeit in der 1764 von Gatterer gegründeten »Historischen Akademie« mitarbeitete, hatte sich bereits relativ früh mit Berichten von Entdeckungsfahrten und Reisen in ferne Gebiete beschäftigt. Nachweisbar ist, daß er sich zwischen November 1770 und Februar 1772 einige einschlägige Werke – zum Beispiel George Ansons *A Voyage round the World in The Years 1740-1744* – entliehen hatte.[10] Verschiedene Eintragungen in seinen Sudelbüchern (SB 1, D 130 f., 386, 440 f. und öfter) belegen, daß sein Interesse bereits vor seinem zweiten London-Aufenthalt »Otaheite« galt und er die Beschreibung von Bougainvilles Unternehmen und die von John Hawkesworth vorgenommene und 1773 in London erschienene Bearbeitung von Wallis' Reise und Cooks erster Fahrt gelesen hatte. Während seines zweiten Aufenthaltes in London war es Lichtenberg nun vergönnt, mit Teilnehmern an Cooks Reisen zusammenzukommen und in persönlichen Gesprächen vom Verlauf und den Ergebnissen der Unternehmungen zu erfahren. Seine Tagebücher und seine Briefe geben darüber Auskunft.

Als Lichtenberg am 24. März 1775 in London »Herrn Solander auf dem Museo präsentirt« wurde (LE 1, T II, S. 105f.), lernte er zugleich Omai kennen, dem er großes Interesse entgegenbrachte. Er schildert das Erscheinungsbild des Südseeinsulaners und seine »Minen«, die »etwas sehr angenehmes, und etwas bescheidenes haben«. Ihm fällt auf: »seine Hande sind mit blauen Flecken bemerckt«.[11] Der wißbegierige Professor bemüht sich, im Gespräch mit Omai Einzelheiten über dessen Heimat und eventuelle Heimreise zu erfahren. Stark bewegt von dieser ersten Begegnung mit einem Antipoden schließt Lichtenberg mit dem Satz: »Es war mir nicht unangenehm meine Rechte Hand in einer andern zu sehen, die gerade vom entgegengesetzten Ende der Erde kam.« Am nächsten Tag (LE 1, T II, S. 109ff.), beim gemeinsamen Frühstück mit Solander und Omai, nutzt Lichtenberg die Gelegenheit, den Antipoden weiter zu beobachten und eingehend zu befragen. Dabei stellt er fest, daß Omai bei der Aussprache Schwierigkeiten mit dem »s« hat – »*Solander* spricht er aus wie *Tolando*« – und daß Omai Gefallen an Aufführungen in Sadler's Wells, einem Varieté-Theater, gefunden hat. Mit der Bemerkung: »Man zweifelt sehr ob er ein Czaar Peter für seine Nation werden wird« nimmt Lichtenberg Bezug auf die Hoffnung, die man anfänglich hegte, daß die aus der Ferne mit nach Europa genommenen »Wilden« bei der Rückkehr in ihre Heimat wesentliche Impulse für die Entwicklung ihrer Gesellschaft geben könnten. An seinen Freund Johann Christian Dieterich schreibt Lichtenberg wenige Tage darauf, am 31. März 1775 (LE 1, Br XV, S. 303), daß er neulich »mit dem Otahiten Omiah« gefrühstückt habe. »Er ist aus der Insul, wo man mit einem eisernen Nagel Hertzen und Zubehör ohne Mühe erkauft.«[12]

Nachdem Lichtenberg zumindest zweimal mit dem schwedischen Naturforscher Daniel Solander zusammen war, kam es am 11. April (LE 1, T II, S. 117) zu einem Treffen mit Sir Joseph Banks. Durch die Bekanntschaft mit den beiden Forsters, die Ende Juli 1775 mit Cook auf der »Resolution« aus der Südsee zurückkehrten, wurde die Wißbegier des Göttinger Professors aber zweifellos am nachhaltigsten gestillt. »Am 21t *September* sah ich Herrn Forster in London.« (LE 1, T III, S. 193) Es kam noch zu mehreren Begegnungen, u. a. in Forsters Heim in der Percy Street. Lichtenberg war vom älteren Forster stark beeindruckt. Enthusiastisch äußert er sich diesbezüglich in Briefen. So am 16. Oktober 1775 an Johann Andreas Schernhagen gerichtet: »[...] sein Gedächtniß ist auserordentlich und eben so soll seine Stärcke in der Naturhistorie seyn [...]. Seine Liebe zur Wissenschafft und sein Eifer für die Wahrheit sind eben so auserordentlich, und um alles in kurtze zu ziehen, muß ich sagen, daß der auserordentlichste Mann, den ich fast in England gesehen habe, ein Deutscher und zwar Herr Forster ist.« (LE 1, Br XXII, S. 318) Voller Begeisterung nahm Lichtenberg alles auf, was Vater und Sohn Forster berichteten und hielt viele Einzelheiten davon fest. So die kräftezehrenden Vorstöße in die Kälteregionen der Südhalbkugel, wo sie erst »das Eis [hinderte] weiterzugehen« (LE 1, Br XXI, S. 314); die Tatsache, daß man das »Eis von Seewasser süß gefunden« hat (LE 1, T III, S. 200); die Beobachtung von unseren »Nordlichtern ähnlichen Südlichtern« (LE 1, Br XXII, S. 319); die Entdeckung von Nova Caledonia sowie das Aufsuchen von Mallicolo und Tanna in den Neuen Hebriden, deren Einwohner »im Gesicht den Affen ähnlicher sind, als irgend ein bekanntes Volk« (LE 1, Br XXI, S. 314); die Feststellung, daß die Sprachen der Bewohner dieser eben genannten Inseln »von allen andern Südsee Sprachen unterschieden« sind (LE 1, T III, S. 200); und von »dem grosen Nutzen des sauren Kohls und der Maisch« (LE 1,

569
Federhelm.
Hawaii.
18. Jahrhundert. Höhe ca. 38 cm
Göttingen, Völkerkundliche Sammlung der Universität, Cook-Sammlung Oz 2457

570
John Webber (1750-1793) (del.) und J. K. Sherwin (sc.):
»A Man of the Sandwich Islands, with his Helmet«.
Aus: J. Cook, J. King: A Voyage to the Pacific Ocean [...] in the Years 1776-80. 3 Bde. und Tafelbd., Taf. 64.
Kupferstich, 1776.

571
Halsschmuck.
Feuerland, 18. Jahrhundert.
Schneckengehäuse, in ein Band aus Pflanzenfasern geflochten;
Länge: 38 cm
Göttingen, Völkerkundliche Sammlung der Universität, Cook-Sammlung Am 14

572
William Hodges (1744-1797) (pinx.) und J. Basire (sc.):
»The Landing at Mallicolo, one of the New Hebrides«.
Kupferstich, 1777.
28,2 × 49,3 cm (Platte)
Göttingen, Völkerkundliche Sammlung der Universität, Bikat 284,11

573
William Hodges (1744-1797) (pinx.) und J. K. Sherwin (sc.): »The Landing at Tanna one of the New Hebrides«.
Kupferstich, 1777.
27,9 × 49 cm (Platte)
Göttingen, Völkerkundliche Sammlung der Universität, Bikat 284,15

Br XXII, S. 320), die James Cook erfolgreich gegen den gefürchteten Scharbock einsetzte.[13]

Georg Forster, »ein Mensch von 21 Jahren, und vortreflicher Zeichner«, wurde von Lichtenberg während der Londoner Zeit weniger beachtet. Er hat »eine außerordentliche Menge Zeichnungen von neuen Pflanzengeschlechtern und Arten, und von Thieren gemacht.« (LE 1, Br XXI, S. 314 f.) In seinem Brief an Schernhagen gab Lichtenberg einen ersten Hinweis darauf, daß die Forsters auch Ethnographica gesammelt hatten.[14] »[...] sie haben eine grose Menge von neuen Thier und Pflanzenarten und Gattungen entdeckt und theils in Zeichnungen, theils in Natur mitgebracht, anderer Naturalien und Artefackten der Völcker, die sie besucht haben, nicht zu gedencken.« (LE 1, Br XXII, S. 319)

Am 11. November suchte Lichtenberg in London William Hodges auf. »Diser Herr *Hodges* ist ein sehr geschickter Mahler, der Köpfe von allen den Nationen die sie gesehen haben, und von allen schönen Gegenden Zeichnungen gemacht hat. Er zeigte sie uns alle, die langen Ohren der Leute von *Easter Island*, die steinerne Dummheit der *Pecherais* sind unnachahmlich ausgedruckt« (LE 1, T III, S. 200). Angetan von dem, was er gesehen hatte, besuchte Lichtenberg Hodges, dessen Zeichungen als Vorlagen zur Illustration des später erschienenen offiziellen Reisejournals von Cook, *A Voyage towards the South Pole and Round the World* (1777), benutzt wurden, am 25. November nochmals. Er studierte eingehend die Darstellungen, erwähnt belustigt besonders die eigenartige Penisbedeckung der Bewohner der Neuen Hebriden und hebt die »grosen Statüen oder Gebaude«[15] der Osterinsulaner hervor, von denen er ein Exemplar grob skizziert (LE 1, T III, S. 204).

Am 30. November, kurz vor seiner Rückreise, nahm Lichtenberg, der inzwischen noch stärker motiviert war, die »Resolution« in Augenschein, »worin *Capt. Cook* mit Herrn Forster die grose Reise um die Welt gethan hat. Es ist langes schmales und unangenehmes Schif. Ich habe mir ein Stück Holz davon abschneiden lassen« (LE 1, T III, S. 207).[16]

In verschiedenen Passagen seiner Tagebücher und Briefe weist Lichtenberg darauf hin, daß bestimmte Tiere und Pflanzen, die er in Londoner Museen gesehen hat, von Cook mitgebracht worden sind. Da ihn auf Grund seiner eigenen theoretischen und praktischen Studien Fragen der astronomischen Ortsbestimmung besonders interessierten, erklärt es sich, daß er auf das diesbezügliche, teilweise verbesserte Instrumentarium aufmerksam macht, das der Entdecker während seiner Fahrten benutzt hatte. Lichtenberg ist allerdings nie mit Cook, dessen Persönlichkeit und Wirken ihn noch über viele Jahre gefesselt haben, zusammengekommen. Für Lichtenberg waren die Begegnungen mit Cooks Reisegefährten von besonderer Bedeutung und Faszination. Seine Begeisterung und sein Stolz, mit den Weltumseglern zu verkehren, kommen auch in einem Satz eines an Heinrich Christian Boie gerichteten Briefes, datiert mit dem 30. November 1775, zum Ausdruck: »Ich war eben vorher bei Dr. Forster zu Tisch und verlies [...] eine höchst angenehme Geselschaft von Gelehrten, die fürwahr von Otaheite und Neu-Seeland sprachen, wie unser einer von Eimbeck.« (Bw 1, Nr. 294, S. 597)[17]

Noch stark beeindruckt von den Londoner Begegnungen mit den weitgereisten Männern zeigte Lichtenberg schon am 12. Februar 1776 auf der Versammlung der königlichen Sozietät der Wissenschaften in Göttingen »ein Exemplar der Vaugondyschen Charte von den Südländern vor, auf welche ihn Hr. Dr. Forster den Weg der beyden Schiffe »Resolution« und »Adventure« mit allen neu entdeckten Inseln, und den berichtigten Lagen einiger schon bekannten, mit eigner Hand gezeichnet hat.«[18] Lichtenberg, der zunächst nur mit dem älteren Forster korrespondierte, erhielt ab Ende 1778 – als Georg Forster 14 Tage bei ihm logierte – die entscheidenden Impulse bezüglich des ›Cook-Südsee-Komplexes‹ durch den Sohn. Bereits zu Beginn von Forsters Kasseler Zeit entwickelte sich eine auf gegenseitiger Wertschätzung basierende innige Freundschaft, die allerdings zeitweilig starken Spannungen unterworfen war und schließlich einschlief.[19] Doch zunächst fand ein fruchtbarer Gedankenaustausch und zeitweise eine enge Zusammenarbeit zwischen Lichtenberg und dem 12 Jahre jüngeren Forster statt, was dazu beigetragen hat, daß der ›Südsee-Komplex‹ im Denken und publizistischen Wirken Lichtenbergs über mehrere Jahre hinaus einen verhältnismäßig breiten Raum einnahm. Seine Veröffentlichungen, die diese Thematik zum Gegenstand haben oder berühren, sind im von ihm herausgegebenen *Göttinger Taschen Calender* und im *Göttingischen Magazin der Wissenschaften und Litteratur* erschienen.

Bereits 1778 gab Lichtenberg auf 1 $^1/_2$ Seiten »Nachricht von Capitain Cook's dritter Reise«, die er mit dem Hinweis schloß, daß die Angaben »uns von sehr guter Hand und selbst von einem Weltumsegler mitgetheilt worden.«[20] Noch bevor die beiden Schiffe der dritten Cookschen Reise ohne den berühmten Entdecker nach England zurückgekehrt waren, arbeitete Lichtenberg dann an einem umfangreicheren Aufsatz zur Biographie und Würdigung der Leistung des großen Seefahrers. Er veröffentlichte diese Studie *Einige Lebensumstände von Capt. James Cook, größtentheils aus schriftl. Nachrichten einiger seiner Bekannten gezogen von G. C. L.* im März 1780.[21] Seine zuverlässigen Informanten waren die Forsters. Der Aufsatz, der ein Charakterbild und eine eingehende Beschreibung der äußeren Erscheinung Cooks einschloß, kam den Bedürfnissen der interessierten Leserschaft entgegen, was sich in den positiven Rezensionen ausdrückte.[22] Daß er in dem gerade erst von Lichtenberg initiierten und von Georg Forster mitgetragenen *Göttingischen Magazin der Wissenschaften und Litteratur* erschien, entsprach der Zielsetzung dieser populärwissenschaftlichen Zeitschrift, die laut Verlagsankündigung von 1779 »Kenntnis der Natur und des Menschen«, Geschichte sowie »Nachrichten von den neuesten und wichtigsten Entdeckungen« vermitteln wollte.[23] Der von Lichtenberg als zugkräftiger Mitherausgeber gewonnene Forster steuerte übrigens von 1780 bis zur Einstellung des Magazins 1785 insbesondere zu letztem Themenkomplex eine Anzahl von Aufsätzen bei.[24] Forster informierte Lichtenberg offensichtlich umgehend, wenn er Neuigkeiten, Cook und die Südsee betreffend,

574
William Hodges (1744-1797) (pinx.) und J. K. Sherwin (sc.):
»The Landing at Middleburgh one of the Friendly Isles«.
Kupferstich, 1777.
27,8 × 49 cm (Platte)
Göttingen, Völkerkundliche Sammlung der Universität,
Bikat 284,7

575
William Hodges (1744-1797) (pinx.) und J. K. Sherwin (sc.):
»The Landing at Erramanga one of the New Hebrides«.
Kupferstich, 1777.
Göttingen, Völkerkundliche Sammlung der Universität,
Bikat 284,17
Lichtenberg, in einem Briefe aus England: »Sie sind nicht wie Spanier, sondern wie Christen auf den entdeckten Inseln verfahren. Sie haben sich oft, nicht aus Furcht, sondern aus Güte und Mitleiden zurückgezogen, wenn sich die armen Leute einer Landung widersezten, und nur ein einzigesmal, da sie Wasser nöthig hatten, und die Wilden um sie her kamen, und, aller Vorstellungen durch Zeichen ungeachtet, endlich einen Angriff thaten, und einem Matrosen eine Lanze quer durch die Backe durchwurfen, musten sie sich zur Rettung ihres eignen Lebens, des Schießgewehrs gegen sie bedienen und vier tödten, ehe sich die übrigen zurückzogen.« (LE 1, Br XXI, S. 315) [SO]

576
William Hodges (1744-1797) (del.) und W. Wollett (sc.):
»A Toupapow with a Corpse on it. Attended by the Chief Mourner in his Habit of Ceremony«.
Bestattungsfeierlichkeiten auf Tahiti.
Kupferstich, 1777.
24,3 × 39,8 cm (Platte)
Göttingen, Völkerkundliche Sammlung der Universität,
Bikat, 284,13
Das Trauergewand des am linken Bildrand dargestellten tahitianischen Adligen ist eines der wertvollsten (und fragilsten) Stücke, die Cook von seinen Reisen mitbrachte. [SO]

577
William Hodges (1744-1797) (del.) und Pouncey (sc.): »The Ice Islands seen the 9th of Jan. 1773«. Aus: J. Cook, J. King: A Voyage to the South Pole. London 1777, Bd. 2, Taf. XXX. 24,5 × 40,7 cm (Platte) Göttingen, Völkerkundliche Sammlung der Universität, Bikat 284,12

578
William Hodges (1744-1797) (del.) und W. Wollett (sc.): »The Fleet of Otaheite assembled at Oparee.« Kupferstich, 1777. 24,6 × 39,9 cm (Platte) Göttingen, Völkerkundliche Sammlung der Universität, Bikat 284,8

erfahren hatte. So teilte er in einem am 4. Januar 1784 in Kassel geschriebenen Brief seinem Göttinger Freund mit, daß er »50 Kupfer zum neuen *Cookischen Werk*« (Bw 2, Nr. 1230) – die dritte Reise betreffend – bekommen habe. Er lobt deren Qualität und hofft, daß Lichtenberg ihn zu Ostern besuchen werde, um sich diese Kupferstiche anzuschauen.[25] Bereits vorher hatte Lichtenberg einen Beitrag veröffentlicht – *Kurze Uebersicht der von den Europäern auf der Südsee gemachten Entdeckungen* – in dem nochmals besonders die Leistungen des »wackern Cook« hervorgehoben werden.[26].

Im an ein breites Publikum gerichteten *Göttinger Taschen Calender* schnitt Lichtenberg allgemein-menschheitsgeschichtliche, kulturvergleichende Themen an. In diesen meist kurzen Beiträgen, die sowohl die europäischen und außereuropäischen Verhältnisse als auch entsprechende Zeugnisse der Antike und Alt-Ägyptens berücksichtigen, stützte er sich auf seine Belesenheit und, was die Südsee betrifft, darüber hinaus auf Informationen, die er aus erster Hand erfahren hatte. Als derartige Beiträge, die den ›Südsee-Komplex‹ mitberücksichtigen, seien genannt: *Besondere Achtung einiger Völker gegen die Damen,*[27] *Künsteleyen der Menschen an Bildung ihres Körpers,*[28] *Seltsame Moden und Gebräuche,*[29] *Etwas über den Nutzen und den Cours der Stockschläge, Ohrfeigen, Hiebe ec. bey verschiedenen Völkern,*[30] *»Vom Hang zum Putz und von einigen sonderbaren Toiletten-Stücken*[31] *und Ueber einige kräftige Mittel die Vernunft zu betäuben.*[32] Doch auch unter ›neutraleren‹ Überschriften finden sich im *Göttinger Taschen Calender* von Lichtenberg verfaßte Hinweise auf den ›Südsee-Komplex‹. In die Ausgabe für 1785 nahm er zwei Kupferstiche von jungen Frauen aus der Südsee auf, deren Oberkörper halb entblößt sind. Die von ihm gewählte Erläuterung lautet, typisch Lichtenberg: »Zwey Mädchen, eines aus der Sandwich-Insel und eines aus O-taheite, wild aber schön, den Nichtwilden aber Schönen zur Nachahmung vorgestellt. Die Zeichnung beyder ist aus der Beschreibung von Capt. Cooks letzter Reise genommen; die von der Otaheitischen Tänzerin findet sich aber auch schon in der Hawkesworthischen Sammlung.«[33] In seinem Beitrag über *Künsteleyen der Menschen [...]* geht er u. a. auf das Tatauieren ein, das »in den neuerlich entdeckten Südländern [...] fast durchgehends gebräuchlich« ist. Aufschlußreich ist sein abschließender Satz, der die allgemeine Beachtung der damals erschienenen Entdeckungsberichte belegt. »Wie weit man diese Kunst bey den Utaheiten und

Neuseeländern gebracht habe, bedarf jetzt keine Erwähnung, da Bougainville und Parkinson[34] so gut als irgend ein Taschen-Kalender Toilettenlectüre worden sind«.[35]

Lichtenberg hatte auch aufmerksam registriert, daß das »Academische Museum« im Sommer 1782 die außerordentlich wertvolle ethnographische Cook-Sammlung erhielt. »Unter einer überaus vollständigen Sammlung von Merkwürdigkeiten der ganzen Südsee, die von allen dreyen Cookischen Reisen mitgebracht und von S. Majestät dem König ans Göttingische Museum geschenkt worden, zeichnen sich die Kleidungsstücke von den Sandwich-Inseln (= Hawaii-Inseln), besonders ihre recht Geschmackvolle auf Cattun-Art gezeichneten Baumrinden-Zeuge, und noch mehr ihre Mäntel, Helme ec. die mit vielen tausend carmoisinrothen und goldgelben Federn überzogen sind, vor allen Kunstwerken von den Societäts- oder Freundschafts-Inseln (= Tonga) u.s.w. aufs auffallendst vorzüglichste aus.«[36] Lichtenberg hat diesen Belegen aus der frühen Kontaktphase Europas mit den fernen Kulturen auch später Beachtung geschenkt. In seinem Beitrag zu »Putz und [...] sonderbaren Toiletten-Stücken« weist er darauf hin, daß sich »in der grossen Sammlung südländischer Merkwürdigkeiten ein Halsband von niedlichen schillernden Schneckgen der Pescheräs« (Bewohner Feuerlands) und ein eigenartiger Penis-Schmuck von Neuseeland befinden.[37]

Zweifellos hat der ›Südsee-Komplex‹ auch in seinen Lehrveranstaltungen eine Rolle gespielt. Aus den von Gottlieb Gamauf veröffentlichten Erinnerungen geht hervor, daß sich Lichtenberg bei seinen Vorlesungen über *Physikalische Geographie, Meteorologie, Theorie der Erde* in hohem Maße auf Erkenntnisse stützte, die auf Cooks Reisen gewonnen worden waren.[38]

Etwa elf Wochen vor seinem Tod wurde Lichtenberg noch einmal an seine inzwischen 23 Jahre zurückliegende Begegnung mit dem Antipoden Omai erinnert. Blumenbach hatte bei einem abendlichen Besuch bei seinem kranken Freund diesem eine Abbildung des »Otaheiten« vorgelegt und ihn um sein Urteil gebeten, ob der Insulaner der Wirklichkeit entsprechend getroffen sei. Lichtenberg hatte das verneint. Aber einige Tage später, am 16. Dezember 1798, schreibt er, sich korrigierend, an Johann Friedrich Blumenbach: »Ich habe, theuerster Freund, zwey Bitten um Vergebung wegen des herrlichen Miniatur-Gemähldes darzubringen. 1) daß ich es so lange

579
William Hodges (1744-1797) (del.) und W. Wollett (sc.):
»Monuments in Easter Island«.
Kupferstich, 1777.
24,3 × 39,5 cm (Platte)
Göttingen, Völkerkundliche Sammlung der Universität,
Bikat 284,5

580
William Hodges (1744-1797) (del.) und W. Watts (sc.):
»The Island of Otahiete [sic!] [...] distant one League«.
Kupferstich, 1777.
26,7 × 49,5 cm (Platte)
Göttingen, Völkerkundliche Sammlung der Universität,
Bikat 284,10

581
William Hodges (1744-1797) (del.) und B. T. Pouncy (sc.):
»Resolution Bay in the Marquesa«.
Kupferstich, 1777.
24,1 × 39,2 cm (Platte)
Göttingen, Völkerkundliche Sammlung der Universität,
Bikat 284,1

582
Johann Georg Forster (1754-1794) (del.) und Johann Daniel Berger (1740-1824) (sc.):
Kleidung und Denkmäler der Insel Paque.
Kupferstich, 1799.
17 × 26 cm (Platte)
Ober-Ramstadt, Ulrich Joost

583
Sidney Parkinson (1745-1771) (del.) und F. Chambers (sc.):
»Heads of six Men Natives of New Zealand, ornamented According to the Mode of that Country.«
Kupferstich, 18. Jahrhundert.
Georg Forster an Lichtenberg, 4. Januar 1784: »Ich habe 50 Kupfer zum neuen *Cookischen Werk* von der Admiralität zum Geschenk bekommen. So was herrliches läßt sich nicht denken, viel weniger beschreiben. [...] Die Physiognomien sind gar herrlich getroffen. Nun kann man sich einen Begriff von otaheitischen und andern Südsee Schönen machen. [...] und noch bin ich nicht gewis, ob ich nicht das Original eines Porträts persönlich kenne. [...] Ich versichere Sie, man kann von diesen Kupfern gar nicht wegkommen.« (Bw 2, Nr. 1230)

584
Sidney Parkinson (1745-1771) (del.) und F. Chambers (sc.): »Heads of divers Natives of the Islands of Otaheite, Huaheine, & Oheiteroah.«
Kupferstich, 18. Jahrhundert.

585
Sydney Parkinson (1745-1771) (del.) und F. Chambers (sc.): »An Heiva, or kind of Priest of Yoole-Etea, & the Neighbouring Islands.«
Kupferstich, 18. Jahrhundert.

586
William Hodges (1744-1797) (del.) und Francesco Bartolozzi (1727-1815) (sc.):
»Man of Easter Island«.
Kupferstich, 1777.
28,2 × 19,8 cm (Platte)
Göttingen, Völkerkundliche Sammlung der Universität, Bikat 284,3
»Den 11t *Nov.* des Morgends gieng ich mit *Sir Francis Clerke* nach Herrn *Hodges* zu *Pimlico*, der mit *Capt. Cook* und Herrn Forster die lezte Reise um die Welt gethan hat. Diser Herr *Hodges* ist ein sehr geschickter Mahler, der Köpfe von allen den Nationen die sie gesehen haben, und von allen schönen Gegenden Zeichnungen gemacht hat. Er zeigte sie uns alle, die langen Ohren der Leute von *Easter Island*, die steinerne Dummheit der *Pecherais* sind unnachahmlich ausgedruckt.« (LE 1, T III, S. 200) [SO]

587
Joshua Reynolds (1723-1792): Portrait of Omai.
Öl auf Leinwand, 1774/75.
236 × 144 cm
Castle Howard / York, Howard Castle Collection
Das Gemälde wurde in der Jahresausstellung der Royal Academy 1776 der Londoner Öffentlichkeit präsentiert. Aus Lichtenbergs England-Tagebuch: »Freytags den 24 Mertz wurde ich Herrn Solander auf dem *Museo* präsentirt. Er hatte den *Ulietleiten Omai* bey sich, und ich sprach mit ihm. Er gab mir die Hand und schüttelte sie mir nach englischer Art, er ist wohl gewachsen, und seine Mine hat nicht das unangenehme und Hundemäßige der Negern, seine Farbe ist ein gelbliches Braun, [...]. Ich fragte ihn ob ihm England besser gefiele als

behalten habe [...]. 2) Daß Sie es mir nicht zur Stupidität auslegen, daß ich am Sonntage Abend den lieben Omai nicht gekannt habe. Wahrlich ich schämte mich als ich am Montage Morgen das Bild ansah. *Er ist es völlig*, nur freylich, wie jeder Mahler auch thun sollte, in einem glücklichen Augenblick gefaßt [...]. Omai's Gesicht will Sonne haben u ich gab ihm Talglicht.« (Bw 4, Nr. 2949) Diese späte nochmalige Konfrontation mit Omai – und so mit der Entdeckung der Südsee – dürfte Lichtenberg emotional stark bewegt haben. Er wird sich dabei wahrscheinlich auch damit beschäftigt haben, was aus diesen Kulturen inzwischen geworden war. Seine Gedanken werden sich diesbezüglich in die gleiche Richtung bewegt haben, wie er es im Hinblick auf die Europäisierung der Neuen Welt bereits viele Jahre vorher in einem Sudelheft (SB 2, G 183) in seiner Art kritisch und prägnant formuliert hatte: »Der Amerikaner, der den Kolumbus zuerst entdeckte, machte eine böse Entdeckung.«[39]

1 Aus Platzgründen muß darauf verzichtet werden, die entsprechenden Publikationen einzeln anzuführen; verwiesen sei auf John Cawte Beaglehole (Hrsg.): *The Journals of Captain James Cook on his Voyages of Discovery*. Cambridge 1955-1974, 4 Bde.

2 Philibert Commerson, in: *Mercure de France*. Paris, November 1769, S. 197-207 und Louis-Antoine de Bougainville: *Voyage autour du monde*. Paris 1771.

3 Vgl. Johanna Aghte: *Die Abbildungen in Reiseberichten aus Ozeanien als Quellen für die Völkerkunde*. Göttingen 1969; vgl. auch Rüdiger Joppien u. Bernard Smith: *The Art of Captain Cook's Voyages*. New Haven 1985-1988, 3 Bde.

4 Georg Forster: *A Voyage round the World*. London 1777, Bd. 1, S. 427.

5 Ralph-Rainer Wuthenow: *Vernunft und Republik – Studien zu Georg Forsters Schriften*. Bad Homburg v. d. H. 1970, S. 17.

6 Vgl. Leslie Bodi: *James Cook in der deutschen Literatur*. In: Reise und soziale Realität am Ende des 18. Jahrhunderts. Heidelberg 1983 (= Neue Bremer Beiträge, Bd. 1).

7 Bernard Smith: *European Vision and the South Pacific, 1768-1850*. Oxford 1960, S. 80 ff.

8 Vgl. Hendrik Frederik Vermeulen: *Het ontstaan van de Volkenkunde – ca. 1770 in Göttingen*. Leiden 1988 (doctoraalscriptie Culturele Antropologie).

9 Vgl. Manfred Urban: *200 Jahre Göttinger Cook-Sammlung*. Göttingen 1982.

10 Vgl. Wiard Hinrichs, Ulrich Joost: *Lichtenbergs Bücherwelt*. Göttingen 1989, S. 47 ff.

11 Wahrscheinlich Tatauierungen (Tätowierungen), die in Polynesien weitverbreitet sind.

12 In den metallosen Kulturen der Südsee waren Gegenstände aus Eisen sehr begehrte Tauschobjekte für die Insulaner.

13 Brief an Abraham Gotthelf Kästner vom 16. Oktober 1775 und Brief an Johann Andreas Schernhagen vom gleichen Datum.

14 Ein beträchtlicher Teil dieser ethnographischen Forster-Sammlung gelangte 1799 nach Göttingen (vgl. Urban, wie Anm. 9, S. 26 ff.).

15 Gemeint sind die für die Osterinsel charakteristischen großen anthropomorphen, aufgestellten Steinplastiken, die – teilweise um 10 m hoch – einmalig für den Südseeraum sind.

16 Entgegen Lichtenbergs Beschreibung war die »Resolution« mit 33,72 m Länge und 10,83 m Breite ein relativ breites Schiff.

17 Einbeck, eine Kleinstadt, liegt rund 30 km nördlich von Göttingen.

18 GGA, 1776, S. 475 f.

19 Zum Auf und Ab der Beziehungen zwischen den beiden Aufklärern vgl. Walter Rödel: *Forster und Lichtenberg*. Berlin 1960.

20 GTC für 1778, S. 91.

21 GMWL, 1. Jg., 2. St., 1780, S. 243-296.

22 Klaus-Georg Popp: *Cook der Entdecker – Schriften über James Cook*. Leipzig 1983, S. 207.

23 Ebda., S. 204 f.

24 Bereits im 1. Jahrgang des GMWL erschienen von Georg Forster die Beiträge *O-Tahiti*, *Beschreibung des rothen Baumläufers von der Insel O-Waihi* und *Fragmente über Cooks lezte Reise und sein Ende*.

25 GMWL, 3. Jg., 6. St., 1783, S. 928 f.

26 GTC für 1783, S. 78-87.

27 GTC für 1778, S. 44-46.

28 Ebda., S. 59-66.

29 GTC für 1779, S. 58-71.

30 GTC für 1781, S. 85-93.

31 GTC für 1787, S. 131-141.

32 Ebda., S. 164-177.

33 GTC für 1785, S. 207 und Abb. XIII und XIV.

34 Die Publikation, die Lichtenberg hier meint – Sydney Parkinson: *Journal of a Voyage to the South Seas*. London 1773 – enthält mehrere Stiche, auf denen u. a. auch die Tatauierungen sowie Kopf- und Haarschmuck der Bewohner Neuseelands und Tahitis wiedergegeben sind.

35 GTC für 1778, S. 61 f.

36 GTC für 1783, S. 86 f.

37 GTC für 1787. – Diese zwei besonders angeführten Objekte lassen sich gegenwärtig noch in der Göttinger Sammlung identifizieren. Das »strange kind of Ornament or Ruffle made of Feathers and worn

over the Penis« – so im Katalog der dem »Academischen Museum« 1782 geschenkten Cook-Sammlung – hat allerdings eine andere Funktion gehabt; es war wahrscheinlich ein Haarschmuck.

38 Gottlieb Gamauf: *Erinnerungen aus Lichtenbergs Vorlesungen über die physikalische Geographie*. Wien, Triest 1818.

39 Lichtenbergs Freund Georg Forster hatte bereits in seiner Reisebeschreibung betont auf die negativen Folgen für die überseeischen Kulturen hingewiesen, die mit dem ›Entdeckt-Werden‹ der sogenannten ›Wilden‹ durch die Europäer, verbunden waren. »Es ist Unglücks genug, daß alle unsre Entdeckungen so viel unschuldigen Menschen haben das Leben kosten müssen.« Und einige Sätze weiter: »So aber besorge ich leyder, daß unsre Bekanntschaft den Einwohnern der Süd-See durchaus nachtheilig gewesen ist; und ich bin der Meinung, daß gerade diejenigen Völkerschaften am besten weggekommen sind, die sich immer von uns entfernt gehalten und aus Besorgniß und Mistrauen unserm Seevolk nie erlaubt haben, zu bekannt und zu vertraut mit ihnen zu werden« (Georg Forster: *Reise um die Welt*. Hrsg. von Gerhard Steiner. Frankfurt a. M. 1983, S. 207 f.).

sein Vaterland, und er sagte ja. *Yes* konte er nicht sagen sondern es klang fast wie *dis*, ich ließ ihn das englische *th* aussprechen welches er ziemlich gut konte. Ich fragte ihn, wie ihm der Winter in England bekommen wäre, und er sagte *cold, cold* und schüttelte den Kopf [...]. Auf die Frage ob er wieder zurückgehen wolte an[t]wortete er *no denne moon* und wolte damit sagen: nicht diesen Monat, er gab mir zu verstehen in fünfen. Sein englisches ist sehr unvernehmlich, und ohne den Beystand des Herrn Planta hätte ich glaube ich nicht einmal dieses verstanden. Er hat in seinen Minen etwas sehr angenehmes, und etwas bescheidenes, daß ihm sehr wohl ansteht und dessen kein Africanisches Hundsgesicht fähig ist. Seine Hande sind mit blauen Flecken bemerckt, um die Finger der rechten Hand gehen sie in Ringen herum er zeigte sie und sagte *wives* und bey der linkken sagte er *friends*. Dieses war alles was ich an diesem Tage mit ihm sprechen konte, die Gesellschaft war sehr gros und wir beide etwas scheu. Es war mir nicht unangenehm meine Rechte Hand in einer anderen zu sehen, die gerade vom entgegengesezten Ende der Erde kam.« (LE 1, T II, S. 105 f.) [SO]

588
Robert Trevitt:
A prospect of the Choir of the Cathedral Church of St. Paul, on the General Thanksgiving the 31st of December 1706. Her Majesty and the Houses of Parliament present.
Kupferstich, 1706. 64 × 101 cm
Ober-Ramstadt, Ulrich Joost
Die englische Staatsform der durch das Parlament eingeschränkten Monarchie beschäftigt Lichtenberg immer wieder; er versucht ihre politischen Strukturen zu verstehen, erwägt ihre Vor- und Nachteile. Während im Kurfüstentum Hannover die absolute Monarchie praktiziert wurde, bildeten in England das Oberhaus (in dem der Adel Sitz und Stimme hatte) und das Unterhaus (in das der grundbesitzende Bürger gewählt werden konnte) ein Gegengewicht und Korrektiv zur Macht des Königs. Beide Häuser spalteten sich in die politischen Gruppierungen der konservativ-reaktionären Tories und der liberal-fortschrittlichen Whigs, die abwechselnd, je nach Stimmenmehrheit, die Minister der Regierung stellten beziehungsweise die Opposition bildeten. Dazu notierte sich Lichtenberg: »Die Constitution von England hat ihre Festigkeit bloß allein der Opposition zu dancken die unter den Gliedern des Parlaments herrscht, so bald die Leute eines werden, so können sie machen was sie wollen.« Aber: »Wäre es nicht besser am Ende die Gesetze unveränderlich zu machen, als sie der Veränderlichkeit des Menschlichen Hertzens blos zu stellen«? (LE 1, T III, S. 178)
[SO]

Hartwig Brand

»It is madness to speak so«

Britischer Parlamentarismus im 18. Jahrhundert

»Die Freyheit der Engländer unterscheidet sich von der unsrigen im Hannöverischen [dadurch] daß sie dort durch Gesetze gesichert [ist], und hier von der Guthertzigkeit des Königs abhängt.« Dies schreibt Lichtenberg 1775 in seinen »Reise-Anmerkungen«. (LE 1, T III, S. 154) Und etwas weiter: »Der Deutsche ist so frey als der Engländer, es ist blos der Misbrauch der Grosen, der hier und da Unterthanen zu Sclaven macht.« (LE 1, T III, 182) So lautet das Urteil eines Beobachters, nicht eines Systematikers von Staatsrecht und Politik, eines Zeitzeugen britischer Zustände. Der Autor ist beeindruckt von der Herrschaft des Common Law, von der Unabhängigkeit der Gerichte, vom Schutz, den diese dem Bürger gewähren, und also der Freiheit, welche dieser genießt. Er erblickt die Differenzen zu heimischen, zu deutschen Verhältnissen, aber er steht auch im Bann zeitgenössischer Publizistik, William Blackstones etwa und David Humes, der meinungsprägenden Deuter der englischen Verfassung.

Freilich war der britische Konstitutionalismus, als Lichtenberg in England war – 1770 für kurze Zeit und noch einmal 1774/75, nun über mehr als ein Jahr –, schon im Umbruch begriffen. Wohl beruhte er auf der Machtbalance der Institutionen, aber gewaltenteilig, wie Charles de Secondat Montesquieu und der Genfer Publizist Jean Louis de Lolme *(Constitution de L'Angleterre)* ihn beschreiben, war er zu jener Zeit nicht mehr und nachher noch weniger als zuvor. Es zählt zu den irritierenden Mißverständnissen der Epoche, daß ein Englandbild Karriere machte, das veraltet war, als es zum Leitbild erhoben wurde. Noch der Liberalismus des Vormärz hat es mit fast religiösem Eifer gepflegt.

Der britische Parlamentarismus stellt einen Ausnahmefall dar in der Geschichte europäischer Institutionen. Die Rekrutierung seiner Mitglieder war den kontinentalen ständischen Kammern ebenso fremd wie das parlamentarische Gruppenwesen und der Mechanismus, nach dem die Beziehungen zwischen Parlament und Krone geregelt wurden. Die Sonderstellung galt über das 18. und 19. Jahrhundert hinweg. Erst im 20. Jahrhundert mit dem Vordringen der parlamentarischen Regierungsweise auch in Kontinentaleuropa haben sich die Differenzen erledigt oder sich doch zu solchen des Stils und der politischen Kultur verflüchtigt.

Bis 1832 wurde das House of Commons nach Regeln bestellt, die bis ins Mittelalter zurückreichten. Nur in fünf Wahlkreisen hatte sich seit der Glorius Revolution das Stimmrecht geändert. Die Versammlung selbst zählte um die Mitte des 18. Jahrhunderts 558 Mitglieder: 92 Abgeordnete kamen aus den Grafschaften, 417 aus den cities und boroughs, vier waren Deputierte der Universitäten Oxford und Cambridge. Dazu saßen seit der Union von 1707 auch 45 schottische Vertreter in der Kammer. Das Wahlrecht selbst, Privileg einer Minderheit von 5% der erwachsenen Bevölkerung, war so unterschiedlich wie die Rechtstraditionen der Bezirke und Kommunen. Während in den Grafschaften, immerhin, alle 40-Shilling-Freeholder, jene, die aus Grundbesitz einen entsprechenden Gewinn erwirtschafteten, wählen durften, galt in den Städten

Katalog-Nr. 589, Tafel 2 (oben) und Tafel 4

589
William Hogarth (1697-1764):
Four Prints of an Election / Die Parlamentswahlen
1. An Election Entertainment / Eine Wahlunterhaltung
2. Canvassing for Votes / Stimmenfang
3. The Polling / Die Stimmabgabe
4. Chairing the Members / Der Triumphzug der Abgeordneten
4 Kupferstiche, 1755-1758.
Je ca. 40,5 × 54,5 cm
Göttingen, Niedersächsische Staats- und Universitätsbibliothek, Gr. 2° Art. plast. VI, 25: 37a-d Rara

Ins Tagebuch der England-Reise notierte sich Lichtenberg: »Die Freyheit der Engländer unterscheidet sich von der unsrigen im Hannöverischen [dadurch] daß sie dort durch Gesetze gesichert [ist], und hier von der Guthertzigkeit des Königs abhängt. Sie kan also nicht anders untergraben werden, als durch Bestechung der Mitglieder des Parlements, welches jezt der Fall zu seyn scheint [...]. Wie gut wäre es, wenn man die Stimme[n] anstatt sie zu zählen, wägen könte« (LE 1, T III, S. 154). Tatsächlich stellte sich die Politik des englischen Parlaments unter Georg III. als eine ausschließlich dem Adel vorbehaltene Angelegenheit dar; die Wahlen der Unterhausabgeordneten wurden immer mehr zu einer Farce. Die Mißstände hatte Hogarth in seiner Kupferstich-Folge »Die Parlamentswahlen« angeprangert. Dabei ergreift er allerdings für keine Seite Partei; sowohl Whigs wie Tories werden als Kräfte dargestellt, die das allgemeine Wohl aus den Augen verloren haben und nur noch egoistische Ambitionen verfolgen. In seinen *Ausführlichen Erklärungen der Hogarthischen Kupferstiche* ist Lichtenberg, der sich zeitlebens vor allzu deutlicher politischer Stellungnahme in der Öffentlichkeit hütete, noch zurückhaltender. Zwar werden einzelne Details erläutert, die eigentliche Erklärung der politischen Hintergründe aber bleibt er seinem Leser schuldig. Dem deutschen Publikum, das sich ja mit den Besonderheiten des englischen Wahlsystems kaum auskannte, wird damit die politische Satire zur bloß moralisierenden Schilderung allgemein menschlicher Schwächen verharmlost. [SO]

590
William Hogarth (1697-1764): »John Wilkes Esq.« (1727-1797). Radierung. 35,7 × 23 cm
Darmstadt, Hessisches Landesmuseum, Graphische Sammlung, GR 7511
Das Volk selbst hatte bei den parlamentarischen Auseinandersetzungen die Rolle eines rechtlosen Zuschauers, denn wählbar war nur, wer Grundbesitz hatte. »Die *Nonvoters* in England machen ³/₄ der gantzen Nation aus«, notierte sich Lichtenberg (LE 1, T III, S. 178). Gerade in den Jahren zwischen 1760 und 1780 begann das Volk durch Zusammenrottungen und Tumulte seinem politischen Unmut Ausdruck zu verleihen. Zum Anwalt und Wortführer des Londoner Mobs macht sich John Wilkes – ein »politisches Monster« – wie Lichtenberg ihn in einem Brief an Ernst Gottfried Baldinger (10. Januar 1775, Bw 1, Nr. 269) bezeichnet. John Wilkes (1727-1797), Sohn eines wohlhabenden Londoner Bürgers, sorgfältig erzogen, klassisch gebildet, seit 1749 Mitglied der Royal Society, ein selbstbewußter Weltmann, hochbegabt, geistreich, war bei unvorteilhaftem Äußeren – er schielte stark – eine bezwingende Persönlichkeit. Nach ausschweifender Jugend beschloß er in die Politik zu gehen. Durch eine Vernunftehe, die ihm weiteres Vermögen und Grundbesitz verschaffte, erwarb er das Recht, für das Unterhaus zu kandidieren. Er schrieb regelmäßig in der oppositionellen Zeitschrift *North Briton*, deren berühmt gewordene Nummer 45 – Hogarths Radierung spielt darauf an – ihm die Verhaftung wegen bösartiger Ver-

je örtliches Herkommen. So konnte es vorkommen, daß das Wahlrecht »an dem Besitz einer verfallenen Mauer oder einer ausgetrockneten Salzmine«[1] hing, und fast schon als Regel konnte gelten, daß es auf längst funktionslos gewordenen Rechten beruhte. Es war also nicht ein Zensus im engeren Sinn – eine Hervorbringung erst der französischen Revolution –, der die Berechtigten von den Nichtberechtigten schied. Es war das historische Herkommen vielmehr, welches sie trennte. Auch Verarmte, wenn sie denn von der Geschichte begünstigt waren, konnten zu den Wahlberechtigten zählen. War das 19. Jahrhundert gewohnt, das Funktionelle der Befugnis in den Vordergrund zu rücken, so galt nach englischer Tradition die Priorität des Rechts. Ein Recht aber konnte man nutzen, auch ökonomisch nutzen. Erst unter der Perspektive des aufgeklärten Vertragsrechts erschien die ominöse »corruption«, die Wahlbestechung also, als eine anstößige Sache.

Auch die bekannten Verzerrungen der britischen Wahltopographie waren eine Folge »unreformierter« Geschichte. Drei Viertel der boroughs hatten weniger als 500 Stimmberechtigte, weitere 26 weniger als 1000, aber nur 20 lagen darüber. Während die Weltstadt London nur vier Mandatsträger entsandte, wurden die 45 schottischen Abgeordneten von 4000 Berechtigten gewählt. Die aufsteigenden Industriestädte – Birmingham, Manchester, Sheffield und andere – waren durch keinen einzigen Repräsentanten vertreten. Die Gesamtzahl der Wähler um die Mitte des 18. Jahrhunderts wird auf 245 000 geschätzt,[2] die Zahl derer, die für die Wahlentscheidung den Ausschlag gaben, auf nicht einmal ein Zehntel von ihnen.

Zwischen dem Wahlrecht und dem Mandat – auch dies eine Mitgift des Herkommens – lag die Gewohnheitsübung des Stimmkaufs, der Patronage. Patrone konnten Magnaten sein, Landbesitzer von Graden, die kraft örtlicher Macht auf die Bestellung des Abgeordneten Einfluß nahmen. Bis zu 200 Sitze, so wird gesagt, dürfe man zu dieser Sorte von Mandaten zählen.[3] Manche Patrone beherrschten »ihren« Wahlkreis so unumschränkt, daß es in ihrer Macht stand, den Abgeordneten nach eigenem Gutdünken zu bestimmen. Wo diese Beherrschung nicht lückenlos war, wurden die Wähler bestochen. Dies galt im besonderen für jene Fälle, da mehrere Kandidaten sich um das Mandat des Wahlkreises bewarben. Die Faustregel erschien als plausibel, daß das Institut der Bestechung um so mehr an Wirkung verlor, je höher die Zahl der Wahlberechtigten stieg und landesweite statt lokaler Themen den Streit um das Mandat bestimmten. Der Auftritt mehrerer Kandidaten war im 18. Jahrhundert im übrigen eher die Ausnahme. Nur in einer kleinen Zahl von Wahlkreisen ist es zu Konkurrenzen und nachfolgend zum öffentlichen Kampf um das Mandat gekommen. Immerhin gilt die These vom »korrupten«, am »interest« orientierten Verhalten der Wähler nach neueren Forschungen für die Zeit nach 1760 nicht mehr ohne Einschränkung.[4] Nicht nur für die Londoner Bezirke, die immer schon eine Besonderheit darstellten, sondern auch für Norwich und Northampton sind »politische« Auseinandersetzungen um das Mandat bezeugt. In Devonshire hatte es bis 1790 niemals einen Wahlkampf gegeben. Danach scheint er fast zur Regel geworden.[5] – Übrigens hat Lichtenberg, der Londoner Beobachter des Jahres 1775, die zeitliche Abfolge des Geschehens eher umgekehrt vermutet. Korruption habe die rechtliche Verbürgung der Freiheit untergraben, sei also als Moment der Depravierung erst später hinzugetreten: »Die jetzige Stimme des Parlaments scheint nicht mehr die Stimme der Nation zu seyn. Bestechung ist allgemein.« (LE 1, T III, S. 149) Der Topos ist alt, gegenwärtige Verderbnis gegen die Unbeflecktheit vergangener Zustände zu halten.

Wahlpatronage konnte von einem Magnaten, sie konnte aber auch von der Krone selbst betrieben werden. Der König konnte Bedienstete seiner Administration für einen

Favoriten seiner Wahl als Stimmenreserve aufbieten, er konnte aber auch als »Sponsor« erscheinen, indem er die Wahlkampfkosten von Begünstigten beglich. Schließlich zählte zur Fülle seiner Möglichkeiten, daß er Aufträge, im Schiffbau etwa, in den Dienst gezielter Mandatsbeschaffung stellte. Da die Wahlstimmen offen abgegeben wurden, war der Erfolg solcher Bemühungen leicht zu kontrollieren, war es für den Wähler andererseits ein Schweres, sich dem Druck berechnender Wohltäter zu entziehen. 30 Sitze des Unterhauses befanden sich nach den Wahlen von 1761 in der Hand der Krone.[6] Das erscheint als nicht viel. Der indirekte Einfluß des Königs reichte freilich weit darüber hinaus.

Das Unterhaus des 18. Jahrhunderts war das Parlament einer sozialen Oligarchie.[7] Mehr als das aktive Wahlrecht waren es indessen die Bedingungen der Wählbarkeit, die dafür die Rechtsgrundlage boten. Seit 1710 war das passive Stimmrecht an jährliche Einkünfte von wenigstens £ 600 für die Abgeordneten der Grafschaften, von £ 300 für solche der Städte gebunden. Allein die Erben von Pairs, wenn sie kandidierten, waren von dieser Bedingung befreit.

Wie das Stimmrecht, so galt nach britischer Rechtstradition auch das parlamentarische Mandat als »property«, und also war es weder anfechtbar noch gar verwerflich, dieses Gut ökonomisch zu nutzen. Die Kosten für seine Erwerbung, die Kosten eines Wahlkampfes gegebenenfalls, wurden gehalten gegen das Kalkül, daß ein Parlamentssitz zuvörderst eine Kapitalanlage darstellte. 45% der Abgeordneten bekleideten um die Mitte des Jahrhunderts Stellungen in Armee, Zivilverwaltung und am Hof – Positionen, in die sie zumeist erst als Mandatsträger gelangt waren. So war ein beträchtlicher Teil der Mitgliedschaft auf das engste liiert mit dem Establishment von Government und Krone. Ohnedies enstammten die Abgeordneten sozialstatistisch in ihrer Mehrzahl außerdem der Hocharistokratie und Gentry. Für die zweitgeborenen Söhne dieser Schichten öffnete das Mandat – dies war die Regel – den Zugriff zu den Pfründen der Monarchie. Noch auf über 200 belief sich um die Mitte des Jahrhunderts die Zahl solcher Ämter, die mit einem Parlamentssitz vereinbar waren, auf welche die adligen Aspiranten also reflektieren konnten. Danach, mit den Reformen der achtziger Jahre, ging die Zahl indessen zurück. Des weiteren ist der Familienfilz zu nennen, der das gesamte Wahlwesen überzog. Es gab Mandate, die über Generationen hinweg »vererbt« wurden. Zu den Bindeelementen zählten schließlich Erziehung und Schule. Der Bildungsweg vieler nachmaliger Parlamentarier führte über Eton oder Westminster, danach über Oxford oder Cambridge.

Geringer an Mitgliederzahl und geringer wohl auch an Einfluß, aber doch ein Pfeiler des Establishments wie Krone und Commons war das House of Lords, die erste Kammer des Parlaments. Neben 26 Vertretern der Geistlichkeit (Erzbischöfen, Bischöfen) waren um die Jahrhundertmitte 170 bis 180 weltliche Peers Mitglieder der Korporation. 1715 hatte die Gesamtzahl noch 174 betragen, 1830 waren es, der fortgesetzten Pairsschübe wegen, schon 358. Lichtenberg hat von dieser Kammer, ihrem Ambiente, ihrem Debattenstil bekanntlich mit Respekt, wenn nicht mit Hochachtung gesprochen. Am 7. Februar 1775 wurde er durch Vermittlung seines Gönners und Gastgebers Lord Boston Zeuge jener Sitzung, in der – so in einem Brief an Christian Gottlob Heyne vom 6. März 1775 – über »kräfftige Mittel gegen die Amerikaner« beraten wurde. Ihn erstaunte der offene, ja rüde Ton der Verhandlung – »it is madness to speak so« –, er rühmte die Sachkundigkeit der Beiträger – »Citirten aus dem Kopf Parlaments Ackten«.(LE 1, Br XIV, S. 298)

Seit dem 17. Jahrhundert, seit der Glorius Revolution galt in England die Überzeugung, daß das britische Verfassungssystem auf dem Gleichgewicht der Institutionen

leumdung eintrug. Den anschließenden Prozeß, in dem er seine Verhaftung als allgemeinen Angriff auf den Mittelstand und das Volk und sich selbst in meisterhafter Weise als Volkstribun stilisieren konnte, gewann er. »Wilkes and Liberty« wurde zum Kampfruf des Londoner Pöbels. Weitere Skandale folgten. Wilkes wurde aus dem Parlament ausgeschlossen, für vogelfrei erklärt, mußte 22 Monate im Tower einsitzen – und wurde anschließend abermals mit großer Mehrheit gewählt. Er überstand mit knapper Not ein Duell; wurde wieder verhaftet – und wieder gewählt. 1774 wurde er Lord Mayor von London. Für Lichtenberg war er der typische Vertreter des abgebrühten Politikers, der rücksichtslos und aus reiner Machtgier die demagogische Klaviatur bediente.
Zu Hogarths Karikatur, die innerhalb weniger Wochen in mehr als 4000 Abzügen verkauft wurde, meinte Lichtenberg, sie sei nicht sehr ähnlich, während Wilkes selbst sarkastisch meinte, er gliche dieser Darstellung täglich mehr. [SO]

591
Georg Christoph Lichtenberg: John Wilkes.
Zwei Porträtskizzen.
Feder.
Göttingen, Niedersächsische Staats- und Universitätsbibliothek, Cod. Ms. Licht. IV, 8
»John Wilkes Esq. aus dem Gedächtnis gezeichnet durch die stumpfe Feder ist das Auge zu geschlossen und der Mund Winckel etwas verdorben«. Fasziniert und zugleich angewidert verfolgte Lichtenberg die Politik John Wilkes'. Auch für die Person selbst interessierte er sich: »Den 13 *December* [1775] gieng ich nach der *Old Bailey*

und sah das Todes Urthel über 13 Delinquenten sprechen. [...] Bey dieser Gelegenheit sah ich zum ersten mal, und über 2 Stunden hinter einander den jetzigen berüchtigten *Lord Mayor John Wilkes* Esq. Er hatte den ersten Platz und saß unter einem vergoldeten umgekehrten Schwert. Sein kleid war hell roth mit goldnen Knöpfen Rock, Weste und Hosen von einem Stück, über [der] Weste hatte er eine goldne Kette in etlichen Bogen geknüpft hängen. und über dem Rock eine viol[e]te Robe mit Zobel ausgeschlagen an. Sein Gesicht, wenn man es in einiger Entfernung sieht ist nicht so abscheulich als es auf einigen Kupfer stichen vorgestellt ist, wo er sich so wenig gleicht als der König von Preussen auf den Bierschilden. [...] Er schielt so starck, daß das lincke Auge zuweilen gantz weiß scheint, indessen fällt es nicht so sehr in die Augen, weil [er] ein blintzendes kurtzsichtiges Ansehen hat. Sein Scheitel ist fast kahl, in die Nacken haare hatte er einen Haarbeutel gebunden, seine Seiten Haare sind voll, und waren gut frisiert, die beyden Winckel der Stirne gehen Hoch hinauf und dieses haben seine Portrette. Sein Hals ist voll und fast so wie in der beystehenden Figur. Er ist ziemlich groß und wohlgewachsen. Was mich an ihm ärgerte war, daß er als die armen Delinquenten vor Gericht stunden und ihr todes Urthel empfingen, in der Zeitung laß, es ist abscheulich, die erste Magistrats Person in England und eine solche Aufführung [...]. Er soll auch in der Kirche die Zeitung lesen.« (LE 1, T II, S. 64 ff.) [SO]

beruhe. Die offiziöse Lesart dieser Selbstgewißheit lieferte Sir William Blackstone im ersten Band seiner *Commentaries on the Laws of England*: »[...] herein indeed consists the true excellence of the English government, that all the parts of it mutual check upon each other. In the legislative, the people are a check upon the nobility, and the nobility a check upon the people; by the mutual privilege of rejecting what the other has resolved; while the king is a check upon both, which preserves the executive power from encroachments. [...] Like three distinct powers in mechanics, they jointly impel the machine of government in a direction different from what either, acting by itself, would have done; but at the same time in a direction partaking of each, and formed out of all; a direction which constitutes the true line of the liberty and happiness of the community.«[8]

Mochte die Doktrin von der Autonomie der Institutionen auch weiterhin zum juristischen Bestand gehören, so hatte in der Verfassungspraxis doch längst ein heftiger Kampf um den Primat in der Politik begonnen. Aus der herkömmlichen »Prozeßlage Krone versus Parlament«[9] entwickelte sich ein wechselseitiges Hin und Her von Druck und Gegendruck, das den Gang des Jahrhunderts bestimmte.

Dabei waren es zunächst Krone und Regierung, welche die Initiative ergriffen, das heißt ihre Macht in das Territorium der Kammern zu verlängern vermochten. Sich mittels »influence«, mittels der Kronressourcen parlamentarische Gefolgschaften zu sichern: dies war die Politik, welche erstmals Robert Walpole verfolgte, der erste Premierminister der englischen Geschichte (1721-1742). Spätere Administrationen haben das Verfahren rezipiert und fortgebildet, und am Ende ist es zur verfassungspolitischen Signatur des Zeitalters geworden. Auch wenn Georg III. (seit 1760) in seinen Anfängen der Klientelwirtschaft widerstrebte, statt dessen »patriot king above all factions« sein wollte.

Seit dem späten 18. Jahrhundert war der Einfluß der Krone, der in Georgs Beherrschung des Kabinetts seinen Zenit erreicht hatte, indessen im Abnehmen begriffen. Es blieb das Zusammenspiel von Administration und parlamentarischer Majorität, aber der Schwerpunkt der Macht verlagerte sich ins House of Commons. Seit den 1830er Jahren war die Staatsspitze in die politische Etappe gerückt, war Regierungsbildung Sache des Parlaments.

Immerhin muß eingeschränkt werden, daß der König auch im 18. Jahrhundert nicht nach Belieben über die Bildung der Regierung verfügen konnte. Bei der Auswahl seiner Minister war er auf Mitglieder des Parlaments verwiesen und unter ihnen auf jene, die in ihm eine Autorität darstellten. Was ihm an formellen Rechten zustand, war ohnedies eher bescheiden: Das Vetorecht in der Gesetzgebung hatte Queen Anne 1708 das letzte Mal genutzt; das Recht der Vertagung der Commons war durch den einjährigen parlamentarischen Turnus nur eine schartige politische Waffe.

Das britische Unterhaus war immer ein Parteienparlament, aber im 18. Jahrhundert oder doch auf der Höhe 18. Jahrhunderts kein Zweiparteienparlament wie später. Seit den Arbeiten Lewis Namiers zählt diese Erkenntnis zum festen Bestand der Forschung. Tories und Whigs, im späten 17. Jahrhundert Bezeichnungen von Parteien, die sich durch ihre Haltung in der Thronfolgefrage, des weiteren aber auch in ihren politischen Grundansichten unterschieden – von ihnen hatten sich im 18. Jahrhundert allein die Namen erhalten. Vom Typus her gab es im Unterhaus einmal »Verbindungen von Wahlkreispatronen«,[10] zum anderen Koterien, die sich um Mitglieder der Regierung gruppierten. Den zahlenmäßig größten Zusammenschluß bildete die Hofpartei (»King's Friends«, »King's Servants«, »Court and Treasury Party«). Sie war kronloyal, aber ohne eigenes politisches Gewicht. Im Grunde war sie eher Stimmenreservoir als Fraktion. Der parlamentarische Betrieb lag hingegen in den Händen konkurrierender ministerieller Seilschaften, die bedarfsweise, wenn die Regierungsbildung es erforderte, Koalitionen eingingen. Die von der Regierungsbildung Ausgeschlossenen pflegten dann ihrerseits sich abzusprechen. Aber alles dies geschah im 18. Jahrhundert noch ganz informell. Zweiparteiensystem und institutionalisierte Opposition haben sich aus solchen Verhältnissen erst langsam herausgebildet und Schritt für Schritt die Stetigkeit fester Formen gewonnen. Politik zur Zeit Georgs III., hat Lewis Namier gesagt, war lokal, personal und noch gänzlich unideologisch.[11] Freilich zeigten sich erste Veränderungen schon in den 1770er Jahren, dem »Jahrzehnt« Lichtenbergs, als das Parlament vom Hüter der Verfassung zum Zentrum des politischen Austausches wurde. Die programmatische Schärfung des politischen Kampfes hat dazu ebenso beigetragen wie die neue, die nationale Ausrichtung der Politik.

War das parlamentarische Fraktionswesen im 18. Jahrhundert noch wenig ausgebildet, so hatte das parlamentarische Verfahrensrecht schon eine Geschichte, die bis ins 17. Jahrhundert zurückreichte. Zu den Obliegenheiten des Unterhauses zählte zunächst – und dies machte den größten Teil seiner Beanspruchung aus – die Kontrolle der Regierung. Erst danach ist seine Mitwirkung bei der Gesetzgebung zu nennen. Und hier wiederum waren es zunächst die private acts, Entscheidungen über Rechtsfragen von regionaler und lokaler Bedeutung, mit denen das Parlament vornehmlich befaßt war. Lichtenberg gibt ein anschauliches Beispiel davon, wie in solchen Fällen – hier im House of Lords – prozediert wurde. Die Stadt Manchester wollte ein Theater, ein »Comödien Hauß«, besitzen und beantragte eine entsprechende Lizenz. Die Argumente dafür und dagegen wurden im Plenum gewechselt. Schließlich gab die Kammer ihr Plazet: »Die Sache wurde durchgesezt und in Manchester wird nun ein Comödien Hauß errichtet.« (LE 1, T III, S. 141 f.)

Fügen wir hinzu, daß die Verfahrensweise beider Häuser des Parlaments als obersten Leitsatz die Redefreiheit für seine Mitglieder kannte, eine Freiheit, die vor allem für Minderheiten geschaffen war. Das Parlament war seinem Charakter nach zuerst ein Parlament des Plenums, der Debatte – und ist dies bis zum heutigen Tage geblieben.

In den 1760er Jahren geriet das durch Walpole geschaffene Regierungssystem erstmals in die öffentliche Kritik. Der Zerfall der Parlamentskörperschaft in eine Vielzahl rivalisierender Parteiencliquen, das im Licht der Aufklärung als Absurdität erscheinende Wahlrecht und nicht zuletzt Georgs III. Neigungen zu autokratischer Disziplinierung, zur Beherrschung der Commons durch das Kabinett und des Kabinetts durch die Krone: all dies rief den Widerstand außerparlamentarischer Gruppen hervor.[12] Gegen was die Kritik dieser neuen Bewegung auch immer sich richten mochte, zuerst war es die Abschließung von Administration und Unterhaus, was die Protestanten in ihrem Protest vereinte.

Die Bewegung selbst rekrutierte sich aus der mittelständischen Intelligenz. Anwälte, Publizisten, aber auch Gutsbesitzer und Kaufleute gehörten zu ihren Stützen. James Burgh, John Jebb, John Cartwright, Richard Price: dies einige Namen, welche sie prägten. Die Ziele der Bewegung waren reformerisch-institutionell und nur in diesem Sinne (allgemeines Stimmrecht!) radikal. Das Motiv, welches sie antrieb, war ein Ungenügen an der Deformation des Parlaments. Jakobinische Weiterungen lagen ihren Bestrebungen indessen fern, und schon gar solche, das Eigentum in Frage zu stellen oder seine Einschränkungen zu erwägen. Dies unterschied sie von der plebejischen Publizistik, die der Bewegung in den neunziger Jahren folgte.

Dagegen war die Erscheinung des John Wilkes eher Katalysator der Krise denn ein Ferment der Reform. Wilkes nutzte die Popularität des verfolgten Publizisten (Verbot

592
Ryley (del.) und Jefferies (sc.):
»Inside View of Justice Hall, in the Old Bailey,
The Court Sitting, and the manner of Irying Prisoners at the Bar.«
Kupferstich, 1794. 18 × 10 cm
London, Guildhall Library, 446/OLD 3
Die Abbildung zeigt das Verhör des Angeklagten. Nachdem der Angeklagte mit dem Rücken zum beiwohnenden Publikum steht, ist über ihm ein Spiegel so angebracht, daß die hinter ihm sitzenden Zuhörer bei der Vernehmung sein Gesicht beobachten können.
Über die gleiche Sitzung, in der ihm Wilkes so unangenehm aufgefallen war, notiert Lichtenberg: »[Die Delinquenten] waren zum Theil Strasenräuber, Meineidige oder hatten eingebrochen. Einer darunter Nahmens *Mitchel* war ein bedienter beym Postamt, und hatte eine Banck Note von 100 Pf[und]. aus einem Brief gestohlen, er muß ohne Barmhertzigkeit hängen. Als der Richter *Serjeant Nugent* sagte *You will certainly all be hanged God have mercy on Your souls*, so bückten sich die vordersten einige von [den] hintersten lächelten und schüttelten die Hände mit einigen Zuschauern die sie kannten einer darunter ein junger langer Kerl mit einem rothen krausen Haar war der verwegenste unter allen.« (LE 1, T II, S. 64)
[SS]

593
John Wilkes und C. Churchill:
The North Briton.
46 Numbers complete. By John Wilkes, Esq. C. Churchill, and others. Illustrated with useful and explanatory notes, and a collection of all the proceedings in the House of Commons, and Courts of Westminster, against Mr. Wilkes. With all the tracts and papers relating to the North Briton, Essay on Woman, Election for Middlesex, &c. The whole forming a more complete collection than hidherto [has] been published. In 4 volumes. London: 1772.
Göttingen, Niedersächsische Staats- und Universitätsbibliothek, 8° Scr. var. arg. II, 6582: 1-4.
Lichtenberg besaß beide Bände der Ausgabe London 1763.

594
Mark:
»Brutes Humaniz'd, in Alderman Turtle & Singe his Wife«.
Radierung, 11. Oktober 1775.
25 × 18 cm (Platte)
Wiesbaden, Privatbesitz
Karikatur auf Mitglieder der Londoner Stadtregierung aus dem Jahr von Lichtenbergs London-Aufenthalt. Verwundert notierte sich Lichtenberg die Sonderstellung Londons im Königreich: »Die Stadt *London* hat sehr grose Vorrechte. Ihre Sheriffs könen Petitionen unmittelbar vor die Schranke des Unterhauses bringen ohne weiteres Vorwort eines *Lords*, welches der erste *Pair* im Königreich nicht kan. Des Königs Truppen dürfen nicht ohne des *Lord Mayors* Erlaubniß durch die *City* marschiren. Bey einer Crönung gehen die *Aldermen* von London in ihren Mänteln im Zug, ein Recht welches kein *Commoner* im gantzen Königreich hat. Am ersten *Lord Mayors* Tag nach der Crönung speißt der König mit dem Lord Mayor und dem Rath« (LE 1, T III, S. 162). Sonst allerdings hatte er nur Spott für Mitglieder der Londoner Stadtregierung übrig: »Wie sie mit wichtigen Minen zu Wercke gehen, Sitzungen halten, Votiren und resolviren, und am Ende doch ausgelacht werden. Sie vergleichen sich mit dem König, Oberhaus, Unterhauß und *Freemen*, in der That ist eine Aehnlichkeit zwischen beyden, so wie etwa zwischen einem Regiment Preussen und der Göttingischen Schützen Compagnie. Es ist unglaublich was für abgeschmackte Dinge in diesen Versammlungen vorgehen [...]« (LE 1, T III, S. 171). [SO]

595
William Hogarth (1697-1764):
»The Times, Plate I«.
Die Zeiten, Blatt I.
Kupferstich, 1762. 24,6 × 30,5 cm
Wiesbaden, Privatbesitz
Beeindruckt war Lichtenberg von der in der englischen Verfassung – mit geringen Einschränkungen – verbürgten Meinungsfreiheit. Die Opposition äußerte sich nicht nur in Parlamentsreden und einer scharfzüngigen Publizistik, die zahllose politische Schriften und Pamphlete produzierte, sie äußerte sich auch in der Karikatur. Es entstand ein politisch-satirischer Stil, der es verstand, mit seinen Opfern an der Grenze des gerade noch Erlaubten zu spielen. Das aus der Fülle aktueller Tagesgraphik herausragende Beispiel ist die politische Karikatur von Hogarth. *The Times, Plate I* ist eine seiner letzten, wenige Monate vor seiner Lähmung veröffentlichten Arbeiten. Die vielfältigen Details dieses Blattes, das auf die politischen Auseinandersetzungen anläßlich des Siebenjährigen Krieges (1756-1763) zielt, sind heute kaum noch zu entschlüsseln. Schon Lichtenberg notierte resigniert in sein London-Tagebuch: »[Um] das Vergnügen, das sie [die Kupferstiche] gewähren können gantz zu geniessen muß man mehr von den englischen Gebräuchen und Sitten wissen, als sich in einem Jahr erlernen läßt« (LE 1, T III, S. 146). Der Londoner Zeitgenosse jedoch wußte jede Einzelheit zu lesen und zu deuten. Wie ernst die satirische Graphik vom Publikum und den darauf verunglimpften Akteuren genommen wurde und wie sehr man den Zeichenstift Hogarths fürchtete, zeigt die Tatsache, daß versucht wurde, mit Drohungen das Erscheinen zu verhindern. Als der Künstler sich dadurch nicht beeindrucken ließ, erschienen nicht nur zahlreiche Kritiken und Stellungnahmen in Zeitschriften, auch im Medium der Graphik reagierten die Feinde Hogarths prompt: In schneller Folge erschienen mindestens 13 satirische Gegendrucke als Antwort auf *The Times*. – »Jedes Gewicht findet sein Gegengewicht herunter bis auf das Pasquil, und deren verdiente Ahndung« (Lichtenberg an Christian Gottlob Heyne, 17. März 1775, Bw 1, Nr. 275, S. 520). [SO]

596
Letters of Junius. London 1772.
2 Bde.
Göttingen, Niedersächsische Staats- und Universitätsbibliothek, 8° Hist. Brit. un. VII, 3074
Höhepunkt der oppositionellen Publizistik waren die aufsehenerregenden »Junius-Briefe«. Ihr Verfasser, ein gut informierter, scharfsinniger und schonungsloser Kritiker des Staatsapparates und der Parteienkämpfe, ist bis heute nicht identifiziert; vermutlich stammen sie von Sir Philip Francis (1740-1818). Die 106 mit »Junius« gezeichneten Briefe erschienen zwischen 1769 und 1772 in unregelmäßigen Abständen zuerst im liberalen *Public Advertiser* und geißelten, dabei meist für John Wilkes Partei ergreifend, mit ätzendem Spott und bitterem Sarkasmus hohe Beamte, Parlamentarier und Minister, ihre Inkompentenz und Bestechlichkeit und machten selbst vor Georg III. nicht halt.
Lichtenberg, der mehrfach aus ihnen zitierte, bewunderte die stilistischen und satirischen Qualitäten der »Junius-Briefe« sehr: »Kürze mit Stärke und Donner nach Blitz« (SB 1, F 714).
Bis 1771 brachten geschäftstüchtige Buchhändler allein 28 unlizensierte, hastig zusammengetragene und äu-

der berühmten Nr. 45 seiner Zeitschrift *North Briton* – Verhaftung – Freilassung – erneute Anklage – Aberkennung des parlamentarischen Mandats – Verurteilung), aber sein Ziel war politischer Einfluß, nicht Änderung der Verhältnisse. Demonstrationen dafür bot er nach seiner Rehabilitation als Mitglied des House of Commons, aber auch als Lord Mayor von London, zu dem er 1774 gewählt wurde.

Wilkes war die Bête noire der englischen Politik der sechziger und siebziger Jahre in England, und als solche ist er dem Zeitgenossen und Augenmenschen Lichtenberg nicht entgangen. Mehrfach hat er sich über den Mann und seine Wirkung mit kritischer Feder geäußert. Zuletzt 1785 im Zusammenhang einer Besprechung des England-Buches von Johann Wilhelm von Archenholz: »Über Wilkes. [...] Hat er irgendetwas getan, was nicht jeder abgefeimte, hartnäckige Bösewicht in Wilkes damals desperaten Umständen bei beständig von Freunden angefachtem und von der Menge begünstigtem *Privathaß* gegen König und Minister hätte tun können? [...] er kannte seine Gegner und seinen Kredit grade bei dieser Klasse von Menschen.« (LE 1, Anh. IX, S. 378)

ßerst unzuverlässige Sammelausgaben der »Junius-Briefe« auf den Markt. Die erste vollständige und durch den anonymen Verfasser selbst autorisierte Auswahl erschien 1772. Mehr als 70 weitere Neuauflagen erschienen noch im 18. Jahrhundert. Welche dieser Ausgaben Lichtenberg besaß, ist nicht überliefert. [SO]

1 Günther Lottes: *Politische Aufklärung und plebejisches Publikum. Zur Theorie und Praxis des englischen Radikalismus im späten 18. Jahrhundert.* München, Wien 1979, S. 20.

2 Sir Lewis Namier: *The Structur of Politics at the Accession of George III.* London [2]1979, S. 81.

3 Kurt Kluxen: *Geschichte Englands.* Stuttgart 1968, S. 428.

4 Vgl. John A. Philipps: *Electorial Behaviour in Unreformed England. Plumpers, Splitters and Straits.* Princeton / New Jersey 1982, S. 56 ff.

5 Andreas Wirsching: *Parlament und Volkes Stimme. Unterhaus und Öffentlichkeit im England des frühen 19. Jahrhunderts.* Göttingen, Zürich 1990, S. 35.

6 Namier (wie Anm. 2), S. 142.

7 Zum folgenden vgl. Gerhard A. Ritter: *Das britische Parlament im 18. Jahrhundert.* In: Ständische Vertretungen in Europa im 17. und 18. Jahrhundert. Göttingen 1969, S. 415 ff.

8 Sir William Blackstone: *Commentaries on the Laws of England.* Bd. 1, Oxford [5]1773, S. 154 f.

9 Kluxen (wie Anm. 3), S. 434.

10 Ritter (wie Anm. 7), S. 426.

11 Nach Wirsching (wie Anm. 5), S. 64.

12 Dazu im einzelnen Lottes (wie Anm. 1), S. 29 ff.

597

»Die Martis 7° Febr:[rii] 1775«. Sitzungsbericht über die Oberhaussitzung von Dienstag, dem 7. Februar 1775.
Handschrift. 30,5 × 19 cm
Göttingen, Niedersächsische Staats- und Universitätsbibliothek, Cod. Ms. Licht. Anhang III, 4b
Zeitgenössische, von Lichtenberg aus England mitgebrachte Mitschrift der Debatte. Lichtenberg an Christian Gottlob Heyne am 6. März 1775: »Am 7ten, des vorigen Monats habe ich an einer der wichtigsten Debatten im Parlament, deren man sich erinnert, mit beygewohnt. Es wurde nemlich an dem Tage dem Oberhauß die Addresse an den König von dem Unterhauß übergeben, worin sie ihn bitten kräfftige Mittel gegen die Amerikaner zu gebrauchen und ihm zugleich Beystand mit Gut und Blut versprechen.«
Die sich an diesen Antrag (der auf eine Kriegserklärung Englands gegen seine Kolonien hinauslaufen sollte) anschließende hitzige und erbitterte Debatte, bei der weder mit Rhetorik noch Polemik gespart wurde, machte großen Eindruck auf Lichtenberg. »Es war höchst ehrwürdig und rührend [...]. Ich habe 6 Stunden auf einem Fleck gestanden und Mittag Essen und Thee darüber versäumt« (Bw 1, Nr. 275, S. 515f.). [SO]

598

Taxation: Tyranny. Adressed to Samuel Johnson. London 1775.
Göttingen, Niedersächsische Staats- und Universitätsbibliothek, 8° Hist. Americ. II, 1236
Exemplar aus Lichtenbergs Bibliothek, der diese Erwiderung auf Samuel Johnsons berühmte Schrift *Taxation no Tyranny* (1774) zusammen mit anderen Schriften zu diesem Thema in London erwarb.
Seit 1764 schwelte der Konflikt zwischen den 13 englischen Kolonien in Nordamerika und dem englischen Mutterland, ob England das Recht habe, die Kolonien direkt zu besteuern, anstatt eine solche Besteuerung – wenn sie denn notwendig sei – den amerikanischen Verwaltungsbehörden selbst zu überlassen. Der im selben Jahr beschlossene Stamp Act rührte an die Verfassungsfrage, demzufolge Steuern nur mit Zustimmung der Betroffenen erlassen werden durften. Bereits im August widersetzten sich die Bostoner Bürger aktiv dem neuen Steuer- und Zollgesetz und verbrannten öffentlich die aus England gesandten Stempel-Papiere.
»No taxation without representation« wurde zum Kampfruf der im englischen Parlament nicht vertretenen Amerikaner und der sie unterstützenden Liberalen. [SO]

599

Daniel Chodowiecki (1726-1801): Die Einwohner von Boston werfen den englisch-ostindischen Thee ins Meer am 18. December 1773.
Aus: Allgemeines historisches Taschenbuch. Oder Abriß der merkwürdigsten Welt-Begebenheiten enthaltend für 1784 die Geschichte der Revolution von Nord-America von C. M. Sprengel Professor der Geschichte zu Halle. Mit 18 Kupfern und einer illuminierten Landkarte. Berlin: bey Haude und Spener 1783. 74, 6, 182 S.
Göttingen, Niedersächsische Staats- und Universitätsbibliothek, 8° Hist. Americ. II, 1337
Der Widerstand in Amerika gegen die englische Besteuerung gipfelte in der legendären ›Boston Tea Party‹, bei der einige als Indianer verkleidete Kolonisten drei im Hafen von Boston ankernde Handelsschiffe enterten und ihre gesamte Ladung ins Meer schütteten. Die von den Engländern darauf verfügte Sperrung des Hafens verschärfte den Konflikt, der dann in den amerikanischen Unabhängigkeitskrieg mündete.
Am 19. Juni notierte sich Lichtenberg: »Die Amerikanischen Trouble werden immer Schlimmer.« Die Bombardierung Bostons werde befürchtet. »Dieses sind die Früchte wenn man Meinungen mit Waffen bestreitet.« (LE 1, T III, S. 211) – Die Meinungen allerdings, so argwöhnte er zu Recht, seien bestochen: Der »Krieg gegen die Colonien wird gegen die Stimme des Volcks geführt.« (LE 1, T III, S. 154) [SO]

600

C. N. Cochin d. J. (pinx.) und Augustin de Saint-Aubin (sc.): Benjamin Franklin (1706-1790).
Radierung. 35,5 × 26,3 cm (Blatt), 20,6 × 14,9 cm (Platte)
Coburg, Kunstsammlungen Veste Coburg, X,72,9

Benjamin Franklin, der in Europa wohl berühmteste Amerikaner, hielt sich seit 1757 als beobachtender Vertreter Pennsylvaniens, später auch anderer Kolonien, in London auf. Einfacher Herkunft, fast ohne Schulbildung, hatte er mit 16 Jahren begonnen, eine Zeitschrift herauszugeben; später war er Eigentümer einer Druckerei und einer Zeitung. Neben seiner beruflichen Tätigkeit und der Erfüllung umfangreicher selbstgewählter sozialer und politischer Aufgaben fand er Zeit, sich vielseitig zu bilden. Seine Versuche mit Blitzableitern und seine auch ins Deutsche übersetzten *Experiments and Observations on Electricity* trugen ihm internationalen Ruhm ein. Seit 1756 war er Mitglied der Royal Society in London, seit 1766 auswärtiges Mitglied der Göttinger Sozietät, von 1769 bis zu seinem Tod Präsident der von ihm mitbegründeten American Philosophical Society Held at Philadelpia for Promoting Useful Knowledge.
Für Lichtenberg war Franklin – neben Captain Cook – das bewunderte Vorbild eines wirkenden Forschers. Er schätzte den »mit wohltätiger Krafft belebenden *bon sens*« seiner Schriften: die »unterhaltendste Lectüre [...], sie mögen nun die Einrichtung eines neuen Freystaats oder die Cur von rauchenden Kaminen betreffen« (an Johann Albert Heinrich Reimarus, 2.-7. Dezember 1792, Bw 3, Nr. 2188, S. 1187).
In der Frage des Stamp Act, dessen Zurücknahme wesentlich durch Franklins Reden vor dem Oberhaus bewirkt worden war, war Lichtenberg allerdings ganz anderer, nämlich königstreu-konservativer Meinung. [SO]

601

Israel Mauduit (Hrsg.): Letters of Governor Hutchinson, and Lieut. Governor Olivier &c. printed at Boston [1773]. And Remarks thereon. With the Assembly's Adress, and the Proceedings of the Lord's Committee of Council. Together with the Substance of Mr. Wedderburn's Speech relating to those Letters. And the Report of the Lord's Committee to his Majesty in Council. The 2. edition. London: Printed for J. Wilkie [...] 1774. 142 S.
Göttingen, Niedersächsische Staats- und Universitätsbibliothek, 8° Hist. Americ. II, 1181
Politisch brisante Veröffentlichung; aus Lichtenbergs Besitz.
Benjamin Franklin hatte die geheimen Briefe Hutchinsons über die englische Amerika-Politik und ihre Zielsetzung, die ihm in London zugespielt worden waren, zur Veröffentlichung nach Amerika weitergeleitet. Der Skandal, der auf die Veröffentlichung folgte, untergrub Franklins bis dahin höchst geachtete Position, kostete ihn seine amerikanische Postmeisterstelle und zwang ihn, als seine Stellung in London unhaltbar geworden war, im März 1775 zur Rückkehr nach Amerika.
Die politisch exponierte Rolle Franklins mag der Grund gewesen sein, daß Lichtenberg – der ja vornehmlich in den konservativen Kreisen seiner Gastgeber verkehrte – es schon 1770 bei seinem ersten Englandaufenthalt nicht gewagt hatte, das aus Göttingen mitgebrachte Empfehlungsschreiben bei Franklin abzugeben, und der es so aus politischer Vorsichtigkeit versäumte, den berühmten und verehrten Amerikaner persönlich kennenzulernen. [SO]

602
The Crisis. Printed and published for the authors by T. W. Shaw. [London] 1775-1776. Nrn. 1-91.
Göttingen, Niedersächsische Staats- und Universitätsbibliothek, 4° Scr. var. arg. II, 6616
Wochenschrift, die sich in England entschieden für die amerikanischen Belange einsetzte.
Der Streit der Meinungen in der Amerika-Frage beschäftigte Lichtenberg, wie die Eintragungen im Tagebuch belegen, intensiv und über längere Zeit: »Für den unpartheyischen Mann, dessen raisonnement durch nichts als blose Wahrheit und durch keine politische Neben Absichten gebunden oder geleitet wird, ist es sehr schwer eine gewisse Meinung in dem gegenwärtigen Streit des Königs und Parlaments mit den Colonien zu fassen« (LE 1, T III, S. 211). Durch Diskussionen mit Freunden und durch die Lektüre tagespolitischer Schriften, ja selbst in Unterhaltungen mit dem ›Mann auf der Straße‹ versuchte sich Lichtenberg über seinen eigenen politischen Standpunkt Klarheit zu verschaffen: »Neulich habe ich in einem Dorfe Hammersmith unter Matrosen, Fuhrleuten und Spitzbuben über die Amerikaner disputirt« (an Johann Christian Dieterich, 15. Februar 1775, Bw 1, Nr. 273, S. 511).
Anfänglich bemühte sich Lichtenberg um eine neutrale und objektive Beurteilung des Konflikts: »[...] was ist denn nun *meine* Meinung heute, das Resultat von dem was ich weiß (denn wenn ich besser unterrichtet werde, so kan es seyn, daß ich sie ändere)« (LE 1, T III, S. 213). Mit zunehmender Verschärfung des Konflikts schwenkte Lichtenberg – offensichtlich unter dem Einfluß seiner Gastgeber, mit denen er es sich nicht verscherzen wollte – mehr und mehr auf die Haltung des Königs und seines konservativen Kabinetts ein. Am Ende hält auch er ein hartes Durchgreifen Englands für erfolgversprechend, erwägt gar den Einsatz kontinentaleuropäischer Hilfstruppen, wozu es dann tatsächlich kam, und spricht von den Amerikanern als »Gesindel« und »Smuggler«. Ein Gesinnungswandel innerhalb weniger Wochen, der ihm selbst durchaus merkwürdig war.
Zu den Schriften, die Lichtenberg sich für seine Meinungsbildung verschaffen konnte, gehörten die ersten Nummern der entschieden proamerikanischen *Crisis*. Über die öffentliche Verbrennung der Nr. 3 dieser Wochenschrift durch den Scharfrichter von London, bei der es zu Tumulten kam, berichtet er nach Deutschland (an Christian Gottlob Heyne am 17. März 1775): »Zugleich ist eine andere Schrifft, eben so betitult, die aber, grade umgekehrt, despotische Grundsätze predigt, verbrannt worden [...], ich habe sie aber nicht erhalten können, weil ich erst davon hörte, als die Strafe schon auf Kauf und Verkauf gesezt war. Der Umstand, daß ein Pasquil pro und ein Pasquil contra zugleich verbrannt wurden, ist allerdings merckwürdig und ist eine Probe von der Vortrefflichkeit der englischen Staatsverfassung.« (Bw 1, Nr. 275, S. 520)
In der *Crisis* wurde übrigens am 24. August 1776 die amerikanische Unabhängigkeitserklärung abgedruckt. Zu diesem Zeitpunkt allerdings stand Lichtenbergs Urteil fest – »Spitzbuben-Republik« (SB 1, F 498 und J 1091). [SO]

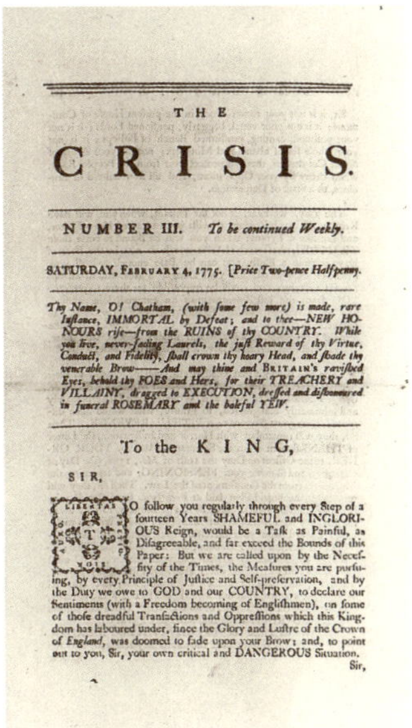
THE
CRISIS.
NUMBER III. *To be continued Weekly.*
SATURDAY, February 4, 1775. [*Price Two-pence Halfpenny.*
Thy Name, O! Chatham, (with some few more) is made, rare Instance, IMMORTAL by Defeat; and to thee—NEW HONOURS rise—from the RUINS of thy COUNTRY. While you live, never-fading Laurels, the just Reward of thy Virtue, Conduct, and Fidelity, shall crown thy hoary Head, and shade thy venerable Brow——And may thine and Britain's *ravished Eyes, behold thy FOES and Hers, for their TREACHERY and VILLAINY, dragged to EXECUTION, dressed and dishonoured in funeral ROSEMARY and the baleful YEW.*
To the KING,
SIR,
TO follow you regularly through every Step of a fourteen Years SHAMEFUL and INGLORIOUS Reign, would be a Task as Painful, as Disagreeable, and far exceed the Bounds of this Paper: But we are called upon by the Necessity of the Times, the Measures you are pursuing, by every Principle of Justice and Self-preservation, and by the Duty we owe to GOD and our COUNTRY, to declare our Sentiments (with a Freedom becoming of Englishmen), on some of those dreadful Transactions and Oppressions which this Kingdom has laboured under, since the Glory and Lustre of the Crown of *England*, was doomed to fade upon your Brow; and, to point out to you, Sir, your own critical and DANGEROUS Situation.
Sir,

603
Gedanken über den Aufstand der englischen Colonien in dem nördlichen Amerika. Göttingen: bey Johann Christian Dieterich 1776. 40 S.
Hannover, Niedersächsische Landesbibliothek, Gp-A 520
Kritische anti-amerikanische Stellungnahme eines Anonymus.

604
[Matthias Christian Sprengel:]
Briefe den gegenwärtigen Zustand von Nord America betreffend. 1. Sammlung. Göttingen: bey Johann Christian Dieterich 1777. 118 S.
Göttingen, Niedersächsische Staats- und Universitätsbibliothek, 8° Hist. Americ. II, 1082
Diese Schrift ist im Gegensatz zu Sprengels späteren Schriften noch durchaus pro-englisch. [SO]

605
[Matthias Christian Sprengel:]
Kurze Schilderung der grosbrittanischen Kolonien in Nord-America. 2. verbesserte und vermehrte Auflage. Göttingen: bey Johann Christian Dieterich 1777. 2 Faltbl.
Göttingen, Niedersächsische Staats- und Universitätsbibliothek, 2° Hist. Americ. II, 1079 Rara
An der Göttinger Universität wurden die Bestrebungen der amerikanischen Unabhängigkeitsbewegung und die Ereignisse des Krieges intensiv rezipiert und diskutiert, wie nicht nur die Vorlesungsankündigungen und Publikationen von Lichtenbergs Kollegen zeigen, sondern auch die für diese Zeit einzigartige Americana-Sammlung der Universitätsbibliothek – zu der auch Lichtenbergs Bibliothek nach seinem Tod einiges beitrug.
Einige der Göttinger Schriften zum englisch-amerikanischen Konflikt erschienen in Johann Christian Dieterichs Verlag, durchweg anti-amerikanische oder pro-englische Stellungnahmen. Unmittelbar nach seiner Rückkehr aus England war Lichtenberg ins Haus seines Freundes Dieterich gezogen, und da der Freund ihm, wie mehrfach belegt, seine gesamte Verlagsproduktion zur Kenntnis brachte, dürfte Lichtenberg auch diese Schriften gelesen haben. [SO]

606
Abmarsch-Lied der herzoglichen Braunschweigischen Krieges-Völker im Monate Februar 1776.
[o. O.].
Papier. 16,6 × 9,9 cm
Braunschweig, Stadtbibliothek, 5 an I 13/400
Neben den staatsphilosophischen, staatsrechtlichen und politischen Problemen der amerikanischen Unabhängigkeitsbestrebungen dürfte auch die Tatsache, daß niedersächsische und hessische Truppen in Übersee an der Seite Englands kämpften, die Diskussion unter den Göttinger Professoren befördert haben.
Ob die enthusiastischen Kriegslieder, die zum Auszug der Truppen nach Nordamerika gedruckt erschienen, tatsächlich die Stimmung der einfachen, oft gepreßten Soldaten widerspiegelt, ist fraglich. Johann Gottfried Seume jedenfalls hat es in seinen Lebenserinnerungen anders geschildert. [SO]

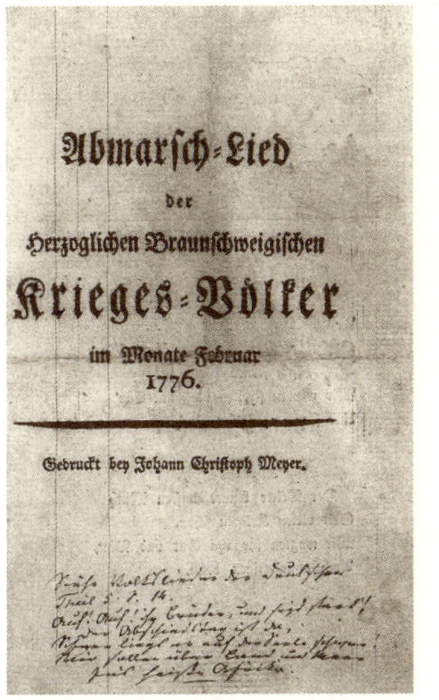
Abmarsch-Lied
der
Herzoglichen Braunschweigischen
Krieges-Völker
im Monate Februar
1776.
Gedruckt bey Johann Christoph Meyer.

607
J. C. Jaeger:
Schauplatz des Krieges zwischen Engelland und seinen Collonien in America [...].
Franckfurt / Mayn, zu finden in der Jaegernschen Buchhandlung 1776.
Kupferstich, grenzkoloriert.
66 × 76 cm
Darmstadt, Hessische Landes- und Hochschulbibliothek, Kartensammlung, LK 2844
»Ich habe eine sehr gute Special Charte von dem gantzen Kriegs Theater in meinem Zimmer angenagelt und es ist eine sehr angenehme Beschäfftigung für mich alle Schritte der Gerechtigkeit die sie dort mit dem Schwert in der Hand thut auf der Charte zu verfolgen und meinen jungen Leuten [= seine englischen Zöglinge] zu erklären« (an Johann Andreas Schernhagen, 16. Januar 1777, Bw 2, Nr. 374).

608
Braunschweigische Anzeigen. Braunschweig, gedruckt in der Fürstlichen Waisenhaus-Buchdruckerey. Jgge. 1776, 1777.
Braunschweig, Stadtbibliothek, Zs I 1259: 1776, 1777
Das niedersächsische, auch im kurhannoverschen Göttingen vielgelesene Blatt enthält – besonders während der Revolutionskriege – zahlreiche Nachrichten über Nordamerika sowie Briefe Braunschweigischer Offiziere über den Fortgang des Krieges.
Lichtenberg hatte einen ganz persönlichen Grund, die Kriegsereignisse aufmerksam zu verfolgen: Sir Francis Carr Clerke (1748-1777), sein wohl bester und intimster englischer Freund, kämpfte als Adjutant des glücklosen Generals Bourgoyne in Übersee.
Sir Francis war als 21jähriger Student in Göttingen einer von Lichtenbergs Zöglingen gewesen. Unter anderem seiner Fürsprache hatte Lichtenberg die Einladung zu seiner zweiten Englandreise zu verdanken. In London verbrachten die beiden viel Zeit miteinander bei Ausflügen und Besichtigungen und schmiedeten gemeinsame Zukunftspläne: Lichtenberg sollte (und wollte) ganz nach England übersiedeln, um mit dem sehr wohlhabenden Freund zusammenzuleben. Als die Nachricht vom Tod des Freundes in Göttingen eintraf, hatte Lichtenberg einige »sehr traurige Tage« und beklagte die »Hofnungen, die mir durch diesen Tod vereitelt worden sind« (an Johann Andreas Schernhagen, 1. Januar 1778, Bw 1, Nr. 423).
Sir Francis Clerke wurde am 8. Oktober 1777 in der Schlacht bei Saratoga, der ersten entscheidenden Niederlage der Engländer, schwer verwundet und starb am 13. Oktober in Gefangenschaft. In seinen Memoiren schildert der amerikanische General Wilkinson das Sterben Clerkes. Noch in seinen letzten Stunden habe Clerke in heftigen Diskussionen mit General Gates das Für und Wider der amerikanischen Revolution und die politischen Hintergründe des Krieges diskutiert und dabei ein weitestgehendes Verständnis und Sympathie für die amerikanische Sache gezeigt. [SO]

609
L. le Paon (pinx.) und N. le Mire (sc.):
»Le Général Washington« (1732-1799).
Kupferstich, um 1780.
56 × 50,5 cm
Darmstadt, Hessische Landes- und Hochschulbibliothek, Kartensammlung, Portr. 28
»Ich stelle mir den Washington als einen etwas dicken Mann von mittlerer Größe vor, mit schwarzem etwas gedunsenem Gesicht. Einen kurzen blauen Rock mit roten Aufschlägen, und etwas schwachen Beinen. Ich sehe ihn immer stehen, niemals zu Pferde und niemals sitzen. Wo ich das herhabe kann ich nicht sagen«, (SB 1, F 627) schreibt Lichtenberg über Washington, der seit 1775 Oberbefehlshaber der nordamerikanischen Armee im Befreiungskrieg gegen England war und seit 1789 erster Präsident der Vereinigten Staaten von Nordamerika.
Der Briefkontakt zwischen Lichtenberg und Sir Francis Clerke riß auch während des Krieges nicht ab. In einem von mehreren nicht erhaltenen Briefen aus Amerika schilderte Francis Clerke die Eroberung New Yorks durch die von Lord Howe kommandierte Flotte. Begeistert berichtet Lichtenberg darüber an Johann Andreas Schernhagen am 18. November 1776: »Die Nachricht von New Yorck hat uns vorgestern das abscheuliche Wetter gantz vergessen gemacht. Die Canonade aus den 42 Kriegsschiffen mögte ich wohl angesehen haben [...]. Wenn uns nur der Himmel jezt noch einen Sieg giebt. Ich solte nun fast nicht daran zweifeln, da die Leute drüben nun gesehen haben, daß der hei-l[ige] Geist nicht in Person bey ihnen commandirt [gemeint ist General Washington], und die unsrigen, daß man mit Enthusiasmus von Freyheit und Löwenmuth sprechen und schreiben kan und doch dabey laufen wie die andern stillen Haasen.« (Bw 1, Nr. 343) [SO]

610
J. Smart (pinx.) und B. Bartolozzi (sc.):
»Sir Henry Clinton [1738-1795], K.B. Commander in Chief of his Majesty's Forces in North America.«
Aquatinta und Radierung, rötlicher Druck, 1780. 13,5 × 17,5 cm
Darmstadt, Hessische Landes- und Hochschulbibliothek, Kartensammlung, Portr. 50
Englischer Obergeneral in Nordamerika, Nachfolger des glücklosen General Bourgoyne als Oberbefehlshaber der englischen Truppen in Nordamerika. Lichtenberg schätzte ihn wegen seiner taktischen Fähigkeiten. [SO]

611
Flagge der 13 vereinigten Staaten von Nord America.
Aus: Allgemeines Historisches Taschenbuch [...]. Berlin: bey Haude und Spener 1783.
Kolorierter Kupferstich (vergrößerte Reproduktion).
Göttingen, Niedersächsische Staats- und Universitätsbibliothek, 8° Hist. Americ. II, 1337
Wohl die früheste farbige Abbildung der amerikanischen Flagge in Deutschland. [SO]

612
The Constitution, as formed for the United States, by the Federal Convention, held at Philadelphia, in the Year 1787, with the resolves of Congress and the Assembly of Pennsylvania thereon. Philadelphia: Printed by T. Bradford [...] 1787. 16 S.
Göttingen, Niedersächsische Staats- und Universitätsbibliothek, 8° Hist. Americ. II, 1801 Rara
Früher Druck der beschlossenen, aber noch nicht ratifizierten ameri-

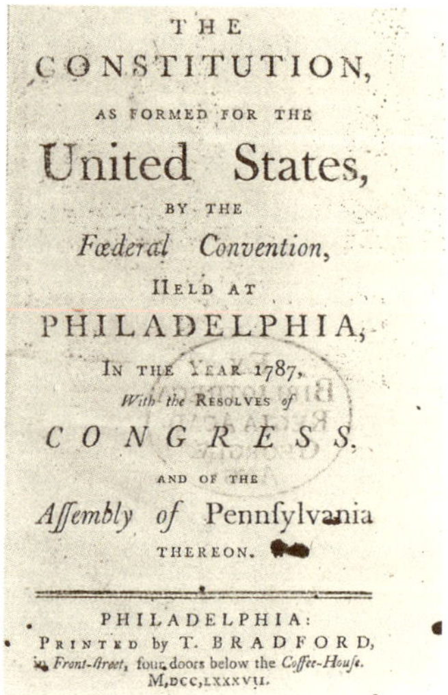
THE
CONSTITUTION,
AS FORMED FOR THE
United States,
BY THE
Fœderal Convention,
HELD AT
PHILADELPHIA,
IN THE YEAR 1787,
With the RESOLVES of
CONGRESS,
AND OF THE
Aſſembly of Pennſylvania
THEREON.
PHILADELPHIA:
PRINTED by T. BRADFORD,
in Front-ſtreet, four doors below the Coffee-Houſe.
M,DCC,LXXXVII.

kanischen Verfassung. Die Verfassung der – ursprünglich 13 – Vereinigten Staaten von Amerika basiert auf der Granatie der freien Menschenrechte; sie anerkennt keinerlei Geburtsstände, weder Adel noch Bürger- oder Bauernstand, und sichert jedem Bürger der USA ohne Ansehung von Vermögen, Rasse oder Bildungsgrad die politische Gleichberechtigung zu. Auch wenn die Verfassungswirklichkeit nicht ganz so ideal aussah wie ihr Wortlaut – die Schwarzen erhielten die Bürgerrechte erst 1870, nachdem 1865 endlich die Slaverei abgeschafft worden war –, war und ist die »Constitution« Vorbild für jede demokratische Verfassung. Unmittelbar war ihre Wirkung auf die Ideale der zwei Jahre nach ihrem Inkrafttreten ausbrechenden Französischen Revolution. [SO]

Franz Dumont

Faszination und Distanz

Lichtenberg, Forster, Soemmerring und die Französische Revolution

An Lichtenbergs Bett gaben sie sich ein Stelldichein, die Freunde Georg Forster und Samuel Thomas Soemmerring, wenn er des Nachts in seiner Phantasie »kleine freundschaftliche Clubs« zusammenkommen ließ, um sich – von Schlaflosigkeit geplagt – Erquickung zu verschaffen. Nur mit ihnen, so gestand er Soemmerring Anfang 1791, beschäftige er sich dann, freilich ohne zu sagen, um was es dabei ging. Nur um das Ohrmodell, das Lichtenberg von dem Mainzer Anatom erbat? Oder interessierte er sich auch dafür, wie der weltgereiste Forster seine Eindrücke von Belgien, England und Frankreich verarbeitete? Hatte Forster dabei doch mit eigenen Augen gesehen, wie weit jenes Ereignis gediehen war, das alle Welt in Atem hielt: die Französische Revolution. Sie bewegte natürlich auch die Göttinger gelehrten Gemüter, von Mainz, stets im Sog französischer Einflüsse, ganz zu schweigen.

Treten wir deshalb einmal in den »freundschaftlichen Club« von Lichtenberg, Forster und Soemmerring, um zu hören, wie die drei die »Staatsumwälzung« im Westen aufnahmen. Vor allem Lichtenbergs – bekannte und weniger bekannte – Äußerungen sollen uns dabei leiten; kontrastierend-vergleichend stellen wir Forsters Haltung daneben, schließlich jene Soemmerrings, die zwar alles andere als prononciert, dafür aber nicht weniger aufschlußreich ist. Nimmt man alle drei zusammen, zeichnen sich – um es vorweg zu nehmen – zumindest zwei der großen Lager ab, die in der deutschen Intelligenz durch die Auseinandersetzung mit der Französischen Revolution entstanden waren.

Wie sehr diese Differenzierung das Werk der französischen Ereignisse seit 1789 war, läßt sich ermessen, wenn wir die Gedankenwelt umreißen, die unseren »freundschaftlichen Club« zuvor geprägt und verbunden hatte. Denn alle drei gingen von (fast) denselben geistigen Grundlagen aus, selbst wenn sich da und dort Nuancen zeigten: Da ist natürlich zunächst die »Aufklärung«, für die Lichtenberg heute geradezu als Repräsentant par excellence gilt. Wenn er auch mit mancher Satire und Kritik über das Maßvolle der deutschen Aufklärung hinaus ging, blieb Lichtenberg ihr doch ebenso verhaftet wie Forster und Soemmerring, die der Vernunft in Gesellschaft und Wissenschaft zum Durchbruch verhelfen wollten. Solch empirischer Rationalismus verband sich mit einer anderen Gemeinsamkeit, der Anglophilie. England, das war nicht nur für Lichtenberg seit seinen beiden Reisen auf die Insel der Fluchtpunkt des Denkens und Fühlens, der ihn englische Kollegien lesen und britische Prinzen unterrichten, den technisch-zivilisatorischen Vorsprung Britanniens bewundern und nachahmen ließ. In London hatte Lichtenberg Forster kennengelernt, der seinerseits, zwar nicht ohne Beschwernisse, im Inselreich aufgewachsen und von dessen Kultur geprägt war. Nicht minder Soemmerring: Schon durch seinen Lehrer Lichtenberg erfuhr er im Studium, wie sehr Hannover, mithin auch Göttingen, »an outpost of Englisch civilization« war. Goutierte er dies zunächst als Mediziner, so machte ihn seine Studienreise auf die Insel (1778/79) zum Bewunderer alles Britischen, und das

613
Nicolas Dollfus:
Plakat mit republikanischen Emblemen.
Tapetendruck auf Papier (Reproduktion), 1793. 86 × 60 cm
Bez. »Freyheit Gleichheit / Bruder-Liebe / Frey leben oder sterben / Einheit Unzertrennlichkeit der Francken Republick«.
Riquewihr, Musée du Doldere
Lichtenbergs Beurteilung der Französischen Revolution war zwiespältig: Begrüßte er sie einerseits als Werk der Vernunft und als zwangsläufige Folge der Aufklärungsbewegung, so versagte er ihr andererseits als Anhänger einer eingeschränkten Monarchie und angesichts der brutalen Methoden, deren sich die Revolutionäre zur Durchsetzung ihrer Ideale – Freiheit, Gleichheit, Brüderlichkeit – bedienten, seine Zustimmung.
Das hier gezeigte Plakat, mit den bekannten republikanischen Emblemen und Parolen, zählt zu den historischen Zeugnissen deutschsprachiger Revolutionspropaganda. Über den Waagschalen standen ursprünglich die Namen von Politikern zur Zeit der Jakobinerherrschaft – sie wurden später unkenntlich gemacht. Die deutschen Exemplare waren für den Verkauf im Elsaß bestimmt, fanden jedoch nur einen geringen Absatz, im Gegensatz zu der französischen Version. Grund dafür war der Aufruf der Jakobiner zur Ausrottung der deutschen Sprache und Gebräuche.
[MS/SW]

614
Franz Eugen Frh. von Seida und Landensberg (Erläuterungen):
Zusammenkunft der National-Versammlung im Ballspielhause zu Versailles, den 19ten Junius 1789 (Blatt 3). Eroberung der Bastille, den 14. Julius 1789 (Blatt 8).
Aus: Denkbuch der Französischen Revolution vom ersten Aufruhr in der Vorstadt St. Antoine den 28ten April 1789 bis zum Todestag Ludwigs XVI. den 21ten Januar 1793. In 42 Kupfern mit einem erläuternden Text von Franz Eugen Freiherrn von Seida und Landensberg. Erster Band, Memmingen 1818.
Radierungen. Je 24 × 28,5 cm
Marburg, Jörn Garber, o. Inv.
Lichtenberg: »Glaubt etwa jemand, daß sich alte Mißbräuche auf der

Welt so leicht wegwischen lassen? Die französische Revolution wird manches Gute zurücklassen das ohne sie nicht in die Welt gekommen wäre, es sei auch was es wolle. Die Bastille ist weg und das infame Insekt [...] ist dadurch etwas zusammengeschwefelt worden.« (SB 1, J 1172)

615
Le Cambion (inv.) und Johann Martin Will (1727-1806) (sc.): Schleifung der Bastille.
Radierung, 1789.
33,3 × 45 cm (Blatt)
Bez. mit zweispaltiger Legende französisch / deutsch
Nürnberg, Germanisches Nationalmuseum, HB 1338, Kapsel 1374
Zwei Tage nach dem Sturm auf die Bastille veranlaßte die neue Pariser Stadtregierung als Zeugnis des revolutionären Aktes deren Schleifung. Lichtenberg vermerkte später: »Sichern Nachrichten zufolge wurden im Julius 1790 Steine von der Bastille auf den Straßen von London pfundweis verkauft, das Pfund kostete mehr als das beste Rindfleisch.« (SB 1, J 423) [MS]

616
Daniel Chodowiecki (1726-1801) und Georg Christoph Lichtenberg (Erläuterung):
Die neue Französische Constitution.
Aus: Göttinger Taschen Calender für 1792.
Kupferstich. Ca. 8,7 × 5,1 cm
Göttingen, Niedersächsische Staats- und Universitätsbibliothek, 8° Scr. var. arg. II, 3470: 1792 Rara

hieß (unausgesprochen) auch: der politischen Struktur Englands, seiner konstitutionellen Monarchie, einer gewissen Mitsprache des Bürgertums, überhaupt eines relativ großen Maßes an Freiheit. Eben diese Freiheit, voran des Denkens und Schreibens, war es auch, die Soemmerring, Forster und Lichtenberg am Protestantismus festhalten ließ, ihrer dritten Gemeinsamkeit. Evangelisch zu sein und zu bleiben, war für alle drei in erster Linie nicht eine Sache des Glaubens (an dem sie genug Zweifel hatten), es war ihnen vielmehr eine Absicherung gegen jede Art »geistlichen Despotismus« (SB 1, B 290). Mochten familiäre Traditionen mitspielen (auch Forster und Soemmerring hatten Pfarrer als Vorfahren), ihre Wertschätzung galt nicht dem Protestantismus als Konfession, sondern als Garantie eines geistigen Freiraums. Damit korrespondierte die Ablehnung des Katholischen, besonders ausgeprägt bei Lichtenberg und Soemmerring, der noch in der Bischofsstadt Mainz sein Credo formulierte: »Non amo catholicismum neque amabo«. Freilich, nach fünf Jahren Mainzer Aufenthalt sah er das gelassener, und Forster nahm gerade den rheinischen Katholizismus gegen militante Berliner Aufklärer in Schutz.

Anfang September 1789 war das. Inzwischen stand Forster aber ganz unter dem Eindruck der Ereignisse, die sich seit Mai im nahen Frankreich abspielten und mit dem Sturm auf die Bastille einen ersten Höhepunkt erreichten. Durch die *Mainzer Zeitung* recht früh informiert, reagierte Forster prompt, indem er am 30. Juli seinem Schwiegervater schrieb: »[...] schön aber ist es zu sehen, was die Philosophie in den Köpfen gereift und dann im Staate zustande gebracht hat, ohne daß man ein Beispiel hätte, daß je eine so gänzliche Veränderung so wenig Blut und Verwüstung gekostet hätte. Also ist es doch der sicherste Weg, die Menschen über ihren wahren Vortheil und über ihre Rechte aufzuklären; dann gibt sich das Übrige wie von selbst.« Begeisterung wird spürbar darüber, daß die schon lang gehegten Prinzipien von Selbstbestimmung und Vernünftigkeit nun Politik, ja, Geschichte machen; aber auch darüber, daß die Gewalt sich in Grenzen hielt. Revolution als geistiger Prozeß zur Vervollkommnung des Menschen. Mit seiner positiven Einschätzung steht Forster keineswegs allein, vor allem ist anzunehmen, daß sein Intimus Soemmerring sie übernommen hat – selbst wenn er sich nicht direkt äußert. Und was sagt Lichtenberg zum 14. Juli? Zunächst fast nichts: »Den 14ten Pariser Revolution« lautet die Eintragung im *Staatskalender* (SB 2, SK 12), immerhin, es ist die einzige für Juli 1789. Dafür schreibt Lichtenberg ein, zwei Monate später über das spektakuläre Ereignis: »Man kann es gern sehen, daß die Bastille der Erde gleichgemacht wird, aber man hilft deswegen nicht gern«. Im *Göttinger Taschen Calender* für 1790,[1] in unpolitischem Zusammenhang steht diese Äußerung – die erste, die Lichtenberg öffentlich über die Revolution macht, und die zugleich seine ganze Haltung vorwegnimmt: Billigung, zu großen Teilen wenigstens, ja, aber keinerlei Mitwirkung an der doch als notwendig, als erfreulich gedachten Veränderung! Noch unterscheidet sich Lichtenberg von Forster in diesem – was die politische Praxis angeht – distanzierten Standpunkt nicht, von Soemmerring ganz zu schweigen, der ohnehin mit anderem, mit Rezensionen für Christian Gottlob Heynes *Göttingische Gelehrte Anzeigen* und mit Fossilien beschäftigt war. Wie Forster sieht auch Lichtenberg die Französische Revolution als Werk der Philosophie an, macht aber den entscheidenden Schritt von cartesianischer Welt-Anschauung hin zu revolutionärer Welt-Veränderung deutlich, wenn er anfügt: »[...] aber was für ein Sprung von dem cogito ergo sum bis zum Erschallen des *à la Bastille* im Palais Royal.« (SB 1, J 380) Die Bastille wird ihm zum Inbegriff des »Despotismus«, nicht nur dem Symbol, auch dem System jedes Zwangs hat die letzte Stunde geschlagen, »das infame Insekt«, das Ignaz von Born, der österreichische Radikalaufklärer beschrieben hat,

ist zu Lichtenbergs Freude »dadurch etwas zusammengeschwefelt worden«. (SB 1, J 1172)

Wird der Bastillesturm für Lichtenberg also ein Wendepunkt? Wohl kaum, bei solch sporadischen Äußerungen. Wendepunkt wird für ihn, ganz persönlich, vielmehr ein Tag, der freilich die deutsche Revolutionsrezeption ganz entscheidend beeinflußt hat: der 5. Oktober 1789. Morgens um fünf Uhr traf ihn der (erste) schwere Erstickungsanfall, er glaubte sterben zu müssen, und ließ sich deshalb noch am Abend Margarete Kellner antrauen, eine Mesalliance mit seinem »Mensch«, wie Forster spöttisch meinte. Während Lichtenberg im stillen Göttingen mit dem Tode rang, zogen in Paris Massen nach Versailles, belagerten das Schloß so lange, bis der König bereit war, in die Hauptstadt »zum Volk« zurückzukehren, in Wahrheit von nun an Gefangener der revolutionären Kräfte. Lichtenberg ahnte das natürlich nicht, sah aber später eine Koinzidenz darin, »daß gerade um die Zeit, ja fast an demselben Tage, da die Revolution in Frankreich ausbrach, eine höchst merkwürdige in meinem Körper [...] ausgebrochen ist« (Bw 4, Nr. 2411).[2] Schon vorher hatte er den physischen Zusammenbruch von 1789 in Parallele zu den französischen Ereignissen gesetzt, von einer »Revolution in meinem Körper« gesprochen, gegen die »monarchischen Rechte der Seele« gerichtet. Bezeichnend, diese Terminologie, die doch den höheren Wert des Seelischen der Monarchie gleichsetzt, während sie die »democratischen Unternehmungen« dem Körper zuordnet, der – so sehr er ihn auch beobachtet – Lichtenberg letztlich doch nur hinderlich zu sein scheint. Forster spricht zu dieser Zeit, Ende 1789, schon eine andere Sprache, findet das, was sich in Frankreich abspielt, einen interessanten »Strauß zwischen Despotismus und Demokratie« und bezeugt eine gewisse Hochachtung für

Lichtenbergs Erklärung zu diesem Kupferstich lautet: »Die Freyheit triumphirt über Tyrannen [...] und Aberglauben; der leztere scheint sich wieder etwas aufrichten zu wollen. Im Hintergrunde sieht man die Ruinen der Bastille, hinter welchen die Sonne aufgeht, und im Vordergrunde zertrümmerte Wappen und Adelsbriefe.« (GTC für 1792, S. 212)

617
Johann Zoffany (1733-1810) (pinx.) und Richard Earlom (sc.): »The Tenth of August 1792«.
Aquatinta. 56 × 67,5 cm
Darmstadt, Hessisches Landesmuseum, Graphische Sammlung, GR 7313
Am 10. August 1792 stürmten die Aufständischen die Tuilerien, rissen die Königsdenkmäler nieder und verwüsteten das Schloß. Etwa eintausend Menschen verloren an diesem Tag ihr Leben. Drei Tage später wird die königliche Familie inhaftiert. Am 24. August notiert Lichtenberg in seinem Tagebuch: »Morgens sehr rheumatisch und Diarrhoe, fürchterliche Nachrichten vom König von Frankreich, daß er im Turme sitzt und keine Kleider hat. Was soll das werden!!« (SB 2, S. 759) An anderer Stelle vermerkt er: »Eine Republik zu bauen aus den Materialien einer niedergerissenen Monarchie, ist freilich ein schweres Problem. Es geht nicht, ohne bis erst jeder Stein anders gehauen ist, und dazu gehört Zeit.« (SB 2, K 167) [SW]

618
Fious (del.):
»Trauriges Ende Ludwigs XVI.«
Kupferstich, Radierung, 1793.
23,9 × 31,2 cm
Bez. »Ich sterbe unschuldig an den Verbrechen, deren man mich beschuldigt. Ich habe nie was anders verlangt als das Glück meines Volkes, und mein letzter Wunsch ist, daß der Himmel meinen Tod verzeihen möge.«
Nürnberg, Germanisches Nationalmuseum, HB 7785, Kapsel 1374
»Mein Gott! wie *blut blut*roth das Jahr 1793 am Horizont herauf blickt« (Bw 3, Nr. 2202), schreibt Lichtenberg am 30. Dezember 1792 an Friedrich Nicolai. Seine Prophezeiung sollte sich schon bald erfüllen: Der Prozeß von Ludwig XVI. endete mit dem Todesurteil. Die

Hinrichtung – Lichtenberg nennt sie eine *öffentliche Ermordung* (an Friedrich August Lichtenberg, 2. Feburar 1793) – wurde am 21. Januar 1793 auf dem Place de la Révolution vollzogen, dem ehemaligen Place Ludwig XV. Der hier gezeigte, im 18. Jahrhundert durch zahlreiche Kopien allgemein bekannte Kupferstich stellt den Augenblick der Guillotinierung des französischen Königs dar, dessen Kopf der Henker den Schaulustigen entgegenhält. Durch die Bildunterschrift und die blutigen Details wird hier aus Ludwig XVI. ein armes, unschuldiges Opfer barbarischer Politik. [SW]

619

Ernst Ludwig Riepenhausen (1762-1840) (zugeschrieben): Guillotine.
Aus: Revolutions-Almanach von 1794, hrsg. von Heinrich August Ottokar Reichardt. Göttingen: Johann Christian Dieterich 1794.
Radierung. 14,5 × 8,8 cm (Blatt)
Göttingen, Niedersächsische Staats- und Universitätsbibliothek, 8° Hist. un. VI, 15
Lichtenberg: »Die Maschine, womit man in Frankreich jetzt die Köpfe abschlägt [...], heißt Guillotine.« (SB 1, J 1040) Diese blutrünstige Abbildung einer »Köpfmaschine« wird Lichtenberg wohl gekannt haben, da der konterrevolutionäre *Revolutions-Almanach* bei seinem Verleger und Freund Johann Christian Dieterich erschien. Am 19. Juli 1793 schreibt Lichtenberg an Jeremias David Reuß, er »hätte wohl Neigung einmal eine Geschichte der *Menschenschinderey* zu schreiben, ich glaube nämlich, daß wenig Künste so früh in der Welt zur Vollkommenheit gebracht worden sind als diese, und auch daß keine so allgemein ist. [...] Ich habe bis jezt nur eine eintzige recht gute Abbildung davon [einer Guillotine] und zwar auf einem englischen Kupferstiche, gesehen.« (Bw 4, Nr. 2283) Es ist anzunehmen, daß dieser von Lichtenberg erwähnte englische Stich als Vorlage für das hier gezeigte Kalenderblatt diente; so vermerkt auch der Herausgeber des Almanachs zur »Abbildung der Guillotine: Sie ist nach einem Englischen Kupfer copirt, das nach einer zu Paris gemachten Zeichnung gestochen wurde. Wer der Unglückliche ist, der sein Leben

die revolutionären Politiker. Vor allem aber: Er mokiert sich nicht über die »Fischweiber« von Paris, die für viele Anlaß sind, von der anfänglich allgemeinen Begeisterung abzurücken; die Revolution erscheint einigen schon seit dem 5. Oktober 1789 als Anfang vom Ende jeder staatlichen Ordnung, als Gewaltorgie, vor deren Nachahmung, in Deutschland zumal, nur gewarnt werden kann.

Von diesem Umschwung spüren wir bei Lichtenberg nichts, er ist ganz mit sich selbst, seinem »elenden Körper« (SB 1, F 811) befaßt, bis er am 24. Mai 1790 das »Ende seiner Krankheit« notiert. Indessen ist Forster mit Alexander von Humboldt unterwegs, den Rhein hinab, über Aachen nach Lüttich. Dort begegnet Forster erstmals direkt einer Revolution – die jener in Frankreich ähnelte, aber doch eigene Wurzeln, eigene Dynamik hatte. In Lüttich stellt er sich auf die Seite der aufständischen »Demokraten«, während er in den Österreichischen Niederlanden den Aufruhr verurteilt, weil er darin restaurative Kräfte, voran den Klerus, am Werk sieht; zugleich kritisiert er freilich den Rigorismus, mit dem Joseph II. Reformen durchsetzen wollte. In wohltuendem Kontrast dazu erscheint Forster die bürgerlich-wohlhabende Republik der Niederlande, aber auch wieder England, dessen politische Verfassung er nach wie vor bewundert, wenn er auch zunehmend strukturelle Schwächen des englischen Modells konstatiert. Höhepunkt der Reise ist jedoch sein Aufenthalt in Paris, wo er die Vorbereitungen zum 1. Jahrestag des Bastillesturms, zum »Föderationsfest« miterlebt. Beeindruckt von der kollektiven Begeisterung für die Revolution, glaubt er mehr denn je an deren weltgeschichtliche Notwendigkeit und gibt einer Gegenrevolution keine Chance. Gewiß hätte sich Forsters Faszination durch die Revolution Lichtenberg mitgeteilt, wenn dieser seiner Einladung gefolgt und Ende August nach Mainz gekommen wäre. Mehr noch: Lichtenberg hätte dann eine Revolution en miniature miterlebt, denn am 30. August 1790 schlugen Mainzer Handwerker gegen Studenten los, es kam zu Straßenschlachten und Protesten gegen die Regierung, die schließlich nur durch das eilends-ängstlich herbeigerufene hessische Militär beendet werden konnten. Forster ahnte, daß dieser »Knotenaufstand« mehr war als die in jedem Sommer übliche Rangelei zwischen Akademikern und Kleinbürgern, denn die Handwerker führten Trikoloren bei sich und hatten als Losung »Patriot« ausgegeben. Verkehrte Fronten möchte man sagen, denn die Forderungen der Handwerker waren ausgesprochen restaurativ, während viele der geprügelten Studiosi in kleinen Zirkeln die großen Ideen von 1789 diskutierten. Dennoch: Die Symbolik der Revolution war am Rhein inzwischen so bekannt, daß sie zur Drohgebärde gegen die Regierung werden konnte. Da hätte Lichtenberg Vergleiche anstellen können, mit den Unruhen vier Wochen vorher in Göttingen, ebenfalls zwischen Studenten und Handwerkern, die aber ganz in traditionellen Bahnen verliefen, ohne einen Anflug revolutionärer Einflüsse. Lichtenberg hatte sie als »Freiheitsinfluenza« (SB 1, J 289) bespöttelt, dabei die pathologische Terminologie aufnehmend, mit der immer mehr Deutsche nun jede revolutionäre Gesinnung abqualifizierten.

Paßt sich Lichtenberg hier dem allgemeinen, zunehmend skeptischen Trend an, so ist er doch alles andere als revolutionsfeindlich. Im Gegenteil: Seine Sudelbücher lassen immer wieder Sympathie für die Grundanliegen der Revolution, selbst Verständnis für ihren gewaltsamen Verlauf erkennen. Da ist der Aphorismus »In dem freien Frankreich, wo man jetzt aufknüpfen lassen kann, wen man will« (SB 1, J 935) kein Gegenbeweis, denn er kritisiert zwar das »Laternisieren« (das dem Guillotinieren vorausgeht), nicht aber die Umwälzung an sich. Sich über deren Gewaltsamkeit zu empören, hält er für ebenso naiv, wie die Städte Kalabriens so lange abzubauen, bis sich unter ihnen die Erdbeben ausgetobt hätten: »Als wenn je die Natur die Ausführung ihrer Plane der Metaphysik abtretten würde.« (SB 1, J 1223) Wie Forster, so sieht auch Lichtenberg in der Revolution eine Art naturgesetzlichen Vorgang, den man von außen kaum beeinflussen, auch nicht bremsen könne. Das heißt zugleich mit halbherzigen, systemimmanenten Reformen ist es nicht getan, man muß eben notfalls alles radikal verändern: »Aus einem immer verbesserten, aber nach *seinen* Grundsätzen verbesserten Katholizismus konnte nie Protestantismus« werden (SB 1, J 1223). Zum Kern der Revolutionsproblematik stößt Lichtenberg vor, wenn er sich fragt: »Darf ein Volk seine Staats-Verfassung ändern, wenn es will?« und dann, das Recht auf Revolution bejahend, antwortet: »Wer will es ihm wehren, wenn es entschlossen ist?« (SB 1, J 972) Der »pouvoir constituant« des Volkes, der Ausgangspunkt kollektiver Selbstbestimmung, ist für Lichtenberg kein Problem, zumal dann, wenn die Zeit dafür reif zu sein scheint: »Allgemein gewordenen Grundsätzen gemäß handeln ist natürlich, der Versuch kann falsch ausfallen, allein es ist nun einmal zum Versuch gekommen.« (SB 1, J 972) Dies Experiment läuft ab, und man kann es kaum beeinflussen, wohl auch der Sinn des (späteren) Aphorismus, die Französische Revolution sei »Experimental-Politik« (SB 1, J 322). Ob der Versuch »glückt«, ist eine andere Frage, auch, ob seine Durchführung immer den ursprünglichen Prinzipien entspricht, oder – wie er kritisch vermerkt – nicht doch durch »Geld und Blut« verdorben wird. Gleichviel: Lichtenberg ist, zumindest in den Sudelbüchern, ein ängstlicher Bewunderer der Revolution, sieht gewiß ihre Gefahren, meint aber auch, daß sie über Frankreich hinaus Fortschritte erzielen werde: »Die französische Revolution hat durch die allgemeine Sprache, zu der es mit ihr gekommen ist, nun ein gewisses Wissen unter die Leute gebracht, das nicht leicht wieder zerstört werden wird« (SB 1, L 25), notiert er sich 1796. Doch schon fünf Jahre früher, 1791, ist ihm klar, daß es, wenn die Untertanen einmal vom Baum der politischen Erkenntnis gegessen hatten, kein Zurück mehr gab: »Glaubt etwa jemand, daß sich alte Mißbräuche auf der Welt so leicht wegwischen lassen? Die französische Revolution wird manches Gute zurücklassen das ohne sie nicht in die Welt gekommen wäre, es sei auch was es wolle.« (SB 1, J 1172) Kühn überwindet er die eigene Angst, wenn er für den *Taschen Calender* 1791 im Hinblick auf Frankreich formuliert: »Zur Entwicklung des großen Spiels einer Nation sind öfters Rollen nötig, die sich freilich ein ehrlicher Mann scheuen würde zu übernehmen«, aber: »die Geschichte gibt uns nur die Gebäude, die schmutzigen Gerüste dazu hat sie weggeworfen«.[3] Sogar öffentlich billigt er vieles von dem, was andere Landsleute kritisieren, weil es einem großen, ihm wichtigen Ziel dient. Und der *Taschen Calender* für 1792 bringt für September das Monatskupfer *Die neue Französische Constitution.*[4] Programmatisch, dies Bild, denn es verherrlicht den Sieg der Aufklärung über die Mächte der Finsternis, als Triumph des Volkes über den veralteten Feudalismus und den kriechenden Klerus. Lichtenberg weiter: »Die Freiheit triumphiert über Tyrannei (denn was da unter ihren Füßen liegt, ist kein König, sondern bloß ein Tyrann) und Aberglauben«.[5] Klug hat er seine Worte gewählt, denn so kann er sein Lob auf die französische Verfassung vom 3. September 1791 verbinden mit indirektem Lob für die »wahre«, die konstitutionelle Monarchie, die nun endlich auch in Frankreich eingeführt wurde – ein Triumph des englischen Vorbilds. Zumindest empfanden das viele Zeitgenossen so, Lichtenberg nicht zuletzt.

Viele, vielleicht auch Lichtenberg, meinten außerdem, nun komme die Revolution zum Stillstand, werde sich zumindest stabilisieren. Nicht so Georg Forster: Er sah die Eigendynamik des revolutionären Prozesses klarer denn je, sagte neue »Konvulsionen« voraus, nahm die Jakobiner (zu denen die Girondisten noch gehörten) gegen den Vorwurf unangebrachter Radikalität in Schutz, denn sie seien letztlich die einzigen,

durch sie beschließt, weiß ich nicht. Vielleicht ist es Jonas, der Soldat von dem ehemaligen Französischen Garderegiment, der Mörder des armen Launay, Gouverneurs der Bastille, am 14. Julius 1789, und der durch eine sonderbare Fügung der göttlichen Gerechtigkeit, im August 1793 zu Paris, auf Befehl des Revolutions-Tribunals guillotiniert wurde, weil er sich hatte verlauten lassen, die Franzosen müßten einen König haben. Er verlor also sein Leben durch die selbe Revolution, die er 4 Jahre vorher gründen half.« (*Revolutions-Almanach* von 1794, S. 386) [SW]

620
Georg Christoph Lichtenberg:
»Ein Wort über das Alter der Guillotine«.
In: Göttinger Taschen Calender für 1795, S. 157-165.
Göttingen, Niedersächsische Staats- und Universitätsbibliothek, 8° Scr. var. arg. II, 3470: 1795 Rara
Lichtenberg setzt sich in diesem kurzen Aufsatz mit dem Nutzen und der »humanen Hinrichtungsart« durch die Guillotine auseinander. Mit großem Interesse verfolgte er antiquarische Untersuchungen zu Erfindungen von ähnlichen Apparaten, die bis in die Mitte des 16. Jahrhunderts zurückgehen. »Aber das ist keine Guillotine. Alle diese Anstalten, so weit man sie aus den Abbildungen beurtheilen kann, sind so sehr von der Guillotine unterschieden, als das Hackemesser von dem Krauthobel. Das herabfallende schwere Beil hackt den Kopf

die an den ursprünglichen Zielen der Revolution festhielten; zugleich warnte er davor, auf eine Gegenrevolution zu setzen, die es in Frankreich selbst nicht geben und die – von außen hineingetragen – scheitern werde. Andererseits hielt er auch nichts von Befürchtungen (oder Hoffnungen), man werde in Deutschland das französische Beispiel nachahmen: die Deutschen, so glaubte Forster, seien dazu weder willens noch in der Lage. Und wenn es zu einer deutschen Revolution komme, könne das nur in die Katastrophe führen: »Unser Volk kann sich nicht constituiren, sondern nur wüten«. Skeptisch gegenüber den Landsleuten, begeistert vom Vorgehen der Nachbarnation, wird Forster mehr und mehr zum Revolutionsanhänger: Deshalb weigert er sich, Edmund Burkes *Reflections*, bald Kultbuch konservativer Revolutionskritik, ins Deutsche zu übertragen, liefert dagegen ein zustimmend-engagiertes Vorwort zur deutschen Ausgabe von Thomas Paines *The Rights of Man*, ausdrücklich benannt *Eine Antwort auf Herrn Burke's Angriffe gegen die französische Revolution*. Und in den *Ansichten vom Niederrhein*, die seine Reise von 1790 beschreiben, bezieht er deutlich Position für die Berechtigung und Notwendigkeit fortschrittlicher Revolutionen, wie er sie in Lüttich und Paris gesehen hatte. Soemmerring fand Forsters *Ansichten* freilich »zu gespannt«, was sich nicht nur auf den Stil beziehen mochte, worin ihm Lichtenberg allerdings nicht zustimmte. Zeigten sich da erste Differenzen zwischen den beiden Mainzer Freunden, die bislang ein »Seelenbündnis« verbunden hatte? Möglich wäre das, zumal Soemmerring 1791 auch noch einen französischen Emigranten zu sich ins Haus nahm, während nebenan bei Forsters Revolutionsschriften aus Paris und Straßburg gelesen wurden. So war die Stimmung in der Mainzer Universitätsstraße durchaus gemischt, als Goethe hier – dem preußisch-österreichischen Invasionsheer folgend – im August 1792 Station machte: Eine »große republikanische Erregung der Gemüter« herrsche dort, und er konstatierte zugleich: »Von politischen Dingen war die Rede nicht, man fühlte, daß man sich gegenseitig zu schonen habe.«

Gründe gab es genug dafür, denn zwei Wochen vorher war in Paris die »Zweite Revolution« ausgebrochen, der König war gestürzt, eine neue Stufe der Radikalität erreicht worden. Doch Auswirkungen auf Deutschland erwartete kaum jemand: Soemmerring nicht, denn er ging bald danach auf Hochzeitsreise nach Wien. Forster zeigte zwar, in seinen Briefen zumindest, Verständnis, wenn nicht Sympathie für die neuesten Pariser Vorgänge. Doch er vermied es, sich öffentlich als Freund der Revolution hervorzutun. Im Gegenteil: Noch Anfang September legte er dem Kurfürsten ein Gutachten zur Raumaufteilung der für die Universitätsbibliothek vorgesehenen Jesuitenkirche vor und beschloß es mit der »unterthänigsten Bitte«, dort eine Büste des Erzbischofs »mit dankbarer Inschrift« aufstellen zu dürfen, »zum ewigen Andenken der unbegränzten Wohlthat, womit die Universität von ihrem Wiederhersteller, dem Vater des Vaterlands und dem Beschützer und Wohlthäter der Wissenschaften und der Künste überhäuft worden ist«. Mochte Forster in Gedanken, Briefen und Gesprächen der Revolution das Wort reden, der Öffentlichkeit erschien er bis dahin keineswegs als »konsequenter Revolutionär«.

Vier Wochen später war alles anders: Nach dem Desaster von Valmy waren die deutschen Invasoren auf dem Rückzug, Franzosen unter Adam Philippe de Custine dagegen auf dem Vormarsch von Landau nach Mainz. Soemmerring sorgte sich in Wien um Haus, Habe und Präparate, Forster brachte sie nach Frankfurt in Sicherheit. Am 21. Oktober 1792 fiel Mainz den Franzosen kampflos in die Hände. Forster, dort verblieben, ringt mit sich, ob er dem rasch gegründeten Jakobinerklub beitreten soll. Nach gut zwei Wochen Bedenkzeit tut er es, arbeitet bald auch an der Spitze der Zivilverwaltung mit.

ab, aber die Guillotine schneidet ihn ab. Das ist doch offenbar zweierlei, und, wo ich mich recht erinnere, hat auch Hr. Guillotin hierauf einen besonderen Accent gelegt. Es ist ein sehr großer Unterschied zwischen abhacken und abschneiden. Die Unterscheidung findet sich ja schon sogar in der Sprache, wenigstens in der unsrigen.« Lange Zeit stand der Name des Lyoner Arztes Jean Baptiste Guillotin für die Erfindung der Hinrichtungsmaschine, dem die Zeitgenossen andichten wollten, er sei ihr selber zum Opfer gefallen. Er arbeitete, zusammen mit drei anderen Ärzten, an einer Untersuchung im Auftrag des ›Comité de législation‹, die die Erfindung der Guillotine zur Folge hatte. Der richtige Erfinder war Joseph Ignace Guillotin, er starb als angesehener Arzt 1814 in Paris eines ganz natürlichen Todes. Nach Lichtenbergs Überlegungen hat die Guillotine einige humane Vorzüge, da sie – im Gegensatz zu den sonst verwendeten Exekutionsmaschinen – zu einem raschen, fast schmerzfreien Tod führe. Anhand einer physikalisch-mathematischen Überlegung demonstriert er, daß der körperlich zu empfindende Schmerz bei der Guillotinierung verglichen mit anderen Hinrichtungswerkzeugen wie etwa Schwert und Beil auf ein Minimum reduziert wird, was durchaus einen technischen und humanen Fortschritt bedeute. Der Hals liegt in einer Aushöhlung, fast wie ein Halsband, um ein Ausweichen zu verhindern. Das Messer fällt im richtigen Neigungswinkel mit dem nötigen Gewicht und geht an dem Block vorbei, über den abgeschnittenen Hals hinaus. »Daß die Guillotine mit langer Schneide, großem Gewicht, und hohem Falle, das sanfteste Mittel ist, den Kopf vom Rumpf zu trennen; sie allein schneidet, im eigentlichen Verstande; das Beil hackt und klemmt; das Schwert hackt und schneidet, und klemmt also auch, weil es hackt; die Scheere klemmt und schneidet; die Säge, das schmerzhalteste Werkzeug unter allen, zerreißt durch Dehnung und schneidet. Wenn also nichts Näheres über die fallenden Messer der Alten bekannt wird, so ist und bleibt die Erfindung der Guillotine eine Erfindung des Herrn Jean Baptiste Guillotin zu Lyon.« [MS]

621
Johann Heinrich Meil (1730-1820): »Die Französische Revoltierende Philosophie«.
Radierung, 1792. 40,2 × 60 cm
Darmstadt, Hessisches Landesmuseum, Graphische Sammlung, GR 7314
Meils Fazit der Französischen Revolution: Die Philosophie der Aufklärung und der Kampf um die Freiheit enden in einem entsetzlichen Chaos. In Rauch und Trümmern peitscht ein maskierter Mann auf eine wild gewordene Menschenmenge ein. Ein Soldat in zerrissener Uniform gibt Salutschüsse ab, neben ihm holt ein Mann mit seinem schellenbesetzten Besen zum Schlag aus; begleitet werden sie von einem Trommler mit irrem Gesichtsausdruck. Im Bildhintergrund schlagen Betrunkene und Wahnsinnige, mit Knüppeln und Speeren bewaffnet, aufeinander ein; es wird gefoltert und gemordet – der Freiheitsrausch wird zum furchterregenden Exzeß. Lichtenberg notiert dagegen: »Die Französische Revolution hat durch die allgemeine Sprache, zu der es mit ihr gekommen ist, nun ein gewisses Wissen unter die Leute gebracht, das nicht leicht wieder zerstört werden wird.« (SB 1, L 25)
[MS]

Soemmerring kehrt zunächst nach Mainz zurück, findet die Stadt aber sehr zu ihrem Nachteil verändert und kann an der entstehenden »Mainzer Republik« nichts Gutes finden: »Wer Ordnung und Ruhe liebt, wer den traurigen Zustand, in dem sich Frankreich noch immer befindet, kennt, wer die Sachen hier mit eigenen Augen ansieht, [...] kann unmöglich für die keinen Segen bringende dermalige Meinung stimmen. Die fürchterliche Anarchie, die wir statt der versprochenen Demokratie vor uns sehen, läßt sich ohne Grauen nicht denken.« Der Import der Revolution durch die französische Okkupation bringt nicht nur den Gang der Gelehrsamkeit durcheinander, er stürzt ganz einfach alles um. Mochte Soemmerring vorher gewisse Sympathien für die Demokratie gehabt haben, angesichts der – mehr oder minder – revolutionären Realität im besetzten Mainz sind sie verschwunden. Ähnlich ergeht es Lichtenberg, der selbst im fernen Göttingen über die so spektakulären Ereignisse am Rhein informiert ist. Er macht sich über den Schutzbrief lustig, den der ehrgeizig-vorlaute Georg Wilhelm Böhmer bei Custine für die Göttinger Universität erbettelt und veröffentlicht hat. Grotesk findet er das, zumal an der Leine, trotz mancher Verdächtigungen, keine revolutionsfreundliche Stimmung festzustellen sei. Doch Besorgnis klingt heraus, wenn er anläßlich eines französischen (Teil-)Rückzugs seinem Vetter schreibt: »Wenn nur ihre principia auch mit zurückzögen, aber die haben, wie ich höre sehr festen Fuß [...] gefaßt.« (Bw 3, Nr. 2173) Welche Grundsätze waren das, vor denen Lichtenberg sich nun fürchtete, etwa jene, die er zwischen 1789 und 1791 gutgeheißen hatte? Bekam er also Angst vor der eigenen Courage?

Den Brief an den Vetter Friedrich August schrieb Lichtenberg am 16. November 1792. Einen Tag zuvor hatte Forster in Mainz seine erste große Klubrede gehalten *Über das Verhältnis der Mainzer gegen die Franken*, ein Plädoyer für eine Mainzer Revolution, nicht minder für die Rheingrenze, weil eben nur sie die Befreiung absichern könne. Französische Interessen unterschlug er nicht, meinte aber, es sei das wichtigste Ziel, »daß die Herrschaft dem ganzen Volk gehöre«. Damit hatte er sich ganz auf

622
Ernst Ludwig Riepenhausen (1762-1840) (zugeschrieben): »Abbildung des Freiheits-Baums und der Piken, so zu Mainz d. 13t Jänner 1793 gepflanzt worden«. Frontispiz aus: Revolutions-Almanach, hrsg. von Heinrich August Ottokar Reichardt. Göttingen: Johann Christian Dieterich 1794. Radierung, koloriert. 14,5 × 8,8 cm (Blatt) Göttingen, Niedersächsische Staats- und Universitätsbibliothek, 8° Hist. un. VI, 15
Der Freiheitsbaum wurde am 13. Januar 1793 auf dem Mainzer Marktplatz feierlich aufgerichtet. Er war circa 4 Meter hoch, seine Spitze schmückte, wie auch die der kleineren Piken, eine Jakobinermütze. Der Stamm wurde wie üblich mit Bändern in den französischen Nationalfarben umwickelt.

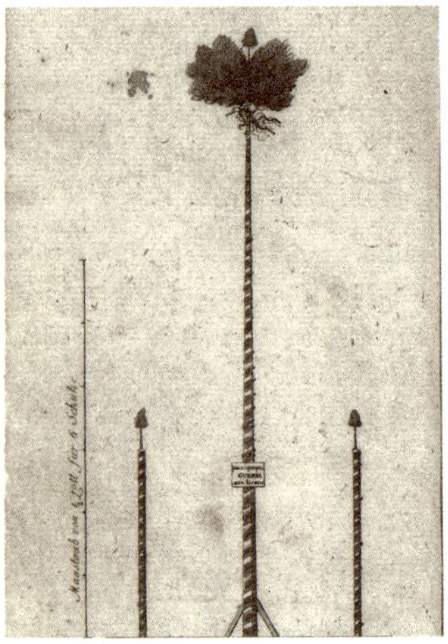

Auf der angeschlagenen Tafel ist die Revolutionsparole zu lesen: »Paix aux peuples – Guerre aux Tirans« (Friede dem Volk – Krieg den Tyrannen). Die Schlußsätze von Georg Forsters Rede anläßlich der Errichtung des Freiheitsbaumes lauten: »Französische Bürger, Gesetzgeber, Krieger, Administratoren, Bürger und Bürgerinnen von Mainz, Bürger der Umgegend, Brüder und Freunde der Freiheit und Gleichheit, ich lade Euch ein, durch Eure Gegenwart die Pracht dieser erhebenden Feier zu erhöhen. Möge eine kriegerische Musik sich hören lassen, möge der Gesang der Republikaner in den Lüften widerhallen, und mögen die Tyrannen über dem Rheine erzittern, wenn sie

die Seite der Jakobiner gestellt, jedem Kompromiß zwischen »Despotismus« und »Demokratie« eine Absage erteilt. Kein Wunder, wenn darüber die Freundschaft mit Soemmerring zerbrach, der – von Forsters zunehmender Radikalität überrascht und enttäuscht – Mainz bald verließ. In den wenigen Briefen, die sie noch wechselten, wurde die Kluft immer deutlicher, die Soemmerrings auf Liberalität und Ausgleich ruhenden Republikanismus von Forsters (wie der Freund meinte) »unbändigem, keine Mäßigung kennenden Demokratismus« trennte. In seiner letzten Antwort vom 6. Januar 1793 brachte Forster es auf den Punkt: Er bekannte sich nicht nur (wie so oft zitiert) dazu, als Republikaner zu leben und zu sterben, sondern unterstrich gegenüber Soemmerring durchaus glaubhaft auch, es habe ihn schon genug geschmerzt, »daß unser Weg sich bei der Erscheinung der Franken in Mainz trennen mußte, indem wir verschiedenen Grundsätzen folgten, oder anders aus einerlei Prämissen schlossen«. Das war es eben: Die Freunde hatten den gleichen Ausgangspunkt gehabt, dieselben aufklärerischen Grundsätze und anglophilen Einstellungen, zogen jetzt aber gegensätzliche Konsequenzen: Während Soemmerring die Postulate von Freiheit und Gleichheit geistig-privat realisieren wollte, drängte Forster dazu, sie politisch umzusetzen; er wollte die Republik wie in Frankreich, sein Freund – allenfalls – die konstitutionelle Monarchie wie in England.

Während Forster, treibende Kraft des Mainzer Nationalkonvents, der die Vereinigung mit Frankreich dekretierte, diesen Weg von Reunion und Revolution konsequent weiterging, und sich in seiner erzwungenen Wahlheimat Paris auch durch die Realität der Republik nicht davon abbringen ließ, blieb Soemmerring zurück, auf dem Standpunkt, Reformen seien genug, und als Wissenschaftler wolle er sich zudem politisch neutral verhalten. Das Politisieren hatte er gründlich satt, wollte sich ganz in sein »gelehrtes Museum« zurückziehen. Ging es Lichtenberg da nicht ähnlich? Er hielt sich in seinen Briefen mehr denn je zurück, wollte den Vetter nicht als »Unterthan und Diener compromittiren« (Bw 3, Nr. 2173). Und er fragte, rhetorisch natürlich, nur nach freimütiger Äußerung über die Sansculottes: »[...] was mache ich? ich dachte nicht, daß sich Wahrheiten nicht mehr gut auf der Post verschicken lassen« (Bw 4, Nr. 2293).[6] Sah Soemmerring nach der Belagerung und Rückeroberung von Mainz mit Verachtung den Versuch, dort das Ancien Régime zu restaurieren, vor allem aber bei der Verfolgung der Jakobiner »Hexenwahn« und »Autodafés«, so hob Lichtenberg die fatalen Folgen des (gescheiterten) Revolutionsimports für die Kulturpolitik in Deutschland auf eine allgemeine Ebene. Ironisch tadelt er den jungen Hollenberg: »Ich sehe, Du hast keine Hosen an, solche Menschen heißt man jezt sans culottes, und darunter versteht man in vielen Gegenden Deines Deutschen Vaterlandes die Satans Brut der Aufklärer, Philosophen, Volckslehrer und Freydencker« (Bw 4, ebda.). Mochte objektiv die Reaktion schon vor 1789 eingesetzt haben, für Lichtenberg und andere Aufklärer war sie die Antwort der Fürsten auf die Revolution.

Die Angst ging um, sich (offen) zu den Idealen von einst zu bekennen. Daß gerade Lichtenberg von ihr erfaßt wurde, verwundert bei seiner notorischen Ängstlichkeit nicht. Die Probe aufs Exempel wurde bald gemacht, denn als Forster Anfang 1794 in Paris gestorben war, in Deutschland vergessen, wenn nicht verfemt, bat Johann Wilhelm von Archenholtz, der liberale Publizist, Lichtenberg um einen Nachruf. Die Antwort aus Göttingen mußte nicht nur Archenholtz enttäuschen, sondern jeden, der Lichtenberg als kritischen Geist schätzte (und schätzt): Er wollte nicht, er wagte es nicht, er suchte Ausflüchte. Nicht einmal ein »kleines Ehrendenkmal« könne er »unserem guten Georg Forster« setzen, schon deshalb, weil er »den vortrefflichen Mann in den letzten Zeiten ganz aus dem Gesicht verloren« habe. »Selbst seine literarischen

Bemühungen blieben mir unbekannt, und seinen politischen konte ich meinen Beyfall nicht geben.« (Bw 4, Nr. 2399)[7] Leuchtet letzteres noch ein, so fragt man sich doch bei dem anderen Argument: Wie das? War nicht Forster Mitherausgeber des *Göttingischen Magazins* gewesen, hatten beide nicht lange genug korrespondiert? Leicht erscheint Lichtenberg hier als Petrus im Vorhof des Tempels: »Ich kenne diesen Menschen nicht!« Etwas milder ist man gestimmt, wenn er sich, ein Jahr später allerdings erst, bei Soemmerring für sein Versäumnis entschuldigt: »O wie gerne, wie gerne hätte ich ihm ein Paar Bogen gewidmet, wäre ich noch das Kinderlose und wegen der Zukunfft unbekümmerte frey denckende und frey schreibende Wesen, das ich ehmals war. Jezt muß es beym frey *dencken* sein Bewenden haben. Sapienti sat.« (Bw 4, Nr. 2535)[8] Sein Mut wird dadurch nicht größer, aber seine Mutlosigkeit plausibler, auch wenn zu fragen ist, ob Lichtenberg mit diesem totalen Rückzug ins Private nicht allzu genügsam war. Soemmerring jedenfalls kümmerte sich mehr um den Ruf des Freundes, um dessen Kinder und Nachlaß, freilich auch peinlich bemüht, nicht mit Forsters politischer Aktivität in Verbindung gebracht zu werden.

Der Brief, in dem Lichtenberg »mit Wehmuth« des »vortrefflichen Forster« gedachte, enthielt auch den Dank für Soemmerrings »herrliche Bemerckungen über die Guillotine« (Bw 4, ebda.). Daß sich der Anatom mit der inzwischen zum (Negativ-) Symbol der Revolution avancierten »Köpfmaschine« befaßte, dazu hatte wohl vor allem Lichtenberg den Anstoß gegeben, mit seiner Untersuchung über das Alter der Guillotine im *Taschen Calender* für 1795. Noch bevor diese zunächst als human angesehene Hinrichtungsart von Robespierre zum klassischen Instrument politischen Terrors instrumentalisiert worden war, hatte Lichtenberg im Juni 1793 ihre Geschichte, ihre Vorläufer recherchiert. Anlaß dazu war sicher auch die Hinrichtung Ludwigs XVI., die in Göttingen einen ähnlich fatalen Eindruck machte wie im übrigen Deutschland, wo das Verständnis für die Revolution seitdem erneut rapide abnahm; zudem trat England (Lichtenbergs wie Soemmerrings »politische« Heimat) infolge des »Königsmords« am 1. Februar 1793 der gegenrevolutionären Koalition bei.

Begonnen hatte Lichtenberg seinen Aufsatz am vorletzten Tag von Robespierres Schreckensherrschaft, zwei Monate später war er vollendet. Es ging ihm darin vordergründig nur um historisch-chronologische Korrekturen zu Vorläufern der Guillotine, auch um eine sachgerechte Beschreibung ihrer Funktion. Doch stand hinter der scheinbar kühlen Beschreibung auch Lichtenbergs Versuch, diesen technischen »Fortschritt« im Töten ideologisch einzuordnen – und psychisch zu bewältigen; das macht schon die ironische Umrahmung deutlich. Dabei stellt Lichtenberg nicht nur die angebliche »Notwendigkeit« hintergründig in Frage, daß überhaupt »Köpfe abgeschlagen werden sollen«, sondern meint auch, daß sie in Frankreich mittlerweile zweckentfremdet eingesetzt werde, spart dabei aber nicht mit dem Seitenhieb, es sei keine Seltenheit, daß »Ärzte Mittel erfänden, die Menschen geschwind aus der Welt zu schaffen«.[9] Auch in den Sudelbüchern schlägt sich das Thema »Guillotine« nieder, dort aber politisch eindeutiger gewertet als im Aufsatz: »Sonst sucht man bei Bekehrungen die Meinung wegzuschaffen, ohne den Kopf anzutasten; in Frankreich verfährt man jetzt kürzer: man nimmt die Meinung mitsamt dem Kopf weg« (SB 2, K 155). Den immer radikaleren Revolutionären traut er nicht nur neuen Despotismus, sondern auch jede Inhumanität zu: So wundert er sich, daß »doch noch niemand im Convent den Vorschlag gethan die Guillotinirten zu essen.« (Bw 4, Nr. 2409)[10] Die politische Praxis der Revolution gerät für Lichtenberg in die Nähe des Kannibalismus.

Ganz ähnlich bei Soemmerring. Er referiert und argumentiert zwar ganz als Mediziner, genauer: als Fachmann für Hirnanatomie, in der er sich seit seiner Göttinger

hören, daß die Mainzer frei sind!« – Lichtenberg vermerkt lakonisch im Sudelbuch: »der Galgen Freiheitsbaum«. (SB 1, L 495) [MS]

623
Johann Jacob Hoch (1750-1829): Sitzung des Jakobinerclubs in Mainz 1792.
Federzeichnung, laviert, 1792.
44,3 × 57,9 cm
Mainz, Landesmuseum, GS 1938/2
Nach französischem Vorbild gründeten 1792 etwa zwanzig Mainzer Bürger (überwiegend Professoren, Studenten und Beamte) eine »Gesellschaft der Freunde der Freiheit und Gleichheit«. Diese Gesellschaft war stark an die republikanischen Jakobiner-Klubs Frankreichs angelehnt und erfreute sich schon bald eines großen Zulaufs. Bekannte Mitglieder waren unter anderem Georg Forster und Johann Wilhelm Georg Böhmer, der Sekretär von Adam Philippe de Custine. [MS]

624
Johann Heinrich Tischbein (1722-1789) (zugeschrieben): Georg Forster (1754-1794). Porträt.
Öl auf Leinwand, 1784.
45,6 × 36 cm
Frankfurt am Main, Museum für Völkerkunde der Stadt Frankfurt am Main
Der Naturforscher und Schriftsteller Georg Forster trat am 23. Oktober 1792 dem Mainzer Jakobiner-Klub bei. Kurze Zeit später wurde er Präsident des Klubs und Vize-Präsident der Administration. 1793,

zum Mitglied, bald darauf zum Vize-Präsidenten des »Rheinisch-Deutschen Nationalkonvents« gewählt, ging er schon im März desselben Jahres nach Paris, um über einen Anschluß der Rheinprovinz an die französische Republik zu verhandeln. Durch seine politisch-demokratischen Aktivitäten gilt Forster bis heute als eine der führenden Personen der Mainzer Republik und des deutschen Jakobinismus überhaupt. Er starb am 10. Januar 1794 in Paris an einer Lungenentzündung, entsetzt über die tagespolitischen Ereignisse, aber mit dem Bewußtsein, der notwendigen Revolution gedient zu haben. Lichtenberg, der Forster 1775 bei seiner Englandreise kennen- und schätzen gelernt hatte, gab mit ihm von 1780 bis 1785 das *Göttingische Magazin der Wissenschaften und Litteratur* heraus. »Mein liebster Freund«, überschreibt Lichtenberg seine Briefe an Forster, ein »kleines Ehrendenkmal« auf seinen alten Freund allerdings wagte er nach dessen Tod nicht zu verfassen: »Sie sind nicht der erste, Verehrungswürdiger Mann, der mich aufgemuntert hat unserem guten Georg Forster ein kleines Ehrende[n]ckmal zu errichten. Allein ich kan es unmöglich, und ich habe es würcklich schon einmal förmlich abgelehnt. In der That habe ich den vortrefflichen Mann in den lezten Zeiten gantz aus dem Gesicht verlohren. Selbst seine literarischen Bemühungen blieben mir unbekannt, und seinen politischen konte ich meinen Beyfall nicht geben. Forster war ein großer obgleich noch sehr *junger* Mann. [...] Ich habe überdas das, wie ich glaube, in Deutschland seltne Glück unter einer Regierung zu leben, der

Dissertation profiliert hat. Seine Hauptthese lautet: Das Bewußtsein des mit der Guillotine Hingerichteten bleibt auch nach dem Abschneiden des Kopfes für einige Minuten erhalten, so daß der Hingerichtete noch Schmerz und Leid empfinden kann, zumal in den Ventrikeln des noch von »Lebenskraft« erfüllten Gehirns sich das »Organ der Seele«, das Zentrum aller Sinneseindrücke findet. Ein Jahr später wird Soemmerring dies in seinem Werk *Über das Organ der Seele* eigens ausführen. Doch mit seiner These vom Fortdauern des Bewußtseins bei den so Enthaupteten hat er nicht nur medizinisch, er hat auch politisch Stellung bezogen, denn er bestreitet damit den humanen Charakter der Guillotine – und der Revolution. Der medizinische Befund mündet in ein politisches Verdikt, wenn er den Tod durch die Guillotine abschließend als barbarische Schlächterei, als entehrend, schrecklich und grausam hinstellt und sich über diese Art von Hinrichtungen empört: »Abscheuliche Schauspiele, die nicht einmal bei Wilden üblich sind. Und es sind Republikaner, die sie geben und die ihnen beiwohnen!«

Gerade weil er sich selbst als »Republikaner«, aus dem freien Thorn gebürtig, verstand, sah Soemmerring hier nicht nur den Begriff, er sah die Menschlichkeit verletzt, jede Zivilisation verlassen. Damit kam er Lichtenbergs Verdikt vom französischen Kannibalismus doch sehr nahe. Warum aber Lichtenberg Soemmerrings »herrliche Bemerkungen« nicht veröffentlichte (er schob zunächst seine Leserinnen, einige »hysterische Trembleusen« (Bw 4, Nr. 2535)[11] vor), ist bislang unerfindlich. Daß Soemmerring seinen Namen nicht habe nennen wollen, ist unwahrscheinlich, denn als sein Aufsatz Ende 1795 in Frankreich erschien, geschah das in der Form einer *Lettre de Monsieur Soemmerring à Monsieur Oelsner* – jenen liberalen deutschen Revolutionsfreund, der den Anatom Anfang des Jahres in der Schweiz kennengelernt hatte.

Gleichviel, mit Lichtenberg stimmte Soemmerring in der Beurteilung des revolutionären Frankreich, das sich auch nach Robespierres Sturz dem übrigen Europa als Unruheherd, zugleich als expansive Großmacht zeigte, weitgehend überein. Das schloß Nuancen nicht aus: Hielt sich Soemmerring, der allerdings seit 1793 immer im Kampfgetümmel lebte, zwischen Mainz und Frankfurt pendelnd, mit Schmähworten gegen die Franzosen zurück, so waren sie bei Lichtenberg zur selben Zeit recht häufig – und deutlich. Im Guillotine-Aufsatz sprach er von »den Hunnen des achtzehnten Jahrhunderts«,[12] griff diese Barbarismus-Assoziation mit der (freilich weitverbreiteten) Bezeichnung »West-Hunnen« auf, nannte die Franzosen aber auch eine »Räubernation«, »Räubergesindel«, Schurken und eine »Spitzbuben-Rotte, welcher nichts in der Welt mehr heilig ist«. Ja, der »Antichrist« mußte herhalten, um die Inkarnation des Bösen zu bezeichnen, zu der ihm Frankreich mit seinen Jakobinern, Guillotinen und marodierenden Soldaten wurde. Hinter solchen Ausfällen steht natürlich die Enttäuschung über das Abgleiten der anfangs durchaus geschätzten Revolution in die Phase des Terrors, der Diktatur. Die Berichte aus der darmstädtischen Heimat über die Ausschreitungen der »Neufranken«, beim »Plünderwinter« 1793/94 in der Pfalz zum Beispiel, mögen ein übriges getan haben. Zudem lebte Lichtenberg seit 1795 hinter der von Frankreich respektierten »Neutralitätslinie«, die Norddeutschland vom Revolutionskrieg abschirmte, während Soemmerring sich immer wieder mitten im Kriegsgeschehen befand (Einschließung von Mainz bzw. Beschießung Frankfurts durch die Franzosen 1795/96).

Im Grundsätzlichen aber waren sich die beiden über die Revolution recht einig – selbst wenn sie nicht offen darüber sprachen. Sie fanden sich zusammen auf der Linie maßvoller Reform, in der Staatsform der konstitutionellen Monarchie, das englische Modell vor Augen. Wenn Soemmerring 1796 ausdrücklich Kants Schrift *Zum ewigen*

Frieden lobte, die doch auf der Prämisse beruhte: »Die bürgerliche Verfassung in jedem Staat soll republikanisch sein«, dann hieß das nicht unbedingt, Frankreich sei nachzuahmen. Denn mit seiner Unterscheidung von Staats- und Regierungsform zeigte Kant, daß auch eine Monarchie »republikanisch« sein könne, solange sie eine repräsentative Entscheidungsstruktur und eine Selbstbeschränkung staatlicher Macht garantierte. Das erinnerte an die britischen Verhältnisse, die Lichtenberg und Soemmerring auch in politicis so schätzten.

Freilich ließ Kant, dem Soemmerring so zustimmte, offen, ob diese Konzeption eines liberalen Verfassungsstaates nicht auch im Frankreich des Directoire verwirklicht sei. Lichtenberg dagegen schätzte die Verfassung von 1795 überhaupt nicht, sah in ihr Widersprüche genug und meinte nicht bloß die grotesk-prunkende Amtstracht der Direktoren, wenn er die »neuen Schneidereien« aus Paris lächerlich machte, sondern mahnte die Franzosen, zu beachten, »daß, so wie die Kleider Leute, so die Geburt Regenten macht«. Auch für Frankreich konstatiert er, sicher in Anspielung auf England: »Das schönste Costume wäre unstreitig die Erblichkeit der Regierung.« (SB 1, L 403) Zugleich konterkariert er den Anspruch der Revolution, eine neue Qualität der Politik und des Politikers schaffen zu können: »Denn daß das republikanische System ganz frei von allem Unheil sein sollte, ist ein Traum, eine bloße Idee.« (SB 1, L 34) Er prophezeite eine Kette von Revolutionsversuchen, deren Erfolg aber stets von der moralischen Qualität der politisch Handelnden abhängig bleibe. Als Ergebnis dieser »Experimentalpolitik« mutmaßte er: »Die eingeschränkte Monarchie scheint am Ende die Asymptote zu sein. Aber auch da wird es immer und ewig auf die Güte der Subjekte ankommen & sic in infinitum.« (SB 1, L 34) Eine absolute Garantie für die ideale politische Ordnung gab es also nicht, wohl aber eine relative: »Wie schön ist es nicht bei der englischen Constitution, daß sie republikanische Freiheit mit der Monarchie schon vorläufig gemischt hat, um den völligen Umschlag aus einer Demokratie in reine Monarchie oder Despotismus zu verhindern!« (SB 2, K 149) Darin traf er sich ganz mit Soemmerring, der – nicht zuletzt durch seinen erneuten Englandaufenthalt 1794 – die britischen Verhältnisse als wohltuenden Kontrast zur immer noch unberechenbaren Französischen Revolution, in der schließlich auch sein bester Freund umgekommen war, empfand. Wie bei Lichtenberg, so finden wir auch bei Soemmerring mehrfach jene zwei Begriffe, die das Ideal und das Selbstverständnis Britanniens auf eine kurze Formel brachte: »Liberty and Property«. Seit John Lockes Leitworten des mehr oder minder »liberalen« Staatskonzeptes meinten sie die menschenwürdige Selbsterhaltung und -entfaltung, die Wahrung persönlicher, voran geistiger Freiheit und die eines (recht weit gefaßten) Eigentums. Leitwerte für Soemmerring und Lichtenberg, waren sie ihnen zugleich Schutz gegen die Bedrohung von zwei Seiten: gegen jede Art von »Despotismus«, aber auch gegen jenen »unbändigen, keine Grenze der Mäßigung kennenden Demokratismus«, wie ihn Forster (angeblich) vertreten hatte und wie er ihnen in Frankreich am Werke zu sein schien. Von daher kamen sie letztlich zur Ablehnung der Französischen Revolution, zumindest, wie sie sich seit dem Sturz des Königs, im August 1792, entwickelt hatte, und sie favorisierten mehr denn je das (vielleicht auch verklärte) englische Modell als einzig realistische und wünschenswerte Alternative.

Von daher wohl die Bekenntnisse zum und das Arrangement mit dem Bestehenden, bei Lichtenberg besonders deutlich: »Ich verlange schlechterdings in politischer Rücksicht nicht anders zu leben, als ich jezt lebe und es kümmert mich wenig, wieviel von dieser glücklichen Lage auf Rechnung der Regierung, oder meine eigene zu stehen kömmt.« (Bw 4, Nr. 2399)[13] Sieben Monate später weist er empört den Verdacht

ich die größte Verehrung schuldig bin. Ich verlange schlechterdings in politischer Rücksicht nicht anders zu leben, als ich jezt lebe und es kümmert mich wenig, wieviel von dieser glücklichen Lage auf Rechnung der Regierung, oder meine eigene zu stehen kömmt. Denn man muß nicht immer verlangen, daß jene alles thun soll, ohne erst auch von seiner Seite alles gethan zu haben. Aufopferungen sind von beyden Seiten nöthig. [...] Solte ich über Forstern schreiben: so würde ich gerade in diesem Hauptartickel Misverständnisse von einer oder der andern Seite befürchten, oder es wohl gar mit beyden verderben. Wo ich so etwas voraussehe, da schweige ich lieber und halte es eben dadurch mit beyden.« (Bw 4, Nr. 2399, Lichtenberg am 16. Juni 1794 an Johann Wilhelm Archenholtz) [SW]

625
Christian Gottlob Heyne (1729-1812):
Entwurf des offiziösen Schreibens der Sozietät an die Regierung in Hannover zur Forderung, Georg Forster auszuschließen.
Papier, 1793. 33 × 21 cm
Göttingen, Archiv der Akademie der Wissenschaften zu Göttingen, Pers. 66 Nr. 1-2
Am 28. April 1793 notierte Lichtenberg in seinem Tagebuch: »Das Missiv [Sendschreiben] wegen Forster und des Maire Dietrich Ausstoßung aus der Societät zirkuliert.« (SB 2, S. 776) Man hatte von Hannover aus »privatim« von Christian Gottlob Heyne, dem ständigen Sekretär der Göttinger Sozietät, verlangt, er solle betreiben, daß diese gelehrte Gesellschaft dem Beispiele anderer folgen möge und zwei ihrer Mitglieder, seinen Schwiegersohn Georg Forster und den ehemaligen Bürgermeister von Straßburg Baron Philipp Friedrich von Dietrich, aus der Sozietät ausschließe, weil sie als Jakobiner hervorgetreten seien. Heyne machte nun durch den damaligen Direktor (Heinrich August Wrisberg) den Vorschlag, man solle klarstellen, daß die Sozietät nur über das gelehrte, wissenschaftliche Verhalten zu richten habe, nicht über das politische; mithin käme ein Ausschluß nur »auf Befehl von Hannover« in Betracht. Der Entwurf eines Antwortschreibens, das er sich von den Mitgliedern bewilligen

läßt, ist schlagend: »Die Societät ist eine gelehrte Gesellschaft, kein politisches Corpus, noch kein Club. Was mit den Mitgliedern in politischen Verbindungen und Verhältnissen vorgehet, gehet die Societät nichts an; denn diese Verhältnisse haben keine Beziehung auf das wissenschafftliche. Auch die Ehre der Societät tasten sie nicht an [...]. Da die Societät kein politisches Corpus sey, sondern eine blos wissenschafftliche Gesellschaft, blos in Beziehung auf das Wissenschafftliche: so würde es so gar eine Vermessenheit von ihr, und selbst von übeln Folgen seyn, wenn sie sich erdreustete, in politischen Hinsichten ihren Mitgliedern eine öffentliche Note anzuhängen und sie aus zu schlüssen. Es widerspräche dieses selbst dem gantzen Sinn, Zweck u. Geiste einer wissenschafftlichen Gesellschafft, bey welcher es blos auf wissenschafftliche, aber nie auf politische Gegenstände ankomme. Die Societät würde sich also hier in etwas mischen, was ihr nicht zukomme, und worüber sie eher Verweise von Hannover aus verdienen müßte. [...] Wofern es aber die Kön.[igliche] Reg.[ierung] anbefehlen wolle, daß Dietrich und Forster ausgestrichen werde: so solle ohne weiteres der Vorschrifft Folge geleistet werden, und nun werde zu erwarten seyn, ob es im Stillen geschehen oder bekannt gemacht werden solle. Im letztern Falle könne es nicht anders geschehen, als es sey auf hohen Befehl von der Soc.[ietät] befolget worden.« (Bw 4, Nr. 2255, S. 76f.) Die Stellungnahmen der Sozietätsmitglieder sind in ihrer vorsichtigen Distanzierung charakteristisch für das Verhältnis deutscher Gelehrter im Jahre 1793 zur Französischen Revolution. Doch mit dem Bewußtsein, daß politisches Engagement nicht den Ausschluß aus einer wissenschaftlichen Gesellschaft zur Folge haben darf, sind alle Mitglieder, auch wenn sie aus unterschiedlichen Fachrichtungen stammen (unter ihnen Lichtenberg, Kästner, Blumenbach und Gatterer), einer Meinung: Sie lehnen Forsters und Dietrichs Ausschluß ab. Ein Beispiel wahrer Liberalität ist das Verhalten der Göttinger Sozietät allemal und ein mutiges obendrein, wäre es auch nur republikanischer Widerstand jener altständischen Ordnung, die die Göttinger zu bewahren suchten. Ungewiß ist, ob Dietrich und Forster je von dem Verhandlungsausgang erfahren haben. Jener wurde ein Opfer der »Terreur« und endete noch im selben Jahr auf der Guillotine; dieser reiste am 23. März 1793 als Deputierter nach Paris (damit wäre ihm ohnehin die Rückkehr nach Deutschland für lange Zeit versagt gewesen). [UJ]

626
»Freiheitsausruf an die hannövrischen Unterthanen« Göttingen, 7. November 1792.
Flugblatt. 27,5 × 18,5 cm
Hannover, Niedersächsisches Hauptstaatsarchiv, Hann. 74 Göttingen K Nr. 425
Das Flugblatt wurde von einem unbekannten Verfasser, den man in studentischen Kreisen vermutete, am 9. November 1792 an die Öffentlichkeit gebracht – vielleicht nur in diesem einen Exemplar. Es ist eines der wenigen Beweise für revolutionär-politische Aktivitäten in Göttingen. Trotz seiner ›untertänigen‹ Formulierungen hatte der Aufruf zum Sturz des hannoverschen Adels und zur Verweigerung der unrechtmäßigen Abgaben verstärkte polizeiliche Kontrollen und die weitere Unterdrückung der Meinungsfreiheit zur Folge. [MS]
Transkription: »Freiheitsausruf an die hannövrischen Unterthanen. Liebe Mitbürger! Nicht auß blossen Revolutionsgeist, sondern angetrieben durch die Rechte der Menschheit schlage ich euch vor, daß wir bey der jetzigen Epoche wo der Despotißmus zittert einen Versuch machen könten, den überstolzen hannövrischen Adel zu stürzen, und uns von verschiedenen ungerechten, für die Armuth drückenden, Abgaben zu befreyen. Alle Menschen schuf Gott gleich; daher braucht nicht der sogenannte Unterthan die Wollust der Despoten durch seinen Schweiß zu unterhalten. Im ersten Jahr der französischen Republick, von einem Hannoveraner geschrieben.«

627
Mandat gegen das Tragen weißer und bunter Kokarden.
Typendruck, 8. November 1792.
33,8 × 20,8 cm (Blatt)
Nürnberg, Germanisches Nationalmuseum, o. Inv.
Im Zeitraum zwischen 1792 und 1795 gab es im Kurfürstentum Hannover zahlreiche Zwangsmaßnahmen und Verordnungen zur Reglementierung der Bevölkerung. So ließ die Landesregierung im Dezember 1792 mit großer Drohgebärde Kanonen vor der Göttinger Hauptwache auffahren, um etwaige »aufrührerische Gesinnungen« bereits im Keime zu ersticken. Neben dem Erlaß einer Druckschriftenzensur und dem Verbot studentischer Ordensverbindungen kam es auch zu dem hier gezeigten Erlaß der hannoverschen Regierung vom 8. November 1792, der das Kaufen, Verkaufen und Tragen von weißen und bunten Kokarden verbot. Diese Verordnung richtete sich vor allem gegen Sympathisanten der Französischen Revolution, die Kokarden in den französischen Nationalfarben zum Zeichen ihrer politischen Auffassung trugen, aber auch gegen französische Emigranten, Träger der weißen Kokarden. [MS/SW]

628
Adam Philippe de Custine (1740-1793):
Schutzversprechen für die Stadt und Universität Göttingen, 2. November 1792.
Typendruck, Handschrift.
35 × 45 cm
Hannover, Niedersächsisches Hauptstaatsarchiv, Hann. 9f, Nr. 37
Am 6. November 1792 notierte Lichtenberg in seinem Tagebuch: »Die gantze Stadt weiß schon von der Sauve Garde des General Custine und den Narrenstreichen des Böhmers.« Eine solche ›Salva guardia‹ oder ›Sauvegarde‹, ein Schutz- oder Geleitbrief, wie er eigentlich Reisenden, insbesondere Kaufleuten ausgestellt wurde, verpflichtete alle Untertanen, den Inhaber des Briefs zu respektieren, zu schützen und ihm zu helfen. Man hätte es demnach mit gutem Humor als einen Witz auffassen können, daß ein Truppenkommandant einen solchen Brief für eine weit entfernte Stadt ausstellt; wenn nicht Göttingen ohnehin schon im Ruf einer ›jakobinischen‹ Hochschule gestanden hätte und die Stadt selbst nicht der Einflußsphäre des Gegners zuzurechnen wäre. Man überließ es daher in Göttingen einer weisen Obrigkeit, auf diesen Affront zu reagieren, und sandte das Dokument unbeantwortet nach Hannover. Was die Situation noch besonders bizarr machte, war die Tatsache, daß diese ›Sauvegarde‹ vom Sohn eines berümten Göttinger Juristen veranlaßt worden war: Johann Wilhelm Georg Böhmer (1761-1839), zunächst Student, dann Lehrer für Kirchenrecht und -geschichte, schließlich Privatdozent für Philosophie in Göttingen, war seit 1792 Rektor und Professor am evangelischen Gymnasium in Worms. Er schloß sich aus Revolutionsbegeisterung der jakobinischen Bewegung an und wurde 1792 Sekretär des Revolutionsgenerals Adam Philippe Custine in Mainz. 1792 geriet er in preußische Gefangenschaft, wurde nach seiner Entlassung 1795 Richter in Luxemburg, später General-Polizeikommissar in Schlenstädt. Von 1816 bis zu seinem Tode fristete er sein Leben als Bibliothekar und Privatdozent der Jurisprudenz in Göttingen. [MS]

629
Streit um die Zensurmaßnahmen, 22. November 1792.
Göttinger Professoren lehnen ab, daß die Packete geöffnet werden dürfen.
Göttingen, Universitätsarchiv, Sekr. 625 (4)
Noch bevor die Verfügung des Geheimen Rats zur Aussortierung und Beschlagnahme aller Arten von Druckschriften, die irgend wider die Obrigkeit stritten, am 24. November 1792 im Druck als Anschlagzettel publiziert wurde, informierte der derzeitige Göttinger Prorektor Gottlieb Jakob Planck seine Kollegen darüber, daß eine solche Verfügung an den hiesigen Postmeister ergangen sei. Danach sollten »alle Pakete, welche gedruckte Sachen enthalten möchten, zu erbrechen, und wie sich etwas Bedenkliches oder verfängliches darin finden sollte, zurückzubestellen« sein. Da er (Planck) sich »keinen Vorfall denken [könne], bey dem die Ehre der Universität mehr, und näher und fühlsamer interessirt wäre« – immerhin besaß die Universität durch ihr Gründungsprivileg eine garantierte staatliche Zensurfreiheit, die sie freilich durch eine universitätseigene Selbstzensur (und vorauseilenden Gehorsam: individuelle Selbstzensur) auszugleichen hatte –, drängt er auf gemeinsame Beratung. So gaben *alle* Professoren auf dem Zirkularwege ihr Votum ab, und das mit einer solchen seltenen Einmütigkeit, daß Lichtenberg in seinem Tagebuch am 22. November notierte: »Die Vota wegen Er-

zurück, an Göttingens Universität gebe es »des sentiments de Liberté«. Abscheulich findet er das und beteuert, unter seinen Kollegen sei keiner, der »Revolutions-Prinzipien hegte. Man wägt und vergleicht freylich, aber wo es auf Thaten ankömmt, da ist kein eintziger, der nicht sein Leben für die Regierung ließe.« (Bw 4, Nr. 2498)[14] Wirklich? Es fällt schwer, hier nicht auch Ironie zu vermuten, wenn man sich das Häuflein Göttinger Professoren, an ihrer Spitze vielleicht noch Lichtenberg, im Nahkampf mit den Sansculottes vorstellt. Soemmerring ist hier wieder weniger deutlich, zumal er die (Über-)Reaktion der herrschenden Kreise in Mainz nach der »Revolution« von 1792/93 noch nicht vergessen hat. Er sehnt sich hauptsächlich nach Frieden, will aber auch möglichst viel von jener Freiheit bewahren, die vor 1789 geherrscht habe. Doch daran ist nicht mehr zu denken, das »goldene Zeitalter des mainzischen Staates«, jene acht Jahre kultureller Höchstleistungen und toleranter Atmosphäre am Rhein, ist unwiderruflich vorbei.

Weiter geht die Revolution, auch wenn sie sich dem Ende zuneigt. Lichtenberg hat noch einigen Spott für sie übrig, in seinem letzten Lebensjahr sogar: Die 1798 verfaßte, 1799 veröffentlichte *Rede der Ziffer 8* ist voll von Anspielungen, maliziösen meist, auf das Frankreich des späten Directoire: auf die mehr dekorativen als wirklich entscheidenden Verfassungsgremien, auf die Einführung der neuen Dezimal-Maße, auf die offensichtlich ungebremste Expansion der revolutionären Großmacht, auf die korrupte, vor allem aber: unglaubwürdige politische Kultur der Revolution schlechthin, die erneut als die »mit großem Geld- und Blutaufwand eröffnete, neufränkische Experimental-Politik«[15] erscheint. Fragt sich nur, ob diese Anspielungen nicht auch ein Stück Bewunderung widerspiegeln, ob auch die späte Revolution Lichtenberg nicht immer noch, zumindest unbewußt, fasziniert. Das gilt ebenso für seinen Traumspaziergang über den Blocksberg, wo all das versammelt ist, was verwünscht wurde. Und was sieht der Träumer, Lichtenberg natürlich, da zuerst? Harz-Tannen, meint er, doch sein Begleiter belehrt ihn: »Das sind Bäume, die Deutschland hierher gewünscht hat [...] Freiheitsbäume, rot, blau und weiß gestreift. Bravo, meine lieben Landsleute«.[16] Der Freiheitsbaum also, das auch am Rhein gepflanzte Symbol für die Revolution, das Lichtenberg schon früher mit dem Galgen gleichgesetzt hatte. Kein Wunder, daß er, träumend auf dem Brocken, daran einen Zettel sieht, aus dem die Zahl von 100 000 Verwünschungen hervorgeht. Durchaus zufrieden, stellt er fest: »Das dachte ich wohl, so mußte es kommen!«[17]

Mußte es wirklich so kommen? Natürlich nicht. Außerdem: Es gab noch immer etliche Deutsche, die gern unter den Freiheitsbäumen gesessen hätten, und auf dem linken Rheinufer waren sie gerade wieder gepflanzt worden. Freilich: Die Begeisterung der ersten Jahre hatte sich verflüchtigt, war bei einigen umgeschlagen in Enttäuschung, wenn nicht sogar Haß. So weit gingen Lichtenberg und Soemmerring nicht. Dennoch ist selbst bei dem politisch so wortkargen Mediziner deutlich, daß das welterschütternde Ereignis Zug um Zug an Faszination einbüßte: »In der Ferne hatte es mich noch geblendet«, schreibt er rückschauend, und meint damit wohl die begeisternden Vorgänge der Jahre 1789 bis 1791. Doch dann, vor allem durch konkrete Konfrontation mit der Revolution in ihrer zweiten Phase, mit dem jakobinischen Demokratismus, der durchaus auch »despotische« Züge trug, geht Soemmerring auf Distanz zur Revolution. Schmerzlich für ihn, letztlich aber konsequent, ist dann der Bruch mit Forster, der eben diese Distanzierung nicht nachvollziehen mochte und konnte. Seine Faszination für die Selbstbefreiung eines unterdrückten Volkes, die er schon 1790 in Paris gespürt hatte, nimmt noch zu, denn er fühlt sich nun berufen, diese wenigstens auch

brechung der Packete zirkulieren. Es ist traurig, so etwas zu sehen. Die Vota der Professoren sind männlich und gut.« (SB 2, S. 767) Allgemein äußerte sich (wirkliches oder gespieltes) Erstaunen, ja Unglauben über diese Verfügung. Schlözer etwa: »Georg II gab seinen Göttinger Professoren das Recht, drucken zu lassen, was sie nach ihrer Einsicht verantworten zu können glaubten. Und so nachher, unter Georg III, dessen Denkungsart von uns wir aus Acten kennen, sollen wir nicht einmal lesen dürfen, was uns gut dünkt? – Der Postmeister soll uns sagen, was wir lesen dürfen? – Ohnmöglich!« Man verlangte in unterschiedlicher Schärfe eine Vorstellung an die Regierung, in der unter anderm die nachteilige Auswirkung (Fortbleiben von Studierenden) hervorgehoben werden sollte: In der Tat scheint sich die Nachricht von dieser wenig durchdachten Maßnahme eines spätabsolutistischen Staatswesens rasch im nord- und mitteldeutschen Raum verbreitet zu haben, wie eine Reihe von Zeugnissen aus Privatquellen melden. – Planck sandte also eine Vorstellung auf der Grundlage dieser Voten (ausführlicher Bericht in Bw 3, Nr. 2181) am 25. November 1792 nach Hannover, die aber gar nicht mehr präsentiert werden mußte: indessen war es nämlich Christian Gottlob Heyne bereits in einem Privatschreiben gelungen, über seinen Schwager Ernst Brandes die Rücknahme der Verfügung durch ihren Verfasser, von Kielmannsegge (der übrigens zwar ein Mitglied des Geheimen Rats, aber nicht Kurator war), durchzusetzen.
[UJ]

630
James Gillray (1757-1815):
»French Liberty, British Slavery«.
(Französische Freiheit, Britische Sklaverei)
Radierung, koloriert, 21. Dezember 1792. 24,6 × 34,9 cm
Hamburg, Museum für Kunst und Gewerbe
Der ausgemergelte Sansculotte, der sich kümmerlich von Lauchzwiebeln und Schnecken ernähren muß, aber meint, in »Milch und Honig zu schwimmen«, rühmt sich, ein freier, unversklavter Bürger ohne Steuerlast zu sein. Er wird mit einem fetten, Braten schlingenden John Bull kontrastiert, der darüber jammert,

vom Ministerium versklavt zu werden, das ihn verhungern lassen wolle. Lichtenberg schätzte den englischen Karikaturisten außerordentlich: »Gilrey, der berühmte Karikaturist, dessen Verdienst ganz London anerkennt und zum Teil fürchtet, ist der Sohn eines noch lebenden Invaliden. [...] Er heißt besser Gillroy (??). Nein Gilrey ist sein Name.« (SB 1, L 575) [MS]

631
George Murgatroyd Woodward (1760-1806 oder 1809) (inv.) und Isaac Cruikshank (1764-1810) (sc.): »A Deputation from one of the Popular Societies of France / endeavouring to persuade John Bull that he can do better without a head than with one!!«
(Die Abordnung einer der französischen Volksgesellschaften wird vorstellig, um John Bull davon zu überzeugen, daß er ohne Kopf besser dran wäre)
Radierung, koloriert, 12. Oktober 1794. 33,9 × 44,4 cm
Hamburg, Museum für Kunst und Gewerbe, E.G. 1988/71
Die kopflose Delegation französischer Adliger (an ihren Kniehosen zu erkennen), preist die Vorzüge der Guillotine. Lichtenberg notiert: »Sonst sucht man bei Bekehrungen die Meinung wegzuschaffen, ohne den Kopf anzutasten; in Frankreich verfährt man jetzt kürzer: man nimmt die Meinung mitsamt dem Kopf weg.« (SB 2, K 155) [MS]

632
Hilaire le Dru (inv.)
und Coqueret (sc.):
Napoleon Buonaparte.
Aquatinta, Radierung, Ende 18. Jahrhundert. 55,5 × 38 cm (Platte)
Darmstadt, Hessische Landes- und Hochschulbibliothek, Kartensammlung, Portr. 53
Lichtenberg über den damaligen Konsul der Republik Frankreich an Friedrich August Lichtenberg, 24. November 1797: »Allein alles *nicht politische*, aber sonst interessante wünschte ich besonders sehr von Dir zu erfahren. Exempli gratia eine genaue Schilderung des Aeussern von dem großen Buonaparte, Leibeslänge, Physiognomie, Augen, und gut averirte Anecdoten von ihm, sowie auch von Berthier, von dessen Kopf ich sehr viel Gutes gehört habe. Ferner, solte unter den bekannten Kupferstichen von Buona-

in einem Teil von Deutschland, trotz aller Zweifel, zu realisieren. Damit gelingt Forster der Sprung von theoretischer Begeisterung zu praktischem Engagement für die Revolution – ein Sprung, den sein Freund nicht schaffte. Ebensowenig Lichtenberg, der noch demonstrativer als Soemmerring am Bestehenden festhält. Doch dieses sieht in Göttingen anders aus als in Mainz, ist dem Ideal, das den dreien ursprünglich gemeinsam ist, viel, viel näher: der konstitutionellen Monarchie Englands. Sie schien ja vielen auch das Vorbild für die erste französische Verfassung zu sein, und so gingen die drei mindestens bis 1791 den gleichen Weg der Bewunderung. Doch dann trennten sie sich, wobei Forster, trotz allen Schwankens, allen Zauderns, konsequenter voranschritt, sich freilich bald isoliert sah. Denn seine, im weiteren Sinne »jakobinische«

Position gehörte in Deutschland zu den Ausnahmen. Lichtenberg und Soemmerring, mit ihren eher liberalen, vor allem auf *geistige* Freiheit abzielenden Vorstellungen, waren dagegen für die deutsche Intelligenz geradezu typisch, sofern sie nicht letzten Endes sogar ins Lager der strikten Gegenrevolutionäre übergingen. Die teils selbstgewählte, teils von anderen betriebene Isolierung Forsters mag man bedauern, doch seine Haltung zur Revolution als die »eigentlich richtige« einzustufen, wie das neuerdings immer wieder geschieht, verkennt die Situation der deutschen Intellektuellen um 1789. Denn für das deutsche Bürgertum, zu dem sie ja auch gehörten, gab es Ende des 18. Jahrhunderts (mindestens) zwei alternative politische Zielvorstellungen, sofern es die feudalistisch-partikularistische Ordnung des Alten Reiches überhaupt überwinden wollte: die in verschiedenen Varianten »demokratische« des revolutionären Frankreich und die konstitutionelle Monarchie Englands, die dem zivilisatorisch-politischen Fortschritt ebenso zu dienen schien. Denn trotz aller Faszination, die sie auf Zeitgenossen (und Nachgeborene!) ausübte, kann die Zustimmung zur Französischen Revolution nicht der einzige Maßstab sein, an dem man die Entwicklung der bürgerlichen Gesellschaft zu messen hat. So gesehen sind die Haltungen Lichtenbergs und Soemmerrings ausgesprochen normal.

Bleibt dennoch die Frage nach der Glaubwürdigkeit, zumal bei Lichtenberg, dem doch leicht nachzuweisen ist, daß er sich privat, in den Sudelbüchern zumal, oft anders als in der Öffentlichkeit äußert. Hier wird man nichts beschönigen dürfen, vor allem nicht, daß er Forster so schmählich verleugnete. Doch mehr als bisher sollte man vielleicht darauf achten, wann, zu welchem Zeitpunkt, Lichtenberg die eine oder andere Äußerung zur Revolution macht. Dann ist leicht zu erkennen, daß auch er in den ersten drei Jahren durchweg positiv, wenn nicht fasziniert auf die Versuche der Franzosen reagiert, jede Art von »Despotismus« abzuschütteln; daß er aber seit der »Zweiten Revolution« vom August 1792 zunehmend kritischer wird, mehr denn je Gewalt und vor allem: neuen Zwang, neuen Despotismus am Werke sieht. Stufe um Stufe sinkt seine Begeisterung – wie die vieler anderer Deutscher. Um so mehr klammert er sich an die »britische Freiheit«, ganz gleich nun, ob diese mehr Ideal oder Realität war. Mag all dies mit seiner persönlichen, nicht zuletzt gesundheitlichen Lage, der daraus resultierenden Ängstlichkeit zusammenhängen: Es bleibt ein Rest von Widersprüchen, der unauflösbar ist, selbst wenn man bei ihm nicht von einem »gespaltenen politischen Bewußtsein« sprechen kann. So zeigt sich allein in der Persönlichkeit des Georg Christoph Lichtenberg immer wieder die Spannung zwischen Faszination und Distanz, mit der die meisten Deutschen ihrer Zeit die Französische Revolution ansahen, ansehen mußten.

Quellen und Literatur

H. T. Dickinson: *Liberty and Property. Political Ideology in Eighteenth-Century Britain*. London 1977.

Franz Dumont: *Die Mainzer Republik von 1792/93. Studien zur Revolutionierung in Rheinhessen und der Pfalz* (= Alzeyer Geschichtsblätter Sonderheft 9). Alzey 1982.

Franz Dumont: *Naturerkenntnis – Welterkenntnis. Das »Seelenbündnis« zwischen Georg Forster und Samuel Thomas Soemmerring*. In: Gunter Mann, Franz Dumont (Hrsg.): *Gehirn – Nerven – Seele. Anatomie und Physiologie im Umfeld Samuel Thomas Soemmerrings* (= Soemmerring-Forschungen, Bd. 3). Stuttgart, New York 1988.

Franz Dumont: *Zwei Briefe Soemmerrings an Georg Christoph Lichtenberg*. In: Ebda., S. 441-450.

Georg Forsters Werke. Sämtliche Schriften, Tagebücher, Briefe. Hrsg. von der Akademie der Wissenschaften der DDR, Zentralinstitut für Literaturgeschichte. Bde. 14-17, Berlin [Ost] 1978-1989.

Gunter Mann: *Soemmerring, Lichtenberg und die Ärzte im Streit um die Guillotine*. In: Lichtenberg-Jahrbuch 1989, Saarbrücken 1990, S. 7-29.

Helmut Mathy: *Die letzten Aktivitäten Georg Forsters als Mainzer Universitätsbibliothekar*. In: Gutenberg-Jahrbuch 1979, S. 319-324.

Michael Maurer: *Aufklärung und Anglophilie in Deutschland* (= Veröffentlichungen des Deutschen Historischen Instituts London). Göttingen, Zürich [1987].

Wolfgang Promies: *Über Schnürbrüste, Forster und Lichtenberg*. In: *Auf-*

parte ihm einer vorzüglich gleichen, oder ihm *sehr gleichende* Miniatür Gemählde oder Handzeichnungen dort zu haben seyn, so bitte ich inständigst sie für mich zu kaufen.« (Bw 4, Nr. 2796, S. 787) [MS]

633

[Johann Andreas Georg Friedrich Rebmann (1768-1824):] Der politische Thierkreis oder die Zeichen unserer Zeit, von Huergelmer. Strasburg [1796].

Göttingen, Niedersächsische Staats- und Universitätsbibliothek, 8° Hist. un. VI, 425

Lichtenberg besaß dieses anonym erschienene (heute den deutschen Jakobinern Johann Friedrich Ernst Albrecht oder Georg Friedrich Rebmann zugeschriebene) Buch und las es – fasziniert – im Oktober 1796. Er notierte: »Es ist gut geschrieben und enthält, teils eigen, teils aus andern exzerpiert das Beste, was sich gegen die jetzigen Großen und die Monarchien sagen läßt.« (SB 1, L 34) In einem Brief an Jeremias David Reuß am 9. November 1796 formulierte er – in politischen Äußerungen stets übervorsichtig – ein wenig staatstreuer: »[...] ein Flickwerk, aber gut vernäht [...]. Es finden sich gegen unsere Regierung, nahmentlich aber gegen G[eorgius] R[ex] abscheuliche Stellen darin [...]«. (Bw 4, Nr. 2694)

Immerhin hat die Lektüre dieses Buches Lichtenberg zur wohl deutlichsten Formulierung seines politischen Credos veranlaßt: »[...] einiges [von der Kritik an der Monarchie] mag auch wohl unwiderleglich sein – Allein man lasse einmal die Volks-Regierungen überall eintreten: so werden vermutlich andere Umstände folgen, die die Vernunft eben so wenig billigen kann, als die jetzigen. Denn daß das republikanische System ganz frei von allem Unheil sein sollte, ist ein Traum, eine bloße Idee. Was wird es werden, wenn es überhaupt ausgeführt würde? – Ich glaube, ohne deswegen richten zu wollen, man wird ewig und ewig durch Revolutionen von einem System in das andere *stürzen*, und die Dauer eines jeden darin wird von der temporellen Güte der Subjekte abhängen. Nach Amerika läßt sich noch nichts beurteilen weil sie zu weit von den Ländern entfernt sind, die anders denken, und die auf jener Seite der Welt anders denken nicht mehr Unterstützung genug haben. Die eingeschränkte Monarchie scheint am Ende die Asymptote zu sein. Aber auch da wird es immer und ewig auf die Güte der Subjekte ankommen & sic in infinitum.« (SB 1, L 34)[SO]

klärung über Lichtenberg. Hrsg. von Wolfgang Promies, Göttingen 1974, S. 1-20.

Wolfgang Rödel: *Forster und Lichtenberg. Ein Beitrag zum Problem deutsche Intelligenz und Französische Revolution.* Berlin [Ost] 1960.

Rudolph Wagner: *Samuel Thomas von Sömmerring's Leben und Verkehr mit seinen Zeitgenossen*. 1. u. 2. Abt. Nachdruck der Ausgabe von 1844, hrsg. von Franz Dumont (= Soemmerring-Forschungen, Bd. 2). Stuttgart, New York 1986.

Ralph-Rainer Wuthenow: *Experimentalpolitik? Die Französische Revolution in Lichtenbergs ›Sudelbüchern‹*. In: *Französische Revolution und deutsche Literatur*. Hrsg. von Karl Eibl (= Aufklärung, Jg. 1, H. 2). Hamburg 1986, S. 43-56.

Ralph-Rainer Wuthenow: *Zur Theorie der Revolution in Georg Forsters Schriften*. In: Germanistisch-Romanistische Monatsschrift, NF 35, H. 4, Heidelberg 1975.

1 GTC für 1790.

2 Brief an Johann Gottwerth Müller vom 16. Juli 1794.

3 GTC für 1791.

4 GTC für 1792.

5 Ebda.

6 Brief an Georg Heinrich Hollenberg vom 2. September 1793.

7 Brief an Johann Wilhelm von Archenholtz vom 16. Juni 1794.

8 Brief an Samuel Thomas Soemmerring vom 5. Juni 1795.

9 GTC für 1795, S. 157-165.

10 Brief an Johann Daniel Ramberg vom 10. Juli 1794.

11 Wie Anm. 8.

12 Wie Anm. 9.

13 Wie Anm. 7.

14 Brief an Georg August Ebell vom 26. Februar 1795.

15 GTC für 1799, S. 83-111.

16 GTC für 1799, S. 150-180.

17 Ebda.

634
»Allarme generale habitans de Gonesse occasionnée par la chute du ballon Aërostatique de Mr. de Montgolfiere [r.: de MM. Charles et Robert] le 27 Aout 1783«.
(Die entsetzten Bauern gehen auf den gelandeten Ballon mit Mistgabeln, Dreschflegeln und Flinten los)
Kupferstich, koloriert, 1783.
22 × 31,3 cm
Darmstadt, Hessische Landes- und Hochschulbibliothek, Kartensammlung, Mappe 76/45
Nach ersten geheimgehaltenen Versuchen gelang den Brüdern Montgolfier am 4. Juni 1783 in Annonay der erste öffentliche Versuch mit einem Heißluftballon. Noch glaubten die Erfinder allerdings, daß ein bis dahin unbekanntes Gas, das sich aus der stinkend verbrennenden Schafwolle entwickelte, und nicht die erwärmte Luft ihren Ballon zum Steigen brächte. Durch Zeitungsnachrichten aufgeschreckt, konstruierten Professor Jacques Alexandre César Charles und die Brüder Robert in Paris einen Ballon, für dessen Füllung sie Wasserstoffgas nach der von Joseph Priestley beschriebenen Methode aus Eisenfeilspänen und verdünnter Vitriol-(Schwefel-)Säure gewannen. Dieser »Globe« genannte Ballon stieg am 27. August vom Pariser Marsfeld auf.
Lichtenberg an Johann Andreas Schernhagen, 27. Oktober 1783: »Heute habe ich einige Kupferstiche gesehen, die Montgolfiers und Roberts Versuche vorstellen. Es sind erstaunliche Anstalten. Einer darunter ist sehr schön und fast Hogarthisch. Er stellt die Bauren von Gonesse vor, wie sie sich der herabgefallenen Kugel des Robert bemächtigen. Mehrere halten die Nasen zu und das ist nicht unrecht, und zeigt wie viel weiter der Trieb geht als der Verstand, etwas vernünfftigeres war unmöglich zu thun. Die Nase gieng ihren Gang richtig und sicher, die Philosophie schlegelte« (Bw 2, Nr. 1171). Wenig später fiel Lichtenberg auf, daß der Kupferstich eine falsche Beschriftung trug; an den gleichen Adressaten schreibt er am 6. November 1783: »Die Maschine, die die Bauern gefunden haben, die die Nasen zuhalten musten, war nicht Montgolfier's, sondern die andere von Charles und Gebrüdern Robert, die auf Subskription stieg und mit infl. Lufft gefüllt war.« (Bw 2, Nr. 1184)
[SO]

635
»Expérience aërostatique faite à Versailles le 19 Septembre 1783«.
Aufstieg des Heißluftballons »Martial« der Brüder Montgolfier am 19. September 1783 in Versailles.
Radierung, 1783. 24,5 × 33,6 cm (Blatt), 18,3 × 27,8 cm (Platte)
Darmstadt, Hessische Landes- und Hochschulbibliothek, Kartensammlung, Mappe 76/5
Nach der überwältigenden, alle Welt begeisternden Fahrt des »Globe« überschlugen sich die Ereignisse: Am 9. September stieg in Versailles eine große Montgolfiere (Heißluftballon), in ihr die ersten ›Luftpassagiere‹. Lichtenberg an Johann Andreas Schernhagen, 3. November 1783: »Hier lege ich ein schönes Bildchen von Montgolfier's Maschine im Augenblick ihrer Entbindung bey. Unten an hängt der Korb mit dem Hammel, Hahn und Ente. Die Maschine war 60 Fuß hoch und 40 hatte sie im Durchmesser, sie war blau gemahlt und der Nahme des Königs und die Festons waren Gold.« (Bw 2, Nr. 1180)
Wenige Tage zuvor, am 30. Oktober 1783, hatte Lichtenberg an Schern-

hagen berichtet: »Ich habe nun 2 Personen gesprochen die Montgolfiers und Roberts Versuch mit angesehen haben [...]. Man schäzte die Zuschauer auf 300000 (schreibe eine 3 mit 5 Nullen). Von Morgens 6 Uhr an bis um halb 1 war die Strase von Paris nach Versailles mit Menschen bedeckt. Er [der Ballon von Montgolfier] stieg nicht höher als 293 Toisen, da der andere [der Ballon von Robert] mit infl.[ammabler] Lufft durch die Wolcken drang und gantz verschwand. Da hätte man wohl die Engelchen können singen hören.« (Bw 2, Nr. 1174)
Kaum vier Wochen nach diesem Ereignis stieg Pilâtre de Rozier mit einem Fesselballon einige Meter weit auf. Nach weiteren vorsichtigen Versuchen, bei denen man sich höher und höher wagte, fand am 21. November im Garten des Schlosses von La Meutte der erste freie Menschenflug durch Pilâtre de Rozier und den Marquis d'Arlandes statt. – Ein Menschheitstraum war in Erfüllung gegangen. Ganz Europa geriet in einen wahren Begeisterungstaumel. [SO]

636
Georg Christoph Lichtenberg:
»Ueber die neuerlich in Frankreich angestellten Versuche, große hohle Körper in der Luft aufsteigen zu machen und damit Lasten auf eine große Höhe zu heben«.
In: Göttingisches Magazin der Wissenschaften und Litteratur 3, 1783, S. 783 ff.
Erschien etwa am 10. September 1783.
Göttingen, Niedersächsische Staats- und Universitätsbibliothek, 8° Scr. var. arg. II, 3480: 1783 Rara
»Wer die Entdeckung der Luftballone miterlebt hat, wird ein Zeugniß geben, welche Weltbewegung daraus entstand, welcher Antheil die Luftschiffer begleitete, welche Sehnsucht in soviel tausend Gemüthern hervordrang, an solchen längst vorausgesetzten, vorausgesagten, immer geglaubten und immer unglaublich gefahrvollen Wanderungen theilzunehmen, wie frisch und umständlich jeder einzelne glückliche Versuch die Zeitungen füllte, zu Tagesheften und Kupfern Anlaß gab, welchen zarten Antheil man an den unglücklichen Opfern solcher Versuche genommen. Dieß ist unmöglich selbst in der Erinnerung wieder herzustellen.« (Johann Wolfgang von Goethe: Maximen und Reflexionen)
An den Ballon knüpften sich weitreichende Hoffnungen: Horizonterweiterung im buchstäblichen und im übertragenen Sinn. »Dem Luftschiffer schwinden jene Gränzen / in die der Fürsten Streit getheilt der Erde Flur [...]«, dichtete ein Zeitgenosse. Mit den Ballons schien auch die bürgerliche Freiheit am Horizont auf.
Der Physiker Lichtenberg jedoch ließ sich vom allgemeinen Ballon-Enthusiasmus zunächst überhaupt nicht beeindrucken. Bereits 1782 hatte er wie vor ihm Joseph Priestley mit verschiedenen Luftarten experimentiert und auch den von Tiberio Cavallo zuerst angestellten Versuch, Seifenblasen mit Wasserstoffgas steigen zu lassen, vorgeführt. So urteilt er in seinem (wie er zugibt »in Eile und doloribus zusammengeschriebenen«) ersten Bericht über die neue Erfindung recht abschätzig: »Daß man leichte Körper vermittelst inflammabler Luft in unserer Luft aufsteigen machen könne, daran hat nie ein vernünftiger Mensch, dem die ersten Gründe der Hydrostatick bekannt waren, gezweifelt.« Theoretisch war ihm das Phänomen völlig klar, ob aber ein solcher großer Ballonaufstieg tatsächlich stattgefunden hat, bezweifelt er noch vorsichtig: »Daß es in allen Zeitungen stand, konnte keinen Glaubensgrund abgeben«. (*Göttingisches Magazin der Wissenschaften und Litteratur* 3, 1783, 4. Stk., S. 784 f.) Bestenfalls als unnützes Spektakel schätzt er das welthistorische Ereignis ein.
Diese Meinung sollte sich rasch ändern; am 10. November 1783 schreibt er an Johann Andreas Schernhagen: »Täglich werde ich mehr von der Wichtigkeit der Erfindung überzeugt, und habe allerley Ideen.« (Bw 2, Nr. 1185) Diese Ideen veröffentlichte Lichtenberg im März 1784 als *Vermischte Gedanken über die aerostatischen Maschinen* (GMWL 3, 1783, 5. Stk.). Jetzt ist Montgolfiers Pionierleistung »allerdings sehr groß« und die Luftfahrt die Krönung aller im 18. Jahrhundert gemachten Erfindungen. [SO]

637
Georg Christoph Lichtenberg: Skizzen zu Ballonversuchen.
Aus Briefen an Johann Andreas Schernhagen, Franz Ferdinand Wolff, Christoph Friedrich Hellwag und Samuel Thomas Soemmerring, 20. November 1783 bis 25. April 1784.
Angeregt durch die allgemeine Ballonbegeisterung begannen Lichtenberg und Georg Forster Ende September / Anfang Oktober »ausserordentlich starck auf Montgolfiers Erfindung« hin zu arbeiten. Doch was in der Theorie so klar erschien, erwies sich in der Praxis als nicht ganz so einfach: Die »großen Blasen« wollten nicht steigen. (Bw 2, Nr. 1160) Allmählich erst begann es Lichtenberg zu dämmern: »Ich habe seit gestern eine gantz eigne Meinung von des Herrn Montgolfiers Versuch [...]. Ich glaube gar nicht, daß er inflammable Lufft gebraucht hat.« (An Johann Andreas Schernhagen, 12. Oktober 1783, Bw 2, Nr. 1161) Das bißchen heiße Luft, das der stinkende Qualm der brennenden Schafwolle produzierte, gab zu wenig Auftrieb für die verhältnismäßig zu kleinen und zu schweren Schweinsblasen; doch: »Sobald man beym Montgolfierschen Versuch die Blasen verläßt [und Ballons aus Seide baut], so wird er kostbar [= kostspielig]«. Erst nachdem Lichtenberg die Wasserstoffzubereitung perfektioniert und einen tauglichen Füllapparat konstruiert hatte, gelangen die Experimente, und er konnte kleine Ballons aus Schweinsblasen an Freunde und Gönner verschicken. Bald jedoch traten Nachschubprobleme auf: »Die grosen Blasen sind [...] hier sehr selten, [...] hauptsächlich jetzt im Wurst-Wonnemond.« (An Franz Ferdinand Wolff, 27. November 1783, Bw 2, Nr. 1207) »Die Leute brauchen sie, anstatt sie zu Montgolfierschen Versuchen herzugeben, lieber zu terrestrischen Metwürsten.« (An Schernhagen, 11. Dezember 1783, Bw 2, Nr. 1216) Statt dessen mit Heißluftballons zu experimentieren, die sich verhältnismäßig billig aus Papier herstellen ließen und mit der Hitze einer Spiritusflamme aufsteigen konnten, war Lichtenberg zu gefährlich. Am 25. März 1784 schreibt er an Georg August Ebell: »Vor den Montgolfierischen Kugeln fürchte ich mich ein wenig. In Leipzig ist neulich eine in Brand gerathen. Welches ein fürchterlicher Anblick gewesen seyn soll«. (Bw 2, Nr. 1255) [SO]

638
Ausführliche Anweisung, kleine Luftballons zu verfertigen und dieselben auf die leichteste Art mit brennbarer Luft zu füllen. Ein Beytrag zu ländlichen Vergnügungen. Mit 1 Kupfer. Neuburg & Arnheim: Reichs-Comm. u. Industrie-Bureau o. J. [um 1785]. 14 S.
Darmstadt, Hessische Landes- und Hochschulbibliothek, 33/6464
Der Kupferstich zeigt die Darstellung einer kleinen Füllapparatur.
Lichtenberg an Franz Ferdinand Wolff, 1. Dezember 1783: »Die kleine Französische Schrifft von Verfertigung der Lufft-Kugeln, erbitte ich mir [...]. Ob ich gleich glaube diese Materie ziemlich durchgedacht und durchprobirt zu haben, so kan ich doch vielleicht einige Ideen brauchen.« (Bw 2, Nr. 1210, S. 783 f.) [SO]

639
Amnionhäutchen von Pferd, Ziege und Rind.
Wiesbaden, Privatbesitz
An Franz Ferdinand Wolff, 18.(?) Dezember 1783: »Das Amnium der Kälber oder die Haut worin sie gebohren werden soll gantz vortrefflich dazu [als Ballonhülle] seyn. In Gotha hat jemand daraus eine Lufftkugel verfertigt die sich 3 Tage an der Decke gehalten. Man muß sich also mit den Hebammen dieser Thiere bekannt machen, oder, noch besser, mit dem ehrlichen Mann, dem die Kühe in die Hände fallen, wenn sie während der Geburt sterben. Eine artige Junge Dame mit der ich bekannt wurde, weil sie die Physic und ich die jungen Damen liebe, schlug mir vor, wir wolten eine trächtige Kuh in Compagnie kaufen; ich solte das Amnium mit dem Kalbe behalten, sie wolte das Fleisch und die Haut nehmen. Und wer soll die Hörner kriegen, fragte ich. Da wollen wir drum loosen, sagte sie, und das mit einer Mine daß ich nicht für 20000 Thaler mit ihr vorm Altar um die Hörner loosen wolte.« (Bw 2, Nr. 1220, S. 802)
Lichtenberg an Georg August Ebell, Mai 1784: »Haben Sie tausend Danck für die schönen Pferde amnia ich kan sie gantz herrlich gebrauchen.« (Bw 2, Nr. 1271)

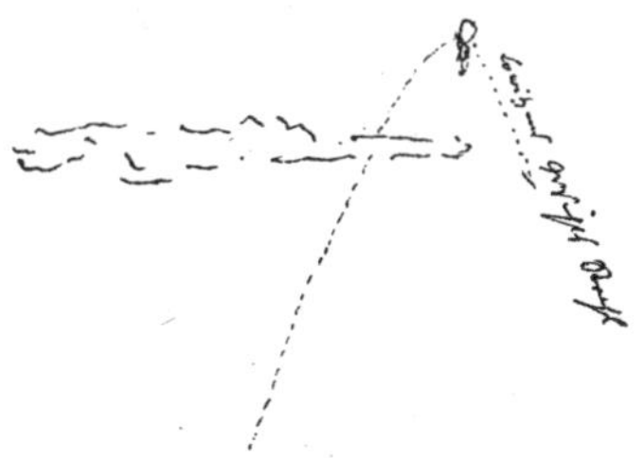

640
Georg Christoph Lichtenberg:
Skizze des Ballonaufstiegs.
In: Brief an Samuel Thomas
Soemmerring, 25. April 1784.
Frankfurt am Main, Freies
Deutsches Hochstift, Nr. 5093

Am 18. Dezember 1783 schreibt Lichtenberg an Johann Andreas Schernhagen: »Ew. Wohlgeboh*ren* können nicht glauben was meine aërostatische Maschine für ein Prachtvolles Ding ist. Sechs Fuß hoch und 4 dick; Wenn sie aufgeblasen ist, hat sie eine herrliche Form«. (Bw 2, Nr. 1219) Und vermutlich am gleichen Tag berichtet er an Franz Ferdinand Wolff: »Schon seit einigen Wochen ist meine grose Aërostatische Maschine fertig. Sie kostet mich am Ende über 40 Thaler. Ich wäre der erste in Deutschland gewesen, der so etwas zu Stand gebracht hätte, allein ich habe hier keinen Platz und muste die Ferien abwarten, um mein Auditorium beym füllen zu gebrauchen.« (Bw 2, Nr. 1220, S. 803) Zwischendurch versucht Lichtenberg, einen möglichst kleinen Ballon zu bauen. Mit einiger Selbstironie meldet er am 16. Februar an Wolff: »Heute habe ich ein Kügelchen zum Steigen gebracht von 4 *Zollen* im Durchmesser. Den Rang im minimo haben also die Frantzosen verlohren.« (Bw 2, Nr. 1242) Der Aufstieg seines großen Ballons jedoch verzögerte sich immer mehr. Endlich, am 25. April, kann er an Soemmerring den geglückten Aufstieg seines großen Ballons melden: »Der Versuch hier nahm sich göttlich aus, es konte nicht schöner seyn«. (Bw 2, Nr. 1259) Und an Georg August Ebell schreibt er im Mai: »Es war ohne Ruhmreden ein Schauspiel das den Schuhputzer eben so sehr vergnügte als Kästnern, das ist alles was ich sagen kan.« (Bw 2, Nr. 1271) Durch das lange Zögern war Lichtenberg, der sich anfänglich so viel auf seine Pionierleistungen zugute gehalten hatte, von anderen deutschen Ballonexperimentatoren längst überflügelt worden und ins Hintertreffen geraten. Vielleicht war dies der Grund, daß er in der Folge kein großes Interesse mehr an praktischen Ballonexperimenten hatte. [SO]

641
Justus Christoph Heinrich Heyer
und Eberhard August Wilhelm
Zimmermann:
»Ad Astra«.
Ballon.
Atlasseide, sechs Bahnen, abwechselnd mit schwarz- und rotgefärbtem Kautschuk überzogen, 1784.
Durchmesser: ca. 140 cm, Gewicht: 467,7 g
Trägerballon: Everts Spielwarenfabrik, Datteln
Braunschweig, Städtisches
Museum, Cga Nr. 249

Mehrfach hatte sich Lichtenberg beklagt, wie teuer ihn selbst seine kleinen Ballonversuche kamen. »Hätten wir nur mehr Reiche Physicliebhaber oder mehr reiche Faullentzer«, schreibt er an Franz Ferdinand Wolff (Bw 2, Nr. 1242), sollten die Franzosen ihre Vorreiterstellung in der Luftfahrt bald verlieren. Das »Reiche Physicliebhaber« bezog sich vermutlich auf den ballonbegeisterten Braunschweiger Herzog Karl Wilhelm Ferdinand, der den Naturforscher und Geographen Eberhard August Wilhelm Zimmermann und den Apotheker Justus Christoph Heinrich Heyer aufgefordert hatte, auf seine Kosten mit »Luft Maschinen« zu experimentieren. »Dieser aerostatische Ballon [berichtete Heyer] besteht aus dünnem Atlas mit Federharz überzogen, welches zuvor in rektifiziertem Terpentinöl aufgelöst war; er wiegt 52 Lot, hat 5 Fuß im Durchmesser, [...] den Inhalt [kann man] zu 67 Kubikfuß berechnen.« Die »inflammable Luft«, das Wasserstoffgas, mit dem er gefüllt wurde, war »aus Eisenfeil mit grobem Eisen vermischt mit verdünnter Vitriolsäure gezogen«.
Am 28. Januar 1784 stieg der Ballon zum erstenmal und dann noch einmal am 8. Februar von Braunschweig auf, diesmal im Beisein eines zahlreich versammelten Publikums. Der Ballon hielt sich etwa drei Tage in der Luft, flog rund 75 km und landete bei Dambeck nahe Salzgitter. Er wurde jedoch nicht gleich gefunden, lag lange an einem »dumpfigen Orte« und gelangte erst drei Monate später beschädigt zurück an den Herzog, der ihn als Reliquie seinem Museum überwies. Als die Napoleonischen Truppen einige Jahrzehnte später das Museum plünderten, blieb der verschlissene Stoffetzen als wertlos zurück. Damit ist der Braunschweiger Aerostat »Ad Astra« nicht nur Zeugnis für einen der frühesten geglückten Ballonversuche in Deutschland, sondern das vielleicht älteste vollständig erhaltene Luftfahrzeug überhaupt. [SO]

642
R.****ay (inv.)
und J. Newton (sc.):
Jean-Pierre Blanchard (1753-1809).
Zuerst als Beilage zu der biographischen Skizze »Account of Mr Blanchard«, in: European Magazine, Juni 1785, S. 401-402. Radierung, datiert 24. März 1785 (eingebunden, zus. mit anderen Blanchardiana in späteren Kalbslederband). 22,7 × 20,1 cm
Wiesbaden, Privatbesitz

Blanchard, der wohl berühmteste unter den ersten Aeronauten, unternahm zahlreiche Schau-Ballonflüge in Europa und Nordamerika. Über seine Aufstiege in Frankreich, Belgien, der Schweiz, Österreich, Polen und vor allem in Deutschland berichteten die Zeitungen jedesmal umständlich. Eine Fülle von Tagesschrifttum, Kupferstichen, Porträts, Gedichten, Liedern, Pamphleten, Medaillen und anderen Souvenirs aller Art erschien zu jedem seiner Aufstiege. Blanchard starb an den Folgen eines Schlaganfalls, der ihn bei seinem 66. Ballonaufstieg 1809 ereilte. Sein Leichnam wurde von dem berühmten Phrenologen Gall seziert, der am Gehirn des Luftfahrers das »Organ des Lüftigen« besonders ausgeprägt fand.
Lichtenberg nahm am Schicksal und an den Luftabenteuern Blanchards über Jahre hinweg regen Anteil: »[...] und schreiben Sie mir bald etwas über Blanchard« (Bw 3, Nr. 1395), war die oft wiederholte Aufforderung an seine Korrespondenten. Die anfängliche Bewunderung für den Wagemut des Luftpioniers wich allerdings immer größerer Skepsis, bis ihn Lichtenberg unverhohlen einen »Windbeutel« hieß: der »mit Pariser Etourderie gefüllte Blanchard«. (An Franz Ferdinand Wolff, 1. Januar 1792, Bw 3, Nr. 1996, S. 1009) [SO]

643
Martinet:
»Le Vaisseau-Volant de M. Blanchard«.
Der Luft-Ruder-Kahn.
4 Kupferstiche, koloriert, 1782.
Je ca. 16,5 × 20,9 cm (mit Rand)
Darmstadt, Hessische Landes- und Hochschulbibliothek, Kartensammlung, Mappe 76/34-37

Bevor Blanchard seine Luftfahrten wagte, hatte er sich durch allerlei teils kuriose, teils durchaus brauchbare mechanische Erfindungen einen Namen gemacht. Schon im Alter von 16 Jahren konstruierte er eine »selbstfahrende Kutsche«, bastelte nach dem Vorbild Jacques de Vaucansons eine mechanische Frau, von der er behauptete, daß sie fliegende Vögel mit Unfehlbarkeit vom Himmel schießen könne, werkelte an Spinnmaschinen und mechanischen Webstühlen. Das nach seinen Plänen gebaute Wasserhebewerk pumpte zur Bewässerung eines Parks das Wasser der Seine 130 m hoch. »Von Jugend auf war seine Hauptidée, ein Mittel zu ersinnen, daß ihn heben und in die Luft tragen möchte, zu welchem Behufe er sich auch leichte Flügel machte«. Mitte 1782 – also zwei Jahre vor dem ersten Aufstieg einer Montgolfiere – kündigte Blanchard, protegiert von Martinet, dem »Ingenieur & Graveur du Cabinet du Roi«, in Pariser Zeitungen eine Luftfahrt an. Nur durch Muskelkraft getrieben sollte sein Fliege-Kahn sich erheben und »die Lüfte

Abbildung S. 304

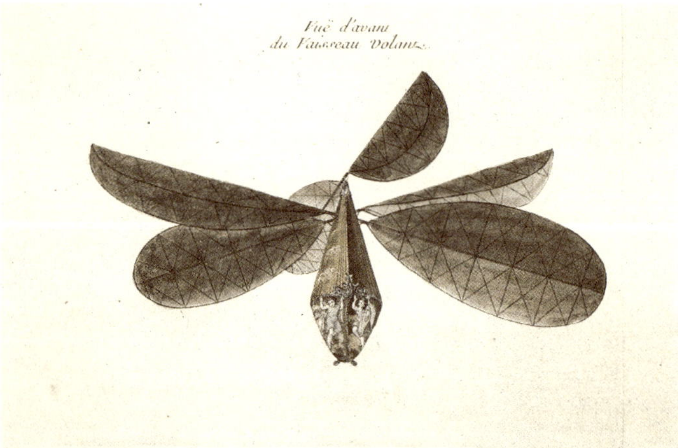

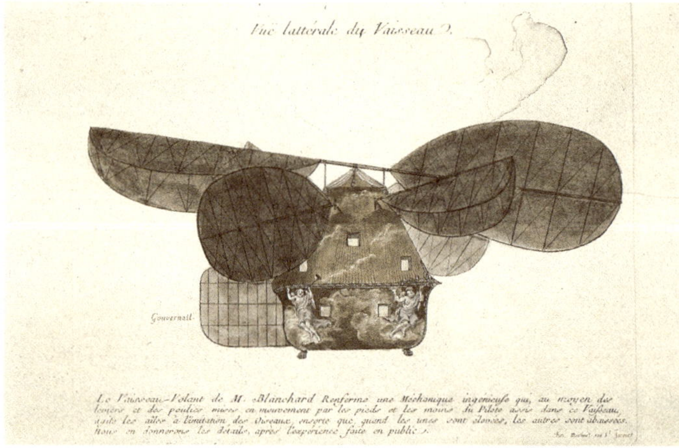

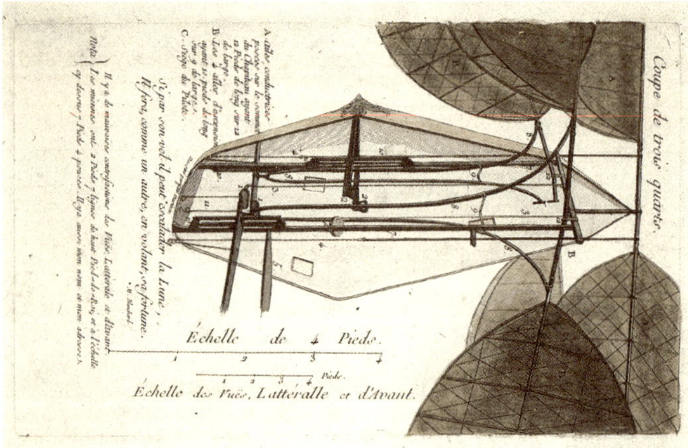

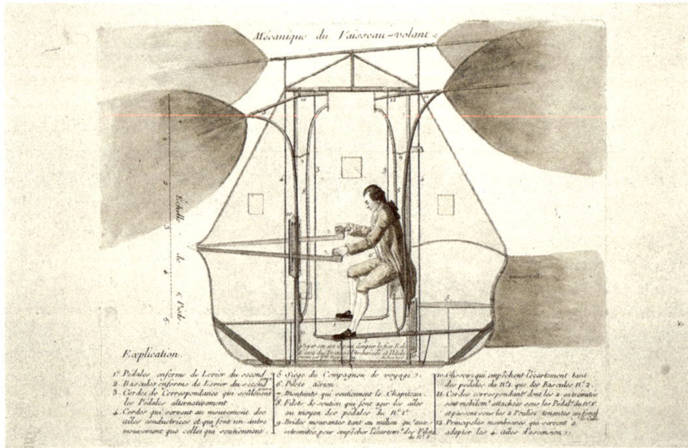

mit mehrer Lebhaftigkeit [...] als ein Rabe« durchschneiden. Doch es kam, wie es kommen mußte: Die ingeniösen Flügel wollten »bei aller angewandten Kunst ihrem Zweck nicht dienen« (*Journal der Journale*, 1786, S. 127). Eine Reihe von Karikaturen und Pariser Gassenhauern verspottete den unglücklichen Erfinder. Das *Journal de Paris* vom 23. Mai 1782 verarbeitete die Idee des Blanchardschen Flugkahns zu einer hübschen, leicht erotischen Bildergeschichte. [SO]

644
»Das Luftschiff«.
In: Magazin für das Neueste aus der Physik und Naturgeschichte 1 (1784), 4. Stk., S. 159-167 und 3 Kupfer-Taf.
Darmstadt, Hessische Landes- und Hochschulbibliothek, Zs 1418
Lichtenberg erfuhr von Blanchards Flugkahn durch das von seinem Bruder Ludwig Christian in Gotha herausgegebene »Magazin«. Der ungenannte Verfasser des ausführlichen, mit drei Kupfertafeln illustrierten Artikels verfügte nicht über die neuesten Informationen. Inzwischen hatte Blanchard am 2. März 1784 einen neuerlichen Versuch mit seinem Flugwerk gewagt. Diesmal sollten die Luftruder allerdings nur der Steuerung dienen, für den Auftrieb sorgte ein Gasballon. Der Aufstieg gelang zwar, und ging als 10. geglückter Menschenflug in die Annalen der Aeronautik ein, doch das Ruderwerk kam nicht zum Einsatz. Im Augenblick des Abhebens drängte sich ein junger Kadett durch die Zuschauermenge und versuchte mit gezogenem Säbel seinen Mitflug zu erzwingen. Beim entstehenden Handgemenge wurde Blanchard leicht verletzt, das fragile Flugwerk zertrümmert. Kurzentschlossen, um dem drohenden Aufruhr zuvorzukommen, schnitt Blanchard das Flugwerk ab und stieg, todesmutig in einer vom Ballon herabhängenden Seilschlinge sitzend, ohne Gondel auf. Jahre später wollte die – wie meist falsch unterrichtete – Fama wissen, daß es sich bei dem jugendlichen Heißsporn, der mit Waffengewalt den Weg per aspera ad astra abkürzen wollte, um den jungen Napoleon Bonaparte gehandelt habe. [SO]

645
Georg Christoph Lichtenberg: »Vivat Blanchard«.
Skizze der Kanalüberquerung, in einem Brief an Franz Ferdinand Wolff, Göttingen, 27. Januar 1785.
Göttingen, Niedersächsische Staats- und Universitätsbibliothek, 4° Cod. Ms. Philos. 167 (Bl. 138)
Am 7. Januar 1785 überquerte Blanchard in Begleitung des amerikanischen Arztes John Jeffries (der das Unternehmen finanziert hatte) den Ärmelkanal von Dover nach Calais. Ein tollkühnes Unternehmen, das nur durch Zufall gelang; mehr als einmal drohte der Ballon auf dem Wasser aufzuschlagen. Und nur durch Preisgabe allen erdenklichen Ballasts – einschließlich der Kleider – erreichten die Luftschiffer die rettende französische Küste. Pilâtre de Rozier, Blanchards erbitterter und verbissener Konkurrent, kam wenig später bei dem Versuch in Gegenrichtung um; das erste Opfer der Luftfahrt. Für Blanchard dagegen folgte Ehrung auf Ehrung: »Citoyen adoptif des principales villes des deux mondes, membre des plusieurs Académies étrangers, de l'Institut départemental de Nantes, pensionaire du Gouvernement français, etc. etc.« – Tout le monde bewunderte den tollkühnen Luftschiffer. Auch Lichtenberg, wie nicht nur seine spontane Skizze »Vivat Blanchard«, sondern auch sein Bericht im *Göttinger Taschen Calender* (1786, S. 185) zeigt: »Der Pas de Calais verdiente also wohl den Na-

men von Pas de Blanchard, da der Hellespont seinen Namen von einer ähnlichen aber unglücklichen Unternehmung erhalten haben soll.« [SO]

646
Joseph Georg Cöntgen
(1752-1799):
Aufstieg Blanchards in Frankfurt am Main am 3. Oktober 1785.
Der erste Menschenflug in Deutschland.
Kupferstich, teilkoloriert, 1785.
Frankfurt am Main, Historisches Museum, C 14975
In der Kartusche links der Ballon über Frankfurt, rechts der Ballon bei seiner Landung in Weilburg; in den Wolken ein Porträt Blanchards, entrollt von einem römischen Krieger und der Personifikation Frankfurts.
»So eben, Montag früh 8 Uhr, erhalte ich Nachricht von dem elenden Ausgang der Blanchardschen Reise aber wenig Detail, welches ich von Ihnen erwarte.« (An Samuel Thomas Soemmerring, 3. Oktober 1785, Bw 3, Nr. 1401)
Im September 1785 kam Blanchard nach Frankfurt am Main, um hier zur Meßzeit seine 15. Luftfahrt, die erste in Deutschland überhaupt, für ein zahlendes Publikum zu absolvieren. Der Zulauf an Neugierigen, die eigens deswegen anreisten, war unbeschreiblich. »Es sollen der vornehmsten Herren und Crachats so viel dorten seyn als Sterne am Himmel«, berichtete Johann Heinrich Merck nach Weimar. »Die Menge Menschen soll ansehnlicher wie bey einer Krönung seyn.« Im Umland kam es dadurch zu Versorgungsproblemen; die Darmstädter litten bittersten Hunger, denn »Alles wird nach Frankfurt geschleppt«.
Am angekündigten Datum, Sonntag, dem 25. September, regnete es heftig, so daß der Versuch auf den folgenden Dienstag verschoben werden mußte. Aber auch an diesem Tag stürmte es auf der Bornheimer Heide; trotzdem entschloß sich Blanchard zum Aufstieg. Mit ihm in die Gondel stieg Prinz Ludwig Friedrich von Hessen, der nachmalige Großherzog Ludwig X., der für den in Aussicht stehenden Ruhm, der erste fliegende Deutsche zu sein, rund 600 Taler aus seiner Privatschatulle berappt hatte. [SO]

647
Jean-Pierre Blanchard
(1753-1809):
Relation du 15me voyage aërien de Mr. Blanchard fait à Francfort sur le Meyn le 3. d'octobre 1785. Francfort sur le Meyn: J. G. Esslinger 1785. 16 S. 8°. Mit Kupferstich: Blanchards Landung in Weilburg
Darmstadt, Hessische Landes- und Hochschulbibliothek, 33/6470
Trompeten kündigten den Aufstieg an. »In dem Augenblick [heißt es im offiziellen Bericht] erhob sich ein so schrecklicher Sturm, der den im herrlichsten Anblick sich zeigenden Ballon von oben bis unten zerriß. Blanchard fiel auf den Schreck in Ohnmacht, so daß man ihn aus dem Luftschiff hob und in unsere Mitte brachte.« – »Das auswärts lauernde Volk, in seiner Erwartung getäuscht, wurde äusserst aufgebracht und wollte anfangen zu tumultieren.« Am 3. Oktober 1785 endlich glückte der Aufstieg; »vormittags 20 Minuten nach 10 Uhr, als sich der große Ballon majestetisch in die Höhe erhob.« Da aus Mangel an Eisenfeilspänen und Säure der Ballon nicht ganz gefüllt werden konnte, stieg Blanchard allein auf, ausgerüstet mit einem Fernrohr, einem Sprachrohr, einer Bussole, einer Karte, einem Barometer, zwei Fahnen, einer Flasche gutem Wein und zwei Milchbrötchen. Der Ballon überquerte den Taunus und landete nach 54 Minuten Flugzeit in der Nähe von Weilburg. Seine Rückkehr nach Frankfurt gestaltete sich als Triumph, begeisterte Einwohner spannten ihm die Pferde aus und zogen seine Kutsche zum Schauspielhaus, wo er »sein Bildnis öffentlich gekrönt« vorfand. [SO]

648
Johann Gerhard Jaennicke:
Bericht von Herrn Blanchards am 3. October 1785 zu Frankfurt am Mayn unternommenen Luftreise. [...] Aus des Herrn Blanchards französischem Original-Manuscript übersetzt. Frankfurt am Mayn: in der Eßlingerischen Buchhandlung 1785. 17 S. 8°
Darmstadt, Hessische Landes- und Hochschulbibliothek, 33/6471
Lichtenberg an Samuel Thomas Soemmerring, 26. Dezember 1785: »Recht Recht hertzlichen Danck für Ihre Nachrichten von Blanchards Residence on Earth, ich habe sie mit dem grösten Vergnügen gelesen und verkündigt. *Warum* Bl.[anchard] an der Erde blieb interessirte die gantze Welt (Tout le monde); weniger, daß er aufstieg [...]. Von seinem Aufsteigen habe ich, außer den Zeitungs-Nachrichten, auch noch einige besondere mündliche von HE. Gervinus erhalten, der mit sah und mit schmauste. Bl. schrieb meinen Nahmen in seine Schreibtafel, und will mich aufsuchen wenn er nach – Hamburg geht, wohin er nie kommen wird.« (Bw 3, Nr. 1414, S. 143 f.)

649
Karl Schröder d. Ä.:
Blanchards Luftfahrt in Braunschweig am 10. August 1788.
Federzeichnung, 1788.
Braunschweig, Stadtarchiv
Lichtenberg behielt Unrecht, nach Aufstiegen in Gent und Brüssel kam Blanchard zu seiner 20. Luftfahrt am 23. August 1786 auch nach Hamburg. Dann folgten Aufstiege in Aachen, Lüttich, Valenciennes, Nancy, Straßburg, Leipzig, Nürnberg und Basel. Dann kam er auch nach Braunschweig, um hier »die glücklichste und vollkommenste Luftreise, die je geschah«, zu absolvieren. Wieder war der Zulauf von Menschen ungeheuer; Adolph Freiherr Knigge hat das in seinem »comischen Roman« *Die Reise nach Braunschweig* (Hannover 1792) anschaulich beschrieben.
Trotz der relativen Nähe Braunschweigs zu Göttingen war Lichtenberg nicht unter den Zuschauern, aber er forderte seinen Schüler Johann Friedrich Pfaff auf, ihm ausführlich zu berichten. Zu einem Treffen Lichtenbergs und Blanchards kam es nicht; auch nicht, als Blanchard 1791 seine 43. Auffahrt in Hannover unternahm, an der Lichtenberg nur noch das Problem der Höhenberechnung interessierte. [SO]

650
Johann Martin Weis († 1795):
»L'expèrience de cette Figure Aërostatique haut de 8 pieds, faite par les frères Enslen«.
Schwebender Merkur.
Kupferstich, koloriert, 1784.
15,9 × 11,1 cm
Darmstadt, Hessische Landes- und Hochschulbibliothek, Kartensammlung, Mappe 76/28
Bereits im Spätherbst 1783 hatte der kaum 25jährige Württemberger Johann Carl Enslen (1759-1849) in Straßburg vielfältige und erfolgreiche Versuche sowohl mit kleinen Heißluft- wie mit Gasballons gemacht. Anfang 1784 begann er – der erste Deutsche, dem dies gelang – mit dem Bau einer großen, 80 Fuß hohen Montgolfiere, mit der der Finanzier des Unternehmens, der Op-

tiker François Xavier Adorne, am 15. Mai 1784 von der Straßburger Zitadelle aus den 11. Menschenflug der Geschichte unternahm. Enslen, der selbst nicht mit aufgestiegen war, erkannte wohl als einer der ersten, daß es unmöglich sei, einen Ballon durch Segel, Luftruder oder andere Apparaturen willkürlich zu steuern (*Magazin für das Neueste aus der Physik*, 1785, III/1, S. 172-173). Konsequent wandte er sich daher der ästhetischen Seite der Luftfahrt zu und erfand und entwickelte zusammen mit seinem Bruder Gottfried Christian (1757 bis nach 1813) die sogenannten »aërostatischen Figuren«, etwa lebensgroße, fliegende Plastiken, die aus Hunderten von Goldschlägerhäutchen (aus Ochsendarm) regelrecht ›geschneidert‹ und bunt bemalt wurden. Mit seinem »aërostatischen Kabinet«, das im Lauf der Zeit auf über 20 derartige Figuren anwuchs, reiste Enslen in den folgenden Jahren durch ganz Europa, von London bis Petersburg, von Kopenhagen bis Wien. Der Ausstellung der aufgeblasenen und an einem Pferdehaar aufgehängten Figuren am Boden folgte nach ein paar Wochen ihr freier Flug. Besonders berühmt war die »Luftjagd«, bei der Hirsche und Wildschweine von Hunden, dem Reiter oder einer in einer Kutsche sitzenden Diana verfolgt wurden. 1796 sollen bei einer Luftfahrt von den rund 100 000 Bewohnern Berlins etwa 80 000 zusammengekommen sein, um sich dieses Spektakel anzuschauen. – Lichtenberg notierte sich den Namen des Mannes, »der Jagden durch die Luft mit Hirschen anstellte«, ins Sudelbuch (SB 1, J 268): »wo ich nicht irre, Enzelen«. [SO]

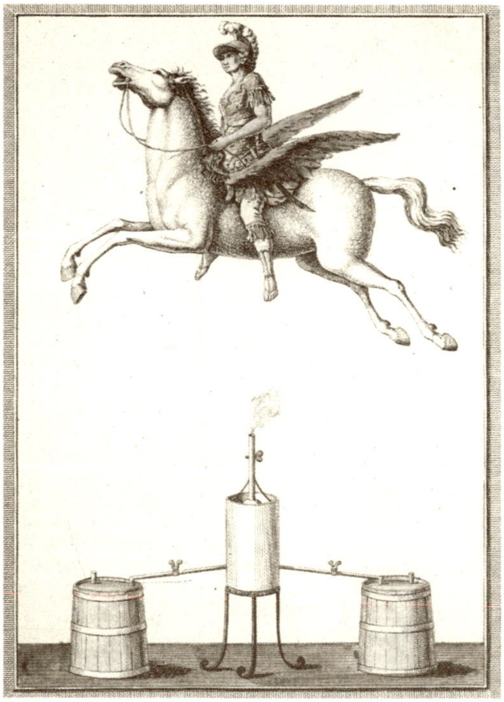

651
Johann Martin Weis († 1795):
»Figure Aërostatique de 6 pieds 8 pouces de longeur, sur 9 pieds 6 pouces de hauteur, faite par les frères Enslen«.
Der Enslensche Reiter.
Kupferstich, koloriert, 1784.
15,8 × 11,2 cm
Darmstadt, Hessische Landes- und Hochschulbibliothek, Kartensammlung, Mappe 76/29

Der »deutsche Blanchard«, wie Enslen von seinen Bewunderern genannt wurde, zeigte neben seinen Aerostaten auch eine Sprechmaschine, die – ganz ähnlich der von Kempelen, die Lichtenberg so faszinierte – »Papa« und »Mama« sagen konnte, und konstruierte Androiden, darunter einen kleinen, etwa 120 cm hohen Flöte spielenden Spanier, der nach zeitgenössischen Berichten das Vorbild für die Figur des ›Papageno‹ in Mozarts Zauberflöte gewesen sein soll. Berühmt war auch seine Phantasmagorie, ein Projektionsspektakel mittels Laterna magica und Hohlspiegel. Doch mit seinen »Geistererscheinungen« (wie die Phantasmagorie im Deutschen genannt wurde) versuchte Enslen – anders als der von Lichtenberg bekämpfte Jacob Philadelphia – in explizit aufklärerischer Absicht seinem Publikum Aberglauben und Gespensterfurcht zu nehmen, indem er das physikalische Prinzip erklärte. Später konstruierte Enslen Mondgloben nach eigenen astronomischen Beobachtungen, schrieb zwei Abhandlungen *Über die Natur des [Nord-]Lichts* und fertigte 1839 als erster deutscher – und mit 80 Jahren ältester – Pionier Photographien auf Papier im Positiv-Negativ-Verfahren nach Art des englischen Erfinders Henry Fox Talbot an. Das Wort »Lichtbild« ist seine Prägung. [SO]

Wolfgang Promies
Lichtenbergs »Italiänische Reise«

Wer Lichtenberg kennt, weiß wohl, daß er vieles geschrieben und zu Lebzeiten *nicht* veröffentlicht hat, aber mindestens ebensoviel ausdachte und nicht einmal auszuführen Zeit und Kraft besaß. Lichtenberg bezeichnen aber nicht nur unausgeführte Schreibpläne. Zu seiner Person gehören ebenso versagte Lebens-Pläne. Zum Beispiel die Reise nach Italien. Daß Lichtenberg in jüngeren Jahren, in denen er gern mit seiner ungebundenen Junggesellenschaft kokettierte, reiselustig war und geschmeichelt hörte, daß Forster ihn für weltumseglungstauglich hielt, ist bekannt, und der Lichtenberg im Gehäus, der von seinem »Austerleben« berichtet, der Beobachter hinterm Fenster, der höchstens die paar Meter zu seinem Gartenhaus und auch die nicht einmal zu Fuß, sondern in der Kutsche zurücklegt, ist ihm, als er an Italien denkt, selbst noch gar nicht vorstellbar.

Man identifiziert nun Lichtenberg mit den durch seine Reisen erworbenen England-Erfahrungen, die sein Denken geprägt haben bis hin zu der fruchtbaren Distanz zu Deutschland, deutscher Pädagogik, deutscher Literatur, deutschem Wissenschaftsbetrieb. Und seine Notizen, Auslassungen über diese Zeit in England, machen einen erheblichen Teil seines Schreibwerkes aus. Unvergeßlich jener Seufzer, daß er davon träume, einmal noch die »Insel der Seligen«, England, wiederzusehen. Da war er schon verheiratet und Vater und beständig kränkelnd.

Wahrscheinlich Ende November 1779 schreibt Lichtenberg an Georg Heinrich Hollenberg: »Die Reise nach Italien und dem classischen Boden ist auch mein Sonntagsgedanke, mit dem ich mich wieder und wieder traktire. Der Himmel wird uns ja Segen geben.« (Bw 1, Nr. 642) Lichtenbergs »Sonntagsgedanke« nahm erst fünf Jahre später Gestalt an; da war nur noch von Ljungberg die Rede, seinem Studienfreund, mit dem er das Vorhaben offensichtlich noch in der Zeit, als dieser in Göttingen studierte, bereits beredet hatte. Das konkretere Schreiben erfolgt dann erst am 30. September 1784 an Johann Andreas Schernhagen, den Freund aus dem Ministerium in Hannover: »Nun komme ich auf eine Sache, die Ew. Wohlgebohren sehr unerwartet seyn wird [...]. Ich wäre nemlich willens nächsten Winter in *Florentz, Rom, Neapel und Calabrien* zuzubringen. Unsere Haupt-Absicht ist die Physic.« Und am Schluß noch: »Für meine künfftige Beschäfftigung bey der Universität, dencke ich, kan ich nichts nützlicheres Unternehmen. Wenn ich das [durch Erdbeben] zerstörte *Messina* sehe, so will ich wohl zu schildern wissen, wie es aussieht. Den *Classischen* Boden von *Rom* muß ich betretten, jezt ist es noch Zeit es mit Vortheil zu thun, in 6-8 Jahren mögte mir der Muth fehlen, der mir jezt sicherlich nicht fehlt.« (Bw 2, Nr. 1303) Offensichtlich antwortet ihm Schernhagen auch sehr bald positiv, denn am 10. Oktober 1784 bereits schreibt Lichtenberg nun offiziell an das Geheime Rats-Kollegium, man würde heute sagen, er stellt den Antrag auf Bewilligung eines Forschungssemesters, und betont seinen Wunsch, eines der für den Physiker wichtigsten Länder von Europa zu bereisen: »eintzig zur Erweiterung unserer Kenntnisse in der Naturlehre und Mathematic«. Wie beiläufig fügt Lichtenberg hinzu: »Alterthümer, Baukunst und Mahlerey sollen zwar nicht gantz vergessen werden, sie werden aber immer als eine Nebensache von uns angesehen werden.« (Bw 2, Nr. 1306) Bereits nach fünf Tagen bewilligt das Geheime Rats-Kollegium Lichtenbergs Antrag! Aber in einem Brief an Johann Gott-

652
Johann Jakob Volkmann (1732-1803):
Historisch-kritische Nachrichten von Italien, welche eine Beschreibung dieses Landes, der Sitten, Regierungsform, Handlung, des Zustandes der Wissenschaften und insonderheit der Werke der Kunst enthalten. Leipzig: Caspar Fritsch 1770 ff. 3 Bde.
Göttingen, Niedersächsische Staats- und Universitätsbibliothek
»Ich hatte mich«, schrieb Lichtenberg am 20. Dezember 1784 an Johann Gottwerth Müller, »über 9 Wochen auf die Reise präparirt« (Bw 2, Nr. 1322, S. 955). – Zur Vorbereitung gehörte unter anderem die Lektüre dieses einschlägigen, viel benutzten, häufig neu aufgelegten »Reiseführers«. [SO]

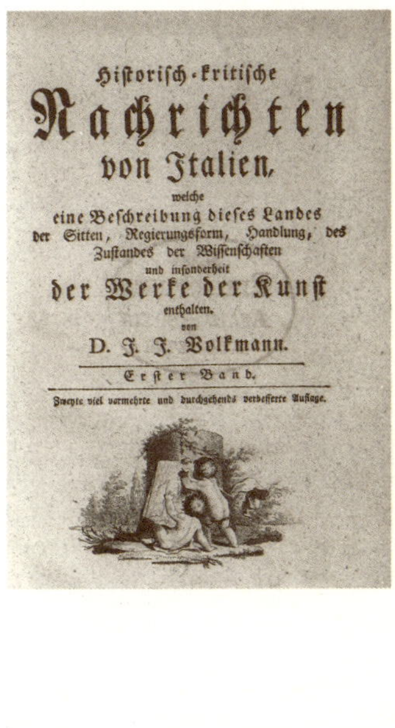

Historisch-kritische
Nachrichten
von Italien,
welche
eine Beschreibung dieses Landes
der Sitten, Regierungsform, Handlung, des
Zustandes der Wissenschaften
und insonderheit
der Werke der Kunst
enthalten.
von
D. J. J. Volkmann.
Erster Band.
Zweyte viel vermehrte und durchgehends verbesserte Auflage.

653
William Hogarth (1697-1764): »Analysis of Beauty Plate I«. Untersuchung der Schönheit. Kupferstich, 1753. 39 × 51 cm
Darmstadt, Hessisches Landesmuseum, Graphische Sammlung, GR 7508
Hogarth stellt einen imaginären Statuenhof zusammen, der all die Plastiken vereint, die zum Besichtigungskanon eines bildungsbeflissenen Italienreisenden des 18. Jahrhunderts gehörten – und die auch Lichtenberg sich explizit aufs Programm gesetzt hatte: die mediceische Venus, der Apoll von Belvedere, Laokoon.
Zu den Schriften, die Lichtenberg zur Vorbereitung auf seine Reise studierte, gehörten neben den Reisebeschreibungen Johann Jakob Volkmanns (1732-1803) und Johann Georg Sulzers (1720-1779) vor allem auch die Schriften Johann Joachim Winckelmanns (1717-1768), dessen Antiken-Schwärmerei er allerdings nicht vorbehaltlos zu teilen beabsichtigte. Bereits 1775 hatte er sich dazu in sein Englandtagebuch notiert: »Vielleicht wird bald eine Zeit kommen, da wir sehen werden, daß wir in manchen

werth Müller, geschrieben am 20. Dezember 1784, muß Lichtenberg mitteilen, daß die Reise nicht zustande kommt, weil Ljungberg überraschenderweise von der dänischen Regierung, wie er selbst aussagte, keinen Urlaub erhält oder, wie Lichtenberg andeutet, krank geworden sei oder aber den Kranken spielt, er auf jeden Fall ohne Reisegefährten ist. Was diesen Brief auszeichnet, ist die genaue Vorstellung von dem, was Lichtenberg in Italien sehen wollte: »Ich hatte mich über 9 Wochen auf die Reise präparirt, ich fühlte schon die classische Erde unter meinen Füßen, passirte mit dem Cäsar den Rubicon, mit dem Hannibal die Alpen, und mit Constantin die Brücke, wo das heil. Creuz am Himmel stund. Ich stieg zum Capitol hinauf, betastete die Schiffschnäbel und mir schwindelte am Tarpejischen Felsen. – Im zweyten Act erschien der Laocoon, der Apoll in Belvedere und die Mediceische Venus zu Florenz; alle Wände waren mit Raphaels und Coreggios behangen. – Im dritten bekletterte ich den Vesuv, ging auf den Pontinischen Sümpfen spatzieren, die neulich abgebrannt sind, sah den Styx und die Hundshöle [in der Nähe von Neapel] und wandelte in Alleen von blühenden Aloe- und Apfelsinen-Bäumen – und auf einmal, als wenn der Blitz einschlüge, war nichts da für den ganzen Winter, als Göttingischer Schnee, Schlittengeläute und magere Hyazinthen-Zwiebeln an meinem Fenster. Ich will wetten, wenn man so was auf dem Operntheater vorstellen wolte, es ginge alles in Granatenbissen. Gottlob aber, daß ich doch jetzt merke, daß nichts entzwey ist. Allein, mein Freund, die Reise ist auch nur aufgeschoben; künftigen September reise ich, wenn ich Gesellschaft bekomme, woran kein Zweifel ist, ganz gewiß. Es ist schon lange, nach reiflicher Ueberlegung bei mir ein Grundsatz gewesen, kein Mensch, der es kann, soll Italien ungesehen lassen. Die Reise ist Leib- und Seelenstärke. Es war Ihnen für mich bange wegen des Winters. Nein, lieber Mann, Italien muß man im Winter sehen. Einmal schwänzt man einen ganzen Winter, welches für unser einen wahrlich keine

Kleinigkeit ist, man geht dann unter Blüthen spatzieren, während gewisse Leute zu Itzehoe, die ich nicht nennen will, die schönen Eiszapfen an ihrem Bart bewundern; und dann ist würklich für uns Italien im Sommer zu heiß, und wenn man sich nicht in manchen *uninteressanten* Gegenden Monate lang aufhalten will und kann, sehr ungesund. Zwischen Rom und Neapel stehen schon die Pomeranzen- und Apfelsinen-Bäume an den Heerstraßen, und da, dünkt mich, läßt sich das Lied: ›Ein Kind, gebohren zu Bethlehem, Bethlehem‹ ohne Pelz und Feuerstübchen anstimmen.« Und er fordert den Schriftsteller auf, doch mit auf die Partie zu gehen, wenn er 800 Taler zusammenkratzen könne: »dafür sähen wir Dresden, Prag, Wien, Triest, Venedig, Mayland, Turin, Pavia, Bologna, Florenz, Rom, Neapel, vielleicht Calabrien und Messina; rückwärts *Loretto* [den berühmten Wallfahrtsort], Lucca, Livorno, Turin, die Alpen, Genf, Lausanne, Bern, Zürch, Basel etc. [. . .] Was können da für psychologische Prospekte gesammelt werden!« (Bw 2, Nr. 1322, S. 955 f.) Es fällt auf, daß Lichtenberg einen Besuch in den Städten, die im 18. Jahrhundert wiederentdeckt, ausgegraben worden sind, mit keinem Wort erwähnt: Pompeji und Herculaneum. Aber er redet auch nicht von Universitätsstädten mit europäischem Ruf.

Wenn Volta just auf Reisen war, es die zuckenden Froschschenkel Galvanis noch nicht sein konnten, die Medizinische Fakultät von Pavia mit dem nach dort berufenen Göttinger Johann Peter Frank schwerlich ausreichenden Anreiz zur Reise über die Alpen darbot, was also suchte Lichtenberg in Italien? Wie und mit welchen Gefühlen fährt ein überzeugter Protestant in ein Land, in dem ein Religions-Regiment herrscht, das Lichtenberg dem Aberglauben, der Volksverdummung zugesellte? Häufiger als Zitate aus italienischen Autoren sind Notizen zur katholischen Kirche und ihren jeweiligen Päpsten, Anmerkungen zum Klerus, entlarvende Kalenderartikel wie *Der Handel mit heiligen großen Zehen.*[1] Nachdem Friedrich Nicolai die süddeutschen Länder bereits wie eine exotische Region bereist hatte, war Italien auf Grund der gerade in den achtziger Jahren des 18. Jahrhunderts in Deutschland eklatierenden Spannungen zwischen katholischer Kirche und protestantischen Aufklärern höchstens ein riskanter Probierstein: kaum anzunehmen, daß der Sohn aus dem protestantischen Pfarrhaus in und durch Italien anderen Glaubens geworden wäre. Aber wovon wollte er sich überzeugen? Ich glaube, der scheinbar beiläufig geschriebene Satz in dem Gesuch an die hannöversche Regierung liefert den Schlüssel zu Lichtenbergs ›Italiänischer Reise‹: »Alterthümer, Baukunst und Malerey sollen zwar nicht gantz vergessen werden, sie werden aber immer als eine Nebensache von uns angesehen werden.« Ich bin sicher, dieser Satz besagt den eigentlichen Beweggrund Lichtenbergs.

Lichtenberg selbst hat vorläufig Unbeweisbares in der Wissenschaft als »Träume« bezeichnet, wo er Hypothesen für verfrüht hielt. Was ich hier ausführe, ist in seinem Sinne *Traum.* England, könnte man sagen, war das Erlebnis einer für empfindliche deutsche Augen totalen Moderne; Italien förderte mehr und mehr die überwältigenden Zeugnisse der antiken Kultur zutage, und ich bin so kühn zu sagen, daß Lichtenberg sich dieser Herausforderung als Experimentalphysiker, der er war, stellen wollte. Wäre er als ein anderer Winckelmann zurückgekehrt? Ich behaupte, daß Lichtenberg mit eigenen Augen, den kritischen Augen des Naturwissenschaftlers, einmal untersuchen wollte, was an dieser klassizistischen Ideologie daran war, und zwar in bezug auf Johann Joachim Winckelmann, so wie er in bezug auf Johann Kaspar Lavater vorgegangen war, wobei es ihm – abermals vergleichbar zu Lavater – nicht darum ging, Winckelmann zu widerlegen oder gegen Winckelmann zu polemisieren; es war ihm um die unkritische Antikenrezeption zu tun. Wie im Falle Lavaters verwahrt sich Lichtenberg gegen eine Modeerscheinung, der er bereits in England begegnete. Nur

Stücken über den Alten sind, in denen wir uns jezt unter denselben glauben. In der Bildhauerkunst und Mahlerey ist dieses nur allzu klar. Winckelman[n] war ein Enthusiast, ein Mann der für die Alten eingenommen war, der sich seelig prieß, als er sich auf Classischem Grund und Boden befand, der seinen Geschmack nach den Mustern bildete, die er richten solte. *Bacon's Venus* in der *Exhibition* in *Pall mall* könte allemal, glaube ich, neben der Mediceischen stehen. Es gehört schon viel dazu, nach so viel gemachtem Lärm ohne den Entschluß nach Rom zu gehen sich dem Vaticanischen Apoll zu Füßen zu werfen. Alle reißen hin in der Absicht ihn anzubeten und keiner seine Gottheit zu untersuchen.« (LE 1, T III, S. 186)
Nicht den schwärmerischen, sondern den analytischen, an Hogarth geschulten Blick hatte sich Lichtenberg für seine Besichtigung Arkadiens vorgenommen – auf keinen Fall aber das gaffende Staunen des üblichen Kavalierstouristen, den Hogarth in seinem Trabantenbildchen »Figure I« karikiert hatte.
[SO]

654
Antonio Chici (Lebensdaten unbekannt):
Rundtempel in Tivoli.
(Sogenannter »Vesta-Tempel«).
Bez. »TEMPIO DI TIVOLI«, »CHICHI«
Korkmodell, um 1790. Grundfläche: 47,5 × 47,5 cm, Höhe: 40 cm
Darmstadt, Hessisches Landesmuseum, Ko 14
»Ein Model von Korck von dem Tempel zu Tivoli« gesehen zu haben, notiert sich Lichtenberg als merkwürdig in sein Englandtagebuch (LE 1, T II, S. 114).
Landgraf Friedrich II. von Hessen-Kassel erwarb im Anschluß an seine Italienreise des Jahres 1777 eine komplette Serie von 36 Kork-Architektur-Modellen, die nach und nach – bis etwa 1782 – in Kassel eintrafen. Etwa zur gleichen Zeit gelangten nach der Romreise des Prinzen August 16 Modelle nach Gotha, dem Wohnort von Lichtenbergs Bruder. Möglich, daß Lichtenberg diese Sammlungen bei Besuchen besichtigt hat und daß diese Korkmodelle seine Vorstellung der antiken Architektur prägten.
Die große Sammlung Ludwigs X. kam erst 1790/91 in Lichtenbergs

Heimatstadt Darmstadt. Er kann sie also so wenig gesehen haben wie die Modelle des bedeutenden Hogarth-Sammlers Sir John Soane in London, die erst nach Lichtenbergs Tod erworben wurden. [SO]

655
Antonio Chici (Lebensdaten unbekannt):
Tempel des Castor und Pollux. Rom, Forum Romanum.
Korkmodell 1:40, um 1780/90.
Grundfläche: 35 × 16 cm, Höhe: 50 cm
Bez. »TEMPIO DI GIOVE STATORE«, sign. »CHICHI«
Darmstadt, Hessisches Landesmuseum, Ko 6
Als Studienobjekte ersten Ranges »für den gebildeten Italienreisenden« galten im ausgehenden 18. Jahrhundert Korkmodelle antiker Architektur, sogenannte »Phelloplastiken«. Diese Modelle waren nicht nur als Mitbringsel und Erinnerungsstücke beliebt, sondern wurden auch zur Vorbereitung auf die Reise gern besichtigt. Wegen ihrer Vorzüglichkeit und Genauigkeit wurden vor allem die Modelle des römischen Architekten Antonio Chichi von Fachleuten hochgeschätzt. Chichi bot eine Serie von 36 verschiedenen Modellen an, die er – häufig unter Verwendung von Veduten Piranesis – fast manufakturell herstellte und überwiegend nach England und Deutschland exportierte. Der Preis seiner Modelle entsprach ihrer Wertschätzung: 1790 wurden beispielsweise vom Darmstädter Hof 1283 Goldgulden für nur fünf seiner Modelle gezahlt. [SO]

656
Jakob Philipp Hackert (1737-1807):
Vulkanausbruch im Jahr 1774.
Öl auf Leinwand, 1774.
71,5 × 92 cm
Kassel, Staatliche Kunstsammlungen, Neue Galerie
Auch eine Besteigung des Vesuvs stand auf Lichtenbergs Liste. Von 1770 bis 1779 befand sich dieser Vulkan fast ununterbrochen in Tätigkeit und war seitdem nicht nur attraktives Reiseziel aller Touristen und Landschaftsmaler, sondern auch Gegenstand der Wissenschaft geworden: 1772 erschien William Hamiltons *Observations on Mount Vesuvius, Mount Etna, and other Volcanoes*

zwei bezeichnende Notizen von Lichtenberg, die man sich auch in seinem nicht geschriebenen Reise-Tagebuch aus Italien denken könnte.

Die eine steht bereits in Sudelbuch B, geschrieben 1768: »Unsere neuen Kritiker preisen uns im Stil die edle und ungekünstelte Einfalt [das berühmte geflügelte Wort aus Winckelmann] an, ohne uns durch ihr Beispiel auf diese edle Einfalt zu führen, alles was sie zu sagen wissen ist daß sie auf die Alten verweisen. In der Tat eine Art zu verfahren die nicht anders als gefährlich sein kann.« (SB 1, B 20) Und ein anderes Zitat, das einer Bemerkung, September 1775 in England geschrieben: – »Vielleicht wird bald eine Zeit kommen, da wir sehen werden, daß wir in manchen Stücken über den Alten sind, in denen wir uns jezt unter denselben glauben. In der Bildhauerkunst und Mahlerey ist dieses nur allzu klar. Winckelman[n] war ein Enthusiast, ein Mann der für die Alten eingenommen war, der sich seelig prieß, als er sich auf Classischem Grund und Boden befand, der seinen Geschmack nach den Mustern bildete, die er richten sollte. *Bacon's Venus* in der *Exhibition* in *Pall mall* könnte allemal, glaube ich, neben der Mediceischen stehen. Es gehört schon viel dazu, nach so viel gemachtem Lärm ohne den Entschluß nach Rom zu gehen sich dem Vaticanischen Apoll zu Füßen zu werfen. Alle reißen hin in der Absicht ihn anzubeten und keiner seine Gottheit zu untersuchen.« (LE 1, T III, S. 186) Was Lichtenberg an Winckelmann und den Kunstrichtern seiner Zeit kritisiert, ist vergleichbar dem, was er an Lavater kritisiert hat: eine bedenkliche Vorgehensweise, die unter anderem durch Winckelmann in die Kunstliteratur der Zeit und dann auch in der Kunstgeschichte Eingang gefunden hat; »unkritische Anbetung«, wie es Lichtenberg nannte, von Kunstwerken, deren Qualität er gar nicht in Zweifel ziehen will und kann, aber von denen er meint, daß überhaupt erst einmal untersucht werden müßte, worin ihre Qualität besteht: dann ließe sich ja immer noch wohlgefällig genießen. Es ist diese Verquickung von subjektiv untadeligem Enthusiasmus für die Kunst der Antike, der sich, anfechtbar genug, zugleich als Normen setzende Wissenschaft geriert, was das Augenmerk des Experimentalphysikers Lichtenberg rege macht. Denn als Wissenschaftler wäre Lichtenberg nach Italien gereist, und er hätte die Kunstdenkmäler gewiß mit anderen als den entzündeten Augen Winckelmanns besehen – zum Vorteil der Kunst*wissenschaft.* Im übertragenen Sinne: Es ist unvorstellbar, daß er aus Italien mit einer aus einer Prosafassung in ein Jambendrama umgearbeiteten *Iphigenie* zurückgekommen wäre. Vermutlich hätte ihn, geht man von seinen England-Notizen aus, an Italien über Naturwissenschaft und Kunst hinaus und vordringlich die Physik des italienischen Alltags, auch *dort* der lebende Mensch interessiert, Johann Gottfried Seume ein paar Jahrzehnte zuvorkommend. Italien war dem 18. Jahrhundert natürlich ein beeindruckendes Kunst-Kabinett, aber zuerst war es ein überwältigendes Stück tagtäglichen Straßentheaters, Realismus und Klassizismus in lachhafter, schreiender Beiwohnung. Ein Beispiel möge erläutern, wie fern Lichtenberg den klassizistischen Italien-Reisenden stand.

Er erwähnt mehrfach den Apollo von Belvedere, dessen Statue im Mittelpunkt der Schrift Winckelmanns als das »höchste Ideal der Kunst unter allen Werken des Altertums« steht, der an ihr die klassizistischen Merkmale herausarbeiten möchte. Und es ist bezeichnend, daß Lavater die Textstellen aus Winckelmann, der ihm als Gewährsmann für seine eigene Anschauung gilt, in die *Physiognomischen Fragmente* innerhalb der Ausführungen über moralische und körperliche Schönheit übernimmt: »Man kann sich wirklich an diesem bloßen Umrisse kaum satt sehen. – Man will was darüber sagen, zittert – und was man sagt, ist unerträglich«.[2] Wie wohltuend gegenüber solchem koketten »Je ne sais quoi«, dem ästhetischen Irgendwie der Connoisseurs im fortgeschrittenen 18. Jahrhundert, Lichtenbergs Geständnis, daß er vor Antiken-

Sammlungen, ob in Deutschland oder England, eben lobhudeln mußte und, weil der Hausdiener dabeistand, nicht zu sagen wagte, daß ihn die gipserne Antiquität völlig kalt lasse. Höflicherweise äußerte er sich tief beeindruckt. Es gehört zu dem sogenannten »Traum«, daß Lichtenberg in dem Maße, wie er durch seine England-Erlebnisse, seine *Briefe aus England,* zu einem anderen Bild in Deutschland beigetragen, durch seine Erklärung von Hogarth zugleich ein Bekenntnis zu einer der schlechten Wirklichkeit zugewandten Gegenwartskunst abgelegt hat, etwas Vergleichbares aus Italien mitgebracht hätte! Denn die Kanonisierung des Klassizistischen in der deutschen Kunst und Literatur bis weit ins 19. Jahrhundert hinein, nicht zuletzt dank des Italienbesuchers Goethe, begründete und verfestigte in Deutschland eine ästhetisch unselige Entwicklung. Lichtenberg dagegen hätte, wenn verwirklicht worden wäre, was er sich vorgenommen hatte, tatsächlich weniger zum Fortschritt der Physik seiner Zeit als zu einem Denkgeist in Deutschland beigetragen, dem nicht ein idealischer Apoll, sondern die krude Realität Schreibmuster gewesen wäre. Aber das bleibt, wie gesagt, Vermutung, wenn auch aus der Verfassung Lichtenbergs. Was – auf dem Papier – von Italien übriggeblieben ist, liest sich etwa so: »Wenn ich einen Nagel einschlage, nur um etwas anzuheften, so denke ich immer, was wird geschehen, ehe ich ihn wieder herausziehe. Es ist gewiß hierin etwas. Ich heftete den Pappdeckel im November an mein Bett an, und ehe ich den Nagel noch herauszog, war mein vortrefflicher Freund Schernhagen in Hannover, und eines meiner Kinder gestorben, und die italienische Reise zu Wasser geworden.« (SB 2, H 11)

of the Two Sicilies. Lichtenberg besaß nicht nur die englische und deutsche Ausgabe dieses Buches, sondern kannte (wie er in seinem Reiseantrag besonders betont) auch den Autor, der von 1764 bis 1800 als englischer Gesandter in Neapel lebte. Er hatte sich von ihm ein Empfehlungsschreiben geben lassen. »Gestern hatte ich einen sehr vornehmen und sehr gelehrten Besuch, nemlich den berühmten Sir William Hamilton den grosen Erforscher der Vulcane. Er hat mir die Ehre angethan, von den 5 Stunden die er, ausser der Nacht, hier war 2 bey mir zu zu bringen. [...] Die 2 Stunden sind mir wie Augenblicke hingegangen.« (An Johann Andreas Schernhagen, 28. Juli 1783, Bw 2, Nr. 1119) [SO]

657
William Hamilton (1730-1803): Nachricht von denen zeither, und besonders seit dem 5ten Februar dieses Jahres in Messina und Calabrien sich ereigneten schrecklichen Erdbeben, aus zuverlässigen Nachrichten gezogen. Nebst einigen mitbeigefügten Originalbriefen, von Nicotera, Messina und Catanea, worin einer sicilianischen Prophezeiung erwähnt wird; als ein Anhang zur Ziehenschen Revolutionsnachricht. Aus dem Englischen von Georg Wilhelm Wehrt. Berlin 1783.
Exemplar aus Lichtenbergs Bibliothek.
Göttingen, Niedersächsische Staats- und Universitätsbibliothek, 8° Mineral. III, 8691
Die Gespräche mit Hamilton drehten sich, wie Lichtenberg berichtet, vornehmlich um das schwere Erdbeben in Messina und um die Theorie der Erdbeben und Vulkane überhaupt. Seit er als Student in Göttingen selbst ein Erdbeben miterlebt hatte, interessierte er sich besonders für dieses Phänomen, wie sein Bibliotheksverzeichnis mit 10 Werken zu diesem Thema beweist. [SO]

1 Georg Christoph Lichtenberg: *Handel mit heiligen großen Zehen in Italien.* In: GTC für 1784, S. 47-50.

2 Johann Caspar Lavater: *Physiognomische Fragmente zur Beförderung der Menschenkenntniß und Menschenliebe.* Leipzig, Winterthur 1775-1778. Bd.I, S. 134.

Jürgen Teichmann

»Die Mythen der Physiker«

Weltbau und Experiment im 18. Jahrhundert – Von der mechanischen Astronomie zur chemischen Elektrizität

Im Prospekt 1751 zur französischen Enzyklopädie hat der Physiker Jean le Rond d'Alembert das Gebäude des menschlichen Geistes nach subjektiven Erkenntisvermögen gegliedert (Mémoire, Raison, Imagination). Zu Raison / Vernunft gehörten natürlich die Astronomie und Physik, jedoch in Zusammenhängen, die für uns heute sehr ungewohnt erscheinen. Physik (physique particulière) war – fast noch in aristotelischem Umfang – der Gesamtbereich der qualitativen Naturwissenschaft. Die mathematisch behandelten Teile (Mechanik, geometrische Optik, Astronomie) gehörten aber zur vermischten Mathematik (mathematiques mixtes). In der Tat können wir auch in den Naturwissenschaften des 18. Jahrhunderts selbst diese Scheidung beobachten: Es gab Neigung zu und hohe Fähigkeiten in Mathematik und auf der anderen Seite berühmte Physiker (wie Alessandro Volta, den auch Lichtenberg als Elektrizitätsforscher hoch verehrte), die Schwierigkeiten mit einfachster Bruchrechnung hatten. So sehr im Programm der wissenschaftlichen Aufklärung mathematische und experimentelle Durchdringung von Mensch und Natur einziger und einzigartiger Quell der Erkenntnis sein sollte, so unverbunden war oft ihr Fortschritt. David Humes Worte von 1748 kennzeichnen am besten die emphatische Hybris des Jahrhunderts:

»Überblicken wir, von diesen Prinzipien überzeugt, die Büchereien – welche Verwüstung müßten wir nicht anrichten? Nehmen wir irgendeinen Band aus der Gottesgelehrtheit oder Schulmetaphysik zum Beispiel, in die Hand, so fragen wir, enthält er irgend einen abstrakten Schluß über Größe oder Zahl? Nein. Enthält er irgend einen Erfahrungsschluß über Tatsache und Existenz? Nein. Also ins Feuer damit; denn er kann nichts als Sophisterei und Täuschung enthalten!«[1]

Gab es bezüglich des Auseinanderklaffens von mathematischer Behandlung und empirischer Forschung gegen Ende des 18. Jahrhunderts Anzeichen für eine Änderung (z. B. in der Elektrostatik), so bildete sich ein zweiter Gegensatz, den das 17. Jahrhundert mit Galileo Galilei, René Descartes und der Gründung der großen wissenschaftlichen Gesellschaften nach 1660 geradezu wegdefiniert hatte, immer stärker heraus: Der Gegensatz zwischen Wissenschaft und Technik. Die Mechanik Isaac Newtons erwies sich – gemessen an den Ansprüchen des 17. Jahrhunderts – immer eindeutiger als hilflos gegenüber der Weiterentwicklung komplexer Technik, wie sie die Barockzeit aufwies (Architektur, Wasserbautechnik, Straßen- und Brücken-, Schiff- und Maschinenbau). Berühmt ist der Spott Friedrichs des Großen über den Mathematiker und theoretischen Mechaniker Leonhard Euler geworden, der als Mitglied der Berliner Wissenschaftlichen Akademie trotz genauer Berechnungen die Wasserspiele in Sanssouci nicht zum Funktionieren bringen konnte.

Nur in der Astronomie fanden technischer Standard und wissenschaftliche Ansprüche enger zusammen. Hier wurden auch die hohen Erwartungen der Seemacht Eng-

land erfüllt. Ende des 17. Jahrhunderts war die Sternwarte Greenwich gegründet worden, um insbesondere die Navigation auf See entscheidend zu verbessern. Ein berühmter Preis wurde 1714 ausgeschrieben, um das Hauptproblem dieser Navigation, die Bestimmung der geographischen Länge, ausreichend genau zu lösen (bei maximalem Preis von 20000 Pfund auf 55 km Abweichung genau). Das gelang mit dem Seechronometer von George Harrison, entwickelt ab 1735 – eine Folge der wissenschaftlich verfeinerten Uhrentechnik. Diese Uhr durfte entsprechend den zugelassenen 55 Kilometern Ungenauigkeit bei einer beliebig langen Seefahrt höchstens zwei Minuten falsch gehen. Harrisons Chronometer wurde entsprechend preisgekrönt. Nun konnte man etwa die Ortszeit von Greenwich auf einem Schiff mitnehmen und so genau weiterlaufen lassen, daß der Unterschied dieser Zeit zum Sonnenstand an irgendeinem Standort auf See ausreichend genau die Distanz zum Längengrad von Greenwich angab. Doch setzte sich der Chronometer erst im 19. Jahrhundert durch, da er recht teuer war und ein traditionell ungewohntes Instrument für Seeleute darstellte. (Ab dem 20. Jahrhundert wurde er durch die Entwicklung der Funknaviga-

658
Antonius Saliba:
»Veritable Representation des premiers Matiers ou Elements«.
Kupferstich, 18. Jahrhundert.
60 × 53 cm
Darmstadt, Hessische Landes- und Hochschulbibliothek, Kartensammlung, o. Inv.
In der Rückschau erscheinen die Fortschritte und Entdeckungen des 18. Jahrhunderts als ein stetiges und zielgerichtetes Anwachsen naturwissenschaftlicher Erkenntnis – als Siegeszug der Aufklärung. Tatsächlich aber war Aufgeklärtheit mehr ein Wunsch als Realität: Das Weltbild des Durchschnittsmenschen im 18. Jahrhundert war weiterhin bestimmt von abergläubischen und phantastischen Vorstellungen. [SO]

659
Joseph Wright of Derby (1734-1797) (inv.) und William Pether (1731 oder 1738 bis 1795 oder 1821) (sc.)
»An Alchymist«.
Schabkunst, 1775. 57,7 × 45,5 cm (Platte)
Darmstadt, Hessisches Landesmuseum, Graphische Sammlung, GR 5517
Alchymie – die »Hermetische Kunst«, die Suche nach dem Magisterium, dem Mercurium, dem Roten Löwen, dem Großen Elixier, dem Stein der Weisen, der alle Krankheiten heilen und unedle Metalle in Gold verwandelt. Diese ›uralte Geheimwissenschaft‹ erlebte am Ende des 18. Jahrhunderts eine neue Blüte. Nicht nur exaltierte Schwarmgeister gingen Betrügern wie dem geisterbeschwörenden Leipziger Cafetier Schröpfer oder dem »Großkophta« Cagliostro auf den Leim, die versprachen, Gold machen zu können – auch sonst ganz vernünftig scheinende Leute waren von der verborgenen Existenz des Steins der Weisen fest überzeugt. So zum Beispiel der durch seine *Jobsiade* bekannte Schriftsteller Karl Arnold Kortum (1745-1824), der in Bochum einer bis 1820 bestehenden »Hermetischen Gesellschaft« angehörte. [SO]

660
Georg Christoph Lichtenberg: Avertissement gegen Jakob Philadelphia.
Satirischer Anschlagzettel, 7. Januar 1777.
Papier. 33 × 21 cm
Göttingen, Niedersächsische Staats- und Universitätsbibliothek, Access. Ms. 1985.8
Der amerikanische Zauberkünstler Jacob Philadelphia (1735 bis um 1795) wurde durch Lichtenbergs satirische Imitation seines Anschlagzettels aus Göttingen vertrieben, ohne seine angekündigten Vorstellungen gegeben zu haben. Philadelphia erging es, dank Lichtenberg, etwa so wie dem »berüchtigten« Dr. Andreas Eisenbart, dessen historische Person mit dem besungenen Quacksalber wenig gemeinsam hat. In einer Zeit, in der Reklame noch nicht üblich, weil nicht nötig war, mag der »marktschreierische« Anschlagzettel eines Jahrmarktkünstlers Aufsehen erregt haben – besonders prahlerisch und großsprecherisch war Philadelphias Text nicht formuliert. Auch wurde nichts versprochen, was die Vorstellungen, wie aus anderen Quellen belegbar, nicht gehalten hätten. Das einzig wirklich Auffallende an Philadelphia war, daß er exorbitant hohe Eintrittspreise forderte. Lichtenbergs Anschlagzettel – angeblich in der Art des Philadelphia – hat mit dem tatsächlichen Philadelphia, seinen Kunststücken und seinen an den Göttinger Straßenecken klebenden Anschlagzetteln nur wenig mehr zu tun, als daß sie der willkommene Anlaß zu einem billigen Witz waren: Das *Avertissement* ist – wie hinreichend bekannt – eine fast wörtliche Übersetzung aus dem Englischen – das Plagiat eines 50 Jahre alten Scherzes: Lichtenberg hatte bei Abfassung seines Textes zwar *The Works of Jonathan Swift* (London 1766-1779) auf dem Schreibtisch; ein Exemplar des Anschlagzettels von Philadelphia hat er aber sich erst nachträglich und mit Mühe verschafft. Er war wohl selbst vom Erfolg seines Späßchens überrascht: Mehrfach wurde der Inhalt seines *Avertissements* nachgedruckt; das Entlarven angeblicher »Charlatane« wurde zur beliebten Übung selbstberufener ›Aufklärer‹. Hintergrund der Aktion dürfte das verständliche Bemühen gewesen sein, die an den Universitäten noch

tion unnötig.) Immerhin benutzten ihn große Entdeckungsreisende, wie James Cook (1772, 1776), ferner Militärexpeditionen und andere offizielle Unternehmungen auch schon eingehend im 18. Jahrhundert. Eine vergleichbare Genauigkeit (auf 110 km) erreichte aber die Bestimmung von Monddistanzen zu Fixsternen mit den verbesserten Mondtabellen von Tobias Mayer (dessen ebenso exzellent gezeichnete Mondkarte erst Georg Christoph Lichtenberg herausgab). Auch Mayer erhielt einen Teil des britischen Preises – postum 1765.[2] Andere berühmte Meßtechniken und -geräte entwickelten sich ebenfalls über die Astronomie / Geodäsie: das Spiegelfernrohr schon ab Ende des 17. Jahrhunderts, der Spiegelsextant für die Navigation in der ersten Hälfte des 18. Jahrhunderts, das achromatische Linsenfernrohr ab der zweiten Hälfte des 18. Jahrhunderts (mit zwei Linsen im Objektiv, die die Farbfehler – zum Teil – korrigierten), die Triangulationsmethode in der Geodäsie schon ab dem 17. Jahrhundert. Mit letzterer konnten große Entfernungen auf der Erde mit Hilfe von vielen aneinandergesetzten geodätischen Dreiecken bestimmt werden, von denen man nur die Winkel mit Hilfe von Fernrohren (Theodoliten) messen mußte. Mit dieser Methode gelang der berühmte Nachweis der Abplattung der Erde an den Polen um 1740, als zwei französische Expeditionen solche Dreiecksnetze benutzten, um jeweils einen Bogengrad der Erdoberfläche (etwa 110 km) in der Nähe des Pols in Lappland und am Äquator bei Cayenne zu vermessen. Der Bogengrad am Äquator erwies sich als etwas länger, wie es auch der Newtonischen Theorie der Schwerkraft entsprach. Der gefeierte wissenschaftliche Leiter dieses Unternehmens, der Physiker Pierre Louis Moreau de Maupertuis, wurde von Friedrich dem Großen zum Leiter seiner Berliner Akademie der Wissenschaften berufen.[3] Wesentlichen Anteil an dieser exakten astronomisch-geodätischen Meßtechnik hatte die Entwicklung der Kreisteilungsmaschine, die es gestattete, genaueste Skalen auf präzisen feinmechanischen Instrumenten anzubringen. Erst im 18. Jahrhundert wurde übrigens das Fernrohr ein so gut geführtes Instrument, daß die Auflösungsgrenze des menschlichen Auges für Himmelsortmessungen (etwa eine Bogenminute, wie sie schon bei Tycho Brahe vor 1600 erreicht war) bei den besten Astronomen um das 10- bis 100fache überschritten werden konnte. Von diesen Voraussetzungen in Astronomie und Uhrentechnik-Handwerk profitierte im 19. Jahrhundert auch die Präzisionsentwicklung der industriellen Technik (Werkzeug-, Kraftmaschinen usw.).

Wichtige Entdeckungen am Himmel gelangen der Astronomie im 18. Jahrhundert – wenn auch nicht mehr so revolutionäre wie im 16., 17. Jahrhundert bei Nikolaus Kopernikus, Johannes Kepler und Galilei. Zwar wurde die ständig gesuchte Fixstern-Parallaxe, der direkte Nachweis des kopernikanischen Weltbildes, nicht entdeckt. Dazu brauchte man eine etwa 1000fach bessere Genauigkeit als bei Tycho Brahe. Sie wurde erst im 19. Jahrhundert erreicht. Aber alle Fehlversuche bewiesen auf jeden Fall – wenn man die kopernikanische Theorie nicht wieder aufgeben wollte –, wie ungeheuer weit der Weltraum mit seinen Sternen sich ausdehnen mußte. Bei der Suche nach der Fixstern-Parallaxe fand übrigens James Bradley 1738 die Aberration des Sternenlichts, auch ein Nachweis der jährlichen Erdbewegung, falls man die Lichtgeschwindigkeit als konstant ansah. (Ein Analogon zu diesem Effekt ist der scheinbar schräge Einfall von Regen, wenn man unter ihm hindurchläuft oder -fährt.) Man konnte mit dieser gemessenen Aberration auch die Lichtgeschwindigkeit bestimmen, was um diese Zeit schon interessanter erschien als ein Nachweis des sowieso akzeptierten kopernikanischen Weltbildes.

Berühmt und auch besonders eindrucksvoll für Lichtenberg waren die astronomischen Ergebnisse von Friedrich Wilhelm Herschel, dem ehemaligen deutschen Militär-

nicht allgemein anerkannte Experimentalphysik von jedem Verdacht der Charlatanerie freizuhalten. Tatsächlich aber war Philadelphia zuerst und vor allem ›Geschwindigkeitskünstler‹. Seyfried, der Herausgeber der *Berliner Peitsche* schreibt 1796: »Zwischen Künsten mit Charten, und Künsten in der Mechanik und Phisik [herrscht] ein himmelweiter Unterschied. [...] Sehr viele von der ersten Classe sind mir zu Gesichte gekommen. [...] Unter den vielen bleibt in meinen Augen der bekannte Philadelphia der Erste. Mögen auch sich noch so viele, welche mit solchen Kunststücken ihr Brot erwerben, rühmen, daß Philadelphia ihr Lehrer gewesen war; so habe ich doch bis jetzt noch keinen gesehen, welcher nur die Hälfte seiner Kenntnisse erreicht hätte. Zugleich bewies Philadelphia, daß er auch in der Phisik nicht unerfahren war. Noch erinnere ich mich auf das lebhafteste, daß er auf einer berühmten Universität, in Gegenwart der Professoren, die schönsten phisikalischen Experimente mit größtem Glücke anstellte; eben diese Professoren, diese sachverständigen Männer in der Phisik, versagten dem Philadelphia ihren vollkommenen Beifall nicht.« (*Meine Berliner Peitsche* Nr. 32, 4. Juni 1796, S. 111-166) Wie wenig angemessen Lichtenbergs geistreichelnder Hieb auf einen harmlosen Zauberkünstler war, sagt Abraham Gotthelf Kästners Epigramm: »Jack Philadelphens Spiel / verscheuchtest, [Georgia-]Augusta, du? / Und sahst doch vierzig Jahr den / Spielen [des Professors Samuel Christian] Hollmanns zu.« Ein wenig schlechtes Gewissen scheint Lichtenberg nach seiner (wie er selbst sagt:) »ruchlosen Satire« doch gehabt zu haben. So vermerkt er fast erleichtert, daß man inzwischen Kästner für den Urheber des *Avertissements* halte. Und als am 17. Februar 1777 der Turm der Nicolaikirche einstürzt, fragt er sich, ob das nicht ein »hämischer Streich des Philadelphia« sei, der sich damit für die erlittene Unbill rächen wolle. [SO]

661
Joseph Wright of Derby (1734-1797) (inv.)
und Valentine Green (sc.)
»A Philosopher shewing an Experiment on the Air Pump«.
Ein Physiker zeigt ein Experiment mit der Luftpumpe.
Schabkunst, teilweise gestochen, 1769. 45 × 59 cm (Platte)
Darmstadt, Hessisches Landesmuseum, Graphische Sammlung, GR 5554
»O die Lufftpumpe! Ich habe den Versuch mit dem Dukaten und der Pflaumenfeder gemacht, und die Pflaumenfedern prallten unten ab, wie Sandkörper. Es ist eine herrliche Maschine [...].« (An Johann Andreas Schernhagen, 29. Juli 1782, Bw 2, Nr. 940)

662
Joseph Wright of Derby (1734-1797) (inv.) und William Pether (1731 oder 1738 bis 1795 oder 1821) (sc.)
»The Philosopher Reading a Lecture on the Orrery«.
Ein Physiker hält eine Vorlesung über das Planetarium.
Schabkunst, teilweise gestochen, 1768. 48,4 × 58,4 cm (Blatt), 49 × 60 cm (Platte)
Darmstadt, Hessisches Landesmuseum, Graphische Sammlung, GR 5512
Der »Orrery« – benannt nach seinem Erfinder, dem Mathematiker und Mechaniker Charles Boyle, fourth Earl of Orrery – ist ein mittels Uhrwerk oder Kurbel betriebenes Miniatur-Planetarium, das die Bewegungen des Weltalls und die Lehren Newtons und Kopernikus' veranschaulicht. Lichtenberg erwarb 1786 zwei Orreries von dem Berliner Astronomen Johann Elert Bode (1747-1826) – eines für sich selbst, das andere für einen wohlhabenden Liebhaber. »Die Sache ist würcklich artig und gewiß das Geld werth, wenn man bedenckt, daß sich die Engländer für ein kleines Ding in Messing 12 bis 16 Guineen bezahlen lassen, und ich bin überzeugt daß dieses Bodensche nützlicher ist. Als die Kisten ankamen, rollte und polterte es darinnen, darüber erschrack ich sehr. Sonne und Mond Jupiter und Saturn mit seinem Ring waren heraus gefallen. Ich habe also beyde [Kisten] geöffnet um fernerm Unheil vorzubeugen [...]. Die Sonne neu eingeschraubt und mit Blase [Fischleim] angebunden, den Ring des Saturns und alle Planeten frisch eingeleimt, so daß etwa bis auf einen Trabanten, den Ew. Wohlgebohr*ren* leicht mit einem Perlchen ersetzen können, alles gut ankommen wird. Die Maschinen erhalten gantz ungemeinen Beyfall und verdienen ihn würcklich. Man kan sehr vieles damit ausrichten.« (An Johann Daniel Ramberg, 18. Mai 1786, Bw 3, Nr. 1441) [SO]

663
Lageskizze von Lichtenbergs Physikalischem Kabinett.
26,5 × 18,5 cm.
Legende: »A. das kleine Cabinet, worin jezt die Uffenbachischen Sachen liegen. B. der Hauptsaal C. der Vorplatz, den ich durch das Lattengitter gewonnen habe, wodurch nicht allein die Hauptthür mehr gesichert worden, sondern, wo ich auch einige große Instrumente, die den Saal versperren würden, aufgestellt habe. D. die Wohnstube von Dietrichs Factor, der ein guter Wächter ist. E. der Abtritt, den ich deswegen darstellen muste um die schräge Lage des Lattengitters dadurch verständlich zu machen. GCL.«
Göttingen, Niedersächsische Staats- und Universitätsbibliothek, Cod. Ms. Licht. VII, Q 1 (Bl. 56)
Das Göttinger Wintersemester ging von Mitte Oktober bis Gründonnerstag, das Sommersemester begann zwei Wochen nach Ostern und lief bis Michaelis (29. September).

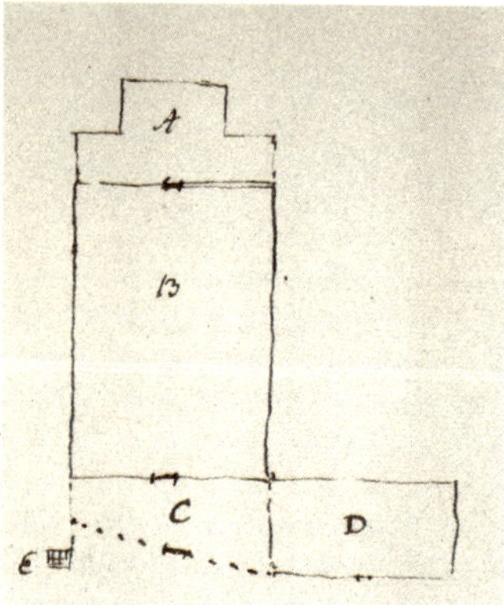

Alle Feiertage wurden am nächstfolgenden Wochenende begangen, nur zu Weihnachten und Pfingsten gab es je eine Woche Ferien. Jede Vorlesung hatte üblicherweise pro Woche vier bis acht Stunden. Wenn Lichtenberg also wie im letzten Jahrzehnt täglich einstündig las, kam er regulär auf circa 125 Stunden in einem Semester. Neben den Hauptkollegien unterrichtete er in den siebziger und frühen achtziger Jahren noch privat, darunter auch englische Sprache und Literatur. So hat er in mehreren Semestern bis zu sieben Stunden am Tag ›tauben Ohren gepredigt‹. Seine Lehrtätigkeit in Göttingen setzt eigentlich erst mit der Rückkehr aus England, das heißt mit dem Sommersemester 1776 ein – davor war er entweder beurlaubt oder gab überwiegend Privatstunden. Auch jetzt fing er zunächst mit Astronomie und Mathematik an; die eigentliche Experimentalphysik, die ihn weit über die Grenzen Göttingens und auch Deutschlands hinaus berühmt machen sollte, begann er erst im Winter 1778/79. Man ging zu Lichtenberg nicht nur, um sich auf ein Lehramt oder eine praktisch-technische Laufbahn vorzubereiten, sondern eher, um sich unterhaltend zu bilden. Das zeigen schon die Teilnehmerzahlen (im Durchschnitt hatte ein Göttinger Professor zwischen zehn und zwanzig Hörer im Kolleg) und der hohe Anteil an Juristen: Selbst während der Koalitonskriege hatte Lichtenberg nie weniger als 50 Zuhörer, und in guten Zeiten erreichte er Spitzenwerte von 120. Neu an seiner Unterrichtsform, wie sie sich im Laufe des nächsten Jahrzehnts herausbildete und sich auch in seinen immer aufs neue bearbeiteten Kollegschriften ablesen läßt,

musiker, in England: Die Entdeckung der Doppelsterne, die Eigenbewegung der Sonne unter den Fixsternen, seine ausführliche These der »Nebel« im Weltall als Sternenansammlungen wie unsere Milchstraße, seine Idee der Entwicklung von kosmischen Systemen, seine Untersuchungen zur Struktur unserer Milchstraße, natürlich auch seine Entdeckung des Uranus 1781, des ersten neuen Planeten seit den Anfängen der Beobachtungen dieser »Wandelsterne« in den frühen Hochkulturen.[4] Diese Entdekkung sicherte ihm allgemeinste Anerkennung, während bei seinen übrigen (insbesondere den stärker astrophysikalischen) Thesen kaum einer so beeindruckt war wie Lichtenberg. Auch die Kometenforschung hatte mit der tatsächlichen Wiederkehr (im Jahr 1759) des von Edmond Halley kurz nach 1700 vorausberechneten Kometen großen Aufschwung genommen. Der Weltenbau war immer noch die symbolträchtigste Erweiterung des menschlichen Wissenshorizonts. Er schuf das Gefühl der Relativität aller irdischen Werte in einem ungeheuer großen Kosmos vieler möglicher Planetensysteme. Er vermittelte aber auch aufklärerischen Stolz, als eine Art Wissenschaftsimperialismus: Die Menschheit hatte mit dieser Eroberung des Unendlichen eine neue Dimension geistiger Bedeutung erhalten, wenn sie auch die materielle Zentralstellung im Kosmos verloren hatte.

Die Astronomie wurde mit der Himmelsmechanik zum Vorbild für alle Wissenschaftsentwicklung, zur »positivsten« aller Wissenschaften, wie es bald nach 1800 Auguste Comte formulierte, Vorbild gemäß ihm auch für eine »soziale Physik« (die Soziologie).

Diese Hybris von Rationalismus und Empirismus hatte ihr materielles Symbol in den Mechaniken des 18. Jahrhunderts, insbesondere in Uhren und Automaten (in der Ente von Jacques de Vaucansan z. B., die sich mechanisch bewegen, fressen und verdauen konnte). Der philosophische Mechanizismus baute dabei auf einer physikalischen Mechanik auf, die ihre großartigen Erfolge aus dem 17. Jahrhundert nicht gleichartig fortsetzen konnte. Zwar wurden die Prinzipien der Mechanik perfekter formuliert (Leonhard Euler, die Familie Bernoulli u. a.), aber eine exakte Himmelsmechanik, die die Stabilität der Planetenbahnen beweisen konnte, war erst mit Pierre Simon Laplace um 1800 fertig. Viele Gebiete, wie die Hydrodynamik, die Festkörpermechanik, die mechanische Energetik, blieben in den Anfängen stecken. Doch immerhin, die Grundgesetze der Punktmechanik waren prinzipiell auch hier gültig. Das konnte dem Pathos des 18. Jahrhunderts genügen.

Zwei Bereiche der Experimentalphysik wuchsen im 18. Jahrhundert zu selbständigen Wissensgebieten heran (d. h. sie entwickelten eigene Begriffssysteme und eigene Instrumententechnik): die Wärme- und Elektrizitätslehre. Am spektakulärsten war der Aufstieg der Elektrizität.[5] Aus kosmologischen Gedankengängen entstand die Reibungselektrisiermaschine (Otto von Guericke schon im 17. Jahrhundert, dann insbesondere der Newton-Freund Francis Hauksbee nach 1700). Ihres kosmologischen Ursprungs entkleidet, wurde sie nach etwa 1730, zusammen mit der Luftpumpe aus dem 17. Jahrhundert, zum teuersten und wichtigsten Gerät jedes physikalischen Kabinetts oder Salons. Damit konnten Menschen oder auch alle möglichen Substanzen elektrisiert werden, es konnten elektrische Glockenspiele und sonstige vergnügliche Gerätschaften in Bewegung gesetzt werden, die Weiterleitung des geheimnisvollen elektrischen Fluidums konnte untersucht werden usw. Die ersten Elektroskope zur Messung der »elektrischen Materie« entstanden nach 1740. Ein berühmtes Schauexperiment wurde 1744 zum ersten Mal durchgeführt, die Entzündung von Alkohol durch einen elektrischen Funken: Das elektrische Fluidum fuhr unsichtbar und unwirksam durch den Alkohol hindurch – verwandelte sich im Sprung durch die Luft aber in

»Feuermaterie« und konnte zünden. Eine prometheische neue Macht – wenigstens symbolisch – war entdeckt und schien beherrschbar.

Das wichtigste elektrische Experiment des 18. Jahrhunderts (vor Luigi Galvanis Froschschenkelversuchen) aber wurde die Erfindung der Leidener Flasche 1746, physikalisch ausgedrückt: die Entdeckung des Prinzips des elektrischen Kondensators. Diese Entdeckung – zwar schon in Pommern von Ewald Jürgen von Kleist 1745 vorweggenommen, aber nicht richtig verstanden – gehört der Gruppe um den Physikprofessor Pieter van Musschenbroek in Leiden (Holland): Ein Gefäß mit Wasser, in der Hand gehalten und elektrisch aufgeladen, konnte offenbar wesentlich mehr Elektrizität speichern als jeder normale »Metallkonduktor« gleicher Größe. Schnell zeigte sich, daß das entscheidende von Wasser und Hand war, daß sie zwei elektrizitätsleitende Flächen darstellten, die, nur von dem dünnen Isolatorglas getrennt, sich gegenüberlagen. Das hieß auch, daß zwei metallische Belegungen sehr viel besser wirkten. Dieses Bauprinzip einer Leidener Flasche (eines Zylinderkondensators) wurde bis in die 50er Jahre unseres Jahrhunderts für Sonderzwecke benutzt, um hohe elektrische Spannungen zu speichern. Aus der Leidener Flasche entstand auch die Vorstellung des elektrischen Stromkreises und der neue Begriff der elektrischen Spannung. Der große und lange Funken, den eine Leidener Entladung gab, und die Analogie der zwei Flächen mit Wolken und Erde führten auch zur endgültigen Erkenntnis, daß Blitze Entladung von Wolkenelektrizität sind. Diese These verband Benjamin Franklin – als amerikanischer Pragmatist stark am Nutzen der Wissenschaft interessiert – mit dem Vorschlag des Blitzableiters, der aber in dieser Zeit auch unabhängig von anderen erfunden wurde.

Der Blitzableiter wurde die erste technische Innovation von breiter gesellschaftlicher Wirkung in der Geschichte, die direkt und ausschließlich aus wissenschaftlichen Prinzipien entstand. Entscheidend dabei war natürlich, daß der technisch nötige Aufwand zur Herstellung und Installation gering blieb, so daß Schlosser- und Schmiedehandwerk ausreichten. Die schnelle gesellschaftliche Diffusion dieser Erfindung innerhalb weniger Jahrzehnte hatte wohl auch damit zu tun, daß so einflußreiche Institutionen wie die Kirche mit ihren höchsten Gebäuden und das Militär mit Pulvermagazinen besonders betroffen waren.

Eine besondere Form des Kondensators machte nach 1760 Furore: der Elektrophor, ein Plattenkondensator, eigentlich eine neue Art Elektrisiermaschine nach dem Influenzprinzip: Durch Aufheben der einen Platte dieses Kondensators vom einmal geriebenen Isolator (unter dem die andere Metallplatte lag), konnten immer wieder neue elektrische Funken erzeugt werden. Alessandro Volta klärte die Gesetze am Elektrophor (insbesondere das elektrostatische Grundgesetz Ladungsmenge = Kapazität x Spannung), Lichtenberg (s. seine Staubfiguren) und andere machten damit berühmte Experimente.

Die zweite Hälfte des 18. Jahrhunderts sah die ersten Ansätze einer mathematischen Elektrizitätslehre. Henry Cavendish schuf um 1770 – fast unverstanden allerdings – einige Grundlagen zur Theorie der Elektrostatik und auch erste quantitative Ansätze zu Stromflußvorgängen (zur Stromverzweigung z. B.). Insbesondere nahm er das Coulombsche Gesetz der Kraftwirkung von elektrischen Ladungen aufeinander vorweg. Charles Augustin Coulomb fand es – mit prinzipiell anderer Meßtechnik – erst 1785, hatte aber nachhaltigere Wirkung als der Sonderling Cavendish.

1791 schließlich veröffentlichte Galvani seine berühmten Experimente mit Froschschenkeln. Es war die Entdeckung der »Galvanischen Elektrizität« – der zweite Quantensprung in dieser jungen Wissenschaft. Mit den Erklärungen von Volta und nachfolgenden Versuchen anderer Forscher war damit kurz nach 1800 eine ganz neue Elektri-

war die enge Verzahnung von praktischem Versuch und theoretischer Einsicht, und dies immer auf dem neuesten Forschungsstand. Lichtenberg war zwar bei weitem kein so dogmatischer Verfechter einer mathematischen Physik, wie sein Lehrer Abraham Gotthelf Kästner sie verlangte, jedoch rechnete und mathematisierte auch er intensiv. Und im Unterschied zu Kästner suchte er die philosophischen Grundlagen der Naturwissenschaften darzustellen; aus seinen Manuskripten geht deutlich hervor, daß er außer mehreren älteren Philosophen vor allem Immanuel Kant und den Schweizer Physiker und Mathematiker George Louis Lesage referierte. Viele seiner Hörer werden die Bedeutung dieser Mischung gar nicht verstanden haben, über die ihm Alexander v. Humboldt dankbar schrieb: »Ich achte nicht bloß auf die Summe positiver Kenntnisse, die ich ihrem Vortrage entlehnte – mehr aber auf die allgemeine Richtung, die mein Ideengang unter Ihrer Leitung nahm.« (3. Oktober 1790, Bw 3, Nr. 1747) »Es war eine ganz eigene Sache um die Vorlesungen dieses Gelehrten! Der hinreissende Gegenstand derselben, die Menge der überraschendsten Versuche, die Einrichtung des Auditoriums, und – darf ich sagen, ohne die Manen des großen Mannes zu betrüben? – der für Ungeübte wenigstens, nicht immer plane Vortrag desselben«, stellte, wie der begeisterte Schüler Gottlieb Gamauf sich erinnerte, hohe Anforderungen an die Zuhörer. Dennoch drängten sich die Studenten, um »auf einer der amphitheatralisch sich erhebenden Bänke des Lichtenbergischen Auditoriums« einen Platz zu bekommen und »unten den großen Mann vor sich« zu sehen, der seinen stets freigehaltenen, oft abschweifenden Vortrag mit Experimenten und anschaulichen Beispielen aus dem täglichen Leben illustrierte. Dabei wurden seine Kernsätze »von dem grämlichen M. Seyde auf die schwarze Tafel geschrieben«. Am Wochenende wurden die von Lichtenberg gezeigten Experimente durch einen seiner Gehilfen noch einmal wiederholt. (Gamauf, Bd. 1, S. III, IV und 38)

[UJ]

664
Georg Christoph Lichtenberg: Verzeichnis eines vollständigen Apparats von physikalischen Instrumenten zu einem Vortrage der Naturlehre über das Erxlebensche Compendium Ed:[itio] 4. Unterzeichnet von Lichtenberg. Manuskript, 1789-1799. Göttingen, Niedersächsische Staats- und Universitätsbibliothek, Cod. Ms. Licht. VII, Q 2 (Bl. 12-37)
Gleich nach dem frühen Tod seines Studienfreundes und Kollegen Erxleben beschloß Lichtenberg mit dem Einverständnis Abraham Gotthelf Kästners, an Erxlebens Stelle Vorlesungen über die Experimentalphysik zu halten. Den dazu nötigen physikalischen Apparat wollte er auf der Auktion des Erxlebenschen Nachlasses erwerben. Der Plan schlug fehl, weil Erxlebens Witwe den Apparat geschlossen veräußern konnte. Lichtenberg realisierte sein Vorhaben anders: er baute sich in den folgenden Jahren systematisch einen eigenen Demonstrations- und Forschungsapparat auf und steckte all sein Geld in diese Sammlung. Mit einer Mischung aus Pflichtgefühl, kommerziellem Geschick und vielleicht aus dem Bedürfnis, seinen Apparat ungeteilt beisammen zu wissen, stichelte er dann spätestens seit 1786 bei verschiedenen Gelegenheiten, die Regierung möge doch diese Apparatesammlung für die Göttinger Universität erwerben. Der erst drei Jahre später zustande gekommene Vertrag garantierte Lichtenberg den vollen Nießbrauch und die Haftungsfreiheit, außerdem verpflichtete sich die Regierung, für Unterbringung, Instandhaltung, ja auch Mehrung des Apparats aufzukommen. Dafür bot man eine Leibrente von 200 Talern an – nicht viel angesichts der absehbar niedrigen Lebenserwartung Lichtenbergs; immerhin zahlte die Regierung die Rente nach seinem Tod noch einige Jahre auf Antrag der Witwe weiter. [UJ]

zitätsquelle entdeckt: die chemische Batterie. Lichtenberg nahm diese Entwicklung (bis zu seinem Tod 1799) nicht mehr sehr intensiv zur Kenntnis. Sie beendete das Zeitalter der Reibungselektrizität sehr radikal und leitete in die Physiologie, Chemie und – zusammen mit den Entdeckungen zum Elektromagnetismus ab 1820 – in die moderne Elektrotechnik über.

Die Wärmelehre entstand nach 1700 ebenfalls als eigenständiges Wissensgebiet innerhalb der Physik;[6] auch sie wurde vor allem aus der empirischen Grundhaltung der nuova scienza entwickelt. Entscheidend war hier nicht so sehr das Auffinden neuer Effekte, sondern die Quantifizierung des Temperaturbegriffs mit Hilfe geeigneter Meßverfahren. Dieser Fortschritt ist insbesondere mit den Namen Daniel Gabriel Fahrenheit, Anders Celsius und René Antoine Ferchault de Réaumur verknüpft. Zwar waren Versuche zur Ausdehnung von Flüssigkeiten (als Meßzeiger für Wärmegrade) schon im 17. Jahrhundert durchgeführt worden (besonders erfolgreich von der Accademia del Cimento in Florenz), doch gelang es erst jetzt nachhaltig, reproduzierbare »Thermometer« zu verfertigen – dafür mußten die Wärmegrade erst definiert werden. Der erste, der, ab 1710 bis 1720, wirklich präzise Thermometer herstellte, war der Mechaniker Fahrenheit, der das flüssige Metall Quecksilber benutzte und die Wärmegrade durch den Eispunkt mit 32° und den Wassersiedepunkt mit 212° definierte.

Im Zusammenhang mit Mischungen von Wassermengen verschiedener Temperaturen stellte man um 1750 fest, daß auch noch eine andere Wärmegröße nötig wurde: die Wärmemenge. In ein Liter Wasser steckte, bei gleicher Temperatur, weniger Wärmemenge als in zwei Litern. Aber ein Liter Wasser besaß auch mehr Wärmemenge als ein Liter anderer Flüssigkeit bei gleicher Temperatur: Die *spezifische Wärme* war größer – das wurde um 1780 klar. Und beim Übergang von ein Liter Wasser in Dampf (der gleichen Temperatur) wurde noch einmal eine andere Wärmemenge nötig – die »latente« Wärme – wir nennen sie heute *Verdampfungswärme*. Letztere Probleme standen nun schon eng in Verbindung mit der Weiterentwicklung der seit 1712 existenten Dampfmaschine von Thomas Newcomen. Auch James Watt beschäftigte sich mit diesen physikalischen Problemen, und der mit ihm befreundete Chemie-Professor Joseph Black hatte wohl als erster kurz nach 1750 diese Zusammenhänge erkannt. Doch gehen die Meinungen der Historiker auseinander, wie wichtig diese Kenntnisse wirklich für die wesentliche Verbesserung der Dampfmaschine durch Watt wurden (sein erstes berühmtes Patent für eine Dampfmaschine mit einem getrennten Kondensator und mit Rotationsbewegung stammt von 1769).

Umgekehrt kann man auch nicht so einfach den Zusammenhang zwischen dem Beschluß der französichen Akademie der Wissenschaften 1775, keinen Vorschlag eines mechanischen Perpetuum mobile mehr zu untersuchen, und der Entwicklung der Maschinentechnik und Industrie in dieser Zeit finden. Der Beschluß der Akademie lautete: »In diesem Jahr hat die Akademie den Entschluß gefaßt, Lösungen der folgenden Probleme nicht mehr zu prüfen: die Verdoppelung des Würfels, die Dreiteilung des Winkels, die Quadratur des Kreises oder irgend eine Maschine, von der angekündigt wird, sie zeige immerwährende Bewegung«.[7] Nicht mechanische Perpetua mobilia blieben aber durchaus noch denkbar. So schien der galvanische Strom, wie er 1791 entdeckt wurde, unerschöpflich zu kreisen – bevor man den Verbrauch von chemischer Energie feststellen konnte. Die Dampfmaschine untersuchte energetisch genauer erst Sadi Carnot, und der allgemeine Energieerhaltungssatz, der all dies umfassend erklärte, wurde erst ab 1842 aufgestellt (Julius Robert Mayer u. a.).

Die Optik galt eigentlich, wie die Mechanik, im 18. Jahrhundert als abgeschlossenes Wissenschaftsgebiet.[8] Sie (die geometrische Optik) wurde in den Wissenschaftssystema-

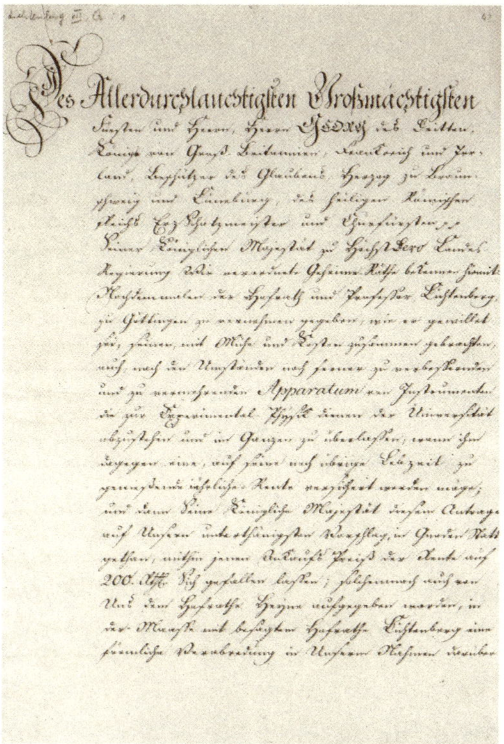

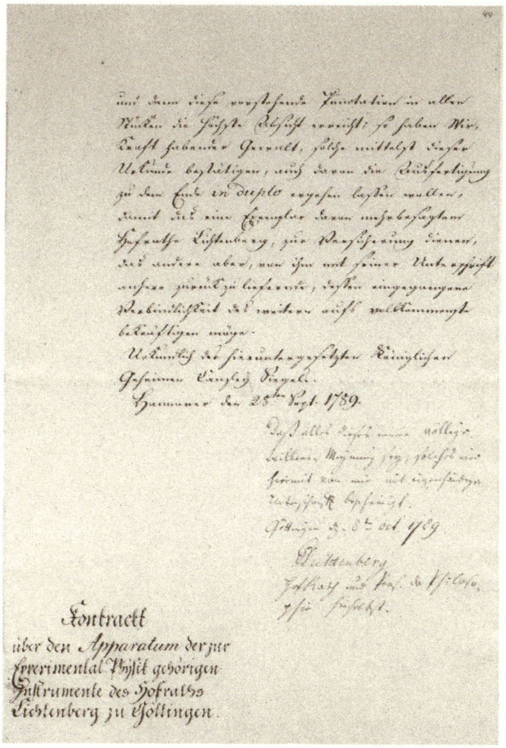

665
Georg Christoph Lichtenberg: Vertrag über den Ankauf der Gerätesammlung an die Universität gegen eine Leibrente, 1789. Göttingen, Niedersächsische Staats- und Universitätsbibliothek, Cod. Ms. Licht. VII, Q 1 (Bl. 42-45)
Transkription: »Des Allerdurchlauchtigsten Großmächtigsten Fürsten und Herrn, Herrn Georg des Dritten, Königs von Groß-Britannien, Frankreich und Irrland, Beschützer des Glaubens, Herzog zu Braunschweig und Lüneburg, des heiligen Römischen Reichs Erz-Schatzmeister und Churfürsten pp Seiner Königlichen Majestät zu HöchstDero LandesRegierung Wir verordnete Geheime-Räthe bekennen hiermit: Nachdemalen der Hofrath und Professor, Lichtenberg, zu Göttingen zu vernehmen gegeben, wie er gewillet sei, seinen, mit Mühe und Kosten zusammen gebrachten, auch, nach den Umständen noch ferner zu verbessernden und zu vermehrenden *Apparatum* von Instrumenten die zur Experimental Physik dienen der Universität abzustehen und im Ganzen zu überlassen, wann ihm dagegen eine, auf seine noch übrige Lebzeit zu genießende jährliche Rente versichert werden möge; und dann Seine Königliche Majestät diesem Antrage auf Unsern unterthänigsten Vorschlag, in Gnaden Statt gethan, mithin jener Ankaufs-Preiß der Rente auf 200. Reichstaler Sich gefallen lassen; solchemnach auch von Uns dem Hofrathe Heyne aufgegeben worden, in der Maaße mit besagtem Hofrathe Lichtenberg eine förmliche Verabredung in Unserm Nahmen darüber zu treffen, einfolglich zwischen ihnen desfalls nachstehende Punktation geschlossen ist:
Punctation
des mit Herrn Hofrath Lichtenberg zu schließenden Contrakts über seinen Apparat zur Experimental-Physik.
1.) Herr Hofrath Lichtenberg überläßt aus Liebe zur Universität und aus Eifer für seine Wissenschaft und derselben Aufrechthaltung in Göttingen, seinen Apparat der physikalischen Instrumenten an die Universität, so daß sie von dem Tage des unterzeichneten Contrakts an ein Eigenthum der Universität sey und bleibe; und er sich nur davon den unschädlichen Gebrauch als

tiken, wie erwähnt, unter Mathematik geführt. Niemand ahnte die neue revolutionäre Entwicklung einer Lichttheorie auf Wellengrundlage, wie sie ab 1800 stattfand – weit entfernt von der klassischen Euklidischen Strahlenoptik. Dabei wurde übrigens auf Untersuchungen zur mechanischen Schallfortpflanzung in Wellen aufgebaut, wie sie vor allem Ernst Florens Friedrich Chladni Ende des 18. Jahrhunderts intensiv durchführte. Seine Entdeckung der berühmten Klang-Figuren (Sandfiguren in den schwingungsfreien Zonen von tönenden Platten) ist wiederum durch Lichtenbergs elektrostatische Staubfiguren angeregt worden. Eine Wellentheorie des Lichtes wurde übrigens schon im 18. Jahrhundert diskutiert. Insbesondere Leonhard Euler vertrat sie mit seinem wissenschaftlichen Namen. Da sie jedoch die bekannten Phänomene auch nicht besser als die im allgemeinen auf Newton zurückgeführte Korpuskulartheorie erklären konnte und für die anschauliche Vorstellung einige Schwierigkeiten mehr bot, setzte sie sich nicht durch. Lichtenberg selbst hat mit polemischer Leidenschaft eine Anzahl von Argumenten gegen diese Wellentheorie zusammengetragen. Verbreiteter als diese Diskussion war in der zweiten Hälfte des 18. Jahrhunderts die um die richtige Farbentheorie. Hier wurden bei Wissenschaftlern und Künstlern sowohl physikalische, physiologische als psychologische Aspekte vorgetragen: etwa die Frage, wie viele einfache Grundfarben es gab, wie die Vielfalt der Farben angeordnet werden konnte, wie die Wahrnehmung von Farben zu erklären war, welche psychologische Bedeutung Farben haben konnten. Am bekanntesten als polar entgegengesetzte Theorie zum Allmachtsanspruch Newtonischer Optik (insbesondere zu seinem Grundlagenexperiment der Zerlegung des weißen Sonnenlichts in die Spektralfarben) wurden in Deutschland die Goetheschen Vorstellungen. Er veröffentlichte sie ab 1792 in seinem Werk *Beiträge zur Optik*. Lichtenberg lehnte sie – im schriftlichen Disput mit Goethe – nur sehr vorsichtig ab. Er wollte dem mächtigen Geheimrat nicht sehr weh tun, obwohl er als Anhänger Newtons natürlich entschiedener Gegner dieser Vorstellungen war. Goethe

Professor der Physik vorbehalte; so wie er auch seinen künftigen Nachfolgern in dieser Lehrstelle verstattet und vorbehalten werden wird.
2.) dagegen geruhen *Se* Königliche Majestät, Unser allergnädigster Herr, ihn einen jährlichen Gehalt von zweyhundert Thalern in Caßenmäßigen Münzsorten als Leibrente auf seine Lebenszeit gnädigst zu verwilligen
3.) Der Herr Hofrath verspricht sofort ein detaillirtes Verzeichniß oder Inventarium von seinen Apparat abzufassen und in Gegenwart dessen, der dazu den gnädigsten Auftrag erhalten wird, die Instrumente einzeln vorzuzeigen; worauf zwey gleichlautende Exemplarien verfertiget und unterschrieben, eines nach Hannover gesandt und das andere dem Herrn Hofrath eingehändiget werden soll. [...]
4.) Die Instrumente bleiben insgesamt in Verwahrung des Herrn Hofraths als Professor der Physik, und er verspricht mit aller Gewissenhaftigkeit, seiner Pflicht gemäß für ihre beßte Conservation zu sorgen. [...]
5.) Da aber mit der weitern Bearbeitung der Wissenschaft täglich neue Erfindungen oder Verbesserungen der Werkzeuge zum Vorschein kommen, [...]
so bedinget sich der Herr Hofrath zum Beßten der Sache [...], daß Königliche Regierung geruhen wolle, jährlich zu Anschaffung neuer Instrumente eine Summe von etwa 100. Reichstalern auszusetzen. [...] Da es Instrumente giebt, die mehrere Hundert Thaler kosten, so wird er die Einrichtung zu treffen suchen, daß aus einem Jahre in das andere gesparet werde.
Daß alles dieses meine völlige WillensMeynung sey, [...] so haben Wir, [...] die Ausfertigung zu dem Ende in Duplo ergehen lassen wollen, damit das eine Exemplar davon mehrbesagtem Hofrathe Lichtenberg, zur Versicherung dienen [...].
Urkundlich des hieruntergesetzten Königlichen Geheimen Canzley Siegels.
Hannover den 28ten Sept. 1789.
[von Lichtenbergs Hand:] Daß alles dieses meine völlige Willens-Meynung sey, solches wird hiermit von mir mit eigenhändiger Unterschrifft bescheinigt.
Göttingen, den 8ten Oct. 1789
GCLichtenberg.
HofRath und Prof. der Philosophie hieselbst.«

selbst bekam nur wenig Unterstützung aus der Wissenschaft (ein wenig aus der Physiologie).

Wesentliche Zeugen des hohen Standes der Euklidischen und Newtonischen Optik wurden im 18. Jahrhundert die Teleskope – sowohl die Spiegelteleskope in der Newton-Nachfolge, als auch – gegen Newtons Überzeugung von ihrer Möglichkeit – die achromatischen Linsenfernrohre. Beide Typen wurden für die Entwicklung der beobachtenden Astronomie besonders wichtig. Hier war England, wie in der gesamten Meßtechnik, führende Nation, während die Franzosen, insbesondere nach der Akzeptanz der Newtonischen Mechanik ab etwa 1750, in der theoretischen Entwicklung im allgemeinen Vorreiter spielten. Zur Optik gehören auch die ersten Ansätze einer exakten Helligkeitsmessung (Photometrie). Johann Heinrich Lambert entdeckte so um 1760 das nach ihm benannte Gesetz der quadratischen Abnahme der Helligkeit mit der Entfernung. Auch er befaßte sich übrigens eingehend mit der Farbentheorie.

Das 18. Jahrhundert brachte auf breiter Front einen Durchbruch neuer Spezialzweige der Physik, verbunden mit einer enormen Erweiterung instrumenteller Methoden. Diese waren aber meist noch im traditionellen handwerklichen Rahmen relativ einfach zu entwickeln. War das 17. Jahrhundert – das erste Jahrhundert der nuova scienza – die Zeit der großen theoretischen Entwürfe aus neuen grundlegenden Beobachtungen und Experimenten in Astronomie und Mechanik gewesen, so wurde das 18. Jahrhundert, nicht nur in Astronomie und Physik, die Glanzzeit des Empirismus und der weltanschaulichen »Popularisierung« dieses Wissens.[9] Astronomie und Physik spielten dabei weiter den Vorreiter. Die Bedeutung anderer Naturwissenschaften (Chemie, Biologie) und der industriellen Technik begann aber in der zweiten Hälfte des 18. Jahrhunderts zu wachsen. Im Bereich der Theorie wurde insbesondere die Mechanik perfektioniert, was schließlich Ende des 18. Jahrhunderts zur festen Überzeugung einer in Zustand und Dynamik rational vollständig determinierten Welt führte.

1 David Hume: *Eine Untersuchung über den menschlichen Verstand.* Leipzig 1893 (englische Vorlage, 1. Auflage 1748), hier S. 201 (Ende der Abhandlung).

2 Eric G. Forbes: *The Birth of Navigational Science.* Greenwich: National Maritime Museum 1974.

3 Volker Bialas: *Die Gestalt der Erde.* In: Jürgen Teichmann: *Wandel des Weltbildes.* Reinbek bei Hamburg 1989, 2. Auflage, hier S. 125-138.

4 Dieter B. Herrmann: *Geschichte der modernen Astronomie.* Berlin (Ost) 1984.

5 Jürgen Teichmann: *Elektrizität.* München: Deutsches Museum 1990, 2. Auflage.

6 Wolfgang Schreier (Hrsg.): *Geschichte der Physik – Ein Abriß.* Berlin (Ost) 1988.

7 Friedrich Klemm: *Vom Perpetuum mobile zum Energieprinzip.* In: Abhandlungen und Berichte des Deutschen Museums, 33 (1965), H. 3, S. 5-24; auch in: ders.: Zur Kulturgeschichte der Technik. München: Deutsches Museum 1982, hier S. 222-239. Zitat aus: *Histoire de l'Académie Royale des Sciences [...]. Année 1775.* Paris 1778.

8 Wie Anm. 6.

9 Andreas Kleinert: *Die allgemeinverständlichen Physikbücher der französischen Aufklärung.* Aarau 1974.

Stefan Kastner

»... zu wünschen wäre, daß solche Beweise ganz unterlassen würden«

Das Petersburger Spiel

666
Johann Helfrich Müller (1746-1830):
Rechenmaschine für die vier Grundrechnungsarten.
Messing, Stahl, Email, Elfenbein, 1782/83. Höhe: 15 cm, Durchmesser: 32 cm
Darmstadt, Hessisches Landesmuseum, Physikalische Sammlung, 60/90
Johann Helfrich Müller, Ingenieurhauptmann und Hofbaumeister in Darmstadt, erhielt durch Lichtenbergs Vermittlung 1784 die ersehnte Gelegenheit, seine Rechenmaschine der Göttinger Sozietät der Wissenschaften vorzuführen. Zu Müller schreibt Lichtenberg 1783 am Ende seines Berichtes über dessen Rechenmaschine im *Göttingischen Magazin der Wissenschaften und Litteratur*: »Fände der Erfinder, dessen ungewöhnliche Talente bisher leider! nur in dem Lande bekannt waren, wo er lebt, durch eine Belohnung für die auf diese Maschine gewandte Sorgfalt und Zeit, dereinst mehr Muse, so würde Mathematik und Naturlehre und unser Vaterland überhaupt sehr vieles von diesem unermüdeten und scharfsinnigen Manne hoffen können.« [UJ]

Die Geschichte des Petersburger Spiels

Die Wahrscheinlichkeitsrechnung entstand ursprünglich aus dem Bestreben, Glücksspiele zu beschreiben. Daher ist es nicht weiter erstaunlich, daß jede angesehene wissenschaftliche Zeitschrift dem Vorbild der englischen *Philosophical Transactions* folgte und regelmäßig Artikel über Probleme aus der Wahrscheinlichkeitsrechnung aufnahm. Zu Beginn des 18. Jahrhunderts publizierte die Akademie von St. Petersburg einen Artikel, in dem mathematische Berechnungen ein Resultat lieferten, welches der Intuition, dem Verstand und der Praxis zu widersprechen schien. Der Aufsatz stammte von Daniel Bernoulli (1700-1782), das Problem wurde unter dem Namen Petersburger Spiel bekannt. Es war jedoch Nikolaus Bernoulli (1687-1759), ein Cousin von Daniel, der als erster auf diese interessante Fragestellung gekommen war und sie im September 1713 in einem Brief an den Mathematiker Pierre Rémond de Montmort (1678-1719) erwähnte.

Das Paradoxon[1]

Die Formulierung des Problems durch Lichtenberg lautet: »Zwo Personen A und B werfen eine Münze in die Höhe, die z. E. auf der einen Seite mit 1 und auf der anderen mit 0 bezeichnet sein soll.* A, der die Münze wirft, verspricht dem B einen Taler, wenn 1 im ersten Wurf fällt, 2 Taler wenn es erst im zweiten Wurf, 4 Taler wenn es erst im dritten, 8 wenn es erst im vierten fällt, kurz, sollte es erst im n^{ten} Wurf fallen, so bezahlt A an B 2^{n-1} Taler, und sollte n auch noch so groß sein, sie wollen so lange werfen bis 1 fällt. Die Frage ist: wieviel Gewinn kann sich B wahrscheinlicher Weise hieraus versprechen, oder wieviel muß er dem A voraus bezahlen, daß sich dieser ohne Schaden in ein solches Spiel einlassen kann.«[2]

Die Vorgehensweise in diesem Spiel ist damit klar; eine äquivalente profane Fragestellung ist, ob ein Roulettespieler, der seinen Einsatz stets verdoppelt, bis er letztendlich gewinnt, auf lange Sicht gesehen einen Gewinn erwarten darf oder nicht. Hier wird nun auch das Paradoxon erkennbar: Kein erfahrener Spieler wird diese Verdoppelungsstrategie anwenden, obwohl die Gewinnhoffnung unendlich groß ist, wie im folgenden gezeigt wird: Die Hoffnung E, in der modernen Terminologie der Erwartungswert, ist definiert durch die Summe der möglichen einzelnen Gewinne jeweils multipliziert mit den zugehörigen Wahrscheinlichkeiten:

$$E = 1 \cdot \frac{1}{2} + 2 \cdot \frac{1}{2^2} + 2^2 \cdot \frac{1}{2^3} + \cdots + 2^{n-1} \cdot \frac{1}{2^n} + \ldots = \frac{1}{2} + \frac{1}{2} + \frac{1}{2} + \cdots + \frac{1}{2} + \cdots = \infty$$

Anschaulich gesprochen ist der zu erwartende Gewinn von »B« unendlich groß, da das Spiel im *n*ten Wurf mit der Wahrscheinlichkeit $^1/_{2^n}$ endet, »A« dann 2^{n-1} Dukaten

667
Nepersche Rechenstäbchen.
Holz, Papier, in Blechkästchen, deutsch, 1. Hälfte 17. Jahrhundert.
Frankfurt am Main, Historisches Museum, X 1692
Lichtenberg an Johann Beckmann, 13. Juli 1795: »Der Erfinder der Logarith. Rechenstäbe, der auch Versuche über das Seewasser angestellt hat ist Reyher.« (Bw 4, Nr. 2545) Hier irrt Lichtenberg: Der Erfinder der logarithmischen Rechenstäbe ist in Wahrheit John Napier Laird of Merchiston, der auch 1614 die erste Logarithmentafel publizierte und dieser Rechnungsart den Namen gab. Die sogenannten Nepperschen Rechenstäbe sind Rechenbretter mit gegeneinander verschiebbaren, logarithmisch eingeteilten Skalen, für die sich der Ausdruck Rechenschieber eingebürgert hat. [UJ]

668
Georg Christoph Lichtenberg:
Von dem Nutzen, den die Mathematik einem Bel Esprit bringen kan.
In: Hannoverisches Magazin 1766, vom 4. August, Sp. 981-992.
Göttingen, Niedersächsische Staats- und Universitätsbibliothek, 8° Scr. var. arg. II, 2993 a
In Lichtenbergs Wissenschaftssystem nahm »die gewisseste und zuverlässigste aller menschlichen Wissenschaften« (SB 1, J 103), die Mathematik, besonderen Rang ein; als er 1791 klagte (SB 1, J 938), es »regt sich in meiner ganzen Gedanken-Ökonomie etwas, das ich noch nicht recht beschreiben kann [...] Nämlich ein außerordentlich[es] fast zu schriftlichen Tätlichkeiten übergehendes Mißtrauen gegen alles menschliche Wissen«, da setzt er ausdrücklich fort: »Mathematik ausgenommen«. Schon in seinen ältesten Aufzeichnungen hatte er die Meinung vertreten, es sei »gewiß eine sorgfältige Betrachtung der Natur, oder auch die Mathematik das sicherste Mittel wider Raserei«. (SB 1, A 111) Aber eine Einschränkung machte er doch: »Die Mathematik ist eine gar herrliche Wissenschaft, aber die Mathematiker taugen oft den Henker nicht« (SB 2, K 185). Bei *Von dem Nutzen [...]* handelt es sich um eine der frühesten gedruckten Arbeiten Lichtenbergs, um die ironische Beweisführung, daß die Mathematik zu mehr gut sei als bloß zum Rechnen; ihre

bezahlt und dies für alle natürlichen Zahlen *n* der Fall ist. Fragt man also nach dem Betrag, den »B« vor dem Spiel an »A« zu entrichten hat, damit dieser im Mittel weder Verlust noch Gewinn macht, so lautet die Antwort, daß dies eine unendliche Quantität Geld ist.

Dieses Resultat war nicht zu akzeptieren, obwohl es mathematisch korrekt ist.[3] George Louis Leclerc Buffon (1707-1788) und andere schlugen nun die natürliche Modifikation vor, nach der das Kapital beschränkt ist. So beträgt dann zum Beispiel für einen Betrag von einer Million Dukaten der Erwartungswert von »B«:

$$E_m = 1 \cdot \frac{1}{2} + 2 \cdot \frac{1}{2^2} + 2^2 \cdot \frac{1}{2^3} + \cdots + 2^{19} \cdot \frac{1}{2^{20}} + 10^6 \cdot \left(\frac{1}{2^{21}} + \frac{1}{2^{22}} + \ldots\right) \approx 10{,}95$$

Bei diesem abgeänderten, mehr an der Realität orientierten Modell verschwindet also das »Paradoxon«! Es ist erstaunlich, daß einige der hervorragendsten Köpfe der damaligen Zeit nicht von der Modellbildung abgingen, daß einem Spieler unendlich viel Kapital zur Verfügung stehen kann. Noch erstaunlicher sind aber die Theorien und Erklärungsversuche, welche angeführt wurden, um den scheinbaren Widerspruch zu lösen:

Die Erklärungsversuche

In seinem Aufsatz erkannte Lichtenberg, daß die angewandte Mathematik wie auch die Naturwissenschaften Modelle bilden, welche die reale Welt möglichst gut beschreiben sollen. Die Diskrepanz zwischen Wirklichkeit und Modell läßt er aber als solche stehen und empfindet sie als unabwendbar: »Er abstrahiert sich von dieser Welt eine eigne [...] Wenn also der Mathematikverständige aus seinem System auf das unsrige schließt, so muß er allemal Unterschiede bemerken«. (SB 3, S. 9)

Lichtenberg nimmt nun den Vorschlag von Daniel Bernoulli und Gabriel Cramer (1704-1752) auf, nach dem subjektives Wertempfinden in der Rechnung eine Rolle spielen sollte: Aus der Sicht von »B« ist als größte Auszahlung eine abstrakte, aber *endliche* Zahl gegeben, da es für ihn keinen Unterschied macht, ob er z. B. 10 oder 20 Millionen gewinnt. »Zwanzig Millionen Taler machen mich zwar noch einmal so reich, als zehen Millionen, aber nicht noch einmal so glücklich«. (SB 3, S. 11 f.) Die Gewinnhoffnung ist bei dieser Betrachtung also abhängig von dem Kapital, welches »B« schon vor dem Spiel zu Verfügung steht.

Weiter untersuchte Lichtenberg die Lösungsversuche von Jean le Rond d'Alembert (1717-1783) und Nicolas de Beguelin (1714-1789), welche in seinen Augen aber zu Recht keine Gnade fanden. Der berühmte Physiker d'Alembert sah die Rechnung falsch durchgeführt, da er glaubte, daß nicht alle möglichen Fälle beim wiederholten Werfen einer Münze gleich wahrscheinlich sind. Diese falsche Modellbildung lag auch zugrunde, als er in einem Artikel der *Encyclopaedia Britannica* von 1754 angab, daß die Wahrscheinlichkeit für genau einen »Kopf« beim Wurf zweier Münzen $^{1}/_{3}$ sei. Die Theorie von Beguelin, nach der es wahrscheinlicher ist, »Kopf« zu werfen, nachdem mehrmals hintereinander »Zahl« kam, wird ebenfalls abgewiesen »[...] als daß es zu wünschen wäre, daß solche Beweise ganz unterlassen würden«. (SB 3, S. 19)

Lichtenberg hatte also durchaus die richtige Auffassung von Wahrscheinlichkeit. Die Einsicht von Pringsheim, daß dieses Paradoxon gar keines ist, blieb ihm nur deshalb verwehrt, da er sich mit der Diskrepanz zwischen Theorie und Realität abfand und kein besseres Modell suchte.

1 Gábor Székely: *Paradoxes in Probability Theory and Mathematical Statistics*. Dordrecht, Boston, Lancaster, Tokyo 1986, S. 27. – Paul Hahn: *Georg Christoph Lichtenberg und die exakten Wissenschaften*. Göttingen 1927.

2 Georg Christoph Lichtenberg: *Betrachtungen über einige Methoden, eine gewisse Schwierigkeit in der Berechnung der Wahrscheinlichkeit beim Spiel zu heben*. Göttingen 1770. (Zit. nach SB 3, S. 9-23, hier S. 10 f.) – Der * verweist auf folgende Fußnote Lichtenbergs: »Die Bezeichnung, welche ich hier gewählt habe, hat beiläufig noch den Nutzen, daß, wenn endlich die 1 fällt, sie mit allen den 0, die vorher fielen, zusammen geschrieben, nach der Leibnizischen Dyadik die Taler zählt, welche A bezahlen muß, hingegen gibt ihr Wert, mit 2 dividiert, den Einsatz des B für soviel Würfe, und damit multipliziert, die Menge aller möglichen Fälle, die in soviel Würfen vorkommen konnten.«

3 Für eine ausführliche stochastische Analyse sei verwiesen auf: William Feller: *An Introduction to Probability Theory and Its Applications*. New York 1969. Vol. I.

Sprache sei sehr geeignet, in die Konversation aufgenommen zu werden. [UJ]

669
Georg Christoph Lichtenberg:
Rede der Ziffer 8 am jüngsten Tage des 1799ten Jahres im großen Rath der Ziffern gehalten. Die Nulle, wie gewöhnlich, im Präsidenten-Stuhle.
In: Göttinger Taschen Calender für 1799, S. 83-111.
Darmstadt, Hessische Landes- und Hochschulbibliothek, Zs 2841
Einer der witzigsten Kalenderaufsätze Lichtenbergs, in dem er die echten oder eingebildeten Leistungen des scheidenden Jahrhunderts zu betrachten: Im Parlament der Ziffern verläßt die Acht ihren Platz in den Einern für zehn Jahre (in der Hunderterreihe wird sie schon zwei Jahre später wieder erscheinen) und reflektiert ihre eigene Rolle und die ihrer zuhörenden und sehr parlamentarisch reagierenden Schwestern: »Die Nulle, wie gewöhnlich, im Präsidenten-Stuhle«. [UJ]

670
Georg Christoph Lichtenberg:
Betrachtungen über einige Methoden, eine gewisse Schwierigkeit in der Berechnung der Wahrscheinlichkeit beym Spiel zu heben. Nebst einer Anzeige seiner Vorlesungen.
Göttingen: [Dieterich] 1770.
23 S. 4°
20,7 × 17,2 cm
Göttingen, Niedersächsische Staats- und Universitätsbibliothek, 8° Math. II, 10073
Antrittsvorlesung, die wahrscheinlich nie gehalten wurde. Lichtenberg interpretiert zwei Formeln aus dem Gebiet der Wahrscheinlichkeitsrechnung, die im 18. Jahrhundert die Mathematiker als »Petersburger Problem« vielfach beschäftigten. Dabei geht es um die Berechnung der Gewinnchancen zweier Spieler, die eine Münze werfen. Im Nachruf auf seinen ehemaligen Schüler sagt Abraham Gotthelf Kästner 1799: »Durch diese erste öffentliche Probeschrift bewies Lichtenberg, welche Anlagen er hatte, Dinge, die an sich dunkel sind, einem gesundem Auge deutlich darzustellen.« (SB 3, Kommentar, S. 7) [SS]

Horst Zehe

»Der gute Kopf leuchtet überall hervor«

Lichtenbergs Reaktion auf Goethes Beiträge zur Optik

671
Johann Christian Baumann (1711-1782):
Modell des menschlichen Auges.
Holz, Glas, Messing, vor 1782.
Durchmesser: 12 cm
Universität Göttingen – Erstes Physikalisches Institut (Göttingen, Städtisches Museum), H 94
Das vom Göttinger Universitäts-Optiker Baumann hergestellte Modell demonstriert die Wirkung der Brille bei Fehlsichtigkeit. Anstelle der Netzhaut ist eine Mattscheibe eingesetzt. [GB]

672
Isaac Newton (1642-1727):
Opticks. London 1704.
Göttingen, Niedersächsische Staats- und Universitätsbibliothek, 4° Phys. III, 2200 Rara
»Wie wäre es, wenn man am besten damit auskäme, beide Theorien des Lichts, die Newtonische und die Eulerische, zu vereinigen?« (SB 2, K 360) »Es kann bei einem so verwickelten Streite, wie der über die Theorie des Lichts, wo Newton und Euler an der Spitze der Parteien stehen, nicht mehr schlechtweg die Frage sein, was ist hierin wahr? sondern, welche Erklärungsart ist die einfachste? Durch das Einfache geht der Eingang zur Wahrheit.« (SB 2, K 361)

Als Goethe im Mai 1792 seine *Beiträge zur Optik*[1] nebst zugehörigem Material an Lichtenberg schickt,[2] hofft er noch, die Physiker möchten sich durch bloßen Augenschein von der Unzulänglichkeit der Newtonischen Lehre überzeugen; da er aber auch glaubt, daß sich schon oft »scheinbare Hypothesen in der Vorstellung der Menschen festsetzten, sich lange darin behaupteten und nur durch ein ungeheures Übergewicht von Erfahrungen endlich verbannt werden konnten«,[3] sucht er nach Verbündeten, und da sind ihm die besten gerade gut genug.

Lichtenbergs Antwort ist nicht überliefert; aus Goethes Brief vom Juni 1792 kann man aber schließen, daß sie über Artigkeiten und freundliche Ermunterung nicht hinausgegangen ist (Bw 3, Nr. 2109). Wahrhaft interessiert zeigt sich Lichtenberg erst, nachdem er im September 1793 Goethes Manuskript über die farbigen Schatten[4] gelesen hat. Lichtenberg verknüpft Goethes Beobachtungen mit einer Frage, die ihn schon lange interessiert: »wie sehr sich das Urteil in unsere Empfindungen mischt« (SB 2, D 739), vor allem »in die Schätzung der Farben« (SB 2, D 769), und bringt die farbigen Schatten in Zusammenhang mit Franklins Beobachtung des farbigen Sukzessivkontrastes.[5] Kurz, Lichtenbergs Interesse ist geweckt, und er verspricht Goethe – »so viel es die Umstände verstatten« – an den Untersuchungen mitzuarbeiten. (Bw 4, Nr. 2303)[6]

Goethe antwortet beinahe postwendend, ein deutliches Zeichen, wie sehr ihn »Lichtenbergs Teilnehmung [...] freut und fördert«.[7] Mehr noch beweist der Inhalt von Goethes Brief, wie stimulierend die Anteilnahme des von ihm geschätzten Physikers für seine Arbeit ist. Er versichert, daß ihm Lichtenbergs »Bedenklichkeiten [...] von dem größten Gewichte sind«, (Bw 4, Nr. 2305)[8] er greift dessen Anregungen auf und weitet die Untersuchungen aus: Die Verwandtschaft zwischen den Erscheinungen der farbigen Schatten und denen der »couleurs accidentelles«[9] drängen sich ihm nun förmlich auf; beide scheinen gleichen Gesetzen zu folgen. Doch sieht er letztlich nicht mehr als »eine Übereinstimmung verschiedener Erfahrungen deren Mannichfaltigkeit wir durch die Sinne erkennen; deren Uebereinstimmung aber wir mit dem Verstande nicht begreifen, viel weniger in Worten ausdrucken können«. (Bw 4, Nr. 2305)

Lichtenbergs Antwort läßt auf sich warten. Aber er hätte ja nun seinerseits – wie versprochen – erst einmal die Untersuchungen fortsetzen müssen. Seine Verpflichtungen als akademischer Lehrer, seine wissenschaftliche Korrespondenz und seine stark angegriffene Gesundheit mögen ihn daran gehindert haben. Aber warum hätte der Gedankenaustausch über diese Fragen nicht fortgesetzt werden sollen? Lichtenberg ist an den farbigen Schatten, denen er zuweilen nachläuft »wie ehmals als Knabe den Schmetterlingen« (Bw 4, Nr. 2303), auch weiter interessiert; nur kommen die Anregungen nicht mehr von Goethe, sondern von Rumford:[10] »Die Versuche des Grafen Rumford über die Farben verdienen die größte Aufmerksamkeit«, notiert er sich (SB 2, L 813): »Es scheint da etwas Neues vor der Tür zu sein«.[11] In den Briefen zwischen Goethe und Lichtenberg ist zu dieser Zeit von Farben nicht mehr die Rede.

Goethe hatte Lichtenberg zugesagt, ihm die Resultate seiner weiteren Untersuchungen vorzulegen (Bw 4, Nr. 2305). Er tat dies im Dezember 1793 – aber nicht mit Neuigkeiten über die »zufälligen Farben« und die farbigen Schatten, sondern mit dem »Versuch die Elemente der Farben zu entdecken«, der als vierter Teil der *Beiträge* gedacht war.[12] Schon in seinem Brief vom Oktober hatte er bemerkt, Lichtenbergs Auffassung vom Weiß scheine ihm »der Lehre gemäß zu seyn, welche das Weiß aus vereinigten Farben entstehen läßt.« Und er hatte angekündigt: »Ich behalte mir vor, meine Vorstellungsart hierüber vorzulegen und Ihrer Prüfung zu unterwerfen« (Bw 4, Nr. 2305). Dies geschieht nun im *Versuch*, wo Goethe in den letzten Abschnitten unter dem Titel »Übergang zur Streitfrage« gegen Newtons Lehrsatz, daß »die weiße und alle grauen Farben zwischen Weiß und Schwarz [...] aus Farben zusammengesetzt werden« können,[13] kategorisch bemerkt: »Ich artikuliere also hier wiederholt, daß die Newtonische Proposition falsch und kaptiös gestellt, auch von ihm keineswegs durch Experimente erwiesen worden«.[14]

Lichtenberg hat das Manuskript am 2. Januar 1794 erhalten, aber bis zum 18. April wohl noch keinen Blick hineingeworfen. An diesem Tage schreibt er an Oluf Christian Olufsen, der im Begriffe steht, nach Weimar abzureisen: »HE. v Göthen sagen Sie ja nicht, daß ich sein leztes M[anu]s[kri]pt nicht gesehen hätte, denn ich habe es diesen Morgen würklich gelesen, und werde ihm, wills Gott noch in den Ferien einige Bemerckungen schicken.« (Bw 4, Nr. 2364) Und mit diesem Versprechen vertröstet er auch Goethe selbst (Bw 4, Nr. 2363), der ihn am 9. Juni 1794 vergebens daran erinnert: »Wenn es ihre Zeit erlaubt, so haben Sie ja die Güte mir mit Ihren Bemerckungen über meinen letzten Aufsatz zu helfen. Seyn Sie nur versichert daß ich jede Art von Recktification und Widerspruch vertragen kann.« (Bw 4, Nr. 2392)

Wie gut Goethe »Recktification und Widerspruch« bei seiner Farbenlehre vertragen hat, läßt sich durch eine Fülle von Zeugnissen belegen: Er hat an keinem seiner Kritiker ein gutes Haar gelassen. Im Jahr zuvor hatte Lichtenbergs Hallenser Kollege Friedrich Albrecht Karl Gren in seinem *Journal der Physik* Goethes *Beiträge* überaus wohlwollend rezensiert, zugleich aber gezeigt, daß die Erklärung der von Goethe beschriebenen Erscheinungen nicht nur »ganz und gar in Newtons Theorie der Farben und der Brechbarkeit des Lichtes gegründet ist«, sondern daß Newton »auch die Erklärung davon schon gegeben« hat.[15] Goethe hat diese Art von Rektifikation für wert erachtet, »um darüber im Narrenturme zu disputieren«.[16] Darf man annehmen, daß er auf Lichtenbergs Einwände anders reagiert hätte? Oder glaubte er, sich ausgerechnet mit Lichtenberg, »vom Gesetz erlöst«, einer »evangelischen Gemeinschaft erfreuen« zu können?[17] Wollte er mit ihm gemeinsam »das ekelhafte Newtonische Weiß«[18] verfolgen? – Goethe hat immer gehofft, daß ihm bei seiner Farbenlehre »vorurteilsfreie Mathematiker« zu Hilfe kommen möchten, war ihm doch zumindest in späteren Jahren bewußt, daß »sich [...] gewisse Punkte deutlich genug ergeben, wo die Beihülfe der Meßkunst wünschenswert sein würde«. Wobei er es für »des geistreichen Mathematikers Geschäft« hielt, »selbst aufzusuchen, wo denn die Farbenlehre seiner Hülfe bedarf«.[19] Hatte er solche Hilfe von Lichtenberg erwartet? Zu Goethes Absicht, den *Versuch* Lichtenberg zur Prüfung vorzulegen, hatte Karl Ludwig von Knebel bemerkt: »Allerdings aber ist es gut, daß Du einen Mann zum Beistand erwählet hast, der die einmal angenommene Wissenschaft mit allen Kautelen zu verteidigen weiß«.[20]

Aber Lichtenberg hat, trotz allem Mißtrauen gegenüber Hypothesen, an der Newtonischen vom Lichte stets festgehalten. Er glaubt zwar, »daß wir über die eigentliche Natur des Lichts wenig wissen«, sagt aber zugleich: »allein wenn man einmal über

673
Thevelott (pinx. & lith.):
Samuel Thomas von Soemmerring (1755-1830).
Lithographie, um 1820. 41 × 56 cm
Darmstadt, Hessische Landes- und Hochschulbibliothek, Kartensammlung, Portr. 185
Der bedeutende Anatom und medizinische Schriftsteller – der entschieden darauf Wert legte, seinen Namen nicht mit ›ö‹ geschrieben zu sehen – wurde 1778 in Göttingen zum Doktor der Medizin promoviert. Er begann seine Karriere, die ihn später nach Mainz, Frankfurt und München führte, als Professor der Anatomie am Carolinum in Kassel. Dort sezierte er unter anderem den Elefanten, an dessen Schädel Goethe den Zwischenkieferknochen entdeckte. Mit Lichtenberg wurde er 1779 näher bekannt, als er einen Beitrag zum *Göttinger Taschen Calender* lieferte. Es entwickelte sich, wie die Korrespondenz zeigt, eine intime, lange Freundschaft. [SO]

674
Samuel Thomas Soemmerring (1755-1833) (Hrsg.):
Adams, Büsch und Lichtenberg über einige wichtige Pflichten gegen die Augen. Frankfurt a. M.: Varrentrapp und Wenner 1794. 51 S.
Darmstadt, Hessische Landes- und Hochschulbibliothek, S 4939
Lichtenberg an Samuel Thomas Soemmerring, 5. Juni 1795: »Es freut mich sehr, daß das Tracktätchen über die Augen so vielen Beyfall erhält, und daß es Nutzen stifftet. Ich wüßte aber jezt nichts hinzuzusetzen, wenigstens nichts was Sie, theuerster Freund, nicht unendlich viel besser könnten. Ich glaube aber, es wird fast am besten seyn, wenn es nicht zu gelehrt und auch nicht zu weitläufftig wird«. (Bw 4, Nr. 2535, S. 462)

675
Delaval Edward Hussey (1729-1814) und Lorenz Crell (1744-1816) (Übers.):
Versuche und Bemerkungen über die Ursache der dauerhaften Farben undurchsichtiger Körper. Aus dem Englischen übersetzt; nebst einer Vorrede von Dr. Lorenz Crell. Berlin und Stettin: Friedrich Nicolai 1788.
Darmstadt, Hessische Landes- und Hochschulbibliothek, 33/3766
Lichtenberg an Lorenz Florens Friedrich Crell, vor November 1786: »Die Erklärung der Entstehung der permanenten Farben in den Körpern hat ungemeine Schwierigkeit. Es giebt, so viel ich weis, keine Theorie, die alle Erscheinungen dabey gleich leicht erklärte. Man muß sich am Ende immer mehr oder weniger Zwang anthun, und da ist allemal die Frage: ist die Schwierigkeit in den leichteren Fällen nicht etwa blos versteckt?« (Bw 3, Nr. 1482)

676
»6-zöllige« Sammellinse aus grünlichem Glas.
18. Jahrhundert. Durchmesser: 13 cm (ohne Rahmen).
Universität Göttingen – Erstes Physikalisches Institut (Göttingen, Städtisches Museum), H 104
Aus Lichtenbergs Sammlung.
Obwohl das Glas einen guten Schliff hat, ist es voller Schlieren und Bläschen. Die Herstellung optisch reinen Glases für Linsen – Bläschen und Schlieren verzerren den betrachteten Gegenstand – ist schwierig. Optische Gläser sind bis heute Spezialanfertigungen, wobei die Zusammensetzung der Glasmasse eine große Rolle spielt. Eine entsprechende Anfrage Anton Christian Friedrich Amelungs beantwortet Lichtenberg am 22. September 1788: »[...] auch will ich ihn [Johann Friedrich August Goettling, Arzt und Chemiker in Weimar] wegen des leichtesten Glases befragen. Doch da Sie so schöne Anstalten zu Versuchen gemacht haben, so sind Sie der Mann, der dieses am besten beantworten kan, wenn Sie nach der Reihe eine Menge von Erden und Steinen versuchen und zwar nach verschiedenen Verhältnissen, und dabey nicht blos auf die specifische Schweere, sondern auch auf die Brechung und Farben Zerstreuung sehen. Das beste Flintglas zu den Fernröhren, viel besser als das englische, erhielt [Johann Ernst] *Zeiher* [Arzt und Mathematiker] aus Mennig, Kiesel Erde und etwas Feuerfestem Laugensaltz. Die Verhältnisse weiß ich nicht.« (Bw 3, Nr. 1628, S. 567) [SS]

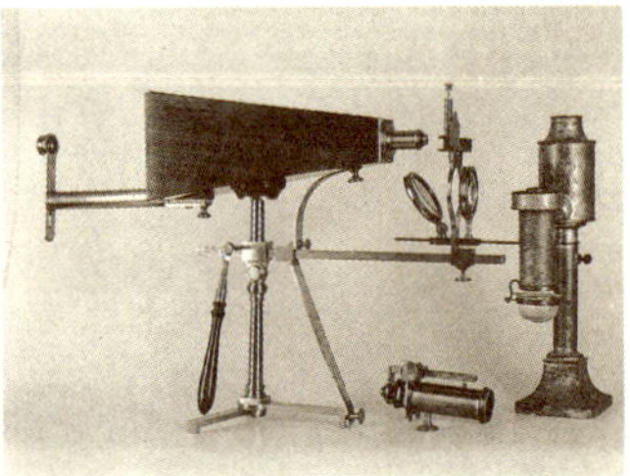

677
George Adams (1750-1795):
Lampenmikroskop.
Projektionskasten: Mahagoniholz, 1787. Länge: 33,6 cm
Darmstadt, Hessisches Landesmuseum, Physikalische Sammlung, 57/135
George Adams d. Ä. (1710-1773) und seine Söhne George und Dudley waren führende Instrumentenbauer des 18. Jahrhunderts in London. Aus ihrer Werkstatt stammen nicht nur zahlreiche Mikroskope nach Nicholas Culpepper, John Cuff, Richard Martin und anderen, sondern auch eigene Entwicklungen wie dieses Lampenmikroskop. Die bis dahin bekannten mit Tageslicht arbeitenden Sonnenmikroskope waren stark wetterabhängig, abends konnten sie gar nicht benutzt werden. Das von Adams 1787 zuerst der Öffentlichkeit vorgestellte, später in großer Stückzahl gebaute Lampenmikroskop dagegen war zu jeder Zeit einsetzbar. Wegen seiner hohen Lichtstärke – erreicht durch die Verwendung der 1783 erfundenen Argand-Lampe und eines überstarken Kondensators – war es auch als Mikroprojektor einsetzbar und damit zu Lehr- und Demonstrationszwecken besonders geeignet. Mit einem Preis von 21 £ war das Lampenmikroskop von Adams eines der teuersten optischen Geräte seiner Zeit. [KH]

678
Prisma.
Glas, 18. Jahrhundert.
Länge: 17,5 cm
Universität Göttingen – Erstes Physikalisches Institut, H 96

679
John Dollond (1706-1761):
Flintglasprisma auf Stativ.
Glas, Holz, um 1760. Breite des Gestells: 20 cm
Universität Göttingen – Erstes Physikalisches Institut, H 95

680
Prismen.
Holzkasten mit 14 verschiedenen, davon 4 farbigen Glasprismen.
Eichenholz, Glas, Metall, 18. Jahrhundert. Kasten: 6 × 21 × 32 cm
Darmstadt, Hessisches Landesmuseum, Physikalische Sammlung, 58/71

681
Tobias Mayer (1723-1762):
Farbpyramide, 1775.
9 × 10 cm (Bild), 16,5 × 14 cm (Blatt)
Göttingen, Niedersächsische Staats- und Universitätsbibliothek, Cod. Ms. Tobias Mayer 15,24 (Bl. 1)
Bei der Edition der *Opera Inedita* des Göttinger Astronomen Tobias Mayer sen. (1723-1762) hatte Lichtenberg auch eine Abhandlung in Mayers ihm übergebenen Nachlaß gefunden: *De affinitate colorum.* Es handelt sich dabei um den Versuch, den Zusammenhang und die Mischung von Farben nach Art von Koordinaten in einem Dreieck zu systematisieren. Dazu hatte Mayer selbst mit einem solchen Dreieck experimentiert. Lichtenberg nahm einen Kupferstich davon in den von ihm besorgten ersten Band der Werke auf. Über das Farbendreieck schrieb er an Johann Heinrich Lambert, 1. März 1774: »Mayer hat bey seiner Vorlesung einen ausgemahlten Triangel vorgewiesen, den ich jezt, wiewohl sehr beschädigt, vor mir habe. Die Farben hat er nicht etwa in den gezeichneten Triangel mit dem Pinsel eingetragen, sondern jedes Fach ist ein kleines aus dickem Papier geschnittnes Sechs-Eck, das besonders aufgeklebt ist. Vermuthlich hat er also grösere Stücken Papier auf einmal gefärbt, und die besten Stellen herausgenommen, welches Verfahren mir sehr gefällt, weil man, gantz ungebunden, noch mit dem Augenmaaß richten kan, was die Waage vielleicht richtig gegeben, aber das Aufstreichen oder das Papier wieder verdorben hat. Seine Farben sind alle sehr klar, und sehen aus als wenn ihnen durch wiederholtes Anstreichen der Grad der Stärcke gegeben worden wäre. [...] Von den 91 Fächern, woraus der Triangel besteht sind 20 verlohren und mir gar nicht abgeliefert worden.« (Bw 1, Nr. 239, S. 438 f.) [UJ]

682
Tobias Mayer (1723-1762) und Georg Christoph Lichtenberg
Probeabzug der Kupfertafel der Farbpyramide, 1775.
Kantenlänge des Dreiecks: 14,5 cm
Göttingen, Niedersächsische Staats- und Universitätsbibliothek, Cod. Ms. Tobias Mayer 15,24 (Bl. 1)
Um allen etwaigen Vorwürfen zu entgehen, legte Lichtenberg dem Originaldreieck dieses Blatt bei; es ist ein Probeabzug der Kupfertafel für die *Opera Inedita I*, auf den er notierte: »Als ich den Mayerschen Triangel in meiner Verwahrung hatte, so fehlten diejenigen bemahlten SecksEcke die ich hier schwartz unterstrichen habe. GCL.« [UJ]

683
Johann Wolfgang Goethe (1749-1832):
Versuch die Elemente der Farbenlehre zu entdecken.
Handschrift, 26 Bl. beschnittene Kanzleibogen, in 3 Lagen geheftet. 32,3 × 20 cm
Göttingen, Niedersächsische Staats- und Universitätsbibliothek, Cod. Ms. Licht. VI, 44
Am 29. Dezember 1793 schickte Goethe ein Manuskript an Lichtenberg, das er ursprünglich als 4. Stück der *Beyträge zur Optik* vorgesehen hatte. Dieser »Versuch« ist in mehrfacher Hinsicht ein Einschnitt; in ihm gebraucht Goethe erstmalig den Ausdruck »Farbenlehre«; hier ordnet er erstmals die Farben in einem Farbkreis an. Dabei ging er von nur zwei reinen Farben aus, Gelb und Blau, die sich beide zu Rot und Violett steigern ließen und zu Grün vermischt werden können.

Im Abschnitt »Übergang zur Streitfrage« beginnt die Polemik gegen Isaac Newton, vor allem gegen dessen Auffassung von Schwarz, Weiß und Grau. Für Newton wie für die moderne Physik unterscheidet sich Grau von Weiß nur im Helligkeitsgrad, nicht in der Qualität; Goethe hält dagegen: »Das Weiße kann nie Schwarz, das Schwarze nie weiß werden«. [UJ]

684
Johann Wolfgang Goethe (1749-1832):
Über die Versuchsanordnungen mit den farbigen Schatten.
Brief an G. C. Lichtenberg, 11. Mai 1792.
Diktierter Brief mit eigenhändiger Schlußformel und Unterschrift.
Düsseldorf, Goethe-Museum, NW 1565/1977
Transkription:
»Wohlgebohrner!
Hochgeehrtester Herr!
Könnte es Ew. Wohlgeb[oren] bekannt seyn, wieviel ich Denenselben in dem Studio der Naturlehre schuldig geworden, so müßten Sie es ganz natürlich finden, daß ich eine Gelegenheit ergreife Ihnen dafür Dank zu sagen.
Die Achtung die ich für Dieselben hege, läßt mich zugleich den lebhaften Wunsch empfinden, daß meine Beyträge zur Optik Ihnen nicht uninteressant scheinen mögen.
Ew. Wohlgeb[oren] erhalten durch einen Fuhrmann ein Kästchen, dessen Inhalt auf dem beyliegenden Blatte [nicht überliefert] bezeignet ist, und ich wünsche demselben eine gütige Aufnahme.
Da die Versuche, welche ich in meinem ersten und zweyten Stücke der optischen Beyträge den Liebhabern der Naturlehre empfehle, sich alle auf einen einzigen Hauptversuch zurückführen lassen und in einer Reihe betrachtet lehrreich sind, wenn sie einzeln genommen den Beobachter mehr verwirren können, so sind die kleinen überzogenen Gestelle bequem sie im Ganzen zu übersehen, und die mannigfaltigen Verhältnisse und Verbindungen mit Einem Blicke zu beobachten.
Wenn Ew. Wohlgeb[oren] sie in Ihrem Musäo aufzustellen für werth halten, so wird es mir zum größten Vergnügen gereichen. Sie erlauben mir, daß ich Denenselben so wie ich fortfahre, weiter von meinen Arbeiten Rechenschaft gebe.
Es ist meine Absicht, diese Kleinigkeiten Ihnen auf keine Weise lästig seyn mögen. Es hat, daher der Fuhrmann, wie sein Frachtbrief besagt, Ihnen dieselben völlig frey zu überliefern.
Ich empfehle mich Ew. Wohlgeb[oren] geneigtem Andenken und wünsche zu hören, daß Sie sich recht wohl befinden. Ew. Wohlgeb[oren]
ergebenster
Goethe. Weimar
den 11ten May 1792.«

685
I. F. Rose:
Laterna-magica.
Weißblech, Tannenholz. Kasten: 11 × 7 × 15,5 cm; Laterne: 10 × 5,5 × 18 cm
Darmstadt, Hessisches Landesmuseum, Physikalische Sammlung, 58/53 o. 58/89
»Jetzt bin ich an der Laterna magica und sehe ihr mit Begierde entgegen.« (An Johann Andreas Schernhagen, 23. August 1784, Bw 2, Nr. 1294) – Bereits im Juli hatte Lichtenberg, der selbst keine Laterna Magica besaß, Johann Daniel Ramberg in Hannover gebeten, ihm sein Gerät zu leihen, damit er es im Collegium vorführen könne. Offensichtlich fand Lichtenberg an diesem optischen ›Spielwerk‹ – wie überhaupt an der Optik – wenig Gefallen. Ins Sudelbuch jedenfalls notierte er sich: »[...] in [die] Physik gehört es nicht« (SB 2, L 859). [SO]

686
12 Laterna-magica Bilder.
Tannenholz, Papier, Glas, nach 1790. Kasten: 4,5 × 7 × 25 cm; Bildstreifen: 5,5 × 23,5 cm
Darmstadt, Hessisches Landesmuseum, Physikalische Sammlung, 58/56
Dargestellt werden neben historischen Persönlichkeiten wie Friedrich II. von Preußen, Kaiserin Maria Theresia, Kaiser Joseph II., Kaiser Leopold II., König Ludwig XVI., Robespierre, Rousseau und Voltaire – eine Reihe von ›grusligen‹ Gespenstern. Das *Journal des Luxus und der Moden* (1796, S. 427-428) berichtet: »Das ganze Schauspielhaus wurde durch Verlöschung aller Lichter verfinstert und dumpfe Donner rollten fürchterlich daher. Das Vorgefühl der Geistererscheinungen ward rege gemacht. Schaudern ergriff den Furchtsamen, und Geister ließen sich sehen. Zuerst eine transparente Figur, welche durch die Laterna Magika bewirkt wurde, [...] dann ein Schatzgräber mit einer Laterne, welcher einen Schatz heben wollte, dabei auf einen Todtenkopf stieß, darüber erschrack, und beim Anblick eines Geistes, der aus der Erde hervorstieg, schnell davon flohe. [...] Dann zeigt sich in der Ferne ein heller Stern; [...] und aus ihm entwickelt sich das sehr ähnliche Bild Friedrichs des zweyten, in seiner gewöhnlichen Kleidung und Haltung, also nicht als Geist. Das Bild wird immer größer, kommt immer näher, bis es dicht vor dem Orchester in Lebensgröße zu stehen scheint. Der Eindruck, den diese Erscheinung in dem Parterre und den Logen machte, war auffallend. Das Klatschen und Jauchzen unaufhörlich. Da Friedrich sich zu seinem Sterne zurück zu ziehen anfing, riefen viele: ›o bleibe bey uns!‹ Er ging in seinen Stern zurück, aber auf das laute Ancorarufen mußte er noch zweimal wieder kommen. Joseph der II., der nun erschien, wurde nicht zurückgerufen.« [SO]

687
17 Laterna-magica Bilder.
Glas, Holz, Messing, um 1762. Karton: 10 × 27 × 47 cm
Darmstadt, Hessisches Landesmuseum, Physikalische Sammlung, 60/137
1. Sechs in Ahornholz gefaßte Glasstreifen mit aufgemalten Bildern zu den Fabeln von La Fontaine; 2. ein einzelner Schieber mit fünf handgemalten Götterbildern aus der griechischen Mythologie; 3. sieben einzelne Gruselbilder in schwarze Tannenholzbrettchen eingelassen, bei denen sich zum Beispiel ein Skelett aus dem Sarg erhebt, bei dreien sind Bewegungsvorrichtungen vorhanden; 4. drei teilweise zerbrochene Glasstreifen, die in ein Aktenstück von 1762 eingewickelt sind. [SO]

688
Samuel Gottlieb Hofmann (1726-1801):
Camera obscura.
Holz, rot gebeizt, teils mit farbigem Papier beklebt, Leipzig, 18. Jahrhundert. Holzkasten zur Verwahrung: 19 × 46 × 51 cm, Apparat aufgestellt in ganzer Höhe mit Spiegel: 88 × 41 × 46 cm

Mit handschriftlicher Gebrauchsanweisung vom Hersteller
Darmstadt, Hessisches Landesmuseum, Physikalische Sammlung, 57/30
Die Camera obscura bildet die Funktionsweise des Auges nach: Durch ein kleines Loch oder eine Linse fällt Licht in eine dunkle Kammer und bildet auf der Rückwand ein seitenverkehrtes, auf dem Kopf stehendes Bild der Außenwelt ab. Im 18. Jahrhundert diente die Camera obscura vor allem zur Beobachtung der Sonnenflecke. Oder man verwendete sie als Zeichenhilfe; die Rückwand wurde durch eine Mattscheibe ersetzt und das darauf projizierte Bild auf Papier durchgepaust – ein mühseliges und zeitraubendes Geschäft, das abzukürzen Lichtenberg 1773 folgenden Plan entwickelte: »Wenn man mit dieser Masse [aus zerriebenem ›Bononiensischem Stein‹ = phosphorhaltigem Spat] eine Platte überzöge [...] und brächte sie unter das Glas von einer Camera obskura, so würde, wenn alles recht fest stünde und die Gegenstände auch alle unbeweglich wären gewiß das Bild sich auf der Tafel abmahlen, daß man die Landschaft im dunckeln noch würde betrachten können. Ich gestehe dieses mögte ich wohl probiren, so bald ich nach Hamburg komme, so werde ich von der Masse etwas zu erhalten suchen. Dieses wäre zwar eine sehr vergängliche aber allemal merckwürdige Mahlerey. Wenn dieses angeht, so dürfte nur noch einer aufstehen und das Licht fixiren, so könte man an den Bilder Gallerien die Fenster zumauern und die Landschafftmahler, auch allenfalls die Porträtmahler könten zum Thore hinausgehen. Ist es nicht ärgerlich, wenn man nicht

gleich alles bey der Hand hat?« (An Johann Andreas Schernhagen, 16. August 1773, Bw 1, Nr. 190) Mehr als ein Vierteljahrhundert später, 1802, versuchte Thomas Wedgwood (der Großvater Charles Darwins) vergeblich, optische Bilder mit Hilfe einer Camera obscura aufzunehmen, er gilt damit als Erfinder der Photokamera. Erst dem Engländer Henry Fox Talbot gelang es 1839, mit Gallussäure ›Lichtbilder‹ auf Papier zu fixieren. [SO]

689

Samuel Gottlieb Hofmann (1726-1801):
Sonnenmikroskop.
Messing, Glas, Holzkasten, 1800.
14,8 × 26,1 × 16,2 cm
Darmstadt, Hessisches Landesmuseum, Physikalische Sammlung, 57/133
Zusatzgerät zur Camera obscura. Eine Drehplatte trägt einen Spiegel, der durch einen Zahnkranz mit Ritzel gedreht und durch einen Quadranten gehoben und gesenkt werden kann. Damit läßt sich der Spiegel so einstellen, daß der Sonnenstrahl auf die im Zentrum befindliche Sammellinse und (nach Zusammenbau des Geräts) auch auf das zu betrachtende Objekt fällt. Auf die dem Spiegel abgekehrte Seite wird die Messingröhre geschraubt, die das Objekt hält. Auf der anderen Seite kann dann eines der Vergrößerungsgläser eingesetzt werden. Das Bild kann entweder auf die Zeichenfläche einer Camera obscura oder, wenn das Mikroskop in den Fensterladen eines verdunkelten Zimmers eingesetzt ist, auf die gegenüberliegende Wand geworfen werden.
Das Gerät wurde 1789 für 126 Gulden angekauft. [KH]

seine Natur eine Sprache sprechen will, wäre es auch nur Bildersprache, so halte ich die Newtonische für die beste«. (Bw 3, Nr. 2028)[21]

Goethes Hoffnungen erfüllten sich also nicht: Lichtenberg zog es vor zu schweigen. Nur im Brief an Olufsen hat er sich – nach erster flüchtiger Lektüre – über Goethes *Versuch* geäußert: »Der gute Kopf leuchtet überall hervor«.[22] Und das ist auch die einzige überlieferte Bemerkung Lichtenbergs zu Goethes Kampf mit dem Newtonischen Drachen.

Für Goethe war dieses Schweigen kränkender als jede Kritik. »[. . .] von wem ließe sich wohl mehr Beyhülfe, Aufmunterung und Berichtigung erwarten«, hatte er im Oktober 1793 an Lichtenberg geschrieben, »so bald Sie den Gegenstand für wichtig genug halten ihm einiges Nachdenken zu widmen, *und den Forscher so werth, um ihm Ihre Gedanken mitzutheilen*«. (Bw 4, Nr. 2305; Hervorhebung H.Z.) Und Lichtenberg schwieg! Aber nicht der Hochmut des Gelehrten gegenüber dem Dilettanten hieß ihn schweigen. Sechs Jahre zuvor hatte er sich mit dem Gießener Georg Friedrich Werner in eine Debatte, »die Newtonische Lehre vom Licht betreffend«, eingelassen. In einem 21seitigen Brief, dessen Bedeutung weit über den gegebenen Anlaß hinausreicht, versuchte Lichtenberg, Werners Einwänden gegen Newtons Theorie im Detail zu begegnen. Die Antwort Werners zeigte Lichtenberg ein für alle Mal, wie fruchtlos der Versuch war, einen Enragé von seinen fixen Ideen kurieren zu wollen. »Er schrieb mir blos Wiederholungen seiner alten Behauptungen nur mit größerm Triumph«, notiert sich Lichtenberg. »Er hatte dabey den elenden Einfall, das Grab der Newtonischen Theorie vom Lichte zu *zeichnen* mit Grabstein und Inschrifft. Ein solcher Philosoph verdiente keine schrifftliche Antwort mehr, ich ließ ihm aber durch einen Freund sagen: Es wäre mir wenigstens angenehm, die Theorie, zu der ich mich bekennte, ehrlich auf dem Kirchhofe zu sehen, da aber die seinige noch, wie er sage, am Leben

Katalog-Nr. 690

wäre, so könne man nicht wissen, ob sie nicht noch einmahl gehenckt würde«. (Bw 3, Nr. 1641, S. 612)

Werners Theorie wird fortan für Lichtenberg zu einem Paradigma für Theorien, die eigentlich in ein »physikalisches Tollhaus, Bedlam oder Bicêtre« gehören (SB 2, J 1451). Und durch die Erfahrung mit Werner gewitzt, schien es Lichtenberg nach der Lektüre von Goethes »Übergang zur Streitfrage« wohl besser, nicht »weiter über diese Dinge zu schreiben und zu antworten.«[23]

Als Lichtenberg im Juli 1793 die abstruse Feuertheorie des Jenaer Professors Johann Heinrich Voigt rezensiert, kommt ihm bei der Betrachtung von Schaden und Nutzen solcher Theorien abermals der »physische enragé zu Gießen« in den Sinn:

»[...] ganz unschuldig sind diese Beschäftigungen wirklich nicht, sobald sich das Herz daran hängt und man sie für Wahrheit hält. Bekümmert sich niemand darum, so ist es kränkend, dieses ist der Fall mit dem Werner zu Gießen, einem wirklich guten Kopf. Er will jezt offensive gehen und weicht man ihm aus, so hoffe ich zu erleben, daß er alle Naturforscher förmlich für *alte Huren* und Aristokraten schimpft [...]. Findet man Widerspruch, so riskirt man die schönste Zeit seines Lebens mit Vertheidigung eines Traums unter allerley Aerger und Verdruß mit Arbeiten zu verliehren, wodurch wirklich der Wissenschaft wenig geholfen wird.« (Bw 4, Nr. 2279, S. 112)[24]

Denkt man an Goethes unselige Polemik gegen Newton und an seinen nutzlosen Streit mit den Physikern, so darf man den Namen Werner auch durch einen anderen ersetzen.

1 Der erste Teil der *Beiträge* erschien 1791, der zweite 1792. Goethe beschreibt dort die Phänomene, die an den Rändern weißer, schwarzer und farbiger Flächen entstehen, wenn man sie durch ein Prisma betrachtet; die Newtonische Theorie ist seiner Ansicht nach nicht imstande, diese Phänomene befriedigend zu erklären. Vgl. *Goethes Schriften zur Naturwissenschaft.* Weimar 1947 ff. (Leopoldina-Ausgabe = LA); Abt. I Texte, Abt. II Ergänzungen und Erläuterungen. Hier LA I 3, 6-53).

2 Lichtenberg hat »Des HE. Geh. Rath von Göthens Apparat zu Versuchen mit dem Prisma nebst den dazu gehörigen Schrifften« in seine Sammlung aufgenommen (vgl. Brief an Wilhelm Christian Eisendecher vom 13. August 1792, Bw 3, Nr. 2125). – Zum Verhältnis zwischen Goethe und Lichtenberg vgl. auch: Heinwig Lang: *Goethe, Lichtenberg und die Farbenlehre.* In: Photorin 6 (1983), S. 12-31.

3 LA I 3, 11 (§17).

4 Die farbigen Schatten gehören zu den Phänomenen des farbigen Simultankontrastes. Sie zeigen sich dann, wenn ein Schatten auf eine von farbigem Licht erhellte Fläche fällt, und dieser Schatten von einer zweiten Lichtquelle erleuchtet wird. Der so erhellte Schatten erscheint dann in der zur Farbe der Umgebung komplementären Farbe. – Auf die schon von Leonardo da Vinci und Otto von Guericke beobachteten Phänomene hatte 1743 Buffon (vgl. Anm. 7) wieder aufmerksam gemacht. Danach war eine ganze Reihe einschlägiger Arbeiten erschienen. Goethe kann in seiner als dritter Teil der *Beiträge zur Optik* gedachten Abhandlung zeigen (»unwiderleglich«, wie Lichtenberg sagt), »daß der blaue Schatten nicht vom blauen Himmel herkomme« (Bw 4, Nr. 2303), wie fast alle anderen glaubten; Goethe führt jedoch die Erscheinungen auf das Einwirken stärkeren oder schwächeren Lichts zurück und rechnet die farbigen Schatten unter die physischen (»apparenten«) Farben (LA I 3, 64-81); ihre physiologische Natur hat er erst später erkannt (LA I 4, 43-50).

5 Franklin hatte beobachtet, »that after looking long thro' green spectacles, the white paper of a book will on first taking them off appear to have blush of red; and after long looking thro' red glasses, a greenish cast« – Benjamin Franklin: *Experiments and Observations on Electricity [...].* London 1769, S. 470; vgl. dazu Lichtenbergs Notizen in SB 2, KA 222 und SB 2, A 227.

6 Brief an Johann Wolfgang von Goethe vom 7. Oktober 1793.

7 LA II 3, 69.

8 Johann Wolfgang von Goethe an Lichtenberg, Oktober 1793.

9 »Zufällige Farben«; so nannte Buffon die von ihm untersuchten Erscheinungen des Sukzessiv- und Simultankontrastes. Georges Louis Leclerc de Buffon: *Dissertation sur les couleurs accidentelles.* In: Histoire de l'Académie Royale des Sciences 1743 (1746), S. 147-158.

10 Benjamin Thompson, Count of Rumford: *An Acount of some Experiments upon coloured Shadows.* In: Philosophical Transactions 1794 (I), S. 107-118.

11 Rumford hat in seiner Untersuchung – datiert vom 1. März 1793 – durch sinnreiche Experimente gezeigt (wie Anm. 8, S. 115), »that the colours of the shadows might, in many cases, [...] be merely an optical deception, owing to con-

690
Georg Friedrich Brander (1713-1783):
Optische Universalmaschine.
Camera obscura mit Sonnenmikroskop, Entfernungsmesser und Goniometer (Höhenwinkelmesser).
Holz, Glas, Messing, Eisen, vor 1775. Gerät: 36 × 38 × 78 cm, Kasten: 24 × 24 × 9 cm
Darmstadt, Hessisches Landesmuseum, Physikalische Sammlung, 59/218
Georg Friedrich Brander gründete 1734 in Augsburg eine Werkstätte, in der Präzisionsgeräte aller Art hergestellt wurden. Besonders berühmt wurde er durch Maschinen zur Kreisteilung (ab 1758) und gradlinigen Teilung von Glasmikrometern (ab 1761), die seine optischen Instrumente für Feldmessung und Sternwarten zu den besten der damaligen Zeit machten. Die hier gezeigte Camera obscura ist ein Mehrzweckgerät, das nach entsprechenden Umbauten als Entfernungsmesser (nach dem Prinzip ›entfernte Dinge erscheinen weniger breit als nahe‹) oder als Höhenwinkelmesser für den Sonnenstand (aber auch für Objekte auf der Erdoberfläche) verwendet werden kann. Ein Vorsatz, der für sich allein genommen ein Taschenmikroskop darstellt, machte diese Camera obscura schließlich zu einem Sonnenmikroskop. [KH]

691
Zylinderspiegel.
Poliertes Metall, Holz, vor 1791.
Höhe: 25 cm
Universität Göttingen – Erstes Physikalisches Institut, H 99
Aus Lichtenbergs Sammlung.

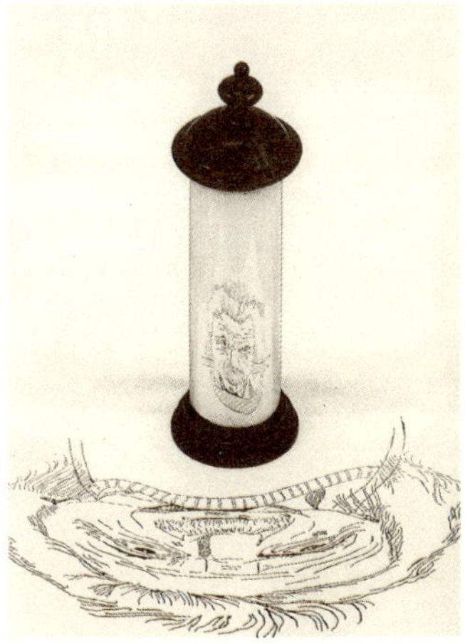

Bilder, die dann unverzerrt erscheinen, wenn man sie in gekrümmten Spiegeln betrachtet, heißen Anamorphosen. Lichtenberg experimentierte mit ihnen im Rahmen der Optik und benutzte sowohl zylindrische wie sphärische, konische, hyperbolische und elliptische Spiegel. Aus seiner Sammlung haben sich der Zylinder-, der Kugel- und ein Kegelspiegel erhalten. Ein Katalog aus dem Jahr 1813 verzeichnet: »Ein sehr schöner metallener Cylinderspiegel von Nairne in London mit 6 verzerrten Bildern, auf Holz meisterhaft gezeichnet, und daher selbst als Spielerey interessant. Darunter befindet sich auch der größte Carricatur Zeichner Hogarth, en carricature, aber in dem Spiegel ist es ein sehr wohl getroffenes Bildnis desselben.« – Diese anamorphotische Zeichnung ist verlorengegangen und hier durch ein Porträt Einsteins ersetzt. [GB]

692
Kegelspiegel.
Mit darunter liegender anamorphotischer Zeichnung.
Metall auf Holz, in Glaskasten, um 1780. Höhe des Spiegels: 7,8 cm
Universität Göttingen – Erstes Physikalisches Institut, H 98
Aus Lichtenbergs Sammlung.
Die auf dem Papier darunter befindliche Zeichnung ist stark verzerrt. Blickt der Betrachter von oben aus mäßigem Abstand auf die Kegelspitze, so erscheint das Spiegelbild der Zeichnung in richtigen Proportionen. [GB]

693
Innenverspiegelte Glaskugel auf Holzfuß.
Hohlverspiegeltes Glas, Holz, um 1780. Durchmesser: 14 cm
Universität Göttingen – Erstes Physikalisches Institut, H 100
Einer der anamorphotischen Spiegel aus Lichtenbergs Sammlung.

trast, or to some effect of the other neighbouring colours upon the eye.«

12 LA I 3, 190-209.

13 LA I 3, 202; vgl. Isaac Newton: *Opticks*. Bk. I. Pt. II. Prop. V. Theor. IV.

14 LA I 3, 206.

15 LA II 3, 72.

16 LA I 7, 80.

17 LA II 3, 68.

18 LA I 6, 423.

19 LA I 4, 212 f.

20 LA II 3, 70.

21 Brief an Christoph Girtanner vom 24. Februar 1792.

22 Eine ähnliche Wendung hat Lichtenberg bei einem Urteil über Johann David Michaelis gebraucht: »durch alle seine Possen schimmert immer, wie mich dünckt, der grose Mann durch« (Bw 2, Nr. 1096, Brief an Johann Andreas Schernhagen vom 19. Juni 1783).

23 LA I 6, 423.

24 Brief an Johann Friedrich Blumenbach vom 2. Juli 1793.

Claus Priesner

»Ich finde nichts als Lufft, es sind imponderabile Stoffe hinzu gekommen oder davon gegangen«

Stoffliche Energiekonzepte bei Lichtenberg

Während des 18. und bis weit ins 19. Jahrhundert hinein herrschte Unsicherheit bezüglich der Natur von Wärme, Licht, Elektrizität und Magnetismus, jener Phänomene, die aufgrund der offenbaren Unwägbarkeit ihrer Ursache auch als »Imponderabilia« bezeichnet wurden. Die »Atomisten« nahmen an, daß sich diese physikalischen Erscheinungen auf eine materielle Basis zurückführen lassen müßten, während die »Dynamisten«, ausgehend von einer unendlichen Teilbarkeit aller Materie, hier eher Wirkungen zweier Grundkräfte, einer abstoßenden und einer anziehenden, vermuteten. Die Diskussion wurde durch die Tatsache erschwert, daß man weder von Atomen, noch von Kräften eine präzise Vorstellung hatte und auch nicht haben konnte. Andererseits glaubte man in Sinne der Aufklärung jedoch fest an die grundsätzliche Verstehbarkeit der Natur. Diese konnte nicht so geschaffen sein, daß sie sich menschlichem Erkenntnisstreben dauernd verschließen würde, da ansonsten die menschliche Vernunft ihrer tiefsten Sinngebung beraubt wäre.

Lichtenberg war in seinem Wesen und seiner Denkmethode von der Aufklärung geprägt und entwickelte die Tugend der kritischen Kontrolle jeder Theorie durch die Realität zu bis dahin nicht erreichter Perfektion. Ohne selbst eine Theorie einzelner Imponderabilia oder der Imponderabilia insgesamt zu formulieren, unterzog er die unterschiedlichen Ansätze einer kritischen (und skeptischen) Würdigung. Im Folgenden sollen die Gedanken Lichtenbergs skizziert und erläutert werden; als Quelle dient in erster Linie Lichtenbergs Überarbeitung der *Anfangsgründe der Naturlehre* von Johann Christian Polykarp Erxleben. Auf diesem Werk, in mehreren Auflagen von Lichtenberg bearbeitet und herausgegeben, basierte seine berühmte Physikvorlesung, die wesentlich seinen Ruf als einer der größten zeitgenössischen Naturforscher bedingte.[1]

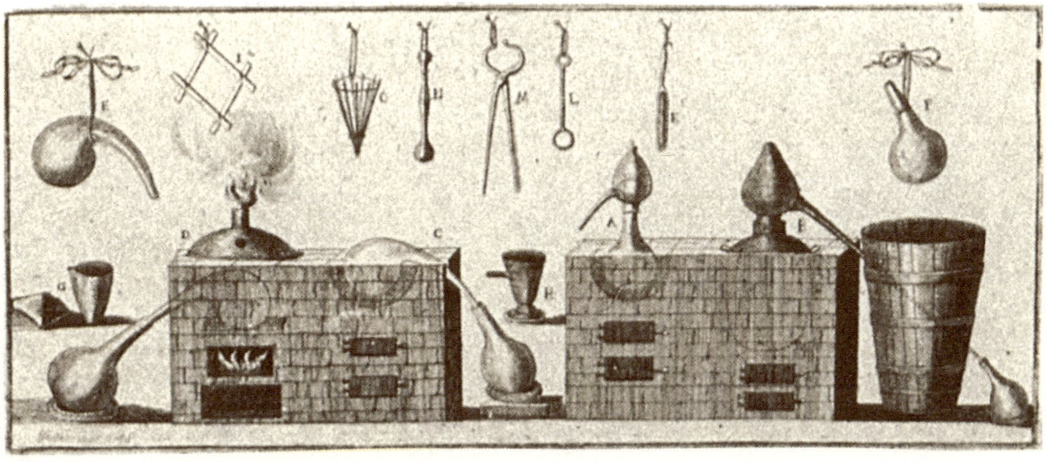

694
Carl August Hoffmann: Tabellarische Übersicht aller zur pharmazeutischen Scheidekunst gehörigen Werkzeuge und Gerätschaften, nebst einer kurzen Beschreibung derselben. Weimar: C. L. Hoffmanns Witwe und Erben 1791. Druck. 48 × 59 cm
Darmstadt, Hessische Landes- und Hochschulbibliothek, Kartensammlung, P 2981
Die Chemie ist in Göttingen eine vergleichsweise junge Disziplin; sie wurde in den ersten Jahrzehnten der Georgia Augusta vom Universitäts-Apotheker privatim unterrichtet. Erst für den Professor der Medizin Johann Friedrich Gmelin, zu dem Lichtenberg frühzeitig engen Kontakt hielt, wurde 1783 ein Haus gebaut, in dem er wohnen und im eigenen Laboratorium forschen und unterrichten konnte. Für seine zahlreichen Arbeiten im Grenzbereich von Physik und Chemie, etwa bei den Gasen oder der antiphlogistischen Oxidationslehre, unterhielt Lichtenberg aber einen eigenen Experimentierapparat. Es war auch oft viel preisgünstiger, bestimmte Substanzen selbst herzustellen, als sie von den »Neunundneunzigern«, wie er volkstümlich die Apotheker nannte (weil sie nämlich 99 Prozent Aufschlag nahmen), zu kaufen. Trotz aller besseren Einsicht scheint er doch die traditionelle Geringschätzung gegenüber zumindest einer bestimmten Gruppe von Chemikern geteilt zu haben: »Wer nichts als Chemie versteht versteht auch die nicht recht«. (SB 1, J 860) [UJ]

695
Bréa (pinx.) und J. F. Bolt (sc.)
Antoine Laurent Lavoisier (1743-1794).
Porträt.
Kupferstich, Punktiermanier, 1796.
24,7 × 20,1 cm (Blatt),
15,4 × 9,7 cm (Platte)
Coburg, Kunstsammlungen Veste Coburg, IV,2,63
Der Pariser Chemiker Lavoisier gilt als Begründer der modernen Chemie, für die er auch die Nomenklatur schuf. Er erklärte den Verbrennungsvorgang als Oxydation und beendete damit die »phlogistische« Chemie. 1702 hatte der Mediziner und Chemiker Georg Ernst Stahl die Phlogiston-Theorie aufgestellt, die auf der Vorstellung basiert, Wasser und Erde seien die einander gegensätzlichen Elemente aller Körper. Aus ihnen entstünden zunächst die drei Erden, die steinartige oder schmelzbare, die fettige und die flüssige, auch als Salz, Schwefel und Quecksilber bezeichnet. Stahl erforschte den Verbrennungsprozeß und nahm in den brennbaren Körpern eine gemeinsame Eigenschaft an, die ihnen die Brennbarkeit verlieh. Er beschrieb den Träger dieser Eigenschaft als ›Stoff‹ und nannte diesen »Phlogiston«. Eine Darstellung (= chemische Analyse) des Phlogistons wurde nicht für nötig gehalten. 1774 gelang Lavoisier dann der Nachweis, daß die Produkte eines Verbrennungsvorgangs das gleiche Gewicht haben wie der verbrannte Ausgangsstoff plus die zur Verbrennung nötige ›Luft‹. Er konnte sich dabei auf die Erkenntnisse Priestleys stützen, der im gleichen Jahr den Sauerstoff als chemisches Element entdeckte. Lavoisier finanzierte ab 1771 seine Forschungen mit den Einnahmen als Generalpächter der Steuern. 1776 wurde

Wärme und Feuer

Die Vorstellungen von der Natur der Wärme hingen eng mit dem Bild zusammen, das man sich vom Wesen des Feuers machte. Dies drückt sich auch durch die Kapitelüberschrift »Natur des Feuers« aus, unter der Lichtenberg die Theorie der Wärme abhandelt.[2] Zunächst wird die Möglichkeit angesprochen, die Wärme sei eventuell nichts anderes, als eine Vibration (»zitternde Bewegung«) der Teilchen, aus denen ein Körper bestehe. In diesem Fall dürfe sich diese Vibration nur auf die »allerfeinsten« Teilchen erstrecken, ansonsten müsse ein Schall entstehen. Ferner sei merkwürdig, daß auch der luftleere Raum »eben den Grad der Hitze« annehme wie die mit dichter Materie erfüllte Umgebung.

Diese, von Lichtenberg nur kurz gestreifte, Hypothese der Wärme als Ausdruck eines bestimmten Bewegungszustandes der Materie eines Körpers kam der Wahrheit aus heutiger Sicht beträchtlich nahe. Interessant sind seine Einwände gegen diese Konzeption. Der Hinweis auf die Entstehung von Schall durch die Vibration der Teilchen ist völlig korrekt, da zu seiner Zeit noch keine Vorstellung von den sehr unterschiedlichen Frequenzen von Infrarot- und Schallwellen (geschweige denn vom Unterschied zwischen Transversal- und Longitudinalwellen) existierte. Aus Lichtenbergs Sicht mußte also die Tatsache, daß ein erhitzter Körper keine Töne aussandte, gegen die Vibrationshypothese sprechen. Mit seiner Beobachtung des Temperaturausgleichs im Vakuum hat Lichtenberg scheinbar das Prinzip des Wärmetransports durch Strahlung vorweggenommen. Dieser Gedanke paßt allerdings nicht zu seiner auf der Grundlage des damaligen Kenntnisstandes auch recht ›modernen‹ Auffassung, daß Wärme ein Ausdruck für den Bewegungszustand der Teilchen materieller Körper sei. So sollte man es wohl bei der Feststellung bewenden lassen, Lichtenberg habe richtig und unvoreingenommen beobachtet, seinen Befund aber nicht theoretisch interpretieren können. Er schloß sich der damals hauptsächlich vertretenen Lehre von einer Feuermaterie an. Diese besagte, daß die Wärme irgendeine Art stofflicher Grundlage besitzen müsse, ein »sehr feines flüssiges Wesen, das durch die Zwischenräume aller Körper gleichförmig ausgebreitet ist, und in dessen Zittern die Wärme bestehet«. (Mit »flüssig« ist hier »gasförmig« gemeint.) Die Wärme- oder Feuermaterie, auch »Elementarfeuer« genannt, sollte eine Art äußerst feines Gas darstellen, das sich zwischen die Atome fester oder flüssiger Körper einlagere, alle Materie durchdringe und dessen Bewegung fühlbare Wärme erzeuge. Die Frage, ob Wärme gewichtslos sei oder nicht, wurde unterschiedlich beantwortet; fest stand jedenfalls, daß die Wärmematerie, wenn überhaupt, nur ein verschwindend geringes Gewicht aufweisen könne. Der manchmal vorgebrachte Einwand gegen eine Feuermaterie, ein heißer Körper müsse schwerer sein als ein kalter, ist nach der von Lichtenberg erläuterten Konzeption der Wärmematerie jedenfalls belanglos, da die Temperatur keine Funktion des Gehalts an Wärmematerie, sondern von deren Eigenbewegung (Vibration) war. Die Annahme »einiger Naturforscher«, es gebe neben der Wärme- auch eine Kältematerie, lehnte Lichtenberg mit der logischen Begründung ab, »man könne alle Umstände bey der Kälte aus einer bloßen Abwesenheit der Wärme erklären«.

Eine Theorie der Wärme konnte im 18. Jahrhundert nicht losgelöst von einer Theorie der Verbrennung gedacht werden, darauf wurde schon oben verwiesen. Neben der alten, von Johann Joachim Becher und Georg Ernst Stahl entworfenen »Phlogistontheorie« war seit 1778 die neue Theorie Antoine Lavoisiers getreten. Nach der Phlogistonlehre enthielten alle brennbaren Körper einen Stoff, Phlogiston, der bei der Verbrennung austrat und dabei die Feuererscheinungen hervorrief. Eine Verbrennung war also eine Zersetzung des brennbaren Körpers in unbrennbares Substrat und Phlogiston. Lavoisier hingegen nahm eine Verbindung des verbrennenden Körpers mit dem Luftsauerstoff an. Keine der beiden Lehren war zur Zeit Lichtenbergs unumstritten, die Durchsetzung der Lavoisierschen Ansichten erfolgte im Verlauf mehrerer Dekaden. Lichtenberg hielt eine ansonsten wenig bekannte Abwandlung der Phlogistontheorie, die von dem englischen Arzt Adair Crawford entwickelt worden war, für so interessant, daß er sie in der vierten Auflage der *Anfangsgründe* ausführlich erläuterte:[3] »Nach H[errn] Crawford ist Phlogiston ein dem Feuer entgegengesetztes Wesen. Je mehr ein Körper Phlogiston enthält, desto weniger Feuermaterie enthält er, dies bestätigen seine Versuche. Die Metalle enthalten also weniger Feuer als ihre Kalke und die Vitriolsäure viermal soviel als der Schwefel.«

Nach dieser Ansicht existierten zwei imponderable Körper, das Phlogiston und das Feuer (der Wärmestoff). Die Metalle enthalten viel Phlogiston und wenig Feuer, bei den Metallkalken (Metalloxiden) ist es umgekehrt, ebenso beim Schwefel und der Schwefelsäure (Vitriolsäure). Feuermaterie und Phlogiston sind Antagonisten. Crawford verband die Phlogiston- und die Sauerstoff-Theorie, indem er die Wärmekapazität der Luft bzw. des Sauerstoffs mit deren Gehalt an Feuermaterie gleichsetzte. Bei der Verbrennung erfolgte eine Verbindung der Luft (des Sauerstoffs) mit dem Phlogiston unter gleichzeitiger Freisetzung von Feuermaterie: »Die gemeine Luft enthält viel Feuer, gegen 19 mal und die dephlogistierte [Luft, d. h. der Sauerstoff] gegen 87 mal mehr als ein gleiches Gewicht Wasser und jene 69 und diese 322 mal mehr als das Gewicht gleich viel fixer [Kohlendioxid] und phlog[istisierter] Luft [Wasserstoff]. Die atmosphärische oder eigentlich die reine Luft in derselben hat eine nähere Verwandtschaft mit dem Phlogiston als mit dem Feuer, sie verbindet sich daher leicht mit ersterem und läßt letzteres fahren, das sich theils mit dem Körper verbindet, der das Phlogiston hergab, theils sich als frey in der benachbarten Luft vertheilt, und daher eine empfindbare oft sehr heftige Hitze verursacht.« Lichtenberg fügte hier zum besseren Verständnis an: »Man kann die Sache auch noch weiter so erklären: das Phlogiston verbindet sich mit der reinen Feuerluft, die sich in der atmosphärischen befindet, und verwandelt dieselbe in fixe, da nun die specifische Wärme der ersten 322 mal größer ist als die der letztern, so muß diese Wärme frey werden und verursacht also die große Hitze.«

Eine eingehendere Betrachtung dieser komplexen, für heutige Begriffe nicht leicht faßbaren Theorie muß aus Platzgründen unterbleiben. Lichtenberg bezeichnete Crawfords Ansichten im Vorwort zur vierten Auflage der *Anfangsgründe* ausdrücklich als Hypothese, die aber überprüfenswert sei und vielleicht zur Klärung der noch offenen Fragen beitragen könne. Ungeklärte Fragen gab es für ihn noch viele: »Ist Phlogiston [...] von allen fremdem Stoffen gereinigte brennbare Luft? oder [...] weiter nichts als durch fremden Stoff gebundenes Feuer? oder hat man mit Lavoisier gar nicht nöthig beym Verbrennen Phlogiston anzunehmen? Wie entsteht bey starker Erhitzung Licht? Dies sind Fragen, zu deren endlicher Beantwortung es izt wohl noch zu früh seyn möchte.«

Licht

Licht und Wärme waren phänomenologisch miteinander verknüpft, da Feuer stets auch Licht erzeugte. Die Frage, wie beides zusammenhänge, wird von Lichtenberg im obigen Zitat bereits aufgeworfen. Sie stellte auch einen der Einwände gegen die

er Leiter der königlichen Salpeter- und Pulverfabriken, 1791 Kommissar des Nationalschatzes. Die Akademie der Wissenschaften zu Paris nahm ihn 1768, die Royal Society London 1788 auf. – Als prominenter Vertreter der feudalen Klasse wurde er 1794 wegen seiner Erpressungen als Generalpächter der Steuern angeklagt und hingerichtet. [SS]

696
Joseph Priestley (1733-1804). Porträt.
Kupferstich, um 1770.
15,4 × 9,4 cm
London, Guildhall Library, Lyson's Vol. 2, pt. 3, p. 480
Der englische Philosoph, Theologe, Chemiker, Physiker (Mitglied der Royal Society und auswärtiges Mitglied der Pariser Akademie) und Doktor der Jurisprudenz war im Hauptberuf Pastor einer Dissidenten-Gemeinde in der Nähe Birminghams. 1774 – drei Jahre nach dem schwedischen Chemiker Carl Wilhelm Scheele, aber unabhängig von dessen Erkenntnissen über die ›Feuerluft‹ – entdeckte er das Sauerstoffgas und den Ammoniak, ein Jahr später das Fluorkiesel- und das schweflig-saure Gas, 1776 das Stickoxydul und endlich 1799, inzwischen nach Pennsylvania ausgewandert, wo er mehrere unitaristische Gemeinden gründete, das Kohlenoxyd. Als Anhänger der Phlogiston-Theorie konnte er aber seine Entdeckungen nicht so weitgehend deuten wie Lavoisier. Lichtenberg besuchte ihn 1775 in London; »er hat verschiedene Versuche in

meiner Gegenwart, und blos meinetwegen angestellt«. (An Christian Gottlob Heyne, 16. März 1775, Bw 1, Nr. 275, S. 517) An die unter dem Porträt dargestellte Zylinder-Elektrisiermaschine erinnert sich Lichtenberg noch Jahre später: »Ueberhaupt habe ich in England höchst vortreffliche Maschinen aber nur eine Ausgegossene [Zylinder-Elektrisiermaschine] gesehn und das war bey Priestley selbst, Eine grose Kugel mit *einem* Zapfen die sich vertikal drehte.« (An Franz Ferdinand Wolff, 10. April 1783, Bw 2, Nr. 1064) [SO]

697
Jean André Deluc (1727-1817).
Porträt.
Kupferstich. 15 × 9 cm
Göttingen, Niedersächsische Staats- und Universitätsbibliothek, Voitsche Slg.: J. A. Deluc
Der aus Genf gebürtige Geologe und Meteorologe Deluc stellte mit Barometermessungen Versuche an über die Veränderungen der Atmosphäre. Anfang der 1770er Jahre ging er nach England, wo er dank seiner Erfindung eines neuen Barometers hohes Ansehen bei Georg III. genoß. 1773 wurde er zum Vorleser der Königin ernannt; er lebte als ständiger Gast am englischen Hof und galt als intimer Berater des Königs auch in politischen Fragen. Bei seinem zweiten Englandaufenthalt lernte Lichtenberg den Wissenschaftler kennen, mit dem ihn bald eine innige Freundschaft verband. Dabei war entscheidend, daß Lichtenberg in Deluc einen in der englischen Hofgesellschaft raren Gesprächspartner fand, mit dem er sich auf hohem naturphilosophischem Niveau austauschen konnte über Physik, Paläontologie und Zoologie. Später setzte sich Lichtenberg für die Übertragung von Delucs Hauptwerk *Lettres physiques et morales sur l'histoire de la terre et de l'homme* (1778 ff.) ins Deutsche ein. Vom regen Briefwechsel, den die beiden geführt haben, sind nur zwei Briefe Lichtenbergs erhalten. Aber Nennungen in Briefen an Dritte und Eintragungen in den Sudelbüchern belegen Lichtenbergs große Verehrung und sein starkes Interesse für den Naturwissenschaftler. Beredtes Zeugnis über die tiefe Zuneigung zu dem neu gewonnenen Freund ist ein Tagebucheintrag vom 13. September 1775, als sich Deluc auf eine

Theorie Lavoisiers dar, da dieser nicht zu erklären vermochte, wo im Sauerstoff Licht und Wärme verborgen seien, die bei der Verbrennung frei wurden. Die »Theorien vom Lichte« wurden in einem eigenen Abschnitt vorgestellt und diskutiert.[4] Die antike Vorstellung, daß aus den Augen eine Materie zu dem betrachteten Gegenstand hinfließe, sei unhaltbar. »Die Lichtstrahlen müssen also entweder wirklich nach allen Seiten zu aus einem leuchtenden Körper hervorströmen, oder es muß in einer allerwärts um uns herum ausgegossenen Lichtmaterie eine Art von Bewegung durch den leuchtenden Körper hervorgebracht und dadurch Lichtstrahlen gebildet werden.«

Einer Lichtmateriekonzeption steht die Vorstellung eines Lichtäthers gegenüber. Beide sind zwar irgendwie materiell, der Äther aber in geringerem Maße als die Lichtmaterie, d. h. er ist noch feiner und leichter zu denken. Der Hauptunterschied ist in zwei Punkten zusammenzufassen: Der Äther ist ubiquitär und passiv, die Lichtmaterie ist anisotrop verteilt und aktiv. Die Lichtmaterie leuchtet aus sich selbst heraus, sobald sie einem Körper entströmt, der Äther wird zum Leuchten angeregt. Isaac Newton entwickelte die Vorstellung der Lichtmaterie, die aus den leuchtenden Körpern nach allen Richtungen austrete. Lichtenberg steht dieser Auffassung skeptisch gegenüber, da erstens die Sonne dadurch im Laufe der Zeit einen merklichen Substanzverlust erleiden müßte, was nicht beobachtet werde, zweitens sich Lichtstrahlen kreuzen können, ohne Richtung und Intensität zu ändern, was mit durch den Raum fliegenden Lichtpartikeln schwer zu vereinbaren sei. Schließlich müßten, sollte Newton recht haben, durchsichtige Körper kreuz und quer von den Lichtstrahlen durchbohrt werden, »welches doch ganz unmöglich scheint«.

Lichtenberg neigte eindeutig zu der zweiten Hypothese, die ursprünglich von Christian Huyghens formuliert und von Leonhard Euler fortgeführt worden war. Danach habe man sich »eine höchst feine, flüssige [d. h. gasförmige] und dabey elastische Materie« vorzustellen, »die allerwärts ausgebreitet ist, und deren Theile die leuchtenden Körper, indem sie zittern, ebenso schlagen, wie die schallenden Körper bey ihrem gröbern Zittern die gröbere Luft schlagen. Diese feine Materie nennt man Aether.« Hier ignoriert Lichtenberg den von ihm selbst bei der Behandlung der Wärme vorgebrachten Einwand, daß dann ja leuchtende Körper Töne aussenden müßten. Der Äther besaß außergewöhnliche Eigenschaften: Selbst gewichtslos, sollte er die Ursache der Schwere anderer Körper sein; seine Dichte wurde auf ein Vierhundertmillionstel der Dichte der Luft geschätzt, während seine Elastizität »wenigstens« eintausendfach größer sei als die der Luft.

Trotz dieser nicht unproblematischen Annahmen erschien Lichtenberg »die Eulerische Theorie von der Natur des Lichtes wahrscheinlicher« als die Newtons. »Dennoch gestehe ich gern, daß man nicht wirklich zu beweisen im Stande ist, daß Newton Unrecht habe, und vielleicht wird man der großen Feinheit des Lichtes wegen niemals mit völliger Sicherheit ausmachen können, auf welcher Seite die Wahrheit ist.«

Elektrizität und Magnetismus

Die Ansichten über das Wesen der Elektrizität orientierten sich grundsätzlich ebenfalls an der Konzeption der stofflichen, jedoch unwägbaren Fluida, die bei Licht und Wärme eine so wesentliche Rolle spielten. Eine Ätherhypothese gab es hier nicht. Der Magnetismus wurde als eine der Elektrizität nahekommende, aber eher noch schwerer verstehbare Erscheinung betrachtet. Zur Zeit Lichtenbergs bestanden zwei verschiedene Theorien der Elektrizität, die beide von elektrischen Materien ausgingen. Nach der von Benjamin Franklin formulierten Theorie gab es eine »gewisse sehr feine, flüssige und elastische Materie« als Träger der elektrischen Erscheinungen. Man erkennt sogleich die Ähnlichkeiten dieser elektrischen mit der Licht- bzw. Wärmematerie. Diese elektrische Materie, deren Teilchen sich untereinander abstießen, dagegen von allen anderen Körpern angezogen würden, konnte in den Stoffen (Leitern wie Nichtleitern) entweder in einem gewissen Gleichgewichtszustand vorhanden sein, wo sie unmerkbar blieb, oder im Ober- bzw. Unterschuß. In diesen Fällen sprach Franklin von einer positiven, bejahten oder verstärkten, und von einer negativen, verneinten oder geschwächten Elektrizität. Lichtenberg stand dieser »unitaristischen« (von *einer* elektrischen Materie ausgehenden) Hypothese ablehnend gegenüber (im Gegensatz übrigens zu Erxleben). Unter anderem kritisiert er die Ausdrücke »vermehrt« und »geschwächt«: »Die Ausdrücke vermehrt und geschwächt sind sehr unschicklich und geben zu falschen Vorstellungen Anlaß; denn die Elektrizität kann bisweilen so sehr geschwächt werden, daß ein Mensch dadurch getötet wird, da die vermehrte oft zu schwach ist, ein Hälmchen zu ziehen.«

Lichtenberg bevorzugte die von Robert Symmer, ebenfalls einem Engländer, aufgestellte »dualistische Theorie«, derzufolge man »zwey verschiedene elektrische Materien annimmt, deren jede für sich ein Franklinisches positives E ist, beide reelle Wesen [Elektrizitätsmaterien], nur daß sie sich untereinander [an]ziehen und durch ihre Vereinigung alle sensible [bemerkbare] Elektricität vernichten, sich aufheben wie + und –.«

Der Magnetismus war die am wenigsten erforschte Erscheinung aller Imponderabilia und er schien am schwierigsten zu verstehen zu sein. Lichtenberg neigte auch hier zur Annahme zweier Materien, wie er überhaupt die Ähnlichkeiten von magnetischen und elektrischen Erscheinungen betonte. Allerdings machte er deutlich, daß sich Elektrizität und Magnetismus auch vielfach unterschieden und »ein großer Theil der Naturforscher« von der Existenz nur einer solchen Materie ausging.

Immer wieder bringt Lichtenberg die Überlegung ins Spiel, es könne eine gemeinsame Grundlage aller Imponderabilia geben. Er bringt die elektrischen Erscheinungen mit der Verbrennung in Verbindung, indem er anmerkt: »Das Verbrennen der Körper zu erklären, hat man ja auch Feuer und Phlogiston mit Vortheil angenommen, wie wenn nun gar hier eben dieses Feuer und Phlogiston, nur, wie die Luftarten [gemeint sind die unterschiedlichen Gase] durch Beymischungen verändert, gerade hier eben das wären, was wir posit. und negat. Electricität nennen.« Bei Behandlung der Wärme und des Feuers sagt er: »Vielleicht zeigt uns dereinst ein künftiger Priestley, daß es, so wie mehrere Luftarten sind, auch mehrere Feuerarten gibt, die auf verschiedene Weise gebunden, verbunden und getrennt die Erscheinungen von Phlogiston und Feuer, der elektrischen Materie und des Lichts darstellen, und die [...] eben so wenig alle die Empfindung von Wärme zu erregen brauchen, als alle Luftarten zum Einathmen dienen.« Andererseits ist sich Lichtenberg der Vorläufigkeit solcher Mutmaßungen sehr wohl bewußt, wenn er ausführt: »Ob übrigens die elektrische Materie eine eigne für sich bestehende Materie ist, oder ob sie mit der Materie des Lichts, oder des Feuers, oder mit demjenigen, was man bey der Erklärung anderer natürlicher Erscheinungen Aether nennt, übereinkömmt [übereinstimmt], das alles erscheint noch wohl unausgemacht.«

Die Tendenz, die verschiedenen Imponderabilia auf eine gemeinsame Ursache zurückzuführen, ist für Lichtenberg kennzeichnend und stellt nach meiner Ansicht den bemerkenswertesten Aspekt seines Theorieverständnisses dar. Hier äußert sich Lichtenbergs Naturverständnis, das auf dem Begriff der »Ganzheit« fußt und sein

Reise in die Schweiz begab: Heute »nahm der berühmte *de Luc* von mir Abschied. Nie hat mich ein Mann in so kurzer Zeit so sehr eingenommen, und nie ist mir der Abschied eines Mannes näher gegangen. Ich bin nie melancholisch verliebt gewesen, aber ich habe diesen Mann so geliebt, daß ich jezt nach seiner Abreiße etwas verspüre, was, nach Beschreibungen zu urtheilen, jener Liebe ähnlich ist [...]. Ich halte die Bekanntschafft mit diesem Philosophischen Genie und rechtschaffenen Gelehrten für die beste *Aquisition*, die ich in England gemacht habe.« (LE 1, T III, S. 185 f.) [SS]

698
Georg Christoph Lichtenberg: Vertheidigung des Hygrometers und der de Luc'schen Theorie vom Regen. Hrsg. von Ludwig Christian Lichtenberg und Friedrich Kries.

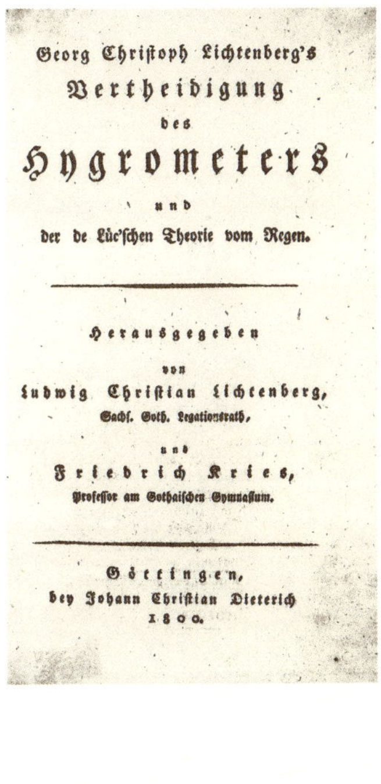

Georg Christoph Lichtenberg's
Vertheidigung
des
Hygrometers
und
der de Lüc'schen Theorie vom Regen.

Herausgegeben
von
Ludwig Christian Lichtenberg,
Sachs. Goth. Legationsrath,
und
Friedrich Kries,
Professor am Gothaischen Gymnasium.

Göttingen,
bey Johann Christian Dieterich
1800.

Göttingen: Dieterich 1800. XVI, 228 S.
Göttingen, Niedersächsische Staats- und Universiätsbibliothek, 8° Phys. I, 3813
1795 war in Berlin die Preisschrift der dortigen Akademie erschienen: *Prüfung der neuen Theorie des Herrn Deluc vom Regen und seiner daraus abgeleiteten Einwürfe gegen die Auflösungstheorie*; Verfasser und Empfänger der stolzen Summe von 50 Dukaten war Johann Dietrich Zylius (1764-1820). Zunächst, weil es seine eigenen Forschungen der letzten Jahre anging, dann auch aus Verärgerung, weil wieder einem Freund (diesmal Deluc) übel mitgespielt sei, entschloß Lichtenberg sich, gegen Zylius die Feder zu ergreifen. Als es dann aber ans Publizieren gehen sollte, scheute Lichtenberg wieder zurück und behielt die Abhandlung, von der bereits 11 Bogen ausgedruckt waren, in der Schublade. Im Nachlaß fand sich das alles, und obgleich es fast nicht mehr aktuell schien, brachten Ludwig Christian Lichtenberg und vor allem Johann Christian Dieterich, der wenigstens seine Auslagen wiederhaben wollte, den Text heraus. [UJ]

699
Georg Christoph Lichtenberg: Bemerkungen über einen Aufsatz des Herrn Hofrath Mayer zu Erlangen: über den Regen, und Herrn de Luc's Einwürfe gegen die französische Chemie.
In: Gilbert's Annalen der Physik 2 (1799), S. 121-153.
Göttingen, Niedersächsische Staats- und Universitätsbibliothek, 8° Phys. Math. II, 2340
In engem Kontext mit der Schrift über das Hygrometer stand diese Abhandlung: Der Hofrat und Professor Tobias Mayer jr. in Erlangen, Sohn des großen Astronomen, der später Lichtenbergs Nachfolger auf dem Göttinger Lehrstuhl werden sollte, hatte in Friedrich Albert Karl Grens *Journal der Physik* die Annahmen Jean André Delucs über die Verdampfung des Wassers und den Regen bezweifelt und dabei auch Bezug genommen auf eine Bemerkung Lichtenbergs in der Vorrede zu Erxlebens *Naturlehre*. Diesen Angriff wollte Lichtenberg in einer Abhandlung beantworten, die er ursprünglich auch für Grens *Journal* gedacht, dann aber aus der Redaktion zurückgefordert hatte. Sehr vorsichtig antwortet er, nähert sich behutsam dem Gegenstand: Deluc werde ganz für sich selbst reden können, er, Lichtenberg, wolle nur auf die Einwürfe seines »Erlangischen Freundes« Mayer antworten, soweit sie ihn nämlich selbst beträfen. – Die Schrift fand sich im Nachlaß, und Dieterich veranlaßte zunächst, um den Erben das Honorar zu schaffen, daß sie in Gilberts *Annalen der Physik* veröffentlicht wurde. Im Anhang zur *Vertheidigung des Hygrometers* wiederholte er den Druck. [UJ]

700
Turmalin (Schörl).
Blumenbachs Etikett: »Aphrisit / eine Abart des *Graupenschörls* / Haüy's Tourmaline nono-/ duodécimale / mit Quarz, Feldspath, Glim = / mer und Eisenstein. / v[on] Nedrehawredal bey Bamble / in Norwegen. / Pr[inz] Chri[stian] Fr[iedrich] 29 May 1804 / N° 16.«
Göttingen, Mineralogisches Institut, o. Inv.
Lichtenberg an Johann Friedrich Blumenbach, 21. Oktober 1784: »Nicht um Turmaline; nicht um Thon-Hygrometer, nicht um Doppelspath, nicht um Dollondische Tubos des HErrn Professors, sondern um den lieben HE. Professor selbst bitte ich diesen Abend auf ein Butterbrodt. Es ist niemand da, als HE. Johannes Electrophorus Volta, HE Scarpa (Scharpie scalpa) Graf Basegli, der Vorschneider Dieterich und / Ew. Wohlgeboh[ren] / gehorsamster Knecht / Donnerstag. GCL.« (Bw 2, Nr. 1308)

701
Thon-Hygrometer.
Schiefer / Ton, 1772.
Göttingen, Mineralogisches Institut, o. Inv.
»Schiefer-Thon. / Meist rauchgrau, ins Schwarze; der Bruch schiefrig, scheibenförmig; manche Abarten hängen stark an der Zunge (Von allen bis jetzt bekannten Fossilien thut dieß der von Hrn. Prof. Lowitz 1772 bey Dmitriewsk an der Mündung der Kamyschinka in die Wolga entdeckte überaus merkwürdige aschgrau Hygrometer-Schiefer, der von der äußerst scharfsinnigen Anwendung den Nahmen hat, die dieser vortreffliche Chemiker davon gemacht und in Hrn. Hofrath Lichtenbergs Göttingischen Magazin 3ten Jahrg[angs] 4ten Stücks. 491 u. f. genau beschrieben hat.)« Aus: Blumenbach: *Handbuch der Naturgeschichte*. 5. Aufl. [1797], S. 560.

702
Heinrich Christian Schwenterley (1749-1814):
Johann Friedrich Blumenbach (1752-1840).
Porträt.
Kupferstich in Punktiermanier, 1791. 19,4 × 14,5 cm
Bez. »H. Schwenterley del. et sc. 1791 Academ. Götting. sculptor.«

Göttingen, Niedersächsische Staats- und Universitätsbibliothek, Voitsche Slg.: J. F. Blumenbach
Zu den bedeutendsten Köpfen der Georgia Augusta zu Lichtenbergs Zeit gehörte der von 1776 bis 1840 lehrende universelle Naturforscher und Professor der Medizin Blumenbach, Begründer der Anthropologie und berühmt für eine große Sammlung menschlicher Schädel aller Rassen. Er war Vorsteher des Academischen Museums; auf seine Veranlassung kam ein bedeutender Teil der von Captain Cook nach England gebrachten Ethnographica nach Göttingen. Blumenbach verfaßte das Standardwerk *Handbuch der Naturgeschichte* (Göttingen 1779). Obgleich zehn Jahre jünger als Lichtenberg, war er doch einer seiner engsten akademischen Freunde und Korrespondenten (100 Briefe und Billets an ihn sind erhalten). Lichtenberg an Georg August Ebell, 5. Januar 1795: »Ich sehe den guten Blumenbach sehr selten, zu weilen schießen wir uns auch auf Billete ein wenig ohne Secundaten. Er ist ein guter Mann.« (Bw 4, Nr. 2471) [AL]

naturwissenschaftliches Forschen leitet.[5] Die Natur ist an sich einheitlich und von einer stets gleichartigen Kausalität bestimmt; der Mensch teilt seine Erforschung der Natur in gewisse Sparten, die er Wissenschaften nennt, auf – dies jedoch nur, weil er aufgrund seiner Begrenztheit diese »ganze Natur« nicht erfassen kann. Mit diesem Ganzheitsbegriff verbindet sich die kritische Prüfung experimenteller Befunde und ihrer Deutung widerspruchslos. Lichtenberg glaubte an die Einheit der Natur, aber er glaubte nicht einfach alles, was diese Einheit zu belegen schien; er war einsichtig und weitsichtig genug, um zu erfassen, daß ein menschgemachtes Konzept der Natur nicht schon deshalb richtig zu sein braucht, weil es bestimmte ästhetische, philosophische oder ethische Normen erfüllt. Gerade weil er sich seiner Grenzen als Mensch stets bewußt war, konnte er so vieles zum Verständnis der Welt beitragen. Dies gilt für seine Leistungen als Naturforscher wie als Literat.

1 Georg Christoph Lichtenberg: *Anfangsgründe der Naturlehre. Entworfen von Joahnn Christian Polykarp Erxleben.* Göttingen 1784, 1787, 1791 und 1794. – Über *Lichtenberg als Herausgeber von Erxlebens Werk ›Anfangsgründe der Naturlehre‹* siehe Dieter B. Herrmann in: NTM 6, 1969, H. 1, S. 68-81; H. 2, S. 1-12.

2 Lichtenberg, Erxleben (wie Anm. 1), [1.] Aufl. 1784, S. 391-393, §480-483.

3 Lichtenberg, Erxleben (wie Anm. 1), [1.] Aufl. 1784, S. 403-16, §494b-494t. – Die Schrift Adair Crawfords trägt den Titel *Experiments and Observations on animal Heat and the inflammation of combustible bodies.* London 1799.

4 Lichtenberg, Erxleben (wie Anm. 1), [1.] Aufl. 1784, S. 259-263, §307-313.

5 Franz H. Mautner, Franklin Miller jr.: *Remarks on G. C. Lichtenberg, Humanist-Scientist.* In: Isis 43, 1952, Tl. 3, S. 223-231; Claus Priesner: Artikel *G. C. Lichtenberg* (Teil II). In: Neue Deutsche Biographie, Bd. 14, 1985, S. 458-464.

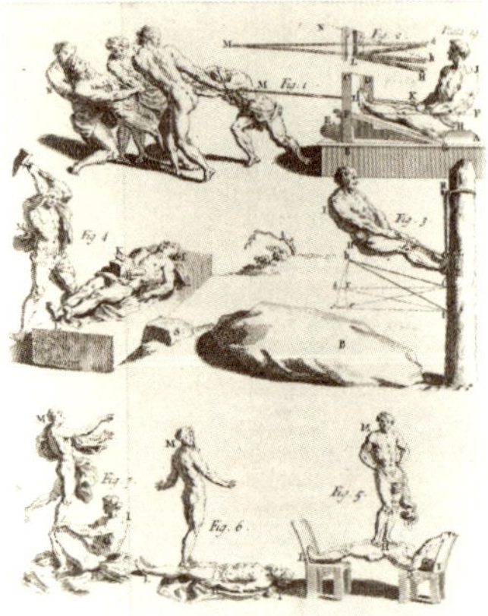

703
John Théophile Desaguliers (1683-1744):
A course of experimental philosophy. Vol. 1. The second edition corrected. London 1745. Vol. 2. London 1744.
Göttingen, Niedersächsische Staats- und Universitätsbibliothek, 8° Phys. I, 5118: 1. 2.
»Desaguliers ist vorzüglich in der Mechanik umständlich. Das Leichte ist grob gedruckt, das Schwere mit kleinen Lettern.« Mit diesen Worten setzte Lichtenberg – wie sich Gottlieb Gamauf erinnerte – den mit zahlreichen Tafeln illustrierten *Course of Experimental Philosophy* seinen Studenten auf die Leseliste (Gamauf: *Erinnerungen (Naturlehre)*, Bd. 1, S. 37). Lichtenberg schätzte vor allem die der seinen verwandte pädagogische Methode Desaguliers', physikalische Phänomene mittels populärer Beispiele anschaulich zu machen: »Bringt man nun den Menschen in Lagen, wo er von dieser Stärke Gebrauch machen kann, so ist es zum Erstaunen, wie weit er es bringen kann. [...] Vorzüglich hat sich ein gewisser Choise in England dadurch berühmt gemacht. Der Kerl riß Stricke von $^3/_4$ Zoll im Durchmesser entzwey. Er hub eine Kanone von 1000 Pfund auf. Allein hier spielte er mit einen kleinen Betrug. Auch konnten ihn Pferde nicht von einem Brette wegziehen. Er saß aber mit dem Hintertheil etwas niedriger, als mit den Beinen und stämmte diese an eine Wand. Den Riemen an welchen die Pferde gespannt wurden, hatte er um die Hüfte herum. Man nannte ihn nur den Samson oder Simson. Desaguliers lernte ihm vieles ab, und machte es in dem ge-

Otto Weber

»Ich habe ihn zu erst zur Mechanik gebracht, welches er mir schon tausendmal gedanckt hat«

Mechaniker im Umkreis Lichtenbergs

Die Experimentalphysik strebte gegen Ende des 18. Jahrhunderts einem Höhepunkt zu, und Lichtenberg war auf diesem Gebiet führend. Wichtige Voraussetzung für die stürmische Entwicklung waren die großen Erfolge der auf Beobachtung und Messung beruhenden Physik seit Galileo Galilei, waren die ausgezeichneten theoretischen und experimentellen Arbeiten von Wissenschaftlern wie Gottfried Wilhelm Leibniz, Christian Huygens und Isaac Newton. Schon im 17. Jahrhundert hatte die aufblühende experimentelle Forschung eine Reihe von wissenschaftlichen Instrumenten geschaffen. Vorwiegend waren das Geräte zur Naturbeobachtung wie Mikroskop, Fernrohr, Thermometer und Barometer. Mit Luftpumpe und Pendeluhr wurde aber auch schon der Weg zum Experiment beschritten. Diese Entwicklung hat sich in der folgenden Zeit verstärkt, und bis zum Ende des 18. Jahrhunderts waren an den meisten deutschen Universitäten Sammlungen für die Vorlesungen zur Physik.

Vergleicht man die Gerätesammlung Lichtenbergs mit anderen Physikalischen Kabinetten der Zeit, so hat man die Erklärung dafür, warum seine Vorlesungen so gut besucht wurden. 1791 zählte der Student Gottlieb Gamauf 600 Versuche in einem Semester. Da wegen der großen Zahl von Studenten nicht alle die Versuche gut beobachten konnten, wurden sie sonntags zwischen 11 und 12 Uhr von Lichtenbergs Assistenten wiederholt.

Der Aufbau der Apparatesammlung spiegelt sich für den heutigen Betrachter vor allem in den Briefen und Tagebucheintragungen Lichtenbergs. Über den Einsatz der Geräte berichtet das von Lichtenberg herausgegebene Physiklehrbuch von Johann Christian Polycarp Erxleben,[1] besonders aber die Nachschrift seiner Vorlesungen von Gamauf.[2] Den ganzen Umfang der Sammlung erschließt ein »Inventarium«, das Lichtenbergs Nachfolger Tobias Mayer (der jüngere) 1813 angelegt hat.[3]

Lichtenberg ist seinen zeitgenössischen Kollegen einen Schritt voraus. Er wollte nicht nur mit Experimenten Physik veranschaulichen, sondern reproduzierbare Versuche durchführen. Eine wesentliche Voraussetzung dafür ist die genaue Kenntnis der Funktionsweisen der Instrumente, ihrer Fehler und Meßgrenzen. – Als er im Auftrag des englischen Königs in den Jahren 1772/73 Standortbestimmungen von Hannover, Stade und Osnabrück durchführte, untersuchte er zuerst die Meßgenauigkeit seiner Geräte und schrieb darüber einen ausführlichen Bericht.[4]

Diese Arbeitsweise Lichtenbergs stellte natürlich wesentlich höhere Anforderungen an die Instrumentenbauer seiner Zeit. Dadurch bedingt lassen sich auf dem Gebiet der »Werkzeugmaschinen« erhebliche Weiterentwicklungen feststellen. Dies betraf in erster Linie die Drehbank als wichtigstes Gerät der Mechanikerwerkstatt. Es führte aber auch zur Entwicklung von hochgenauen Teilmaschinen für Längen und Kreise. Außer englischen Werkstätten war hier vor allem der Augsburger Mechaniker Georg Friedrich Brander führend.

nannten Buche bekannt.« Daß der sonst so gelehrige Schüler Gamauf der Leseempfehlung nicht folgte, ergibt sich aus der Namensverschreibung; mit »Choise« ist William Joy aus Kent gemeint, der um 1698/1700 auch auf dem Kontinent von sich reden gemacht hatte. [SO]

704
Joseph Ciarcy (Giuseppe Ciarci, † 1805):
Aräometer.
Glas, 18. Jahrhundert. Holzkasten: 20,5 × 19,5 × 6,5 cm
Darmstadt, Hessisches Landesmuseum, Physikalische Sammlung, 58/78
Ein Gerät, daß auch Lichtenberg besaß. Zur Bestimmung des spezifischen Gewichts von Flüssigkeiten gibt man diese in ein Standgefäß und setzt das Aräometer ein. Durch Auflegen von Gewichten auf den Glasteller wird es so weit abgesenkt, daß die kleine Perle aus buntem Glas am oberen Hals gerade mit der Flüssigkeitsoberfläche anschneidet. [KH]

Neben diesen technologischen Neuerungen kam es auch zu Änderungen in der Organisation der Handwerker. Die Zünfte mit ihren engen Vorschriften in bezug auf die Arbeitsvielfalt und vor allem auf den Einsatz von Maschinen konnten den gestiegenen Anforderungen an die Handwerker nicht gerecht werden. Man unterstellte sie deshalb als Hofhandwerker dem Landesherrn oder als Universitätshandwerker dem Gesetz der Universität. Trotz all dieser Privilegien war der Beruf des Instrumentenbauers eine weitgehend unsichere Existenz. Viele Gerätesammlungen an Hochschulen waren das private Hobby von Professoren, und nur wenige betrieben diese Leidenschaft so intensiv wie Lichtenberg. Die Landesherren dagegen waren beim Kauf von Geräten auf das Ausland fixiert und beschäftigten ihre Instrumentenbauer, soweit vorhanden, mit Spielereien. »Allein freylich ist es leichter, einen Regulator zu verfertigen, als einen Deutschen Fürsten zu überzeugen, daß es in Deutschland gute Uhrmacher gibt«, schrieb Lichtenberg am 20. Oktober 1778 an Abraham Gotthelf Kästner (Bw 1, Nr. 542).

Auch Lichtenberg hat bestimmte Apparate in England gekauft. Er hatte die dortigen Künstler bei seinem längeren Aufenthalt 1774/75 überwiegend persönlich kennen-

705
T. King (pinx.), P. L. Fassaert (fec.) und W. Holl (sc.):
John Harrison (1693-1776).
Instrumentenmacher.
Aquatinta(?). 41 × 30,5 cm
London, Guildhall Library, Clockmaker's Company Portraits
Zur Ortsbestimmung auf See war eine genau laufende Uhr unabdingbar. Das feinmechanische Problem, wie ein solcher Chronometer unempfindlich gegen Schiffsbewegungen und vor allem Temperaturschwankungen gemacht werden könnte, spielte im 17. und 18. Jahrhundert eine große Rolle. 1714 setzte das englische Parlament drei Preise von 10 000, 15 000 und 20 000 Pfund Sterling aus für den, der die geographische Länge auf 1°, $^2/_3$° und $^1/_2$° genau zu berechnen in der Lage sei. Nach 26jährigen Versuchen gelang es dem Londoner John Harrison einen tatsächlich zuverlässigen See-Chronometer herzustellen, den er seiner Gang-Genauigkeit wegen »time-keeper« taufte. Obwohl der Time-keeper mehrfach, so auf Cooks Reise um die Welt 1772-1775 erfolgreich erprobt wurde, verweigerte die Kommission unter Vorwänden die völlige Auszahlung des Preises.

Lichtenberg lernte 1775 Harrison persönlich kennen, »ein munterer Greis von 82 Jahren. Er nannte ihn [Lichtenberg] den Mondsüchtigen, weil er aus Göttingen kam, wo Tobias Mayer seine Mondstafeln verfertigte.« (Gamauf: *Erinnerungen an Lichtenbergs Vorlesungen zur Astronomie.* Wien, Triest 1818, S. 361). Lichtenberg dagegen wunderte sich über Harrisons geschraubt-verschnörkelten und schwer verständlichen Schreib-Stil und notierte: »Im Umgang drückt er sich deutlich und präciß aus«. (SB 1, F 676) [SS]

706
Georg Friedrich Brander (1713-1783):
Hydrostatische Waage.
Messing, Glas, in mit Samt ausgeschlagenem Kasten, vor 1783.
Breite: 33 cm
Universität Göttingen – Erstes Physikalisches Institut, H 153
Aus Lichtenbergs Sammlung.
Das Gerät dient dazu, die Dichte, beziehungsweise das spezifische Gewicht von Flüssigkeiten zu bestimmen. Einer der beiden gläsernen Verdrängungskörper wird in die zu untersuchende Flüssigkeit getaucht und sein Gewicht mittels der nach dem Prinzip der Neigungswaage arbeitenden Wägevorrichtung gemessen. Der Auftrieb durch die Flüssigkeit bewirkt eine scheinbare Gewichtsabnahme, die mit der Dichte der Flüssigkeit ansteigt. Da die Dichte und damit auch der Auftrieb etwa einer Salzlösung vom Salzgehalt abhängt, kann dieses Gerät auch zur Bestimmung der Salzkonzentrationen verwendet werden. [GB]

707
Hydrostatische Waage.
Messing, Holz, 18. Jahrhundert.
Höhe: 36 cm
Universität Göttingen – Erstes Physikalisches Institut, H 85
Zur Messung des Auftriebs wird ein fester Körper an die kurze Schale gehängt und in eine Flüssigkeit getaucht; durch das Austarieren der anderen Waagschale kann die Gewichtsverminderung bestimmt werden. [GB]

708
Edward Nairne (1726-1806) und Thomas Blunt († nach 1802)
Vakuumpumpe.
Luftpumpe nach John Smeaton (1724-1792), mit Nairnes und Blunts Verbesserungen.
Holz, Messing, Glas, Quecksilber, London 1782. Höhe: 132 cm
Universität Göttingen – Erstes Physikalisches Institut, H 86
Die Vakuumpumpe, 1782 aus London erworben, ist das Glanzstück der erhaltenen Geräte aus Lichtenbergs Sammlung. Das Endvakuum betrug etwa 0,4 Torr. Das ermöglichen drei Membranventile, von denen eins als Niederdruckventil arbeitet.
Lichtenberg schreibt an den Freund Franz Ferdinand Wolff am 27. Oktober 1783: »Meine Lufft Pumpe ist eine so genannte Smeatonsche das ist, eine, die vermittelst *Ventile* zugleich zum *verdünnen* und *verdichten* der Lufft dient. [...] Indessen hat Smeaton's erste Einrichtung viel unbequemes für den, der sie brauchen wolte, (denn manche Operationen mußten auf den Knien geschehen) [...]. Diesen Unbequemlichkeiten haben nun die Herrn *Nairne* und *Blunt* auf das vortrefflichste abgeholfen ohne jedoch von dem charackteristischen dieser Art Lufft Pumpe, nemlich Exantlation und Compression durch *dieselben* Ventile, abzuweichen, daher sie ihr auch den Nahmen der *Smeaton*schen gelassen haben. Und von dieser Art ist nun die Meinige. [...] Der Körper der Lufftpumpe, ohne den mindesten Apparat, ja nicht einmal die kleinste Klocke mit gerechnet, kostet 38 Pfund Sterling. Dafür ist er aber aus dem besten Mahogany Holtz verfertigt und alles Messing-Werck überfirnißt. Der Gröste Vorzug aber ist die Gnauigkeit im Wesentlichen, die sich blos in den Wirckungen zeigt, und beym ersten Anblick nicht in die Augen fallen kan.
Der Apparat dazu ist sehr groß. Ich erwähne nur hier einiger der vorzüglichsten Stück. 1) Ein Paar sehr grose Guerickische Halbkugeln, mit den vortrefflichsten Hahnen, so wie alle andere Hahnen Meistermäßig gearbeitet sind. 2) Ein Instrument für den Ducaten und Pflaumenfeder, ein groser Gläserner Cylinder, woran die Einrichtung gantz neu und ungewöhnlich einfach ist [...]. 3) Eine Einrichtung für den Schall. 4) Ein Manometer. 5) Die Birn Probe (pear gage) vortrefflich, um die Grade der Verdünnung zu messen. 6) mehrere höchst vortrefflich eingerichtete Werckzeuge alle Würckungen des Barometers zu erklären. 7) Grose Recipienten zu Versuchen in künst[lichen] Lufftarten. 8) ein langer Cylinder mit Fuß,

zur Elecktricität im Vacuo. Dieser kan auch als ein Conducktor bey einer Elecktrisir Maschine gebraucht werden. 9) Eine Maschine die specifische Schwere der Lufft zu finden. 10) sehr viele Gläser zu allerley Versuchen, die hier zu beschreiben zu weitläufftig seyn würde.« (Bw 2, Nr. 1172) [GB]

709
Edward Nairne (1726-1806) und Thomas Blunt († nach 1802)
Glocke zum Nachweis, daß es im luftleeren Raum keine Schallfortpflanzung gibt.
Zusatzgerät zur Vakuumpumpe.
Glas, Metall, 1782. Höhe: 18,5 cm
Universität Göttingen – Erstes Physikalisches Institut, H 88

710
Edward Nairne (1726-1806) und Thomas Blunt († nach 1802)
Großes Glasrohr für Entladungen in verdünnten Gasen.
Zusatzgerät zur Vakuumpumpe.
Glas, Messing, Holz; London 1782.
Höhe: 80 cm
Universität Göttingen – Erstes Physikalisches Institut, H 89

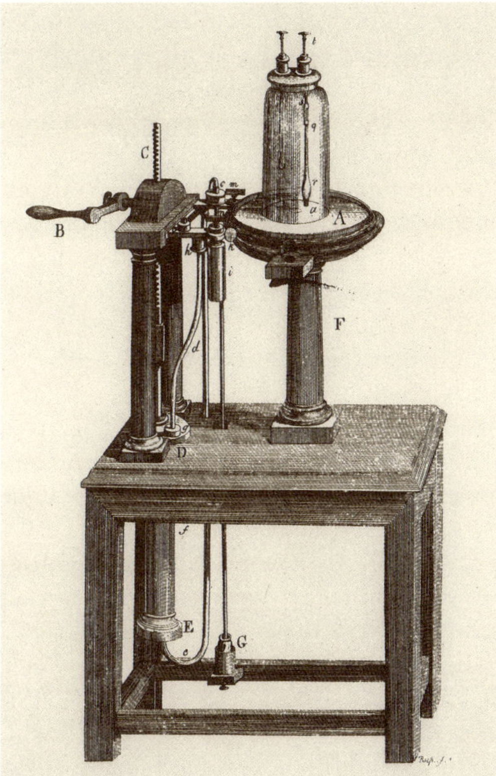

Katalog-Nr. 708

gelernt. Sein Schwungtisch, ein Universalgerät für Versuche zur Mechanik, war von dem Künstler Edward Nairne aus London und hatte »mit dem dazugehörigen Apparat 108 Thaler gekostet«. Von Jesse Ramsden hatte er eine hochgenaue Waage mit verbesserten Waagebalken gekauft. Aber, wo immer es ging, beschäftigte er deutsche Mechaniker, besonders die Instrumentenbauer in Göttingen. Oder er bezog Teile von Instrumenten, beispielsweise Zylinder für Elektrisiermaschinen aus England, und übertrug dann den Bau des vollständigen Geräts seinem Mechaniker Klindworth.

Eine Aufstellung der deutschen Instrumentenbauer, von denen Lichtenberg Geräte bezog, liest sich wie ein »Who is Who« der Feinmechanik in der zweiten Hälfte des 18. Jahrhunderts. Bei Johann Konrad Gütle in Nürnberg hatte Lichtenberg eine Scheibenelektrisiermaschine bestellt. Vom Hannoveraner Hofuhrmacher Friedrich Heinrich Gerhard Ahrens bezog er eine Terzienuhr, und von dem gleichfalls in Hannover arbeitenden Georg Drechsler kaufte er ein Niveauinstrument. Er wurde von Braasch in Hamburg, Hofmechaniker Ernst Matthias Stoltz in Kassel, Christian Friedrich Ernst Reinthaler in Leipzig und vor allem von dem berühmten Mechaniker Georg Friedrich Brander in Augsburg beliefert. Daneben finden wir Geräte von dem aus Straßburg stammenden Mechaniker an der Akademie der Wissenschaften in Berlin Jean Jacques Renard, von Jacques Paul aus Genf, dem Mechaniker des Physikers Saussure, und dem aus Gerra am Lago Maggiore gebürtigen Darmstädter Mechaniker Giuseppe Ciarcy.

In dieser Aufzählung fehlen noch alle Instrumentenmacher, die in Göttingen arbeiteten: Johann Christian Baumann, dem Lichtenberg für optische Versuche Crown-

711
Edward Nairne (1726-1806) und Thomas Blunt († nach 1802)
Magdeburger Halbkugeln zum Nachweis des Luftdruckes.
Zusatzgerät zur Vakuumpumpe.
Metall auf Holzsockel, 1782. Höhe: 26 cm
Universität Göttingen – Erstes Physikalisches Institut, H 90

712
Kupferner Heronsbrunnen.
Kupfer, Ende 18. Jahrhundert.
Höhe: 150 cm
Universität Göttingen – Erstes Physikalisches Institut, H 93
Vermutlich aus Lichtenbergs Sammlung.
Der Name des Geräts, das zu den hydraulischen Maschinen gehört, geht auf Heron von Alexandria (um 150 bis 100 v. Chr.) zurück. Zu Beginn ist der obere Kessel mit Flüssigkeit, etwa Wein gefüllt, der untere leer. Gießt man jetzt (um den Versuch in Gang zu bringen) etwas Wasser in die obere Schale, so läuft es ins linke (Fall-)Rohr, wobei die Flüssigkeitssäule das Luftpolster im unteren Kessel zusammenpreßt, worauf diese über ein Steigrohr in

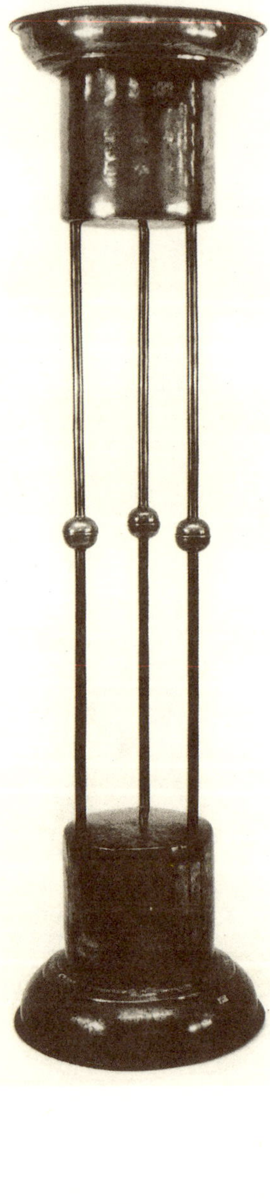

und Flintglas aus England mitgebracht hatte, der Universitäts-Stein- und Glasschleifer Johann Philipp Reuss, Universitäts-Uhrmacher und -Mechaniker Heinrich Balthasar Poppe, der Uhr- und Spritzenmacher Johann Christian Riepenhausen und dessen Sohn Johann Franz. Auch der in Polen geborene Nikolaus Borislaus von Ciechansky muß erwähnt werden, der an der Georgia Augusta studierte, bis er aus Geldmangel die Betreuung der Modellkammer übernahm und daneben Instrumente verfertigte – und es wäre noch Johann Hermann Seyde zu nennen, der in den neunziger Jahren auch einige Zeit als Assistent Lichtenbergs arbeitete.

Auf Klindworth, den fähigsten Göttinger Feinmechaniker zu Lichtenbergs Zeit und lange Jahre dessen besonders geschickter Assistent, soll etwas näher eingegangen werden. In einem Brief an Franz Ferdinand Wolff vom 10. Februar 1785 schreibt Lichtenberg: »Klindworth ist nach meinem Urtheil gewiß der vollkommenste *Arbeiter* in Deutschland von denen ich Sachen gesehen habe, und das zwar *bey weitem*. [...] Er hat neulich einen 2 Füßigen Quadranten für den Hertzog von Gotha gemacht, der schlechterdings in Nichts den englischen wich. [...] Nun arbeitet er an einer Lufftpumpe für den berühmten Tempelhoff zu Berlin [...]. Das niedlichste aber, was ich je von ihm gesehen habe, war ein Apparat von Pyrometrischen Instrumentchen für den Abbt Frisi zu Maylandt, netter gearbeitet können Sie sich schlechterdings nichts dencken. [...] Was Klindworthen diese grose Süperiorität giebt, ist, daß er mit Uhrmachen anfieng, daher wurde ihm die gröste Gnauigkeit in der Ausarbeitung mechanisch. Ich habe ihn zu erst zur Mechanik gebracht, welches er mir schon tausendmal gedanckt hat.« (Bw 3, Nr. 1354, S. 41)

Klindworth, am 11. November 1742 in Göttingen geboren, war Sohn des Peter Klindworth, der im Bürgerbuch von 1736 als Leuchtenmacher angegeben ist. Erst in der Todesurkunde von 1782 wird er als Uhrmacher bezeichnet. Es ist anzunehmen, daß die väterliche Werkstatt für eine qualifizierte Ausbildung des jungen Klindworth nicht geeignet war. Vieles spricht dafür, daß Lichtenbergs späterer Mechaniker bei Franz Leberecht Kampe seine qualifizierte Ausbildung erhielt und von Abraham Gotthelf Kästner sehr intensiv gefördert wurde. Der Instrumenten- und Uhrmacher Kampe arbeitete überwiegend für die Sternwarte in Göttingen und war einige Zeit als Senator der Stadt für die Bauangelegenheiten zuständig. Durch dieses städtische Amt geriet er mit seiner Fertigung der bestellten Meßgeräte ständig in Verzug. Ein in seiner Werkstatt begonnener Mauerquadrant sollte auf Vorschlag Kästners schließlich von Klindworth fertiggestellt werden. Es gibt zwei weitere Arbeiten von Klindworth, die in dieser Zeit entstanden sind und die seine Qualifikation als Feinmechaniker belegen – lange vor seiner Zusammenarbeit mit Lichtenberg und entgegen dessen eitler Behauptung im Brief an Wolff. Im Jahr 1771 führte Kästner in einer Sitzung der königlichen Sozietät eine von Klindworth gefertigte Uhr für Kurzzeitmessungen vor. Die Uhr wurde später für Schallmessungen verwendet, die Kästner zusammen mit Tobias Mayer durchführte. 1773 berichtet Kästner über eine von Klindworth erfundene Maschine zur Herstellung von Feilen. Englische Werkzeugfabrikanten hatten mit der maschinellen Herstellung von Feilen begonnen und vor allem französische und deutsche Mechaniker angeregt, ähnliche Maschinen zu konstruieren. Klindworth erhielt für seine Entwicklung zur »ferneren Aufmunterung nebst einer Prämie an Geld, eine silberne Medaille von der Landwirtschaftsgesellschaft zu Celle.«

Wann die Zusammenarbeit zwischen Lichtenberg und Klindworth begann, ist unsicher. Erst in einem Brief von 1778, dem Jahr, in dem Lichtenberg seine Vorlesung zur Physik aufnahm, erwähnte er den Mechaniker als seinen »famulum«,[5] – wie man damals den Assistenten nannte. Im Frühling des gleichen Jahres hatte Klindworth die vierte Tafel zu Lichtenbergs *De nova methodo naturam [. . .] electrici investigandi*[6] gestochen, die die Handhabung von Geräten illustriert. Ab 1776 erwähnt Lichtenberg den Mechaniker verschiedentlich in Briefen; dabei wird deutlich, daß die Zusammenarbeit zwischen Lichtenberg und Klindworth nicht immer unproblematisch war. Zunächst ist Lichtenberg voll des Lobes und empfiehlt seinen Mechaniker gern weiter; so schreibt er am 30. Oktober 1780 an Johann Andreas Schernhagen über eine Uhr, die Klindworth für den Gothaischen Herzog Ernst II. angefertigt hat: Sie »ist ein wahres Meisterstück, das Pendel daran ist von Februar bis August fast täglich mit dem englischen verglichen und übereinstimmend gefunden worden. Es sind ihm 100 Thaler [. . .] accordirt, ich hoffe aber, der Hertzog wird, wenn er die vortreffliche Arbeit sieht, ein übriges thun.« (Bw 2, Nr. 742) Im Zusammenhang mit der Errichtung von Blitzableitern schreibt er an Kriegsrat Johann Daniel Ramberg am 8. April 1782: »Solte König*liche* Kriegs Cantzley einige anzulegen willens seyn, so übertragen Sie dieses unserm Klindworth, der die Sache gewiß meistermäßig und um das halbe Geld ausführen wird, und dieses nach der neusten und gäntzlich erprobten Art« (Bw 2, Nr. 896). Im Brief an Wolff vom Februar 1785 reiht Lichtenberg Klindworths Fähigkeiten auf: »Ob er gleich eine wahre Weibshand schreibt [. . .], so sind die Schrifften die er auf seine Instrumente sticht doch gantz im englischen Geschmack mit freyen Zügen und seine Ziffern vortrefflich. Er macht vortreffliche Thermometer mit Kügelchen von Erbsen Gröse und mit silbernen Skalen, auch [. . .] Barometer, wenn er Röhren hat, Wegmesser, grose Astronomische Pendel Uhren und Rostförmigen Pendelstangen, höchst vortrefflich, elecktrische Lampen, Windbüchsen in der grösten Vollkommenheit, sticht Visiten Karten«. (Bw 3, Nr. 1354, S. 41 f.) Mehrfach deutet er aber auch an, daß ihm der geschickte Handwerker zu langsam sei. Dem Ideenreichtum und der Sprunghaftigkeit Lichtenbergs stand der bedächtig arbeitende Klindworth gegenüber, dessen Arbeitsweise aber weitgehend von Lichtenbergs Ansprüchen an die Präzision der zu fertigenden Geräte geprägt wurde.

Bei vielen Hinweisen auf die Zusammenarbeit zwischen den beiden fällt auf, daß sich ernsthafte Differenzen erst nach Lichtenbergs gesundheitlicher Krise, also nach 1789 häufen. Vermutlich ist Klindworth in dieser Zeit durch den Vorlesungsbetrieb verstärkt in Anspruch genommen worden und es fehlte ihm die Zeit für Arbeiten in der eigenen Werkstatt. So sind auch die verschiedenen Versuche Klindworths zu verstehen, in Gotha eine Anstellung zu finden. Wieso diese Versuche des Göttinger Mechanikers scheiterten, obwohl er seit 1781 Gothaischer Hofmechanikus war, konnte bisher nicht geklärt werden. Als er sich Mitte 1791 dann endgültig für Göttingen entschieden hatte, setzte sich die Universität für eine jährliche Besoldung von Klindworth ein, die trotz einer sehr negativen Stellungnahme von Lichtenberg[7] bewilligt wurde.

Ein Auszug aus diesem Gutachten zeigt, daß Lichtenberg nun vielen früheren positiven Äußerungen über den Mitarbeiter Klindworth widerspricht: »Alle die großen Arbeiten, die er nach Gotha und Berlin verfertigt hat, und eine große Menge anderer, die er theils gemacht, theils zu machen versprochen hat, sind ihm lediglich auf meine Empfehlung aufgetragen worden. Viele, ja die meisten darunter waren Copien von meinen Instrumenten, die ich ihm dazu lieh, oder solche, die ich ihm verschaffte. Ich habe ihn zu meinem Assistenten im Collegio angenommen, wofür ich ihm in den lezten Jahren 50 *Reichstaler* des Jahres bezahlte, und ihn überall, wo ich nur konte bekannt gemacht und empfohlen. Dieses weiß er auch recht sehr wohl und sein Gewissen muß es ihm sagen, daß er ohne die Verbindung mit mir, noch immer der Uhrmacher wäre, der er war, und dergleichen es hier mehrere giebt. [. . .] Mehrere

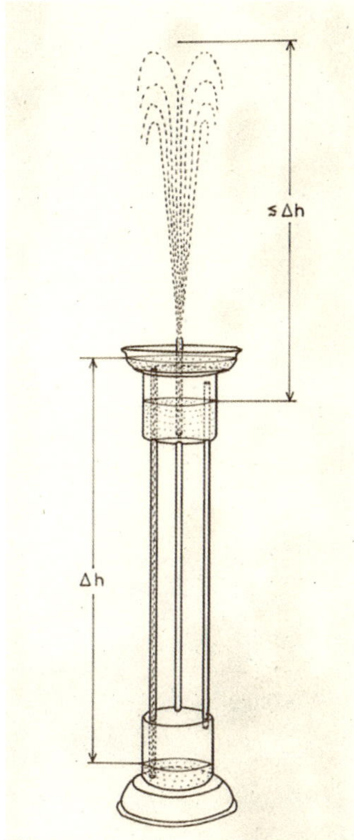

den oberen Kessel drängt und den Wein als Fontäne in die obere Schale spritzen läßt. Das »Wunder« dauert so lange, bis der gesamte Wein in den unteren Kessel gelaufen ist. [GB]

713
Ernst Matthias Stol[t]z
(vor 1778-1803):
Kleiner Flaschenzug aus Messing.
Messing, Holz, vor 1789.
Höhe: 24 cm
Universität Göttingen – Erstes Physikalisches Institut, H 119
Aus Lichtenbergs Sammlung.

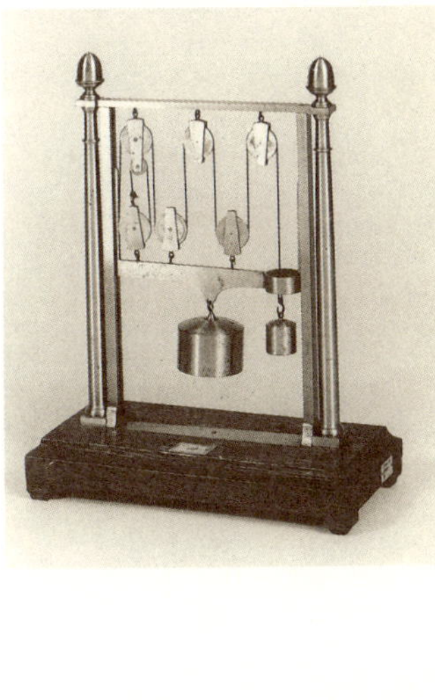

Abbildungen oben:
Katalog-Nr. 714 (links)
Katalog-Nr. 718 (rechts)
Abbildungen unten:
Katalog-Nr. 715 (links)
Katalog-Nr. 716 (rechts)

714
Ernst Matthias Stol[t]z
(vor 1778-1803):
Apparat zur Demonstration der Keilgesetze.
Messing, Holz, vor 1789.
Höhe: 15 cm
Universität Göttingen – Erstes Physikalisches Institut, H 118
Aus Lichtenbergs Sammlung.

715
Ernst Matthias Stol[t]z
(vor 1778-1803):
Modell einer Zahnradwinde.
Messing, Holz, vor 1789.
Höhe: 20 cm
Universität Göttingen – Erstes Physikalisches Institut, H 120
Das Gerät stammt aus der Sammlung Lichtenbergs. Durch die starke Reibung wird das große Gewicht gehalten, obwohl am Haken das kleine Gegengewicht fehlt. [GB]

716
Schiefe Ebene mit Gradbogen und Rolle für die Vorführung der Zerlegung von Kräften in Komponenten.
Messing, Holz, um 1789.
Länge: 67 cm
Universität Göttingen – Erstes Physikalisches Institut, H 84
»Ein kleiner messingner Wagen, 8 Unzen schwer«. Bei der Messung muß der vom Wagen ausgehende Faden zur schiefen Ebene parallel sein. [GB]

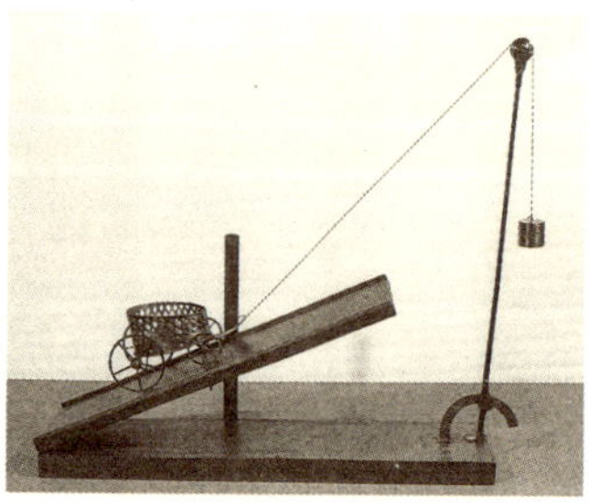

717
Drei Doppelkegel und Laufrinne zur Demonstration des Schwerpunkts.
Holz. 31 × 63 × 27 cm
Darmstadt, Hessisches Landesmuseum, Physikalische Sammlung, 57/100
Die drei Doppelkegel haben unterschiedliche Winkel der Kegelwände und dementsprechend unterschiedliche Schwerpunkte. Legt man die Doppel-Kegel auf die abschüssige und konisch-zusammenlaufende Laufrinne, so rollt der erste Kegel – wie zu erwarten – abwärts, der zweite bleibt ruhig stehen, und der dritte rollt überraschend bergauf. [SO]

718
Edward Nairne (1726-1806) und Thomas Blunt († nach 1802)
Schwungmaschine zur Demonstration und Messung der Trägheitskräfte.
Holz, Messing, 1782. Breite: 100 cm
Universität Göttingen – Erstes Physikalisches Institut, H 83
»Der Lichtenbergische Schwungtisch ist von Herrn Nairne zu London verfertiget, und hat mit dem dazu gehörigen Apparat 108 Thaler gekostet. [...] Einer der schönsten Versuche mit diesem Schwungtisch ist wohl auch der, durch welchen mittelst zweyer messingnen Reife die Abplattung der Erdkugel an den Polen vorgestellt wird.« (Gamauf: *Lichtenbergs Vorlesungen,* Bd. 1, S. 164 f.) [GB]

719
Johann Christian Riepenhausen
(1724-1789 oder 1793):
Windbüchse.
(Luftgewehr).
Stahl, Messing, Leder, vor 1789.
Länge: 138 cm
Universität Göttingen – Erstes Physikalisches Institut, H 117
Das Gewehr, das Lichtenberg in seinen Vorlesungen demonstrierte, erscheint dem flüchtigen Betrachter als pulvergetriebener Vorderlader. Es arbeitet aber pneumatisch; der eisenbeschlagene Kolben dient als Preßlufttank, der ›vor der Jagd‹ mit einem Kompressor gefüllt wurde. Ein sinnreicher Auslösemechanismus läßt mehrere, allerdings immer schwächere, Schüsse zu. [GB]

Jahre gieng alles recht gut, allein seit einiger Zeit wurde er so nachlässig, daß er mich mit Arbeiten, die ich bey ihm bestellt hatte Jahre lang aufhielt. [...] Alles dies zusammengenommen bewog mich endlich, zumal, da er sich mit dem Abzug nach Gotha, wichtig zu machen und zu steigern suchte, ihn gantz von mir zu entfernen. Sein Abgang ist für mich völlig ersezt. Ich, der ich gewiß in der gantzen Stadt am meisten einen Mechaniker nöthig habe, brauche ihn nicht mehr, und werde ihn nicht gebrauchen auch wenn er hier bleibt.«

Dadurch kam es zu einer Trennung von »dem treulosen Klindworth«,[8] ein anderer »famulus« ward gefunden, und am 26. Mai 1791 meldet Lichtenberg erleichtert (und sicherlich ungerechterweise) an Johann Christian Dieterich: »Mein neuer Assistent im Collegio, Herr Seyde, hält sich vortrefflich, es ist ein gantz anderes Leben, als mit dem trägen und falschen Klindworth«. (Bw 3, Nr. 1885, S. 911) Das Lob, das Lichtenberg seinem jahrelangen Gehilfen bis dahin gern gespendet hat, schlägt um in herbe Kritik: »Von dem treuloßen Klindworth habe ich mich trennen müssen [...]. Unter diesen Umständen weiß ich nicht wie viel meine Erinnerung an Ihre Thermometer bey ihm fruchten wird; sie war indessen sehr ernstlich und wir wollen sehen ob sie durch sein Fell gegangen ist, das wie Sie wissen werden, der solideste Theil an seinem Leibe und etwas sehr Büffelartig ist.«[9]

Ganz ohne Klindworth konnte Lichtenberg aber auf die Dauer nicht auskommen – eine Rechnung vom August 1792 dokumentiert, daß dieser wieder Arbeiten von seinem ehemaligen Mitarbeiter ausführen ließ. In den Vorlesungen wirkte jedoch weiterhin der Mechaniker Seyde. Dieser zuerst so hochgelobte Assistent erfüllte aber auf Dauer die Anforderungen Lichtenbergs in keiner Weise, und im Staatskalender findet man ab November 1795 wieder regelmäßige Eintragungen, die eine Assistententätigkeit bei Lichtenbergs wissenschaftlichen Arbeiten belegen.

1 Johann Christian Polycarp Erxleben: *Anfangsgründe der Naturlehre.* 5. Aufl. Mit Zusätzen von G. C. Lichtenberg. Göttingen: Dieterich 1791.

2 Gottlieb Gamauf: *Erinnerungen aus Lichtenbergs Vorlesungen über Erxlebens Anfangsgründe der Naturlehre.* 3 Bde. Wien, Triest 1808.

3 Katalog des Physikalischen Apparats verfertigt von Tobias Mayer im Jahre 1813. (Handschriftliches Inventarverzeichnis in der historischen Sammlung des 1. Physikalischen Institutes der Universität Göttingen).

4 Paul Hahn: *Georg Christoph Lichtenberg und die exakten Wissenschaften.* Göttingen 1927, S. 19.

5 Brief an Johann Andreas Schernhagen vom 13. August 1778 (Bw 1, Nr. 515).

6 Georg Christoph Lichtenberg: *De nova methodo naturam ac motum fluidi electrici investigandi.* Göttingen 1778. Vgl. SB 3, S. 24 ff., dort die deutsche Übersetzung mit Abbildung der Tafel IV.

7 Brief an Heinrich August Wrisberg vom 3. September 1791 (Bw 3, Nr. 1922).

8 Brief an Carl Friedrich Kielmeyer vom 12. Dezember 1791 (Bw 3, Nr. 1983).

9 Ebda.

720
Scheibenelektrisiermaschine nach Le Roy.
Holz, Glas, Messing, Leder, um 1770. Höhe: 91 cm
Universität Göttingen – Erstes Physikalisches Institut, H 73
Die Reibungselektrizität steht am Anfang der gesamten Elektrizitätslehre. Als Erfinder der Reibungselektrisiermaschine gilt Otto von Guericke. Seine 1671 gebaute Maschine bestand aus einer drehbaren Schwefelkugel. Als »Reibzeug« diente die Hand des Experimentators. Jean Baptiste Le Roy (1729-1800), französischer Mechaniker in Paris, verbesserte den Apparat entscheidend: Bei ihm dreht sich eine isolierte Glasscheibe. Zwei metallisierte Lederkissen reiben auf der Scheibe und laden diese auf. Die Oberflächenladungen werden von der isolierenden Scheibe mitgenommen. Dadurch steigt die Spannung ungeheuer stark an. Zwei Holzringe, mit zur Scheibe gerichteten Spitzen versehen, saugen die Ladung ab und leiten sie auf die große Metallkugel. [GB]

721
Edward Nairne (1726-1806) und Thomas Blunt († nach 1802): Henley'scher Quadrantenelektrometer.
Zusatzgerät zur Scheibenelektrisiermaschine.
Großer elektrostatischer Spannungsmesser.
Holz, Metall, Papier; London, vor 1789. Höhe: 15 cm
Universität Göttingen – Erstes Physikalisches Institut, H 82

Gustav Beuermann

»Sie schwäntzen aber jezt schon, bis es blitzt und donnert«

Physikprofessor – Lichtenbergs Beruf

In seinem *Schrei nach Lichtenberg* schreibt Kurt Tucholsky: »Wer die Gewohnheit hat, in Büchern etwas anzustreichen, der wird seine Freude haben, wie sein Lichtenberg nach der Lektüre aussieht. Das beste ist: er macht gleich einen einzigen dicken Strich, denn mit Ausnahme der physikalischen und lokalen Eintragungen ist das alles springlebendig wie am ersten Tag.«[1]

Das ist die Liebeserklärung eines Nichtphysikers, brillant und herzerfrischend ungerecht. Sie verlangt geradezu nach einer Ergänzung durch einen Nichtliteraten, einen, der Lichtenberg nicht übers Gedruckte kennenlernte. Denn es gibt auch den Zugang über Lichtenbergs physikalischen Apparat, der noch erstaunlich vollständig in Göttingen erhalten ist. Diese Geräte aus Glas, Messing und poliertem Holz fesseln durch ihre Schönheit sogar den, der den Naturwissenschaften eher fernsteht. Wieviel mehr begeistern sie, wenn man ihre Funktion versteht oder sie sogar in einer Vorlesung über Experimentalphysik zum Leben erweckt. Bedenkt man die Schwierigkeiten, unter denen Lichtenberg sie erwarb, bekommt man vielleicht eine Ahnung, was sie ihm bedeuteten, wie sehr er sich an ihnen freute, wie sie aber auch ihn selbst widerspiegeln. Denn Lichtenberg war Physiker mit deutlicher Vorliebe zur Experimentalphysik. Und er war Hochschullehrer. Das war sein Beruf.

Seine in den Sudelbüchern aufgeschriebenen Gedanken wurden erst nach seinem Tode bekannt. Heute begründen sie seinen Ruhm, aber seine Zeitgenossen konnten ihn so nicht sehen. Sicherlich erblickten sie in ihm auch den genialen, skurrilen und geistreichen Kauz, aber in erster Linie achteten sie den Wissenschaftler. Als anerkannter Naturforscher wurde er Mitglied der Göttinger Sozietät der Wissenschaften, der Academia Leopoldina Naturae Curiosorum, der Royal Society in London und der St. Petersburger Akademie.[2] 1795 erhielt er sogar einen Ruf nach Leiden auf die mit 2000 Gulden jährlich dotierte Stelle als Nachfolger Pieter Nieuwlands, der nach allgemeinem Urteil als der hervorragendste Mathematiker und Physiker Hollands galt.[3] Seine bedeutendste Entdeckung, die auch heute noch seinen Namen trägt, machte er 1777 als Fünfunddreißigjähriger. Auf diese sogenannten Lichtenbergschen Figuren setzte er selbst die größten Hoffnungen. Immerhin trugen sie dazu bei, Ordnung in den zoologischen Garten der verschiedensten Elektrizitätsarten zu bringen.[4] Ob Harz-, Glas-, Katzenfell-, Luft-, Erd- oder Gewitterelektrizität, welche Materialien auch immer aneinander gerieben wurden, es traten nur zwei verschiedene Typen von Figuren auf. Damit gab es genau zwei Elektrizitätsarten, mochten sie nun nach Benjamin Franklin in einem »Mehr oder Weniger« oder nach Robert Symmer »aus verschiedenen Stoffen« bestehen.[5] Lichtenberg konnte diese Frage mit den Kenntnissen seiner Zeit nicht entscheiden, verschärfte aber die Franklinsche Bezeichnungsweise »positiv oder plus« oder »negativ oder minus« durch Einführung der Rechenzeichen » + « beziehungsweise » – «. Dadurch brachte er die Additivität der elektrischen Ladung besonders klar zum Ausdruck. Daß seine Figuren als Grundlage der heutigen Trockenkopierverfahren dereinst den Büroalltag revolutionieren würden,[6] daß man heute einen Text schneller kopiert als kapiert, das konnte er freilich nicht ahnen. Seine Figuren entdeckte er völlig unvermutet beim Experimentieren mit einem besonders großen Elektrophor. Das Glück begünstigte ihn, nicht Plan oder vorausschauende Rechnung, und bestärkte ihn in seiner wohl nicht von allen Kollegen geteilten Ansicht: »Ich glaube nicht, daß durch Calcül je eine große Entdeckung in der Naturlehre gemacht worden ist; das ist auch sein Gegenstand nicht. Sondern, sobald der Zufall oder der praktische Blick etwas entdeckt haben, so gibt Mathematik die besten Umstände an; sie zeigt, wenn sich die Sache im ganzen so verhält, welches die beste Form und Einrichtung sei; – weiter nichts.«[7]

Ab 1778 bis zu seinem Tode las Lichtenberg Experimentalphysik. Bereits sein Vorgänger Johann Christian Polycarp Erxleben hatte die Vorlesungen über Naturlehre gelegentlich mit der Demonstration von Geräten aufgelockert,[8] aber erst Lichtenberg baute diese Technik zur weithin berühmten Experimentalvorlesung aus. Die Geräte dazu mußte er allerdings auf eigene Kosten erwerben. Einen Etat für entsprechende Anschaffungen gab es damals an der Göttinger Universität noch nicht, und Erxlebens bescheidene Apparatesammlung war nach dessen Tod nach auswärts verkauft worden.[9] 1783 beziffert Lichtenberg die Kosten für seine Sammlung mit 1500 Talern; eine beachtliche Summe, wenn man sie mit seinem Anfangsgehalt als Extraordinarius von 200 Talern jährlich vergleicht.[10] Diese beiden Zahlen markieren den Stellenwert, den die Geräte für Lichtenberg besaßen. Dagegen ist es heute fast unmöglich, die Schwierigkeiten bei der Beschaffung zu würdigen. Ein nennenswerter wissenschaftlicher Gerätebau sollte ja in Deutschland erst entstehen. Ein Beispiel mag Lichtenbergs Begeisterung zeigen, als das Herzstück zu einer Reibungselektrisiermaschine unversehrt in Göttingen eintraf: »Diesen Morgen um eilf Uhr sind meine elecktrischen Cylinder glücklich auf meiner Stube angelangt und ausgepackt worden. Sie sind von gantz ungemeiner Schönheit und Gröse. Ich glaube nun nicht, daß sie in Deutschland ihres gleichen haben, einer kommt aber auch mit Fracht und emballage netto 30 Thaler. Ich habe nie einen grösern Raum mit Glas eingeschlossen gesehen. Jeder war in einem eignen Kasten von 3 Fuß lang 22 Zoll hoch und eben so breit.« (Bw 1, Nr. 646)[11] Und drei Tage später schreibt er an denselben Adressaten: »Gestern zeigte ich in meinem Collegio, worin etwa 50 Personen gegenwärtig seyn mochten, einen meiner Cylinder vor. Als er aus dem Kasten genommen wurde, entstund ein Geräusch, wie in Neapel bey Vorzeigung des Bluts des heiligen Januarius. Selbst die vordersten, die nichts verhinderte, stunden auf, gleichsam aus Respeckt.« (Bw 1, Nr. 647)[12]

1789 gelang es Lichtenberg, seine Sammlung an die Universität zu verkaufen. Sie stand weiterhin unter seiner Obhut und ihm uneingeschränkt zur Verfügung. Das betreffende Schreiben der Regierung von Hannover an den englischen König kennzeichnet den Rang des physikalischen Apparats und die Nebenabsichten des Kuratoriums in lesenswerter Klarheit: »Der Hofrath und Professor Lichtenberg zu Göttingen hat sich aus seinen eigenen Mitteln einen großen und kostbaren Vorrath von Instrumenten angeschafft, welcher ihn in den Stand gesetzt hat, die experimental Physik mit ganz vorzüglichem Beyfall vorzutragen. Die Gesundheit des Hofrats Lichtenberg ist jedoch von der Beschaffenheit, daß er wahrscheinlich kein hohes Alter erreichen wird, und würde bey seinem Abgange die Besetzung der Stelle eines Lehrers der experimental Physik sehr großen Schwierigkeiten unterworfen seyn, wenn es an dem nötigen Apparat von Instrumenten [...] fehlen solte [...]. Wir haben deswegen für nöthig erachtet, auf die Beybehaltung des von dem Hofrath Lichtenberg angeschafften Apparats für die Akademie Rücksicht zu nehmen, und erdreisten uns daher Eurer Königlichen Majestät ein [...] billiges Anerbieten des Hofrats Lichtenberg in tiefster

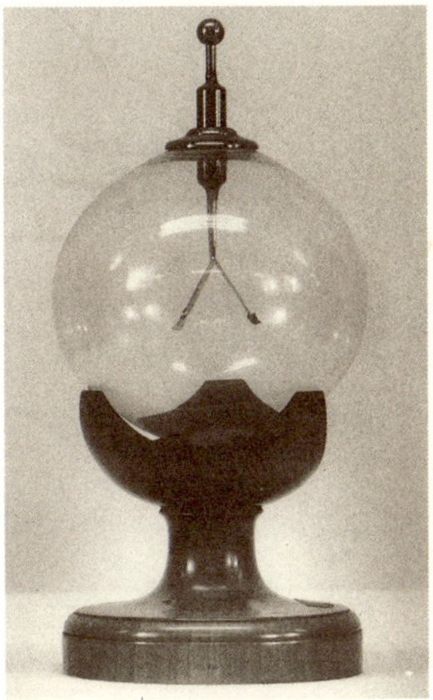

722
Blättchenelektroskop nach Abraham Bennet (1750-1799). Messing, Glas, Holz, nach 1787. Höhe: 25 cm (mit Fuß)
Universität Göttingen – Erstes Physikalisches Institut, H 81
Aus Lichtenbergs Sammlung.
Die zwei feinen Metallblättchen, die mit ein wenig »Eierweiß oder Ohrenschmalz« an einen mit Siegellack isolierten Messingstab geklebt sind, spreizen sich bei elektrischer Aufladung des Gerätes. Die vielfältigen Versuche zur Elektrizitätslehre, die sich mit einem solchen Elektrometer anstellen lassen, beschreibt Lichtenberg ausführlich in einem Brief an Franz Ferdinand Wolff vom 27. Januar 1785, der ein von Klindworth in Göttingen gefertigtes, aber von Lichtenberg selbst lackiertes (»weil Klindworths Schuhpechfirniß zu elend für Ihre Sammlung war«) Gerät für einen Taler erworben hatte: »Der Drat woran die kleinen Kügelchen Hängen ist Silberdrat, die Kügelchen selbst Holunder Marck. [...] Fassen Sie es mit der Hand bey A und fahren mit dem metallenen Boden B C über alles trockene was vor Ihnen liegt (es versteht sich daß das Maschinchen *recht rein und trocken*, allenfalles etwas erwärmt ist) Metall und menschliche Hand ausgenommen, so gehen die Kügelchen gleich aus einander. Fassen Sie es bey B C und streichen mit A, so geschieht eben das, nur sind die Kügelchen im ersten Fall durch *Vertheilung*, im 2ten durch *Mittheilung* elecktrisch.« (Bw 3, Nr. 1348, S. 23) [GB]

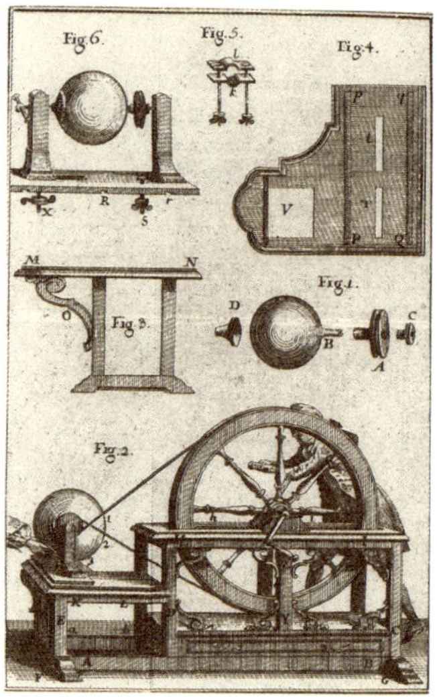

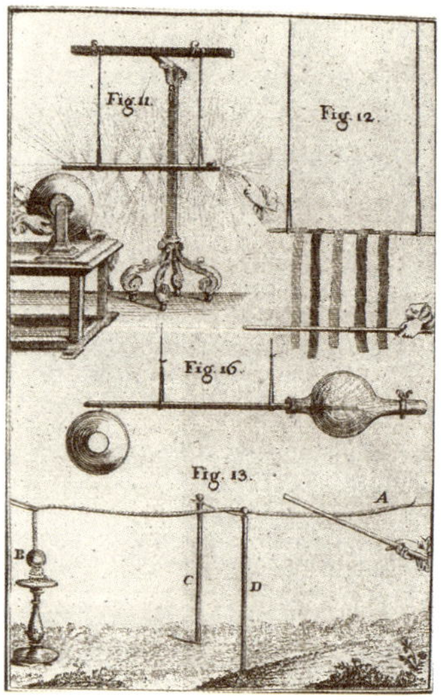

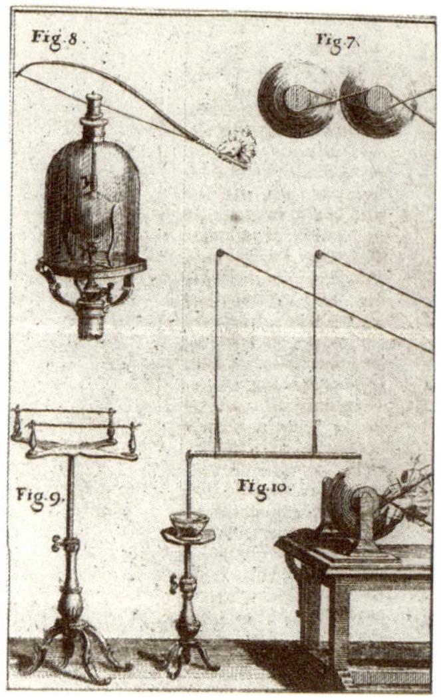

723
Johann Heinrich Hurter (1734-1799):
Elektrometer.
Messing, Elfenbein, Holz, Hollundermark, Ende 18. Jahrhundert. Höhe: 21 cm, Durchmesser der Scheibe: 5,7 cm
Darmstadt, Hessisches Landesmuseum, Physikalische Sammlung, 58/131
An einem Messingstab ist drehbar um das Zentrum eines Zifferblatts ein sehr dünnes Holzstäbchen befestigt, das an seinem längeren, unteren Ende ein Holundermark-Kügelchen trägt, an seinem oberen Ende als Zeiger ausläuft. Durch Reibung mit einem Fell elkrostatisch aufgeladene Bernsteinstücke, die man dem Holundermarkkügelchen annähert, stoßen es ab, wobei der Zeiger je nach Aufladung unterschiedlich stark ausschlägt. Die halbkreisförmige Skala des Zifferblatts ist nach der allgemein üblichen 360°-Teilung in 180° eingeteilt, hat also keinerlei tatsächliche Beziehung zur elektrischen Kraft. [KH]

724
Leidener Flasche.
Glas, Holz, Messing, 18. Jahrhundert. Höhe: 25 cm, Durchmesser: 9,5 cm
Darmstadt, Hessisches Landesmuseum, Physikalische Sammlung, 59/272
Die Erfindung des hochspannungsfesten Kondensators machte 1745 Ewald Georg von Kleist, weshalb das Gerät auch »Kleistsche Flasche« genannt wird. 1746 wurde die Erfindung von Cumäus im holländischen Leiden wiederholt; seitdem hat sich die Bezeichnung »Leidener Flasche« durchgesetzt. Der Vorläufer der ›Batterie‹ besteht aus einem Glasgefäß, das innen und außen mit Stanniol (= dünn gewalzter Zinnfolie) belegt ist. Durch den Deckel des Gefäßes geht ein Messingstab, der mit dem inneren Stanniolmantel in leitender Verbindung steht. Die Flasche wird geladen, indem man den Messingstab mit dem Konduktor der Elektrisiermaschine verbindet, während die Flasche selbst auf einer leitenden Unterlage steht. Dadurch sammeln (›kondensieren‹) die innere und äußere Stanniolbelegung einander entgegengesetzte (+ und −) Ladung. Zur Entladung der Flasche stellt man eine leitende Verbindung zwischen dem Messingstab (also dem Stanniol in der Flasche) und dem äußeren Stanniolmantel her. *Meyers Konversations-Lexikon* bemerkt dazu lakonisch: »Faßt man mit der einen Hand die äußere Belegung, mit der anderen den [Messingstab] an, so fühlt man eine starke Erschütterung der Armgelenke, bei stärkerer Ladung einen heftigen Schmerz in der Brust.« [SS]

725
Leidener Flasche.
Glas, Holz, Messing, Stanniol, Weißblech, 18. Jahrhundert. Höhe: 39 cm, Durchmesser: 37 cm
Darmstadt, Hessisches Landesmuseum, Physikalische Sammlung, 59/274
»Ist es wirklich *so ganz* einerlei, ob eine Leidner Flasche mit einem negativ geladenen Körper, [...] oder ob sie [...] mit einer Glasmaschine negativ geladen wird? Es muß alles untersucht werden.« (SB 2, K 397)

726
Leidener Flasche.
Glas, Holz, Messing, Stanniol, 18. Jahrhundert. Höhe: 45 cm, Durchmesser: 23 cm
Darmstadt, Hessisches Landesmuseum, Physikalische Sammlung, 59/273

727
Leidener Flasche.
Glas, Messing, Stanniol, 18. Jahrhundert. Höhe: 16 cm, Durchmesser: 4,5 cm
Darmstadt, Hessisches Landesmuseum, Physikalische Sammlung, 59/271

728
Drei elektrische Entlader.
Glas, Messing. Länge: 44 cm, 55 cm, 55 cm
Darmstadt, Hessisches Landesmuseum, Physikalische Sammlung, 60/31 a-c
Die Entlader, die dazu dienen, eine Verbindung von einem zum andern Konduktor herzustellen, um diesen elektrisch zu laden oder zu entladen, bestehen aus einem gläsernen Stiel, an dem eine Buchse aus Messing angekittet ist, die das Lager für ein zweischenkliges Gelenk bildet. An jedem Gelenk ist ein Arm aus Messing befestigt, der am Ende eine Messingkugel trägt. [KH]

Abbildungen aus Katalog-Nr. 731

729
Timothy Lané (1734-1807):
Elektrische Maßflasche.
Messing, Glas, Stanniol, Holz, entwickelt 1767. Höhe: 40 cm
Universität Göttingen – Erstes Physikalisches Institut, H 72
Das Gerät – eine Leidener Flasche mit zusätzlicher Kugelfunkenstrecke – wurde von dem englischen Physiker und Apotheker Timothy Lané entwickelt, der 1767 eine Abhandlung über Elektrometrie veröffentlichte. Das innen und außen mit Stanniol ummantelte Glasgefäß wirkt als Kondensator. Die obere Kugel des zur inneren Belegung führenden Messingstiftes und die gegenüberliegende gleich große Kugel bilden die definiert einstellbare Funkenstrecke. [GB]

730
Entladung einer Leidener Flasche über eine Menschenkette.
Aus: Alexandre Saverién (Hrsg.): Dictionnaire universel de mathématique et de physique. Paris 1753, Bd. 1, Taf. I., Pl. XXXIV. Kupferstich.
Göttingen, Niedersächsische Staats- und Universitätsbibliothek, 4° Math. I, 4570: 1.

731
J[ean] A[ntoine] Nollet:
Versuch einer Abhandlung von der Electricität der Cörper. Aus dem Frantzösischen in das Teutsche übersetzt und mit einigen Briefen

des Verfassers vermehrt. Mit Kupfern. Erfurt: Weber 1749. 270 S., 4 Kupfertaf.
Darmstadt, Hessische Landes- und Hochschulbibliothek, 33/3261
Die Kupfertafeln erläutern den Umgang mit Elektrisiermaschine und Leidener Flaschen. »Sollte man wohl, wenn man stark elektrisiert in ein unisoliertes zinnernes Gefäß pißte, etwas in der Harnröhre fühlen? Brächte man den Nachttopf mit der äußern Seite einer [Leidener] Flasche, sich selbst mit der innern in Verbindung; und machte durch den Urinstrahl den Erschütterungskreis vollständig; so müßte freilich etwas entstehen, das aber nicht sehr angenehm sein möchte.« (SB 2, K 394)

732
Franz Ferdinand Wolff (1747-1804):
Menschlicher Elektrizitätsmesser.
Zeichnung in einem Brief an Georg Christoph Lichtenberg, 18. Juli 1783.
Tusche auf Papier.
Göttingen, Niedersächsische Staats- und Universitätsbibliothek, Cod. Ms. Licht. III, 252 (Bl. 10 v.)
Scherzhaft schreibt Franz Ferdinand Wolff am 18. Juli 1783 an Lichtenberg, daß er »mit Hülfe einer neuen ElectrisirMaschine die ich eben erfunden«, die Natur der »negativen Electricität des weiblichen- und der positiven Electricität männlichen Geschlechts« nachweisen könne [Zeichnung]; »a wäre der Conductor ein hübsches junges Mädgen, welches aetherendig nakkend seyn müßte, um das durch die Kleidung etwan veranlaßende Ausströmen zu verhindern. b. der Beklagte, der mit dem ersten Leiter durch eine Kette in Verbindung steht. cd. die beyden Electrometers, steigen diese beyden und der letztere gar auf 90°, So kann man doch mit Recht weder eine Frigiditaet noch Impotens präsumiren. In d wird es zuweilen ausssprühen wodurch der Beweiß desto stärker wird.« (Bw 2, Nr. 1114, S. 664 f.)
Lichtenberg antwortet am 21. Juli 1783: »Aber was Sie für einen Conducktor gezeichnet haben! Das ist wahrlich über Hogarth, und wie schön bey aller Flüchtigkeit gezeichnet!« (Bw 2, Nr. 1116, S. 667) [SO]

733
Galvanis Froschschenkel-Versuche (1781).
Aus: Luigi Galvani:
Abhandlungen über die Kräfte der thierischen Elektrizität auf die Bewegung der Muskeln. Prag: Calve 1793. Taf. 1-3.
3 Kupferstiche. Je 18 × 11,5 cm
Göttingen, Niedersächsische Staats- und Universitätsbibliothek, 8° Zool. IV, 7163
Der italienische Mediziner und Physiker Luigi Galvani (1737-1798), der seit 1762 an der Universität Bologna lehrte, beobachtete bei Versuchen zur »tierischen Elektrizität« eine merkwürdige Erscheinung: »Ich sezierte einen Frosch und präparierte ihn, und legte ihn, mich alles anderen versehend, auf einen Tisch, auf dem eine Elektrisiermaschine stand, weit von deren Konduktor getrennt und durch einen nicht gerade kurzen Zwischen Raum geschieden. Wie nun der eine von den Leuten, die mir zur Hand gingen, mit der Spitze eines Scalpellmessers die inneren Schenkelnerven des Frosches zufällig ganz leicht berührte, schienen sich alle Muskeln an den Gelenken wiederholt derart zusammenzuziehen, als wären sie anscheinend von heftigen tonischen Krämpfen befallen. Der andere aber, der uns bei Elektrizitätsversuchen behilflich war, glaubte bemerkt zu haben, dass sich das ereignet hätte, während dem Konduktor der Maschine ein Funken entlockt wurde. [...] Darauf wurde ich von einem unglaublichen Eifer und Begehren entflammt, dasselbe zu erproben und das, was darunter verborgen wäre ans Licht zu ziehen. Ich berührte daher selbst mit der Messerspitze den einen oder den anderen Schenkelnerv, und in dem Momente entlockte der [Gehilfe] einen Funken. Die Erscheinung blieb stets dieselbe. Unfehlbar traten heftige Kontraktionen in den einzelnen Muskeln der Gelenke in demselben Momente ein, in dem der Funken übersprang, wie wenn das präparierte Tier von Tetanus befallen wäre.« Wie wir heute wissen, handelt es sich bei dem beobachteten Phänomen um eine einfache Influenzwirkung. Auf die Zeitgenossen jedoch übte die Vorstellung einer eigenen »tierischen Elektrizität« eine so große Faszination aus, daß in der Folge zahllose europäische – auch Göttingische – Frösche ihr Leben bei Versuchen zum Galvanismus lassen mußten. Zusammen mit seinem Schüler Christoph Wilhelm Hufeland versuchte Lichtenberg, ertränkte Katzen durch Stromstöße wieder lebendig zu machen – vergeblich. Belebt hat die Idee, daß sich in der Elektrizität der göttliche Lebensfunke verberge, immerhin die Weltliteratur: Mary Wollstonecraft-Shelley, *Frankenstein, or the modern Prometheus* (1818). [SO]

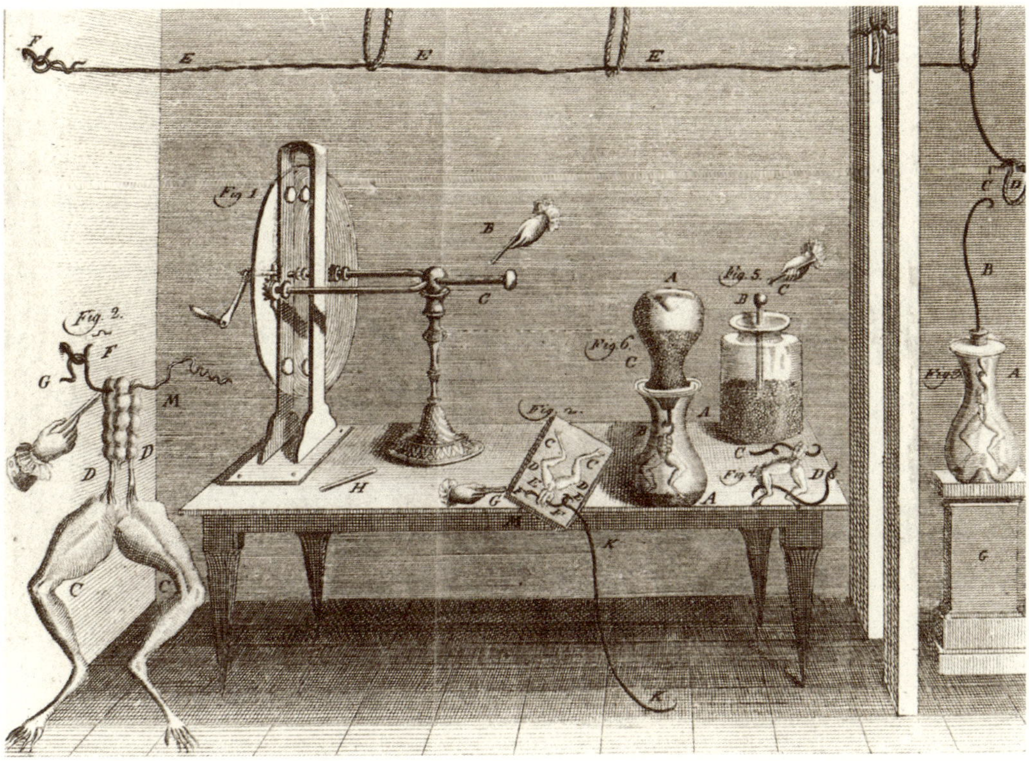

734
Demarchi (pinx.) und Bonini (del.):
Alessandro Graf Volta (1745-1827).
Porträt.
Punktierstich. 22,4 × 15,3 cm
Münster, Westfälisches Landesmuseum, Porträtarchiv Diepenbroick, o. Inv.
Der Name des italienischen Professors am Gymnasium in Como, später an der Universität Parma, wurde als Maßeinheit für elektrische Spannung verewigt. Ihm verdankt die Physik, insbesondere die Elektrizitätslehre, zahlreiche wichtige Entdeckungen und Erfindungen: 1775 konstruierte er einen Elektrophor zur fortgesetzten Ladungserzeugung, dann den Eudiometer und die Gaslampe, 1782 den

Submission vorzulegen, nach welchem er gewillt ist, auf den Fall seines Absterbens, seinen sämtlichen sehr beträchtlichen Vorrath von Instrumenten der Universität gegen eine jährliche Leibrente von 200 Rth. zu überlassen.«[13]

Schon 14 Tage später wurde dem Antrag der Geheimen Räte von Hannover entsprochen. Damit war die Physik in Göttingen institutionalisiert, die Tradition der großen Experimentalvorlesung begründet. Lichtenbergs Nachfolger konnten auf dem Repertoire aufbauen, es erweitern, aktualisieren und Veraltetes aussondern. Dabei blieben die schönsten Geräte Lichtenbergs erhalten. Sie bilden heute den Grundstock der historischen Sammlung des I. Physikalischen Instituts.[14] Einzelne Stücke werden noch heute in der Einführungsvorlesung vorgeführt, zum Beispiel die Magdeburger Halbkugeln. Allerdings versucht der Professor nicht mehr, sie mit beiden Händen auseinanderzureißen »in der Stellung, die öffters meine Herren Auditores annehmen, wenn sie ein Paar lufftleere, ziemlich große Guerickische Halbkugeln vermittelst der Hencken an den Polen auseinander reissen wollen. Die Stellung hat viel Aehnliches mit der eines Küpers, der einen festen Korck aus einer Bouteille ziehen will. Die Gesichter die gewöhnlich dabey gemacht werden sind das schönste bey der gantzen Operation.« (Bw 4, Nr. 2890)[15] Vielmehr hängt sich der Professor unter Applaus aus dem Publikum mittels der Halbkugeln an ein von der Hörsaaldecke herabhängendes Seil.

Lichtenberg las die Physik nach dem Kompendium seines 1777 verstorbenen Kollegen Erxleben.[16] Dieser hatte noch im Februar desselben Jahres die zweite Auflage fertigstellen können. Die *Anfangsgründe der Naturlehre* wurden ein buchhändlerischer Erfolg, was den Verleger Johann Christian Dieterich bewog, Lichtenberg mit der Herausgabe der neuen Ausgaben zu betrauen. Tatsächlich besorgte er die vier weiteren Ausgaben (1784, 1787, 1791, 1794) und machte den Erxleben/Lichtenberg zum verbreitetsten Physiklehrbuch in Deutschland. Dabei war ihm, nicht zuletzt aus Kostengründen, der äußere Rahmen genau vorgegeben. »Ich habe indessen dafür gesorgt, daß der Käufer, der nunmehr das Erxlebensche Buch nicht mehr allein haben kann, das, was er jetzt nothwendig mitnehmen muß, wenigstens umsonst erhält; der Preis des Buchs ist nicht erhöht worden.«[17] Die ständig wachsende Naturerkenntnis, die Flut der Fachveröffentlichungen und seine langjährige Vorlesungserfahrung mußten in Form von Vorbemerkungen, Anmerkungen und Literaturlisten eingearbeitet werden, ohne die Anordnung des Buches grundlegend zu verändern. Die sechste Auflage des »Erxleben« brachte es trotz Kleindrucks vieler Zusätze mit Vorreden, Register und Bildtafeln auf fast 900 Seiten und spiegelt beeindruckend Lichtenbergs souveränen Überblick. Dazu kamen noch seine naturwissenschaftlichen Schriften[18] und die zahlreichen brillant formulierten fachlichen Bemerkungen in Briefen und Notizen.[19]

Unbestreitbar galt Lichtenberg als der führende deutsche Experimentalphysiker seiner Zeit.[20] Das zeigte sich auch an seinen illustren Gästen. Über den Besuch des italienischen Elektrizitätsforschers Alessandro Volta im Herbst 1784 liegt ein besonders aufschlußreicher Brief Lichtenbergs vor: »Ich bedaure in der That, daß Sie Volta nicht gesprochen haben. Er ist ein ausserordentlicher Mann. [...] Er ist voller Ideen, und ein Raisonneur sine pari. Er hatte viele Instrumente bey sich; mir packte er sie aus, und ich hatte sie während seines Auffenthalts hier bey mir. Es war Schlosser-Arbeit, allein er richtete alles damit aus. Er hielte sich 5 Tage hier auf und davon war er sicherlich $^2/_3$ bey mir auf der Stube. Unglaubliches Vergnügen machten ihm meine Versuche mit der Lufft Elecktricität. Ich ließ nemlich aus dem Fenster einen 18 Zölligen Lufftball an einem mit Silber durchwebten Seidenfaden steigen und erforschte die Elecktricität der Lufft auf meinem Tisch nach allen Formen. [...] Hierauf wolte er mir einen Versuch zeigen zu beweisen, daß die Dünste positive El.[ektrizität]

Kondensator, 1802 entdeckte er die Elektrolyse, um nur einiges zu nennen. Auf seiner großen Studienreise durch die Schweiz, Deutschland, Holland, England und Frankreich besuchte er Lichtenberg zweimal (Oktober 1774, Juni 1785), um mit ihm zu experimentieren. Lichtenberg an Franz Ferdinand Wolff, 22. November 1784: »[Volta] ist ein ausserordentlicher Mann. [...] Er ist voller Ideen, und ein Raisonneur sine pari. [...] Er hielte sich 5 Tage hier auf und davon war er sicherlich $^2/_3$ bey mir auf der Stube. Unglaubliches Vergnügen machten ihm meine Versuche mit der Lufft Elecktricität. [...] Hierauf wolte er mir einen Versuch zeigen zu beweisen, daß die Dünste positive El.[ektrizität] wegschleppten. [...] Es erschien aber nichts, er fluchte frantzösisch und italiänisch. Da aber bekanntlich die Flüche bey solcher Gelegenheit wenig oder nichts helfen, so gieng es nicht besser. Den Nachmittag wiederholte *ich* die Versuche mit der *Aeolipila*, und dann mit Aether und sie giengen vortrefflich. Ich erhielt zum Danck doch wenigstens ein Voyés Vous. Es ist ein schöner Kerl und bey einigen sehr freyen Stunden, bey einem Abend Essen bey mir da wir bis gegen 1 Uhr zusammen schwärmten, habe ich gemerckt daß er sich sehr auf die Elecktricität der Mädchen versteht.« (Bw 2, Nr. 1317, S. 936 f.) [SO]

wegschleppten. Er isolirte ein Feuerbecken mit wenigen schwach glühenden Kohlen; benezte einen Linnen Lappen und warf ihn auf die Kohlen, von dem Feuerbecken ab hatte er einen Draht nach einem sehr empfindlichen Elecktrometer geleitet. Es erschien aber nichts, er fluchte frantzösisch und italiänisch. Da aber bekanntlich die Flüche bey solcher Gelegenheit wenig oder nichts helfen, so gieng es nicht besser. Den Nachmittag wiederholte *ich* die Versuche mit der *Aeolipila*, und dann mit Aether und sie giengen vortrefflich. [...] Es ist ein schöner Kerl und bey einigen sehr freyen Stunden, bey einem Abend Essen bey mir da wir bis gegen 1 Uhr zusammen schwärmten, habe ich gemerckt daß er sich sehr auf die Elecktricität der Mädchen versteht.« (Bw 2, Nr. 1317)[21]

Die ungeheure Entwicklung der Naturwissenschaften im 19. und 20. Jahrhundert ließ die Beiträge Lichtenbergs, der doch wesentlich zu diesem Aufbruch beigetragen hatte, in Vergessenheit geraten. Der Schriftsteller Lichtenberg verdrängte den Physiker fast vollständig. Nur wenige Autoren beschäftigten sich noch mit seinen Arbeiten zu den exakten Wissenschaften.[22] Zu seinem 200. Geburtstag wird, mitten im Krieg, in den *Naturwissenschaften* über den Naturforscher Lichtenberg berichtet.[23] Als Folge davon werden die 6 Mitteilungen Lichtenbergs zu der Entdeckung seiner Figuren in die Reihe *Ostwalds Klassiker der exakten Wissenschaften* aufgenommen.[24] In neuerer Zeit wird der Physiker in Lichtenberg wieder häufiger herausgestellt.[25] Über die Pflege seines physikalischen Apparats in Göttingen wurde bereits berichtet.

Lichtenberg begegnete der Physik schon in früher Jugend. Sein Vater besaß bereits 1749 einige physikalische Instrumente, darunter eine wertvolle Elektrisiermaschine.[26] Dies für einen Theologen nicht nur der damaligen Zeit ungewöhnliche Interesse an den Erscheinungen der Natur übertrug er auf seinen jüngsten Sohn. Die Schulbildung war dann eher humanistisch. Erst das Studium an der noch jungen Göttinger Universität verschob den Schwerpunkt endgültig zu den exakten Wissenschaften. Unter seinen Lehrern dort steht Abraham Gotthelf Kästner an erster Stelle. Bei ihm lernte Lichtenberg Mathematik, Astronomie und Physik, wenn auch Kästner die Physik wohl mehr mathematisch behandelte. Kästner erkannte früh Lichtenbergs besondere Begabung

735
Puderbüchse und Harzplatten zur Erzeugung der Lichtenbergschen Figuren.
Leder, Holz, Harz, Metall, 18. Jahrhundert.
Universität Göttingen – Erstes Physikalisches Institut, H 78, H 79
Aus Lichtenbergs Sammlung.
Auf die Harzplatten ließ Lichtenberg kurz einen schwachen elektrischen Funken einwirken. Mit der Puderbüchse wurde ein durch die gegenseitige Reibung elektrisch gewordenes Pulver auf die Harzplatten gestäubt, wo es die Ausbreitung der Elektrizität in den seitdem so genannten »Lichtenbergschen Figuren« sichtbar macht. Fixieren ließen sich diese Figuren, durch den Abdruck auf ein mit Leim bestrichenes Papier. [GB]

736
Elektrophor.
Harz, Metall, Holz, Seide, um 1780. Durchmesser: 41 cm, Höhe des Tisches: 76 cm
Universität Göttingen – Erstes Physikalisches Institut, H 75
Aus Lichtenbergs Sammlung.
Der Elektrophor ist eine Vorstufe der Influenz-Elektrisiermaschinen und wurde zuerst von Johann Carl Wilcke 1762 angegeben. 1775 konstruierte Alessandro Volta den »Eletroforo perpetuo«, der dazu diente, wiederholt kleinere Mengen Elek-

Abbildung rechts:
Katalog-Nr. 737
Abbildung unten:
Katalog-Nr. 738

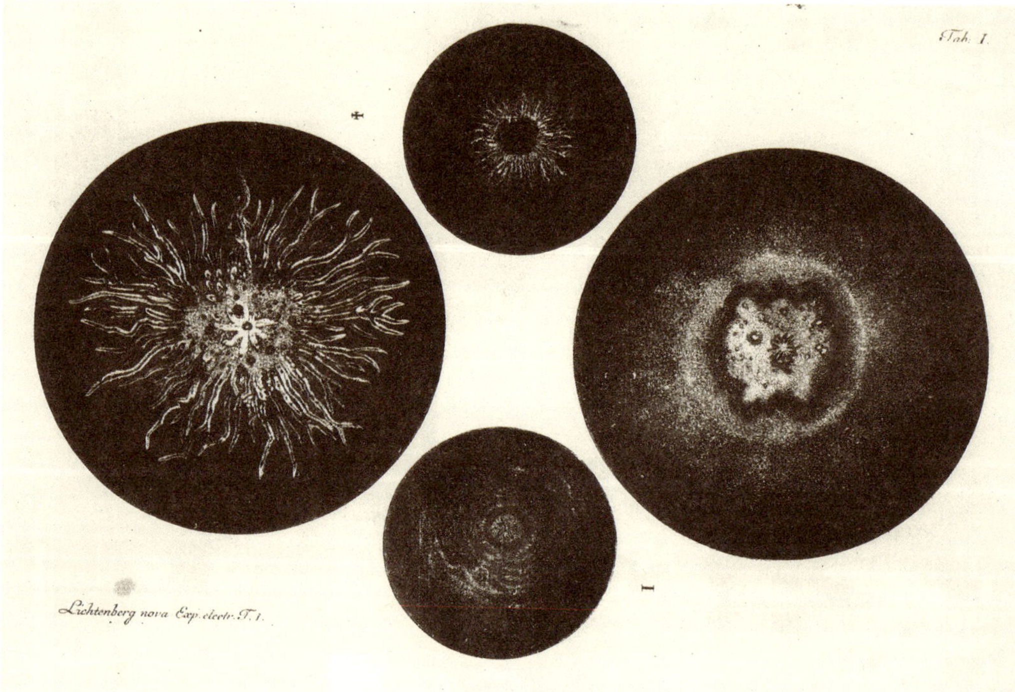

trizität hoher Spannung zu liefern. Der Elektrophor besteht aus einem flachen Harzkuchen in einer Metallpfanne und einem mit Stanniol überzogenen Holzdeckel. Die Harzschicht wird durch Reiben mit einem Katzenfell oder »Peitschen mit einem Fuchsschwanz« elektrisch aufgeladen und hält die Ladung längere Zeit. Durch Influenz erzeugt diese im aufgesetzten leitenden Deckel frei bewegliche Ladungen. Mit dem an Seidenfäden isoliert gehaltenen Deckeln lassen sich »beliebig oft« starke elektrische Ladungen wegführen. [GB]

737
Johann Elias Hayd (Heydt, 1739-1809) und Waage (sc.):
Lichtenbergsche Figuren oder Sterne.
Aus: Georg Christoph Lichtenberg: De nova methodo naturam ac motum fluidi electrici investigandi. Commentatio prior. In: Novi Commentarii Societatis Regiae Scientiarum Gottingensis. Commentationes physicae et mathematicae classis Bd. 8, 1778, S. 168-180, und 4 Taf.
Schabkunst.
Göttingen, Niedersächsische Staats- und Universitätsbibliothek, 8° Phys. Math. IV, 355: 1778

Lichtenberg an Johann Andreas Schernhagen, 5. Februar 1778: »Ich habe diese Tage über einige Versuche über die Elecktricität gemacht, mit dem Harzstaub, die mir jene Entdeckung immer wichtiger machen. Unter anderm habe ich mit einem einzigen Schlag eine Menge Concentrischer Circkel hervorgebracht [...]. Es ist freilich gespielt, allein ein so schönes lehrreiches Spiel, daß ich mich dessen nie schämen werde.« (Bw 1, Nr. 440) Obgleich Lichtenberg von sich selbst sagte, er sei öfter ›dicht an großen Entdeckungen entlang gestreift‹, war er natürlich weit davon entfernt zu ahnen, daß seine Figuren, die bei der Entladung statischer Elektrizität auf einer nichtleitenden Platte als Fraktale entstehen, dereinst als Xerokopierverfahren in unserem Jahrhundert eine Revolution der Schreib-, Lese- und Druckgewohnheiten bewirken sollte. Nützlich waren sie bereits ihm. Er konnte so die zwei Arten der Entladung sichtbar unterscheiden und seinen Vermittlungsvorschlag im Streit über die Frage vorbringen, ob Elektrizität aus einer oder zwei Materien bestehe: Das von Benjamin Franklin zuerst so genannte ›plus‹ und ›minus‹ setzte Lichtenberg als mathematisches + und − durch und ist damit der modernen Physik recht nahe gekommen. Unter allen Fraktalen zählen die Lichtenberg-Figuren zu den schönsten. Einige ließ Lichtenberg in Schabkunst-Technik reproduzieren und seiner Abhandlung beigeben: »Zu meiner Abhandlung werden 3 Platten in schwartzer Kunst [= Schabkunst] kommen, wo nicht gar vier. Drey Zeichnungen sind gemacht und zwar sehr herrlich.« (An Johann Andreas Schernhagen, 23. Februar 1778, Bw 1, Nr. 450) [UJ]

738
G. Gonne (sc.):
»Electricity Plate CLXXIX.«
Lichtenbergsche Figuren.
24,5 × 28,5 cm.
Wiesbaden, Privatbesitz

Die Tafel illustrierte vermutlich den Artikel »Electricity« in einer frühen (vierten?) Auflage der *Encyclopaedia Brittanica*. Die verglichene 5. Auflage von 1815 hat eine identische Tafel als »Plate CXCII«, nennt aber als Stecher W. Archibald. Dem zugehörigen Lexikonartikel zufolge muß Lichtenberg sich die Entdekkung der elektrostatischen Figuren mit einem Dr. Klincosch aus Prag teilen (»the same thought seems to have occured to [...]«). Die Tafel zeigt deutlich, wie ungewohnt die fraktalen Formen der gerichteten Staubpartikel waren; die graphische Qualität bleibt weit hinter den Abbildungen der Lichtenbergschen Sozietätsabhandlungen *De nova methodo* zurück. Als Vorlage diente dem Stecher offenbar ein Original-Abdruck auf Leimpapier, der direkt nach England gelangte. Wir können diese Figuren wegen des in der *Encyclopaedia* nicht weiter kommentierten »GR III« als authentisch betrachten. Über ihre Entstehung schreibt Lichtenberg an Johann Andreas Schernhagen am 23. Februar 1778: »Am vergangenen Sonnabend habe ich vorgelesen, ich hatte wenige Personen invitirt, allein die Menge wurde so gros am Ende, daß auch die Catheder voll stunden. Ew. Wohlgebohren werden also leicht erachten, daß nicht alle Experimente gelingen konten, da das Wasser von den Fenstern förmlich floß [und die Luftfeuchtigkeit entsprechend hoch war!]. Indessen da mir die hauptsächlichsten alle gelangen, so bin ich völlig zufrieden. Als ich sagte ich wolte nun, in einem Zug, ein GR [= Georgius Rex: Georg III. von England] schreiben, das selbst Franklin respecktiren würde, da hätten Sie sehen sollen, wie alles [den Daumen] drückte und als es mir ohne Anstoß gelang, so legten einige die Hände vor Verwunderung zusammen. Es ist ein Versuch, den ich Ew. Wohlgebohren zeigen zu können wünschte, er würde Sie sicherlich in Verwunderung setzen, und dabey ist er lehrreich.« (Bw 1, Nr. 450) [UJ]

739
Georg Christoph Lichtenberg:
De nova methodo naturam ac motum fluidi electrici investigandi. Commentatio posterior. Gottingae: Dieterich 1778. 16 S., 2 Taf. 4°.
Sonderabdruck aus: Super nova methodo naturam ac motum fluidi electrici investigandi. Commentationes Societatis Regiae Scientiarum Gottingensis. Classis mathemathicae 1 (1779), S. 65-79.
Mit handschriftlicher Widmung Lichtenbergs: »Sr Wohlgebohren dem HE. Prof. Baldinger von dem Verfasser.«
Göttingen, Niedersächsische Staats- und Universitätsbibliothek, 8° Phys. Math. IV, 355
Wie bei Katalog-Nr. 735 beschrieben, bemerkte Lichtenberg beim Bearbeiten des Elektrophors, daß der vom Harzkuchen beim Glätten abgeschabte Staub sich in Figuren formte. Er experimentierte, verfolgte diese Beobachtung weiter und gelangte so zu dem Nachweis seiner bedeutendsten naturwissenschaftlichen Entdeckung, daß positive und negative Elektrizität bei der Entladung unterschiedliche Grundformen der figürlichen Anordnung des Staubes hervorrufen. [GB]

740
Unterschiedliche Gerätschaften zum Experimentieren mit elektrostatischen Phänomenen.
Karton, Glas, Messing, Stanniol, Ende 18. Jahrhundert. Holz-Kasten: 10 × 10 × 49,5 cm
Darmstadt, Hessisches Landesmuseum, Physikalische Sammlung, 60/23

741
Steegmann-Söhne:
Automatisches Kegelspiel.
Holz, Metall, Stoff.
26 × 31 × 100 cm
Darmstadt, Hessisches Landesmuseum, Physikalische Sammlung, 59/141
Die Maschine wurde durch ein »elektrisches Flugrad« in Bewegung gesetzt. Lichtenbergs Schüler Gottlieb Gamauf erinnert sich: »Ein Männchen wirft auf der Bahn Kegel um; diese setzen sich von selbst auf; die Kugel springt in einen Kanal und läuft dem Männchen wieder in die Hand.« (Gamauf: *Erinnerungen aus Lichtenbergs Vorlesungen über Erxlebens Anfangsgründe der Naturlehre*. Bd. 3. Wien 1812, S. 227) Lichtenberg selbst berichtet am 28. August 1782 Franz Ferdinand Wolff: »Der Kegelschieber ist angekommen [...]«. Der »Credit von Hexenmeisterey, worin ich hier bey verschiedenen Personen stehe, hat nicht wenig dadurch gewonnen. Ich habe allerley Leute dazu gerufen, Gelehrte und Ungelehrte, und de lüttge Törke [= der kleine Türke] ist würcklich jezt noch der Gegenstand eines fast zu lauten Gesprächs vor meiner Stuben Thüre. Die Erfindung ist recht artig. [Sie kostete] 6 Ducaten.« (Bw 2, Nr. 957)

742
Georg Christoph Lichtenberg:
»Potz [Blitz] und alle Hagel«.
Zeichnung in einem Bilder-Brief an Georg Heinrich Hollenberg, 7. August [1780].
Tuschzeichnung, Reproduktion (Original verschollen).

743
Blitztafel.
Glas, Holz. 38 × 56 × 1 cm
Darmstadt, Hessisches Landesmuseum, Physikalische Sammlung, 59/256
Die in einem hölzernen Rahmen gefaßte Glastafel ist mit Stanniol beschichtet, in das ein Muster geritzt ist. Beim Durchleiten von Elektrizität erscheint – durch das Überspringen des Stromes von Blatt zu Blatt – dieses Muster blitzartig. [KH]

744
Blitzröhre.
Glas, Messing, Stanniol. Länge: 62,8 cm, Durchmesser: 2 cm, Durchmesser der Messingknöpfe: 3,8 cm
Darmstadt, Hessisches Landesmuseum, Physikalische Sammlung, 58/125
In die äußere Glasröhre ist eine zweite Röhre geschoben, auf der spiralig runde Stanniolblättchen so aufgeklebt sind, daß zwischen ihnen ein kleiner Zwischenraum bleibt. Der über die beiden Messingkugeln zu- und abgeleitete Strom überspringt die Stanniol-Blättchen in blitzartigen Funken. [KH]

745
Konische Blitzröhre.
Glas, Stanniol, Messing, Siegellack, Ende 18. Jahrhundert. Länge: 27 cm, größter Durchmesser: 5 cm
Darmstadt, Hessisches Landesmuseum, Physikalische Sammlung, 59/257
Auf einen spitz zulaufenden Glaskörper ist in spiraligen Windungen eine große Zahl von quadratischen Stanniolblättchen geklebt. Setzt man den mit Siegellack eingesetzten Messingknopf unter Strom, so ist der Effekt ähnlich wie bei der Blitztafel. [KH]

746
Georg Christoph Lichtenberg:
Der ideale Wetterschutz.
Zeichnung eines blitzableitenden Käfigs in einem Brief an Franz Ferdinand Wolff, 1. Dezember 1783.
Tinte, Feder.
Göttingen, Niedersächsische Staats- und Universitätsbibliothek, 4° Cod. Ms. Philos. 167 (Bl. 86-89, 86 v.)
»Wenn ich in einem Lande wohnte, wo die Gewitter so tobten, wie etwa in Carolina, so baute ich mir einen Käfig von vergoldeten Stangen über mein Hauß, das müste vortrefflich aussehen. [...] Der Einfall die Blitzableiter oben sich in solche Strahlen endigen zu lassen ist gantz von mir, es ist eigentlich eine Hieroglyphe, und soll andeuten, daß die Gewitter sich mehr vor einem solchen Häußchen, als ein solches Häußchen sich vor dem Gewitter zu fürchten hätte.« (Bw 2, Nr. 1210, S. 782) [SO]

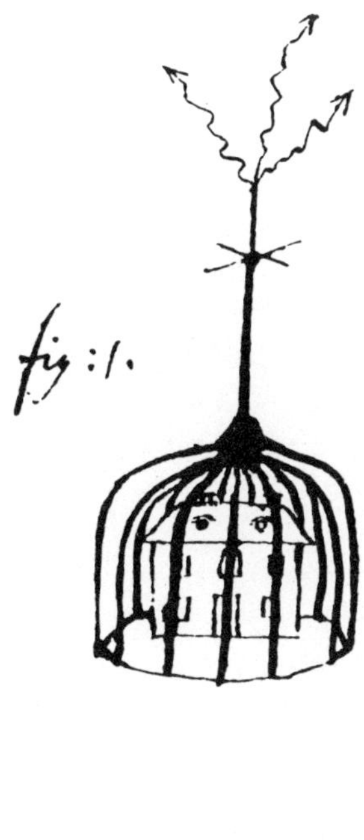

747
»Gewitter Beobachtungen an der Wetterstange mit dem Ableiter auf dem Landhause«.
Zeichnung in einem Brief an Georg Christoph Lichtenberg, von unbekanntem Absender, Petersburg (?), September (?) 1784.
Tusche.
Göttingen, Niedersächsische Staats- und Universitätsbibliothek, Cod. Ms. Licht. IX, D 7

748
Blitzhaus.
Pappe, Holz, Glas, Eisen, 18. Jahrhundert. 21 × 21 × 30 cm
Darmstadt, Hessisches Landesmuseum, Physikalische Sammlung, 60/37
Im Inneren befindet sich eine flache Holzschale, die mit Äther gefüllt ist, der durch einen elektrischen Blitz gezündet wird und das Häuschen ›in Brand setzt‹. Läßt man den Blitz allerdings in den kleinen Blitzableiter einschlagen, wird die Elektrizität abgeleitet und das Häuschen bleibt geschützt. [KH]

749
Elektrische Kanone.
Weißblech, Holz, Ende 18. Jahrhundert. 23 × 73 × 20 cm
Darmstadt, Hessisches Landesmuseum, Physikalische Sammlung, 39/30
Ähnlich wie das Blitzhäuschen läßt sich die Kanone mit einem äthergetränkten Wattebausch ›laden‹; elektrisch gezündet böllert die Kanone los. [KH]

750
Jakob Hemmer (1733-1790):
Blitzableitermodell.
Holz, Messing, 18. Jahrhundert.
122 × 34,5 × 33,5 cm
Kassel, Hessisches Landesmuseum, Astronomisch-Physikalisches Kabinett, F 441 a-763
Jakob Hemmer (Pseudonym: Johann Domitor), Meteorologe und Physiker, seit 1760 Hofkaplan in Mannheim, neben Johann Albert Heinrich Reimarus der deutsche »Protagonist« des Blitzableiters, installierte im April 1776 den ersten Blitzableiter in Süddeutschland auf Schloß Trippstadt. [SO]

751
H. Kobell (pinx.) und
F. Watson (fec.):
»A Storm with Lightning«.
Seesturm mit Blitzen.
Mezzotinto, 1771. 47,4 × 56 cm
Darmstadt, Hessisches Landesmuseum, Graphische Sammlung, GR 5535

752
Kleiner Magnet aus der Cheopspyramide.
Magneteisen (heute durch Messing ersetzt), Holz, vor 1791. Höhe: 19 cm
Universität Göttingen – Erstes Physikalisches Institut, H 107
Der Elektromagnet war noch nicht erfunden, Lichtenberg war bei seinen Experimenten auf seltene und damit kostbare natürliche Magnete (Magnetsteine) beziehungsweise damit magnetisierte Stahlstücke (sog. »künstliche Magnete«) angewiesen. Daß der in Lichtenbergs Gerät verwendete (heute verlorene) »kleine natürliche, in Gold gefaßte Magnet« tatsächlich, wie die Beschriftung ausweist, »aus der Pyramide des Cheops (Aegypten)« stammte, ist wenig wahrscheinlich, unterstreicht aber die Kostbarkeit und Rarität des Geräts, das ursprünglich wohl aus der Sammlung des Frankfurter Architekten und Senators Johann Friedrich Armand von Uffenbach (1687-1769) stammen dürfte.
Weder in dem von Lichtenberg benutzten Kompendium von Erxleben noch in den Vorlesungsmitschriften von Gottlieb Gamauf werden Versuche von Lichtenberg mit

und machte ihm bald seine eigenen physikalischen Instrumente und die des astronomischen Observatoriums zugänglich. Er förderte auch Lichtenbergs erste Anstellung 1770 als außerordentlicher Professor für reine und angewandte Mathematik.[27] Diesen erreichte der Ruf während seiner ersten Englandreise. Die ersten Vorlesungen im Winter 1770/71 behandeln »Die Algebra und die Theorie der krummen Linien und besonders der Kegelschnitte« beziehungsweise »Die Methoden, ebene, rechtlinigte Figuren geschickt zu teilen«, also rein mathematische Fragestellungen.[28] Doch schon im Sommer 1771 bestimmen seine regelmäßigen Himmelsbeobachtungen die Themenwahl. Er liest über die Berechnung der »Sonn- und Mondfinsternisse«.[29] Seine astronomischen Kenntnisse und sein Ruf als exzellenter Beobachter verschaffen ihm einen ehrenvollen Auftrag bei der kartographischen Aufnahme des Landes Hannover. Außer der Position Göttingens, die schon Tobias Mayer bestimmt hatte, sollten die Koordinaten von Hannover, Osnabrück und Stade mit größtmöglicher Genauigkeit festgestellt werden. Ende 1773 ist diese Aufgabe mit hervorragender Präzision gelöst.[30] Anschließend widmete sich Lichtenberg der Herausgabe von Tobias Mayers nachgelassenen Schriften. Besondere Sorgfalt galt dabei dem Druck der handgezeichneten Mondkarte. Gleichfalls ein praktisches Problem bot die zuverlässige Herstellung von Farbtafeln, die Mayers Farbenlehre und Lichtenbergs Anmerkungen dazu illustrieren sollten. Im August 1774 trat Lichtenberg seine zweite Reise in das grenzenlos bewunderte England an. Am 26. Oktober überreichte er Georg III. ein Exemplar des Mayerschen Nachlaßbandes, an das der Verleger Dieterich seine ganze Kunst verwendet hatte.[31] Die große Welt, die Künste und Wissenschaften, die Industrie mit ihren dampf- und feuerspeienden Maschinen schlagen den Wissenschaftler aus dem Provinznest Göttingen in ihren Bann. Er spricht mit führenden Naturwissenschaftlern, sieht bei James Ferguson physikalische Experimentalvorführungen.[32] Erst im Dezember 1775 kehrt er, jetzt als Professor ordinarius, nach Göttingen zurück. Dort beginnt er mit Experimenten zur Elektrizität. Der große Elektrophor verhilft ihm zur Entdeckung der pulverdekorierten Gleitfunkenentladungen, der bis heute nach ihm benannten Figuren. Nach Erxlebens Tod wird ihm dessen Kolleg übertragen. Von 1778 bis 1799 liest Lichtenberg neben seinen zahlreichen sonstigen Verpflichtungen die Einführung in die Experimentalphysik.

Diese Vorlesung wird für ihn zur persönlichen Herausforderung. Nicht das Wiederkäuen verstaubter Autoritäten ist sein Ziel, sondern der Blick auf die Natur selbst. Damit rückt das Experiment fast zwangsläufig in den Mittelpunkt. Zwar dient es auch zur bloßen Demonstration gesicherter Erkenntnis, aber nur das wenigste ist wirklich gesichert. Die grundlegenden Naturerscheinungen sollen vorgeführt werden, selbst dort, wo noch nicht einmal die physikalischen Begriffe geklärt sind, von einer theoretischen Deutung ganz zu schweigen. Lichtenbergs didaktisches Konzept hat bis heute nichts von seiner Aktualität eingebüßt: »Ich bin überzeugt, daß die vermeinte Gründlichkeit beim Vortrage der Anfangsgründe sehr schadet. Es ist gar nicht nötig, daß ein Lehrer dem Anfänger die Sache gründlich vorträgt; aber der Lehrer, der diesen Vortrag wählt, muß sie gründlich verstehen; alsdann ist gewiß für den Anfänger gesorgt.«[33] Dabei dürfte er speziell an übertriebenen Formalismus gedacht haben: »Dadurch daß man predigt, ohne Mathematic lasse sich gar nichts in der Naturlehre thun, wie HE Erxleben thut, macht man drum nicht mehr Mathematicker, sondern bewürckt nur, daß junge Leute, weder Mathematic, noch Naturlehre treiben, umgekehrt hat mancher, der an Versuchen Vergnügen gefunden, erst Mathematic getrieben ohne es zu wissen (denn jeder gute Kopf geometrisirt) und ist hernach zu dem geleitet worden, was mehr eigentlich Mathematic heißt.« (Bw 2, Nr. 1314)[34] Daraus erschließt sich der Stil seiner Physikvorlesung: »In Collegiis über die Experimental-Physic muß man etwas spielen; der schläfriche wird dadurch erweckt, und der wachende vernünfftige sieht Spielereyen als Gelegenheiten an, die Sache unter einem neuen Gesichtspunckt zu betrachten. Ew. Wohlgeboren schöner und lehrreicher Versuch wird dem Purschen gewiß besser gefallen, wenn ein Paar Fensterscheiben dabey zu Grunde gehen.« (Bw 2, Nr. 922)[35]

Das ist das Hohelied des effektvollen Schauversuchs, wie es auch heute unvermindert gilt. Das ist der Schlüssel zu Lichtenbergs überwältigendem Erfolg. Natürlich konnte auch er die Niederungen spröden Stoffes nicht völlig vermeiden: »In meiner Physic würden Ew. Wohlgeboren wenig neues hören. Man kan nur das gemeinste beybringen. Denn es ist unglaublich wie unwissend die studirende Jugend auf Univers.[itäten] kommt, wenn ich nur 10 Minuten rechne oder geometrisire, so schläft $^1/_4$ derselben sanfft ein. Ausserdem ist ein halbes Jahr viel zu wenig für diese Wissenschafft.« (Bw 2, Nr. 968)[36] Dennoch drängen sich nicht selten mehr als hundert Hörer in seinen »Saal«, angelockt durch künstliche Blitze, elektrische Sonnen, Knallgasexplosionen oder schwebende Luftkugeln. Bei 5 Talern Kolleg-Geld, Adlige das Doppelte, kann der häufig lästige Andrang dennoch nicht unwillkommen gewesen sein. Dabei schätzte Lichtenberg das Interesse des großen Haufens durchaus realistisch ein: »Zu meiner Physic haben sich dieses mal 104 aufgeschrieben. Sie schwäntzen aber jezt schon, bis es blitzt und donnert.« (Bw 2, Nr. 923)[37]

Zu der kleinen Gruppe der ernsthaften Interessenten dürfte der Student Alexander von Humboldt gehört haben. Dieser erinnert sich in einem Brief an Lichtenberg dankend an seinen akademischen Lehrer in Göttingen: »Ich achte nicht bloß auf die Summe positiver Kenntnisse, die ich Ihrem Vortrag entlehnte – mehr aber auf die allgemeine Richtung, die mein Ideengang unter Ihrer Leitung nahm.«[38]

Magnetismus beschrieben; daß sie aber dennoch stattfanden, belegen der Brief an Johann Andreas Schernhagen vom 7. September 1778: »Ich habe jezt alle Magnetica von Uffenbach auf meiner Stube« (Bw 1, Nr. 528) sowie mehrere Eintragungen in den Sudelbüchern K und L. »Um in der Lehre vom Magnetismus weiter zu kommen müßte man Magnete machen, die sich zu gewöhnlichen verhielten, wie Herschels großes Teleskop zu einem Taschenperspektiv.« (SB 2, L 716) [GB]

753
Magneteisenstein mit Armierung. Natürlicher Magnet, Schmiedeeisen, Messingblech, 18. Jahrhundert. Breite: 10 cm
Gravur auf der Oberseite des Gehäuses: »Gleich wie der Magnet das Eißen an sich zieht, also zieht Christus die Seelen der Gläubigen an sich.«

Universität Göttingen – Erstes Physikalisches Institut, H 108
Der magnetische Fluß des natürlichen Minerals wird mit zwei Eisenstäben aus der Büchse herausgeführt. An diesen haftet durch magnetische Anziehung das eiserne Joch. [GB]

754
»Uns tren[n]t allein der Rost.«
Kupferstich. 16,3 × 12,2 cm
Bez. »Hier hanget ein Magnet, welcher das Eisen an sich ziehet, aber durch den Rost allein wieder von einander getrennet werden kan; also will GOtt uns auch zu und an sich ziehen, so fern wir die Welt mit ihrer Liebe und Lust fliehen, und vor mutwilligem Sündenrost uns in acht nehmen: Denn durch die Sünde werden wir von GOtt wieder geschieden.«
Wiesbaden, Privatbesitz

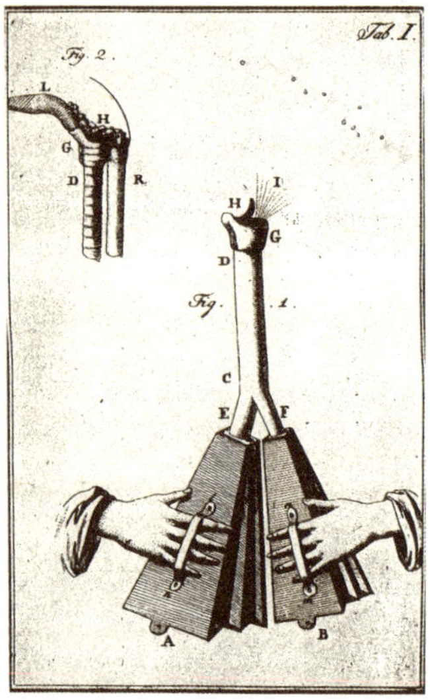

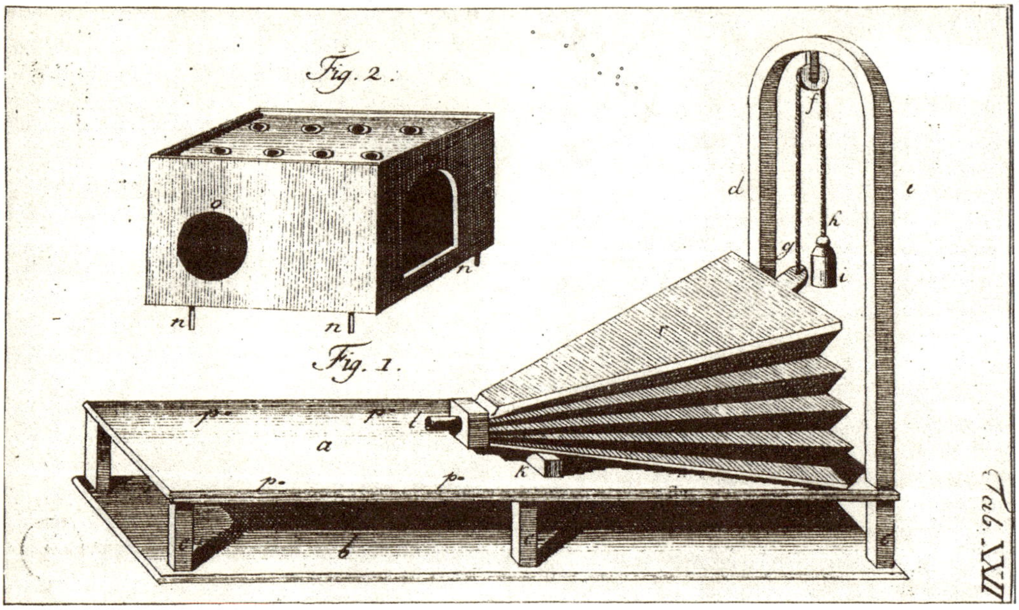

755
Wolfgang von Kempelen
(1734-1804):
Sprechmaschine.
Kupferstich in: W. v. Kempelen: Mechanismus der Sprache, nebst Beschreibung seiner sprechenden Maschine. Wien 1791. 456 S.
Göttingen, Niedersächsische Staats- und Universitätsbibliothek, 8° Zool. XIII, 8735

»Anzuschaffen«! – notierte sich Lichtenberg neben den Titel von Kempelens *Mechanismus der Sprache* (SB 1, J 1055) und erwarb das Buch dann tatsächlich. In der »Vorerinnerung« zu *Mechanismus der Sprache* schreibt der ›k.k. wirkl. Hofrat und Referendar an der Hofkanzlei in Wien‹ über seine 1788 aus einem Klarinetten-Mundstück und einem Blasebalg entwickelte Erfindung: »Die sprechende Maschine [...], gebe ich nicht schon für ein schon vollkommenes und alles klar sprechendes Werk aus. Nur so viel [...], daß sie, so unvollkommen sie auch noch ist, doch wenigstens schon einen guten Grund zu einer vollkommenen Sprach-Maschine abgeben kan. Ich habe es mit derselben doch immer schon so weit gebracht, daß ich sie alle lateinische, französische und italiänische Wörter ohne Ausnahme nachsprechen mache, freylich manche besser als andere, aber doch immer eine Anzahl von mehreren hundert Wörtern ganz vollkommen und klar.« Diese »Schrift, voll der trefflichsten Bemerkungen« inspirierte Lichtenberg zu seiner kleinen »Mechanischen Theorie des Kusses«. Die Sprechmaschine selbst beschäftigte ihn nachhaltig. »Schon eine Maschine die wispern könnte, wispernd sprechen, ohne eigentliche Töne wäre viel wert; sie müßte, sollte man denken leichter sein, als eine mit Tönen sprechende.« (SB 2, L 729) 1798 bekam Lichtenberg vom Jenaer Anatomie-Professor Justus Christian Loder (1753-1832) einen solchen Apparat geschenkt, der allerdings nur drei einfache Worte sprechen konnte: »Von Kempelens Maschine spricht die Namen Papa und Roma am besten aus, das ist sonderbar, würde ein Jesuit sagen.« (SB 1, L 411) Kempelens berühmtere ›Erfindung‹ dagegen hat Lichtenberg weniger interessiert: Der 1769 gebaute »schachspielende Türke«, ein angeblicher Android, war über lange Zeit Gegenstand zahlreicher gelehrter Abhandlungen. Lichtenbergs Bruder spekulierte in seinem *Magazin für das Neueste aus der Physik* über den »Türken« und argwöhnte (was erst ein halbes Jahrhundert später durch Edgar Allan Poe endgültig bewiesen wurde): »[Es ist] kein mechanisches Kunstwerk, und alles wunderbare dabey beruht auf der sehr künstlich versteckten unmittelbaren Einwirkung eines frey handelnden Wesens«. (1785, Bd. 3/2, S. 183-192) [SO]

756
Friedrich Wilhelm Bollinger
(1777-1825) (sc.):
Ernst Florens Friedrich Chladni
(1756-1827).
Porträt.
Kupferstich. 11,5 × 9,5 cm
Darmstadt, Hessische Landes- und Hochschulbibliothek, Kartensammlung, Portr. C 33

Der vielseitige Physiker, Mathematiker und Jurist Chladni, der schon allein durch seine Vortragsreisen europäische Berühmtheit erlangte und Mitglied zahlreicher gelehrter Gesellschaften war, hielt sich im Januar und Februar 1793 zu Vorträgen und Studien in Göttingen auf, wo er mit Lichtenberg bekannt wurde und von ihm wichtige Hinweise und Anregungen für seine 1794 veröffentlichte *Meteoritentheorie* erhielt. Von Lichtenberg stammt der erste Gedanke, Meteoriten als außertellurisches, kosmisches Phänomen aufzufassen. Seinen Lebensunterhalt verdiente der unabhängige Gelehrte durch die Konstruktion neuartiger Musikinstrumente, die er auf ›Kunst- und Konzertreisen‹ durch ganz Europa einem zahlenden Publikum vorführte. Das 1790 entwickelte, später mehrfach verbesserte Euphon und der 1800 vorgestellte Klangzylinder, mit denen sich klagend-singende Töne ähnlich denen einer Glasharmonika erzeugen ließen, basierten auf den von ihm entdeckten Dreh- und Longitudinalschwingungen von Stäben. [UJ]

757
Ernst Florens Friedrich Chladni
(1756-1827):
Chladnische Klangfiguren.
In: Entdeckungen über die Theorie des Klanges. Leipzig 1787.
Göttingen, Niedersächsische Staats- und Universitätsbibliothek, 8° Phys. II, 4830

Angeregt durch die Staubfigurenexperimente Lichtenbergs entdeckte Chladni 1787 die dann nach ihm benannten ›Chladnischen Klangfiguren‹. Es handelt sich dabei um den Versuch, akustische, vor allem musikalische Schwingungen, die mit einem Geigenbogen auf Glasscheiben erzeugt werden, mittelst Staub sichtbar zu machen: Die unterschiedlichen Frequenzen ordnen den Staub in unterschiedlichen Figuren. [UJ]

758
Sprachrohr.
Weißblech, schwarz-gelb marmorierte Pappe. Länge: 146 cm, Durchmesser an der Schallöffnung: 35 cm
Darmstadt, Hessisches Landesmuseum, Physikalische Sammlung, 58/27

759
Johann Christian Polycarp Erxleben (1744-1777).
Porträt.
Silhouette, 1778 (?).
Göttingen, Städtisches Museum
Der Kommilitone und Freund Lichtenbergs war Sohn einer berühmten Mutter: Dorothea Christine Erxleben, geb. Leporin, war die erste Frau in Deutschland, die zum Doktor der Medizin promoviert wurde. Erxleben, ein Schüler Kästners, wurde fast gleichzeitig mit Lichtenberg zum Professor ernannt und zwar der Physik und Tierheilkunde. Er arbeitete vorwiegend auf den Gebieten der Astronomie, Mathematik und Experimentalphysik. Er verfaßte die *Anfangsgründe der Naturlehre*, deren 3. bis 6. Auflage von Lichtenberg überarbeitet und herausgegeben wurden. Der *Erxleben* blieb – nicht zuletzt wegen Lichtenbergs Aktualisierungen – bis zum Beginn des 19. Jahrhunderts eines der wichtigsten und meistverwendeten Physiklehrbücher an deutschen Universitäten. [AL]

760
Georg Daniel Heumann (1691-1756):
»Pauliner Strasse«.
Lichtenbergs Studentenwohnung.
Kupferstich, koloriert.
22 × 32,5 cm (Platte)
Göttingen, Sammlung Himme
Im Haus Pauliner Straße Nr. 3, bei Goldschmied Knauer im ersten Stock, wohnte Lichtenberg während seiner Studentenzeit 1764-1767 (dritte Haustür auf der rechten Straßenseite). Aus seinem Fenster sah er auf das Schiff der Pauliner Kirche – heute Teil der Universitätsbibliothek, dem Göttinger Standort der Lichtenberg-Ausstellung.
Im gleichen Haus, allerdings ein Stockwerk über ihm, wohnte der Freund und Studienkollege Johann Christoph Polycarp Erxleben (1744-1777). Dort erlebten die beiden in der Nacht des 13. April 1767 ein Erdbeben. Ihre Beobachtungen dieses in Göttingen seltenen Phänomens teilte Kästner in den *Göttingischen Anzeigen von gelehrten Sachen* mit: »Von einem hier bemerkten ziemlich starken Erdbeben, haben wir die Nachrichten zweier hier studierender, Hr. Erxleben und Hr. Lichtenberg, erhalten, aus denen wir jetzo das Wesentliche in einem Auszuge mittheilen wollen. Ihre Erzählung ist desto zuverläßiger, und soweit sich bey einer Begebenheit, die sich plötzlich ereignet, erhalten lässt, lehrreicher, da sich beyde mit besondern und glücklichem Fleisse auf die Kenntnisse der Natur und Mathematik gelegt haben, und ihnen die Einsichten und Fertigkeiten geschickter Beobachter nicht ermangeln. Sie wohnen beyde in einem Hause, Hr. Lichtenberg eine Treppe, Hr. Erxleben zwey Treppen hoch. In der Nacht zwischen den 12 und 13ten April, etwa 20 Minuten nach 12 Uhr, bemerkte jeder in seiner eigenen Wohnstube, an dem Tische, woran er las, eine Erschütterung: Gläser mit Naturalien, in einem Schranke, schlugen gegen einander; Mineralien, die auf dem Tische lagen, rollten durch einander. Herr E. empfand die Bewegung in allen Wänden des Zimmers, selbst im Fußboden, daß er im Aufstehen vom Stuhle hin und her wankte; Hrn. L. kam es vor, wie die Erschütterung, die ein vorbey fahrender Wagen macht, dergleichen aber nirgends, so wenig als Wind, zu verspüren war. Er stund, sobald er die Erschütterung bemerkte, auf, und fand daß sie noch heftiger geworden, und endlich die Fensterscheiben mit grossem Geräusche zu zittern anfiengen. Dieses dauerte etwa ohngefähr 6 Secunden, darauf alles ruhig ward. Herr E. hat die Dauer etwas länger geschätzt, vielleicht, weil er höher gewohnt. Er hat dabey nicht die geringste Übelkeit empfunden, dagegen Herr L. nöthig hatte, sich solche durch etwas Wein zu vertreiben. Vögel in Käfichen, fiengen plötzlich an, unordentlich herum zu fliegen.« (GGA, 1. Stk., 27. April 1767, S. 401 f.) [SO]

761
Georg Christoph Lichtenberg:
Eintrag in Stammbuch von Johann Christian Polycarp Erxleben, 1767.
Papier. 11,4 × 18,4 cm
Leipzig, Universitätsbibliothek, Ms 2653
Das Stammbuch enthält etwa 60 Einträge; überwiegend sind Studenten aller Fachrichtungen vertreten, weniger Professoren oder große Gelehrte. Viele Darmstädter – Ludwig Wachter, Karl Eymes, Johann Karl Job, alle schon von der Schule mit Lichtenberg bekannt – trugen sich ein. Die Anspielungen, mit denen der gelehrte »amicus« sich hier verewigte, sind nur zum geringeren Teil privat und bedürfen alle der Erläuterung: Die ›goldnen Narrn‹ am Schluß sind doch wohl die ›golden fools‹ aus Shakespeares *Timon von Athen* 4, 3. Der Freundespflichten gedenkt Lessing zwar am ehesten in seinem Schauspiel *Der Schatz*, gemeint sein dürfte aber hier die köstliche Trunkenheitsdarstellung in seinem Lied *Das Erdbeben* (Werke 1, 1970, 106). [UJ]
Transkription: »Ein Freund, der nie von Eigennutz gelenckt
Die Pflichten übt, die Leßing selbst nur denckt,
Der wenn die Erde bebt und alle Gläser sincken,
Mich standhaft lehrt, den Wein aus Tassen trincken;
Der goldne Narrn verlacht, und bettlende beweint:
Ein solcher Freund, das heißt ein wahrer Freund.

Es würde für mich ein unschätzbares Vergnügen seyn, wenn Dich dereinst diese Zeilen noch an etwas mehr als blos an die Nacht vom 12ten auf den 13ten April 1767 erinnern solten, so wie mich auser dieser Nacht hundert andre Denckzeichen beständig an einen Freund erinnern werden, der ein wahrer Freund war. Ich bin Zeit Lebens Dein treuer Freund und Diener
Göttingen den 20ten April 1767
Georg Christoph Lichtenberg aus Darmstadt.«

762
Johann Christian Polycarp Erxleben (1744-1777) und Georg Christoph Lichtenberg (Hrsg.):
Anfangsgründe der Naturlehre.
3. Aufl. Mit [Verbesserungen und vielen] Zusätzen von G. C. Lichtenberg. Göttingen: Dieterich 1784. XLVIII, 727 S., 9 Falttaf.
Lichtenbergs Handexemplar mit Zusätzen und Korrekturen.
Gotha, Forschungs- und Landesbibliothek, N 327 Rara, S. 215
Im steten Bemühen, immer auf dem neuesten Stand der Forschung zu bleiben, führte Lichtenberg Handexemplare vom *Erxleben*, die er auch mit in die Vorlesung aufs Katheder nahm. Sie dienten dann jeweils als Grundlage bei der Neuauflage. 1806 schenkte Ludwig Christian Lichtenberg sie seinem Mitherausgeber Friedrich Kries für die gemeinsame Bemühung bei der Edition der Schriften des Bruders und Lehrers. Kries vermachte sie dem Gothaischen ›Gymnasium illustre‹, dessen Professor für Physik er war; bei Auflösung der Schulbibliothek kamen die Bände dann glücklicherweise in die Gothaische Forschungsbibliothek Schloß Friedenstein. Das Exemplar mit den ausführlichsten handschriftlichen Nachträgen und Korrekturen, die 4. Auflage von 1787, konnte Lichtenberg wegen der schweren Erkrankung für die Neuauflage von 1791 nicht hinlänglich nutzen; es kam dann der letzten von ihm bearbeiteten Auflage (der 6. von 1794) zugute. Aus konservatorischen Gründen wird hier das Handexemplar der 3. Auflage von 1784 gezeigt. [UJ]

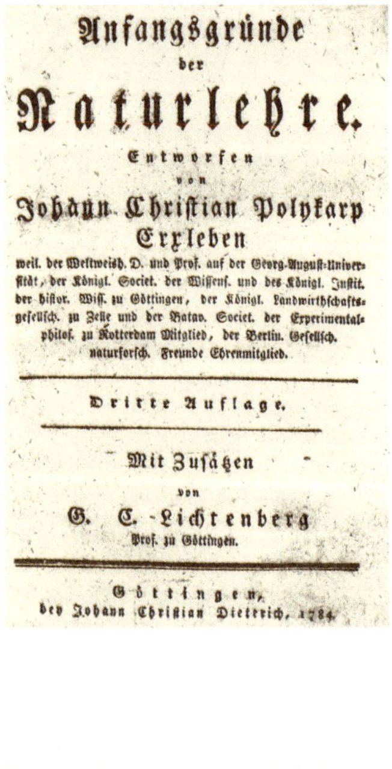
Anfangsgründe der Naturlehre. Entworfen von Johann Christian Polykarp Erxleben weil. der Weltweish. D. und Prof. auf der Georg-August-Universität, der Königl. Societ. der Wissensch. und des Königl. Instit. der histor. Wiss. zu Göttingen, der Königl. Landwirthschaftsgesellsch. zu Zelle und der Batav. Societ. der Experimentalphilos. zu Rotterdam Mitglied, der Berlin. Gesellsch. naturforsch. Freunde Ehrenmitglied. Dritte Auflage. Mit Zusätzen von G. C. Lichtenberg Prof. zu Göttingen. Göttingen, bey Johann Christian Dieterich, 1784.

763
Johann Christian Polycarp Erxleben (1744-1777) und Georg Christoph Lichtenberg (Hrsg.):
Anfangsgründe der Naturlehre.
4. Aufl. Mit Zusätzen von G. C. Lichtenberg. Göttingen: Dieterich 1787. LVI, 710 S., 9 Falttaf.
Mit handschriftlicher Widmung Lichtenbergs an Ernst Gottfried Baldinger: »Sr Wohlgebohren dem HE. HofR und LeibArzt Baldinger von dessen gehorsamsten Diener und Freund Dem Herausgeber.«
Darmstadt, Hessische Landes- und Hochschulbliothek, 33/2708
Lichtenberg an Abraham Gotthelf Kästner, 18. Mai 1786: »Das Erxlebensche Compendium ist nach anderthalb Jahren gäntzlich verkaufft. Ich werde also die Ehre haben noch, wills Gott, vor Michälis Ew. Wohlgebohren mit einer 4ten Auflage aufzuwarten, wo die Errores [Irrtümer] [...] von meiner Seite begangen, nach Vermögen, ausgemerzt werden sollen. Die drey ersten Bogen sind schon in der Druckerey. Hierbey aber muß ich gehorsamst bitten, daß Ew. Wohlgebohren mir die Güte erweißen, die Sie mit von mir bewunderter Gedult Herrn Vogt erwießen haben, ich meine anzuzeigen, wo Sie Fehler gefunden haben. Auf Aenderung des Plans kan ich mich unmöglich einlassen, ich schreibe lieber ein neues Werck, so sehr ich auch die Unbequemlichkeiten des jetzigen fühle.« (Bw 3, Nr. 1438, S. 206)

764
Johann Christian Polycarp Erxleben (1744-1777) und Georg Christoph Lichtenberg (Hrsg.):
Anfangsgründe der Naturlehre.
5. Aufl. Mit [Verbesserungen und vielen] Zusätzen von G. C. Lichtenberg. Göttingen: Dieterich 1791. LIX, 755 S., 9 Falttaf.
Darmstadt, Hessische Landes- und Hochschulbibliothek, 33/2709
Infolge der Krankheit kam Lichtenberg nicht dazu, die 1791 nötig werdende Neuauflage mit den im Handexemplar angesammelten Änderungen zu überarbeiten; sie unterscheidet sich also nicht nennenswert von der Auflage von 1787. [UJ]

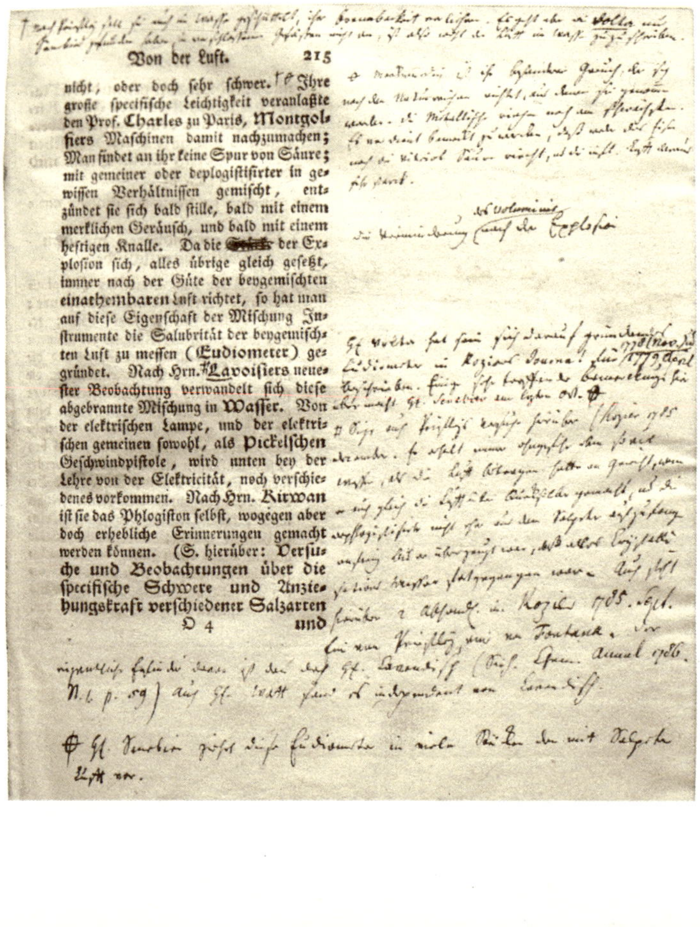
Von der Luft. 215
nicht, oder doch sehr schwer. Ihre große specifische Leichtigkeit veranlaßte den Prof. Charles zu Paris, Montgolfiers Maschinen damit nachzumachen; Man findet an ihr keine Spur von Säure; mit gemeiner oder dephlogistisirter in gewissen Verhältnissen gemischt, entzündet sie sich bald stille, bald mit einem merklichen Geräusch, und bald mit einem heftigen Knalle. Da die [illegible] der Explosion sich, alles übrige gleich gesetzt, immer nach der Güte der beygemischten einathembaren Luft richtet, so hat man auf diese Eigenschaft der Mischung Instrumente die Salubrität der beygemischten Luft zu messen (Eudiometer) gegründet. Nach Hrn. Lavoisiers neuester Beobachtung verwandelt sich diese abgebrannte Mischung in Wasser. Von der elektrischen Lampe, und der elektrischen gemeinen sowohl, als Pickelschen Geschwindpistole, wird unten bey der Lehre von der Elektricität, noch verschiedenes vorkommen. Nach Hrn. Kirwan ist sie das Phlogiston selbst, wogegen aber doch erhebliche Erinnerungen gemacht werden können. (S. hierüber: Versuche und Beobachtungen über die specifische Schwere und Anziehungskraft verschiedener Salzarten
D 4 und

765
Johann Christian Polycarp Erxleben (1744-1777) und Georg Christoph Lichtenberg (Hrsg.):
Anfangsgründe der Naturlehre.
6. Aufl. Mit Verbesserungen und vielen Zusätzen von G. C. Lichtenberg. Göttingen: Dieterich 1794. LXV, 773 S., 9 Falttaf.
Darmstadt, Hessische Landes- und Hochschulbibliothek, 33/2710
Lichtenbergs Bekanntheit als Lehrer ist es zu danken, daß der *Erxleben* in seiner Bearbeitung bis um 1800 das führende Lehrbuch der Physik an deutschen Hochschulen geworden ist. Außer den rechtmäßigen Neuauflagen bei Dieterich erlebte diese Bearbeitung mindestens vier unrechtmäßige Nachdrucke, außerdem Übersetzungen ins Dänische, Niederländische und Polnische; eine weitere ins Italienische war geplant. [UJ]

766
Georg Christoph Lichtenberg:
Hörerkarte für Adolph Johann Gustav Arenhold.
Vom 30. April 1798.
Steinau, Privatbesitz
»Mit den Purschen sieht es noch so aus wie neulich«, schrieb Lichtenberg am 30. April 1795 an Johann Christian Dieterich: »Ich weiß noch nicht ob ich lesen [Vorlesung halten] werde. Zettel brauche ich wenigstens nicht drucken zu lassen. Sie werden ihre Plätze recht gut finden können.« (Bw 4, Nr. 2515) Diese »Zettel« waren sowohl Platzkarte im Hörsaal als auch Quittung über das entrichtete Kolleggeld, wie der gelegentliche Vermerk »dd« für ›dedit‹ (= hat gegeben, bezahlt) ausweist. Die Physikvorlesung bei Lichtenberg kostete einen Louisd'or (5 Taler). Diese im voraus zu entrichtenden Hörergelder stellten seine wichtigste Einnahmequelle dar. Hätten alle Studenten gezahlt, wäre Lichtenberg wohlhabend geworden, denn in einigen seiner Kollegs drängten sich Hörer aller Fa-

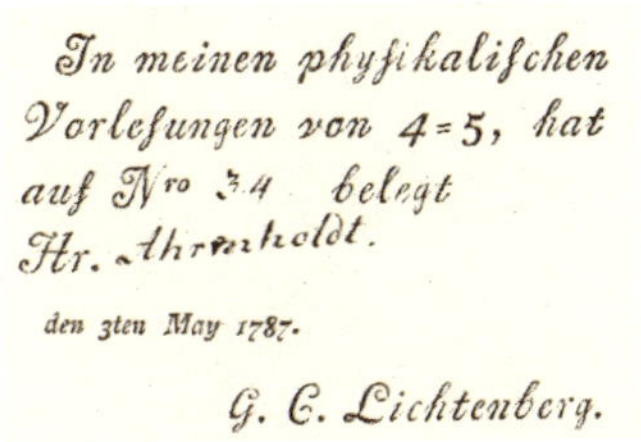
In meinen physikalischen Vorlesungen von 4=5, hat auf N^ro 34 belegt Hr. Ahrenholdt.

den 3ten May 1787.

G. C. Lichtenberg.

kultäten, manchmal ein Viertel der gesamten Göttinger Studentenschaft. Die räumliche Enge und die unterschiedlichen Sichtverhältnisse im Hörsaal gleich neben seiner Wohnung machten die Platzvergaben notwendig. Der Besitzer dieser Karte war Adolph Johann Gustav Arenhold, der nach Ausweis der Matrikel am 23. Oktober 1786 das Studium der Jurisprudenz in Göttingen aufnahm. [UJ]

767
Ferdinand Jagemann (inv.)
und C. Müller (sc.):
Christoph Wilhelm Hufeland
(1762-1836).
Porträt.
Radierung, Crayonmanier, um 1810. 41 × 53 cm
Darmstadt, Hessische Landes- und Hochschulbibliothek, Kartensammlung, Portr. H 179

Hufeland studierte in Göttingen bei August Gottlob Richter und Johann Friedrich Blumenbach. Außerdem besuchte er die Vorlesungen Lichtenbergs und assistierte diesem bei den Tierversuchen mit Elektrizität zur Wiederbelebung Ertrunkener. 1783 wurde Hufeland mit der Dissertation *De usu vis electricae in asphyxia* (Über die Anwendung der elektrischen Kräfte bei Atemstillstand) zum Doktor der Medizin promoviert. Anschließend war er ein Jahrzehnt lang Arzt in Weimar, 1801 wurde er Professor in Jena. Höhepunkt seiner Karriere war die Direktorenposition an der Charité in Berlin. Seine kontinuierliche Berufserfahrung vermittelte er in seinem *Journal für die praktische Arzneikunde und Wundarzneikunst*, das er seit 1795 herausgab. [SS]

768
Christoph Wilhelm Hufeland:
Die Kunst das menschliche Leben zu verlängern. Jena: Akademische Buchhandlung 1797.
21,2 × 13 cm
Darmstadt, Hessische Landes- und Hochschulbibliothek, Bibl. Gerster 102a
Die erste Auflage dieses im 19. Jahrhundert unter dem Titel *Makrobiotik* höchst populären Werks ist Lichtenberg gewidmet.
Lichtenberg an Johann Andreas Schernhagen, 29. Mai 1783: »Ein hiesiger geschickter Doctorand, Sohn des Leibmedicus Hufland zu Weimar hat mit mir Versuche angestellt, ertrunckene Thiere durch Elecktricität zum Leben zu bringen, aber vergeblich. Wir haben aufgeopfert Hunde 6. Katzen 2. Tauben 2.« (Bw 2, Nr. 1087)

769
Karl Friedrich Kielmeyer
(1765-1844) als Karlsschüler.
Porträt.
Bleistiftzeichnung, koloriert.
23 × 19 cm (oval)
Marbach, Schiller-Nationalmuseum, Nr. 5295
Der spätere Mediziner, Chemiker und Zoologe immatrikulierte sich 1786 in Göttingen. Kielmeyer war eng befreundet mit Johann Friedrich Pfaff und hörte wie dieser bei Lichtenberg. Nach dem Studium war Kielmeyer Lehrer der Zoologie, dann Professor der Medizin an der hohen Karlsschule in Stuttgart, dann las er Botanik und Pharmazie an der Universität Tübingen. In einem Brief an Kielmeyer vom 12. Dezember 1791 entschuldigt sich Lichtenberg für eine längere Schreibpause mit »Nervenzufällen«: »Sie hindern mich zwar gar nicht am Lesen und sprechen, aber jeder Erguß meiner *Gedanken* oder *Empfindungen* durch Gänsekiel und Dinte ist mir bald mehr bald weniger nachtheilig. Wie diese neue Kranckheit grade an mich kömmt, der ohnehin zu nichts in der Welt weniger Anlage hat, als zu Polygraphie weiß ich nicht. – Wozu alles

dieses? werden Sie fragen. Theuerster Freund, dazu, daß Sie mir verzeyhen, wenn ich Ihren Brief [...] diesesmal so gerade weg im Procurator Styl ohne allen Ausdruck meiner Empfindung die es mir schwer wird zurückzuhalten, beantworte. Gott gebe, daß nur die Gedancken nicht auch zurückbleiben.« (Bw 3, Nr. 1983) [AL]

770
Benedikt Franz Xaver von Baader
(1765-1841).
Porträt.
Kupferstich.
München, Stadtmuseum, MI/2196
Der spätere Arzt, Chemiker, Mineraloge, Philosoph und Theologe hörte 1790 bei Lichtenberg. [SO]

771
Johann Christian August Schwartz:
Karl Friedrich Gauß (1777-1855).
Porträt.
Pastell, 1803. 45 × 35 cm
Göttingen, Sternwarte
Der »Princeps Mathematicorum«, dessen Genie bereits in Braunschweig auf der Schule auffiel, hat auf fast jedem Gebiet der Mathematik und Astronomie Bahnbrechen-

des geleistet. Als Student hat er zwar mehr bei Kästner als bei Lichtenberg gehört, doch stand er offenbar in engem Kontakt mit ihm. Als Gauß sich gegen Blattern impfen lassen wollte – was damals eine nicht ungefährliche Maßnahme war –, bot Lichtenberg ihm sein Gartenhaus als Quarantänestation an.
Gauß war zunächst Astronom der Herzoglichen Sternwarte Braunschweig, später Direktor der Universitätssternwarte Göttingen. [UJ]

772
Gottlieb Gamauf (1772-1841):
Erinnerungen aus Lichtenbergs Vorlesungen über Erxlebens Anfangsgründe der Naturlehre.
Bde. 1-3. Wien, Triest: Geistinger 1808-1812.
Tübingen, Universitätsbibliothek, Be 221. 8°
Der Student aus Günz in Ungarn (heute Közeg) immatrikulierte sich zum Wintersemester 1792 als Student der Theologie in Göttingen. Doch mehr als die ›Gottesgelahrtheit‹ scheint ihn die Physik interessiert zu haben, denn von 1793 bis 1796 belegte er jede Lichtenbergsche Vorlesung: In den Sommersemestern 1793 und 1794, außerdem im Wintersemester 1794/95 hörte er Experimentalphysik; im Winter 1794/95 Astronomie, Theorie der Erde und Meteorologie und im Winter 1795/96 Astronomie, physische Geographie, Meteorologie und Geogonie (= Wissenschaft von der Entstehung der Erde). Diese Kollegs hat er – »weil ich den Mann bis auf seine Worte verehrte« – mitoder wahrscheinlich nachgeschrieben und sie ab 1808 in drei Abteilungen veröffentlicht: *Erinnerungen aus Lichtenbergs Vorlesungen über Erxlebens Anfangsgründe der Naturlehre*, 1808-1812 in drei Bänden, *Lichtenbergs Astronomie. Ein Handbuch für Freunde dieser Wissenschaft*, 1814 in einem Band, *Erinnerungen aus Lichtenbergs Vorlesungen über die physikalische Geographie. Nebst einem Anhang über das barometrische Höhenmessen*, 1818 in zwei Bänden. In einem seiner Vorworte versichert er: »So viel als es immer möglich war, suchte ich Alles mit Lichtenbergs eigenen Worten zu sagen.« Tatsächlich aber reicherte er seine Mitschriften nicht nur mit Exzerpten aus Lichtenbergs physikalischen Veröffentlichungen an (»aber nur so weit, als er das

Nähmliche, mit fast denselben Worten, in den Vorlesungen sagte«), sondern arbeitete auch fleißig Fremdlektüre in den Text mit ein. Im Aufbau hielt er sich – vielleicht mehr, als es der immer wieder abschweifende Lichtenberg selbst tat – an das den Vorlesungen zugrunde gelegte Erxlebensche Kompendium. Diese Klitterung, daß er nämlich ohne genaue Kennzeichnung »Lichtenberg sprechen lasse, bald selbst spreche«, ist zu Recht schon von den Zeitgenossen kritisiert worden. Auch wenn die *Erinnerungen aus Lichtenbergs Vorlesungen* viel weniger Erinnerungen an Lichtenberg als der Versuch eines physikalischen Kompendiums sind, finden sich eingestreut in den Vortrag des oft trockenen Stoffs immer wieder Anekdoten, Redewendungen und Beispiele, die das Typische des Lichtenbergschen Vorlesungsstils anschaulich werden lassen. [SO]

773
Gottlieb Gamauf (1772-1841):
Erinnerungen aus Lichtenbergs Vorlesungen über Astronomie.
Wien, Triest: Geistinger 1814.
614 S., 3 Falttaf.
[Nebent.:] Lichtenbergs Astronomie. Ein Handbuch für Freunde dieser Wissenschaft.
Mühltal, Wolfgang Promies
Um die Hauptvorlesung Experimentalphysik zu entlasten, hatte Lichtenberg schon frühzeitig die Astronomie aus diesem Kolleg herausgenommen und las sie vierstündig für sich oder zusammen mit physischer Geographie. Wegen der um diese Jahreszeit atmosphärisch günstigeren Gegebenheiten legte Lichtenberg diese Vorlesung gern in das Wintersemester. [UJ]

774
Gottlieb Gamauf (1772-1841):
Erinnerungen aus Lichtenbergs Vorlesungen über die physikalische Geographie. Nebst einem Anhang über das barometrische Höhenmessen. Wien, Triest: Geistinger 1818.
582 S., 1 Falttaf.
[Nebent.:] Lichtenberg über physikalische Geographie, Meteorologie, Theorie der Erde und das barometrische Höhenmessen.
Düsseldorf, Privatbesitz

775
Julius Severin († 1883):
Johann Friedrich Benzenberg (1777-1846).
Porträt.
Lithographie, um 1830.
28,7 × 38,6 cm
Düsseldorf, Stadtmuseum Düsseldorf
Benzenberg studierte von 1796 bis 1798 Physik und Mathematik in Göttingen. Als Physiker ist er heute nahezu vergessen. Zu seinen wissenschaftlichen Großtaten gehört vor allem, daß er während seiner Zeit als Lehrer an der Rudolphischen Mädchenschule in Hamm bei Hamburg im April 1802 auf dem Turm der Hamburger Michaeliskirche mit fallenden Bleikugeln experimentell Gesetzmäßigkeiten des Falls, des Luftwiderstands und vor allem die Erdumdrehung beweisen konnte. Später war er Professor der Physik und Mathematik in Düsseldorf, wo er auch die Bilker Sternwarte erbauen ließ. [SO]

776
Johann Friedrich Benzenberg (1777-1846):
»Die Astronomie, physische Geographie, Meteorologie und Geologie abgehandelt von Herrn Hofrath Lichtenberg in Göttingen 97 in 98«.
Vorlesungsmitschrift, 204 S.
Titelblatt mit allegorischer Himmelsdarstellung, ca. 180 Bl. 136 S. und zahlreiche eingelegte Zettel.
18,7 × 26,6 cm (aufgeschlagen)
Düsseldorf, Heinrich Heine-Institut, Benz. 1393
Die einzige erhaltene Original-Mitschrift einer Lichtenbergschen Vorlesung. Ihr vorgebunden ist ein Verzeichnis der wichtigsten Instrumente aus Lichtenbergs Apparat mit zahlreichen Skizzen. Benzenberg gehörte in Lichtenbergs letzten Jahren zum allerengsten Zirkel seiner Schüler. Er hatte zuerst in Marburg studiert, dann im Winter 1797/98 in Göttingen sein Studium fortgesetzt und im gleichen Semester bei Lichtenberg ein Kolleg über Astronomie, physische Geographie, Meteorologie und Geologie gehört; die Mitschrift, die damals entstand, ist die bislang einzige bekannte handschriftlich erhaltene aus Lichtenbergs Kolleg. Zusammen mit seinem Studienfreund Heinrich Wilhelm Brandes (1777-1834), dem später bekannten Leipziger Professor, führte Benzenberg 1798 in Göttingen unter Lichtenbergs Anleitung die wahrscheinlich ersten wissenschaftlich exakten Meteoritenbeobachtungen durch und korrespondierte über die sich hieraus ergebenden Fragen mit Lichtenberg. Benzenberg hatte zwar zu Beginn des Wintersemesters Göttingen für eine Studienreise verlassen, war aber kurz vor Lichtenbergs Tod zurückgekehrt und gehört zu seinen letzten Gesprächspartnern. [UJ]

777
Johann Friedrich Benzenberg (1777-1846):
Ueber die Bestimmung der geographischen Länge durch Sternschnuppen. Hamburg: Friedrich Perthes 1802.
20,7 × 12,5 cm
Mit gedruckter Widmung an Lichtenberg.
Göttingen, Niedersächsische Staats- und Universitätsbibliothek, 8° Geogr. Math. 986

778
Christoph Girtanner (1760-1800):
Dissertatio inauguralis chemica de terra calcarea cruda et calcinata.
Gottingae: Dieterich [1782].
Mit gedruckter Widmung an Lichtenberg.
Göttingen, Niedersächsische Staats- und Universitätsbibliothek, Coll. max. v. 311,14
Der Schweizer Mediziner, Chemiker und Schriftsteller aus St. Gallen war 1780 Schüler und Freund Lichtenbergs. [UJ]

779
Georg Simon Klügel (1739-1812):
Anfangsgründe der Naturlehre.
Hrsg. Friedrich Nicolai. Berlin, Stettin 1792.
Mit gedruckter Widmung an Lichtenberg und Prof. Hindenburg
Göttingen, Niedersächsische Staats- und Universitätsbibliothek, 8° Phys. I, 5732
Der Physiker und Mathematiker, Freund Lichtenbergs, immatrikulierte sich 1760 in Göttingen zunächst als Student der Theologie, später hörte er bei Abraham Gotthelf Kästner Mathematik. Zuletzt lehrte er als Professor der Physik und Mathematik in Helmstedt und Halle. Klügel war der Verfasser einer bedeutenden Enzyklopädie. [AL]

780
Theodor Salomon Anschel (1771-1814):
Thanatologia sive in mortis naturam, causas, genera ac species et diagnosin disquisito. Gottingae 1795.
Mit gedruckter Widmung an Lichtenberg.
Göttingen, Niedersächsische Staats- und Universitätsbibliothek, 8° Zool. XIII, 7535
Der jüdische Student aus Bonn immatrikulierte sich 1792 in Göttingen. Er beriet Lichtenberg medizinisch, bei dem er hörte und der ihn sehr zu fördern suchte. [UJ]

781
Joseph Louis LaGrange (1736-1813) und Friedrich Wilhelm August Murhard (1778-1853) (Übers.)
Analytische Mechanik [Mécanique analitique]. Aus dem Französischen [...] von Friedrich Wilhelm August Murhard. Göttingen: Vandenhoeck und Ruprecht 1797.
Mit Widmung des Übersetzers an Lichtenberg.
Göttingen, Niedersächsische Staats- und Universitätsbibliothek, 8° Phys. II, 1122

782
Johann Philipp Rohde (1759-1834):
Ueber Newton's drittes Grundgesetz der Bewegung, mit gehöriger Rücksicht auf Metaphysik der Natur. Potsdam: Carl Christian Horvath 1799. 30 S.
20 × 12 cm
Mit gedruckter Widmung an Lichtenberg.
Göttingen, Niedersächsische Staats- und Universitätsbibliothek, 8° Phys. II, 2316

Mehr das Komische an Lichtenbergs Vortrag bemerkte der Ungar Sámuel Fogarasi, der 1796/97 in Göttingen studierte: »Dieser Lichtenberg hatte einen großen Buckel und wendete, als wenn er sich geniere, möglichst nie einem anderen den Rücken zu. Wenn er aus seinem Studierzimmer in das Auditorium trat, ging er ständig mit dem Rücken an der Wand entlang und stellte sich so an seinen Tisch, der sehr lang war, und auf dessen Ende die kleineren physikalischen und chemischen Instrumente stunden, daß hinter seinem Rücken die schwarze Tafel an der Wand kam. Ein Katheder aber hatte er nicht, und unterrichtete er immer stehend. Wenn er mit Beginn des Semesters zu lehren anfing, stotterte er, als ob er sich fürchtete, konnte auch kaum sprechen, sondern versicherte seine Hörer, sich dadurch nicht stören zu lassen, weil sein Mut noch käme. Und so war es auch, zwei Wochen darauf begann er flüssig zu sprechen. Er muß in der Tat ein vergeßlicher Mann oder von sehr hastiger Denkweise gewesen sein, denn sobald er den Namen einer Person oder etwas anderes hervorbringen mußte, fiel es ihm nicht ein, verhedderte er sich auch oft in dem Kalküle. Etwas hinter ihm stand aber ein Candidatus, der sein Amanuensis [Gehilfe] war; und den fragte er, wenn er in etwas stecken blieb: ›Wie war das?‹. Der sagte es dann. Dieser hatte kein anderes Einkommen, sondern producirete sich allsonnabendlich mit physikalischen Instrumenten. Dort kamen nicht nur Studenten hin, sondern auch Göttinger Bürger und zahlten ihm dann etwas; und davon ernährte er sein Weib und seine Kinder. Wenn er selbst nicht kommen konnte, so producirete sein Weib, das aber einmal, indem sie die machina electrica zu stark auflud, eine ziemlich große Zerstörung anrichtete. Und wurde ihr daraufhin das Produciren verboten.«[39] – Zum Zeitpunkt dieser despektierlichen Schilderung war Lichtenberg allerdings schon von Alter und Krankheit gezeichnet. Eine detaillierte Mitschrift von Lichtenbergs Experimentalkolleg gibt Gottlieb Gamauf.[40] Das Repertoire umfaßte schließlich 600 Versuche.

Lichtenbergs Beiträge zur Lehre der Physik können gar nicht hoch genug eingeschätzt werden. Eine gerechte Würdigung seiner Forschung fällt dagegen schwerer. Die atemberaubende Entwicklung der Naturwissenschaften verstellt das Bild. Eigenständige Forschung wurde damals von einem Universitätsprofessor noch nicht erwartet. Die Voraussetzungen dazu mußte er erst erkämpfen. »Die Herren Dilettanten bringen es gemeiniglich weiter in diesen Dingen, als wir Taglöhner. Wir haben gar zu vielerley und ist kaum möglich alles in der Ordnung zu halten. Die Elecktrischen Instrumente erfordern nothwendig ein eignes Zimmer, allein das ist bey mir nicht möglich. Ich möchte fast sagen ich koche und brate in meinem Saal [...]; eine Art Versuche ist offt der Richtigkeit der anderen e diametro entgegen, und jezt schwitzen täglich 100 Menschen auf meinem Saal und wenn es regnet so werden 200 Schuhe und Stiefel auf meinen Dielen abgewischt. (Wenn nur ein Elecktriker einmal etwas erfände die Lufft abzutrocknen). Die grösten Entdeckungen sind daher auch seit Jeher von Dilettanten und nicht von Professoren gemacht worden, es müste denn seyn, daß die Glücksumstände derselben sie über den Zwang weggesezt hätten, der die Ursache jener Hinderniß ist. Die Englischen Professoren sind es eigentlich nur dem Nahmen nach und haben die herrlichste Muse.« (Bw 2, Nr. 927)[41]

Trotzdem gelang Lichtenberg mit seinen Figuren eine Entdeckung von bis heute ungebrochener Aktualität. Und die von ihm eingeführte Schreibweise für die elektrische Ladung, den » + «Pol und den » – «Pol einer Batterie, kennt heute jeder. Faszinierend sind seine im Konjunktiv konstruierten Gedankenversuche. Hier bremsen keine experimentellen Unzulänglichkeiten den Höhenflug: »Wenn das Licht trotz seiner Geschwindigkeit noch eine Schwere hat, so würde doch so etwas wie Refraktion am Horizonte erscheinen müssen, weil es von der Erde stark gezogen wird. Eigentlich

783
Ernennungsurkunde zum Kustos des akademischen Museums, 24. Oktober 1765.
Formular-Einblattdruck, Papiersiegel. 50,7 × 38 cm
Unterzeichnet »Joh. Christoph Gatterer«.
Braunschweig, Privatbesitz
Der Historiker und Begründer der Diplomatik Johann Christoph Gatterer hatte mit einigen fortgeschrittenen Studenten ein »Historisches Institut« begründet mit eigener Sammlung und Publikationsreihe; Lichtenberg gehörte ihm (zusammen mit seinem Bruder, für den diese Beschäftigung ideale Berufsvorbereitung war) während seiner Blütezeit an und trug hier ein paar frühe Abhandlungen vor (eine, *Von den Charakteren in der Geschichte*, fand sich in seinem Nachlaß). Mit Gatterers Alter und Tod verkümmerte das Institut zur Bedeutungslosigkeit.
[UJ]

784
Ernennungsurkunde zum außerordentlichen Mitglied des Göttinger Historischen Instituts, 23. Dezember 1766.
Formular-Einblattdruck, Papiersiegel. 48,8 × 37,4 cm
Unterzeichnet Mitte unten »Joh. Christopherus Gatterer«.
Braunschweig, Privatbesitz

785
Ernennungsurkunde zum zweiten Professor der Mathematik in Gießen, 17. August 1767.
Manuskript, Siegel. 40,9 × 32,8 cm
Mit Unterschrift von Ludwig, Landgraf von Hessen-Darmstadt
Braunschweig, Privatbesitz
Das landgräfliche Stipendium, das Lichtenberg in seinen ersten vier Semestern erhalten hatte, war stillschweigend als Investition angesehen worden: Lichtenberg sollte nach abgeschlossenem Studium dafür eine Professur in Gießen übernehmen. Nun konnte ihm an einem solchen Posten so wenig gelegen sein wie zuvor schon an einem Studium dort: Allzu schlecht war der Ruf dieser Hochschule, allzu niedrig das dortige Niveau. Er entzog sich dem Stellenantritt daher 1767 durch Beurlaubung für die Reise nach England, die 1770 stattfand und infolge derer der Göttinger Ruf weitere Verzögerung überflüssig machte. Eine Aufforderung der hessen-

darmstädtischen Landesregierung an das Geheime Rats-Kollegium nach Hannover, den ›entlaufenen‹ Professor wieder herauszugeben, ist anscheinend nicht beantwortet worden. [UJ]

786
Georg III. König von England (1738-1820):
Mandat an die Universität Göttingen über die Ernennung von Lichtenberg zum außerordentlichen Professor der Philosophie in Göttingen, 31. Mai 1770.
Manuskript, ungesiegelt (Abschrift). 40,7 × 32,6 cm
Braunschweig, Privatbesitz

787
Albrecht Friedrich von Lenthe (1707-1779):
Reskript betreffend Lichtenbergs Aufnahme in die Göttinger Sozietät, 8. April 1774.
Papier. 26 × 17 cm
Göttingen, Archiv der Akademie der Wissenschaften zu Göttingen, Pers. 12 Nr. 12

788
Ernennungsurkunde zum außerordentlichen Mitglied der Göttinger Königlichen Sozietät der Wissenschaften, 13. April 1774.
Formular-Einblattdruck, Papiersiegel. 40,6 × 32,2 cm
Unterzeichnet von Abraham Gotthelf Kästner (als Präsident) und Christian Gottlob Heyne (als Sekretär).
Braunschweig, Privatbesitz
Die intensive Lehrtätigkeit ließ den Göttinger Professoren wenig Zeit und Mittel zu eigener Forschung, weshalb 1751 nach Vorbild der Pariser und Berliner auch in Göttingen eine Akademie gegründet wurde – im Unterschied zu jenen aber nicht mit hauptamtlichen Mitarbeitern, sondern nur als durch Druckkosten und Honorare gestützte Professorengesellschaft zur Anregung und Koordinierung von Forschungsvorhaben mittels Preisaufgaben, Abhandlungsreihen und einem Referatenorgan. Schon am 6. Oktober 1770 hatte Gerlach Adolph von Münchhausen der Sozietät vorgeschlagen, aber die Entscheidung anheimgestellt, den erst ein halbes Jahr zuvor berufenen Professor extraordinarius Lichtenberg in diese Königliche Sozietät aufzunehmen. Abraham Gotthelf Kästner riet damals zum Aufschub; er war es dann aber auch, der am 28. März 1774 Lichtenbergs Aufnahme in Vorschlag brachte. Und am 17. April 1774 konnte Lichtenberg endlich (und stolz!) seine Aufnahme als außerordentliches Mitglied in die Mathematische Klasse der Königlichen Sozietät der Wissenschaften zu Göttingen in sein Tagebuch eintragen: »Den 17 April nahm ich meinen Sitz in der Königlichen Societät, die mich zwey Tage vorher durch ein zugeschicktes Diplom aufgenommen hatte. HE Hofrath Kästner laß etwas über die Theorie des krummen Zapfens vor, hierauf HE. HofR. Heyne ein Elogium des HE. Leibmedicus Vogel und endlich referirte HE. Prof. Murray der jüngere von einem Polypösen Gewächse, das einem Manne durch den Stuhlgang abgegangen war. Der Arzt der [die] Beobachtung eingeschickt hatte, hatte es für ein Thier gehalten.« (ungedruckt, Cod. Ms. Licht. IV, 7) Lichtenberg ist nie ein besonders rühriges Mitglied der Sozietät gewesen; zwar hat er die in sein Fach schlagenden Preisaufgaben immer pünktlich den andern Mitgliedern in Vorschlag gebracht und auch seine Gutachten über die Schriften abgegeben; in weit über hundert Fällen liegen uns zum Teil sehr ausführliche Stellungnahmen von seiner Hand vor. Aber um die turnusmäßigen Vorlesungen der Mitglieder, die mindestens alle zwei Jahre üblich waren, hat er sich meist gedrückt; in den 25 Jahren seiner Mitgliedschaft trug er kaum ein halbes Dutzend Mal vor. Anfang 1776 wurde die Unterscheidung zwischen ordentlichen und außerordentlichen Mitgliedern aufgehoben; man fürchtete Mißhelligkeiten über eine schwer begründbare Differenzierung zwischen an sich völlig gleichrangigen Gliedern der Gelehrtenrepublik. Damals wurden alle noch außerordentlichen Mitglieder (und so auch Lichtenberg) durch Publikation in den *Göttingischen Gelehrten Anzeigen* zu ordentlichen erhoben. [UJ]

789
Georg III. König von England (1738-1820):
Mandat an die Universität Göttingen über die Ernennung der außerordentlichen Professoren Lichtenberg, Erxleben und Meiners zu Ordinarien, 20. Januar 1775.
Manuskript (Kopie), Doppelblatt. 32 × 20,5 cm
Braunschweig, Privatbesitz
Die Tatsache, daß diese Standeserhebung zunächst nicht mit einer Gehaltserhöhung verbunden war und vor allem gleich mehrere Göttinger Professoren traf, deutet wohl eher auf eine Art Regelbeförderung – obgleich sich doch nicht völlig ausschließen läßt, daß die persönliche Begegnung Lichtenbergs mit dem englischen König und die Übergabe von Band I der Mayerischen *Opera Inedita* das ihre gewirkt haben. [UJ]

790
Urkunde der Ehrenpromotion durch die Göttinger Philosophische Fakultät, 4. Januar 1779.
Einblattdruck, Papiersiegel.
Unterzeichnet von M.[agister] Abraham Gotthelf Kästner.
Braunschweig, Privatbesitz
Als Georg Forster auf seiner Suche nach Anstellungen für sich und den Vater zum Jahreswechsel 1778/79 auch in Göttingen Station machte, beschloß »eine Hohe Philosophische Fakultät«, ihn für seine wissenschaftlichen Verdienste auf der Reise mit Cook zum Magister der Göttinger Universität ehrenhalber zu promovieren. Bei dieser Gelegenheit war aufgefallen, daß die Professoren Johann Friedrich Gmelin, Johann Friedrich Blumenbach, Georg Christoph Lichtenberg, Christoph Meiners und Matthias Christian Sprengel sämtlich keine philosophischen Grade besaßen (Sprengel und Blumenbach waren in der Medizin promoviert); und so benutzte man diese Gelegenheit zu einer Massenehrenpromotion. [UJ]

791
Karl Friedrich Hindenburg (1741-1808):
Lateinisches Preisgedicht, Januar 1779.
Göttingen, Niedersächsische Staats- und Universitätsbibliothek, 8° Hist. Lit. biogr. IV, 9814
Hindenburg, Lichtenbergs Freund und Schüler, der später in der kombinatorischen Mathematik bedeutende Professor in Leipzig, feierte Lichtenbergs Erhebung in einer Elegie aus neun lateinischen Distichen. Die Vignette wurde noch einmal verwendet: Dieterich setzte sie auf die Gedichte der Philippine Gatterer. [UJ]
Übersetzung: »Seht da die Professoren*), die die Schläfen mit Lorbeer umwinden werden, zwei mal drei, streben sie nach dem geheiligten Tempel der Musen. / Ist es nicht genug, den Weltkreis unternehmend zu durchstreifen, und sich abzuplagen mit den reißenden Fluten des Ozeans? / Ist es nicht genug, seinen Ruhm in seinen Schriften zu verbreiten und so durch den Mund großer Männer zu gehen? / Freilich ists schon genug des Lobes: unter dem günstigen Vorzeichen die gelehrte Belohnung durch die würdige Hand Kästners zu tragen. / Ihr allzu glücklichen! Die die ruhmreiche Ehre sucht: Diese Auserwählten hegt sie auch am makellosen Busen. / Unter ihnen ist der Meinige, der bei weitem Liebste, Einzige, Lichtenberg, berühmt durch Verdienst und Begabung. / Geht, meine Verse, stellt dar die Freuden – mir fehlen die passenden Worte. Sucht sie, die Muse wird sie geben. / Legt dar die Liebe, die freier öffentlich zu sagen jenes bäuerliche Schamgefühl noch nicht unternommen hat. / Geht und überbringt das gute Vorzeichen und die glücklichen Voten, geht und billigt die Treue, das Unterpfand der Freundschaft.*) Durch ihre Namen und Schriften sind sie einzeln berühmt: Johann Friedrich Gmelin, und Johann Friedrich Blumenbach: der Medizin Doktoren und Professoren; Georg Christoph Lichtenberg, Christoph Meiners und Matthias Christian Sprengel: Der Philosophie Professoren, alle Göttinger, und dann Georg Forster, neulich zum Professor in Kassel ernannt, seines Vaters, des durch viele Namen berühmten, treuer Begleiter auf dem Weg und selbst Führer zu den Inseln des umspülenden Ozeans; er hat die Sitten vieler Menschen gesehen und Städte, die von anderer Sonne erwärmt.« Die Schlußzeile stammt aus Horaz, *Epistolae* 2,3,142.

792
Aufnahmediplom als auswärtiges ordentliches Mitglied der Hallischen Naturforschenden Gesellschaft, 19. Januar 1782.
Formular-Einblattdruck, Papiersiegel. 36 × 44 cm
Braunschweig, Privatbesitz

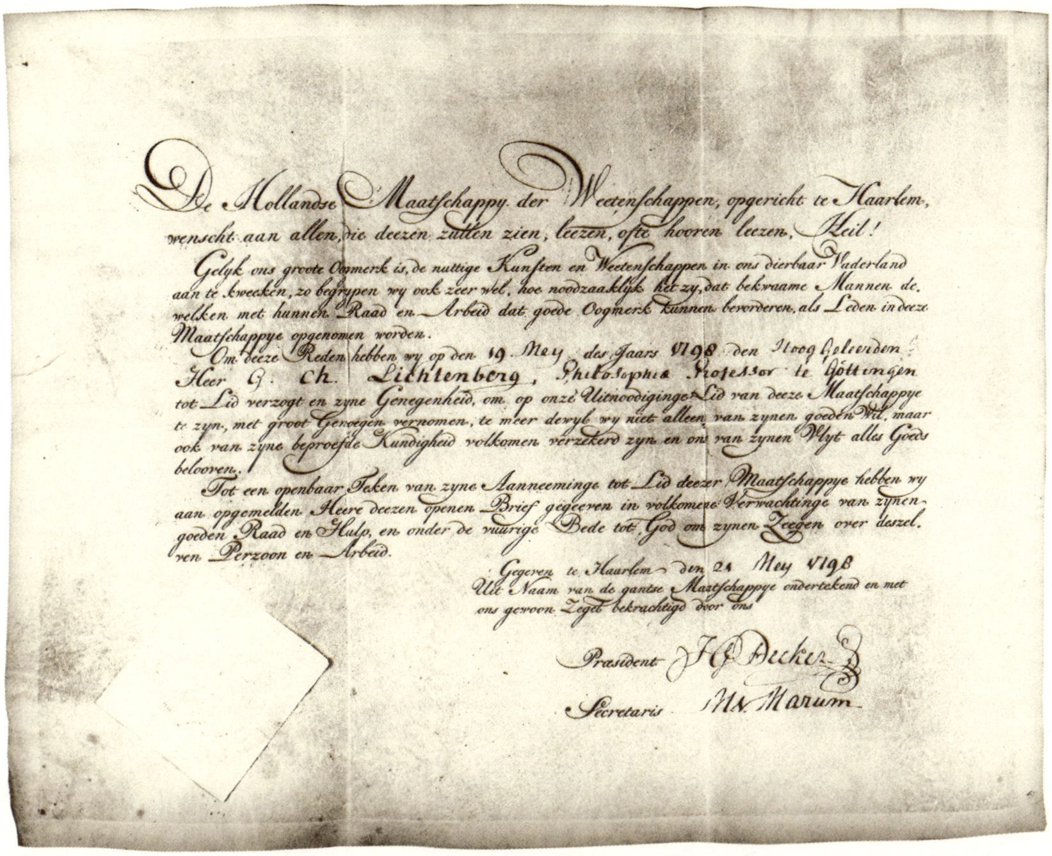
De Hollandse Maatschappy der Weetenschappen, opgericht te Haarlem, wenscht aan allen, die deezen zullen zien, leezen, ofte hooren leezen, Heil!

Gelyk ons groote Oogmerk is, de nuttige Kunsten en Weetenschappen in ons dierbaar Vaderland aan te kweeken, zo begrypen wy ook zeer wel, hoe noodzaaklyk het zy, dat bekwaame Mannen de, welken met hunnen Raad en Arbeid dat goede Oogmerk kunnen bevorderen, als Leden in deeze Maatschappye opgenomen worden.

Om deeze Reden hebben wy op den 19 Mey des Jaars 1798 den Hoog Geleerden Heer G. Ch. Lichtenberg, Philosophiae Professor te Göttingen tot Lid verzogt en zyne Genegenheid, om op onze Uitnoodiginge Lid van deeze Maatschappye te zyn, met groot Genoegen vernomen, te meer dewyl wy niet alleen van zynen goeden Wil, maar ook van zyne beproefde Kundigheid volkomen verzekerd zyn en ons van zynen Vlyt alles Goeds belooven.

Tot een openbaar Teken van zyne Aanneeminge tot Lid deezer Maatschappye hebben wy aan opgemelden Heere deezen openen Brief gegeeven in volkomene Verwachtinge van zynen goeden Raad en Hulp, en onder de vuurige Bede tot God om zynen Zeegen over deszelven Perzoon en Arbeid.

Gegeven te Haarlem den 21 Mey 1798
Uit Naam van de gantse Maatschappye ondertekend en met ons gewoon Zegel bekrachtigd door ons

Præsident F. G. Decker
Secretaris M. v. Marum

wäre es *Inflexion*, durch die ganze Masse der Erde bewirkt.«(SB 2, K 362)[42] Tatsächlich wurde diese Ablenkung des Lichts später im Schwerefeld der Sonne beobachtet und diente als Stütze für Einsteins allgemeine Relativitätstheorie.

Lichtenberg sammelte das physikalische Wissen seiner Zeit und bezog kritische Stellung zu den aktuellen Theorien. Er begründete die Experimentalphysik in Göttingen als Institution und machte seinen Lehrstuhl zu einem der angesehensten in Deutschland. Daß sein literarischer Ruhm seinen naturwissenschaftlichen heute überstrahlt, schmälert seine Verdienste um die Physik nicht im geringsten. Schon Kästner sah das genauso und schrieb nicht ohne Bosheit im Nachruf auf seinen berühmten Schüler: »Den 24. Februar verloren wir, nach einer Lungenentzündung, den Professor der Philosophie, Hofrath Georg Christoph Lichtenberg, Mitglied der königl. Societät der Wissenschaften und des königl. historischen Instituts, in seinem 55. Jahre. Mathematische, besonders astronomische, Beschäftigungen empfahlen ihn zuerst; viel Jahre brachte er als Naturkundiger der Universität ausnehmenden Nutzen und weitverbreiteten Ruhm. Kenntnisse mancherley Art, durch lebhaften Witz faßlicher und allgemeiner belehrend gemacht, erwarben ihm häufige Verehrer, die sonst seine ernstern Verdienste nicht schätzen konnten.«[43]

1 Kurt Tucholsky: *Gesammelte Werke.* Reinbek b. Hamburg 1961, Bd. 3, S. 772.

2 Wolf von Engelhardt, in: *Lichtenberg. Streifzüge der Phantasie.* Hrsg. von Jörg Zimmermann. Hamburg 1988, S. 133.

3 Johann Peter Gumbert: *Lichtenbergs Ruf nach Leiden.* In: Photorin 3 (1980), S. 49.

4 Nach Lichtenberg in Johann Christian Polycarp Erxleben: *Anfangsgründe der Naturlehre*, 6. Aufl., Göttingen: Dieterich 1794, S. 478 (Abbildung).

5 Thomas Werner: *Historische Apparate und Versuche von Georg Christoph Lichtenberg.* Staatsexamensarbeit 1981 (unveröffentlicht).

6 Peter Brix: *G. C. Lichtenberg der Physiker: Altes und Neues.* In: Physikalische Blätter 41 (1985), S. 141.

793
Ernennungsurkunde zum Hofrat, 5. September 1788.
Papier mit aufgeprägtem Siegel.
32,1 × 20,9 cm
Bad Vilbel, Privatbesitz
»Hofrat« war ein reiner Titel meist ohne alle Einkünfte und Vergünstigungen, aber dennoch (oder gerade deswegen) hochbegehrt. Lichtenberg, als es noch nicht ganz sicher war, ob er auch diesen Titel bekommen würde: »wenn aber Meiners auf Empfehlung des Don Pomposo Z.[immermann] und für seine erbärmliche Compilation neuer Zeit HofR.[at] würde, so solte es mich nicht wundern, wenn der viel universellere Compilator Krünitz zum Generalfeldmarschall und Reichsgrafen gemacht würde«. (An Georg Forster [Juli? 1788], Bw 3, Nr. 1615) [UJ]

794
Ernennungsurkunde zum Mitglied der Royal Society in London, 11. April 1793.
Reproduktion (Original verschollen)
Zwar war der Vorname auf dem Empfehlungsschreiben der Kommission, die über seine Aufnahme zu befinden hatte, nicht ganz korrekt (»Gottfried Charles«), und man weiß auch nicht, wer Lichtenberg am 15. November 1792 in Vorschlag gebracht hatte und für welche seiner akademischen Leistungen er eine solche Auszeichnung erhielt. Aber es war sicher eine der bis heute begehrtesten Ehrungen und die höchste unter den vielen, die Lichtenberg zuteil wurden, als die Royal Society in London ihn 1793 zu ihrem ›Fellow‹ machte. Man darf seinem Dankschreiben (2. August 1793) glauben, daß er tief beeindruckt war: »Sollte ich auch zu schwach seyn irgendetwas auszurichten was den Bemühungen so vieler Männer vom ersten Range in der gelehrten Welt verdiente an die Seite gesezt zu werden so hoffe ich doch wenigstens durch mein stetes Bestreben mich jenem grossen Zweck zu nähern mich Ihres Beyfalls nicht gantz unwürdig zu machen.« [UJ]

Abbildung:
Katalog-Nr. 798

795
Ernennungsurkunde zum Ehrenmitglied der Societas physica in Jena, 24. März 1796.
Manuskript, Siegel. 30,7 × 49,5 cm
Unterzeichnet von A. J. G. C. Bartsch.
Braunschweig, Privatbesitz

796
Ernennungsurkunde zum Ehrenmitglied der Jenaischen Mineralogischen Societät, 23. März 1798.
Formular-Einblattdruck, Papiersiegel. 40,2 × 32 cm
Unterzeichnet von Graf Dominik Teleki von Szek, Präsident.
Braunschweig, Privatbesitz

797
Ernennungsurkunde zum Mitglied der Mathematisch-physikalischen Gesellschaft zu Erfurt, 24. August 1796.
Papier, mit geprägtem Papiersiegel. 24,5 × 38 cm
Braunschweig, Privatbesitz

798
Ernennungsurkunde zum Mitglied der »Hollandse Maatschappy der Weetenschappen, opgericht te Haarlem«, 21. Mai 1798.
Pergament, Tinte, mit aufgeprägtem Papiersiegel. 33 × 47 cm
Bad Vilbel, Privatbesitz

7 Herbert Pupke: *Georg Christoph Lichtenberg als Naturforscher. Zur 200. Wiederkehr seines Geburtstages.* In: Die Naturwissenschaften 30 (1942), S. 745-750; hier S. 746.

8 Lichtenberg (wie Anm. 4), S. XVIII.

9 Arnold Flammersfeld: *Lichtenbergs physikalische Apparate.* In: *Städtisches Museum Göttingen*, Katalog. [Göttingen] 1974, S. 52.

10 Vgl. Friedhelm Zubke: *Georg Christoph Lichtenberg: Der Zweifel als Lebensprinzp.* Köln, Wien 1990, S. 49 und S. 41.

11 Brief an Johann Andreas Schernhagen, 6. Dezember 1779.

12 Brief an Johann Andreas Schernhagen, 9. Dezember 1779.

13 Brief der Hannoverschen Landesregierung an den englischen König vom 3. April 1789.

14 Otto Weber: *Anmerkungen zum physikalischen Kabinett von G. C. Lichtenberg.* In: *Das 2. Lichtenberg-Gespräch in Ober-Ramstadt 1977.* [Ober-Ramstadt] 1982, S. 77. – Vgl. auch: Flammersfeld (wie Anm. 9); Werner (wie Anm. 5); Thomas Werner und Gustav Beuermann bzw. Martin Czaske, Ulrich Schulz und Gustav Beuermann: *Die historische Sammlung des I. Physikalischen Instituts*, Katalog I und II. Göttingen 1986 und 1988.

15 Brief an Abraham Gotthelf Kästner, 16. August 1798.

16 Johann Christian Polycarp Erxleben: *Anfangsgründe der Naturlehre.* 1. Aufl., Göttingen und Gotha 1772; 2. Aufl., Göttingen 1777. – Vgl. Dieter B. Herrmann: *Georg Christoph Lichtenberg als Herausgeber von Erxlebens Werk »Anfangsgründe der Naturlehre«.* In: Schriftenreihe für Geschichte der Naturwissenschaft, Technik und Medizin 6 (1969), H. 1 und 2.

17 Georg Christoph Lichtenberg. In: Vorrede zur 5. Auflage des Erxleben.

18 *Georg Christoph Lichtenbergs physikalische und mathematische Schriften.* Hrsg. von Ludwig Christian Lichtenberg und Friedrich Kries. 4 Bde., Göttingen: Dieterich 1803-1806.

19 Vgl. Georg Christoph Lichtenberg: *Aphoristisches zwischen Physik und Dichtung.* Hrsg. von Jürgen Teichmann. Braunschweig, Wiesbaden 1983.

20 Vgl. Friedrich Hund: *Die Geschichte der Göttinger Physik.* Göttingen 1987, S. 29.

21 Brief an Franz Ferdinand Wolff, 22. November 1784.

22 Vgl. Paul Hahn: *Georg Christoph Lichtenberg und die exakten Wissenschaften.* Göttingen 1927.

23 Pupke (wie Anm. 7).

24 Georg Christoph Lichtenberg: *Über eine neue Methode, die Natur und die Bewegung der elektrischen Materie zu erforschen.* In: Herbert Pupke (Hrsg.): Ostwalds Klassiker, Nr. 246. Leipzig 1956.

25 Vgl. Brix (wie Anm. 6); Teichmann (wie Anm. 19); Werner (wie Anm. 5); v. Engelhardt (wie Anm. 2) sowie Manfred Achilles: *Historische Versuche der Physik, funktionsfähig nachgebaut.* Berlin 1982.

26 Friedrich Schlichtegroll: *Georg Christoph Lichtenberg.* In: *Nekrolog auf das Jahr 1799.* Bd. 2. Gotha 1805, S. 97-220, hier S. 102.

27 Vgl. Flammersfeld (wie Anm. 9), S. 52.

28 Vgl. Hahn (wie Anm. 22), S. 8-10.

29 Vgl. ebda., S. 15.

30 Vgl. ebda., S. 15-20; vgl. Pupke (wie Anm. 7), S. 747.

31 Vgl. Hahn (wie Anm. 22), S. 33.

32 L. Schäfer, in: *Lichtenberg, Streifzüge der Phantasie.* Hrsg. von Jörg Zimmermann. Hamburg 1988, S. 179.

33 Lichtenberg, zit. nach Kurt Batt (Hrsg.): *Aphorismen.* Frankfurt a. M. 1976 (= Insel-Taschenbuch 165), S. 216.

34 Brief an Abraham Gotthelf Kästner [?], Anfang November 1784.

35 Brief an Franz Ferdinand Wolff, 10. Juni 1782.

36 Brief an Franz Ferdinand Wolff, 12. September 1782.

37 Brief an Johann Christian Dieterich, 13. Juni 1782.

38 Alexander von Humboldt an Lichtenberg. Zit. nach Zubke (wie Anm. 10), S. 48.

39 Wolfgang Gresky: *Des Ungarn Sámuel Fogarasi Studium in Göttingen, 1796.* In: Göttinger Monatsblätter, Oktober 1978, S. 4.

40 Gottlieb Gamauf: *Erinnerungen aus Lichtenbergs Vorlesungen über Erxlebens Anfangsgründe der Naturlehre.* 3 Bde., Wien, Triest 1808-1812.

41 Brief an Franz Ferdinand Wolff, 30. Juni 1782.

42 Vgl. Teichmann (wie Anm. 19), S. 61.

43 Abraham Gotthelf Kästner: *Nekrolog über Lichtenberg*; zit. nach Wolfgang Promies. In: Städtisches Museum Göttingen. Katalog zum *175. Todestag Lichtenbergs.* Göttingen 1974, S. 70.

Henning Boëtius
Der süße Tumult der Seele

Liebster, teuerster Freund,
es widerstrebt mir, aus Dingen ein Geheimnis zu machen, wenn sie es bereits in sich tragen. Ich möchte daher so klar, wie mir möglich ist, von einem Gegenstand reden, der seinem Wesen nach von Unklarheit, um nicht zu sagen Widersprüchen geprägt ist. Ich meine jenen süßen Tumult der Seele, in den uns weniger die Begierde nach einem Weib als vielmehr die aufrichtige Liebe zu ihm stürzt. Du kennst an mir die Neigung, mit Wörtern zwar nicht leichtfertig, jedoch, wo es die Verhältnisse zulassen, *spielerisch* umzugehen. Daher sollst Du, wenn ich in diesem Brief das von uns häufig mißbrauchte Wort Liebe verwende, immer bedenken, daß ich nicht jene elende Marotte der Ehemänner damit meine, ihre jeden Tag und jede Nacht aufs neue durchlittene Misere unter einem möglichst unangemessenen Begriff zu subsumieren, der dem Lächerlichen sozusagen von der Kopfbedeckung her eine gewisse Würde zu verleihen sucht. Das gleiche gilt selbstredend für die von demselben Verhältnisse geplagten Ehefrauen, nur daß diese überhaupt weniger Neigung verspüren, Mißstände außerhalb ihrer selbst mittels eines Hutes zu adeln. Sie benutzen dazu lieber Strümpfe oder Unterhosen, will sagen, sie mißbrauchen keinen Begriff, sondern ihr Talent, sie reden nicht von Liebe, sie stopfen von ihr, um sich ihrer ehelichen Moral zu versichern.

Ich rede also nicht von Liebe, wenn es in Wahrheit um ihren Kontrapunkt geht, um jene Folter nämlich, die gesellschaftlich deshalb akzeptabel ist, weil sie ihre Opfer am längsten überleben läßt, sozusagen das Quantum der Quälbarkeit sinnreich optimiert. Ich rede von Liebe als von einem schwankenden Zustand des Lebens, den andere vielleicht lieber Verliebtheit nennen. Letzteres Wort scheint mir jedoch zu schwach, zu eckig, zu gekästelt (wie übrigens alle Wörter, die auf -heit ausgehen), um seinen Inhalt nicht in jene kubische Form zu pressen, die für Bücherweisheiten wie für Schnupftabak angemessen sein mag, keinesfalls aber für jene irritierende Erfahrung, die wir kurz vor der ersten Rasur zu machen beginnen und die gewöhnlich kurz nach der Heirat zu endigen pflegt. Damit du es auch mit weniger gedrechselten Wörtern begreifst: Ich rede im folgenden von der Liebe wie ein Liebhaber und nicht wie ein Ehemann.

Manchmal denke ich, Liebe ist die schönste Form der Erinnerung. Sie ist gewissermaßen das vorwärts gewandte Gesicht des Vergangenen. Wenn wir lieben, erinnern wir uns an etwas Zukünftiges, an eine Verheißung, deren Schatten uns aus frühen Zeiten vertraut ist. Man fragt sich, woher kommt es, daß die Bilder der Jugendzeit so blaß und verschwommen sind. Man bezichtigt sich, ein schlechtes Gedächtnis zu haben. Ich glaube das Gegenteil ist der Fall. Damals hat man die Welt und insbesondere die Liebe so fließend in ihren Linien erlebt, wie einen Baum auf dem Fettpapier einer Camera obscura, auf dem Kopf stehend mit ineinander flirrenden Blättern. Jetzt, da ich zurückdenke, tauchen Lippen auf. Sie sind rot und halb geöffnet, als formten sie gerade ein »du«, das allein mir galt. Sie gehören einem Jungen, den ich geliebt habe. Ja, teuerster Freund, mein erstes Mädchen war ein Junge. Vielleicht ist dies der Grund dafür, daß für mich die Freundschaft zu Männern bis heute einen Kitzel hat wie kaum je die Liebe zum Weib. Er erschien mir schön, der Sohn vom Schneider Schmidt, der in Wirklichkeit dicklich und unansehnlich war. Aber die Schönheit von

799
F. Wheatley (pinx.)
und L. Schiavonetti (sc.)
»Two bunches of primroses two bunches a penny«.
Blumenmädchen.
Aquatinta, koloriert, 1793.
42 × 33 cm (Platte)
Darmstadt, Hessisches Landesmuseum, Graphische Sammlung, GR 5585
»In England fällt gleich beym ersten Eintritt«, notierte Lichtenberg sich auf den ersten Seiten seines England-Tagebuchs, »die Menge schöner Mädchen [in die Augen;] die gemeinsten sind da so niedlich, daß jemand, der sich von dieser Seite nicht viel zu zu trauen hat, aus Engelland weg bleiben muß.« Auch in seinem Brief an den vertrauten Freund Johann Christian Dieterich vom 19. April 1770 schwärmt er von den Londoner Frauen: »die schönsten sind die Putzkrämerinnen«, und er berichtet von der erotischen Attraktion einer Aufwärterin in St. Paul's Coffeehouse, die ihm das »Bette wärmt (mit der Bettpfanne versteht sich Gevatter)«. Und »ich dencke überhaupt«, bricht er seinen Bericht ab, »wenn man nicht lange hier bleiben kan, wie ich, so ist besser zu gucken, als zu schreiben.« (LE 1, Br III, S. 22)
Beim zweiten England-Aufenthalt 1774/75 war länger Zeit – und es blieb nicht beim »gucken«. Schon einer der ersten Stadtrundgänge mit Sir Francis Clerke führte in die »Alley bei Pall Mall«, eine der berüchtigten Bordellstraßen Londons, wo ihm eine sich dort feilbietende »Kitty« als »eines der schönsten Mädchen in England auffiel« und wo fünf andere »Kitty's« sich um die Wette auszogen. Am 24. November verzeichnet das Tagebuch die Begegnung mit einem »niedlichen Mädchen«. Zwei Wochen später, am 13. Dezember 1774, wird Lichtenberg in Covent Garden von der Kleinen »*upon my shoul*« (wohl einer besonders unschuldig tuenden irischen Prostituierten) angesprochen – »*Baskerville* und Goldpapier« kommentiert Lichtenberg diese erotische Attraktion, und meint damit vielleicht Sommersprossen auf weißer Haut (LE 1, T II, S. 68). Ein Jahr später, am Abend des volksfestartigen Lord Mayor's Day (4. November 1775) notiert er sich lakonisch »Betsy«, und wenig später, zwei Wochen vor der Rückreise

damals war keine Form, sie war ganz Bewegung, wie eine Sternenbahn. Ich lauerte ihm auf und beobachtete ihn, diesen pausbäckigen Kometen, wie er an einem Lattenzaun entlang zur Schule ging, einen Stock über die Lücken mit einem Geräusch wie anhaltender Trommelwirbel gleiten lassend. Nachts schwebte er als verführerische Putte über meinem Bett, während ich meine Hand – oh, warum schämen wir uns dieser schöpferischen Geste – um mein Glied legte und einen Menschen aus mir zu formen begann.

Sie kennen, mein Freund, meine Verachtung für die so sehr in Mode gekommene Ansicht, die Onanie schädige Körper und Geist. Die diese Ansicht nachschreien, sind die schlimmsten Lüstlinge, denn ihre Form der Masturbation besteht darin, sich über das vermeintliche Elend anderer die Hände so lang zu reiben, bis sie steif sind vor

Gicht. Damals, als ich die schöpferische Wirkung jenes süßen Aderlasses kennenlernte, wurde mir durch ihn die Liebe zu einem Spiel, das die Phantasie zur Regel und die Unerfüllbarkeit zum Ziel erklärt. Erst des Schneiders Sohn, dann des Tischlers Tochter. Es hatte den Anschein, daß ich das Handwerk auf meine Weise kennenlernen sollte. Weder der junge Schmidt noch Weylands Tochter bemerkten etwas von meiner glühenden Leidenschaft. Ich litt darunter keineswegs. Es reichte mir, daß die Gegenstände, mit denen meine Angebeteten zu tun hatten, von meinen Gefühlen wußten. Das angebissene Brot, das mein Geliebter achtlos auf die Straße warf, lächelte mich mit dem Abdruck seiner Zähne an. Ich hob es auf und verzehrte es mit Wonne. Die Gasse, in der Weylands Tochter wohnte, war eine Milchstraße voller kleiner Sonnen, den zahllosen Augenblicken, in denen ich sie heimlich beobachtet hatte. Wie schön war das Fenster, hinter dem die Familie Weyland nach Feierabend saß, um gemeinsam die Suppe zu löffeln! Wie hatte alles miteinander zu tun, wie floß es ineinander! Die Geliebte war zwar der Mittelpunkt, die Hauptsonne, doch die Trabanten waren nicht weniger wichtig. Ich war nicht einsam und sie war es nicht, weil die Dinge zwischen uns sich unaufhörlich umeinander wirbelnd berührten. Ach, vielleicht tun wir uns im Alter mit der Liebe so schwer, weil wir diese Art der Astronomie verlernt haben. Wir wollen die Dame unseres Herzens ganz und gar und nur für uns. Pflücken Sie eine Blume und legen Sie sie in die Botanisiertrommel der Ehe. Sie werden nichts behalten außer einer traurigen Reminiscenz an die duftende Frühlingswiese, auf der sie einst stand. Aber Sie werden in der Lage sein, die Pflanze ganz genau zu bestimmen und zu zeichnen. Welch armseliger Tausch! Es ist wohl nicht zu ändern, daß Einsamkeit die wahre Geselligkeit des Alters ist. Es gibt allerdings auch eine Einsamkeit der Jugend, die in der Überfülle der Möglichkeiten besteht, die ungeschehen bleiben. Erstaunlich, daß ich trotz zunehmender Schmerzen, trotz Verdauungsproblemen, trotz wachsender Brustenge guten Mutes bin. Manchmal denke ich, es gibt einen einfachen Grund dafür, daß ich selbst heute eine solche Freude an Dingen, an Gerätschaften, an Steinen, an all den toten Kleinigkeiten auf einem Experimentiertisch habe: sie berühren sich noch immer so für mich wie damals. Sie sind auch heute noch die verheißungsvollen Botschaften einer großen Liebe, die vor mir liegt.

Mein Freund, ich war bereits in den Zwanzigern, ein recht alter Mann also für derlei Abenteuer, als mir die Liebe in ihren beiden extremen Formen erschien und ein Seil aufspannte, über das ich bis heute zu balancieren versuche. Ich lernte damals nacheinander zwei Mädchen kennen, die nicht nur äußerste Gegensätze waren, sondern auch mein Verhalten ihnen gegenüber gewissermaßen ins Extreme trieben. Sie hießen Justine und Lorchen. Justine lernte ich bei Kaltenhofer, meinem Zeichenlehrer, kennen. Sie war Aktmodell und das schönste Mädchen, das ich je zu Gesicht bekommen habe. Es hieß, daß sie eine Zeitlang vom Verkauf ihres Körpers gelebt habe, nun aber treu und bald verheiratet wäre. Ich sah nie ein jungfräulicheres Wesen. Ich verliebte mich in ihren Anblick so sehr, daß ich ihn wie die äußerste sexuelle Nähe erlebte, die zwischen Menschen möglich ist. Meine Augen tasteten wie Hände nach ihr. Mein Kopf lag zwischen ihren Brüsten, wiewohl ich einige Meter entfernt saß und sie zu zeichnen versuchte. Ich glaube, wenn sie sich bereit gefunden hätte, mit mir wirklich ins Bett zu gehen, ich hätte mich in eine Federskizze verwandelt, freilich in eine mißlungene, die man zerknüllt, um sie in den Papierkorb zu werfen.

Mit Lorchen war es grade umgekehrt.

Sie war keineswegs besonders schön. Aber sie war ganz und gar wirklich. Sie bediente in einem der Lokale vor der Stadt. Auch in sie verliebte ich mich. Jedoch nicht unsterblich. Vielmehr höchst sterblich. Um es kurz zu sagen: Es blieb Lorchen überlas-

nach Göttingen, heißt es eindeutig genug »mit *Hereford Girl* nach Hauß« (LE 1, T III, S. 204, 19. November 1775). [SO]

sen, mich zum Manne zu machen. Es muß für sie eine recht klägliche Entjungferung gewesen sein. Vielleicht lag es daran, daß ich gar kein Mann sondern vielmehr ein Kind sein wollte. Das Malheur hatte jedenfalls seinen Grund nicht darin, daß ich mich besonders ungeschickt anstellte. Vielmehr lag die Ursache der für uns beide unbefriedigenden Affäre in dem Tatbestand, daß ich nicht bereit war, die Liebe in ihrer natürlichen Funktion zu akzeptieren. Ich wollte niemand anderen, ich wollte mich selber zeugen. Dies ist bis heute so, wie ich glaube, denn auch meine eigenen leiblichen Kinder sind mir im Grunde fremd. Mein Fortpflanzungsorgan schien damals der beharrlichen Meinung zu sein, nicht in eine Frau, sondern in mich zu gehören, sozusagen Zirkel zu schlagen, statt von mir weg auf ein Ziel zu weisen, das außer mir lag. Ich denke, ich muß Ihnen die Einzelheiten dieser sinnlich-geometrischen Komplikation nicht weiter ausführen. Die Folge meiner Justine-Lorchen-Erfahrung war, daß ich von weiteren Versuchen zunächst absah, Wunsch und Wirklichkeit der Liebe miteinander auszusöhnen.

Lassen Sie mich um der Verständlichkeit meiner Beichte willen ein Wort über meine liebe Frau Mutter einschieben. Über sie geht für mich keine Frau und wird keine je gehen. Seit vielen Jahren pflege ich mich am 11. Juni, an ihrem Sterbetag, für Stunden in meinem Zimmer einzuschließen.

Ich betrinke mich und denke so lange intensiv an sie, bis sie schließlich und wahrhaftig wieder auferstanden ist. Es handelt sich um eine Form von inzestuöser Geisterbeschwörung, wie sie das übliche Maß an Sohnesliebe bei weitem übersteigt. Ich brauche nach einer solchen Séance Stunden, um wieder ganz bei mir zu sein. Wenn Sie mich nach dem Grund für mein ungebührliches Verhalten fragen, fällt mir nichts Rechtes ein, so tief ist der Zwang zu solchem Handeln in mir verankert. Ja, es ist wohl wahr, ich trinke und schlafe mich dann in meine Mutter zurück. Es ist weit mehr als eine Affenliebe. Es ist eine umgekehrte Geburt. Vielleicht haben wir beide ein Quentchen mehr Verständnis für mich, wenn wir uns vergegenwärtigen, daß ich meiner lieben Mutter nicht mehr und nicht weniger als den Frieden verdanke, den ich mit meinem armseligen Krüppel von Körper gemacht habe. Sie, der Sie ein gut gewachsener Mann sind, werden bei aller freundlich bemühten Phantasie nie einen Begriff haben können davon, was es für mich heißt, vor einer Geliebten mich nackend auszuziehen um sie zu umarmen. Unbegreiflicherweise habe ich viel Erfolg als Liebhaber gehabt und habe ihn auch heute noch, trotz meiner abstoßenden Häßlichkeit, von der sowohl meine liebe Frau als auch meine derzeitige Geliebte behaupten, sie bestände nur in meinen dummen Vorstellungen. Ich aber weiß, daß sie unrecht haben. Ich weiß, welches Maß an Überwindung dazu gehört, mich liebend zu umarmen. Wahr ist allerdings, daß ich die Situation dadurch erleichtere, daß ich mich in den Augenblicken der Liebe nicht zu schämen pflege. Ich bewege mich so frei, als sei ich Apoll persönlich. Daß ich dies vermag, verdanke ich ausschließlich der Zärtlichkeit meiner lieben Mutter. Sie hat mich nie anders in den Arm genommen als sie es mit meinen normal gewachsenen Brüdern tat. Es ist ihre Liebe, in der sich meine zu anderen Frauen und deren Liebe zu mir prismatisch bricht.

Ich kehrte damals nach dem mißglückten Versuch, einen fremden Stern mit mir selbst zu besiedeln, zu meiner alten Form der Astronomie zurück. Ich will Sie nicht mit Einzelheiten langweilen. Die meisten Himmelskörper, deren Bahnen ich aus der Ferne berechnete, waren Aufwärterinnen. Einmal allerdings besaß einer dieser Sterne eine solche Anziehungskraft, daß ich verloren gewesen wäre, hätte er mich als Bewohner geduldet. Es war eine Aufwärterin in Osnabrück. Nie sah ich festeres Fleisch, nie traf ich bei einer Frau auf einen weicheren Verstand. Mit ihr wäre ich glücklich

800
F. Wheatley (pinx.)
und L. Schiavonetti (sc.)
»Milk below Maids«.
Milchmädchen.
Aquatinta, koloriert, 1793.
42 × 33 cm (Platte)
Darmstadt, Hessisches Landesmuseum, Graphische Sammlung, GR 5586

Die englischen Frauen, so scheint es, brachten Lichtenberg auf den Geschmack. In den Hundstagen 1771 verzeichnet das – jetzt englisch geführte – Tagebuch das eben so heftige wie kurze Zusammentreffen mit dem »weißen Kometen« (Marie Sachs). »Now I have it out at last. I know what is the matter with the white comet. He is lost for ever. Now there is hope for recovery. Not to know where a thing is, is ten times worse than loosing it quite. Is not it? But he had a tender heart and upon my soul as tender a skin too, when ever I touch Baskerville's Milton [wieder der Vergleich mit dem weißen glatten Papier] I shall think of thee, dearest star, bless the spot where I observed thee first in thy meridional height. All what I can do now is to cherish my old Lion again. He never disappoints me, and is the good naturedest devil, who ever tore a mortal wight to pieces.« (SB 2, S. 612)

Nach der zweiten Englandreise nahm das Liebesleben von Lichtenberg einen weniger eruptiven, regelmäßigeren – wenn auch nach den bürgerlichen Moralvorstellungen der Zeit nicht eben schicklichen – Verlauf. Er war nicht mehr angewiesen »to cherish his old Lion«; das übernahm jetzt Dieterichs Köchin Marie aus Arnstadt. Es folgten die kurzen glücklichen Jahre mit der Stechardin, dann die Beziehung zu Margarete Elisabeth Kellner, die er erst nach Jahren und vier unehelich geborenen gemeinsamen Kindern heiratete. Und zuletzt die heimlichen und immer wieder bereuten Zusammerkünfte mit Dolly (Dorothee, auch »Devil« oder »Satan« genannt), einer Dienstmagd, die von 1793 bis zu seinem Tod stattfinden. In den 1780er Jahren jedenfalls gilt der Professor, da noch unverheiratet, bei seinen Studenten als »starker August«: »Er macht ein Kind nach dem andern mit gesunden und hübschen Frauenzimmern, und als ihm die Hannoversche Regierung deshalb einen Vorwurf machte, so

geworden, vielleicht weil sie meiner Mutter am ähnlichsten war. Doch ach, ich verlor sie an einen anderen, noch ehe die Sache richtig begonnen hatte. Mieken Timmermann wurde Frau Endris. Selten hat mich die Umbenennung einer Zentralsonne mehr geschmerzt.

Schließlich beschloß ich, die Sache anders anzugehen. Wenn ich schon draußen in der Welt keine passende Frau fand, dann mußte ich sie drinnen in meiner eigenen kosmischen Stube suchen. Ach, teuerster Freund, Sie kennen die traurige Geschichte meiner Homuncula. Sie waren der einzige, dem ich sie vor etlichen Jahren, als es vorbei war, beichtete. Die Menschen in dieser Stadt und in diesem Lande haben sich die Mäuler zerfetzt über mich und die Jungfer Stechardin. Eine wahrhaft schmutzige kollektive Geilheit versuchte des Geheimnisses sich zu bemächtigen, das zwei unschul-

entschuldigte er sich damit, daß er viel zu häßlich wäre, als daß ihn eine Frau lieben, geschweige [denn ihm] treu bleiben könnte.« [SO]

801

Daniel Chodowiecki (1726-1801): Junges Mädchen (»La Pucelle d'Orléans«).
Nr. 7 der Serie »Tugend und Laster«, in: Göttinger Taschen Calender für 1778.
Faksimile, 1991.
Darmstadt, Lichtenberg-Forschungsstelle

»Den zarten Keim unschuldigen Bestrebens zu gefallen, und schon jetzt mit dunkler Ahndung für den Schmuck künftiger Reitze zu sorgen, hat der Zeichner in diesem unschuldigen Kinde mit einer Feinheit angedeutet, die selbst gefunden seyn will, und vielleicht schon durch diese Hinweisung verlohren hat.« Als Lichtenberg im Frühsommer 1777 diesen Kommentar zum Monatskupfer des »Julius« schrieb, war er gerade Maria Dorothea Stechard begegnet.

»Ich lernte im Jahr 1777 [...] ein Mädchen kennen, eine Bürgers Tochter aus hiesiger Stadt, sie war damals etwas über 13 [r: 12] Jahr alt; Ein solches Muster von Schönheit und Sanfftmuth hatte ich in meinem Leben noch nicht gesehen, ob ich gleich viel gesehen habe. Das erste mal, da ich sie sah, befand sie sich in einer Gesellschafft von 5 bis 6 andern, die wie die Kinder hier thun, auf dem Wall den vorbeygehenden Blumen verkaufen. Sie bot mir einen Strauß an, den ich kaufte. [...] Ich sprach sie endlich allein, und bat sie mich im Hause zu besuchen; sie gienge zu keinem Purschen auf die Stube sagte sie. Wie sie aber hörte, daß ich ein Professor wäre, kam sie an einem Nachmittage mit Ihrer Mutter zu mir. Mit einem Wort, sie gab den Blumenhandel auf, und war den gantzen Tag bey mir. Hier fand ich, daß in dem vortrefflichen Leib eine Seele wohnte, grade so wie ich sie längst gesucht aber nie gefunden hatte. Ich unterrichtete sie im Schreiben und rechnen, und in andern Kenntnissen, die ohne eine empfindsame Geckin aus Ihr zu machen, ihren Verstand immer mehr entwickelten. Mein physikalischer Apparat, der mich über 1500 Thaler kostet, reizte sie anfangs durch seinen Glantz und endlich wurde der Gebrauch davon Ihre eintzige Unterhaltung. Nun war unsre Bekanntschafft aufs Höchste gestiegen. Sie gieng spät weg, und kam mit dem Tage wieder, und den gantzen Tag über war ihre Sorge meine Sachen, von der Halsbinde bis an die Lufftpumpe, in Ordnung zu halten, und das mit einer so himmlischen Sanfftmuth deren Möglichkeit ich mir vorher nicht gedacht hatte. Die Folge war, was Sie schon muthmasen werden, sie blieb von Ostern 1780 an gantz bey mir. [...] Wir waren beständig beysammen. Wenn sie in der Kirche war, so war es mir, als hätte ich

meine Augen und alle meine Sinnen weggeschickt. – Mit einem Wort – sie war ohne priesterliche Einsegnung (verzeyhen Sie mir, bester, liebster Mann, diesen Ausdruck) meine Frau. Indessen konte ich diesen Engel, der eine solche Verbindung eingegangen war, nicht ohne die gröste Rührung ansehn. Daß Sie mir alles aufgeopfert hatte, ohne vielleicht gantz die Wichtigkeit davon zu fühlen, war mir unerträglich. Ich nahm sie also mit an Tisch, wenn *Freunde* bey mir speißten, und gab ihr durchaus die Kleidung, die Ihre Lage erforderte, und liebte sie mit jedem Tage mehr. Meine ernstliche Absicht war mich mir ihr auch vor der Welt zu verbinden [...]. O du groser Gott! und dieses himmlische Mädchen ist mir am 4ten August 1782. Abends mit Sonn-Untergang *gestorben.* [...] Es ist mir unmöglich fortzufahren.« (An Gottfried Hieronymus Amelung, Herbst 1782, Bw 2, Nr. 998)

Die »kleine Stechardin« starb im Alter von 17 Jahren und 39 Tagen an einer schmerzhaften Kopf-Rose. Lichtenberg war untröstlich: »In meinem Leben [bin ich] nie reicher und glücklicher gewesen [...]. Sie hat mich mit dem gantzen menschlichen Geschlecht ausgesöhnt.« (An Christian Garve, 3. November 1782, Bw 2, Nr. 986, S. 462). [SO]

802

Adolf von Knigge [in Wahrheit: August von Kotzebue (1761-1819)]: Doctor Bahrdt mit der eisernen Stirn, oder Die deutsche Union gegen Zimmermann. Ein Schauspiel in vier Aufzügen, von Freyherrn von Knigge, o. O. 1790.
Mainz, Stadtbibliothek, 55/1410

August von Kotzebue, der erfolgreichste Bühnenautor seiner Zeit, löste mit diesem – nie aufgeführten – Schauspiel, das die Repräsentanten der Aufklärung und angeblichen oder tatsächlichen Parteigänger der Französischen Revolution zu diffamieren versuchte, eine Affäre aus, die letztlich sein eigenes Ansehen stark schädigte. Selbst konservativer Verfechter der Gegenaufklärung, wählte Kotzebue den Namen des satirischen, politisch-pädagogischen Schriftstellers Adolf Freiherr von Knigge zum Pseudonym. Knigge prozessierte und erzwang Kotzebues öffentliches Bekenntnis zur Urheberschaft des »Dr. Bahrdt«. Der evangelische Theologe, aufklärerische Publizist und Freigeist Karl Friedrich Bahrdt, der Kotzebue als ›Titelheld‹ diente, war in heftige Auseinandersetzungen mit Johann Georg Ritter von Zimmermann verwikkelt, weil dieser sich im Alter leidenschaftlich gegen die Aufklärer wandte, die er als Feinde der Religion und Fürstengewalt denunzierte. In seinem Drama bezieht Kotzebue wiederum eindeutig Stellung für Zimmermann, um diesen bei seinen Kontrahenten zu rächen. In dem zotigen, von Geilerei strotzenden, bewußt unter die Gürtellinie zielenden Stück treten neben Bahrdt der einflußreiche Literat und Publizist Heinrich Christian Boie (als »Achselträger«) und der »keusche« Abraham Gotthelf Kästner, Lichtenbergs Lehrer, auf. Lichtenberg selbst erscheint in der Figur des »kleinen geilen Mondcorrespondenten«, der sich selbst so charakterisiert; »Ich habe Krallenhiebe ausgetheilt, und Peitschenhiebe eingenommen, ich habe ungelegte Eyer beschnüffelt, mich oft gekitzelt um zu lachen, und mir die Arme in die Seite gestemmt, um den Witz heraus zu pressen, wie die Luft aus meiner englischen Luftpumpe. Daher ist denn endlich ein leerer Raum in meinem Gehirn entstanden, kein vernünftiger Gedanke vermag mehr Athem darinn zu schöpfen. Auch die Korrespondenz mit dem Monde ist abgebrochen. Ich fange an mich zu langweilen, und habe an nichts mehr Freude, als an jener angenehmen und nützlichen physicalischen Erfindung des Kinderzeugens. Ich mache nicht selten Experimente, und zwar nicht wie Spallanzani, sondern auf die gewöhnliche Manier. Ein kleines Kuckfenstergen, vor welchem ich zu sitzen pflege, wie die Spinne im Mittelpunkte ihres Gewebes, dient mir auf Beute zu lauren. Freylich, *so* wie die Stifmutter Natur mich erschaffen, kann ich keine *Liebesnetze* ausspannen; aber ich fange in *goldenen Netzen* manches artige Insekt, nur mit dem Unterschiede, daß ich nicht aussauge, sondern ausgesaugt werde. Vor vielen Jahren schon hielt ich mir ein Mädchen von 11 Jahren, welche Blumensträusse feil trug. Sie wohnte in der Caßpühlen [Karspühle in Göttingen], und wir brachten wechselseitig Götternächte mit einander zu. Ich kleidete sie mit brittischer Freygebigkeit, unterhielt auch Papa und Mamma. Die Sache wurde aber endlich so notorisch, daß in der Schola puellarum [Mädchenschule] meine Amasia ein Gespött der übrigen, und der Herr Schulmeister sogar de fornicatione omittenda [über die zu unterlassende Unzucht] herrliche Ermahnungen ergehen ließ. – Seit der Zeit sind die Auflaurer und Spürhunde überall hinter mir drein gewesen.« [SS]

dige Kinder verband. Ich will mich nicht vor ihnen freisprechen von meiner Schuld. Sicher ist es ein tölpelhafter Versuch, das Schicksal zu überlisten, wenn ein vierunddreißigjähriger Professor ein ungebildetes Mädchen von elf Jahren aus dem Volk in sein Haus nimmt, um es zu dem zu formen, was er als Ideal seines Begehrens sieht: Eine harmonische Einheit von Unschuld, Schönheit und Wissen. Ach, sie war eine Schnittblume und ich versuchte sie einzutopfen. Warum sind Schnittblumen so viel anziehender als Topfblumen, mein Freund? Trotzdem oder weil sie so früh verwelken? Ich liebte sie stärker als je einen Menschen, und ich bemerkte nicht, daß sie begann mich mehr zu formen als ich sie, wiewohl ich mir redlich Mühe gab, ihr süßes Köpfchen mit allerlei Wissen zu füllen, das darin die kuriosesten und vergnüglichsten Formen annahm wie die bunten Splitter in einem Kaleidoskop. Sie brauchte es nur zu schütteln, und was sie dann sagte, war immer überraschend und neu. Mit ihr sich zu unterhalten war anregender als jedes Gespräch mit einem Polyhistor. Ich lernte von ihr. Und wie sie mich schikanierte! Es tat meiner Zärtlichkeit keinen Abbruch. Im Gegenteil. Auch meine Hände, meine Haut, mein Mund, alles lernte von ihr. Ich hätte sie eines Tages auch vor der Welt zu meiner Frau gemacht, wäre sie mir nicht nach fünf Jahren so jämmerlich weggestorben! Es waren die schönsten Jahre meines Lebens. Kurz nach ihrem Tod lernte ich meine Frau kennen. Margaretha. Sie war das Gegenteil der Stechardin. Sie war nicht schön, nicht capriziös. Sie war praktisch. Verstand zuzupacken. Sie brachte mir bei, aus den Wonnen der Geschlechterliebe eine durchaus regelmäßige Erscheinung des häuslichen Wetters zu machen.

Ich hatte einen Traum gegen die Wirklichkeit eingetauscht und es war kein schlechter Tausch. Ich hatte an ihr eine Köchin, eine Mutter und eine Krankenschwester. Wir stritten uns viel. Es war die Voraussetzung zum Versöhnen, wie Ebbe und Flut, mein Freund. So ist es bis heute. Ich habe allen Anlaß, zufrieden mit meiner lieben Frau zu sein. Ohne sie hätte ich die Schmerzen meines allmählichen Verfalls nicht ertragen. Ich bin ihr dankbar dafür, aber Dankbarkeit ist nicht gerade ein Aphrodisiakum. Ich konnte es nicht vermeiden, mir eine heimliche Geliebte zuzulegen. Zwei Frauen. Es war die Konsequenz eines Doppelgängertums, dem ich mein Leben lang nicht entkommen konnte. Die Welt und mein Zimmer. Die Endeavour und das Kanapee. Es sind zwei Prinzipien, die sich in allem mischen. So wie das Dasein überhaupt eine ziemlich trübe Mixtur ist aus Leben und Tod. Und so wie jedes Glückspiel wenigstens zwei Symbole braucht. Kopf *und* Zahl.

Ich habe jetzt ein halbes Jahrhundert gelebt. Wenn man den Ärzten folgt, habe ich das mir bei meiner Konstitution zustehende Maß an Lebenszeit damit weidlich ausgeschöpft. Seit kurzem bin ich dazu übergegangen, zu notieren, wann, wie häufig und wie gut ich mit meiner lieben Frau kohabitiere. Sie werden sich vielleicht verwundert oder gar schockiert fragen, was diese intime Buchhalterei soll. Ich will es Ihnen erklären: Ich kann nicht anders, als in der abschließenden Phase meines Lebens meinen eigenen jämmerlichen Körper als das einzige Elektrophor zu betrachten, mit dem es sich noch zu experimentieren lohnt. Ich will sie betrachten, ich will sie zählen, diese letzten Sterne, die der Staub des Lebens formt. Wo gibt es mehr Elektrizität als zwischen Mann und Frau! Es handelt sich um eine Reibung bekanntlich, die Funken schlagen läßt, Blitze mitunter und natürlich auch den dazugehörigen Donner. Meine liebe Frau weiß nicht, daß sie mir bei diesen Versuchen assistiert. Ich will wissen, wieviel an mir ist, indem ich prüfe, wieviel noch *in* mir ist. Also lasse ich den elektrischen Drachen steigen und messe die Spannung an seinem sozusagen bittersten Ende. Muß ich es noch deutlicher sagen? Es kommt vor, daß ich eine Ejakulation habe ohne sie im mindesten zu spüren. Hingegen erlebe ich eine sexuelle Erregung höchsten Ausmaßes, wenn Dolly mich am Arm berührt um mir zu bedeuten, daß sie gehen will. Wie verrückt ist dies, wie steht alles auf dem Kopf.

Ich möchte experimentieren mit mir bis zum biologischen Ausgang der Sache. Gibt es nicht zu denken, daß Delinquenten, die durch den Strick sterben, im Augenblick des Todes einen Orgasmus haben? Vielleicht ist der Tod eine Gattin, mit der es besonders viel Spaß macht. Vielleicht ist das Leben eine Geliebte, mit der es verteufelt schwierig ist, auszukommen. Wenn ich mit Dolly schlafe, vermeide ich es, sie anzusehen. Ich bevorzuge die Stellung, die man a tergo nennt. Bei meiner lieben Frau ist es umgekehrt. Ich muß sie ansehen dabei, muß den Schleier betrachten, der im Augenblick der höchsten Erregung ihr Gesicht verbirgt. Sie hat in der Tat etwas tierhaft Anonymes dann. Es kommt vor, daß ich sie in diesem Moment auf die Stirn küsse. So ähnlich wie meine eigene Mutter mir den Gutenachtkuß gegeben hat vor langer, allzu langer Zeit.

So ist es, lieber Freund, heute also um den Tumult meiner Seele bestellt. Er ist nicht immer süß. Er ist auch bitter geworden. Dennoch will ich nicht von ihm lassen. Es ist wie mit dem Selbstmord. So viele Argumente sprechen für ihn, daß man ihn einfach nicht machen kann.

Dolly und Margarethe, das sind die beiden Seiten der gleichen Münze, mit der jemand wie ich für das Recht, sich bei einem Spiel zu beteiligen, bei dem er immer verlieren muß, bezahlt. Die Kunst des Lebens besteht darin, daß man Niederlagen in Siege verwandelt und in Siegen die Niederlage genießt. Wenn ich Margarethe im Arm halte, ist sie das kleine Mädchen, das sie vor langer Zeit einmal war und ich bin der kleine Junge von einst, der noch nicht wußte, daß er zwei Buckel durchs Leben zu tragen haben wird, einen kleineren vorn und einen größeren hinten. Einen den er sieht, und einen den er ohne Spiegel nur spüren kann. Wir spielen und wundern uns einfach über so viel unangemessenes Vertrauen zueinander. Wir betrügen uns ebenbürtig: sie mit dem Entenbraten mich, ich sie mit einer Haushälterin. Wenn ich Dolly im Arm halte, erkennnen wir uns, wie es in der Bibel heißt. Dies bedeutet, wir wissen um unseren Tod, wir zelebrieren ihn und altern so mit unserer Lust in einer fast gewaltsamen Weise. Wir belügen uns nicht. Und dies erzeugt eine beinahe tödliche Nähe. Deshalb kann ich ihr im Augenblick der höchsten Erregung nicht in die Augen sehen.

Ich weiß nicht, wie lange es noch so weiter geht. Manchmal sehne ich mich danach, daß man den Spieltisch endlich abräumt. Doch noch gibt es für mich die Neugier, den Begleitumständen gegenüber. Wie das Tischbein geformt ist, oder wie sich eine Enttäuschung im Antlitz des Mitspielers malt. Bitte verstehen Sie mich richtig, ich bin nicht resigniert. Ich bin nur ohne Hoffnung, was die großen Gewinne anbelangt.

In aufrichtiger Freundschaft verharre ich
als Ihr G. C. Lichtenberg
Göttingen, d. 17. Novemver 1792

P. S. Ich habe den fiktiven Brief gewählt, weil er eine Form ist, in der sich die Intimität eines Themas besser vermitteln läßt als in einem Aufsatz, bei dem man bereits stilistisch über den Abstand zum Inhalt stolpern muß. Ein fiktiver Brief sollte im übrigen keine Imitation sein, die den Originalton möglichst genau zu treffen anstrebt. So etwas führt immer zu einem kunstgewerblichen Ton. Ich habe bei meinem Versuch auch den Anachronismus nicht gescheut (das Kaleidoskop wurde z. B. erst nach Lichtenbergs Tod erfunden). Es kommt mir auf einen Schwebezustand zwischen Dichtung und Wahrheit an, in dem die Sache, um die es geht, sich von sich aus dem Leser zu nähern vermag.

804
Das Wohnzimmer der Familie Dieterich.
Gouache, um 1800. 27,2 × 35,3 cm
Stuttgart, Privatbesitz
Das Bild zeigt das Dieterichsche Wohnzimmer, vermutlich direkt unter Lichtenbergs Hörsaal mit Blick nach Osten – der Lichteinfall in der Ecke hinten links käme dann vom Altan. Es bezeugt Wohlstand: die Möbel im neuesten französischen Stil aus den späten 90er Jahren, Stutzflügel, schwere Portieren, zahlreiche Bilder an den Wänden. In diesem Zimmer soll (so die Familienlegende und nach damaligen Verhältnissen vollkommen glaubwürdig) Georg Christoph Lichtenberg jr. sich mit seiner zweiten Frau, einer Enkelin Dieterichs, verlobt haben. Dies wäre dann auch der Raum, in dem Lichtenberg bis 1777 Vorlesungen hielt. [UJ]

803
Das Dieterichsche Haus mit den »Altanen«.
a) Straßenansicht des Eckhauses
b) Treppenhaus
c) Ansicht von der Hofseite.
Photographien.
Cuxhaven, Horst Gravenkamp
In diesem, nach seinem Erbauer ›Schmalens Laden‹ genannten Haus lebte und lehrte Lichtenberg von 1776 bis 1799. Sein Freund Johann Christian Dieterich hatte das in Lichtenbergs Geburtsjahr 1742 erbaute Haus 1768 zuerst gemietet, dann 1780 erworben und bewohnte darin mit seiner Familie das 3., später das 1. Stockwerk. Im Erdgeschoß befanden sich Druckerei und Buchhandlung, auf dem Dachboden das Bücherlager. 1776 hatte Dieterich die Druckerei vergrößert, 1784 kaufte er das angrenzende Büttnersche Haus ›an der Mühlenpforte‹ (heute Prinzenstraße 2) dazu; dort beherbergte er die drei englischen Prinzen samt Hofstaat während ihres Göttinger Studienaufenthalts. Auch das eigentlich auf dem Nachbargrundstück liegende Gartenhaus, das Gottfried August Bürger 1784 bis 1794 bewohnte, gehörte Dieterich. Die meisten Dienstboten wohnten im Haus; alle freien Zimmer waren an größtenteils sehr wohlhabende Studenten mit ihren Hofmeistern vermietet: nach Lichtenbergs Auskunft zählte das Anwesen zeitweilig über 50 Bewohner. Lichtenberg wohnte zunächst im 1. Stock des Gotmarstraßenflügels; 1777 tauschte er mit Dieterich die Räume und zog in den 2. Stock des Prinzenstraßenflügels, da er für Bücher und Geräte mehr Platz brauchte. Diese Wohnung, zu der mit wachsender Familie immer mehr Räume zugeschlagen wurden, hatte Lichtenberg bis zu seinem Tod inne. Dort lag auch der Hörsaal, in dem sich in manchen Semestern über 110 Studenten drängten. Vom Eckzimmer mit dem Balkon ließ er mit Wasserstoff gefüllte Ballons steigen und durch elektrische Funken zerplatzen; dort auch brachte er 1784 zum Geburtstag König Georgs III. beleuchtete Transparente an. Als Äquivalent für die Miete schrieb und redigierte er seinem »Hauswirt« den *Göttinger Taschen Calender*. [UJ]

805
Johann Christian Dieterich (1722-1800).
Schattenriß, getuscht.
Ca. 11,5 × 8,5 cm (Darst.)
Göttingen, Städtisches Museum
Dieterich, geboren am 25. Mai 1722 in Stendal, Sohn eines Goldschmieds und Enkel angesehener Handwerker und Ratsmitglieder, ging zu einem nicht näher bestimmten Termin nach Berlin, um dort die ›Handlung‹ zu erlernen. Er war dort vermutlich bis etwa 1749 im Seidenhandel, ging dann nach Gotha, wo er 1752 die Tochter Christiane des Verlagsbuchhändlers Paul Mevius heiratete. Zunächst Geschäftsführer, übernahm er die Buchhandlung nach dem Tod des Schwiegervaters 1762 und führte sie als Verlag »Dieterich und Ettinger« fort. Um diese Zeit begann er Verhandlungen mit dem Universitätskuratorium in Hannover über die Einrichtung einer Universitäts-Verlagsbuchhandlung und -Druckerei in Göttingen. Am 10. August 1765 erhielt er das Buchhandelsprivileg für die Universität, eröffnete am 1. Juli 1766 die Buchhandlung mit Verlag, 1770 dann die Druckerei und verkaufte 1774 die Gothaer Handlung an Ettinger. Erst am 1. Mai 1776 ließ er sich in die Matrikel der Universitätsverwandten einschreiben, womit er der städtischen Gerichtsbarkeit und vor allem dem Zunftzwang entzogen war; der dafür zuständige städtische Protokol-

lant vermerkte: »hat gute Nahrung und stehet bey der Universität«. Dieterich war nicht nur neben Vandenhoeck & Ruprecht am Ort das bedeutendste Unternehmen seiner Art, sondern stieg im deutschen Vergleich unter die ersten zehn Verleger auf, sowohl durch wissenschaftliche wie durch belletristische Werke bemerkenswert. Darunter finden sich unter anderem Erxlebens und Blumenbachs Werke, der Göttinger *Musenalmanach*, Lichtenbergs *Göttinger Taschen Calender* und sein *Göttingisches Magazin der Wissenschaften und Litteratur* oder Reichards *Revolutions-Almanach*. Dieterich war Vater von elf Kindern, die er größtenteils überlebte; seit ungefähr 1768 mit Lichtenberg bekannt, ist er seit 1770 Duzfreund – nur sein Bruder Ludwig Christian in Gotha und ein einziger Studienfreund, v. Ibell, haben Lichtenberg sonst noch geduzt. Dieterich überlebte Lichtenberg nur um ein Jahr und vier Monate: Er starb am 18. Juni 1800. Lichtenberg schreibt über über seinen Freund und Verleger am 22. April 1787 an Franz Ferdinand Wolff: »Sie werden in ihm einen etwas flatterhaften 3 oder 64iger antreffen, der noch immer dem Frauenzimmer gefällt, aber dabey einen redlichen Kerl, der noch alle die Thätigkeit eines 21gers besizt, voller Feuer, und bey dem man nicht vergessen muß daß er, wo ich nicht irre, bis in sein etliche 30tes Jahr Seiden Händler war, der gar keine Erziehung genossen, und doch jezt in den besten Gesellschafften, selbst an die Tafel der Printzen [von England] gezogen wird, wenn die andern Buchhändler hier mit den Buchbindern in einer Classe stehen. Mit einem Wort ich bedauere es offt,

daß Dieterich nicht früher in die rechten Hände gefallen ist. Es hätte etwas aus ihm werden können. Seine Thätigkeit die Printzen hier in allem zu accomodiren, ist bis zu den Ohren des Königs gekommen. Unsere hiesige Cartoffel-Brut dachte blos auf Prellerey, verbunden mit Knauserischem Schmutz. Dafür ist er auch ein Brandenburger. Er wird nach Hannover kommen in einer Sache, worin ihm Ew. Wohlgeboren vielleicht nützlich seyn können. Es betrifft den Druck eines Gesangbuchs. Er hat auch das Osnabrückische gedruckt, welches so gut ausgefallen ist, daß man ihm so gar das Rigaische aufgetragen hat. Im Vorbeygehen, so hat Dieterich vom Scheitel bis zum Hosenlatz, oder bis an die Knie und hauptsächlich im Gesicht eine frappantere Ähnlichkeit mit dem berühmten Garrick, als irgend ein Mensch, den ich noch gesehen. Er würde ihm völlig gleichen, wenn er bessere Füße hätte und sie besser sezte.« (Bw 3, Nr. 1519) [UJ]

806

Christiane Elisabeth Dorothea Dieterich (1735-1805).
Schattenriß, getuscht.
Ca. 13 × 9,5 cm
Göttingen, Städtisches Museum

Christiane Mevius, die Buchhändlerstochter, schenkte ihrem Mann elf Kinder; sie überlebte die meisten. Viel mehr als diese Kirchenbuch-Fakten wüßten wir nicht von ihr, hätten sich nicht die Briefe Lichtenbergs erhalten, die er von seiner Vermessungsreise und aus England an das sieben Jahre ältere »Christelchen« sandte. Sie gab ihm außerdem Anlaß zu einigen Billeten, die innerhalb des Hauses ›verschickt‹ wurden. Gegen Lichtenbergs Willen verbrannte sie seine Briefe nicht, während umgekehrt er sein Versprechen, die ihrigen »heilig aufzubewahren«, nicht erfüllte. In der Munterkeit und Höflichkeit der Briefe Lichtenbergs an sie wird ein wenig ihre Person ahnbar, die die Männergesellschaft in Dieterichs Wohnstube zu teilen und zu genießen verstand. [UJ]

807

Heinrich Dieterich (1764-1837).
Porträt mit Unterschriftenfaksimile.
Punktierstich, um 1805.
9,5 × 7,5 cm (Darst.),
17,5 × 11 cm (Platte)
Ober-Ramstadt, Ulrich Joost

Der älteste Sohn Heinrich hatte von seinem Vater Gesichtszüge und »flatterhafte« Charakterzüge, nicht aber dessen Geschäftstüchtigkeit. Nach Dieterichs Tod übernahm er den berühmten und äußerlich florierenden Verlag, ein umfangreiches Lager, bestes Renommee – so-

wie einige nie bezahlte Schulden bei der Landesregierung. Der Sohn vermochte bei seinem Lebensstil nicht, dies Kapital zu erhalten, und geriet, wie viele Betriebe, in die durch die Napoleonischen Kriege ausgelöste Wirtschaftskrise. 1814 mußte ein Geschäftsführer gerichtlich bestellt werden, und in den folgenden Jahren wurden Verlag und Druckerei von der Buchhandlung getrennt und ebenso wie das Haus in der Prinzenstraße verkauft. [UJ]

Beatrix und Ulrich Joost

»Donner«, »Schützenfest« und »Luisgen die Blattern«

Ein fast ganz gewöhnlicher Tag im Leben des Herrn Hofrats Lichtenberg

Der 1. Juli 1792 war zufällig wieder einmal ein Sonntag. Was das ›Sonntagskind in Einfällen‹, dessen Geburt und Tod auf einen Sonntag fielen, dazu in seinem Tagebuch zu bemerken hatte, liest sich so:

»Geburtstag!! Ich mit meiner lieben Frau und dem kleinen Jungen im zugemachten Wagen bis hinter Weende. Der Herzog von Braunschweig kömmt am Garten vorbei. Großes, großes Anbinden, von allen Menschen. Die ganze Gesellschaft speist mit uns zu Nacht, wir fahren um 10 Uhr herein. Etwas ferner Donner, fürchterlicher Regen. Bovenden Schützenfest. Luisgen die Blattern!! Braunholds Kindtaufe. Mein Backen schmerzt etwas. Ich an meinen Bruder über die Schwierigkeiten Frankreich zu bändigen.« (SB 2, SK 348; die weiteren Zitate zum Teil bisher unveröffentlicht)

Das ist nur scheinbar wenig. Wir wollen einmal versuchen, die Skizze zum ausgemalten Bild werden zu lassen, das Stichwort zum Text zu vervollständigen.

Weil es ein Sonntag war, ist Lichtenberg ›auf dem Garten‹, dem seit 1788 gemieteten Gartenhaus an der Weender Chaussee. Schon seit 1777 hatte er sich als eins seiner wenigen Vergnügungen für die Sommermonate so ein Gartenhaus am Stadtrand gemietet; zuerst im Osten, dann im Süden, und nun im Norden der Stadt. Dieses dritte nannte er gern doppeldeutig ›Madame Volborths Bagnio‹: Denn die etwas übel beleumdete Vormieterin, Gattin ausgerechnet eines Theologieprofessors, benutzte es für ihren ›liederlichen Umgang‹, und Bagnio, also eigentlich ›Bad‹, war damals nicht nur die Bezeichnung für ein Gefängnis der Galeerensträflinge und für ein Lustschloß, sondern bedeutete auch schlicht ein Bordell. Lichtenberg wollte Haus und Garten kaufen. Auf Ostern 1799 war der Kauftermin festgesetzt, und das Geld dafür lag parat, doch trat für ihn jedenfalls der Tod dazwischen (seine Frau unterbrach aber das Verfahren nicht mehr und behielt das Anwesen noch mindestens 20 Jahre). Jedes nur irgend mögliche Wochenende verbrachte Lichtenberg dort draußen.

Da nämlich Sonntag ist, muß er kein Kolleg halten, das er in dieser Zeit wie meistens im Sommersemester von Montag bis Freitag täglich von 16 bis 17 Uhr über Experimentalphysik nach der 5. Auflage von Erxlebens Kompendium der Naturlehre »privatim« (also gegen Bezahlung) las. Aber auch ohne das Wochenende hätte er gerade einmal wieder ausgesetzt – aus Krankheitsgründen. Tagebuch, 29. Juni: »Den Abend wird mein Geschwür aufgeschnitten.« 30. Juni: »Aller Schmertz ist weg, aber die Geschwulst noch immer hart. Es wird äusserlich diachylon [= erweichendes Zug-] Pflaster aufgelegt.« 1. Juli: »Mein Backen schmerzt etwas«; und am 2. Juli ist vermerkt: »Ich darf noch nicht lesen [Vorlesung halten]«. Vermutlich also eine eitrige Entzündung im Zahnwurzelbereich, die geschnitten werden mußte. Sonst aber fühlte sich der Herr Hofrat für seine Verhältnisse ausnehmend gesund in diesen Tagen: Kein ängstliches Ausspähen des Urins und Kots, kaum eine Klage über Übelbefinden oder Unwohlsein, wie sie sonst das letzte leidensvolle Lebensjahrzehnt durchzieht, macht das Tagebuch an diesem Wochenende aktenkundig.

808
Ernst Christian Specht (vor 1771 – um 1806) (zugeschrieben):
Margarete Elisabeth Lichtenberg, geb. Kellner (1768-1848).
Lichtenbergs Ehefrau.
Pastell auf Pergament, um 1800.
36 × 29,5 cm
Steinau, Privatbesitz
1783 – etwa ein Jahr nach dem Tod der Stechardin – trat die 15jährige Margarethe Elisabeth Kellner, Tochter eines Weißbinders (Anstreichers) aus Nikolausberg, einem Dorf nahe Göttingen, in Lichtenbergs Dienste. Der Stadtklatsch führt sie bald als seine Geliebte. Konnte die Göttinger Gesellschaft die Geliebte und die nach und nach sich einstellenden unehelichen Kindern als zeitübliches ›Kavaliersdelikt‹ noch hinnehmen, so wurde die Heirat des Herrn Professor und Hofrats mit dem Dorfmädchen am 5. Oktober 1789 allgemein als Mesalliance empfunden. Selbst die Freunde Georg Forster und Christian Gottlob Heyne, auch der Bruder in Gotha, mißbilligten den Schritt und zeigten sich reserviert. Der Anlaß für die Heirat war der Ausbruch Lichtenbergs schwerer Erkrankung; er wollte im Fall seines Todes der Familie sein Erbe sichern. »Lichtenberg hat den elendsten Schritt von der Welt gethan, und sich gleich am ersten Tag, da ihn sein Übel befiel sein Mensch antrauen lassen. Wie verächtlich werden doch die Leute, welche die Schwachheit andrer für die Religion spotten, und nach[h]er zeigen, wie wenig Grundsätze sie selbst hatten! Noch dazu hat er sicher sein Mensch und Kinder unglücklich gemacht. Diese konnten als Bedienten oder Handwerker erzogen werden; eine Kleinigkeit die er hinter-

ließ, war für die Frau wichtig. Jetzt macht er sie alle arm.« (Heyne an Forster, 18. Oktober 1789)
»Das Mensch« – abfälliger, und arroganter als Heyne (der selbst aus kleinsten Verhältnissen stammte) konnte man über eine Frau kaum sprechen. Und zumindest in den ersten Jahren scheint die gute Göttinger Gesellschaft die Ehefrau und die Kinder ignoriert und geschnitten zu haben. In einem Brief an Gleim spricht Lichtenberg von seiner »mitten in Göttingen zwar fast einsamen, aber nichtsdestoweniger glücklichen Familie«.
Elisabeth entsprach den Vorstellungen, die Lichtenberg an eine Ehefrau stellte; intellektuelle Bildung gehörte nicht zu den Erwartungen. Eine Anekdote berichtet, daß, als eines Tages ein Student die in der Küche werkelnde vermeintliche Dienstmagd fragte, wo denn die »Frau Hofrätin« zu finden sei, sie mit einem Knicks erwidert habe: »Dat sin ek!«.
Für Lichtenberg war die Heirat ein Segen – jedenfalls nach Meinung seines Freundes Johann Christian Dieterich; in der ihm eigenen krausen Orthographie schreibt er nach Lichtenbergs Tod am 5. März 1799 an den Gothaer Bruder Ludwig Christian: »Sie lebt für sich so gering höchstens eine Bier Suppe Cartoffeln Butterbrodt und Käse, womit Sie zufrieden ist, waß Sie Kochte, war bloß einzig und allein für Ihren Seel:[igen] Man allein, und sein langes Leben, worüber sich jederman seines Körpers wegen gewundert, Sage ich nicht allein, sondern jederman alhier, Ihr allein zum Ruhme nach, und verdient dadurch allein den Lehn im Himmel. [...] Ich muß Ihnen offenhertzig gestehn, daß Ihr Seel:[iger] Bruder erst nach der Heyrath geschätz[t] und geliebt wurde, weil seine Würthschaft und Leidenschafft bekandt war, wo von ihm niemand bringen kondte. Glücklicher kondte Er auch nicht heyrathen. Eine Person mit Geld? hätte einen solchen Schwächlichen Man, und NB. mit K[indern] nicht genommen, welches zu sehr bekandt war.« [SO]

Lichtenberg hat also 50. Geburtstag (allerdings glaubte er damals immer noch, daß es erst der 48. sei). Daher »großes, großes Anbinden von allen Menschen«: Diese alte Sitte lebt zwar heute noch im auch schon etwas altfränkischen Ausdruck vom Angebinde fort, doch kann sich kaum jemand mehr etwas darunter vorstellen. Spätestens seit dem Anfang des 17. Jahrhunderts (und bis ins 19.) wurden nämlich die kleinen Geschenke, Blumen, Glückwunschzettel oder -gedichte zu Geburts- und Namenstag den Beschenkten an Hals und Arme angebunden. Im Jahr darauf hat Lichtenberg seine Geburtstagsfeier als Entschuldigung für ein nicht rechtzeitig fertiggestelltes Gutachten beschrieben: »um 5 Uhr fand sichs, daß – – – mein Geburtstag war Da konnte ich vor Wünschen, Blumen Geruch, Bänder Geräusch und Küssen von alten Männern u jungen Weibern u Kindern gar nicht zu Sinne kommen. Endlich führte der Teufel/Hencker gar die Göttin Zerstreuung in Form einer Champagner Bouteille herbey von dem göttlichen far niente begleitet das eine Schüssel junger Saubohnen präsentirte« (an Johann Friedrich Blumenbach, 2. Juli 1793, Bw 4, Nr. 2279).

Das andere Vergnügen zu diesem 50. Geburtstag, die Ausreise bis hinter Weende, ein Dorf damals circa fünf Kilometer nördlich von Göttingen, hatte nicht zuletzt therapeutische Gründe. Jenes Zeitalter der Bewegungslosigkeit schätzte es, sich in einer schlecht gefederten Kutsche durchschütteln zu lassen – das Spazierengehen, Wandern oder gar Dauerlaufen war späteren Zeiten vorbehalten. Lichtenberg und seine Frau nehmen den ›kleinen Jungen‹ mit: das ist Wilhelm Christian Thomas, der gerade von den Blattern genas. Am 30. Juni notiert das Tagebuch: »Wilhelmchens Blattern trocknen ab«; dafür aber heute, am 1. Juli, die Feststellung, daß »Luisgen« offenbar angesteckt ist. Noch scheint es blinder Alarm, am 4. Juli heißt es: »Mit Luisgen ist noch nichts wegen der Blattern entschieden«; erst am 7. Juli bleibt kein Zweifel mehr, und die folgenden Tage wird besorgt der Stand bis zur Ansteckung des nächsten Kindes notiert.

Es vergeht einem alle nostalgische Sehnsucht nach jenem Zeitalter, wenn man Epidemien (wie diese Blattern), Operationen ohne Anästhesie (wie am Zahngeschwür) und die Kinder- und Kindbettsterblichkeit betrachtet. Aus der Familie seines früheren Bedienten Heinrich Braunhold stammte das Kind, dessen Taufe Lichtenberg hier erwähnt: Philipp Ernst Daniel Braunhold war schon am 15. Juni 1792 geboren – da es nicht sofort getauft wurde, können wir annehmen: ein kerngesundes Kind. Es starb aber schon, das Tagebuch vermerkt's lapidar mit einem Kreuz, am 14. Mai 1793.

Wie die Weltgeschichte in die Geburtstagsstube hineinragt: Der Brief Lichtenbergs »an meinen Bruder über die Schwierigkeiten Frankreich zu bändigen« – am Festtag geschrieben hatte er ihn wohl nur wegen des bevorstehenden Postabgangs nach Gotha – ist wie der größte Teil dieser Korrespondenz nicht überliefert; Ludwig Christian Lichtenberg hat wohl selbst ein Autodafé darüber veranstaltet. Man kann leicht erraten, worum es in dem hier erwähnten Brief ging: Frankreich hatte am 20. April 1792 Österreich den Krieg erklärt; Preußen, mit Österreich verbündet, war beigetreten. Die folgenden Wochen und Monate mußten die unzulänglich ausgerüsteten und schlecht ausgebildeten französischen Nationaltruppen eine Niederlage nach der andern einstecken. Offensichtlich schätzte der immer ein bißchen ängstliche Lichtenberg die Lage vorsichtiger (und damit richtiger) ein als sein Gothaer Bruder: am 20./21. September schon konnten bessere Beobachter (wie der Geheimde Rat v. Goethe aus Weimar) nach der Kanonade von Valmy die veränderte weltpolitische Lage erkennen. Freilich bedurfte es noch jahrelanger Kriegshandlung, Jakobinerherrschaft und Terreur, bis Preußen 1795 (in Basel) und Österreich 1797 (in Campo Formio) Frieden

809
Neujahrswunsch.
Druck auf Seide. 9,3 × 11,4 cm
Bez. »d. 1. Jan: 1787 Von dem Kleinen vors Bette gebracht«
Bad Vilbel, Privatbesitz

»Ehe ich eine Frau haben wollte, die mir keine Kinder brächte, lieber wollte ich mir eine malen lassen oder mich in die Mutter Gottes verlieben.« 1784, zwei Jahre, nachdem ihm Elisabeth Kellner den Haushalt zu führen begann, wurde ein erstes Kind geboren, Karl Gottlieb, das schon nach drei Monaten starb. Sieben weitere Kinder folgten in regelmäßigen zweijährigen Abständen: Georg Christoph (gen. Prinz von Wallis, 4. Februar 1786 - 19. Dezember 1845), Christian Friedrich (20. August 1787 - 3. September 1789), Christine Luise Friederica (gen. Wiese, 24. Juni 1789 - 17. Dezember 1802), Christian Wilhelm Thomas (gen. Will, 22. Oktober 1791 - 30. Mai 1860), Margarethe Elisabeth Agnese Wilhelmine (gen. Mimi, 1. März 1793 - 30. September 1820), Friederike Henriette (gen. Fritze, 13. Juni 1795 - 15. Dezember 1837) und Friedrich Heinrich (gen. Henri, 24. Juli 1797 - 17. Januar 1839).

Die vier ersten Kinder wurden unehelich geboren und der Name des Vaters vertuscht. Beim zweiten Sohn etwa verbarg sich Lichtenberg ironischerweise hinter dem Vornamen seines Gothaer Bruders Ludwig Christian (der solch Verhalten sehr mißbilligte); – als Nachnamen gab er den Geburtsnamen seiner Mutter (Eckhardt) an. [SO]

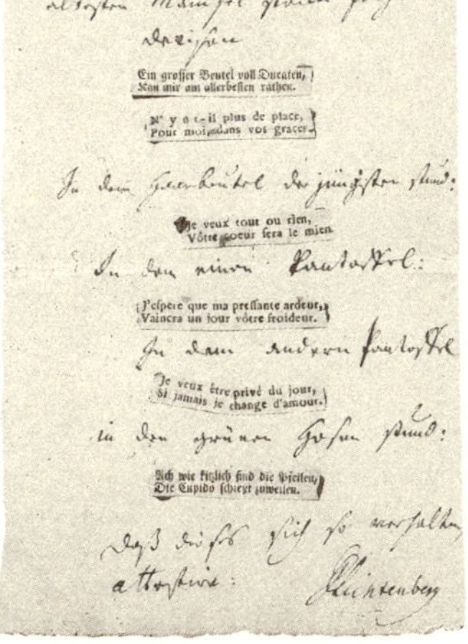

810
Georg Christoph Lichtenberg:
Scherz-Brief mit Knallbonbon-Versen.
Vermutlich an die Kinder Luise und Friederike Dieterich.
Handschrift mit aufgeklebten Vers-Zettelchen, undatiert.
Bad Vilbel, Privatbesitz
Transkription:
»In den beyden Beinen der ältesten Mamsel stacken folgende Devisen / Ein grosser Beutel voll Ducaten / Kan mir am allerbesten rathen. / N'y a t-il plus de place, / Pour moi, dans vos graces.
In dem Haarbeutel der jüngsten stunden: / je veux tout ou rien / Vôtre coeur sera le mien.
In dem einen Pantoffel: / J'espere que ma pressante ardeur, / Vaincra un jour vôtre froideur.
In dem andern Pantoffel / Je veux être privé du jour, / Si jamais je change d'amour.
in den grünen Hosen stund: / Ach wie kitzlich sind die Pfeilen, / Die Cupido schießt zuweilen.
Daß dieses sich so verhalten, attestire: / GCLichtenberg« (Bw 2, Nr. 762)

811
Daniel Chodowiecki (1726-1801):
»Häusliches Fest am Geburts-Tag des Vaters«.
Aus: Lang's Almanach 1799.
Kupferstich, 1797.
Berlin, Berlin-Museum

Die Ehe war glücklich – auch wenn das Tagebuch immer wieder Streitereien und Zwistigkeiten verzeichnet. Lichtenberg genoß das Familienleben. Der »5te October, war gerade der Jahrtag meiner glücklichen Verbindung mit einer liebenswürdigen Gattin, der ich mein Leben zu dancken habe, und deren Umgang auch jezt das größte Glück desselben ausmacht. Die freudige aber stille Feyer dieses Tages wurde also im Beyseyn meiner vier Kinder von uns mit einem Frühstück [...] eröfnet.« (An Johann Wilhelm Ludwig Gleim, 6. Oktober 1794, Bw 4, Nr. 2445)

Vor allem der Freund Dieterich wird nicht müde, dem bis über Lichtenbergs Tod hinaus skeptischen Bruder in Gotha immer wieder zu versichern, daß diese Verbindung ein Segen für den stets kränkelnden und fürsorgebedürftigen Freund gewesen sei – und ihn vor allem auch moralisch geläutert habe: Durch »diese Heyrath ist Er zu einer ordentlichen Lebensarth [gekommen] und solider Ehemann geworden. Ihre [seiner Frau] vernünfftige Leitung, war ein Muster von Ehen.« (An Ludwig Christian Lichtenberg, 5. März 1799) [SO]

812
Weihnachtsengel.
Bemaltes Wachs, Flügel aus Stanniol, Kleidung aus rosa Leinen, »1788«. Höhe: 8 cm
Bez. auf der Schachtel von der Hand der Enkelin Ida Lichtenberg: »Der Göttinger Lichtenberg'sche Weihnachtsengel Carl Lichtenberg in Barmen auszuhändigen«
Bad Vilbel, Privatbesitz

813
Georg Christoph Lichtenberg
(4. Februar 1786 - 19. Dezember 1845).
Der älteste Sohn, genannt »George, Prinz von Wallis«.
Pastell.
Bad Vilbel, Privatbesitz

Erst seinem zweiten Sohn hatte Lichtenberg die eigenen Vornamen gegeben, hatte allerdings zunächst seine Vaterschaft kamoufliert: Das Kirchenbuch meldet den falschen Vaternamen »Ludewig Christian Eckard aus Pommern«, zusammengesetzt aus dem Vornamen von Lichtenbergs Bruder und dem Geburtsnamen der Mutter. Erst nach der Heirat mit Margarete adoptierte er die beiden ältesten noch lebenden Kinder. Dieses Versteckspiel hat ihn nie gehindert, seinen Kindern in rührender Väterlichkeit zugetan zu sein. Im Tagebuch heißt Georg Christoph jr. meistens »der kleine Junge«, dann der »Älteste«. Lichtenberg hat seinen Sohn wohl nie Georg genannt, sondern George – im Unterschied zu dem Bedienten »Georg« Ludolph Rogge. In den Aufzeichnungen malt sich ein liebenswürdiges Familienidyll; Berichte über Ausfahrten mit den Kindern und über intellektuelle Fortschritte (wie das Schreibenlernen) wechseln mit ängstlichen Krankheitsbulletins (wie über die damals ja extrem gefährlichen Blattern) und heiteren Begebenheiten wie etwa am 1. September 1792: »Diesen Morgen um 5 Uhr fällt der kleine Junge aus dem Bette, aber nur ein Paar Läuse todt.« 1799, nach dem Tod des Vaters, wurde Lichtenbergs Ältester von Ludwig Christian, dem Onkel in Gotha, unterstützt. Nach dem Jura-Studium trat er zunächst in die Dienste der wenige Jahre existierenden Regierung des Königreichs Westfalen, das Napoleon mit der Residenz in Kassel installiert hatte; dann arbeitete er für die Regierung in Hannover und London. Seine Karriere – er wurde Obersteuerdirektor – führte ihn trotz Anfangsschwierigkeiten in eines der höchsten Ämter in der Finanzverwaltung des Königreichs Hannover. Schon seit den 20er Jahren sammelte Georg Christoph jr. die Briefe des Vaters in Abschriften und Originalen und muß bereits zu dieser Zeit zusammen mit seinem fünf Jahre jüngeren Bruder Christian Wilhelm den Plan gefaßt haben, eine neue Edition der Werke herauszubringen. Nach dem Tod des Bruders führte »Will« das Unternehmen 1846 allein zu Ende. [UJ]

Katalog-Nr. 816 (links)
Katalog-Nr. 820 (rechts)

814
Ernst Spangenberg:
Christine Luise Friederica Lichtenberg (24. Juni 1789 - 17. Dezember 1802).
Lichtenbergs älteste Tochter, genannt »Wiese«.
Bleistiftzeichnung, 1802.
Bez. »Die seel. Schwester Louise, von Ernst Spangenberg als sie Leiche war, gezeichnet GCL [jr.]«
Göttingen, Niedersächsische Staats- und Universitätsbibliothek, Cod. Ms. Licht. X, 19
Luise, zärtlich »Wiese« genannt, muß zunächst ein ziemlich stilles Geschöpf gewesen sein, was sich dann aber änderte. Wir kennen sie außer durch dies Porträt auf ihrem Sterbebett nur aus wenigen Briefstellen und den Notizen im Tagebuch. Am 11. Januar 1791 notiert der Vater: »Das kleine Mädchen ein Geschwür auf dem Kopfe«; am 17. Februar: »Einige Zähne des klein[en] Mädchens brechen durch«; am 5. Juli: »Das kleine Mädchen sagt zum ersten mal, daß ich es höre: Mama.« Später bekommt sie die Blattern, streitet sich mit ihrem großen Bruder, ist »sehr unartig« (19. April 1793): also ein völlig normales, von seinen Eltern geliebtes Kind. Lichtenberg scheint sich außer bei dem ältesten Sohn wenig um die Erziehung der Kinder, zumal um die der Töchter, bekümmert zu haben. Immerhin erfahren wir noch, daß am 23. Mai 1796 »Wiese zum erstenmal zu Mad. List gegangen« sei, um Schreiben oder Handarbeiten zu lernen. Als Dieterich 1796 zur Ostermesse in Leipzig ist, bekommt er (wie fast in jedem Jahr) einen Brief zum Geburtstag mit Neuigkeiten aus der Familie; da heißt es: »Meine liebe Frau, ich und die Kinder sind alle recht wohl, *Ein gewisses Paar* darunter wartet vorzüglich auf Dich allein, die übrigen auf Dich und die Maykäfer. *Mimi* fragte mich heute sehr ernstlich: wo ist denn Großvater? Mein Schatz? Gerne wolte ich aus dieser Frage hier einen Schertz machen, aber wer das Gesichtchen und die Unschuld darin gesehen hat, kan es nicht. Will, Will wird alle Tage

handfester, und Wiese schöner. In die lezte weiß ich mich nicht zu finden, wenn sie nicht unklug wird, so wird sie sehr klug. Gestern hielten ihr ein Paar Damen auf der Chaussee die ich nicht kannte, eine Lobrede, die wenigstens sehr von Hertzen zu gehen schien [...] ich erwarte nicht viel, ihr Auge ist mir für diese Jahre viel zu starr, und das Auge sizt bey dem Frauenzimmer, wie Du weißt, so, wie bey uns, zwar im Kopfe, das ist wahr. Aber was bey uns noch ausserdem im Kopfe sizt, soll sich, wie man sagt, bey manchen Frauenzimmern, ich weiß nicht recht wohin, ich glaube -- in das Kopfzeug gezogen haben.« [UJ]

815
Immatrikulationsurkunde für den Sohn Wilhelm Lichtenberg.
Druckblatt, 1792. 43 × 31 cm
Bad Vilbel, Privatbesitz
Ein Privileg erlaubte den Prorektoren, den Immatrikulationsmodus zu bestimmen; das sicherte den Söhnen der Professoren die gebührenfreie Immatrikulation an der Göttinger Universität. Da man offenbar der Dauerhaftigkeit dieses Privilegs nicht traute, wurde es üblich, die Söhne möglichst früh immatrikulieren zu lassen: Lichtenbergs Sohn Christian Wilhelm Thomas war 1792 gerade ein Jahr alt! [UJ]

816
Das Gartenhaus an der Weender Landstraße.
An der Stirnseite des Hauses der Y-förmige Blitzableiter.
Photographie, um 1907.
17,6 × 23,5 cm (Blatt)
Göttingen, Städtisches Museum, o. Inv.
1787 pachtete der damals 45jährige Lichtenberg ein Gartengrundstück nebst einem soliden einstöckigen Häuschen an der Weender Chaussee (heute Grundstück Weender Straße 37). Es war dies sein drittes Gartenhaus; das erste hatte er bereits 1777, noch als Junggeselle, angemietet. Der Garten diente dazu, die rasch wachsende Familie mit Gartenfrüchten und Gemüse zu versorgen, wie die lange Wunschliste für Samen von Mais, Schnittkohl, Römischem Kohl (darmstädtisch: Remschkeel) und Speltz belegt, die er im April 1790 an seinen Neffen nach Darmstadt sandte. Für Lichtenberg war der Garten ein stilles Refugium, in das er sich zum Lesen und Schreiben zurückziehen konnte. Spätestens mit der großen Krise und Krankheit 1789/90 gewann das Gartenhaus für Lichtenberg eine besondere Bedeutung und wurde zum liebsten Aufenthaltsort, an dem er jede freie Minute verbrachte und für dessen Wohnlichkeit und Sicherung er bedeutende Kosten aufwandte. [SO]

817
Das Gartenhaus von der Gartenseite.
Photographie, um 1907.
Göttingen, Städtisches Museum
Lichtenberg an Friedrich Christian Lichtenberg, 21. Juni 1790: »Mein lieber Bruder! Endlich, endlich scheint es, als wenn der Himmel mich meinen Freunden noch auf einige Zeit wieder geben wolte. Ich finde nun erst seit 8 Tagen, daß meine Kräffte und mein Muth und meine Heiterkeit wieder kommen, ob dieses reelle oder blos scheinbare oder interims Besserung sey, will ich nicht ängstlich untersuchen, und dancke dem Himmel mit Inbrunst dafür. Was ich gelitten habe, mein lieber Bruder, ist unmöglich auszudrücken, und in den lezten Zeiten, wo die Schmertzen zwar nachließen, stellte sich eine Auszehrung ein, die mich gleichgültig gegen alles machte, so wie auch gäntzlich unfähig etwas zu unternehmen. Die geringsten Bewegungen des Gemüths oder des Leibes verursachten mir einen Puls, der mehr einem steten Triller als abgesezten Schlägen glich, dabey wurden mir Hände und Füße kalt und bey jeder Bewegung stellte sich Schwindel ein, der mir mit unmittelbarer Auflößung drohte. Schreiben konte ich öffters Wochenlang gar nicht, nicht einmal Büchertitul für die Bibliotheck.

Noch begreife ich kaum, wie ich den langen Brief wegen der Sämereyen an den Vetter habe schreiben können, es war aber blos eine temporelle Stärckung vermuthlich, die mir der Gedancke an säen und pflantzen, an den Frühlings Geruch und meinen Garten mittheilte, was mich so lange erhielt. [...] Nun seit 8 Tagen etwa verspüre ich sehr merckliche Besserung und diese habe ich gröstentheils folgender Lebens Art zuzuschreiben, die ich seit 5 Wochen führe. Ich wohne auf einem sehr angenehmen Garten in einem herrlichen Zimmer, das rund herum den vortrefflichsten Prospeckt hat. Des Morgens um 4 Uhr stehe ich auf und bin um 5 Uhr, wenn es die Witterung verstattet, schon im Garten, wo ich eine Schaale Bouillon, die ich aus der Printzen Küche erhalte, ausesse und eine Stunde nachher den Driburger Brunnen trincke. Um halb 9, wenn es heiß wird, gehe ich auf mein Zimmer, lese und gehe umher bis um halb 12. Dann fahre ich in die Stadt, esse da, präparire mich auf mein Collegium und lese von 4-5 vor gerade jezt 106 Zuhörern, worunter 4 Grafen sind. Um 5 fahre ich in der Gegend umher und bin um 7 Uhr wieder auf dem Garten, wo ich etwas kalte Schaale und Salat esse, lese und spatzire dann wieder und lege mich um 9 oder halb 10 zu Bett. Des Sonnabends und des Sonntags bin ich gantz auf dem Garten. Dieses hat geholfen, meine Heiterkeit kommt wieder, sowie Vergnügen an der Arbeit.« (Bw 3, Nr. 1718)

818
Das Gartenhaus.
Wahrscheinlich vom ältesten Sohn Georg Christoph jr. gezeichnet.
Papier. 10,3 × 15,1 cm (Blatt), 8,5 × 13,3 cm (Darst.)
Hemmingen, Heinz Lichtenberg
Im Hintergrund links die Kirche von Nikolausberg; die Gebäude rechts gehören wohl zur Stadt Göttingen, sind aus diesem Blickwinkel aber sicher nicht zu sehen gewesen. [UJ]

819
Das Innere des Gartenhauses.
Photographie, um 1907.
16,8 × 22 cm (Blatt)
Göttingen, Städtisches Museum, o. Inv.
»Die Stube ist fertig, und schön, nur haben die Schlingels die Borte [unter der Decke] zu breit gemacht, ob ich gleich 10 mal das Gegentheil befohlen habe. Aber jeder hat seinen eignen Geschmack, einen andern haben die Professoren und einen andern die Weißbinder.« (An Johann Christian Dieterich, 7. Mai 1790, Bw 3, Nr. 1714)
Vom Fenster dieses Zimmers aus beobachtete Lichtenberg mit einem »Perspectiv« das unwürdige Begräbnis Gottfried August Bürgers, der wegen seines ›skandalösen‹ Lebenswandels noch im Tod von der ehrbaren Göttinger Gesellschaft gemieden wurde, so daß hinter dem Sarg nur sein kleiner Sohn, eine Dienstmagd und der Pfarrer gingen. Ins Tagebuch notierte Lichtenberg am 13. Juni 1794: »So eben $^{3}/_{4}$ auf 7 wird Bürger auf den Kirchhof gefahren. Ich schreibe dieses noch unter Thränen, die mir der Tod dieses armen, guten, aber leichtsinnigen Mannes ausgepresst hat. Das Schwanken des Sarges, als der Wagen in den Kirchhof hinein wollte, war mir unwiderstehlich; ich weinte laut und danke Gott für dieses Gefühl. Ruhe sanft, armer guter Mann!! Sein Begräbnismorgen ist einer der schönsten, heitersten und ruhigsten gewesen in diesem Jahre.« [SO]

820
Georg Christoph Lichtenberg:
Skizze des Gartenhauses mit der Anlage des Blitzableiters.
Handzeichnung, 1794 (Reproduktion, Original verschollen).
Um den Nachbarn Furcht und Aberglauben zu nehmen, kündigte Lichtenberg den Bau des Blitzableiters an seinem Gartenhaus in der Göttinger Tageszeitung öffentlich an.
Am 18. August 1794 konnte er dann an Johann Heinrich Reimarus melden: »Nun Gottlob! mein Garten-Hauß ist gegen den Blitz armirt. Mit Arbeitslohn kostet mich die gantze Sache 25 Thaler und ich habe überhaupt 170 Fuß Bleystreifen oben zu 4, und an der Wand herab zu 3 Zollen verwandt. [...] Da mein Gartenhauß an der Straße von Franckfurth nach Hamburg liegt, die eine der frequentesten in Deutschland ist, so höre ich hinter den Sommerläden manches Urtheil [...].« (Bw 4, Nr. 2431, S. 331) [SO]
Abbildung S. 378

821
Das »Sybillchen«.
Kanonen-Ofen.
Eisen, 18. Jahrhundert. Höhe: 97 cm, Durchmesser: 25 cm
Hannover, Historisches Museum am Hohen Ufer
»O Gevatter
Wenn Er sähe wie ich hier sitze und schreibe. Meine beyden Füße unter mein Sybillchen gesteckt, neben mir einen andern Stuhl auf dem ich schreibe, wegen Mangel an Raum auf dem Stuhl steht das Dintenfaß auch unter Sybillchen, in der Lincken halte ich (da hätte er in einem Haar gelegen:) einen brandheißen gebratenen Apfel an dem ich sauge. Die Rechte *oscillirt* vom Brief nach dem Dintenfaß und vom Dintenfaß nach dem Brief, und der Kopf (hiermit meine ich mich:) bekümmert sich nicht eine Landbibliotheck drum, was sie da macht.

Warm sitze ich allemal. [...] ein Steinkohlen Ofen ist eine wahre Gesellschafft, weil mich das Öfchen warm hält, Geld kostet und ich immer etwas daran zu stirren und zu störren finde, so habe ich eine Art von Freundschafft auf das Ding geworfen und ihm den Nahmen Sybillchen gegeben.« (An Johann Christian Dieterich, 25. November 1772, Bw 1, Nr. 101)
Ein ganz ähnlicher Ofen stand später – gleich in zweifacher Ausfertigung, vom Freund Dieterich angeschafft und bezahlt – im Göttinger Gartenhaus. Und ganz ähnlich behaglich wird man sich den schreibenden und studierenden Lichtenberg auch in den 1790er Jahren vorstellen können. – Wenn die Krankheit ihn nicht plagte! Die Verwendung ›schwedischer Öfen‹, wie Lichtenberg sie auch nannte, und die Verfeuerung von Steinkohle war im letzten Viertel des 18. Jahrhunderts absolut modern und noch wenig verbreitet. [SO]

822
Heinrich Christoph Grape (1761-1834):
»Das Weender Tor zu Göttingen«.
Stammbuchblatt.
Kupferstich, um 1785.
Bez. »Göttingen bey Wiederhold«.
Göttingen, Sammlung Himme
In den letzten Jahren seines Lebens mochte Lichtenberg den Aufenthalt in seinem Gartenhaus selbst dann nicht missen, wenn sein Gesundheitszustand so schlecht war, daß er kaum die Kutsche des Freundes Dieterich besteigen konnte, die ihn für gewöhnlich jedes Wochenende von der Wohnung in der Gotmar-/Prinzenstraße durch das Weender Tor hinaus vor die Stadt brachte.
Daß das Gartenhaus tatsächlich und nicht nur eingebildet ein ruhiger und erholsamer Ort war, belegt Lichtenberg mit folgender Beobachtung: »Als ich im Frühling 1792 an einem sehr schönen Abend am Gartenfenster lag, das etwa 2000 Fuß [700 Meter] von der Stadt entfernt ist, war ich begierig zu hören, was nun von dem berühmten Göttingen noch zu meinen Ohren herüber kam, und das war 1) das Rauschen des Wassers bey der großen Mühle 2) das Fahren einiger Wagen oder Kutschen 3) Ein sehr helles und emsiges Schreyen von Kindern vermuthlich auf der Maykäfer-Jagd auf dem Walle 4) Hundegebell in

allerley Distantzen und mit allerley Stimmen und Affeckten 5) 3 bis 4 Nachtigallen in den Gärten nah bey oder in der Stadt 6) unzählige Frösche 7) das klirren geworfener Kegel und 8) ein schlecht geblasener halber Mond [= eine Art Signalhorn] der von allem das unangenehmste war.« (SB 1, J 1004) [SO]

823
»Lichtenberg's Gartenhaus vor dem Weender-Thore in Göttingen«. Postkarte mit Ansicht des Hauses vor dem Abriß und Porträt von Lichtenberg.
Kupfertiefdruck, um 1906.
9 × 14 cm
Bad Vilbel, Privatbesitz
Wie Johann Christian Dieterich an Ludwig Christian Lichtenberg am 5. März 1799 berichtet, konnte Lichtenberg »den gardten, welchen Er gleich jetzo Ostern mit 1150 r[eichs]ta[hlern] in L[ouis]d'or bezahlen wolte, und vorräthig hatte«, nicht mehr erwerben. Doch die Familie – wohl eher aus Pietät als aus Geldüberfluß – kaufte das Grundstück, das der Verstorbene so sehr geliebt hatte, dann tatsächlich für den bereitgehaltenen Betrag. Erst ein halbes Jahrhundert später – im Zuge von Erbauseinandersetzungen – ging das Gartenhaus in fremden Besitz über. Als das bis dahin völlig unveränderte Häuschen 1907 abgerissen werden mußte, um einem größeren Mietshaus Platz zu machen, erwarb es der Oberpostassistent und Kommunalpolitiker Heinrich Susebach, »um es der Nachwelt zu erhalten«, und ließ es, durch einen kleinen Anbau erweitert, als sein Wohnhaus am Brauweg wieder aufstellen. Die Reste des sagenumwobenen Blitzableiters wurden von den Kindern Susebach beim Bleigießen an Sylvester verbraucht. [SO]

824
Schröder:
»G. Chr. Lichtenbergs Gartenhaus, ihm zum Gedächtnis an anderer Stelle wiedererrichtet. Göttingen Brauweg 12«.
Ansicht des Gartenhauses und Porträt.
Postkarte, um 1907.
Bez. »Schröder«.
Ober-Ramstadt, Ulrich Joost

mit Frankreich schlossen, und erst mit dem Basler Frieden war auch Hannover aus der drohenden Gefahr von Kampfhandlungen befreit. Aber noch unmittelbarer ist der Krieg präsent als in dem vermutlich doch bloß stammtischhaften Politisieren im Brief: Vom Fenster seines Gartenhauses hatte Lichtenberg schon mehrfach die seit der Kriegserklärung durchziehenden Truppenteile beobachtet und kommentiert (so erst am 29. Juni die Artillerie), nun kann er an diesem Tage gar die Durchreise des preußischen Oberbefehlshabers notieren: Lessings Herzog Karl II. von Braunschweig, des Siegers von Minden glückloserer Neffe, der am 25. Juli sein berüchtigtes, den Konflikt anheizendes Manifest erlassen wird (was auch im Tagebuch vermerkt werden soll).

Auch das Schützenfest im nördlich von Göttingen gelegenen, aber Hessen-Rothenburgischen Bovenden bleibt nicht unerwähnt – Lichtenberg liebte Jahrmärkte und Schützenfeste über alles. Hier kam noch die besondere Lage des Spähers am Weg hinzu, an dessen Fenster alle vorbei mußten: Die Grenzen waren offen, die Studenten vergnügten sich dort außerhalb kurhannoverscher Gerichtsbarkeit in Kaschemmen und Bordellen, trugen ihre Duelle aus und fuhren oder ritten zu den seltenen Theateraufführungen, die der gestrenge akademische Senat fast nie in der Stadt zuließ. Und in diesem ›ausländischen‹ Territorium war es auch, wo die noch nicht sechzehnjährige Margarete Elisabeth Kellner, Tochter eines Weißbinders aus Nikolausberg, 1784 die Niederkunft ihres ersten Kindes erwartete, das der Herr Professor Lichtenberg, ihr Dienstherr, mit ihr gezeugt hatte. Es starb wenige Monate später, weswegen die klatschsüchtige Universitätsstadt vermutlich um ihr Skandälchen gebracht wurde. Aber bevor Lichtenberg der Kellnerin endlich in der Todesgefahr der großen Krankheit 1789 die Hand zum Lebensbunde reichte, um ihr sein Erbe zu sichern, mußte sie – dann bereits in Göttingen – für ihn noch dreimal abenteuerliche Lügengeschichten von einem Soldaten Ludwig Christian (einmal auch Johann Conrad) Eckhard aus Pommern erfinden, der der Vater ihrer Kinder sei. Ob wohl Lichtenbergs Bruder je erfahren hat, daß er und sein Vater ihre Vornamen hergeben mußten zur Camouflage der Neffen und Nichten? Georg Christoph Lichtenberg war eben ein Polyteknos, wie schon ein Biograph seines Vaters das genannt hatte, ein ›Vielkinderiger‹. Die Gerüchte über sein bis zur Geilheit sinnliches Wesen sind aber mit Sicherheit maßlos übertrieben – von den Zeitgenossen wie von einigen seiner Biographen und schon gar den biographischen Romanciers. Immerhin, acht Kinder gebar ihm Margarete, davon lebten bei seinem Tod noch sechs. Zwei Tage nach diesem Geburtstag, am 3. Juli, vermerkt er im Tagebuch mit dem Venuszeichen und der laufenden Bezifferung für 1792 – Nr. 26 – wieder einmal ehelichen Koitus. Übrigens wußte der Herr Hofrat an seinem 50. Geburtstage noch nicht, daß seine Frau neuerlich schwanger war und ihm am 1. März 1793 die Tochter »Margarethe Elisabeth Agnese Wilhelmine« gebären sollte, halb nach der Mutter, halb nach der Patin Agnes Wendt benannt und zärtlich »Agnese«, »Mienchen« oder »Mimi« gerufen. Aber er ahnte etwas. Im Kalendarium notierte er unterm 25. Juni: »hier hätte IIIII [= 5 Striche für ebenso viele Tage] heraldisch seyn müssen, aber nichts!!!« –, was im Klartext heißen sollte: Die (heraldische Haupt-)Farbe Rot, die Menstruation, war ausgeblieben.

Aber da war noch das geheimnisvolle Verhältnis mit den Dolly, Düvel oder Dübel genannten Hausangestellten Dortchen und Hanne, die sich an ein paar Stellen im Tagebuch als Töchter des schon genannten Heinrich Braunhold, jetzt Gastwirt an der Reinhäuser Landstraße vor dem Tor Göttingens, verraten. In einem Zeitalter, dessen Abenteuergestalten wie Giacomo Casanova, dessen literarische Figuren wie Don Giovanni die Eroberung der Frau im Netz der Intrige zum verfeinerten Genuß getrieben hatte, muten die Geschehnisse im Hause Lichtenberg kleinbürgerlich und beklemmend an: auf der einen Seite der Hausherr, der seine ungenauen Hinweise auf die sexuellen Aktivitäten hinter Geheimzeichen seines Tagebuchs verbirgt, ständig von Ängsten vor einer Entdeckung gepeinigt – wovor eigentlich? Viel mehr als das, was unsere Zeit ein Grapschverhältnis genannt hat, kann sich in der Enge der Göttinger Häuser wahrhaftig nicht herausgebildet haben: Hausmädchen waren damals freilich fast rechtlos den Fingern ihrer (männlichen) Herrschaft ausgesetzt. Aber dem Herrn Hofrat blieb ja die Phantasie.

Über die robuste Frau Hofrätin wissen wir durch mancherlei Zeugenaussagen mehr als über ihre fragilen Kinder (bis auf eins hat sie alle überlebt) und schon gar mehr als über die sagenhaften Nebenbuhlerinnen, echte oder eingebildete (denn einige der unzüchtigen Handlungen sind offenbar bloße Altmännerphantasien Lichtenbergs). Einer der Berichte über Margarete mag hier genügen und für alle stehen, auch wenn er fast sechs Jahre später von Karl Friedrich Justus Emil Ibell, Sohn eines Studienfreundes von Lichtenberg, notiert wurde: »Lichtenberg ließ mich am zweiten Pfingstfeiertage zu sich in seinen Garten bitten, wo ich mit ihm den ganzen Tag en famille im Kreise seiner sehr liebenswürdigen und naiven Kleinen, davon das älteste zehn Jahre [Georg Christoph jr., richtig: zwölf Jahre] alt ist und das jüngste [achte: Friedrich Heinrich, * 1797] noch auf dem Arme getragen wird, zubrachte. Die Frau Hofräthin ist ein ziemlich plumpes und gar nicht schönes, schon etliche und vierzig Jahre altes Geschöpf, die gern hochdeutsch sprechen möchte, aber immer noch plattdeutsch mit untermengt, scheint aber ein ziemlich gutes und sorgsames Hausmamachen zu sein, die sich gern ein wenig vor den Leuten sehen läßt u. s. w. Das Übrige des Porträts malen Sie selbst aus.«

Derlei Besucher, wie sie das Tagebuch sonst auch fast täglich meldet, hatte Lichtenberg an seinem Geburtstage keine; doch die »Gesellschafft«, die sich zur Feier und zum Nachtmahl eingefunden hatte, läßt sich vermutungsweise rekonstruieren. Außer der Frau Hofrätin und den drei damals lebenden noch sehr kleinen Kindern (* 1786,

825
Lichtenbergs Briefpartner. Übersichtskarte.
Darmstadt, Hessische Landes- und Hochschulbibliothek, Kartensammlung
»Die Vielerley arbeiten, und seine erstaunende Correspond:[enz] nahmen zu viel Zeit weg, so daß er öffters seine eigenen Sachen nicht finden kondte.« (Johann Christian Dieterich an Ludwig Christian Lichtenberg, 30. März 1799) Etwa 20 Briefe schrieb Lichtenberg pro Monat; das ergibt über die Jahre etwa 6000, nach anderen Berechnungen gar 10 000 Briefe. Der Umfang der Korrespondenz übertrifft den sämtlicher übrigen Schriften um ein Vielfaches. Über 1600 Briefe sind überliefert. Rund 490 Briefpartner sind bekannt; 380 davon sind als Empfänger oder Absender wenigstens je eines erhaltenen Briefes verbürgt; die anderen nennt das Tagebuch. Allerdings ist die Überlieferung so lückenhaft, daß nur etwa 60 Korrespondenzen wirklich aufeinander bezogen sind. *Geographisch* reichte Lichtenbergs Briefwechsel von Petersburg bis New York, von Pavia bis Oxford. Als Verkehrssprachen dienten außer dem Deutschen vor allem Englisch, aber auch Französisch und Holländisch und seltener Latein. Die Masse der Briefe allerdings ging an Empfänger im norddeutschen Raum. Mehr als neun Zehntel seiner Adressaten außerhalb Göttingens sitzen in Hannover, Braunschweig, Darmstadt, Osnabrück, Kassel. Eine größere Zahl (nicht überlieferter) Briefe ging nach Gotha und London; ein weiterer, häufig angeschriebener Postort war Berlin. [UJ]

826
Petschaft von »GCL«.
Messing, mit modernem Silbergriff. Durchmesser der Siegelplatte: 2,2 × 1,9 cm, Länge: 7,7 cm
Bad Vilbel, Privatbesitz
Lichtenbergs Zeit kennt noch kein vorgefertigtes Kuvert; man schrieb seine Briefe nach Möglichkeit so, daß eine Seite leer blieb. Dann faltete man den / die Bogen so zusammen, daß alle beschriebenen Seiten innen lagen. Die übereinandergefalteten und ineinandergeschobenen Enden der anfänglich leer gelassenen Seite wurden versiegelt, die gegenüberliegende Seite mit der Adresse beschriftet. Das Siegeln mit

dem Petschaft des Absenders war rituell-symbolischer Akt für die Unverletzlichkeit des Briefgeheimnisses. Lichtenberg an Johann Christian Dieterich: »Weißt Du wohl daß ein Brieferbrecher und ein Ehebrecher nur quoad objectum unterschieden sind?« (3. Januar 1773, Bw 1, Nr. 118); oder auf einer Adresse: »Dieser Brief an Herrn *Prof. Baldinger* ist mit einem Siegel gesiegelt, das die Frau Professorin wohl schwerlich entzwey kriegen wird, nämlich mit meiner gehorsamsten Bitte an Dieselbe, ihn uneröffnet zu übergeben.« (An Ernst Gottfried Baldinger [Sommer 1779?], Bw 1, Nr. 608) [UJ]

827
Georg Christoph Lichtenberg:
»Brief, den ich selbst überbringe«.
33,5 × 20,5 cm
Göttingen, Niedersächsische Staats- und Universitätsbibliothek, Cod. Ms. Licht. IV, 37 (Bl. 23)

Das Blatt gehört nach allen Indizien, die sich aus seinem Material und dem Inhalt des Textes ergeben, in die späten siebziger Jahre. Es läßt sich nur vermutungsweise und allemal unbefriedigend irgendeinem bestimmten (satirischen?) Plan zuweisen. Jenseits einer solchen unmittelbaren Verwendung verrät es aber Lichtenbergs höchst ambivalente Haltung gegenüber schriftlichen Äußerungen, insbesondere im Kontext seines Werkes. Dies ›Werk‹ wollte er nämlich immer als eine »Addresse an die Nachwelt« verstanden wissen – eine Formulierung, wie er sie im Brief an Johann Wilhelm Ludwig Gleim und in der Vorrede seiner Neubearbeitung von Erxlebens *Naturlehre,* 1794, gebrauchte. Briefe umgekehrt, als schriftliche und verfügbare Zeugnisse, auf deren Gestaltung er viel Mühe verwendete, sah er nicht als bloße Zweckprosa an. Dieser Meister der Feder wußte sehr wohl, daß sie unverächtlicher und unveräußerlicher Bestand seines »Werkes« waren. [UJ]

828
Georg Christoph Lichtenberg:
»Noctes«.
Notizbuch 1795-1798.
Blauer Pappband mit braunem Lederrücken, achteckiges Titelschild auf dem Deckel, von Lichtenberg beschriftet »Noctes«. 22 Blätter eng beschrieben, 4 Seiten unbeschrieben (leer), 16 × 10,3 cm (geschlossen)
Braunschweig, Privatbesitz

Das Büchlein hat Lichtenberg, so der lateinische Titel, für den nächtlichen Gebrauch bestimmt. Es enthält zahlreiche kaum noch entzifferbare Notizen mit Bleistift. Begonnen wurde es wie das – in Papier und Bindung identische – erste Kopernikus-Exzerptenbuch im Hoch- oder Spätsommer 1795; die letzten datierbaren Bemerkungen wurden in den letzten Dezembertagen 1798 eingetragen, also wenige Wochen vor Lichtenbergs Tod. »Noctes« ist dadurch bemerkenswert, daß es ein ›Interims-Notizbuch‹ ist, aus dem dann in die größeren Hefte und Bücher übertragen wurde. [UJ]

Die Abbildung oben rechts zeigt ein Blatt aus dem Konvolut der Katalog-Nr. 827

829
Georg Christoph Lichtenberg:
Korrekturbogen einer Rezension mit eigenhändigen Ergänzungen.
Martinus Van Marum: Eerste Vervolg der proefneemingen gedaan met Teyler's electrizeer-machine. Haarlem 1787. In: Göttingische Gelehrte Anzeigen 1789, St. 90 v. 6. Juni, S. 897-907.
Göttingen, Niedersächsische Staats- und Universitätsbibliothek, Cod. Ms. Licht. IX, E (Bl. 37v.)

Die *Göttingischen Anzeigen von gelehrten Sachen* – oder wie sie nach ihrem Titel aus dem 19. Jahrhundert jetzt noch heißen: *Göttinger Gelehrte Anzeigen* – sind nicht das älteste, aber damals eines der renommiertesten Referatenorgane in Deutschland, ja in Europa. Der Abdruck der Rezen-

1789, 1791) ist das jedenfalls vor allem Johann Christian Dieterich mit seiner Familie gewesen: mit seiner Frau ›Christelchen‹, seinem Sohn Heinrich, seiner Tochter, der schon verwitweten Köhlerin, und deren Tochter mitsamt ihrer französischen Gouvernante, dem Fräulein Ranchat. »Mein Freund, Vorschneider und Verleger« nannte Lichtenberg ihn einmal, und »der gute Alte« war eben nicht nur der Hauswirt, sondern sein engster und treuester Freund, was sich noch zum wenigsten am seltenen vertraulichen ›Du‹ bemerkbar machte. Zwar blieb das intellektuelle Gefälle ihr Lebtag unwidersprochen bestehen, von den munteren Reisebriefen Lichtenbergs an den geselligen Kreis in »Schmalens Laden«, wie das in Lichtenbergs Geburtsjahr erbaute Haus Gotmarstraße 1 nach seinem ersten Besitzer noch genannt wurde, bis hin zu den oft melancholischen Geburtstagsgrüßen an Dieterich zur Leipziger Messe oder den Billets innerhalb des Hauses. Dieterich ist der klassische Typus des Selfmademan, wenn dieser Ausdruck überhaupt im deutschen 18. Jahrhundert stehen dürfte. Er kam aus dem Seidenhandel, hatte ins Verlagswesen bloß eingeheiratet und wird auch danach kaum mehr gründliche Bildung erworben haben. Seine anarchische Orthographie und Handschrift behielt er lebenslang bei. Aber er war offensichtlich ein Verhandlungstalent, hatte ein Gespür für gute Geschäfte und scheint sich bei seinen Buchhandelsspekulationen erst im Alter gelegentlich einmal geirrt zu haben. Obgleich als Chef oft brummig, ja cholerisch, war er seinen beiden Lieblingsautoren Bürger und Lichtenberg mit unwandelbarer Treue ergeben. Und in amüsanter Mischung aus Freundschaft, Sorge für die Familie und Geschäftssinn betrieb er nach dem Tod des Freundes die Herausgabe der *Vermischten Schriften*, die den Freund recht eigentlich in die Ewigkeit einziehen ließ – was wäre denn im heutigen Bewußtsein von Lichtenbergs Werk geblieben ohne die Publikation seiner geheimen Aufzeichnungen. Keinem also gebührte es eher, daß er am 50. Geburtstag des Freundes teilnahm, keinem, daß seiner am 250. mit gedacht werde.

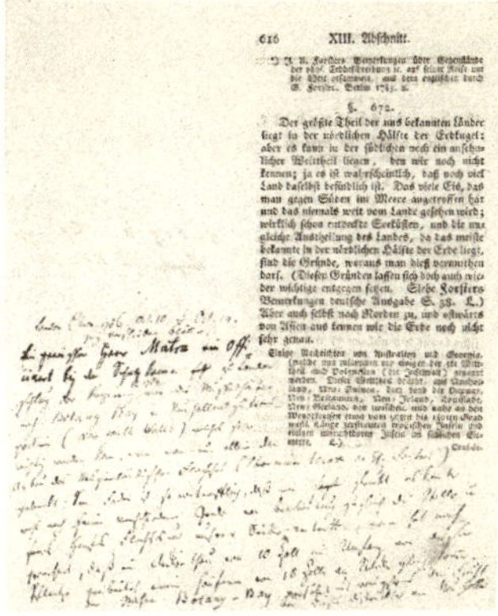

sionen erfolgte anonym, die Namen der Verfasser waren nur der Redaktion bekannt. Um so strenger handhabte man Selbstzensur. Im Vergleich zu seinen Göttinger Kollegen Albrecht von Haller, Abraham Gotthelf Kästner und Christian Gottlieb Heyne, die jeweils mehrere Tausend Rezensionen schrieben, ist Lichtenbergs Beitrag für die *Göttingischen Gelehrten Anzeigen* gering: In den 25 Jahren seiner Mitgliedschaft in der Göttinger Sozietät der Wissenschaften hat er dort weniger als 50 Beiträge publiziert. [UJ]

Königl.
Groß-Brittannischer und Churfürstl. Braunschweig-Lüneburgscher
Staats-Kalender
auf das Jahr 1799,
worin
das Staats-Verzeichniß
er Königl. Regierungen, und übrigen Hohen Civil- und Militair-Bedienten in den Deutschen Ländern,
nebst
inem Genealogischen Verzeichniß aller Durchlauchtigsten Hohen Häuser in Europa befindlich.

Mit Königl. und Churfürstl. Bewilligung.
[Das Exemplar kostet ungebunden 9 gute Groschen Cassen-Münz.]
auenburg, gedruckt in der Berenbergschen Buchdruckerey, und zu bekommen bey dem Burgermeister Meyer.

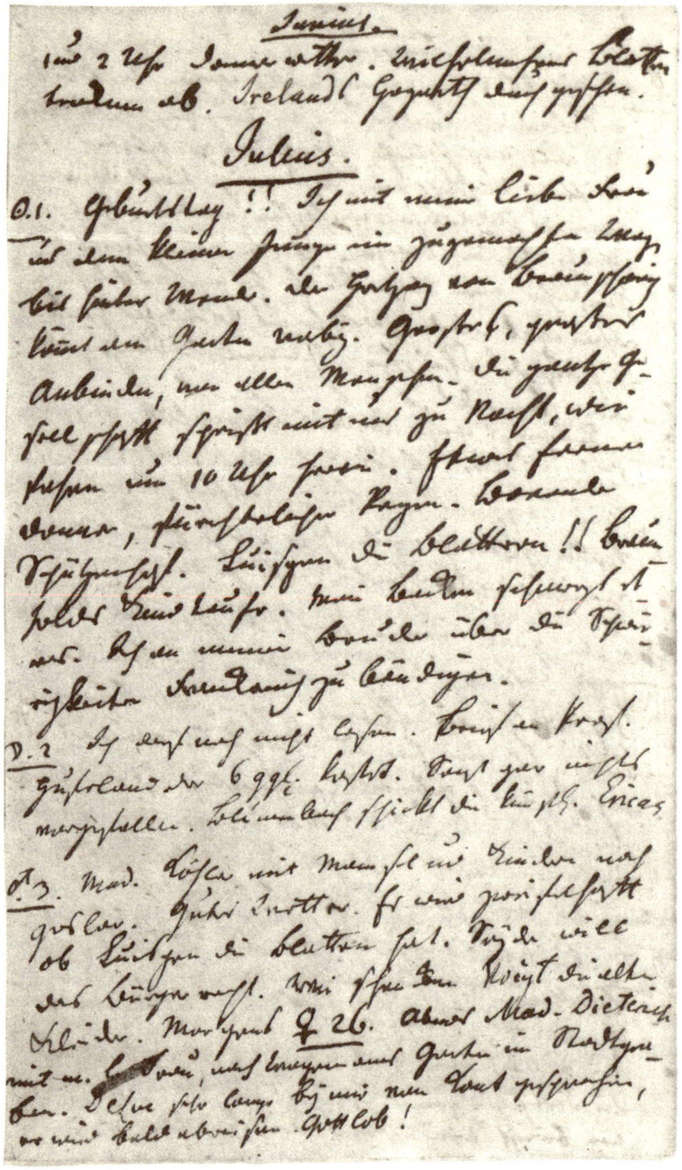

Junius [1792]
1 und 2 Uhr Donnerwetter. Wihelmchens Blattern trocknen ab. Irelands Hogarth durchgesehen. [347]
Julius [1792]
[Sonntag]. 1. Geburtstag!! Ich mit meiner lieben Frau und dem kleinen Jungen im zugemachten Wagen bis hinter Weende. Der Hertzog von Braunschweig kömmt am Garten vorbey. Großes, großes Anbinden, von allen Menschen. Die gantze Gesellschafft speißt mit uns zu Nacht, wir fahren um 10 Uhr herein. Etwas ferner Donner, fürchterlicher Regen. Bovender Schützenhof. Luisgen die Blattern!! Braunholds Kindtaufe. Mein Backen schmerzt etwas. Ich an meinen Bruder über die Schwierigkeiten Frankreich zu bändigen.
[Montag]. 2. Ich darf noch nicht lesen. Brief an Prof. Hufeland der 6 ggl [= Groschen] kostet. Sonst gar nichts vorgefallen. Blumenbach schickt die künstl. Ericas.
[Dienstag]. 3. Mad. Köhler mit Mamsel und Kindern nach Goslar. Gutes Wetter. Es wird zweifelhafft ob Luisgen die Blattern hat. Seyde will das Bürgerrecht. Wir schencken Voigt die alten Kleider. Morgens [Venuszeichen: Koitus] 26. Abends Mad. Dieterich mit m. l.[ieben] Frau, nach Wagemanns Garten im Stadtgraben. DeLuc sehr lange bey mir von Kant gesprochen, er wird bald abreisen. Gottlob!

830
Georg Christoph Lichtenberg: Das sogenannte »Staatskalender-Tagebuch«, 1789-1799.

1 + 2 Kleisterpapier-, 3-11 hellbraune Papp-Bände, deren Kalendarien mit Schreibpapier durchschossen sind. 17,3 × 10,3 cm

Göttingen, Niedersächsische Staats- und Universitätsbibliothek, Cod. Ms. Licht. IV, 9

Neben den Sudelbüchern führte Lichtenberg in den späteren Jahren ein Tagebuch mit ausschließlich

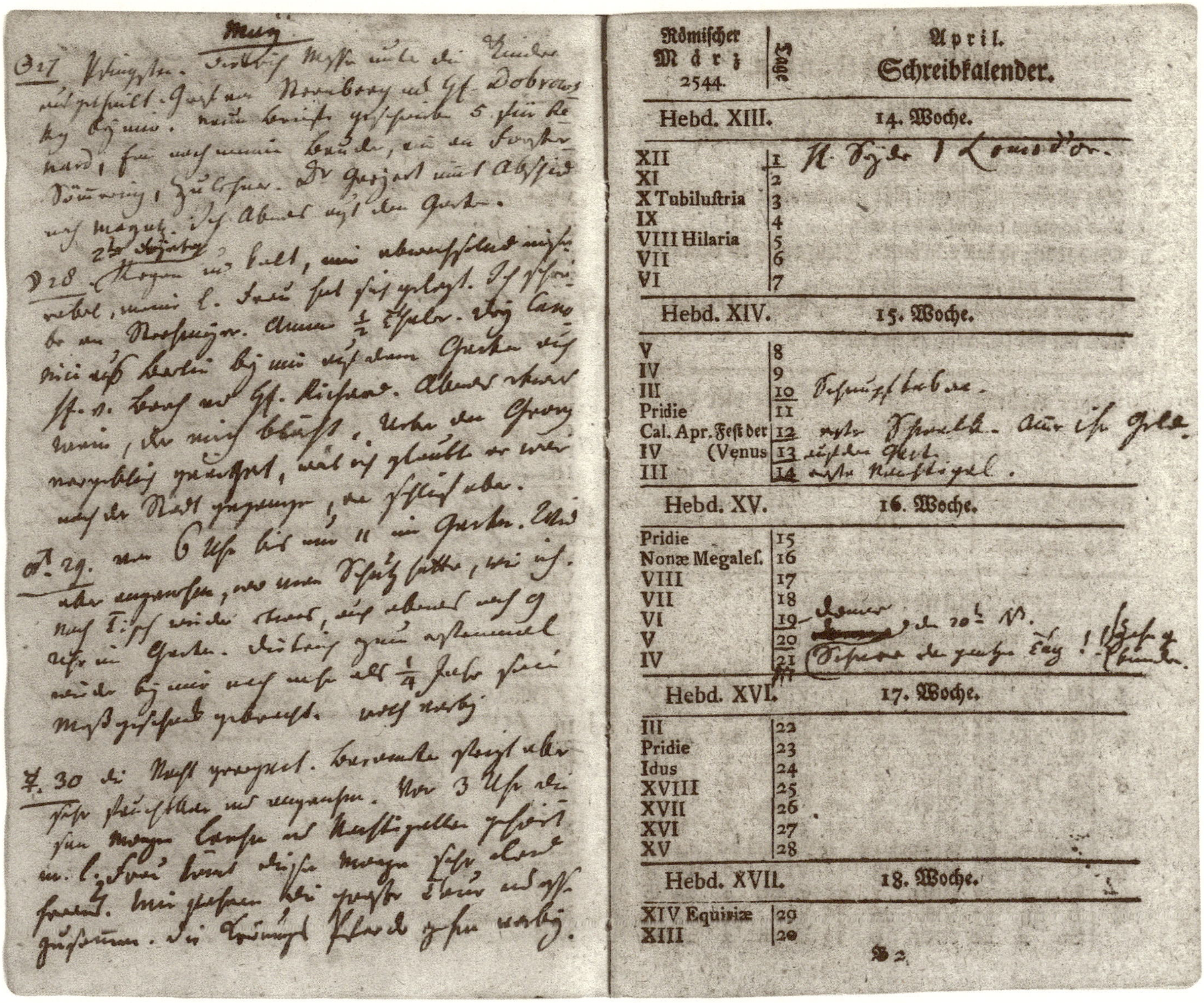

<u>May</u>

[Sonntag]. 27. Pfingsten. Dietrich Messe[geschenke] unter die Kinder ausgeteilt. Graf von Sternberg und HE Dobrows-
ky bey mir. Neun Briefe geschrieben 5 für Re-
nard, Ein[en] nach meinem Bruder, ein[en] an Forster,
Sömmering, Zulehner. Dr Geyert nimmt Abschied
nach Mayntz. lch abends auf den Garten.
[Montag]. 28. /2ter Feyertag./ Regen und kalt, mir abwechselnd mise-
rabel, meine l.[iebe] Frau hat sich gelegt. Ich schrei-
be an Strohmeyer. Amme 1/2 Thaler. Drey Cano-
nici aus Berlin bey mir auf dem Garten auch
HE. v. Broch und HE. Richard. Abends etwas
Wein. der mich bläht. Ueber den Georg
vergeblich geärgert, weil ich glaubte er wär
nach der Stadt gegangen, er schlief aber.
[Dienstag]. 29. von 6 Uhr bis um 11 im Garten. Wind
aber angenehm, wo man Schutz hatte, wie ich.
Nach Tisch wieder etwas, auch abends nach 9
Uhr im Garten. Dietrich zum erstenmal
wieder bey mir nach mehr als 1/4 Jahr sein
Meßgeschenck gebracht. roth vorbey
[Mittwoch]. 30 Die Nacht geregnet. Barometer steigt aber
sehr feuchtklar und angenehm. Vor 3 Uhr die-
sen Morgen Lerchen und Nachtigallen gehört
m. l. Frau kömt diesen Morgen sehr elend
heraus. Wir fahren die große Tour und essen
zusammen. Die Krönungs Pferde gehen vorbey.

privaten Eintragungen. Dazu verwendete er die jeweiligen Jahrgänge des *Königl. Groß-britannisch- und Chur-Fürstl. Braunschweig-Lüneburgischen Staats-Kalenders*. Hier finden sich Notizen zum eigenen Gesundheitszustand, zum psychischen Befinden und zur Diät; ausführlichere Wetterbeobachtungen, politische Nachrichten, gelegentlich werden Briefaus- und eingänge, Besucher, Ausfahrten und Lektüre, schließlich allerlei Discreta seines Sexuallebens vermerkt. [UJ]

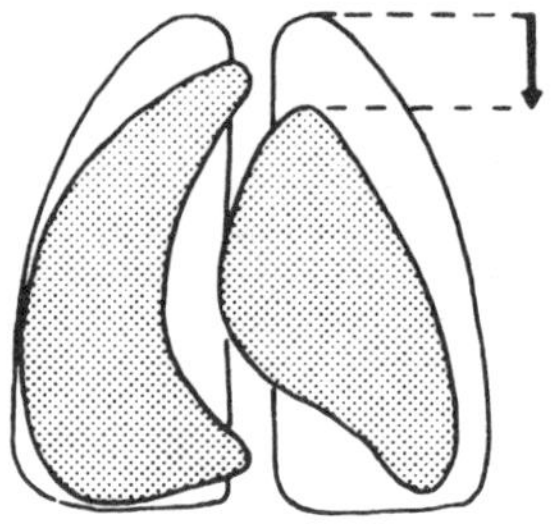

A

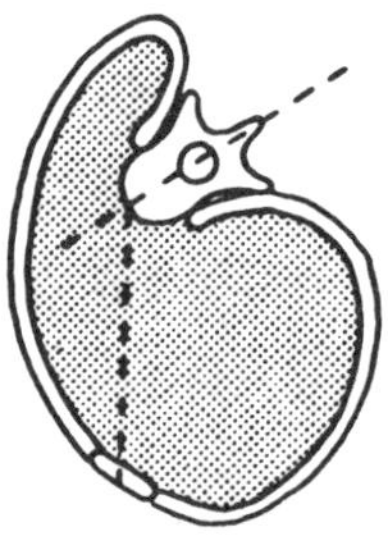

B

C

Horst Gravenkamp

»Ich habe schon lange an einer Geschichte meines Geistes so wohl als elenden Körpers geschrieben«

Lichtenbergs Krank*heits*geschichte

Lichtenberg gilt als der Hypochonder par excellence. Der Arzt wird sich einer solchen Beurteilung erst anschließen, wenn schwerwiegende körperliche Krankheiten ausgeschlossen worden sind. Am Anfang steht also die Erhebung des körperlichen Befundes, die wir im Falle Lichtenbergs seinem medizinisch geschulten Zeitgenossen überlassen: »Der erste Gelehrte in der Stadt [...], vier Fuß hoch, dessen Brust mit einem Vorgebürge, so wie der Rücken mit einem hohen Gewölbe belastet war. [...] beym Anblick eines Menschenkopfes auf einer wandelnden Masse, die in der That von der äußersten Spitze der Brust bis zur äußersten Exkrescenz zwischen den Schulterblättern eine um drey Fünftheil längere Linie gab, als wenn man sie von Einer Extremität der Schultern bis zur anderen maß, und deren Arme bis zu den Knien hinabhingen. [...] die nur auf allen vieren hätte gehen dürfen, um einer Schildkröte ähnlicher zu sehen, als einem Menschen«.[1]

Es ist *Lichten*berg, der hier, als Apotheker *Hell*berg nur wenig verfremdet, in Johann Gottwerth Müllers Roman *Ferdinand* von 1802 auftritt. Das ist eine Beschreibung durch Lichtenbergs Freund und Briefpartner aus eigenem Augenschein, ein präziser »Befundbericht« des gut ausgebildeten Mediziners Müller und ein Beispiel für seinen »nacktesten Realismus«, der durch weitere Zeugnisse[2] zu Lichtenbergs Statur vielfältige Bestätigung und nirgends Widerspruch erfährt – auch nicht bei Lichtenberg selbst, der sich zwar 4 $^1/_2$ Fuß statt 4 Fuß hoch sah, aber mit hochtoupierter Perücke. Mit einer Körperlänge von höchstens 146 cm (4 $^1/_2$ französische Fuß) und mit verzerrten Proportionen, wie sie auf dem bekannten Bild (Katalog-Nr. 40) in voller Übereinstimmung mit den schriftlichen Zeugnissen gezeichnet sind, hat man sich Lichtenbergs Statur vorzustellen.

Ein extrem disproportionierter Kleinwuchs dieser Art ist nur durch eine Kyphoskoliose zu erklären, eine starke Seitausbiegung der Brustwirbelsäule (s. Abb. C), die zusammen mit gegensinniger Ausbiegung der benachbarten Wirbelsäulenabschnitte zum Kleinwuchs durch Rumpfverkürzung und damit zu einer relativen Überlänge der Gliedmaßen führt (J. G. Müller: »Arme bis zu den Knien«). Die mit der Seitausbiegung verbundene Torsion (Drehung) der Brustwirbelkörper ist die Ursache eines abnormen Rippenverlaufs mit hinterem und vorderem Buckel (J. G. Müller: »hohes Gewölbe« und »Vorgebürge«). Ein derartig deformierter Brustkorb läßt der Lunge nur wenig Raum (»Der Erwachsene mit der Kinderlunge«, s. Abb. A). Die Asymmetrie des Brustkorbs (s. Abb. B) ist die Ursache für die Kompression von Lungenabschnitten (bis zur Luftleere) bei gleichzeitiger Überblähung anderer Lungenbezirke. Die »antagonistische Rippenstellung« (einseitige Spreizung mit Engstellung auf der Gegenseite, s. Abb. C) schränkt die Atembewegungen stark ein (»Die lebenslängliche Schnürweste«).

Diese Gegebenheiten bestimmen das Lebensschicksal solcher Kyphoskoliotiker als ein »specifisches ziemlich scharf umschnittenes Krankheitsbild«. Sie begünstigen die

Entstehung von Infekten der Atemwege (auch Lungen- und Brustfellentzündungen) und verzögern deren Ausheilung. Die Struktur- und Funktionsveränderungen der Atmungsorgane und die hinzutretenden chronisch-entzündlichen Vorgänge, z. B. die asthmoide (asthmaartige) Bronchitis, führen zur Überlastung und schließlich zum Versagen des rechten Herzteils (Kyphoskolioseherz). Das Kardinalsymptom ist eine stetig zunehmende Kurzluftigkeit mit entsprechender Einschränkung des Aktionsradius beim Gehen und Steigen. Nur wenige dieser Kranken werden älter als 60 Jahre. Der Tod tritt oft im Verlauf einer Lungenentzündung ein.

Alle Merkmale dieses »specifischen« Krankheitsbildes finden sich in Lichtenbergs Biographie wieder. Alljährliche »Katarrhal Fieber« registriert bereits der 28jährige 1770. Langwierige Krankheitsschübe mit Husten, auch Bluthusten, Fieber und Abmagerung sind – bei großen Überlieferungslücken vor allem in der Jugend und in den achtziger Jahren – nachzuweisen in den Jahren 1772-1773, 1775-1776, 1779, 1781-1782, daneben Brustfellentzündungen 1766 und 1782. Ab 1782 erwähnen die Zeitgenossen Lichtenbergs »engbrüstiges« (asthmatisches) Keuchen. – Behördlicherseits verfolgt man Lichtenbergs Gesundheitszustand mit Bedenken und bezieht bereits Anfang 1789 seinen voraussehbar frühen Tod nüchtern in die Planungen für die Zukunft der Universität ein.

Auch die »große Krankheit« vom Oktober 1789, das »konvulsive«, »krampfigte« Asthma, gehört in dieses Bild. Wenn Lichtenberg dieses Asthma den Nervenkrankheiten zuordnet, so darf das nicht, wie geschehen, zur Annahme eines psychiatrischen Leidens im heutigen Sinne verleiten, hat doch Lichtenberg selbst seinen Zustand im Oktober 1789 als »Revolution in meinem Körper«, als eine Krankheit nicht des Geistes, sondern des »leidigen Leibes« bezeichnet. Die Erklärung für diesen scheinbaren Widerspruch liegt in den damaligen neuralpathologischen Vorstellungen, wonach das Asthma den »krampfhaften oder spasmodischen und convulsivischen Krankheiten« und damit den Nervenkrankheiten zuzuordnen war.

Lichtenbergs Arzt August Gottlob Richter hat das von ihm bei Lichtenberg diagnostizierte Asthma spasmodicum (»krampfigt«) convulsivum als medizinischer Lehrer beschrieben und uns damit auch Lichtenbergs Zustand vom Oktober 1789 anschaulich gemacht: »Der erste Anfall kommt gemeiniglich zur Nachtzeit. Bei plötzlichem Erwachen wird eine bedeutende Beklemmung in der Brust, das Gefühl von Zusammenschnüren empfunden. Der Kranke keicht, schnappt ängstlich nach Luft, empfindet große Angst, kann nicht in der horizontalen Lage bleiben, sucht sehnsüchtig Erleichterung durch das Einathmen einer kühlen, frischen Luft, und nimmt um sich zu helfen starke Muskelbewegungen vor.« Zur akuten Form: »Der Zustand einer halben Ohnmacht ist damit verbunden; kalte Schweiße brechen aus; die Extremitäten sind kalt; das anfangs freie Bewustsein wird bald verdunkelt. Das Gesicht ist [...] blaß und eingefallen, [...] weit aufstehendes, gläsernes, gebrochenes Auge mit erweiterter Pupille, weit offen stehende Augenlieder, kleiner zitternder oft kaum fühlbarer Aderschlag. [...] Die Dauer des Anfalls [...] von wenigen Minuten bis zu mehreren Stunden selbst Tagen [...]. Nicht selten erfolgt der Tod schon im ersten Anfall«.[3] – Was hier beschrieben wird, ist nach heutiger Anschauung der internistische Notfall mit den Leitsymptomen Atemnot und Schock, der auf die Intensivstation gehört, denn »nicht selten erfolgt der Tod schon im ersten Anfall«. Im Fall Lichtenbergs spricht alles für eine akute Komplikation von Kyphoskolioselunge und -herz als Ursache dieses Notfalls.

Zunehmende Kurzluftigkeit kennzeichnet Lichtenbergs Leidenszustand in dem nun folgenden letzten Lebensjahrzehnt. Immer häufiger werden im Tagebuch die Klagen

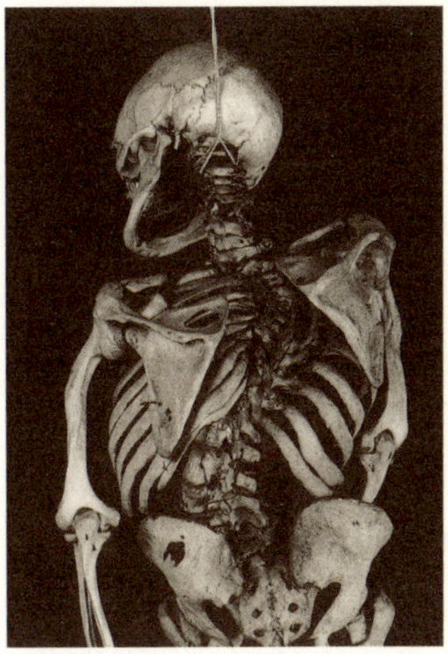

831
Menschlicher Thorax mit kyphoskoliotischer Verkrümmung der Wirbelsäule.
Beispiel für die schwere Verwachsung Lichtenbergs.
Höhe: 50 cm, Breite: 38 cm, Tiefe: 25 cm
Marburg, Philipps-Universität, Institut für Anatomie und Zellbiologie, Museum anatomicum 3434
Keinesfalls etwa durch die Unvorsichtigkeit einer Amme, wie oft behauptet wurde, sondern wahrscheinlich als Folge einer Rachitis im Kindesalter hatte sich bei Lichtenberg schon frühzeitig ein Buckel gebildet, der den ohnehin vermutlich nicht hochgewachsenen Mann geradezu winzig erscheinen ließ: Nach den Forschungen von Horst Gravenkamp kann Lichtenberg höchstens 1,44 Meter ›groß‹ gewesen sein. Die Verkrümmung seiner Wirbelsäule mit der asymmetrischen Verformung des Brustkorbs verursachte eine beständige Unterfunktion der Lunge, löste 1789 die schweren asthmatischen Anfälle aus und wird zehn Jahre später die Todesursache.
Das äußere Erscheinungsbild Lichtenbergs wird von den meisten Besuchern und Beobachtern ungefähr gleich dargestellt. Johann Heinrich Moritz Poppe, Sohn eines Göttinger Uhrmachers, hörte in Lichtenbergs letzten Semestern bei ihm die Experimentalphysik und berichtet in seinen Aufzeichnungen: »Sein großer Geist befand sich in einem kleinen, sehr elenden, vorn und hinten gebuckelten Körper, den er, was freilich eine Schwäche von ihm war, so viel wie möglich, aber vergebens,

zu verbergen suchte. Stehend vor einem langen, breiten Tische [...], befand sich hinter seinem Rücken eine große, schwarze Tafel. Wenn er an dieselbe etwas schrieb oder zeichnete, was mit sicherer Hand und recht schön geschah, so drehte er seinen Rücken nie nach den Zuhörern hin; vielmehr blieb derselbe hierbei immer nach der Tafel hingewendet. Gut verstand es unser Professor, bloß die Hand mit der Kreide an der Tafel herum zu führen und doch sehr gut zu schreiben und zu zeichnen. Immer ging er, damit seine Zuhörer den Buckel nicht sehen sollten, von seiner Stube aus seitwärts in den anstoßenden Hörsaal, und ebenso ging er auch wieder heraus«. Schlimmer als die Scham über den Buckel war die unaufhaltsame – und von Lichtenberg früh vorausgesehene – Verschlechterung des Wohlbefindens und der Gesundheit. Am Ende seines Lebens mußte er jeden Schritt, jede Handlung dem hinfälligen Körper abtrotzen. »[...] wegen seiner Kräncklichkeit [und] seines schwächlichen Körpers« habe Lichtenberg, wie sein Freund Dieterich schreibt, »alles mitleiden [verdient], und ist bey allem dem zu bewundern waß Er noch gethan und gearbeith hat, nur nichts rechtes vollendet.« (An Ludwig Christian Lichtenberg, 30. März 1799) [UJ]

832
Johann Christian Dieterich (1722-1813):
Bericht über den Tod Lichtenbergs. Brief an Ludwig Christian Lichtenberg, 12./13. März 1799.
Göttingen, Niedersächsische Staats- und Universitätsbibliothek, Cod. Ms. Licht. X, 14 (Bl. 16v.)
Transkription: »Allein diese Nacht von 19. biß auf den 20ten bekahm Er Husten, Stiche auf die Brust, auf Recht[er] und lincker Seitte, der Doctor wurde sogleich gehohlt, und beym Husten zeigte sich Bluth Außwurf, welche Kranckheit Er schon einigemahl gehabt hatte. Den 21ten beßerte Er sich etwaß aber der 23te wurde es Schlechter, und diesen Sonnabend drauf Ehender kondte ich nicht Schrieb ich Ihnen seine Schwere Kranckheit, und den Sontag Früh 8. Uhr war sein Lebens Faden abgerißen. Am Sonnabend Früh bath er mich, ich möchte seine liebe Frau, da eben schön Wetter

über »kurzen Odem« (Kurzatmigkeit, Atemnot). Lungen- und Brustfellentzündungen treten in diesen Jahren mehrfach auf, und eine solche »Brust-Entzündung«, »seine alte Kranckheit mit Seitten Stechen, husten und Bluth auß werffen«,[4] führt am 24. Februar 1799 zum Tode.

Es ist schon merkwürdig, daß Lichtenberg nach lebenslangem schwerem und häufig lebensbedrohendem Leiden als Hypochonder in die Literaturgeschichte eingegangen ist, also als ein von unbegründeter Krankheitsfurcht Besessener nach der heutigen Bedeutung des Begriffs Hypochondrie. Dieser aber ist (trotz Ansätzen zu einem »modernen« Hypochondriebegriff in der *medizinischen* Literatur des späten 18. Jahrhunderts) nicht in Deckung zu bringen mit der zu Lichtenbergs Lebzeiten populären »Modekrankheit« Hypochondrie, die sich überhaupt wegen begrifflicher »Verwahrlosung«[5] der exakten Definition entzieht. Befaßt man sich also mit einem »Hypochondristen« des 18. Jahrhunderts, so muß man sich, auf eben diesen einen Hypochondristen bezogen, fragen, was seine Hypochondrie eigentlich ist. Lichtenberg gibt Antwort auf diese Frage mit einer Sudelbucheintragung: »Meine Hypochondrie ist eigentlich eine Fertigkeit aus jedem Vorfalle des Lebens, er mag Namen haben wie er will, die größtmögliche Quantität Gift zu eigenem Gebrauch auszusaugen.« (SB 2, K 23) Eine Variante dieser Eintragung lautet: »Ich habe, seit meiner Krankheit 1789, die erbarmungswürdige Fertigkeit erlangt, aus allem, was ich sehe und höre, Gift *für mich selbst*, nicht für andere zu saugen.« (SB 2, K 43) In beiden Eintragungen die »Fertigkeit Gift zu saugen«, zunächst Charakteristikum »meiner Hypochondrie« (K 23), »seit meiner Krankheit 1789« (K 43), und das kann nur bedeuten, daß Lichtenberg seine Hypochondrie ab der Krankheit von 1789 datiert, dies in voller Übereinstimmung mit allen übrigen Selbstzeugnissen Lichtenbergs, der sich bis Oktober 1789 nie als Hypochondristen bezeichnet hat, danach aber so häufig, daß man ihn als den Kronzeugen seiner Hypochondrie bezeichnen kann – aber eben nur für die Zeit ab 1789.

Den tiefen Einschnitt im Lebensablauf, der sich hier abzeichnet, hat Lichtenberg am 16. Juli 1794 Johann Gottwerth Müller bildhaft und drastisch beschrieben: »Nach jenem Anfall [vom Oktober 1789] wurde ich bettlägerig, lag im strengsten Verstand ein geschlagenes Calender halbes Jahr von $^{365}/_2$ Tagen [...]. Wahrlich unser verklärter Leib, am Tage der Auferstehung, kan von dem eingescharrten Madensack nicht so verschieden seyn, als es der sich herausmachende Hofrath von dem vor $^{365}/_2$ Tagen zu Bett gebrachten war, nur mit dem mächtigen Unterschied, daß der verklärte im Bette blieb und der Madensack aufstund. Meine Munterkeit, meine Furchtlosigkeit, meine Sorgenlosigkeit, meine Liebe zum lesen und zu schreiben wenigstens für mich selbst, Thätigkeit überhaupt, alles das blieb im Bette, und ist nun fort.« (Bw 4, Nr. 2411, S. 307) Alles, was man von und über Lichtenberg erfährt, bestätigt die tiefe Zäsur, die er hier beklagt: Furchtlosigkeit, Sorglosigkeit, Munterkeit und Tätigkeitsdrang bis 1789, danach Angst, Sorgen, Reizbarkeit und Mangel an Energie, zu Lichtenbergs Zeiten noch unter einem verschwommenen Hypochondriebegriff unterzubringen, nach heutigem medizinischen Wissen jedoch charakteristisch für die seelische Verfassung des Kyphoskoliotikers in seinen späten Jahren. Sie ist die Folge einer Störung der Gehirndurchblutung und der Blutzusammensetzung, also von »materiellen Einwirkungen auf das somatische Korrelat der Psyche«.[6] Es ist diese Übermacht des Somatischen, gegen die Lichtenberg sich zu wehren hat, »der mit Heldenmuth bloß verhindert, daß er nicht – zum alten Weibe wird« (Bw 3, Nr. 1893)[7] – und Heldenmut kann man ihm angesichts einer solchen Übermacht wohl nicht absprechen. Er wehrt sich mit Krankheitsverleugnung als einer eigentlich robusten Art der Krankheitsbewältigung: »meine besten und hellsten Augenblicke sind die, da ich Kraft habe zu

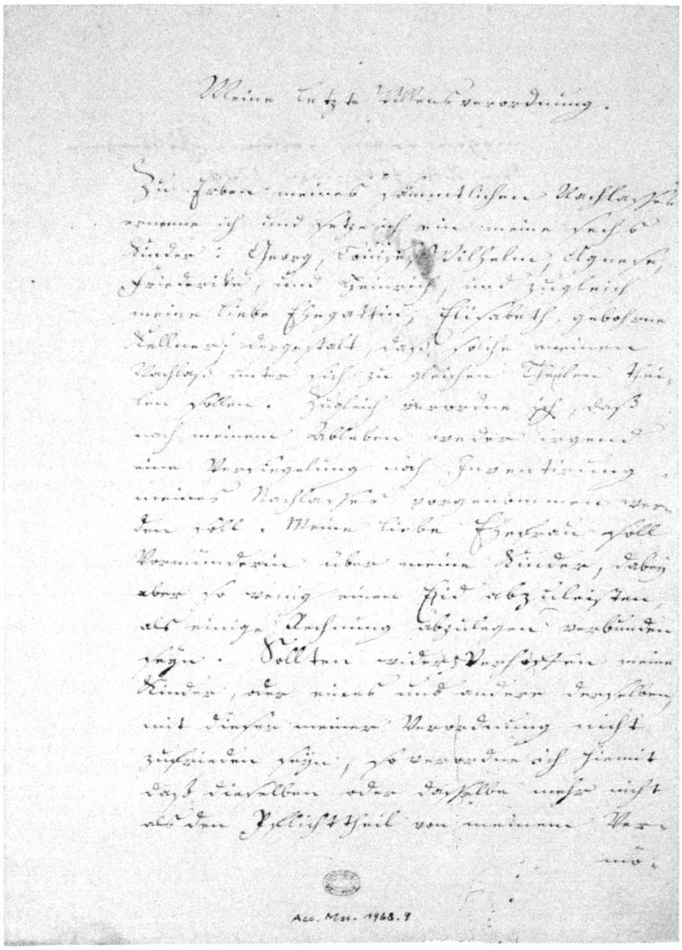

war mit meiner Frau außFahren laßen, und da Sie so viele Nächte nicht geschlaffen, wurde Ihr diese Motion dienlich seyn. Meine Pferde waren aber ins Holtz, und Kahmen erst auf den abend zu Hause, so muste ich Ihm versprechen, den Sontag solches zu thun, und dan wann wir alleine wären, wolte Er sein Testament machen. Aber die Nacht um 2. Uhr Standt ich auf Ihm zu besuchen war auch Ruhig und Schlummerte, um 5 Uhr ging ich wieder zu Ihm, allein Er wurde immer Schwächer, und Schlechter, ich ließ dem Hof Rath Richter als Zeugen, und um Hülffe Ruffen, sein Testament, hatte ich in der Geschwindigkeit, so viel als möglich, nach seiner, auch bey gesunden Tagen gethane außSage aufSetzen laßen, und dieses unterSchrieb Er mit Völligem Verstandt Zitternt aber, so daß HofRath Richter höhrte, daß Er Sagte: so Schlecht, habe ich niemahls meinen Nahmen geschrieben, und hierauf dauerte es keine ½ Viertel Stunde, so Schlief Er ein«.

833
Lichtenbergs Testament.
Gerichtsakten »Vormundschaft«.
Göttingen, Niedersächsische Staats- und Universitätsbibliothek, Access. Ms. 1968.9 (Bl. 1)
Wie Dieterich berichtet, regelte Lichtenberg seine Hinterlassenschaft erst in der letzten Stunde seines Lebens – und erst auf Drängen des Freundes. Er war bereits so geschwächt, daß er zweimal zur Unterschrift des Testaments ansetzen mußte. [SO]
Transkription:
»Meine letzte Willenverordnung.
Zu Erben meines sämmtlichen Nachlasses ernenne ich und setze ich ein meine sechs Kinder: Georg, Louise, Wilhelm, Agnese, Friederike, und Heinrich, und zugleich meine liebe Ehegattin, Elisabeth, geborne Kellner, dergestalt, daß solche meinen Nachlaß unter sich zu gleichen Theilen theilen sollen. Zugleich verordne ich, daß nach meinem Ableben weder irgend eine Versiegelung noch Inventirung meines Nachlasses vorgenommen werden soll. Meine liebe Ehefrau soll Vormünderin über meine Kinder, dabey aber so wenig einen Eid abzuleisten, als einige Rechnung abzulegen verbunden seyn. Sollten wider Verhoffen meine Kinder, oder eines und andere derselben, mit dieser meiner Verordnung nicht zufrieden seyn, so verordne ich hiermit daß dieselben oder dasselbe mehr nicht als den Pflichttheil von meinem Ver=|mögen erben sollen. Göttingen den 24. Februar 1799.
GCLichtenberg«

834
Das Grab Lichtenbergs und seiner Frau auf dem Bartholomäusfriedhof in Göttingen.
Photographie.
Darmstadt, Lichtenberg-Forschungsstelle
Über die Beerdigung berichtet Johann Christian Dieterich an Ludwig Christian Lichtenberg, 5. März 1799: »Die BeErdigung geschahe am vergangenen Donnerstag [28. Februar 1799] Früh um 9. Uhr, Ich, mein Sohn, der ProRecktor, und die Vornehmsten von der Stadt folgten in 7. Kutschen, wir waren erst Willens Kosten zu erspahren, allein alle Studenten Ruheten nicht, begleitteten durch Marschelle, und Trauer Music unsere Straße durch vor die Johannis Kirche und den Marckt vorbey die Wähnder Straße durch, biß zu seiner Ruhe Stelle. Weil nun dieses alles von Studenten bezahlt, und besorgt wurde, so kondte es

nicht anders kommen, unter vieler Tausend Zuschauer gerührt, mit allen Ehren Bezeugung anzuwenden, und begleitten. Zwey Frembde gelehrte auß Coppenhagen [Thomas Bugge und sein Begleiter] so auß Paris zurückkahmen Ihm von Person kennen zu lernen, Kahmen einen Tag zu Speth an, bathen aber inständigst, diesen Ser geliebten Freund, unbekandter Weise begleitten zu dürffen, welche auch betrübt und traurig folgten und eingeladen werden musten. Wie der Sarg schon zugenagelt war, Kam ein Student, und Bath um Gottes Willen, man solte Ihm den Leichnam, seines geliebten Freundes noch einmahl sehen laßen, Er Ruhete nicht, der Schloßer muste kommen und gab selbigen 1 r[eichs]th[aler] 8 g[ute] g[roschen] für die öfnung, und fing bitterlich an zu weinen über den Verlust. So viel Freunde, und Leidwesende, hinterläßt nicht leicht ein gelehrter, und sein Ruhm, und Liebe, bleibt unvergeßlich als ein großer Lichtenberg, und ist Ruhig und sanfft ein geschlaffen. Die Studenten Sammlen schon und wollen Ihm ein Marm:[or] Mon:[ument] errichten laßen. Die W[itti]^{be} Fiehl mit gewalt über den Leichnam und Küste, obgleich der Körper schon über gegangen und Stark Roch, und am Ende unter lautter geschrey, mit gewalt noch die Füße küßete. Kommen Sie ja bald liebster Freund Sie haben Ehre davon, Sie sollen keine traurigkeit haben, und jedermann würd Ihre Liebe, und den Wunsch Ihres Bruders Rühmen.«

denken, daß es Einbildung seyn *könte«* (Bw 2, Nr. 1227) – das hatte bereits am »ersten Jenner 1784« der schon um diese Zeit »engbrüstig keuchende« Lichtenberg an Johann Gottwerth Müller geschrieben. In seinem letzten Lebensjahrzehnt stößt man immer wieder auf Äußerungen dieser Denkweise, die sich zur grimmigen Selbstsatire steigern konnte, die übrigens auch dem Zeitgenossen nicht verborgen geblieben ist: Wies man auf »seinen schwächlichen Körper« als Grund seiner Beschwerden hin, dann wollte er das »nie zugestehen«, »dann nannte er es Hypochondrie, die ihr Spiel auf tausend Arten treibe.«[8]

»Er hat rühmlich ausgekämpft«,[9] schreibt Johann Georg Ludolf Blumhoff drei Monate nach Lichtenbergs Tod. Lichtenbergs »elender Körper«, den Blumhoff noch vor Augen hatte, ist den Nachlebenden aus dem Blick gekommen, und es sind vor allem drei »populäre Irrtümer«, die ihnen den Blick verstellt und daher auch ein schiefes Bild von der »Geschichte seines Geistes« vermittelt haben: die Rückprojektion »meiner Hypochondrie [...] seit meiner Krankheit 1789« auf die Zeit vor 1789 (womit man Lichtenberg zum »geborenen Hypochonder« gemacht hat), die Verkennung der Identität von »meiner Hypochondrie« mit den unmittelbar körperlichen Auswirkungen schwer gestörter Lungen- und Herzfunktion und daher auch die Verkennung der mannhaften Krankheitsbewältigung durch Krankheitsverleugnung.

1 Johann Gottwerth Müller: *Ferdinand. Ein Originalroman in vier Büchern.* 2 Bde. Altona 1802.

2 Insgesamt 53 Selbst- und Fremdzeugnisse verzeichnet in: Horst Gravenkamp: *Geschichte eines elenden Körpers. Lichtenberg als Patient* (= Lichtenberg-Studien 2). Göttingen 1989, S. 156ff.

3 August Gottlob Richter: *Die specielle Therapie nach den hinterlassenen Papieren [...].* Hrsg. von D. Georg A. Richter. 5 Bde. Berlin 1813-1817, hier Bd. 5, S. 43ff.

4 Ulrich Joost (Hrsg.): *Der Briefwechsel zwischen Johann Christian Dieterich und Ludwig Christian Lichtenberg.* Göttingen 1984, hier Dieterich an Lichtenberg am 21. Februar 1794.

5 Esther Fischer-Homberger: *Hypochondrie. Melancholie bis Neurose. Krankheiten und Zustandsbilder.* Bern, Stuttgart, Wien 1970.

6 Richard Siebeck: *Die Beurteilung und Behandlung Herzkranker.* 3. Aufl. Berlin, München 1947.

7 Brief an Georg Forster vom 1. Juli 1791

8 Friedrich Schlichtegroll: *Georg Christoph Lichtenberg.* In: Nekrolog auf das Jahr 1799. Bd. 2, 1805, S. 174f.

9 Johann Georg Ludolf Blumhoff: *Einige Blumen auf Lichtenbergs Grab.* In: Neues Hannoverisches Magazin 40 (20. Mai 1799).

Sabine Welsch

»Weg mit dem Vorhang!«
Gedanken zum selbstgewählten Tod

»Ich habe schon auf Schulen Gedanken vom Selbstmord gehegt, die den gemein angenommenen in der Welt schnurstracks entgegen liefen, und erinnere mich, daß ich einmal lateinisch für den Selbstmord disputierte und ihn zu verteidigen suchte. [...] Im August 1769 und in den folgenden Monaten habe ich mehr an Selbst-Mord gedacht als jemals vorher, und allezeit habe ich bei mir befunden, daß ein Mensch bei dem der Trieb zur Selbst-Erhaltung so geschwächt worden ist, daß er so leicht überwältigt werden kann, sich ohne Schuld ermorden könne.« (SB 1, A 126)

Dies sind private Aufzeichnungen Georg Christoph Lichtenbergs, die er seinen *Sudelbüchern* anvertraute, die nicht zur Veröffentlichung bestimmt waren. Die offizielle Meinung über die im Zeitalter der Aufklärung viel diskutierte »Selbst-Mörderey« war zweifellos eine andere als die, die der junge Lichtenberg hier vertritt. Hätte er versucht, seine selbstmörderischen Gedanken – die ihm vor allem in jungen Jahren zur »Lieblings-Vorstellung« (SB 1, A 126) wurden – publik zu machen, so wäre er nicht nur von Vertretern der Kirche, sondern auch von aufgeklärten Zeitgenossen als Gotteslästerer, als Feind der Kirche und »vernünftiger, natürlicher Sittengesetze«[1] diffamiert worden.

»Schuldig«, lautete der Urteilsspruch der Theologen des 18. Jahrhunderts, die den Selbstmörder als ›Toten zweiten Ranges‹ behandelten, ihm die Bestattung in geweihter Erde, Sterbesakramente, Totenmesse und Glockengeläut versagten.[2] Die vielfältigen Ursachen, die einen Menschen in den Tod treiben können, interessierten die Geistlichen bei ihrer rigorosen Verdammung dieser »sündigen, verbrecherischen«[3] Tat herzlich wenig. Nur wenn bei der Obduktion des Leichnams augenscheinliche pathologische Befunde zutage traten, wie Anomalien der Milz, der Leber, Därme oder die sogenannte Schwarzgalligkeit, erst dann ließen sie mit sich reden und sahen von dem sogenannten »Hunde- und Eselsbegräbnis«, dem »Verscharren« der Selbstmörder auf dem Schindanger ab.[4]

»Schuldig«, so urteilte nicht nur der Reformer der Pädagogik des 18. Jahrhunderts Johann Bernhard Basedow, der für eine abschreckende Behandlung des Selbstmordversuchs plädierte,[5] sondern auch Immanuel Kant, der 1797 in seinem Werk *Metaphysik der Sitten* behauptet hatte, die »Selbstentleibung ist ein Verbrechen (Mord)«. Für Kant war der Selbsterhaltungstrieb des Menschen, den er mit dem Tier gemein habe, ein ausschlaggebendes Argument wider das Recht, sich selbst zu töten: »Die, wenngleich nicht vornehmste, doch erste Pflicht des Menschen gegen sich selbst, ist die Qualität seiner Thierheit, ist die Selbsterhaltung seiner animalischen Natur«.[6] Eine Argumentation, die in der Selbstmord-Diskussion des 18. Jahrhunderts immer wieder benutzt wurde, um die Menschen, die den selbstzerstörerischen Schritt taten, der »Unnatur« zu überführen.

Beherrscht von dem Glauben an die Macht der Vernunft und der Utopie der Glückseligkeit, dem vertrauensvollen Glauben, daß diese Welt die beste und zum Wohle aller eingerichtet sei, kamen der führende Kopf der deutschen Frühaufklärung

Christian Wolff und der jüdische Popularphilosoph Moses Mendelssohn in ihren Untersuchungen des selbstgewählten Todes zu dem Ergebnis: Selbstmord müsse die Tat eines vor Leidenschaft Trunkenen, eines Lasterhaften und Unvernünftigen, eines »Blödsinnigen«[7] sein, der unglücklich wurde, weil er der Vernunft und Tugend abgeschworen hatte.[8] »Selbst schuld«, so lautete Mendelssohns Urteil: »Die Heftigkeit der Leidenschaften, die den zum Selbstmord entschlossenen foltert, kann [...] der Zulässigkeit seiner Handlung kein Gewicht geben«,[9] konstatiert der optimistisch gestimmte Popularphilosoph, der es nicht fassen konnte, daß es Menschen gab, für die die beste aller Welten die schlechteste war, denen ihr Leben sinnlos und elend erschien.

Lebe tugendsam, schwöre den Lastern ab, zügele deine Leidenschaften, vertraue auf Gott und die Vernunft, erkenne, daß du auch im Unglück deinen Mitmenschen, dem Staat von Nutzen bist: mit derartigen Beschwichtigungen suchten Aufklärer wie Wolff und Mendelssohn Selbstmordkandidaten von ihrem »unvernünftigen, unnatürlichen« Vorhaben abzubringen. Gut gemeinte, doch völlig wirkungslose Ratschläge, wie Lichtenberg wußte: »Man schreibt wider den Selbstmord mit Gründen die unsere Vernunft in dem kritischen Augenblick bewegen sollen. Dieses ist aber alles vergeblich, so lange man sich diese Gründe nicht *selbst* gefunden hat, das heißt, so bald sie nicht die Früchte, das Resultat unserer ganzen Erkenntnis und unsres erworbenen Wesens sind. Also alles ruft uns zu, bemühe dich täglich um Wahrheit, lerne die Welt kennen, befleißige dich des Umgangs mit rechtschaffnen Menschen, so wirst du jederzeit handeln wie dirs am zuträglichsten ist, und findest du dereinst den Selbstmord für zuträglich, das heißt sind alle deine Gründe nicht hinreichend dich abzuhalten, so ist er dir auch – erlaubt.« (SB 1, J 1186)

Daß der einseitige Gebrauch der Vernunft kopflos machen kann, der Verstand machtlos ist gegenüber Leidenschaften, Affekten und Trieben, das hat kaum ein Aufklärer so klar erkannt wie Lichtenberg, der zeitlebens schwankte zwischen seinem Glauben an die Macht der Vernunft und seiner Skepsis gegenüber der Vernunftgläubigkeit seiner Zeitgenossen. Wo die Schulphilosophie eines Christian Wolff darauf vertraute, daß gegen jedes Leid ein Kraut gewachsen sei und es auf alle Fragen eine Antwort gäbe, da steht bei Lichtenberg nur der bohrende Zweifel, die offene Frage: »Wie kann man sich gewöhnen, in allem nur das Beste zu sehen, aus allem etwas Gutes zu vermuten, immer zu hoffen und selten zu fürchten, freilich versteht sichs, auch immer so zu handeln, daß man Ursache hat, mehr zu hoffen, als zu fürchten?« (SB 2, K 43) schreibt Lichtenberg in den neunziger Jahren, in denen er seine schwerste seelische und körperliche Krise durchlitt.[10]

Skeptisch war Lichtenberg auch angesichts der Eindeutigkeit, mit der deutsche Rationalisten das vielschichtige, komplizierte Phänomen Selbstmord zu erklären suchten, eine Tat, die »ihren letzten Grund in etwas Dunklem hat, dessen Aufklärung äußerst schwer ist« (SB 1, A 126); Zweifel befielen ihn, ob der selbstgewählte Tod wirklich erforscht, mittels der Sprache verständlich gemacht werden könne, die doch jedem ihren Dienst versagt, der sich in äußerster Not und Verzweiflung das Leben nimmt: »Es wäre nicht gut, wenn die Selbstmörder oft mit der *eigentlichen* Sprache ihre Gründe erzählen könnten, so aber reduziert sie sich jeder Hörer auf seine eigene Sprache und entkräftet sie nicht sowohl dadurch, als macht ganz andere Dinge daraus. Einen Menschen recht zu verstehen müßte man zuweilen der nämliche Mensch sein, den man verstehen will.« (SB 1, B 262)

Lichtenberg, der nach außen hin humorvolle und witzige Kopf, bekennt sich mehrmals in den *Sudelbüchern* zu geheimen Todessehnsüchten und macht seinen immer wiederkehrenden Anfällen von Verzweiflung und »Kopfhängerlichkeit« Luft. Da listet er sorgfältig all die Mittel auf, die einem Menschen zur Verfügung stehen, der sich mit dem Gedanken trägt, aus dem Leben zu scheiden: »Arsenik, Bindfaden, Schießpulver, Wasser und ein Dachfenster, ein Messer oder wie die Mittel alle heißen mögen.« (SB 1, D 149) Da überlegt er, ob denn der »Selbst-Mord« mit Zeno, dem Begründer der Stoa, der nichts Verabscheuenswürdiges im selbstgewählten Tod sehen konnte, begonnen habe (SB 1, C 262), und konstatiert, daß sich innerhalb von 75 Jahren 2869 Menschen in London »Selbst ermordet haben« (SB 1, J 495). Oder er vermerkt fast beiläufig »Selbst-Mord nicht zu vergessen).« (SB 1, D 397) Im Dezember 1770 findet sich der Eintrag: »[...] ich rechne es für keinen geringen Trost bei der Betrachtung der menschlichen Trübsale, daß das Lot Pulver kaum 4 Pfennig kostet. Zu leben, wenn man nicht will, ist abscheulich, aber noch entsetzlicher wäre es unsterblich zu sein, wenn man nicht wollte. So aber hängt ja die ganze erschreckliche Last an mir vermittelst eines Fadens, den ich mit einem Groschenmesser entzwei schneiden kann.« (SB 1, B 338) Gedanken, die den Grundsatz der christlichen Ethik – »Gott allein ist der Herr des Lebens, er allein hat es gegeben, er allein kann es nehmen« – anzweifeln, ja in Frage stellen. In einem Abschiedsbrief *Rede eines Selbstmörders kurz vor der Tat aufgesetzt* schreibt der junge Lichtenberg resigniert: »Freunde! Ich stehe jetzo vor der Decke im Begriff sie aufzuziehen, um zu sehen ob es hinter derselben ruhiger sein wird als hier. Es ist dieses keine Anwandlung einer tollen Verzweiflung, ich kenne die Kette meiner Tage aus den wenigen Gliedern die ich gelebt habe zu wohl. Ich bin müde weiter zu gehen, hier will ich ganz ersterben oder doch wenigstens über Nacht bleiben. Hier nimm meinen Stoff wieder, Natur, knete ihn in die Masse der Wesen wieder ein, mache einen Busch, eine Wolke, alles was du willst aus mir, auch einen Menschen, aber mich nicht mehr. Dank sei es der Philosophie, daß mich jetzo keine fromme Possen in dem Zug meiner Gedanken stören. Genug ich denke, ich fürchte nichts, gut, also weg mit dem Vorhang! – –« (SB 1, B 209)

Die Philosophie, der Lichtenberg es verdankte, derartig vorurteilsfrei über den selbstgewählten Tod nachzudenken, war die eines Montaigne, der in seinen *Essais* – die Lichtenberg besaß und mit Anstreichungen versah – konstatierte: »Leben heißt ein Knecht sein, wenn die Freiheit zu sterben abgezogen wird«.[11] Vielleicht dachte er aber auch in seiner Abschiedsrede an Voltaire, der so vehement für die Abschaffung der grausamen Bestrafung der Selbstmörder eingetreten war.[12] Zusammen mit dem italienischen Juristen Cesare Beccaria, dessen Schrift *Von Verbrechen und Strafen* (1764)[13] Lichtenberg »vortrefflich« (SB 3, *Timorus* S. 227) nannte, hatte Voltaire auf die Unmenschlichkeit der Rechtspraxis seiner Zeit hingewiesen. Absurd war es in den Augen dieser beiden Aufklärungsphilosophen, eine Exekution an einem Leichnam durchzuführen, der von dieser Strafe nichts mehr spürte; ungerecht empfanden sie die Konfiskation der Vermögen der Selbstmörder durch die Kirche, die so die gerade um ein Familienmitglied ärmer gewordenen Verwandten nicht nur um ihren Besitz brachte, sondern ihnen auch noch Schimpf und Schande des »unehrlichen Selbstmord-Begräbnisses« zumutete.

Lichtenberg kannte die berühmten Selbstmord-Apologien seiner Zeit. So findet sich nicht nur Rousseaus Erfolgsroman *Nouvelle Héloise* (1761) in seinem Bücherschrank,[14] ein Werk, in dem radikal für den rechtmäßigen Anspruch des Individuums auf Autonomie, auf freie Verfügungs- und Entscheidungsgewalt über das eigene Leben gestritten wird. Er erwähnt auch jene Abhandlung mit dem Titel *Exercitatio philosophica de morte voluntarii*, die ein schwedischer Jesuit namens Johann Robeck verfaßte, dessen selbstgewählter Tod und nachgelassene Schriften im 18. Jahrhundert für so viel Aufsehen sorgten. Ohne Wertung, ohne sich ein Urteil oder eine Verurteilung anzumaßen, hat Lichtenberg einiges zum Leben dieses Mannes notiert (SB 1, C 315), für den es kein Widerspruch war, ein Diener Gottes *und* ein Befürworter des Freitodes zu sein. In seinen im Jahre 1736 postum erschienenen Schriften versuchte Robeck – zum Entsetzen der Vertreter der Kirche – den Nachweis zu erbringen, daß Selbstmord weder sündig noch verbrecherisch, sondern sowohl tugendsam und vernünftig als auch der menschlichen Natur gemäß und im Sinne Gottes sein kann.

War Lichtenberg ein Verteidiger des selbstgewählten Todes? Nach dem, was bisher über ihn berichtet wurde, könnte man dies annehmen – wäre da nicht seine bissige, gereizte, ja abfällige Reaktion auf ein Werk, in dem erstmals in Deutschland voller Anteilnahme die Leidensgeschichte eines Selbstmörders erzählt wird und psychische Prozesse eines Lebensüberdrüssigen mit einer bis dahin unbekannten Subtilität vor Augen geführt werden. Obgleich Lichtenberg am eigenen Leib erfahren hatte, was es heißt, deprimiert und verzweifelt zu sein und sich den Tod zu wünschen, und obwohl er einstmals erklärt hatte, man könne sich ohne Schuld ermorden, empfand er für Goethes Werther nur Verachtung. Spöttisch schreibt er am 1. Mai 1775 an seinen Freund und Verleger Johann Christian Dieterich, nachdem ihm dieser Goethes *Werther* nach London zugesandt hatte: »Für die Leiden und Freuden und Tollheiten des jungen Werthers dancke ich Dir vielmals. Ist es wahr, daß sich ein junger Herr von Lütichow über das Buch erschossen hat, das mag mir ein rechter Herr von Lütichow gewesen seyn. Ich glaube, der Geruch eines Pfannkuchens ist ein stärckerer BewegungsGrund in der Welt zu bleiben, als alle die mächtig gemeinten Schlüsse des jungen Werthers sind aus derselben zu gehen.« (Bw 1, Nr. 279)

Im Grunde waren die Spätaufklärer davon überzeugt – und Lichtenbergs Kritik an Goethes Erfolgsroman bewegt sich durchaus im Rahmen des späten Rationalismus –, daß Werther nichts anderes als ein junger »Geck« (SB 1, F 500) und charakterloser »Hasenfuß« (SB 1, F 498) sei, der kampflos, ohne tatkräftig Widerstand zu leisten, seinem Selbstzerstörungstrieb erliegt, ja diesen durch unkontrolliertes, hemmungsloses Ausleben seiner unglücklichen Leidenschaft nährt. Sowohl Nicolai als auch Lessing und Lichtenberg scheinen geglaubt zu haben, Werthers Selbstmord wäre vermeidbar gewesen, wenn er über mehr Verstand, Lebenserfahrung, Besonnenheit und Verantwortungsgefühl verfügt hätte. All diese Charaktereigenschaften scheint Karl Wilhelm Jerusalem, der »Original-Werther«, in Lichtenbergs Augen besessen zu haben, betont er doch ausdrücklich, seine Ablehnung richte sich nicht gegen den »Unglücklichen, dessen Geschichte jenes Buch veranlasset haben soll, der war würklich und also auch möglich, sondern schlechterdings [gegen] das Quodlibet von Hasenfuß und Weltweisen.« (SB 1, F 500) Stand Lichtenberg einerseits der ›sonnigen‹ Philosophie der Aufklärung skeptisch gegenüber, so konnte er doch andererseits einer ›Weltweisheit‹, die das Leben verneint und in der Selbstzerstörung eine Möglichkeit der Selbstverwirklichung sieht, nichts abgewinnen. Eine solch pessimistische Philosophie glaubte er bei all denen zu erkennen, die in Werther einen Helden, einen Märtyrer und Weltweisen sahen. »Öfters allein zu sein, und über sich selbst zu denken, [...] kann uns großes Vergnügen gewähren, aber wir arbeiten auf diese Art unvermerkt an einer Philosophie, nach welcher der Selbst-Mord billig und erlaubt ist, es ist daher gut sich durch ein Mädgen oder einen Freund wieder an die Welt anzuhaken, um nicht ganz abzufallen.« (SB 1, B 262) Dieser Appell, den Lichtenberg bezeichnenderweise kurz nach seinem Abschiedsbrief, seiner »Rede eines Selbstmörders« verfaßte, war an die eigene Person gerichtet und nicht an Werther, der zu dieser Zeit noch gar nicht existierte. Als jedoch ein paar Jahre später eine ganze Generation in einen wahren Werther-Taumel verfiel und von der Welt »abzufallen« drohte, da scheint er sich in seiner Überlegung, daß es eine derartige Philosophie des Freitods nicht geben dürfe, bestätigt gefühlt zu haben.

»Wenn ich etwas seyn will, so muß ich mich erst dazu machen und erhalten, – das ermüdet entsetzlich! Ich habe aber auch gesehen, daß der Mensch viel mehr vermag, als ich ihm sonst zutraute. Was müßte nicht aus dem Mann werden können, der sehr vieles ist, ohne es zu wissen, wenn er nun noch Kraft von der Art anwendete zu Selbsterschaffung und Erhaltung« (Bw 3, Nr. 1893), schreibt er am 1. Juli 1791 an seinen Freund Georg Forster. Selbstdisziplin und eine vernunftgemäße Lebensweise waren für Lichtenberg Möglichkeiten, aus der verhaßten Lebensunlust und Lethargie herauszufinden. Witz, Selbstironie, Selbstkritik und Distanzierung von sich und seinen Leiden waren andere. Abfällig spricht er, der doch ernsthaft krank war, von seiner »Kränklichkeit« (SB 1, J 705), nennt sie »Pussillanimität« (SB 1, J 337), schimpft sich einen »pathologischen Egoisten«, der sehen muß, ob noch die Kraft in ihm sei, seinen »höchst traurigen Zustand« zu »überwältigen« (SB 1, J 337), und fragt sich selbstkritisch: »Und was ist Kränklichkeit (nicht Krankheit) anderes als innere Verzerrung?« (SB 1, F 705) Da verspottet, verlacht er sich als einen Hypochonder, der an dreizehn Krankheiten zugleich leidet (SB 1, J 223), weil er wie ein »altes Weib« (Bw 3, Nr. 1893) sich und seinem Befinden allzuviel Aufmerksamkeit schenkt und verordnet sich »Mäßigung« und Ablenkung (SB 1, B 197 und 262), damit aus seiner Selbstbeobachtung nicht jene »dickblütige Selbstkreuzigung« (SB 1, A 125) wird, die er an Werther und seinen zahlreichen Nachahmern zu erkennen glaubt. Betrachtet man Lichtenbergs Selbstheilungsversuche, die nicht nur Aufschluß geben über seinen Kampf gegen Lebensüberdruß und Niedergeschlagenheit, sondern auch über seinen unbändigen Willen zu leben, dann wird deutlich, was ihn von Werther trennte: die Fähigkeit, durch Selbstironie Abstand von sich und seinen Krankheiten zu gewinnen; das Wissen, daß die »Heiterkeit« und das »Vergnügen an der Arbeit« (SB 4, S. 774) wiederkommen werden und schließlich seine lange Erfahrung im Umgang mit seinen Gemütsverstimmungen. Zu oft hatte Lichtenberg erlebt, wie wechselhaft sein Befinden war, wie aus Lebensekel wieder Lebensfreude wurde, als daß er an das Unausweichliche und Zwangsläufige von Werthers »Krankheit zum Tode«[15] glauben konnte. Seelenkrankheit *kann* seiner Erfahrung nach in Selbstzerstörung gipfeln, aber sie *muß* nicht: »Krankheiten der Seele können den Tod nach sich ziehen und das kann Selbstmord werden«, (SB 1, F 352) steht in den *Sudelbüchern* direkt über der Bemerkung, der Verfasser der »Leiden des jungen Werthers« sei ein »äußerst eingeschränkter Kopf.« (SB 1, F 353)

Lichtenberg bestritt keineswegs prinzipiell das Recht, sich selbst zu töten. Gemeinsam mit den von ihm so scharf kritisierten Stürmern und Drängern haben nicht nur er, sondern die Spätaufklärer generell, sich für die Freiheit des Individuums, über sein Leben bestimmen zu können, eingesetzt. Aber es bedarf anscheinend laut Lichtenberg bestimmter Voraussetzungen, wenn man diese Freiheit in Anspruch nehmen will: Erst wenn man sich »täglich um Wahrheit bemüht«, die Welt bereits kennengelernt und sich des Umgangs mit »rechschaffenen Menschen« befleißigt hat, wenn »alle deine Gründe«, die das »Resultat unserer ganzen Erkenntnis und unsres erworbenen Wesens« sind, nicht ausreichen, wieder zum Leben zurückzufinden, erst dann ist der Selbstmord »erlaubt«. (SB 1, J 1186)

1 Vgl. Carl Friedrich Stäudlin: *Geschichte der Vorstellungen und Lehren vom Selbstmord.* Göttingen 1824.

2 Vgl. Ossip Bernstein: *Die Bestrafung des Selbstmords und ihr Ende.* Breslau 1907.

3 Ebda.

4 Vgl. Johann Heinrich Zedler: *Großes vollständiges Universal-Lexicon*

aller Wissenschafte und Künste [...]. Leipzig, Halle 1743, Stichwort: Selbst-Mord.

5 Vgl. Bernstein (wie Anm. 2), S. 56.

6 Immanuel Kant: *Die Metaphysik der Sitten* (1797). In: Ders.: *Werke.* Hrsg. von Wilhelm Weischedel. Bd. 7, Darmstadt 1968, S. 295.

7 Moses Mendelssohn: *Über die Empfindungen* (1755). In: Ders.: *Gesammelte Schriften.* Hrsg. von Fritz Bamberger. Bd. 1, Stuttgart 1971, S. 270.

8 Vgl. Christian Wolff: *Vernünftige Gedanken von dem gesellschaftlichen Leben und insbesondere dem gemeinen Wesen* (1736). In: Ders.: *Gesammelte Werke.* Hrsg. von H. W. Arndt u. a. Bd. 1. 5, Hildesheim, New York 1975, S. 335; Wolff: *Von der Menschen Thun und Lassen zur Beförderung ihrer Glückseligkeit* (1733). In: Ders.: a. a. O. Bd. 1. 4, 1976, S. 229; Mendelssohn (wie Anm. 7), S. 288 ff.

9 Mendelssohn (wie Anm. 7), S. 288.

10 Vgl. Wolfgang Promies: *Georg Christoph Lichtenberg in Selbstzeugnissen und Bilddokumenten.* Reinbek bei Hamburg [3]1987, S. 103 ff.

11 Michel de Montaigne: *Essais.* Hrsg. von Emil Kühn. Bd. 1, Salzburg o.J., S. 113.

12 Vgl. Voltaire: *Prix de la justice et de l'humanité* (1777). In: Ders.: Republikanische Ideen, Schriften 2. Hrsg. von Günther Mensching. Frankfurt a.M. 1979, Artikel 12-20.

13 Cesare Beccaria: *Dei delitti e delle pene* (1764). Breslau 1778.

14 Vgl. Hans Ludwig Gumbert: *Bibliotheca Lichtenbergiana. Katalog der Bibliothek Georg Christoph Lichtenbergs.* Wiesbaden 1982, Nr. 1691.

15 Vgl. Johann Wolfgang Goethe: *Die Leiden des jungen Werthers* (1774). In: Ders.: Sämtliche Werke nach Epochen seines Schaffens. Hrsg. von Karl Richter, Norbert Miller, Gerhard Sauder. Bd. 1. 2, München, Wien 1987, S. 235: Werther deutet den selbstgewählten Tod in seinem Disput mit Lottes Albert unter Außerachtlassung des moralischen Standpunkts einzig und allein als zwangsläufigen Endpunkt einer kräfteverzehrenden, tödlichen Krankheit.

Peter Brix

»Vermächtnisse«

Lichtenbergs moderne »Fragen über die Physik«

Lichtenberg war, so ist nachzulesen, »geraume Zeit vor seinem Tode mit dem Gedanken beschäftigt gewesen, ein *Compendium der Physik* zu schreiben. In frühern Zeiten zwar war er dieser Art von Schriftstellerey nicht günstig, denn er sagt in einem seiner Tagebücher ausdrücklich: ›Wenn ich doch eine Verrichtung wählen soll, die tausend Menschen schon vor mir gewählt haben, so soll es gewiß das *Compendienschreiben nicht seyn.*‹

Späterhin aber hatte sich seine Meinung hierin, wie in andern Stücken, geändert, und es war sein ernstlicher Wille, anstatt des mangelhaften Erxlebenschen Compendiums, sich ein eigenes Lehrbuch zu seinen Vorlesungen auszuarbeiten. Sobald aber ein Gegenstand ihn ernstlich beschäftigte, so pflegte er seine Gedanken darüber, so wie sie ihm einfielen, niederzuschreiben. Auf die Art sind die Anmerkungen entstanden, die wir hier mittheilen. Außer diesen wenigen Anmerkungen aber finden sich in seinen Papieren noch viele Rückblicke auf sein Compendium; ja er hatte sich ein eigenes Buch gemacht, mit der Aufschrift: ›*Zur Materie sowohl als der Form meines Compendii gehörige Bemerkungen*‹. – Doch ist das meiste hiervon weißes Papier geblieben [...].

Das Compendium war nicht die einzige physikalische Arbeit, mit deren Plan er beschäftigt war. Er hatte die Idee *Fragen über physikalische Gegenstände* herauszugeben. Er spricht davon an mehrern Stellen, doch ohne sich näher darüber zu erklären. So sagt er einmahl: ›Meine Fragen über die Physik könnten vielleicht den Titel bekommen *Vermächtnisse*. Man vermacht ja auch Kleinigkeiten.‹ und an einer andern Stelle: ›Wenn ich meine Fragen über die Physik noch herausgebe, so müssen sie bloß jungen, thätigen Physikern zugeeignet werden‹.«

Das schrieben Lichtenbergs Bruder Ludwig Christian (Legationsrat und Archivar am Hof zu Gotha) und Friedrich Kries (Professor der Mathematik und Physik am

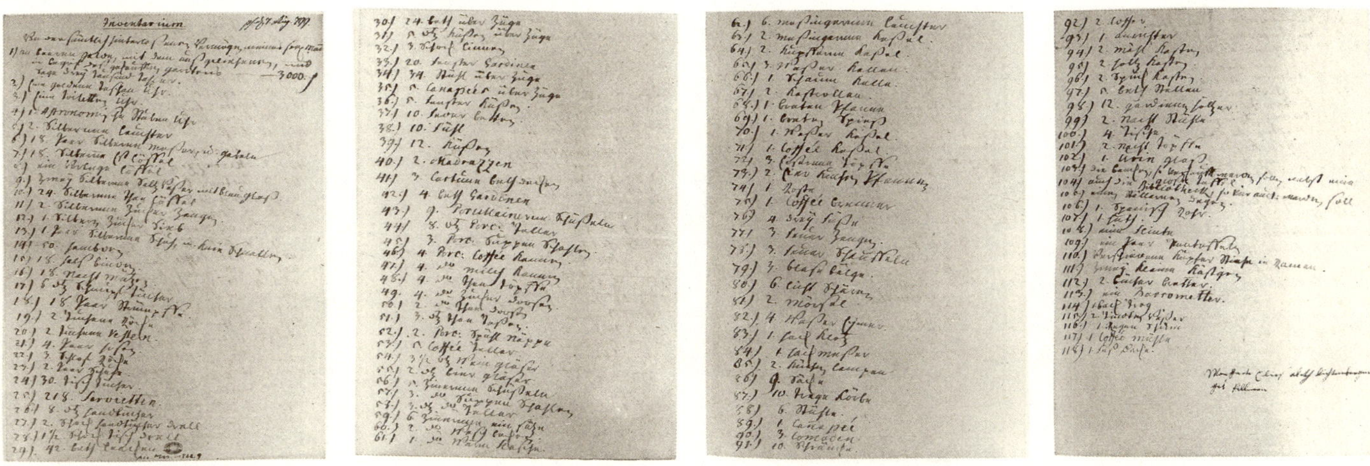

835
Johann Christian Dieterich (1722-1813):
Inventar von Lichtenbergs Verlassenschaft.
Göttingen, Niedersächsische Staats- und Universitätsbibliothek, Access. Ms. 1968.9 (Bl. 3-4)
Auf der ersten Seite der Gerichtsvermerk »ps [= praesentatum] den 7. Aug. [1]799«; unterzeichnet »Margarete Elisabeth Lichtenbergerin geb. Kellnerin«.
Transkription:
»INVENTARIUM
Von den sämtlich hinterlaßenen Vermögen meines seel.[igen] Mannes
1.) An baaren Gelde, mit dem außgeliehenen, und in begrif des gekaufften gardtens – 3000. Taler. Sage drey tausend Thaler.
2.) Eine goldene Taschen Uhr.
3.) Eine Toiletten Uhr.
4.) 1. Astronomische Stuben Uhr
5.) 2. Silbernen Leuchter
6.) 18. Paar Silberne Meßer, u. Gabeln
7.) 18. Silberne Eßlöffel
8.) eine Vorlege löffel
9.) Zwey Silbernen Saltz Väßer mit BlauGlaß.
10.) 24. Silbernen Thee löffel
11.) 2 Silbernen Zucker Zangen.
12.) 2. Silbernen Zucker Sieb
13.) 1. Paar Silbernen Schuh, u. Knie Schnallen
14.) 50. Hembden.
15.) 18. Halsbinden.
16.) 18. NachtMützen
17.) 6 Dtz. Schnupftücher.
18.) 18. Paar Strümpffe.
19.) 2. Tuchene Röcke.
20.) 2. Tuchene Vesten.
21.) 4. Paar Hosen.

22.) 3. Schlaf Röcke
23.) 2. Paar Schuhe.
24.) 30. TischTücher.
25.) 218. Servietten.
26.) 8. Dtz. Handtücher
27.) 2. Schock Handtücher Drell
28.) 1 ½ Schock Tisch Drell
29.) 42. Beth Laacken
30.) 24. Beth über Züge
31.) 5. Dtz. Küßen über Züge
32.) 3. Schock Linnen
33.) 20. Fenster Gardinen
34.) 34. Stühl über Züge
35.) 5. Canapées über Züge
36.) 5. Fenster Küßen.
37.) 10. Feder Betten.
38.) 10. Fühl
39.) 12. Küßen.
40.) 2. Madrazzen
41.) 3 Cartunn Bethdecken
42.) 4. Beth Gardinen
43.) 9. Porcellainerne Schüßeln
44.) 8 Dtz. Porc. Teller
45.) 3. Porc. Suppen Schahlen.
46.) 4 Porc. Cofféе Kannen.
47.) 4. Do Milch Kannen
48.) 4. Do Thee Töpffe
49.) 4. Do Zucker Doosen
50.) 2. Do Thee Dosen
51.) 3. Dtz Thee Taßen.
52.) 2. Porc. Spühl Näppe
53.) 5. Coffée Teller
54.) 3 ½ Dtz. WeinGläser
55.) 2. Dtz. Bier Gläser
56.) 5. Zinnerne Schüßeln
57.) 3. Do Suppen Schahlen
58.) 3. Dtz. Do Teller
59.) 6. Zinnernen ein sätze
60.) 2. Do Waschbecken
61.) 1. Do Wärm Flasche
62.) 6. Meßingennen Leuchter
63.) 2. Meßingennen Keßel.
64.) 2. Kupffernen Keßel.
65.) 3. Waßer Kellen
66.) 1. Schaum Kelle.
67.) 2. Kasterollen
68.) 1. Braten Pfanne
69.) 1. Braten Spieß
70.) 1. WaßerKeßel.
71.) 1. Coffee Keßel.
72.) 3. Eisernen Töpffe.
73.) 2. Eier Kuchen Pfannen
74.) 1. Roste
75.) 1. Coffée Brenner
76.) 4. Drey Füße
77.) 3. Feuer Zangen.
78.) 3. Feuer Schauffeln
79.) 3. Blase Bälge.
80.) 6. Licht Schären
81.) 2. Mörsel
82.) 4. Waßer Eymer.
83.) 1. HackKlotz
84.) 1. HackMeßer
85.) 2. Küchen Lanpen
86.) 9. Säcke
87.) 10. Trage Körbe
88.) 6. Stühle.
89.) 1. Cannapee
90.) 3. Comoden
91.) 10. Schrancke.
92.) 2. Coffer
93.) 1. Anrichter
94.) 2. Mähl Kasten
95.) 2. Holtz Kasten.
96.) 2. Spuck Kasten.
97.) 5. Beth Stellen
98.) 12. Gardinen Höltzer
99.) 2. Nacht Stühle
100.) 4. Tische.
101.) 2. Nacht Töpffe
102.) 1. Urin Glaß.
103.) Die Bancken, so verkaufft werden sollen, nebst einer großen Taffel
104.) Auch die Bibliothek, so verauct:[ioniert] werden soll
105.) einen ställernen Degen.
106.) 1. Spanisch Rohr.
107.) 1. Huth.
108.) eine Flinte
109.) ein Paar Pantoffeln
110.) Verschiedene Kupfer Stiche in Ramen.
111.) Zwey kleine Kästgen.
112.) 2. Bücher Bretter.
113.) ein Barrometter.
114.) 1. Back Trog
115.) 2. Tindten Väßer
116.) 1. Regen Schirm
117.) 1. Coffée Mühle
118.) 1. Fuß Decke.

836
Lichtenbergs »Astronomische Stuben Uhr«.
Holz, Messing.
Ca. 200 × 45 × 32 cm
Bad Vilbel, Privatbesitz
Nach – eher unwahrscheinlicher – Familientradition soll diese Uhr aus Lichtenbergs Nachlaß ein Geschenk Georgs III. gewesen sein. Die England-Tagebücher erwähnen zwar das Geschenk eines von Dollond gefertigten Fernrohrs, aber keine Standuhr. [SO]

837
Lichtenbergs »Spanisches Rohr«.
Holz, Hülse der Spitze in Messing, Griff in Messing getrieben und vergoldet. Länge: 101 cm
Göttingen, Städtisches Museum, 1920/78
Die aus Arundo (ein aus Südeuropa importiertes bambusähnliches Holz) gefertigten Spazierstöcke, oft mit vergoldeten Knäufen, waren wie silberne Schuhschnallen ein Statussymbol des eleganten Kavaliers. [SO]

838
Schnupf- oder Halstuch.
Cremefarbene Seide, rot bedruckt, an drei Seiten handrolliert, an einer Seite beschnitten und mit der Maschine gesäumt. Ende 18. Jahrhundert. 88,5 × 70,5 cm
Bad Vilbel, Privatbesitz
Lichtenberg notierte sich für seinen satirischen *Orbis pictus*: »Zeigt gern ein schönes Schnupftuch, wenn er eines hat, bei seines gleichen, putzt aber die Nase öfters mit der Lage der Hand hinein, als wenn [er] kein Schnupftuch [hätte], sieht nachher gern hinein, weil die schwindsüchtigen Blut spuckend[en] Herrschaften dieses ehmals taten.« (SB 2, Materialheft I, Nr. 56)

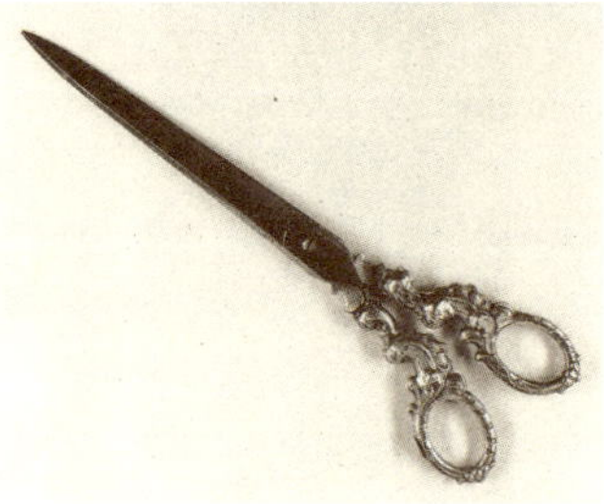

839
Lichtenbergs Papierschere.
Hemmingen, Heinz Lichtenberg
Als er seinen großen Elektrophor mit Stanniol belegte, notierte sich Lichtenberg ins Sudelbuch: »Ich habe noch niemanden gefunden, der nicht gesagt hätte: es wäre eine angenehme Empfindung Stanniol mit einer Schere zu schneiden.« (SB 1, F 408)

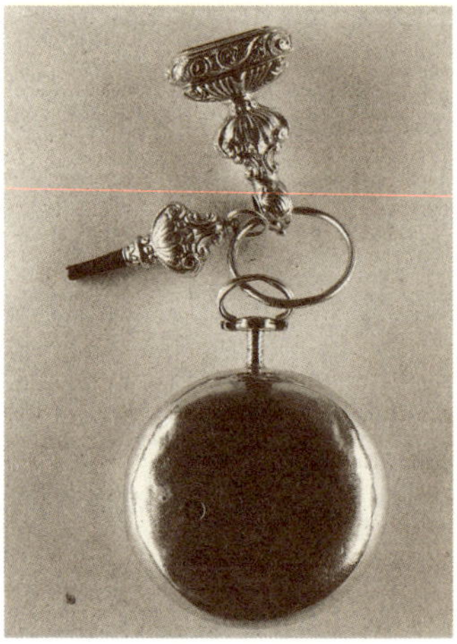

840
Lichtenbergs goldene Taschenuhr.
Hemmingen, Heinz Lichtenberg
Das Dieterichsche Inventarium von Lichtenbergs Nachlaß verzeichnet diese Uhr unter Nr. 2: Sie stellte damals ohne Frage einen gehörigen Wert dar. »Gestern Nachmittag $3^3/_4$ Uhr ist meine Taschenuhr ganz sanft verstorben. Sie hatte schon seit drei Monaten gekränkelt«. (SB 1, G 180) Diese Notiz Lichtenbergs bezieht sich wahrscheinlich auf eine andere Uhr, denn im Tagebuch heißt es am 1. Januar 1791: »Meine Uhr von [Uhrmacher] Poppen wieder erhalten.«

841
Verzeichniß derjenigen Bücher, welche aus dem Nachlasse des sel. Hrn. Hofraths Lichtenberg zu Göttingen mit Anfang des Novembers dieses Jahrs [...] verkauft werden sollen. Göttingen 1799.
Tübingen, Universitätsbibliothek, Ke XXIV 395
»Alles den Kindern zu nichts tau-

»Gymnasium illustre« in Gotha, Schüler Lichtenbergs) 1805 im Vorbericht zum vierten (letzten) Band von Lichtenbergs physikalischen und mathematischen Schriften. Diese gehören zu den neun Bänden mit *Vermischten Schriften*, die von beiden nach seinem Tod gesammelt und herausgeben wurden (Göttingen 1800 bis 1806). Die vermehrte Original-Ausgabe der *Vermischten Schriften* (ab 1844) nahm die rein wissenschaftlichen Schriften nicht wieder mit auf, weil sie »auch für die Männer vom Fach im Ganzen nicht mehr von bedeutendem Interesse sein dürften«.

Erst Wolfgang Promies ließ 1971 in seiner Hanser-Ausgabe dem ersten Band der Sudelbücher A bis L (nach Albert Leitzmanns Edition von 1902 bis 1908) als zweiten Band die bei Leitzmann fehlenden, zum größten Teil noch ungedruckten Bemerkungen folgen. Sie wurden aus den Handschriften ediert. Darüber hinaus übernahm er 70 Bemerkungen aus Band 9 der *Vermischten Schriften* von 1806, die er den verschollenen Seiten des Sudelbuchs L zurechnet. Seither sind endlich alle erhaltenen naturwissenschaftlichen Sudelbuchnotizen – und damit die uns vermachten kostbaren »Kleinigkeiten« – leicht greifbar.

»Was von denjenigen Wissenschaftlern, die zum Fortschritt ihrer Disziplin etwas beitragen, als nur Bedachtes und wieder Verworfenes allermeist unbekannt bleibt (wenn überhaupt notiert, im Papierkorb landet), haben Lichtenbergs Sudelbücher uns überliefert: auf einzigartige Weise ermöglichen sie deshalb Einsichten in den geistigen Mechanismus, der neue Ideen hervorbringt in der Naturwissenschaft.«[1]

Für eine erste Einsicht in Lichtenbergs Gedankenwerkstatt lohnt es, eine längere Folge seiner Notizen chronologisch durchzugehen. Als Beispiel sollen die rund 150 wissenschaftlichen Eintragungen des letzten Lebensjahres in das Sudelbuch L gewählt werden.[2] Lichtenberg trug sie gesondert von den etwa 330 anderen dieses Jahres von hinten zur Mitte seines Foliobuches ein: Gedächtnisstützen, Pläne, knappe Formulierungen, längere Fragmente, Überlegungen, Fragen, Ratschläge. »*Mit wenigen Worten viel sagen* heißt [...] mit den wenigsten Worten zu erkennen geben, daß man viel gedacht habe.« (SB 2, G 215) Daran halten sich die Sudelbücher. Deshalb kann man diese nicht kürzen. Erst beim geduldigen Lesen erschließt sich Lichtenbergs Gedankenfülle. Der stichwortartige knappe Auszug will lediglich die Reihenfolge der Gegenstände andeuten, die ihn beschäftigten – und neugierig machen:

Geometrie. Übergang von Vorstellungen auf Gegenstände an sich. Gärung. Einrichtung, die den Schall sehr verstärkt. Schwingungen nicht nur longitudinal oder transversal? Menschen-Stimme. Sonnenfleck. Regenbogen. Basalte. Über die eigentlichen Grenzen der Physik nachzudenken und Schellings Ideen zu einer Philosophie der Natur zu lesen. Leitfaden bei einem zusammenhängenden Vortrage gemeinnütziger physikalischer Sätze, als Vorbereitung zu einer künftigen Wissenschaft der Natur: Dieses könnte der Titul eines Compendii über die Physik werden. Grenzen unseres Wissens. Berge oben spitz, Eiszapfen unten. Lehre vom Räderwerk gehört nicht in die Physik. Flammen. Unterschied zwischen Hypothese und Aufsummen von Erklärungen. Vor dem Leben und nach dem Leben. Große Entdeckungen nicht durch Kalkül gemacht. Läßt sich die Schwere verstärken? Übergänge einer Art in andere: gute Fundgrube. Wodurch am stärksten mit der Welt verbunden, von Seiten des Herzens oder der Vernunft? Klapperschlange. Magnetische Kraft ohne Eisen? Sähe man Kometen, wenn man darin wäre? Neue Irrtümer zu erfinden. Farben bei dünnen Blättchen. Atome. Anziehende Kraft der Materie. Einfluß der Zeitdauer auf Naturprozesse. Donner. Die Physik der Atmosphäre ist Weltgeschichte. Wesen der Materie. Wenn das menschliche Geschlecht etwa mit dem 40sten Jahre stürbe? Neue Wege! Alles in Allem. Atomistische Lehre. Sternschnuppen viel zu sehr vernachlässigt. Könnten wir

gende muß zu Gelde gemacht werden, zum Exempel seine Bibliothek« – hatte der stets zuerst aufs Materielle bedachte Bruder Ludwig Christian bereits in seinem Antwortbrief auf die Todesnachricht gefordert. (An Johann Christian Dieterich, 2. März 1799) Tatsächlich besaß Lichtenberg eine zu seiner Zeit nicht unverächtliche, »schöne und selecte«, wohlbestückte Arbeitsbibliothek, die neben Werken zu Physik, Mathematik und allgemeiner Naturwissenschaft auch zahlreiche philosophische, politische, juristische Werke sowie schöne Literatur enthielt. Ihren Wert schätze Dieterich »vorderhand« auf 1000 Taler. Da der Gothaer Bruder und Nachlaßverwalter – in der richtigen Annahme, Lichtenberg habe seine Familie unversorgt hinterlassen – einerseits immer wieder auf den raschen Verkauf der Bücher drängte, andererseits, trotz mehrfacher inständiger Bitten Dieterichs und der Witwe, nicht willens war, nach Göttingen zu kommen, und so seinen praktischen Beistand verweigerte, blieb auch diese Aufgabe am stets hilfsbereiten Freund Dieterich hängen. Auch Lichtenbergs Göttinger Kollegen Christian Gottlob Heyne und Johann Friedrich Blumenbach konnten oder mochten nicht helfen. Ordnung hatte Lichtenberg nie gehalten. Im Oktober seines letzten Lebensjahres sollte die Bibliothek in zwei zusätzlichen Zimmern, die Dieterich ihm eingeräumt hatte, neu aufgestellt werden. Die Bücher wurden zwar in diese Räume geschafft, doch ihre Ordnung wurde, der großen Kälte wegen, auf den Sommer verschoben, den Lichtenberg nicht mehr erlebte. So herrschte, wie Dieterich klagte, bei seinem Tod »eine Confusion unter seinen Schriften und Büchern, so nicht größer seyn kan, als sie würcklich ist.« Durch einen »Ehrlichen Menschen [...] so frembde Sprachen Kenntniße hat«, ließ Dieterich ein Verzeichnis anlegen, das er drucken und »weit und breit«, »in die halbe Welt verschicken« wollte. Heraus kam ein hanebüchenes Machwerk, das jeden Käufer abschrecken mußte: Die Titel wurden ganz unsinnigerweise nicht nach Sachgruppen, sondern nach Formaten, zudem getrennt nach gebundenen und ungebundenen Büchern aufgenommen. Verfassernamen fehlen häufig, Jahreszahlen

sind verschrieben und mehrbändige Werke auseinandergerissen an verschiedenen Stellen verzeichnet. Insgesamt 2708 Nummern und 285 oft nicht näher beschriebene Konvolute von Kleinschriften zählt der Auktionskatalog.
Insgesamt dürfte Lichtenberg etwa 4000, teils mehrbändige Titel besessen haben. Nicht in die Auktion gelangten Bücher, die Heyne und Blumenbach vorab für die Erziehung der Kinder aussortiert hatten, sowie Bücher, die die Witwe als Erinnerung an den Verstorbenen oder als Dank für Hilfeleistungen verschenkte, sowie eine nicht näher bezifferte Anzahl von Titeln, die Dieterich »apart auß der Hand« für 100 Taler verkauft hatte, weil er sie, wohl wegen ihres pornographischen oder politisch-brisanten Inhalts, nicht auf die Liste setzen mochte. Andere Bücher waren schon zu Lichtenbergs Lebzeiten verschwunden, weil säumige Entleiher sie nicht zurückgaben: »Vielen Aerger über vermißte Bücher« hatte Lichtenberg 1790 ins Tagebuch notiert. [SO]

842
Verzeichnis der Bücher, welche durch die Güte des Herrn Hofrath Heyne und Blumenbach theils auch in der Auction geblieben sind.
Handschrift.
Göttingen, Niedersächsische Staats- und Universitätsbibliothek, Cod. Ms. Licht. VI, 56 (Bl. 34-36, 43-48)
So überstürzt und dilettantisch der Bibliotheksverkauf begonnen wurde, so katastrophal endete er. Am ersten Auktionstag wurden, wie Dieterich entsetzt berichtet, die Bücher »verschenkt« und um »ein Spottgeld« verschleudert. Er ließ die weitere Versteigerung aussetzen und machte sich daran, die Bücher mit einem Mindestpreis auszuzeichnen. Dann mußte einer seiner Angestellten im Saal mitbieten, um die Preise in die Höhe zu treiben. Der größte Käufer mit 163 Titeln war die Göttinger Universitätsbibliothek, der Rest der Bücher wurde in alle Winde verstreut.
Der Ergebnis war kläglich: Ganze 572 Taler wurden bei der Auktion erzielt. Die unverkauften Titel im Wert von etwa 200 Talern fielen an die Familie zurück. [SO]

Kälte anmachen so wie wir Feuer anmachen. Eine Chemie im Vacuo. Hauptbemühung der Physiker Nutzen für das menschliche Geschlecht. Für künftige Physiker zu arbeiten suchen. Weine durch Ruhe verbessert. Was für ein Deutsch wird man im Jahr 2000 in Sachsen sprechen? Hagel. Knallsilber. Könnte nicht das Wasser durch den elektrischen Funken getrennt werden? Reibung. Beobachtungen am Talglicht. Gebrechen meteorologischer Beobachtungen. Übersinnliches. Unsere Ideen von Gott und Unsterblichkeit. Polizei der Wissenschaften. Was der Mensch tut ohne es zu wissen. Chemische Operationen mit Schwungkräften verbinden. Meine Seelenwanderung. Wenn die Chemie nicht bald einen Kepler erhält ... Theorie der verschiedenen Luftarten. Warum braucht die Natur so lange Zeit um öligen Rheinwein zu machen. Der Mensch als freies Wesen. Warum die Menschen nicht mehr Physik und Mathematik studieren und den Aristoteles lieber in sich selbst suchen? Religion. Die Atmosphäre als Filtrum des Auf- und Absteigenden zu betrachten. Tugendhaftigkeit und Glauben. Herr Fichte scheint nicht zu bedenken ...

Nun zunächst zu Lichtenbergs Ratschlägen, nicht nur für »junge, thätige Physiker«. Der erste Rat ist, selbst ein Sudelbuch zu führen: »*In allen Stücken zu sammeln nicht bloß Wahrheiten, sondern auch Wendungen und Ausdrücke für gewisse Gelegenheiten*« (SB 2, J 1427). »Wenn jemand alle glücklichen Einfälle seines Lebens dicht zusammen sammelte, so würde ein gutes Werk daraus werden.« (SB 2, G 228) Viele merken zu spät im Leben, was sie versäumt haben. In einem Büchlein *Ratschläge für einen jungen Wissenschaftler* schreibt Sir Peter Medawar (Nobelpreisträger für Medizin und Physiologie 1960):[3] »Ich kann keinem Wissenschaftler, gleich welchen Alters, einen besseren Rat als diesen geben: Die Intensität einer Überzeugung, eine Hypothese sei wahr, hat nichts mit ihrer Wahrheit oder Falschheit zu tun«. Bertolt Brecht läßt seinen Galilei diese Erkenntnis höchst dramatisch aussprechen (hier stark gekürzt): »Meine Absicht ist nicht, zu beweisen, daß ich bisher recht gehabt habe, sondern: herauszufinden, ob [...]. Ja wir werden alles, alles noch einmal in Frage stellen. [...]. Und was wir zu finden wünschen, das werden wir, gefunden, mit besonderem Mißtrauen ansehen. [...]. Sollte uns aber dann jede andere Annahme als diese unter den Händen zerronnen sein, dann keine Gnade mehr mit denen, die nicht geforscht haben und doch reden.« Lichtenberg brauchte dafür 1789 nur wenige Worte: »Die Frage: *Ist dieses auch wahr?* ja bei allem zu tun, und dann die Gründe aufzusuchen warum man Ursache habe zu glauben, daß es nicht wahr sei.« (SB 2, J 1389) Das ist also ein höchst aktueller Ratschlag für junge Wissenschaftler jeden Alters. In den Sudelbüchern stehen viele solcher nützlichen Ratschläge, hier folgen einige für das Studium, für Publikationen und für das Forschen, um Neues zu finden: »Manche Leute wissen alles so, wie man ein Rätsel weiß, dessen Auflösung man gelesen hat, oder einem gesagt worden ist, und das ist die schlechteste Art von Wissenschaft, die der Mensch sich am wenigsten erwerben sollte; er sollte vielmehr darauf bedacht sein sich diejenigen Kenntnisse zu erwerben, die ihn in den Stand setzen vieles selbst im Fall der Not zu entdecken, was andere lesen oder hören müssen um es zu wissen.« (SB 1, D 536) »Man muß keinem Werk, hauptsächlich keiner Schrift die Mühe ansehen, die sie gekostet hat.« (SB 1, D 313) »*Dinge zu bezweifeln, die ganz ohne weitere Untersuchung jetzt geglaubt werden, das ist die Hauptsache überall.*« (SB 2, J 1276) »Nur ja keine Materie für erschöpft anzusehen; es gibt überall noch etwas.« (SB 2, H 179) »*Gleich an die Grenzen der Wissenschaft zu gehen. Es läßt sich bald lernen wo es noch fehlt.*« (SB 2, J 1643) »Es gibt kein größeres Hindernis des Fortgangs in den Wissenschaften, als das Verlangen, den Erfolg davon zu früh verspüren zu wollen.« (S 2, K 178) »Man muß etwas Neues machen um etwas Neues zu sehen.« (SB 2, J 1770)

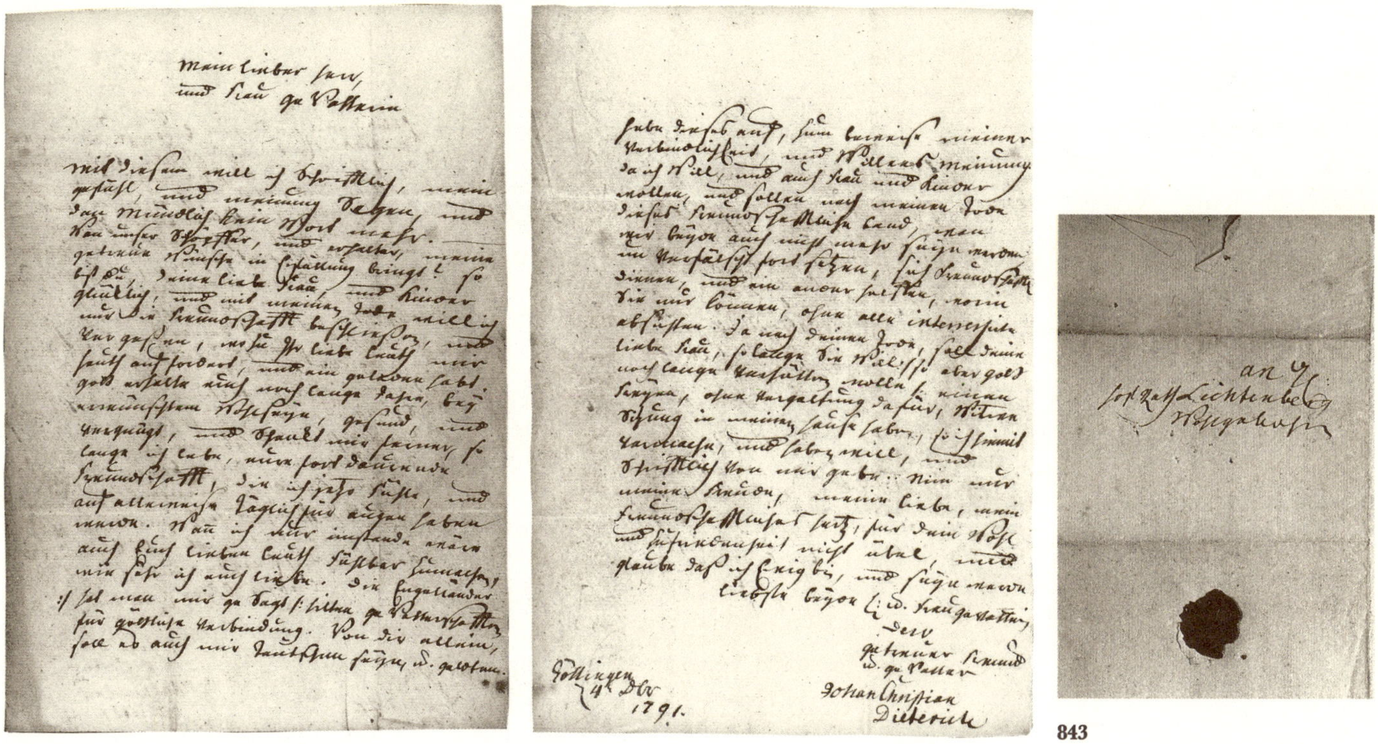

843
Johann Christian Dieterich (1722-1813): Brief an Georg Christoph und Margarete Lichtenberg, 4. Dezember 1791.
26,8 × 18,3 cm
Bad Vilbel, Privatbesitz
Lichtenberg hatte Johann Christian Dieterich im Dezember 1791 zum Paten seines Sohnes Christian Wilhelm gebeten. In einem treuherzigen Brief bestätigt der gerührte Freund dem Ehepaar Lichtenberg lebenslanges Wohnrecht in seinem Haus – was die Witwe dann bis zu ihrem Tod 1848, also noch fast ein halbes Jahrhundert über Dieterichs Tod hinaus, in Anspruch nahm.
[UJ]
Transkription: »Mein lieber Herr, und Frau GeVatterin
Mit diesem will ich Schriftlich, mein gefühl, und meinung Sagen, und dan Mündlich kein Wort mehr. –
Wen unser Schöpffer, und erhalter, meine getreue Wünsche in Erfüllung bringt? so bist Du, deine liebe Frau, und Kinder glücklich, und mit meinem Tode will ich nur die Freundschafft beschließen, und vergeßen, wozu Ihr liebe Leuth mir heuth auffordert, und eingeladen habt. Gött erhalte Euch noch lange Jahre, bey erwünschtem Wohlseyn, Gesund, und vergnügt, und

An vielen preisgekrönten Arbeiten ließe sich zeigen, welche der obigen Lichtenbergschen Erfolgsrezepte, die bei weitem nicht seine einzigen sind, benutzt wurden. In seinem Nobel-Vortrag 1989 in Stockholm sagte der Bonner Physiker Wolfgang Paul: »Mit der Verleihung des Nobelpreises für neue experimentelle Methoden an meine Kollegen Norman Ramsey, Hans Dehmelt und mich hat die Schwedische Akademie offenbar dem Göttinger Physiker Georg Christoph Lichtenberg Reverenz erwiesen, der vor 200 Jahren in sein ›Sudelbuch‹ schrieb: ›Man muß etwas Neues machen um etwas Neues zu sehen‹.[[4]] Auf derselben Seite sagt Lichtenberg: ›Mich dünkt es ist ein trauriger Umstand bei unserer ganzen Chemie, daß wir die Bestandteile der Körper nicht frei suspendieren können‹ [SB 2, J 1776].«[5] Genau das war Paul in den fünfziger Jahren gelungen: geladene Atome elektrisch in einem »Ionenkäfig« ohne materielle Wände einzusperren, »frei zu suspendieren«. Das ermöglicht inzwischen Messungen mit höchster Präzision, sogar an einem einzigen Atom. Nun kam Paul gewiß nicht durch Lichtenberg auf seine Idee und zu seinem Nobelpreis, aber große Naturforscher sind miteinander über die Zeiten hinweg geistesverwandt. Die Sudelbücher enthalten zeitlos Gültiges über den Geist der Wissenschaft und die Wege der Forschung; sie sind eine Fundgrube für geistreiche Zitate und höchst aktuelle fiktive Dialoge.[6]

Meisterhaft benutzte Lichtenberg das Hilfsmittel des Gedankenexperiments: »Wenn ein Schacht durch den Mittelpunkt der Erde getrieben würde, so würde man ohne Hindernis hinein springen können, wenn sonst die Luft einen nicht tödete am Mittelpunkt der Erde würde man eine Geschwindigkeit haben mit der man wieder bis an die andere Öffnung des Schachts fiele und ganz gemächlich ankäme.« (SB 2, A 200) »Was würde wohl eine Glocke so groß wie Göttingen und 2mal so hoch als der Jacobi-Turm für einen Ton geben, wenn sie gehörig angeschlagen würde?« (SB 2, J 1846) Lichtenberg empfahl: »Man muß mit Ideen *experimentieren.*« (SB 2, K 308) »Durch das Planlose Umherstreifen durch die planlosen Streifzüge der Phantasie wird nicht selten das Wild aufgejagt, das die planvolle Philosophie in ihrer wohlgeordneten

Schenkt mir ferner, solange ich lebe, eurefortdaurende Freundschafft, die ich jezo Fühle, und auf alleweise Täglich für augen haben werde. Wann ich nur imstande wäre auch Euch lieben Leuth Fühlbar zu machen, wie sehr ich Euch liebe. Die Engelländer :[hat man mir gesagt]: hielten GeVatterschaften für göttliche Verbindung. Von Dir allein, soll es auch mir Teutschem seyn, u. geldten. Hebe dieses auf zum Beweise meiner Verbindlichlichkeit, und Willensmeinung. Da ich Will, und auch Frau und Kinder wollen, und sollen nach meinem Tod dieses Freundschafftliche band, wen wir beyde auch nicht mehr seyn werden, unVerfälscht fortsetzen, sich Freundschafftlich dienen, und ein ander helffen, worin sie nur können, ohne alle interessirte absichten. Ja nach Deinem Tode, soll Deine liebe Frau, solange sie Will :[so aber Gott noch lange Verhütten wolle]: einen Freyen, ohne Vergeltung dafür, Witwe Sitzung in meinem hause haben, soich hiemit vermache, und haben will, und Schrifftlich von mir gebe. Nim nur meine Freude, meine liebe, mein Freundschafflliches Hertz, für Dein Wohl und Zufiedenheit nicht übel, und glaube daß ich Ewig bin und seyn werde liebste beyde Herr u. Frau Gevatterin
Dero
getreuer Freund
Göttingen
u. GeVatter
4. Dbr. 1791.
Johann Christian Dieterich«

844
Margarete Lichtenberg
(1768-1848):
Gnadengesuch für eine Unterhaltsbeihilfe.
Handschrift.
Göttingen, Niedersächsische Staats- und Universitätsbibliothek, Cod. Ms. Licht. VII, Q 2 Bl. 1
Lichtenberg hatte sich mit aufwendiger Nachversicherung in die Professoren-Witwenkasse eingekauft und dazu systematisch Kapital anzusammeln versucht. Außerdem war das freie Wohnrecht der Witwe auf Lebenszeit in Dieterichs Haus verbrieft. Trotzdem war die Lage der Frau Hofrätin und ihrer sechs unversorgten Kinder alles andere als rosig. Die einmalige Zahlung des Gnadenquartals (110 Taler) reichte gerade für die Beerdigungskosten. An Barkapitalien waren zusammen

Haushaltung gebrauchen kann.« (SB 2, J 1550) »Wie viel Ideen schweben nicht zerstreut in meinem Kopf, wovon manches Paar, wenn sie zusammen kämen, die größte Entdeckung bewirken könnte.« (SB 2, K 308) »Wie nah wohl zuweilen unsere Gedanken an einer großen Entdeckung hinstreichen mögen?« (SB 1, F 423) Man sollte nicht sagen: »ich denke, sondern *es denkt* so wie man sagt: *es blitzt.*« (SB 2, L 806). – So hat Lichtenberg versucht, die Denkvorgänge im Gehirn zu veranschaulichen.

Daß manche Denkweise der modernen Physik des 20. Jahrhunderts bereits bei ihm anklingt, soll besprochen werden an seiner Frage: »Wie wäre es, wenn man am besten damit auskäme, beide Theorien des Lichts, die Newtonische und die Eulerische [Teilchen und Welle[7]], zu vereinigen.« (SB 2, K 360) Dabei geht es nicht darum, daß Lichtenberg recht hatte: Es gibt auch Mutmaßungen, die sich als falsch erwiesen haben. Vielmehr soll gezeigt werden, wie zukunftsweisend seine Idee war, die er anschließend durch die wichtige Bemerkung erläuterte: »Es kann bei einem so verwikkelten Streite, wie der über die Theorie des Lichts, wo Newton und Euler an der Spitze der Parteien stehen, nicht mehr schlechtweg die Frage sein, was ist hierin wahr? sondern, welche Erklärungsart ist die einfachste? Durch das Einfache geht der Eingang zur Wahrheit.« (SB 2, K 361) Ende des 19. Jahrhunderts galt die Wellennatur des Lichts als gesichert. Sie erklärte, warum der Lichtfleck hinter zwei eng benachbarten schmalen Spalten, die gemeinsam beleuchtet werden, von dunklen Streifen durchzogen wird: dort löschen sich Wellenberg und Wellental gegenseitig aus. Aber dann wurde entdeckt, daß ultraviolettes Licht an Oberflächen Elektronen freisetzt. Die Meßdaten für diesen »lichtelektrischen Effekt« ließen sich nicht mit der gängigen Wellen-Vorstellung vereinbaren. Eine Erklärung gab Albert Einstein 1905 mit der kühnen »Annahme«, die Energie eines Lichtstrahls bestehe »aus einer endlichen Zahl von in Raumpunkten lokalisierten Energiequanten, welche sich bewegen, ohne sich zu teilen und nur als Ganze absorbiert und erzeugt werden können«.[8] Damit vereinigte er beide Theorien; Licht ist zu beschreiben als Teilchen *und* Welle!

Diese Dualität wurde von Fachkollegen skeptisch beurteilt.[9] Noch 1913 schrieb Max Planck über Einstein, als er ihn zum ordentlichen Mitglied der Berliner Akademie der Wissenschaften vorschlug: »Daß er in seinen Spekulationen gelegentlich auch einmal über das Ziel hinausgeschossen haben mag, wie z. B. in seiner Hypothese der Lichtquanten, wird man ihm nicht allzuschwer anrechnen dürfen; denn ohne einmal ein Risiko zu wagen, läßt sich auch in der exaktesten Naturwissenschaft keine wirkliche Neuerung einführen«.[10] Diese Hypothese war die einzige, die Einstein selbst revolutionär nannte,[11] und ihr, nicht seiner Relativitätstheorie, verdankte er 1922 den Nobelpreis. Einstein nannte Lichtenberg »ein Original mit wahrhaft genialen Anwandlungen, die sich in unsterbliche Gedankensplitter verdichteten«, und meinte: »Ich kenne keinen, der mit solcher Deutlichkeit das Gras wachsen hört.«[12]

Deutlich sah der Sudelbuchschreiber bereits einiges von dem voraus, was seit gut zehn Jahren unter dem Schlagwort »Chaos und Ordnung« als neue Sicht der Naturwissenschaften populär wurde:[13] Die Entwicklung komplexer, sogenannter nichtlinearer Systeme ist prinzipiell nur äußerst begrenzt vorausberechenbar. Für diese können kleinste Ursachen große, manchmal katastrophale Wirkungen haben. Die Mathematik dazu kannte man seit 1892; der amerikanische Meteorologe Edward Lorenz wandte sie 1963 auf das Wetter an. Er spricht vom sogenannten »Schmetterlingseffekt«: Ein einziger Flügelschlag eines Schmetterlings kann (aber muß nicht) zur völligen Umsteuerung der Großwetterlage führen.[14] Bei Lichtenberg liest es sich so: »Den Wetterweisen muß der Mut nicht wenig bei der Betrachtung sinken, daß ein Funke eine ganze Stadt in die Asche legen kann, unsere Witterungs-Begebenheiten können ja öfters eben so

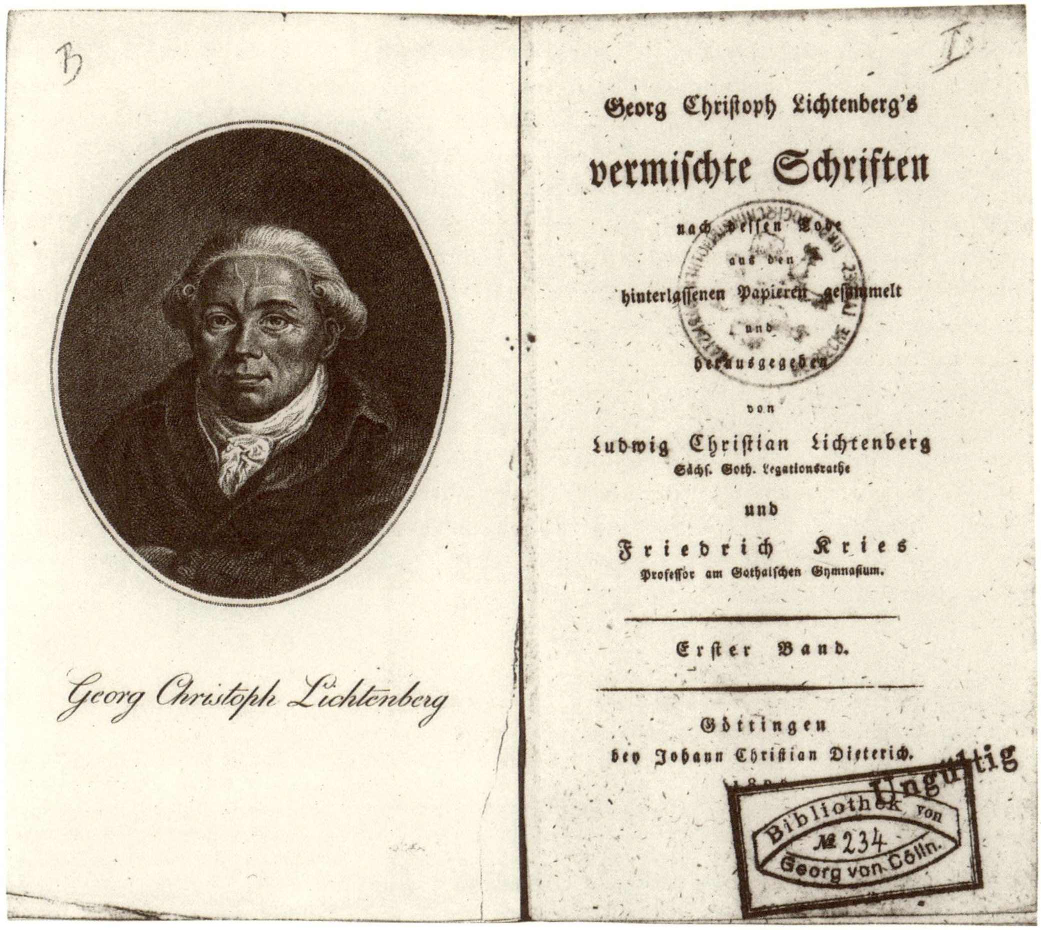

Georg Christoph Lichtenberg's

vermischte Schriften

nach dessen Tode aus den hinterlassenen Papieren gesammelt und herausgegeben von

Ludwig Christian Lichtenberg
Sächs. Goth. Legationsrathe

und

Friedrich Kries
Professor am Gothaischen Gymnasium.

Erster Band.

Göttingen
bey Johann Christian Dieterich.

entstehen, wer will das alles schätzen.« (SB 2, J 1732) In ähnliche Richtung weist vielleicht: »Mir scheint überhaupt in der Natur alles durch Verhältnisse in den Ursachen, nicht durch wesentliche Verschiedenheit bewirkt zu werden. Dieses ist wieder eine Anwendung von meinem *Alles in allem.*« (SB 2, L 916)

Die Ganzheit, »*daß alles in allem ist*« (SB 2, L 915), war dem Naturforscher wichtig. »Wir sehen in der Natur nicht Wörter sondern immer nur Anfangsbuchstaben von Wörtern, und wenn wir alsdann lesen wollen, so finden wir, daß die neuen sogenannten Wörter wiederum bloß Anfangsbuchstaben, von andern sind« (SB 2, J 2154). Er dachte interdisziplinär: »Wer nichts als Chemie versteht versteht auch die nicht recht.« (SB 1, J 860) »[...] man muß querfeldein marschieren, und über die Gräben setzen. Diese Methode, die man wohl die unmethodische nennen könnte, ist überhaupt nebenher sehr zu empfehlen.« (SB 2, K 384) Unmethodische Methode – solche Formulierungen liebte der berühmte Atomphysiker Niels Bohr.

Lichtenberg war stets bestrebt, unvoreingenommen zu sein: »Weder leugnen noch glauben.« (SB 1, L 18) Er zeigt Grenzen menschlicher Erkenntnis auf: »Wenn uns einmal ein höheres Wesen sagte wie die Welt entstanden sei, so möchte ich wohl wissen ob wir im Stande wären es zu verstehen. Ich glaube nicht. Von Entstehung würde schwerlich etwas vorkommen, denn das ist bloßer Anthropomorphismus.« (SB 1, K 18) Daran sollte man sich erinnern, wenn jemand über den Ablauf des Urknalls so selbstsicher redet, als wäre er dabeigewesen – und wenn einen der Gedanke quält, was denn vor der Entstehung der Welt gewesen sei.

3000 Taler vorhanden, der Verkauf der Bibliothek brachte weit weniger als erhofft. Nach dem damaligen Zinsfuß ergab sich also nicht viel über 150 Taler pro Jahr an Zinsen; dazu kamen die 200 Taler der Witwenkasse und eine Mietersparnis in etwa der gleichen Höhe – zu Lichtenbergs Lebzeiten waren allein aus der Grundpension, den Hörergeldern und einzelnen Schriftstellerhonoraren fast 1000 Taler mehr verfügbar gewesen. Es war von Anfang an Dieterichs Plan, ein Gnadengesuch einzureichen. In Anbetracht der Tatsache, daß die Universität die Sammlung physikalischer Apparate Lichtenbergs sehr billig bekommen hatte, entschied man in Hannover, daß bis zur Majorennität des jüngsten Kindes der Frau Hofrätin die Rente, die Lichtenberg als Gegenleistung für diesen Apparat erhalten hatte (200 Taler jährlich), weiter ausgezahlt werde. Hätte aber sein Bruder Ludwig Christian Lichtenberg nicht die Kinder in ihrer Ausbildung, insbesondere im Studium, nachhaltig finanziell unterstützt, würde der Gesamtetat kaum ausgereicht haben, die Kinder in bürgerlichen Berufen zu erziehen. [UJ]

845
Bewilligungsschreiben des Geheimen Rats-Kollegiums zum Gnadenquartal für Margarete Lichtenberg, 20. April 1799.
Handschrift.
Göttingen, Universitätsarchiv, Kur. 4 Vb/39

846
Georg Christoph Lichtenberg's vermischte Schriften nach dessen Tode aus den hinterlassenen Papieren gesammelt und herausgegeben von Ludwig Christian Lichtenberg und Friedrich Kries. 9 Bde. Göttingen 1800-1806.
Darmstadt, Hessische Landes- und Hochschulbibliothek, 422/6055
»[...] und da die Physic auch Ihr Lieblings Studium ist, so hoffe ich«, schreibt Dieterich schon bald nach Lichtenbergs Tod nach Gotha, »Sie mein Lieber, werden aus Liebe für Ihren Seel:[igen] Bruder und seine hinterlaßenen« die Ordnung und Herausgabe des schriftlichen Nachlasses übernehmen. Die Herausgabe dürfe niemand anderem überlassen werden, »um den nutzen, der daraus entstehen kan [den] Hinterlaße-

nen allein mitzufließen zu laßen.« Und da er »seinen Pappenheimer« kennt, fügt er am Rand des Briefes hinzu: »Ihre Arbeith abgerechnet so bezahlt werden muß«. Er bietet 5 Taler pro Druckbogen Herausgeberhonorar an und drängt – die unberechtigten Nachdrucker arbeiteten schon – zur Eile. Die unter Mitarbeit von Friedrich Kries herausgegebenen *Vermischten Schriften* waren für die Leser eine Überraschung und eine Sensation: Hier erstmals, mit den ersten Auszügen aus den Sudelbüchern, konnten sie den Lichtenberg entdecken, der durch seinen Sprachwitz und Gedankenreichtum unsterblich wurde. »Lichtenbergs Schriften«, urteilte Johann Wolfgang von Goethe 1829, »können wir uns als der wunderbarsten Wünschelrute bedienen; wo er einen Spaß macht, liegt ein Problem verborgen.« [SO]

847

Georg Christoph Lichtenberg's auserlesene Schriften. [Hrsg. von Christian Siegmund Krause.] Mit 24 Kupfern nach Daniel Chodowiecki. Bayreuth 1800.
Erste, unrechtmäßige Gesamtausgabe.
Darmstadt, Hessische Landes- und Hochschulbibliothek, 63/4099

848

Georg Christoph Lichtenberg's Vermischte Schriften. Neue vermehrte, von dessen Söhnen veranstaltete Original-Ausgabe. Mit dem Portrait, Facsimile und einer Ansicht des Geburtshauses des Verfassers. 14 Bde. Göttingen: Dieterich 1844-1853.
Darmstadt, Hessische Landes- und Hochschulbibliothek, 31/659
Die Bände 1 und 2 bringen Auszüge aus den Sudelbüchern, 3 bis 6 zu Lebzeiten gedruckte Schriften, 7 und 8 enthalten die erste Briefausgabe, 9 bis 14 die Hogarth-Erklärungen.

Die physikalischen Naturgesetze und fundamentalen Zahlenwerte des Kosmos ermöglichten menschliches Leben, gewährleisten jedoch nicht den Fortbestand der Menschheit. Ähnliches mag sich der Physikprofessor gedacht haben, als er niederschrieb: »Es wäre doch möglich, daß einmal unsere Chemiker auf ein Mittel gerieten unsere Luft plötzlich zu zersetzen, durch eine Art von Ferment. So könnte die Welt untergehen.« (SB 2, K 334) Ob die Luft durch eine nukleare Kettenreaktion zersetzt werden könnte, mußte in der Tat vor der ersten Atombombenexplosion überlegt werden.[15] »Vulcane«, schreibt Lichtenberg, »können wir nicht anlegen; es fehlt uns die Macht dazu, und hätten wir die Macht, so würde uns doch die Einsicht fehlen, sie gehörig anzubringen. (O fehlte doch immer die Macht, wo die Einsicht fehlt!)«[16] Wie beklemmend aktuell!

Den arg strapazierten Begriff ›Verantwortung des Wissenschaftlers‹, in den so viel Verschiedenes hineingezwängt wird, fand ich nicht in den Sudelbüchern. Aber es stehen dort (wohlgemerkt bei den physikalischen und philosophischen Bemerkungen) die »Vermächtnisse«: »Hauptbemühung der Physiker *Nutzen* für das menschliche Geschlecht« (SB 2, L 935) und »Unternimm nie etwas, wozu du nicht das Herz hast, dir den Segen des Himmels zu erbitten!« (SB 2, K 298) Mit so wenigen Worten hat Lichtenberg alles gesagt.

1 Albrecht Schöne: *Aufklärung aus dem Geist der Experimentalphysik: Lichtenbergsche Konjunktive.* München 1982, S. 61.

2 In SB (die dortige Numerierung wird durchgehend benutzt) stehen die naturwissenschaftlichen Notizen L 834 bis 983 auf gut 32 Druckseiten, die anderen von etwa L 377 bis 707 auf 40 Seiten; Lichtenberg schrieb sie ab etwa Februar 1798 (vgl. Bw 3, S. VII). Bei der ›Zusammenraffung‹ wurden viele Notizen übergangen, die meisten anderen nur durch ein Stichwort angedeutet.

3 Peter B. Medawar: *Ratschläge für einen jungen Wissenschaftler.* München 1984, S. 76.

4 Auch die Physik-Nobelpreisträger 1986 Gerd Binnig und Heinrich Rohrer haben »Neues gemacht um Neues zu sehen«: Mit ihrem Raster-Tunnel-Mikroskop (klein wie eine Streichholzschachtel) lassen sich einzelne Atome auf der Oberfläche fester Körper sehen und neuerdings sogar gezielt versetzen.

5 Wolfgang Paul: *Elektromagnetische Käfige für geladene und neutrale Teilchen.* In: Physikalische Blätter 46 (1990), S. 227.

6 Martin Wagenschein: *»O fehlte doch immer die Macht, wo die Einsicht fehlt!«.* In: Der Math. und Naturwiss. Unterricht 8 (1955), S. 241: »Gespräch mit einem heutigen Ausfrager«. – Friedrich Cramer: *Chaos und Ordnung: Die komplexe Struktur des Lebendigen.* Stuttgart 1988. Enthält fiktive Dialoge Lichtenbergs mit Meister Zettel, Alice, Albert Einstein, Ludwig Wittgenstein und dem Prinzen Hamlet. Englische Fassung der Dialoge mit Alice und Einstein: Interdisc. Science Reviews 15 (1990), S. 344.

7 »Nach Neutons [sic] Theorie besteht ein Lichtstrahl (radius lucis) in einer gradlinigten Reihe auf einander folgender Lichttheilchen. Nach Eulers Theorie in einer geradlinigten Reihe von Schlägen des Aethers«: Johann Tobias Mayer [d. jüngere, Nachfolger Lichtenbergs]: *Anfangsgründe der Naturlehre.* Göttingen 1801, S. 293. – Zu diesem Thema auch: Siegfried Wagner: *Lavoisier, Lichtenberg und Heisenberg.* Ber. Wiss. Gesch. 4 (1981), S. 127. – Den von Lichtenberg vorgeschlagenen Mittelweg (»›medium tenuere beati‹«) hat auch Isaac Newton schon eingeschlagen. In seiner *Hypothesis* (1675) postuliert er einen zu Schwingungen (Vibrationen) fähigen Äther, der als vermittelndes Agens zwischen Licht und Materie wirkt. (H. Zehe, persönliche Mitteilung).

8 Albert Einstein: *Über einen die Erzeugung und Verwandlung des Lichtes betreffenden heuristischen Gesichtspunkt.* In: Ann. Physik IV,17 (1905), S. 132.

9 Die Dualität Teilchen – Welle, welche auch für Materie (Elektronen, Atome) gilt, war erst in den zwanziger Jahren endgültig gesichert und verstanden. Siehe z.B. Friedrich Hund: *Geschichte der Quantentheorie.* Mannheim, Wien, Zürich 1975.

10 Christa Kirsten, Hans-Günther Körber (Hrsg.): *Physiker über Physiker.* Berlin 1975, S. 201.

11 Abraham Pais: *Subtle is the Lord – The Science and the Life of Albert Einstein.* Oxford 1982, S. 376.

12 In Briefen an die belgische Königin-Mutter (1955).

13 Vgl. Cramer (wie Anm. 6).

14 Cramer (wie Anm. 6), S. 159.

15 Richard Rhodes: *Die Atombombe oder die Geschichte des 8. Schöpfungstages.* Nördlingen 1988, S. 672 und 681.

16 Georg Christoph Lichtenberg: *Einige Betrachtungen über die physischen Revolutionen auf unsrer Erde.* In: GTC für 1794, S. 79. Hier zit. nach: Physikalisch-Mathematische Schriften. In: *Vermischte Schriften.* Hrsg. von Ludwig Christian Lichtenberg und Friedrich Kries. Bd. 6-9. Göttingen 1803-1806, Bd. 2, S. 25.

Peter Brix

»Der unvergeßliche Name unseres viel zu früh verewigten großen Naturforschers Lichtenberg«

Mondkrater und elektrische Figuren

Walter Benjamin schrieb Anfang 1933, schon in der Emigration, das Hörmodell *Lichtenberg: Ein Querschnitt*; es wurde damals nicht mehr gesendet. Am Ende dieser Hommage für (den »Mondforscher«) Lichtenberg beschließen die Mondwesen, die Mondkrater »mögen in ihren Kreis den Krater Lichtenberg aufnehmen, welcher klar, lauter und friedlich in jenem Zauberlichte liegt, das uns das Jahrtausend erleuchtet und dem Licht vergleichbar ist, das aus den Schriften dieses irdischen Lichtenbergs zu strahlen anfängt.«[1] Katalog-Nr. 850 ist ein Blick in seinen Krater, aus 3000 km Höhe. »Was für ein Anblick für ein menschliches Auge müßte es seyn, in einen kreisförmigen mit einem Walle umgebenen Kessel von viertehalb Deutschen Meilen [ca. 24 km] im Durchmesser und von der Tiefe des Chimborasso hinabzusehen, wo kein Gegenstand den Prospect von einer Seite zur andern hindert!«, meinte Lichtenberg im *Göttinger Taschen Calender* für 1792.[2] Unter »Einige Neuigkeiten vom Himmel« erzählte dort der »Almanachsschreiber« seinen Lesern begeistert von den 1791 gedruckten Beobachtungen und Vermessungen der Mondgebirge und Krater durch Johann Hieronymus Schroeter, Jurist und Astronom in Lilienthal bei Bremen.

Im zweiten Teil seiner *Selenotopographischen Fragmente* (1802) hat dann Schroeter, kurz nach Lichtenbergs Tod, ein von ihm auf dem Mond entdecktes neues »schönes Ringgebirge« (mit einem anstoßenden Bergkreis) »mit dem unvergeßlichen Nahmen unseres viel zu früh verewigten großen Naturforschers Lichtenberg bezeichnet.«[3] (Katalog-Nr. 849) Diese Formation wurde jedoch 1837 umgetauft; ein kleiner Krater von 20 km Durchmesser bewahrt seither auf »dem unserer Erde zugesellten Weltkörper«[4] Lichtenbergs unvergeßlichen Namen.

Auf der Erde wurde der Name des Physikers Lichtenberg vor allem durch die elektrischen Staubfiguren »unvergeßlich«. Beim ersten Bericht über seine Entdeckung vor der Göttinger Akademie am 3. Mai 1777 war Lichtenberg unpäßlich; Abraham Gotthelf Kästner erzählte aus einem ihm »übergebenen Pro Memoria«: »Einige der schönsten [Figuren] hat Hr. Prof. L[ichtenberg] zu zeichnen versucht, aber es bald aufgegeben, da er einen kürzern Weg sie zu copiren fand. Er druckte sie nemlich auf schwarzes klebrichtes Papier, so wie sie waren, ab, und legt die Abdrücke hinter Glas. Solcher Copien wurden sechs vorgezeigt, sie hatten, ob sich gleich der Abdruck nie ohne einige Quetschung machen läßt, doch ein sehr schönes Ansehen. Was diese Erscheinung besonders merkwürdig macht, ist, daß er von einer solchen Sonne z[um] E[xempel] so viele Auflagen machen kan, als er will, denn wenn man auch den Staub, woraus sie besteht, wegwischt, so kömmt sie doch wieder, wenn neuer Staub darauf gestreut wird, und dieses oft nach Verlauf von vier bis fünf Tagen. Dieses hat nemlich die Erfahrung wirklich gelehrt.«[5]

Damit war die Xerographie (der Trockendruck) entdeckt. Der Erfinder der modernen Xerographie, Chester F. Carlson (mit dem grundlegenden Patent »Electrophotography« 1942), würdigt in seiner *Geschichte der elektrostatischen Aufzeichnung*[6] Lichtenberg ausdrücklich als Entdecker dieses Druckverfahrens und zeigt eine selbst hergestellte Staubfigur (Katalog-Nr. 851 oben).

Den Unsinn sturen Kopierens kritisierte Lichtenberg früh: »Er exzerpierte beständig, und alles, was er las, ging aus einem Buche *neben dem Kopfe vorbei* in ein anderes.« (SB 2, G 181; man ersetze »exzerpierte« durch ›xerokopierte‹) Ohne es zu ahnen, reichte er nämlich selbst die Hand zur Erfindung eines der Hilfsmittel, die der Sünde der Vielschreiberei ohne eigenes Denken noch Vorschub leisten sollten.

In seiner »ersten Abhandlung«[7] über die elektrischen Figuren vom 21. Februar 1778 führte Lichtenberg die mathematischen Zeichen + und – (+E und –E) für die elektrische Ladung ein. Der Schweizer theoretische Physiker Markus Fierz hat 1951 in seiner Basler Rektoratsrede ausgeführt, wie wichtig das war: »Bei Lichtenberg haben die Bezeichnungen positiv und negativ nicht mehr wie bei Franklin den Sinn des mehr oder weniger, sondern sie sind im Sinne eines Gegensatzpaares gemeint, bei welchem jedem Partner der gleiche Realitätswert zukommt«.[8] Deshalb darf auch beim + und – auf einer elektrischen Batterie oder bei den Elementarteilchen an den Göttinger Experimentalphysiker gedacht werden, der 1790 zufrieden notierte: »Mein +E und –E ist ebenfalls angenommen worden auch schon von Ausländern.« (SB 2, J 1440)

Lichtenbergs Staubfiguren wurden in einem ausführlichen Artikel *Ein Jahrhundert nach ihrer Entdeckung* von Moriz Kuhn noch als »das einzige Mittel« bezeichnet, »um schnell und sicher die Verschiedenheit der beiden Elektrizitätsarten zur Anschauung zu bringen«.[9] Später galten sie als verstaubte Kuriositäten; denn erst die moderne Physik hat sie zu verstehen gelehrt. Heute tragen alle mehr oder minder beständig sichtbar gemachten Bahnspuren elektrischer Entladungen Lichtenbergs Namen. Die Würdigung *Zweihundert Jahre Lichtenbergsche Figuren* durch Yuzo Takahashi[10] verzeichnet über 20 verschiedene Typen.

Katalog-Nr. 851 oben zeigt das Foto einer flachen räumlichen Figur:[11] Ein ›Lorbeerkranz‹ zu seinem »Andencken und der Erfindung zu Ehre«.[12] Die »niedliche[n] kleine[n] Ästchen« der (positiven) Lichtenbergschen Figuren mit ihren Zweigen und Zweiglein, (»denen nicht unähnlich, welche die Kälte an den Fensterscheiben erzeugt«),[13] gehören zu den eindrucksvollsten Mustern der unbelebten Natur. Überall ähnlich und nirgendwo identisch bilden sie das Walten physikalischer Wahrscheinlichkeitsgesetze wunderbar ab.

Solche Figuren, bei denen jeder beliebige Ausschnitt dem ursprünglichen Muster ähnlich sieht, nennt man Fraktale. Seit Benoit Mandelbrot 1982 in seinem Buch *The Fractal Geometry of Nature* dieses fächerübergreifende Konzept präsentierte, sind Wissenschaftler und Laien gleichermaßen fasziniert von der Schönheit fraktaler Strukturen. Viele bildet die Natur, unzählige andere lassen sich vom Computer (auch herrlich bunt) berechnen. Als Beispiel sei die Ausstellung *De près comme de loin – Formes Fractales* (Aus der Nähe wie aus der Ferne – Fraktale Formen) erwähnt, die im Mai 1991 im Palais de la Découverte in Paris eröffnet wurde. Diese »bemerkenswerte Sammlung von Austellungstücken, Spielen, Experimenten und vor allem Bildern illustriert, wie das Konzept der Fraktale die Naturwissenschaften durchdrungen hat«.[14] Das zur Ausstellung erschienene Album *Fractal Forms*[15] bildet auf über 50 Seiten ganz unterschiedlich entstandene fraktale Strukturen ab. Als eine von mehreren Lichtenbergschen Figuren sieht man dort den im Isolator ›eingefrorenen Blitz‹ mit dem Foto eines wirklichen Blitzes kombiniert. Die verschiedenartigsten fraktalen Gebilde, darunter die Figuren mit Lichtenbergs Namen, veranschaulichen höchst eindrucksvoll

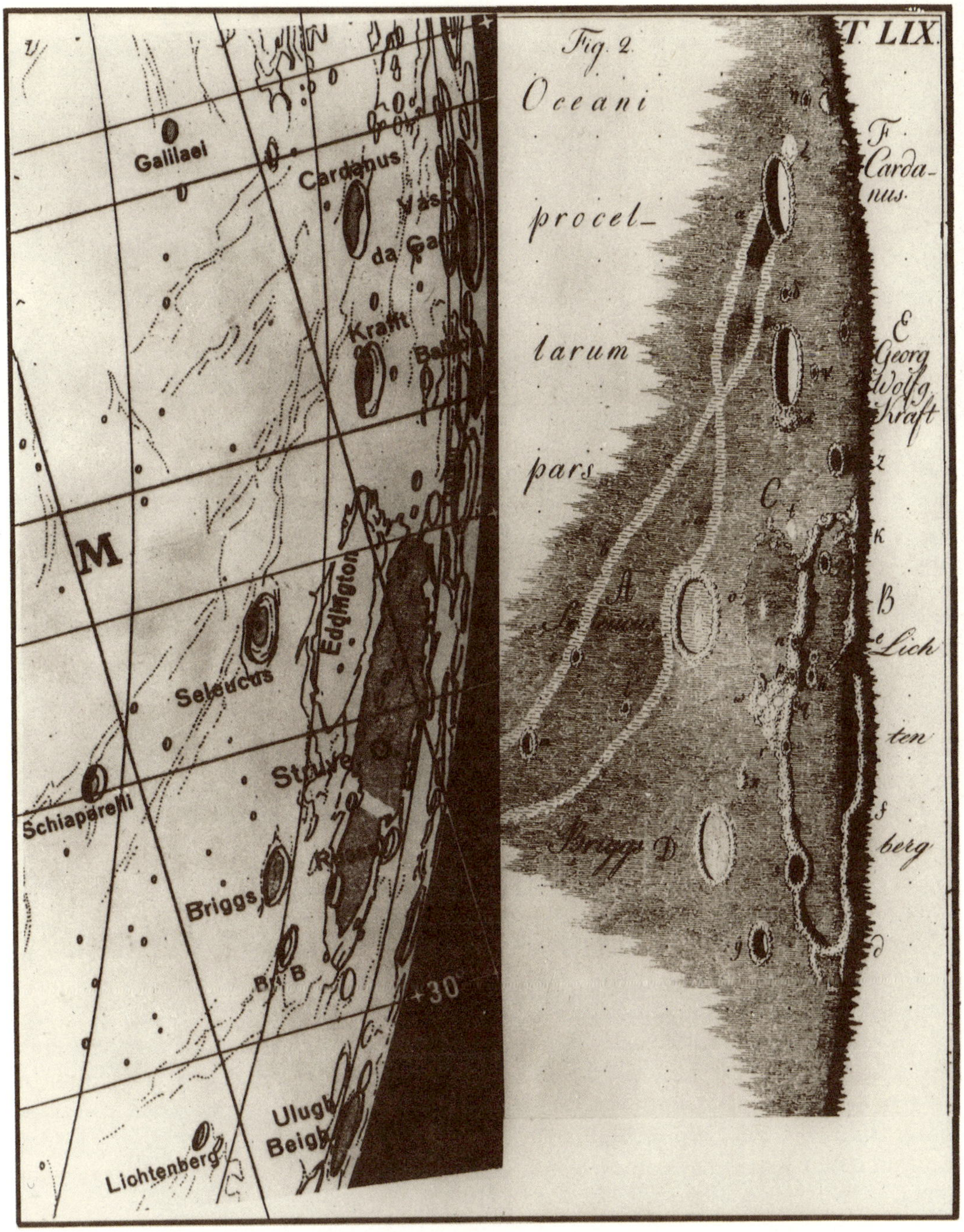

849
Der Mondkrater *Lichtenberg*.
Im 2. Teil der *Selenotopographischen Fragmente* (1802) bezeichnete Johann Hieronymus Schroeter ein von ihm entdecktes »schönes Ringgebirge« auf dem Mond, zusammen mit dem angrenzenden Bergkreis, »mit dem unvergeßlichen Nahmen unseres viel zu früh verewigten großen Naturforschers Lichtenberg«. Dies ist auf dem Ausschnitt der Schroeterschen Mondkarte (rechts) bei B und C eingezeichnet. Die moderne Karte im gleichen Maßstab (links) zeigt dieselbe Gegend, die 1837 umbenannt wurde. Die statt dessen heute mit »Lichtenberg« bezeichnete Erhebung ist ein kleinerer Krater von etwa 20 km Durchmesser am unteren Bildrand. [PB]

dessen wegweisende Idee, »*die ganze Physique zu durchlaufen und Ähnlichkeiten aufzusuchen*« (SB 2, J 1566).

Im Geschichtsbuch der Wissenschaft stehen bedeutende Forscher; auch große Lehrer gehören hinein. Gottlieb Gamauf, Prediger im fernen Oedenburg, ließ von 1808 bis 1818 Erinnerungen an Lichtenbergs Vorlesungen in fünf Bänden drucken. Vor allem auf seine neue Experimentalvorlesung gründete sich Lichtenbergs Ansehen bei den Zeitgenossen. Als »Große Vorlesung« wurde und wird deren Tradition in Göttingen ab 1921 von Robert Wichard Pohl, dann von Rudolf Hilsch und heute durch

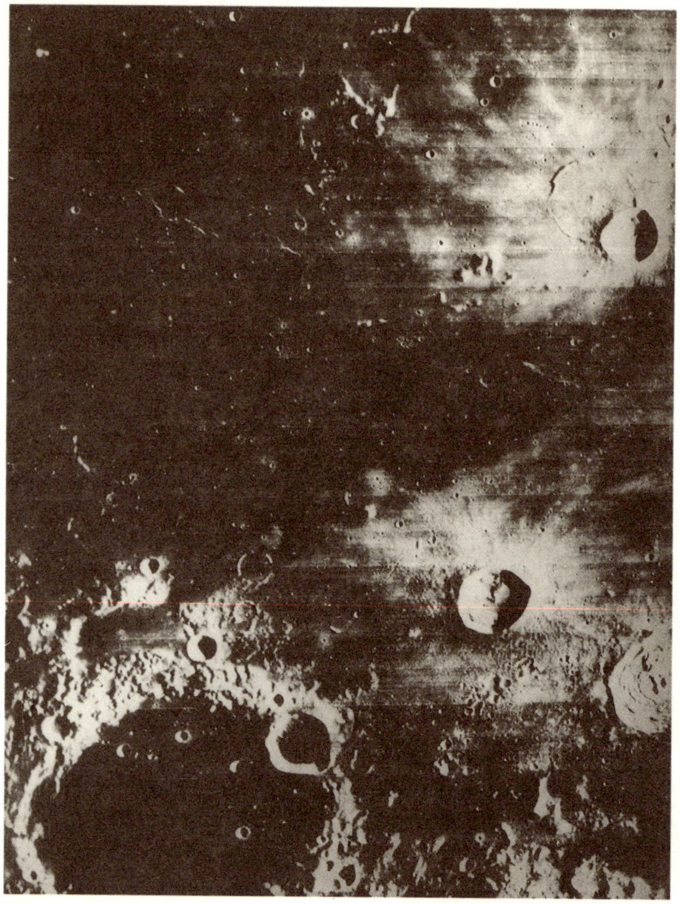

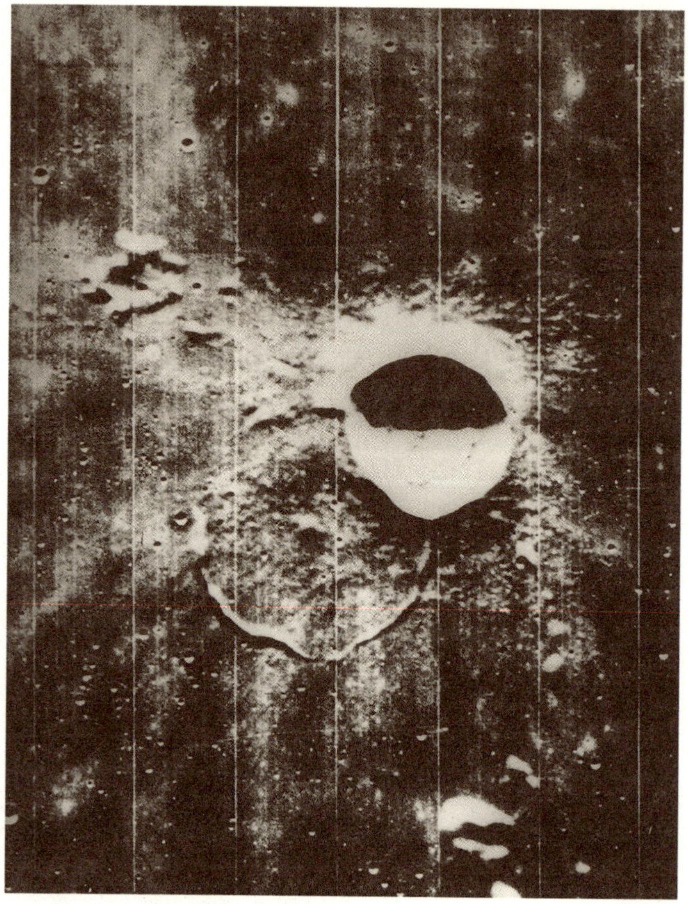

850
Der Mondkrater »Lichtenberg«. Photographie.
Der Krater, der heute Lichtenbergs Namen trägt, wurde Ende der 1960er Jahre vom unbemannten Raumschiff Lunar Orbiter IV photographiert. Bei der gerade noch sichtbaren Ringstruktur handelte es sich um einen älteren, fast versunkenen Krater. Ins Sudelbuch notierte Lichtenberg: »*Einige Fragen und Betrachtungen über die Gestalt und Lage der Monds-Flecken.* [...] Der größere macht dem kleineren Platz.« (SB 2, D 712) [PB]

851
Lichtenbergsche Figuren
Hergestellt von F. Schwörer und Mitarbeitern im Max-Planck-Institut für Strahlenchemie, Mülheim a.d. Ruhr
Ein ›Lorbeerkranz‹ zu Lichtenbergs »Andencken und der Erfindung zu Ehre«. Die »niedliche[n] kleine[n] Ästchen« der (positiven) Lichten-

Gunther von Minnigerode fortgesetzt. Für seine berühmten Lehrbücher wich Pohl bewußt von der bis dahin üblichen Darstellung eines Kompendiums ab: Er benutzte zum Beispiel den Titel *Einführung in die Elektrizitätslehre* (21 Auflagen seit 1927) und bemühte sich, wie schon Lichtenberg, »aus der unendlichen Stoffülle, unbekümmert um Modeströmungen, die grundlegenden Dinge herauszugreifen und die inneren Zusammenhänge in der Fülle der Erscheinungen mit unseren heutigen Vorstellungen zu beschreiben«.[16] Das hatte Lichtenberg vorgeschwebt: »Ein zu einer Grundlage brauchbares Lehrbuch muß nur den Kern seiner Wissenschaft oder Kunst in der gedrängtesten Kürze enthalten« (SB 2, H 175). Sein eigenes schaffte er jedoch nicht mehr.

Am Ende seines grundlegenden Werks *Logik der Forschung* betont der Philosoph Karl Popper: »Nicht der *Besitz* von Wissen, von unumstößlichen Wahrheiten macht den Wissenschaftler, sondern das rücksichtslos kritische, das unablässige *Suchen* nach Wahrheit.«[17] Hierzu hätte er Alexander von Humboldt zitieren können, der am 3. Oktober 1790 seinem Lehrer Lichtenberg schrieb: »Wenn man für Freundschaft und Wohlwollen danken könnte, so müßte ich Ihnen viel danken. Ich achte nicht bloß auf die Summe positiver Kenntnisse die ich Ihrem Vortrage entlehnte – mehr aber auf die allgemeine Richtung, die mein Ideengang unter Ihrer Leitung nahm. Wahrheit an sich ist kostbar, kostbarer aber noch die Fertigkeit, sie zu finden.« (Bw 3, Nr. 1747) Auch als begeisternder Hochschullehrer sollte Lichtenberg stets unvergessen bleiben.

»Er ist einer der größten Männer dieser Zeit, steht bekannt als einer der besten Professoren die man je gehabt hat, ist berühmt durch seine Werke und durch seinen Genius«: Diese Empfehlung erhielt die Universität Leiden (Holland), als sie den 53jährigen aus Göttingen wegzuberufen suchte.[18] Das Urteil der *Allgemeinen Deutschen Biographie* von 1883 ist weniger enthusiastisch: »In seiner speciellen Wissenschaft zeichnete sich L[ichtenberg] aus durch seine von ausgezeichneten Apparaten unterstützten Vorlesungen über Experimentalphysik, welche einen bedeutenden Ruf genossen und vielfach besucht wurden. Sein Name lebt in der Physik fort durch die nach ihm genannten Lichtenberg'schen Figuren. Aber obwo[h]l er das Gebiet der Physik völlig beherrschte, hat er es doch zu keiner bedeutenden Bereicherung desselben gebracht.« Dies schrieb freilich ein Germanist (W. Heß) – und vor dem Hintergrund der großen Entdeckungen, welche die Generation der Schüler Lichtenbergs einleitete.

In der *Encyclopaedia Britannica* (1979) sucht man den Fellow of the Royal Society London (FRS, seit 1793) zwischen Li Ching-yeh (chinesischer Rebellenführer, 7. Jh.) und Lichtenhain tankards (mittelalterliche deutsche Krüge) vergebens. Dagegen bringt das amerikanische *Dictionary of Scientific Biography* (1973) fast drei Seiten über Lichtenberg (Olexa M. Bilaniuk); und in der *Neuen Deutschen Biographie* von 1985 sind von insgesamt 28 Spalten zu Lichtenberg dem Naturforscher knapp zehn gewidmet (Claus Priesner): Die in den Sudelbüchern nachgelassenen, seit 1971 vollständig gedruckten physikalischen *Vermächtnisse* haben Lichtenbergs Bedeutung in ein neues Licht gerückt. Die Weite und Vielfältigkeit des Lichtenbergischen Horizonts gerade auch im Spiegel seiner Briefpartner wurde erst 1992 durch die rückhaltlos vollständige, nicht auf lediglich literarische Interessen orientierte Gesamtausgabe des Briefwechsels (besonders in den letzten beiden Bänden) ganz deutlich. In den Augen von Literaturwissenschaftlern, ja der Dichter selbst war Lichtenberg längst zum ersten Autor des 20. Jahrhunderts avanciert (Helmut Heißenbüttel). Nun ist er auch als höchst modern denkender und fragender Physiker »unvergeßlich«.

bergschen Figuren mit ihren Zweigen und Zweiglein, »denen nicht unähnlich, welche die Kälte an den Fensterscheiben erzeugt« (SB 3, S. 27), gehören zu den eindrucksvollsten Mustern der unbelebten Natur. Überall ähnlich und nirgendwo identisch bilden sie das Walten physikalischer Wahrscheinlichkeitsgesetze wunderbar ab. – »Alles ist sich gleich, ein jeder Teil repräsentiert das Ganze.« (SB 1, F 478) [PB]

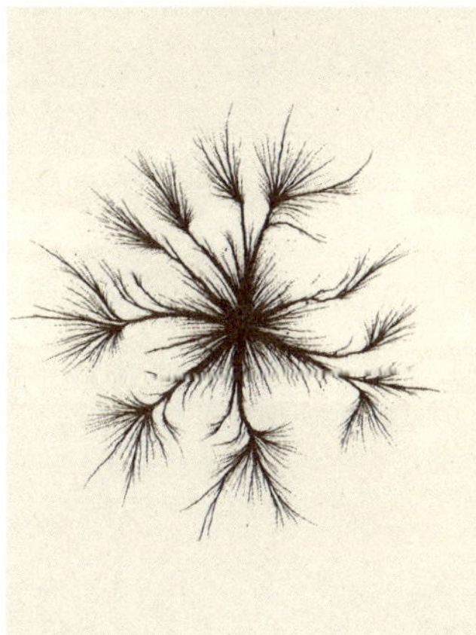

1 Walter Benjamin: *Lichtenberg: Ein Querschnitt.* Hörmodell 1933. In: *Gesammelte Schriften* Bd. IV, 2, Frankfurt a. M. 1972, S. 696.

2 Georg Christoph Lichtenberg: *Einige Neuigkeiten vom Himmel.* In: GTC für 1792, S. 444 und 431. Hier zit. nach: Physikalisch-Mathematische Schriften. In: *Vermischte Schriften.* Hrsg. von Ludwig Christian Lichtenberg und Friedrich Kries. Bd. 6-9. Göttingen 1803-1806, Bd. 1, S. 416 ff.

3 Johann Hieronymus Schroeter: *Selenotopographische Fragmente zur genaueren Kenntniss der Mondfläche, ihrer erlittenen Veränderungen und Atmosphäre, sammt den dazu gehörigen Specialcharten und Zeichnungen.* Zweiter Teil. Göttingen 1802. – Quellenangaben zu den beiden ersten Absätzen in der viel ausführlicheren Darstellung von Peter Brix, Hugo Fechtig: *Die nach Lichtenberg benannten Mondsflecken.* Photorin 4 (1981), S. 16. – Lichtenberg (wie Anm. 2).

4 Lichtenberg (wie Anm. 2).

5 Georg Christoph Lichtenberg: *Über eine neue Methode, die Natur und die Bewegung der elektrischen Materie zu erforschen.* In: Herbert Pupke (Hrsg.): Ostwalds Klassiker Nr. 246. Leipzig 1956, dort Abdruck der Originalarbeiten und gründliche Anmerkungen auch zu Lichtenbergs Zeichen + und – für die Elektrizitäten.

6 Chester F. Carlson: *History of Electrostatic Recording.* In: John H. Dessauer, Harold E. Clark: *Xerography and Related Processes.* London, New York 1965, S. 15.

7 Lichtenberg (wie Anm. 5).

8 Markus Fierz: *Die Entwicklung der Elektrizitätslehre als Beispiel physikalischer Theorienbildung.* Basel 1951, S. 7. Siehe auch Pupke (wie Anm. 5), S. 59 und 61.

9 Moriz Kuhn: *Ueber die Lichtenberg'schen Figuren.* Wien 1873, S. 1.

10 Yuzo Takahashi: *Two Hundred Years of Lichtenberg Figures.* J. Electrostatics 6 (1979), S. 1, dort 64 Literaturangaben.

11 Hergestellt von F. Schwörer und Mitarbeitern im Max-Planck-Institut für Strahlenchemie, Mülheim a. d. Ruhr

12 Peter Brix: *G. C. Lichtenberg, der Physiker: Altes und Neues.* In: Physikal. Blätter 41 (1985), S. 141.

13 Lichtenberg (wie Anm. 5); hier zit. nach SB 3, S. 27.

14 Europhysics News 22 (1991), S. 104.

15 Etienne Guyon, H. Eugene Stanley (Hrsg.): *Fractal Forms.* Amsterdam 1991.

16 Erich Mollwo: *R. W. Pohl, 1884-1976.* In: Physik in unserer Zeit 15 (1984), S. 110.

17 Karl Popper: *Logik der Forschung.* Tübingen 1982, S. 225; im letzten (85.) Abschnitt »Der Weg der Wissenschaft« der ersten deutschen Ausgabe.

18 Johann Peter Gumbert: *Lichtenbergs Ruf nach Leiden.* Photorin 3 (1980), S. 49, Anhang V (übersetzt).

Autoren und Mitarbeiter

Nicole Allmann, geboren 1972; Sekretärin im Büro des Oberbürgermeisters der Stadt Darmstadt, tätig in der Geschäftsführung der Lichtenberg-Ausstellung.

Arnd Beise, geboren 1964; Studium der Literatur- und Kunstgeschichte in Marburg, M.A. 1989. Stipendiat des Instituts Italiano di studi filosofici des Landes Hessen, der Studienstiftung des Deutschen Volkes. Arbeitet an einer Dissertation über »das Volk als revolutionäres Subjekt in der Literatur des 18. Jahrhunderts«. Aufsätze zu Peter Weiss und zur Literatur der Aufklärung. Eine Studie zum »Fall Charlotte Corday« in der deutschen Literatur v. a. des 19. Jahrhunderts erscheint Ende 1991.

Gustav Beuermann [GB], Prof. Dr. rer. nat., geboren 1941 in Celle; Studium der Physik bei Rudolf Hilsch in Göttingen; Abschluß als Diplom-Physiker 1967; Promotion über »Abschreckend kondensierte Metall-Ammoniak-Schichten« 1970; Habilitation 1978; Apl. Professor seit 1984. Forschungsthemen: Experimentelle Tieftemperaturphysik, z. B. Tunnelmessungen an Supraleitern. Daneben: Aufbau der Sammlung physikhistorisch bedeutender Geräte von Lichtenberg, Gauß, Weber, Riecke, Pohl, Hilsch.

Wichtigste Arbeiten zur Geschichte der Physik: *50 Kilovolt, eine historische Elektrisiermaschine für den Selbstbau durch Schüler*. In: Praxis d. Naturwiss. Phys. *10*, 307 (1981) (mit Th. Werner). – *Der elektromagnetische Telegraph von Gauß und Weber*. In: Mitteilungen der Gauss-Gesellschaft Göttingen, *20/21*, 44 (1983) (mit R. Görke). – *Die historische Sammlung des I. Physikalischen Instituts Göttingen*. Katalog I und II. Göttingen 1986 und 1988 (mit Th. Werner, M. Czaske, U. Schulz). – Hrsg. zus. m. a.: *250 Jahre Georg-August-Universität Göttingen*. Katalog zur Ausstellung im Auditorium. Göttingen 1987.

Oswald Bill [OB], Dr. phil., geboren 1937; Studium der Musikwissenschaft in Frankfurt am Main, Köln und Marburg. Leiter der Musikabteilung der Hessischen Landes- und Hochschulbibliothek Darmstadt.

Wichtigste Veröffentlichungen: *Das Frankfurter Gesangbuch von 1569 und seine späteren Ausgaben* (= Studien zur hessischen Musikgeschichte Bd. 1). Marburg 1969. – *Konzertleben in Darmstadt*. In: Musik in Darmstadt zwischen den beiden Weltkriegen (= Beiträge zur mittelrheinischen Musikgeschichte 18). Mainz 1980. – *Dokumente zu Leben und Wirken Christoph Graupners in Darmstadt*. In: Christoph Graupner. Hofkapellmeister in Darmstadt 1709-1760 (= Beiträge zur mittelrheinischen Musikgeschichte 28). Mainz 1987.

Helmut Böhme, Prof. Dr., geboren 1936 in Tübingen, Studium in Hamburg, ordentl. Prof. für Geschichte, seit 1971 Universitätspräsident der Technischen Hochschule Darmstadt.

Wichtigste Veröffentlichungen: *Franklins Funken*. In: Lichtenberg-Jahrbuch 1990, S. 71ff. – *Gestaltung von Forschung und Lehre in einer zukunftsorientierten Produktionstechnik*. In: Produktionstechnik im Wandel, Darmstadt 1991, S. 41ff. u. a. m.

Henning Boetius, Dr. phil., geboren 1939 in Langen; Jugend auf Föhr; Studium in Frankfurt; von 1967 bis 1973 Leiter der Redaktion der kritischen Brentanoausgabe. Seit 1984 freier Schriftsteller.

Wichtigste Veröffentlichungen: *Schönheit der Verwilderung*. Roman über das Leben J. Chr. Günthers, Frankfurt a. M. 1986. – *Der Gnom*. Roman über G. Chr. Lichtenberg, Frankfurt a. M. 1989. – *Lauras Bildnis*. Roman, Frankfurt a. M. 1991.

Hartwig Brandt, Prof. Dr. phil, geboren 1936; Studium in Tübingen, Berlin und Hamburg (Geschichte, Politik, Griechisch), Promotion 1966, seit 1967 an der Philipps-Universität Marburg (Assistent 1967, Dozent 1971, Akademischer Rat 1980), 1976 Habilitation, 1989 außerplanmäßiger Professor. Hochschullehre in Marburg, Hamburg, Kassel, Gießen, Frankfurt a. M., Erlangen, Bayreuth. 1983 Klaus-Mehnert-Preis, 1986 Wolf-Dietrich-Kellner-Preis.

Wichtigste Veröffentlichungen: *Landständische Repräsentation im deutschen Vormärz* (1986). – *Restauration und Frühliberalismus* (1979). – *Württembergischer Parlamentarismus 1819-1870* (1987).

Peter Brix [PB], Prof. Dr. Dr. hc., geboren 1918; Promotion 1946 und Habilitation 1952 in Göttingen. Danach in Ottawa und Heidelberg. 1957-1972 Professor für Physik an der Technischen Hochschule Darmstadt. Ab 1972 Direktor am Max-Planck-Institut für Kern-Physik und Professor an der Universität Heidelberg, seit 1986 emeritiert. 1980-1983 Vizepräsident der Deutschen Forschungsgemeinschaft. Mitglied der Heidelberger Akademie der Wissenschaften und der »Leopoldina«. Dr. h.c. der Freien Universität Berlin. – Experimentelle Forschungsarbeiten hauptsächlich über Größe und Form der Atomkerne. Später Beschäftigung mit der frühen Geschichte der Kernphysik und G. C. Lichtenberg.

Wichtigste Veröffentlichungen: *Wie das Bild der Atomkerne sichtbar wurde*. In: Heidelberger Jahrbücher 30,1 (1986). – *Die folgenreiche Entdeckung der Uranspaltung – und wie es dazu kam*. In: Naturwissenschaftliche Rundschau 42,1 (1989) / Physikalische Blätter 45,2 (1989) / Interdisciplinary Science Reviews 15,314 (1990). – *G. C. Lichtenberg der Physiker: Altes und Neues*. In: Physikalische Blätter 41,141 (1985). – Zahlreiche Fachveröffentlichungen.

Stefan Brüdermann, Dr. phil., geboren 1959; Studium der Geschichte und Germanistik in Göttingen und Wien, 1987 Promotion, wissenschaftlicher Mitarbeiter an der Edition Lichtenberg-Briefwechsel bis 1989, Dozententätigkeit in der Erwachsenenbildung, 1989-1991 Angestellter am Staatsarchiv Wolfenbüttel, z. Zt. Archivreferendar in Marburg.

Wichtigste Veröffentlichungen: *Göttinger Studenten und akademische Gerichtsbarkeit im 18. Jahrhundert* (1990). – *Der Göttinger Studentenauszug* (1991).

Franz Dumont, Dr. phil., geboren 1945 in Waldbröl / Rhld.; aufgewachsen in Trier (bis 1954) und Mainz, dort 1964 Abitur, dann Studium der Geschichte und Klassischen Philologie in Bonn (1964/65), danach in Mainz (Geschichte, Politikwissenschaft, Geographie), 1970 1. Staatsexamen für Höheres Lehramt, 1971-77 Assistent am Historischen Seminar der Universität Mainz, 1978/79 Wissenschaftlicher Mitarbeiter am Archiv für Christlich-Demokratische Politik der Konrad Adenauer-Stiftung in St. Augustin / Bonn, seit 1979 Wissenschaftlicher Mitarbeiter der Akademie der Wissenschaften und der Literatur in Mainz (Soemmerring-Edition).

Wichtigste Veröffentlichungen: *Die Mainzer Republik von 1792/93.* Studien zur Revolutionierung in Rheinhessen und der Pfalz. Alzey 1982, 2. Aufl. 1992. – *Naturerkenntnis – Welterkenntnis. Das »Seelenbündnis« zwischen Georg Forster und Samuel Thomas Soemmerring.* In: G. Mann, F. Dumont (Hrsg.): Gehirn – Nerven – Seele. Anatomie und Physiologie im Umfeld S. Th. Soemmerrings. Stuttgart, New York 1988, S. 381-440 (= Soemmerring-Forschungen, Bd. 3). – *Wirkungen auf Deutschland und Europa.* In: R. Reichardt (Hrsg.): PLOETZ. Die Französische Revolution. Freiburg, Würzburg 1988, S. 264-284. – *Samuel Thomas Soemmerring 1755-1830.* [Katalog der] Ausstellung 15.4.-17.7.1980 Med.-hist. Institut, Mainz 1980 (Mit H.-P. Rösler). – *Deutsche Jakobiner. Mainzer Republik und Cisrhenanen 1792-1798.* [Katalog der] Ausstellung des Bundesarchivs und der Stadt Mainz, Mainz 2. Aufl. 1982. (Mit A. Kuhn.) – *Deutschland und die Französische Revolution 1789/1989.* Eine Ausstellung des Goethe-Instituts zum Jubiläum des welthistorischen Ereignisses. Stuttgart 1989. (Mit U. Martin u. a.)

Eckhart G. Franz, Prof. Dr. phil., Leitender Archivdirektor, geboren 1931; Geschichtsstudium in Heidelberg, Freiburg, Portland / Oregon und Köln. Nach archivarischer Fachausbildung seit 1959 wissenschaftlicher Archivar in Marburg, 1971 Leiter des Hessischen Staatsarchivs Darmstadt, 1973 Honorarprofessor an der Technischen Hochschule Darmstadt, Vorsitzender der Hessischen Historischen Kommission Darmstadt.

Wichtigste Veröffentlichungen: Zahlreiche Quellenpublikationen, Darstellungen und Aufsätze zur hessischen Geschichte; u. a. Herausgeber und Mitautor von: *Darmstadts Geschichte* (1980, 2. Aufl. 1984). – *Erinnertes. Aufzeichnungen des letzten Großherzogs Ernst Ludwig von Hessen und bei Rhein* (1983). – *Juden als Darmstädter Bürger* (1984). – *Italien im Bannkreis Napoleons. Die römischen Gesandtschaftsberichte W. v. Humboldts an den Landgraf / Großherzog von Hessen 1803-1809* (1989). – *Die Chronik Hessens* (1991).

Horst Gravenkamp, Dr. med., Internist, Leitender Medizinaldirektor a. D., geboren 1921 in Bochum; Studium der Medizin in Göttingen, Freiburg, Bonn und München mit Unterbrechungen durch Kriegsdienst. Approbation und Promotion 1946 in München. Nach pathologisch-anatomischer und langjähriger klinischer Ausbildung ab 1959 hauptamtlicher medizinischer Sachverständiger in der gesetzlichen Kranken- und Rentenversicherung. Intensivierte seit der Pensionierung 1986 seine 1939 begonnene Beschäftigung mit Lichtenberg.

Wichtigste Veröffentlichungen: *Vergleichende Untersuchungen über die klinisch-röntgenologische und pathologisch-anatomische Beurteilung der Silikose.* In: Beiträge zur Silikose-Forschung, H. 42, 1956. – *Ergebnisse histologischer Sputumuntersuchungen bei kavernösen Slikotuberkolosen.* In: Die Staublungenerkrankungen, Bd. 3, 1958. – *Die Anamnese gestern, heute und morgen.* In: Medizinische Klinik 64 (1969). – *Die Anamnese in der medizinischen Begutachtung.* In: Der medizinische Sachverständige 66 (1970). – *»Ein Mädchen, kaum zwölf Monden alt«: Lotte Michaelis und Sigmund Freud. Hintergründe eines Lichtenberg-Aphorismus.* In: Lichtenberg-Jahrbuch 1989. – *Geschichte eines elenden Körpers. Lichtenberg als Patient.* 1989.

Kurt Hemmerling [KH], geboren 1914 in Darmstadt; Studium an der Technischen Hochschule Darmstadt (Mathematik, Physik, Chemie); Schuldienst als Studienrat, später Studiendirektor am Realgymnasium Alsfeld und an der Viktoriaschule Darmstadt. Nach Pensionierung 1979 ehrenamtlicher Betreuer des Physikalischen Cabinets im Hessischen Landesmuseum Darmstadt.

Wichtigste Veröffentlichungen: *Historische Miskroskope.* Katalog des Hessischen Landesmuseums Darmstadt Nr. 13.

Rainer Herbster, Dr. rer nat.; geboren 1948 in Frankfurt am Main; Studium der Sinologie, Vietnamistik, Vor- und Frühgeschichte und Geschichte der Naturwissenschaften mit dem Schwerpunkt Astronomiegeschichte in Frankfurt a. M. Promoviert mit einer Arbeit über die Frühphase der chinesischen Astronomie. Mitarbeit in der astronomischen Abteilung des Deutschen Museums in München. Forschungsschwerpunkt: Chinesische Astronomie von ihren Anfängen bis zur Ankunft der Jesuiten in China (17. Jh.). Teilnahme an mehreren wissenschaftlichen Kongressen z. B. in Istanbul, Edinburgh, Neapel.

Wichtigste Veröffentlichungen: Artikel *Chang Ch'ien, Chinesische Mauer, Chou-Zeit* in Meyers Realenzyklopädie, 1972. – *A Lost System of Chinese Astronomy.* In: International Symposium on the Observatories in Islam, Istanbul 1977, S. 235-241. Übersetzung: J. Needham: Wissenschaft und Zivilisation in China, Bd. 1, Frankfurt a. M. 1984. – *Montanhistorisch interessante Bergbauprägungen mit Saturndarstellungen* (zus. mit K. Freymann). In: Deutsches Museum. Wissenschaftliches Jahrbuch 1989. München 1989, S. 92-106. – *The Xiu Ying Shi as a Possible Link Between Early Chinese and Early Middle Eastern Astronomy.* In: Dall'Europa alla China: contributi per una storia dell'Astronomia. Napoli 1990, S. 125-127. – *Die Grundlagen der frühen chinesischen Astronomie, Bestimmung der Periode und Bahn der Sonne.* (Inauguraldissertation). Frankfurt a. M. 1986.

Magdalene Heuser [MH], Prof. Dr. phil., geboren 1937 in Dahlerau/Wupper; Studium der Germanistik, Philosophie und

Kunstgeschichte in Berlin, Marburg und Bonn. DAAD-Lektorin an den Universitäten Aarhus/Dänemark (1962) und Oxford/England (1968-1970), Visiting Professor an der Indiana University in Bloomington/USA (1970-1972) und an der Washington University in St. Louis/USA (1985), 1973-1985 Professorin für Deutsche Sprache und Literatur und ihre Didaktik am Erziehungswissenschaftlichen Fachbereich der Universität Göttingen. Seit 1985 Professorin am Fachbereich Sprach- und Literaturwissenschaft der Universität Osnabrück mit dem Schwerpunkt Frauen in der Literatur / Literatur von Frauen.

Wichtigste Veröffentlichungen: *Formen der Personenbeschreibung im Roman* (1970). – Hrsg.: *Frauen-Sprache-Literatur* (1982). – Zahlreiche Aufsätze zu Tagebuchschreiben und Adoleszenz (1982ff.), zum deutschsprachigen Roman von Frauen des ausgehenden 18. Jahrhunderts (1986ff.) sowie über Schriftstellerinnen der Frühaufklärung (1988ff.) und der Gegenwart. Hrsg. (zus. mit Brigitte Leuschner) einer 6-bändigen *Briefausgabe Therese Huber* (in Vorb., 1993ff.).

Julia Hoffmann, M.A.; geboren 1960; Studium der Germanistik und Amerikanistik in Göttingen, Gainesville / Florida und Champaign (Urbana) / Illinois. Magister 1988. 1988 Lektorin in Champaign, seit 1989 als Wissenschaftliche Mitarbeiterin beteiligt an der Herausgabe des Lichtenberg-Briefwechsels bei der Akademie der Wissenschaften zu Göttingen.

Wichtigste Veröffentlichungen: Rezensionen im Lichtenberg-Jahrbuch. Zus. mit H. Zehe: *Lichtenberg und Goethe* (in Vorbereitung).

Beatrix Joost, geboren 1959; Studium der Germanistik und Geschichte in Göttingen 1979-1984; Staatsexamen für das Lehramt. Lebt in Ober-Ramstadt.

Ulrich Joost [UJ], Dr. phil., geboren 1951. Nach dem Humanistischen Gymnasium Studium u. a. der Germanistik und Geschichte in Göttingen; Staatsexamen (1975), danach Abschluß der schon im Studium begonnenen Buchbinderlehre mit der Gesellenprüfung (1976); Promotion 1988. Seit 1977 Wiss. Mitarbeiter bei der Akademie der Wissenschaften zu Göttingen; seit 1989 Wiss. Mitarbeiter am Institut für Sprach- und Literaturwissenschaft der Technischen Hochschule Darmstadt. Lebt in Ober-Ramstadt.

Wichtigste Veröffentlichungen: Lichtenbergs *Briefwechsel* (zus. mit A. Schöne), München 1983ff. – Briefwechsel des Verlegers *Johann Christian Dieterich mit Ludwig Christian Lichtenberg* (1984). Briefwechsel des Verlegers *Johann Christian Dieterichs mit Gottfried August Bürger* (1988). – Abhandlungen zur Literatur-, Kultur- und Wissenschaftsgeschichte vornehmlich der Aufklärungsepoche, des Realismus und der frühen Moderne sowie zur Editorik; seit 1989 Hrsg. des *Lichtenberg-Jahrbuchs* (zus. mit W. Promies) und der *Lichtenberg-Studien* (zus. mit S. Brüdermann).

Joachim Kalka, geboren 1948; Literaturwissenschaftler und Anglist, lebt als Übersetzer, Lektor, Herausgeber und Dozent in Stuttgart.

Stefan Kastner, geboren 1960; Studium der Mathematik in Tübingen von 1981 bis 1989. Arbeitet an einer Untersuchung auf dem Gebiet der Wahrscheinlichkeitstheorie.

Kriemhild Kern, Magistratsoberrätin, geboren 1941; Referentin des Oberbürgermeisters der Stadt Darmstadt; Geschäftsführerin der Georg Büchner-Ausstellung Darmstadt, Weimar 1987/88 und der Lichtenberg-Ausstellung.

Werner Krumme, Dr. med., geboren 1923 in Bad Oeynhausen; Neurologe und Psychiater, war als Gutachter tätig, lebt in München.

Anke Leonhardt [AL], geboren 1964; studiert seit 1988 Germanistik und Geschichte an der TH Darmstadt.

Annette Lüchow [ALü], geboren 1964 in Hamburg; Studium der Fächer Deutsch, Geschichte, Erziehungswissenschaften und Journalistik an der Universität Hamburg; 1989 Staatsexamen; 1990 MA im Fach Deutsche Sprache und Literatur. Seit Juli 1990 wissenschaftliche Angestellte bei der Hamburger Klopstock-Ausgabe.

Wichtigste Veröffentlichungen: *Matthias Claudius als Rezensent im ›Wandsbecker Bothen‹ (1771-1775).* Magisterarbeit. Hamburg 1990. – Rezensionen und Abhandlungen im Lichtenberg-Jahrbuch 1989ff. – Mitarbeit am Katalog Matthias Claudius 1990.

Markus Matthias, Dr. theol., geboren 1956 in Mainz; Studium der Germanistik und Evangelischen Theologie in Göttingen, Tübingen, Straßburg und Jerusalem; 1988 Promotion in Erlangen; bis 1989 Vikar der Ev. Kirche in Hessen und Nassau; seit 1989 Wissenschaftlicher Mitarbeiter an der Ruhr-Universität Bochum bei der Edition der Briefe Ph. J. Speners 1666-1686.

Wichtigste Veröffentlichungen: *Johann Wilhelm und Johanna Eleonora Petersen.* Eine Biographie bis zur Amtsenthebung Petersens 1692 (Arbeiten zur Geschichte des Pietismus). Göttingen 1992 (= Diss. theol. Erlangen 1988). – *›Enthusiastische‹ Hermeneutik im Pietismus. Dargestellt an Johanna Eleonora Petersens ›Gespräche mit GOTT‹ (1688).* In: Pietismus und Neuzeit 17 (1991), S. 36-61. – Mitarb.: *Philipp Jakob Spener: Briefe aus der Frankfurter Zeit,* Bd. 1. Tübingen 1992.

Stephan Oettermann [SO], Dr. phil., geboren 1949; Studium der Germanistik in Marburg. Verantwortlicher Mitarbeiter der Georg Büchner-Ausstellung in Darmstadt, Weimar 1987/1988. Mitarbeit an verschiedenen Ausstellungen. Verantwortlich für die Durchführung des Herkules-Projektes an der Universität Siegen (1989/1990).

Wichtigste Veröffentlichungen: *Zeichen auf der Haut. Geschichte der Tätowierung in Europa.* Frankfurt a. M. 1979. – *Panorama. Geschichte eines Massenmediums.* Frankfurt a. M. 1980. – *Die Schaulust am Elefanten. Eine Elephantographia curiosa.* Frankfurt a. M. 1981. – *Läufer und Vorläufer. Zu einer Kulturgeschichte des Laufsports.* Frankfurt a. M. 1983. – Beiträge zu Zeitschriften und Katalogen, Rundfunkbeiträge.

August Ohage [AO], geboren 1933; Wissenschaftlicher Mitarbeiter am Seminar für Deutsche Philologie Göttingen.
Veröffentlichte Arbeiten zur deutschen Literatur-, Kunst- und Kulturgeschichte des 18. Jahrhunderts.

Claus Priesner, Dr. rer. nat., geboren 1947 in München; Studium der Chemie in München, wo er 1977 über ein Thema aus dem Bereich der Organischen Chemie promovierte. Anschließend Mitarbeit am Institut für Geschichte der Naturwissenschaften und der Technik des Deutschen Museums. Hier standen Untersuchungen zur Entwicklung der Makromolekularchemie anhand des Nachlasses von Hermann Staudinger sowie Arbeiten zur Geschichte des Atom- und Molekülbegriffs und des Berg- und Hüttenwesens im Vordergrund. Seit 1984 Mitglied der Schriftleitung der Neuen Deutschen Biographie der Historischen Kommission bei der Bayerischen Akademie der Wissenschaften in München. Neben der Betreuung der naturwissenschaftlich-technischen und der medizinischen Biographien innerhalb der Redaktion der NDB gilt sein Interesse der Geschichte der Alchemie, der Chemie im 18./19. Jahrhundert und der Geschichte der vorindustriellen Messingerzeugung in Bayern.

Wichtigste Veröffentlichungen: *H. Staudinger, H. Mark und K. H. Mayer – Thesen zur Größe und Struktur der Makromoleküle.* Weinheim 1980. – *Liebigs Experimentalvorlesung.* Vorlesungsbuch und Kekulés Mitschrift hrsg. von Otto Paul Krätz und Claus Priesner. Weinheim 1983. – *Spiritus Aethereus – Formation of Ether and Theories on Etherification from Valerius Cordus to Alexander Williamson.* In: AMBIX 33 (1986), S. 129-152. – *ARÄON Struktur und Kontext des »Systems der Chemie« Paul Traugitt Meißners.* In: Sudhoffs Archiv 74 (1911). (Im Druck). – *Defensor Alchymiae – Zur Beweis- und Rechtfertigungsstrategie bei Gabriel Clauder und Friedrich Wilhelm Schröder.* In: Archives Internationales d'histoire des sciences (Im Druck).

Wolfgang Promies, Prof. Dr. phil., geboren 1935; Promotion 1961, Habilitation 1972, Prof. für Neuere und Neueste Deutsche Literatur 1973 an der Universität Oldenburg, seit 1979 an der Technischen Hochschule Darmstadt; Vorsitzender der Lichtenberg-Gesellschaft e.V. seit 1977.

Wichtigste Veröffentlichungen: *Lichtenberg.* Reinbek 1964, 3. Aufl. 1987. – *Die Bürger und der Narr.* München 1966, Frankfurt 1987. – Hrsg.: *Georg Christoph Lichtenberg, Schriften und Briefe.* München 1967-1982, 6 Bde. – Seit 1979 Hrsg. der Zs. *Photorin.* Mitteilungen der Lichtenberg-Gesellschaft; seit 1988 Hrsg. (zus. mit U. Joost) des *Lichtenberg-Jahrbuchs.* – In Vorbereitung: *Gründliche Untersuchung über die Frage, ob der Zuname des Verfassers der ›Physiognomischen Fragmente‹ nach Schwyzer Weis' auf der ersten oder nach Göttingscher Lesart auf der zweiten Silbe zu betonen sei.* Mit phonetischen Zeugnissen itztlebender Eidgenossen.

Smail Rapic, geboren 1958 in Zagreb (Jugoslawien), studierte Philosophie, Germanistik und Mathematik in Köln; schreibt z. Zt. eine Dissertation über Lichtenbergs philosophisches Denken.

Wichtigste Veröffentlichungen: *Einleitung* zu: Edmund Husserl, Ding und Raum. Hrsg. von K. H. Hahnengreß und S. Rapic. Hamburg 1991, S. XI-LXXVIII.

Thomas Reuter, geboren 1955; Studium der Germanistik, Politologie und Philosophie. Lebt in Marburg als freier Autor und Lektor. Mitarbeiter im Forschungsprojekt »Geschichte des Begriffs Kultur« an der Universität Siegen. Arbeitet an einer Geschichte der somatischen Kultur im 18. Jahrhundert.

Wichtigste Veröffentlichungen: *Körperbilder. Massenornamente in Revuetheater und Revuefilm.* Frankfurt a. M. 1980 (zus. mit Reinhard Klooss). – *»Wir sind nackt und nennen uns Du!« Von Lichtmenschen und Sonnenkindern.* In: Schock und Schöpfung. Jugendästhetik im 20. Jahrhundert. Neuwied 1985. – *Wie Herakles Mr. Universum wurde und zum Film ging.* Anekdoten aus der B(u)ildungsgeschichte des Muskelhelden. In: Herakles / Herkules. Metamorphosen des Helden. Frankfurt a. M. 1992 [im Druck].

Wieland Sachse, Dr. phil., Akademischer Rat, geboren 1952; Studium der Geschichte, Klassischen Philologie, Wirtschaftsgeschichte und Pädagogik in Göttingen; 1987 Promotion. Mitglied der Historischen Kommission für Niedersachsen und Bremen.

Wichtigste Veröffentlichungen: *Göttingen im 18. und 19. Jahrhundert. Zur Bevölkerungs- und Sozialstruktur einer deutschen Universitätsstadt.* Göttingen 1987 (= Studien zur Geschichte der Stadt Göttingen 15). – Hrsg. zus. mit K. H. Kaufhold: *Gewerbestatistik Preußens vor 1850.* Bd. 1: Das Berg-, Hütten und Salinenwesen. St. Katharinen 1989 (= Quellen und Forschungen zur Historischen Statistik von Deutschland 5). – Zahlreiche weitere Publikationen zur Wirtschaftsgeschichte in Fachzeitschriften.

Winfried Siebers, M.A., geboren 1957; Studium der Literatur- und Medienwissenschaft und der Geschichte an der Universität Osnabrück, Magister Artium 1985, seither Lehrbeauftragter und zeitweise wissenschaftlicher Mitarbeiter am Fachbereich Sprach- und Literaturwissenschaft der Universität Osnabrück.

Wichtigste Veröffentlichungen: *Reisen in der Gelehrtenzeit.* In: Vom Reisen in der Kutschenzeit. Ausstellungskatalog (1989). – *Ungleiche Lehrfahrten – Kavaliere und Gelehrte.* In: Reisekultur. Hrsg. von H. Bausinger u. a. (1991). – *»Circulation der Ideen«. Justus Möser und die Aufklärung in Nordwestdeutschland.* Ausstellungskatalog (1991).

Sibylle Spiegel [SS], Dr. phil., geboren 1955; Studium der Volkskunde, Bayerischen Geschichte und Amerikanistik in München. Selbständige Fotosetzerin, Schwerpunkt historisch-kritische Ausgaben. Verantwortliche Mitarbeiterin an der Georg Büchner Ausstellung Darmstadt, Weimar 1987/88.

Meike Steckmeister [MS], geboren 1969; studiert Germanistik, Psychologie und Pädagogik an der TH Darmstadt.

Jürgen Teichmann, Dr. rer. nat. habil., Privatdozent, Diplomphysiker. Studium der Physik, Neueren Geschichte und Wissenssoziologie, Promotion und Habilitation in Wissenschaftgeschichte, Museumsdirektor am Deutschen Museum, München. Forschungsschwerpunkte: Physik-, Technik- und Astronomiegeschichte, Beziehungen zwischen Wissenschaftsgeschichte und Didaktik.

Wichtigste Veröffentlichungen: *Zur Entwicklung von Grundbegriffen der Elektrizitätslehre, insbesondere des elektrischen Stromes bis 1820.* Hildesheim 1974. – *Wandel des Weltbildes – Astronomie, Physik und Meßtechnik in der Kulturgeschichte.* München 1980 (1983, 1985, 1989). – *Georg Christoph Lichtenberg. Aphoristisches zwischen Physik und Dichtung.* Braunschweig, Wiesbaden 1983. – *Das Experiment in der Physik.* Braunschweig, Wiesbaden 1984 (zus. mit F. Fraunberger). – *Zur Geschichte der Festkörperphysik – Farbzentrenforschung bis 1940.* Stuttgart 1988.

Manfred Urban [MU], Dr. phil., Akademischer Direktor i.R.; Studium der Völkerkunde, Geographie, Ur- und Frühgeschichte; Promotion 1960, Lehraufträge an der Universität Göttingen, Akademischer Direktor der Völkerkundlichen Sammlung der Universiät Göttingen (bis 1990).

Wichtigste Veröffentlichungen: *Die Haustiere der Polynesier – Ein Beitrag zur Kulturgeschichte der Südsee.* Göttingen 1961. – *200 Jahre Göttinger Cook-Sammlung.* Göttingen 1982. – Verschiedene Beiträge zur Kulturgeschichte und Sachkultur des pazifischen Raumes in wissenschaftlichen Fachzeitschriften.

Gabriele Voigt, geboren 1958; nach abgeschlossener Buchhändlerlehre seit 1988/89 Studium der Germanistik an der TH Darmstadt.

Otto Weber, geboren 1940, Fernmelde-Ingenieur; seit 1967 Leiter des Museums Ober-Ramstadt. Mitinitiator der Lichtenberg-Ausstellung zum 225. Geburtstag; Mitbegründer und lange Zeit 2. Vorsitzender der Lichtenberg-Gesellschaft. Besondere Forschungs-Interessen (neben Lichtenberg): allgemeine Technikgeschichte und lokale Sozialgeschichte des Odenwaldes.

Wichtigste Veröffentlichungen: Hrsg.: *2. Lichtenberg-Gespräch.* Ober-Ramstadt 1977. – *Die Erben des Ikarus. Lichtenberg und die Anfänge der Ballonfahrt.* Ober-Ramstadt 1983. – *Das Gewerbemuseum in Darmstadt.* In: Von Morris zum Bauhaus. Eine Kunst gegründet auf Einfachheit. Hrsg. von Gerhard Bott. Hanau 1977. – Zahlreiche weitere Beiträge zur Regionalgeschichte und zu Lichtenberg, vor allem zu seinen Blitzableiter-Forschungen und zu seinem Physikalischen Kabinett.

Bernd Wedemeyer, geboren 1961 in Kassel; Studium der Volkskunde und Urgeschichte an der Georg-August-Universität Göttingen; Magisterexamen 1988; seit 1989 Arbeit an einer Dissertation mit dem Thema »Wohnverhältnisse und Wohnungseinrichtung in Göttingen vor der Industrialisierung«.

Wichtigste Veröffentlichungen: *Zum Ausschank und Verkauf von Kaffee in Apotheken. Dargestellt am Beispiel Göttingen.* In: Volkskunde in Niedersachen, H. 1, 1988, S. 26-30. – *Zur Geschichte der öffentlichen Reinlichkeit im Göttingen des 18. und 19. Jahrhunderts.* In: Volkskunde in Niedersachsen, H. 1, 1988, S. 11-17. – *Aspekte zur frühen Kaffeehauskultur Göttingens im 18. Jahrhundert.* In: Göttinger Jahrbuch 36, 1988, S. 51-58. – *Göttingen im Spiegel von Reisebeschreibungen des 18. Jahrhunderts.* In: Geschichtswerkstatt Göttingen. – Hrsg.: *Göttingen ohne Gänseliesel. Texte und Bilder zur Stadtgeschichte.* Gudensberg 1988, S. 7-11. – *Die mittelalterliche Keramik.* Führungsblatt zur Ausstellungseinheit »Mittelalterliche Keramik in Uslar« im Uslarer Heimatmuseum. 1988, 2 S. – *»Coffee de Martinique und Kayser Thee«. Archäologisch-volkskundliche Untersuchung am Hausrat Göttinger Bürger im 18. Jahrhundert* (Edition Moderne Archäologie. Archäologie-Baugeschichte-Nachbarwissenschaften Bd. 1). Göttingen 1989.

Sabine Welsch [SW], M.A., geboren 1960; Studium der Germanistik, Kunstgeschichte und Geschichte in Darmstadt, Frankfurt und Berlin. Wissenschaftliche Mitarbeit an der Johann-Heinrich-Merck-Gedenkausstellung (1990/91).
Veröffentlichte verschiedene Beiträge zum Katalog der Merck-Ausstellung.

Jürgen Rainer Wolf, Dr. phil., geboren 1947 in Heidelberg; Studium der Geschichte und der Politischen Wissenschaften an der Universität Frankfurt a. M., Promotion 1974. Nach archivarischer Fachausbildung ab 1976 am Nordrhein-Westfälischen Hauptstaatsarchiv in Düsseldorf, ab 1977 am Hessischen Staatsarchiv in Darmstadt.

Wichtigste Veröffentlichungen: *Steuerpolitik im schlesischen Ständestaat. Untersuchungen zur Wirtschafts- und Sozialstruktur Schlesiens im 17. und 18. Jahrhundert* (1978). – Mitarbeit bei Darmstadts Geschichte (1980), Katalog *Darmstadt in der Zeit des Barock und Rokoko* (1980) und *Juden als Darmstädter Bürger* (1984); Kataloge, Archivinventare und Aufsätze. – Mitarbeit an *Die Chronik Hessens* (1991).

Horst Zehe, Dr. rer. nat., geboren 1936 in Leipzig; Studium der Physik in Berlin (TU) und Gießen. Diplom 1964. Studium der Philosophie und der Geschichte der Naturwissenschaften in Gießen, Frankfurt a. M. und Tübingen; Promotion 1978. Wissenschaftlicher Assistent am Leibniz-Kolleg der Universität Tübingen 1967-1971. Schuldienst 1975/76 (TG Rastatt). Seit 1976 Mitarbeiter an der Edition von Goethes Schriften zur Naturwissenschaft (Leopoldina-Ausgabe).

Wichtigste Veröffentlichungen: *Die Gravitationstheorie des Nicolas Fatio de Duillier* (1980). – *Georg Christoph Lichtenberg und die ›Metaphysischen Anfangsgründe der Naturwissenschaft‹* (1986). – *»Gott hat die Natur einfältig gemacht, sie aber suchen viel Künste«. Goethes Reaktion auf die Fraunhoferschen Entdeckungen* (1990). – Bearb.: *Goethe. Die Schriften zur Naturwissenschaft.* Fünfter Band, Teil A. Zur Farbenlehre. Polemischer Teil. Ergänzungen und Erläuterungen (1991).

Leihgeber

Ansbach, Historischer Verein für Mittelfranken
Bad Vilbel, Privatbesitz
Berlin, Berlin-Museum
Berlin, Staatliche Museen SPK, Münzkabinett
Berlin, Staatsbibliothek zu Berlin – Preußischer Kulturbesitz
Bern, Burgerbibliothek
Braunschweig, Christof Nanko
Braunschweig, Privatbesitz
Braunschweig, Stadtarchiv
Braunschweig, Stadtbibliothek
Braunschweig, Städtisches Museum
Castle Howard/York, Howard Castle Collection
Celle, Bomann Museum
Claustal-Zellerfeld, Universitätsbibliothek
Coburg, Kunstsammlungen Veste Coburg
Cuxhaven, Horst Gravenkamp
Darmstadt, Firmen-Archiv Merck
Darmstadt, Hessische Landes- und Hochschulbibliothek
Darmstadt, Hessisches Landesmuseum
Darmstadt, Hessisches Staatsarchiv
Darmstadt, Jagdschloß Kranichstein
Darmstadt, Lichtenberg-Forschungsstelle
Darmstadt, Schloßmuseum
Darmstadt, Stadtarchiv
Darmstadt, Zentralarchiv der Evangelischen Kirche in Hessen und Nassau
Düsseldorf, Goethe-Museum
Düsseldorf, Heinrich Heine-Institut
Düsseldorf, Privatbesitz
Düsseldorf, Stadtmuseum Düsseldorf
Eutin, Landesbibliothek
Frankfurt am Main, Dr. Jürgen Behrens
Frankfurt am Main, Freies Deutsches Hochstift
Frankfurt am Main, Historisches Museum
Frankfurt am Main, Museum für Völkerkunde der Stadt Frankfurt am Main
Frankfurt am Main, Stadt- und Universitätsbibliothek
Gießen, Universität
Gotha, Forschungs- und Landesbibliothek
Göttingen, Anthropologisches Institut der Universität
Göttingen, Archäologisches Institut der Universität
Göttingen, Archiv der Akademie der Wissenschaften zu Göttingen
Göttingen, Arkana Verlag (036)
Göttingen, Georg-August-Universität
Göttingen, Kunstsammlung der Universität
Göttingen, Mineralogisches Institut
Göttingen, Niedersächsische Staats- und Universitätsbibliothek
Göttingen, Sammlung Himme
Göttingen, Stadtarchiv
Göttingen, Städtisches Museum
Göttingen, Sternwarte
Göttingen, Systematisch-Geobotanisches Institut
Göttingen, Universität Göttingen – Erstes Physikalisches Institut
Göttingen, Universitätsarchiv
Göttingen, Völkerkundliche Sammlung der Universität
Gotha, Forschungs- und Landesbibliothek
Hamburg, Hamburger Kunsthalle
Hamburg, Museum für Kunst und Gewerbe
Hamburg, Privatbesitz
Hamburg, Staats- und Universitätsbibliothek
Hannover, Galerie und Antiquariat J. H. Bauer
Hannover, Historisches Museum am Hohen Ufer
Hannover, Landesgalerie im Niedersächsischen Landesmuseum
Hannover, Niedersächsische Landesbibliothek
Hannover, Niedersächsisches Hauptstaatsarchiv
Hannover, Stadtbibliothek
Hannover, Wilhelm-Busch-Museum
Hemmingen, Heinz Lichtenberg
Jena, Thüringer Universitäts- und Landesbibliothek
Kassel, Hessisches Landesmuseum, Astronomisch-Physikalisches Kabinett
Kassel, Staatliche Kunstsammlungen
Kiel, Kunsthalle zu Kiel
Köln, Wallraf-Richartz-Museum
Krakau, Jagiellonische Bibliothek
Leipzig, Universitätsbibliothek
Lilienthal, Heimatverein
London, British Museum
London, Guildhall Library, Corporation of London
London, London Museum
London, National Film Archive
London, Science Museum
London, Sir John Soane's Museum
Mainz, Gutenberg-Museum
Mainz, Landesmuseum
Mainz, Stadtbliothek
Marbach, Schiller-Nationalmuseum
Marburg, Jörn Garber
Marburg, Philipps-Universität, Institut für Anatomie und Zellbiologie
Marburg, Universitätsbibliothek
Margate, Margate Library
Margate, Tudor House Museum
Meldorf, Dithmarscher Landesmuseum
Mühltal, Wolfgang Promies
München, Stadtmuseum
Münster, Westfälisches Landesmuseum, Porträtarchiv Diepenbroick

Nürnberg, Germanisches Nationalmuseum
Ober-Ramstadt, Evangelische Kirchengemeinde
Ober-Ramstadt, Museum
Ober-Ramstadt, Ulrich Joost
Osnabrück, Kulturgeschichtliches Museum
Quedlinburg, Städtisches Museum
Ribbertshof, Dr. Albrecht Bongartz
Riquewihr, Musée du Doldere
Schweinfurt, Städtische Sammlungen
Steinau, Privatbesitz
Stuttgart, Privatbesitz
Stuttgart, Staatsgalerie
Todtnau, Barbara Hanning
Tübingen, Universitätsbibliothek
Weimar, Goethe- und Schiller-Archiv (Stiftung Weimarer Klassik)
Wien, Akademie der Bildenden Künste
Wiesbaden, Privatbesitz
Wolfenbüttel, Herzog August Bibliothek
Wolfenbüttel, Niedersächsisches Staatsarchiv
Zürich, Graphische Sammlung der Eidgenössischen Technischen Hochschule

Wir danken allen Leihgebern für ihr freundliches Entgegenkommen, voran der Handschriften-Abteilung der Staats- und Universitätsbibliothek Göttingen (Herrn Dr. Rohlfing und besonders Frau Jutta Croll) und vor allem auch den Angehörigen der Familie Lichtenberg.

Literatur

1. Quellen

Vermischte Schriften. Hrsg. von Ludwig Christian Lichtenberg und Friedrich Kries. 9 Bde. Göttingen 1800-1806.

Vermischte Schriften. Neue vermehrte, von den Söhnen veranstaltete Originalausgabe. Bde. 1-14. Göttingen 1844-1853.

Aus Lichtenbergs Nachlaß. Aufsätze, Gedichte, Tagebuchblätter, Briefe. Hrsg. von Albert Leitzmann. Weimar 1899.

Chodowiecki und Lichtenberg. Daniel Chodowiecki's Monatskupfer zum »Göttinger Taschen Calender« nebst G. C. L.'s Erklärungen 1778-1783. Mit einer kunst- und literaturgeschichtlichen Einleitung hrsg. von Dr. Rudolf Focke. Leipzig 1901.

Briefe. Hrsg. von Albert Leitzmann und Carl Schüddekopf. 3 Bde. Leipzig 1901-1904.

Georg Christoph Lichtenbergs Aphorismen. Nach den Handschriften hrsg. von Albert Leitzmann. 5 Hefte. Berlin 1902-1908. (= Literaturdenkmale Nr. 123, 131, 136, 140, 141).

Schriften und Briefe. Hrsg. von Wolfgang Promies. Bd. 1 (Sudelbücher I) München 1967, 3. Aufl. 1980; Bd. 2 (Sudelbücher II) München 1971, 3. Aufl. 1971; Bd. 3 (Aufsätze, Entwürfe, Gedichte, Erklärung der Hogarthischen Kupferstiche) München 1972; Kommentar zu Bd. 3, München 1974; Bd. 4 (Briefe) München 1967; Kommentar zu Bd. 1 und 2, München 1992. Abgekürzt zitiert **SB**.

Lichtenberg in England. Dokumente einer Begegnung. 2 Bde. Hrsg. von Hans Ludwig Gumbert. Wiesbaden 1977. Abgekürzt zitiert **LE**.

Briefwechsel. Hrsg. von Ulrich Joost und Albrecht Schöne. Bd. 1 (1765-1779) München 1983; Bd. 2 (1780-1784) 1985; Bd. 3 (1785-1792) 1990; Bd. 4 (1793-1799) 1992; Bd. 5 (Nachträge. Register) erscheint 1994. Abgekürzt zitiert **Bw**.

2. Bibliographien und Forschungsberichte

Friedrich Lauchert: *G. Chr. Lichtenberg's schriftstellerische Tätigkeit in chronologischer Uebersicht dargestellt.* Göttingen 1893.

Ernst Paul Heinrich Magin: *Über Georg Christoph Lichtenberg und seine noch unveröffentlichten Handschriften.* Schulprogramm der Oberrealschule St. Georg in Hamburg 1913.

Rudolf Jung: *Lichtenberg-Bibliographie.* Heidelberg 1972.

Wolfgang Preisendanz: *Georg Christoph Lichtenberg. Ein Literaturbericht.* In: Germanisch-Romanische Monatsschrift. Bd. 37 Heidelberg 1956, S. 338-357.

3. Aufsatzsammlungen, Periodica, Buchreihen:

Aufklärung über Lichtenberg. Hrsg. von Wolfgang Promies. Göttingen 1974.

Lichtenberg. Streifzüge der Phantasie. Hrsg. von Jörg Zimmermann. Hamburg 1988.

Das 1. [und 2.] Lichtenberg-Gespräch 1972 [1977]. Ober-Ramstadt 1974 [1982].

Photorin. Mitteilungen der Lichtenberg-Gesellschaft. Hrsg. von Wolfgang Promies. Heft 1-12. Saarbrücken 1979-1987.

Lichtenberg-Jahrbuch. Hrsg. von Wolfgang Promies und Ulrich Joost. Saarbrücken. Bislang 1-3, 1988-1990 (erschienen 1989-1991).

Lichtenberg-Studien. Hrsg. von Ulrich Joost und Stefan Brüdermann. Göttingen 1989 ff.

4. Untersuchungen

Otto Deneke: *Lichtenbergs Leben.* Bd. I. [Mehr nicht erschienen.] München 1944.

Heinz Gockel: *Individualisiertes Sprechen. Lichtenbergs Bemerkungen im Zusammenhang von Erkenntnistheorie und Sprachkritik.* Berlin, New York 1973.

Wilhelm Grenzmann: *Georg Christoph Lichtenberg.* Salzburg, Leipzig 1939.

Paul Hahn: *Georg Christoph Lichtenberg und die exakten Wissenschaften.* Materialien zu seiner Biographie. Göttingen 1927.

Rudolf Jung: *Studien zur Sprachauffassung Georg Christoph Lichtenbergs. Versuch einer Interpretation der sprachphilosophischen Aphorismen.* Diss. phil. masch. Frankfurt a.M. 1968.

Richard Kleineibst: *G. Ch. Lichtenberg in seiner Stellung zur deutschen Literatur.* Straßburg 1915.

Franz H.[einrich] Mautner: *Lichtenberg. Geschichte seines Geistes.* Berlin 1968.

Gerhard Neumann: *Ideenparadiese. Untersuchungen zur Aphoristik von Lichtenberg, Novalis, Friedrich Schlegel und Goethe.* München 1976.

Günther Patzig: *Über den Philosophen Lichtenberg.* In: Zum 175. Todestag des Göttinger Physikers Schriftstellers, Philosophen Georg Christoph Lichtenberg. Ausstellung im Städtischen Museum Göttingen [Katalog]. Hrsg. von Waldemar Röhrbein. Göttingen 1974, S. 45-51.

Wolfgang Promies: *Georg Christoph Lichtenberg in Selbstzeugnissen und Bilddokumenten.* 180 S., Reinbek 1964, 3. Aufl. 1987 (= rowohlts Bildmonographien 90).

Peter Rippmann: *Werk und Fragment. Georg Christoph Lichtenberg als Schriftsteller.* Bern 1953.

Albert Schneider: *G. C. Lichtenberg. Précurseur du romantisme. L'homme et l'oeuvre.* Nancy 1954 (Schöffler, Herbert: Lichtenberg. Studien zu seinem Wesen und Geist. Göttingen 1956. 327 S. (= Publications de l'Université de la Sarre).

Albrecht Schöne: *Aufklärung aus dem Geist der Experimentalphysik. Lichtenbergsche Konjunktive.* 2., überarb. Aufl. München 1983.

J.[oseph] P.[eter] Stern: *Lichtenberg. A doctrine of scattered occasions. Reconstructed from his Aphorisms and reflections.* Bloomington / Ind. 1959. XV, 381 S.

Rudolf Wehrli: *G. C. Lichtenbergs ausführliche Erklärung der Hogarthischen Kupferstiche. Versuch einer Interpretation des Interpreten.* Bonn 1980. 191 S.

Anacleto Verrecchia: *Georg Christoph Lichtenberg. Der Ketzer des deutschen Geistes.* Aus dem Italienischen übertragen von Peter Pawlowsky. Wien, Köln, Graz 1988. 320 S.

Daten zu Leben und Werk

1. Juli: Geburt von Georg Christoph Lichtenberg in Ober-Ramstadt als 17. und letztes Kind seiner Mutter **1742**
Henriette Katharina, geb. Eckhardt aus Bischofsheim und des Pfarrers und Metropolitans Johann Conrad Lichtenberg; »so gleich wegen Schwachheit« getauft (Nr. 70).

Der Vater (Nr. 62) wird zum Stadtprediger und Definitor berufen. Die Familie zieht um nach Darmstadt in die **1745**
Superintendentenwohnung neben der Stadtkirche (an der Stelle der heutigen Gaststätte »Bockshaut«).

29. März: Ernennung des Vaters zum Superintendenten. **1750**

17. Juli: Tod des Vaters (* 1689) – es leben außer Georg Christoph nur noch vier Kinder. Neben seinem geistlichen **1751**
Amt hatte sich der Pfarrer als Architekt (Nr. 64) und Kantatendichter (Nr. 63) einen Namen gemacht.

Herbst: Lichtenberg kommt auf das Darmstädter Pädagog, das er bis Herbst 1761 besucht (Nr. 74-79). **1752**

8. August: Die Witwe Lichtenberg stellt Antrag auf ein Stipendium für ihren jüngsten Sohn (Nr. 67). **1762**

Etwa am **1. Mai** verläßt Lichtenberg Darmstadt und trifft am **6. Mai** in Göttingen ein (vgl. Nr. 182). **1763**
Am **21. Mai** immatrikuliert sich Lichtenberg als »Mathematum et physices studiosus« an der Georgia-Augusta in Göttingen (Nr. 83 f.).

Lichtenberg belegt die Fächer Mathematik, Physik, zivile und militärische Baukunst, Ästhetik, englische Sprache **1763 bis 1767**
und Literatur, Staatengeschichte Europas, Diplomatik und Philosophie bei den Professoren Abraham Gotthelf Kästner (Nr. 156), Albrecht Ludwig Friedrich Meister (Nr. 159), Johann Christoph Gatterer (Nr. 160), Gottfried Achenwall (Nr. 158) und Christian Wilhelm Büttner (Nr. 155).
Beginn der Freundschaft mit den Kommilitonen Jöns Matthias Ljungberg (S. 307 f.) und Johann Christian Polycarp Erxleben (Nr. 159 ff.).

11. Juni: Tod der Mutter (* 1696). **1764**
Herbst: Beginn der überlieferten Aufzeichnungen: Sudelbuch ›A‹ (Nr. 1).

Beginn des Notizbuchs »Kéras 'Amaltheías« (Nr. 10). **1765**
26. Juni: Geburt von Lichtenbergs späterer »kleiner Freundin«, Maria Dorothea Stechard (Nr. 801).

Unter Kästners Anleitung betreibt Lichtenberg astronomische Beobachtungen in Göttingen (bis 1774). **1766**
Frühjahr: Schwere Krankheit.
17. Mai: In den »Gelehrten Beyträgen zu den Braunschweigischen Anzeigen« wird Lichtenbergs erste Arbeit anonym gedruckt: *Versuch einer natürlichen Geschichte der schlechten Dichter, hauptsächlich der Deutschen.*
9. Juli: Datum des Zeugnisses, »welches mir Kästner gegeben, als eines von Hannover verlangt wurde« (Nr. 189).
4. August: Im »Hannoverischen Magazin« erscheint *Von dem Nutzen, den die Mathematik einem Bel Esprit bringen kann* (Nr. 668).

Lichtenberg übernimmt die Funktion eines ›Hofmeisters‹ für englische Studenten in Göttingen, vor allem für Lord **1767 bis 1770**
Thomas Swanton und William Henry Irby.

April: In den Osterferien reist Lichtenberg nach Clausthal. **1776**
17. August: Ernennung zum »2. Professor in der Mathematik« und »öffentlichen Lehrer der Englischen Sprache« in Gießen.

11. Juni: Beginn Sudelbuch ›B‹ (Nr. 2). **1768**
31. August: Geburt von Lichtenbergs späterer Frau, Margarete Elisabeth Kellner (Nr. 808).

13. Januar: Lichtenberg steht in Gotha Pate bei der Taufe des Sohns Friedrich Peter Thomas des Verlegers Johann **1769**
Christian Dieterich (Nr. 805).
Lichtenberg lernt den Schriftsteller und Gründer des ›Göttinger Hain‹ Christian Heinrich Boie kennen (Nr. 367).

25. März: Um seine beiden Zöglinge Irby und Swanton nach Hause zu bringen, bricht Lichtenberg zur ersten **1770**
Reise nach England auf (zum Verlauf der Reise vgl. das Tagebuchfragment in LE 1, T I, S. 5 ff. = Nr. 14).
10. April: Ankunft in London.
22. April: Lichtenberg wird von König Georg III. (Nr. 470) auf der Sternwarte in Richmond (Nr. 475) empfangen und erlebt den »glücklichste[n] Tag meines Lebens«.

Mitte Mai: Lichtenberg tritt die Rückreise nach Göttingen an, wo er etwa am **1. Juni** eintrifft.
Ende Mai, Anfang Juni: Am 31. Mai ergeht Anweisung Georgs III., Lichtenberg zum Extraordinarius zu ernennen. Vom 1.-8. Juni laufen die Verhandlungen über die außerordentliche Professur mit einem Grundgehalt von 200 Talern, die am **26. Juni** mit Lichtenbergs Ernennung zum Professor abgeschlossen sind.
Lichtenberg kündigt Vorlesungen über mathematische Probleme an, die Programmschrift heißt *Betrachtungen über einige Methoden, eine gewisse Schwierigkeit in der Berechnung der Wahrscheinlichkeit beym Spiel zu heben* (Nr. 670 und S. 321 ff.).
Jahresende: Reise nach Gotha; ca. 25./26. Dezember nach Hannover, zurück bis Mitte Januar 1771.

1771 **22. März**: Das Ministerium in Darmstadt fordert in Hannover den »echappierten« Professor Lichtenberg für Gießen ein (vgl. Lichtenbergs Antwortschreiben, lose Faksimilebeilage).
21.-26. Mai: Komet-Beobachtungen.

1772 bis 1773 bestimmt Lichtenberg in königlichem Auftrag die geographische Position von Hannover, Osnabrück und Stade astronomisch, um bei der Landvermessung die Karten einmessen zu können (Nr. 218 und S. 132-140).

1772 **Februar**: Reise nach Gotha über Langensalza und Wiegleben mit Dieterich und dessen Frau (Nr. 806).
Am **2. März** bricht Lichtenberg nach Hannover (1. Station der ›Vermessungsreise‹) auf, wo er seinen später intensivsten Briefpartner Johann Andreas Schernhagen und Kommerzienrat Johann Daniel Ramberg kennenlernt.
31. August: Abreise aus Hannover über Steinhude, die Festungsinsel Wilhelmstein (Nr. 227 f.), Rehburg, Bückeburg, Minden; **4. September**: Ankunft in Osnabrück (2. Station), dort lernt Lichtenberg Justus Möser (Nr. 230) und Maria Magdalena Tietermann (S. 206) kennen.
September: Beginn Sudelbuch »C« (Nr. 3).

1773 Am **15. Februar** reist Lichtenberg von Osnabrück mit Zwischenaufenthalt in Hannover zurück nach Göttingen, wo er am **1. März** eintrifft. Dort hält er sich bis **26. April** auf, dann begibt er sich mit verschiedenen Zwischenaufenthalten – etwa in Celle (Nr. 231 ff.) – nach Stade (Ankunft an der 3. Station **18. Mai**), wo er bis Anfang November bleibt und von wo aus er vorrübergehend (**9.-17. August**) eine Fahrt nach Helgoland unternimmt und zwei kurze Reisen nach Hamburg, wo er Friedrich Gottlieb Klopstock (Nr. 360 f.) kennenlernt.
August: Beginn Sudelbuch »D« (Nr. 4).
Am **23. Dezember** kehrt er endgültig nach Göttingen zurück.
Lichtenbergs erste große Streitschrift *Timorus, das ist Vertheidigung zweyer Israeliten, die durch die Kräftigkeit der Lavaterischen Beweisgründe und der Göttingischen Mettwürste bewogen den wahren Glauben angenommen haben* erscheint unter Pseudonym (Nr. 320 und S. 167-174).
Lichtenbergs erste selbständig gedruckte Satire *Patriotischer Beytrag zur Methyologie der Deutschen. Nebst einer Vorrede über das Methyologische Studium überhaupt* wird von Dieterich verlegt (Nr. 305).

1774 **Januar**: Lichtenberg besucht seinen Bruder Ludwig Christian (Nr. 69) in Gotha.
Am **13. April** wird Lichtenberg als Außerordentliches Mitglied in die Mathematische Klasse der Königlichen Sozietät der Wissenschaften zu Göttingen aufgenommen (Nr. 788).
Am **28. April** stellt Lichtenberg Antrag auf Urlaub für einen Englandaufenthalt, der am **10. Mai** vom Kuratorium empfehlend an Georg III. weitergeleitet, anschließend bewilligt wird.
Am **29. August** bricht Lichtenberg zum zweiten Mal nach England auf, wo er am **25. September** eintrifft.

1774-1775 Aufenthalt und Reisen in England (vgl. S. 211-284): Lichtenberg ist mehrfach Gast bei Georg III. und dessen Familie, lernt die Teilnehmer von Captain James Cooks 2. Weltreise, Reinhold und Georg Forster, Sir Joseph Banks und den Südseeinsulaner Omai kennen. Er trifft verschiedene Londoner Mechaniker, die Wissenschaftler Jean André Deluc, Daniel Solander und Joseph Priestley, unternimmt eine Fahrt in die aufstrebende Industrieregion Birminghams, wo er unter anderem den Druckereibetrieb John Baskervilles besichtigt. Er verbringt längere Zeit in den Badeorten Margate, Bath und Brighton. Lichtenberg genießt das Alltagsleben in Londons Straßen ebenso wie die kulturellen Ereignisse etwa bei zahllosen Museums- und Theaterbesuchen. Gegen Ende seines Aufenthalts wird er dem damals berühmtesten englischen Schauspieler David Garrick vorgestellt. Seine Eindrücke hält er in »Boies Briefe[n]« (= Materialheft I, Nr. 12) und in Tagebuchnotizen (Sudelbuch »E«) fest.
Am **26. Oktober** überreicht Lichtenberg Georg III. das Widmungsexemplar der von ihm besorgten *Opera inedita* von Tobias Mayer (Nr. 202).

1775 Am **20. Januar** wird Lichtenberg zum Ordentlichen Professor der Georgia Augusta Göttingen ernannt (Nr. 789), wovon er in England am 30. Juni unterrichtet wird.
15. April: Beginn des Sudelbuchs »E« (Nr. 5).
Am **7. Dezember** begibt sich Lichtenberg auf die Heimreise, am **31. Dezember** kommt er in Göttingen an, wo er in Dieterichs Haus (Nr. 803 f.) einzieht.

1776 **4. April**: Beginn des Sudelbuchs »F« (Nr. 6).
Am **14. Oktober** erhält Lichtenberg Besuch von Jean André Deluc (Nr. 697), mit dem er in England herzliche Freundschaft geschlossen hatte.

Am **14. Dezember** liest Lichtenberg vor der Sozietät der Wissenschaften Göttingen über seine *Observationes astronomicae per annum 1772 et 1773 [...]* (Nr. 218).
Beginn der Freundschaft mit Johann Friedrich Blumenbach (Nr. 702).
Im »Deuschen Museum« erscheinen die *Briefe aus England* [an Heinrich Christian Boie].
Mit der *Epistel an Tobias Göbhard in Bamberg über eine auf Johann Christian Dieterich in Göttingen bekannt gemachte Schmähschrift* und dann *Friedrich Eckhardt an den Verfasser der Bemerkungen zu seiner Epistel an Tobias Göbhard* verteidigt Lichtenberg im Streit um unrechtmäßige Nachdrucke (Nr. 306 f.) die Rechte seines Verlegers Dieterich.

7. Januar: Mit seinem *Avertissement* vertreibt Lichtenberg den Schausteller Jacob Philadelphia aus Göttingen **1777**
(Nr. 660).
Im **April** entdeckt Lichtenberg durch Zufall beim Abschleifen der Harzplatte seines Elektrophors die nach ihm benannten Figuren (Nr. 735 ff.).
Im **Frühjahr / Sommer** mietet Lichtenberg sein erstes Gartenhaus im Bereich Theaterplatz.
Beginnend mit dem Calender für 1778 wird Lichtenberg Herausgeber des 1776 gegründeten »Göttinger Taschen Calenders« (S. 196).
Lichtenberg lernt Maria Dorothea Stechard (Nr. 801) kennen.
Mit *Über die Physionomik wider die Physiognomen. Zur Beförderung der Menschenliebe und Menschenkenntniß* wendet sich Lichtenberg gegen Johann Caspar Lavaters Thesen (Nr. 335 ff. und S. 175-184).
Im **Wintersemester 1777/1778** liest Lichtenberg erstmals über Experimentalphysik (vgl. S. 346-364).

Im Sozietätsband für 1777 erscheint *De nova methodo naturam ac motum fluidi electrici investigandi. Commentatio prior* **1778**
(Nr. 737).
28. Februar: In den »Göttingischen Gelehrten Anzeigen« erscheint *Etwas von dem fürchterlichen Kometen, welcher, einem allgemeinen Gerücht zufolge, um die Zeit des ersten April unsere Erde abholen wird*, ein Beitrag, mit dem Lichtenberg der zeitgenössischen Angst vor dem Weltuntergang entgegentritt, weitere Artikel gegen den gleichen Aberglauben erscheinen 1780, 1781 und 1784 (S. 14 f.).
6.-22. Juni: Reise über Hannover nach Hamburg und Helgoland; die Überfahrt schlägt aber wegen Sturms fehl.
Am **27. Dezember** Besuch von Georg Forster (Nr. 624 und S. 285-300), der 14 Tage bei Lichtenberg wohnt.

4. Januar: Ehrenpromotion zum Magister und Ernennung zum Ordentlichen Mitglied der Königlichen Sozietät **1779**
der Wissenschaften (Nr. 790).
Beginn des verlorenen Sudelbuchs »G« (S. 34).
Im **Januar** erhält Lichtenberg Besuch von Christoph Martin Wieland (Nr. 284).
Um **Ostern** tritt die Stechardin in Lichtenbergs Haushalt ein.
In den Pfingstferien von **23.-26. Mai** begleitet Georg Forster Lichtenberg nach Hannover zu Schernhagen.
15. Juli: Johann Heinrich Merck (Nr. 341) besucht Lichtenberg in Göttingen.

1780-1785 sind Georg Forster und Lichtenberg gemeinsam Herausgeber des »Göttingischen Magazins der Wissen- **1780**
schaften und Litteratur«.
An **Ostern** zieht Maria Dorothea Stechard ganz zu Lichtenberg, »ohne priesterliche Einsegnung meine Frau«.
Im **Juni** errichtet Lichtenberg auf seinem (zweiten) Gartenhaus den ersten Blitzableiter Göttingens und veröffentlicht dazu die *Nachricht von dem ersten Blitz-Ableiter [...]* in den GGA (Nr. 744 ff. und 820).

Beginn »Calender« (Nr. 15). **1781**
Lichtenbergs Satire *Über die Pronunciation der Schöpse des alten Griechenlands [...]*, die im GMWL erscheint, löst eine polemische Folge von Streitschriften aus, ursprünglich über die wissenschaftliche Frage der Transkription des griechischen Eta im Deutschen (S. 185-190).

19. Januar: Ernennung zum Mitglied der Hallischen Naturforschenden Gesellschaft. **1782**
Am **4. August** stirbt die Stechardin, Lichtenberg erleidet den sicher schmerzlichsten Verlust seines Lebens.
Beginn der wissenschaftlichen Beschäftigung mit Gasen: *Über die neuerlich in Frankreich angestellten Versuche, große hohle Körper in der Luft aufsteigen zu machen [...]* (Nr. 636).

Im **Mai** tritt Margarete Elisabeth Kellner in Lichtenbergs Haushalt in Dienst (Nr. 808). **1783**
Aus dem **September** datiert die älteste handschriftliche Nachricht Lichtenbergs über seine Krankheit.
Am **28. September** erhält Lichtenberg Besuch von Goethe (S. 324-330).
Im **Oktober** wohnt Georg Forster wieder zwei Wochen bei Lichtenberg, diesmal ist er in Begleitung von Samuel Thomas Soemmerring (Nr. 673 und S. 285-300).
Johann Gottwerth Müller (Nr. 301) besucht Lichtenberg.
Die *Fragmente von Schwänzen [...]*, entstanden 1777, erscheinen bei Dieterich (Nr. 338-340).

Vermutlich Beginn des verlorengegangenen Sudelbuchs »H« (S. 34). **1784**
16. September: Geburt des Sohnes Karl Ludwig († nach drei Monaten).
15. Oktober: Der Bildungsurlaub in Italien wird unter Vorauszahlung eines Jahresgehalts bewilligt; die Reise war zusammen mit dem Studienfreund Ljungberg geplant, kam aber nicht zustande (vgl. S. 307-311).

Alessandro Volta (Nr. 743) besucht Lichtenberg.
Johann Christian Polycarp Erxlebens Anfangsgründe der Naturlehre. 3. Aufl. Mit Zusätzen von G. C. Lichtenberg. 1787, 1791 und 1794 folgen drei weitere Überarbeitungen Lichtenbergs (Nr. 762 ff.).
Beginn von: *Über die Hogarthischen Kupferstiche* im GTC für 1784 (Nr. 506 f. und S. 239-257).

1785 Die »Italiänische« Reise scheitert endgültig.

1786 **4. Dezember**: Geburt des Sohnes Georg Christoph Eckhard († 19. Dezember 1845).

1787 **Sommer**: Das dritte Gartenhaus wird angemietet.
20. August: Geburt des Sohnes Christian Friedrich († 3. September 1789).

1788 **15. September**: Ernennung zum Hofrat (Nr. 793).

1789 **1. Januar**: Beginn des Sudelbuchs »J« (Nr. 7).
24. Juni: Geburt der Tochter Christine Luise Friederike († 17. Dezember 1802).
Vom **28. September** datiert der Vertrag, mit dem die Regierung Lichtenbergs physikalische Sammlung ankauft.
5. Oktober: Beginn der großen Krankheit (vgl. S. 386-390), die ihn nun bis zu seinem Tod begleiten wird; daher Eheschließung mit Margarete Elisabeth Kellner, um ihr und den Kindern das Erbe zu sichern.
Beginn des Goldpapierhefts (Nr. 11) und der überlieferten Tagebuchführung im Staatskalender (Nr. 830).

1790 Wiederaufnahme der während der Krankheit für mehrere Monate nicht gehaltenen Vorlesungen.

1791 Im GTC für 1791: *Amintors Morgenandacht* (Nr. 309).
22. Oktober: Geburt des Sohnes Wilhelm Christian Thomas Lichtenberg († 30. Mai 1860).

1792 Im GTC für 1792: *Einige Neuigkeiten vom Himmel* und *Erfindung neuer Kartoffeln.*

1793 Beginn der »Excerpta physica et mathematica« (Nr. 16).
Im GTC für 1793: *Warum hat Deutschland noch kein öffentliches Seebad?* (S. 228-235).
1. März: Geburt der Tochter Margarete Elisabeth Agnese Wilhelmine Lichtenberg († 30. September 1820).
11. April: Ernennung zum Mitglied der Royal Society in London (Nr. 794).
27. April: Beginn des Sudelbuchs »K« (Nr. 8).
Beginn der Korrespondenz mit Goethe (vgl. S. 324-330).

1794 Lichtenbergs im 19. Jahrhundert wirkungsvollstes Werk erscheint nun selbständig: *Ausführliche Erklärung der Hogarthischen Kupferstiche* (Nr. 508).
Lichtenberg setzt sich mit Lavoisiers antiphlogistischer Chemie (vgl. Nr. 695) auseinander.

1795 Im GTC für 1795: *Ein Wort über das Alter der Guillotine* (Nr. 620) und *Über Gewitterfurcht und Blitzableiter*; Lichtenberg hatte 1794 wieder einen Blitzableiter auf dem jetzigen Gartenhaus errichtet.
Vertheidigung des Hygrometers und der deLuc'schen Theorie vom Regen (vgl. Nr. 698).
13. Januar: Ruf an die Universität Leiden, den Lichtenberg ausschlägt.
Aufnahme in die Akademie der Wissenschaften in Petersburg.
13. Juni: Geburt der Tochter Auguste Friederike Henriette Lichtenberg († 15. Dezember 1887).

1796 Lichtenberg arbeitet an der Biographie *Nicolaus Copernicus*, erschienen 1800 (Nr. 251 ff.).
24. März: Ernennung zum Mitglied der Societas Physica zu Jena.
24. August: Ernennung zum Mitglied der Mathematisch-Physikalischen Gesellschaft zu Erfurt.
19. Dezember: Beginn des Sudelbuchs »L 1796« (Nr. 9).
Der Weg des Liederlichen (Hogarth-Erklärung).

1797 **24. Juli**: Geburt des Sohnes Friedrich Heinrich Lichtenberg († 17. Januar 1839).
Französische Übersetzung: *Explication détaillée des gravures d'Hogarth par Mr. G. E. [!] Lichtenberg* der ersten Lieferung der *Ausführlichen Erklärung.*

1798 **23. März**: Ernennung zum Ehrenmitglied der Jenaischen Mineralogischen Societät.
19. Mai: Ernennung zum Mitglied der Hollandse Maatschappy der Weetenschappen te Harlem.
August: Jean André Deluc besucht Lichtenberg.

1799 **24. Februar**: Letzte Krankheit und Tod Lichtenbergs; beerdigt »V. Classe« am 28. Februar.
Im GTC für 1799: *Rede der Ziffer 8 am jüngsten Tage des 1799ten Jahres im großen Rath der Ziffern gehalten [...]* und *Fleiß und Faulheit* (Hogarth-Erklärung, erscheint postum).

Register